Otto Jastrow | Shabo Talay
mit Nikita Kuzin

Der neuaramäische Dialekt von Midyat (Miḏyoyo)

Band II: Glossar

Semitica Viva

Herausgegeben von Otto Jastrow

Band 64

2024

Harrassowitz Verlag · Wiesbaden

Otto Jastrow | Shabo Talay
mit Nikita Kuzin

Der neuaramäische Dialekt von Midyat (Miḏyoyo)

Band II: Glossar

2024
Harrassowitz Verlag · Wiesbaden

Bibliografische Information der Deutschen Nationalbibliothek
Die Deutsche Nationalbibliothek verzeichnet diese Publikation in der Deutschen Nationalbibliografie; detaillierte bibliografische Daten sind im Internet über http://dnb.de abrufbar.

Bibliographic information published by the Deutsche Nationalbibliothek
The Deutsche Nationalbibliothek lists this publication in the Deutsche Nationalbibliografie; detailed bibliographic data are available in the internet at http://dnb.de.

Informationen zum Verlagsprogramm finden Sie unter
http://www.harrassowitz-verlag.de

Gedruckt auf alterungsbeständigem Papier.
Druck und Verarbeitung: Memminger MedienCentrum AG
Printed in Germany

ISSN 0931-2811 eISSN 2751-8418
ISBN 978-3-447-11798-2 eISBN 978-3-447-39468-0

Inhaltsverzeichnis

Vorwort

Im Rahmen ihrer Dokumentation und Beschreibung des Turoyo-Dialekts von Midyat (Miḏyoyo) legen die Autoren nunmehr das Glossar vor, das auf den im ersten Band (Jastrow/Talay 2019) veröffentlichten Texten basiert. Die in Arbeit befindliche Grammatik wird als eigener Band zu einem späteren Zeitpunkt erscheinen.

Das Glossar soll nicht nur dem Verständnis der Texte dienen und den dort enthaltenen Wortschatz des Midyat-Aramäischen dokumentieren, es ist vielmehr so konzipiert, dass es als Ausgangspunkt für ein umfassendes Lexikon der Turoyo-Sprache dienen kann, das auf der Auswertung sämtlicher gedruckten oder als Tondateien vorliegenden Quellen basiert. Deshalb wurde es digital mit der Wörterbuchsoftware TLex erstellt. Es wurde viel Mühe darauf verwandt, die Einträge des Glossars so zu gestalten, dass die Methode der Lemmatisierung auf alle weiteren lexikalischen Materialien anwendbar ist. Das gilt für die standardisierten grammatischen Angaben ebenso wie für die detaillierte Erfassung der unterschiedlichen Wortbedeutungen und die Angaben zur Etymologie. Zur Kontextualisierung wird jedes Lexem durch einen oder mehrere Belegsätze illustriert.

Die Erstellung des Glossars erfolgte ohne eine Projektförderung, da die Zusammenarbeit der Autoren überwiegend online stattfand und einer der Autoren auf die Ressourcen des Seminars für Semitistik und Arabistik an der Freien Universität Berlin zurückgreifen konnte. Die Arbeit von Nikita Kuzin, Doktorand der Semitistik, der einen wesentlichen Beitrag zur Erstellung des Glossars geleistet hat, konnte so durch Werkverträge finanziert werden.

Den Sprecherinnen und Sprechern des Midyat-Dialekts, die die Texte für den ersten Band beigesteuert haben – dort sind sie namentlich aufgeführt – möchten die Autoren nochmals ihren Dank aussprechen. Ihnen ist es zu verdanken, dass das Miḏyoyo in der Neuaramaistik die Beachtung erfährt, die ihm gebührt.

Berlin und Höchstadt a.d. Aisch,
im August 2023

Otto Jastrow, Shabo Talay
mit Nikita Kuzin

Hinweise zur Benutzung des Glossars

A Das Glossar

Das Midyat-Glossar enthält den gesamten Wortschatz der Texte im neuaramäischen Turoyo-Dialekt der Stadt Midyat (Miḏyoyo), die in Jastrow/Talay 2019 in Transkription mit deutscher Übersetzung publiziert sind. In der Regel wird bei jedem Eintrag vermerkt, ob die Form bereits im Wörterbuch von Hellmut Ritter (1979) vorkommt. Diese Angabe steht nach einem fetten schwarzen Punkt (•).

Alle Haupt- und Untereinträge sind fett und in Schriftgröße 10 gesetzt, idiomatische Ausdrücke in Schriftgröße 9. In den Belegen und etymologischen Angaben wird aramäisches Sprachmaterial durchgehend kursiv und die dazugehörige deutsche Übersetzung in Normalschrift wiedergegeben. Hierfür wurde die Schriftgröße 9 gewählt.

Im Anhang finden sich eine deutsch-aramäische Wortliste und eine Liste aller belegten Verbalformen.

B Anordnung und Struktur der Einträge

I. Anordnung der Lemmata

Die Anordnung der Einträge folgt dem lateinischen Alphabet, das der Transkription des Midyat-Aramäischen zugrunde liegt und aus folgenden Buchstaben besteht:

ʾ, a, ʿ, b, č, d, ḍ, ḏ, e, f, g, ġ, ğ, h, ḥ, i, k, l, m,

n, o, p, q, r, s, ṣ, š, t, ṭ, ṯ, u, v, w, x, y, z, ž.

II. Haupteinträge (Lemmata)

Bei Nominaleinträgen erscheint das Lemma in der Singularform (entweder maskulin oder feminin) des jeweiligen Nomens, ergänzt durch die Pluralform. Nicht belegte plurale bzw. feminine und/oder maskuline Formen sind erschlossen, ohne sie als solche zu kennzeichnen.

Bei Verben wird die Wurzel des Verbs als Lemma angesetzt. Die dazu gehörigen Verbalstämme I, II, III, Q, Ip, IIp, IIIp und Qp werden als Untereinträge aufgeführt. Homonyme Wurzeln (mit unterschiedlicher Bedeutung oder Etymologie) werden, mit Indizes versehen, separat aufgeführt, z. B. *kfn*^{1} „hungrig werden" (< Syr. *kfn*), *kfn*^{2} „wickeln, in ein Leichentuch (*kăfan*) hüllen“ (< Arab. *kfn* II). Wurzeln mit mehr als vier Radikalen gehen auf entlehnte Verben in den erweiterten arabischen Verbalstämmen zurück, wie z.B. *strḥm* „für einander Verständnis haben“ (aus dem arabischen X. Stamm zu der Wurzel *rḥm*). Bei diesen Wurzeln fehlt die Angabe eines Verbalstamms, da die betreffenden Verben nicht in das Verbalsystem des Aramäischen integriert sind.

III. Untereinträge

Untereinträge umfassen Formen, Konstruktionen, idiomatische Ausdrücke etc., die von einem Haupteintrag (Lemma) abgeleitet sind. Bei Nominaleinträgen handelt es sich meistens um phrasale und idiomatische Ausdrücke, die aus zwei oder mehr Wörtern bestehen. Es ist nicht immer einfach zu entscheiden, ob ein gegebener Ausdruck zu einem Untereintrag gehört oder ob er eine deutlich abweichende Bedeutung hat. Wenn die Bedeutung des gesamten Ausdrucks nicht aus der Bedeutung seiner Teile abgeleitet werden kann, ist der Ausdruck in der Regel idiomatisch und wird als eigener Untereintrag aufgeführt. Bei Verben werden die Verbalstämme als Untereinträge aufgeführt. Als Beispiele für die flektierten Formen werden die 3.sg.m. und 3.sg.f. zitiert, z.B. im Präsens *nošiq, nišqo* und, durch Bindestrich getrennt, im Präteritum *nšiqle, nšiqla.* Formen, die in den Texten nicht belegt sind, wurden erschlossen.

Bei verbalen Lemmata werden auch idiomatische Ausdrücke mit Verben und Verbalkomposita als Untereinträge aufgeführt. Dabei werden Prominalsuffixe mit einem Bindestrich (-) angedeutet, wie *ʿomir bayt-* „danke, es sei ... gedankt“ (*ʿmr*), *foyiš leb-* „sich zu Herzen nehmen, beleidigt sein“ (*fyš*) und *ŭṯe* + *l- kēf* „sich freuen, Freude empfinden“ (*ʾṯy*). Konkrete Beispiele sind z.B. *ʿomir baytux* „es sei dir (m.) gedankt“, *fayiš lebe* „er war gekränkt“, *ġắlăbe aṯila kēf* „sie freute sich sehr“.

IV. Varianten

Varianten sind mit der Tilde (~) gekennzeichnet. Eine deutlich abweichende Variante wird in der Regel als separater Eintrag im Glossar aufgeführt, mit einem Rückverweis auf den Haupteintrag, der alle Varianten umfasst, z. B. hat *ṣawt* einen Rückverweis auf den Eintrag *sawṭ* ~ *ṣawt.*

V. Bedeutungen

Wenn ein Wort mehr als eine klar unterscheidbare Bedeutung hat, werden die Bedeutungen getrennt und einzeln nummeriert. Für methodische Richtlinien zur Unterscheidung von Bedeutungen haben wir uns an Standardverfahren gehalten, wie sie z. B. im *Oxford Guide to Practical Lexicography* (2008) von B.T.S. Atkins und M. Rundell beschrieben sind (vgl. S. 311-312).

In seltenen Fällen wurde eine nichtbelegte Grundbedeutung eines Lemmas ergänzt, wie z.B. *aṣāṣ*, bei dem sich die Grundbedeutung „Fundament, Basis" (aus arab. *asās*) in den Texten nicht findet.

VI. Belege

Das Glossar umfasst den gesamten Wortschatz der in Jastrow/Talay 2019 veröffentlichten Midyattexte. Die Wörterbucheinträge werden ergänzt durch ein oder mehrere aus den Texten entnommene Belegsätze, die die verschiedenen Bedeutungen bzw. Verwendungsweisen der Wörter illustrieren. Dabei wurden einige offensichtliche Fehler in der Textedition stillschweigend korrigiert. Die Belege folgen nach einem vertikalen Strich | mit genauer Stellenangabe. Formen oder Bedeutungen ohne Textbelege sind erschlossen.

VII. Etymologie

Der etymologische Teil, der durch zwei vertikale Striche || eingeleitet wird, enthält die für den Ursprung des Wortes relevanten Angaben. Bei Verben stehen die etymologischen Angaben direkt nach dem Wurzeleintrag, ansonsten steht die Etymologie am Ende des Eintrags. Für Wörter aramäischen Ursprungs werden überwiegend Daten aus dem Klassisch-Syrischen zitiert. Die Transkription ist stark vereinfacht und folgt der Aussprache des Syrischen in der syrisch-orthodoxen Kirche, der die überwiegende Mehrheit der Sprecher des Midyat-Aramäischen angehört.

Für die meisten Entlehnungen können die Kontaktsprachen Arabisch, Kurmandschi-Kurdisch und Türkisch als Quelle identifiziert werde. Für das Arabische werden die relevanten Formen aus der letzten Ausgabe des Wörterbuchs von Hans Wehr zitiert (Wehr/Kropfitsch 2020). Sie werden oft mit Daten aus arabischen Dialekten wie dem anatolischen und syrischen Arabisch ergänzt. Bei arabischen, kurdischen und aramäischen Etymologien wird die Referenzliteratur durchgehend angegeben, dagegen wurde bei Einträgen türkischen Ursprungs, die leicht zugänglich sind, auf diese Angabe verzichtet.

Bei mit *cf.* markierten Etymologien handelt es sich um eine indirekte Herkunftsangabe, da sich oft nicht eindeutig bestimmen lässt, welche der angegebenen Sprachen als die direkte Quelle anzunehmen ist. Nehmen wir als Beispiel das Substantiv *băla* 'Unglück, Heimsuchung', das direkt aus dem Arabischen entlehnt sein kann, vgl. arab. *balāʾ* 'id.' (Wehr 83). Da es aber auch in anderen Sprachen der Region vorkommt, mit denen Turoyo in Kontakt steht, vgl. Kurm. *bele* (Chyet 31) und Türk. *bela*, kommen diese ebenfalls als Quelle für die Entlehnung in Frage.

VIII. Querverweise

Das Glossar verwendet lediglich zwei verschiedene Symbole für Querverweise:

1. Der Pfeil (→) verweist auf die Verbalwurzel, aus der das zitierte Nomen abgeleitet ist. Dies betrifft Infinitive, Partizipien, Verbaladjektive, Verbalsubstantive usw. Zum Beispiel wird bei *mḥaḏro* „vorbereitet (m.)“, das ein Partizip Passiv der Verbalwurzel *ḥḏr* darstellt, mit dem Pfeil auf diese Wurzel verwiesen: → *ḥḏr* ~ *ḥḏr*.

Der Pfeil (→) verweist ferner auf Teile von zusammengesetzten Ausdrücken, die als Untereinträge angegeben werden. So hat beispielsweise der Ausdruck *soyim b-qarʿo* „jdm. etw. antun”, der als Untereintrag unter dem Verb *soyim* (*sym*) „tun, machen“ aufgeführt ist, einen Verweis (→) auf den Eintrag *qarʿo* „Haupt, Kopf“; von diesem wird wiederum auf *sym* verwiesen.

Des Weiteren wird mit dem Pfeil (→) auf Einträge verwiesen, die in irgendeiner Form einen Bezug zu dem Eintrag haben.

2. Das Gleichheitszeichen (=) verweist auf Einträge gleicher Bedeutung bzw. auf Varianten des Eintrags. Dabei kann es sich um lautliche, morphologische oder um verschiedene Wörter gleicher Bedeutung handeln. Beispiele: *aḷo*[2] = *Aloho* „Gott“, *băle* = *bele* „aber, doch“, *haqqa* = *háqqayiske* „so viel“, *mūn* = *min* = *mune* „was“, *lăǧan* = *ǧan d-* „damit“.

C Verbliste

Die Liste der Verbalformen enthält alle Verben des Glossars, wie sie in den Untereinträgen zu den verbalen Lemmata vorkommen. Damit auch Personen, die in dem Wurzelsystem der Semitistik nicht bewandert sind, die Verben einfacher nachschlagen können, werden diese hier jeweils zunächst in den Präsensformen 3 sg. m. und 3. sg. f. aufgeführt. Nach dem Bindestrich (-) stehen die entsprechenden Formen des Präteritums.

Als deutsche Entsprechung für die einzelnen Verben ist zumeist nur die Grundbedeutung angegeben, weitergehende grammatikalische und semantische Informationen können dem Glossar entnommen werden. Auf die deutsche Übersetzung folgt nach einem Pfeil (→) die Verbalwurzel, wie sie im Glossar als Lemma aufgeführt ist, und die Angabe des jeweiligen Verbalstamms. Damit kann, wer ein bestimmtes Verb sucht, relativ einfach die im Glossar aufgeführte Wurzel finden und nachschlagen.

Die Einträge sind auch hier wie im Glossar nach dem aramäisch-lateinischen Alphabet angeordnet.

D Wortliste Deutsch-Miḏyoyo

Die Wortliste Deutsch-Miḏyoyo, die die umgekehrte Suche im Glossar ermöglichen soll, enthält 3121 deutsche Einträge mit den aramäischen Entsprechungen. Sie wurde automatisch aus dem Glossar generiert und enthält deshalb ausschließlich Formen, die im Glossar belegt sind. Für nominale Einträge wird die aramäische Entsprechung in einfacher Form aufgeführt, während bei Verben, die im Deutschen im Infinitiv stehen, lediglich die aramäische Verbalwurzel angegeben wird, wie sie als Lemma im Glossar aufgeführt ist.

E Abkürzungen und Symbole

I. Referenzwerke

BK	= Biberstein-Kazimirski 1860
BS	= Be̱t-Ṣawoce 2012
CAL	= Comprehensive Aramaic Lexicon, https://cal.huc.edu/
Chyet	= Chyet 2003
CSD	= Payne Smith (Margoliouth) 1957
DKF	= Nezan (ed.) 2017
JK	= Jastrow 2005
MD	= Drower/Macuch 1963
MT	= Jastrow/Talay 2019
RW	= Ritter 1979
Seeger	= Seeger 2022
SJBA	= Sokoloff 2002
SJPA	= Sokoloff 1992
SL	= Sokoloff 2009
TKT	= Talay 2003
TS	= Payne Smith 1879, 1901
TWS	= Steuerwald 1988
VW	= Vocke/Waldner 1982
Wehr	= Wehr/Kropfitsch 2020

II. Sprachen

Anat.	= Anatolisch
Arab.	= Arabisch
Aram.	= Aramäisch
dial.	= dialektal
Fr.	= Französisch
JNA	= Jewish Neo-Aramaic (Jüdisch-Neuaramäisch)
Kurm.	= Kurmandschi (Nordkurdisch)
Mand.	= Mandäisch
NENA	= North-Eastern Neo-Aramaic (Nordostneuaramäisch)
Pal.	= Palästinensisch
Pers.	= Persisch
Syr.	= Syrisch
Türk.	= Türkisch

III. Grammatische Termini

Pe.	= Peʿal
Pa.	= Paʿel
Af.	= Afʿel
Etpe.	= Etpeʿel
Etpa.	= Etpaʿal
Etta.	= Ettafʿal
I, II, III, Q	= aktive Verbalstämme des Turoyo
Ip, IIp, IIIp, Qp	= passive Verbalstämme des Turoyo
Q	= vierradikaliges Verb
I, II, … X	= arabische Verbalstämme

adj.	= Adjektiv
adv.	= Adverb
conj.	= Konjunktion
denom.	= denominativ
dim.	= Diminutiv
f.	= feminin
gen.	= Genitiv
inf.	= Infinitiv
inter. prn.	= Interrogativpronomen
interj.	= Interjektion
intr.	= intransitiv
m.	= maskulin
n. agent.	= Nomen Agentis
n. coll.	= Kollektivnomen
n. gen.	= Nomen im Genitiv
n. unit.	= Nomen Unitatis
n.	= Nomen
num.	= Zahl
part.	= Partizip
pers.	= Person
pl. tant.	= Pluraletantum
pl.	= Plural
prep.	= Präposition
prn.	= Pronomen
obj.	= Objekt
suff.	= Suffix
tr.	= transitiv
v.	= Verb
vok.	= Vokativ

IV. Allgemeine Abkürzungen

cf.	= vergleiche (Etymologien)
Etym.	= Etymologie
Fn.	= Fußnote
ibid.	= die gleiche Stelle/Quelle
id.	= dasselbe
S.	= Seite
s.	= siehe
s.u.	= siehe unter
vgl.	= vergleiche

V. Symbole

|	es folgen Beispielsätze
||	es folgen etymologische Angaben
<	aus
>	zu
*	hypothetische, erschlossene Form
→	siehe, siehe unter, Verweis auf Haupteintrag (bei abgeleiteten Formen, wie z.B. Partizipien), Verweis auf ein vergleichbares oder ähnliches Lemma.
⊗	es folgen grammatikalische Erläuterungen
•	es folgt ein Verweis auf RW
=	gleich, verwendet für Varianten mit gleicher Bedeutung
~	freie Variante

F Zitierte Literatur

ARNOLD, WERNER. 2020. *Das Neuwestaramäische. VI. Wörterbuch Neuwestaramäisch-Deutsch.* Semitica Viva 4,6. Wiesbaden: Harrassowitz Verlag.

ATKINS, BERYL, und MICHAEL RUNDELL. 2008. *The Oxford Guide to Practical Lexicography*. Oxford University Press.

BARTHÉLEMY, ADRIEN. 1969. *Dictionnaire Arabe-Français. Dialectes de Syrie: Alep, Damas, Liban, Jérusalem.* Paris: Librairie orientaliste Paul Geuthner.

BEDIR KHAN, KAMURAN A., JOSÉFA BERTOLINO, und KENDAL NEZAN. 2017. *Dictionnaire Kurde-Français*. Paris: Riveneuve Editions.

BEHNSTEDT, PETER. 1991. „Noch einmal zum Problem der Personalpronomina *hənne* (3. Pl.), *-kon* (2. Pl.) und *-hon* (3. Pl.) in den syrisch-libanesischen

Dialekten“. *Zeitschrift der Deutschen Morgenländischen Gesellschaft* 141 (2): 235–52.

BET-SAWOCE, JAN. 2012. *Xëzne d xabre - Ordlista Şurayt-Swedi [mëḏyoyo].* Södertalje: Nsibin Verlag.

BIBERSTEIN-KAZIMIRSKI, ALBERT. 1860. *Dictionnaire arabe-français.* 2 Bde. Paris: Maisonneuve.

CHYET, MICHAEL L. 2003. *Kurdish Dictionary: Kurmanji-English.* Yale University Press.

DROWER, ETHEL S., und RUDOLF MACUCH. 1963. *A Mandaic dictionary.* Oxford: Clarendon Press.

FURMAN, JULIA. 2020. „The Zuqnin Chronicle as Evidence of Vernacular Aramaic in Eighth-Century Northern Mesopotamia“. *Aramaic Studies* 18 (2): 240–67.

FURMAN, YULIA, und SERGEY LOESOV. 2016. „Five Essays in Lexical Interaction between Spoken Arabic and Turoyo“. *Zeitschrift für Arabische Linguistik* 63: 5–18.

JASTROW, OTTO. 2005. *Glossar zu Kinderib (Anatolisches Arabisch).* Semitica Viva 36. Wiesbaden: Harrassowitz Verlag.

JASTROW, OTTO und SHABO TALAY. 2019. *Der neuaramäische Dialekt von Midyat (Miḏyoyo). Band I: Texte.* Semitica Viva 59. Wiesbaden: Harrassowitz Verlag.

KHAN, GEOFFREY. 2016. *The Neo-Aramaic Dialect of the Assyrian Christians of Urmi (4 vols).* Leiden-Boston: Brill.

MUTZAFI, HEZY. 2008. *The Jewish Neo-Aramaic Dialect of Betanure (Province of Dihok).* Semitica Viva 43. Wiesbaden: Harrassowitz Verlag.

MUTZAFI, HEZY. 2011. „Some Lexicographic and Etymological Notes on ‘A Jewish Neo-Aramaic Dictionary’“. *Aramaic studies* 9 (2): 309–24.

MUTZAFI, HEZY. 2016. „The Origin of the Neo-Aramaic Verb dʕr ‘To Return’ and its Cognates: A New Proposal“. *Journal of Semitic Studies* 61 (2): 507–25.

PAYNE SMITH (MARGOLIOUTH), JESSIE. 1957. *Compendious Syriac Dictionary.* Oxford: Clarendon Press.

PAYNE SMITH, ROBERT. 1879. *Thesaurus Syriacus.* 2 Bde. Oxford: Clarendon Press.

RITTER, HELLMUT. 1979. *Ṭūrōyo: die Volkssprache der syrischen Christen des Ṭūr ʿAbdīn. B: Wörterbuch.* Wiesbaden: Steiner.

SABAR, YONA. 2002. *A Jewish Neo-Aramaic Dictionary: Dialects of Amidya, Dihok, Nerwa and Zakho, Northwestern Iraq.* Semitica Viva 28. Wiesbaden: Harrassowitz Verlag.

SEEGER, ULRICH. 2022. *Wörterbuch Palästinensisch – Deutsch.* 2 Bde. Semitica Viva 61. Wiesbaden: Harrassowitz Verlag.

SOKOLOFF, MICHAEL. 1992. *A dictionary of Jewish Palestinian Aramaic of the Byzantine period.* Ramat Gan: Bar Ilan University Press.

SOKOLOFF, MICHAEL. 2002. *A dictionary of Jewish Babylonian Aramaic of the Talmudic and Geonic periods*. Ramat Gan: Bar Ilan University Press.

SOKOLOFF, MICHAEL. 2009. *A Syriac lexicon: A translation from the Latin, correction, expansion, and update of C. Brockelmann's Lexicon Syriacum*. Winona Lake: Eisenbrauns; Piscataway: Gorgias Press.

STEINGASS, FRANCIS JOSEPH. 1892. *A Comprehensive Persian-English dictionary, including the Arabic words and phrases to be met with in Persian literature*. London: Routledge & K. Paul.

STEUERWALD, KARL. 1988. *Türkisch-Deutsches Wörterbuch / Türkçe-Almanca Sözlük*. Wiesbaden: Harrassowitz Verlag.

TALAY, SHABO. 2003. *Der arabische Dialekt der Khawetna. II: Texte und Glossar*. Semitica Viva 21,2. Wiesbaden: Harrassowitz Verlag.

TEZEL, AZIZ. 2003. *Comparative Etymological Studies in the Western Neo-Syriac (Turoyo) Lexicon: With Special Reference to Homonyms, Related Words and Borrowings with Cultural Signification*. Uppsala: Acta Universitatis Upsaliensis.

TIETZE, ANDREAS, and GILBERT LAZARD. 1967. „Persian Loanwords in Anatolian Turkish." *Oriens* 20: 125-168.

VOCKE, SIBYLLE und WOLFRAM WALDNER. 1982. *Der Wortschatz des anatolischen Arabisch*. Erlangen (Selbstverlag).

WEHR, HANS und LORENZ KROPFITSCH. 2020. *Arabisches Wörterbuch für die Schriftsprache der Gegenwart*. 6. Auflage. Wiesbaden: Harrassowitz Verlag.

Glossar

Mid̲yoyo - Deutsch

ʾbʿ || Syr. *bʿy Pe.* 'to strive after, to desire' SL 169

I *abiʿ, abiʿo - obiʿ, ibʿo* **(1)** *tr.* wollen, wünschen | *u=ḥa d-obiʿ taza ksamme w u=ḥa d-obiʿ kkŭzadde* 'Wer möchte, bereitet sie frisch zu, und wer möchte, legt sie in Salz ein' MT 2.13:2; *abiʿi d-sayminnene niše* 'Sie wollten sie zu ihren Frauen machen.' MT 3.2:31; *mĭ=kibʿit?* 'Was willst du?' MT 5.2:61; *ibaʿu l-ani d-kibʿi u=qaṭlaṯxu, yaʿni ṭlábunne i=kayisuṯo m-Aloho* 'Wünscht denen, die euren Tod wollen, d.h. bittet um Gutes für sie von Gott.' MT 3.2:42 **(2)** brauchen, nötig sein (*l-*) ⊗ undeklinierbar: *kubʿe/kibʿe* + l-suff. | *kubʿela li=măsălaṯe fĭsoro* 'Diese Sache bedarf einer Erklärung.' MT 5.1:28; *kubʿeli sayfo d-owe kayiso w sisyo ăṣil* 'Ich brauche ein gutes Schwert und ein vollblütiges Pferd.' MT 5.2:61 **(3)** müssen ⊗ undeklinierbar: *kubʿe* | *bĭṯir kubʿe ... d-ʿubri lu=bayto* 'Dann müssen sie ins Haus eintreten.' MT 1.3:30

ʾby/hw || Syr. *yhb Pe.* 'to give' SL 565

I *hule, hula - obe, obo* **(1)** *tr.* geben | *húlale u=maktūb, hawo čikla b-kisa, kṯúlalin ḥreno* 'Sie gab ihm den Brief, den (ursprünglichen) steckte sie in ihre Tasche und schrieb für sie einen anderen.' MT 5.2:23; *u=gawiro d-l-obe akkallăt mĭ=ksaymi buwe ax=xŏrtĭn?* 'Was machen die jungen Leute mit einem Verheirateten, der kein Geld gibt?' MT 1.3:44 **(2)** schenken, gewähren (Gott) | *axir, wálḥasĭli l-Aloho húlelin abro* 'Schließlich schenkte Gott ihnen einen Sohn.' MT 5.1:14 **(3)** hergeben (nach der Verlobung), der Heirat Zustimmung geben | *iḏa d-ibʿi d-l-ĭbila b-ʾḥḏo=naqla, kimmi ašír i=kaččĭkayḏan naʿimto-yo, uʿdo layban d-ĭbínala* 'Wenn sie (die Tochter) aber auf keinen Fall hergeben wollen, sagen sie: Nun ja, unsere Tochter ist noch jung, wir können sie jetzt nicht hergeben.' MT 1.3:6 **(4)** verleihen, geben (Geschmack) | *kmanṭin, kimmínala aḥna ḥalwʾniṯo kobo ṭaʿmo basimo lu=dĭbis* 'Sie bringen (eine Pflanze), die wir *ḥalwʾniṯo* nennen, sie verleiht dem Traubensirup einen angenehmen Geschmack.' MT 1.1:52 **(5)** tragen (Frucht) | *bu=rabiʿ-ste mid Aloho hule i=raḥmayḏe w aṯi maṭro ʿal u=zadano, ʾkyoru, kobe šible* 'Im Frühling dann, wenn Gott seine Güte zeigt und der Regen auf die Saat fällt, wächst sie, bildet Ähren.' MT 1.1:7; *mid hule, u=karmo maṭi l-čăx du=ṭaʿno, yaʿni d-obe aʿ=ʿinwe, qamayto kfoqiḥ baʿ=ʿaynoṯo* 'Wenn der Weinberg so weit ist, dass er trägt, d.h. dass er Trauben trägt, dann brechen zuerst die Knospen auf.' MT 1.1:46 **(6)** geben, erzeugen, bilden | *knofiḥ, lăšan bi=quwe du=nfoḥo di=hawa, d-i=nuro lăšan d-obo šḥanṯo faḏla* 'Er fachte an, damit das Feuer durch die Wirkung des Anfachens der Luft noch mehr Hitze gab.' MT 1.5:15 **(7)** verpassen, versetzen (Schlag) | *aṯi yatu u=rabo, awwĭl d-yatu, húwwalle ḥḏo mgandaṟre, qṭille* 'Der Ältere ließ sich nieder (zum Gebet). Sobald er sich niederließ, verpassten sie ihm einen (Fußtritt) und warfen ihn um. Sie töteten ihn.' MT 5.2:47

obe amro befehlen | *l-ula amro yaʿni d-moḥin bas=siryoye* 'Sie gab keinen Befehl, die Syrisch-Orthodoxen anzugreifen.' MT 3.3:4 → **amro**

obe baxto Ehrenwort geben, versprechen | *aṯí, yasiq hawo šēx Fatḥaḻla l-ʿIwardo, huwe w u-ḥasyo mistarḥamme b-ᵊḥḏoḏe, huwwe baxto w diyane l-ᵊḥḏoḏe* 'Jener Schech Fatḥaḻla kam hinauf nach ʿIwardo, er und der Bischof verstanden sich, sie gaben einander ihr Ehrenwort auf die Religion.' MT 3.1:31 → **baxto**

obe ğăsara l-ruḥe sich wagen, den Mut fassen | *ksoyim lĭ-ksoyim lĭ-kobe ğăsara l-ruḥe d-omir* 'Wie sehr er sich auch anstrengte, er konnte nicht den Mut fassen, es zu sagen.' MT 5.1:39 → **ğăsara**

obe l- (+ 2 Pers.) ḥaye sterben | *komir bĭṯir mid hawile hawo, hawi mkamele tlōṯ-arbaʿ-išne u-babo ti-xwaš húlelux ḥaye, mayiṯ* 'Nachdem er diesen Jungen bekommen hatte, und der Junge drei, vier Jahre alt geworden war, da – mögest du gesund bleiben – gab (der Vater) dir sein Leben, er starb.' MT 5.2:3 → **ḥaye**

obe qum- anstelle von jdm. zahlen | *komir lalʿil ma-tre šayre d-hula qumi, azzino mzabnoli-stene b-ᵊtre* 'Er sagte: zusätzlich zu den zwei Armreifen, die sie für mich hergegeben hatte, ging ich und verkaufte sie auch noch für zwei.' MT 5.1:42 → **qum ~ qim**

obe xabro Nachricht, Bescheid geben | *bĭṯir kobi xabro lu-qašo* 'Dann benachrichtigen sie den Priester.' MT 1.2:3 → **xabro**

obe waʿd versprechen | *băle húlilux waʿd w sōz ʿam Aloho, ğĭmawbannux* 'Doch ich habe es dir versprochen, und ich gebe dir mein Wort bei Gott, dass ich dich hinbringen werde.' MT 5.3:41 → **waʿd**

ʾḏʿ || Syr. *ydʿ Pe.* 'to know' SL 563-564

I *aḏiʿ, aḏiʿo - oḏiʿ, uḏʿo* **(1)** *tr.* wissen | *bĭṯir mid diqqe li-ʿito, kuḏʿi kīt miṯo* 'Wenn sie die Kirchen(glocken) geläutet haben, wissen (die Leute), dass es einen Verstorbenen gibt.' MT 1.2:1; *lĭ-šamiʿi l-aḏiʿi d-awi sayfo ʿal i-siryuṯo* 'Sie hörten nicht, sie wussten nicht, dass der Sayfo gegen die Christen stattgefunden hatte.' MT 3.4:8; *huwe lĭ-koḏiʿ i-nuqro mede ʿamuqo-yo* 'Er wusste nicht, dass *nuqro* etwas Tiefes ist.' MT 5.4:2 **(2)** *tr.* kennen | *lĭ-kuḏaʿno išme* 'Seinen Namen kenne ich nicht.' MT 3.2:14; *u-kalbano kuḏʿatle?* 'Kennst du diesen Hund?' MT 5.3:49 **(3)** *tr.* verstehen, feststellen, erfahren ⊗ nur in Präteritum belegt | *komir i-naqqayo aḏiʿ, u-aḥuno ᵊš-ṭaw mene-yo bi-gawruṯo* 'Da wurde ihm klar, dass sein Bruder ihn an Mannhaftigkeit noch übertraf.' MT 5.3:46; *aḥna li-nuqro d-huwe komir kimmínale ṭaġno, aḏiʿit?* 'Und das, was er *nuqro* nennt, nennen wir *ṭaġno*, weißt du.' MT 5.4:3 **(4)** *tr.* können | *li-koḏiʿ qore xdoṯi* 'Er kann nicht lesen, ebenso wie ich.' MT 5.2:31 **(5)** *intr.* sich mit (*b-*, *me*) etw. auskennen | *kīt baynoṯayye noše d-kuḏʿi bu-tawno* 'Es gibt unter ihnen Leute, die sich auf das Häcksel verstehen.' MT 1.1:16 **(6)** einander erkennen (Euphemismus) | *kito ʿade m-meqim, hayo baṭilo uʿdo, bas hawxa-wa, i-naqla bĭṯir mid aḏiʿi ḥḏoḏe, d-hawin aṯto w gawro, mašmᵊʿiwo u-ahᵊl diṯṯe* 'Es gab früher einen Brauch, der jetzt nicht mehr üblich ist, aber es war so: Nachdem sie einander erkannt hatten und Mann und Frau geworden waren, benachrichtigten sie ihre Verwandt-schaft.' MT 1.3:38

Ip *iḏīʿ, iḏiʿo - miḏiʿ, miḏoʿo intr.* erkennbar sein | *u-ḥillík bu-ʿamrayḏe kmiḏiʿ* 'Die Sorte *ḥillík* erkennt man an ihrer Wolle.' MT 1.1:89

ʾkl → **ʾxl**

III *mokele, mokela - mokil, muklo* füttern, zu essen geben

ʾlx → hlx

II *malaxle, malaxla - malix, malxo* (zu Fuß) gehen | *mille hēš hiya damixto aḥna ṣafro gïqaymina m-arke gïmalxina* 'Er sagte: Während sie noch schläft, werden wir morgen hier aufbrechen und weiterziehen.' MT 1.5:57

ʾmn || Arab. *ʾmn II* 'sichern, sicher machen' Wehr 31

II *mʾamalle, mʾamalla - mʾamin, mʾamno tr.* sicherstellen | *sidayna ar=rēğbar, lăšan d-qudri mʾamni u=qūt daḥ=ḥïyewin ditte, lu=gorān di=šato* ... 'Bei uns (machen) die Bauern, um das Futter für ihre Tiere sicherzustellen, entsprechend dem Jahr ...' MT 1.1:66

IIp *mʾamin, mʾamno - miʾamin, miʾamno* garantiert werden, sichergestellt werden | *wăláw-ki bi=ṣaye d-Šēx Fatḥulla hawi u=ṣulḥ w bi=ṣaye di=ḥkume mʾamin u=ʾăman* ... 'Auch wenn es durch die Bemühungen von Scheich Fatḥulla zum Frieden kam, und durch die Bemühungen der Regierung wieder Sicherheit einkehrte ...' MT 3.2:38

ʾmr || Syr. *ʾmr Pe.* 'to say' SL 57

I *mille, milla - omir, immo* **(1)** sagen | *mille laybi ŭteno ŭxanno aʿmayxu? mirre lo* 'Er sagte: Kann ich nicht kommen und mit euch essen? Sie sagten: Nein.' MT 4.2:2; *kimmina gïd-ote Mšiḥo mï-nfiqte=d-yawmo* 'Wir sagen: Christus wird aus dem Osten kommen' MT 1.2:11 **(2)** (*l-*) nennen | *kimmile u=dayroyo kosani* 'Man nannte ihn den bartlosen Mönch.' MT 5.1:24; *sidayna aw=warzani, kowe binne fuğe, zăbaš, farḥe kimmínalle šaṭṭiyāt. w qarʿe, ḏōlmᵊkāt* 'Bei uns wachsen auf den Melonenfeldern Zuckermelonen, Wassermelonen, Gurken und was wir *šaṭṭiyāt* nennen, Kürbisse, und Zucchini.' MT 1.1:4

IIIp *mtamir, mtamro - mitamir, mitamro* (*l-*) genannt werden | *mid ᵊʿṣïrile knuhti am=mayatte, am=maye ḥalye daʿ=ʿinwe li=maḥṣarto, kmitamirre maye ḥalye* 'Wenn er sie (die Trauben) ausgepresst hat, fließt ihr Saft, der süße Traubensaft in die Kelter. Man nennt ihn süßen Saft.' MT 1.1:51

ʾṣr || Syr. *ʾsr Pe.* 'to bind, tie' SL 79

III *maṣille, maṣilla - maṣir, maṣro tr.* binden, fesseln, anschirren (Pferd, Zugtier), festnageln | *mid bahiro kmaṣirre w gdowir aʿlayye* 'Wenn es hell geworden ist, schirrt er sie (seine Ochsen) an und pflügt mit ihnen.' MT 1.1:2; *hano maṣille ab=bağlayde w mḥele darbe qume* 'Er schirrte seine Maultiere an und nahm seinen Weg in Angriff.' MT 5.1:5; *ḥirre hawxa b-ᵊḥdode flān, mirre alo l-ano maṣïllelan* 'Sie schauten sich gegenseitig an, sie sagten: Dieser Mensch hat uns festgenagelt.' MT 4.3:11

ʾṯr || Arab. *ʾṯr V* 'beeindruckt, beeinflusst sein oder werden' Wehr 4

IIp *mʾaṯir, mʾaṯro - miʾaṯir, miʾaṯro intr.* von (*m-*) etw. betroffen werden, beeinflusst werden | *mïḥénawo binne tfïnag lï=miʾaṯarwo aʿlayye* 'Wir beschossen sie mit Gewehren, doch es hatte keine Wirkung auf sie.' MT 3.2:39

ʾṯy || Syr. *ʾṯy Pe.* 'to come' SL 110

I *aṯi, aṯyo - oṯe, uṯyo* **(1)** kommen, ankommen, sich nähern, näher kommen | *aṯina mu=ḥṣodo* 'Wir kamen von der Getreideernte.' MT 3.1:2; *mhawalle ʿal i=ʿaskar diḏe, aṯyo i=ʿaskar diḏe* 'Er rief seine Soldaten, seine Soldaten kamen.' MT 5.1:11; *aṯi lu=bayto* 'Er kehrte nach Hause zurück.' MT 5.2:66; *ḥur i=naqqa d-ʾoṯe laffelux manṭe* *i=ḏarbo aᶜlux d-mĭḥelux, maḷḷe mar aᶜᶜaww qay lŭno qṭili babux?* 'Pass auf, wenn er auf dich zukommt und zum Schlag ausholt, um dich zu treffen, dann sag: Heheh! Habe etwa ich deinen Vater getötet?' MT 5.2:93 **(2)** kommen, (an einen bestimmten Platz) gestellt oder gebracht werden | *i=draxṯayo kizzé ḥa mĭ-du=bayto kmaqlabla, lăšan u=naᶜimo d-oṯe laltaḥ w u=xašuno d-oṯe l-lalᶜil* 'Einer von der Familie geht, um das Dreschgut umzuwenden, damit das Feingemahlene nach unten zu liegen kommt und das Grobe nach oben.' MT 1.1:14 **(3)** kommen, beginnen (z.B., Zeitpunkt, Saison, Zustand) | *bĭṯir mid aṯi u=ḥṣodo, kmanšᵊfi a=ᶜwone lăšan ᵊd-miski čike d-baṣro* 'Wenn die Erntezeit gekommen ist, dann melken sie die Schafe nicht mehr, damit sie etwas Fleisch ansetzen können.' MT 1.1:88; *miḷḷe ánnaqqa aṯi u=waᶜd diḏux qqŭṭannux* 'Er sagte: Jetzt ist deine Zeit gekommen, ich werde dich töten.' MT 5.3:44 **(4)** kommen, fallen (Schnee, Regen, Wind) | *Aloho mid manṭele u=waxt du=maṭro koṯe maṭro aᶜle, ᵊkmawriq* 'Wenn Gott die Regenzeit bringt, regnet es auf (die Saat) und sie grünt.' MT 1.1:7; *knuṭri u=yawmo d-oṯe hawa* 'Sie warten auf einen Tag, an dem der Wind weht' MT 1.1:17 **(5)** hervorkommen (Geräusche, Licht) | *ḥzeli mᶜarṯo, kĭlé koṯe bĭṣuṣe d-nuro mena* 'Da sah ich eine Höhle, aus der ein Feuerschein kam.' MT 5.3:28; *ḥiḷḷe kĭlé koṯe wĭč wĭč wĭč wĭč d-safrune, m-ᶜal i=dawmo* 'Da vernahm er das Gezwitscher von Vögeln aus dem Baum.' MT 5.3:33 **(6)** jdn. (ᶜal) treffen (Sonne) | *ḥiḷḷe lu=ṭayro aṯyo i=šimšo aᶜle, komir mḥele hawxa ğănāḥ diḏe qm-u=yawmo, símlele ṭĭlolo* 'Dann sah der Vogel, dass die Sonne auf (den jungen Mann) schien, und er breitete seine Flügel vor der Sonne aus und machte Schatten für ihn.' MT 5.3:38 **(7)** dann ⊗ ohne klare Bedeutung, steht vor dem Hauptverb des Satzes, auf das er verweist | *iḏa aṯi w hawi u=yawmo ġắlăbe ḥayumo adiᶜ ṣahin, kmaštelin naqqa=ḥreto* 'Wenn der Tag sehr heiß ist, dann weiß er, dass sie (wieder) durstig geworden sind, er tränkt sie noch einmal.' MT 1.1:95; *ema d-aṯí w qšiᶜi aṣ=ṣŭroye mi=arᶜo, i=qriṯaṯe kibi ŭno malimno kulle w nŭḥaṇṇulle* 'Sollten die Christen auf der Erde ausgerottet werden, dann kann ich selber dieses Dorf zusammenrufen und alle abschlachten.' MT 3.2:20

oṯe ᶜal (1) jdm. (zu schwer) vorkommen, erscheinen | *mid daᶜiri am=miḏyoye-ste twiri, w i=quwwe daṭ=ṭaye aṯyo aᶜlayye ġắlăbe, mahzamme* 'Nachdem sie abgezogen waren, blieben die Leute von Midyat geschwächt zurück. Die Kampfkraft der Muslime setzte ihnen sehr zu, und sie flohen.' MT 3.2:4 **(2)** angreifen | *kul=yawmo gd-ĭṯewo aḷāy d-ᶜaskar aᶜlayye* 'Jeden Tag wurden sie von einem Regiment Soldaten angegriffen.' MT 3.1:21 → **ᶜal**

oṯe b-iḏ- Gelegenheit haben | *uᶜdo-ste yaᶜni d-oṯe b-iḏayye, xid ᵊksaymi mede kayiso l-Aloho, i=naqqa d-ᵊksaymi ḥarbuṯo aᶜlayna, yaᶜni kḥušwila xēr* 'Auch heute noch, wenn sie die Gelegenheit haben und uns Böses antun, ist das so, als ob sie damit für Gott eine gute Tat vollbringen würden. Das heißt, sie halten das für eine gute Tat.' MT 3.3:17 → **b, iḏo**

oṯe b-qarᶜ- erleben, erfahren | *l-ayko d-izzá koṯe tăšaqil b-qarᶜa* 'Sie bekam Probleme, wo immer sie auch hinging.' MT 5.1:18 → **b, qarᶜo¹**

oṯe hiš diḏ- ... l- zur Besinnung kommen | *i=kaččīke žnu, komir aṯi hiš diḏa l-riša, miḻḻa háwulli muklo* 'Erst da kam das Mädchen zur Besinnung, sie sagte: Gebt mir zu essen.' MT 4.4:12 → **hiš, diḏ-, l-**

oṯe laf l- zu Hilfe kommen | *aṯinwo a=ʿĭwardnoye-ste laffelayye* 'Die Leute von ʿIwardo waren ihnen zu Hilfe gekommen.' MT 3.2:3 → **laf ~ laff (l-)**

oṯe l-bol- sich an etw. erinnern | *u=ʾahᵊl-ahᵊl gdumxi sĭ-mōr du=miṯo, ḥatta d-ṭoʿin u=miṯaṯṯe d-l-oṯe l-bolayye* 'Die engeren Verwandten schlafen bei den Angehörigen des Toten, damit sie den Toten vergessen und er ihnen nicht in den Sinn kommt.' MT 1.2:13 → **l-, bolo**

oṯe l-ᵊḥḏoḏe sich einigen | *aṯí, miḻḻe bas-yo, l-ayna waxt-yo? hinne xulqa w aḥna xulqa, bas-yo. toxu, toxu d-ŭṯena l-ᵊḥḏoḏe* 'Er sagte: Es reicht. Wie lange (soll das weitergehen?). Sie sind Geschöpfe und wir sind Geschöpfe, es reicht. Kommt! Kommt, wir wollen uns einigen.' MT 3.1:30 → **l-, ḥḏoḏe**

oṯe l-iḏ- bekommen, verdienen | *i=ṣinʿa kítwola qime, w mimadwo kallāt šafire, u=ṣinʿatkār ŭṯewo l-iḏe* 'Das Handwerk besaß seinen Wert, und man nahm gutes Geld ein; der Handwerker bekam (gutes Geld) in die Hand.' MT 1.5:7 → **iḏo**

oṯe m- imstande sein | *u=kīn w i=dižmĭnayiyayḏan čiko bag=garme daʾ=ʾinsanatani, d-oṯe mĭnayye li=kṭūrallan-yo* 'Der Hass und die Feindschaft gegen uns ist diesen Menschen bis tief in die Knochen gedrungen. Wenn sie imstande wären, würden sie uns das nicht durchgehen lassen.' MT 1.6:7 → **mĭ**

ʾṯy + l → ʾṯy

I *aṯile, aṯila - ŭṯele, ŭṯela* **(1)** bekommen | *kkurwinne w ṯūnanne w mbasminne w zurʿinne warzo, lăšan ᵊd-miḥafiḏ u=karmo d-zriʿʿe u=ḥaṯo, w lăšan d-ŭṯalle hatin mi=arʿo d-lĭ=fayšo xliṯo* 'Dann führen sie das erste, zweite und dritte Pflügen durch und säen auf den Äckern Melonen ein, damit der neue Weinberg, den sie angelegt haben, geschützt ist, und damit sie von dem Acker ein Einkommen haben, damit er nicht brach liegt.' MT 1.1:43 **(2)** angreifen, überfallen | *aḥuno hawār-yo grašli l-xaṭir d-Aloho, man aṯilux? miḻḻe layt nošo, aḻo as=sisye-ne* 'Bruder, schnell, zieh mich um Gotteswillen hoch, wer hat dich angegriffen? Er sagte: Es ist niemand, es sind bloß die Pferde.' MT 5.2:45

ŭṯe + l- kēf sich freuen, Freude empfinden | *miḻḻe hāt qay hawxa kmoḥit raġloṯux bak=kefe du=quṣro kimmit didididididi...? omir* ᴷ*aġaye-mĭ*ᴷ *i=naqqa d-ᵊkġulbítunne kŭṯeli kēf, d-lo kmitwir kēf diḏi* 'Er sagte: Warum schlägst du deine Füße gegen die Steine des Schlosses und rufst: didididididi? Er sagte: Mein Agha, wenn ihr die Oberhand über sie gewinnt, empfinde ich Freude, wenn nicht, wird mir die Freude verdorben.' MT 5.2:28 → **kēf**

ʾxl || Syr. *ʾkl Pe.* 'to consume, to eat' SL 41

I *axile/xile, axila/xila - oxil, uxlo tr.* essen | *miḻḻe laybi ŭṯeno ŭxanno aʿmay-xu? mirre lo, hāt zlām ḥărām w aḥna ḥălāl, áydarbo gd-oṯit uxlit aʿmayna, mḥarmit u=muklayḏan-ste?* 'Er sagte: Kann ich nicht kommen und mit euch essen? Sie sagten: Nein, du bist unrein und wir sind rein, wie könntest du kommen und mit uns essen und auch unser Essen unrein machen?' MT 4.2:2; *l-Aloho mšalaṭle dewo aʿle lĭ=ṭrele tĭ=mede mĭ-diḏe d-l-áxile ġēr at=tarte iḏoṯani* 'Da ließ Gott einen Wolf auf ihn los. Der ließ nichts von ihm übrig, was er nicht gefressen hätte, außer den beiden Händen.' MT 5.1:27

III *mokele, mokela - mokil, muklo tr.* füttern, zu essen geben | *i=milla xila ḥdode, măsălan xud Midyad quryo lu=mağmaᶜ d-hawīr dida kule, da=mšiḥoye w d-saymi ᶜedo w muklinne w maštanne tloto=yawme* 'Es herrschte Menschengedränge, wie wenn zum Beispiel Midyat alle Leute der Umgebung einladen würde, die Christen, ein Fest veranstalten und (die Gäste) drei Tage lang mit Speis und Trank bewirten würde.' MT 4.1:3

Ip *xīl, xilo - mitxil, mitxolo intr.* gegessen werden | *kmaḥtatle ᶜil mĭnayye, kŭwelux qōšxane d-ᵊhno, ḥimṣe qarᶜone, ġắlăbe basime, hani-ste kmitxoli.* 'Du gibst sie (die Sauce) darüber, dann hast du einen ganzen Topf von Kichererbseneintopf mit Grießbällchen. Die isst man auch gerne und sie schmecken sehr gut.' MT 2.11:6

oxil ḥdode ⊗ mit *milla, ᶜamo, noše* ein Menschengedränge bilden | *i=milla xila ḥdode, măsălan xud Midyad quryo lu=mağmaᶜ d-hawīr dida kule* 'Es herrschte Menschengedränge, wie wenn zum Beispiel Midyat alle Leute der Umgebung einladen würde.' MT 4.1:3 → **ḥdode**

ᵓzl || Syr. *ᵓzl Pe.* 'to go' SL 24

I *azzé, azzá - izzé, izzá* ⊗ gelegentlich mit *l-* erweitert: *azzele, azzala, izzele, izzala* **(1)** *intr.* gehen | *l-ayko d-izzá kote tăšaqil b-qarᶜa* 'Sie bekam Probleme, wo immer sie auch hinging.' MT 5.1:18; *l-ayko gizzúx?* 'Wohin gehst du?' MT 5.1:31; *azzele arbo ḥamšo=yawme* 'Er ging vier fünf Tage.' MT 4.5:1 **(2)** weggehen | *mid azzín hanik ...* 'Nachdem sie (die Eltern des jungen Mannes) wieder gegangen sind ...' MT 1.3:7; *kimšayᶜi aᶜ=ᶜeze lu=ṭuro, w aṣ=ṣafure-stene bĭṯir mid azzín aᶜ=ᶜeze kimšayᶜinne lu=ṭuro* 'Dann schicken sie die Ziegen ins Gelände, und auch die Zickel schicken sie ins Gelände, nachdem die Ziegen schon vorausgegangen sind.' MT 1.1:74; *u=zᶜuro mḥele rağle b-ṭize w azzé* 'Der Junge lief eilends davon.' MT 5.2:24 **(3)** verlorengehen, verschwinden | *komir tăbí hiya mṭavzo, azzela tloto=naᶜime, w azzín ad=dōṣtīn dida* 'Natürlich war sie wie erstarrt, sie hatte drei Kinder verloren, und auch ihre Liebhaber waren verschwunden.' MT 5.3:56 **(4)** aufhören, verschwinden, entweichen | *bĭṯir mid azzá i=lahbe, kmaydo ṭlamṯo b-ṭlamṯo kfutḥola* 'Wenn die Flammen erloschen sind, nimmt sie einen Teigklumpen nach dem anderen und formt sie (zu Broten).' MT 1.1:24; *u=mede d-simle d-ŭmalle dōġri, gĭn-naḥle w d-l-ómir doġri u=kewayde lĭ=kuzze* 'Wenn er ehrlich sagt, was er getan hat, dann wird er genesen. Wenn er es aber nicht ehrlich sagt, dann wird seine Krankheit nicht verschwinden.' MT 5.1:35 **(5)** passen | *i=naqqayo kibux turit beᶜe, mgambᵊlatte bab=beᶜe w šilqatte hawxa b-dihniṯo. aᶜmayye-ste kizzé sắlăṭa* 'Dann konntest du Eier aufschlagen, sie (die Kutle) in den Eiern wälzen und so mit Fett braten. Dazu passt ein Salat.' MT 2.7:16 **(6)** vergehen (Zeit) | *azzé kibe šato baliq aᶜlayye* 'Es verging etwa ein Jahr, da erschien (der Herrscher) bei ihnen.' MT 5.5:2; *azzé midde šēṯ, šwaᶜ, tmone ḥsar=išne-yo* 'Es verging eine Zeit, ob es nun sechs, sieben, acht oder zehn Jahre waren.' MT 5.2:5 **(7)** jdn. (*l-*) erreichen, bei jdm. ankommen (z.B. Lärm) | *an=noše, d-izzéwolin u=ḥiss, izzinwo, ummiwo, bu=qărăqōl, lĭ-kṭūrallan raḥa, mu=ḥiss* 'Die Leute, die vom Lärm betroffen waren, gingen zur Polizei und sagten: Sie lassen uns wegen des Lärms keine Ruhe.' MT 1.5:25 **(8)** entstehen (z.B. Lärm) | *u=šuġlo d-lĭ=knofiq ḥiss mene i=naqqa d-lĭ=moḥit dŭququo, čakuč, ʿal u=sāč, ʿal u=sindān, lĭ=kizze ḥiss* 'Die Arbeit, bei der kein Lärm entsteht: Wenn du nicht mit dem Schlegel oder Hammer auf das Blech, den Amboss schlägst, dann entsteht kein Lärm.' MT 1.5:30 **(9)** ⊗ bezeichnet eine Bewegung, den Beginn der Handlung | *uʿdo ġắlăbe naqqāt kizzín as=saṭlatte kmidarqʾli, kimmi kaṯilux Mōr Malke kmarfelin* 'Noch jetzt verhaken sich ihre Wassereimer oft (im Brunnenschacht), dann sagen sie: Gleich kommt Mor Malke, dann lässt (der Teufel) sie los.' MT 4.4:24

izzé bi=hawa umsonst sein | *mĭnayye lĭ=kuḏʿi kmaḥtile b-šĭriṭo, naqlāt kmiqṭiʿ u=šĭriṭo w kizzé u=tăʿab diṯte bi=hawa* 'Einige kennen sich nicht aus, sie hängen sie an eine Schnur, und manchmal reißt dann die Schnur und ihre ganze Mühe war umsonst.' MT 1.1:62 → **b, hawa**

izzé bi=ḥolo vergehen (Zeit) | *azzé kibe tarte-tlōṯ=saʿāt bi=ḥolo* 'Zwei oder drei Stunden vergingen so.' MT 4.2:10 → **b, ḥolo**[1]

izzé bi=šanṯo in einen tiefen Schlaf versinken | *kmaḥto i=ḥmirto di=šanṯo b-aḏni, kuzzino bi=šanṯo w hiya kuzzá lu=kēf diḏa* 'Sie legt mir eine Schlafperle ins Ohr, dann falle ich in den Schlaf und sie begibt sich zu ihren Vergnügungen.' MT 5.3:53 → **b, šanṯo**

izzé qm-i=raġlo unter die Räder kommen | *i=naqla d-hule ḥirriye lu=wăla-ṭawo diḏan b-naqla mdaywalle ... l-ʾḥḏoḏe-ste lo kayise, ánnaqqa aḥna b-naqqa azzán qm-i=raġlo* 'Als sie (die Demokraten) unserem Gebiet Freiheit gaben, geriet es völlig aus den Fugen. Auch untereinander vertrugen sich (die Leute) nicht gut. Wir aber kamen vollends unter die Räder.' MT 3.3:16 → **qum ~ qim, raġlo**

iḏ- lĭ=kuzza ʿal es nicht über sich bringen | *iḏe lĭ=kuzza ʿal i=sisto* 'Er brachte es nicht über sich, die Stute (herauszugeben).' MT 5.2:102 → **iḏo, lĭ= ~ lo= ~ l-, ʿal**

leb- izzé auf (*l-*) etw. Lust haben, Appetit haben | *miḻḻa ašir kayuto-no. e lebix l-mĭ=kuzze? miḻḻa d-ŭwéwoli zăbaš, ašir gd-uxlanwo* 'Sie sagte: Ich bin krank. – Worauf hast du denn Lust? Sie sagte: Wenn ich Wassermelonen hätte, würde ich davon essen.' MT 5.3:56 → **lebo**

ruḥ- izzá/zila schwinden, dahin sein (Atem, Geduld, Lebenskraft) | *l-íḏʿinawo lo miṯe-na w lo sāġ-na, ruḥan zila, tayĭmowa i=ruḥo* 'Wir wussten nicht, ob wir tot oder lebendig waren. Unsere Lebenskraft war dahin! Die Lebenskraft war zu Ende.' MT 3.1:21 → **ruḥo**

ʾzl + l- → ʾzl

I *azzele, azzela - izzele, izzela* verlieren | *komir tăbí hiya mṭavzo, azzela tloṯo=naʿime, w azzín ad=dōṣtīn diḏa* 'Natürlich war sie wie erstarrt, sie hatte drei Kinder verloren, und auch ihre Liebhaber waren umgekommen.' MT 5.3:56

a

a= ⊗ vor Substantiven, die mit zwei Konsonanten beginnen bestimmter Artikel *pl.* | *kamṭin a=dgišyoṯo dam=maye* 'Sie bringen die Krüge mit Wasser.' MT 3.1:14 = **aK=, ann=**

āʿʿáʾ *interj.* Interjektion des Erstaunens: Donnerwetter! | *ḥiḻḻe kĭle koṯe nāl, āy āy āy mi=škere dak=kefani. āʿʿáʾ, qay kīt nošo harke miḻḻe ʿắğăba* 'Da bemerkte er, dass ein Stöhnen aus diesem Steinhaufen drang: *āy āy āy*. Donnerwetter, gibt es hier vielleicht jemanden, sagte er.' MT 5.1:10

aʿʿʿʿʿaww *interj.* Interjektion des Erstaunens: oh je! | *miḻḻe aṯino kubʿeno i=ḥikkoye d-Gŭlo Zĭlo Bando. miḻḻe aʿʿʿʿʿaww ḥaru baytux* '(Der Junge) antwortete: Ich bin gekommen, weil ich die Geschichte von Gŭlo Zĭlo Bando (hören) will. (Der Vogel) sagte: Oh je! Der Teufel soll dich holen.' MT 5.3:40

ăbad nichts, überhaupt nicht | *rawixi ʿal as=sisyaṯṯe w ya aḻḻāh, mahzamme. komir mahzamme, e u=ʿulmo kuzzín, ḥăša maḥ=ḥiḏḏār, ab=benamūs kuzzín. azzín mšayalle ḥiṟṟe, lo aṯṯo kīt w lo rayiḥ kīt lo ğeye kīt, ăbad* 'Da bestiegen sie ihre Pferde und – auf geht's – sie machten sich auf die Flucht. Sie flohen, nun, die Leute gingen – Verzeihung vor den Anwesenden – die Leute ohne Anstand gingen, sie gingen, fragten, schauten: Da gab es keine Frau, kein dieses und jenes, nichts!' MT 4.5:17 • RW 25 || cf. Arab. *ʾabadan* 'stets; niemals, keineswegs' Wehr 1 → **ắbădan**

ắbădan überhaupt nicht | *u=zʿuro gd-immit balki ğule lĭ=tarin, ắbădan, hawile tloṯo=yawme b-gawe du=băḥar* 'Der Junge, du könntest sagen, seine Kleider sind nicht im Geringsten nass geworden, (obwohl) er drei Tage im Innern des Meeres verbracht hatte.' MT 4.1:7 • RW 25 || Arab. *ʾabadan* 'stets; niemals, keineswegs' Wehr 1 → **ăbad**

ăbădí *adv.* ewig | *ksaymile yawmo d-fŭyašše-yo xatĭrá, ăbădí* 'Sie machen es zu einem Tag, der ihnen ewig in Erinnerung bleiben soll.' MT 1.3:16 • Nicht in RW || Arab. *ʾabadī* 'ewig dauernd, endlos' Wehr 1

abne → **abro**

abnoṯo → **barṯo**

abohoṯo *n. pl.* Kirchenväter | *omir lo tlōṯmo-w-šēṯ-w-išti abohoṯo latimi w maḥatte u=ṣawmano? omir bele* '(Der Mönch) sagte: Haben nicht dreihundertsechsundsechzig Kirchenväter sich versammelt und dieses Fasten festgelegt? Er sagte: Doch.' MT 4.3:9 • cf. *abo* RW 26 || Syr. *abohoṯo, pl.* zu *abo 'father'* SL 1

abro *n.m., pl.* **abne** ⊗ gen. *sg. abre* vor KK und *abᵊr* vor Kv **(1)** Sohn | *u=abrayḏa* 'ihr Sohn' MT 1.4:3; *abᵊr du=Ḥapṣuno* 'Sohn des Ḥapṣuno' MT 1.7:1 **(2)** Kind, Junge | *hōl d-kitna săġ w maye b-abre-d-abnayna ...* 'Solange wir leben und solange Blut (wörtl.: Wasser) in (den Adern) unserer Kindeskinder fließt ...' MT 3.1:19; *a=tre ṭărafe abne-ne* 'Beide Seiten sind (Landes)kinder.' MT 3.2:17 **(3)** (... Jahre) alt ⊗ mit Altersangabe | *huwe abre d-ḥamšaḥṣar=išne-we i=naqqa du=sayfo* 'Er war zum Zeitpunkt des Sayfo fünfzehn Jahre alt.' MT 3.2:22 • RW 26 || Syr. *bro, pl. bnayo* 'son' SL 177

abre=d-aḥuno Neffe, Sohn des Bruders | *u=yūzbaši-stene kitle abre d-aḥuno aʿme* 'Der Hauptmann hatte einen Neffen bei sich.' MT 5.1:15 → **aḥuno**

abre=d-ʿammo Vetter | *immo áydarbo d-owe ŭno w hat d-ᵊḥdode-na abre d-ʿammi-hat w u=admaydi-hat* 'Sie sagte: Wie auch immer, ich und du, wir gehören zusammen. Du bist mein Vetter, du bist von meinem Blut.' MT 5.2:15 → **ʿammo**

abuna *n.* Hochwürden (Anrede und Titel des Priesters in der syrisch-orthodoxen Kirche) | *kati abuna u=xori* 'Unser Chorbischof ist gekommen.' MT 1.6:11 • RW 26 || Arab. *ʾabūnā* 'id.' Wehr 2

abzoro *n.m., pl.* **abzore** Pflug, Pflugbaum | *kmaḥatle u=daworo u=niro w u=masoso ... b-ide, w u=abzoro ʿal katfe* 'Der Pflüger nimmt Joch und Ochsenstachel in die Hand und legt sich den Pflug über die Schulter.' MT 1.1:2 • RW 26 || Syr. *ʾabzoro* 'plow beam' SL 3

ačiq *adj.* übrig | *mi=maye-w-murin lĭ=qadir d-ŭxelin, ṭrille ačiq* 'Wegen des Taufwassers und des Tauföls konnte (der Wolf) sie (die Hände) nicht fressen, er ließ sie übrig.' MT 5.1:28 • Nicht in RW || Türk. *açık* 'offen'

Ădăne Adana, Stadt in der Türkei | MT 3.4:2

ádlalyo *adv.* heute Abend, heute Nacht | *u=rabo qayim miḷḷe ádlalyo ŭno ko-gid-samno i=wăḏifa qamayto ʿal babi, gĭqŭreno ay=yasināt ʿal babi ŭno* 'Der Älteste sagte: Heute Abend werde ich die erste Pflicht für meinen Vater erfüllen, und ich werde für meinen Vater die Koransuren lesen.' MT 5.3:4 • RW 27 || Tezel 2003: 242-43 → **lalyo**

admo *n.m.* **(1)** Blut | *mgambelan kulan ṣalmayna bu=admo, ğan nošo d-lĭ=ḥŭzelan, d-lĭ=miblilan aṭ=ṭaye* 'Wir alle beschmierten unsere Gesichter mit Blut, damit niemand uns sah, damit uns die Muslime nicht mitnahmen.' MT 3.1:6 **(2)** Blutsverwandtschaft | *immo áydarbo d-owe ŭno w hat d-ᵊḥdode-na abre d-ʿammi-hat w u=admaydi-hat* 'Sie sagte: Wie auch immer, ich und du, wir gehören zusammen. Du bist mein Vetter, du bist von meinem Blut.' MT 5.2:15 • RW 27 || Syr. *dmo* 'id.' SL 307

mawfiq admo (m-) blutig verletzen → **nfq**

adro *n.f., pl.* **adroṯo** Tenne, Dreschplatz, Dreschgut auf der Tenne | *lo=kmaḥtile mbarbᵊzo mĭ-ḥdode kul=ḥa b-dukṯo, raḥuqe, kulle kowin b-dukṯo kimmila lu=mawqᵊʿawo adro* '(Das Dreschgut) legt man nicht getrennt voneinander, entfernt, sondern (die einzelnen Haufen) sind alle an einer Stelle. Diesen Ort nennt man Tenne (Dreschplatz).' MT 1.1:10 • RW 27 || Syr. *eḏro* 'id.' SL 11

ádšato *adv.* dieses Jahr | *u=pallăsīs hano mi=qarʿo kmisim, ŭno harke simli, ádšato tlōṯ=naqqāt* 'Der Pallăsīs (Kürbisauflauf) wird aus Kürbissen gemacht, ich habe ihn hier gekocht, dreimal dieses Jahr.' MT 2.12:1 • RW 27 || Tezel 2003: 242 → **šato**

aḏno *n.f., pl.* **aḏnoṯo** Ohr | *mḥalaqle buġro, saliq u=ḥa mĭnayye, qṭiʿle qarʿe midle ann=aḏnoṯo w čĭkile b-kiso* 'Er warf einen Kieselstein hinab, einer von ihnen stieg hinauf, und er schlug ihm den Kopf ab, nahm die Ohren und steckte sie in einen Sack.' MT 5.3:16 • RW 27 || Syr. *eḏno* 'id.' SL 10

ăfandi Anrede: Herr, Efendi | *mĭk=kubʿit qaymăqām ăfandi?* 'Was wollen Sie, Kaymakam Efendi (Herr Landrat)?' MT 1.6:6 || Türk. *efendi* 'id.'

afraḍ *adj.* wichtiger, besser geeignet | *áydarbo samno áydarbo lĭ=samno kmaqlib kmakrix, nĭhaye aṯi l-bole u=qariwo.*

mil̲le afrad̤ mu=qariwo mede layto 'Wie soll ich es machen, wie soll ich es nicht machen? Er wendet es hin und her, schließlich kam ihm der Pate in den Sinn. Er sagte: Es gibt niemanden, der besser geeignet wäre als der Pate.' MT 5.1:4 || cf. Arab. *fard̤* 'religiose Pflicht' Wehr 694; cf. Arab. *fārid̤* 'old, aged', *afrad̤* 'the most skilled in the division of inheritances' Lane 2375

Afrim männlicher Personenname, Afrem | MT 4.1:1

ăgar *conj.* wenn, falls | *ăgar ... u=samdo du=garso šafiro-yo, sīm hawxa mĭ-ḥeṭo iṭālyaniye, maḥtíwole rišo-rišo* 'Wenn der *samdo* des *garso* schön war, wenn er aus italienischem Weizen hergestellt war, dann nahm man sie zu gleichen Teilen.' MT 2.7:8 • RW 28 || Kurm. *eger* 'id.' Chyet 173; cf. Türk. *eğer* 'id.'

agono *n.f.*, *pl.* **agone** Tonschale, Tonbecken | *izzí manṭanwo i=agono mĭ-gabayye, w i=širtan biya, w hawxa dayfínawola* 'Ich ging und holte die Tonschale bei ihnen ab. (Wir gaben) die Joghurtkugeln hinein und rieben sie darin hin und her.' MT 2.6:2 • RW 28 || Syr. *agono* 'basin, pitcher' SL 7

aġa *n.m.*, *pl.* **aġawiye, aġawat** Agha, Stammesführer, Clanführer, Feudalherr | *kitwo bu=waxtawo Čălăbiyo w Sarḥano, hani aġawiye-wayye* 'damals gab es Čălăbiyo und Sarḥano, die waren Aghas.' MT 3.2:11 • RW 28 || Kurm. *axa* 'id.' Chyet 16

aġlab **(1)** *n.* Mehrheit von (*d-*) | *w b-Mid̲yad̲ aġlab dit̲t̲e qqurwi l-ᵊḥd̲od̲e* 'Und in Midyat sind die meisten Leute (wörtl.: die meisten von ihnen) miteinander verwandt.' MT 1.2:65 **(2)** *adv.* meistens, überwiegend | *u=ḥĭwolo dak= kalot̲o aġlab yawme d-ḥiššabo-yo* 'Die Überführung der Bräute findet meistens am Sonntag statt.' MT 1.3:33 • RW 29 || Arab. *ʾaġlab* 'id.' Wehr 672

ăğanib *n. pl.* Ausländer | *bayn ann=ăğanib kimmile* ᵀ*noyel bayramı*ᵀ *aḥna sidayna riše di=šato-yo* 'Bei den Ausländern nennt man ihn Noel Bayramı, wir nennen ihn Neujahrstag.' MT 1.3:16 • RW 27 || Arab. *ʾağnabī, pl. ʾağānib* 'id.' Wehr 153 → **ağnăbiye**

ağnăbiye *adj., pl.* ausländisch | *mzarṭiwo, immiwo kat̲i. mede ḥreno l-íd̲ʿiwo mad=dŭwal ağnăbiye, Turkiya u=dūšmān did̲a Rūsya-yo, hinne mafīḥiwa lebayye immiwa kat̲i u=Rūṣ laffelayna* 'Sie drohten ihnen, sie sagten: Jetzt kommt ... sie kannten keinen anderen von den ausländischen Staaten, (sie wussten nur), dass der Feind der Türkei Russland war. So machten sie sich selber Mut und sagten: Jetzt kommt Russland (uns zu Hilfe)'.' MT 3.2:15 • Nicht in RW || Arab. *ʾağnabī* 'id.' Wehr 153 → **ăğanib**

ăhali *n. pl.* Anwohner | *ann=ăhali yaʿni an=noše d-izzéwolin u=ḥiss izzinwo, ummiwo, bu=qărăqōl ...* 'Dann gingen die Anwohner, d.h. die Leute, die vom Lärm betroffen waren, zur Polizei und sagten ...' MT 1.5:25 • RW 29 || Arab. *ʾahālin (pl.)* 'id.' Wehr 36

ăhil *n.m.* Familie, Angehörige • RW 29 → **ahᵊl ~ ahl ~ ăhil**

ahla → **ahla w sahla**

ahᵊl ~ ahl ~ ăhil *n.m.* Angehörige, Verwandte, Familie, Großfamilie | *i=naqqa insān d-ŭwele abro l-ᵊṭlobo, kmakrix ʿayne ʿal ak=kaččĭkat du=ahᵊl* 'Wenn jemand einen Sohn hat, der heiraten sollte, dann schaut sich (der Vater) um unter den Mädchen der

Verwandtschaft.' MT 1.3:1; *u=gawrayḏa-ste ăhil d-Xori ʿAzīz-we* 'Ihr Mann gehörte auch zur Großfamilie von Chorbischof Aziz.' MT 1.6:9 • RW 29 || Arab. *ʾahl* 'id.' Wehr 36

ahᵊl-ahᵊl nahe Verwandte | *u=ʾahᵊl-ahᵊl gdumxi sĭ-mōr du=miṯo* 'Die engeren Verwandten schlafen bei den Angehörigen des Toten.' MT 1.2:13

ahla w sahla *interj.* herzlich willkommen! | *komir azzín l-gabe, ᵊšlomo aʿlux! ahla w sahla, b-šayno w ba-šlomo. xēr-yo?* 'Sie gingen zu ihm: Sei gegrüßt! – Herzlich willkommen, in Heil und Frieden. Ist alles in Ordnung?' MT 4.4:4 • RW 29 || Arab. *ʾahlan wa-sahlan* 'id.' Wehr 36

ahliye *n.f.* Verwandtschaft | *bas mid hawyo i=ahliye baynoṯayye faḏla ...* 'Aber wenn die Verwandtschaft zwischen ihnen sehr eng geworden ist ...' MT 1.3:42 • cf. *ahlitiye* RW 29 || cf. Arab *ʾahlī* 'einheimisch, Familien-' Wehr 36

Aḥlaḥ Aḥlaḥ, Dorf im Turabdin | MT 3.3:12

Aḥmad männlicher Personenname (muslimisch) | MT 1.5:45

aḥna *prn.* wir | *miḻḻe ʿammo m-ayko gĭdŭbatla čāy w sikkar, aḥna layt aʿmayna čāy w sikkar* 'Er sagte: Onkel, woher willst du ihr denn Tee und Zucker geben, wir haben doch keinen Tee und Zucker dabei.' MT 1.5:57 || Syr. *ḥnan* 'id.' SL 472

Aḥo männlicher Personenname | MT 3.4:1

aḥsan *adj.* besser | *kmiqṯil ma=tre ṭārafe, a=tre ṭārafe abne-ne, u=nŭfūs diḏa knoqiṣ, miḻḻa bíllăti aḥsan, d-saymono u=ṣulḥ baynoṯayye* 'Auf beiden Seiten werden (Menschen) getötet, wo doch beide Seiten Landeskinder sind und die Bevölkerung abnimmt. Da sagte sie (die Regierung): Es ist in der Tat besser, wenn ich zwischen ihnen Frieden herbeiführe.' MT 3.2:16 || Arab. *ʾaḥsan* 'id.' Wehr 193

aḥuno *n.m.*, *pl.* **aḥĭnone, aḥnone** Bruder | *kitwo malko, kítwole aḥuno* 'Es war einmal ein König, der hatte einen Bruder.' MT 5.2:1; *ann=abne l-áwille hāž mann=aḥnone* 'Die Kinder achteten nicht auf ihre Geschwister.' MT 3.2:4 • RW 30 || Syr. *aḥuno* 'little brother' SL 27

aK= ⊗ vor Substantiven, die mit KV beginnen bestimmter Artikel | *kḥulwi aʿ=ʿeze* 'Sie melken die Ziegen.' MT 1.1:74 = **ann=, a=**

ăka *conj.* oder | ... *ăka li=tapske, ăka li=qōšxane* ... '... sei es nun der kleinere Servierteller, oder der Kochtopf ...' MT 1.5:20 = **hăka**

ăkīp *n.m.* Kommission | *bu=ṣūroyo d-šūmaʿwo d-kityo bad=dŭkoṯo, dárḥāl samwo ăkīp mu=ṭăraf di=ḥkume* 'Wenn er von einem Christen erfuhr, der sich irgendwo befand, stellte er sofort eine Kommission von Seiten der Regierung auf.' MT 3.2:32 || Türk. *ekip* (< Fr. *équipe*) 'Trupp, Abteilung, Mannschaft'

akṯar d- Mehrheit von | *akṯar du=šaʿb* 'die Mehrheit der Bewohner' MT 1.1:1 • Nicht in RW || Arab. *ʾakṯar* 'mehr, zahlreicher, häufiger' Wehr 786 → **akṯăriye**

akṯăriye *n.f.* Mehrheit | *aṣ=ṣĭnayiʿ diṯṯe i=akṯăriye hani-wayne* 'Das waren ihre überwiegenden Beschäftigungen.' MT 1.7:6 • RW 31 || Arab. *ʾakṯarīya* 'id.' Wehr 786 → **akṯar d-**

āl ⊗ Kurzform von *aḷo* bei Gott | *omir āl lĭ=kŭṯeno ŭno* 'Er sagte: Also ich komme nicht mit.' MT 5.3:21 → **aḷo**[1], **Aloho**

aḷāy *n.m.* Regiment | *b-ʿIwardo-stene fayiši tre=yarḥe aʿla, aḥna b-ʿIwardo-wayna. kul=yawmo, kul=yawmo gd-ītewo aḷāy d-ʿaskar aʿlayye* 'In ʿIwardo, sie belagerten es zwei Monate, und wir befanden uns in ʿIwardo. Jeden Tag, jeden Tag wurden sie von einem Regiment Soldaten angegriffen.' MT 3.1:21 • cf. *alayye* RW 31 || Türk. *alay* 'id.'

alʿo *n.f., pl.* **alʿoṯo** Rippe | *i=qabrᵊġaye, laltaḥ mi=katfo, mi=katfo w u=gawo kule ʿam ann=alʿoṯanik* 'Die *qabrᵊġaye* (reicht von) unterhalb der Schulter, von der Schulter, und (umfasst) ganze Vorderviertel mitsamt den Rippen.' MT 2.4:2 • RW 31 || Syr. *elʿo* 'id.' SL 50

ale *n.f., pl.* **alat, alāt** Gerät, Gerät zum Pflügen (Pflug) | *latwo ğaryān xid uʿdo d-immit, yaʿni saym... maqimi maqiṯi qalorifēr wăyaxutta b-ʾale=ḥreto mašḥᵊni* 'Es gab keinen Strom wie heute, so dass man die Heizung oder ein anderes Gerät einschalten und (das Haus) damit wärmen konnte.' MT 3.3:13; *ann=alāt du=dworo* 'Geräte zum Pflügen' MT 1.1:6 • RW 31 || Arab. *ʾāla* 'Werkzeug, Gerät' Wehr 39

alfo *num.* tausend | *bi=šato dann=alfo w čaʿmo w arbaḥṣar, yaʿni bann=alfo w tlōṯmo w ḥḏo=w-tleṯi, bu=qayṭo ᵊbdele u=sayfo* 'Im Jahre 1914, d.h. im Jahr 1331 (muslimischer Zeitrechnung), im Sommer, begann der Sayfo.' MT 3.2:1 • RW 31 || Syr. *alfo* 'id.' SL 51

Aḷmānya Deutschland | MT 1.5:4 || Türk. *Almanya* 'id.'

aḷo[1] *interj.* (bei Gott), nun, also | *aḷo mayiṯno mu=kafno* 'Wirklich, ich bin schon halbtot vor Hunger.' MT 5.2:77; *immi aḷo latlux naʿime* 'Sie sagten: Du hast ja keine Kinder!' MT 3.4:12 • RW 32 → **Aloho**

aḷo[2] *n.m.* ⊗ Kurzform von *Aloho* Gott • RW 32 = **Aloho**

aḷo mbarēx Gott segne (dich)! ⊗ Antwort auf *barixmōr* | *miḷḷe barixmōr sayyidna, miḷḷe aḷo mbarēx, aṯit? miḷḷe e, năʿam aṯino* 'Er sagte: Segne mich, Hochwürden, und (der Patriarch) antwortete: Gott segne (dich), bist du (endlich) gekommen? Er sagte: Ja, ich bin gekommen.' MT 4.3:8 → **barixmōr**

Aloho *n.m.* Gott | *miḥanwo tfinag buwe lo kurxiwo buwe, u=Mšiḥayḏan u=Alohayḏan nṭīḷḷelan ṭamo* 'Sie schossen mit den Gewehren auf ihn, doch (die Kugeln) durchdrangen ihn nicht, unser Messias, unser Gott beschützte uns dort.' MT 3.1:22 • RW 32 || Syr. *aloho* 'id.' SL 47 = **aḷo**[2]

aḷúh ~ **aḷuh** *interj.* ⊗ Kurzform von *Aloho* bei Gott | *omir mis=simlux, min ḥṯiṯo kítwolux, qay lī=kmistaʿrᵊfit biya d-naḥlux? omir, min gmistaʿrafno biya, aḷúh ŭno qim šnoqo-wi* ... 'Er sagte: Was hast du getan? Welche Sünde hast du begangen? Warum willst du sie nicht gestehen, damit du gesund wirst? Er sagte: Was soll ich denn gestehen? Nun ja, ich stand kurz vor der Hinrichtung ...' MT 5.1:41; *komir, aḷuh marṯaḥla am=maye miḷḷa tōx, miḷḷa zōx ḥzay, ḥur ʿl-am=mayayḏux!* 'Nun, sie erhitzte das Wasser und sagte: Komm, geh und schau nach deinem Wasser!' MT 5.2:100 → **Aloho, aḷo**[1]

Alyas männlicher Personenname, Elias | MT 5.3:1

ămak *n.m.* Mühe | *kobi išmo d-kallāt-ste lu=qašo, qarši du=ămak diḏe* 'Sie geben dem Priester auch etwas Geld für seine Mühe.' MT 1.3:25 • Nicht in RW || Türk. *emek* 'id.'

ăman *n.m.* Sicherheit | *ībíwunne išara, laṣ=ṣūroye d-kítwayye ʿaṣye b-ʿIwardo, immiwo b-ʾflān ğabha ʿaymo-yo, b-ʾflān dukṯo ṣaḥwo-yo, u=ṣaḥwo maʿnata ṣulḥ, ăman-yo, u=ʿaymo maʿnata tahlīka-yo* 'Sie gaben den Christen, die sich in ʿIwardo verschanzt hatten, Informationen, sie sagten: An der und der Front ist es bewölkt, an der und der Front ist es klar. Klar bedeutete Frieden und Sicherheit, und wolkig bedeutete Gefahr.' MT 3.2:12 • RW 33 || cf. Arab. *ʾamān* 'id.' Wehr 31

ămān dăxīl bitte! | *immiwo: [A]nmūt ʿala Masīḥ, ʿala dīn Masīḥ[A] qṭalu! lĭ=quṭlíwunne, miblíwunne. ămān dăxīl qṭálullan!* 'Sie antworteten: Wir wollen für den Messias sterben, für den Glauben an den Messias. Tötet (uns)! Sie töteten sie nicht, sondern schleppten sie weg. (Sie sagten): Wir flehen euch an, tötet uns!' MT 3.1:17 → **dăxīl**

Amérĭka ~ Ămerika Amerika | MT 1.7:3; MT 3.4:1

amma ~ aṃṃa *conj.* aber, doch | *w d-ŭwénawo aḥna gĭmiḥkĭmínawo ḥĭkim rabo, amma hinne lĭ=ḥkimi* 'Wenn wir es gewesen wären, hätte man uns zu einer schweren Strafe verurteilt, doch sie wurden nicht verurteilt.' MT 1.6:13 • cf. *ama* RW 32 || Türk. *amma, ama* 'id.' = **ma**[1]

ámmarğaʿ *adv.* wieder, erneut | *azzé šato=ḥreto, naqqa=ḥreto azzé baliq bi=madrăse ámmarğaʿ mšayele ʿal u=zʿuro d-ruḥe* 'Nach einem Jahr ging er und erschien erneut in der Schule, und wieder fragte er nach seinem Jungen.' MT 5.5:4 • RW 33 || < **ad-marğaʿ*, vgl. *ánnaqla, ádlalyo* usw., cf. Arab. *marğiʿ* 'Rückkehr' Wehr 335 → **árğaʿli**

amniye *n.f.* Vertrauen | *háqqayis lĭ=fĭšlelan amniye d-ʾmsalmina i=kaččĭkaṯe* 'Wir haben nicht einmal so viel Vertrauen, das Mädchen herauszugeben.' MT 1.6:11 • Nicht in RW || Arab. *ʾamnīya* 'Sicherheits-' Wehr 31; cf. Türk. *emniyet* 'Sicherheit, Vertrauen'

amro *n.m.* Befehl | *mḥalle la=greʿe, mağbūr-ne, du=amro* 'Die Knechte machten sich auf, sie waren ja dem Befehl verpflichtet.' MT 4.4:4 || Arab. *ʾamr* 'id.' Wehr 29; cf. Syr. (< Arab. ?) *emro* 'id.' SL 57

angăriye *n.f.* größerer Servierteller, flache Schüssel | *ba=trani, w bi=quwe du=kĭtono, mibayaḏwo u=sĭfoqo, mid mu=lăgan, lu=dasto, lu=ṣaḥno du=muklo, li=angăriye* 'Mit diesen beiden, und mit der Wirkung der Baumwolle, wurde das Geschirr verzinnt, vom *lăgan* (Bottich) bis zum *dasto* (Kessel), zum Essteller, zur *angăriye* (flachen Schüssel).' MT 1.5:9 • RW 34 || cf. Anat. Arab. *angari* 'Servierteller (aus Kupfer)' JK 10

anğaq *adv.* erst, nur | *kʿobir u=ḥaṯno w i=kalo, kfayši hōl ṣafro, kowin aṯto w gawro-stene, anğaq ṣafro kuḏʿi* 'Braut und Bräutigam treten ein und bleiben bis zum Morgen, sie werden Mann und Frau, doch erst am Morgen erfahren es (die anderen)' MT 1.3:38 • RW 34 || Türk. *ancak* 'id.'

Anḥil Anḥil, Dorf im Turabdin | MT 3.4:9

ani *prn.* ⊗ = *hani* diese (pl.) | *hani minne ani?* 'Wer sind die da?' MT 4.5:6 → **hano**

ann= ⊗ vor Substantiven, die mit einem Vokal beginnen bestimmter Artikel *pl.* | *ann=abne l-áwille hāž mann=aḥnone* 'Die Kinder achteten nicht auf ihre Geschwister.' MT 3.2:4 = **aK=, a=**

ánnaqla nun, dann, da, also | *kimḥaḏri ab=bĭ-babe di=kalo ánnaqla* *muklo li=kalo w lu=ḥatno* 'Die Eltern der Braut bereiten nun ein Essen für Braut und Bräutigam.' MT 1.3:47 • RW 35 = **ánnaqqa, ánnaqqe**

ánnaqqa ⊗ Diskurspartikel: dient meistens zum Fortsetzen der Erzählung oder der Einführung von neuen Partizipanten nun, da, dann, also, diesmal | *hedi hĝimme aᶜlayye naqqa=ḥreto, laṭ=ṭaye, laṣ=ṣŭroye hĝimme, ánnaqqa mawfqinne* 'Daraufhin griffen sie, die Muslime, (vielmehr) die Christen wieder an und diesmal vertrieben sie sie.' MT 3.1:25; *latwo dukkane d-fitḥi šuġlone d-saymi ánnaqqa aḥ=ḥawrone immi alo gizzano li=Ădăne* 'Es gab keine Läden, die sie hätten eröffnen, keine Arbeiten, die sie hätten ausüben können. Da sagten seine Freunde: Wir wollen nach Adana gehen.' MT 3.4:1-2; *ánnaqqa azzín, l-íḏᶜiwo lo lĭšono, lo ᶜărăbi, lo tirki, ġēr mu=siryoyo l-íḏᶜiwo mede hedi, ánnaqqa immínawole, bā, áydarbo saymítuwo?* 'Sie gingen also (nach Amerika), doch sie beherrschten keine Sprache, kein Arabisch, kein Türkisch, außer Aramäisch konnten sie nichts. Wir pflegten ihn deshalb zu fragen: Papa, wie seid ihr zurechtgekommen?' MT 3.4:7 • RW 35 = **ánnaqla, ánnaqqe,** → **naqla** ~ **naqqa**

ánnaqqe nun, dann, da, also | *kīt darbo mĭnayna w lu=gabo b-Astil kimmile* ^A^*bēt innamᶜūn*^A^ *huwe* ^A^*bēt iššayāṭīn*^A^*-yo, ánnaqqe kimmile* ^A^*bēt innamᶜūn*^A^ 'Es gibt einen Weg von uns aus in die Richtung von Astal, den sie (auf Arabisch) *bēt innamᶜūn* nennen, eigentlich ist es *bēt iššayāṭīn* (Haus der Teufel), doch sie nennen ihn *bēt innamᶜūn*.' MT 4.4:21 = **ánnaqla, ánnaqqa**

antan *adj.* ⊗ Komparativ zu *natino* übler | *ko-yo u=maktūb diḏux qṣifo? miḻḻe kĭlé, mawfaqle mi=šafqa húlela-yo, qrela, kĭlé hano hēš antan m-awo* 'Wo ist dein Brief, du Lümmel? Er sagte: Hier ist er. Er nahm ihn aus der Mütze und gab ihn ihr (fälschlich: ihm). Sie las ihn, er war noch übler als der vorherige.' MT 5.2:30 • cf. *natino* RW 360 || cf. Arab *natin* 'stinkend' Wehr 895

aprax *n.m., n. coll.* gefüllte Weinblätter | *b-ġēr dĭkoṯo aġlab du=aprax ksaymile mĭ-rezo, aḥna ksaymínale mĭ-garso.* 'Anderswo machen sie die gefüllten Weinblätter mit Reis, wir machen sie mit *garso*.' MT 1.1:38 • RW 35 || cf. Türk. *yaprak sarması* 'id.'

apšoṯo *n. pl.* Rosinen | *kito ak=karme, kimminne karmo daġ=ġinsat, daġ=ġinsat aġlab lăšan u=muklo di=kifle-yo, w qĭsim mĭnayye d-fŭḏelin ksayminne apšoṯo, kowin ann=apšoṯanik basime* 'Unter den Weinbergen gibt es solche mit verschiedenen Rebsorten; diese gemischten (Weinberge) dienen vor allem zum Essen für die Familie. Die Trauben, die übrig bleiben, macht man zu Rosinen, es werden sehr wohlschmeckende Rosinen.' MT 1.1:48 • RW 26 || Syr. *yabīšo, pl.* f. *yabīšoṯo* 'raisins' SL 560; Tezel 2003: 177-178

apyas *adj.* ⊗ Komparativ zu *pīs* schlechter | *kitte ḥaq d-ᵓmšayᶜilux maktūb hēš apyas m-ano* 'Sie hätten recht, dir einen noch böseren Brief zu als diesen schicken.' MT 5.2:27 → **pīs**

ăqál *adj.* weniger | *ḥamši aw ăqál* 'fünfzig oder weniger' MT 1.1:42 || Arab. *ᵓaqall* 'id.' Wehr 759

aqdam (m-) *prep.* vor (zeitlich) | *aqdam ᶜisri=šne* 'vor zwanzig Jahren' MT 1.5:22; *miḻḻe b-Aloho kyŭmeno lo aqdam m-tarte=saᶜāt ᵓğğiḻi, hēš kĭlé i=nuro b-gawe* 'Er sagte: Ich schwöre bei Gott, ich habe (das Bad) erst vor zwei Stunden angeheizt. Es ist noch Feuer darin.' MT

4.2:14 • RW 35 || Arab. *ʾaqdam* 'älter' Wehr 732

m-aqdam *adv.* früher, vorher | *rahiṭo d-ruhṭo lu=rawṭo, ŭno m-aqdam midli, sĭmoli qaqwinto čĭkoli bu=qăfaṣ* 'Sie rannte schnell nach der Rute, doch ich ergriff sie vorher. Ich verwandelte sie in ein Steinhuhn und steckte sie in den Käfig.' MT 5.3:57 → **mĭ**

arʿo *n.f., pl.* **arʿoṯo** **(1)** Erde, Boden | *kṭumrinne taḥt i=arʿo lăšan d-busmi* 'Sie graben sie in die Erde ein, damit sie ausreifen.' MT 1.1:5; *ᵊkkolin lu=waxt du=dworo di=arʿo, yaʿni d-nišfo čike i=arʿo* 'Sie warten bis zur Zeit des Pflügens, d.h. bis die Erde etwas trocken geworden ist.' MT 1.1:42 **(2)** Feld, Acker, Grundstück | *ann=arʿoṯo diṯṯe-wayye* 'Es waren ihre Felder ...' MT 3.2:28 **(3)** Erde, Erdboden, Welt | *ema d-aṯí w qšiʿi aṣ=ṣŭroye mi=arʿo ...* 'Sollten die Christen auf der Erde ausgerottet werden ...' MT 3.2:20 **(4)** *n.m.* Boden (eines Gefäßes) | *lu=gorān du=pirgāl gĭmăfiltínawo u=arʿo du=sfoqo* 'Gemäß diesem Zirkel machten wir den Boden des Gefäßes.' MT 1.5:19 • RW 36 || Syr. *arʿo* 'id.' SL 104

arbaḥṣar *num.* vierzehn | MT 3.2:1

arbʿi *num.* vierzig | MT 1.1:42 = **arbi** || Syr. *arbʿīn* 'id.' SL 94

arbʿo, m. **arbaʿ**, **arbaḥ** vier || Syr. *arbʿo, arbaʿ* 'id.' SL 94 = **arbo**

arbi *num.* vierzig | *mḥalle arbi=yawme hul d-maṭin li=Xărăbale* 'Sie waren vierzig Tage unterwegs, bis sie Xărăbale erreichten.' MT 4.4:4 = **arbʿi**

arbo *num.*, m. **arbaʿ**, **arbaḥ** vier | MT 1.5:10 = **arbʿo**

árğaʿli *adv.* wieder, erneut | *xulṭínawo, u=ḥa d-ŭṯewo mene, ŭxalwo b-rezo, sámwole b-rezo, xŭlaṭwo u=ḥašwawo w árğaʿli kulle mŭléwolin ḥičḥaṛṛāt* '(Das Fleisch) mischten wir ... Wer es sich leisten konnte, der aß (Dolma) mit Reis. Er mischte diese Füllung und gab erneut scharfe Paprika hinzu.' MT 2.2:3 • cf. *arğaʿ* RW 37 || cf. Arab. *rğʿ I* 'zurückkehren' Wehr 334 → **ámmarğaʿ**

arqădāš *n.m., pl.* **id.** Freund | *bĭṯir ma=šwaʿ išne, kítwoli tre arqădāš, dōṣtīn, aṯin lu=bayto kĭlá aṯṯi kduqo laḥmo* 'Nach den sieben Jahren ... Ich hatte zwei Freunde, gute Freunde, die kamen ins Haus, als meine Frau gerade Brot buk.' MT 5.3:49 • RW 37 || Türk. *arkadaş* 'id.'

arwono *n.m., pl.* **arwone** Kalb, Kälbchen | *komir Mar Malke damix, kitwo ēl d-kočar tamo. komir azzé grišle i=sakṯo marfele u=arwono iniqle i=emo, qṭille šawʿo mĭ-ḥḏoḏe* 'Mor Malke schlief ein. Es gab dort einen Stamm der Kōčar. (Der Teufel) ging hin, zog den Pflock heraus und ließ das Kälbchen frei, und es saugte bei seiner Mutter. Sie töteten sieben Personen untereinander.' MT 4.4:17 • RW 37 || Syr. *arwono* 'calf, heifer' SL 96

Astil Estel, ehemalige Nachbarstadt Midyats (heute Teil Midyats) | MT 4.4:21

ăṣāṣ, *pl.* **ăṣaṣat, ăṣaṣāt** **(1)** *n.m.* Fundament, Basis **(2)** *adv.* eigentlich ⊗ undeklinierbar | *ăṣāṣ, i=naqqa d-kítwayne kulle-ste, bayn du=ʿamo nuxroyo-wayne* 'Doch selbst als alle noch (dort) waren, lebten sie unter Fremden.' MT 1.7:5 • RW 38 || Arb. *ʾasās* 'Fundament' Wehr 15; Türk. *esas* 'hauptsächlich, eigentlich'

ăṣīl *adj.* edel | *miḻḻe omir ŭno hani lĭ=kmanfaʿli-ne, hani latne sisye, sisyo d-foyir! kŭbatli hani, hawli sisto kḥēl, ăṣīl* 'Er sagte: Diese da nützen mir nichts, das sind keine Pferde, ein Pferd muss fliegen. Du gibst mir diese, doch gib mir ein *kḥēl*-Pferd, ein Vollblutpferd.' MT 5.2:62 • RW 38 || Arab. *ʾaṣīl* 'id.' Wehr 20

aṣᵊl *n.m.* Ursprung | *bu=aṣᵊl ğiddi mĭ-Kfarze-we* 'Ursprünglich stammte mein Großvater aus Kfarze.' MT 1.5:1 • RW 38 || Arab. *ʾaṣl* 'id.' Wehr 19

ašír glaube mir, eigentlich, weißt du, wirklich | *midle mawfaqle u=dōzdān, miḷḷe ašir, kallāt farude lĭ=fayiš* 'Er zog die Geldbörse hervor und sagte: Es ist eigentlich kein Kleingeld mehr übrig.' MT 1.5:54 • BS 8 || Imperativ zu Syr. *šrr Af.* 'to believe' SL 1612

aṯoyo *n. agent.*, f. **aṯayto**, *pl.* **aṯoye** kommend | *u=ʿăza sidayna ggoriš šabṯo taqriban, mĭnayye ʿaṣro=yawme, dayim u=ʿamo azolo w aṯoyo* 'Die Trauerzeit dauert bei uns ungefähr eine Woche, manchmal zehn Tage, und ständig kommen und gehen die Leute.' MT 1.2:18 → **ʾṯy**

aṯto *n.f.*, *pl.* **niše** Frau, Ehefrau | *l-Aloho xliqle zʿuro ʿam i=aṯto* 'Da schuf Gott ein Kind bei seiner Frau.' MT 5.1:12; *fayiš ksaymi kul=ʿāyle kul=bavík tre=qawre, ḥa lan=niše, ḥa lag=gawre* 'Nun errichtet jede Familie, jede Sippe, zwei Gräber, eins für die Männer und eins für die Frauen' MT 1.2:8 • RW 39 || Syr. *aṯto* 'id.' SL 66

aw *conj.* oder | *kul=ḥiššabo aw kul ᵊtre=ḥiššabe* 'jeden Sonntag oder jeden zweiten Sonntag' MT 1.3:13 • RW 40 || Syr. *aw* 'id.' SL 12

ăwadim *n. pl.* anständige, vornehme Menschen | *miḷḷe i=awḍaye kubʿela tanḍifāt, kubʿela nĭḍofo, kubʿela tĭšiġo, kubʿela kul=mede. gĭd-oṯe noše ġălăbe, noše rabe, ăwadim, lazim d-uyo naḍifto* 'Er sagte: Das Zimmer muss gereinigt, muss gewaschen werden, alles das. Es werden viele Leute kommen, bedeutende und vornehme Leute, da muss es sauber sein.' MT 5.3:59 || cf. Arab. *ʾādamī*, *pl.* *ʾawādim* 'menschliches Wesen, Mensch' Wehr 10

awḍaye *n.f.*, *pl.* **awḍayat** Zimmer | *komir i=kaččĭke xid biryole l-Aloho kfayšo. kitla awḍaye xṣuṣi xd-aṯe diṯxu w maḥatto bi=awḍayayo* 'Das Mädchen war nackt, wie Gott sie schuf. Sie hatte ein eigenes Zimmer, so wie eures hier, und in diesem Zimmer war sie untergebracht.' MT 4.4:1 • cf. *awda* RW 38 || Türk. *oda* 'id.'

awlá *adj.* vertrauend • RW 40 || cf. Kurm. *ewle* 'trust' Chyet 182; cf. Arab. *ʾawlā* 'würdiger, passender, geeigneter' Wehr 1031

howe awlá (ʿal) jdm. vertrauen → **hwy**

awraqat *n. pl.* Papiere, Akten | *aš=šaxṣāt d-maḥatlan bann=awraqat* 'die Personen, die wir in den Akten benannt hatten' MT 1.6:13 • RW 40 || Arab. *pl.* *ʾawrāq* 'id.' Wehr 997; cf. Türk. *sg.* *evrak* 'id.'

Awrŭpa Europa | MT 1.7:3

awwil *adj.* erster | *awwil=lalyo qrele l-aḥuni u=rabo, da=tre qrele l-aḥuni u=navoyo* 'In der ersten Nacht las mein ältester Bruder, in der zweiten mein mittlerer Bruder.' MT 5.3:27 • RW 40 || Arab. *ʾawwal* 'id.' Wehr 39; cf. Kurm. *'ewil* 'id.' Chyet 182 = **ʿawwil**

awwil=d- sobald | *zōx l-ᵊflān wălaye, kīt dayroyo kosani kimmile, awwil=d-ḥīzele ğĭmaniḥle* 'Gehe in die und die Stadt, dort gibt es einen Mönch, den man den bartlosen nennt, sobald er ihn sieht, wird er ihn gesund machen.' MT 5.1:30 → **d**

awwil=naqqa zuerst, zunächst | *bĭdena awwil=naqqa bi=rezo* 'Beginnen wir zunächst mit dem Reis.' MT 2.8:1 → **naqqa**

awwil=qamayto zuerst, zunächst | *hano ánnaqqa awwil=qamayto hğimme r-rišayna* 'Also gleich zu Beginn griffen sie uns an.' MT 3.1:23 → **qamayto**

āx *interj.* ach | *komir l-Mōr Malke mḥele, huwe kimṣale w u=šiḏo kĭlé aʕme, komir āx Malke, latno ʕağizo menux ġēr mu=dimdĭmano diḏux* 'Mor Malke brach auf, er betete und der Teufel ging mit ihm. Er sagte: Ach, Malke, ich bin deiner nicht überdrüssig, nur deines Gemurmels.' MT 4.4:16

axir kurz und gut, schließlich | *ḥiḻḻe kĭle kīt zʕurto kimmo lu=yawmo nḥat sulqono l-duktux. komir mĭdole manṯyole maḥtole bu=čadir d-ruḥe w mdarmᵊnulle axir be mĭ=simmalla nayiḥla* 'Da sah er ein wunderschönes junges Mädchen. Er nahm sie und brachte sie in sein Zelt, man behandelte sie, was auch immer man mit ihr machte, (jedenfalls) genas sie.' MT 5.1:11 • RW 41 || cf. Arab. *ʾaxīran* 'schließlich' Wehr 8

āy āy āy *interj.* Geräusch des Stöhnens: ach und weh | *yatu, mžidle ruḥe xid... ʕal u=yatāx diḏe, ḥiḻḻe kĭle koṯe nāl, āy āy āy mi=škere dak=kefani* 'Er setzte sich und streckte sich auf seinem Bett aus, da bemerkte er, dass ein Stöhnen aus diesem Steinhaufen drang: *āy āy āy*.' MT 5.1:10

áydarbo *inter. prn.* wie | *áydarbo gĭṯŭʕnatte? omir kitli ṭaʕono* 'Wie willst du sie tragen? Er sagte: Ich habe einen Träger' MT 4.4:14; *áydarbo saymina?* 'Was sollen wir tun?' MT 5.2:33 • RW 30 → **darbo**

ayko *inter. prn.* wo, wohin | *lĭ=kuḏʕina ayko izzán* 'Wir wussten nicht, wo wir hingehen sollten.' MT 3.1:8; *hani tloṯo=yawme bu=băḥar ayko-wux?* 'Während dieser drei Tage im Meer, wo warst du da?' MT 4.1:8 • RW 30 || Syr. *ayko* 'id.' SL 33 = **hayko, ko**

l-ayko wohin | *l-ayko gd-izzíx?* 'Wohin gehst du (f.)?' MT 5.1:19 → **l-**

m-ayko woher | *m-ayko koṯit?* 'Woher kommst du?' MT 5.2:22 → **mĭ**

ayna *inter. prn.* welcher, jeder der | *ayna d-ʕobir qṭaʕu qarʕe* 'Jeder der eintritt, schlagt ihm den Kopf ab!' MT 5.2:16 • RW 30 || cf. Syr. *ayno* 'who, which one, what kind of a ...' SL 36

ayna d- ... ayna d- ... die einen ... die anderen | *ayna d-xaliṣ w ayna d-fayiš* 'Die einen kamen davon und die anderen blieben zurück.' MT 3.1:20 → **d**

āy w ūy ach und weh | *komir aṯino, bĭṯir meni aṯyo hiya-ste. komir bĭṯir mid aṯyo, āy w ūy w āy w ūy, omir miḻḻi qay āy w ūy diḏix-yo, mik=kibix? miḻḻa ašir kayuto-no* 'Ich kam nach Hause, und nach mir kam auch sie. Nachdem sie gekommen war – ach und weh und ach und weh –, sagte ich: Warum schreist du ach und weh? Was hast du? Sie sagte: Ich bin krank.' MT 5.3:56

azolo *n. agent.*, f. **azalto**, *pl.* **azole** gehend | *dayim u=ʕamo azolo w aṯoyo* 'Ständig kommen und gehen die Leute.' MT 1.2:18; *malaxlan bu=darbayḏan, azole ...* 'Als wir unseres Weges zogen ...' MT 1.5:43 → **ʾzl**

azzé, azzá → **ʾzl**

azziye *n.f.* Qual, Leid, Schmerz | *ᵊmdawamla, u=ḥarbano tre=yarḥe, tloṯo=yarḥe. e, maḥatla bolo li=ḥkume, lĭ=kṣofin, w m-darbe d-gid-šuqli azziye, kmiqṭil ma=tre ṭărafe* 'Dieser Krieg dauerte zwei, drei Monate, schließlich bemerkte die Regierung, dass (die Christen) nicht auszulöschen sind. (Sie dachte:) Anstatt dass sie Qualen erleiden ... auf beiden Seiten werden (Menschen) getötet.' MT 3.2:17 • RW 42 || Türk. *eziyet* 'id.'; cf. Arab. *adīya* 'id.' Wehr 12

ʿ

ʿădawe *n.f.* Feindschaft, Feindseligkeit | *i=ʿădawaydan, u=kīn w i=dižmĭnayiyaydan čiko bag=garme daʾ=ʾinsanatani* 'Die Feindschaft gegen uns, der Hass und die Feindschaft gegen uns ist diesen Menschen bis tief in die Knochen gedrungen.' MT 1.6:7 • Nicht in RW || Arab. *ʿadāwa* 'id.' Wehr 601

ʿade *n.f., pl.* **ʿadat, ʿadāt** Tradition, Gewohnheit, Brauch | *ʿade-yo sidayna* 'Das ist bei uns Brauch.' MT 1.2:11; *aʿ=ʿadat dam=mite hawxa-ne* 'Das sind die Totengebräuche.' MT 1.2:12 • RW 2 || Arab. *ʿāda* 'id.' Wehr 651

xid (i=) ʿade üblich, gewöhnlich, richtig | *ṣobāt-ste xid ʿade latwo* 'Richtige Öfen gab es ja nicht.' MT 3.3:5 → **xid ~ xud ~ xd-**

ʿadi *adj.* üblich, gewöhnlich, normal | *saymínawo hanik-ᵊste ḥašwo w maye d-bădinğan, liʾannu lo=qatwo, yaʿni latwo ṭamo bu=satwo bădinğan ʿadi d-maḥtina* 'Wir bereiteten für sie eine Füllung zu, und fügten Tomatenmark hinzu, denn man konnte dort im Winter keine normalen frischen Tomaten finden, die man hätte nehmen können.' MT 2.3:6 • RW 2 || Arab. *ʿādī* 'id.' Wehr 651

ʿĂdo männlicher Personenname | MT 3.2:6

ʿafro *n.m.* Erde, Erdreich | *u=ġarzĭkano ᵊd-mitaḥit bu=ʿafro komo, lᵊ-tlōṯ=išne kmawkil, ban=arbaʿ baḥ=ḥammiš kobe u=ṭaʿnayde. d-howe bu=ʿafro sĭmoqo, bann=arbaʿ w baḥ=ḥammiš kmawkil, baš=šēṯ w hōl la=šwaʿ kobe u=ṭaʿnayde* 'Wenn der junge Weinberg in schwarzer Erde angelegt wird, kann man nach drei Jahren von ihm essen, und nach vier, fünf Jahren gibt er seinen vollen Ertrag. Wenn er in roter Erde angelegt ist, dann kann man nach vier, fünf Jahren von ihm essen, und im sechsten bis siebten Jahr gibt er seinen vollen Ertrag.' MT 1.1:45 • RW 3 || Syr. *ʿafro* 'id.' SL 1124

ʿắğăba Fragepartikel: denn, ob wohl, vielleicht | *ḥiḻḻe kĭle koṯe nāl, āy āy āy mi=škere dak=kefani. āʿʿáʾ, qay kīt nošo harke miḻḻe ʿắğăba* 'Da bemerkte er, dass ein Stöhnen aus diesem Steinhaufen drang: *āy āy āy*. Donnerwetter, gibt es hier vielleicht jemanden, sagte er.' MT 5.1:10; *omir ʿắğăba d-ŭbenux sisyo kibux izzúx mḥarbit?* 'Nun, sagte (der Agha), wenn ich dir ein Pferd gebe, kannst du gehen und kämpfen?' MT 5.2:59 • RW 1 || Türk. *acaba* 'id.'; cf. Arab. *ʿağaban* 'wie erstaunlich!' Wehr 594

ʿắğămi *adj.* unerfahren | *u=ruʿyo d-howe ʿắğămi, d-oṯe w d-ʾobe malḥo ġắlăbe laḥ=ḥĭyewin, d-howin ᵊṭʿine kimḥalqi af=farxaṯṯe, kmaṭrᵊḥi* 'Der unerfahrene Hirte, der den Tieren zu viel Salz gibt ... wenn sie trächtig sind, erleiden sie Fehlgeburten.' MT 1.1:97 • RW 2 || Türk. *acemi* 'id.'

ʿăğaq *n.m.* Dreck, Schmutz | *man-ḏắfwole mu=ʿăğaq* 'Man reinigte es vom Dreck.' MT 1.5:12 • RW 2 || cf. Anat.

Arab. *ʿağaq* 'trockenes Laub, Pressgut' VW 274; cf. Kurm. *eciqandin* 'malaxer, pétrir' Chyet 453

ʿăğīn *n.m.* Teig | *w mene knofiq u=samdo dak=kutle kimmínale aw du=ʿăğīn, w menestene knofiq qamḥo* '(Durch das Sieben des Bulgurs) wird der Weizengrieß für die Kutle, wie wir ihn nennen, oder der Grieß für den Teig, und schließlich auch noch Mehl gewonnen.' MT 1.1:35 • RW 2 || Arab. *ʿağīn* 'id.' Wehr 596

ʿağizo *adj.*, f. **ʿağizto**, *pl.* **ʿağize** jemandes/einer Sache überdrüssig, müde | *komir l-Mōr Malke mḥele, huwe kimṣale w u=šiḏo kīlé aʿme, komir āx Malke, latno ʿağizo menux ġēr mu=dimdĭmano diḏux* 'Mor Malke brach auf, er betete und der Teufel ging mit ihm. Er sagte: Ach, Malke, ich bin deiner nicht überdrüssig, nur deines Gemurmels.' MT 4.4:16 → **ʿğz**

ʿal *prep.* **(1)** auf, an | *gmaḥtinne ʿal i=nuro* 'Sie stellen sie aufs Feuer.' MT 2.13.3; *hēš kīlá i=xărăze d-Mōr Malke ʿal fēm du=gubo* 'Noch immer liegt die Einfassung von Mor Malke auf der Brunnenöffnung.' MT 4.4:23 **(2)** über | *kmafiti noše ʿal am=maye bi=qăyĭke, mi=xasrayo l-ayo* 'Sie bringen Leute mit dem Boot über das Wasser, von einem Ufer zum anderen.' MT 5.2:64 **(3)** nach, zu, gegen (feindlich) | *aṯín maq=qăzawat hōl mĭ-Dyārbăkir aṯin ʿal Midyaḏ* 'Es kamen (Kämpfer) aus (entfernten) Provinzen bis hin nach Diyarbakir, sie griffen Midyat an.' MT 3.3:6; *kul=yawmo gd-ĭṯewo alāy d-ʿaskar aʿlayye* 'Jeden Tag wurden sie von einem Regiment Soldaten angegriffen.' MT 3.1:21 **(4)** bei, neben | *ʿas gĭfayšit hul l-ema ʿal at=tanure* 'Wie lange willst du noch bei den Tannur-Öfen herumlungern?' MT 5.2:87; *hōl ṣafro huwe qqore yasināt ʿal u=qawro du=babo* 'er las bis zum Morgen Koransuren beim Grab seines Vaters.' MT 5.3:5 **(5)** nach, gemäß | *ʿal qădar du=imkān di=taqayḏe* 'entsprechend seinen Möglichkeiten' MT 1.1:6; *ʿal u=zawk diṯṯe* 'nach Geschmack' MT 2.7:11; *ʿal u=mamro* 'dem Vernehmen nach' MT 3.3:7 **(6)** mit, mit Hilfe von | *kīt raḥyo d-ʿal am=maye kīt raḥyo d-ʿal am=moṭorat* 'Es gibt Mühlen, die mit Wasser(kraft) arbeiten, und solche, die mit Motoren laufen.' MT 1.1:33; *ʿal baṣro ksaymínalin* 'Mit Fleisch machen wir sie.' MT 2.11.7; *dayim u=baṣro ʿal i=iḏo qīṭoʿo* 'Das Fleisch schnitten wir immer von Hand.' MT 2.2:2 **(7)** für | *ibʿiwo d-saymi kayisuṯo ʿal aṣ=ṣūroye* 'Sie wollten den Christen Gutes tun.' MT 3.2:11; *mayṯina ʿal u=dino d-ᵊMšiḥo* 'Wir wollen für den Glauben an den Messias sterben.' MT 3.1:17 **(8)** trotz | *ʿiğbo kḥuzyono d-kimmit kīt mšiḥoye, ʿal i=tăʿadda w u=mede d-ᵊḥzeli l-ūno* 'Ich bin verwundert darüber, dass du sagst, es gibt (noch) Christen, trotz der Massaker und allem, was ich gesehen habe.' MT 3.2:36 **(9)** über, bezüglich, wegen | *kūbaʿno d-mafhᵊmatli mede ʿal u=zʿurano* 'Ich möchte, dass du mir etwas über diesen Jungen erklärst.' MT 5.5:5; *ʿal u=māl du=mamurawo, am=miḏyoye w a=ʿīwardnoye ṭralle lebe d-ᵊḥḏoḏe* 'Wegen des Besitzes dieses Beamten stritten sich die Leute aus ʿIwardo und Midyat.' MT 3.2:4 **(10)** bis | *kmakĭtinne ʿal falgayye* 'Man kocht (den Traubensaft) nur bis zur Hälfte ein.' MT 1.1:53 **(11)** von | *lu=gorān du=karmo, kīt mĭnayye kmarfin ġălăbe ʿal u=karmo, mĭnayye išmo* 'Je nach dem Weinberg ... manche lassen vom Weinberg viele (Reben) stehen, andere wenige.' MT 1.1:65 **(12)** in, gegen (emotionaler Zustand) | *kito zuḥṯo aʿlayna* 'Wir werden bedroht.' MT 3.3:1; *ksaymi ḥarbuṯo aʿlayna* 'Sie tun uns Böses an.' MT 3.3:17 **(13)** hinter, ein- ⊗ mit Verben wie *schließen, verriegeln, verputzen, bauen* | *šiʿʿe fēm du=tarʿo aʿle* 'Sie dichteten die Tür des Ofens hinter ihm ab.' MT 4.2:10 || Syr. *ʿal* SL 1099; Arab. *ʿalā* Wehr 636

ʿal ʿayni gerne, herzlich willkommen! → **ʿayno**[1]

ʿal d- *conj.* weil | *daʿiri naqqa=ḥreto, mi=ʿaskăriye, ʿal dᵊ-mfarik u=ḥarb, măfiltila* 'Dann kehrten sie wieder aus dem Militärdienst zurück; als der Krieg sich beruhigte, entließ (die Regierung) sie.' MT 1.5:5 → **d**

ʿal iḏ- d- neben, zusammen mit jdm. | *tre mĭnayye yaʿni, koṯin, ḥa kmosik ʿal īḏ-du=ḥreno kburmi ftile* 'Zwei von ihnen kommen, einer greift neben dem anderen zu und sie drehen Grasstränge.' MT 1.1:69; *ŭno naqqāt naʿimto-wi, izzínowo hawxa guršanwo ʿal iḏayye* 'Manchmal, ich war ja noch klein, ging ich hin und zog mit ihnen zusammen (am Butterschlauch).' MT 2.5:5 → **iḏo**

ʿar-rīš(e) (d-) *prep.* bei | *w i=ḥḏo d-moyiṯ u=gawro, bam=mo tišʿi lĭ=kmaydo gawro=ḥreno, lĭ=kšuqlo gawro, kfayšo ʿar-rīš d-an=naʿimayḏa* 'Die Frau, deren Mann stirbt, heiratet in neunzig von hundert Fällen keinen anderen Mann. Sie heiratet nicht (wieder), sondern bleibt bei ihren Kindern.' MT 1.2:19 → **rišo**

m-ʿal *prep.* von, von herunter | *măyĭl i=faršaṯe m-ʿal ṣadri* 'Nimm diese Steinplatte von meiner Brust weg.' MT 5.3:10; *naḥit m-ʿal i=sisto* 'Er stieg vom Pferd.' MT 5.3:32; *ḥiḻḻe kĭlé koṯe wič wič wič wič d-safrune, m-ʿal i=dawmo* 'Da vernahm er das Gezwitscher von Vögeln aus dem Baum.' MT 5.3:33 → **mĭ**

oṯe ʿal (1) jdm. (zu schwer) vorkommen, erscheinen **(2)** angreifen → **ʾṯy**

ʿala für ⊗ Arabisch | *ᴬnmūt ʿala Masīḥ, ʿala dīn Masīḥᴬ* 'Wir wollen für den Messias sterben, für den Glauben an den Messias.' MT 3.1:17

ʿala-l-ʾŭṣūl wie üblich, wie es sich gehört ⊗ Arabisch | *bas u=šĭkil du=ṭlobo hawxa kowe. bĭṯir mid makraxxe ʿaynayye ʿal i=kaččĭke, ḥizyulle, gizzín ʿala-l-ʾŭṣūl, gĭḥayri aʿla* 'Die Verlobung geht so vor sich: Nachdem sie sich nach einem Mädchen umgeschaut haben und es gefunden haben, dann folgen sie der Tradition. Sie sehen sich (das Mädchen genauer) an.' MT 1.3:4

ʿălaqădār *adj.* kümmernd • Nicht in RW || Türk. *alâkadar* 'id.'; Kurm. *eleqedar* 'relatif, qui s'intéresse à' DKF 461

howe ʿălaqădār sich kümmern → **hwy** || Türk. *alâkadar olmak* 'sich kümmern um'

ʿal ʿayn w ʿar rāṣ ⊗ Arabisch gerne, willkommen! | *yabo aḥna qay lĭ=kmaqbᵊlinalxu, ᴬʿal ʿayn w ʿar rāṣᴬ* 'Warum sollen wir euch denn nicht akzeptieren, ihr seid uns willkommen!' MT 5.2:19

ʿĂlišeme Name eines Dorfes im Kreis Silvan (?) | MT 1.5:35

ʿam *prep.* **(1)** mit, zusammen mit | *kyutwi ʿal i=ṣufro w kuxli ʿam ᵊḥḏoḏe* 'Sie setzen sich an den Tisch und essen miteinander.' MT 1.3:16; *toxu aʿmi* 'Kommt mit mir!' MT 5.3:13 **(2)** mit, unter Einsatz von, beinhaltend | *kmisomi ʿam birġil, kmisomi ʿam rezo* 'Man kocht (sie) mit Bulgur oder mit Reis.' MT 2.10.2 **(3)** bei | *aḥna layt aʿmayna čāy w sikkar* 'Wir haben doch keinen Tee und Zucker dabei.' MT 1.5:57; *mityaqnit kīt mede aʿmi* 'Glaube mir, ich habe irgendetwas.' MT 5.1:13; *hinne-ste kitte ʿamṯo* *aʿmayye lḥuḏe* 'Sie (die beiden Brüder) hatten nur eine Tante bei sich.' MT 5.2:37 || Syr. *ʿam* 'id.' SL 1107

ʿam d- obwohl | *ʿam ᵊd-kítwayye năyar ʿam ᵊḥḏoḏe* ... 'Obwohl sie miteinander verfeindet waren ...' MT 3.2:5 → **d**

ʿām *adj.* allgemein | *ksayminne qaḥwe mayirto w xāṣ w ʿām kmifarqo* 'Man macht ihnen einen bitteren Kaffee, der an jedermann (wörtl.: besonders und allgemein) ausgeschenkt wird.' MT 1.2:14 || Arab. *ʿāmm* 'öffentlich, allgemein, umfassend' Wehr 639

ʿămaḏe *n.f.* Taufen | *komir tamo, naḥit maʿmaḏle hin mĭnayye, w ṭrele hin mĭnayye w símlelin kōhno, w bdele lu-kōhno bi-ʿămaḏe w hawin kulle yaḥquboye, mšiḥoye yaʿni* 'Da ging er hin und taufte einige von ihnen, andere ließ er (ungetauft), (doch) er bestellte für sie einen Priester, der Priester begann mit dem Taufen, und alle wurden sie zu Jakobiten, das heißt zu Christen.' MT 4.4:20 • Nicht in RW || nach Vorbild des Arabischen aus der Wurzel *ʿmḏ* gebildet → **ʿmḏ**

ʿămăliye *n.f.* Vorgang | *i-ʿămăliye du-lwošo dağ-ğule* 'der Vorgang des Ankleidens' MT 1.3:27 • RW 8 || Arab. *ʿamalīya* 'id.' Wehr 643

ʿamlo *n.m.* Arbeit ⊗ überwiegend in der Redewendung *šuġlo (w) ʿamlo* 'etw. zu tun' | *lo sayminne šuġlo ʿamlo* 'damit sie nicht ihre Arbeit tun konnten.' MT 3.3:8 • RW 9 || Syr. *ʿamlo* 'id.' SL 1112

ʿamm *prep.* mit | *ʿamm ᵊḥḏoḏe* 'zusammen, gemeinsam' MT 1.1:68 → **ʿam**

ʿamme *n.f.* Tante (väterlicherseits) | *komir azzé yawmo tre tloṯo bi-ḥolo, omir miḻḻe wa ʿamme, miḻla ha, miḻḻe b-Aloho magibli mu-zʿurano d-kŭṯeli* 'Es vergingen ein, zwei, drei Tage, da sagte er: Hör mal, Tante! Sie sagte: Ja? Er sagte: Bei Gott, ich habe Angst vor diesem Jungen bekommen, der mich angreift.' MT 5.2:92 • RW 9 || cf. Arab. *ʿamma* 'id.' Wehr 638

ʿammo *n.m.*, *pl.* **ʿammone** Onkel (väterlicherseits) | *bĭṯir šqílanne, bi-šawṯo ʿlayto, bote, w maʿmaṟṟe w ʿayiši, ğiddi w babi w ʿammoni ʿamm ᵊḥḏoḏe* 'Später kauften sie sich Häuser im Oberen Viertel, sie bauten, und sie lebten (alle) zusammen, mein Großvater, mein Vater und meine Onkel.' MT 1.5:3 • RW 9 || Arab. *ʿamm* 'id.' Wehr 638

ʿammo-mammo ⊗ vgl. ähnliche Konstruktionen im Türkischen Echowort, Reduplikation: Onkel und so weiter | *u-naʿimo komir lu-rabo, áydarbo saymina, hăla ʿammayna-yo min saymina buwe, min ṭĭrena mene? miḻḻe ʿammo-mammo lĭ-fayiš* 'Der Jüngere sagte zu dem Älteren: Was sollen wir tun? Er ist doch unser Onkel, was sollen wir ihm tun, was sollen wir ihm lassen? Er sagte: Onkel und so weiter gibt es nicht mehr.' MT 5.2:33 → **ʿammo**

ʿamo *n.m.* Leute, Volk, Bevölkerung | *u-ʿamo d-Miḏyaḏ, faqiro-yo* 'Die Bevölkerung von Midyat ist arm.' MT 1.1:1; *bayn du-ʿamo nuxroyo-wayne* 'Sie lebten unter Fremden.' MT 1.7:5 • RW 9 || Syr. *ʿamo* 'id.' SL 1108

ʿamro *n.m.* Wolle | *lăšan d-l-oṯe u-ḥemo du-qayṭo aʿlayye kšimṭi, qqayṣi u-ʿamraṯṯe* 'Damit die Sommerhitze ihnen nicht zusetzt, streifen sie ... scheren sie ihre Wolle.' MT 1.1:90 • RW 9 || Syr. *ʿamro* 'id.' SL 1114

ʿamṯo *n.f.*, *pl.* **ʿamṯoṯo** Tante (väterlicherseits) ⊗ fem. zu *ʿammo* | *naysa, qayimo i-ḥilto, i-ʿamṯo d-saymole nuro* 'Wie auch immer, die Tante mütterlicherseits, (vielmehr) seine Tante väterlicherseits, machte sich daran, ein Feuer anzuzünden.' MT 5.2:72 • RW 9 → **ʿammo**

ʿamuqo *adj.*, f. **ʿamuqto**, *pl.* **ʿamuqe** **(1)** tief | *huwe lĭ=kodiʿ i=nuqro mede ʿamuqo-yo fălan, naqqa nafil* 'Er wusste nicht, dass *nuqro* etwas Tiefes ist, und auf einmal fiel er hinein.' MT 5.4:2 **(2)** tief, dumpf, entfernt (Lärm) | *kote ḥis da=tfinag ksaymi diṃṃṃṃ ʿamuqo* 'Doch man hörte den Lärm der Gewehre, sie machten ein tiefes *dimmm*.' MT 3.1:11 • RW 9 || cf. Syr. *ʿamiqo* 'id.' SL 1111

ʿAnqăra Ankara, Hauptstadt der Türkei | MT 1.6:8

ʿApso männlicher Personenname | MT 3.1:15

ʿaqil *adj.*, f. **ʿāqle**, *pl.* **ʿāqlīn** brav | *makrᵊxi ʿaynayye, ḥdo d-uyo mĭ-ʿāyle kayisto, w d-udʿi gd-ībinne-yo, w d-huyo-stene šafirto w ʿāqle* 'Sie schauen sich nach einem (Mädchen) um, das aus einer guten Familie stammt, von der sie wissen, dass sie ihnen (das Mädchen) geben würden. Und schön und brav sollte sie auch sein.' MT 1.3:1 • RW 10 || Arab. *ʿāqil* 'einsichtig, verständig, intelligent' Wehr 629

ʿăqude *n. pl.* Süßwurst | *am=mazronani ṣirf lăšan u=dībis, lu=pāstīq w li=ḥărire w laʿ=ʿăqude-ne* 'Diese *mazrona*-Trauben dienen nur für den Traubensirup, für *pāstīq*, *ḥărire* und *ʿăqude*.' MT 1.1:48 • RW 22 || cf. Arab. *ʿunqūd* 'Büschel, Traube, Weintraube' Wehr 647; cf. Arab. *ʿqd I* 'knoten, zusammenlegen' Wehr 626

ʿărab *n. pl.* Araber, arabische Beduinen | *ḥzeli naqla ḥdo b-Suriya bayn aʿ=ʿărab* 'Ich habe einmal in Syrien eine Frau gesehen, unter den arabischen Beduinen.' MT 3.2:36

ʿắrăba *n.f.*, *pl.* **ʿắrăbat, ʿărăbāt** Auto | *mhalxone izzinwo tăbí, latwe xid d-uʿdo, d-immit bi=ʿắrăba w b-măkina yaxud b-ṭiyara guzzino* 'Sie gingen natürlich zu Fuß, es war nicht wie heute, wo du sagst: Ich werde mit dem Auto oder einem (anderen) Fahrzeug oder mit dem Flugzeug reisen.' MT 4.5:1 • RW 11 || Türk. *araba* (< Arab. *ʿaraba*) 'id.'

ʿắrăbi *adj.* Arabisch (Sprache) | *l-ídʿiwo lo lĭšono, lo ʿắrăbi, lo tirki* 'Sie beherrschten keine Sprache, kein Arabisch, kein Türkisch.' MT 3.4:7

ʿăraq ~ ʿărāq *n.m.* Schnaps, Raki | *šityowa ʿăraq, šityowa ḥamro* 'Sie trank Schnaps und Wein.' MT 1.4:3 • RW 11 || Arab. *ʿaraq* 'id.' Wehr 608

ʿarbăde *n.f.* Vorwurf | *miḷḷe lĭ=kowe, hatu qralxu, ŭno d-lĭ=qŭreno, ramḥil gĭsaymítulli ʿarbăde, gĭd-immit lĭ=mağrelux w lĭ=kŭdaʿno mune* 'Er sagte: Es geht nicht an, dass ihr gelesen habt und ich soll nicht lesen. Morgen werdet ihr mir Vorwürfe machen und sagen: Du hast dich nicht getraut, oder ich weiß nicht was.' MT 5.3:6 • BS 30 || Arab. *ʿarbada* 'Zanksucht, Lärm, Krawall' Wehr 603

ʿariye *n.f.* Schande | *lĭ=kmaqbᵊli haṭe ʿal ruḥayye, ᵊkḥišwila xid šĭkil ʿariye* 'Sie akzeptieren das nicht für sich selbst, sie halten es für eine Art von Schande.' MT 1.2:21 • Nicht in RW || cf. Arab. *ʿār* 'Schande, Schmach, Unehre' Wehr 656 (+ Abstraktendung *-īye*)

ʿarnoṣo *n.m.*, *pl.* **ʿarnoṣe** Halsring | *a=ḥmore w aq=qanyone, kmaṣrinne, femayye, kimminne ʿarnoṣo* 'Esel und Rinder, sie binden ihnen das Maul zu. Es gibt noch den Halsring' MT 1.1:12 • RW 12 || cf. Syr. *ʿarnoso* 'spindle' SL 1141; Tezel 2003: 236-237

ʿarquwo *n.m., pl.* **ʿarqᵊwone** Ferse | *ksoliq lu=quṣro, kmoḥe raġlot̲e bu=quṣro, didididididi... komir ʿarqᵊwone sligi, nqiwi haqqās hingi kmoḥe raġlot̲e bak=kefe, yaʿni sisyo-yo kmaqliʿ, komir didididi qlabu!* 'Da stieg er auf das Schloss und schlug seine Füße gegen (die Mauer) des Schlosses: didididididi... Seine Fersen wurden abgeschabt, sie wurden eingedellt, so stark schlug er seine Füße an die Steine, als ob es ein Pferd wäre, das er antreibt. Er rief: didididididi..., auf (sie)!' MT 5.2:55 • RW 12 || Syr. *ʿarqubo* 'id.' SL 1143

ʿaršo *n.m., pl.* **ʿarše, ʿaršone** Zahn • RW 12 || Syr. *ʿaršo* 'molar tooth' SL 1144

sayomo d-ʿarše Zahnarzt, Dentist | *ʿŭwadwo dīščitiye, yaʿni sayomo d-ʿarše* 'Er arbeitete als Dentist, also als Zahnarzt.' MT 1.6:1 → **sayomo**

ʿas ~ ʿaz etwa, vielleicht, denn ⊗ zur Verstärkung von Fragen | *komir lu=zlām mille l-ayko gd-izzíx? ʿaz-zid m-awxa mĭ=gd-owe, l-ayko d-izzíx kīlí aʿmix* 'Da sagte der Mann (zu ihr): Wohin gehst du? Was kann denn sonst noch passieren? Wohin du auch gehst, ich bin bei dir.' MT 5.1:19; *ʿas gĭfayšit hul l-ema ʿal at=tanure* "Wie lange willst du noch bei den Tannur-Öfen herumlungern?' MT 5.2:87 • RW 12

ʿaskăr *n.f., n. coll.* Truppen, Armee, Soldaten | *i=ʿaskar di=ḥkume* 'die Soldaten der Regierung' MT 3.2:35 • RW 12 || Arab. *ʿaskar* 'id.' Wehr 613

ʿaskăriye *n.f.* **(1)** Militär | *at̲i d̲abiṭ di=ʿaskăriye* 'Da kam ein Militäroffizier.' MT 5.1:9 **(2)** Militärdienst | *miblila li=ʿaskăriye* 'Sie (die Regierung) zog sie zum Wehrdienst ein.' MT 1.5:4 • RW 13 || Arab. *ʿaskarīya* 'id.' Wehr 613

ʿaṣriye, *pl.* **ʿaṣriyawot̲o (1)** *n.* Abend | *hawi ʿaṣriye aʿle ...* 'Und als es Abend wurde ...' MT 5.2:69 **(2)** *adv.* abends, am Abend | *ṣafro kuzzín w ʿaṣriye kot̲in* 'Am Morgen zogen sie los und am Abend kamen sie zurück.' MT 5.2:4 • RW 13 || cf. Arab. *ʿaṣr* 'Nachmittag' Wehr 616; cf. Syr. Arab. *ʿaṣrīyāt* 'gegen Abend' TKT 357

laf ʿaṣriye später Nachmittag, gegen Abend | *bĭt̲ir mid hawi laf ʿaṣriye ...* 'Wenn es dann später Nachmittag geworden ist ...' MT 1.3:33 → **laf ~ laff (l-)**

ʿaṣro *num.*, m. **ḥṣar, ḥṣar** zehn | MT 1.1:30; | *i=naqqa du=ḥtīyāt, ŭno ʿumri, tšaʿ=išne ḥsar=išne-we látwobe* 'Zur Zeit des Reservedienstes war ich noch keine neun, zehn Jahre alt.' MT 1.5:44 || Syr. *ʿasro, m. ʿsar* 'id.' SL 1121

ʿaṣyo *adj.*, f. **ḥṣit̲o,** *pl.* **ʿaṣye (1)** verschanzt | *laṣ=ṣŭroye d-kítwayye ʿaṣye b-ʿIwardo ...* 'Den Christen, die sich in ʿIwardo verschanzt hatten ...' MT 3.2:12 **(2)** feststeckend | *uʿdo u=čāy w sikkar ʿaṣyo-yo bayn da=sfoqe* 'Jetzt stecken Tee und Zucker zwischen dem Gepäck.' MT 1.5:55 → **ʿṣy**

ʿăšan (d-) *conj.* damit | *maḥtínawo ōrti nad̲ifo ʿal feme di=qōšxane, w bĭt̲ir u=qăpaġ, ʿăšan d-, i=naqqa d-duḥt̲o, d-lĭ=noḥit i=daḥt̲ayo li=rezo* 'Wir legten ein sauberes Tuch über die Öffnung des Kochtopfs, und danach den Deckel, damit, wenn der Reis schwitzt, dieses Kondenswasser nicht auf den Reis herabtropft.' MT 2.8:4 || cf. Syr. Arab. *ʿašān* 'damit, für' TKT 338 → **lăšan ~ lašan**

ʿaširto *n.f., pl.* **ʿaširyot̲o, ʿăšayir** Stamm, Klan | *u=rabo di=ʿaširto di=dukt̲o* 'der Anführer des örtlichen Stammes' MT 1.5:51 • RW 14 || cf. Arab. *ʿašīra, pl. ʿašāʾir* 'id.' Wehr 614

ʿatiqo *adj.*, f. **ʿatiqto**, *pl.* **ʿatiqe** alt (von Dingen), althergebracht | *ḥīkeyāt ʿatiqe* 'alte Geschichten' MT 1.7:1; *aḥ=ḥimṣe qarʿone, hani-ste, muklo ʿatiqo didan das=siryoye-yo* 'Der Kichererbseneintopf mit Grießbällchen ist ein althergebrachtes Gericht von uns Suryoye.' MT 2.11.1 • RW 14 || Syr. *ʿatiqo* 'id.' SL 1147

ʿawodo *n. agent.*, *pl.* **ʿawode** Arbeiter | *aḥna šaxṣ sinʿatkār-na, w ʿawode-na* 'Wir sind Handwerker, Arbeiter.' MT 1.5:37 → **ʿwd**

ʿawwil *adv.* zuerst | *qulfiwo i=qarʿo ʿawwil=naqqa* 'Zuerst schälte man den Kürbis.' MT 2.12:2 = **awwil**

ʿaybo *n.m.* Scham, Schande • RW 4 || Arab. *ʿayb* 'Fehler, Mangel, Schande' Wehr 656

ʿaybo ksaymit! du sollst dich schämen, nicht doch! → **sym**

ʿayid d- ~ **ʿayit d-** *adj.* gehörend zu | *ʿayid di=wălaye d-Mirde-yo* 'Es gehört zur Provinz Mardin.' MT 1.7:2; *koṯe u=qašo d-kityo u=miṯawo ʿayít diḏe* '(Zuerst) kommt derjenige Priester, zu dem der Verstorbene gehört.' MT 1.2:3; *kul=qawro ʿayit... l-ʿāyle-yo* 'Jedes Grab gehört zu einer Familie.' MT 1.2:8 • RW 15 || Arab. *ʿāʾid* 'id.' Wehr 651; cf. Türk. *ait* 'id.'

ʿāyle *n.f.*, *pl.* **ʿāylat, ʿāylāt** Familie | *ḥḏo d-uyo mĭ-ʿāyle kayisto* 'ein (Mädchen), das aus einer guten Familie stammt' MT 1.3:1; *d-howe bayn lat=tarte ʿāylătani ḥubo* '... dass zwischen diesen beiden Familien inniges Einvernehmen herrschen soll.' MT 1.3:16 • RW 4 || Arab. *ʿāʾila* 'id.' Wehr 654; Türk. *aile* 'id.'

ʿaymo *n.m.*, *pl.* **ʿayme** Wolke | *ībíwunne išara, laṣ=ṣūroye d-kítwayye ʿaṣye b-ʿIwardo, immiwo b-ᵊflān ğabha ʿaymo-yo, b-ᵊflān dukṯo ṣaḥwo-yo, u=ṣaḥwo maʿnata ṣulḥ, ăman-yo, u=ʿaymo maʿnata tahlĭka-yo* 'Sie gaben den Christen, die sich in ʿIwardo verschanzt hatten, Informationen, sie sagten: An der und der Front ist es bewölkt, an der und der Front ist es klar. Klar bedeutete Frieden und Sicherheit, und wolkig bedeutete Gefahr.' MT 3.2:12 • RW 4, cf. *ʿaywo* RW 5 (Dorfdialekte) || Syr. *ʿaymo* 'id.' SL 1096

ʿayn d- *interj.* Liebling von | *komir miḻḻe ḥilto, miḻḻa ha, ʿayn di=ḥilto* 'Er sagte: Tante! – Ja, du Liebling deiner Tante.' MT 5.2:74 → **ʿayno**[1]

ʿayn (xid) *prep.* genau (so wie) | *bĭṯir laysĭwole šafiro, nĭfaqwo u=ḥalwayḏe, hŭwewo ʿayn xu=maʿğūn* 'Danach knetete man ihn (*samdo*) sorgfältig, bis die Stärke austrat und er wie eine Paste wurde.' MT 2.7:9; *yaʿni yawmo bu=yawmo, laḥmo sunqonan komir bi=ṣluṯo, ʿayn hawxa-wayne* '(Sie lebten) von Tag zu Tag, „unser tägliches Brot", wie es im Gebet heißt, genau so war es bei ihnen.' MT 3.3:2 • RW 4 = **ʿayni**

ʿayni (1) *adj.* gleich, der-/die-/dasselbe | *aḥna látwolan, bas bĭḥimyoni kítwulle, bi=dirto, b-ʿayni dirto-wayna* 'Wir hatten keine (Tiere), aber meine Schwiegereltern hatten welche im Hof, wir waren im gleichen Hof.' MT 2.5:1 **(2)** *adv.* genauso | *bĭṯir tre=yawme tloṯo kkŭṯawwe ḥreno ʿayni bu=šĭkil d-ᵊkṯúlelin u=qamoyo* 'Nach zwei, drei Tagen schreibt er ihnen einen anderen, genau in der Art, wie er ihnen den ersten geschrieben hatte.' MT 5.2:32 • RW 4 || Türk. *aynı* 'id.'; cf. Arab. *bi-ʿainihi* 'derselbe' Wehr 658 = **ʿayn (xid)**

ʿayno[1] *n.f.*, *pl.* **ʿayne, ʿaynoṯo**; gen. *ʿayn* Auge | *omir ann=abohoṯani lĭ=ftiḥḥe ʿayn das=samye* '(Der Mönch) sagte:

Haben diese Kirchenväter nicht die Augen der Blinden geöffnet?' MT 4.3:10; *nafilo ʿayne ʿal i=kaččĭke* 'Er warf ein Auge auf das Mädchen.' MT 5.1:15; *ʿaynoṯe brime-ne lĭ=fayiš kuḏʿole* 'Seine Augen stehen ja schief, deshalb erkennt sie ihn nicht mehr.' MT 5.2:75 • RW 5 || Syr. *ʿayno* 'id.' SL 1097

ʿal aʿ=ʿayne gerne, herzlich willkommen! | *Gŭlo Zĭlo Bando miḷḷe, ahla w sahla ʿal aʿ=ʿayne* 'Gŭlo Zĭlo Bando sagte: Herzlich willkommen, du bist willkommen!' MT 5.3:43 → **ʿal**

ʿal ʿayn- gerne, herzlich willkommen! | *miḷḷa ʿal ʿayni, w d-babi abri, waḥ, áydarbo lĭ=kimšaḥnallux!* 'Sie sagte: Aber gerne, mein Sohn. Aber klar, warum sollte ich es dir nicht heißmachen?' MT 5.2:99 → **ʿal**

b-ʿayn- selber, persönlich | *ḥa b-ʿayne izzewo ŭmárwulle* 'Man ging selber hin und sagte es ihnen.' MT 2.4:1 → **b**

bayne ʿayn- Stirn | *maʿmadde u=zʿuro b-išme d-ᵓMšiḥo w ršimme bayne ʿayne* 'Sie tauften den Jungen im Namen des Messias und machten das (Kreuz)-zeichen auf seiner Stirn.' MT 4.2:4 → **bayn**

maḥit l-qul ʿayno berücksichtigen, beachten → **mḥt, l-qul**

nofil ʿayn- ein Auge auf (*ʿal*) etw./jdn. werfen → **nfl**

ʿayno[2] *n.f., pl.* **ʿaynoṯo** Knospe, Knospenansatz | *mid hule, u=karmo maṭi l-čăx du=ṭaʿno, yaʿni d-obe aʿ=ʿinwe, qamayto kfoqiḥ baʿ=ʿaynoṯo* 'Wenn der Weinberg soweit ist, dass er trägt, d.h. dass er Trauben trägt, dann brechen zuerst die Knospen auf.' MT 1.1:46 • RW 5 → **ʿayno**[1]

ʿăza *n.m., pl.* **ʿăzawat** Trauerfeier | *u=bayto di=mištuṯo, kibe kēf w ṣăfa w ṭʿoyo ... tiṭʿiyo di=nafšo. bu=bayto du=ʿăza, kibe năṣayiḥ kibe qraye da=kṯowe mqadše* 'In einem Hochzeitshaus herrschen Freude und Vergnügen, Vergessen und die Irreführung der Seele. In einem Trauerhaus gibt es guten Rat, Lesungen aus den heiligen Büchern.' MT 1.2:16; *u=ʿăza sidayna ggoriš šabṯo taqriban* 'Die Trauerzeit dauert bei uns ungefähr eine Woche.' MT 1.2:18 • RW 15 || Arab. *ʿazāᵓ* 'id.' Wehr 612

ʿazbo *adj.* ledig | *komir miḷḷe, hee hul l-uʿdo ŭno ʿazbo-wi ŭḏáʿnowo išme d-kulxu, uʿdo gawiṇṇo lĭ=fayiš kŭḏaʿno išme d-nošo mĭnayxu* 'Er sagte: Heh, bis jetzt war ich Junggeselle und kannte den Namen von euch allen, doch jetzt habe ich geheiratet und kenne von niemandem von euch mehr den Namen.' MT 5.2:17 • RW 15 || cf. Arab. *ʿāzib, ʿazab* 'id.' Wehr 611

ʿĂzīz männlicher Personenname | MT 1.6:8

ʿAzīzke bĭ-Mahmădo kurdischer Anführer in Midyat während des Genozids von 1915 | MT 3.2:20

ʿazizo *adj.*, f. **ʿazizto**, *pl.* **ʿazize** geschätzt | *u=ḏayfo d-ŭwewo ʿazizo* 'ein geschätzter Gast' MT 1.1:63 • RW 15 || Arab. *ʿazīz* 'angesehen, edel, lieb' Wehr 610; cf. Syr. *ʿazizo* 'strong, powerful' SL 1089

ʿbr || Syr. *ʿbr Pe.* 'to pass, cross over' SL 1064

I *ʿabir, ʿabiro - ʿobir, ʿubro intr.* eintreten | *bĭṯir mid ʿabiro i=kalo lu=bayto* ... 'Wenn die Braut ins Haus eingetreten ist ...' MT 1.3:33; *ayna mĭnayxu d-ʿobir ṭir-maḷḷi išme d-kŭṯawne* 'Jeder von euch, der eintritt, soll mir seinen Namen sagen, damit ich ihn aufschreibe.' MT 5.2:17

III *maʿballe, maʿballa - maʿbir, maʿbᵊro* **(1)** *tr.* hineinbringen | *kmawfᵊqila ṣafro li=šimšo w ʿaṣriye kmaʿbᵊrila* 'Morgens bringen sie sie hinaus in die Sonne und abends bringen sie wieder hinein.' MT 1.1:58 **(2)** *tr.* eintreten lassen | *lo=maʿbᵊrinne hōl d-lo=mʿayninne* '(Die Amerikaner) ließen sie aber nicht ins Land, bevor sie sie nicht untersucht hatten.' MT 3.4:5

ʿdl || Arab. *ʿdl II* 'gerade machen, gerade richten, ordnen' Wehr 598

II *mʿadele, mʿadela - mʿadil, mʿadlo tr.* ordnen, regulieren, einstellen | *gim-madwo aq=qayse, u=šagirti gĭtŭwarre sámwolin pĭyaž, naʿime, maḥátwulle b-gawe du=kuro, u=nafoḥo gĭnofiḥ, w kítwole šĭš, šafudo d-immina b-ide, mʿadalwo i=nuro* 'Der Geselle nahm die Holzscheite, spaltete sie und machte sie zu dünnen Spänen, legte sie in den Ofen, der „Anfacher" fachte an, und er hatte einen Spieß, eine Eisenstange in der Hand, (damit) regulierte er das Feuer.' MT 1.5:14

IIp *mʿadil, mʿadlo - miʿadil, miʿadlo intr.* in Ordnung kommen, sich verbessern | *i=naqqa d-owe waḥš w d-ŭbatle ḥirriye kmidaywin, amma d-owe kultūrlí w d-ŭbatle ḥirriye li=ʿišayde w li=insaniyayde, zid kmiʿadil* 'Wenn jemand unzivilisiert ist und du lässt ihm freie Hand, dann dreht er durch. Wenn er aber kultiviert ist und du ihm Freiheit in seiner Lebensführung und in seiner Menschlichkeit gibst, dann verbessert er sich noch.' MT 3.3:15

ʿedo *n.m., pl.* **ʿede** Fest, Festtag | *u=ʿedo lĭ=maḥrᵊwítulle* 'Verderbt nicht das Fest!' MT 4.1:5; *i=dašĭšto aġlab am=midyoye saymíwola bu=ʿedo* 'Den Milchreis bereiteten die Midyader meistens an den Festen zu.' MT 2.9:1 • RW 16 || Syr. *ʿido* (Ostsyrisch: *ʿedā*) 'id.' SL 1054

ʿedo di=Ndatalo das Fest der Muttergottes | *kitwo bu=waxt ᵊd-meqim ṭăbí, ᵊzlām mhaymᵊno ġắlăbe. mŭsakwo i=Ndatalo, a=tloto yawme di=Ndatalo, du=ʿedo di=Ndatalo* 'Es gab, in früherer Zeit natürlich, einen sehr gläubigen Mann. Er hielt fest an der Muttergottes, den drei Tagen der Muttergottes, dem Fest der Muttergottes.' MT 4.1:2 → **Ndatalo**

ʿedo=rabo Ostern | *w d-ote w d-howe b-ʿedo=rabo, kmawbᵊli beʿe. kšulqi ab=beʿani w kṣuʿinne w kmawbᵊlinne li=kalo* 'Wenn dann Ostern kommt, bringen sie Eier mit. Sie kochen die Eier, bemalen sie und bringen sie der Braut.' MT 1.3:17 → **rabo**

ʿedo=zʿuro Weihnachten | *bu=yawmo du=ʿedo, ida ʿedo=zʿuro-yo, kmawbᵊli sĭkekir w ğule li=kalo* 'Am Festtag, wenn es sich um Weihnachten handelt, bringen sie der Braut Süßigkeiten und Kleider.' MT 1.3:15 → **zʿuro**

ʿezo *n.f., pl.* **ʿeze** Ziege | *kimʿašri aʿ=ʿeze-ste w a=ʿwone-ste mat=tayse* 'Die Ziegen und die Schafe werden von den Böcken trächtig.' MT 1.1:86 • RW 17 || Syr. *ʿezo* 'id.' SL 1089

ʿğb || cf. Arab. *ʿğb IV* 'gefallen' Wehr 594

II *mʿağable, mʿağabla - mʿağib, mʿağbo tr.* mögen, jdm. gefallen | *bĭtir mid makraxxe ʿaynayye ʿal i=kaččĭke, ḥizyulle, gizzín ʿala-l-ʾŭṣūl, gĭḥayri aʿla, ida atí w mʿağbulle ...* 'Nachdem sie sich nach einem Mädchen umgeschaut haben und es gefunden haben, dann folgen sie der Tradition. Sie sehen sich (das Mädchen genauer) an, und wenn es ihnen gefällt ...' MT 1.3:4

ʿǧz || Arab. *ʿǧz I* 'schwach, unfähig, nicht imstande sein' Wehr 594

I *ʿağiz, ʿağizo - ʿoğiz, ʿuğzo intr.* (etwas) leid sein, lästig finden, (einer Sache) überdrüssig sein | *bĭṯir, mid mayiṯ u=miṯo, ṭăbí am=more-ste kʿuğzi, a=ḥrene-stene kubʿi d-izzin lu=šuġlo w lu=ʿamlaṯṯe, kimmi yalla qumu masíġulle* 'Dann, nachdem der Todesfall eingetreten ist, wird es den Angehörigen bald lästig, und die anderen möchten zu ihrer Arbeit gehen. Sie sagen: Los, wascht ihn.' MT 1.2:4

III *maʿğazle, maʿğazla - maʿğiz, maʿğᵊzo tr.* belästigen, verärgern | ... *aš=šaxṣāt d-maḥatlan bann=awraqat w flān, ġắlăbe maʿğᵊzilan, azzín lam=maḥkămat ʿĭloye-ste* '... die Personen, die wir in den Akten benannt hatten. Wir schikanierten sie sehr (indem wir sie anklagten) und sie gingen bis zu den höheren Gerichten.' MT 1.6:13

ʿiğbo *n.m.* Wunder | *ŭno ḥzeli naqla ḥḏo b-Suriya bayn aʿ=ʿărab, sĭ-ʾaṯṯo d-ḥa šēx, maḥkílali, milla ʿiğbo kḥuzyono d-kimmit kīt mšiḥoye, ʿal i=tăʿadda w u=mede d-ᵊḥzeli l-ŭno* 'Ich habe einmal in Syrien eine Frau gesehen, unter den arabischen Beduinen, bei der Frau des Scheichs, die erzählte mir und sagte: Ich bin verwundert darüber, dass du sagst, es gibt (noch) Christen, trotz der Massaker und allem, was ich gesehen habe.' MT 3.2:36 • RW 23 || cf. Arab. *ʿağab* 'id.' Wehr 394

ʿĭlawi, f. **ʿĭlawiye**, *pl.* **ʿĭlawiye** Alevit | *ʿŭwadwo, ḥzele ḥa mĭ-Mălaṯya ʿĭlawi-we be min-we, mtafaqqe d-šoqil i=barṯayḏe* 'Als er (dort) arbeitete, sah er jemanden aus Malatya, der war Alevit oder so etwas. Sie kamen überein, dass er seine Tochter heiraten sollte.' MT 1.6:2 • Nicht in RW || Arab. *ʿalawī* 'id.' Wehr 636

ʿĭlim *m.* Wissen | *gĭmaʿmáṉṉolin madrăse, w mitaltᵊmi maš=šuqone (...) kayis gĭd-owe, gĭd-owin more d-ʿĭlim fălān* 'Ich werde für sie eine Schule bauen, damit sie von den Straßen geholt werden. (...) Das wird besser sein, sie werden etwas lernen.' MT 5.5:1 • RW 18 || Arab. *ʿilm* 'id.' Wehr 633

ʿĭliqo *n.m., pl.* **ʿĭliqe** Girlande | *w ag=gawze-ste, u=ḥa d-soyim d-gawze, ktowir ag=gawze, hawo-ste kmatranne lăšan d-lĭ=miqrofi bu=xrozo, w xxurzinne ksayminne ʿĭliqe rabe aw naʿime* 'Die Walnüsse, wenn jemand (Süßwurst) von Walnüssen machen möchte, dann knackt er die Walnüsse, doch die muss man befeuchten, damit sie beim Auffädeln nicht auseinanderbrechen. Man fädelt sie auf und macht große oder kleine Girlanden davon.' MT 1.1:61 • RW 22 → **ʿlq**

ʿĭliṯo *n.f.* Obergeschoss | *izzínowo l-gabayye, kítwulle hawxa ʿĭliṯo, immíwole gawoyo* 'Ich pflegte zu ihnen zu gehen, sie hatten ein Obergeschoss, das sie *gawoyo* (Innenbereich) nannten.' MT 1.4:2 • RW 16 || Syr. *ʿeliṯo* 'upper floor, room' SL 1102-1103 → **ʿĭloyo**

ʿil m- *prep.* oberhalb von, über etw. | *bĭṯir kimqalit baṣle ġắlăbe, bu=zayto, hĭl d-hawxa d-owin kărămēl, kmaḥtit ab=baṣlanik ʿil mĭnayye w u=zayto* 'Dann brätst du viele Zwiebeln in Öl an, bis sie glasiert sind, und gibst diese Zwiebeln und das Öl darüber.' MT 2.10:3 • RW 23 → **mĭ**

ʿilmo *n.m.* ⊗ nur *sg.* Leute | *mirle, u=ʿilmo lĭ=fāš qodir ṣoyim, kafno-yo w zaḥme-yo lĭ=qqudri ṣaymile* 'Er sagte: Die Leute können nicht mehr fasten, es herrscht Hunger und Not, sie können das Fasten nicht mehr halten.' MT 4.3:2 • RW 23 || Syr. *ʿolmo* 'id.' SL 1105

ʿīloyo *adj.*, f. **ʿīlayto**, *pl.* **ʿīloye (1)** hoch, hochgewachsen | *bu-magzuno kḥuṣdile u-zād ᵊd-kowe ʿīloyo* 'Mit der Sichel schneidet man die Körnerfrüchte, die hoch stehen.' MT 1.1:9; *quṣro ʿīloyo-yo* 'Es ist ein hohes Schloss.' MT 5.3:42 **(2)** ober(er) | *Măẓăpăṭōmya i-ʿīlayto-yo* 'Es ist (in) Obermesopotamien.' MT 1.7:2 **(3)** hoch, übergeordnet | *maḥkămat ʿīloye* 'die höheren Gerichte' MT 1.6:13 || Syr. *ʿeloyo* 'id.' SL 1101 = **ʿloyo**

ʿimqo *n.m.* Tiefe | *immi gĭḥufrínale lăğim, saqiye arbi-mitrowat fiṯyo w arbi ʿimqo w gizzano mhağğiğínale* 'Sie sagten: Wir graben ihm einen Tunnel, einen Wassergraben von vierzig Metern Breite und vierzig Metern Tiefe. Dann reizen wir ihn zum Angriff.' MT 5.2:49 • BS 35 || Syr. *ʿumqo* 'id.' SL 1081

ʿinād *n.m.* Trotz | *hinne latte irtibāṭ ʿam Rūṣya lo mĭ-meqim w lo uʿdo, bas ʿal u-ʿinād daʿ-ʿăšayir daṭ-ṭaye d-ᵊkʿuyaqqe mĭ-Rūṣya, immiwo, kaṭi u-Rūṣ laffelayna* 'Sie hatten keinen Kontakt zu Russland, weder früher noch jetzt, aber zum Trotz gegen die muslimischen Stämme, die Russland hassten, sagten sie: Jetzt kommt Russland uns (zu Hilfe).' MT 3.2:15 • Nicht in RW || Türk. *inat* 'id.'; Arab. *ʿinād* 'Widerstand, Hartnäckigkeit' Wehr 646

ʿinwe *n. pl.* Trauben | *mid hule, u-karmo maṭi l-čăx du-ṭaʿno, yaʿni d-obe aʿ-ʿinwe ...* 'Wenn der Weinberg soweit ist, dass er trägt, d.h. dass er Trauben trägt ...' MT 1.1:46 • RW 24 || Syr. *ʿenbe* 'id.' SL 1114

ʿIsa männlicher Personenname | MT 3.2:1

ʿisri *num.* zwanzig | *ḥammiš-litrat d-maye, qădar ʿisri-kutle* 'fünf Liter Wasser für etwa zwanzig Kutle.' MT 2.7:15 || Syr. *ʿesrīn* 'id.' SL 1121

ʿiṣyān *n.m.* **(1)** Rebellion, Auflehnung | *aʿm-aṯe (= ʿam haṯe) simme ʿiṣyān, hinne lu-qaṭlo gĭmawblíwole* 'Bei diesem Anlass widersetzten sie sich, denn sie hätten ihn weggebracht, um ihn umzubringen.' MT 3.2:2 **(2)** Verteidigungsstellung | *ᵊbdalle gdayši ʿal al-lašat w kmahzᵊmi kmičoki ba-mʿare, kmičoki baʿ-ʿiṣyanat, kizzín laʿ-ʿitawoṯo lĭ-manfaʿlalin mede* 'Sie stolperten nun über Leichen, sie flohen und zogen sich zurück in Höhlen, sie zogen sich zurück in Stellungen, die man verteidigen konnte, in die Kirchen, doch das nutzte ihnen nichts.' MT 3.2:5 • cf. *cësyan* id. BS 37 || Arab. *ʿiṣyān* 'id.' Wehr 618; Türk. *isyan* 'id.'

ʿiše *n.f.* Leben, Lebensführung | *an-nošani u-săbab d-azzín-ste, hin qamayto lăšan i-ʿišaṯṯe* 'Der Grund, warum diese Leute weggegangen sind, war zunächst wegen ihrer Lebensbedingungen.' MT 1.7:4; *amma d-owe kultūrlí w d-ŭbatle ḥirriye li-ʿišayḏe w li-insaniyayḏe, zid kmiʿadil.* 'Wenn (jemand) aber kultiviert ist und du ihm Freiheit in seiner Lebensführung und in seiner Menschlichkeit gibst, dann verbessert er sich noch.' MT 3.3:15 • RW 20 || Arab. *ʿīša* 'id.' Wehr 657

ʿišq *n.m.* Freude | *kmalwᵊšila u-klilo, b-hayye w ranne w ʿišq w kēf* 'Sie legen ihr den Brautschleier an, mit viel Aufhebens und Getue und mit Freude und Spaß' MT 1.3:27 • RW 20 || Arab. *ʿišq* 'Liebe, Liebesglut' Wehr 615; Anat. Arab. *ʿəšq* 'Liebe, Vergnügen' VW 280; cf. Kurm. *eşq, 'eşq* 'love, passion' Chyet 179

ʿito *n.f.*, *pl.* **ʿitawoṯo** Kirche | *kul yawme d-ḥiššabo d-kimṣalina bi-ʿito-ste* 'Jeden Sonntag beten wir (so) in der Kirche.' MT 3.2:42 • RW 20 || Syr. *ʿito* 'id.' SL 1101

ʿIwardo Dorf im Turabdin | MT 3.2:6

ʿīyār *n.m.* Maß, Richtmaß | *halbat iḏʿínawo u-ʿīyār dam-maye-ste míqqayis gmitaḥit aʿlayye* 'Wir kannten natürlich die Menge an Wasser, wieviel Wasser man dem (Dolma) hinzufügen musste.' MT 2.2:4 • RW 20 || Arab. *ʿiyār* 'Richtmaß, Eichmaß' Wehr 656

ʿiyono *inf. II* Augenmaß | *bu-ʿiyono kimqasim i-dukto* 'Er teilt den Platz nach Augenmaß ein.' MT 1.1:41 → **ʿyn**

ʿizze *n.f.* Ehre, Ansehen | *maʿbaṛṛe, b-ʿizze w b-qădir, ᵊb-muklo w b-ᵊštoyo, b-năḏafe, b-tartīb ġắlăbe šafiro* 'Sie führten ihn herein, mit Ehre und Wertschätzung, mit Essen und Trinken, ganz gepflegt, mit einem sehr schönen Zeremoniell.' MT 4.4:8 • RW 20 || Arab. *ʿizza* 'id.' Wehr 610; Türk. *izzet* 'Wertschätzung, erwiesene Ehre'

ʿlf || cf. Arab. *ʿlf I* 'füttern' Wehr 631

III *maʿlafle, maʿlafla - maʿlif, maʿlᵊfo tr.* füttern (Vieh) | *mid nafiq u-gelano qamayto raġyo kowe, l-mede lī-kmanfiʿ, illa l-yaw... u-yawmo bu-yawmo kizzín kmanṭin tēr daq-qanyonatṯe d-maʿlᵊfinne* 'Wenn das Gras hervorkommt, ist es zunächst zart, es taugt zu nichts außer für ei... (Die Bauern) gehen und bringen täglich (Gras) in ausreichender Menge, um ihre Kühe zu füttern.' MT 1.1:66

ʿloyo *adj.*, f. **ʿlayto**, *pl.* **ʿloye** hoch, ober(er) | *šqḯlanne, bi-šawṯo ʿlayto, bote* 'Sie kauften sich Häuser im Oberen Viertel.' MT 1.5:3 = **ʿīloyo**

ʿlq || Arab. *ʿlq II* 'hängen, aufhängen' Wehr 632

II *mʿalaqle, mʿalaqla - mʿaliq, mʿalqo tr.* hängen, aufhängen | *mid qaṭir w hawi qaṭiro, deri yawmo kmaḥtile bu-gawdo w kmaḥti tre-sahme d-maye aʿle w kimʿalqi u-gawdo bu-ḥawlo w kmayʿile* 'Wenn sie (die Milch) gestockt ist und zu Joghurt geworden ist, dann schütten sie (den Joghurt) am nächsten Tag in den Butterschlauch, geben zwei Teile Wasser dazu, hängen den Schlauch an einem Seil auf und stoßen ihn hin und her.' MT 1.1:76

IIp *mʿaliq, mʿalqo - miʿaliq, miʿalqo* aufgehängt werden | *kxurzinne ksayminne ʿīliqe rabe aw naʿime, w aʿ-ʿīliqani kmaḥti tēl b-rišayye lăšan d-miʿaliq b-ġēr dukṯo* 'Man fädelt sie (die Walnüsse) auf und macht große oder kleine Girlanden davon. An ihrem Ende befestigt man ein Stück Draht, damit man sie irgendwo anders aufhängen kann.' MT 1.1:61

ʿly || Syr. *ʿly Pa.* 'to exalt, to raise up' SL 1101

III *maʿlele, maʿlela - maʿle, maʿlᵊyo* **(1)** *tr.* hochheben | *komir qayim hawxa maʿlele qarʿe* 'Er stand auf und reckte den Kopf.' MT 5.3:8; *i-ḥḏo naqla, b-dukṯo, sī-šēx, ʿudínawo, kīlín kimḥaḏri i-kone, kmaʿlalla* 'Einmal, als wir irgendwo bei einem Scheich arbeiteten, da waren sie dabei, das Zelt vorzubereiten, es höher zu machen.' MT 1.5:45 **(2)** (Stimme) erheben | *kīt b-qamuṯi qaflāt qaflāt yasire, m-áyko-hatu, l-áyko-hatu? šššššš kimmi hšš lī-maʿlit, lī-miġġolit, lī-miġġolit!* 'Vor mir zogen immer neue Gruppen von Flüchtlingen vorbei. Woher kommt ihr, wohin geht ihr? Sie sagten: Psst! Sag keinen Ton! Sprich nicht, sprich nicht!' MT 3.1:9

maʿle i-nuro Feuer anfachen, schüren | *maʿlela i-nuro li-pire. maḥatla tloṯo-ṭonāt hažžīkāt aʿla w marfela kabrīt biya* 'Die Alte schürte das Feuer an, sie warf drei Tonnen Zweige darauf und zündete es mit einem Streichholz an.' MT 5.2:80 → **nuro**

ʿmḏ || Syr. *ʿmd Pa., Af.* 'to baptize' SL 1108

III *maʿmaḏle, maʿmaḏla - maʿmiḏ, maʿmᵊḏo tr.* taufen | *lĭ=kowe d-uxlit aʿmayna aṃṃa d-oṯit w d-maʿmáḏnolux, maʿmᵊḏínalux b-išme d-ᵓMšiḥo, tōx axúl aʿmayna* 'Es geht nicht, dass du mit uns isst. Aber wenn du kommst und ich dich taufe, wir dich taufen, im Namen des Messias, dann komm und iss mit uns.' MT 4.2:17

ʿmq || Syr. *ʿmq Af.* 'to make deep' SL 1113

IIIp *maʿmiq, maʿmᵊqo - mitaʿmiq, mitaʿmᵊqo intr.* vertieft werden | *an=nuqrani lu=gorān di=arʿo kmitaʿmᵊqi, mĭnayye arbʿi=ṣānṭinat, mĭnayye ḥamši aw ăqál, lu=gorān di=dukṯo* 'Die Löcher werden entsprechend dem Boden vertieft, manche vierzig Zentimeter, andere fünfzig oder weniger, entsprechend dem Ort.' MT 1.1:42

ʿmr || **I** cf. Syr. *ʿmr Pe.* 'to dwell, to stay; to be inhabited' SL 1113; **I, III** cf. Arab. *ʿmr I, II* 'wohnen, bewohnt sein; bauen' Wehr 640

I *ʿamir, ʿamiro - ʿomir, ʿumro* **(1)** *intr.* gebaut werden **(2)** bewohnt sein

III *maʿmaḷḷe, maʿmaḷḷa - maʿmir, maʿmᵊro tr.* bauen, errichten | *Gŭlo Zĭlo Bando maʿmáḷḷele quṣro b-falge du=băḥar, maq=qarʿe da=nsanāt* 'Gŭlo Zĭlo Bando hatte sich ein Schloss in der Mitte des Meeres gebaut, aus Schädeln von Menschen.' MT 5.3:31

ʿomir bayt- danke, es sei ... gedankt | *omir maxláṣxuli i=kaččĭkaṯe ʿomir baytayxu* 'Er sagte: Ihr habt mir dieses Mädchen gerettet, dafür sei euch gedankt.' MT 3.4:19 → **bayto**

ʿmṣ || Syr. *ʿmṣ Pa.* 'to close eyes' SL 1112

II *mʿamaṣle, mʿamaṣla - mʿamiṣ, mʿamṣo tr.* zudrücken, zukneifen ⊗ nur mit *ʿayno* 'Auge' verwendet | *i=ḥkume-ste lĭ=mtanela, mʿamaṣla ʿayna* 'Die Behörden reagierten darauf nicht, sie drückten ein Auge zu.' MT 1.6:3

ʿmumi ~ ʿŭmumi *adj.* umfassend, allgemein | *ŭṯanwo aṭ=ṭaye l-ḥĭḏōr Anḥilᵊste, naqlāt hŭwewo muṣadăma, bas lo xud di=ḏarbo d-Miḏyaḏ ʿŭmumi, hŭwewo qaṭlo, xid šĭkil ᵓgnunāt* 'Die Muslime kamen auch in die Nähe von Anḥil. Manchmal gab es einen Zusammenstoß, aber nicht so umfassend wie der Schlag gegen Midyat; es kam zu Morden, aber eher heimlich.' MT 3.2:21 • RW 24 || Türk. *umumi* 'allgemein, gesamt, generell'; Arab. *ʿumūmī* 'öffentlich, allgemein, General-' Wehr 639

ḥarb ʿmumi Weltkrieg → **ḥarb ~ ḥaṛb**

ʿqb || Syr. *ʿqb Pa.* 'to pursue' SL 1128; cf. Arab. *ʿqb* 'folgen, nachfolgen' Wehr 624-625

II *mʿaqable, mʿaqabla - mʿaqib, mʿaqbo tr.* verfolgen | *mšayalle, mʿaqabbe w ġălăbe karixi. mirre kito Malke, bi=Xărăbale* 'Sie fragten, verfolgten (Spuren) und zogen viel herum. Man sagte: Es gibt einen Malke in Xărăbale.' MT 4.4:3

ʿqd || Arab. *ʿqd II, IV* 'zum Gerinnen bringen; eindicken, verdicken' Wehr 626; cf. Syr. *ʿqodo* 'fixation of a body of liquids or vapors' SL 1129

II *mʿaqadle, mʿaqadla - mʿaqid, mʿaqdo tr.* fest werden lassen | *u=mišḥo, i=zibdo gĭmalĭmila, mid hawyo taqrīb d-ᵓdgišto, kimfašrila, maḥtila ʿal i=nuro kimfašrila, bĭṯir mid faširo, kimʿaqdila.* 'Das Butterschmalz: Man sammelt die Butter, und wenn es ungefähr ein Tonkrug voll geworden ist, lässt man sie aus, stellt sie auf das Feuer und lässt sie aus. Nachdem sie flüssig geworden ist, lassen sie sie wieder fest werden.' MT 1.1:79

ʿrayto *n.f.* Mittagessen | *hawi falge d-yawmo waxt di-ʿrayto* 'Es wurde Mittag, Zeit fürs Mittagessen.' MT 4.2:16 • RW 22 || cf. Syr. *ʿroyto* 'breakfast' SL 1139 → **ʿry**

ʿrw || Syr. *ʿrb*[3] 'to sift' SL 1134

I *ʿrule, ʿrula - ʿoru, ʿurwo tr.* sieben | *u-qamḥawo kmanṭalle lu-bayto. naqqa-ḥreto, mōr du-bayto, yaʿni i-žinnīke, i-kăbaniye, gʿurwole* 'Dieses Mehl bringen sie nach Hause. Der Hausherr, oder besser die Ehefrau, die Hausfrau, siebt erneut das Mehl.' MT 1.1:22

ʿry || Syr. *ʿry Af.* 'to breakfast' SL 1138 → **ʿrayto**

III *maʿrele, maʿrela - maʿre, maʿrᵊyo intr.* zu Mittag essen | *w naqlāt ġắlăbe-sse ŭṯewo u-muklayḏan li-dīkano, lĭ-sulqínawo lab-bote, lĭ-muklo, maqrᵊṭí-nawo w maʿrénawo bi-dīkano* 'Sehr oft wurde uns das Essen in die Werkstatt gebracht. Wir gingen nicht nach Hause zum Essen, wir nahmen das Frühstück und das Mittagessen in der Werkstatt zu uns.' MT 1.5:24

ʿṣr || Syr. *ʿṣr Pe.* 'to tread under foot, to press' SL 1127

I *ʿṣille, ʿṣilla - ʿoṣir, ʿuṣro tr.* auspressen | *kmašiġ raġloṯe w ksoliq ʿar-riše du-kisawo, bdele kʿŭṣarre* 'Er wäscht sich die Füße und steigt auf diesen Sack und beginnt (die Trauben) auszupressen.' MT 1.1:50

ʿṣy || Syr. *ʿṣy Pe.* 'to fight back, resist' SL 1125

I *ʿaṣi, ʿaṣyo - ʿoṣe, ʿiṣyo* **(1)** *intr.* sich verschanzen | *w b-Badibbe bīlmīṯil hawi maḥṣa, aṣ-ṣŭroye ʿaṣin ṭamo* 'In Badibbe gab es ebenfalls Widerstand, die Christen verschanzten sich dort.' MT 3.2:22 **(2)** *intr.* sich jdm. entgegen stellen | *mid ᵊhğimme ʿal aṣ-ṣŭroye, b-gawe d-Miḏyaḏ hawyo i-qale, ʿaṣin qumayye* 'Als sie über die Christen herfielen, kam es mitten in Midyat zum Kampf. (Die Christen) stellten sich ihnen entgegen.' MT 3.2:3 **(3)** *intr.* an etw. (*ʿal*) festhalten | *omir haṯe nuxraytux-wa (...) i-nuxrayto d-Zīn-yo. eee hawxa? omir e hawxa. e omir lĭ-kŭbela mĭ-samno? omir lĭ-maqbᵊlit, šḥay aʿla* 'Er sagte: Sie war deine Verlobte. (...) Sie war die Verlobte von Zīn. – Ja wirklich? Er sagte: Wirklich. (Zīn) sagte: Er gibt sie nicht her, was soll ich tun? Er sagte: Akzeptiere es nicht. Halte an ihr fest!' MT 5.2:8

ʿšr || Arab. *ʿšr II* 'decken, begatten; trächtig sein' Wehr 614

II *mʿašal̤le, mʿašal̤la - mʿašir, mʿašro intr.* besprungen werden, begattet werden | *mid hawi bīṯir mu-ḥṣodo, kimʿašri aʿ-ʿeze-ste w a-ʿwone-ste mat-tayse, aʿ-ʿeze mat-tayse w a-ʿwone mab-bărane* 'Wenn es nach der Ernte geworden ist, werden die Ziegen und die Schafe von den Böcken trächtig, (d.h.) die Ziegen von den Böcken und die Schafe von den Widdern.' MT 1.1:86

ʿūd *n.m.* Laute | *bu-šiklano mdawamla u-raqḏayḏa, ʿūd, mizwiğ, kămān, kul-xŭṣūṣ* 'Auf diese Weise setzte sie ihren Tanz fort, (mit) Laute, zweisaitiger und mehrsaitiger Geige, und allem was dazu gehört.' MT 1.5:48 • BS 42 || Arab. *ʿūd* 'id.' Wehr 650

ʿulbo *n.f., pl.* **ʿīlab** Scheffel | *klayši kul-naqla ʿulbo d-qamḥo* '(Die Familie) verarbeitet jedes Mal einen Scheffel Mehl zu Teig.' MT 1.1:26 • RW 23 || Syr. *ʿulbo* (< Arab. *ʿulba*) 'sack' SL 1080;

Arab. *ʿulba* 'Büchse, Schachtel, Dose' Wehr 631

ʿulmoyo *n.m.*, *pl.* **ʿulmoye** Laie | *iḏa d-howe ʿulmoyo, lo=saliqo du=mătiḇḥo, kimṣalin aq=qaše* 'Wenn er ein Laie ist, der nicht zum Altar hinaufgestiegen ist, dann führen die Priester den (Toten)gottesdienst durch.' MT 1.2:6 || Syr. *ʿolmoyo* 'id.' SL 1105 → **ʿilmo**

ʿumro *n.m.* Alter | *i=naqqa du=ḥtĭyāt ŭno ʿumri, tšaʿ=išne ḥsar=išne-we látwobe* 'Zur Zeit des Reservedienstes war ich noch keine neun, zehn Jahre alt.' MT 1.5:44 || Arab. *ʿumr* 'id.' SL 641

ʿwarnoyo, f. **ʿwarnayto**, *pl.* **ʿwarnoye** Person aus dem Dorf ʿIwardo | MT 3.1:14 → **ʿIwardo**

ʿwd || Syr. *ʿbd Pe.* 'to work, to make, to produce' SL 1054

I *ʿwidle, ʿwidla - ʿowid, ʿudo tr.* arbeiten | *ʿŭwadwo dĭščitiye* 'Er arbeitete als Dentist.' MT 1.6:1

IIIp *maʿwid, maʿwᵊdo - mitaʿwid, mitaʿwᵊdo intr.* betrieben werden | ... *lăšan u=ʿamo d-šoqil ṣopāt, baq=qayse, d-mitaʿwᵊdiwo* '... damit die Leute Öfen kauften, Öfen, die mit Holz betrieben wurden.' MT 1.5:10

ʿwiro *adj.*, f. **ʿwirto**, *pl.* **ʿwire** schief (Augen) | *mawbele su=taxtōr, u=taxtōr mḥele b-ᵊḥḏoḏe ḥiṯle w maḥátlele darmono, maḥatle ʿaynoṯe, aṯin ᵊʿwire* 'Er brachte ihn zum Arzt, der Arzt setzte ihn zusammen, vernähte ihn und verabreichte ihm eine Medizin. Er setzte die Augen ein, doch sie gerieten schief.' MT 5.2:54 • Nicht in RW || Syr. *ʿwiro* 'blind, one-eyed' SL 1079

ʿwn || Arab. *ʿwn III* 'id.' Wehr 654

II *mʿawalle, mʿawalla - mʿawin, mʿawno intr.* helfen | *baʿ kimmi aṭ=ṭaye ŭṯanwo aq=qadiše mʿawniwo, šrolo-yo?* 'Die Muslime sagen doch, dass die Heiligen kamen und halfen, ist das wahr?' MT 3.1:27; *d-ᵊmʿawnatli gĭmaxlᵊṣínale* 'Wenn du mir hilfst, befreien wir ihn.' MT 5.3:49

ʿwodo *n.m.* Arbeit | *u=ʿamo mu=ḥiss du=ʿwodaṯxu li=qqudri ṭuʿi* 'Wegen des Lärms eurer Arbeit können die Leute nicht einschlafen.' MT 1.5:25 || Syr. *ʿboḏo* 'id.' SL 1160 → **ʿwd**

ʿwoḏo *n.m.* Arbeit | *miğbŭrínawo lu=ʿwoḏo du=lalyo-stene* 'Wir waren gezwungen, auch nachts zu arbeiten.' MT 1.5:27 = **ʿwodo**, → **ʿwd**

ʿwono *n.f.*, *pl.* **ʿwone** Schaf | *kmanšᵊfi a=ʿwone lăšan ᵊd-miski čike d-baṣro* 'Sie melken die Schafe nicht mehr, damit sie etwas Fleisch ansetzen können.' MT 1.1:88 || Syr. *ʿono* 'id.' SL 1114

ʿwq || Arab. *ʿwq V* 'aufgehalten werden' Wehr 653

IIp *mʿawiq, mʿawqo - miʿawiq, miʿawqo intr.* sich verspäten | *Gŭlo Zĭlo Bando ḥiḻḻe u=zʿuro mʿawiq* 'Gŭlo Zĭlo Bando bemerkte, dass der Junge sich verspätet hatte.' MT 5.3:47

ʿyn || Arab. *ʿyn II, III* 'in Augenschein nehmen, inspizieren, besichtigen' Wehr 657

II *mʿayalle, mʿayalla - mʿayin, mʿayno* **(1)** *tr.* ärztlich untersuchen | *lo=maʿbᵊrinne hōl d-lo mʿayninne, sĭminne mʿáyăna* '(Die Amerikaner) ließen sie aber nicht ins Land, bevor sie sie nicht untersucht hatten. Sie untersuchten sie ärztlich.' MT 3.4:5 **(2)** *tr.* bestimmen (Zeit) | *kimʿayni bayn ᵊḥḏoḏe, ab=bĭ-babe du=kurrĭko w di=kaččĭke yawmo lu=ṭlobo* 'Die Eltern des Jungen und des Mädchens machen untereinander einen Tag für die (offizielle) Verlobung aus.' MT 1.3:8

ʿyq || Syr. *ʿwq Pe.* 'to be disgusted; to grieve; to be troubled etc.' SL 1084; cf. Arab. *ḍyq I* 'eng sein oder werden' Wehr 555

I *ʿayiq, ʿayiqo - ʿoyiq, ʿayqo* eng werden, sich (*ʿal-*) in Not befinden | *naḥit manḥatle u=zʿuro, húlele tarte=pirtᵊkāt-ste m-diḏe miḻḻe, i=naqqa d-ʿayqo aʿlux, d-qudrit maxlᵊṣit, mawqíḏ hani kīlí sidux* 'Der Vogel landete und setzte den Jungen ab. Er gab ihm zwei Federn von sich und sagte: Wenn es schwierig für dich wird und du dich retten kannst, dann verbrenne diese (Federn), und sofort bin ich bei dir.' MT 5.3:42;

ʿyq l- → ʿyq

I *ʿayiqle, ʿayiqla - ʿŭyaqle, ʿŭyaqla* jdn. (*mĭ-*) nicht ausstehen können, jdn. hassen | *hinne latte irtibāṭ ʿam Rūṣya lo mĭ-meqim w lo uʿdo, bas ʿal u=ʿinād daʿ=ʿăšayir daṭ=ṭaye d-ᵊkʿŭyaqqe mĭ-Rūṣya, immiwo, kaṯi u=Rūṣ laffelayna, lĭ=qqudritu d-ᵊmṣafétullan* 'Sie hatten keinen Kontakt zu Russland, weder früher noch jetzt, aber zum Trotz gegen die muslimischen Stämme, die Russland hassten, sagten sie: Jetzt kommt Russland uns (zu Hilfe), ihr könnt uns nicht auslöschen.' MT 3.2:15

ʿyr || Türk. *ayarlamak* (< Arab. *ʿiyār* 'Richtmaß, Eichmaß' Wehr 656) 'regulieren, abstimmen, instruieren'; cf. Arab. *ʿwr II* 'eichen (Maße)' Wehr 652 → **ʿĭyār**

II *mʿayaḻḻe, mʿayaḻḻa - mʿayir, mʿayro tr.* instruieren, einstellen | *komir maltamla u=dahwo ḥăša daq=qaḥbĭkătanik kulle, w šqila, šqile ğule binne, d-gawre, yaʿni d-ḏibbāṯ, w šqílelin l-kul=ḥa sisyo, w mʿayarla kulle, d-gĭmahzᵊmi aʿma* 'Sie raffte alles Gold dieser – Verzeihung! – Huren zusammen und sie kaufte, er kaufte damit Männerkleidung, d.h. von Offizieren. Er kaufte jedem (!) von ihnen ein Pferd, und sie instruierte sie alle, dass sie mit ihr fliehen sollten.' MT 4.5:16

ʿyš || Arab. *ʿyš I* 'leben, am Leben sein; verbringen ' Wehr 657

I *ʿayiš, ʿayišo - ʿoyiš, ʿayšo intr.* leben, wohnen | *kĭlan hōl l-uʿdo bayne ḥḏoḏe kʿayšina* 'So leben wir bis heute miteinander.' MT 3.2:40; *bĭṯir šqĭlanne, bi=šawṯo ʿlayto, bote, w maʿmaṛṛe w ʿayiši* 'Später kauften sie sich Häuser im Oberen Viertel, sie bauten, und sie lebten (alle zusammen).' MT 1.5:3

ʿzl || Syr. *ʿzl Pe.* 'to spin, weave' SL 1090

I *ʿzile, ʿzila - ʿozil, ʿuzlo tr.* spinnen | *aʿ=ʿeze-ste qqayṣi mĭnayye marʿeze, u=marʿezano kʿuzlile* 'Von den Ziegen schert man das Ziegenhaar, das Ziegenhaar spinnt man.' MT 1.1:93

b

b *prep.* **(1)** in (Lokativ) | *ğiddi miḻḻe: mu=ṭuro-na, aḥna li=kfayšina bi=barriye* 'Mein Großvater sagte: 'Wir stammen aus dem Turabdin, wir bleiben nicht in der Ebene.' MT 1.5:2 **(2)** in, hinein (Direktiv) | *u=rĭzunano naqqa=ḥreto laḥmo-yo, bas ksaymile bu=šĭkil du=ṣlibo w kmaḥti buwe kallāt* 'Auch dieses *rĭzuno-*Brot ist eine Brotart, doch sie backen es in der Form eines Kreuzes und stecken Geldmünzen hinein.' MT 1.3:18 **(3)** durch, mithilfe von | *l-Aloho maxláṣlelan, b-Aloho w b-ʿIwardo, hiye latyo hawxa ʿApso?* 'Gott hat uns gerettet, durch Gott und durch ʿIwardo (wurden wir gerettet), ist es nicht so, ʿApso?' MT

3.1:15 **(4)** an, in (zeitlich) | *bu=yawmo du=ᶜedo* 'am Festtag' MT 1.3:15; *bu=waxt d-latwo bayn Suriya l-Turkiya ḥŭdūd, ğiddi bu=waxtawo, mu=atro du=ṭuro naḥitwo li=barriye* 'Zu der Zeit, als es zwischen Syrien und der Türkei keine Grenze gab, war mein Großvater aus dem Turabdin in die Ebene hinabgezogen.' MT 1.5:1 **(5)** in, nach (zeitlich) | *bĭṯir mid marḏe u=naqdo b-ᶜaṣro=yawme b-ḥamšaḥṣar=yawme, mede d-howe năṣīb, kizzín lalye du=ḥeno, kmawbᵊli ḥeno li=kalo* 'Zehn Tage, vierzehn Tage nachdem der Brautpreis übergeben worden ist, wie es gerade passt, gehen sie in der Henna-Nacht, bringen der Braut Henna.' MT 1.3:22 **(6)** mit (Emotion) | *koṯe u=ḥaloqo, klutmi l-ḥĭḏore, b-kēf w ṣăfa kḥŭlaqle u=ḥaloqo* 'Der Barbier kommt. Sie versammeln sich um (den Bräutigam) herum, und unter Spaß und Vergnügen rasiert ihn der Barbier.' MT 1.3:24 **(7)** neben | *kítwulle kule sablăt, kule malyo dgišyoṯo, i=ḥḏo bi=ḥḏo* '(Dort) hatten sie lauter Holzregale, und alles war voll mit Tonkrügen, einer neben dem anderen.' MT 1.4:2 **(8)** mit (beinhaltend) | *xulṭínawo, u=ḥa d-ŭṯewo mene, ŭxalwo b-rezo, sámwole b-rezo* '(Das Fleisch) wurde gemischt mit .... Wer es sich leisten konnte, der aß (Dolma) mit Reis, bereitete es mit Reis zu.' MT 2.2:3 || Syr. *b-* 'id.' SL 114

ba doch, etwa ⊗ Einleitung einer rhetorischen Frage | *mḥalaqqe biṯrayye, ba ayko kḥŭzanne, Aloho ğimasmelin* 'Sie nahmen die Verfolgung auf, doch wo wollten sie sie sehen, Gott machte sie blind.' MT 4.5:18 • RW 43 = **baᶜ, pa**

baᶜ doch, etwa ⊗ Einleitung einer rhetorischen Frage | *baᶜ kimmi aṯ=ṭaye ŭṯanwo aq=qadiše mᶜawniwo, šrolo-yo?* 'Die Muslime sagen doch, dass die Heiligen kamen und halfen, ist das wahr?' MT 3.1:27; *baᶜ áydarbo samno?* 'Was soll ich nun tun?' MT 5.2:98 • RW 44 = **pa, ba**

ba ~ bā *interj.* Papa! | *lĭ=mağranwa mqadmíwolan, ba* 'Sie wagten nicht, sich uns zu nähern, Papa.' MT 4.1:8 • RW 43

babo *n.m., pl.* **babe** Vater | *maqṭalle babux, qṭil babux, linne qṭille* 'Sie haben deinen Vater getötet, dein Vater wurde getötet, und zwar von ihnen' MT 5.2:101; *ádlalyo ko-gizzino qŭreno yasināt ᶜal babi* 'Ich werde heute Nacht gehen und für meinen Vater Koransuren lesen.' MT 5.3:6 • RW 45

bădaye *n.f.* Anfang, Beginn | *mi=bădaye li=năhaye ğimaḥkᵊyalle-yo* 'Ich werde es ihm von Anfang bis Ende erzählen.' MT 3.1:1 • RW 45 || Arab. *bidāya* 'id.' Wehr 50

badle *n.f.* Kleidung, Anzug | *qayim azzá šqílala badle d-ğule, d-gawre, w foṯo layt zătan* 'Sie kaufte sich Männerkleidung, einen Bart hatte sie ja nicht.' MT 5.1:22 • RW 45 || Arab. *badla* 'id.' Wehr 52

băḏinğan *n.m., pl.* **băḏinğan** Tomaten bzw. Auberginen • RW 46 || Arab. *bāḏinğān* 'id.' Wehr 44 (< Pers. *badenğan*)

băḏinğan kome *pl.* Auberginen | *w saymínawo dōḷma, dōḷma: băḏinğan kome, sĭmoqe, mağnune, ᶜam ᵊḥḏoḏe, fitḥínawo, kulayye fitḥínawulle, fitḥówalle šafiro, gawayye, i=dōḷma hawxa ğĭfitḥo ab=băḏinğan kulle b-gawe d-ᵊḥḏoḏe, ġălăbe šafiro* 'Wir machten auch Dolma. Dolma, das heißt: Auberginen, Tomaten, Paprika zusammen. Wir öffneten sie, wir höhlten sie alle aus, (die Hausfrau) schabte ihr Inneres schön aus. Für das Dolma höhlte sie alle Auberginen nach-einander aus, schön sorgfältig.' MT 2.2:1 → **komo**

bădinğan sĭmoqe *pl.* Tomaten | *bu=saṯwo išmo kitwo, gabayna i=naqlayo ŭno ..., d-ᵊḥzelan, bădinğan sĭmoqe w yărăqān, yaʿni, lo xud-arke ŭṯewo* 'im Winter gab es wenig (Gemüse), bei uns gab es damals ... was wir erlebt haben, es kamen keine Tomaten und Grünzeug wie hier, nicht alles (gab es auch im Winter)' MT 2.3:3 → **sĭmoqo**

baġlo, *pl.* **baġle** *n.m.* Maultier | *hano maṣiḷḷe ab=baġlayḏe w mḥele darbe qume, ṭlible xaṭir maḥ=ḥiḏḏār w nafiq* 'Er schirrte seine Maultiere an, nahm seinen Weg in Angriff, verabschiedete sich von den Anwesenden und zog davon.' MT 5.1:5 • RW 46 || Syr. *baġlo* (< Arab. *baġl* Wehr 75) 'id.' SL 117

băharāt ~ bŭharāt *n. pl.* Gewürze, Pfefferkörner | *bĭṯir mḥaḏriwo u=ḥaš-wayḏa. qima, naqqa=ḥreto baṣro naʿimo gd-immina, w rezo, w ab=băharāt, w mxalṭíwunne ʿam ᵊḥḏoḏe, xulṭíwunne* 'Dann bereiteten sie eine Füllung für sie zu: Wiederum Hackfleisch, sagen wir besser gehacktes Fleisch, Reis und Gewürze, und dann rührten sie alles zusammen, sie mischten sie.' MT 2.12:3; *hawo-ste mqaṭʿina baṣro ʿadi, mḥar-kᵊsínale čike, čike d-bošil maḥtínale darmone, bŭharāt kul=mede, maḥtina buwe, ḥičḥarrāt malḥo* 'Dafür hackten wir gewöhnliches Fleisch, rührten es kurz um und sobald es ein wenig gar geworden ist, fügten wir Gewürze hinzu, Pfefferkörner und alles andere, scharfe Paprika und Salz.' MT 2.4:3 • cf. *bëharat* BS 17 || Arab. *bahār, pl. bahārāt* 'Gewürz, Pfeffer' Wehr 87

băḥar *n.m.* Meer, See | *komir u=yawmawo lo, deri yawmo aṯín mwašwašše b-aḏᵊn du=malko – kʿudo? – mírṛalle u=zʿuro naḥit lu=băḥar w ḥnīq* 'Nicht an diesem Tag, sondern am folgenden Tag kamen sie und wisperten dem König ins Ohr – arbeitet es? – sie sagten zu ihm: Der Junge ist ins Meer gegangen und ist ertrunken.' MT 4.1:5 • RW 46 || Arab. *baḥr* 'id.' Wehr 48

Baḥḥe Familienname | MT 3.2:25

băḥira *n.f.* See | *bu=tašbīh dann=arbi sōhde, i=naqla d-ḥa mĭnayye halik, w u=abro du=gumrikči d-naḥit u=toġo aʿle, bi=băḥira* '(Diese Münzen) erinnern an die vierzig Märtyrer. Als einer von ihnen umkam, kam die Krone (des Märtyrertums) auf den Sohn des Zöllners herab, in dem See.' MT 1.3:18 • Nicht in RW || cf. Arab. *buḥayra* 'id.' Wehr 49 → **băḥar**

băla *n.f.* Unglück, Heimsuchung | *aṯtux bari-wa w aḥna maḥatlan u=bălano b-ᵊqḏola l-ŭno w l-qariwi* 'Deine Frau war unschuldig, und wir haben dieses Unglück über sie gebracht, ich und mein Pate.' MT 5.1:37 • RW 49 || Arab. *balāʾ* 'id.' Wehr 83; cf. Türk. *bela* 'id.'; cf. Kurm. *bela* 'id.' Chyet 31

bălad *n.m.* Land | *komir azzé. mḥele yawmo-yo tre-yo tloṯo-yo, komir maṭi lu=bălad du=ḥimyono* 'Er ging, ritt ein, zwei oder drei Tage, dann erreichte er das Land seines Schwiegervaters.' MT 5.3:59 • RW 49 || Arab. *balad* 'Land, Ortschaft, Stadt' Wehr 79

bălăko *adj.*, f. **bălăke**, *pl.* **bălăkīn**, **bălăkat** gescheckt | *kīt zuġto bălăke ḥĭwirto kumto kiba háqqayis* 'Da war ein geschecktes Hühnchen, schwarz und weiß, etwa so groß.' MT 4.3:7 • RW 50 || Kurm. *belek* 'colourful' Chyet 32

bălāš *adv.* umsonst • RW 50 || Arab. (umgangssprachlich) *balāš* 'id.' Wehr 79

b-bălāš *adv.* umsonst | *maʿmáḻḻala quṣro, loqanta w kobo muklo w štoyo w tidmixo b-bălāš* 'Sie baute ein stattliches Haus, eine Gaststätte, in der sie Essen, Trinken und Übernachtung umsonst anbot.' MT 5.2:19 → **b**

băle aber | *kīt šuġl dam=măkinat băle dann=iḏoṯo zēd basimto-yo* 'Es gibt auch mit Maschinen hergestellte (Nudeln), aber die von Hand gemachten schmecken besser.' MT 1.1:34 || cf. Kurm. *belê* 'yes' Chyet 33 = **bele**

balki vielleicht | *immi lo, balki hāt-ste hawit ṭayo maxṣūṣ kimmit hawxa* 'Sie sagten: Nein. Vielleicht bist auch du Muslim geworden und redest absichtlich so.' MT 3.3:10; *immi d-fayšina, d-fayšina d-gurina harke, gṭĭrena an=naʿimayḏan, d-ŭwena gayore, w balki kitlan naʿime, balki latlan, lĭ=kuḏʿina* 'Wenn wir bleiben und hier heiraten, werden wir unsere Familien im Stich lassen und zu Ehebrechern werden. Vielleicht haben wir ja Kinder, vielleicht auch nicht, wir wissen es nicht.' MT 3.4:10 • RW 50 || Türk. *belki* 'id.'

baluṭo *n.m., pl.* **baluṭe (1)** Eiche **(2)** Eichel | *maḥtile b-qumʿo d-baluṭo* 'Er machte ihnen die Hölle heiß (wörtl.: er steckte sie in eine Eichelschale).' MT 5.2:84-85 • RW 51 || Syr. *balūṭo* 'id.' SL 154

maḥit b-qumʿo d-baluṭo (jdm.) die Hölle heiß machen → **mḥt, qumʿo**

băni-băšar Menschen | *hayo Aloho lĭ=maḥwela l-tĭ=băni-băšar rabbi, l-tĭ=băni-bašar lĭ=maḥwela rabbi, u=mede d-simme b-qarʿayna* 'Das möge Gott keinem Menschen zustoßen lassen. Gott möge es keinem Menschen zustoßen lassen, was sie uns angetan haben.' MT 3.1:15 • cf. *băni Adam* RW 52 || Arab. *banū l-bašar* 'id.' Wehr 66

baqdunas *n.m.* Petersilie | *kul=ḥašwo mĭlénawole darmone yaʿni u=mede d-kítwolan d-iḏʿínawo ṭamo, hno ḥĭčḥarrāt w darmone w baqdunas dayim maḥtínawo* 'Wir reicherten jede Füllung mit Gewürzen an, was wir eben hatten und was wir dort kannten, scharfe Paprika, Gewürze und Petersilie gaben wir immer dazu.' MT 2.3:7 • RW 53 || Arab. *baqdūnas* 'id.' Wehr 75

baqlawa *n.f., pl.* **baqlawat** Baklava | *mkanfᵊlíwole saymíwole hawxa xid baqlawa, saymíwole w bĭṯir saymowa qatᵊr w... d-sikkar w kufxiwo* 'Sie wendeten jede Lage um und legten sie übereinander. Sie machten es so ähnlich wie Baklava, und danach machte (die Mutter) einen Sirup aus Zucker, und man goss ihn darüber.' MT 2.1:2; *hŭwanwo mede hawxa, yaʿni ab=baqlawat, basim mab=baqlawat-we* 'Sie (die Teigfladen) wurden so etwas wie Baklava, aber schmeckten noch besser als Baklava.' MT 2.1:4 • RW 53 || Türk. *baklava* 'id.'

bărān, *pl.* **bărane** Schafbock, Widder | *kimʿašri aʿ=ʿeze-ste w a=ʿwone-ste mat=tayse, aʿ=ʿeze mat=tayse w a=ʿwone mab=bărane* 'Die Ziegen und die Schafe werden von den Böcken trächtig, (d.h.) die Ziegen von den Böcken und die Schafe von den Widdern.' MT 1.1:86 • RW 54 || Kurm. *beran* 'id.' Chyet 36-37

barban d- *prep.* entlang, neben | *kĭlé huwe-ste i=fadonayḏe, ᵊgdowir, kĭlé barban du=darbo* 'Da war auch er mit seinem Pfluggespann beim Pflügen, entlang des Weges.' MT 1.5:43 • RW 55 || cf. Kurm. *ber II* 'before, in front of' Chyet 35

bāṛ bāṛ ⊗ onomatopoetisch: laut rufen | *kĭlé u=dalolo kimhawir, bāṛ bāṛ u=dalolo* *kimhawir* 'Der Ausrufer ruft *bāṟ bāṟ*, der Ausrufer ruft.' MT 5.3:23

bargindan *n.m.* Die Zeit zwischen Weihnachten und dem Beginn der großen Fastenzeit vor Ostern. | *hanik, ḥalyuṯo, hanik bu-saṯwo ġắlăbe saymíwolin. bu-saṯwo, bu-bargindan kimmínawole* 'Das war eine Süßigkeit, die man im Winter häufig machte, im Winter, d.h. im *bargindan*, wie wir es nannten.' MT 2.1:4 • Nicht in RW || cf. Pers. *barghandān* 'Festivities during the last ten days of Shaʿbān' Steingass 176

bari *adj.* unschuldig | *aṯṯux bari-wa w aḥna maḥatlan u-bălano b-ᵊqḏola l-ŭno w l-qariwi* 'Deine Frau war unschuldig, und wir haben dieses Unglück über sie gebracht, ich und mein Pate.' MT 5.1:37 • RW 56 || Arab. *barīʾ* 'id.' Wehr 56

barixmōr *interj.* traditionelle Grußformel gegenüber einem Geistlichen: Segne, mein Herr! | *miḻḻe barixmōr sayyidna, miḻḻe aḻo mbarēx, aṯit? miḻḻe e, năʿam aṯino* 'Er sagte: Segne mich, Hochwürden, und der Patriarch antwortete: Gott segne (dich), bist du (endlich) gekommen? Er sagte: Ja, ich bin gekommen.' MT 4.3:8 || Syr. *brk Pa.* to bless + *mor^y* 'my Lord' SL 190, 823-824 → **brx**

barki vielleicht | *miḻḻe aḥŭnone toxu zano mĭḥénalan kefo bi-dawmo, barki ŭbélan-ne* 'Er sagte: Kommt Brüder, wir wollen einen Stein in den Baum werfen, vielleicht gibt er sie (pl.) uns.' MT 5.3:23 = **balki**

barriye *n.f.* Ebene | *bu-waxt d-latwo bayn Suriya l-Turkiya ḥŭdūd, ġiddi bu-waxtawo, mu-aṯro du-ṭuro naḥitwo li-barriye* 'Zu der Zeit, als es zwischen Syrien und der Türkei keine Grenze gab, war mein Großvater aus dem Turabdin in die Ebene hinabgezogen.' MT 1.5:1 • RW 57 || Arab. *barrīya* 'id.' Wehr 55

barṯo *n.f., pl.* **abnoṯo** **(1)** Tochter | *i-barṯo du-malkayḏan daywĭniṯo-yo* 'Die Tochter unseres Königs ist wahnsinnig.' MT 4.4:5; *aʿmayye kuxlo, aʿmayye kšutyo, aʿmayye qqaymo, lĭ-gfŭraqla mi-barṯo* 'Sie aß mit ihnen, trank mit ihnen, teilte ihren Tagesablauf. Er behandelte sie nicht anders als eine Tochter.' MT 5.1:12 **(2)** Jungfrau | *d-ŭbínalin i-kaččĭkaṯe w traḥsar abnoṯo bṯulyoṯo ʿam-aṯe-ste hadiye ...* 'Selbst wenn wir ihnen dieses Mädchen geben würden, und noch zwölf Jungfrauen als Geschenk dazu ...' MT 1.6:7 • RW 58 || Syr. *barṯo, pl. bnoṯo* 'id.' SL 192

barūd *n.m.* Schießpulver | *mšayáʿ-wulle barūd, mšayáʿwulle buġre da-tfĭnag* 'Er schickte ihnen Pulver und Kugeln für die Gewehre.' MT 3.2:13 • RW 58 || Arab. *barūd* 'Schießpulver' Wehr 45

bas **(1)** *adv.* nur, allein | ... *lăšan lo u-ahl w bas d-šomiʿ, w aġ-ġirān* '... damit nicht nur die Verwandten und die Nachbarn es hören.' MT 1.2:1; *bas i-naqqa du-sayfo, immo manṭeli mo w ḥa m-bayn aṭ-ṭaye* 'Allein in der Zeit des Sayfo, so pflegte sie zu sagen, habe ich 101 Personen aus (den Händen) der Muslime gerettet.' MT 1.4:4 **(2)** *conj.* aber | *u-rĭzunano naqqa-ḥreto laḥmo-yo, bas ksaymile bu-šĭkil du-ṣlibo* 'Auch dieses *rĭzuno*-Brot ist eine Brotart, doch sie backen es in der Form eines Kreuzes.' MT 1.3:18 • RW 58 || Arab. (umgangssprachlich) *bass* 'nur' Wehr 64 = **bass**

basim *adj.* ⊗ Komparativ zu *basimo* schöner, leckerer | *qayis u-birġil d-mĭšliq, băle ʿala šarṭ d-lĭ-miboṭi aḥ-ḥeṭe ḥurwi, kayis kowe, u-birġil basim kowe* 'Je länger der Bulgur gekocht wird, umso besser und wohlschmeckender wird er, vorausgesetzt aber, dass die Weizenkörner nicht aufplatzen und unbrauchbar werden.' MT 1.1:27 → **basimo**

basimo *adj.*, f. **basimto**, *pl.* **basime** **(1)** angenehm, schön | *kobo ṭaʿmo basimo xd-u=dawšo* 'Sie gibt einen angenehmen Geschmack wie Honig.' MT 1.1:52 **(2)** gut | *kowe maʿd dit̠t̠e basimo* 'Sie sind in sehr gutem Zustand.' MT 1.1:72 **(3)** lecker, wohlschmeckend | *i=ḥd̠o d-layšo u=layšawo ġắlăbe, kowe u=laḥmayd̠a ġắlăbe basimo* 'Wenn eine Frau den Teig lange knetet, wird ihr Brot sehr gut.' MT 1.1:23; *kīt kmo niše d-kowe ṣawt dit̠t̠e basimo* 'Es gibt ein paar Frauen, die eine schöne Stimme haben.' MT 1.2:2 • RW 58 || Syr. *basimo* 'sweet' SL 164

riš- basimo mögt ihr gesund bleiben! → **rišo**

basmoro *n.m.*, *pl.* **basmore** Nagel | *u=ḥa d-kod̠iʿ kmanṭele stīmbār, gdoyiq buwe basmore bi=xasrayo w b-ayo* 'Wer sich auskennt, holt sich ein Brett aus Pappelholz, schlägt auf beiden Seiten Nägel ein.' MT 1.1:62 • RW 59 || cf. JPA *msmr* 'nail, peg' SJPA 320; cf. Mand. *bismar* 'id.' MD 62; cf. Arab. *mismār* 'id.' Wehr 439

baṣro ~ basro *n.m.* Fleisch | *saymowa nuro, mbašlowa baṣro* '(Dort) pflegte sie, Feuer zu machen und Fleisch zu grillen.' MT 1.4:3 • RW 59 || Syr. *besro* 'id.' SL 167

bass *conj.* aber | *mil̤le čāy w sikkar kīt aʿmi, bass uʿdo u=čāy w sikkar ʿaṣyo-yo bayn da=sfoqe* 'Er sagte: Tee und Zucker habe ich dabei, aber jetzt stecken Tee und Zucker zwischen dem Gepäck.' MT 1.5:55 = **bas**

baṣlo *n.m.*, *pl.* **baṣle** Zwiebel | *bĭt̠ir kĭt̠ena lu=ḥašwo dak=kutle. hawo-ste mu=baṣro w ... mab=baṣle. mqaṭʿiwo ab=baṣle ġắlăbe naʿimo* 'Danach kommen wir zu der Füllung für die Kutle. Sie besteht aus Fleisch und Zwiebeln. Man hackte die Zwiebeln ganz fein.' MT 2.7:11 • RW 59 || Syr. *beṣlo* 'id.' SL 175

Baṣma Familienname | MT 3.4:6

bāš *adj.* gut ⊗ unveränderlich | *mil̤le lu=mʿallim omir u=zʿurayd̠i áydarbo-yo? omir bāš-yo* 'Er sagte zu dem Lehrer: Wie ist mein Junge? Er antwortete: Er ist gut.' MT 5.5:2 • RW 60 || Kurm. *baš* 'id.' Chyet 25

bašilo *adj.*, f. **bašilto**, *pl.* **bašile** gekocht, gegart, gebacken | *min-yo i=maʿna du=tworo du=laḥmano? kaʾinnahu u=laḥmo, bĭt̠ir mid bašilo twīr, naqqa=ḥreto lĭ=kmiġbir* 'Was ist die Bedeutung des Brotbrechens? Wenn das Brot gebacken ist und dann gebrochen wird, lässt es sich nicht wieder zusammenfügen.' MT 1.3:12 → **bšl**

Bāško Ortsname | MT 1.5:41

bāšlíq Brautpreis | *gizzín gĭmard̠in u=naqdo, yaʿni bu=tirki kimmile bāšlíq, ksaymi mūsaʿăda ʿam babe di=kaččĭke* 'Sie bezahlen den Brautpreis, auf Türkisch nennt man es *başlık*. Sie unterstützen damit den Vater des Mädchens.' MT 1.3:20 || Türk. *başlık parası* 'id.' → **naqdo**

bāšqa anders, sonst ⊗ unveränderlich | *id̠a d-owe u=abro d-aḥunux, ádlalyo gĭd-ot̠e l-gabux, w d-l-owe huwe bāšqa-yo* 'Wenn er der Sohn deines Bruders ist, dann wird er heute Abend zu dir kommen, wenn er es aber nicht ist, dann ist (die Sache) anders.' MT 5.2:93 • RW 60 || Türk. *başka* 'id.'

baṭlono *n.m.*, *pl.* **baṭlone** Feiertag | *aḥna sidayna u=ḥĭwolo dak=kaloṯo aġlab yawme d-ḥiššabo-yo, aw bab=baṭlone-yo*

'Bei uns findet die Überführung der Bräute meistens am Sonntag statt, oder an Feiertagen.' MT 1.3:33 • RW 61 || Syr. *beṭlono* 'cessation of labour, leisure' SL 138

Baṭmān Batman, Stadt in der Südosttürkei | MT 1.5:39

baṭṭaniye *n.f.*, *pl.* **baṭṭaniyat, baṭṭaniyāt** Kelim, Decke, Wolldecke | *u=marʿezano kʿuzlile, w mid ᵊʿzille ksaymile baṭṭaniyāt* 'Das Ziegenhaar spinnen sie, und wenn sie es gesponnen haben, stellen sie daraus Kelims her.' MT 1.1:93 • RW 61 || Arab. *baṭṭānīya* 'id.' Wehr 71

bavík *n.m.* Sippe | *uʿdo bi=ḥaraytaṯe, fayiš ksaymi kul=ʿāyle kul=bavík tre=qawre, ḥa lan=niše, ḥa lag=gawre* 'In letzter Zeit hat man damit begonnen, dass jede Familie, jede Sippe, zwei Gräber errichtet, eins für die Männer und eins für die Frauen.' MT 1.2:8 • Nicht in RW || Kurm. *bavik* 'id.' DKF 82

bavo *interj.* mein Lieber! | *lo kṭorin durina, mamíṯṯālan mu=kafno lan=nošani, bavo áydarbo saymina* 'Sie lassen nicht zu, dass wir pflügen, diese Leute haben uns ausgehungert. Was sollen wir bloß tun?' MT 5.2:36 || Kurm. *bavo* (vok. von *bav*) 'id.' DKF 82

baxbīš *n.m.* Trinkgeld | *húlele kallāt šafire, w miḻḻe zux hawlin-yo tamo-ste gĭd-ŭbilux baxbīš lĭ=ḥarulux* 'Er (der Onkel) gab ihm ein schönes Trinkgeld und sagte: Geh und gib ihnen (den Brief). Auch dort werden sie dir ein Trinkgeld geben, mach dir keine Sorgen.' MT 5.2:28 • RW 61 || cf. Arab. *baḫšīš* 'id.' Wehr 50

baxoyo *n. agent.*, f. **baxayto**, *pl.* **baxoye** weinend | *hinne miṯe mu=kafno, ṣayome, mṣalyone w baxoye w šăpirzá, Aloho mhawin aʿlayye* 'Dabei waren sie halbtot vor Hunger, sie fasteten, beteten, weinten und waren in einem elenden Zustand, Gott sei ihnen gnädig.' MT 3.2:16 → **bxy**

baxto *n.m.* **(1)** Ehrenwort | *yasiq hawo šēx Fatḥaḻḻa l-ʿIwardo, huwe w u=ḥasyo mistarḥamme b-ᵊḥḏoḏe, huwwe baxto w diyane l-ᵊḥḏoḏe* 'Jener Schech Fatḥaḻḻa kam hinauf nach ʿIwardo, er und der Bischof verstanden sich, sie gaben einander ihr Ehrenwort auf die Religion.' MT 3.1:31 **(2)** Vereinbarung, Zusicherung | *wălaw maḥatle l-Šēx Fatḥaḻḻa baxto kayiso-ste, ᵊqṭille ġắlăbe* 'Auch wenn Schech Fatḥaḻḻa eine gute Vereinbarung erreicht hatte, brachten sie viele um.' MT 3.3:14 **(3)** Glück | *u=ḥa d-oṯe d-qoyiṯ u=baxto lu=ḥaṯno aw li=kalo ...* 'Wenn die Glücks(münze) dem Bräutigam oder der Braut zufällt ...' MT 1.3:19 • RW 62 || Etym. unklar: cf. Arab. *baḫt* 'Glück' Wehr 49; cf. Kurm *bext* 'luck, chance, fate, lot, destiny' Chyet 48;

nofil bu=baxto um Hilfe, Zuflucht bitten → **nfl**

baxyo *inf.* Weinen | *bu=bayto du=ʿăza, kibe năṣayiḥ kibe qraye da=kṯowe mqadše, kibe baxyo* 'In einem Trauerhaus gibt es guten Rat, Lesungen aus den heiligen Büchern, es gibt Weinen.' MT 1.2:16 || Syr. *beḵyo* 'id.' SL 152 → **bxy**

bayn *prep.* ⊗ Mit Pronominalsuffixen: *baynoṯ-* **(1)** zwischen X (l-) und Y (l-) | *bayn l-Bismil w l-Baṭmān, w l-Fārqīn* 'zwischen Bismil, Batman und Mayafarqin' MT 1.5:33 **(2)** unter, bei | *kīt baynoṯayye noše d-kuḏʿi bu=tawno* 'Es gibt unter ihnen Leute, die sich auf das Häcksel verstehen.' MT 1.1:16; *hani kibe yarḥo kĭlán bayn daʿ=ʿărab* 'Wir sind schon ungefähr einen Monat unter den

Arabern.' MT 1.5:55 || cf. Syr. *baynay, baynoṯ-* 'id.' SL 141; cf. Arab. *bayna* 'id.' Wehr 96

bayne ʿayne Stirn → **ʿayno**[1]

m-bayn unter, in der Mitte von | *an=niše kimnaqin u=zizono m-baynoṯe, ksaymile qufle qufle kimnaqalle, w ksaymile gi̮dišo* 'Die Frauen jäten das Unkraut zwischen den Halmen, fassen die Halme zu Bündeln zusammen und machen daraus einen Getreidehaufen.' MT 1.1:11; *bas i=naqqa du=sayfo, immo manṭeli mo w ḥa m-bayn aṭ=ṭaye, rabe w naʿime* 'Allein in der Zeit des Sayfo, so pflegte sie zu sagen, habe ich 101 Personen, große wie kleine, aus (den Händen) der Muslime gerettet.' MT 1.4:4; *mḥalaqli biṯrayye biṯrayye ŭno-stene m-bayn ak=karme. bayn ak=karme či̮kina taḥt sato, či̮kono ŭno taḥt sato* 'Also lief auch ich immer hinter ihnen her, ab den Weingärten. In den Weingärten versteckten wir uns unter den Weinstöcken, ich versteckte mich unter einem Weinstock.' MT 3.1:10 → **mĭ**

bayto *n.m., pl.* **bote** Haus, Zuhause | *i=săraye-ste qaruto-wa lu=baytaṯṯe* 'Das Verwaltungsgebäude lag in der Nähe ihres Hauses.' MT 3.3:4; *azzín lu=bayto* 'Sie gingen nach Hause.' MT 4.2:6 • RW 48 || Syr. *bayto* 'id.' SL 144

ʿomir bayt- es sei (dir) gedankt, danke! | *omir maxláṣxuli i=kačči̮kaṯe ʿomir baytayxu* 'Er sagte: Ihr habt mir dieses Mädchen gerettet, dafür sei euch gedankt.' MT 3.4:19 → **ʿmr**

ḥaru baytux Mensch! (wörtl.: möge dein Haus zugrunde gehen) | *komir manṭele i=ḏarbo ʿal u=ʿammo, d-maʿle d-mŭḥela b-ḥaṣe du=ʿammo, u=ʿammo miḻḻe aʿʿaww ḥaru baytux, qay lŭno qṭili babux?* 'Er zielte einen Schlag auf den Onkel, er wollte (den Speer) hochheben und ihn in den Rücken des Onkels stoßen, da sagte der Onkel: Heheh! Möge dein Haus untergehen! Habe etwa ich deinen Vater getötet?' MT 5.2:94 → **ḥrw**

băzār • RW 62

bēʿ w băzār Handel | *simme idara čike b-čike, bdalle baṣ=ṣănayiʿ diṯṯe w bdalle bu=šuġlo w ʿamlaṯṯe w bu=bēʿ w băzār* 'Nach und nach hatten sie ihr Auskommen, sie nahmen ihr Handwerk wieder auf, sie begannen mit ihrer Arbeit, mit Kauf und Verkauf.' MT 3.2:31 → **bēʿ** || cf. Arab. *bayʿ* + *bāzār* 'Verkauf und Handel' Wehr 95, 45

bazra *n.f.* Angelegenheit, Problem | *taq w taq da=tfinag, min-yo? mĭ=bazra-yo? immi, alo tiqo b-Miḏyaḏ* 'Man hörte die Gewehrschüsse. Was ist das? Was geht hier vor? Sie sagten: In Midyat hat der Überfall begonnen.' MT 3.1:2 • BS 16 || Etym. unbekannt

baž *n.m.* Festland | *omir hiya kuzzá b-xasra w ŭno kuzzino b-xasra. omir nafiqo lu=baž, nafiqno ŭno-stene, omir mʿaqboli, omir čiko b-ᵊmʿarṯo* 'Sie nahm die eine Seite und ich nahm die andere Seite. Sie erreichte das Festland, ich ebenso, ich verfolgte sie, und sie schlüpfte in eine Höhle.' MT 5.3:55 • RW 49 || Kurm. *bej* 'dry land' Chyet 31

bʿǧ || cf. Syr. Arab. *bʿǧ V, VII* 'éclater par excès d'embonpoint ou de nourriture' Barthélemy 1969: 52; cf. Kurm. *be'ecîn, bihecîn* 'to be exhausted; to sob; to get angry' Chyet 29, 61

Ip *bʿiǧ, bʿiǧo - mibʿiǧ, mibʿoǧo intr.* ersticken | *mĭnayye kmibʿoǧi mi=kiṯre du=ṣahwo w du=ḥemo* 'Einige (Tiere) gehen ein an dem Übermaß von Durst und Hitze.' MT 1.1:97; *nošo lĭ=baliq aʿlayna, bʿi̮ǧina kulan, bʿi̮ǧina ba=mʿare* 'Niemand erschien bei uns. Wir alle erstickten (fast), wir krepierten (fast) in den Höhlen.' MT 3.1:4

bʿiğo *part.*, f. **bʿiğto**, *pl.* **bʿiğe** erstickt, hier: armselig | *omir a̱lo d-lĭ=saymit qqŭṭannix. immo hedi abri, lĭ=quṯlatli ksaymono. i=ruḥo ḥliṯo-yo i=bʿiğto* 'Er sagte: Wenn du das nicht tust, bringe ich dich um. Sie sagte: Langsam, mein Sohn, bring mich nicht um, ich tu es ja. Das Leben ist teuer, das armselige.' MT 5.2:71 → **bʿğ**

bʿure *n. pl.* getrockneter Mist (in kleinen Kugeln) | *bʿure d-gamle našife* 'getrockneter Kamelmist' MT 1.5:46 • RW 43 || Syr. *bʿuro* 'dung' SL 168

bdy || Arab. *bdʾ I* 'id.' Wehr 50

I *bdele, bdela - bode, bidyo* **(1)** *intr.* beginnen | *bĭṯir m-aṯe ᵊgbode u=tilwišo dağ=ğule* 'Dann beginnt das Bekleiden (des Bräutigams).' MT 1.3:24; *bu=qayṭo ᵊbdele u=sayfo* 'Im Sommer begann der Sayfo.' MT 3.2:1 **(2)** *intr.* beginnen, mit etw. (*b-*) anfangen | *bdele lu=kōhno bi=ʿămaḏe w hawin kulle yaḥquboye, mšiḥoye yaʿni* 'Der Priester begann mit dem Taufen, und alle wurden sie zu Jakobiten, das heißt zu Christen.' MT 4.4:20; *kuḏʿo mid samiq foṯe du=laḥmo, gbidyo qqušʿole* 'Sie kennt sich aus, und wenn die Oberseite des Brots Farbe annimmt, beginnt sie es abzuziehen.' MT 1.1:24

be[1] (oder) was auch immer | *ḥzele ḥa mĭ-Mălaṯya ʿilawi-we be min-we* 'Er sah jemanden aus Malatya, der war Alevit oder so etwas.' MT 1.6:2 • RW 63 || Kurm. *bê* 'whether, to see if' Chyet 50

be[2] ohne (Präfix der Verneinung), un- • RW 63 || Kurm. *bê* 'without; -less' Chyet 50

be=maʿd in schlechter Stimmung → **maʿd**

be=maʿna mit Verlaub → **maʿna** ~ **maʿne**

bēʿ Verkauf • RW 64 || Arab. *bayʿ* 'id.' Wehr S. 95

bēʿ w băzār Handel | *simme idara čike b-čike, bdalle baṣ=ṣănayiʿ diṯṯe w bdalle bu=šuġlo w ʿamlaṯṯe w bu=bēʿ w băzār* 'Nach und nach hatten sie ihr Auskommen, sie nahmen ihr Handwerk wieder auf, sie begannen mit ihrer Arbeit, mit Kauf und Verkauf.' MT 3.2:31 → **băzār** || cf. Arab. *bayʿ* + *bāzār* 'Verkauf und Handel' Wehr 95, 45

bebaxt *adj.*, *pl.* **bebaxte (?)** treulos, verräterisch | *e kitwo bebaxte, wălaw maḥatle l-Šēx Faṯḥaḷḷa baxto kayiso-ste, ᵊqṭille ġắlăbe* 'Es gab eben verräterische Menschen, auch wenn Schech Fatḥaḷḷa eine gute Vereinbarung erreicht hatte, brachten sie viele um.' MT 3.3:14 • cf. *bebaxtiye* RW 64 || Kurm. *bêbext* 'id.' Chyet 51 → **be**[2], **baxto**

bebaxtiye *n.f.* Verrat, Untreue | *manṭalle laṣ=ṣūroye qănaʿa b-Šēx Faṯḥulla, kaʾinnahu u=baxtayḏe hăqiqi-yo, w bĭṯir mena lĭ=kowe bebaxtiye* 'Die Christen gewannen die Überzeugung, dass Schech Fatḥulla vertrauenswürdig war, und dass es danach keinen Verrat mehr geben würde.' MT 3.2:19 • RW 64 || Kurm. *bêbextî* 'id.' Chyet 51 → **be**[2], **baxto, bebaxt**

bēhvān und so weiter, so und so, der und der | *hăma mayṯina ʿal u=dino d-ᵊMšiḥo! hawxa hawxa mĭ-Mḥammad, hawxa hawxa b-flān=mede, hawxa hawxa b-bēhvān-mede* 'Wir wollen für den Glauben an den Messias sterben! So und so über Muhammad, so und so über dies, so und so über jenes.' MT 3.1:17 || Kurm. *behvan, bêvan* 'id.' Chyet 30 → **flān**

bekār *adj.* ledig, unverheiratet, Junggeselle | *mi*l*l*a *gĭd-immit hul l-uʿdo ŭno bekār-wi, ŭḏáʿnowo u=išmo du=ʿulmaṯxu kule, uʿdo gawinno lĭ=fayiš kŭḏaʿno išme dan=nošaṯxu* 'Sie sagte: Du musst sagen: Bis jetzt war ich Junggeselle, ich kannte alle eure Leute beim Namen, doch jetzt habe ich gehei-ratet und kenne die Namen eurer Leute nicht mehr.' MT 5.2:16 || Türk. *bekar* 'id.'; Kurm. *bêkar* 'chômeur, oisif' DKF 151 → **be**[2]

bele *conj.* **(1)** aber, doch | *bizi bi=arʿo. bele bi=akṯăriye b-Awrŭpa-ne* 'Sie wurden über die Erde zerstreut. Mehrheitlich sind sie aber in Europa.' MT 1.7:3 **(2)** doch | *omir lo tlōṯmo-w-šēṯ-w-išti abohoṯo latimi w maḥatte u=ṣawmano? omir bele.* '(Der Mönch) sagte: Haben nicht dreihundertsechsundsechzig Kirchenväter sich versammelt und dieses Fasten festgelegt? Er sagte: Doch.' MT 4.3:9 • RW 65 || cf. Kurm. *belê* 'yes' Chyet 33 = **băle**

be=maʿna • RW 64 → **be**[2], **maʿna** ~ **maʿne**

benamūs *adj.*, *pl.* **id.** ehrlos | *komir mahzamme, e u=ʿulmo kuzzín, ḥăša maḥ=ḥiḏḏār, ab=benamūs kuzzín ...* 'Sie flohen, nun, die Leute gingen – Verzeihung vor den Anwesenden – die Leute ohne Anstand gingen ...' MT 4.5:17 • RW 64 || Kurm. *bênamûs* 'id.' DKF 153 → **be**[2], **namūs**

beriye *n.f.* Sehnsucht, Vermissen • RW 65 || Kurm. *bêrî* 'longing, yearning' Chyet 56

soyim beriye d- vermissen → **sym**

Besim männlicher Personenname | MT 3.4:1

bēt innamʿūn Ortsbezeichnung ⊗ Verballhornt aus Arab. *bēt ilmalʿūn* „Haus des Verfluchten" | MT 4.4:21

bēt iššayāṭīn Ortsbezeichnung ⊗ Arab. wörtlich: 'Haus der Teufel' | MT 4.4:21

bežār *adj.* städtisch (?) | *qĭsim-ste saymiwo kutle kbebayāt, hanik kimminne bu=ṭuroyo bežār* 'Manche Leute machten auch die *kbebayāt* genannten Kutle, die man im Turoyo *bežār* nennt.' MT 2.7:14 || cf. Kurm. *bajarî* 'citadin' DKF 67

b-gawe d- *prep.* → **gawo, b**

b-ha-măḥal ⊗ Arabisch, s. MT, S. 168, Fn. 2 sofort, auf der Stelle | *šuqliwo i=ifada di=kaččĭkayo aw di=žinnĭkayo, iḏa b-lebayo i=mšiḥoyuṯo, b-ha-măḥal manṭánwola* 'Sie befragten das Mädchen oder die Frau, und wenn sie das Christentum im Herzen trug, brachten sie sie auf der Stelle heim.' MT 3.2:33

bhr || Syr. *bhr* < *bahro* 'dawn, twilight' SL 123

I *bahir, bahiro - bohir, buhro intr.* hell werden | *kuzzé čike xayifo, kmarʿelin, hul d-ˀgbuhro, mid bahiro kmaṣirre w gdowir aʿlayye* 'Er bricht etwas früher auf und lässt sie grasen, bis es hell wird. Wenn es hell geworden ist, schirrt er sie an und pflügt mit ihnen.' MT 1.1:2

bḥs || cf. Türk. *bahsetmek* 'besprechen, erwähnen'; cf. Arab. *bḥṯ III* 'erörtern', *bḥṯ VI* 'miteinander diskutieren' Wehr 48

II *mbaḥasle, mbaḥasla - mbaḥis, mbaḥso* erwähnen | *mbaḥíswolix u pallăsis* 'Du hattest den Kürbisauflauf erwähnt.' MT 2.3:1

bĭ Haus von, Familie von ⊗ erster Bestandteil des Familiennamens | *ŭno, u=Alyas, u=abro du=Afrim bĭ-Kittik* 'Ich bin Alyas, der Sohn von Afrim bĭ-Kittik.' MT

5.3.1 || Syr. *beṯ* (Konstr. von *bayto*) 'house' SL 144

bĭ-babe, *pl.* Elternhaus, Familie | *bu=qawro dab=bĭ-babe* 'im Grab ihres Elternhauses' MT 1.2:9; *ab=bĭ-babe du=kurrĭko* 'das Elternhaus des jungen Mannes' MT 1.3:8 → **babo**

bĭ-ʿĂdoka Familienname | MT 3.1:3

bĭ-ʿIsa Hallo Familienname | MT 2.6:1

bĭ-Baḥdi Familienname | MT 3.2:5

bĭ-Čălăbiyo Familienname | MT 3.2:13

bĭ-Čalma Familienname | MT 3.2:25

bĭ-Dinye Familienname | MT 1.6:1

bĭ-Kărimo Familienname | MT 1.4:1

bĭ-Kittik Familienname | MT 4.1:1

bĭ-Laḥdo Familienname | MT 3.2:1

bĭ-Maqṣi Baḥḥe Familienname | MT 3.2:25

bĭ-Qašo=Ğirğo Familienname | MT 3.1:5

bĭ-Săfar Familienname | MT 3.2:5

bĭ-Yoqin Familienname | MT 1.6:5

bĭ-Zatte Familienname | MT 3.2:1

bibar *n.m.* Pfeffer | *maḥtiwo ab=băharāt diḏe, bibar, bibar komo, bibar sĭmoqo, băharāt w malḥo ʿal u=zawk diṯṯe* 'Man fügte die erforderlichen Gewürze hinzu: Pfeffer, schwarzen Pfeffer, roten Pfeffer, Gewürzmischung sowie Salz nach Geschmack.' MT 2.7:11 || Türk. *biber* 'Pfeffer, Paprika'

bibar komo schwarzer Pfeffer | MT 2.7:11 → **komo**

bibar sĭmoqo roter Pfeffer | MT 2.7:11 → **sĭmoqo**

bĭğiʿ *adj.* hässlich | *símlele ṯĭlolo, u=zʿuro maʿlele ʿayne ḥiḻḻe hawxa ōōōwíh, min mede, mahūl, rabo, bĭğiʿ makrūḥ kĭlé lalʿil mĭ-qarʿe* 'Er machte Schatten für ihn. Der Junge schlug die Augen auf: Oh weh, was ist da für etwas Schreckliches, Großes, Hässliches, Abscheuliches über seinem Kopf.' MT 5.3:39 • Nicht in RW || cf. Syr. Arab. *bəšeʿ* 'laid' Barthélemy 1969: 45

biḥto *n.f.*, *pl.* **beʿe** Ei | *kturi biya beʿe, ksayminne ṣfero* 'Man schlägt Eier auf und gibt sie hinein und macht ein Omelett.' MT 1.1:79 || Syr. *biʿto* 'id.' SL 143

bilerek wissend, mit Absicht ⊗ Türkisch | *e, ma=kmanṭe ʿar-ruḥe d-mawbil ruḥe li=gihano b-iḏe d-ruḥe, (...) huwe* ᵀ*bilerek*ᵀ *tofik ruḥe bi=gihano, li=nuro* 'Nun, wer tut es sich selbst an, sich durch eigene Schuld in die Hölle zu bringen, (...) sich selbst bei vollem Bewusstsein in die Hölle zu stürzen, in das Feuer?' MT 4.3:6

bilḥuḏe *adv.* nur, allein | *Turkiya maltámwola a=mšĭḥoye bilḥuḏe lăšan u=ḥtĭyāt* 'Die Türkei hatte nur die Christen zur Reserve eingezogen.' MT 1.5:4 || Syr. *balḥūḏ, lḥūḏ* 'id.' SL 683 → **lḥuḏ-**

bíllăti bei Gott, wahrhaftig | *miḻḻa bíllăti aḥsan, d-saymono u=ṣulḥ baynotayye* 'Da sagte sie: Es ist in der Tat besser, wenn ich zwischen ihnen Frieden herbeiführe.' MT 3.2:17 || cf. Türk. *billah + ki* 'bei Gott' 'id.'

bilmĭṯil *adv.* ebenso | *w aʿ=ʿeze-stene bilmĭṯil, kmanšᵊfinne lăšan i=naqla di=wăladaṯṯe d-hŭwalle b-sălame, d-howin af=farxaṯṯe zaxmīn* 'Ebenso bei den Ziegen, sie melken sie nicht mehr, damit sie bei der Geburt (ihr Junges) sicher zur Welt bringen können, damit ihre Jungen kräftig werden.' MT 1.1:88 • Nicht in RW || Arab. *bi-l-miṯl* 'id.' Wehr 852

bīr *n.m.* Gedenken, Gedächtnis • RW 68 || Kurm. *bîr* 'id.' Chyet 76 *mawbil* **bīr** sich an etw. erinnern → **ybl**

birġil *n.m., pl.* **bireġil** Bulgur | *kīt sidayna-ste kimmínale u=birġil. u=birġil-ᵊste maḥ=ḥeṭe kowe* 'Bei uns gibt es aber auch noch den sogenannten Bulgur. Er wird gleichfalls aus dem Weizen hergestellt.' MT 1.1:27; *kmifqi mi=ḥeṭayo birġil xašuno, birġil nōrmāl* 'Man macht aus diesem Weizen groben Bulgur, normalen Bulgur.' MT 2.7:2 • RW 68 || Arab. *burġul* 'id.' Wehr 60; cf. Türk. *bulgur* 'id.'

bĭroxo *inf. II* Trauung | *bu=bĭroxano kimhalhᵊli ʿam i=ṣluṯo* 'Während der Trauung stoßen (die Frauen) bei der Zeremonie Freudentriller aus.' MT 1.3:37 → **brx**

Bismil Stadt in der Südtürkei | MT 1.5:33

bĭsomo *inf. II* feines Pflügen | *kkoru i=arʿo, qamayto (...) bĭṯir mu=ṯnoyano kimbasamme, bĭṯir mu=bĭsomano gzūraʿʿe* 'Zunächst führt er (auf) dem Acker das erste Pflügen durch. (...) Und nach dem zweiten Pflügen das feine Pflügen. Nach dem feinen Pflügen besät er (die Felder).' MT 1.1:3 → **bsm**

bissire unreife Trauben | *čike b-čike kyurwi kowin xd-aḥ=ḥimṣe, bĭṯir maḥ=ḥimṣe kyurwi kimmínalle bissire, mid ᵊbdalle bu=ḥloyo kowin ʿinwe* 'Sie wachsen Schritt für Schritt weiter und werden (so groß) wie Kichererbsen. Dann wachsen sie zu unreifen Beeren heran, die man *bissire* nennt. Wenn sie anfangen, süß zu werden, werden sie zu Trauben.' MT 1.1:47 • nicht in RW || Syr. *besre* 'id.' SL 167; cf. Arab. *busr* 'unreife Datteln' Wehr 64

Bissorino Bissorino, Dorf im Turabdin | MT 4.3:1

biṣṣuṣo *n.m., pl.* **biṣṣuṣe** kleines Feuer, Licht | *kḥozit ʿal foṯe d-Zīn, kul=yawmo kuxlono, kul d-saymono hawxa biṣṣuṣo d-nuro kuxlono arbi=ḥaṭroṯo w kŭbono arbi=beʿe* 'Siehst du, um Zīns willen muss ich jeden Tag, jedes Mal wenn ich nur ein kleines Feuer anmache, muss ich vierzig Knüppelschläge einstecken und muss vierzig Eier hergeben.' MT 5.2:74 • RW 69 || cf. Arab. *bṣṣ I* 'leuchten, schimmern' Wehr 67

bĭšolo *inf. II* Kochen | *čike mbašlínale, čike mqalénale, išminto d-bošil w saymínawo rezo, hamma čike bĭšolo* 'Wir kochten (die Füllung) ein bisschen, wir brieten sie leicht an, bis sie etwas gar wurde. Dann bereiteten wir Reis zu, welcher nur leicht gekocht wurde.' MT 2.4:4 || Syr. *bšolo* 'something cooked, ripening' SL 195 → **bšl**

biššolo *n.m.* gekochtes Essen | *w ḥalbuki mede, miṯlan mu=kafno, laḥmo d-lo malḥo, biššolo d-lo malḥo, fišle miṯlan mu=kafno* 'In Wirklichkeit (gab es) nichts, wir kamen fast um vor Hunger. Brot ohne Salz, gekochtes Essen ohne Salz, schlussendlich starben wir fast vor Hunger.' MT 3.1:29 • RW 70 → **bšl**

Biṭris männlicher Personenname | MT 3.2:32

bĭṯir (1) *prep.* nach (zeitlich) (*m-*) | *bĭṯir m-aṯe* 'danach' MT 1.1:14 **(2)** *prep.* hinter, nach (räumlich) | *tlele ruḥe biṯre sanduqo m-anik* 'Er versteckte sich hinter einer dieser Truhen.' MT 5.2:13; *naḥitno biṯra* 'ich stieg nach ihr hinab' MT 5.3:54; *hălíx biṯrayna* 'geh hinter uns her' MT 3.1:9 **(3)** *adv.* dann | *biṯir bĭ-Safar-ste mahzamme* 'Dann flohen auch die bĭ-Safar.' MT 3.2:5 • RW 70 || Syr. *boṯar* 'after, following' SL 196

bĭṯir mid *conj.* nachdem | *bĭṯir mid našif kmawbᵊlile lu=dang* 'Nachdem er trocken geworden ist, bringen sie ihn zu der Bulgurmühle.' MT 1.1:29 → **mid**[1]

bi̊ṯirke *adv.* dann, danach | *gi̊ḥilwi a=ʿwone w aʿ=ʿezaṯṯe w bi̊ṯirke gi̊maqṭᵊrile* 'Sie melkten ihre Schafe und Ziegen und machten dann (aus der Milch) Joghurt.' MT 2.5:1 • Nicht in RW || Syr. *boṯarken* 'afterwards' SL 196 → **bi̊ṯir**

bi̊yoḏ̣o *inf. II* Verzinnen | *li̊=saymitu hawxa mi̊done lo šafire bas=sinʿatkār, lăšan kul=šato, d-oṯin li=qriṯo w d-li̊=fayšina, a=sfoqe di=qriṯo kulle d-lo bi̊yoḏ̣o* 'Ihr dürft den Handwerkern keine solchen unschönen Dinge antun, damit sie jedes Jahr ins Dorf kommen und wir nicht bleiben, nicht alles Geschirr des Dorfes unverzinnt bleibt.' MT 1.5:40 → **byḏ̣, byeḏ̣a, byoḏ̣o**

blʿ || Syr. *blʿ Pe.* 'to swallow' SL 158

I *bliʿle, bliʿla - boliʿ, bilʿo tr.* verschlingen | *kḥoyir mi̊=kḥoyir, ki̊lá kačči̊ke kimmo lu=yawmo nḥat, ᵊd-silqono l-duktux, katila ḥayye ᵊd-bilʿo i=kačči̊ke* 'Er sah, ja was sah er da: Da war ein Mädchen, das zur Sonne sagen konnte: Geh unter, ich steige an deiner statt auf. Doch da kam eine Schlange auf das Mädchen zu, um es zu verschlingen.' MT 5.3:18

blʿṭ || cf. Anat. Arab. *lʿbṭ* 'beschmutzen, staubig machen' JK 132

Q *mbalʿaṭle, mbalʿaṭla - mbalʿiṭ, mbalʿᵊṭo tr.* wegschubsen | *meqim mid ʿubro gboyiz kallāt ʿal qarʿe di=kalo, koṯin an=naʿime kimbalʿᵊṭi ḥdoḏe w knutši ak=kallătani* 'Bevor (die Braut) eintritt, streut er der Braut Geldmünzen auf den Kopf. Die Kinder kommen, schubsen sich gegenseitig weg und raffen diese Geldmünzen auf.' MT 1.3:32

blq || Syr. *blq Pe.* 'to appear; to seek' SL 160

I *baliq, baliqo - boliq, bulqo intr.* erscheinen, unerwartet kommen, jdn. (*ʿal*) besuchen, bei (*ʿal*) jdm. vorbeikommen | *mid či̊kina ba=mʿare immi de gi̊di, man-yo hano, ayna w flān bēhvān ... gd-oṯin ač=čalkoye, mibli ay=yasire, layt, nošo li̊=baliq aʿlayna* 'Als wir uns in die Höhlen flüchteten, sagten sie: Oh weh, wer ist das? Welcher und so weiter, ... (man sagte) die Jesiden werden kommen und die Flüchtlinge mitnehmen. Aber nein, niemand erschien bei uns.' MT 3.1:4; *azzé šato=ḥreto, naqqa=ḥreto azzé baliq bi=madrase* 'Nach einem Jahr ging er und erschien erneut in der Schule.' MT 5.5:2

bölge Region ⊗ Türkisch | *Miḏyaḏ bi=ᵀBölgeᵀ d-ᵀGüneydoğuᵀ kummila bu=Tirki uʿdo, Măẓăpăṭōmya i=ʿi̊layto-yo* 'Midyat liegt in der Region Güneydoğu (Südosten), wie man es heute auf Türkisch nennt, in Obermesopotamien.' MT 1.7:2

bolo *n.m.* Sinn | *bas u=mede d-maḥkele l-babi, d-fayiš ᵊb-boli* 'nur was mein Vater erzählt hat, was mir noch in Erinnerung ist' MT 3.2:1; *aṯin ap=parrāt du=ṭayro ᵊl-bole* 'Da fielen ihm die Federn des Vogels ein.' MT 5.3:45 • RW 71 || Syr. *bolo* 'intellect, mind' SL 153

oṯe l-bol- sich an. etw. erinnern → **ʾṯy**

maḥit bolo bemerken, aufpassen → **mḥt**

boriye *n.f., pl.* **boriyat** Rohr, Ofenrohr | *saymínawo i=ṣopayḏe, hăka ab=bori̊yat hăka u=manqᵊlo, mede d-ŭbaʿwo* 'Wir machten seinen Ofen, oder die Ofenrohre oder das Kohlenbecken, was immer er wollte.' MT 1.5:21 • Nicht in RW || Türk. *boru* 'Rohr, Röhre'

bōx in dich, auf dich (m.) ⊗ Präp. *b-* + Pronominalsuffix 2 ms. | *waʿd-yo ʿam*

Aloho lĭ=fayiš kowe d-mĭḥeno tĭr w kăvānste bōx 'Ich verspreche bei Gott, dass ich nicht noch einmal mit Pfeil und Bogen auf dich schießen werde.' MT 5.3:47 → **b**

bramšil *adv.* gestern Abend | *immo abri ḥayrān d-ᶜaynux, kḥozit bramšil aṯin ᵊmḥắlalli arbi=ḥaṭroṯo w šqille meni arbi=beᶜe* 'Sie sagte: Mein Sohn, bei aller Liebe, du siehst, dass sie mir gestern vierzig Knüppelschläge versetzt und mir vierzig Eier weggenommen haben.' MT 5.2:78 • cf. *ramšil* RW 435 || cf. Syr. *ramšo* 'evening' SL 1475; s. Tezel 2003: 245

brazi *n.m.* Neffe, Sohn des Bruders | *ŭno w u=braziyayḏi Šabo yatiwe-na* 'Ich und mein Neffe Šabo sitzen zusammen.' MT 1.7:1 • RW 72 || Kurm. *brazî* 'id.' Chyet 79

brbz || cf. Syr. *bzz, bzbz* 'to plunder, strip, spoil; to steal' SL 132-133; cf. Chr. Urmi *barbəz* 'id.' Khan 2016, III: 99

Q *mbarbazle, mbarbazla - mbarbiz, mbarbᵊzo tr.* zerstreuen, verteilen | *gimbarbᵊzit u=darmono ᶜal u=sfoqo kule* 'Du verteilst das Mittel auf dem gesamten Stück Geschirr.' MT 1.5:17

Qp *mbarbiz, mbarbᵊzo - mibarbiz, mibarbᵊzo intr.* sich zerstreuen, zerstreut werden, verteilt werden | *u=aḥuno-stene tlele ruḥe biṯre sanduqo manik, w hani mbarbᵊzi u=ᶜulmo aṯi u=ḥaṯno, goya d-izzé si=nuxrayto* 'Der andere Bruder versteckte sich hinter einer dieser Truhen. Die Leute zerstreuten sich, und der Bräutigam kam mit der Absicht, zu seiner Braut zu gehen.' MT 5.2:13

brimo *part.*, f. **brimto**, *pl.* **brime** schief | *ᶜaynoṯe brime-ne lĭ=fayiš kuḏᶜole* 'Seine Augen stehen ja schief, deshalb erkennt sie ihn nicht.' MT 5.2:75 → **brm**

brĭndār *adj.* verletzt | *azzí l-ᶜIwardo, azzán l-ᶜIwardo kḥayrono haylō, kĭle hin zalṭone-ne, hin brĭndār-ne* 'Ich ging nach ᶜIwardo. Wir gingen nach ᶜIwardo, da sah ich: Oh je! Da sind manche ohne Kleider, manche sind verletzt.' MT 3.1:13 • RW 72 || Kurm. *birîndar* 'id.' Chyet 70

briṯo *n.f.* Welt | *komir i=kaččĭke žnu, komir aṯi hiš diḏa l-riša, miḻḻa háwulli muklo, háwulli štoyo, háwulli ğule d-lušono, waḥ! haṯe briṯo=ḥreto-yo immo* 'Erst da kam das Mädchen zur Besinnung, sie sagte: Gebt mir zu essen, gebt mir zu trinken, gebt mir Kleider zum Anziehen. Ja was! Das ist ja eine neue Welt, sagte sie.' MT 4.4:12 • RW 72 || Syr. *briṯo* 'id.' SL 189

brk || Arab. *brk III* 'segnen, beglückwünschen' Wehr 60 → **brx**

II *mbarakle, mbarakla - mbarik, mbarko tr.* beglückwünschen | *mĭmeqim kimḥaḏri u=muklo, lăšan hani d-kitne kulle qarye, sidayye ğĭmaḥšᵊmi, sĭ-bĭḥaṯno. gid-romin u=muklo w gĭd-oṯin aq=qaryaṯṯe w gĭd-uxli w gimbarki u=ḥaṯno w ğĭnufqi* 'Sie bereiten das Essen schon vorher zu, damit all die eingeladenen Gäste bei ihnen zu Abend essen, im Haus des Bräutigams. Sie teilen das Essen aus, dann kommen ihre Gäste, essen, beglückwünschen den Bräutigam und gehen.' MT 1.3:34

brm || Arab. *brm² I* 'drehen, festdrehen' Wehr 61

I *barim, barimo - borim, burmo intr.* sich drehen, herumgehen | *hinne malaxxe w huwe-stene barim hawxa ᶜal i=qŭlaytayḏe* 'Sie machten sich auf und gingen. Er selbst ging so um seine Zelle herum.' MT 4.3:7; *barimo i=šato* 'Das Jahr ging vorbei.' MT 1.5:5

I *brimle, brimla - borim, burmo tr.* drehen | *kburmi ftile* 'Sie drehen Grasstränge.' MT 1.1:69

III *mabramle, mabramla - mabrim, mabrᵊmo tr.* drehen | *kmabrim u=misliq ḥreno kīlín ğamude* 'Er drehte an dem anderen Wasserhahn, das Wasser war kalt.' MT 4.2:12

brx || Syr. *brk Pa.* 'to bless' SL 190 → **brk**

II *mbaraxle, mbaraxla - mbarix, mbarxo tr.* trauen, segnen | *koṯe u=qašo kimṣale ʿar-riše du=ḥaṯno w di=kalo, w aš=šamoše, w kmanṭin u=kṯowo du=bĭroxo w kimbarxinne* 'Der Priester kommt und betet über dem Bräutigam und der Braut, und die Diakone, und sie bringen das Buch der Trauungsliturgie und trauen sie.' MT 1.3:37

bry || Syr. *bry Pe.* 'to create' SL 188

I *brele, brela - bore, biryo tr.* (er)schaffen | *komir i=kaččĭke xid biryole l-Aloho kfayšo* 'Das Mädchen war nackt, wie Gott sie schuf.' MT 4.4:1

bsm || Syr. *bsm Pe.* 'to be pleasing, to become sweet' SL 165

I *basim, basimo - bosim, busmo* lecker werden, gut werden | *mid hawin az=zăbaš-ste, kṭumrinne taḥt i=arʿo lăšan d-busmi* 'Wenn die Wassermelonen reif geworden sind, graben sie sie in die Erde ein, damit sie ausreifen.' MT 1.1:5

II *mbasamle, mbasamla - mbasim, mbasmo* fein pflügen | *kkoru i=arʿo, qamayto, bĭṯir kmo yawme d-ᵊmkamil a=ḥrene krowo kṯūnelin, bĭṯir mu=ṯnoyano kimbasamme* 'Zunächst führt er (auf) dem Acker das erste Pflügen durch, nach ein paar Tagen, wenn er auch bei den anderen das erste Pflügen durchgeführt hat, führt er das zweite Pflügen durch, und nach dem zweiten Pflügen das feine Pflügen.' MT 1.1:3

Bšeriye Name einer ehemals christlichen Region nördlich des Turabdin, zugleich Name der Stadt Beşiri | MT 1.6:1

bšl || Syr. *bšl Pe.* 'to ripen', *Pa.* 'to cook' SL 195

I *bašil, bašilo - bošil, bišlo* **(1)** *intr.* gekocht werden, gar werden | *mid bašilo i=rezo b-gawĕ du=ḥalwawo, hiya šaḥinto kmanḥĭtila w krūmalla bas=sĭfoqe* 'Wenn der Reis in der Milch weichgekocht ist, nimmt man ihn vom Feuer, solange er noch heiß ist, und füllt den Milchreis in die Schalen' MT 1.1:85; *mid bašil u=baṣro ...* 'Wenn das Fleisch gekocht ist ...' MT 2.5:11 **(2)** *intr.* gebacken werden → **bašilo**

II *mbašele, mbašela - mbašil, mbašlo tr.* kochen, garen, grillen, backen | *saymowa nuro, mbašlowa baṣro* 'Sie pflegte Feuer zu machen und Fleisch zu grillen' MT 1.4:3

IIp *mbašil, mbašlo - mibašil, mibašlo* gekocht werden | *farme latwo, mĭ-lalʿil mibašalwo* 'Backöfen gab es nicht. (Der Kürbisauflauf) wurde oben auf (dem Ofen) gekocht.' MT 2.3:8

bṭl || Syr. *bṭl Pe.* 'to be feeble, without strength; to be removed; *Pa.* 'to make stop, to prevent' SL 137-138; cf. Arab. *bṭl II* 'zunichte machen, unwirksam machen, einstellen' Wehr 70

I *baṭil, baṭilo - boṭil, biṭlo* **(1)** *intr.* müde werden | *xd-ano u=baytano diḏux d-uʿdo d-aṯina d-baṭĭlina ...* 'Wie dein Haus, zu dem wir jetzt gekommen sind und müde geworden sind ...' MT 5.1:33 **(2)** *intr.* aufhören, nicht mehr gültig sein | *kito ʿade m-meqim, hayo baṭilo uʿdo* 'Es gab früher einen Brauch, der jetzt nicht mehr üblich ist.' MT 1.3:36

II *mbaṭele, mbaṭela - mbaṭil, mbaṭlo tr.* mit etw. aufhören, abbrechen | *mid našif u-gelo kimbaṭli a-ftile* 'Wenn das Gras (im Gelände) verdorrt ist, machen sie keine weiteren Grasstränge mehr.' MT 1.1:71; *simle u-ʿeḏo di-Ndaṯalo lo-mbaṭele* 'Er feierte das Fest der Muttergottes und brach es nicht ab.' MT 4.1:10

bṯulto *n.f., pl.* **bṯulyoṯo** Jungfrau | *d-ŭbínalin i-kaččĭkaṯe w traḥsar abnoṯo bṯulyoṯo ʿam-aṯe-ste hadiye ...* 'Selbst wenn wir ihnen dieses Mädchen geben würden, und noch zwölf Jungfrauen als Geschenk dazu ...' MT 1.6:7 • RW 74 || Syr. *bṯulto* 'id.' SL 196

buġro *n.m., pl.* **buġre (1)** kleiner Stein, Kieselstein | *kīt aʿme-stene arbi-buġre. mille kul d-ᵊmḥalaqno buġro ḥa mĭnayxu gĭssoliq* 'Er hatte vierzig Kieselsteine dabei, er sagte: Jedes Mal wenn ich einen Kieselstein herunterwerfe, soll einer von euch hinaufsteigen.' MT 5.3:15 **(2)** Kugel | *buġre da-tfĭnag* 'Kugeln für die Gewehre' MT 3.2:13 • RW 74 || cf. Syr. *buḡro* 'small stones suitable for building' SL 124

bŭharāt *n. pl.* Gewürze • Nicht in RW → **băharāt ~ bŭharāt**

bŭno durch mich → **b, ŭno**

buqto *n.f., pl.* **bŭqoṯo** Bündel, Strauss | *kizzé nošo kmalim ak-karsᵊwone, ak-karsᵊwone ksamme bŭqoṯo* 'Jemand geht und sammelt die Rebzweige ein, man macht Bündel daraus.' MT 1.1:65 • RW 75 || Tezel 2003: 93-94. cf. Arab. *bāqa* 'Bündel, Strauss' Wehr 91

būz *n.m.* Eis | *kĭlínne am-maye būz kimmatli kimmit uʿdo ǧġilli u-ḥimmām hani tarte, aqdam tarte saʿāt* 'Das Wasser ist eiskalt, und du sagst mir: Eben habe ich das Bad angeschürt, vor zwei Stunden.' MT 4.2:13 • BS 23 || Türk. *buz* 'id.'

bŭzarʿo ~ bzarʿo *n.m., pl.* **bŭzarʿe ~ bzarʿe** Kerne, Saatgut | *u-bŭzarʿano d-ᵊknofiq maz-zăbaš, kšulqile* 'Die Kerne, die aus den Wassermelonen stammen, die kochen sie.' MT 1.3:14 • RW 76 || Syr. *bar zarʿo* 'id.' SL 180, s. Tezel 2003: 204-205

bxy || Syr. *bky Pe.* 'to weep, cry; to mourn' SL 152

I *baxi, baxyo - boxe, buxyo intr.* weinen | *Mōr Malke naḥit kĭlé kboxin w kimwalwĭli w ksaymi w rayiḥ w ğeye, wálḥasil maqimme i-qyimto* 'Mor Malke ging hin (zu ihnen), sie weinten und jammerten, machten dies und jenes, kurz und gut, sie machten einen richtigen Aufstand.' MT 4.4:18

byḏ̣ || Arab. *byḍ II* 'weiß machen, verzinnen' Wehr 94

II *mbayaḏ̣le, mbayaḏ̣la - mbayiḏ̣, mbayḏ̣o tr.* verzinnen | *mi-dĭkano-ste bu-waxt du-rabiʿ, nŭfqínawo la-qrĭyawoṯo, mbayḏ̣ínawo a-sfoqaṯṯe, bu-ḥaq diḏan* 'Im Frühling pflegten wir aus dem Laden hinaus in die Dörfer zu ziehen und ihr Geschirr zu verzinnen.' MT 1.5:7

byeḏ̣a *n.f.* Verzinnen | *samwo i-ṣinʿayḏe, byeḏ̣a* 'Er übte (dort) sein Handwerk, das Verzinnen, aus.' MT 1.5:1 • RW 70 || Anat. Arab. *byēḏ̣a* 'id.' JK 20 → **byḏ̣, byoḏ̣o, bĭyoḏ̣o**

byoḏ̣o *inf.* Verzinnen | *u-byoḏ̣o das-sfoqe* 'das Verzinnen des Geschirrs' MT 1.5:33 → **byḏ̣, byeḏ̣a, bĭyoḏ̣o**

byr || Syr. *bwr Pe.* 'to be desolate, waste; to lack a thing' SL 130

I *bayir, bayiro - boyir, bayro intr.* abkühlen, (Wärme) verlieren | *b-*

Aloho kyŭmeno lo aqdam m-tarte-saʕăt ᵊğġiḷḷi, hēš kĭlé i-nuro b-gawe, hēš lĭ-bayiro 'Ich schwöre bei Gott, ich habe (das Bad) erst vor zwei Stunden angeheizt. Es ist noch Feuer darin, es ist noch nicht abgekühlt.' MT 4.1:14

byṭ || cf. Anat. Arab. *bṭṭ I* 'durchlöchern' VW 39

Ip *bīṭ, biṭo - mibiṭ, mĭboṭo intr.* aufplatzen, explodieren | *kmišliq u-birġil ġălăbe, qayis u-birġil d-mišliq, băle ʕala šarṭ d-lĭ-miboṭi aḥ-ḥeṭe ḥurwi, kayis kowe, u-birġil basim kowe* 'Der Bulgur wird sehr lange gekocht, je länger er gekocht wird, umso besser und wohlschmeckender wird er, vorausgesetzt aber, dass die Weizenkörner nicht aufplatzen und unbrauchbar werden.' MT 1.1:27

byz || cf. Syr. *bzz Pe.* 'to plunder, strip, spoil' SL 132-133; cf. Anat. Arab. *bzz I* 'verteilen, Getreide ausbreiten' VW 37

I *bizle, bizla - boyiz, bayzo tr.* verschütten, ausstreuen, gießen | *u-mede d-ᵊgbayzi bad-dŭquqaṯṯe, ak-kaččĭkăt kmadʕᵊrile* 'Was sie mit den Schlegeln zur Seite drücken, das schieben die Mädchen wieder zurück.' MT 1.1:31; *gboyiz kallăt ʕal qarʕe di-kalo* 'Er streut der Braut Geldmünzen auf den Kopf.' MT 1.3:32; *w aḥ-ḥimṣe-ste meqim kmatratte, meqim b-lalyo, hayo-ste ʕăšan izzé u găz diṯṯe, ʕam maye šaḥine w malḥo, gbayzatte dēr yawmo kimbašlatte* 'Die Kichererbsen weichst du vorher ein, am Abend zuvor, damit ihr Gas entweicht, mit heißem Wasser und Salz. Am nächsten Tag gießt du (das Wasser) weg und kochst (die Kichererbsen).' MT 2.11:3

Ip *bīz, bizo - mibiz, mĭbozo* **(1)** verschüttet werden | *u-mede d-ᵊgbayzi bad-dŭquqaṯṯe, ak-kaččĭkăt kmadʕᵊrile mqabil d-ᵊḥḏoḏe lăšan d-lĭ-mibiz d-foyiš latimo* 'Was sie mit ihren Schlegeln zur Seite drücken, das schieben die Mädchen wieder zurück an Ort und Stelle, damit es nicht wegrutscht, son-dern zusammenbleibt.' MT 1.1:31 **(2)** zerstreut werden | *u-ḥa d-aṯí l-Istanbuḷ, u-ḥa d-azzé l-Lubnān, bizi bi-arʕo* 'Manche kamen nach Istanbul, manche in den Libanon, sie wurden über die Erde zerstreut.' MT 1.7:3

bzarʕo Kerne, Saatgut → **bŭzarʕo** ~ **bzarʕo**

bzr || Arab. *bzr I* 'säen' Wehr 63; cf. Syr. *bazro* 'seed' SL 134; cf. Syr. *bdr* 'to scatter' SL 120

I *bziḻḻe, bziḻḻa - bozir, bizro tr.* aussäen | *u-daworo kmoyid naqqa-ḥreto u-bŭzarʕayḏe, ḥeṭe aw ṣʕore, ʕal qădar du-imkān di-taqayḏe. kizzé gbŭzarre, bi-arʕaṯe i-xliṯo i-našifto* 'Der Pflüger nimmt erneut sein Saatgut, Weizen oder Gerste, entsprechend seinen Möglichkeiten. Er geht und sät es aus, auf diesem abgeernteten, trockenen Feld.' MT 1.1:6

č

čaʕmo *num.* neunhundert | MT 3.2:1 || < *tšaʕ* + *mo* → **tišʕo, mo**

čadir *n.m.* Zelt | *aṯi ḏabiṭ di-ʕaskăriye ᵀyüzbaşıᵀ, komir maḥatle qm-i-škere dak-kefayo d-ᵊrġimme i-žinnĭke, maḥatle u-čadir diḏe tamo* 'Da kam ein Militäroffizier, ein Hauptmann, und stieg vor dem Steinhaufen ab, wo sie die Frau gesteinigt hatten. Dort stellte er sein Zelt auf.' MT 5.1:9 • RW 89 || cf. Kurm. *çadir* 'id.' Chyet 97; cf. Türk. *çadır* 'id.'

čaffik l-ōn her mit deiner Hand ⊗ Beduinisch-Arabisch | *mil̲l̲a bu=ʿărăbi čaffik l-ōn, yaʿni id̲ux l-arke, midla id̲e=d-babi hĭzola* 'Sie sagte auf (Beduinisch-) Arabisch: *čaffik l-ōn*, d.h. her mit deiner Hand. Sie ergriff die Hand meines Vaters und schüttelte sie.' MT 1.5:56

čakuč *n.m.*, *pl.* **čŭwečik** Hammer | *bu=mḥoyo dad=dŭquqe, dač=čŭwečik, saymínawo a=sfoqani mu=naʿimo hul lu=rabo* 'Durch das Schlagen mit Schlegeln und Hämmern, stellten wir diese Gefäße her, vom kleinen bis zum großen.' MT 1.5:20; *u=šuġlo d-lĭ=knofiq ḥiss mene i=naqqa d-lĭ=moḥit dŭquqo, čakuč, ʿal u=săč, ʿal u=sindān* 'Die Arbeit, bei der kein Lärm entsteht: Wenn du nicht mit dem Schlegel oder Hammer auf das Blech, den Amboss schlägst.' MT 1.5:30 • RW 90 || Türk. *çekiç* 'id.'

Čălăbiyo Čălăbiyo, einer der mächtigsten Anführer der Kurden im Turabdin in der ersten Hälfte des 20. Jhs. | MT 3.1:11

čalkoyo, f. **čalkayto**, *pl.* **čalkoye** Jeside | *mid čĭkina ba=mʿare immi de gĭdi, man-yo hano, ayna w flān bēhvān ... gd-ot̲in ač=čalkoye, mibli ay=yasire, layt, nošo lĭ=baliq aʿlayna* 'Als wir uns in die Höhlen flüchteten, sagten sie: Oh weh, wer ist das? Welcher und so weiter, ... (man sagte) die Jesiden werden kommen und die Flüchtlinge mitnehmen. Aber nein, niemand erschien bei uns.' MT 3.1:4 • RW 91

Čalmoki, *pl.* **Čalmokiye** eine der führenden Familien in Midyat | *kitwo u=mḥasyo du=ʿIsa bĭ-Zatte, babe du=Gabro-yo, Čalmoki-we, mil̲l̲e ...* 'Es gab den seligen ʿIsa d-bĭ-Zatte, den Vater von Gabro, er war ein Čalmoki, der sagte ...' MT 3.3:3; MT 3.2:1

čamčke *n.f.* Schöpflöffel | *ba=trani, w bi=quwe du=kĭtono, mibayad̲wo u=sĭfoqo (...) hul li=čamčke* 'Mit diesen beiden, und mit der Wirkung der Baumwolle, wurde das Geschirr verzinnt (...) bis hin zur *čamčke* (Schöpflöffel).' MT 1.5:9 • RW 91 || Kurm. *çemçik* 'ladle, wooden spoon' Chyet 104; Türk. dial. *çemçe* 'id.'; Anat. Arab. *čamče* 'id.' JK 34

čanaq *n.m.* Schöpfkelle | *ba=trani, w bi=quwe du=kĭtono, mibayad̲wo u=sĭfoqo (...) hul (...) lu=čanaq* 'Mit diesen beiden, und mit der Wirkung der Baumwolle, wurde das Geschirr verzinnt (...) bis hin (...) zum *čanaq* (Schöpfkelle).' MT 1.5:9 • RW 91 || Türk. *çanak* 'Topf, Schüssel'

čangal *n.m.* Haken | *aʿ=ʿĭliqani kmaḥti tēl b-rišayye lăšan d-miʿaliq b-ġēr dukt̲o, čangal, xd-u=činqāl* 'Am Ende dieser Girlanden (Plural!) befestigt man ein Stück Draht, damit man sie irgendwo anders aufhängen kann – einen Haken, wie einen Haken.' MT 1.1:61 • Nicht in RW || Türk. *çengel* 'id.' → **činqāl**

čapān *n.m.* Leinentuch, Stoff | *d-ot̲e d-howe u=păstīq kayiso, mid maqimme u=rišawo, hawo gguršile, huwe knofil xīz xīz aʿle kmišmiṭ mu=čapān* 'Wenn der *păstīq* gut geworden ist, dann lässt er sich, nachdem sie den Anfang abgelöst haben und daran ziehen ... dann macht er ratsch und lässt sich von dem Stoff abziehen.' MT 1.1:57 • RW 92 || cf. Anat. Arab. *čāpān* 'dünner weißer Baumwollstoff' JK 33

čaqqeni Bedeutung unklar • Nicht in RW || Etym. unklar, cf. Anat. Arab. *čqq I* '(ein)schlagen, auslegen (beim Kartenspiel)' VW 103; cf. Ṭuroyo (Midin) *čaqq w băre* 'Doppelmühle, Zwickmühle (im Mühlespiel)'

soyim čaqqeni b- jdn. in eine ausweglose Situation bringen → **sym**

čara *n.f.* Abhilfe, Mittel | *mil̤la i=măsăle hat̲e b-at̲e-yo, u=zʿurano mḥalaqle lu=nuhro aʿle, ramḥil d-nofiq bayn ah=hŭd̲oye, ğĭmaqlib i=hŭd̲ayto kula. e čara? immo wal̤la čara, qum maydínale mawbᵊlínale lu=ḥimmām* 'Sie sagte: Weißt du, was los ist? Die Sache ist so und so, der Junge hat einen Heiligenschein. Wenn er morgen unter die Juden geht, dann bringt er die ganze jüdische Gemeinde vom Glauben ab. Was ist die Abhilfe? Sie sagte: Die Abhilfe ... Komm wir wollen ihn zum öffentlichen Bad bringen.' MT 4.2:8-9; *mhawar̤re aʿle, mir̤re kibʿina d-saymatlan čara mede. mil̤le min čara? hwawu yaḥquboye ğĭmaxlᵊṣitu* 'Sie riefen ihm nach: Wir möchten, dass du uns einen Ausweg zeigst. Er sagte: Was für einen Ausweg? Werdet Jakobiten, dann seid ihr gerettet.' MT 4.4:19 • RW 93 || cf. Kurm. *çare* 'remedy, cure, help; solution' Chyet 98; cf. Türk. *çare* 'id.'

čarčaf *n.m.* **(1)** Umhang | *komir u=babo mĭl̤lele abri hani tlot̲o=yawme bu=băḥar ayko-wux? e mil̤le, oo ba, at̲yówali žĭnikke b-čarčaf šafiro, hiya šafirto, u=nuhro aʿla* 'Der Vater sagte zu ihm: Mein Sohn, während dieser drei Tage im Meer, wo warst du da? Er sagte: Oh Papa, eine Frau in einem schönen Umhang kam zu mir, und sie selbst war auch schön, das Licht umgab sie.' MT 4.1:8 **(2)** Betttuch • RW 94 || cf. Türk. *çarşaf* 'id.'; cf. Kurm. *çarşev* 'id.' Chyet 100

čăwāl *n.m.*, *pl.* **čăwalat, čăwalāt** größerer Sack | *mĭnayye kmaḥtile b-čăwalāt w bak=kise* 'Manche füllen es (das Getreide) in größere und kleinere Säcke.' MT 1.1:20 • RW 95 || cf. Kurm. *çewal* 'id.' Chyet 107; cf. Türk. *çuval* 'id.'

čawra *n.f.* Gegend | *bayn l-Bismil w l-Bāṯmān, w l-Fārqīn. i=čawrat̲e izzánowola* 'Zwischen Bismil, Batman und Mayafarqin (Silvan), in diese Gegend gingen wir.' MT 1.5:33 • Nicht in RW || Türk. *çevre* 'Umgebung'

čawre *n.f.*, *pl.* **čawrat** Kopftuch für Frauen | *kmanṭalla šar̤pa, meqim immíwola čawre, l-nišaniye* 'Dann bringen sie ihr ein Kopftuch, *šar̤pa*, früher nannte man es *čawre*, als Zeichen der offiziellen Vereinbarung.' MT 1.3:8 • RW 95 || cf. Kurm. *çewroke* 'petit mouchoir' DKF 287; Türk. *çevre* 'Umgebung; Taschentuch, (selten) Kopftuch'

čāx ~ čāġ *n.m.* Zeit | *mid hule, u=karmo mat̲i l-čāx du=ṭaʿno, yaʿni d-obe aʿ=ʿinwe, qamayto kfoqiḥ baʿ=ʿaynot̲o* 'Wenn der Weinberg die Zeit erreicht, dass er trägt, d.h. dass er Trauben trägt, dann brechen zuerst die Knospen auf.' MT 1.1:46 • RW 96 || cf. Türk. *çağ* 'id.'; cf. Kurm. *çax* 'id.' Chyet 102

čāy *n.m.* Tee | *meqim qaḥwe sidayna latwo, u=čāy-stene noše nadír šĭtánwole* 'Früher gab es bei uns keinen Kaffee, und auch Tee tranken die Leute selten.' MT 1.1:63 • RW 90 || Türk. *çay* 'id.'

čeni *adj.* blau | *d-howe ġắlăbe xōrt, u=mit̲o, u=dubēt komawo kowe čeni ya pamba* 'Wenn der Verstorbene sehr jung ist, dann ist die schwarze Decke stattdessen blau oder rosa.' MT 1.2:5 • RW 96 || cf. Kurm. *şîn* 'green, blue' Chyet 587

čēz *n.m.* Mitgift | *ak=kallătani-ste kšuqli binne ğule, lăšan i=kaččĭke, mḥad̲ri u=čēz did̲a* 'Mit diesem Geld kaufen sie Kleider für das Mädchen, sie stellen ihre Mitgift zusammen.' MT 1.3:20 • Nicht in RW || Anat. Arab. *čāz* 'id.' JK 34; Arab. *ǧihāz* 'Ausstattung (der Braut)' Wehr 157

čīʿ ⊗ onomatopoetisch: Geräusch der Vögel | *as=safrune, af=farxayde ksaymi čīʿ čīʿ čīʿ čīʿ* 'Die Vögel, seine Jungen, machten *čīʿ čīʿ čīʿ čīʿ*.' MT 5.3:36

čike *adv.* ein bisschen | *čike mbašlínale, čike mqalénale* 'Wir kochten (die Füllung) ein bisschen, wir brieten sie leicht an.' MT 2.4:4; *čike d-mišho* 'etwas Butter' MT 2.6:3 • RW 97 || cf. Kurm. *piçek* 'a little, a little bit' Chyet 454

čĭminto *n.f.* Zement | *băle uʿdo, mi=naqqa d-nafiqo i=čĭminto, kul=nošo simle an=nigorayde čĭminto* 'Aber jetzt, nachdem der Zement aufgekommen ist, haben alle Leute ihre Dächer mit Beton gemacht.' MT 1.1:29 • RW 99 || Türk. *çimento* 'id.'

čingo *n.m.* Blechschaufel | *i=kifle du=bayto, kmaydinne rawṭo b-idayye, w čingo lăšan u=myodo di=pisiye daḥ=ḥĭyewin* 'Die Mitglieder der Familie nehmen eine Rute in die Hand, und eine Blechschaufel, um den Mist der Tiere, ihren Dung, aufzufangen.' MT 1.1:13 • Nicht in RW || Türk. *çinko* 'Zink; aus Zink hergestellt'

činqāl *n.m.* Haken | *kxurzinne ksayminne ʿĭliqe rabe aw naʿime, w aʿ=ʿĭliqani kmaḥti tēl b-rišayye lăšan d-miʿaliq b-ġēr dukto, čangal, xd-u=činqāl* 'Man fädelt sie (die Walnüsse) auf und macht große oder kleine Girlanden davon. An ihrem Ende befestigt man ein Stück Draht, damit man sie irgendwo anders aufhängen kann – einen Haken, wie einen Haken.' MT 1.1:61 • RW 99 || cf. Türk. *çengel* 'id.' → **čangal**

čiqmāq *n.m.* Feuerzeug | *komir azzé kibe yarḥo tre tloṯo bi=ḥolo, kxudmo i=paṭrone ġắlăbe, w kuzzá w kuṯyo ʿal iḏa xd-u=čiqmāq* 'Es vergingen darüber ein, zwei, drei Monate. Sie bediente die Patrona sehr eifrig, sie ging ihr zur Hand wie ein Feuerzeug.' MT 4.5:12 • RW 99 || Türk. *çakmak* 'id.'

čizġi *n.m., pl.* **čĭzeġi** Strich | *mĭnayye kowin kĭminne lŭwašāt, ksaymi čĭzeġi binne* 'Andere (werden) zu Fladenbroten, die man mit eingeritzten Strichen verziert.' MT 1.1:24 • RW 101 || Türk. *çizgi* 'id.'

çoban salatası Hirtensalat ⊗ Türkisch | *i=naqqayo kibux turit beʿe, mgambᵊlatte bab=beʿe w šilqatte hawxa b-dihniṯo. aʿmayye-ste kizzé sắlăṭa, ᵀçoban salatasıᵀ* 'Dann konntest du Eier aufschlagen, sie (die übriggebliebenen Kutle) in den Eiern wälzen und so mit Fett braten. Dazu passt ein Salat, ein Hirtensalat.' MT 2.8:16

čyk || Anat. Arab. *čkk* (< Arab. *škk VIII*) 'id.' JK 34; Arab. *škk I* 'hineinstechen, aufstechen' Wehr 488

I *čikle, čikla - čoyik, čayko tr.* hineinstecken | *kmanṭalla kčaykila bayn am=maye ḥalye du=dĭbis* 'Man nimmt sie und taucht sie in den süßen Saft für Traubensirup.' MT 1.1:52; *hani-ste čaykiwo ruḥayye taḥt-al=lašat* 'Sie versteckten sich unter den Leichen.' MT 3.2:8

Ip *čīk, čiko - mičik, mĭčoko intr.* eindringen | *čīk u=abro bu=baḥar ḥniq* 'Sein Sohn fiel ins Meer und ertrank.' MT 4.1:10; *hāt mičík bu=sanduqo* 'Du schlüpfe in eine Truhe!' MT 5.2:9

čylš || Türk. *çalışmak* 'arbeiten, fleißig sein'

Q *mčaylašle, mčaylašla - mčayliš, mčaylᵊšo intr.* arbeiten | *mšayele ʿal u=zʿuro d-ruḥe, omir ašir kimčayliš, elo u=idrakayde latyo qawyo* 'Er fragte nach seinem Jungen. (Der Lehrer) sagte: Nun, er arbeitet mit, aber seine Auffassungsgabe ist nicht besonders stark.' MT 5.5:4

čzzzz ⊗ onomatopoetisch: Geräusch des Feuers: zisch | *komir maqiṯle u=qālyūn diḏe, maḥatle parre m-du=ṭayro ʿal u=qālyūn, e tăbí ḥzelux ksaymo čzzzz qqayṯo* 'Er zündete seine Pfeife an und legte eine der Federn des Vogels auf die Pfeife. Natürlich fing sie augenblicklich Feuer – zisch!' MT 5.3:45

d

d (1) Genitivpartikel | *u=ʿamo d-Miḏyaḏ* 'die Bevölkerung von Midyat' MT 1.1:1; *qarʿe di=kalo* 'der Kopf der Braut' MT 1.3:32; *ab=bĭ-babe di=kalo* 'die Eltern der Braut' MT 1.3:47; *aq=qriyawoṯo dak=kurmanğ* 'die Dörfer der Kurden' MT 3.2:2 **(2)** Genitivexponent: der-/diejenige von | *kīt šuġl dam=măkinat băle dann=iḏoṯo zēd basimto-yo* 'Es gibt auch mit Maschinen hergestellte (Nudeln), aber die von Hand gemachten schmecken besser.' MT 1.1:34 **(3)** Relativpronomen | *ayna d-ʿobir qṭaʿu qarʿe* 'Jeder der eintritt, schlagt ihm den Kopf ab.' MT 5.2:16; *aʾ=ʾisanat haw daʿiri, w ḥa d-qadir grĭšle u=ḥreno, u=ḥa d-qadir grĭšle u=ahlayḏe* 'Die Leute kehrten nicht mehr zurück. Wer konnte, holte den nächsten nach, wer konnte, holte seine Familie nach.' MT 1.7:4 **(4)** *conj.* damit, dass | *ŭno ramḥil guzzino w lĭ=kŭḏaʿno, iḏi lĭ=kkurxo d... aʿlix, d-maslamnix l-nošo* 'Ich werde morgen weggehen und weiß nicht ... Ich bringe es nicht fertig, dich ..., dich in irgendjemandes Obhut zu geben.' MT 5.1:3; *omir kŭbaʿno i=kaččĭkaṯe d-ᵊmsalmítulla* 'Er sagte: Ich möchte, dass ihr dieses Mädchen herausgebt.' MT **(5)** *conj.* wenn, falls (Einleitung des Konditionalsatzes) | *d-oṯe w d-howe u=miṯano lo=sowo, d-howe b-ḥayf, ᵊgboxin aʿle kṭuʿni ġame ġắlăbe* 'Wenn der Verstorbene nicht alt war, wenn er eine wichtige Persönlichkeit war, dann weinen sie um ihn und haben großen Kummer um ihn.' MT 1.2:2 || Syr. *d-* 'id.' SL 268

daʿwa *n.f.* Angelegenheit, Prozess, Klage | *w ġắlăbe ḥiṣṣe i=daʿwa aʿlayna* 'Sie übten in der Angelegenheit großen Druck auf uns aus.' MT 1.6:8 • cf. *daʿw* 'Anliegen' und *daʿwa* 'Rechtsklage' RW 105 || Arab. *daʿwā* 'id.' Wehr 290; cf. Türk. *dava* 'id.'

dabibo *n.m., pl.* **dabibe** Raubtier | ... *dewe dabibe d-lĭ=miqalib ʿal u=săwāl diṯṯe* '... damit keine Wölfe und andere Raubtiere sich auf ihr Vieh stürzen.' MT 1.1:99 • RW 106 || cf. Arab. *dābba* 'Tier, Lasttier; *dabīb* 'Kriechen, Trampeln' Wehr 277-278

dāġliye *adj., f.* aus Dağlı | *uʿdo kšuqli qăḏame dāġliye* 'Heute kaufen sie fertige *qaḏāme* der (türkischen) Sorte Dağlı.' MT 1.3:14

dahwo *n.m.* Gold | *kīt aʿle tre=šayre d-dahwo* 'Er schuldet (uns) zwei Goldarmreifen.' MT 5.1:18 • RW 108 || Syr. *dahbo* 'id.' SL 275

daḥno *n.m.* Hirse | *aṣ=ṣūroye mu=kafnaṯṯe izzinwo lu=qrofo du=daḥno* 'Die Christen gingen aus Hunger zum Abbrechen von Hirse.' MT 3.2:28 • RW 109 || Syr. *duḥno* 'id.' SL 279

dalolo *n.m., pl.* **dalole** Herold, Ausrufer, Verkünder | *qayim dalolo mhawalle mirre aḥna Zīn w Klebīn-na, ayna d-ᵊkmaqbelan ṭir maqbelan, d-*

lĭ-kmaqbelan-stene ṯir maʕle iḏe 'Ein Herold ging und verkündigte: Wir sind Zīn und Klebīn. Wer uns akzeptiert, der soll uns akzeptieren, und wer uns nicht akzeptiert, der soll die Hand heben.' MT 5.2:19 • RW 111 || cf. Arab. *dallāl* 'id.' Wehr 296

dalxik *n.m.* Mönchskutte | *komir mĭdole maḥtole taḥt u-dalxĭkayḏe* 'Er nahm (das Hühnchen), steckte es so unter seine Kutte.' MT 4.3:7 • Nicht in RW || Etym. unklar

damʕo *n.f., pl.* **damʕe** Träne | *komir manḥatle damʕe aṯi maye ǧamude ʕal ḥāṣ di-žinnĭke, mi̲l̲la hanik min maye ǧamude-ne?* 'Er ließ seine Tränen fließen, sie tropften wie kaltes Wasser auf den Rücken der Frau. Sie sagte: Was ist das für ein kaltes Wasser?' MT 4.5:14 • RW 111 || Syr. *demʕṯo* 'id.' SL 311

damixo *adj.*, f. **damixto**, *pl.* **damixe** schlafend | *hēš hiya damixto aḥna ṣafro gĭqaymina m-arke gĭmalxina* 'Während sie noch schläft, werden wir morgen hier aufbrechen und weiterziehen.' MT 1.5:57 → **dmx**

damiye *n.f.* Neujahrsgeschenk | *kmawbᵊlila i-damiye, kul-mede d-qudri šuqli, map-pirtăqāl laḥ-ḥabuše* 'Sie bringen ihr (der Braut) die *damiye*, alles was sie kaufen können, von Orangen bis Äpfeln.' MT 1.3:16 • Nicht in RW || cf. Kurm. *dem* 'time, period' Chyet 130

dammăke *n.f., pl.* **dammăkāt** *pāstīq*-Ecke (zum Dreieck gefaltetes *pāstīq*-Papier) | *hawo-ste kfirsile išmo bi-šimšo, bĭṯir gsaymile dammăkāt w ktŭlalle.* 'Sie breiten ihn (den getrockneten Traubensyrup) ein wenig in der Sonne aus, dann falten sie ihn zu Dreiecken zusammen und heben ihn auf.' MT 1.1:57 • RW 111 || Etym. unklar

dane *n.f., pl.* **danat** Tageszeit, Mahlzeit | *bu-bayto d-be hŭwénawo yatiwe, u-baytawo ŭbewo a-tloṯ danataydan u-muklo* 'Die Familie, bei der wir uns aufhielten, diese Familie gab uns unsere drei Mahlzeiten am Tag.' MT 1.5:34 • RW 112 || Kurm. *dan*[3] 'eight-hour period, one-third of a day; lunch, lunchtime' Chyet 121

dang *n.m.* von den Tieren gezogener Mahlstein | *i-ḥeṭo kmišloqo, kuyo danoke, knišfo, bĭṯir gdayqila bu-dang* 'Der Weizen wird in Wasser gekocht, er wird zu *danoke*. Er trocknet, dann wird er mit dem Mahlstein enthülst.' MT 2.7:2 • RW 113 || Kurm. *deng* 'millstone' Chyet 131; cf. Anat. Arab. *dang* 'Mühle für Weizengrütze' JK 51

danoke *n.f.* gekochter, aufgequollener Weizen für die Weiterverarbeitung zum Bulgur | *bĭṯir mid ᵊšlīq, kudʕina baʕ-ʕadat du-birġil, hawi, kimmínala i-danoke* 'Wenn er (der Bulgur) gekocht worden ist – wir kennen uns ja aus mit dem Bulgur – dann wird er zu aufgequollenen Körnern.' MT 1.1:28 • RW 113 || Kurm. *dano(k), danû(k)* 'id.' DKF 335

danwo *n.m.* Schwanz | *qrele ay-yasinat diḏe hōl falge-d-lalyo. mĭ-falge-d-lalyo w laxalf aṯi lu-taʕlo mḥele danwe bu-šamʕayḏe w maṭfele u-šamʕo* 'Er las seine Koransuren, bis Mitternacht. Eine Weile nach Mitternacht kam ein Fuchs und wischte mit dem Schwanz über seine Kerze und löschte die Kerze aus.' MT 5.3:7 • RW 113 || cf. Syr. *dunbo* 'id.' SL 204

dăqiqa *n.f., pl.* **dăqayiq** Minute | *mi̲l̲le kudʕit min-yo, manʕᵊlo? mi̲l̲le min-yo? mi̲l̲le ḥur gdŭmaxni ḥammiš-dăqayiq d-lo* *izzé saymit mede ha?* 'Er sagte: Weißt du was, Verfluchter? Er sagte: Was? Er sagte: Schau, ich möchte fünf Minuten schlafen. Nicht dass du mir irgendetwas anstellst!' MT 4.4:17 • RW 113 || Arab. *daqīqa, pl. daqāʾiq* 'id.' Wehr 294

daqno *n.m.* Bart | *Mōr Zoxe lo foṯo lo šīwerib, manṯo b-daqne layto, hīč, gd-immit, d-ḥūzatle gd-immit kaččīke-yo* 'Mor Zoxe – kein Bart, kein Schnurrbart, er hat kein einziges Haar im Gesicht ... Wenn du ihn sähest, würdest du sagen, es ist ein Mädchen.' MT 4.5:10 • RW 114 || Syr. *daqno* 'id.' SL 318

daqqa *n.f.* Art und Weise, ein Musikinstrument zu spielen | *immo lo abri huwe ʿayne latwayye ʿwire-ste, hāt ʿaynux ʿwirto-yo, e i=daqqayḏux kšibho l-diḏe* 'Sie sagte: Nein, mein Sohn, seine Augen standen auch nicht schief, und dein Auge schielt. Ja, deine Art zu spielen ähnelt der seinen.' MT 5.2:77 • Nicht in RW || Arab. *daqqa* 'Schlag, Klopfen, Läuten; Anschlag (Klavier)' Wehr 294

dărang *adj.* spät | ... *hōl d-hawi dărang du=lalyo* '... bis es späte Nacht wurde.' MT 1.5:48 • RW 115 || Kurm. *dereng* 'id.' Chyet 134

darbo *n.m., pl.* **darbone** Weg, Straße | *darbo raḥuqo* 'ein weiter Weg' MT 5.1:30; *ʿal u=darbawo di=dayro* 'auf dem Weg zum Kloster' MT 3.1:20 • RW 115 || Syr. *darbo* (< Arab. *darb*) 'road' SL 319

dargišto *n.f., pl.* **dargušyoṯo** Wiege | *e komir kitwo hin, nafšayye raqiqto-wa, ʿasro ḥamšaḥsar komir azzín manṭínanne niše, w aṯin li=dayro, w hawilin naʿime, w dingiṛ w hay dingiṛ dad=dargušyoṯo* 'Nun, es gab einige, deren Seele war schwach, zehn bis fünfzehn gingen, nahmen sich Frauen und kamen ins Kloster. Sie bekamen Kinder, und es war ein lebhaftes Rumpeln der Wiegen.' MT 4.5:4 • RW 117 || Syr. *dargušto* 'litter, bed' SL 320

dárḥāl *adv.* sofort | *bu=ṣūroyo d-šūmaʿwo d-kityo bad=dūkoṯo, dárḥāl samwo ăkīp mu=ṭăraf di=ḥkume* 'Wenn er von einem Christen erfuhr, der sich irgendwo befand, stellte er sofort eine Kommission von Seiten der Regierung auf.' MT 3.2:32 • RW 117 || Türk. *derhal* 'id.'

dariğ *adj.* gängig | *haṯe liğğe dariğ-yo* 'Das ist eine gängige Ausdrucksweise.' MT 1.3:5 • Nicht in RW || Arab. *dāriğ* 'id.' Wehr 285

darmono *n.m., pl.* **darmone** **(1)** Mittel | *bu=firšīkawo saymiwo i=gweto, băle baw=waxtatani aḥ=ḥaroye, nafiq darmono* 'Mit diesem Lab pflegten sie den Käse zu machen, doch in jüngerer Zeit ist ein Mittel herausgekommen.' MT 1.1:83; *u=darmono du=byoḏo* 'das Mittel zum Verzinnen' MT 1.5:8 **(2)** Medizin | *u=taxtōr mḥele b-ʾḥḏoḏe ḥiṯle w maḥátlele darmono* 'Der Arzt setzte ihn zusammen, vernähte ihn und verabreichte ihm eine Medizin.' MT 5.2:54 **(3)** Gewürz | *maḥtínale darmone, bŭharāt kul=mede* 'Wir fügten Gewürze hinzu, Pfefferkörner und alles andere.' MT 2.4:3 • RW 118 || Syr. *darmono* 'id.' SL 324

darze *n.f., pl.* **darzat, darzāt** Naht | *i=qabrʾğaye ánnaqla, lī=kubʿéwola ḥayṭo-ste, kīt hin mena arbaḥ, arbaʿ darzāt mi=xaṣrayo w m-ayo* 'Die *qabrʾğaye* brauchte man nicht einmal zuzunähen. Manche mussten aber mit vier Nähten auf jeder Seite geschlossen werden.' MT 2.4:5 • RW 119 || Arab. *darz* 'Nähen' Wehr 285

dasto *n.m.* Bottich | *kufxíwole bu=dasto-rabo w ánnaqqa qayšiwo i=zibdo* 'Sie schütteten den (Inhalt) in den großen Bottich und schöpften dann die Butter ab.' MT 2.5:6 • RW 120 || Arab. *dast* '(Koch)kessel' Wehr 288

dastúr *n.m.* Erlaubnis | *kṭulbi ánnaqqa dastúr mab=bĭ-babe* 'Sie bitten um die Erlaubnis der Eltern.' MT 1.3:27 || Arab. *dastūr* 'id.' Wehr 288; cf. Kurm. *destûr* 'id.' Chyet 142

dašišto *n.f.* Milchreis | *i=dašišto aġlab am=miḏyoye saymíwola bu=ʿeḏo. hayo-ste mi=rezo w mu=ḥalwo kmisomo* 'Den Milchreis bereiteten die Midyader meistens an den Festen zu. Er wird aus Reis und Milch hergestellt.' MT 2.9:1 • RW 120 || Syr. *dašišto* 'pearl-barley' SL 326

dašto *n.f.* Ebene | *i=dašto das=Siliva* 'die Siliva-Ebene' MT 1.5:33 • RW 120 || Syr. *dašto* 'id.' SL 326

dašto das=Siliva Siliva-Ebene, Name einer Region zwischen Batman und Bismil in der Südosttürkei | MT 1.5:33

dawġe *n. pl.* Dickmilch, Buttermilch | *manṭanwo i=agono mĭ-gabayye, w i=širtan biya, w hawxa dayfínawola. dayfínawola nifqiwa ad=dawġe* 'Ich holte die Tonschale bei ihnen ab. (Wir gaben) die Joghurtkugeln hinein und rieben sie darin hin und her. Wir rieben sie und dann entstand Dickmilch daraus.' MT 2.6:2 • RW 120 || Syr. *dawḡe* (< Pers. *dug*) 'sour milk' SL 277

dawiqto *n. agent.* Bäckerin, Backfrau | *u=tanuro, i=dawiqtayḏe, i=ṣinʿayḏa hayo-yo. kmaḥto qamayto bu=tanurawo išmo d-qayse, marfʾyo nuro binne kšoḥin u=tanuro.* 'Die Aufgabe der Backfrau besteht darin, dass sie zunächst etwas Holz in den Ofen legt und es anzündet, damit der Lehmbackofen heiß wird.' MT 1.1:23 → **dwq**

dawle *n.f.*, *pl.* **dŭwal** Staat | *čike ánnaqqa ad=dŭwal mqadamme l-ʾḥḏoḏe, fayiš hinne-ste kzayʿi mi=ḥṭiṯo d-ruḥayye* 'Nun sind die Staaten ein wenig aufeinander zugegangen, deshalb fürchten auch sie sich nun wegen ihrer Sünden.' MT 3.1:19 • RW 139 || Arab. *daula, pl. duwal* 'id.' Wehr 308

dawmo *n.f.*, *pl.* **dawme** Baum | *u=zʿuro baṯil, ḥzele dawmo rabṯo, komir naḥit m-ʿal i=sisto miḻle aḻo gdŭmáxnoli harke šawṭo, harke fayuḥo basimo-yo* 'Der Junge wurde müde. Er sah einen großen Baum, er stieg vom Pferd und sagte: Hier will ich eine Weile schlafen. Hier ist es angenehm kühl.' MT 5.3:32 • RW 121 || Herkunft unsicher, cf. Arab. *dawm* 'Lotus, arbre dont le fruit s'appelle نبق; tout arbre gros' BK I 95; cf. Anat Arab. *dawm* 'Bäume, Holz' VW 164

daworo *n. agent.*, *pl.* **dawore** Pflüger | *u=ʿamo d-Miḏyaḏ, faqiro-yo, akṯar du=šaʿb, bi=rēġbăriye ksaymi i=idaraṯṯe. mĭnayye dawore-ne* 'Die Bevölkerung von Midyat ist arm, die meisten Bewohner bestreiten ihren Lebensunterhalt mit der Landwirtschaft. Einige von ihnen sind Pflüger.' MT 1.1:1 → **dwr**

dawqo *n.m.*, *pl.* **dawqe (1)** Backeisen, Backblech | *mbašlíwunne čike ʿal u=dawqo xd-i=ʿade mbašlíwunne ʾd-somiq čike* 'Man backte (die Fladen) ein wenig auf dem Backeisen, man backte sie richtig, bis sie ein wenig braun wurden.' MT 2.1:3 **(2)** Brotfladen | *miḻa ḥatlix dawqe ʿal lašayḏix, layšo raqiqo, ṭir nošif* 'Sie sagte zu ihr: Lege dir Brotfladen auf den Körper, dünnen Teig. Der soll trocknen.' MT 5.2:39 • RW 121 || Tezel 2003: 46-47

dawrān || cf. Arab. *dawarān* 'Umherlaufen' Wehr 306

sing w dawrān Chaos und Panik → **sing**

dawro *n.m.* Reihe, Reihenfolge | *ádlalyo dawri-yo* 'Heute Abend bin ich an der Reihe.' MT 5.3:5; *ṭuʿnile, i=ğămaʿa bu=dawro* 'Sie tragen ihn, die Gemeinde wechselt sich dabei ab.' MT 1.2:6 • RW 122 || Arab. *daur* 'Runde, Auftritt, Periode' Wehr 305

dawse *n.f.* Schritt | *hawi ʿaṣriye xid uʿdo, bĭṯir mid u=ʿulmo, qṭiʿo i=dawse* 'Es wurde Abend, so wie jetzt. Nachdem die Leute ..., nachdem die Zeit für Besuche zu Ende war (wörtl.: Der Schritt brach ab).' MT 5.2:96 • RW 122 || Anat. Arab. *dawse* 'Fußspur, Spur' JK 53; cf. Arab. *dws I* 'treten, mit Füßen treten' Wehr 307

dawšo *n.m.* Honig | *d-ʾoṯe maṭro ba=tre tloṯo yawmanik, i=ḥalwᵊniṯo kuyo mašiġto, nošo lĭ=kmarġabla, d-l-oṯe maṭro kiba ṭaʿmo xd-u=dawšo* 'Wenn es während der vorhergehenden zwei, drei Tage regnet, dann ist die *ḥalwᵊniṯo* gewaschen und niemand mag sie. Wenn es aber nicht regnet, hat sie einen Geschmack wie Honig.' MT 1.1:52 • RW 123 || Syr. *debšo* 'id.' SL 273

dăxīl bitte! • RW 124 || cf. Syr. Arab. *daxīlək* 'ich bitte dich, ich flehe dich an!' TKT 318

ămān dăxīl bitte! | *immiwo: ᴬnmūt ʿala Masīḥ, ʿala dīn Masīḥᴬ qṭalu! lĭ=quṭlíwunne, miblíwunne. ămān dăxīl qṭálullan!* 'Sie antworteten: Wir wollen für den Messias sterben, für den Glauben an den Messias. Tötet (uns)! Sie töteten sie nicht, sondern schleppten sie weg. (Sie sagten): Wir flehen euch an, tötet uns!' MT 3.1:17 → **ăman**

dăxīl diḏux bitte (nicht)! | *immo abri ḥayrān d-ʿaynux, kḥozit bramšil aṯin ᵊmḥálalli arbi=ḥaṭroṯo w šqille meni arbi=beʿe, dăxīl diḏux, ᵊṭrayli* 'Sie sagte: Mein Sohn, bei aller Liebe, du siehst, dass sie mir gestern vierzig Eier weggenommen haben. Ich bitte dich inständig, lass mich.' MT 5.2:78 → **diḏ-**

dayim *adv.* immer, ständig | *u=ʿăza sidayna ggoriš šabṯo taqriban, mĭnayye ʿaṣro=yawme, dayim u=ʿamo azolo w aṯoyo* 'Die Trauerzeit dauert bei uns ungefähr eine Woche, manchmal zehn Tage, und ständig kommen und gehen die Leute.' MT 1.2:18 • RW 109 || Türk. *dayim* 'id.'; Arab. *dāʾim* 'id.' Wehr 309

dayno *n.m.*, *pl.* **dayne** Schulden | *kul=ḥa kkoṯu ah=hădiyat d-aṯĭl-li=barṯaṯe. w more du=ḥaṯno-ste kkuṯwinne ah=hădiyat d-aṯille. (...) haṯe-ste kmiḥšowo ka-šĭkil dayno* 'Jeder schreibt die Geschenke auf, die seine Tochter bekommen hat. Auch die Angehörigen des Bräutigams schreiben die Geschenke auf, die er bekommen haben. (...) Man betrachtet dies als eine Art von Schulden.' MT 1.3:42 • RW 109 || Arab. *dain* 'Schuld, finanzielle Verpflichtung' Wehr 311

dayoqo *n. agent.*, *pl.* **dayoqe** jemand, der Bulgur stampft | *kul tre xōrĭn mad=dayoqe du=birġil, kīt baynoṯayye kaččĭke ḥḏo* 'Zwischen zwei jungen Männern, die den Bulgur stampfen, steht dann immer ein Mädchen.' MT 1.1:30 → **dyq**[1]

dayrayto *n.f.*, *pl.* **dayrᵊyoṯo** ⊗ fem. zu *dayroyo* Nonne | *maḥtile bi=dayro, sĭmile arbi=dayrᵊyoṯo* 'Er steckte sie ins Kloster und machte aus ihnen vierzig Nonnen.' MT 4.5:18 → **dayro**

dayro *n.f.*, *pl.* **dayre** Kloster | *ftĭḥḥalle i=dayro w maḥtile bi=dayro, sĭmile arbi=dayrᵊyoṯo w maxlaṣle i=nafšaṯe* 'Man öffnete ihnen das Kloster, er steckte sie ins Kloster, machte aus ihnen vierzig Nonnen und rettete ihre Seelen.' MT

4.5:18; *i=dayro ayko-yo? i dayro kīlāwlē b-qarʿe du=ṭuro* 'Wo ist das Kloster? Das Kloster is dort drüben auf dem Gipfel des Berges.' MT 5.1:33 • RW 109 || Syr. *dayro* 'id.' SL 300

dayroyo *n.m., pl.* **dayroye** Mönch | *maltamle kulle, wálḥasīli, aṯín miḷḷe, nošo lī=fayiš? komir, l-ḥa xdoṯi miḷḷe aḷo kīt dayroyo tamoné, l-áṯi, kīle bi=qūlaytayḏe l-áṯi* 'Er versammelte sie alle, kurz und gut, sie kamen. Dann sagte er: Fehlt noch jemand? Einer wie ich sagte: Doch, es gibt einen Mönch dort drüben, der nicht gekommen ist. Er sitzt in seiner Mönchszelle; er ist nicht gekommen.' MT 4.3:3 • RW 109 || Syr. *dayroyo* 'id.' SL 300 → **dayro**

daywo *n.m.* Wahnsinn, Dämon • RW 110 || Syr. *daywo* 'demon' SL 293

šuġlo d-daywo Wahnsinnstat | *qay hawxa simlan hano, šuġlo d-daywo* 'Warum haben wir das bloß gemacht, das ist doch Wahnsinn.' MT 4.4:6 → **šuġlo**

daywono, f. **daywĭniṯo**, *pl.* **daywone** wahnsinnig, besessen (von bösen Geistern), verrückt | *ašir i=qiṣṣayḏan haṯe b-aṯe-yo, i=barṯo du=malkayḏan daywĭniṯo-yo w ġēr hāt lī=kṭulbo* 'Unsere Geschichte ist so und so: Die Tochter unseres Königs ist wahnsinnig, und sie verlangt nur nach dir.' MT 4.4:5 • RW 110 || Syr. *daywono* 'id.' SL 294 → **daywo**

dʿoro *inf.* Rückkehr | *d-šuġli w duʿri b-niye d-ᵊdʿoro* 'mit der Absicht, zu arbeiten und dann zurückzukehren' MT 1.7:4 → **dʿr**

dʿr || Etym. unklar, siehe Mutzafi 2016

I *daʿir, daʿiro - doʿir, duʿro intr.* zurückkehren | *daʿiri naqqa=ḥreto, mi=ʿaskăriye, ʿal d-ᵊmfarik u=ḥarb, măfiltila.* 'Dann kehrten sie wieder aus dem Militärdienst zurück; als der Krieg sich beruhigte, entließ (die türkische Regierung) sie wieder.' MT 1.5:5; *hōl d-lī=dŭʿanno aʿlayxu lī=kowe d-nifqitu* 'Bis ich nicht zu euch zurückkehre, dürft ihr nicht herauskommen.' MT 4.4:22

III *madʿaḷḷe, madʿaḷḷa - madʿir, madʿᵊro* **(1)** *tr.* zurückbringen | *sĭminne mʿáyăna, mu=kewo, maʿ=ʿayne , mĭ-kul=mede, mann=aḏnoṯo, d-hŭwewo-be qūsūr d-mede madʿᵊríwole* 'Sie untersuchten sie ärztlich, nach Krankheiten, sie untersuchten die Augen, alles möglich, die Ohren. Wer irgendeinen gesundheitlichen Mangel aufwies, den schickten sie zurück.' MT 3.4:5 **(2)** *intr.* jdm. (*ʿal*) antworten | *madʿaḷḷi aʿle ŭmanno* ... 'Ich antwortete ihm und sagte ...' MT 1.6:7 **(3)** *tr.* zurückverwandeln | *ᵊġġīl u=ḥa mĭnayye ʿam i=ḥirmayḏi, w ḥa mĭnayye ʿabir lawġul, manṭele u=rawṭo w madʿáḷḷeli insān* 'Einer von ihnen redete mit meiner Frau, und einer von ihnen ging hinein, holte die Rute und verwandelte mich zurück in einen Menschen.' MT 5.3:51

dʿṯ || Syr. *dʿt Pe.* 'to sweat' SL 315

I *daʿiṯ, daʿiṯo - doʿiṯ, duḥṯo intr.* schwitzen | *mid našifo hayo-ste kim-ḥafḏila, kmaḥtila ʿal ᵊḥḏoḏe, kimmi lăšan d-duʿṯo, d-nofiq u=sikkar diḏa mena.* 'Wenn sie getrocknet ist, heben sie sie auf. Sie legen (die Stücke) aufeinander, damit sie schwitzen und ihr Zucker austritt.' MT 1.1:59

dʿy || Arab. *dʿw I* 'aufrufen, einladen' Wehr 289

I *dʿele, dʿela - doʿe, diʿyo intr.* flehen | *kítwulle ḥasyo du=čaġawo lī=kūḏaʿno išme, saliq bi=midde du=ḥarbano kule fayiš ʿal i=goro, dŭʿewo, bŭxewo, ṣŭyamwo w mṣalewo qm-Aloho* 'Sie hatten damals einen Bischof, dessen Namen ich nicht weiß, der stieg auf das Dach und blieb dort den ganzen Krieg über, er flehte, weinte, fastete und betete zu Gott.' MT 3.2:14

de (1) Partikel zur Verstärkung des Imperativs: lass (uns), los | *omir de qumu maqimu i=zuġtaṯe w tlawu u=ṣawmo!* 'Los, macht dieses Hühnchen lebendig und dann hebt das Fasten auf!' MT 4.3:10 **(2)** mal (hier und mal dort) | *malaxxe, mšayalle ʿal i=wălaye de harke w de tamo de harke w de tamo* 'Sie gingen, fragten nach der Stadt, hier und dort und hier und dort.' MT 5.1:33 || Kurm. *de* 'well, come on' Chyet 126-127

de lo doch | *bĭṯir ar=rabe das=siryoye zayiʿi, de lo ḥzalle hanik qṭili* 'Die Anführer der Orthodoxen bekamen Angst, hatten sie doch gesehen, dass (die Protestanten) umgebracht worden wa-ren.' MT 3.3:3 → **lo**[1]

de gĭdi oh weh, Mensch! | *mid čĭkina ba=mʿare immi de gĭdi, man-yo hano, ayna w flān bĕhvān ... gd-oṯin ač=čalkoye, mibli ay=yasire* 'Als wir uns in die Höhlen flüchteten, sagten sie: Oh weh, wer ist das? Welcher und so weiter, ... (man sagte) die Jesiden werden kommen und die Flüchtlinge mitnehmen.' MT 3.1:4 → **gĭdi**

dēlye *n.f.* Weinlaube | *bayn ak=karme čĭkina taḥt sato, čĭkono ŭno taḥt sato, xi=dēlye-yo hawxa* 'In den Weingärten versteckten wir uns unter den Weinstöcken, ich versteckte mich unter einem Weinstock, einer Art Weinlaube.' MT 3.1:10 • Nicht in RW || Anat. Arab. *dēlye* < (Arab. *dāliya*) 'Weinstock, Rebe' Wehr 298; cf. Syr. *dolīṯo* 'vine sprout' SL 305

demoqrāṭ *n.m., pl.* **id.** Demokrat(en), türkische Partei | *bĭṯir naqqa=ḥreto d-qayim u=demoqrāṭ bann=arbaʿ w ḥamši, húlelin ḥirriye kamil* 'Doch als die Demokraten ans Ruder kamen, in (19)54, ließen sie ihnen erneut freie Hand.' MT 3.3:15

dēr *adj.* ⊗ Kurzform zu *deri* nächster | *kmatrénala m-meqim, kizzé u=gāz diṯṯe, dēr yawmo kimbašlina u=baṣro* 'Wir weichen sie vorher ein, damit ihr Gas entweicht. Am nächsten Tag kochen wir das Fleisch.' MT 2.11:7 = **deri**

deri *adj.* nächster | *deri yawmo* 'am nächsten Tag' MT 5.3:5 • RW 126 || Anat. Arab. *dēri* (< **dāri*) 'id.' VW 162; cf. Arab. *dwr I* 'sich drehen, kreisen' Wehr 303-304; cf. Arab. *dawr* 'Reihe, Runde' ibid. = **dēr**

dewo *n.m., pl.* **dewe** Wolf | *ggurši nawbe-stene lăšan ḥăramiye d-l-ŭ́ṯelin, dewe dabibe d-lĭ=miqalib ʿal u=săwāl diṯṯe* 'Sie halten abwechselnd Wache, damit keine Räuber sie überfallen, und damit keine Wölfe und andere Raubtiere sich auf ihr Vieh stürzen.' MT 1.1:99 • RW 126 || Syr. *dibo* 'id.' SL 268

dfʿ || Arab. *dfʿ III* 'Widerstand leisten; verteidigen' Wehr 292

II *mdafaʿle, mdafaʿla - mdafiʿ, mdafʿo tr.* verteidigen | *mḥalle ṣlāḥ b-lalyo ġălăbe aʿlan, naqqawoṯo aṯín, w aḥna-ste lu=gorān di=quwayḏan ʾhnena..., mdafʿínawo* 'Sie schossen häufig in der Nacht auf uns. Manchmal griffen sie uns an und wir verteidigten uns, so gut wir konnten.' MT 1.6:12

dgišto *n.f., pl.* **dgišyoṯo** Tonkrug | *a=dgišyoṯanik malye ʿăraq w ḥamro* 'Alle diese Krüge waren gefüllt mit Schnaps und Wein.' MT 1.4:2 • RW 127 || Tezel 2003: 163; cf. Syr. *dgš* 'to dig through, pierce through' SL 274

dgl || Syr. *dgl Pa.* 'to lie' SL 273

II *mdagele, mdagela - mdagil, mdaglo* **(1)** *intr.* lügen **(2)** *tr.* versprechen | *hēš an=naʿimatte b-gawe dann=emotatte mdaglinne ʿam ᵊḥdode* "Als ihre Kinder noch im Mutterleib waren, versprachen (die Väter) sie einander.' MT 5.2:1

dhn || cf. Syr. *dhn Pe.* 'to become fat' SL 276; cf. Arab. *dhn I* 'einsalben, einölen, fetten' Wehr 302

I *dhille, dhilla - dohin, duhno tr.* fetten | *maydiwo, mfašriwo mišḥo, mišḥo basimo, duhniwo gawe w maqlᵊbiwo kul ṭăbiqa hawxa, mkanfᵊlíwole* 'Sie nahmen Butterfett und ließen es aus, gutes Butterfett. Damit fetteten sie die Innenseite (der Fladen) ein, wendeten jede Lage um und legten sie übereinander.' MT 2.1:2

dĭbis *n.m.* Traubensirup | *kmanṭalla kčaykila bayn am=maye ḥalye du=dĭbis* 'Man nimmt sie und taucht sie in den süßen Saft für Traubensirup.' MT 1.1:52 • RW 127 || Arab. *dibs* 'Sirup' Wehr 279; Anat. Arab. *dəbs* 'id.' JK 49

didididididi Ruf zum Anfeuern | *ksoliq lu=quṣro, kmoḥe raġloṭe bu=quṣro, didididididi....* 'Da stieg er auf das Schloss und schlug seine Füße gegen (die Mauer) des Schlosses: *didididididi....*' MT 5.2:55

didwono *n.m., pl.* **didwone** Fliege | *mid bašilo i=labbăniye kmanḥᵊtila kimkasalla d-lĭ=mičik didwone biya* 'Wenn die *labbăniye* gekocht ist, nehmen sie diese (vom Feuer) und decken sie zu, damit keine Fliegen hineinkommen.' MT 1.1:78 • RW 128 || cf. Syr. *dabobo* 'id.' SL 268; cf. JBA *dēḏəḇā* 'id.' SJBA 328

diḏ- Possessivpronomen | *mbayḏínawo a=sfoqatte, bu=ḥaq diḏan* 'Wir pflegten ihr Geschirr zu verzinnen, gegen Bezahlung.' MT 1.5:7; *ḥa zʿuro mĭ-diḏan* 'einer unserer jungen Männer' MT 1.6:1 || cf. Syr. *dīl* 'id.' SL 295; NENA *dīḏ-/dīy-* 'id.' Talay 2008: 194-196

dihniṯo *n.f.* Fett | *măsăla fayšiwo dēri yawmo qayriwo, i=naqqayo kibux turit beʿe, mgambᵊlatte bab=beʿe w šilqatte hawxa b-dihniṯo* 'Wenn sie (die Kutle) beispielsweise bis zum nächsten Tag übrigblieben und kalt geworden waren, dann konntest du Eier aufschlagen, sie in den Eiern wälzen und so mit Fett braten.' MT 2.7:16 • RW 137 → **dhn**

dĭkano *n.m., pl.* **dĭkane** Laden, Werkstatt | *u=ʿwodo daṣ=ṣopatani, ṣafro izzánowo fŭtḥínawo i=dĭkano* 'Die Arbeit an den Öfen: Morgens gingen wir, schlossen die Werkstatt auf.' MT 1.5:24 • RW 137 || Arab. *dukkān* 'id.' Wehr 295

dimdim *n.m.* ⊗ onomatopoetisch: Gemurmel | *komir l-Mōr Malke mḥele, huwe kimṣale w u=šiḏo kĭlé aʿme, komir āx Malke, latno ʿaġizo menux ġēr mu=dimdĭmano diḏux* 'Mor Malke brach auf, er betete und der Teufel ging mit ihm. Er sagte: Ach, Malke, ich bin deiner nicht überdrüssig, nur deines Gemurmels.' MT 4.4:16 • RW 130

diṃṃṃ ⊗ onomatopoetisch: Lärm der Gewehre | *koṭe ḥis da=tfinag ksaymi diṃṃṃṃ ʿamuqo* 'Man hörte den Lärm der Gewehre, sie machten ein tiefes *diṃṃṃ*.' MT 3.1:11

dīn daʿwăsi religiöse Angelegenheit | *ʿaskar-ste i=naqqayo azzé mu=ṭăraf di=ḥkume, hawyo xd-i=măsăle dīn daʿwăsi* 'Nun beteiligten sich auch Truppen der Regierung. (Die Kämpfe) gewannen den Charakter eines Religionskriegs.' MT 3.3:7 || Türk. *din davası* 'id.' → **daʿwa**

ding • cf. *dingding* RW 129

ḥing w ding ⊗ onomatopoetisch: Lärm, Jubel und Trubel → **ḥing**

dingiṛ w hay dingiṛ ⊗ onomatopoetisch rumpel und wieder rumpel! | *azzín manṭĭnanne niše, w aṯin li=dayro, w hawilin naʿime, w dingiṛ w hay dingiṛ dad=dargušyoṯo* 'Sie nahmen sich Frauen und kamen ins Kloster. Sie bekamen Kinder, und es war ein lebhaftes Rumpeln der Wiegen.' MT 4.5:4 → **hay**

dinnaga *n.f.* Trommel | *ḥing w ding, i=qyimto qayimo bi=dinnaga w bi=zirnaye w bu=muklo w bu=štoyo* 'Jubel und Trubel, es ging zu wie auf dem Jahrmarkt, mit Trommeln und Pfeifen, mit Essen und Trinken.' MT 5.2:6 • RW 130 || cf. Kurm. *deng* 'voice; sound, noise' Chyet 131

dino *n.m.* Glauben, Religion | *hăma mayṯina ʿal u=dino d-ᵊMšiḥo!* 'Wir wollen für den Glauben an den Messias sterben!' MT 3.1:17; *msaʿaṛṛe lu=dinayḏan* 'Sie verfluchten unsere Religion.' MT 1.6:12 • RW 130 || Arab. *dīn²* 'id.' Wehr 312

diqo *part.*, f. **diqto**, *pl.* **diqe** gestampft | *u=tarxayno ḥeṭe-wayye, diqe* 'Der *tarxayno* bestand aus gestampftem Weizen.' MT 2.5:8 → **dyq¹**

dĭquqo *n.m.* Schlegel • RW 130 → **dŭquqo ~ dĭquqo**

dĭščitiye *n.f.* Zahnmedizin, die Arbeit des Zahnarzts | *ʿŭwadwo dĭščitiye, yaʿni sayomo d-ʿarše* 'Er arbeitete als Dentist, also als Zahnarzt.' MT 1.6:1 • cf. *dĭšči* 'Dentist' RW 132 || Türk. *dişçi* 'Zahnarzt' (+ Abstraktendung *-tīye*)

dĭxono *n.m.* Rauch | *kul d-i=pire d-saymo dĭxono kuzzín kmŭḥalla arbi=ḥaṭroṯo w kšuqli mena arbi=beʿe* 'Jedes Mal, wenn die Alte Rauch macht, gehen sie hin, versetzen ihr vierzig Knüppelschläge und nehmen ihr vierzig Eier weg.' MT 5.2:69 • RW 126 || Arab. *duxān, duxxān* 'id.' Wehr 282

diyane *n.f.* Religion | *aṯí, yasiq hawo šēx Fatḥaḷḷa l-ʿIwardo, huwe w u=ḥasyo mistarḥamme b-ḥḏoḏe, huwwe baxto w diyane l-ᵊḥḏoḏe* 'Jener Schech Fatḥaḷḷa kam hinauf nach ʿIwardo, er und der Bischof verstanden sich, sie gaben einander ihr Ehrenwort auf die Religion.' MT 3.1:31 • Nicht in RW || Arab. *diyāna* 'id.' Wehr 312

dĭyār *n.m.* Hügel | *gĭbŭramno biṯrux bu=dĭyār, ŭno gĭdŭʿaṇṇo hawxa mi=xasra du=dĭyār w hāt hawxa, w msawyo ʿal i=qriṯo* 'Ich werde hinter dir um den Hügel herumreiten, ich werde so von der Seite des Hügels zurückkommen, und du so, und dann (geht's) geradewegs ins Dorf.' MT 5.2:103 • RW 132 || Kurm. *dîyar* 'hill, mound' Chyet 161

dižmín *n.m.*, *pl.* **dižmín** Feind | *ašír maškelan aʿlayye-ste, w fayišina dižmín* 'Wir erhoben Anklage gegen sie und wir wurden zu Feinden.' MT 1.6:13 • RW 129 || Kurm. *dijmin* 'id.' Chyet 151 → **dūšmān**

dižmĭnayiye *n.f.* Feindschaft | *i=ʿădawayḏan, u=kīn w i=dižmĭnayiyayḏan čiko bag=garme daʾ=ʾinsanatani* 'Die Feindschaft gegen uns, der Hass und die Feindschaft gegen uns ist diesen Menschen bis tief in die Knochen gedrungen.' MT 1.6:7 • Nicht in RW → **dižmín**

d-lo *prep.* ohne | *bu=zōṛ marfalle u=kurrĭko d-lo qaṭlo* 'Mit knapper Not ließen sie den jungen Mann frei, ohne ihn zu töten.' MT 1.6:3; *miṯlan mu=kafno, laḥmo d-lo malḥo, biššolo d-lo malḥo, fĭšle miṯlan mu=kafno* 'Wir kamen fast um vor Hunger. Brot ohne Salz, gekochtes Essen ohne Salz, schlussendlich starben wir fast vor Hunger.' MT 3.1:29 • RW 133

dmx || Syr. *dmk* 'to sleep' SL 310

I *damix, damixo - domix, dumxo intr.* schlafen, einschlafen | *i=firto d-ᵊknufqo, i=firto d-ᵊknufqo mu=garso w mu=birġil ᵊkmanšᵊfila ksaymila mxaddāt w gdumxi an=noše aʿlayye* 'Die Spelze, die vom *garso* und vom Bulgur abgehen, die trocknet man und macht daraus Kissen. Die Leute schlafen auf ihnen.' MT 1.1:39

III *madmaxle, madmaxla - madmix, madmᵊxo tr.* (ein)schlafen lassen | *madmaxli ruḥi maxṣūṣ* 'Ich stellte mich absichtlich schlafend.' MT 5.3:54

dōġri *adj.* ehrlich, gerade | *immo maḷḷe l-aḥunux, u=mede d-simle d-ŭmaḷḷe dōġri, gĭn-naḥle* 'Sie sagte: Sag deinem Bruder, wenn er ehrlich sagt, was er getan hat, dann wird er genesen.' MT 5.1:35 • RW 133 || Türk. *doğru* 'id.'

dōḷma[1] *n.f.* Dolma | *w saymínawo dōḷma, dōḷma: băḏinğan kome, sĭmoqe, mağnune, ʿam ᵊḥḏoḏe, fitḥínawo, kulayye fitḥínawulle, fitḥówalle šafiro, gawayye, i=dōḷma hawxa gĭfitḥo ab=băḏinğan kulle b-gawe d-ᵊḥḏoḏe, ġắlăbe šafiro* 'Wir machten auch Dolma. Dolma, das heißt: Auberginen, Tomaten, Paprika zusammen. Wir öffneten sie, wir höhlten sie alle aus, (die Hausfrau) schabte ihr Inneres schön aus. Für das Dolma höhlte sie alle Auberginen nacheinander aus, schön sorgfältig.' MT 2.2:1 • Nicht in RW || Türk. *dolma* 'id.'

dōḷma[2] Füller, Füllfederhalter → **qălam**

dōṣt *n.m., pl.* **dōṣtīn** **(1)** Freund | *kítwoli tre arqădāš, dōṣtīn, aṯin lu=bayto kĭlá aṯti kduqo laḥmo* 'Ich hatte zwei Freunde, gute Freunde, die kamen ins Haus, als meine Frau gerade Brot buk.' MT 5.3:49 **(2)** Liebhaber | *aṯino l-larke, aṯti msíklala tloṯo=dōṣtīn, bu=baž. kuzzá b-lalyo w kuṯyo foṯe=d-ṣafro* 'Ich kam hierher, und meine Frau nahm sich drei Liebhaber auf dem Festland. Sie ging bei Nacht weg und kam am frühen Morgen zurück.' MT 5.3:52 • RW 134 || cf. Kurm. *dost* 'id.' Chyet 163; cf. Türk. *dost* 'id.'

dowarbičar *n.m., pl.* **dowarbičarat** Mähdrescher | *aḥna šuġlayna du=dworo latyo bat=tăraktorāt w bad=dowarbičarat* 'Bei uns erfolgt das Pflügen nicht mit Traktoren und mit Mähdreschern.' MT 1.1:1 • Nicht in RW || Türk. *biçerdöver* 'id.'

dōzdān *n.m.* Geldbörse | *ṭrele ḥa d-mo=waroqe bu=dōzdān* 'Er ließ nur einen (Schein) von 100 Lira in der Geldbörse.' MT 1.5:53 • RW 135 || Türk. *cüzdan* 'id.'

dqdq || cf. Syr *dqq Pe.* 'to pound, crush' SL 318; cf. Arab. *daqdaqa* 'Klopfen' Wehr 295 → **dyq**[1]

Q *mdaqdaqle, mdaqdaqla - mdaqdiq, mdaqdᵊqo tr.* stampfen | *izzínwo hinne b-lalyo gunwíwunne išmo d-suġle du=daḥno, w ŭṯanwo mdaqdᵊqíwole saymíwole laḥmo* 'Sie gingen des nachts und stahlen ein paar Hirserispen, und sie stampften sie und backten Brot daraus.' MT 3.2:29

draxṯo *n.f.* Dreschgut | *koṯin riše di=draxṯo tre tloṯo kimdarinne* 'Zwei, drei (Männer) begeben sich zu dem gedroschenen Getreide und worfeln es.' MT 1.1:18 • cf. *druxto* RW 136 || cf. Syr. *durkṯo* 'step, pace; treading; floor', *droḵo* 'threshing' SL 288, 323

drmn || denom. Syr. *darmono* 'remedy, medicine' SL 324 → **darmono**

Q *mdarmalle, mdarmalla - mdarmin, mdarmᵊno* verarzten, medizinisch behandeln | *komir mĭdole manṯyole maḥtole bu=čadir d-ruḥe w mdarmᵊnulle axir be mĭ=simmalla nayiḥla* 'Er nahm sie und brachte sie in sein Zelt, man behandelte sie, was auch immer man mit ihr machte, (jedenfalls) genas sie.' MT 5.1:11

droʿo *n.m., pl.* **droʿone** Arm | *bi=quwwe da=droʿone kmayʿole* '(Die Hausfrau) buttert mit der Kraft der Arme.' MT 1.1:76 • cf. *druʿo* RW 135 || Syr. *droʿo* 'id.' SL 324 = **druʿo**

drql || cf. Syr. *tql*[2] 'to knock against, stumble' SL 1660

Qp *mdarqil, mdarqᵊlo - midarqil, midarqᵊlo intr.* hängen bleiben, sich verhaken | *uʿdo ġắlăbe naqqāt kizzín as=saṭlatte kmidarqᵊli, kimmi kaṯilux Mōr Malke kmarfelin* 'Noch jetzt verhaken sich ihre Wassereimer oft (im Brunnenschacht), dann sagen sie: Gleich kommt Mor Malke, dann lässt (der Teufel) sie los.' MT 4.4:24

drs || Arab. *drs I* 'lernen, studieren' Wehr 285

I *drisle, drisla - doris, dirso tr.* studieren | *kroḥim miġġanno aʿme ʿal qăḏiyāt m-diḏan, kubʿit d-kowe năḥaqiyāt, kubʿit ḥĭkeyāt ʿatiqe, kbŭsamle w gdoris, lăšan i=manfăʿa di=ṭayĭfayḏe du=ʿamayḏe* 'Er möchte, dass ich mit ihm über einige unserer Angelegenheiten rede, sei es erlebtes Unrecht oder alte Geschichten. Das gefällt ihm und er studiert zum Nutzen seiner Gemeinde und seines Volkes.' MT 1.7:1

druʿo *n.m.* Arm | *hin druʿayye qṭiʿo-yo* 'Manche haben einen Arm verloren.' MT 3.1:13 • RW 135 = **droʿo**

dry || Syr. *dry Pe.* 'to scatter, to disperse; to winnow' SL 322

I *drele, drela - dore, diryo tr.* zu Boden werfen, fallen lassen | *laqi u=mĭṣarbᵊṣono du=lalyo w du=imomo (...) midle drele u=mṣarbᵊṣono du=lalyo* 'Er traf den Trenner von Nacht und Tag. (...) Er packte ihn und warf ihn zu Boden.' MT 5.3:9-10

II *mdarele, mdarela - mdare, mdaryo tr.* worfeln | *naqqa tarte tlōṯ, hawxa kmaqlᵊbi u=birġilano, bĭṯir kmidiq. mid dīq, kimdaralle, knufqo i=firtayḏe mene, huwe talilo* 'Ein-, zwei-, dreimal wenden sie so den Bulgur um, dann ist er fertig gestampft. Wenn er gestampft ist, worfeln sie ihn, solange er noch feucht ist.' MT 1.1:32

dubēt *n.m.* Decke | *ʿal u=tabutawo-ste ggurši dubēt komo* 'Auf den Sarg legen sie eine schwarze Decke.' MT 1.2:5 • Nicht in RW || cf. Fr. *duvet* 'Daunendecke'

dukṯo *n.f., pl.* **dĭk(k)oṯo, dŭkoṯo** Ort, Platz, Stelle | *kimqafin i=dukṯo d-kīt gelo ġắlăbe* 'Sie finden eine Stelle, an der es viel Gras gibt.' MT 1.1:68; *komir kitwo malko b-ᵊSṭambul, raḥiq mad=dŭkoṯani, čīk u=šiḏo bi=barṯo* 'Es war einmal ein König in Istanbul, in dessen Tochter der Teufel – es sei fern von hier – hineinschlüpfte.' MT 4.4:1 • RW 137 || Syr. *dukṯo* 'id.' SL 281

dŭquqo ~ dĭquqo *n.m., pl.* **dŭquqe** Schlegel, Holzhammer | *bu=mḥoyo dad=dŭquqe, dač=čŭwečik, saymínawo a=sfoqani* 'Durch das Schlagen mit Schlegeln und Hämmern stellten wir diese Gefäße her.' MT 1.5:20; *ax=xōrtīn dayqiwo bad=dĭquqe* 'Die jungen Burschen stampften (ihn) mit den Schlegeln.' MT 2.7:6 • RW 134 || Syr. *doqūqo* 'pestle' SL 317 = **dĭquqo**

dŭrūm *n.m.* Situation, Lage | *maḥkelan u=dŭrŭmayḏan, maġbūr-na du=ʿwodano* 'Wir erklärten unsere Lage: Wir sind auf diese Arbeit angewiesen.' MT 1.5:29; *azzé kibe šato baliq aʿlayye, ḥoze xd-u=taftĭš, áydarbo-yo u=dŭrumatte*

'Nach etwa einem Jahr erschien (der Herrscher) bei ihnen, er wollte schauen, wie eine Art Inspektion, wie die Situation bei ihnen war.' MT 5.5:2 • RW 139 || Türk. *durum* 'id.'

dūšmān *n.m.* Feind | *Turkiya u=dūšmān diḏa Rūṣya-yo* 'Der Feind der Türkei ist Russland.' MT 3.2:15 • RW 129 || Türk. *düşman* 'id.' → **dižmín**

dwm || cf. Arab. *dwm I* 'dauern, fortdauern' Wehr 308

II *mdawamle, mdawamla - mdawim, mdawmo* **(1)** *tr.* fortsetzen | *gimdawmínawo u=šuġlano hul ᵊb-lalyo, i=săʿa la=ḥṣar, la=traḥṣar du=lalyo* 'Wir setzten diese Arbeit bis in die Nacht hinein fort, bis zehn Uhr, zwölf Uhr.' MT 1.5:24 **(2)** *intr.* weitergehen, sich fortsetzen | *u=baxyo kimdawim* 'Das Wehklagen geht weiter.' MT 1.2:4

dworo *inf.* Pflügen | *kmaḥatle u=daworo u=niro w u=masoso ʿ... b-iḏe, w u=abzoro ʿal katfe, w kmoḥe aq=qanyonayḏe b-qamuṯe w kuzzé lu=dworo* 'Der Pflüger nimmt Joch und Ochsenstachel in die Hand, legt sich den Pflug über die Schulter, treibt seine Ochsen vor sich her und geht zum Pflügen.' MT 1.1:2 || Syr. *dboro* 'id.' SL 272 → **dwr**

dworo du=ġūbari Trockenpflügen | *mid ᵊqṭiffe aw=warze-ste, koṯe waxt du=dworo du=ġūbari kimmínale* 'Nachdem sie die Melonenfelder abgeerntet haben, kommt die Zeit des Trockenpflügens, wie wir es nennen.' MT 1.1:6 → **ġūbari**

dwq || cf. Syr. *dbq Pe.* 'to stick to, adhere' SL 271

I *dwiqle, dwiqla - dowiq, duqo tr.* Brotteig an die Ofenwand kleben | *bĭṯir mid azzá i=lahbe, kmaydo ṭlamṯo b-ṭlamṯo kfutḥola (...) gduqole bu=tanuro* 'Wenn die Flammen erloschen sind, nimmt sie einen Teigklumpen nach dem anderen und formt sie (zu Broten). (...) Sie klebt die (Teigfladen) an die Wand.' MT 1.1:24

dwr || Syr. *dbr Pe.* 'to lead, guide, drive; to plow' SL 271

I *dwiḻḻe, dwiḻḻa - dowir, duro tr.* pflügen | *aṯ=ṭaye mĭḥanwo binne lĭ=ṭŭranwo d-nifqi, lo sayminne šuġlo ʿamlo, lo d-duri i=arʿaṯṯe lo u=karmaṯṯe xid ʿade* 'Die Muslime schossen auf sie und ließen sie nicht (das Dorf) verlassen. Sie konnten nicht ihre Arbeit tun und ihre Felder und Weinberge pflügen.' MT 3.3:8

Dyārbăkir Diyarbakir, Stadt im Südosten der Türkei | MT 3.4:9

dyf || Etym. unklar, cf. Arab. *ṭwf I* 'umhergehen, umkreisen; herumführen' Wehr 577

I *difle, difla - doyif, dayfo tr.* reiben | *izzí manṭanwo i=agono mĭ-gabayye, w i=širtan biya, w hawxa dayfínawola. dayfínawola nifqiwa ad=dawġe* 'Ich ging und holte die Tonschale bei ihnen ab. (Wir gaben) die Joghurtkugeln hinein und rieben sie darin hin und her. Wir rieben sie und dann entstand Dickmilch daraus.' MT 2.6:2

dyq[1] || Syr. *dqq Pe.* 'to pound' SL 318

I *diqle, diqla - doyiq, dayqo* **(1)** *tr.* stampfen, zerstampfen | *i=ḥeṭo kmišloqo, kuyo danoke, knišfo, bĭṯir gdayqila bu=dang* 'Der Weizen wird in Wasser gekocht, er wird zu *danoke*. Er trocknet, dann wird er mit dem Mahlstein enthülst.' MT 2.7:2; *hani kīt b-iḏayye dŭquqe, ᵊgdayqi u=birġil, gbode ġūrūb mĭnayye komir ha haye, a=ḥrene kmadʿᵊri ha haye, hōl d-komil u=birġil* 'Sie haben hölzerne Schlegel in der Hand und stampfen damit den Bulgur. Eine

Gruppe fängt an und ruft *ha haye* und die andern antworten *ha haye*, bis der Bulgur fertig ist.' MT 1.1:31 **(2)** *tr.* hämmern, klopfen | *ḥa mĭnayye midle u=săkka w midle u=dŭquqo w gūm w gūm w gūm, kmaḥisi aʿlayye, kmahzᵊmi. miḷḷe hawli, lĭ=dayqit* 'Einer von ihnen nahm einen Pflock, nahm den hölzernen Schlegel, und bum bum bum, da wurden sie auf sie aufmerksam, und sie flohen. Er sagte: Gib mir, hämmere nicht!' MT 5.3:14; *u=šiḏo simle ruḥe bu=šĭkil d-Mōr Zoxe, w aṯi diqle bu=tarʿo* 'Der Teufel nahm die Gestalt von Mor Zoxe an und kam und klopfte an das Tor.' MT 4.5:2 **(3)** *tr.* anrühren, an etw. stoßen | *izíx alo howe aʿmix, lĭ=gdaqnix w lĭ=kŭmannix tĭ=mede, Aloho howe aʿmix* 'Geh, Gott sei mit dir (f.). Ich werde dich nicht anrühren und werde überhaupt nichts zu dir sagen. Gott sei mit dir.' MT 5.1:17 **(4)** spielen (Musikinstrument) | *huwe midle i=kămančayḏe w kdoyiq* 'Er nahm seine Geige und spielte.' MT 5.2:9 **(5)** *tr.* läuten | *bĭṯir mid diqqe li=ʿito, kuḏʿi kīt miṯo* 'Wenn sie die Kirchen(glocken) geläutet haben, wissen (die Leute), dass es einen Verstorbenen gibt.' MT 1.2:1 **(6)** *intr.* läuten (Kirchenglocke) | *am=miṯe b-Miḏyaḏ d-ᵊkmayṯi gdayqo i=ʿito* 'Wenn in Midyat jemand stirbt, dann läuten die Kirchen(glocken).' MT 1.2:1

Ip *dīq, diqo - midiq, mĭdoqo intr.* gestampft werden | *naqqa tarte tlōṯ, hawxa kmaqlᵊbi u=birġilano, bĭṯir kmidiq. mid dīq, kimdaralle* 'Ein-, zwei-, dreimal wenden sie so den Bulgur um, dann ist er fertig gestampft. Wenn er gestampft ist, worfeln sie ihn.' MT 1.1:32

dyq[2] || Arab. *ḏwq* 'id.' Wehr 321

I *diqle, diqla - doyiq, dayqo tr.* schmecken, kosten | *kmanṯin rezo, kmašiġi i=rezo kkufxila baynoṯe, w kmanṯin sikkar-stene hōl d-ḥole, kdayqile hōl d-ḥole* 'Sie bringen Reis, waschen den Reis und schütten ihn hinein. Sie bringen Zucker, bis (der Milchreis) süß ist; sie kosten davon, bis er süß ist.' MT 1.1:85

dyš || Syr. *dwš Pe.* 'tread upon, trample' SL 288

I *dišle, dišla - doyiš, dayšo* **(1)** *intr.* auf (*ʿal*) etw. treten | *d-izzán laff ʿIwardo, kazzán saṣ=ṣūroyayḏan. ánnaqqa gdayšina ʿl-al=lašat* 'Wir gingen in Richtung ʿIwardo. Wir wollten zu unseren Christen gehen. Nun, wir traten auf Leichen.' MT 3.1:6 **(2)** los, komm! ⊗ Nur im Imperativ: *diš* | *ᵊkmiġġoli hinne l-ᵊḥḏoḏe, kummi, diš niše l-aṯi harke, niše l-aṯi harke dušu duʿrina naqqa=ḥreto* 'Sie redeten untereinander, sie sagten: Auf (zurück!), hierher sind keine Frauen gekommen, es sind keine Frauen hierher gekommen. Kommt, kehren wir wieder um.' MT 3.1:11

dyuqto *n.f.* → **dyq**[1]

dyuqte d-ʿito Zeit des ersten Gebets am Tag, Morgengrauen | *ṣafro qqaymi xayifo meqim mid nofiq u=yawmo, kimmínala dyuqte d-ʿito, yaʿni taxminan i=saʿa arbaʿ w falge, arbaʿ* 'Morgens stehen sie früh auf, noch ehe der Tag anbricht, wir sagen: beim Glockenläuten, also etwa um halb fünf oder vier.' MT 1.1:74 → **ʿito**

dywn || Syr. *dywn* 'to be possessed by a hostile spirit' SL 293 → **daywo, daywono**

Q *mdaywalle, mdaywalla - mdaywin, mdaywᵊno intr.* wahnsinnig werden | *amma hani ḥăša waḥš-wayne. i=naqla d-hule ḥirriye lu=wălaṭawo diḏan b-naqla mdaywalle* 'Aber es waren, mit Verlaub, unzivilisierte Menschen. Als sie (die Demokraten) unserem Gebiet Freiheit gaben, geriet es völlig aus den Fugen.' MT 3.3:16

Qp *mdaywin, mdaywᵊno - midaywin, midaywᵊno intr.* wahnsinnig werden | *mid húlelin ḥirriye kamil noše látwayne mădăniye, i=naqqa d-owe waḥš w d-ŭbatle ḥirriye kmidaywin* 'Als sie ihnen freie Hand ließen ... es waren unzivilisierte Leute, und wenn jemand unzivilisiert ist und du lässt ihm freie Hand, dann dreht er durch.' MT 3.3:15

ḍ

ḍōlmᵊke, *pl.* **ḍōlmᵊkat, ḍōlmᵊkāt** Zucchini | *sidayna aw=warzani, kowe binne fuğe, zăbaš, farḥe kimmínalle šaṭṭiyāt. w qarᶜe, ḍōlmᵊkāt.* 'Bei uns wachsen auf den Melonenfeldern Zuckermelonen, Wassermelonen, Gurken und was wir *šaṭṭiyāt* nennen, Kürbisse, und Zucchini.' MT 1.1:4 • RW 134 || Kurm. *dolmik* 'id.' DKF 435

ḍwm ⊗ Variante von *dwm* → **dwm**

II *mḍawamle, mḍawamla - mḍawim, mḍawmo intr.* weitergehen, sich fortsetzen | *w bu=škĭlano mḍawamla* 'Und so ging es weiter.' MT 3.3:14

ḍyn || Türk. *dayanmak* 'aushalten, ertragen, überstehen'

II *mḍayalle, mḍayalla - mḍayin, mḍayno intr.* sich gedulden, aushalten | *biṯir bĭ-Safar-ste mahzamme aṯín l-bĭ-Čalma ᶜam ᵊd-kítwayye năyar ᶜam ᵊḥḏoḏe. tamo-stene lĭ=mḍayanne azzín mahzamme l-bĭ-ᶜĂdoka* 'Dann flohen auch die bĭ-Safar und kamen zu den bĭ-Čalma, obwohl sie miteinander verfeindet waren. Auch dort konnten sie sich nicht halten, sondern flohen zu den bĭ-ᶜĂdoka.' MT 3.2:5-6

ḏ̣

ḏ̣ăᶜīf *adj.* schwach | *zayᶜiwo, látwulle quwe ġắlăbe. yaᶜni mi=măḏ̣ḏ̣iye ḏ̣ăᶜīfwayne* 'Sie hatten Angst, weil sie nicht viel vermochten, sie waren in materieller Hinsicht schwach.' MT 3.3:2 • RW 141 || Arab. *ḍaᶜīf* 'id.' Wehr 548

ḏ̣abiṭ *n.m., pl.* **ḏ̣ibbāṭ** Offizier | *komir maltamla u=dahwo ḥăša daq=qaḥbĭkătanik kulle, w šqila, šqile ğule binne, d-gawre, yaᶜni d-ḏ̣ibbāṭ* 'Sie raffte alles Gold dieser – Verzeihung! – Huren zusammen und sie kaufte, er kaufte damit Männerkleidung, d.h. von Offizieren.' MT 4.5:16 • RW 141 || Arab. *ḍābiṭ, pl. ḍubbāṭ* 'id.' Wehr 541

ḏ̣an *n.m.* Vermutung | *mawbĭlanne-ne niše, w hōl l-uᶜdo baynoṯayye-ne, w ksamno ḏ̣an, hōl l-uᶜdo an=nišanik, wăláwki i=mšiḥoyuṯo b-lebayye-yo-ste, lĭ=kmiftakri ġēr mi=nafšo d-ruḥayye hinne d-xaliṣ* 'Sie nahmen sie sich zu Frauen. Sie sind noch heute bei ihnen, und ich vermute, dass diese Frauen, auch wenn sie noch das Christentum im Herzen tragen, nicht glauben, dass außer ihnen noch irgendjemand überlebt hat.' MT 3.2:35 • Nicht in RW || Arab. *ẓann* 'Glaube, Annahme, Meinung, Vermutung' Wehr 586

ḏarbo *n.f., pl.* **ḏarbe, ḏarbat** Schlag | *naqlāt hŭwewo muṣadăma, bas lo xud di=ḏarbo d-Miḏyaḏ ʿŭmumi, hŭwewo qaṭlo, xid šĭkil ᵊgnunāt* 'Manchmal gab es einen Zusammenstoß, aber nicht so umfassend wie der Schlag gegen Midyat; es kam zum Morden, aber eher heimlich.' MT 3.2:21; *ksoyim lĭ=ksoyim d-manṭe ḏarbo aʿle lĭ=kmanṭe* 'So sehr er sich auch anstrengte, er konnte keinen Schlag gegen ihn landen.' MT 5.2:91 • RW 141 || Arab. *ḍarb* 'id.' Wehr 545

manṭe ḏarbo Schlag landen → **nṭy** ~ **nty**

ḏayfo *n.m., pl.* **ḏayfe** Gast | *i=naqqa l-nošo d-ŭṯéwole mŭsafir, manṭanwo l-qume ʿăqude w ḥărire apšoṯo w pāstĭq, sidayna u=ḏayfo d-ŭwewo ʿazizo, hani mitak-rámwole* 'Wenn jemand Besuch bekam, servierte man ihm Süßwürste, Stücke von *ḥărire*, Rosinen und *pāstĭq*. Ein geschätzter Gast wurde bei uns damit bewirtet.' MT 1.1:63 • RW 141 || Arab. *ḍaif* 'id.' Wehr 554

ḏʿf || Arab. *ḍʿf I* 'schwach sein o. werden, sich abschwächen' Wehr 547

I *ḏaʿif, ḏaʿifo - ḏoʿif, ḏiḥfo intr.* schwach werden | *l-larwal d-Miḏyaḏ naqqa=ḥreto bu=zĭyudo aṭ=ṭaye-wayne. mu=săbăbawo naqiṣi, i=naqqa d-naqiṣi ġălăbe ḏaʿifi.* 'So waren doch wiederum außerhalb von Midyat die Muslime in der Mehrheit. Deshalb wurden (die Christen) immer weniger, und als sie weniger wurden, wurden sie immer schwächer.' MT 1.7:5

ḏyʿ || Arab. *ḍyʿ II* 'verlieren; verloren gehen lassen' Wehr 554 → **yyʿ**

II *mḏayaʿle, mḏayaʿla - mḏayiʿ, mḏayʿo tr.* etw. verlieren, verschwinden lassen, wegschaffen | *aṭ=ṭaye d-Astil hĝimme aʿle w šqille i=kaččĭke mene w mḏayʿulle* 'Die Muslime von Astal griffen ihn an, nahmen ihm das Mädchen weg und schafften es weg.' MT 1.6:2

ḏyf || Arab. *ḍyf II* 'als Gast aufnehmen, gastlich bewirten' Wehr 554

II *mḏayafle, mḏayafla - mḏayif, mḏayfo tr.* bewirten, anbieten | *koṯin kimbarki u=ḥaṯno w i=kalo, kimḏayfinne sikkar* 'Sie kommen und gratulieren dem Bräutigam und der Braut, man bewirtet sie mit Süßigkeiten.' MT 1.3:41

ḏyq → **dyq**[2]

e

e *interj.* ja, gut ⊗ auch als Diskursmarker oder Füllwort verwendet | *babix azzewo l-Amérĭka, l-New York - e azzewo* 'Dein Vater war nach Amerika, nach New York gegangen. - Ja, das war er.' MT 3.4:1; *e, năhaye, midle lu=ṭambir* 'Schließlich nahm er die Laute.' MT 5.2:76

edi *adv.* dann | *w edi gmifqinne mašĭġinne mi=malḥayo* 'Dann holt man sie heraus und wäscht das Salz von ihnen ab.' MT 2.13:2 • RW 144 || Kurm. *êdî* 'now' Chyet 186 = **hedi**

eğer wenn, oder ⊗ Türkisch | *mḥele azzé. komir mḥele,* ᵀ*eğer*ᵀ *išmo* ᵀ*eğer*ᵀ *ġălăbe, komir u=zʿuro baṭil* 'Er zog des Wegs, ob nun wenig oder viel, der Junge wurde müde.' MT 5.3:32

eh *interj.* ja | *milla d-ŭbanxu tre=šayre d-dahwo gĭmaflᵊtítulle? mirre eh.* 'Sie sagte: Wenn ich euch zwei goldene Armreifen gebe, lasst ihr ihn dann laufen? Sie sagten: Ja.' MT 5.1:42 = **e**

ēl *n.m.* Stamm (Beduinen) | *miḷḷe hāt šaxṣ, sayyid, uṯyo Ḥağği Faṭṭuma, tiyātro, kruqḏo, taḥt i-konayḏux? e miḷḷe mis-samno stād, i-ʿaširto, u-ēl hawxa ṭlible* 'Er sagte: Du bist ein Sayyid, (wie geht es an) dass Ḥağği Faṭṭūma kommt, Theater (macht) und unter deinem Zelt tanzt? Er antwortete: Was soll ich denn machen, Meister? Der Stamm, meine Leute haben es sich nun einmal so gewünscht.' MT 1.5:47 • RW 144 || cf. Arab. *āl* 'Familie, Sippe' Wehr 39; cf. Kurm. *êl* 'id.' Chyet 186

Eliyo männlicher Personenname | MT 3.2:28

ema *inter. prn.* wann | *ema d-aṯí w qšiʿi aṣ-ṣūroye mi-arʿo* 'Wann immer die Christen auf der Erde ausgelöscht sein werden.' MT 3.2:20; *aṯí u-zlamano m-Amérīka w kitle kaččīke sidayxu, kobiʿ d-mawbela ooh immi ema kūbínala* 'Dieser Mann ist aus Amerika gekommen. Er hat bei euch ein Mädchen, er möchte es mitnehmen. Oho, sagten sie, wir werden sie auf keinen Fall hergeben (wörtl.: wann werden wir sie hergeben?).' MT 3.4:17; *miḷḷe tōx abri tōx tōx tōx tōx, baslux, hawit xōrt, ʿas gīfayšit hul l-ema ʿal at-tanure w ʿal aq-qaloṯe* 'Er sagte: Komm, mein Sohn, komm komm komm komm! Es reicht dir, du bist ein junger Mann geworden. Wie lange willst du noch bei den Tannur-Öfen und auf den Misthaufen herumlungern?' MT 5.2:87 • RW 145 || Syr. *emaṯ* 'id.' SL 58

emo *n.f., pl.* **emoṯo** Mutter | *mifqiwo an-naʿime, as-saxle mann-emoṯaṯṯe!* 'Sie rissen die Kinder, die ungeborenen Kinder aus ihren Müttern heraus!' MT 3.1:16; *i-emo l-áwila hāž mann-abne* 'Die Mutter achtete nicht auf ihre Kinder.' MT 3.2:4 • RW 145 || Syr. *emo* 'id.' SL 52

endüstri Industrie ⊗ Türkisch | *bas ᵊb-Miḏyaḏ hawxa šīkil-ḥa misamwo, yaʿni lo tārčin lo vanīlya lo mede, ḥalwo w rezo w sikkar-we. ánnaqqa harke čike* ᵀ*endüstri, endüstri*ᵀ, *ánnaqqa kimxalṭina ġắlăbe* 'Aber in Midyat wurde nur eine Sorte zubereitet, das heißt, ohne Zimt, ohne Vanille und ohne irgendetwas. Er bestand nur aus Milch, Reis und Zucker. Hier aber gibt es viele Industrieprodukte, deswegen mischen wir sehr viel.' MT 2.9:5

en iyisi am besten ⊗ Türkisch | *komir l-ayko kuzzino? niše haw fayiš gmanṭeno w hāt gawre lī-fayiš gīšuqlit,* ᵀ*en iyisi*ᵀ *d-ūwena a-tretayna dayroye* 'Wohin soll ich gehen? Ich werde keine Frau mehr heiraten, und du wirst auch keinen Mann mehr nehmen. Am besten, wir beide werden Mönche.' MT 5.1:43

eyváh *interj.* jawohl, ja | *u-garso lī-mišlaqwo, dayqíwole ba-hno, ḥim w ḥaye min-kummi hanik? bad-dīquqe, eyváh, dayqíwole* 'Der (Weizen für) *garso* wurde nicht gekocht, sie stampften ihn mit den … *ḥim w ḥaye*, wie nennt man das? Jawohl, mit den hölzernen Schlegeln stampften sie ihn.' MT 2.7:6 • Nicht in RW || Arab. dial. *aywah* id. < *'ī + wa-llāhi* 'ja, bei Gott; gewiss, doch' Wehr 41

f

fabriqa *n.f.*, *pl.* **făbariq** Fabrik | *aṣ=ṣopat-ste, gĭšuqlínawo u=săč, mat=tiğğār, ăka maf=făbariq* 'Was die Öfen (betrifft), so kauften wir das Blech von den Kaufleuten oder von den Fabriken.' MT 1.5:21

fadono *n.f.*, *pl.* **fadone** Pfluggespann | *kīlé huwe-ste i=fadonayḏe, ᵊgdowir, kīlé barban du=darbo* 'Da war auch er mit seinem Pfluggespann beim Pflügen, entlang des Weges.' MT 1.5:43 • RW 146 || Syr. *fadono* 'id.' SL 1157

faḏla *adv.* mehr, besser, stärker | *bas mid hawyo i=ahliye baynoṯayye faḏla ...* 'Aber wenn die Verwandtschaft zwischen ihnen sehr eng geworden ist ...' MT 1.3:42; *lăšan bi=quwe du=nfoḥo di=hawa, d-i=nuro lăšan d-obo šḥanṯo faḏla* '... damit das Feuer durch die Wirkung des Anfachens der Luft noch mehr Hitze gab.' MT 1.5:15 • cf. *faḏil* RW 146 || Türk. *fazla* 'id.'

fako *n.m.* Bissen, Happen | *u=laḥmawo d-mitwir, kul=nošo koxil fako fako* 'Von diesem Brot, das zerbrochen wird, isst jeder einen Bissen.' MT 1.3:11; *fako d-laḥmo* 'ein Bissen Brot' MT 5.2:21 • RW 148 || cf. Syr. *fako* 'cheek; jawbone; blow, slap' SL 1190

fāl *n.m.* Wahrsagung | *miḻḻe ftaḥlan fāl, ḥzay mik=kīt b-fōṯ di=kalayḏan* '(Sie sagten zu ihr): Mach für uns eine Wahrsagung, schau was unsere Braut erwartet.' MT 5.2:10 • BS 65 || Türk. *fal* 'id.'; Arab. *faʾl* 'gutes Omen' Wehr 682

fălān soundso, und so weiter | *ḥzalle išᵊm di=emo w du=babo Faṭma w fălān ...* 'Als sie die Namen der Mutter und des Vaters sahen, Faṭma und so weiter ...' MT 1.6:2 || Türk. *falan* 'id.' = **flān**

falgo *n.m.*, *pl.* **falge** **(1)** halb, Hälfte | *falge=d-saʿa* 'eine halbe Stunde' MT 5.3:33; *falge=d-ʿulbo* 'ein halber Scheffel' MT 1.1:21; *w am=maye di=ḥalyuṯaṯe d-ubʿi d-saymila kmakĭtinne ʿal falgayye* 'Wenn man aus diesem Saft eine (andere) Süßigkeit herstellen will, kocht man (den Traubensaft) (nur) bis zur Hälfte ein.' MT 1.1:53 **(2)** Mitte | *maʿmáḻḻele quṣro b-falge du=băḥar* 'Er hatte sich ein Schloss in der Mitte des Meeres gebaut.' MT 5.3:31 • RW 148 || Syr. *felgo* 'id.' SL 1194

falge=d-yawmo Mittag, Mittagszeit | *biṯir mĭ-falge=d-yawmo, mi=stĭraḥa naqqa=ḥreto d-manṭin aḥ=ḥĭyewin diṯṯe w maṣrinne ʿal i=adro, ʿal i=draxṯayo lašan d-manᶜᵊmi hawo-ste* 'Nach der Mittagszeit, der Ruhepause, bringen sie wieder ihre Tiere und schirren sie auf der Tenne an, auf diesem Dreschgut, damit sie auch das noch fein zerkleinern.' MT 1.1:15 → **yawmo**

falge=d-lalyo Mitternacht | *kizzín mĭ-falge=d-lalyo, yaʿni i=saʿa traḥṣar, aw ḥḏo tarte bĭṯir mĭ-falge=d-lalyo* 'Sie machen sich um Mitternacht auf, also um zwölf, oder um zwei, drei Uhr nach Mitternacht.' MT 1.1:67 → **lalyo**

falito *adj.*, f. **falitto**, *pl.* **falite** frei laufend, unbekümmert | *u=rabano di=qriṯo hăka di=wălaye miftakalle omir an=naʿimani kulle falite bas=saḥāt w baz=zabĭqone, gĭmaʿmáṇṇolin madrăse* 'Der Herrscher des Dorfes oder der Stadt dachte sich: All diese Kinder laufen frei auf den Plätzen und in den Straßen herum, ich werde für sie eine Schule bauen.' MT 5.5:1 → **flt**

falqo *n.m.*, *pl.* **falqe** Stück | *qulfiwo i=qarʿo ʿawwil=naqqa, mqaṭʿíwola hawxa* *falqe* 'Zuerst schälte man den Kürbis, dann schnitt man ihn in Stücke.' MT 2.12.2; *i=qabrᵊġaye u=falqo, immíwole, d-immina u=ṣafuro, u=faro, kmisim tarte šīqayiq immiwo, bu=falgo* 'Qabrᵊġaye nannte man das Stück, sagen wir vom Zicklein oder vom Lamm, das in der Mitte in zwei Stücke zerteilt wurde.' MT 2.4:1 • RW 149 || cf. Syr. *felqo* 'axe', *flaqo* 'slab' SL 1203

fanera *n.f.*, *pl.* **fanerat, fanerāt** Pullover | *saymíwole ṯībab, aṯ=ṯībăbani saymiwo gurwe d-ᵊklušinne, w saymiwo mīnayye fanerāt* 'Sie machten Wollknäuel daraus, und aus diesen Wollknäueln strickten sie Strümpfe, die sie anzogen, und manche strickten daraus Pullover.' MT 1.1:92 • RW 149 || cf. Türk. *fanila* 'Flanell, Unterhemd'; Arab. *fānilla* 'id.' Wehr 683

fanni *adj.* Fach-, künstlerisch | *mi=măḏḏiye ḏăʿīf-wayne, u=zămanawo lo ṣīnayiʿ xid ʿade lo d-immit fanni mede látwulle* 'Sie waren in materieller Hinsicht schwach. Damals hatten sie noch keine richtigen Berufe, sagen wir Fachberufe.' MT 3.3:2 • Nicht in RW || Arab. *fannī* 'id.' Wehr 713

fanos, *pl.* **fanosat, fanosāt** Lampe | *lăğan hawxa kimʿalqina fanosāt, w ksaymina nuro* 'Deshalb hängen wir Lampen auf und machen Feuer.' MT 1.5:46 • RW 150 || Arab. *fānūs* 'Laterne' Wehr 683

făqat ~ faqaṭ *conj.* aber | *făqat i=hawa mḥela ban=naqwe kulle, ŭṯanwo aṭ=ṭaye l-ḥīḏōr Anḥil-ᵊste* 'Doch die Luft blies durch alle Löcher, und die Muslime kamen auch in die Nähe von Anḥil.' MT 3.2:21; *huwe-ste mḥarable, w ġălăbe fayiš bi=maḥṣa, faqaṭ Aloho lī=mkamele* 'Auch er kämpfte und hielt sich lange Zeit in der Verteidigungsstellung auf, doch Gott setzte (seinem Leben) kein Ende.' MT 3.2:22 || Arab. *faqaṭ* 'nur, bloß' Wehr 709; Türk. *fakat* 'id.'

faqaṭ → **făqat ~ faqaṭ**

faqiro *adj.*, f. **faqirto**, *pl.* **faqire** arm | *qayim hano u=Masʿid, Aloho mḥasele rabbi, masṭalle af=faqire w ay=yasire* 'Dann hat dieser Masʿid, Gott sei seiner Seele gnädig, die Armen und die Flüchtlinge beschützt' MT 3.1:24; *hawo zangīn w hano faqiro-yo* 'Jener war reich und dieser war arm.' MT 5.2:1 || Arab. *faqīr* 'id.' Wehr 708

farḥo *n.m.*, *pl.* **farḥe** Gurke | *sidayna aw=warzani, kowe binne fuğe, zăbaš, farḥe kimmínalle šaṭṭiyāt. w qarʿe, ḏōlmᵊkāt.* 'Bei uns wachsen auf den Melonenfeldern Zuckermelonen, Wassermelonen, Gurken und was wir *šaṭṭiyāt* nennen, Kürbisse, und Zucchini.' MT 1.1:4 • RW 151 || cf. Syr. *farḥo* 'flower' SL 1236

farmo[1] *n.m.*, *pl.* **farme (1)** Ofen, Backofen | *ğğirre u=ḥimmām w mḥalaqqe bu=farmo di=nuro w šiʿʿe fēm du=tarʿo aʿle* 'Sie schürten das Bad an und warfen ihn in den Feuerofen. Sie dichteten die Tür des Ofens hinter ihm ab.' MT 4.2:10; *bas uʿdo u=ʿamo ksaymi m-darb u=laḥmawo, kīliča bu=farmo* 'Doch heutzutage backen die Leute anstelle des Brots einen großen *kīliča*-Kuchen im Backofen.' MT 1.3:11 **(2)** Bäckerei | *w kīt qīsim ʿāylāt-stene, uʿdo bdalle kuxli mu=farmo kul=yawmo ḥaṯo* 'Es gibt auch manche Familien, die jetzt damit begonnen haben, jeden Tag frisches Brot aus der Bäckerei zu essen.' MT 1.1:26 • RW 152 || cf. Syr. *furno* 'oven' SL 1170; Tezel 2003: 107

farmo[2] *n.m.* Weihrauchkessel | *koṯe u=qašo d-kityo u=miṯawo ʿayít diḏe, ʿayít* *di=ğămaʿayde, kote kmanṭe u=farmo, kimṣale* 'Es kommt derjenige Priester, zu dem der Verstorbene gehört, zu dessen Gemeinde er gehört. Er bringt den Weihrauchkessel mit, er betet.' MT 1.2:3 • RW 152 || Syr. *firmo* 'id.' SL 1189; Tezel 2003: 107

faro *n.m., pl.* **fare** Lamm | *i=qabrᵊġaye u=falqo, immíwole, d-immina u=ṣafuro, u=faro, ᵊkmisim tarte šĭqayiq immiwo, bu=falgo* 'Qabrᵊġaye nannte man das Stück, sagen wir vom Zicklein oder vom Lamm, das in der Mitte in zwei Stücke zerteilt wurde.' MT 2.4:1 • RW 152 || Syr. *faro* 'id.' SL 1152

Fārqīn Stadt in der Südtürkei, heute Silvan | MT 1.5:33 || Arab. *Mayyāfāriqīn* < Syr. *Mayferqīn* TS 2096

farše *n.f., pl.* **faršat, faršāt** Felsenplatte | *u=ruʿyo kuzzé kimqafe dukto d-šeno d-huyo nadifto, aw dukto d-xirbe, d-howin xd-af=faršat ak=kefe frise, kmahitla ʿal af=faršătani* 'Der Hirte sucht eine Stelle mit sauberem Fels, oder eine Ruine, wo die Steine wie Platten gelegt sind, er streut (das Salz) auf diese Steinplatten.' MT 1.1:96 • RW 151 || cf. Arab. *farša* 'Bett, Bettzeug, Matratze, Bodenbelag' Wehr 693

farude • RW 152 || cf. Syr. *fardude* 'little bits' SL 1228 → **fredo**

kallāt farude Kleingeld → **kalla**

farxo *n.m., pl.* **farxe** Junges von Tieren | *kḥulwi aʿ=ʿeze, bĭtir mid ᵊḥlŭwinne aw a=ʿwone, kmarfin af=farxatte-ste d-yunqi išmo* 'Sie melken die Ziegen; wenn sie sie gemolken haben – oder die Schafe –, dann lassen sie auch ihre Jungen ein bisschen saugen' MT 1.1:74; *i=ḥayye uxlowa šwaʿ-išne=ḥrene af=farxaydi* 'Hätte doch die Schlange noch sieben weitere Jahre meine Jungen gefressen!' MT 5.3:40 • RW 152 || Arab. *farḫ* 'junger Vogel, Küken' Wehr 691

farza auch wenn | *farza baynotayye-na uʿdo, hōl d-kitna sāġ (...) kṭūʿena mede d-simme b-qarʿayna?* 'Auch wenn wir jetzt immer noch unter ihnen sind, solange wir am Leben sind (...), werden wir etwa vergessen, was sie uns angetan haben?' MT 3.1:19; *m-awwil=yawmo riḥmánwolux ŭno, farza mĭ-babi lĭ=mağranwo* 'Vom ersten Tag an habe ich dich geliebt, auch wenn ich mich wegen meines Vaters nicht getraut habe.' MT 5.2:15 • Nicht in RW || cf. Türk. *farz* 'Annahme, Hypothese'

fasto *n.f., pl.* **fase** Lappen | *kmatralle išmo f-fasto w kimṭapṭᵊpi aʿle* 'Sie befeuchten (das Tuch) mit einem Lappen und klopfen vorsichtig dagegen.' MT 1.1:57 • RW 153 || Syr. *fasto* 'palm of hand' SL 1215

faṣīla *n.f.* Abschnitt | *gd-immina čike kŭmanno faṣīla biya d-lĭ=taymo xayifo* 'Ich denke, wir fügen noch einen Abschnitt ein, damit sie nicht so schnell zu Ende ist.' MT 5.3:16 • cf. *faṣıl* RW 153 || Arab. *fāṣila* 'Trennung, Zwischenraum' Wehr 702-703

fatoḥo *n. agent.*, f. **fatiḥto**, *pl.* **fatoḥe** Öffner → **ftḥ**

fatiḥto d-falāt Wahrsagerin | *nafiqo žinnĭke l-qamutayye xd-i=qărăčiye, fatiḥto d-falāt* 'Da kam ihnen eine Frau entgegen, eine Art Zigeunerin, eine Wahrsagerin.' MT 5.2:10 → **fāl**

faturo *adj.*, f. **fatirto**, *pl.* **fature** lauwarm | *maye fature* 'lauwarmes Wasser' MT 1.1:22 • RW 153 → **ftr**

faṭiryarxo *n.m., pl.* **faṭiryarxe** Patriarch | *hate ᵊb-Bissorino hawyo. kitwo b-Bissorino ġālăbe, ʿal u=mamro kohne w ḥasye w faṭiryarxe w rayiḥ w ğeye* 'Das folgende ist in Bissorino passiert. In Bissorino gab es dem Vernehmen nach viele Priester und Bischöfe und Patriarchen und so weiter.' MT 4.3:1 • RW 154 || Syr. *faṭryarko* 'id.' SL 1185

Faṭma muslimischer weiblicher Personenname | MT 1.6:2

Faṭṭuma muslimischer weiblicher Personenname | MT 1.5:46

fawḥo *n.m.* Kühle, Brise | *kmarwaᶜᶜe išmo ᶜal feme du=gubo, bĭṯir mid rawiᶜi, šqille i=rahaṭṭe, fayiḥ u=fawḥo, kmawbelin naqla=ḥreto kmarᶜelin* 'Er lässt sie eine Zeitlang in der Nähe des Brunnens lagern. Wenn sie sich gelagert und ausgeruht haben und es etwas kühler geworden ist, dann nimmt er sie wieder mit und lässt sie weiden.' MT 1.1:94 • RW 154 || cf. Syr. *pwḥ* 'to blow; to breathe' SL 1160 → **fyḥ**

fayuḥo *adj.*, f. **fayuḥto**, *pl.* **fayuḥe** kühl | *u=zᶜuro baṭil, ḥzele dawmo rabṯo, komir naḥit m-ᶜal i=sisto miḷḷe aḷo gdŭmáxnoli harke šawṭo, harke fayuḥo basimo-yo* 'Der Junge wurde müde. Er sah einen großen Baum, er stieg vom Pferd und sagte: Hier will ich eine Weile schlafen. Hier ist es angenehm kühl.' MT 5.3:32 • cf. *fayiḥo* RW 154 → **fyḥ**

fḍl || Arab. *fḍl I* 'überschüssig sein, übrig bleiben' Wehr 704

I *faḍil, faḍilo - foḍil, fiḍlo intr.* übrig bleiben | *qĭsim mĭnayye d-fŭḏelin ksayminne apšoṯo* 'Die Trauben, die übrig bleiben, macht man zu Rosinen.' MT 1.1:48

femo *n.m.*; gen. *feme, fēm* **(1)** Mund | ... *aḥ=hĭyewin d-kitte, yaᶜni a=ḥmore w aq=qanyone, kmaṣrinne, femayye* '... die Tiere, die sie haben, Esel und Rinder. Sie binden ihnen das Maul zu.' MT 1.1:12 **(2)** Öffnung | *ᶜal feme du=gubo* 'an der Öffnung des Brunnens' MT 1.1:94; *maḥtínawo ōrti naḏifo ᶜal feme di=qōšxane* 'Wir legten ein sauberes Tuch über die Öffnung des Kochtopfs.' MT 2.8:4 **(3)** Rand | *ᶜal feme dam=mayanik maᶜmáḷḷala quṣro* 'Sie baute dort am Rande des Gewässers ein stattliches Haus.' MT 5.2:9 **(4)** bei, an ⊗ mit anderen Präpositionen, *l, ᶜal* | *kmalimme l-feme di=maḥṣarto* 'Er sammelt (die Trauben) direkt bei der Kelter.' MT 1.1:50; *komir maṭi lu=Ṣawro l-feme du=kōpri* 'Er kam nach Savur, an die Brücke.' MT 5.2:29 • RW 155 || Syr. *fumo* 'id.' SL 1165

fhm || Arab. *fhm I* 'verstehen, begreifen' Wehr 714

I *fahim, fahimo - fohim, fihmo* etw. (Akk., *b-* oder *ᶜal*) verstehen | *aṣ=ṣŭroye fihmiwo ᶜal i=lĭğaṯe diṯṯe* 'Die Christen verstanden ihre Sprache.' MT 3.2:12

finğān *n.m.* Tasse | *ṭase, finğān d-ᵊhno, dam=maye* 'eine Tasse, eine Tasse Wasser' MT 2.10:1 • RW 158 || Arab. *finğān* 'id.' Wehr 714

firo *n.m.*, *pl.* **fire** Frucht | *komir miḷḷe ᵊMšiḥo, i=ṯămăra ᵊd-l-obo fire kmiqṭoᶜo* 'Er sagte: Der Messias hat gesagt: Der Baum, der keine Früchte trägt, wird abgehauen.' MT 4.5:3 • RW 159 || Syr. *firo* 'id.' SL 1151

firṣa *n.f.* Gelegenheit, Chance | *ᵊḥzalle firṣa, u=ḥa d-qayiṯle i=firṣaṯe, mahzamme hul ᶜIwardo* 'Sie fanden eine Gelegenheit, jeder der diese Gelegenheit hatte, floh nach ᶜIwardo.' MT 3.2:6 • cf. *firsa* RW 160 || Arab. *furṣa* 'id.' Wehr 694

firšík *n.m.* Lab | *nuḥriwo u=ṣafuro meqim mid yoniq mi=emo, w maydiwo u=ḥalw... u=yalwo d-gawe, kimmile firšík. bu=firšĭkawo saymiwo i=gweto* 'Sie schlachteten das Junge, bevor es von der Mutter saugte und nahmen die Mil..., die Biestmilch in seinem Magen, man nennt sie Lab. Mit diesem Lab pflegten sie den Käse zu machen.' MT 1.1:83-84 • RW 160 || Kurm. *firşik* 'id.' Chyet 198

firto *n.f.* Kleie | *i=žinnīke, i=kăbaniye, gʿurwole. u=xašuno kŭbile laḥ=ḥīyewin, i=firto* 'Die Ehefrau, die Hausfrau, siebt erneut das Mehl. Das Grobe, die Kleie geben sie den Tieren.' MT 1.1:27 • RW 160 || Syr. *farto* 'bran; husk, shell' SL 1255

firṭaʿno, *pl.* **firṭaʿne** Floh | *komir miḷḷe kīt tamŭné zlām, ʿắğăba d-izzuxle laybux quṭlatle? miḷḷe kibi fŭraxne hawxa xd-u=firṭaʿno* 'Er sagte: Dort drüben ist ein Mann, wenn du ihn angreifst, könntest du ihn nicht vielleicht töten? Er sagte: Ich kann ihn so zerquetschen wie einen Floh.' MT 5.2:90 • RW 160 || Syr. *furtaʿno* 'id.' SL 1174

fīsoro *inf. II* Erklärung | *kubʿela li=măsălaṯe fīsoro* 'Diese Sache bedarf einer Erklärung.' MT 5.1:28 || Arab. *fsr II* 'erklären, deuten' Wehr 700

fiṣṭān *n.m.*, *pl.* **fīṣeṭin** Rock, Kleid | *kul=ḥa kimšayiʿ i=barto, kimšayiʿ aʿma hădiye (...) mĭnayye fīṣeṭin* 'Jeder schickt seine Tochter und schickt mit ihr ein Geschenk (...) manche (schicken) Röcke.' MT 1.3:39 • RW 160 || Arab. *fustān* 'Frauenkleid' Wehr 699

fiṯyo *n.m.* Breite | *immi gīḥufrínale lăğim, saqiye arbi=mitrowat fiṯyo w arbi ʿimqo w gizzano mhağğiğínale* 'Sie sagten: Wir graben ihm einen Tunnel, einen Wassergraben von vierzig Metern Breite und vierzig Metern Tiefe. Dann reizen wir ihn zum Angriff.' MT 5.2:49 • cf. *fuṯwo* RW 165 || Syr. *faṯyo* 'id.' SL 272

flān ~ fīlān und so weiter, so etwas, soundso, der und der | *omir flān w flān ṭr-oṯin* 'Er sagte: Der und der sollen kommen.' MT 1.6:5; *išmo simme šuġlo w ʿamlo flān* 'Sie konnten sich wieder ein bisschen ihrer Arbeit widmen.' MT 3.3:11 • RW 157 || Arab. *fulān* 'id.' Wehr 712; cf. Syr. *flon* 'id.' SL 1201

flān bēhvān und so weiter, soundso | *maškelan l-ʿAnqăra w flān bēhvān* 'Wir richteten eine Beschwerde nach Ankara und so weiter.' MT 1.6:8 → **bēhvān**

flān=kas der und der, soundso | *mhawaḷḷe aʿle mīḷḷele, miḷḷe fīlān-kas, miḷḷe ha* 'Er rief ihn und sagte zu ihm: Du da! Er sagte: Ja.' MT 5.2:58 → **kas**

flēfle *n.f.* Paprika | *hedi maḥtínawo u=garso d-immina, kul=ḥa u=ṣaḥnayḏe, w maḥtínawo mad=dawġanik aʿle, w čike d-mišḥo w naʿnāʿ w flēfle* 'Dann gaben wir den *garso*, sagen wir, jedem in seinen (tiefen) Teller und gossen von dieser Dickmilch darüber. Dazu gaben wir etwas Butter, Pfefferminze und Paprika.' MT 2.6:3 • Nicht in RW || Syr. Arab. *flēfle* 'id.' Barthélemy 1969:621

flt || Arab. *flt I* 'entkommen, entrinnen' Wehr 711; cf. Syr. *flṭ Pe.* 'to escape, flee' SL 272

I *falit, falito - folit, filto* **(1)** *intr.* entkommen | *aḏiʿi d-falit dŭkoṯo dŭkoṯo ṣŭroye, ḥaṣille qănaʿa kaʾinnăhu lĭ=gmiqšoʿi* 'Sie wussten, dass hier und da Christen entkommen waren, und sie kamen zu der Überzeugung, dass sie nicht ganz ausgerottet werden würden.' MT 3.2:11 **(2)** *intr.* überleben | *immi alo latlux naʿime, kuḏʿina falitlux kaččīke* 'Sie sagten: Du hast keine Familie (mehr), wir wissen (nur), dass eine Tochter von dir überlebt hat.' MT 3.4:12 **(3)** *intr.* übereinander (*b-*) herfallen | *ṯeliṯ yawmo faliti b-ᵊḥḏoḏe* 'Am dritten Tag gingen sie aufeinander los.' MT 5.2:34

III *maflatle, maflatla - maflit, mafl^əto* **(1)** *tr.* freilassen, entkommen lassen | *ŭno gim-matno, ḥṭiṯi b-ᵊqḏolayxu gim-maḥtítulli ʿal i=gamlo w gid-maflᵊtitu i=gamlo w gd-ŭṯetu ʿam i=gamlo, i=dukṯo d-ṛuʿo tamo gis-saymitu, raḥiq mad=dĭkoṯani, u=qawrayḏi* 'Ich werde sterben, und die Sünde an mir sei auf eurem Hals: Ihr sollt mich auf ein Kamel setzen und sollt das Kamel frei laufen lassen und ihm folgen. Dort, wo es sich lagert, sollt ihr – fern sei es von diesen Orten – mir mein Grab bereiten.' MT 5.3:2 **(2)** *tr.* übrig lassen, aufheben | *u=pallăsīs, e, u=pallăsīs, aq=qarʿe, lo du=qayṭo d-kowin baš=šīrure yaroqe, bĭṯir, ánnaqqa immíwolin, immíwunne hani maflᵊtínalle lu=saṯwo gyirwi* 'Ja, der Kürbisauflauf. Ja, (für den) Kürbisauflauf (nimmt man) nicht die grünen Kürbisse, die im Sommer an den Pflanzen wachsen, sondern später ... diese nannten sie ..., von diesen hieß es: Die heben wir für den Winter auf, sie werden wachsen.' MT 2.2:1; *ŭno gĭdŭʿaṇṇo hawxa mi=xasra du=dĭyār w hāt hawxa, w msawyo ʿal i=qriṯo. nafixnār mĭnayye lĭ=kmaflᵊtina* 'Ich werde so von der Seite des Hügels zurückkommen, und du so, und dann (geht's) geradewegs ins Dorf. Wir lassen nicht den geringsten von ihnen übrig.' MT 5.2:103 **(3)** frei lassen (Platz) | *kítwolan pirgāl b-iḏayna, lu=gorān du=pirgāl gĭmăfiltínawo u=arʿo du=sfoqo* 'Wir hatten einen Zirkel zur Hand, und gemäß diesem Zirkel machten wir den Boden des Gefäßes.' MT 1.5:19

foṯo *n.f.*; gen. *foṯe, fōṯ* **(1)** Gesicht | *ṭriḥla ṣlibo ʿal foṯe* 'Da machte sie das Kreuzzeichen über seinem Gesicht.' MT 5.1:37 **(2)** Gesichtshaar, Bart | *azzé yarḥo tre bi=ḥolo kimmile u=dayroyo kosani, foṯo layt* 'Es vergingen ein, zwei Monate, und man nannte ihn den bartlosen Mönch, sie hatte ja keinen Bart.' MT 5.1:24 **(3)** Seite | *kmaqlᵊbinne ʿal maqlib, lo bi=foṯo d-kityo u=pāstīq grišo ʿal u=čapān, bi=foṯo ḥreto.* 'Sie drehen sie (beim Falten) auf die Rückseite, nicht auf die Seite, auf der der *pāstīq* auf den Stoff aufgebracht ist, sondern auf die andere Seite.' MT 1.1:56 **(4)** Oberfläche, Oberseite | *hīl d-nifqi l-foṯe dam=maye ak=kutle* '... bis die Kutle im Wasser nach oben steigen' MT 2.7:15; *mid samiq foṯe du=laḥmo, gbidyo qqušʿole* 'Wenn die Oberseite des Brots Farbe annimmt, beginnt sie es abzuziehen.' MT 1.1:24 **(5)** Beginn | *kurxínawo bu=Sinğaq, baq=qrĭyawoṯo, hul d-ŭṯewo foṯe du=rabiʿ kayiso, nufqiwo aʿ=ʿărab lak=kŭwan* 'Wir zogen im Sinğaq umher, in den Dörfern, bis es richtig Frühling wurde und die arabischen Beduinen sich in die Zelte begaben.' MT 1.5:44 • RW 162 || Syr. *foṯo* 'front side; side, back' SL 1152

foṯe d-ṣafro Morgengrauen | *kuzzá b-lalyo w kuṯyo foṯe=d-ṣafro* 'Sie ging bei Nacht weg und kam am frühen Morgen zurück.' MT 5.3:52 → **ṣafro**

foṯe di=arʿo Welt, Erdoberfläche | *omir aŝír aṯino d-mawfaqno i=ḥikkoyayḏux l-fōṯ di=arʿo* 'Er sagte: Nun, ich bin gekommen, um deine Geschichte ans Licht zu bringen.' MT 5.3:43 → **arʿo**

ʿal foṯe d- *prep.* wegen | *miḷḷa hăka ŭno-no ʿal fōṯ di=zʿurtaṯe l-Aloho húlelan* 'Sie sagte: Meiner Meinung nach hat Gott es uns wegen dieses Mädchens gegeben.' MT 5.1:13; *omir húwwalla kmo quršat d-kallāt hawxa, miḷḷa aŝír i=kalaṯxu kīt admo rabo ʿal foṯa* 'Sie gaben ihr ein paar Geldmünzen, da sagte sie: Eure Braut erwartet ein großes Blutvergießen.' MT 5.2:11 → **ʿal, d**

id̲ayna f-fot̲ayna ganz vorsichtig (wörtl.: unsere Hand vor unserem Gesicht) | *ḥzelan hawxa qămăriye d-izzá d-nifqo l-larwal, b-lalyo, azzán ᵊm-m-arke, xid izzán hōl gabayna id̲ayna w f-fot̲ayna* 'Wir fanden eine überdachte Stelle, die hinaus ins Freie führte, und bei Nacht gingen wir wie von hier bis nach Hause, ganz vorsichtig.' MT 3.1:5 → **id̲o**

maḥit qum fot̲e beabsichtigen, sich vornehmen → **mḥt, qum ~ qim**

fqḥ || Syr. *fqḥ Pe.* 'to blossom, flourish' SL 1222

I *fqiḥle, fqiḥla - foqiḥ, fiqḥo intr.* sprießen, zu wachsen beginnen | *mid hule, u=karmo mat̲i l-čăx du=ṭaᶜno, yaᶜni d-obe aᶜ=ᶜinwe, qamayto kfoqiḥ baᶜ=ᶜaynot̲o* 'Wenn der Weinberg soweit ist, dass er trägt, d.h. dass er Trauben trägt, dann brechen zuerst die Knospen auf.' MT 1.1:46

fred̲o *n.m., pl.* **fred̲e** einzelnes Korn, Stück | *maydínala mĭ-ᶜal u=oğāq, maḥtínala b-ġēr xasra, ᶜăšan d-l-uyo xi=hno, xi=lappa, d-uyo fred̲o fred̲o* 'Wir nehmen ihn (den Reis) vom Herd und stellen ihn zur Seite, damit er nicht wie eine Reissuppe wird, sondern körnig bleibt.' MT 2.8:3 • RW 163 || cf. Syr. *ferdto* 'grain, seed; atom' SL 1229

frfs || cf. Syr. *frs[1] Pe.* 'to divide' SL 1244

Q *mfarfasle, mfarfasla - mfarfis, mfarfᵊso* **(1)** *tr.* auseinanderziehen | *kimqafin i=dukt̲o d-kīt gelo ġălăbe (...) kmalĭmile ksaymile kawmot̲o. u=gelano bĭt̲ir mid simme kawmot̲o kimfarfᵊsile mĭ-ḥd̲od̲e* 'Sie finden eine Stelle, an der es sehr viel Gras gibt. (...) Sie sammeln es und häufen es auf. Nachdem sie das Gras zu Haufen aufgehäuft haben, ziehen sie es auseinander.' MT 1.1:68 **(2)** *tr.* abbrechen | *man mĭnayna d-hŭwewo bu=hăyamano lĭ=gimfarfaswo u=ᶜed̲awo kule lăšan u=abro* 'Wer von uns heutzutage hätte nicht wegen seines Sohnes das ganze Fest abgebrochen?' MT 4.1:10

friso *part.*, f. **fristo**, *pl.* **frise** gelegt, ausgebreitet | *dukt̲o d-xirbe, d-howin xd-af=faršat ak=kefe frise* 'eine Ruine, wo die Steine wie Platten gelegt sind' MT 1.1:96 → **frs**

frk || cf. Kurm. *ferikîn* 'se dissoudre, se séparer' DKF 505; cf. Arab. *frq V* 'sich auflösen' Wehr 696

IIp *mfarik, mfarko - mifarik, mifarko intr.* sich beruhigen | *daᶜiri naqqa=ḥreto, mi=ᶜaskăriye, ᶜal d-ᵊmfarik u=ḥarb, măfiltila* 'Dann kehrten sie wieder aus dem Militärdienst zurück; als der Krieg sich beruhigte, entließ (die türkische Regierung) sie wieder.' MT 1.5:5

frq || Arab. *frq I* 'trennen, teilen, unterscheiden'; *II* 'verteilen' Wehr 696

I *friqle, friqla - foriq, firqo tr.* etw. (Akk.) von (*m-*) etw. unterscheiden | *kīt mak=karswonani, kimminne ak=karsᵊwone daᶜ=ᶜinwe, w mĭnayye ak=karsᵊwone d-lĭ=kmiski ᶜinwe. u=kasoḥo kayiso kfŭraqqe mĭ-ḥd̲od̲e w kŭd̲aᶜᶜe* 'Darunter gibt es solche, die man Traubenreben nennt, aber auch Reben, die keine Trauben tragen. Der gute Schnitter unterscheidet sie voneinander und kennt sie.' MT 1.1:64

II *mfaraqle, mfaraqla - mfariq, mfarqo tr.* verteilen | *u=bŭzarᶜano d-ᵊknofiq maz=zăbaš, kšulqile w kmawbᵊlile lab=bĭ-ḥmoye, kul=ḥa kimfariq laq=qar-yayd̲e, l-ani d-kot̲in lăšan u=ṭlobo* 'Sie kochen die Kerne, die aus den Wassermelonen stammen, und bringen sie mit zu den Schwiegereltern. Jeder verteilt sie unter seinen Gästen, die zu der Verlobung gekommen sind.' MT 1.3:14

IIp *mfariq, mfarqo - mifariq, mifarqo intr.* verteilt werden | *ksayminne qaḥwe mayirto w xāṣ w ʿām kmifarqo* 'Man macht ihnen bitteren Kaffee, der an jedermann ausgeschenkt wird.' MT 1.2:14

frs || Syr. *frs² Pe.* 'to spread, extend' SL 1244

I *frisle, frisla - foris, firso tr.* ausbreiten | *u=pāstīq mid ᵊfrisse bi=šimšo b-yawmo tre knošif* 'Wenn sie den *pāstīq* in der Sonne ausgebreitet haben, wird er in ein, zwei Tagen trocken.' MT 1.1:56

frx¹ || Syr. *frk Pe.* 'to pound, to grind; ' SL 1240

I *frixle, frixla - forix, furxo* **(1)** *tr.* reiben | *gīmaydit u=kītonaydux, gīfurxatle bi=kefo di=gūristo, w gīmīḥatle bu=sfoqo, u=kītonawo* 'Du nimmst deine Baumwolle, reibst sie am Stein der Handmühle, und dann reibst du mit dieser Baumwolle das Geschirrstück.' MT 1.5:16 **(2)** *tr.* zerreiben, zerdrücken | *mille kibi fūraxne hawxa xd-u=firṭaʿno* 'Er sagte: Ich kann ihn so zerquetschen wie einen Floh.' **(3)** *tr.* massieren | *šmiṭla ǧula li=žinnīke w yatiwo d-suḥyo, milla tix frax ḥaṣi* 'Die Frau zog ihre Kleider aus und setzte sich hin, um sich zu baden. Sie sagte: Komm und massiere mir den Rücken!' MT 4.5:13

frx² || Arab. *frḫ II* 'Junge haben, brüten' Wehr 691

II *mfaraxle, mfaraxla - mfarix, mfarxo tr.* brüten | *ūno hani šwaʿ=išne kimfaraxno, w lī=kḥūzeno af=farxaydi, ġēr l-ano d-ᵊkqūṭelin layt* 'Seit sieben Jahren brüte ich Junge aus und sehe meine Jungen nicht (mehr). Ganz bestimmt ist der es, der sie tötet.' MT 5.3:35

fṣḥ || Syr. *fṣḥ Etpe.* 'to rejoice' SL 1218

Ip *fṣiḥ, fṣiḥo - mifṣiḥ, mifṣoḥo intr.* sich freuen, vergnügt werden | *hanistene naʿime yatume-ne, kuzzín kuxli w kšotin kmifṣoḥi* 'Die beiden waren ja Waisenkinder, sie gingen hin, aßen und tranken und waren vergnügt.' MT 5.2:6

fṣl || Arab. *fṣl II* 'nach Maß zuschneiden' Wehr 702; cf. Syr. *fṣl* 'to cut, split' SL 1219

II *mfaṣele, mfaṣela - mfaṣil, mfaṣlo tr.* zuschneiden | *qaymínawo mfaṣlínawo, qayṣínawo d-immina ṣopāt, mḥaḏrínawulle, aṣ=ṣopat, at=tarʿatte, ar=raġloṯatte* 'Dann nahmen wir Maß und schnitten die Öfen zu. Wir bereiteten die Öfen vor, ihre Türen, ihre Füße.' MT 1.5:31

fšr || Syr. *fšr Pe.* 'to melt (tr. und intr.), dissolve, be released' SL 1263

I *fašir, faširo - fošir, fišro intr.* schmelzen | *u=mišḥo, i=zibdo gīmalīmila, mid hawyo taqrīb d-ᵊdgišto, kimfašrila, maḥtila ʿal i=nuro kimfašrila, bīṭir mid faširo, kimʿaqdila* 'Das Butterschmalz: Man sammelt die Butter, und wenn es ungefähr ein Tonkrug voll geworden ist, lässt man sie aus. Nachdem sie flüssig geworden ist, lassen sie sie wieder fest werden.' MT 1.1:79

II *mfašalle, mfašalla - mfašir, mfašro tr.* auslassen, schmelzen | *mfašriwo mišḥo, mišḥo basimo, duhniwo gawe w maqlᵊbiwo kul ṭābiqa hawxa, mkanfᵊlíwole* 'Sie nahmen Butterfett und ließen es aus, gutes Butterfett. Damit fetteten sie die Innenseite ein, wendeten jede Lage um und legten sie übereinander.' MT 2.1:2

ftḥ || Syr. *ftḥ Pe.* 'to open' SL 1265

I *ftiḥle, ftiḥla - fotiḥ, fitḥo* **(1)** *tr.* öffnen, aufmachen | *kfitḥi u=qawro* 'Sie öffnen das Grab.' MT 1.2:8; *u=tarʿo l-nošo lī=fitḥitulle* 'Öffnet niemandem das Tor!' MT 4.5:1 **(2)** eröffnen, gründen |

latwo dukkane d-fitḥi šuġlone d-saymi 'Es gab keine Läden, die sie hätten eröffnen, keine Arbeiten, die sie hätten ausüben können.' MT 3.4:1 **(3)** *tr.* auswalzen, formen (Teig) | *bṯir mid azzá i-lahbe, kmaydo ṯlamṯo b-ṯlamṯo kfuṯhola* 'Wenn die Flammen erloschen sind, nimmt sie einen Teigklumpen nach dem anderen und formt sie (zu Broten).' MT 1.1:24 ; *emi saymowa, immínawole mtabbaq, dawqe, layšo hawxa, layšo, xd-u-layšo nagiwo w gfithḥina. w gfithḥíwolin ʿal ḥāṣ du-lăgan* 'Meine Mutter machte häufig *mtabbaq*, wie wir es nannten. Es waren Fladen, aus Teig, ein trockener Teig, den wir auswalzten. Die (Fladen) walzte man auf der Rückseite eines Bottichs aus.' MT 2.1:1

Ip *ftīḥ, ftiḥo - miftiḥ, miftoḥo* **(1)** sich öffnen, geöffnet weren | *ánnaqqa gim-miftiḥ gawa bu-galdawo d-kitla* 'Nun wird sie samt ihrer Haut aufgeschlitzt.' MT 2.4:3 **(2)** ausgehöhlt werden | *as-sĭmoqe nōrmal miftīḥiwo, mʿadlo, w i-maġnune-ste hawxa šimṭínawo, šimṭowa mu-quṛmo hawxa čike* 'Die Tomaten wurden einfach ausgehöhlt, während wir, (besser die Köchin) bei der Paprika etwas vom Stielansatz abschnitt.' MT 2.2:2

ftilo *n.m., pl.* **ftile** Grasstrang | *mid našif u-gelo kimbaṭli a-ftile* 'Wenn das Gras (im Gelände) verdorrt ist, machen sie keine weiteren Grasstränge mehr.' MT 1.1:71; *kmawqᵊḏi ftilo kmarfin nuro buwe, w kmabrᵊmi i-kalo tlōṯ-kore l-ḥĭḏōr u-ftilo* 'Sie zünden einen Grasstrang an, setzen ihn in Brand und lassen die Braut dreimal um den Grasstrang herumgehen.' MT 1.3:30 • RW 164 || cf. Syr. *ftl Pe.* 'to twist' SL 1268

ftkr || Arab. *fkr VIII, V* 'nachdenken' Wehr 710

miftakalle, miftakalla - miftakir, miftakro intr. denken, überlegen | *ḥūzánwunne ka-šĭkil miṯe, miftakriwo d-miṯe-ne w ṭūránwunne* 'Sie kamen ihnen wie Tote vor, sie dachten, sie seien tot und ließen von ihnen ab.' MT 3.2:8; *yatu kmiftakir áydarbo samno áydarbo lĭ-samno* 'Er begann, sich Gedanken zu machen: Was soll ich machen, was soll ich nicht machen.' MT 5.2:66

ftr || Arab. *ftr I* 'lau(warm) werden' Wehr 684

I *fatir, fatiro - fotir, fitro intr.* lauwarm werden | *knuṭri čike d-fotir, yaʿni d-qoyir išmo* 'Sie warten ein bisschen, bis sie (die Milch) lauwarm wird, d.h. bis sie sich etwas abgekühlt hat.' MT 1.1:75

II *mfatalle, mfatalla - mfatir, mfatro tr.* lauwarm machen | *gimfatri maye gmaḥtin aʿle, matralle* 'Sie machen Wasser lauwarm und gießen es darauf, sie befeuchten ihn.' MT 2.5:10

fṭār *n.m.* fastenfreie Zeit | *aḥ-ḥimṣe qarʿone, hani-ste, muklo ʿatiqo diḏan das-siryoye-yo. hani-ste kmisomi bu-ṣaw-mo-ste, kmisomi bu-fṭār-ᵓste* 'Der Kichererbseneintopf mit Grießbällchen ist ein althergebrachtes Gericht von uns Suryoye. Er wird sowohl während der Fastenzeit gekocht, als auch in der fastenfreien Zeit.' MT 2.11:1 • Nicht in RW || Arab. *ifṭār* 'Brechen des Fastens' Wehr 706

fuʿlo *n.m., pl.* **fuʿle** Hilfsarbeiter | *kmiskinne mĭnayye fuʿle, w mĭnayye hinne, ad-dawore kizzín* 'Manche stellen Hilfsarbeiter an, und manche, die Bauern, gehen selber (zur Ernte).' MT 1.1:8 • RW 165 || Syr. *foʿlo* 'id.' SL 1216

fuġo *n.m., pl.* **fuġe** Zuckermelone | *sidayna aw-warzani, kowe binne fuġe,* *zăbaš* 'Bei uns wachsen auf den Melonenfeldern Zuckermelonen, Wassermelonen.' MT 1.1:4 || Etym. unklar

fuxxār *n.m.* Tonware | *ánnaqqa kitwo immíwole markᵊno, d-ᵊhno-we, fuxxār, hawxa rabo, maqṭᵊriwo u-ḥalwo buwe* 'Es gab etwas, das man *markno* nannte, es war aus Dingsda, aus Ton, sehr groß. Darin machten sie Joghurt aus der Milch.' MT 2.5:2 • Nicht in RW || Arab. *faxxār* 'Tonware, Töpferware' Wehr 689

fyḥ || Syr. *fwḥ Pe.* 'to blow; to breathe' SL 1160

I *fayiḥ, fayiḥo - foyiḥ, fayḥo intr.* sich abkühlen | *bĭṯir mid rawiʿi, šqille i-rahatte, fayiḥ u-fawḥo, kmawbelin naqla-ḥreto kmarʿelin* 'Wenn sie sich gelagert und ausgeruht haben und es etwas kühler geworden ist, dann nimmt er sie wieder mit und lässt sie weiden.' MT 1.1:94

III *mafiḥle, mafiḥla - mafiḥ, mafiḥo tr.* abkühlen, abkühlen lassen | *šilqiwo aḥ-ḥeṭe, ánnaqqa hōl d-bišliwo, w mafiḥíwunne, ánnaqqa gĭlayšíwunne bu-ğağĭqawo* 'Den Weizen kochten sie, bis er gar war. Dann ließen sie ihn abkühlen und kneteten ihn zusammen mit dem *ğağiq*.' MT 2.5:8

mafiḥ leb- den Rachedurst stillen, sich beruhigen | *hinne mafiḥiwa lebayye immiwa kaṯi u-Rūṣ laffelayna.* 'So machten sie sich selber Mut und sagten: Jetzt kommt Russland uns (zu Hilfe).' MT 3.2:15 → **lebo**

fyr || cf. Syr. *frr Pe.* 'to come forth, go away, flee' SL 1252; cf. Anat. Arab. *frr I* 'fliegen, wegfliegen' JK 104

I *fayir, fayiro - foyir, fayro intr.* fliegen | *komir hōl d-aṯitu, i-naqqa d-aṯitu húlali, maslámlali lan-nošani, w hiya fayiro azzá* 'Er sagte: Bis ihr kamt. Als ihr kamt, gab sie mich, übergab sie mich an diese Leute, und sie selbst flog davon.' MT 4.1:9

fyš || Syr. *fwš Pe.* 'to stay, wait' SL 1174

I *fayiš, fayišo - foyiš, fayšo* ⊗ Gelegentlich kommt *fišle* für *fayiš* vor. **(1)** *intr.* bleiben | *ğiddi saliq, lu-ṭuro, l-Miḏyaḏ. fayiši bi-šawṯo d-bĭ-Čalma* 'Mein Großvater zog hinauf in den Turabdin, nach Midyat. Sie ließen sich in dem Viertel Bĭ-Čalma nieder.' MT 1.5:3; *u-mede d-maḥkele l-babi, d-fayiš ᵊb-boli ...* 'Was mein Vater erzählt hat, was mir noch in Erinnerung ist ...' MT 3.2:1; *kʿobir u-ḥaṯno w i-kalo, kfayši hōl ṣafro, kowin aṯto w gawro-stene, anğaq ṣafro kuḏʿi.* 'Braut und Bräutigam treten ein und bleiben bis zum Morgen, sie werden Mann und Frau, doch erst am Morgen erfahren es (die anderen).' MT 1.3:38 **(2)** *intr.* übrig bleiben, verbleiben | *mille ašir, kallāt faruḏe lĭ-fayiš* 'Er sagte: Es ist kein Kleingeld mehr übrig.' MT 1.5:54; *kḥūšfi mĭnayye u-gelo d-baynoṯe, lăšan d-foyiš u-zād* 'Man jätet nun das Unkraut zwischen (dem Getreide), damit nur das Getreide übrigbleibt.' MT 1.1:8 **(3)** *intr.* am Leben bleiben | *mĭnayye miqṭĭliwo w mĭnayye fayšiwo* 'Einige von ihnen wurden umgebracht und andere blieben am Leben.' MT 3.2:31 **(4)** *intr.* werden | *uʿdo ag-gurwe-ste fayiši šuġl daf-făbariq* 'Heute sind auch die Strümpfe Fabrikware geworden.' MT 1.1:92; *ṣafro foyiš, mid aṯit, gĭd-ŭbénolix* 'Wenn du aber morgen kommst, werde ich dir davon geben.' MT 1.5:55 **(5)** *intr.* von (*ʿal*) etwas abhängen | *kfoyiš ʿal u-zawk diḏux* 'Es hängt von deinem Geschmack ab.' MT 2.10.1 **(6)** nun, dann ⊗ In dieser Bedeutung wird das Verb unpersönlich in der 3. pers. gebraucht. Es bezeichnet den Anfang einer Handlung. |

fayiš hinne-ste kzayʿi mi=ḥṭiṯo d-ruḥayye 'Auch sie fürchten sich nun wegen ihrer Sünden.' MT 3.1:19; *gĭšŭteno gŭrášnolux maye štay-ste w grašli foyiš ᵊd-nŭfaqno* 'Ich werde trinken und für dich Wasser schöpfen, dann trinke auch du und anschließend zieh mich hoch, damit ich (aus der Zisterne) herauskomme.' MT 5.2:43; *fĭšle miṯlan mu=kafno* 'Schlussendlich starben wir fast vor Hunger.' MT 3.1:29 **(7)** nicht mehr ⊗ unpersönlich, mit Negationspartikeln *lo* und *haw;* in dieser Funktion auch Variante *fāš* | *m-marke lĭ=fayiš kimhalaxno* 'Ich gehe von hier aus nicht mehr weiter.' MT 4.4:21; *i=ḥkume haw fayiš kṭuryo d-howe sayfo aʿlayxu* 'Die Regierung lässt es nicht zu, dass ihr weiterhin verfolgt werdet.' MT 3.3:11; *u=ʿilmo lĭ=fāš qodir ṣoyim, kafno-yo w zaḥme-yo lĭ=qqudri ṣaymile* 'Die Leute können nicht mehr fasten, es herrscht Hunger und Not, sie können das Fasten nicht mehr halten.' MT 4.3:2

foyiš leb- sich zu Herzen nehmen, beleidigt sein | *kmŭḥalle bi=arʿo, d-howe čike ğăsūr huwe kmoyid ax=xŏrtīn w ksoyim ḥăqarāt binne. lĭ=kfoyiš lebayye mĭ-ḥdoḏe* 'Sie lassen ihn (den Bräutigam) auf die Erde fallen, und wenn er sich etwas traut, dann packt er die jungen Männer und springt gleichfalls mit ihnen um. Sie nehmen es einander nicht übel.' MT 1.3:45 → **lebo**

fyt || Arab. *fwt I* 'entschwinden, vorübergehen' Wehr 715

I *fayit, fayito - foyit, fayto* **(1)** *intr.* vorbeigehen | *ᵊgdowir, kĭlé barban du=darbo. w fayĭtina aʿle w azzano aḥna b-oğur=diḏan li=qriṯo ḥreto* 'Da war auch er mit seinem Pfluggespann beim Pflügen, entlang des Weges. Wir zogen an ihm vorüber und gingen auf gut Glück in ein anderes Dorf.' MT 1.5:43 **(2)** *intr.* überqueren, hinüberfahren | *koṯe noše kuzzín, kfayti l-Amérĭka* 'Es kommen Leute, die gehen ... die fahren hinüber nach Amerika.' MT 3.4:2 **(3)** *intr.* passieren, vorbei sein ⊗ unveränderlich 3 sg.f | *áydarbo hawitu iğfāl? immi fayito.* 'Wie konntet ihr euch täuschen lassen? Sie sagten: Es ist passiert.' MT 4.5:8

III *mafitle, mafitla - mafit, mafito* **(1)** *tr.* hinüberführen | *kmafiti noše ʿal am=maye bi=qăyĭke, mi=xasrayo l-ayo.* 'Sie bringen Leute mit dem Boot von einem Ufer zum andern.' MT 5.2:64 **(2)** *tr.* hinter sich bringen, durchmachen | *bĭṯir knufli bu=zăhir kimmínale, mid mafitte i=ḥimṯo du=zăhir kowin xd-aḥ=ḥimre* 'Dann beginnen sie zu blühen, wie man es nennt. Wenn sie die Blütezeit hinter sich haben, werden sie wie Perlen.' MT 1.1:47

g

gab *prep.* neben, bei | *miṛre la=mbayḏone ṭralle sĭfoqo mĭ-diḏan gab ruḥayye* 'Sie sagten: Die Verzinner haben ein Stück Geschirr von uns bei sich zurückbehalten.' MT 1.5:36; *ádlalyo maḥšemu gabayna* 'Esst heute bei uns zu Abend!' MT 1.3:35 • RW 166 → **gabo**

l-gab- *prep.* zu, nach, hin | *kimminne kubʿena d-ŭṯetu ᵊl-gabayna* 'Sie sagen: Wir möchten, dass ihr zu uns kommt.' MT 1.3:47 → **l-**

mĭ-gab- *prep.* von, bei | *izzí manṭanwo i=agono mĭ-gabayye* 'Ich ging und holte die Tonschale bei ihnen ab.' MT 2.6:2 → **mĭ**

gabo *n.m., pl.* **gabe** Seite | *hani-stene at̲in, at̲in hēš m-lu=gabo raḥuqo, kitwo gubo mĭnayye w lu=gabo.* '(Die Brüder) kamen, sie kamen, noch von der Ferne auf der anderen Seite, da gab es eine Zisterne auf der anderen Seite von ihnen.' MT 5.2:43; *qqorin lu=ahᵊl da=tre-gabe* 'Sie laden die Verwandten beider Seiten ein.' MT 1.3:16 • RW 166 || Syr. *gabo* 'id.' SL 198

gabula *n.f.* Gabula, eine Turabdiner Speise aus Weizengrieß mit Joghurtsoße | *ánnaqqa, hano, šay-fínawo, hŭwanwo dawġe. hŭwanwo dawġe w saymínawo u=garso, hedi maḥtínawo u=garso d-immina, kul=ḥa u=ṣaḥnayd̲e, w maḥtínawo mad=dawġanik aʕle, w čike d-mišḥo w naʕnāʕ w flēfle, e w ġắlăbe basimto. hat̲e immínawola gabula* 'Nun, wir rieben (die Joghurtkugeln im Wasser) hin und her, so dass es Dickmilch wurde. (Das Wasser) wurde zu Dickmilch, wir kochten (auch) den *garso*. Dann gaben wir den *garso*, sagen wir, jedem in seinen (tiefen) Teller und gossen von dieser Dickmilch darüber. Dazu gaben wir etwas Butter, Pfefferminze und Paprika. Ja, das schmeckte sehr gut. Das nannten wir *gabula*.' MT 2.6:3 • RW 167 || cf. Syr. *gbl Pe.* 'to coagulate; to form, to shape' SL 201

gadde *n.f.* Bissen | *kitla li=kačč̆ke ḥabušo bi=šarbo d-am=mayayd̲a, komir nkitle u=ḥabušo, hăla, štele maye mi=šarbo w axĭlele gadde mu=ḥabušo w nafiq at̲i* 'Das Mädchen hatte einen Apfel in ihrem Wasserkrug. Er biss in den Apfel, vielmehr, er trank Wasser aus dem Krug, aß einen Bissen von dem Apfel und ging hinaus.' MT 5.3:19 • RW 167 || cf. Syr. *gdd* 'to cut off' SL 204; cf. Kurm. *gez kirin* 'to bite' Chyet 209

gale *pl. tant.* Bett | *kmaḥti rĭšayye i=naqqa d-ᵊgdumxi bag=gale gdumxi ʕal a=mxaddătani* 'Sie legen ihren Kopf darauf, wenn sie im Bett schlafen, dann schlafen sie auf diesen Kissen.' MT 1.1:39 • BS 79 || Syr. *galo*[2] 'covering' SL 231

Gălo männlicher Personenname | MT 3.2:1

gamlo *n.f., pl.* **gamle** Kamel | *ŭno gim-mat̲no, ḥt̲it̲i b-ᵊqd̲olayxu gim-maḥtítulli ʕal i=gamlo w gid-maflᵊtitu i=gamlo w gd-ŭt̲etu ʕam i=gamlo* 'Ich werde sterben, und die Sünde an mir sei auf eurem Hals: Ihr sollt mich auf ein Kamel setzen und sollt das Kamel frei laufen lassen und ihm folgen.' MT 5.3:2 • RW 168 || Syr. *gamlo* 'id.' SL 241

gandăroke *n.f., pl.* **gandărokat, gandarokāt** Kugel | *kmiloši ʕam malḥo w hno, kizbarto ġắlăbe kmaḥtatte, w bibar sĭmoqo, kimgandᵊrit u=layšano hawxa xag=gandărokat* 'Sie werden geknetet mit Salz und Thymian, davon gibt man sehr viel hinzu, und rotem Pfeffer. Du formst diesen Teig zu kleinen Kugeln.' MT 2.11:2 • Nicht in RW || cf. Syr. *ganduro* (+ Kurm. *-k*) 'round' SL 245 → **gndr**

garmo *n.m., pl.* **garme** Knochen | *midle lu=sanduqo kuzzé kfŭtaḥle kḥoyir kĭlé kule insān, qarʕo marʕo w rayiḥ w ğeye w laše w garme w fĭlān* 'Er nahm die Kiste und öffnete sie, da sah er, dass alles ein Mensch war, Kopf und so weiter, dies und jenes, Körper und Knochen und so weiter.' MT 5.2:53 • RW 170 || Syr. *garmo* 'id.' SL 261

garoye *n. pl.* Knochen, Rippen | *qqulbo li=xasrat̲e ksaymi tătătătă kduʕro l-at̲e ksaymi tătătătă. qay hawxa? kimmo* *ag=garoyayḏi-ne kmitwori, ḥingi kkawli* 'Sie drehte sich auf diese Seite, da machte es *tatatata*, dann drehte sie sich auf die andere Seite, und es machte *tatatata*. – Warum denn das? Sie sagte: Es sind meine Rippen (?), die zerbrechen, weil ich so krank bin.' MT 5.2:40 || Etym. unklar

garso *n.m.* ⊗ Siehe detallierte Beschreibung in MT 1.1:5 Grütze aus ungekochtem Weizen | *bĭṯir mu=birġil saymiwo garso. hayo, i=ḥeṭo klozim huyowa sṭimto, immíwola iṭālyaniye, d-l-úyowa ḥeṭo iṭālyaniye lĭ=saymiwo garso mena* 'Neben dem Bulgur machten sie *garso*. Für den *garso* musste der Weizen hart sein, man nannte ihn italienischen (Weizen). Wenn es kein italienischer Weizen war, machten sie keinen *garso* davon.' MT 2.7:5 • RW 170 || Syr. *garso* 'spelt' SL 262 → **grs**

garwono *adj.*, *pl.* **garwone** aussätzig | *omir ann=abohoṯani lĭ=ftiḥḥe ʿayn das=samye, lĭ=maniḥḥe aṣ=ṣaqṭīn, lĭ=maniḥḥe ag=garwone?* '(Der Mönch) sagte: Haben diese Kirchenväter nicht die Augen der Blinden geöffnet, haben sie nicht die Krüppel geheilt, haben sie nicht die Aussätzigen geheilt?' MT 4.3:10 • RW 170 || Syr. *garbono* 'leprous, leper' SL 255

gasko *n.m.* Ziegenböckchen | *gmaltᵊmina hōl d-kito, xd-i=kurmanǧiyayḏan komir, gasko maṣ=ṣŭroyayḏan gĭmaltᵊmina hanik-ste* 'Wir versammeln alle unsere Christen bis hin zum Ziegenböckchen, wie unsere Kurden sagen.' MT 1.6:10 • RW 170 || cf. Kurm. *gîsk* 'one- to two-year-old male goat' Chyet 218

gave *n.f.* Schritt • RW 171 || Kurm. *gav* 'instant, moment, time; step, pace' Chyet 201

bi=gave sofort, in einem Schritt | *bĭṯir mu=sayfo bi=gave aṯina l-Miḏyaḏ* 'Nach dem Sayfo kamen wir sofort nach Midyat.' MT 3.2:27; *kimmina gĭd-oṯe Mšiḥo mĭ-nfiqte=d-yawmo, lăšan hani d-owin ḥaḏire, bi=gave d-qaymi w d-huyo foṯayye laffele* 'Wir sagen: Christus wird aus dem Osten kommen. Damit sie bereit sind, wenn sie auferstehen, und ihr Gesicht ihm zugewendet ist.' MT 1.2:11 → **b**

gawdo *n.m.*, *pl.* **gawde** Butterschlauch, Vorratsschlauch (für Butter, Wein) | *mid qaṭir w hawi qaṭiro, deri yawmo kmaḥtile bu=gawdo w kmaḥti tre=sahme d-maye aʿle w kimʿalqi u=gawdo bu=ḥawlo w kmayʿile* 'Wenn sie (die Milch) gestockt ist und zu Joghurt geworden ist, dann schütten sie (den Joghurt) am nächsten Tag in den Butterschlauch, geben zwei Teile Wasser dazu, hängen den Schlauch an einem Seil auf und stoßen ihn hin und her.' MT 1.1:76 • RW 171 || Syr. *gawdo* 'id.' SL 211

gawiro *adj.*, f. **gawirto**, *pl.* **gawire** verheiratet | *kulle ʿam ᵊḥḏoḏe kimkayfi, ya ag=gawire w ax=xōrtīn ʿam ᵊḥḏoḏe, wăyaxut, ag=gawire r-ruḥayye w ax=xōrtīn r-ruḥayye* 'Sie feiern alle zusammen, entweder die Verheirateten und die jungen Leute gemeinsam, oder aber die Verheirateten für sich und die jungen Leute für sich.' MT 1.3:43 → **gwr**

gawo *n.m.* **(1)** Bauch, Magen, Inneres | *šdoqāt hawxa u=gawo du=ḥaywān w a=hnayḏe, am=miʿwoṯayḏe* 'Gefüllte Innereien, das sind der Magen des Tiers und seine Eingeweide.' MT 2.7:4; *an=niše d-kítwayye ṭʿine čirre gawayye* 'Den schwangeren Frauen schlitzten sie die Bäuche auf,' MT 3.2:7; *hedi gĭsaymi u=mede d-gawayye, abiʿi rezo,* *abiʿi birġil* 'Danach bereiten sie die Füllung zu, sei es Reis oder Bulgur.' MT 2.13:2 **(2)** Innenseite | *duhniwo gawe w maqlᵊbiwo kul ṭăbiqa hawxa, mkanfᵊlíwole* 'Sie fetteten die Innenseite ein, wendeten jede Lage um und legten sie übereinander.' MT 2.1:2 • RW 172 || Syr. *gawo* 'id.' SL 210

b-gawe d- in, im Inneren von, innerhalb von | *b-gawe d-Midyad* 'mitten in Midyat' MT 3.2:3; *u-zʿuro gd-immit balki ğule lĭ-tarin, ắbădan, hawile tloṯo-yawme b-gawe du-băḥar* 'Der Junge, du könntest sagen, seine Kleider sind nicht im Geringsten nass geworden, (obwohl) er drei Tage im Innern des Meeres verbracht hatte.' MT 4.1:7 → **b**

gawoyo *n.m., pl.* **gawoye** innerer Raum (im Obergeschoss) | *kítwulle hawxa ʿĭliṯo, immíwole gawoyo* 'Sie hatten ein Obergeschoss, das sie *gawoyo* (Innenbereich) nannten.' MT 1.4:2 || Syr. *gawoyo* 'id.' SL 214 → **gawo, ʿĭliṯo**

gawro *n.m., pl.* **gawre** **(1)** Mann | *lĭ-kudʿo d-kityo gawro* 'Sie wusste ja nicht, dass es ein Mann war.' MT 4.5:12; *kimṣalin aq-qaše, i-naqqayo an-niše w ag-gawre lĭ-gboxin w u-ʾahᵊl diḏe aʿle, kimṣanṭi ʿal i-ṣluṯo* 'Dann führen die Priester den, (Toten)gottesdienst durch, und hier weinen die Männer und Frauen, seine Familie, nicht über ihn, sondern lauschen dem Gebet.' MT 1.2:6 **(2)** Ehemann | *u-gawrayḏa-ste ăhil d-Xori ʿAzīz-we* 'Ihr Mann gehörte auch zur Großfamilie von Chorbischof Aziz.' MT 1.6:9 • RW 171 || Syr. *gabro* 'id.' SL 202

gawrᵊtír *adj.* ⊗ Komparativ zu *gawro* mannhafter | *omir kitwo malko, kítwole aḥuno. u-aḥuno čike twiro-we, aṃṃa gawrᵊtír mene-we, mu-malko-we* 'Es war einmal ein König, der hatte einen Bruder. Der Bruder war gering an Vermögen, aber er war mannhafter als er, mannhafter als der König.' MT 5.2:1 → **gawro**

gawruṯo *n.f.* Mannhaftigkeit | *aḏiʿ, u-aḥuno ᵊš-ṭaw mene-yo bi-gawruṯo* 'Da wurde ihm klar, dass sein Bruder ihn an Mannhaftigkeit noch übertraf.' MT 5.2:46 • RW 171 || Syr. *gabruṯo* 'id.' SL 202 → **gawro**

gawzo *n.m., pl.* **gawze** Walnuss | *maydiwo xid gd-immina, čike ... xi-mandălina, e, u-gawzo naʿimo-yo, xid mandălina* 'Sie nahmen, sagen wir, (von dem Teig) eine Menge wie eine Mandarine, ja, eine Nuss wäre zu klein, (eine Menge) wie eine Mandarine' MT 2.7:12; *w ag-gawze-ste, u-ḥa d-soyim d-gawze, ktowir ag-gawze, hawo-ste kmatranne lăšan d-lĭ-miqrofi bu-xrozo* 'Die Walnüsse, wenn jemand (Süßwurst) von Walnüssen machen möchte, dann knackt er die Walnüsse, doch die muss man befeuchten, damit sie beim Auffädeln nicht auseinanderbrechen.' MT 1.1:61 • RW 171 || Syr. *gawzṯo, gawzo* 'id.' SL 213

gayoro, f. **gayarto**, *pl.* **gayore** *n. agent.* Ehebrecher | *hedi malimme ḥḏoḏe, immi d-fayšina, d-gurina harke, gṭĭrena an-naʿimayḏan, d-ŭwena gayore* 'Da kamen sie zusammen, sie sagten: Wenn wir bleiben und hier heiraten, werden wir unsere Familien im Stich lassen und zu Ehebrechern werden.' MT 3.4:10 • Nicht in RW || Syr. *gayoro* 'id.' SL 230

gāz *n.m.* Gas | *aḥ-ḥimṣe-ste meqim kmatratte, meqim b-lalyo, hayo-ste ʿăšan izzé u-gāz diṯṯe* 'Die Kichererbsen weichst du vorher ein, am Abend zuvor, damit ihr Gas entweicht.' MT 2.11:3

gelo *n.m., pl.* **gelone** Gras, Unkraut | *d-huyo ḥilliye knofiq u=gelo xayifo, d-huyo virniye knofiq čike m'axro* 'Wenn es ein frühes Jahr ist, wächst das Gras früh, wenn das Jahr sich verspätet, wächst das Gras etwas später.' MT 1.1:66; *kḥŭšfi mĭnayye u=gelo d-baynoṯe* 'Man jätet nun das Unkraut zwischen (dem Getreide).' MT 1.1:8 • RW 174 || Syr. *gelo* 'shaving, chip; straw, dried grass' SL 231

geze *n. pl.* unbearbeitete Schurwolle | *u=ʿamrano d-ᵊkmiqiṣ kmitamiḷḷe geze* 'Die Wolle, die man schert, nennt man *geze.*' MT 1.1:91 • Nicht in RW || Syr. *gezo* 'shearing' SL 223

gḥx || Syr. *gḥk Pe.* 'to laugh' SL 227

I *gaḥix, gaḥixo - goḥix, guḥxo intr.* lachen, sich über (*ʿal*) jdn./etw. lustig machen | *aṯi u=ḥimmāmči. miḷḷe wărōx d-lo aʿli guḥxatwo l-ŭwewo?* 'Der Bademeister kam, und er sagte zu ihm: Du da! Gab es außer mir niemanden, über den du dich lustig machen konntest?' MT 4.2:13

gĭdi || Kurm. *gidî* 'holà!' DKF 562

de gĭdi oh weh, Mensch! → **de**

gĭdišo *n.m., pl.* **gĭdiše** Getreidehaufen | *aḥna sidayna b-Miḏyaḏ an=niše kimnaqin u=zizono m-baynoṯe, ksaymile qufle qufle kimnaqalle, w ksaymile gĭdišo* 'Bei uns in Midyat jäten die Frauen das Unkraut zwischen den Halmen, fassen die Halme zu Bündeln zusammen und machen daraus einen Getreidehaufen.' MT 1.1:11 • RW 173 || Syr. *gdišo* 'heap' SL 205

giḏḏale *n.f., pl.* **giḏḏalat** Zopf | *baʿ áydarbo samno? immo gizzúx, gid-ᵊmšaḥnit dasto d-maye, d-roṯiḥ, w gimhawrit ʿal emux, gmaydatla mag=giḏḏalat diḏa, gĭd-immatla, kimmatli u=qatil d-babi man-yo ...* 'Was soll ich nun tun? Sie sagte: Du wirst gehen, einen Kessel Wasser heiß machen, bis er kocht, und deine Mutter rufen. Du wirst sie an ihren Zöpfen packen und zu ihr sagen: Wenn du mir sagst, wer der Mörder meines Vaters ist ...' MT 5.2:98 • RW 175 || cf. Syr. *gḏilto* 'braided lock of hair, wreath'*; gdl* 'to twist, braid' SL 205

gihano *n.m.* Hölle | *e, ma=kmanṭe ʿar-ruḥe d-mawbil ruḥe li=gihano b-iḏe d-ruḥe* 'Nun, wer tut es sich selbst an, sich durch eigene Schuld in die Hölle zu bringen?' MT 4.3:6 • RW 175 || Syr. *gihano* 'id.' SL 229

gĭlih *n.m., pl.* **gĭlĭhat** Beschwerde | *ham b-dukṯo mʿawállelan, yaʿni bag=gĭlĭhat, maškelan l-ʿAnqăra* 'Er half uns bei den Beschwerden. Wir richteten eine Beschwerde nach Ankara.' MT 1.6:8 • RW 175 || Kurm. *gilih, gilî* 'complaint' Chyet 212

gmbl || (< **gnbl* ?), cf. Syr. *gbl Pa.* 'to disolve; make thick; to devise, form' SL 201

Q *mgambele, mgambela - mgambil, mgambᵊlo tr.* mit etw. (*b-*) beschmieren, wälzen (in zähflüssiger Masse, wie Schlamm, aufgeschlagene Eier) | *măsăla fayšiwo dēri yawmo qayriwo, i=naqqayo kibux turit beʿe, mgambᵊlatte bab=beʿe w šilqatte hawxa b-dihniṯo* 'Wenn sie (die Kutle) beispielsweise bis zum nächsten Tag übrigblieben und kalt geworden waren, dann konntest du Eier aufschlagen, sie in den Eiern wälzen und so mit Fett braten.' MT 2.7:16; *mgambelan kulan ṣalmayna bu=admo, ğan nošo d-lĭ=ḥŭzelan* 'Wir alle beschmierten unsere Gesichter mit Blut, damit niemand uns sah.' MT 3.1:6

gndr || cf. Syr. *gndr* 'to rotate, to turn around' SL 245

Q *mgandalle, mgandalla - mgandir, mgand*ᵊ*ro* **(1)** *tr.* wälzen, rollen | *kmiloši* ʿ*am malḥo w hno, kizbarto ġắlăbe kmaḥtatte, w bibar sĭmoqo, kimgand*ᵊ*rit u=layšano hawxa xag=gandărokat* 'Sie werden geknetet mit Salz und Thymian, davon gibt man sehr viel hinzu, und rotem Pfeffer. Du formst diesen Teig zu kleinen Kugeln.' MT 2.11:2 **(2)** *tr.* umwerfen | *aṯi yatu u=rabo, awwĭl d-yatu, húwwalle ḥḏo mgandarre, qṭille, w fayiš u=na*ʿ*imo* 'Der Ältere ließ sich nieder (zum Gebet). Sobald er sich niederließ, verpassten sie ihm einen (Fußtritt) und warfen ihn um. Sie töteten ihn, und nun blieb der Jüngere übrig.' MT 5.2:47

Qp *mgandir, mgandro - migandir, migandro intr.* rollen, stürzen, fallen | *masḥalle qar*ʿ*e di=sisto naqla mḥalaqle ruḥe d-oṯe laffelayye, komir at=tarte raġloṯo qamoye maxlaṣṣe w aḥ=ḥaroye ... mgandir čĭk huwe w i=sisto b-gawe di=trabiye* 'Er machte das Pferd heiß und auf einmal stürzte er sich auf sie, um sie anzugreifen. Die Vorderbeide (des Pferdes) schafften es, doch die Hinterbeine ... er und das Pferd stürzten hintüber in die Fallgrube.' MT 5.2:50

gnowo *inf.* Stehlen, Diebstahl | ʿ*abir mídlele išmo d-nuro, nafiq da*ʿ*ir, mille aḷo i=nuraṯe ḥărām-yo, (...) gnowo-yo* 'Er trat ein, nahm sich ein wenig Feuer, kam heraus und machte sich auf den Rückweg. Er dachte: Bei Gott, dieses Feuer (zu nehmen) ist Sünde, (...) ein Diebstahl.' MT 5.3:11 → **gnw**

b-ᵊ**gnowo** heimlich | *izzínwo hinne b-lalyo gunwíwunne išmo d-suġle du=daḥno, w ŭṯanwo mdaqd*ᵊ*qíwole saymíwole laḥmo, b-*ᵊ*gnowo* 'Sie gingen des nachts und stahlen ein paar Hirserispen, und sie stampften sie und buken Brot daraus, heimlich.' MT 3.2:29 → **b**

gnune *n.f., pl.* **gnunāt** heimliche Tat | *făqat i=hawa mḥela ban=naqwe kulle, ŭṯanwo aṭ=ṭaye l-ḥĭḏōr Anḥil-*ᵊ*ste, naqlāt hŭwewo muṣadăma, bas lo xud di=ḏarbo d-Miḏyaḏ* ʿ*ŭmumi, hŭwewo qaṭlo, xid šĭkil* ᵊ*gnunāt* 'Doch die Luft blies durch alle Löcher, und die Muslime kamen auch in die Nähe von Anḥil. Manchmal gab es einen Zusammenstoß, aber nicht so umfassend wie der Schlag gegen Midyat; es kam zum Morden, aber eher heimlich.' MT 3.2:21 • Nicht in RW → **gnw**

gnw || Syr. *gnb Pe.* 'to steal' SL 243-44

I *gnule, gnula - gonu, gunwo tr.* stehlen | *izzínwo hinne b-lalyo gunwíwunne išmo d-suġle du=daḥno* 'Sie gingen des nachts und stahlen ein paar Hirserispen.' MT 3.2:29; *gunwiwo săwāl-*ᵊ*stene, aṣ=ṣŭroye, mu=kafnaṯṯe, nuḥríwunne w uxlíwunne* "Sie stahlen auch Vieh, die Christen, aus Hunger, schlachteten es und aßen es.' MT 3.2:29

gny || Syr. *gny*[1] 'to lie down' SL 247

I *gani, ganyo - gone, ginyo intr.* zur Neige gehen (Tag), untergehen (Sonne) | *komir midle af=faryaḏe, gani u=yawmo qli*ʿʿ*e af=faraṯṯe w azzín lu=bayto* 'Er nahm seine Lämmer, der Tag ging zur Neige, sie trieben ihre Lämmer und gingen nach Hause.' MT 4.2:5

gorān *n.m.* → **lu=gorān d-**

goro *n.f., pl.* **nĭgore** Dach | *bĭṯir mid maṭin l*ᵊ*-qm-u=tar*ʿ*o du=ḥaṯno, u=ḥaṯno gĭsoliq li=goro* 'Wenn sie vor der Haustür des Bräutigams angekommen sind, dann steigt der Bräutigam aufs Dach.' MT 1.3:30 • cf. *igoro, nigoro* RW 249, 365 || Syr. *egoro* 'id.' SL 8 → **nĭgore**

goya *conj.* mit der Absicht, (dass) | *hani mbarbᵊzi u=ʿulmo a̲ti u=ḥa̲tno, goya d-izzé si=nuxrayto* 'Die Leute zerstreuten sich, und der Bräutigam kam mit der Absicht, zu seiner Braut zu gehen.' MT 5.2:13 • BS 84 || Türk. *güya* 'als ob, als wenn, so genannt, angeblich'

graḥto *n.f.* Magd, Dienerin | *hawyo graḥto li=a̲tto. aʿmayye kuxlo, aʿmayye kšutyo, aʿmayye qqaymo* '(Das Mädchen) wurde die Dienerin seiner Frau. Sie aß mit ihnen, trank mit ihnen, teilte ihren Tagesablauf.' MT 5.1:12 • Nicht in RW || Syr. *griʿto* 'girl; serving mate' SL 260 → **greʿo**

gram *n.m., pl.* **gramat, gramāt** Gramm | *kmart̲ᵊḥi u=ḥalwo, b-ġēr=qōšxane, d-immina ṭase, mo-w-ḥamši=gramāt, ma̲te=gramāt, hawxa tarte=litrat d-ḥalwo klĭzamla* 'Sie erhitzen die Milch, in einem anderen Topf. Eine Tasse (Reis), einhundertfünfzig Gramm, zweihundert Gramm, braucht etwa zwei Liter Milch.' MT 2.9:2

grāw *n.m.* Pfand, Geisel | *midlan sĭfoqo, mid-di̲t̲te, ṭrelan grāw sĭ-ruḥayna* 'Wir nahmen einen Teller von ihnen und ließen ihn als Pfand bei uns zurück.' MT 1.5:35; *Šēx Fatḥa̲l̲la msalamle u=abro bayno̲tayye, maḥatle răhīn, grāw* 'Da überließ Schech Fatḥa̲l̲la ihnen seinen Sohn, er stellte ihn als Geisel.' MT 3.3:10 • RW 176 || Kurm. *girêv* 'deposit, pledge; token' Chyet 215

greʿo *n.m., pl.* **greʿe** Knecht, Diener | *naḥit u=tağir w išmo ma=greʿayde-stene aʿme* 'Der Kaufmann stieg hinab, und einige seiner Knechte mit ihm.' MT 4.2:12 • Nicht in RW || Syr. *griʿo* 'beardless; young man, servant' SL 260 → **graḥto**

hŭweno greʿux bitte (wörtl.: möge ich dein Knecht sein) → **hwy**

grs || cf. Syr. *grs* 'to be broken to pieces, shattered, crumbled' CSD 78 → **garso**

I *grisle, grisla - goris, gurso tr.* schroten, mahlen | *mid ᵊmnaqalle mab=buġre kmawbᵊlile naqqa=ḥreto li=raḥyo aw li=gŭrusto w ggursile* 'Wenn sie die Steinchen herausgelesen haben, bringen sie ihn auch zur Mühle oder zur Handmühle und schroten ihn.' MT 1.1:37

grš || Syr. *grš Pe.* 'to pull' SL 264

I *grišle, grišla - goriš, guršo* **(1)** *tr.* ziehen, herausziehen, über etw. ziehen | *grišle i=sakto marfele u=arwono* '(Der Teufel) zog den Pflock heraus und ließ das Kälbchen frei.' MT 4.4:17; *bĭṯir mĭ-falge=d-lalyo grišše ap=pălaṭina̲t̲te ʿal qarʿayye damixi* 'Nach Mitternacht zogen sie sich ihre Mäntel über die Köpfe und schliefen.' MT 5.2:83 **(2)** *tr.* zusammenziehen | *i=dukto d-immíwunne ʿaymo-yo guršiwo i=quwwa̲t̲te l-ṭamo* 'An der Stelle, an der sie ihnen sagten, dass es wolkig (d.h. gefährlich) war, zogen sie ihre Kräfte zusammen.' MT 3.2:12 **(3)** *tr.* schöpfen (Wasser) | *ḥi̲r̲re kīt gubo ṭamo laybin gurši maye* 'Sie sahen, dass dort ein Brunnen war, doch sie konnten kein Wasser schöpfen.' MT 3.2:25 **(4)** *intr.* dauern | *u=ʿăza sidayna ggoriš šabto taqriban* 'Die Trauerzeit dauert bei uns ungefähr eine Woche.' MT 1.2:18

Ip *griš, grišo - migriš, migrošo* wegkriechen, sich ziehen, gezogen werden | *midle i=xanğar b-i̲de miḥyole hawxa bi=ḥayye, mi̲l̲le hōl d-lo ŭno ŭt̲eno b-i̲di gŭrášnolix lĭ=migrošit* 'Er nahm den Dolch und stieß ihn in die Schlange, er sagte: Bis nicht ich komme und dich mit eigener Hand befreie, befreie dich nicht.' MT 5.3:19

goriš nawbe Wache halten | *gdumxi ṭamo bu=ṭuro, ggurši nawbe-stene lăšan ḥăramiye d-l-ŭṯelin* 'Sie schlafen dort auf freiem Feld, und sie halten abwechselnd Wache, damit keine Räuber sie (die Tiere) überfallen.' MT 1.1:99 → **nawbe**

gry || Anat. Arab. *gry II* 'anreden, anrühren' VW 308

II *mgarele, mgarela - mgare, mgaryo intr.* sprechen | *i=pire ḥiḷḷa kĭlé kaṯi, ġăḏab diḏe, u=ġăḏab diḏe knoḥit l-arke u=zlām, lĭ=mgarela, lĭ=miḷḷale m-ayko koṯit l-ayko gizzúx* 'Die Alte sah ihn kommen, seinen Zorn, seine Wut sah man von Weitem, deshalb sagte sie nichts. Sie fragte ihn nicht: Woher kommst du, wohin gehst du?' MT 5.2:34

gubo *n.m., pl.* **gubone** Zisterne, Brunnen | *hēš kĭlá i=xărăze d-Mōr Malke ʿal fēm du=gubo* 'Noch immer liegt die Einfassung von Mor Malke auf der Brunnenöffnung.' MT 4.4:23 • RW 178 || Syr. *gubo* 'id.' SL 210

Gŭlo Zĭlo Bando Name des Helden im Märchen | MT 5.3:30

gumrikči *n.m.* Zöllner | *u=abro du=gumrikči* 'der Sohn des Zöllners' MT 1.3:18 • RW 179 || Türk. *gümrükçü* 'id.'

gumṯo *n.f., pl.* **gŭmoṯo** Webstuhl | *e latwo šuġlone, gŭmoṯo-wayye, zqoro zuqriwo šuqo, kulle, w naʿime-wayye kulle, kulle gŭmoṯo, latwo dukkane d-fitḥi šuġlone d-saymi* 'Nun, es gab keinerlei Arbeit. Es gab Webstühle, sie webten Leinwand, alle, und alle waren jung. Alle (arbeiteten nur an) den Webstühlen. Es gab keine Läden, die sie hätten eröffnen, keine Arbeiten, die sie hätten ausüben können.' MT 3.4:1 • cf. *gimṯo* RW 176 || cf. Syr. *gumṯo* 'pit, sewer' SL 216; cf. NENA (Betanure) *gūba* 'loom installed into a cavity into the ground' Mutzafi 2008:350; cf. Syr. Arab. *ğūma* 'id.' TKT 2.5:1 u. 306

Güneydoğu Südosten, Name der Region in der Türkei | MT 1.7:2

gŭristo *n.f.* Handmühle → **gŭrusto ~ gŭristo**

gurno *n.m.* Trog | *miḷḷe lu=šiḏo, xraz i=xărăze ḥeta b-ʾqḏolux, w mid lu=gurno ḥete b-qarʿux!* 'Er sprach zu dem Teufel: Lege dir die Brunneneinfassung als Krause um den Hals und nimm den Trog und setze ihn dir auf den Kopf!' MT 4.4:15 • RW 181 || Syr. *gurno* 'water jar, water pot; coffin' SL 221

gurto *n.f., pl.* **gurtoṯo** Grube | *ba=qriyawoṯo li=nuqro kummila gurto, w aḥna li=nuqro d-huwe komir kimmínale ṭaġno, aḏiʿit?* 'Die *nuqro* (Grube) nennen sie in den Dörfern *gurto*. Und das, was er *nuqro* nennt, nennen wir *ṭaġno*, weißt du.' MT 5.4:3 • Nicht in RW || eventuell fem. zu *gurno*: **gurnto* > *gurto*; cf. Syr. *guro* 'jug' SL 220; cf. Syr. Arab. *ğūra* 'id.' TKT 305

gŭrusto ~ gŭristo *n.f.* Handmühle | *i=gŭrusto tarte=kefe rabe-ne, xid šĭkil di=raḥyo-ne bann=iḏoṯo kmabrʾmile w ggursile* 'Die Handmühle besteht aus zwei großen Steinen, wie eine Art von Mühle. Sie drehen sie mit den Händen und schroten ihn.' MT 1.1:33; *gmaydit u=kĭtonayḏux, gĭfurxatle bi=kefo di=gŭristo* 'du nimmst deine Baumwolle, reibst sie am Stein der Handmühle.' MT 1.5:16 • RW 181 → **grs**

gurwo *n.m., pl.* **gurwe** Strumpf, Socke | *uʿdo ag=gurwe-ste fayiši šuġl daf=făbariq* 'Heute sind die Strümpfe Fabrikware.' MT 1.1:92 • RW 181 || Syr. *gurbo* 'woolen sock' SL 220

gweto *n.f.* Käse | *bu=firšīkawo saymiwo i=gweto (...) kmaḥti mu=darmonawo bu=ḥalwo šaḥino w kimḥafḏile w kowe gweto* 'Mit diesem Lab pflegten sie den Käse zu machen (...) Von diesem Mittel geben sie (etwas) in die heiße Milch und halten sie warm, dann wird sie zu Käse.' MT 1.1:83 • RW 182 || Syr. *gḇeto* 'id.' SL 203

gworo *inf.* Heiraten, Heirat | *bayn lu=aḥuno w li=ḥoṯo kowe gworo, bayn li=qariwuṯo lĭ=kowe gworo* '(Selbst wenn) zwischen Bruder und Schwester eine Heirat möglich wäre, wäre doch in einem Patenverhältnis keine Heirat möglich.' MT 5.1:4 → **gwr**

gwr || denom. Syr. *gaḇro* 'man' SL 202

I *gawir, gawiro - gowir, guro intr.* heiraten | *hedi malimme ḥḏoḏe, immi d-fayšina, d-gurina harke, gṯīrena an=naʿimayḏan* 'Da kamen sie zusammen, sie sagten: Wenn wir bleiben und hier heiraten, werden wir unsere Familien im Stich lassen.' MT 3.4:10; *gawir ʿam emi* 'Er verheiratete sich mit meiner Mutter.' MT 3.4:19

Ip - *migwir, migworo* es wird geheiratet ⊗ nur im Präsens | *mille kŭḏaʿno dayroye-hatu, klozim komir migwir, u=nsān d-obe fire mozid i=hnayḏe, i=mšiḥoyuṯayḏe.* 'Er sagte: Ich weiß, dass ihr Mönche seid, doch es muss geheiratet werden. Der Mensch, der Früchte gibt, mehrt sein Christentum.' MT 4.5:4

gyb || Etym. unbekannt

III *magible, magibla - magib, magibo intr.* Angst bekommen | *mille b-Aloho magibli mu=zʿurano d-kŭṯeli* 'Er sagte: Bei Gott, ich habe Angst vor diesem Jungen bekommen, der mich angreift.' MT 5.2:92

ġ

ġaḏb *n.m.* Druck ⊗ ein Versprecher für Arab. *ḍaġṭ* 'Druck' (?) | *iḏa d-lowe b-lebe d-ᵊḥḏoḏe-ste, ksaymi xid šĭkil ġaḏb ...* 'Selbst wenn die beiden sich nicht ins Herz geschlossen haben, üben (die Eltern) ein wenig Druck aus ...' MT. 1.3:2 • Nicht in RW

ġăḏab *n.m.* Zorn | *i=pire ḥiḻla kĭlé kaṯi, ġăḏab diḏe, u=ġăḏab diḏe knoḥit l-arke u=zlām, lĭ=mgarela* 'Die Alte sah ihn kommen, seinen Zorn, seine Wut sah man von Weitem, deshalb sagte sie nichts.' MT 5.2:34 • RW 182 || Arab. *ġaḍab* 'Zorn, Wut' Wehr 668

ġắlăbe ⊗ undeklinierbar **(1)** viel | *ak=karme kŭwalle karsᵊwone ġắlăbe* '(Die Rebstöcke) in älteren Weinbergen haben viele Reben.' MT 1.1:64; *kimqafin i=dukṯo d-kīt gelo ġắlăbe* 'Sie finden eine Stelle, an der es sehr viel Gras gibt.' MT 1.1:68 **(2)** *adv.* sehr | *kowe ṭaʿmayye ġắlăbe basimo* 'Sie bekommen einen sehr guten Geschmack.' MT 1.1:5; *iḏa aṯi w hawi u=yawmo ġắlăbe ḥayumo aḏiʿ ṣahin* 'Wenn der Tag sehr heiß ist, dann weiß er, dass sie (wieder) durstig geworden sind.' MT 1.1:95 • RW 183 || cf. Arab. *ġāliban adv.* 'meistens, in den meisten Fällen, größtenteils' Wehr 672

ġalṭo *n.m.* Irrtum, Fehler | *uʿdo-ste yaʿni d-oṭe b-iḏayye, xid ᵊksaymi mede kayiso l-Aloho, i=naqqa d-ᵊksaymi ḥarbuṯo aʿlayna, yaʿni kḥušwila xēr. kulle ġalṭo b-ġalṭo w maṭina lu=ḥalano* 'Auch heute noch, wenn sie die Gelegenheit haben und uns Böses antun, ist das so, als ob sie damit für Gott eine gute Tat vollbringen würden. Das heißt, sie halten das für eine gute Tat. Alle sind im Irrtum befangen, und so kamen wir zu diesem Punkt.' MT 3.3:17 • RW 183 || Arab. *ġalaṭ* 'id.' Wehr 672

ġamo *n.m., pl.* **ġame** Kummer, Sorge • RW 183 || Arab. *ġamm* 'id.' Wehr 674

ġamo layt es macht nichts, keine Sorge! | *mille hišš ġamo layt, ġamo layt* 'Er sagte: Ruhe! Es macht nichts, es macht nichts.' MT 4.4:18 → **layt ~ layto**

ṭoˁin ġamo Kummer haben, sich Sorgen machen → **ṭˁn**

ġăraz *n.m.* Rachegedanken | *aḥna layt sidayna kīn w ġăraz* 'Wir hegen keinen Hass und keine Rachegedanken.' MT 3.2:41 • Nicht in RW || cf. Arab. *ġaraḍ* 'Zielscheibe, Absicht, Neigung, Vorurteil' Wehr 664; cf. Anat. Arab. (Āzəx) *ġaraẓ* 'Absicht' VW 301

ġarzík *n.m., pl.* **ġīrezik** junger Weinberg | *aġ=ġīrezik u=ksoḥatte qolāy-yo* 'Der Rebschnitt in den jungen Weinbergen ist einfach.' MT 1.1:64 • RW 185 || cf. Anat. Arab. *ġarz* 'Garten, neu angelegter Weinberg' VW 301, JK 101; cf. Arab. *ġars(a)* 'Pflanze, Setzling' Wehr 664

ġēr *adj.* anderer | *ᵊb-ġēr=xasra, ġēr=xasra-ste kmarṯᵊḥi u=ḥalwo, b-ġēr=qōšxane* 'Daneben erhitzen sie die Milch, in einem anderen Topf.' MT 2.9:2; *ġēr=mede* 'etwas anderes' MT 1.3:42 • RW 186 || Arab. *ġayr* 'id.' Wehr 680

ġēr (m-) *prep.* außer | *ġēr mu=siryoyo l-íḏˁiwo mede* 'Außer Aramäisch konnten sie nichts.' MT 3.4:7; *lī=ṭrele tī=mede mī-diḏe d-l-áxile ġēr at=tarte iḏoṯani* 'Der ließ nichts von ihm übrig, was er nicht gefressen hätte, außer den beiden Händen.' MT 5.1:27 • RW 186 || Arab. *ġaira* 'außer' Wehr 664

ġilbá *n.f.* Mehrheit | *wălaw b-Miḏyaḏ ġilbá-wayne amma l-larwal d-Miḏyaḏ naqqa=ḥreto bu=zīyudo aṭ=ṭaye-wayne* 'Auch wenn sie in Midyat die Mehrheit stellten, so waren doch wiederum außerhalb von Midyat die Muslime in der Mehrheit.' MT 1.7:5 • RW 186 || cf. Arab. *ġālibīya, aġlabīya* 'Mehrheit' Wehr 672

ġira *n.f.* Kampfesmut | *qayim hano u=Masˁid (...) omir kūro qumu, qumu i=ġira l-yawmo hawxa-yo* 'Dann hat dieser Masˁid, (...) gesagt: Leute, rafft euch auf, der Kampfesmut ist für so einen Tag bestimmt.' MT 3.1:24 • RW 186 || cf. Arab. *ġaira* 'Eifersucht, Eifer' Wehr 680

ġlb || Arab. *ġlb I* 'überwinden, überwältigen, besiegen' Wehr 671

I *ġlible, ġlibla - ġolib, ġilbo tr.* besiegen | *ayna ḥa d-šoqil u=qīsim ġălabe, maˁnata l-awo ġlible u=ḥreno.* 'Wer den größeren Teil bekommt, das bedeutet, dass er den anderen besiegt hat.' MT 1.3:10

Ip *ġlīb, ġlibo - miġlib, miġlobo* besiegt werden | *u=qariwo di=kaččīke d-šoqil u=qīsim du=laḥmo ġălăbe, ġlible u=qariwo du=ḥaṯno, ġlīb u=ḥaṯno* 'Wenn der Vertreter des Mädchens den größeren Teil des Brotfladens bekommt, dann hat er den Vertreter des Bräutigams besiegt, d.h. der Bräutigam ist besiegt.' MT 1.3:10

ġŭbari • RW 187 || cf. Arab. *ġubār* 'Staub' Wehr 659

dworo du=ġŭbari Trockenpflügen → **dworo**

ġŭrub *n.m.* Gruppe | *ᵊgdayqi u-birġil, gbode ġŭrūb mĭnayye komir ha haye, a-ḥrene kmadᶜᵊri ha haye, hōl d-komil u-birġil* 'Sie stampfen den Bulgur. Eine Gruppe fängt an und ruft *ha haye* und die andern antworten *ha haye*, bis der Bulgur fertig ist.' MT 1.1:31 • RW 188 || cf. Türk. *grup* 'id.'

ġyr || Arab. *ġyr V* 'geändert, verändert werden' Wehr 680

IIp *mġayir, mġayro - miġayir, miġayro intr.* sich verändern, verändert werden | *min-yo hano aᶜlux? mille mĭ-kīt aᶜli? milla mġayrit, min-hawi aᶜlux, min sīm?* 'Was hast du da an dir? Er sagte: Was habe ich an mir? Sie sagte: Du hast dich verändert, was ist mit dir passiert, was wurde gemacht?' MT 4.2:6

ġyṭ || Arab. *ġṭṭ I* 'tauchen, eintauchen' Wehr 669

I *ġiṭle, ġiṭla - ġoyiṭ, ġayṭo tr.* tauchen, eintauchen | *ak-karkūš mid maṭin qquṭfinne, ksaymi maye d-qaṭmo w kġayṭi suġlo b-suġlo bam-maye du-qaṭmano* 'Wenn die *karkūš*-Trauben reif sind, pflückt man sie, man bereitet Aschenlauge vor und taucht eine Traube nach der anderen in diese Aschenlauge.' MT 1.1:49

ğ

ğaᶜde *n.f., pl.* **ğaᶜdat** Straße, Gasse | *aq-qarye di-kalo-ste w aq-qarye du-ḥaṯno-ste, koṯin ᶜam ᵊḥḏoḏe, kowe qălăbaliġ ġắlăbe, w kmakrᵊxila b-Miḏyaḏ, bağ-ğaᶜdat diṯṯe* 'Die Gäste der Braut und die Gäste des Bräutigams, alle kommen gemeinsam. Es gibt ein großes Gedränge, und sie machen mit der Braut eine Tour durch Midyat, durch seine Gassen.' MT 1.3:29 • RW 76 || cf. Anat. Arab. *ğaᶜde* 'id.' VW 87, cf. Arab. *ğādda* 'id.' Wehr 125, Türk. *cadde* 'id.';

ğabha *n.f.* Front | *ībíwunne išara, laṣ-ṣūroye d-kítwayye ᶜaṣye b-ᶜIwardo, immiwo b-ᵊflān ğabha ᶜaymo-yo, b-ᵊflān dukṯo ṣaḥwo-yo* 'Sie gaben den Christen, die sich in ᶜIwardo verschanzt hatten, Informationen, sie sagten: An der und der Front ist es bewölkt, an der und der Front ist es klar.' MT 3.2:12 • Nicht in RW || Arab. *ğabha* 'Stirn, Vorderseite, Front' Wehr 123

ğağiq *n.m.* Ğağiq, eine Art Frischkäse | *i-naqqa d-kimšaḥninne, am-maye kᶜolin lalᶜil, quṭfíwunne, maḥtíwole bu-kiso, saymíwole immiwo ğağiq* 'Wenn man nun die Buttermilch erhitzt, steigt das Wasser nach oben, das man abschöpfte. (Den Bodensatz) pflegten sie in einen Stoffbeutel zu schütten und machten daraus den *ğağiq*, wie sie ihn nannten.' MT 2.5:7 • RW 76 || Türk. *cacık* 'id.'

ğahd *n.m.* Mühe | *iḏa d-l-owe b-lebe d-ᵊḥḏoḏe-ste, ksaymi xid šīkil ġaḍb, w lăšan d-howin naṣīb d-ᵊḥḏoḏe-ste ksaymi u-ğahd diṯṯe kule.* 'Selbst wenn die beiden sich nicht ins Herz geschlossen haben, üben (die Eltern) ein wenig Druck aus und geben sich alle Mühe, dass sie zueinander finden.' MT 1.3:2 • Nicht in RW || Arab. *ğahd* 'Anspannung, Anstrengung, Mühe' Wehr 156

ğaloyo *n.m., pl.* **ğaloye** Wäscher (der beim Verzinnen mithilft) | *i-ṣinᶜa di-byeḏa, u-byoḏo i-maᶜnayḏe, lo mĭ-ḥa-šaxṣ bilḥuḏe, hŭwewo. d-immina hŭwewo ḥa ustad, hŭwéwole-ste ḥa ğaloyo.*

'Das Handwerk des Verzinnens ... Verzinnen bedeutet ... es konnte nicht von einer Person allein ausgeführt werden. Da gab es also einen Meister, und es gab auch einen Wäscher.' MT 1.5:11 • BS 116 || Arab. *ğly* 'polieren, reinigen, spülen' Wehr 144 → **ğloyo**

ğām *n.m.* (Stück) Glas | *kmaydi af=falqani kmaḥtinne b-tănăgaye w kkufxi i=maye-w-malḥayo aᶜlayye, w kmaḥti f-feme di=tănăgaye ğām* 'Sie nehmen die Stücke (Käse), legen sie in einen Blechkanister und gießen die Salzlake darüber. In die Öffnung des Kanisters legen sie ein Stück Glas.' MT 1.1:84 • RW 78 || Türk. *cam* 'id.'

ğămaᶜa *n.f.* Gemeinde, Versammlung, Anwesende | *qamayto koṯe u=qašo d-kityo u=miṯawo (...) ᶜayít di=ğămaᶜayḏe* 'Zuerst kommt derjenige Priester, (...) zu dessen Gemeinde der Verstorbene gehört.' MT 1.2:3; *lăšan d-mistafdo i=ğămaᶜa d-kitne yatiwe* '... damit die Anwesenden, die dort sitzen, davon profitieren.' MT 1.2:15; *koṯin knušqi iḏe du=qašo, i=ğămaᶜa, aq=qariwe-qariwe w u=ḥa d-rŭḥamme* 'Die Anwesenden kommen und küssen dem Priester die Hand, d.h. die nahen Verwandten, und wen er mag.' MT 1.3:25 • RW 78 || Arab. *ğamāᶜa* 'Gruppe von Menschen, Leute' Wehr 148

ğamudo *adj.*, f. **ğamidto**, *pl.* **ğamude** kalt | *am=maye ğamude* 'kaltes Wasser' MT 1.1:49; *i=naqqa d-owe ğamudo, knofiq zibdo zid* 'Wenn er (der Joghurt) nämlich abgekühlt ist, setzt sich mehr Butter ab.' MT 2.5:3 • RW 79 → **ğmd**

ğănāḥ *n.m.*, *pl.* **ğănaḥat, ğănaḥāt** Flügel | *ḥiḻḻe lu=ṭayro aṯyo i=šimšo aᶜle, komir mḥele hawxa ğănāḥ diḏe qm-u=yawmo, símlele ṭīlolo* 'Dann sah der Vogel, dass die Sonne auf (den jungen Mann) schien, und er breitete seine Flügel vor der Sonne aus und machte Schatten für ihn.' MT 5.3:38 • RW 84 || Arab. *ğanāḥ* 'id.' Wehr 153

ğănaza *n.f.* Leiche | *mhalaxxe tloṯo=yawme w tloṯo=lalye hōl d-ṛawiᶜo i=gamlo, tamo maklalle, manḥatte i=ğănazaṯṯe, w maḥatte u=babo b-dukṯe* 'Sie gingen drei Tage und drei Nächte, bis das Kamel sich lagerte. Dort hielten sie an, nahmen die Leiche herunter und setzten den Vater an seinem Ort bei.' MT 5.3:3 • RW 79 || cf. Anat. Arab. *ğənāze* 'Leiche' JK 30; cf. Arab. *ğanāza* 'Begräbnis' Wehr 154

ğan d- *conj.* damit | *mgambelan kulan ṣalmayna bu=admo, ğan nošo d-lĭ=ḥŭzelan* 'Wir alle beschmierten unsere Gesichter mit Blut, damit niemand uns sah.' MT 3.1:6 = **lăğan**

ğandirma *n.m.*, *pl.* **ğandirma** Gendarm | *miḻḻe ann=aṯoye d-aṯín biṯrux, ağ=ğandirma w i=ḥkume lo l-mede d-xēr aṯin* 'Er sagte: Diese, die deinetwegen gekommen sind, die Gendarmen und die Regierung, die sind in keiner guten Absicht gekommen.' MT 3.2:1 || Türk. *jandarma* 'id.'

ğaryān *n.m.* Strom | *izzinwo mağbūr, noše faqire w d-lo qayse, latwo ğaryān xid uᶜdo d-immit* 'Sie gingen gezwungenermaßen, sie waren arme Leute, und ohne Holz ..., es gab keinen Strom wie heute.' MT 3.3:13 • RW 80 || Türk. *cereyan* 'id.'

ğăsad *n.m.* Körper | *komir manḥatle damᶜe aṯi maye ğamude ᶜal ḥāṣ di=žinnĭke, miḻḻa hanik min maye ğamude-ne? (...) miḻḻe kbŭxeno ᶜal u=ğăsad diḏix* 'Er ließ seine Tränen fließen, sie tropften wie kaltes Wasser auf den Rücken der Frau. Sie sagte: Was ist das für ein kaltes

Wasser? (...) Da sagte er: Ich weine über deinen Körper.' MT 4.5:14 • RW 80 || Arab. *ğasad* 'id.' Wehr 137

ğăsara *n.f.* Mut, Kühnheit, Unerschrockenheit • Nicht in RW || Arab. *ğasāra* 'id.' Wehr 137

obe ğăsara l-ruḥe sich wagen, den Mut fassen → **ʾby/hw**

soyim ğăsara sich wagen → **sym**

ğassūr ~ ğăsūr *adj.* mutig | *kitwo harke dayroyo Biṭris immíwole, ᵊzlām ğassūr-we, u=aṣᵊl diḏe m-Qīlatmăṛa-we* 'Es gab hier einen Mönch namens Biṭris, er war ein mutiger Mann. Er stammte aus Qalʿətmaṛa.' MT 3.2:32; *kmŭḥalle bi=arʿo, d-howe čike ğăsūr huwe kmoyid ax=xŏrtīn w ksoyim ḥăqarāt binne.* 'Sie (die Freunde) lassen ihn (den Bräutigam) auf die Erde fallen, und wenn er sich etwas traut, dann packt er die jungen Männer und springt gleichfalls mit ihnen um.' MT 1.3:45 • cf. *jaşur* 'id.' BS 117 || Arab. *ğasūr* 'kühn, wagemutig' Wehr 137

ğāṭ *n.m.* Schale | *i=naqqa d-ṭubxíwole, gid mifqi ĭḏa ğāṭ hawxa mede, gid maḥtile b-čingo* 'Wenn sie (den *tarxayno*) kochen wollten, holten sie so etwa eine Schale voll und geben ihn in ein emailliertes Gefäß.' MT 2.5:10 • Nicht in RW || cf. Pal. Arab. *ğāṭ* (*ğwṭ*) 'id.' Seeger 221

ğbr[1] || Arab. *ğbr I, IV* 'zwingen' Wehr 121-122

I *ğbiḻḻe, ğbiḻḻa - ğobir, ğibro tr.* zwingen | *năhaye lu=ʿulmo ğbirre* 'Schließlich zwangen ihn die Leute (dazu).' MT 5.2:102

Ip *ğbīr, ğbiro - miğbir, miğboro intr.* gezwungen sein, müssen | *miğbŭrínawo lu=ʿwoḏo du=lalyo-stene* 'Wir waren gezwungen, auch nachts zu arbeiten.' MT 1.5:28; *ğbiri marwaxxe w aṯi fayit* 'Sie waren gezwungen, ihn (ins Boot) zu nehmen, und er überquerte (das Wasser).' MT 5.2:69

ğbr[2] || Arab. *ğbr II* 'einrenken, einrichten, schienen (Knochen)' Wehr 122

Ip *ğbīr, ğbiro - miğbir, miğboro* eingerenkt werden, zusammengefügt werden | *min-yo i=maʿna du=tworo du=laḥmano? kaʾinnahu u=laḥmo, bĭṯir mid bašilo twīr, naqqa=ḥreto lĭ=kmiğbir* 'Was ist die Bedeutung des Brotbrechens? Wenn das Brot gebacken ist und dann gebrochen wird, lässt es sich nicht wieder zusammenfügen.' MT 1.3:12

ğehil *adj.* jung, unerfahren | *yaʿni aḥna kitlan imān b-awxa mĭdone. aṃṃa uʿdo d-immatla haṯe l-ᵊḥreno, l-ğehil m-du=waxtano, gd-omir de zux lo, hani min xărăfāt-ne w min mamro-yo w min ᵊhno-yo* 'Wir glauben an solche Dinge. Aber wenn du das jetzt jemand anderem erzählst, einem jungen Menschen unserer Zeit, dann wird er sagen: Geh doch! Was sind das für Märchen, was ist das für ein Geschwätz, was für ein Zeug!' MT 4.4:24 • RW 81 || Arab. *ğāhil* 'id.' Wehr 158

ğerīd *n.m., pl.* **ğeridāt** Wurfspeer | *hawi ṣafro mḥalle ğeridāt b-ᵊḥḏoḏe.* 'Es wurde Morgen und sie kämpften mit den Speeren gegeneinander.' MT 5.2:94 • Cf. *ğaridat* RW 80 || Arab. *ğarīd* 'hölzerner Wurfspeer ohne eiserne Spitze, bei Reiterspielen verwandt' Wehr 106

ğewi *n.m., pl.* **id.** Zwilling | *meqim hŭwéwulle laʿ=ʿeze aw la=ʿwone aġláb ğewi* 'Früher warfen die Ziegen und Schafe meistens Zwillinge.' MT 1.1:82 • RW 82 || Kurm. *cêwî* 'id.' Chyet 90

ğġaliye *n.f.* Sprechen, Gespräch, Rede | *kmiğġoli aʿmayye ğġaliye basimto* 'Sie sprechen freundlich mit ihnen.' MT 1.3:6; *u=sayfo azzano, hawxa ğġaliye, lo?*

'Der Sayfo, wir gingen ... so einen Bericht (willst du), oder?' MT 3.1:1 • RW 82 → **ǧġl, štaġaliye**

ǧġl || cf. Anat. Arab. *šġl VIII* 'reden, sprechen' VW 227; Arab. *šġl VIII* 'sich beschäftigen, arbeiten, tätig sein' Wehr 484

Ip *ǧġil, ǧġilo - miǧġil, miǧġolo* **(1)** reden, sprechen | *ṭamo mil̤lan halan ḥaq didan, ǧġil lo=šafiro, mil̤lelan xabre.* 'Wir sagten: Gib uns, was uns zusteht. Er redete unschön, gab uns böse Worte.' MT 1.5:6; *hišš lĭ=miǧġolit ha, d-miǧġolit qqŭṭannix* 'Doch pssst, sprich nur ja nicht! Wenn du (f.) redest, bringe ich dich (f.) um.' MT 5.2:80 **(2)** erzählen | *i=naqla d-awi u=sayfo ŭno latwi hawyo, ma u=mede d-aṯi nqil l-aḥna, yaʿni d-ᵊǧġlilan aq=qamoyayḏan* ... 'Als sich der Sayfo ereignete, war ich noch nicht geboren, doch das was uns überliefert worden ist, das was uns unsere Älteren erzählt haben ...' MT 3.3:1

ǧġoro, *pl.* **ǧġore** **(1)** *inf.* Anzünden **(2)** *n.* Brennmaterial | *ab=bŭqoṯanik-stene kmanṭanne lu=bayto, ksayminne ǧġore lăšan u=tanuro* 'Man schafft die Bündel nach Hause. Sie benutzen sie als Brennmaterial für den Lehmbackofen.' MT 1.1:65 • RW 82 → **ǧġr**

ǧġr || Syr. *šgr² Pe.* 'to heat up' SL 1511

I *ǧġil̤le, ǧġil̤la - ǧoġir, ǧuġro tr.* schüren, anfeuern, anheizen | *midde u=zʿuraṯe mawballe su=ḥimmāmči, ǧġir̤re u=ḥimmām w mḥalaqqe bu=farmo di=nuro* 'Sie nahmen ihren Jungen und brachten ihn zum Bademeister, sie schürten das Bad an und warfen ihn in den Feuerofen.' MT 4.2:10

ǧiddo *n.m.*, *pl.* **ǧidde, ǧiddone** Großvater | *bu=aṣᵊl, ǧiddi mĭ-Kfarze-we* 'Ursprünglich stammte mein Großvater aus Kfarze.' MT 1.5:1 • RW 82 || Arab. *ǧadd* 'id.' Wehr 124

ǧĭġara *n.f.*, *pl.* **ǧĭġarat, ǧĭġarāt** Zigarette | *dĭxono ǧ-ǧĭġara* 'der Rauch einer Zigarette' MT 5.2:70; *i=ʿade du=ʿăza, sidayna hawxa kowe. koṯin an=noše kŭbinne ǧĭġarāt, bĭṯir maǧ=ǧĭġarāt ksayminne qaḥwe mayirto* 'Die Sitte der Kondolenz ist bei uns so: Die Leute kommen, und man gibt ihnen Zigaretten. Nach dem Rauchen macht man ihnen bitteren Kaffee.' MT 1.2:14 • RW 83 || cf. Kurm. *cigare* 'id.' Chyet 90; cf. Anat. Arab. *ǧəġāṛa* 'id.' JK 30

ǧins *n.m.*, *pl.* **ǧinsat** Sorte, Art, Rasse | *a=ʿwone kayise sidayna u=ǧins diṯṯe kmitamil̤le ḥillík* 'Die Rasse der guten Schafe bei uns heißt *ḥillík*.' MT 1.1:89; *kito ak=karme, kimminne karmo daǧ=ǧinsat* 'Unter den Weinbergen gibt es solche mit verschiedenen Rebsorten.' MT 1.1:48 • RW 84 || Arab. *ǧins* 'id.' Wehr 155

ǧĭṛān ~ **ǧiṛān** *n.m.*, *pl.* **id.** Nachbar | *ᵊqqorin laǧ=ǧĭṛān diṯṯe* 'Sie rufen ihre Nachbarn.' MT 1.1:21; *am=miṯe b-Miḏyaḏ d-ᵊkmayṯi gdayqo i=ʿito, lăšan lo u=ahl w bas d-šomiʿ, w aǧ=ǧiṛān, d-šimʿo Miḏyaḏ kula* 'Wenn in Midyat jemand stirbt, dann läuten die Kirchen(glocken), damit nicht nur die Verwandten und die Nachbarn es hören, sondern damit ganz Midyat es hört' MT 1.2:1 • RW 85 || Arab. *ǧīrān* (pl.) 'Nachbarn' Wehr 161

Ǧirǧis männlicher Personenname: Georg | MT 3.2:25 → **Ǧirǧo**

Ǧirǧo männlicher Personenname: Georg (Kurzform von Ǧirǧis) | MT 3.4:6 → **Ǧirǧis**

ǧĭrobo *inf. II* Versuchen, Probieren | *lĭ=kŭḏaʿno ǧĭrobo kimǧarabli* 'Ich weiß nicht, ob er mich nur auf die Probe stellt.' MT 5.2:92 → **ğrb**

ğloyo *inf.* Reinigen, Spülen | *u=ğloyo i=maʕnayde, u=sĭfoqo d-ĭṯewo, manḍáfwole mu=ʕăğaq* 'Waschen bedeutet ... wenn ein Stück Geschirr ankam, reinigte man es von dem Dreck.' MT 1.5:12 || Arab. *ğly* 'polieren, reinigen, spülen' Wehr 144 → **ğaloyo**

ğmd || Arab. *ğmd I* 'gefrieren, einfrieren' Wehr 145

I *ğamid, ğamido - ğomid, ğumdo* **(1)** *intr.* sich abkühlen, kalt werden | *hiya šaḥinto kmanḥĭtila w krŭmalla bas=sĭfoqe, ğğimdo bas=sĭfoqe kmisko sīr* 'Wenn er (der Milchreis) noch heiß ist, nimmt man ihn vom Feuer und füllt ihn in die Schalen. Er kühlt sich in den Schalen ab und bekommt eine Haut.' MT 1.1:85 **(2)** stocksteif werden | *tamo iḏe rafyo, ṭavizo iḏe, ğamid* 'Da erschlaffte sein Arm, sein Arm wurde wie gelähmt, er wurde stocksteif.' MT 5.2:95

III *mağmadle, mağmadla - mağmid, mağmᵊdo tr.* kalt machen, kühlen | *kuḏʕit i=hawa du=băḥar kimmo, hawa ğamidto-yo kĭmağmᵊdoli* 'Du kennst die Meeresluft, sagte sie, es ist kalte Luft, sie macht mich kalt.' MT 5.3:52

ğrb || Arab. *ğrb II* 'probieren, versuchen' Wehr 129

II *mğarable, mğarabla - mğarib, mğarbo tr.* probieren, auf die Probe stellen | *lĭ=kŭdaʕno ğĭrobo kimğarabli* 'Ich weiß nicht, ob er mich nur auf die Probe stellt.' MT 5.2:92

ğry[1] || Arab. *ğry I* 'stattfinden, sich ereignen' Wehr 133

I *ğari, ğaryo - ğore, ğuryo intr.* passieren, geschehen | *komir u=nsān d-ŭwele imān xid bzarʕo d-xardălaye, mede lĭ=ğğŭrele* 'Ein Mensch, selbst wenn er nur so viel Glauben hat wie ein Senfkorn, dann geschieht ihm nichts.' MT 4.1:9

ğry[2] || Arab. *ğrʾ I* 'wagen, riskieren' Wehr 129

III *mağrele, mağrela - mağre, mağrᵊyo intr.* wagen, sich wagen | *ŭṯanwo aḥ=ḥūt, ŭṯanwo an=nune rabani, lĭ=mağranwa mqadmíwolan* 'Es kamen Seeungeheuer, es kamen die großen Fische, doch sie wagten nicht, sich uns zu nähern.' MT 4.1:8; *riḥmánwolux, m-awwil=yawmo riḥmánwolux ŭno, farza mĭ-babi lĭ=mağranwo* 'Ich habe dich geliebt, vom ersten Tag an habe ich dich geliebt, auch wenn ich mich wegen meines Vaters nicht getraut habe.' MT 5.2:15

ğulo *n.m., pl.* **ğule** **(1)** Tuch | *maḥtí-wunne d-immina ʕal ğule w manšᵊfíwunne bi=šimšo* 'Diese legten sie beispielswiese auf Tücher und ließen sie in der Sonne trocknen.' MT 2.5:9 **(2)** Kleidung, Kleider ⊗ nur im Plural. | *šliḥḥe ğulayye* 'Sie zogen ihre Kleider aus.' MT 4.2:12; *ksayminne xăzane, i=xăzanaṯe kmitaḥit biya ağ=ğule di=kalo* 'Sie machen für sie eine Truhe. In diese Truhe werden die Kleider der Braut gelegt.' MT 1.3:21 • RW 87 || cf. Anat. Arab. *ğlēl* 'Kleider, Wäsche' JK 30; cf. Kurm. *cil* 'id.' Chyet 91

ğulto *n.f.* Kleidungsstück | *miḻḻe kitlan kaččĭke bu=šiklano, w ksaymina lĭ=ksaymina, lo ğulto klušo w lo nošo kmağre mqadim laffela* 'Er sagte: Wir haben ein Mädchen, das ist so und so, und was auch immer wir tun, sie zieht kein Stück Kleidung an, und niemand wagt es, sich ihr zu nähern.' MT 4.4:9 • Nicht in RW → **ğulo**

ğurmo *n.m.* Strafe | *kimmile ya paša, hano lĭ=kobe u=ḥikim diḏux, lĭ=kobe u=ğurmo d-maḥatlux aʕle* 'Sie sagen: Oh Pascha, dieser Mann gibt nicht, was du befohlen hast, er bezahlt nicht die Strafe, die du ihm auferlegt hast.' MT 1.3:44 • Nicht in RW || Arab. *ǧurm* 'Straftat, Vergehen, Schuld' Wehr 133

h

ha Verstärkungspartikel bei Verboten oder Drohungen, steht am Ende der Aussage | *mille ḥur gdūmaxni ḥammiš=dăqayiq d-lo izzé saymit mede ha?* 'Er sagte: Schau, ich möchte fünf Minuten schlafen. Nicht dass du mir irgendetwas anstellst!' MT 4.4:17; *uʿdo gmīḥenix sayfo w qqūṭaʿno qarʿix ha* 'Ich werde dir (f.) jetzt mit dem Schwert den Kopf abschlagen.' MT 5.2:12 • RW 189

hădiye ~ hadiye *n.f., pl.* **hădiyat** Geschenk | *aq=qarye di=kalo mī=ksaymi? kul=ḥa kimšayiʿ i=barto, kimšayiʿ aʿma hădiye* 'Was machen die Gäste der Braut? Jeder schickt seine Tochter und schickt mit ihr ein Geschenk.' MT 1.3:39; *d-ūbínalin i=kaččīkate w traḥsar abnoto btulyoto ʿam-ate-ste hadiye ...* 'Selbst wenn wir ihnen dieses Mädchen geben würden, und noch zwölf Jungfrauen als Geschenk dazu ...' MT 1.6:7 • RW 190 || Arab. *hadīya* 'id.' Wehr 964; Türk. *hediye* 'id.' → **hdy**

ha ~ hā ja? was denn? ⊗ Antwort auf Anrede | *mille filān-kas, mille ha* 'Er sagte: Du da! Er sagte: Ja.' MT 5.2:58; *komir atin, pire! milla ha! mirre ḥăḍír ruḥix, katínalix. milla Zīn ha Zīn* 'Sie kamen: Alte! – Ja? – Mach dich bereit, wir gehen jetzt auf dich los. Da sagte sie: Zīn, auf geht's, Zīn!' MT 5.2:81 • RW 189

ha ~ haa ~ haha ja, genau! ⊗ zum Ausdruck des Sicherinnerns | *maḥkena ʿal u=pallăsīs? (...) haa, u=pallăsīs hano mi=qarʿo kmisim* 'Sollen wir über den Pallăsīs reden? (...) Tja, der Pallăsīs (Kürbisauflauf) wird aus Kürbissen gemacht.' MT 2.12:1; *hano rawix ʿal i=sisto, i=sisto raqiḏo taḥte, mille ha haṯe haha* 'Er bestieg die Stute, und die Stute tanzte unter ihm, er sagte: Ja, die ist es, genau.' MT 5.2:103 • RW 189

ha haye, ḥe haye Ausdrücke aus dem Arbeitslied beim Stampfen des Bulgurs | MT 3.1:28; MT 3.2:16 → **ḥim w ḥaye**

hăka (1) *conj.* wenn, falls | *milla ba howe waʿd aʿli hăka ṭiryono nafixnār mīnayxu* 'Sie sagte: Ich schwöre, dass ich nicht einen von euch am Leben lassen werde.' MT 5.2:18; *omir qṭili ann=arbi. w hăka lī=kmityaqnitulli hani a=tmoni aḏnoṯaṯṯe* 'Ich tötete alle vierzig, und wenn ihr mir nicht glaubt, hier sind ihre achtzig Ohren.' MT 5.3:29; *milla hăka ŭno-no ʿal fōṯ di=zʿurtaṯe l-Aloho húlelan* 'Sie sagte: Meiner Meinung nach (wörtl.: wenn ich es wäre) hat Gott es uns wegen dieses Mädchens gegeben.' MT 5.1:13 **(2)** oder | *bīṯir hăka li=ḥkume mšadalla Šēx Fatḥalla, hăka huwe mu=wuždanayḏe lo maqbele ...* 'Danach, ob nun die Regierung Šēx Fatḥalla schickte oder ob er es mit seinem Gewissen nicht mehr vereinbaren konnte ...' MT 3.3:9; *saymínawo i=ṣopayḏe, hăka ab=borīyat hăka=manqʾlo, mede d-ūbaʿwo* 'Wir machten seinen Ofen, oder die Ofenrohre oder das Kohlenbecken, was immer er (der Kunde) wollte.' MT 1.5:21 • RW 193 || Kurm. *heke* 'id.' Chyet 235 = **ăka**

hăla *interj.* nein, Verzeihung! ⊗ zum Ausdruck der Selbstverbesserung | *komir qamayto ʿabir u=gawro, mil̤la min=diḏux-yo? mil̤le u=abro d-aḥuni-yo, hăla, aḥuni-yo, mil̤la tayye!* 'Als erstes trat ihr Ehemann ein, sie fragte: Was von dir ist er? Er sagte: Es ist der Sohn meines Bruders, nein, es ist mein Bruder. Sie sagte: Bring ihn her!' MT 5.1:34 • RW 193 || cf. Türk. *hele* 'doch, besonders, jedoch, aber'

halbat natürlich | *halbat iḏʿínawo u=ʿĭyār dam=maye-ste míqqayis gmitaḥit aʿlayye* 'Wir kannten natürlich die Menge an Wasser, wieviel Wasser man dem (Dolma) hinzufügen musste.' MT 2.2:4 • RW 193 || Kurm. *helbet* 'id.' Chyet 235-36; Türk. *elbet* 'id.'

hal̤la *interj.* ach du lieber Gott! | *ha qwiro mĭ=simlux? mil̤le ašír mede lĭ=simli, grišli i=sakṯo w naʾ... marfeli u=arwono. hal̤la hal̤la e.* 'Na, du Bösewicht, was hast du angestellt? Er sagte: Ich habe wirklich nichts angestellt, ich habe nur den Pflock herausgezogen und das Kälbchen freigelassen. Ach du lieber Gott.' MT 4.4:18 • Nicht in RW

halxo *n.m.* Gehen, Laufen, Laufgeschwindigkeit | *komir malaxxe yawmo-yo tre-yo tloṯo-yo, e halxo daḥ=ḥĭyewin-yo-ze* 'Sie reisten, ob einen Tag, ob zwei oder drei, es hängt ja von der Geschwindigkeit der Tiere ab.' MT 5.1:32 || Syr. *helko* 'moving, walking' SL 344 → **hlx**

ham (1) sowohl ... als auch | *maḥtíwola bu=farmo ham u=baṣro kbošil, ham i rezo* 'Sie schoben sie (das Gericht) in den Ofen. Dabei wurde sowohl das Fleisch als auch der Reis gar.' MT 2.4:8; *ham kmalix ham kboxe, ʿal i=atto* 'Er zog weiter und weinte zugleich über seine Frau.' MT 5.1:29 **(2)** auch, ferner ⊗ auch als Füllwort benutzt | *kmaḥti l-qul ʿaynayye ham d-miḥafiḏ u=tawnatte d-lĭ=zze b-dukṯo* 'Sie achten darauf, dass ihr Häcksel geschützt ist, dass es nicht irgendwohin fliegt.' MT 1.1:17; *aṯí Xori ʿĂzīz u=kfarzoyo. aṯí huwe-ste, ham b-dukṯo mʿawállelan* 'Chorbischof Aziz aus Kfarze kam, er half uns bei den Beschwerden.' MT 1.6:8 • RW 193-194 || Türk. *hem* 'außerdem, schon, ferner'; *hem ... hem* 'sowohl ... als auch'

hăma ~ **hamma** doch ⊗ auch als Füllwort benutzt | *latyo ... ḥăqiqi ṭayayto-ste, hăma mid kityo išma diṯṯe háqqayiske ksaymi* 'Sie ist nicht einmal eine richtige Muslimin. Nur weil ihr Name zu ihnen gehört (das heißt muslimisch ist), führen sie sich so auf.' MT 1.6:4; *w saymínawo rezo, hamma čike bĭšolo* 'Dann bereiteten wir Reis zu, der aber nur leicht gekocht wurde.' MT 2.4:4; *qṭálullan! hăma mayṯina ʿal u=dino d-ᵊMšiḥo!* 'Tötet uns! Wir wollen für den Glauben an den Messias sterben!' MT 3.1:17 • RW 194 || Türk. *ama, amma* 'id.'

hăman hăman *adv.* fast | *harke, hăman hăman bab=bote kulle, u=laḥmaṯṯe mi=šabṯo li=šabṯo naqla ksaymile* 'Hier backen fast alle Familien von Woche zu Woche einmal ihr Brot.' MT 1.1:26 • RW 194 || Türk. *hemen hemen* 'beinahe, fast'

hamma → **hăma** ~ **hamma**

hanayiye *n.f.* Hilfe | *immiwo u=rūṣ aṯí, u=rūṣ aṯí li-hanayiyayḏan, kule mi=zuḥṭayḏan, mzarṭínawo b-ruḥayna mi=zuḥṭayḏan* '(Die Christen) sagten: Russland ist gekommen, Russland ist uns zur Hilfe gekommen! Das alles (sagten wir) aus Angst, wir stießen von uns aus Drohungen aus, vor lauter Angst.' MT 3.1:28 • RW 194 || cf. Arab. *hnʾ* 'nützlich sein' Wehr 974 (?)

hano *prn.*, f. **haṯe**, *pl.* **hani** **(1)** dieser | *madāmki hano hawxa simle* 'Nachdem dieser Mann sich so verhalten hat...' MT 5.1:21; *mirre hano min ʿuğbo rabo-yo?* 'Sie sagten: Was ist das für ein großes Wunder?' MT 5.1:28; *haṯe ᵊb-Bissorino hawyo* 'Diese (Geschichte) ist in Bissorino passiert.' MT 4.3:1; *mille, alo hani latne šuğlonix* 'Er sagte: Bei Gott, das sind nicht deine Taten.' MT 5.1:17 **(2)** seit ⊗ Nur im Plural und mit Zeitangabe verwendet. | *hani kibe yarḥo kīlán bayn daʿ=ʿărab* 'Wir sind schon ungefähr einen Monat unter den Arabern.' MT 1.5:55 || cf. Syr. m. *hono*, f. *hoḏe*, *pl.* *holen*

hăqiqi echt, wahr, wirklich → **ḥăqiqi**

haqqa *adv.* so viel | *kamṭin laḥmo w kamṭin ğule, w ánnaqqa kamṭin haqqa* 'Sie brachten Krüge mit Wasser, brachten Brot und Kleider, soviel brachten sie.' MT 3.1:14 = **haqqās, háqqayis, háqqayiske**

haqqās *adv.* so groß, so viel | *mille aʿʿaww! u=zlamano haqqās gawro kayiso-we yawo, simme hawxa pārčayat w maḥatte b-sanduqo w mḥalaqqe ʿal am=maye* 'Er wunderte sich: Dieser Mensch war ja so ein prächtiger Mann, man hat ihn zerstückelt und in eine Kiste gelegt und ins Wasser geworfen.' MT 5.2:53 • RW 194 = **háqqayis, háqqayiske, haqqa**

háqqayis *adv.* so groß, so viel | *kiba háqqayis* 'Sie ist etwa so groß.' MT 4.3:7 • RW 194 = **haqqās, háqqayiske, haqqa**

háqqayiske *adv.* so groß, so viel | *kimmi aḥna mḥarbínawo ʿam aṣ=ṣūroye, ʿam ᵊd-kítwayna háqqayiske quwwatli w hinne yasire ...* 'Sie sagen: Wir kämpften mit den Christen, und obgleich wir so stark waren und sie so schwach ...' MT 3.2:38 = **haqqās, háqqayis, haqqa**

harke *adv.* **(1)** hier | *qay harke-hat?* 'Warum bist du hier?' MT 4.2:15; *kīt harke wălaye rabṯo, kīt biya dayroyo* 'Es gibt hier eine große Stadt, in der ein Mönch ist.' MT 5.1:31 **(2)** hierher | *ᵊkmiǧǧoli hinne l-ᵊḥḏoḏe, kummi, diš niše l-aṯi harke, niše l-aṯi harke* 'Sie redeten untereinander, sie sagten: Auf (zurück!), hierher sind keine Frauen gekommen, es sind keine Frauen hierher gekommen.' MT 3.1:11 • RW 195 || cf. Syr. *horko* 'id.' SL 354

l-arke hierher | *mille tawu Malke l-l-arke* 'Er sagte: Dann bringt den Malke mal hierher.' MT 4.4:13 → **l-**

m-arke von hier | *ṣafro gīqaymina m-arke gīmalxina* 'Morgen werden wir von hier aufbrechen und weiterziehen.' MT 1.5:57 → **mĭ**

m-arke l-arke hin und her | MT 3.1:24

hat ~ **hāt** *prn.* du | *bĭṯir mĭ=kubʿit meni hāt?* 'Nun, was willst du genau von mir?' MT 1.7:2; *immo áydarbo d-owe ŭno w hat d-ᵊḥḏoḏe-na* 'Sie sagte: Wie auch immer, ich und du, wir gehören zusammen.' MT 5.2:15 || cf. Syr. *at* 'id.' SL 66

-hat Enklitische Form der Kopula Präsens, 2. Person Singular | *mille hāt hŭḏoyo-hat w aḥna mšīḥoye-na* 'Sie sagten: Du bist ein Jude und wir sind Christen.' MT 4.2:2

hatin *n.m.* Einkommen | *w lăšan d-ŭṯalle hatin mi=arʿo d-lĭ=fayšo xliṯo.* '... und damit sie von dem Acker ein Einkommen haben, damit er nicht brach liegt.' MT 1.1:43 • RW 196 || Kurm. *hatin* 'id.' DKF 624

hatu *prn.* ihr (pl.) | *toxu hatu w an=nošaṯxu, ádlalyo maḥšemu gabayna!* 'Kommt ihr und eure Leute und esst heute bei uns zu Abend' MT 1.3:35 || cf. Syr. *atun* 'id.' SL 66

-hatu Enklitische Form der Kopula Präsens, 2. Person Plural | *mille kŭdaʿno dayroye-hatu* ' Er sagte: Ich weiß, dass ihr Mönche seid.' MT 4.5:4; *immiwo maru ṭaye-hatu, ṣūroye-hatu?* 'Sie sagten: Sagt, seid ihr Muslime oder Christen?' MT 3.1:17

hate → hano

hate b-ate so und so | *min=hawi aʿlux, min sīm? mille aśír tĭ=mede lĭ=sīm i=măsăle hate b-ate-* ... '(Sie sagte:) Was ist mit dir passiert, was wurde gemacht? Er sagte: Ach, es wurde überhaupt nichts gemacht. Die Sache ist so und so ...' MT 4.2:6 → **b**

haw[1] nicht mehr | *am=midyoye-stene fayiši bi=raḥa čike, yaʿni haw kmiqṭoli* 'Auch den Leuten von Midyat ging es jetzt besser, sie wurden nicht mehr umgebracht.' MT 3.2:28 • RW 196 || Kurm. *hew* 'hardly, scarcely, barely; no longer, not at all, never' Chyet 246-47

haw[2], *pl.* **hawu** gib! ⊗ Imperativ zu *ʾby/hw* | *nafiqi mĭ=kubʿetu? immi hawu tfinag, msalemu a=tfinag w nfaqu sarbast-yo* 'Sie kamen heraus (und fragten): Was wollt ihr? Sie sagten: Gebt die Gewehre her, übergebt die Gewehre, dann könnt ihr ungehindert hinausgehen.' MT 3.3:11 → **ʾby/hw**

hawa *n.f.* **(1)** Luft | *i=hawa du=băḥar* 'Meeresluft' MT 5.3:52 **(2)** Wind | *kutyo i=hawa kmaḥto aḥ=ḥete b-xasra w u=tawno kmawbᵊlole ktufkole lugab* 'Der Wind kommt und lässt den Weizen auf die eine Seite fallen, und das Häcksel trägt er weiter weg.' MT 1.1:18 • RW 198 || Arab. *hawāʾ* 'id.' Wehr 978

izze bi=hawa vergebens sein → **ʾzl**

hăwār *interj.* Hilfe! | *ánnaqqa šumṭiwo katfotayye, hăwār-yo! kitwo ḥdo immowa hăwār-yo šmiṭṭe katfi! hăwār-yo qṭiʿʿe lĭšoni!* 'Sie schlugen ihnen den Arm ab, Hilfe! Es gab eine, die rief: Hilfe, sie haben mir den Arm abgeschlagen! Hilfe, sie haben mir die Zunge abgeschnitten!' MT 3.1:18 • RW 198 || Kurm. *hawar* 'id.' Chyet 233

hawīr *prep.* um ... herum, ringsum | *yatiwina hawīr di=kone* 'Wir setzten uns ringsum im Zelt.' MT 1.5:47; *mhawarwo ʿal u=ʿulmo d-kitwo hawīr dide kule, yaʿni a=mšiḥoye d-kitwo hawīr dide kulle mhawarwo aʿlayye* 'Er lud die Leute um ihn herum ein, d.h. alle Christen in seiner Umgebung lud er ein.' MT 4.1:2 • RW 199 || cf. Kurm. *hawêr* 'alentour, autour' DKF 626

hawo *prn.*, f. **hayo**, *pl.* **hanik** jener | *u=ʾahᵊl ditte ktuʿninne muklo ṭbixo, lăšan d-uxli mōr du=bayto, du=mito-ste w hanik d-kitne yatiwe, d-ᵊtralle u=šuġlo w u=ʿamlatte* 'Deshalb bringen ihre Verwandten ihnen warmes Essen, damit die Leute im Haus essen können, die Angehörigen des Toten und auch diejenigen, die dort (zum Ausdruck des Beileids) sitzen und ihre Arbeit stehen und liegen gelassen haben.' MT 1.2:18; *kito ʿade m-meqim, hayo baṭilo uʿdo, bas hawxa-wa* ... 'Es gab früher einen Brauch, der jetzt nicht mehr üblich ist, aber es war so ...' MT 1.3:38; *hawo zangīn w hano faqiro-yo* 'Jener ist reich, und dieser ist arm.' MT 5.2:1

hawxa *adv.* so | *qay hawxa simlan hano* 'Warum haben wir das bloß gemacht?' MT 4.4:6; *hawo u=dŭrūm du=laḥmo hawxa-yo.* 'So verhält es sich also mit dem Brot.' MT 1.1:27 • RW 196

hawyo *part.*, f. **hwito**, *pl.* **hawye** geboren | *i=naqla d-awi u=sayfo ŭno latwi hawyo* 'Als sich der Sayfo ereignete, war ich noch nicht geboren.' MT 3.3:1 → **hwy**

hay und wieder, und nochmal ⊗ Partikel, die bei der Wiederholung von Wörtern oder Geräuschen beim vorletzten Mal eingefügt wird | *azzín manṭínanne niše, w aṯin li-dayro, w hawilin naᶜime, w dingiṛ w hay dingiṛ dad-dargušyoṯo* 'Sie nahmen sich Frauen und kamen ins Kloster. Sie bekamen Kinder, und es war ein lebhaftes Rumpeln (wörtl.: rumpel und wieder rumpel) der Wiegen.' MT 4.5:4; *i-kaččīke qayiṯ b-fema Malke w Malke w Malke w Malke w hay Malke. komir lu-malko miḻḻe hano min Malke Malke-yo, šqila i-ruḥayḏi b-Malke* 'Das Mädchen führte dauernd (den Namen) Malke im Mund: Malke und Malke und Malke und Malke, und wieder Malke. Der König sagte: Was ist dieser Malke und Malke? Sie hat mich mit Malke verrückt gemacht.' MT 4.4:2

hăyam *n.m.* Zeit, Epoche | *man mĭnayna d-hŭwewo bu-hăyamano lĭ-gimfarfaswo u-ᶜeḏawo kule lăšan u-abro* 'Wer von uns heutzutage hätte nicht wegen seines Sohnes das ganze Fest abgebrochen?' MT 4.1:10 • RW 199 || Kurm. *heyam* 'id.' Chyet 248; cf. Arab. *ʾayyām* 'Zeitalter, Zeit' Wehr 1040

haybe *n.f.* Furcht, Scheu, Respekt, Würde • RW 191 || Arab. *haiba* 'id.' Wehr 979

mosik haybe Ehrfurcht, Respekt haben → **msk**

hayko *inter. prn.* wo? | *maḥkili bi-qamayto ᶜal Miḏyaḏ, Miḏyaḏ hayko-yo?* 'Erzähle mir zuerst über Midyat, wo liegt Midyat?' MT 1.7:2 = **ayko, ko**

haylō *interj.* oh je! | *azzí l-ᶜIwardo, azzán l-ᶜIwardo kḥayrono haylō, kĭle hin zalṭone-ne, hin brīndār-ne* 'Ich ging ᶜIwardo. Wir gingen nach ᶜIwardo, da sah ich: Oh je! Da sind manche ohne Kleider, manche sind verletzt.' MT 3.1:13 • RW 192

hayye *n.f.* Gestalt, Erscheinung | *miḻḻe kbŭxeno ᶜal u-ğăsad diḏix, ᶜal u-šufrano diḏix, w ᶜal i-hayyaṯe diḏix* 'Er sagte: Ich weine über deinen Körper, über deine Schönheit und über deine Eleganz.' MT 4.5:14 • RW 192 || Arab. *haiʾa* 'id.' Wehr 979

b-hayye w ranne mit viel Aufhebens und Getue | *kimḥaḏrila lăšan u-ḥĭwolo w kmalwʾšila u-klilo, b-hayye w ranne w ᶜišq w kēf.* 'Sie bereiten sie für die Überführung vor und legen ihr den Brautschleier an, mit viel Aufhebens und Getue und mit Freude und Spaß.' MT 1.3:27 → **b, ranne**

hāž *n.m.* Berücksichtigung • RW 192 || Kurm. *haj, hay* 'awareness' Chyet 233

hŭwele hāž m- sich um etw. kümmern, etw. berücksichtigen → **hwy**

hažžīke *n.f., pl.* **hažžīkat, hažžīkāt** Zweig | *lĭ-kṭorin fayiš d-manṭena lo ṭaᶜno d-qayse lo ṭaᶜno d-hažžīkāt* 'Sie lassen uns keine Traglast Holz holen und keine Traglast Zweige.' MT 5.2:36 • RW 193 || Kurm. *hejik* 'id.' Chyet 235

hdn || Arab. *hdn I* 'ruhig sein od. werden, sich beruhigen' Wehr 963

I *hadin, hadino - hodin, hidno intr.* sich beruhigen | *mzaᶜwaqle mĭ-gawe du-gubo ᶜal as-sisye, komir as-sisye kalin, hadini a-tre* 'Da schrie er aus dem Innern der Zisterne heraus die Pferde an, da hielten die Pferde inne, beide beruhigten sich.' MT 5.2:45

hdy || cf. Arab. *hdy IV* 'schenken, widmen' Wehr 964 → **hădiye ~ hadiye**

II *mhadele, mhadela - mhade, mhadyo tr.* beschenken | *kizzín l-ṭamo, kimhadin u-ḥaṯno, i-xilᶜa lu-gorān di-taqaṯṯe, w kuxli ṭamo ᶜam ʾḥḏoḏe kimkayfi*

'Sie gehen also dort hin, (die Brauteltern) beschenken den Bräutigam, mit einem Geschenk nach ihren Möglichkeiten, und dann essen sie dort zusammen und lassen es sich gut gehen.' MT 1.3:48

he *adv.* noch | *kitle, huwe w i=atto kitle ḥa=abro, he naʕimo-yo* 'Er und seine Frau hatten einen Sohn, der noch klein war.' MT 4.1:3 = **hēš**

hedi *adv.* dann, da | *l-awin inān. hedi, Šēx Fatḥaḷḷa msalamle u=abro baynotayye* 'Sie glaubten ihm nicht. Da überließ Schech Fatḥaḷḷa ihnen seinen Sohn.' MT 3.3:10 • RW 200 || Kurm. êdî 'now' Chyet 186 = **edi**

hedi hedi langsam, allmählich, vorsichtig | *kizzé gbŭzarre, bi=arʕaṯe i=xliṯo i=našifto, w gdoʕir aʕlayye hedi hedi gdŭwaṛṛe* 'Er geht und sät es aus, auf diesem abgeernteten, trockenen Feld, und pflügt es vorsichtig um.' MT 1.1:6 || cf. Anat. Arab. *hēdi hēdi* 'id.' JK 147; cf. Arab. *hādiʾ* 'ruhig, still' Wehr 962

hesaní *adj.* leicht, einfach, bequem | *u=sinʕatkār i=naqqa d-oṯe li=qriṯo, kowe lăğan i=qriṯo ġắlăbe hesaní* 'Wenn der Handwerker ins Dorf kommt, ist das für das Dorf sehr bequem.' MT 1.5:41 • RW 201 || Kurm. *hêsanî* 'id.' Chyet 251

hēš *adv.* **(1)** noch, immer noch | *hēš hiya damixto* 'während sie noch schläft' MT 1.5:57; *hēš kĭlá i=xăräze d-Mōr Malke ʕal fēm du=gubo* 'Noch immer liegt die Einfassung von Mor Malke auf der Brunnenöffnung.' MT 4.4:23 **(2)** mehr | *ramḥil, gimqafena noše hēš* 'Morgen werden wir weitere Leute finden.' MT 3.4:15 **(3)** zur Verstärkung des Komparativs | *kitte ḥaq d-ᵊmšayʕilux maktūb hēš apyas m-ano* 'Sie hätten recht, dir einen noch böseren Brief zu schicken.' MT 5.2:27 • RW 201 || cf. Kurm. *hêj* 'id.' DKF 690 → **š-**

hğğ || Arab. *hğğ II* 'anfachen (Feuer), auflodern lassen' Wehr 960

II *mhağağle, mhağağla - mhağiğ, mhağğᵊğo tr.* reizen, provozieren | *gĭḥufrínale lăğim, (...) w gizzano mhağğiğínale* 'Wir graben ihm einen Tunnel, (...) dann reizen wir ihn (zum Angriff).' MT 5.2:49

hğm || Arab. *hğm I* 'angreifen, überfallen, überrumpeln' Wehr 961

I *hğimle, hğimla - hoğim, huğmo intr.* jdn. (*ʕal*) angreifen, überfallen | *aṯ=ṭaye d-Astil hğimme aʕle w šqille i=kaččĭke mene w mḍayʕulle.* 'Die Muslime von Astal griffen ihn an, nahmen ihm das Mädchen weg und schafften es weg.' MT 1.6:2

hĭ *interj.* nun | *aṯin mirre, hĭ sayyidna, l-mĭ=qreluxlan?* 'Sie kamen und sagten: Nun, Hochwürden, weswegen hast du uns zusammengerufen?' MT 4.3:1

hīč gar (nicht) | *hīč mede lo qadir d-ᵊmqadamlan w d-oṯe laffelayna.* 'Nichts wagte, sich uns zu nähern und auf uns zuzukommen.' MT 4.1:8 • RW 202 || Türk. *hiç* 'id.'

hiç olmazsa wenigstens ⊗ Türkisch | *u=ʕilmo lĭ=fāš qodir ṣoyim, kafno-yo w zaḥme-yo lĭ=qqudri ṣaymile gĭlénale ᵀhiç olmazsaᵀ u=mede d-ʾoṯe qumayye d-ʾuxlile d-qudri ʕudi* 'Die Leute können nicht mehr fasten, es herrscht Hunger und Not, sie können das Fasten nicht mehr halten. Wir wollen das Fasten aufheben, damit sie wenigstens das essen können, was sie vorfinden, damit sie arbeiten können.' MT 4.3:2

hĭhĭhĭĭĭ *interj.* Ausdruck der Spannung vor einem entscheidenden Ereignis | *qamayto bab=bote-wayna,* *a<u>t</u>ina mu=ḥṣodo, immi hīhīhīī tiqo* 'Zunächst waren wir in den Häusern. Wir kamen von der Getreideernte, da sagten sie: Achtung, Achtung, es geht los!' MT 3.1:2

hīl *prep.* bis | *maḥtínawola naqqa=ḥreto bi=qōšxane ʿal u=mišḥo w mḥarkᵊsínawola, hīl d-lī=qay<u>t</u>o b-ᵊḥ<u>d</u>o<u>d</u>e* 'Wir gaben ihn (den Reis) in den Kochtopf auf das Butterschmalz und rührten ihn vorsichtig um, bis er nicht aneinander klebte.' MT 2.8:2; *kmaḥtit i=malḥa<u>tt</u>e w kmar<u>t</u>ᵊḥatte, hīl d-owin šaʿu<u>t</u>e* 'Du fügst ihnen Salz hinzu und bringst sie zum Kochen, bis sie gelb werden.' MT 2.10:1 = **hul**

hin *prn.* manche | *kḥayrono haylō, kīle hin zalṭone-ne, hin brīndār-ne, hin druʿayye qṭiʿo-yo* 'Da sah ich: Oh je! Da sind manche ohne Kleider, manche sind verletzt, manche haben einen Arm verloren.' MT 3.1:13; *sakini b-ʿIwardo w hin b-Anḥil fălān* 'Sie ließen sich in ʿIwardo nieder, andere in Anḥil.' MT 3.3:7 • RW 203

hingi s.u. ḥingi ~ hingi

hinne *prn.* sie (pl.) | *w hēš kīlé Mor Malke gīdoʿir aʿlayye w hinne kīlín tamo* 'Noch immer (warten sie darauf), dass Mor Malke zu ihnen zurückkommt, und sie sind dort (in der Höhle).' MT 4.4:22 || cf. Syr. *henun, pl. f. henen* 'id.' SL 347; siehe auch Behnstedt 1991

hiš *n.m.* Verstand | *lu=zʿuro mḥalaqle lu=nuhro aʿle, huwe hŭ<u>d</u>oyo, komir mḥalaqle lu=nuhro aʿle, e ṭăbí huwe latyo b-hiš di<u>d</u>e d-mḥalaqle lu=nuhro aʿle* 'Den Jungen umgab ein Heiligenschein, obwohl er (noch) Jude war, es umgab ihn ein Heiligenschein, aber er bemerkte natürlich nicht, dass er einen Heiligenschein hatte.' MT 4.2:5 • RW 204 || Kurm. *hiş* 'id.' Chyet 261

o<u>t</u>e hiš di<u>d</u>- ... l- zur Besinnung kommen → **ʾ<u>t</u>y**

hišš ~ hšš *interj.* psst, Ruhe! | *mi<u>l</u>le hišš ġamo layt* 'Er sagte: Ruhe! Es macht nichts.' MT 4.4:18; *hišš lī=miġġolit ha, d-miġġolit qqūṭannix* 'Pssst, sprich (f.) nur ja nicht! Wenn du (f.) redest, bringe ich dich um.' MT 5.2:80 • RW 204

hiya *prn.* sie (sg.) | *kuzzino bi=šan<u>t</u>o w hiya kuzzá lu=kēf di<u>d</u>a* 'Dann falle ich in den Schlaf und sie begibt sich zu ihren Vergnügungen.' MT 5.3:53 || cf. Syr. *hi* 'id.' SL 339; cf. Arab. *hiya* 'id.' Wehr 978

hlhl || cf. Syr. *hll Pa.* 'to exult with praises' SL 344

Q *mhalhele, mhalhela - mhalhil, mhalhᵊlo intr.* Freudentriller ausstoßen | *bu=bīroxano kimhalhᵊli ʿam i=ṣlu<u>t</u>o* 'Während der Trauung stoßen (die Frauen) bei der Zeremonie Freudentriller aus.' MT 1.3:37

hlk || Arab. *hlk I* 'zu Grunde gehen, umkommen; sterben' Wehr 970

I *halik, haliko - holik, hilko intr.* zu Grunde gehen, umkommen | *i=naqla d-ḥa mīnayye halik, w u=abro du=gumrikči d-naḥit u=toġo aʿle, bi=băḥira.* 'Als einer von ihnen umkam, kam die Krone (des Märtyrertums) auf den Sohn des Zöllners herab, in dem See.' MT 1.3:18

hlx || Syr. *hlk II* 'to walk, go, walk about' SL 344 → **ʾlx**

II *mhalaxle, mhalaxla - mhalix, mhalxo* (zu Fuß) gehen | *mi<u>l</u>le azzino kmo=yawme mhalaxli, l-Aloho mi<u>l</u>le dʿar* 'Er sagte: Ich ging ein paar Tage des Weges, da sprach Gott: Kehr um.' MT 4.5:2

hno *n., pl.* **hno, hne** Dingsda, so und so ⊗ Füllwort, das verwendet wird, wenn einem etwas nicht einfällt | *gīlayšíwunne bu=ġaġīqawo w bī<u>t</u>ir gsaymíwunne xd-*

a=hno, hawxa qᵊrūṣ 'Sie kneteten ihn mit diesem *ǧaǧiq* und machten dann daraus etwas wie Fladen.' MT 2.5:9; *komir simme hawxa, w qrišše i=hno, i=saqiye* 'Sie machten es so und hoben den Wassergraben aus.' MT 5.2:50 • RW 205 || Syr. *hno* 'id.' SL 346

hny ⊗ Denominal < *hno* 'Dingsda, so und so' → **hno**

I *hnele, hnela - hne, hno* so und so machen | *lĭ=ṭŭranwo d-nifqi, lo sayminne šuġlo ʿamlo, lo d-duri i=arʿat̲t̲e lo u=karmat̲t̲e xid ʿade, yaʿni ġắlăbe ᵊhnanne.* 'Sie ließen sie nicht (das Dorf) verlassen. Sie konnten nicht ihre Arbeit tun und ihre Felder und Weinberge pflügen. (Die Muslime) setzten ihnen sehr zu.' MT 3.3:8

Ip *hne/mihnele, hno/mihnela - mihne, mihno* so und so gemacht werden, so und so passieren | *ksoyim lĭ=ksoyim lĭ=kmihno b-id̲e* 'Was er auch unternimmt, es gelingt ihm nicht, (sie umzustimmen).' MT 5.1:8; *l-íd̲ʿiwo răbăna, hul d-yalifi, d-ᵊhnin.* '(Die Midyader) wussten es ja nicht, die Ärmsten, bis sie sich besser auskannten.' MT 3.4:7

hō *interj.* oho! | *immiwo, ḥe haye, immiwo, hō hano hēš bĭreġil kĭlin kdayqi* 'Sie riefen *ḥe haye*, da sagten (die Muslime): Oho, sie stampfen immer noch Bulgur.' MT 3.1:28 • RW 205-206

hōl bis | *ánnaqqa lo=maʿbᵊrinne hōl d-lo mʿayninne* '(Die Amerikaner) ließen sie aber nicht ins Land, bevor sie sie nicht untersucht hatten.' MT 3.4:5 = **hul**

hšš → **hišš ~ hšš**

hŭd̲ayto *n.f.* jüdische Gemeinde, Judenschaft | *mil̤l̤a i=măsăle hat̲e b-at̲e-yo, u=zʿurano mḥalaqle lu=nuhro aʿle, ramḥil d-nofiq bayn ah=hŭd̲oye, gĭmaqlib i=hŭd̲ayto kula* 'Sie sagte: Die Sache ist so und so, der Junge hat einen Heiligenschein. Wenn er morgen unter die Juden geht, dann bringt er die ganze jüdische Gemeinde vom Glauben ab.' MT 4.2:8 → **hŭd̲oyo**

hŭd̲oyo *n.m.*, f. **hŭd̲ayto**, *pl.* **hŭd̲oye** Jude | *mil̤l̤e, qay ḥărăm-no? mil̤l̤e hăt hŭd̲oyo-hat w aḥna mšīḥoye-na* 'Er sagte: Warum bin ich unrein? Sie sagten: Du bist ein Jude und wir sind Christen.' MT 4.2:2 • RW 207 || Syr. *ihud̲oyo* 'id.' CSD 189

hul *prep.* bis | *mi=naqqayo fayiš u=ṣawmano hul l-uʿdo, lann=išnani* 'Seitdem ist das Fasten bis jetzt geblieben, bis in die letzten Jahre.' MT 4.3:12; *gĭfayšit hul l-ema ʿal at=tanure w ʿal aq=qalot̲e w flān w bēhvān* 'Wie lange (bis wann) willst du noch bei den Tannur-Öfen und auf den Misthaufen herumlungern, und so weiter?' MT 5.2:87 • RW 207 → **hōl**

hul d- *conj.* bis | *mid layt mede d-mawkil laq=qanyonayd̲e, kuzzé čike xayifo, kmarʿelin, hul d-ᵊgbuhro* 'Weil er nichts hat, um seine Ochsen zu füttern, bricht er etwas früher auf und lässt sie grasen, bis es hell wird.' MT 1.1:2 → **d**

hule, hula → **ʾby/hw**

huwe *prn.* er | *huwe abre d-ḥamšaḥṣar=išne-we i=naqqa du=sayfo* 'Er war zum Zeitpunkt des Sayfo fünfzehn Jahre alt.' MT 3.2:22 || cf. Syr. *hu* 'id.' SL 333; cf. Anat. Arab. *hūwe* 'id.' JK 149

hwn || Arab. *hwn II* 'leicht machen' Wehr 977

II *mhawalle, mhawalla - mhawin, mhawno* leicht machen, jdm. (*ʿal*) helfen (Gott) | *hinne mit̲e mu=kafno, ṣayome, mṣalyone w baxoye w šăpirzá, Aloho mhawin aʿlayye* 'Dabei waren sie halbtot vor Hunger, sie fasteten, beteten, weinten und waren in einem elenden Zustand, Gott sei ihnen gnädig.' MT 3.2:16

hwr || denom zu *hăwār* → **hăwār**

II *mhawaḷḷe, mhawaḷḷa - mhawir, mhawro* **(1)** *intr.* jdn. (*ʿal*) einladen, rufen | *mhawarwo ʿal u-ʿulmo d-kitwo hawīr diḏe kule yaʿni a-mšiḥoye d-kitwo hawīr diḏe kulle mhawarwo aʿlayye* 'Er lud die Leute um ihn herum ein, d.h. alle Christen in seiner Umgebung lud er (zum Fest) ein.' MT 4.1:2; *aṯin mirre, hĭ sayyidna, l-mĭ-qreluxlan? miḷḷe, ašír ŭno aṯino mhawaḷḷi aʿlayxu, ᵊd-tŭlena u-ṣawmano* 'Sie kamen und sagten: Nun, Hochwürden, weswegen hast du uns zusammengerufen? Er sagte: Nun, ich habe euch rufen lassen, damit wir das Fasten aufheben.' MT 4.3:1 **(2)** *intr.* schreien, rufen | *kmaydile kmaʿlalle, w kimhawri w kimkayfi ʿam ᵊḥḏoḏe* 'Sie packen ihn und heben ihn hoch, und sie schreien und amüsieren sich miteinander.' MT 1.3:45

hwy || Syr. *hwy Pe.* 'to be, to become' SL 333

I *hawi, hawyo - howe, huyo* ⊗ nach Präfix fällt das anlautende *h* weg: *lo howe* > *lo-we*; *khowe* > *kowe* **(1)** *intr.* werden | *mid hawi bĭṯir mu-ḥṣodo ...* 'Wenn es nach der Ernte geworden ist ...' MT 1.1:86; *bĭṯir mid aṯi u-ḥṣodo, kmanšᵊfi a-ʿwone lăšan ᵊd-miski čike d-baṣro, d-howin qălaw* 'Wenn die Erntezeit gekommen ist, dann melken sie die Schafe nicht mehr, damit sie etwas Fleisch ansetzen können, damit sie wohlgenährt werden.' MT 1.1:88; *tre hawille qarĭwone, ḥa hawile qariwo, ḥa hawi šamošo, ḥa hawi qašo, maʿmaḏḏe u-zʿuro b-išme d-ᵊMšiḥo w ršimme bayne ʿayne w yatu axile aʿmayye* 'Zwei wurden seine Taufpaten, einer wurde sein Taufpate, einer wurde zum Diakon, einer wurde zum Priester, sie tauften den Jungen im Namen des Messias und machten das (Kreuz)-zeichen auf seiner Stirn. Dann setzte er sich hin und aß mit ihnen.' MT 4.2:4 **(2)** *intr.* sein | *bu-ġĭdišano aš-šible kowin b-ᵊḥdo-xasra, w aq-qurme kowin b-ᵊḥdo-xasra. aš-šible kowin laltaḥ, lawġul mḥafḏe, w aq-qurme kowin larwal* 'In diesem Getreidehaufen liegen die Ähren auf einer Seite, nach unten; sie sind im Inneren geschützt, während die Wurzeln nach außen zeigen.' MT 1.1:11; *aʿ-ʿinwani d-howe daworo kŭḏaʿʿe, d-lo-we daworo lĭ-koḏiʿ minne.* 'Wer ein Bauer ist, versteht sich auf die Trauben, wer kein Bauer ist, versteht nichts davon.' MT 1.1:46 **(3)** *intr.* sich ereignen, passieren | *i-naqla d-awi u-sayfo ŭno latwi hawyo* 'Als sich der Sayfo ereignete, war ich noch nicht geboren.' MT 3.3:1; *ánnaqqa lĭ-kŭḏaʿno áydarbo hawyo* 'Nun, ich weiß nicht, wie es passiert ist.' MT 1.6:3 **(4)** *intr.* hergestellt werden | *kīt sidayna-ste kimmínale u-birġil. u-birġil-ᵊste maḥ-ḥeṭe kowe* 'Bei uns gibt es aber auch noch den sogenannten Bulgur. Er wird gleichfalls aus dem Weizen hergestellt.' MT 1.1:27 **(5)** *intr.* geboren werden **(6)** *intr.* fertig werden, gar werden | *kturi biya beʿe, ksayminne ṣfero. mid samiqo i-ṣfero bayn u-mišḥawo, maʿnata hawi* 'Man schlägt Eier auf und gibt sie hinein und macht ein Omelett. Wenn das Omelett in dem Butterschmalz knusprig braun geworden ist, dann heißt das, dass das Butterschmalz fertig ist.' MT 1.1:79 **(7)** es geht, es ist möglich ⊗ nur in 3sg.m. | *bĭṯir mid kayiti ʿal falgayye kmanṯin qamḥo, howe naʿimo-ste kowe, howe xašuno-ste kowe* 'Wenn er (der Traubensaft) bis zur Hälfte eingekocht ist, holt man Mehl – es geht mit feinem, aber auch mit grobem Mehl.' MT 1.1:53

howe awlá ʿal jdm. vertrauen | *mil̤le ya u=tağir did̲i, ŭno uʿdo ḥat̲o mḥaweli, omir imkān latla gd-izzúx, ŭno lĭ=kŭweno awlá ʿal nošo d-lo hāt izzúx* 'Er sagte: Oh mein Kaufmann, ich habe mich erst frisch verheiratet, (doch der Kaufmann) sagte: Unmöglich, du musst gehen. Ich vertraue niemandem, wenn du nicht gehst.' MT 5.1:3 → **awlá**

howe ʿălaqădār sich kümmern | *mōr du=săwāl huwe laybe howe ʿălaqădār ġắlăbe binne, kimsalamme lu=ruʿyo* 'Der Besitzer der Nutztiere kann sich nicht so viel um sie kümmern, er überlässt sie dem Hirten.' MT 1.1:94 → **ʿălaqădār** || Türk. *alâkadar olmak* 'sich kümmern um'

lĭ=kowe d- es ist nicht möglich, dass, nicht dürfen | *kʿobir u=ḥat̲no w i=kalo ᵊl-bayto d-kityo m-meqim mḥad̲ro linne w nošo lĭ=kowe d-ʿobir l-sidayye* 'Der Bräutigam und die Braut gehen in ein Haus, das schon vorher für sie vorbereitet wurde, und niemand darf bei ihnen eintreten.' MT 1.3:37 → **lĭ= ~ lo= ~ l-, d**

hŭweno greʿux bitte (wörtl.: möge ich dein Knecht sein) | *abre=d-ʿammi u=Mălak, omir ʿammo ʿammo hŭweno greʿux min=mil̤lalux?* 'Mein Vetter Malak sagte: Onkel, Onkel, bitte, was hat sie dir gesagt?' MT 1.5:56 → **greʿo**

howe ḥad̲iro bereit sein, anwesend sein | *lăšan hani d-owin ḥad̲ire, bi=gave d-qaymi w d-huyo fot̲ayye laffele* 'Damit sie bereit sind, wenn sie auferstehen, und ihr Gesicht ihm zugewendet ist.' MT 1.2:12 → **ḥad̲iro ~ ḥad̲iro**

howe inān jdm. (*ʿal*) vertrauen | *hanik l-awin inān ʿal as=siryoye, mĭre, hatu, layban maswᵊʿina ak=kafine das=siryoye* 'Die (Protestanten) schenkten den Orthodoxen keinen Glauben, sie sagten: Ihr ... Wir können nicht die Hungernden der Orthodoxen ernähren.' MT 3.3:2 → **inān**

howe moro *intr.* sich um (*b-*, *l-*) jdn. kümmern | *at̲i mat̲ro ʿal u=zadano, ᵊkyoru, kobe šible, w kmaḥti qume nŭt̲uro lăšan ḥĭyewin d-lŭ=marʿele, rŭʿyo d-lŭ=marfe buwe, kŭwalle moro* 'Der Regen fällt auf die Saat, sie wächst, bildet Ähren, und man stellt einen Wächter auf, damit keine Tiere die Saat weiden und kein Hirte (sie) auf die (Saat) gehen lässt. Sie passen darauf auf.' MT 1.1:7 → **moro**

howe naṣīb d- bestimmt sein für | *kōwin b-naṣīb d-ᵊḥd̲ōd̲e* 'Sie sind für einander bestimmt.' MT 1.3:3 → **năṣīb ~ naṣīb, d**

ṭr-owe ⊗ < *ṭr* + *howe* es soll sein, es möge sein, in Ordnung | *mirre yabo ṭr-owe năṣīb did̲ux, madāmki lōx ḥzelux, ṭr-owe hano năṣīb did̲ux* 'Sie sagten: Gut, es sei dir bestimmt. Nachdem du es entdeckt hast, soll es dir bestimmt sein.' MT 5.2:52 → **ṭir ~ ṭr**

hwy + l- → hwy

I *hawile, hawila - hŭwele, hŭwela* **(1)** haben, bekommen | *wărōx zoxu li=pire al̲o kmaḥwe hawila beʿe naqqa=ḥreto* 'Heh ihr da, geht zu der Alten, es scheint, sie hat wieder Eier bekommen.' MT 5.2:81 **(2)** gebären | *a=ʿwone aġláb waxt dat=talge kŭwalle. i=ʿwono d-uyo i=ṣiḥ-ḥayd̲a aʿla, d-huyo ... d-ŭwela u=farxo ʿal u=talgo-ste lĭ=ġġŭrele mede, lĭ=qqŭrašle* 'Die Schafe werfen meistens in der Zeit des Schnees. Ein Schaf, das bei guter Gesundheit ist ... selbst wenn ihr Junges auf dem Schnee zur Welt kommt, passiert ihm nichts, es friert nicht.' MT 1.1:89 **(3)** sein (mit Zeitangabe), vergehen (Zeit) | *bĭt̲ir mid hawile tlot̲o=yawme, u=ʿăza kimdawim sab=bĭ-babe* *du=mito, yaʿni bu=baytayde* 'Wenn drei Tage vergangen sind ... Die Trauerzeit im Elternhaus des Toten geht weiter.' MT 1.2:12; *u=zʿuro gd-immit balki ǧule lĭ=tarin, ắbădan, hawile tloṯo yawme b-gawe du=băḥar* 'Der Junge, du könntest sagen, seine Kleider sind nicht im Geringsten nass geworden, (obwohl) er drei Tage im Innern des Meeres verbracht hatte.' MT 4.1:7

hŭwele hāž m- sich um etw. kümmern, etw. berücksichtigen | *i=quwwe daṭ=ṭaye aṯyo aʿlayye ġắlăbe, mahzamme, i=emo l-áwila hāž mann=abne, ann=abne l-áwille hāž mann=aḥnone* 'Die Kampfkraft der Muslime setzte ihnen sehr zu, und sie flohen. (Es entstand ein großes Chaos:) Die Mutter achtete nicht auf ihre Kinder, die Kinder achteten nicht auf ihre Geschwister.' MT 3.2:4 → **hāž**

hym || Arab. *hmm IV* 'bekümmern, beschäftigen, angehen' Wehr 971

III *mahimle, mahimla - mahim, mahimo intr.* jdn. (*l-*) angehen | *saymiwo sawṭ, ha haye ha haye, yaʿni gdayqi birġil, kaʾinnahu latte hāž mu=ḥarb, lĭ=kmahimme-yo* 'Sie machten Geräusche, *ha haye ha haye,* wie wenn sie den Bulgur stampften, so als ob sie sich nicht um den Krieg kümmerten, als ob er sie nichts anginge.' MT 3.2:16

hymn || Syr. *hymn* 'to believe, to have faith' SL 341

Q *mhaymalle, mhaymalla - mhaymin, mhaymᵊno* an (*b-*) jdn. glauben | *komir alfo w ḥammišmo=hŭdoye kulle tamo mhaymanne b-ᵊMšiḥo* 'Eintausendfünfhundert Juden nahmen dort den Glauben an Christus an.' MT 4.2:18

hyz || Arab. *hzz I* 'id.' Wehr 966

I *hizle, hizla - hoyiz, hayzo tr.* schütteln | *midla iḏe=d-babi hĭzola* 'Sie ergriff die Hand meines Vaters und schüttelte sie.' MT 1.5:56

hzm || cf. Syr. Arab. *hzm VII* 'fliehen' TKT 397; cf. Arab. *hzm I* 'in die Flucht schlagen, besiegen' Wehr 967; cf. Syr. (< Arab.) *hzm* 'to put to flight', *Etpe. 'to flee'* SL 339

III *mahzamle, mahzamla - mahzim, mahzᵊmo* **(1)** *intr.* fliehen, davonkommen | *ánnaqqa lĭ=kŭḏaʿno áydarbo hawyo, i=kaččĭke mahzamla b-lalyo, aṯyó l-Miḏyaḏ* 'Ich weiß nicht wie es vor sich ging, das Mädchen lief in der Nacht davon und kam nach Midyat.' MT 1.6:3; *azzín kulle mahzamme, u=ḥa d-ᵊnqīl l-Awrŭpa u=ḥa d-ᵊnqīl l-Amerika, u=ḥa d-aṯí l-Istanbul, u=ḥa d-azzé l-Lubnān, bizi bi=arʿo* 'Sie sind alle weg, sind geflohen. Einige sind nach Europa gezogen, andere nach Amerika; manche kamen nach Istanbul, manche gingen in den Libanon, sie wurden über die Erde zerstreut.' MT 1.7:3 **(2)** *tr.* entführen | *mawballe i=sisto mafĭtulle, mahzamme i=sisto mene* 'Sie nahmen das Pferd und brachten es hinüber, sie entführten ihm das Pferd.' MT 5.2:66

ḥ

ḥa, f. ḥḏo (1) *num.* einer, eine, eins | *kul tre xōrtīn mad=dayoqe du=birġil, kīt baynoṯayye kaččīke ḥḏo* 'Zwischen zwei jungen Männern, die den Bulgur stampfen, steht dann immer ein Mädchen.' MT 1.1:30 **(2)** *indef. art.* ⊗ selten verwendet. |*wálḥasīli ḥa yawmo aṯi miḷḷe lu=aḥuno du=šamošo* 'Kurz und gut, eines Tages kam er und sagte zu dem Bruder des Diakons MT 5.1:7 **(3)** ⊗ substantivisch. *ḥa mīnayye msaqaṭli* 'Einen von ihnen machte ich zum Krüppel. MT 5.3:55'; *aṯiwo ḥa srinoyo-we tre-wayne b-Midyaḏ* 'Ein (Mann) aus Bsorino – oder waren es zwei – kam nach Midyat.' MT 5.4:1; *ŭno ḥzeli naqla ḥḏo b-Suriya bayn aᶜ=ᶜărab, sĭ-ʾaṯto d-ḥa šēx* 'Ich habe einmal in Syrien eine (Frau) gesehen, unter den arabischen Beduinen, bei der Frau eines Scheichs.' MT 3.2:36 **(4)** *u=ḥa ... u=ḥa* der eine ... der andere | *azzín kulle mahzamme, u=ḥa d-ᵊnqīl l-Awrūpa u=ḥa d-ᵊnqīl l-Ămerika* 'Sie sind alle weg, geflüchtet. Einige sind nach Europa gezogen, andere nach Amerika.' MT 1.7:3 **(5)** ⊗ nur in 3sg.m., mit def. Artikel man, jeder der | *u=ḥa d-obiᶜ kmariš aᶜla tārčin* 'Wer will, streut Zimt darauf.' MT 2.9:4 || Syr. *ḥad, f. ḥdo* 'id.' SL 413

ḥa ḥa einer nach dem anderen, einzeln | *miḷḷe ḥa ḥa lazim ᶜibri.* 'Er sagte, sie müssen einzeln eintreten.' MT 5.1:34

kul=ḥa jeder, alle | *kīt ᶜade sidayna, ktŭwaḷḷa, a=tre qariwe, u=qariwo du=kur-rīko w di=kaččīke. kul=ḥa kimḥaliq iḏe ᶜal i=ṭlamṯo w ktŭwaḷḷa* 'Bei uns ist es Sitte, dass die beiden Vertreter, der Vertreter des Jungen und der Vertreter des Mädchens, nach dem Brotfladen greifen und ihn durchbrechen.' MT 1.3:10 → **kul**

ḥabušo *n.m., pl.* **ḥabuše** Apfel | *kitla li=kaččīke ḥabušo bi=šarbo d-am=mayayḏa, komir nkitle u=ḥabušo* 'Das Mädchen hatte einen Apfel in ihrem Wasserkrug. Er biss in den Apfel.' MT 5.3:19 • RW 210 || Syr. *ḥabušo* 'id.' SL 404

ḥadodo *n.m., pl.* **ḥadode** (Eisen)-schmied | *šuġliwo maᶜmᵊrone, qaṭoᶜe d-kefe, naḥote dak=kefe, ḥadode* 'Sie arbeiteten als Baumeister, als Arbeiter im Steinbruch oder als Steinmetze, und als Schmiede.' MT 1.7:6 • RW 211 || Arab. *ḥaddād* 'id.' Wehr 174

ḥaḏir *adj.* **(1)** bereit, fertig | *meqim hinne mqalánwola, maḥ=ḥimṣe, ᵊmqalán-wola bu=bayto, uᶜdo kšuqli qăḏame dăġliye, ḥaḏir* 'Früher pflegten sie sie (selbst) zu rösten, aus Kichererbsen, die sie zu Hause rösteten, heute kaufen sie fertige *qaḏăme* der (türkischen) Sorte Dağlı.' MT 1.3:14; *gĭduᶜri kimmi i=kalo ḥaḏir-yo* 'Sie kommen zurück und sagen: Die Braut ist bereit.' MT 1.3:28 **(2)**, *pl.* **ḥiḏḏār** Anwesende | *ḥăša maḥ=ḥiḏḏār* 'Verzeihung vor den Anwesenden!' MT 4.5:17 • RW 211-212 || Arab. *ḥāḍir* 'anwesend; fertig, bereit' Wehr 199 → **ḥḏr ~ ḥḏr, ḥaḏiro ~ ḥaḏiro**

ḥaḏiro ~ ḥaḏiro *adj.*, f. **ḥaḏirto**, *pl.* **ḥaḏire (1)** anwesend | *ḥăša maḥ=ḥaḏire* 'Pardon, meine Zuhörer! (wörtl.: es sei fern von den Anwesenden)' MT 5.1:20 **(2)** bereit, fertig | *aḥna am=miṯe kmaḥti foṯayye laff ᵊnfiqte=d-yawmo (...) lăšan hani d-owin ḥaḏire* 'Bei uns richtet man das Gesicht der Toten zum Sonnenaufgang hin (...), damit sie bereit sind (zur Auferstehung).' MT 1.2:11 • RW 212 || Arab. *ḥāḍir* 'anwesend; fertig, bereit' Wehr 199 → **ḥḏr ~ ḥḏr, ḥaḏir**

ḥăfira *n.f.* Grube | *gĭḥufrínalle ḥăfira mede gmaqṭᵊlínalle* 'Wir werden für sie eine Grube graben und sie umbringen lassen.' MT 5.2:39 • RW 212 || Arab. *ḥafīra* < *ḥafīr* 'Graben, Grube' Wehr 203

ḥağği Pilger, hier: Titel der traditionellen Tänzerin bei den Beduinen | *miḷḷe hāt šaxṣ, sayyid, uṯyo Ḥağği Faṭṭuma, tiyātro, kruqḏo, taḥt i-konayḏux?* 'Er sagte: Du bist ein Sayyid, (wie geht es an) dass Ḥağği Faṭṭūma kommt, Theater (macht) und unter deinem Zelt tanzt?' MT 1.5:47 • Nicht in RW, cf. *ḥağğiye* 'Pilgerin' RW 210 || Anat. Arab. *ḥağği* 'Mekka-Pilger' JK 35

Ḥağo Ḥağo, einer der mächtigsten Anführer der Kurden im Turabdin zu Beginn des 20. Jh. | MT 1.4:3

ḥāl *n.m.* Lage, Zustand, Situation | *băle mĭnayye-ste d-howin čike ḥāl diṯṯe basimo yaʿni zangīn, lĭ-kmaqbᵊli haṯe ʿal ruḥayye, ᵊkḥišwila xid šĭkil ʿariye.* 'Doch manche von ihnen, die ein bisschen bessergestellt sind, also wohlhabend, akzeptieren das nicht für sich selbst, sie halten es für eine Art von Schande.' MT 1.2:21 • RW 215 || Arab. *ḥāl* 'id.' Wehr 229 → **ḥale**

ḥāl w ḥăwāl Sache, Geschichte, so und so | *omir ašír qariti ḥāl w ḥăwāl, i-măsălayḏa haṯe w b-aṯe-yo* 'Er sagte: Ach ja, mit meiner Patenverwandten verhält es sich so und so, ihre Geschichte ist so und so.' MT 5.1:25

Ḥălab Aleppo | MT 3.2:36

ḥălāl *adj.* **(1)** (religiös) rein | *ḥiḷḷe binne, miḷḷe laybi ŭṯeno ŭxanno aʿmayxu? miṛṛe lo, hāt zlām ḥărām w aḥna ḥălāl, áydarbo gd-oṯit uxlit aʿmayna, mḥarmit u-muklayḏan-ste?* 'Er blickte auf sie, und er sagte: Kann ich nicht kommen und mit euch essen? Sie sagten: Nein, du bist unrein und wir sind rein, wie könntest du kommen und mit uns essen und auch unser Essen unrein machen?' MT 4.2:2 **(2)** anständig | *miḷḷe tawu Malke l-l-arke ḥŭzena. aṯi Malke l-side, miḷḷe ya xōrt, naḏifo w zʿuro ḥălāl, ḥzay mĭk-kubʿit gd-ĭbenux* 'Dann bringt den Malke mal hierher. Malke kam (zu ihm), und er sagte: Junger Mann, (du bist) ein sauberer und anständiger Junge. Schau, was du haben willst, und ich werde es dir geben.' MT 4.4:13 • RW 216 || Arab. *ḥalāl* 'erlaubt, zulässig' Wehr 213

ḥalbuki jedoch, tatsächlich aber | *w ḥalbuki mede, miṯlan mu-kafno, laḥmo d-lo malḥo, biššolo d-lo malḥo, fĭšle miṯlan mu-kafno* 'In Wirklichkeit (gab es) nichts, wir kamen fast um vor Hunger. Brot ohne Salz, gekochtes Essen ohne Salz, schlussendlich starben wir fast vor Hunger.' MT 3.1:29 • RW 215 || Türk. *halbuki* 'id.'

ḥale *n.f.* **(1)** Situation, Lage, Zustand; Sitte | *mid kamil midde d-tišʿo-yawme naqqa-ḥreto, ksaymile laḥmo tiḏkār luwe, w kimdawmo i-ḥalaṯe diṯṯe yaʿni du-tiḏkār, bu-yawmo dann-arbi-ste w hōl li-šato-ste* 'Wenn neun Tage vergangen sind, verteilt man erneut Brot zu seinem Gedächtnis, und diese Sitte des Gedenkens setzt sich fort am vierzigsten Tag und dann noch am Jahrestag.' MT 1.2:13 • Nicht in RW || Arab. *ḥāla* 'id.' Wehr 229 → **ḥāl**

ḥaloqo *n.m.*, *pl.* **ḥaloqe** Barbier, Frisör | *lăšan d-ḥulqi u-ḥaṯno, koṭe u-ḥaloqo* 'Um den Bräutigam zu rasieren kommt der Barbier.' MT 1.3:24 • RW 217 || Arab. *ḥallāq* 'id.' Wehr 216

ḥalwᵊniṯo *n.f.* Wolfsmilch, Euphorbia craspedia | *w kmanṭin, kimmínala aḥna ḥalwᵊniṯo kobo ṭaʿmo basimo lu-dĭbis* 'Sie bringen (eine Pflanze), die wir ḥalwᵊniṭo nennen, sie verleiht dem Traubensirup einen angenehmen Geschmack.' MT 1.1:52 • RW 217 || cf. Syr. ḥalḇoniṭo 'galbanum' SL 452

ḥalwo *n.m.* **(1)** Milch | i-ʿezo d-l-uyo b-ḥalwo lĭ-kṭorin u-farxayḏa 'Wenn eine Ziege nicht gut Milch gibt, dann behalten sie ihr Jungtier nicht.' MT 1.1:87; i-dašišto aġlab am-midyoye saymíwola bu-ʿeḏo. hayo-ste mi-rezo w mu-ḥalwo kmisomo 'Den Milchreis bereiteten die Midyader meistens an den Festen zu. Er wird aus Reis und Milch hergestellt.' MT 2.9:1 **(2)** Stärke (lat. Amylum) | bĭtir layšíwole šafiro, nĭfaqwo u-ḥalwayḏe 'Danach knetete man ihn (samdo, Weizengrieß) sorgfältig, bis die Stärke austrat.' MT 2.7:9 • RW 217 || Syr. ḥalbo 'id.' SL 452

ḥalyo *adj.*, *f.* **ḥliṭo**, *pl.* **ḥalye (1)** süß | ăgar bašilo, bĭtir kmaḥti sikkar ʿal u-zawk diṭṭe yaʿni, qĭsim kruḥmi ḥliṭo ġálăbe 'Wenn er (der Milchreis, i-dašišto) gar ist, fügen sie nach Geschmack Zucker hinzu. Manche mögen ihn sehr süß.' MT 2.9:3; mid ᵊšírile knuḥti am-mayatte, am-maye ḥalye daʿ-ʿinwe li-mahṣarto 'Wenn er sie ausgepresst hat, fließt ihr Saft, der süße Traubensaft in die Kelter.' MT 1.1:51 **(2)** wertvoll | immo baʿ abri i-ruḥo ḥliṭo-yo, immo qay kul-yawmo gd-uxlono arbi-ḥaṭroṭo 'Sie sagte: Mein Sohn, das Leben ist teuer. Warum soll ich jeden Tag vierzig Knüppelschläge einstecken?' MT 5.2:82 • RW 217 || Syr. ḥalyo 'id.' SL 455 → **ḥly**

ḥalyuṭo *n.f.* Süßigkeit | hŭwanwo mede hawxa, yaʿni ab-baqlawat, basim mab-baqlawat-we. hanik, ḥalyuṭo 'Sie wurden so etwas wie Baklava, aber schmeckten noch besser als Baklava. Das war eine Süßigkeit.' MT 2.1:4 • RW 217 || Syr. ḥalyuṭo 'id.' SL 455 → **ḥalyo**, **ḥly**

ḥamro *n.m.* Wein | a-dgišyoṭanik malye ʿăraq w ḥamro 'Alle diese Krüge waren gefüllt mit Schnaps und Wein.' MT 1.4:2 • RW 218 || Syr. ḥamro 'id.' SL 467

ḥamšaḥṣar *num.* fünfzehn | babi, huwe abre d-ḥamšaḥṣar-išne-we 'mein Vater war fünzehn Jahre alt.' MT 3.2:22 || Syr. ḥamšʿsar 'id. SL468'

ḥamši *num.* fünfzig | bĭtir naqqa-ḥreto d-qayim u-demoqrāṭ bann-arbaʿ w ḥamši, húlelin ḥirriye kamil 'Doch als die Demokraten ans Ruder kamen, in (19)54, ließen sie ihnen erneut freie Hand.' MT 3.3:15 || Syr. ḥamšin 'id.' SL 468

ḥamšo *num.*, *f.*, *m.* **ḥammiš** fünf | w kmaṣrinne kulle, arbʿo ḥamšo ʿamm ᵊḥḏoḏe, išto, kul-ha u-mede d-kitle 'Sie binden sie alle aneinander, vier, fünf oder sechs (Tiere), jeder entsprechend dem, was er hat' MT 1.1:12; ḥammiš-litrat d-maye, qădar ʿisri-kutle 'fünf Liter Wasser für etwa zwanzig Kutle.' MT 2.7:15; mille ḥur gdŭmaxni ḥammiš-dăqayiq 'Er sagte: Schau, ich möchte fünf Minuten schlafen' MT 4.4:17 || Syr. ḥamšo, ḥameš 'id.' SL 468

Ḥana weiblicher Personenname | MT 1.4:1

ḥănak *n.m.* Scherz, Witz | ... lăšan d-howe ḥănak w d-zoyid u-kēf '... damit es auch etwas zum Lachen gibt und das Vergnügen sich steigert.' MT 1.3:44; lĭ-kfoyiš lebayye mĭ-ḥḏoḏe, liʾannu lăšan u-măziḥ w u-ḥănak-yo 'Sie nehmen es einander nicht übel, denn es geschieht ja zum Spaß.' MT 1.3:45 • RW 218 || Kurm. ḥenek 'id.' Chyet 272

ḥanfo *n.m.*, *pl.* **ḥanfe** Heide (m.) | u-ḥasyo izzewo w ĭṭewo ʿal u-qadišo, ŭmarwo ya rab hat maxlaṣlan mĭ-feme daḥ-ḥanfani, daq-qašyani 'Der Bischof kam ständig in die Kirche, er sagte: Oh Herr, errette uns aus dem Rachen dieser Heiden, dieser Hartherzigen.' MT 3.1:22 • RW 218 || Syr. *ḥanfo* 'id.' SL 473

Ḥanna männlicher Personenname | MT 1.4:3

Ḥapṣuno männlicher Personenname | MT 1.7:1

ḥapṯo *n.f., pl.* **ḥappoṯo** Korn, kleines Teil, Stück | *kimnaqin ab=buġre w aḥ=ḥappoṯo du=zizono d-kīt bayn aḥ=ḥeṭe* 'Sie lesen die Steinchen und die Unkrautkörner, die sich unter dem Weizen befinden, heraus.' MT 1.1:21 • RW 218 || cf. Arab. *ḥabb, ḥabba* 'id.' Wehr 167; cf. Syr. *ḥabṯo* 'twigs, brushwood' SL 411; Tezel 2003: 129

ḥapṯo ḥapṯo körnig, Korn für Korn | *w maḥtínawo ōrti naḏifo ʿal feme di=qōšxane, w bītir u=qāpaġ, ʿăšan d-, i=naqqa d-duḥṯo d-lī=noḥit i=daḥṭayo li=rezo, huyowa ḥapṯo ḥapṯo* 'Wir legten ein sauberes Tuch über die Öffnung des Kochtopfs, und danach den Deckel, damit, wenn der Reis schwitzt, dieses Kondenswasser nicht auf den Reis herabtropft. Er wurde körnig.' MT 2.8:4

ḥaq *n.m.* **(1)** Lohn, Belohnung | *kmuskinne niše-stene aʿmayye ġēr, mʿawnone b-ḥaq diṯṯe* 'Sie stellen dazu noch zusätzlich andere Frauen an, die ihnen gegen Bezahlung helfen.' MT 1.1:20 **(2)** Preis | *kimarwᵊʿile bann=arʿoṯo, kšuqli-stene ḥaq du=ribbāṭ m-mōr dann=arʿoṯo* 'Man lässt (die Herden) auf den Feldern lagern und kassiert das Geld für das Lagern von dem Besitzer der Felder.' MT 1.1:98 **(3)** Recht (das jdm. zusteht) | *mille lu=tağir diḏe mille aší tlíblilli flān ᵊḥdo, kubʿeno d-ᵊmḥawanno. e mille abri ḥaq diḏux-yo* 'Er sagte zu seinem Kaufmann: Ich habe mich mit dem und dem (Mädchen) verlobt und möchte nun heiraten. Er sagte: Mein Sohn, das ist dein gutes Recht.' MT 5.1:1 • RW 218 || Arab. *ḥaqq* 'Wahrheit, Richtigkeit, Anspruch' Wehr 206

b-ḥaq d- (1) über, von | *aq=qaše kimmi qīṣayiṣ, b-ḥaq daq=qadiše, b-ḥaq d-ᵊMšiḥo* 'Die Priester erzählen Geschichten, über die Heiligen, über den Messias.' MT 1.2:15 **(2)** gegen, betreffend | *kīt maṯlo bu=mgalyūn d-komir-ᵊste, iḏa šwaʿ kore šawʿi d-ḥoṭe u=aḥunayḏux b-ḥaq diḏux, klozim d-ᵊmsamḥatle* 'Auch im Evangelium heißt es: Wenn dein Bruder siebenmal siebzig Mal gegen dich sündigt, musst du ihm vergeben.' MT 3.2:43 → **b, d** || cf. Türk. *hakkında* 'betreffend'

ḥăqara *n.f., pl.* **ḥăqarat, ḥăqarāt** Beleidigung, Verachtung | *mzalṭanne an=niše, simme kul=ḥăqara w qṭīlinne* 'Sie zogen die Frauen nackt aus, schändeten sie und töteten sie.' MT 3.2:7 • RW 219 || Arab. *ḥaqāra* 'Verächtlichkeit, Niedrigkeit, Gemeinheit' Wehr 208; cf. Türk. *hakaret* 'id.'

ḥăqiqa *n.f.* Wahrheit, Realität • RW 219 || Arab. *ḥaqīqa* 'id.' Wehr 206

l-ḥăqiqa ⊗ Syr./Anat. Arab. *alḥaqīqa* 'die Wahrheit, in Wahrheit.' in der Tat | *l-ḥăqiqa ḥa, i=naqqa d-miğğīlina u=mede u=šrolo, uʿdo-ste yaʿni d-oṭe b-iḏayye, xid ᵊksaymi mede kayiso l-Aloho, i=naqqa d-ᵊksaymi ḥarbuṯo aʿlayna* 'Und in der Tat, wenn wir die Wahrheit sagen wollen, auch heute noch, wenn sie die Gelegenheit haben und uns Böses antun, ist das so, als ob sie damit für Gott eine gute Tat vollbringen würden.' MT 3.3:17

ḥăqiqi *adj.* echt, wahr, wirklich | *ᵊkruqḏi, kimkayfi xōrtīn w kaččīkāt w kowe aʿmayye ḥubo ḥăqiqi* 'Junge Männer und Mädchen tanzen und vergnügen sich und so entsteht zwischen ihnen echte Zuneigung.' MT 1.3:22 • RW 219 || Arab. *ḥaqīqī* 'id.' Wehr 207

ḥaqlí *adj.* Recht habend, im Recht befindlich | *wălaw hŭwena ḥaqlí-ste ...* 'Selbst wenn wir im Recht sind ...' MT 1.6:10 • Nicht in RW || Türk. *haklı* 'id.' → **ḥaq**

ḥáqqătan *adv.* tatsächlich | *u=šiḏo simle ruḥe bu=šĭkil d-Mōr Zoxe (...) ftíḥḥalle u=tarʿo, kĭlé Mōr Zoxe, ḥáqqătan, simle ruḥe xdoṯe* 'Der Teufel nahm die Gestalt von Mor Zoxe an (...) Sie öffneten ihm das Tor, da stand tatsächlich Mor Zoxe. (Der Teufel) hatte seine Gestalt angenommen.' MT 4.5:2 • cf. *ḥaqîqatan* RW 219 || Arab. *ḥaqīqatan* 'id.' Wehr 206; Türk. *hakikaten, hakkaten* 'id.'

ḥărām *adj.* (religiös) unrein, verboten | *miṟṟe lo, hāt zlām ḥărām w aḥna ḥălāl, áydarbo gd-oṯit uxlit aʿmayna, mḥarmit u=muklayḏan-ste?* 'Sie sagten: Nein, du bist unrein und wir sind rein, wie könntest du kommen und mit uns essen und auch unser Essen unrein machen?' MT 4.2:2 • RW 220 || Arab. *ḥarām* 'unrein, verboten, tabu' Wehr 186

ḥărami *n.m.*, *pl.* **ḥăramiye** Räuber, Dieb | *ggurši nawbe-stene lăšan ḥăramiye d-l-ŭṯelin* 'Sie halten abwechselnd Wache, damit keine Räuber sie über-fallen.' MT 1.1:99 • RW 220 || Arab. *ḥarāmī* 'id.' Wehr 187

ḥarayto *n.f.* Ende, letzte Zeit → **ḥaroyo**

bi=ḥarayto zuletzt, am Ende | *lăšan u=xaṯir di=emo w du=babaṯṯe, kowin b-naṣīb d-ʾḥḏoḏe w bi=ḥarayto Aloho kimwafaqqe-ste* 'Sie heiraten um des Vaters und der Mutter willen, und am Ende schenkt Gott ihnen Erfolg.' MT 1.3:3 → **b**

ḥarb ~ ḥaṟb *n.m.* Krieg | *huwwe baxto w diyane l-ʾḥḏoḏe, mĭre toxu ʿal baxte du=šēx, w mbaṭele u=ḥarb, w qayimo i=ʿaskar-stene m-rišayye* 'Sie gaben einander ihr Ehrenwort auf die Religion. Sie sagten: Ihr könnt euch auf das Ehrenwort des Schechs verlassen. (Der Schech) beendete den Krieg, dann zogen auch die Soldaten ab.' MT 3.1:31 • RW 221 || Arab. *ḥarb (f.)* 'id.' Wehr 180

ḥarb ʿmumi Weltkrieg | *i=ḥkume ḥreto lbikto bu=ḥarb ʿmumi-wa* 'Die andere Regierung war von dem Ersten Weltkrieg in Anspruch genommen.' MT 3.2:2 → **ʿmumi ~ ʿŭmumi**

ḥarbuṯo *n.f.* Böses, böse Dinge | *aḥna layt sidayna kīn w ġăraz, mu=săbab d-ʾab=babayḏan kmawṣallan, kimmi i=ḥarbuṯo kuṯyo qm-u=tarʿo du=nsān, kul insān d-ṭolib ḥarbuṯo l-ġēr mene, labúd gil-loqe huwe biya* 'Wir hegen keinen Hass und keine Rachegedanken, weil unsere Väter uns dies einprägen und sagen: Das Böse kommt vor die Tür des Menschen, jeder Mensch, der einem anderen Böses wünscht, der wird ihm gewiss auch selber begegnen.' MT 3.2:41 • RW 221 || cf. Syr. *ḥarbuṯo* 'desolation, rottedness' SL 486

ḥărēr *n.m.* Seide | *omir, ʿudina... azzano lu=ʿwodo, mawbĭlallan li=fabriqa, zuqriwo ḥărēr* 'Er sagte: Wir arbeiteten ... Wir gingen zur Arbeit, sie brachten uns zu einer Fabrik. Dort webten sie Seide.' MT 3.4:7 • cf. *ḥarīr* RW 221 || Arab. *ḥarīr* 'id.' Wehr 180

ḥărire *n.f.* eingedickter Traubensyrup, der getrocknet und in Stücke geschnitten wird | *i=ḥărire čike b-tăʿab-yo, bĭṯir mid našifo hayo išmo bu=sĭfoqo, d-howe u=sĭfoqo rabo kimqaṭʿile ksaymile falqe, hēš huwe b-gawe du=sĭfoqo, w kmaqlᵊbila ʿal dukṯo mede d-nišfo, ğule aw *taxtayāt nadife, kmawfᵊqila ṣafro li=šimšo w ʿaṣriye kmaʿbᵊrila hul d-nišfo* 'Die *ḥărire* macht etwas Mühe. Nachdem sie auf dem Teller etwas getrocknet ist ... wenn der Teller groß ist, schneiden sie die *ḥărire* in Stücke, während sie noch auf dem Teller liegt, und legen sie dann irgendwohin, wo sie trocknen kann, auf Stoff oder auf saubere Bretter. Morgens bringen sie sie hinaus in die Sonne und abends bringen sie wieder hinein, bis sie getrocknet ist.' MT 1.1:58 • RW 221 || Tezel 2003: 167

ḥaroyo *adj.*, f. **ḥarayto**, *pl.* **ḥaroye** letzter | *hul li=šabṯayde i=ḥarayto, d-oḏir* 'bis zur letzten Märzwoche' MT 1.5:32; *ánnaqqa aḥ=ḥaroye man=năḥaqiyāt mahzamme* 'Die letzten aber flohen wegen der Übergriffe.' MT 1.7:5 • RW 221 || cf. Syr. *ʾḥroyo* 'id.' SL 29

ḥaršo *n. pl.*, *pl.* **ḥarše** Zauber | *gīʿŭbanno lawġul gīmanṭeno u=rawṭo daḥ=ḥarše, gmiḥénale madʿᵊrínale insān* 'Ich gehe hinein und hole die Zauberrute, wir geben ihm damit einen Schlag und verwandeln ihn wieder in einen Menschen.' MT 5.3:50 • RW 222 || Syr. *ḥerše, ḥarše* 'id.' SL 496

ḥasyo *n.m.*, *pl.* **ḥasye** Bischof | *kitwo b-Bissorino ġálăbe, ʿal u=mamro kohne w ḥasye w faṭiryarxe w rayiḥ w ǧeye* 'In Bissorino gab es dem Vernehmen nach viele Priester und Bischöfe und Patriarchen, es gab dort viele Men-schen.' MT 4.3:1 • RW 222 || Syr. *ḥasyo* 'holy; bishop' SL 475

ḥaṣo *n.m.*; gen. *ḥaṣe* oder *ḥāṣ* **(1)** Rücken | *šmiṭla ǧula li=žinnĭke w yatiwo d-suḥyo, milla tix frax ḥaṣi!* 'Die Frau zog ihre Kleider aus und setzte sich hin, um sich zu baden. Sie sagte: Komm und massiere mir den Rücken!' MT 4.5:13; *rawix ʿal ḥāṣ du=ṭayro w mhalaxxe* 'Er bestieg den Rücken des Vogels, und sie flogen los.' MT 5.3:41 **(2)** Rückseite | *ʿal ḥāṣ du=lăgan* 'auf der Rückseite des Bottichs' MT 2.1:1 **(3)** Gürtel | *i=dukṯo d-immíwunne ʿaymo-yo guršiwo i=quwwaṯṯe l-ṭamo, i=dukṯo d-immiwo ṣaḥwo-yo, šŭranwo ḥaṣayye* 'An der Stelle, an der sie ihnen sagten, dass es wolkig war, zogen sie ihre Kräfte zusammen, und dort, wo sie sagten, dass es klar war, fühlten sie sich sicher (wörtl.: lösten ihre Gürtel).' MT 3.2:12 • RW 223 || Syr. *ḥaṣo* 'hip, haunch; surface' SL 482-83

ḥăša *interj.* mit Verlaub, Verzeihung! | *amma hani ḥăša waḥš-wayne. i=naqla d-hule ḥirriye lu=wălaṭawo diḏan b-naqla mdaywalle* 'Aber es waren, mit Verlaub, unzivilisierte Menschen. Als sie (die Demokraten) unserem Gebiet Freiheit gaben, geriet es völlig aus den Fugen.' MT 3.3:16 • RW 223 || Türk. *hâşa* 'id.'; Arab. *ḥăša* 'Gott bewahre!' Wehr 195

ḥašwo *n.m.* Füllung | *ag=gawe gīsayminne pārčayat hawxa, w ḥayṭinne sayminne xu=kīsko, w gīmaḥti čike d-ḥašwo binne* 'Die Mägen schneiden sie so in Stücke. Sie nähen sie zusammen und machen sie wie kleine Taschen. Dann geben sie etwas von der Füllung hinein.' MT 2.13:3 • BS 102 || Arab. *ḥašw* 'id.' Wehr 195

ḥatta (1) *adv.* sogar, auch | ... *d-šimʿo Miḏyaḏ kula, ḥatta aq=qaše-ste* '... damit ganz Midyat es hört, und auch die Priester' MT 1.2:1 **(2)** *conj.* damit | *u=ʾahᵊl-ahᵊl gdumxi sĭ-mōr du=miṯo, ḥatta d-ṭoʿin u=miṯaṯṯe d-l-oṯe l-bolayye* 'Die engeren Verwandten schlafen bei den Angehörigen des Toten, damit sie den

Toten vergessen und er ihnen nicht in den Sinn kommt.' MT 1.2:13 • RW 224 || Arab. *ḥattā* 'bis zu, sogar; so dass' Wehr 170

ḥaṭro *n.f.*, *pl.* **ḥaṭroṯo** Stock, Knüppel(schlag) | *kul d-i=pire d-saymo dĭxono kuzzín kmŭḥalla arbi=ḥaṭroṯo w kšuqli mena arbi=beʿe* 'Jedes Mal, wenn die Alte Rauch macht, gehen sie hin, versetzen ihr vierzig Knüppelschläge und nehmen ihr vierzig Eier weg.' MT 5.2:69 • RW 225 || Syr. *ḥuṭro* 'id.' SL 423

ḥaṯno *n.m.*, *pl.* **ḥaṯnawoṯo** **(1)** Bräutigam | *kmaqimi i=kalo, kimsalmila lu=ḥaṯno* 'Sie lassen die Braut aufstehen und übergeben sie dem Bräutigam.' MT 1.3:29 **(2)** Schwiegersohn **(3)** Schwager | *kitwo ḥa išme u=Ğirğo d-Baṣma, u=ḥolo du=Skandar, du=Skandar u=ḥaṯnayḏan* 'Es gab einen namens Ğirğo d-Baṣma, den Onkel mütterlicherseits von Skandar, von unserem Schwager Skandar.' MT 3.4:6 • RW 224 || Syr. *ḥaṯno* 'id.' SL 505

ḥaṯo *adj.*, f. **ḥaṯto**, *pl.* **ḥaṯe** **(1)** *adj.* neu | ... *lăšan ᵊd-miḥafiḏ u=karmo d-zriʿʿe u=ḥaṯo* '..., damit der neue Weinberg, den sie angelegt haben, geschützt ist.' MT 1.1:43 **(2)** *adj.* frisch | *uʿdo bdalle kuxli mu=farmo kul=yawmo ḥaṯo* 'Sie haben damit begonnen, jeden Tag frisches Brot aus der Bäckerei zu essen.' MT 1.1:26 **(3)** *adv.* vor kurzem | *ŭno uʿdo ḥaṯo mḥaweli* 'Ich habe mich erst frisch verheiratet.' MT 5.1:3 • RW 224 || Syr. *ḥaṯo* 'id.' SL 418

ḥăwāl || Arab. *aḥwāl* 'Verhältnisse, Umstände; Fälle' Wehr 229

ḥāl w ḥăwāl Sache, Geschichte | *omir ašír qariti ḥāl w ḥăwāl, i=măsălayḏa haṯe w b-aṯe-yo* 'Er sagte: Ach ja, mit meiner Patenverwandten verhält es sich so und so, ihre Geschichte ist so und so.' MT 5.1:25 → **ḥāl**

ḥawdal *n.m.* eingedickter Traubensaft, Brei (aus Traubensaft) | *w am=maye di=ḥalyuṯaṯe d-ubʿi d-saymila kmakĭtinne ʿal falgayye, bĭṯir mid kayiti ʿal falgayye kmanṯin qamḥo (...) w ᵊxxulṯile b-ᵊḥdoḏe kowe ḥawdal* 'Wenn man aus diesem Saft eine (andere) Süßigkeit herstellen will, kocht man (den Traubensaft) nur bis zur Hälfte ein. Wenn er bis zur Hälfte eingekocht ist, holt man Mehl (...) und mischt alles zusammen, dann ergibt das *ḥawdal*.' MT 1.1:53 • RW 226 || cf. Anat. Arab. *ḥwdl* 'umrühren' VW 129; cf. Kurm. *hewdel* 'id.' Chyet 275

ḥawlo *n.m.*, *pl.* **ḥawle** Seil, Strick | *w kimʿalqi u=gawdo bu=ḥawlo w kmayʿile* 'Sie hängen den Schlauch an einem Seil auf und stoßen ihn hin und her.' MT 1.1:76 • RW 226 || Syr. *ḥablo* 'id.' SL 408

ḥawro *n.m.*, *pl.* **ḥawrone** Freund | *qĭsim mĭnayye kowin ḥawrone, u=babo du=kurrĭko w di=kaččĭke, mĭ-naʿmuṯayye kowin mdagle d-ᵊḥdoḏe* 'Manchmal sind der Vater des Jungen und der Vater des Mädchens Freunde, und (die Kinder) sind einander seit ihrer Kindheit versprochen.' MT 1.3:2; *miḻḻe mĭ=ḥarulix mene, ʿam aḥ=ḥawrone lbĭk, gĭmištaʿe* 'Er sagte: Mach dir um ihn keine Sorgen, er ist mit seinen Freunden beschäftigt, er spielt.' MT 4.1:4 • Nicht in RW || Syr. *ḥabro* 'id.' SL 410 → **ḥwarṯo**

ḥaye *pl. tant.* Leben | *ḥatta d-oṯe l-bolayye kaʾinnahu, kitte yawmo linne-ste hawxa gĭminqoli maḥ=ḥayani* 'so dass ihnen klar wird, dass es auch für sie einen Tag gibt, an dem sie aus diesem Leben abberufen werden.' MT 1.2:15; *kĭt ġălăbe hōl l-uʿdo sakin w baḥ=ḥaye, ᵊd-kítwayye ṭaye, yaʿni hinne qamayto* *ṣŭroye-wayye, hawin bu=sayfo ṭaye* 'Es gibt viele, die heute noch wohlauf und am Leben sind, die Muslime waren. Das heißt, sie waren zuvor Christen, während des Sayfo wurden sie Muslime.' MT 3.2:34 • RW 227 || Syr. *ḥaye* 'id.' SL 444

obe l- (+ 2 Pers.) ḥaye sterben → **ʾby/hw**

ḥayf *n.m.* **(1)** Rache | *băle waʿd-yo ʿam Aloho gtŭleno ḥayf di̱di̱ bu=šiḏo* 'Doch ich verspreche bei Gott, ich werde mich an dem Teufel rächen.' MT 4.5:7 **(2)** schade | *d-howe u=miṯano lo=sowo, d-howe b-ḥayf, ʾgboxin aʿle kṭuʿni ġame ġắlăbe* 'Wenn der Verstorbene nicht alt war, wenn er eine wichtige Persönlichkeit war (= wenn es schade um ihn ist), dann weinen sie um ihn und haben großen Kummer um ihn.' MT 1.2:2 • RW 212 || cf. Arab. *ḥayf* 'Unrecht, Ungerechtigkeit' Wehr 234; cf. Kurm. *ḥeyf* 'revenge, vengeance; pity' Chyet 276

tole ḥayf d- sich an (*b-*) jdn. rächen → **tly**

ḥaylo *n.m.* Kraft | *l-Aloho qurbane, šubḥo l-išme, húlelin ḥaylo w quwe* 'Gott, Preis seinem Namen, gab ihnen Kraft und Stärke.' MT 3.1:25 • RW 213 || Syr. *ḥaylo* 'id.' SL 447

ḥayoṭo, *pl.* **ḥayoṭe** *n. agent.* Schneider, Näher | *šuġliwo ġắlăbe ṣĭnayiʿ am=miḏyoye, šuġliwo naġore, šuġliwo mbayḏone, šuġliwo ḥayoṭe* 'Die Leute von Midyat arbeiteten in vielen Handwerksberufen. Sie arbeiteten als Schreiner, als Verzinner, als Schneider.' MT 1.7:6 • RW 227 || Syr. *ḥayoṭo* 'id.' SL 446 → **ḥyṭ**

ḥayrān || cf. Türk. *hayran* 'verblüfft, hingerissen'

ḥayrān d-ʿaynux mein Liebster! | *immo abri ḥayrān d-ʿaynux* 'Sie sagte: Mein Sohn, bei aller Liebe...' MT 5.2:78 → **ʿayno**[1]

ḥayumo, f. **ḥayumto**, *pl.* **ḥayume** *adj.* heiß | *iḏa aṯi w hawi u=yawmo ġắlăbe ḥayumo aḏiʿ ṣahin* 'Wenn der Tag sehr heiß ist, dann weiß er, dass sie (die Tiere) durstig geworden sind.' MT 1.1:95 • RW 228 || cf. Syr. *ḥamimo* 'id.' SL 463 → **ḥym**

ḥaywān ~ ḥaywan *n.m.*, *pl.* **ḥĭyewin** Tier | *kmaḥti qume nŭṭuro lăšan ḥĭyewin d-lŭ=marʿele, rŭʿyo d-lŭ=marfe buwe* 'Man stellt einen Wächter auf, damit keine Tiere die Saat weiden und kein Hirte (sie) auf die (Saat) gehen lässt.' MT 1.1:7; *hŭwena miḥtāğ, kul=ḥa b-ḥa mĭnayna, maḥtina a=sfoqayḏan ʿal u=ḥaywan miblínalle la=qrĭyawoṯo* 'Wir wären sonst genötigt, jeder einzelne von uns, unser Geschirr auf das Tragtier zu laden und es in die Dörfer zu bringen.' MT 1.5:41 • RW 213-214 || Arab. *ḥaywān* 'id.' Wehr 232

ḥayye *n.f.*, *pl.* **ḥayyat** Schlange | *kḥoyir mĭ=kḥoyir, kĭlá kaččĭke kimmo lu=yawmo nḥat, ʾd-silqono l-dukṯux, kaṯila ḥayye ʾd-bilʿo i=kaččĭke* 'Er sah, ja was sah er da: Da war ein Mädchen, das zur Sonne sagen konnte: Geh unter, ich steige an deiner statt auf. Doch da kam eine Schlange auf das Mädchen zu, um es zu verschlingen.' MT 5.3:18 • RW 214 || Arab. *ḥayya* 'id.' Wehr 232

ḥḏo → **ḥa**

ḥḏoḏe *prn.* einander | *maḥtínawo maye bi=qōšxane, w malḥo w čike d-zayto-ste d-lĭ=mizloqi b-ʾḥḏoḏe* 'Wir füllten Wasser in einen Kochtopf, dazu Salz und auch etwas Öl, damit (die Kutle) nicht aneinander klebten.' MT 2.7:15; *ʾkmiġġoli hinne l-ʾḥḏoḏe* 'Sie redeten untereinander.' MT 3.1:11; *u=gelano bĭṯir mid simme kawmoṯo kimfarfʾsile mĭ-ḥḏoḏe*

'Nachdem sie das Gras zu Haufen aufgehäuft haben, ziehen sie es auseinander.' MT 1.1:68 • RW 228 || Syr. *ḥḏoḏe* 'id.' SL 414

manṭe l-ḥḏoḏe versöhnen → **nṭy ~ nty**

oṯe l-ᵊḥḏoḏe sich einigen → **ʾṯy**

oxil ḥḏoḏe ein Menschengedränge bilden → **ʾxl**

ḥḏr ~ ḥḏr || Arab. *ḥḍr I* 'zugegen sein, anwesend sein, teilnehmen; *II* 'vorbereiten, zubereiten, fertigmachen' Wehr 198

I *ḥaḏir, ḥaḏiro - ḥoḏir, ḥuḏro intr.* anwesend sein | *i=dukṯo d-ḥoḏir ᵊmšiḥoyo d-ṭoriḥ ṣlibo lĭ=kḥoḏir u=šiḏo ṭamo* 'Dort wo ein Christ ist, der das Kreuz schlägt, dort hält der Teufel sich nicht auf.' MT 4.5:8 **(2)** *intr.* bereit sein, fertig sein | *bĭṭir maḥtiwo u=samdo du=birġil aʿme, layšíwole, mĭsákwole, hŭwewo ġắlăbe šafiro. fitḥíwole. hano ḥaḏir u layšo dak kutle* 'Dann gab man den *samdo* von Bulgur dazu und knetete ihn, er verband sich fest mit (übrigen Teig) und wurde sehr schön, so dass sie ihn (zu Teigtaschen) formen konnten. Damit war der Teig für die Kutle fertig.' MT 2.7:10

II *mḥaḏalle, mḥaḏalla - mḥaḏir, mḥaḏro tr.* vorbereiten | *ak=kaččĭkat kmalwᵊši ağ=ğule di=kalo, kimḥaḏrila lăšan u=ḥĭwolo* 'Sie (die Mädchen) ziehen der Braut ihre Kleider an, sie bereiten sie für die Überführung vor' MT 1.3:27; *ab=bĭbabe di=kalo kmilboki d-ᵊmḥaḏrila muklo li=kalo* 'Die Eltern der Braut sind damit beschäftigt, ein Essen für die Braut zu machen.' MT 1.3:39; *ḥắḏír ruḥux* 'Mach dich bereit!' MT 5.2:23

IIp *mḥaḏir, mḥaḏro - miḥaḏir, miḥaḏro intr.* vorbereitet werden | *ánnaqqa hanik miḥaḏriwo lu=saṯwo* 'Deshalb wurden diese (Kürbisse) für den Winter vorbereitet.' MT 2.3:3

ḥemo *n.m.* Hitze | *lăšan d-l-oṯe u=ḥemo du=qayṭo aʿlayye kšimṯi, qqayṣi u=ʿamraṯṯe* 'Damit die Sommerhitze ihnen nicht zusetzt, streifen sie ... scheren sie ihre Wolle.' MT 1.1:90 • RW 230 || cf. Syr. *ḥumo, ḥemṯo, ḥamṯo* 'id.' SL 427 → **ḥym**

ḥeno *n.m.* Henna (zum Rotfärben der Haare) | *u=ḥĭwolo di=kalo-ste hawxa kowe (...) kizzín lalye du=ḥeno, kmawbᵊli ḥeno li=kalo* 'Die Überführung der Braut verläuft wie folgt: (...) sie gehen in der Henna-Nacht, bringen der Braut Henna' MT 1.3:22 • RW 230 || Syr. *ḥeno* 'id.' SL 469

ḥeṭe *n. pl.*, f. *sg.* **ḥeṭo** ⊗ meistens im Plural verwendet Weizen | *u=daworo kmoyid naqqa=ḥreto u=bŭzarʿayḏe, ḥeṭe aw ṣʿore, ʿal qădar du=imkān di=taqayḏe* 'Der Pflüger nimmt wieder sein Saatgut, Weizen oder Gerste, entsprechend seinen Möglichkeiten.' MT 1.1:6; *u=birġil-ᵊste maḥ=ḥeṭe kowe* 'Bulgur wird gleichfalls aus dem Weizen hergestellt.' MT 1.1:27; *ak=kutle awwil=naqqa mi=ḥeṭo. i=ḥeṭo kmišloqo* 'Zunächst einmal bestehen die Kutle aus Weizen. Der Weizen wird (in Wasser) gekocht.' MT 2.7:2 • RW 230 || Syr. *ḥeṭe* 'id.' SL 444

ḥewir *adj.* ⊗ Komparativ zu *ḥĭworo* weißer | *ḥiḻḻe biya-ste, kḥoyir i=lašayḏa ḥewir mu=kaġătano diḏux* 'Er schaute sie an: Ihr Körper war weißer als dein Papier hier.' MT 4.5:13 → **ḥĭworo**

ḥfḏ || Arab. *ḥfẓ I* 'bewahren, behüten' Wehr 203

II *mḥafaḏle, mḥafaḏla - mḥafiḏ, mḥafḏo* **(1)** *tr.* beschützen, bewahren | *i=adro d-kul=nošo sĭ-ḥḏoḏe kuyo, ğirān. lăšan d-maḥti nŭṭuro quma, d-mḥafaḏla naqqa=ḥreto maḥ=ḥĭyewin* 'Die Dreschplätze aller Leute liegen nebeneinander, wie Nachbarn, damit man einen Wächter aufstellen kann, der sie wiederum vor den Tieren beschützt.' MT 1.1:10 **(2)** *tr.* aufheben, konservieren | *u=miš-ḥano-ste kimmaṣalle l-sĭfoqo nadifo, kmaḥtile b-tănăgaye w kimḥafḏile* 'Sie lassen das Butterschmalz in ein sauberes Gefäß abfließen, füllen es in einen Kanister und heben es auf.' MT 1.1:80 **(3)** *tr.* warm halten | *mid qayir kmaḥti rawbe buwe w kimḥafḏile hōl d-howe qaṭiro.* 'Wenn sie (die Milch) sich etwas abgekühlt hat, geben sie *rawbe* (Joghurtkulturen) dazu, und halten sie warm, bis sie zu Joghurt geworden ist.' MT 1.1:75

IIp *mḥafiḏ, mḥafḏo - miḥafiḏ, miḥafḏo intr.* beschützt werden | *kmaḥti l-qul ʿaynayye ham d-miḥafiḏ u=tawnatte d-lĭ=zze b-dukṯo* 'Sie achten darauf, dass ihr Häcksel geschützt ist, dass es nicht irgendwohin fliegt.' MT 1.1:17

ḥfr || Syr. *ḥfr*[1] *Pe.* 'to dig' SL 482

I *ḥfiḻle, ḥfiḻla - ḥofir, ḥufro* graben | *guzzín l-dukṯo mede gĭḥufrínalle ḥăfira mede gmaqṭᵊlínalle* 'Sie werden irgendwohin gehen, und wir werden für sie eine Grube graben und sie umbringen lassen.' MT 5.2:39

ḥičḥaṛṛāt *n. pl.* scharfe Paprika | *xŭlaṭwo u=ḥašwawo w árğaʿli kulle mŭléwolin ḥičḥaṛṛāt* 'Er mischte diese Füllung (für das Dolma) und gab erneut scharfe Parika hinzu.' MT 2.2:3 • RW 231 || cf. Anat. Arab. *ḥawğhārra, ḥəčḥāṛra* 'Paprika, Pfefferschoten' VW 110; cf. Kurm. *hičḥar* 'id.' Chyet 277

ḥiḏḏār *n. pl.* Anwesende | *ḥăša maḥ=ḥiḏḏār* 'Verzeihung vor den Anwesenden!' MT 4.5:17 • RW 231 → **ḥaḏir**

ḥĭḏōr *prep.* um ... herum • RW 231 || Syr. *ḥḏor(o)* 'surrounding area; round about', s. auch *ḥdr* 'around' SL 416-417

l-ḥĭḏōr um ... herum, in der Nähe von | *kmiski u=ahᵊl diḏa tarte=kaččĭkat, kburmi tlōṯ=kore l-ḥĭḏōr u=ftilo* 'Zwei Mädchen von ihrer Familie ergreifen ihre Hand und gehen dreimal im Kreis um den Heustrang herum.' MT 1.3:30; *ŭṯanwo aṯ=ṭaye l-ḥĭḏōr Anḥil-ᵊste* 'Die Muslime kamen auch in die Nähe von Anḥil.' MT 3.2:21 → **l-**

ḥĭkeye *n.f., pl.* **ḥĭkeyāt** Geschichte, Erzählung | *ḥĭkeyāt ʿatiqe* 'alte Geschichten' MT 1.7:1 • RW 233 || Arab. *ḥikāya* 'id.' Wehr 212

ḥĭkim *n.m.* **(1)** Urteil, Strafe | *hinne năḥaq-wayne, w d-ŭwénawo aḥna gĭmiḥ-kĭmínawo ḥĭkim rabo, amma hinne lĭ=ḥkimi* 'Sie waren im Unrecht, und wenn wir es gewesen wären, hätte man uns zu einer schweren Strafe verurteilt, doch sie wurden nicht verurteilt.' MT 1.6:13; *u=gawiro d-l-obe ak-kallāt mĭ=ksaymi buwe ax=xōrtīn? kmanṭalle lᵊ-qm-u=ḥatno, kimmile ya paša, hano lĭ=kobe u=ḥĭkim diḏux, lĭ=kobe u=ğurmo d-maḥatlux aʿle* 'Was machen die jungen Leute mit einem Verheirateten, der kein Geld gibt? Sie bringen ihn vor den Bräutigam und sagen: Oh Pascha, dieser Mann gibt nicht, was du befohlen hast, er bezahlt nicht die Strafe, die du ihm auferlegt hast.' MT 1.3:44 **(2)** Reichweite | *i=săraye-ste qaruto-wa lu=baytatte, d-ḥĭkim di=tfinge-wa* 'Das Verwaltungsgebäude lag in der Nähe ihres Hauses, es war in Reichweite des Gewehrs.' MT 3.3:4 • RW 232 || Arab. *ḥukm* 'Urteil' Wehr 210 → **ḥkm**

ḥikkoye *n.f., pl.* **ḥikkoyat** Märchen, Geschichte, Erzählung | *mšayalle ʿal i=wălaye de harke w de tamo de harke w* *de tamo, năhaye, ḥikkoye-yo, qiṣṣa-yo, komir maṭin li=wălaye* 'Sie fragten nach der Stadt, hier und dort und hier und dort, schließlich – es ist ja ein Märchen, eine Geschichte – gelangten sie zu der Stadt.' MT 5.1:33 || Anat. Arab. *ḥəkkōye* 'id.' JK 39; cf. Arab. *ḥikāya* 'Geschichte, Erzählung' Wehr 212

ḥillík *n.m.* Rasse von Schafen, Fettschwanzschaf | *a=ʿwone kayise sidayna u=ğins diṯṯe kmitamiḻḻe ḥillík* 'Die Rasse der guten Schafe bei uns heißt *ḥillík*.' MT 1.1:89 • RW 234 || Kurm. *hilik*[2] 'agneau à queue grasse' DKF 702

ḥilliye *n.f.* Jahr, in dem die Vegetation früh einsetzt | *d-huyo ḥilliye knofiq u=gelo xayifo* 'Wenn es ein frühes Jahr ist, wächst das Gras früh.' MT 1.1:66 • cf. *ḥilli* RW 234 || Kurm. *ḥilî* 'born early; sown or planted early' Chyet 277, cf. Tezel 2003: 54 → **virniye**

ḥilto *n.f., pl.* **ḥiltoṯo** Tante (mütterlicherseits), Anrede an eine ältere Frau | *miḻḻe šlomo aʿlax ḥilto! miḻḻa ahla w sahla b-šayno w ba-šlomo abri* 'Er sagte: Sei gegrüßt, Tante! Sie sagte: Herzlich willkommen, du kommst in Frieden, mein Sohn.' MT 5.2:70 • RW 234 || Syr. *ḥolto* 'id.' SL 461

ḥimmām *n.m.* Hammam, öffentliches Bad | *midde u=zʿuraṯṯe mawballe su=ḥimmāmči, ğğirre u=ḥimmām w mḥalaqqe bu=farmo di=nuro w šiʿʿe fēm du=tarʿo aʿle* 'Sie nahmen ihren Jungen und brachten ihn zum Bademeister, sie schürten das Bad an und warfen ihn in den Feuerofen. Sie dichteten die Tür des Ofens hinter ihm ab.' MT 4.2:10 • RW 235 || Arab. *ḥammām* 'id.' Wehr 217

ḥimmāmči *n.m.* Bademeister | *miḻḻe lu=ḥimmāmči, miḻḻe u=ḥimmām šaḥino-yo? miḻḻe e năʿam* 'Er sagte zu dem Bademeister: Ist das Bad heiß? Er sagte: Ja.' MT 4.2:11 • RW 235 || cf. Türk. *hamamcı* 'id.' → **ḥimmām**

ḥimṣe *n. pl.* Kichererbsen | *mid mafitte i=ḥimṯo du=zăhir kowin xd-aḥ=ḥimre, čike b-čike kyurwi kowin xd-aḥ=ḥimṣe* 'Wenn sie (die Trauben) die Blütezeit hinter sich haben, werden sie wie Perlen. Sie wachsen Schritt für Schritt weiter und werden (so groß) wie Kichererbsen.' MT 1.1:47 • RW 235 || Syr. *ḥemṣe* 'id.' SL 467

ḥimṣe qarʿone Kichererbseneintopf mit Grießbällchen | *aḥ=ḥimṣe qarʿone, hani-ste, muklo ʿatiqo diḏan das=siryoye-yo. hani-ste kmisomi bu=ṣawmo-ste, kmisomi bu=fṭār-ʾste* 'Der Kichererbseneintopf mit Grießbällchen ist ein althergebrachtes Gericht von uns Suryoye. Er wird sowohl während der Fastenzeit gekocht, als auch in der fastenfreien Zeit.' MT 2.11:1 → **qarʿo**[1]

ḥimṯo *n.f.* • cf. *ḥımto* 'Fieber' RW 235 || Syr. *ḥemṯo, ḥamṯo* 'heat' SL 469 → **ḥym, ḥemo**

ḥimṯo du=zăhir aktive Blütezeit | *bĭṯir knufli bu=zăhir kimmínale, mid mafitte i=ḥimṯo du=zăhir kowin xd-aḥ=ḥimre, čike b-čike kyurwi kowin xd-aḥ=ḥimṣe* 'Dann beginnen sie (die Trauben) zu blühen, wie man es nennt. Wenn sie die Blütezeit hinter sich haben, werden sie wie Perlen. Sie wachsen Schritt für Schritt weiter und werden (so groß) wie Kichererbsen.' MT 1.1:47 → **zăhir**

ḥim w ḥaye Ausdrücke aus dem Arbeitslied beim Stampfen des Bulgurs → **ha haye, ḥe haye**

ḥimyono *n.m.* Schwiegervater | *komir azzé. mḥele yawmo-yo tre-yo tloṯo-yo, komir maṭi lu=bălad du=ḥimyono* 'Er ging, ritt ein, zwei oder drei Tage, dann erreichte er das Land seines Schwiegervaters.' MT 5.3:59 • RW 235 || Syr. *ḥemyono* 'id.' SL 464

ḥing ⊗ onomatopoetisch: Lärm

ḥing w ding ⊗ onomatopoetisch: Lärm, Jubel und Trubel | *ḥing w ding w ḥing w ding w ḥing w ding, i=qyimto qayimo bi=dinnaga w bi=zirnaye* 'Jubel und Trubel, es ging zu wie auf dem Jahrmarkt, mit Trommeln und Pfeifen.' MT 5.2:6 → **ding**

ḥingi ~ hingi *conj.* weil, so sehr | *lĭ=gfŭraqla mi=barto, hingi d-kityo zʿurto ḥălāl* 'Er behandelte sie nicht anders als eine Tochter, weil sie so ein anständiges Mädchen war.' MT 5.1:12 • RW 236 || cf. Kurm. *hingê* 'then, at that time' Chyet 260; *hingî* 'tant que; à force de, à mesure que' DKF 711

ḥirma *n.f.* Frau | *aḷúh ŭno qim šnoqo-wi w kitwo ḥirma šafirto ġắlăbe, atyo miḷḷa laš=šanoqe miḷḷa qay kšinqitu u=zʿurano?* 'Nun ja, ich stand kurz vor der Hinrichtung, und da war eine sehr schöne Frau, die kam und sagte zu den Henkern: Warum wollt ihr diesen jungen Mann aufhängen?' MT 5.1:40 • *ḥurma* RW 246 || Arab. *ḥurma* 'Gattin' Wehr 186

ḥirriye *n.f.* Freiheit | *mid húlelin ḥirriye kamil noše látwayne mădăniye, i=naqqa d-owe waḥš w d-ŭbatle ḥirriye kmidaywin, amma d-owe kultūrlí w d-ŭbatle ḥirriye li=ʿišayde w li=insaniyayde, zid kmiʿadil* 'Als sie ihnen freie Hand ließen ... es waren unzivilisierte Leute, und wenn jemand unzivilisiert ist und du lässt ihm freie Hand, dann dreht er durch. Wenn er aber kultiviert ist und du ihm Freiheit in seiner Lebensführung und in seiner Menschlichkeit gibst, dann verbessert er sich noch.' MT 3.3:15 • *ḥurrīye* RW 246 || Arab. *ḥurrīya* 'id.' Wehr 180

ḥis *n.m.* Lärm, Geräusch → **ḥiss ~ ḥis**

ḥisbe *n.f.* Berücksichtigung | *kítwolan pirgāl b-idayna, lu=gorăn du=pirgāl ğimafiltínawo u=arʿo du=sfoqo, ṭŭrénawo i=ḥisbe du=arʿo* 'Wir hatten einen Zirkel zur Hand, und gemäß diesem Zirkel machten wir den Boden des Gefäßes, wir berücksichtigten den Boden.' MT 1.5:19; *b-kurmānğí miğğĭliwo aʿmayye, ḥisbe lĭ=ksayminalxu, hatu min-hatu?* 'Sie sprachen auf Kurdisch mit ihnen: Wir beachten euch nicht, wer seid ihr denn schon?' MT 3.1:28 • RW 238 || cf. Arab. *ḥsb I* 'etw. in Betracht ziehen' Wehr 190

ḥiss ~ ḥis *n.m.* Lärm, Geräusch | *u=ʿamo mu=ḥiss du=ʿwodatxu li=qqudri ṭuʿi* 'Wegen des Lärms eurer Arbeit können die Leute nicht einschlafen.' MT 1.5:25; *kote ḥis da=tfinag* 'Man hörte den Lärm der Gewehre.' MT 3.1:11 • RW 237 || Arab. *ḥiss* 'Gefühl, Sinn; Laut, Geräusch' Wehr 189

ḥiṣo *adj.*, f. **ḥiṣto**, *pl.* **ḥiṣe** fest, stark, schnell | *u=gurno twiḷe, i=naqqa d-mĭḷḷele, manḥete, mḥele ḥiṣo bi=arʿo ʾṣlĭḥ* ' Den Trog zerbrach er. Als (Mor Malke) ihm sagte: Setz ihn ab, ließ er ihn hart auf die Erde fallen, da brach er auseinander.' MT 4.4:23 • RW 238 → **ḥyṣ**

ḥiṣṣa *n.f.* Anteil | *kítwolan u=karmo rabo immínawole, ʿal u=darbo d-Anḥil-we, hiyaste kítwola ḥiṣṣa buwe* 'Wir hatten den großen Weingarten, wie wir ihn nannten, der auf dem Weg nach Anḥil lag. Auch sie besaß einen Anteil davon.' MT 1.4:3 • RW 238 || Arab. *ḥiṣṣa* 'id.' Wehr 195

ḥiššabo *n.m.*, *pl.* **ḥiššabe** Sonntag | *w aḥna kito, kul yawme d-ḥiššabo d-kimṣalina bi=ʿito-ste* 'Jeden Sonntag beten wir (so) in der Kirche.' MT 3.2:42 || Syr. *ḥad b-šabo* 'id.' SL 413

ḥīt *n.m.* Rasse von Ziegen, Langhaarziege | *kīt šīkil=ḥreno d-ᶜeze kimminne, lo ak=kažžík, ḥīt* 'Es gibt eine andere Rasse von Ziegen, die man nicht *kažžík*, sondern *ḥīt* nennt.' MT 1.1:93 • RW 239 || Kurm. *hît* 'chèvre angora' DKF 721 → **kažžík**

ḥīwolo *inf. II* Überführung der Braut, Hochzeit | *bītir mid fayišo i=kaččīke ṭlibto, ṭăbí gīd-oṭe u=waxt du=ḥīwolo* 'Nachdem das Mädchen verlobt worden ist, kommt natürlich die Zeit der Hochzeit (wörtl.: die Zeit der Überführung).' MT 1.3:20 → **ḥwl**

ḥīworo *adj.*, f. **ḥīwirto**, *pl.* **ḥīwore** weiß | *howe zangīn kmaḥtile bu=tabūt, w ᶜal u=tabutawo-ste ggurši dubēt komo w kmaḥti aᶜle ṣlibe ḥīwore* 'Falls er (der Tote) reich ist, legen sie ihn in einen Sarg. Auf den Sarg legen sie eine schwarze Decke, auf die sie weiße Kreuze legen.' MT 1.2:5 • RW 230 || Syr. *ḥeworo* 'id.' SL 432 → **ḥwr**

ḥkm || cf. Arab. *ḥkm I* 'urteilen, beurteilen; beherrschen' Wehr 209; cf. Anat. Arab. *ḥkm I* 'treffen, zugegen sein, sich befinden' JK 38

I *ḥakim, ḥakimo - ḥokim, ḥukmo intr.* sich befinden, fallen (auf) | *meqim mid oṯin aᶜ=ᶜeḏani, iḏa ḥakimo ... bi=midde d-kityo i=kaččīke ṭlibto, w u=yawmo du=ṣiboro, dar=rīzune, ᵊksaymi rīzuno* 'Bevor die Festtage kommen ... Wenn in die Zeit, in der das Mädchen verlobt ist, der Festtag Mariä Verkündigung fällt, der Tag der *rīzuno*-Brote, dann backen sie *rīzuno*-Brot.' MT 1.3:17

I *ḥkimle, ḥkimla - ḥokim, ḥukmo tr.* herrschen | *miḻḻe ya ᶜammo aḥna hawxa simlan w mṣafelan i=ᶜašīrto d-arke, aḥna gīḥukmina harke, hāt ḥkam tamo* 'Er sagte: Lieber Onkel, wir haben es so gemacht und den hiesigen Stamm aus dem Weg geräumt. Wir wollen hier herrschen, und du herrsche dort.' MT 5.2:20

Ip *ḥkīm, ḥkimo - miḥkim, miḥkomo* verurteilt werden | *hinne năḥaqwayne, w d-ŭwénawo aḥna gīmiḥkīmínawo ḥīkim rabo, amma hinne lī=ḥkimi* 'Sie waren im Unrecht, und wenn wir es gewesen wären, hätte man uns zu einer schweren Strafe verurteilt, doch sie wurden nicht verurteilt.' MT 1.6:13

ḥkume *n.f.* Regierung | *tre=yarḥe mḏawamme b-ᶜIwardo, w ᶜaskar-ste i=naqqayo azzé mu=ṭăraf di=ḥkume* 'Zwei Monate lang dauerten (die Kämpfe) in ᶜIwardo an, und nun beteiligten sich auch Truppen der Regierung.' MT 3.3:7 • RW 232 || Arab. *ḥukūma* 'id.' Wehr 210

ḥky || Arab. *ḥky I* 'erzählen, berichten' Wehr 212

III *maḥkele, maḥkela - maḥke, maḥkᵊyo intr.* erzählen | *mi=bădaye li=năhaye gīmaḥkᵊyalle-yo, latyo hawxa?* 'Ich (f.) werde es ihm von Anfang bis Ende erzählen, nicht wahr?' MT 3.1:1; *omir maḥkīlalli i=măsăle d-barṯux* 'Sie erzählten mir die Geschichte von deiner Tochter.' MT 5.3:29

ḥlğ || Arab. *ḥlğ I* 'entkörnen (Baumwolle)' Wehr 214

I *ḥliğle, ḥliğla - ḥoliğ, ḥulğo tr.* (Baumwolle) entkörnen | *[Besim Aḥo: áydarbo azzinyo mī-Midyaḏ li=Ădăne?] ḥilğiwo u=kītono, fayiš tarte=šne aḥ=ḥawrone immi aḻo kummi koṯe noše kuzzín, kfayti l-Amérīka* '[Besim Aḥo: Wie gingen sie von Midyat nach Adana?] Sie entkörnten die Baumwolle. Er blieb (dort) zwei Jahre, da sagten seine Freunde: Es kommen Leute, die gehen ... die fahren hinüber nach Amerika.' MT 3.4:2

ḥlimo *adj.*, f. **ḥlimto**, *pl.* **ḥlime** dick, dickflüssig | *kmaḥtit aᶜlayye qădar lītra, zid, yaᶜni kfoyiš ᶜal u=zawk didux, ḥlime kriḥmit a=ṭlawḥe, raqiqe kriḥmit* 'Du gibst etwa einen Liter oder mehr Wasser dazu. Es hängt von deinem Geschmack ab, ob du die Linsensuppe dickflüssig möchtest oder eher dünnflüssig.' MT 2.10:1 • RW 240 || Syr. *ḥlimo* 'sound, healthy person; whole; strong' SL 456 → **ḥlm**

ḥlm || denom. zu *ḥlimo* → **ḥlimo**

I *ḥalim, ḥalimo - ḥolim, ḥulmo intr.* dick werden | *ánnaqqa hanik miḥadriwo lu=saṯwo (...) aq=qarᶜanik ḥulmiwo w hŭwéwulle bĭzarᶜo šafiro* 'Deshalb wurden diese (Kürbisse) für den Winter vorbereitet. (...) Diese Kürbisse wurden dick und hatten schöne große Kerne im Inneren.' MT 2.3:3-4

III *maḥlamle, maḥlamla - maḥlim, maḥlᵊmo tr.* dick werden lassen, dick machen | *w di=ḥărire kmaqšalla zīd, yaᶜni kmaḥlᵊmile kṭorin d-roṯiḥ ġắlăbe d-owe u=ḥawdal ḥlimo* 'Den Traubensirup für die *ḥărire* lassen sie dicker werden, d.h. sie dicken ihn weiter ein und lassen ihn lange kochen, damit er dickflüssig wird.' MT 1.1:55

ḥloqo *inf.* Rasieren | *w knošiq u=ḥatno, bĭṯir mu=ḥloqo w mu=tilwišo dağ=ğule* 'Dann küsst (der Priester) den Bräutigam, nach der Rasur und dem Bekleiden.' MT 1.3:25 → **ḥlq**[1]

ḥlowo *inf.* Melken | *u=ḥlowo dat=tawroṯo, kul=nošo laybe ḥŭlawwe d-l-owe yalifo, w daᶜ=ᶜeze-ste hawxa w da=ᶜwone-stene hawxa* 'Das Melken der Kühe ... Nicht jeder kann sie melken, wenn er es nicht gelernt hat, und bei den Ziegen und den Schafen ist es genauso.' MT 1.1:73 → **ḥlw**

ḥloyo[1] *inf.* süß werden | *mid ᵊbdalle bu=ḥloyo kowin ᶜinwe* 'Wenn sie anfangen, süß zu werden, werden sie zu Trauben.' MT 1.1:47 → **ḥly**

ḥloyo[2] früh (am Morgen) | *qqaymo ṣafro kĭle u=zᶜuro ḥniqo. ḥloyo li=aṯto du=yūzbaši mšayaᶜla biṯra* 'Sie stand am Morgen auf, da war der Junge erwürgt. Früh am Morgen schickte die Frau des Offiziers nach ihr.' MT 5.1:16 • Nicht in RW || Tezel 2003: 53-54

ḥlq[1] || Arab. *ḥlq I* 'kahlscheren, rasieren' Wehr 215

I *ḥliqle, ḥliqla - ḥoliq, ḥulqo tr.* rasieren | *mantele mšayaᶜle lu=ḥimmām, ḥliqqe w mawballe lu=ḥimmām mandaffe* 'Er schickte ihn ins Hamam, sie rasierten ihn, brachten ihn ins Hamam und säuberten ihn.' MT 5.2:88

ḥlq[2] || cf. Anat. Arab. *ḥlq II* 'werfen' JK 39; cf. Arab. *ḥlq II* 'in der Luft kreisen, schweben, fliegen' Wehr 215; cf. Syr. *ḥlq Pe.* 'to distribute, share; to allot, determine by fate' SL 460

II *mḥalaqle, mḥalaqla - mḥaliq, mḥalqo* **(1)** *tr.* werfen, wegwerfen | *ğğiṟṟe u=ḥimmām w mḥalaqqe bu=farmo di=nuro* 'Sie schürten das Bad an und warfen ihn in den Feuerofen.' MT 4.2:10; *komir mhawaḻḻe ᶜal i=ᶜaskar diḏe, aṯyo i=ᶜaskar diḏe, mḥalaqqe ak=kefe* 'Er rief seine Soldaten, die Soldaten kamen und warfen die Steine zur Seite.' MT 5.1:11; *mid šaḥin, gĭmḥalqit u=năšadīrayḏe aᶜle* 'Wenn es heiß geworden ist, streust du den *năšadir* darauf.' MT 1.5:16 **(2)** *tr.* nach etw. greifen ⊗ mit *iḏo* 'Hand' | *kul=ḥa kimḥaliq iḏe ᶜal i=ṭlamṯo w ktŭwaḻḻa* 'jeder greift nach dem Brotfladen und bricht ihn durch' MT 1.3:10 **(3)** *tr.* treiben | *midlan mḥalaqlan ᶜal ann=adroṯo, u=săwal diḏan, u=medaydan* 'Da nahmen wir unser Vieh, unser Hab und Gut und trieben es auf die Tennen.' MT 3.1:2 **(4)** *tr.* Fehlgeburt erleiden | *kimḥalqi af=farxatte* 'Sie erleiden Fehlgeburten.' MT 1.1:97 **(5)** *intr.* umgeben ⊗ mit *nuhro* 'Licht' | *lu=zʿuro mḥalaqle lu=nuhro aʿle* 'Den Jungen umgab ein Heiligenschein.' MT 4.2:5 **(6)** *intr.* jdm. (*bitr-*) folgen, jdn. verfolgen | *immono e, yasire-na, ṣŭroye-na, hălíx, hălíx bitrayna, mḥalaqli bitrayye bitrayye* 'Ich sagte: Ja, wir sind Flüchtlinge, wir sind Christen. Komm! Geh hinter uns her! Ich lief immer hinter ihnen her.' MT 3.1:9 **(7)** *intr.* springen ⊗ mit Reflexivpronomen *ruḥ-* | *gimḥalqo i=sistayde ruḥa ʿal ann=arbi mitrowatani* 'Sein Pferd wird zum Sprung über diese vierzig Meter ansetzen.' MT 5.2:49

ḥlw || Syr. *ḥlb Pe.* 'to milk' SL 451

I *ḥlule, ḥlula - ḥolu, ḥulwo tr.* melken | *gĭḥilwi, gĭḥilwi a=ʿwone w aʿ=ʿezatte w bĭtirke gĭmaqtᵊrile* 'Sie melkten ihre Schafe und Ziegen und machten dann (aus der Milch) Joghurt.' MT 2.5:1; *bĭtir mid ᵊḥlŭwinne aw a=ʿwone, kmarfin af=farxatte-ste d-yunqi išmo* 'Wenn sie sie (die Ziegen) gemolken haben – oder die Schafe –, dann lassen sie auch ihre Jungen ein bisschen saugen.' MT 1.1:74

ḥly || Syr. *ḥly Pe.* 'to be sweet' SL 455

I *ḥali, ḥalyo - ḥole, ḥulyo intr.* süß werden | *kmantin sikkar-stene hŏl d-ḥole, kdayqile hŏl d-ḥole* 'Sie bringen Zucker, bis (der Milchreis) süß ist; sie kosten davon, bis er süß ist.' MT 1.1:85

ḥmiro *n.m.* Hefe | *kmantin ḥmiro. kmaḥti u=ḥmiro-ste baynote, w išmo d-malḥo, w gbĭdyo b-idota klayšole.* 'Man nimmt Hefe, gibt auch die Hefe dazu, und etwas Salz, und sie beginnt mit ihren Händen den Teig zu kneten.' MT 1.1:22 • RW 241 || Syr. *ḥmīro* 'id.' SL 464

ḥmirto *n.f., pl.* **ḥimre** Perle | *awwĭl d-ᵊgmaḥatno qarʿi, kmaḥto i=ḥmirto di=šanto b-adni* 'Sobald ich mein Haupt zum Schlafen lege, legt sie mir eine Schlafperle ins Ohr.' MT 5.3:53 • RW 241 || Syr. *ḥmurto* 'gem; amulet; beads, round objects' SL 462

ḥmoro *n.m., pl.* **ḥmore** Esel | *u=ṭaʿno taxminan ʿisri=ftile-yo, mid ᵊmkamalle ʿisri=ftile kimšayʿile ʿam ḥa mĭnayye ʿal ḥāṣ-du=ḥmoro lu=bayto* 'Eine Traglast besteht aus etwa zwanzig Grassträngen. Wenn sie zwanzig Grasstränge fertig haben, schicken sie sie mit einem von ihnen auf dem Rücken des Esels nach Hause.' MT 1.1:70 • RW 241 || Syr. *ḥmoro* 'id.' SL 467

ḥmoto *n.f.* Schwiegermutter | *immowa l-ᵊḥmoti, immowa Tarzo, kimmono u=šarraydi w u=xeraydi inšalla gimqabli ḥdode* 'Sie pflegte zu meiner Schwiegermutter zu sagen: Tarzo, ich hoffe, das Böse und das Gute, das ich getan habe, werden sich die Waage halten.' MT 1.4:4 • RW 241 || Syr. *ḥmoto* 'id.' SL 469

ḥmoye *n. pl.* Schwiegereltern | *e, bĭtir mid ᵊṭlibo i=kaččĭke, ab=bĭ-ḥmoye, kul=ḥiššabo aw kul ᵊtre=ḥiššabe kizzín lab=bĭ-babe di=kaččĭke* 'Nachdem das Mädchen verlobt worden ist, gehen die (künftigen) Schwiegereltern jeden Sonntag oder jeden zweiten Sonntag zu den Eltern des Mädchens.' MT 1.3:13 • cf. *ḥmohe* RW 241 || Syr. *ḥmohe, pl.* zu *ḥmo* 'id.' SL 461

ḥniqo[1] *part.*, f. **ḥniqto**, *pl.* **ḥniqe** erwürgt | *ḥloyo li=atto du=yūzbaši mšayaʿla bitra, tay u=zʿurawo, azzá immo mĭ=gmantyallix u=zʿuro, alo kĭle u=zʿuro ḥniqo* 'Früh am Morgen schickte die Frau des Offiziers nach ihr: Bring den Jungen! Sie ging und sagte: Wie soll ich dir denn den Jungen bringen? Wahrlich, der

Junge ist erwürgt worden.' MT 5.1:16 → **ḥnq**

ḥniqo[2] *n.m., pl.* **ḥniqe** Jochschlinge | *aḥna šuġlayna du-dworo latyo bat-tărak-torāt w bad-dowarbičarat, u-daworo, kŭwele niro, bu-nirano kīt ḥniqe* 'Bei uns erfolgt das Pflügen nicht mit Traktoren und mit Mähdreschern. Der Pflüger hat ein Joch, an diesem Joch befinden sich Jochschlingen.' MT 1.1:1 • Nicht in RW || cf. Syr. *ḥnīqo* 'narrow' SL 472 → **ḥnq**

ḥnq || Syr. *ḥnq Pe.* 'to strangulate, choke; to drown' SL 473

I *ḥniqle, ḥniqla - ḥoniq, ḥunqo tr.* erwürgen, ertränken | *omir mar* ᵀ*oġlum*ᵀ*, mis-simlux? mistaʿríf biya gin-naḥlux! e, áydarbo gd-omir lu-ʿammo, ŭno ḥniqli abrux, lăğan i-žinnīke* 'Er sagte: Sag, mein Junge, was hast du getan? Gestehe es, dann wirst du genesen. Wie sollte er denn dem Onkel sagen: Ich habe deinen Sohn wegen der Frau erwürgt?' MT 5.1:39

Ip *ḥnīq, ḥniqo - miḥniq, miḥnoqo intr.* ertrinken, ersticken, erwürgt werden | *mírralle u-zʿuro naḥit lu-băḥar w ḥnīq* 'Sie sagten zu ihm: Der Junge ist ins Meer gegangen und ist ertrunken.' MT 4.1:5

ḥolo[1] *n.f.* Schauplatz, Fußboden, Mitte | *omir, midle i-zuġto, omir mḥalqole bi-ḥolo, omir de qumu maqimu i-zuġtaṯe* 'Da nahm (der Mönch) das (tote) Hühnchen, warf es in die Mitte und sagte: Los, macht dieses Hühnchen lebendig.' MT 4.3:10; *omir kŭro qumu, qumu i-ġira l-yawmo hawxa-yo, ʿal u-dino-yo, u-Mšiḥaydan bi-ḥolo-yo* 'Er sagte: Leute, rafft euch auf, der Kampfesmut ist für so einen Tag bestimmt. Es geht um den Glauben, es geht um unseren Messias.' MT 3.1:24 • RW 242 || Tezel 2003: 100

izze bi-ḥolo vergehen (Zeit) → **ʾzl**

ḥolo[2] *n.m.* Onkel (mütterlicherseits), Anrede an einen älteren Mann | *kitwo ḥa išme u-Ğirğo d-Baṣma, u-ḥolo du-Skandar* 'Es gab einen namens Ğirğo d-Baṣma, den Onkel mütterlicherseits von Skandar.' MT 3.4:6 • RW 242 || Syr. *ḥolo*[2] 'id.' SL 451

ḥrb || Arab. *ḥrb III* 'bekämpfen, bekriegen' Wehr 180

II *mḥarable, mḥarabla - mḥarib, mḥarbo intr.* kämpfen | *huwe abre d-ḥamšaḥṣar-išne-we i-naqqa du-sayfo, kítwole tfinge yawnaní kayisto, huwe-ste mḥarable* 'Er war zum Zeitpunkt des Sayfo fünfzehn Jahre alt, und er hatte ein schönes *yawnaní*-Gewehr. Auch er kämpfte.' MT 3.2:22

ḥreno *adj.*, f. **ḥreto**, *pl.* **ḥrene** **(1)** anderer | *húlale u-maktūb, hawo čikla b-kisa, kṯúlalin ḥreno* 'Sie gab ihm den Brief, den (ursprünglichen) steckte sie in die Tasche und schrieb für sie einen anderen.' MT 5.2:23; *i-naqqa d-ᵊgzŭraʿʿe kmawbil ḥa aʿme ḥreno, ya naʿimo ya rabo, d-zoriʿ warzo* 'Wenn er sie besät, nimmt er noch jemand anderen mit, klein oder groß, um das Melonenfeld zu besäen.' MT 1.1:3 **(2)** noch ein, weiterer | *i-ḥayye uxlowa šwaʿ-išne-ḥrene af-farxayḏi w l-ímmatwoli i-ḥikkoye d-Gŭlo Zīlo Bando* 'Hätte doch die Schlange noch sieben weitere Jahre meine Jungen gefressen und du hättest mir nicht gesagt: (Ich will) die Geschichte von Gŭlo Zīlo Bando (hören).' MT 5.3:40; *mid daʿir kimkamli ʿisri-ḥrene w koṯin* 'Wenn er zurückkommt, machen sie zwanzig weitere (Stränge) fertig.' MT 1.1:70 • RW 243 || Syr. *(ʾ)ḥrino* (Ostsyrisch: *(ʾ)ḥrenā*) 'id.' SL 29

ḥrk || Arab. *ḥrk II* 'bewegen, umrühren' Wehr 185

II *mḥarakle, mḥarakla - mḥarik, mḥarko tr.* bewegen, umrühren | *kmaḥti i=danokatte ʿal i=čĭminto, yaʿni ʿal an=nigoratte, w kŭwalle moro kimḥarkile hōl d-nošif* 'Sie schütten den gequollenen Weizen auf den Beton, d.h. auf ihre Dächer. Sie kümmern sich um ihn, rühren ihn um, bis er getrocknet ist.' MT 1.1:29

ḥrks || cf. Arab. *ḥrkš* 'aufwühlen, erregen' Wehr 186 → **ḥrk**

Q *mḥarkasle, mḥarkasla - mḥarkis, mḥarkᵊso tr.* vorsichtig umrühren | *bĭtir bi=qōšxane, maḥtínawo u=mišḥayda ᵊd-šoḥin, w mašĭġínawo i=rezayo meqim d-maḥtolan bam=maye šaḥine, šafiro, maṣénawola, maḥtínawola naqqa=ḥreto bi=qōšxane ʿal u=mišḥo w mḥarkᵊsínawola, hīl d-lĭ=qayto b-ᵊḥdode* 'Dann gaben wir das Butterschmalz in den Kochtopf, damit es heiß wurde. Wir pflegten den Reis sorgfältig zu waschen, den wir zuvor ins heiße Wasser gelegt hatten. Dann ließen wir ihn abtropfen, gaben ihn in den Kochtopf auf das Butterschmalz und rührten ihn vorsichtig um, bis er nicht aneinander klebte.' MT 2.8:2

ḥrm || cf. Arab. *ḥrm II* 'verbieten, untersagen, für tabu erklären' Wehr 186 → **ḥărām**

II *mḥaramle, mḥaramla - mḥarim, mḥarmo tr.* unrein machen | *ḥille binne, mille laybi ŭteno ŭxanno aʿmayxu? mirre lo, hāt zlām ḥărām w aḥna ḥălāl, áydarbo gd-otit uxlit aʿmayna, mḥarmit u=muklaydan-ste?* 'Er blickte auf sie, und er sagte: Kann ich nicht kommen und mit euch essen? Sie sagten: Nein, du bist unrein und wir sind rein, wie könntest du kommen und mit uns essen und auch unser Essen unrein machen?' MT 4.2:2

IIp *mḥarim, mḥarmo - miḥarim, miḥarmo intr.* unrein werden | *i=lašayde kula ḥărām-wa idote lo=mḥarmiwo* 'Sein ganzer Körper war unrein, doch seine Hände waren nicht unrein geworden.' MT 5.1:28

ḥrw || Syr. *ḥrb² Pe.* 'to be destroyed, laid waste', *Af.* 'to empty out, to devastate, to plunder' SL 485

I *ḥaru, ḥariwo - ḥoru, ḥurwo intr.* verderben, zerstört werden | *lăšan d-lĭ=ḥoru, kfoyiš mi=šato li=šato u=mišḥano bu=bayto (...) hōl d-lĭ=mqaldile lĭ=kmanṭin qīm ditte* 'Damit das Butterschmalz nicht verdirbt, sondern das ganze Jahr über im Haus vorhanden ist (...) sind sie nicht zufrieden, bis sie das Butterschmalz nicht ganz geklärt haben.' MT 1.1:80

III *maḥrawle, maḥrawla - maḥru, maḥrᵊwo tr.* verderben, zerstören, zugrunde richten | *u=ʿedo lĭ=maḥrᵊwítulle, bĭtir mid ᵊmkamelan u=ʿedo guzzano gĭmifqínale* 'Verderbt nicht das Fest! Wenn wir das Fest beendet haben, gehen wir und holen ihn heraus.' MT 4.1:5; *bĭtir tre=yawme tloto kkŭtawwe ḥreno ʿayni bu=šĭkil d-ᵊktúlelin u=qamoyo. kutyo si=pire, i=pire, gmaḥrᵊwole* 'Nach zwei, drei Tagen schreibt er ihnen einen anderen, genau in der Art, wie er ihnen den ersten geschrieben hatte. (Der Brief) kommt bei der Alten an, die Alte verdirbt ihn.' MT 5.2:32

ḥaru bayto verdammt noch mal (wörtl.: möge (dein) Haus zugrundegehen) ⊗ nur mit Pronominalsuffix | *manṭele i=ḍarbo ʿal u=ammo, d-maʿle d-mŭḥela b-ḥaṣe du=ʿammo, u=ʿammo mille aʿʿaww ḥaru baytux, qay lŭno qṭili babux?* 'Er zielte einen Schlag auf den Onkel, er wollte (den Speer) hochheben und ihn in den Rücken des Onkels stoßen, da sagte der Onkel: Heheh! Möge dein Haus untergehen! Habe etwa ich deinen Vater getötet?' MT 5.2:94 → **bayto**

maḥru bayto zugrunde richten | *huwe lĭ=kodiᶜ i=nuqro mede ᶜamuqo-yo fălan, naqqa nafil. nafil biya mpalpix, omir āy maḥrawwe bayti lĭ=kummi zarzămine-yo, kummi nuqro* 'Er wusste nicht, dass *nuqro* etwas Tiefes ist, und auf einmal fiel er hinein. Er fiel hinein und verletzte sich. Er schrie: Au! Sie haben mich ruiniert. Sie sagen nicht, dass es ein Verließ ist, sie sagen *nuqro*!' MT 5.4:2-3 → **bayto**

ḥrw + l- → **ḥrw**

I *ḥarule, ḥarula - ḥŭrawle, ḥŭrawla intr.* sich (*l*-) um (*m*-) etw./jdn. Sorgen machen ⊗ nur in negativen Kontexten und in Fragen | *i=emo mšayáᶜlale xabro milla, u=zᶜuro l-ati lu=bayto, mille mĭ=ḥarulix mene, ᶜam aḥ=ḥawrone lbĭk* 'Die Mutter schickte ihm eine Nachricht und sagte: Der Junge ist nicht nach Hause gekommen. Er sagte: Mach dir um ihn keine Sorgen, er ist mit seinen Freunden beschäftigt.' MT 4.1:4

ḥry || Syr. *ḥry*[1] *Pe.* 'to defecate' SL 490 → **niḥre**

I *ḥrele, ḥrela - ḥore, ḥiryo intr.* scheißen, seine Notdurft verrichten | *kṯúwwalle ḥreno, ᵊb-măqām šafiro naqqa=ḥreto, li=pire ḥrela b-awo-ste* 'Sie schrieben ihm einen weiteren (Brief), wieder in einem schönen Stil, doch die Alte verdarb auch den (wörtl.: sie schiss auf den).' MT 5.2:32; *azzín manṭalle u=zᶜuro, ḥăša ḥăša, komir kĭlé u=laḥmayde b-ide w kĭlé ᶜal an=niḥre, ko... ham koxil ham kᵊḥore* 'Sie gingen und brachten den Jungen, er – Verzeihung! – hat das Brot in der Hand und sitzt auf der Scheiße, er isst und scheißt zugleich.' MT 5.2:86

ḥsar ~ ḥṣar → **ᶜaṣro**

ḥsy || Syr. *ḥsy Pa.* 'to absolve, exonerate; to be merciful; to forgive' SL 475

II *mḥasele, mḥasela - mḥase, mḥasyo tr.* vergeben, jdm. (Akk.) gnädig sein ⊗ Nur von Gott, im Bezug auf Verstorbene. Verwendet auch in Bitten. | *m-arke l-arke, qayim hano u=Masᶜid, Aloho mḥasele rabbi, masṭalle af=faqire w ay=yasire* 'Hin und her, dann hat dieser Masᶜid, Gott sei seiner Seele gnädig, die Armen und die Flüchtlinge beschützt.' MT 3.1:24

ḥasáy bab-/em- bitte! | *omir mille ḥasáy babix hawli u=ṭambŭrawo le* 'Er sagte: Bitte, gib mir doch die Laute dort!' MT 5.2:74 → **babo, emo**

ḥṣd || Syr. *ḥṣd Pe.* 'to reap, harvest' SL 483

I *ḥṣidle, ḥṣidla - ḥoṣid, ḥuṣdo tr.* ernten | *bu=magzuno kḥuṣdile u=zăd ᵊd-kowe ᶜiloyo, w d-kowe čike taḥtoyo, bann=idoto kḥuṣdile* 'Mit der Sichel schneidet man die Körnerfrüchte, die hoch stehen, und die, die niedrig sind, erntet man mit der Hand.' MT 1.1:9

ḥṣl || Arab. *ḥṣl I* 'sich ereignen, geschehen, stattfinden' Wehr 197

I *ḥaṣil, ḥaṣilo - ḥoṣil, ḥuṣlo intr.* gelangen, ankommen | *ḥaṣille qănaᶜa kaʾinnăhu lĭ=gmiqšoᶜi* 'Sie kamen zu der Überzeugung, dass sie nicht ganz ausgerottet werden würden.' MT 3.2:11

ḥṣodo *n.m.* Ernte, Getreideernte | *e mid Aloho hawxa kŭwele raḏa, u=zadano-stene kmoṭe, kšoᶜiṯ, kowe waxt du=ḥṣodo.* 'So Gott will, wird das Getreide reif. Es färbt sich gelb und die Erntezeit rückt heran.' MT 1.1:8 || Syr. *ḥṣoḏo* 'id.' SL 483 → **ḥṣd**

ḥšf ⊗ Varianten: *ᶜšf* und *ᶜšf* || cf. Syr. *ᶜšofo* 'clarity', *ᶜešfo* 'axe' SL 1146; Furman & Loesov 2016

I *ḥšifle, ḥšifla - ḥošif, ḥušfo tr.* jäten | *aṯi maṭro ʿal u=zadano, ᵊkyoru, kobe šible (...) kḥüšfi mĭnayye u=gelo d-baynoṯe* 'Der Regen fällt auf die Saat, sie wächst, bildet Ähren. (...) Man jätet nun das Unkraut zwischen (dem Getreide).' MT 1.1:8

ḥšimto *n.f.* Abendessen | *ar=ruʿye kulle, kul=ḥa i=ḥšimtayḏe min-yo, du=bayto, kmawbᵊlila, xxulṭila b-ᵊḥḏoḏe w kuxlila, ar=ruʿye* 'Alle Hirten bringen ihr Abendessen von zu Hause mit, was auch immer es ist, sie legen alles zusammen und essen.' MT 1.1:98 • RW 243 || Syr. *ḥšomiṯo* 'principal meal, supper' SL 502 → **ḥšm**

ḥšm || Syr. *ḥšm Af.* 'to dine' SL 502

III *maḥšamle, maḥšamla - maḥšim, maḥšᵊmo intr.* zu Abend essen | *mid hawi ʿaṣriye w maḥšamme l-kulle w baṭil u=muklo* 'Wenn es später Nachmittag geworden ist, alle zu Abend gegessen haben und das Essen vorbei ist.' MT 1.3:36

ḥšw || Syr. *ḥšb Pe.* 'to settle an account; to compute, reckon; to reflect, consider' SL 497

I *ḥšule, ḥšula - ḥošu, ḥušwo tr.* rechnen, zählen, denken, für etw. halten | *uʿdo-ste yaʿni d-oṯe b-iḏayye, xid ᵊksaymi mede kayiso l-Aloho, i=naqqa d-ᵊksaymi ḥarbuṯo aʿlayna, yaʿni kḥušwila xēr* 'Auch heute noch, wenn sie die Gelegenheit haben und uns Böses antun, dann glauben sie, dass sie damit für Gott eine gute Tat vollbringen würden.' MT 3.3:17; *aḥna arbi, kḥušwina ruḥayna u=ḥa b-arbi* 'Wir sind vierzig, und wir glauben, dass jeder einzelne von uns vierzig (Männer) aufwiegt.' MT 5.3:13

Ip *ḥšīw, ḥšiwo - miḥšu, miḥšowo* gelten, betrachtet werden, gezählt werden | *min-yo i=maʿna du=tworo du=laḥmano? (...) lĭ=kowe d-marfin ᵊḥḏoḏe, falge=d-bĭroxo kmiḥšu* 'Was ist die Bedeutung des Brotbrechens? (...) Sie (der Bräutigam und die Braut) können einander nicht mehr verlassen. Es gilt als die halbe Trauung.' MT 1.3:12

ḥtĭyāğ *n.m.* Bedarf | *bĭṯir mid mihnalle aḥ=ḥeṭe, ʿrĭwinne, i=naqqa d-ubʿi, d-ŭwalle ḥtĭyāğ lăšan u=laḥmo...* 'Wenn sie den Weizen gesiebt haben und ihn benötigen, um Brot (zu backen)...' MT 1.1:21 • RW 244 = **iḥtĭyāč**

ḥtĭyāt *n.m.* Reserve | *w i=naqqa du=ḥarb d-Almānya, Turkiya maltámwola a=mšī-ḥoye bilḥuḏe lăšan u=ḥtĭyāt* 'Während des Kriegs von Deutschland (d.h. des Zweiten Weltkriegs), hatte die Türkei nur die Christen zur Reserve eingezogen.' MT 1.5:4 • Nicht in RW || Türk. *ihtiyat* 'id.'; cf. Arab. *iḥtiyāṭ* 'id.' Wehr 227

ḥṭiṯo *n.f., pl.* **ḥṭohe** Sünde | *hōl d-kitna sāġ w maye b-abre-d-abnayna, kṭūʿena mede d-simme b-qarʿayna? čike ánnaqqa ad=dŭwal mqadamme l-ᵊḥḏoḏe, fayiš hinne-ste kzayʿi mi=ḥṭiṯo d-ruḥayye* 'Solange wir am Leben sind, und solange Blut in (den Adern) unserer Kindeskinder fließt, werden wir etwa vergessen, was sie uns angetan haben? Nun sind die Staaten ein wenig aufeinander zugegangen, deshalb fürchten auch sie sich nun wegen ihrer Sünden.' MT 3.1:19 • RW 244 || Syr. *ḥṭiṯo* 'id.' SL 443 → **ḥṭy**

ḥṭiṯi b-qḏolux bitte ⊗ Ausdruck, mit dem man jemanden zu etwas verpflichtet (wörtl.: meine Sünde auf deinem Hals). | *ŭno gim-maṯno, ḥṭiṯi b-ᵊqḏolayxu gim-maḥṭítulli ʿal i=gamlo w gd-ŭṯetu ʿam i=gamlo, i=dukṯo d-ruʿo tamo gis-saymitu, raḥiq mad=dĭkoṯani, u=qawrayḏi* 'Ich werde sterben, und die Sünde an mir sei auf eurem Hals: Ihr sollt mich auf ein Kamel setzen und sollt das Kamel frei laufen lassen und ihm folgen. Dort, wo es sich lagert, sollt ihr – fern sei es von diesen Orten – mir mein Grab bereiten.' MT 5.3:2 → **b, qḏolo**

ḥṭy || Syr. *ḥṭy Pe.* 'to sin' SL 442

I *ḥaṭi, ḥaṭyo - ḥoṭe, ḥiṭyo intr.* sündigen | *kīt maṯlo bu=mgalyūn d-komirᵊste, iḏa šwaᶜ kore šawᶜi d-ḥoṭe u=aḥunayḏux b-ḥaq diḏux, klozim d-ᵊmsamḥatle* 'Auch im Evangelium heißt es: Wenn dein Bruder siebenmal siebzig Mal gegen dich sündigt, musst du ihm vergeben.' MT 3.2:43

ḥubo *n.f.* Liebe, Zuneigung, Einvernehmen | *ksaymile yawmo d-fŭyašše-yo xatīrá, ăbădí, w d-howe bayn lat=tarte ᶜāylătani ḥubo* 'Sie machen es zu einem Tag, der ihnen ewig in Erinnerung bleiben soll, und dass zwischen diesen beiden Familien inniges Einvernehmen herrschen soll.' MT 1.3:16 • RW 245 || Syr. *ḥubo* 'id.' SL 419

ḥŭdūd ~ ḥĭdūd *n.m., pl.* **ḥŭdūdat** Grenze | *bu=waxt d-latwo bayn Suriya l-Turkiya ḥŭdūd* ... 'Zu der Zeit, als es zwischen Syrien und der Türkei keine Grenze gab ...' MT 1.5:1 • RW 245 || Arab. *ḥudūd (pl.)* 'Grenze' Wehr 174

ḥūt *n.m., pl.* **id.** Seeungeheuer | *ŭṯanwo aḥ=ḥūt, ŭṯanwo an=nune rabani, lĭ=mağranwa mqadmíwolan* 'Es kamen Seeungeheuer, es kamen die großen Fische, doch sie wagten nicht, sich uns zu nähern.' MT 4.1:8 • RW 247 || Arab. *ḥūt* 'großer Fisch, Wal' Wehr 224

ḥuṭo *n.m., pl.* **ḥuṭe** Faden | *ᶜuzlíwole bi=taššiye, saymíwole ḥuṭe bi=taššiye bu=tăᶜab dann=iḏoṯo* 'Sie spannen (die Wolle) auf der Spindel. In Handarbeit spannen sie sie auf der Spindel zu Fäden.' MT 1.1:91 • RW 247 || Syr. *ḥuṭo* 'id.' SL 419

ḥwarṯo *n.f., pl.* **ḥwaryoṯo** Freundin | *azzé miḻḻe li=kaččīke miḻḻe nafinno bu=baxto d-Aloho w bu=baytayḏix, kubᶜeno d-ŭbatli i=mharṯo, i=ḥwarṯo d-aṯe* 'Er ging und sagte zu dem Mädchen: Nun können nur noch Gott und du mir helfen. Ich möchte, dass du mir die Stute gibst, die Freundin von dieser.' MT 5.2:67 || Syr. *ḥbarṯo* 'id.' SL 410 → **ḥawro**

ḥwl || Arab. *ḥwl II* 'überführen, verlagern' Wehr 228

II *mḥawele, mḥawela - mḥawil, mḥawlo tr.* heiraten, umziehen | *miḻḻe lu=taǧir diḏe miḻḻe ašír ṭlíblilli flān ᵊḥḏo, kubᶜeno d-ᵊmḥawanno* 'Er sagte zu seinem Kaufmann: Ich habe mich mit dem und dem (Mädchen) verlobt und möchte nun heiraten.' MT 5.1:1

IIp *mḥawil, mḥawlo - miḥawil, miḥawlo intr.* überführt werden (Braut) | *e ṭăbí, bĭṭir mid ᵊmḥawlo i=kalostene, kuyo lab=bĭ=ḥmoye, kowin ağ=ğule d-kulle biya* 'Natürlich, wenn die Braut überführt worden ist, gehört (die Truhe) der Familie der Schwiegereltern und die Kleider von allen kommen hinein.' MT 1.3:21

ḥwr || Syr. *ḥwr² Pe.* 'to be or become white' SL 431 → **ḥiworo**

I *ḥawir, ḥawiro - ḥowir, ḥuro intr.* weiß werden | *gimbarbᵊzit u=darmono ᶜal u=sfoqo kule, hul dᵊ-komil kule d-ḥowir* 'Du verteilst das Mittel auf dem gesamten Stück Geschirr, bis es vollständig weiß wird.' MT 1.5:17

ḥwy || Syr. *ḥwy Pa.* 'to show' SL 423

III *maḥwele, maḥwela - maḥwe, maḥwᵊyo* **(1)** *tr.* zeigen | *hayo Aloho lĭ=maḥwela l-tĭ=băni-băšar rabbi* 'Das möge Gott keinem Menschen zustoßen lassen.'

MT 3.1:15 **(2)** *intr.* erscheinen, sichtbar werden | *ḥĭre, lo xărăze kmaḥwe fayiš, lo gurno kmaḥwe* 'Sie schauten: Es ist keine Brunneneinfassung mehr zu sehen und auch kein Trog.' MT 4.4:15 **(3)** *intr.* scheinen, den Anschein haben ⊗ unveränderlich *kmaḥwe* 'es scheint' | *wărōx zoxu li=pire alo kmaḥwe hawila beʿe naqqa=ḥreto* 'Heh ihr da, geht zu der Alten, es scheint, sie hat wieder Eier bekommen.' MT 5.2:81

ḥyk || Syr. *ḥkk Pe.* 'to scrape; to itch' SL 449

I *ḥikle, ḥikla - ḥoyik, ḥayko tr.* kratzen | *qqurelux ǧiddux, omir qay mĭ=šuġlo kítleli, kḥoyik nḥire hawxa, qay mĭ=šuġlo kítleli l-ǧiddi?* 'Dein Großvater lässt dich rufen. – Wieso, was will er von mir? Er kratzte sich so an der Nase: Wieso, was will mein Großvater von mir?' MT 5.2:86

ḥym || Syr. *ḥmm*[1] 'to be hot, burn; to dry up, wither' SL 465 → **ḥayumo, ḥemo**

I *ḥayim, ḥayimo - ḥoyim, ḥaymo intr.* heiß werden | *w u=săwalano, bĭṯir mid ḥayim u=ḥemo, lo xid meqim, xd-an=naqqāt du=rabiʿ, kmanṭalle lu=bayto b-lalyo* 'Wenn das Wetter heiß geworden ist, bringt man die Tiere nicht wie zuvor im Frühling nachts nach Hause.' MT 1.1:98

ḥyr || Syr. *ḥwr*[1] *Pe.* 'to look, to see' SL 431

I *ḥiḷḷe, ḥiḷḷa - ḥoyir, ḥayro* **(1)** *intr.* schauen, auf (*ʿal, b-*) etw. schauen | *huwe-stene barim hawxa ʿal i=qŭlaytayḏe, ḥiḷḷe kĭlé kīt qalto* 'Er selbst ging so um seine Zelle herum, da sah er einen Misthaufen.' MT 4.3:7; *ḥiḷḷe bu=šibbăk* 'Er schaute durch das Fenster.' MT 4.4:10; *ǧĭfiṯḥo i=mayaʿto u=gawdo ǧĭḥayro b-feme* 'Die Frau, die buttert, öffnet den Butterschlauch und schaut hinein.' MT 1.1:76 **(2)** sich um (*l-, ʿal*) jdn. kümmern, versorgen | *azzé l-sida, b-ǧule d-niše ṭăbí, l-min aṯit? miḷḷa aší́r kubʿono, nošo layto d-ḥaḷḷi, w aṯyono l-gabix, d-hŭwatli moro* 'Er ging zu ihr, natürlich in Frauenkleidung. – Wozu bist du gekommen? Sie sagte: Ich möchte ... es gibt niemanden, der nach mir schaut, deshalb bin ich zu dir gekommen, damit du dich um mich kümmerst.' MT 4.5:11

ḥys || Anat. Arab. *ḥss I* 'erwachen' JK 37; Arab. *ḥss I, IV* 'fühlen, empfinden; vernehmen' Wehr 189

III *maḥisle, maḥisla - maḥis, maḥiso* **(1)** *tr.* aufwecken, auf (*ʿal*) etw. aufmerksam machen | *miḷḷe alo i=nuraṯe ḥărām-yo, kazzí maḥisnin, w bĭṯir madna* 'Er dachte: Bei Gott, dieses Feuer (zu nehmen) ist Sünde. Ich gehe und wecke sie auf, erst dann nehme ich (das Feuer).' MT 5.3:11 **(2)** *intr.* aufwachen, auf (*ʿal*) etw. aufmerksam werden | *komir ḥa mĭnayye midle u=săkka w midle u=dŭququo w gūm w gūm w gūm, kmaḥisi aʿlayye, kmahzʾmi* 'Einer von ihnen nahm einen Pflock, nahm den hölzernen Schlegel, und bum bum bum, da wurden sie auf sie aufmerksam, und sie flohen.' MT 5.3:14

ḥyṣ || Syr. *ḥwṣ Pe.* 'to turn, to twist; to strengthen' SL 429

I *ḥiṣle, ḥiṣla - ḥoyiṣ, ḥayṣo intr.* Druck ausüben | *w ġắlăbe ḥiṣṣe i=daʿwa aʿlayna, ḥiṣṣe aʿlayna* 'Sie übten in der Angelegenheit großen Druck auf uns aus, sie setzten uns unter Druck.' MT 1.6:8

ḥyṣl || Arab. *ḥṣl II* 'erlangen, erreichen, erwerben' Wehr 197 → **ḥṣl**

Q *mḥayṣele, mḥayṣela - mḥayṣil, mḥayṣlo* **(1)** *tr.* bekommen, erwerben | *lăšan aḥna-stene d-ᵊmḥayṣᵊlina zid kallāt ʿudínawo u-lalyo-stene ǵắlăbe naqqāt* 'Damit auch wir mehr Geld verdienten, arbeiteten wir häufig auch nachts.' MT 1.5:27 **(2)** *tr.* erwischen | *harke u-ḥa d-fayiš, d-ᵊmḥayṣalle laṭ-ṭaye* ... 'Wer hier zurückblieb und den Muslimen in die Hände fiel ...' MT 3.2:7 **(3)** *tr.* erreichen, treffen | *ḥiḷḷe u-ṭayro saliq. komir mḥele buwe lĭ-mḥayṣele, mḥayṣele ap-pirtᵊkat ᵊd-danwe* 'Da sah er, dass der Vogel hochgeflogen war. Er schoss auf ihn, doch er traf ihn nicht, er traf nur seine Schwanzfedern.' MT 5.3:47

ḥyṭ || Syr. *ḥwṭ Pe.* 'to sew' SL 422

I *ḥiṭle, ḥiṭla - ḥoyiṭ, ḥayṭo tr.* nähen, vernähen | *ag-gawe gĭsayminne pārčayat hawxa, w ḥayṭinne sayminne xu-kĭsko, w gĭmaḥti čike d-ḥašwo binne, w ḥayṭinne w mbašlinne* 'Die Mägen schneiden sie so in Stücke. Sie nähen sie zusammen und machen sie wie kleine Taschen. Dann geben sie etwas von der Füllung hinein, nähen sie zu und kochen sie.' MT 2.13:3; *mawbele su-taxtōr, u-taxtōr mḥele b-ᵊḥḏoḏe ḥiṭle w maḥátlele darmono* 'Er brachte ihn zum Arzt, der Arzt setzte ihn zusammen, vernähte ihn und verabreichte ihm eine Medizin.' MT 5.2:54

ḥzy || Syr. *ḥzy Pe.* 'to see; to go to see' SL 438

I *ḥzele, ḥzela - ḥoze, ḥizyo* **(1)** *tr.* sehen | *ŭno hawxa ḥzeli kaṭí arbo ḥamšo, ʿaskar-wayye, kurmānğ-wayye* 'Da sah ich, wie vier fünf (Männer) kamen, ob nun Soldaten oder Kurden.' MT 3.1:10; *ḥzele i-kaččĭke w nafilo ʿayne ʿal i-kaččĭke w nafil lebe biya* 'Er sah das Mädchen und warf ein Auge auf sie. Er verliebte sich in sie.' MT 5.1:15; *kḥozit l-ruḥi lĭ-kmaǧrono saymono nuro* 'Wie du siehst, wage ich es nicht einmal für mich selber, Feuer anzumachen.' MT 5.2:70 **(2)** *tr.* finden | *hăma kimmo Malke w Malke (...) w ġēr menux Malke lĭ-ḥzelan* 'Sie sagt immer nur: Malke und Malke (...) und außer dir haben wir keinen Malke gefunden.' MT 4.4:9; *kimšayli d-ḥozin b-ayna bayto-yo* 'sie erkundigen sich, um herauszufinden, in welchem Haus er ist' MT 1.2:1 **(3)** *tr.* erleben | *aḥna i-ʿāylayḏan lĭ-ḥzela părišaniye* 'Unsere Familie litt keine großen Entbehrungen.' MT 3.2:27 **(4)** *tr.* betrachten, halten für | *qay lŭno kḥŭzatli naʿimo?* 'Hältst du mich etwa für zu jung?' MT 5.2:89 **(5)** (wir) werden sehen ⊗ 1 Person, impliziert einen gebieterischen Ton | *e, miḷḷe tawu Malke l-l-arke ḥŭzena* 'Dann bringt den Malke mal hierher.' MT 4.4:13

ḥoze raḥa sich erholen, sich besser fühlen | *kīt alfo naxwáš w năkār d-ᵊknuṭri u-lalyo ᵊd-toyim d-owe imomo d-ḥozin raḥa mĭ-ruḥayye* 'Es gibt tausend Kranke und Bedürftige, die darauf warten, dass die Nacht zu Ende geht und es Tag wird, damit sie sich besser fühlen.' MT 5.3:9 → **raḥa**

lĭ-ḥoze xēr m- etw. nicht kosten können, nichts Gutes von etw./jdm. haben | *rahoṭo aṯi lu-bayto, e lebe laff i-aṯto-yo w lĭ-ḥzele xēr mena* 'Er ging eilends nach Hause. Nun, sein Herz war bei seiner Frau, er hatte sie ja entbehren müssen.' MT 5.1:25 → **xēr**

i

i= bestimmter Artikel f.s.

icabında ⊗ Türkisch gegebenenfalls, nötigenfalls | *bas mid hawyo i=ahliye baynoṯayye faḏla, m-darb aʿ=ʿaṣro* ᵀ*icabında*ᵀ *kizzé mo, hayo ġēr=mede-yo* 'Aber wenn die Verwandtschaft zwischen ihnen sehr eng geworden ist, dann können es gegebenenfalls statt zehn auch hundert sein, das ist etwas Anderes.' MT 1.3:42

idara *n.f.* **(1)** Leitung, Verwaltung **(2)** Lebensunterhalt, Auskommen • RW 248 || Türk. *idare* 'id.'; Arab. *idāra* 'id.' Wehr 306

soyim idara haushalten, auskommen → **sym**

idrāk *n.m.* Auffassungsgabe | *mšayele ʿal u=zʿuro d-ruḥe, omir ašir kimčayliš, elo u=idrakayḏe latyo qawyo* 'Er fragte nach seinem Jungen. (Der Lehrer) sagte: Nun, er arbeitet mit, aber seine Auffassungsgabe ist nicht besonders stark.' MT 5.5:4 • Nicht in RW || Arab. *idrāk* 'Wahrnehmung, Verständnis' Wehr 287; Türk *idrak* 'id.'

iḏa *conj.* wenn, falls | *iḏa šwaʿ kore šawʿi d-ḥoṯe u=aḥunayḏux b-ḥaq diḏux, klozim d-ᵊmsamḥatle* 'Wenn dein Bruder siebenmal siebzig Mal gegen dich sündigt, musst du ihm vergeben.' MT 3.2:43; *hăka lĭ=kmityaqnitulli hani a=tmoni aḏnoṯaṯe, w iḏa lĭ=kmityaqnitustene haṯe i=xanğar diḏi* 'Wenn ihr mir nicht glaubt, hier sind ihre achtzig Ohren. Und wenn ihr mir immer noch nicht glaubt, das ist mein Dolch.' MT 5.3:29 • RW 248 || Arab. *iḏā* 'id.' Wehr 11

iḏiʿo *part.*, f. **iḏiʿto**, *pl.* **iḏiʿe** bekannt | *aʿ=ʿăqude mĭnayye ksayminne d-luze, al=luze iḏiʿe-ne, kturinne kmawfᵊqi al=lebaṯṯe, ᵊkxurzinne xid u=mede d-ubʿi* 'Einige machen die Süßwürste aus Mandeln. Die Mandeln sind ja bekannt, man knackt sie und nimmt die Mandelkerne heraus, und dann fädelt man sie auf, wie man möchte.' MT 1.1:60 || Syr. *iḏiʿo* 'id.' SL 563 → **ʾḏʿ**

iḏo *n.f.*, *pl.* **iḏoṯo**; gen. *īḏe, īḏ* Hand | *knušqi iḏe du=qašo* 'Sie küssen dem Priester die Hand.' MT 1.3:25 • RW 248 || Syr. *iḏo* 'id.' SL 31

bi=iḏo von Hand | *uʿdo ag=gurwe-ste fayiši šuġl daf=făbariq, w af=fanerat-stene hawxa. meqim bi=iḏo saymíwunne* 'Heute sind die Strümpfe Fabrikware und die Pullover ebenso. Früher machten sie sie von Hand' MT 1.1:92 → **b**

ʿal iḏ- d- neben, zusammen mit jdm. | *tre mĭnayye yaʿni, koṯin, ḥa kmosik ʿal īḏ-du=ḥreno kburmi ftile* 'Zwei von ihnen kommen, einer greift neben dem anderen zu und sie drehen Grasstränge.' MT 1.1:69; *ŭno naqqāt naʿimto-wi, izzínowo hawxa guršanwo ʿal iḏayye* 'Manchmal, ich war ja noch klein, ging ich hin und zog mit ihnen zusammen (am Butterschlauch).' MT 2.5:5 → **ʿal**

ʿal i=iḏo von Hand | *mqaṭʿínawo ba..., dayim u=baṣro ʿal i=iḏo qīṭoʿo* 'Wir schnitten ... Das Fleisch schnitten wir immer von Hand.' MT 2.2:2 → **ʿal**

iḏayna f-foṯayna ganz vorsichtig (wörtl.: unsere Hand vor unserem Gesicht) | *b-lalyo, azzán ᵊm-m-arke, xid izzán hōl gabayna iḏayna w f-foṯayna* 'Bei Nacht gingen wir wie von hier bis nach Hause, ganz vorsichtig.' MT 3.1:5 → **foṯo**

iḏ- lĭ=kkurxo d- es nicht übers Herz bringen, etwas zu tun → **krx**

iḏ- lĭ=kuzza ʿal es nicht über sich bringen → **ʾzl**

lĭ=šore b-iḏ- es glückt (ihm, ihr usw.) nicht → **šry**

maḥit iḏo ʿal sich einer Sache annehmen, beschlagnahmen → **mḥt**

oṯe b-iḏ- Gelegenheit haben → **ʾṯy**

oṯe l-iḏ- bekommen, verdienen → **ʾṯy**

qim iḏe=d unter der Leitung von | *i=naqqayo naʿimo-wi qim iḏe=d-bābi* 'Ich war damals noch klein, ich ging meinem Vater zur Hand' MT 1.5:6 → **qim**

ifada *n.f.* Aussage | *šuqliwo i=ifada di=kaččĭkayo aw di=žinnĭkayo, iḏa b-lebayo i=mšiḥoyuṯo, b-ha-măḥal mantánwola* 'Sie nahmen die Aussage des Mädchens oder der Frau auf, und wenn sie das Christentum im Herzen trug, brachten sie sie auf der Stelle heim.' MT 3.2:33 • RW 249 || Arab. *ʾifāda* 'Hinweis, Meldung, Benachrichtigung, Aussage' Wehr 719; cf. Türk. *ifade* 'id.'

iġfāl *n.m.* Täuschung, Betrug | *u=šiḏo ksoyim u=nsan iġfāl w dayim biṯrayna kšoḏe w aḥna biṯre-biṯre-na, kšĭḏena biṯre* 'Der Teufel täuscht die Menschen. Er jagt uns immer nach, und wir sind ihm immer auf den Fersen, wir jagen ihm nach.' MT 4.5:8; *i=dukṯo d-ḥoḏir ᵊmšiḥoyo d-ṭoriḥ ṣlibo lĭ=kḥoḏir u=šiḏo ṭamo, áydarbo hawitu iġfāl? immi fayito* 'Dort wo ein Christ ist, der das Kreuz schlägt, dort hält der Teufel sich nicht auf. Wie konntet ihr euch täuschen lassen? Sie sagten: Es ist passiert.' MT 4.5:8 • Nicht in RW || Arab. *ʾiġfāl* 'Vernachlässigung, Nichtbeachtung, Übergehung' Wehr 671

iḥtĭyāč *n.m.* Bedarf | *bĭṯir mu=nĭfoso u=ḥa d-hŭwele iḥtĭyāč, xāṣṣătan meqim, ʿuzlíwole bi=taššiye* 'Nach dem Auseinanderzupfen ... wer Bedarf hat ... vor allem früher, da spannen sie (die Wolle) auf der Spindel.' MT 1.1:91 || Arab. *iḥtiyāğ* 'Bedürfnis, Bedarf' Wehr 225; cf. Türk. *ihtiyaç* 'id.' = **ḥtĭyāğ**

illa **(1)** *conj.* ausschließlich, unbedingt, nur | *amma sidayye ḥšimto lĭ=kowe, illa sĭ-bĭ-ḥaṯno gĭd-owe* 'Doch bei ihnen findet kein Abendessen statt, sondern nur im Haus des Bräutigams.' MT 1.3:35; *miftakalla, darbo d-ṣulḥ layto, illa kīt šēx d-ʿInkāf* 'Sie überlegte: Es gibt keinen Weg zum Frieden außer ... Es gibt den Schech von ʿInkāf.' MT 3.2:18 **(2)** (unbedingt) müssen ⊗ Als Verstärkungspartikel | *maltamle milyone d-kohne ŭno gd-uṯeno l-mune? immi, lo, illa gd-oṯit. omir, lĭ=kŭṯeno* 'Er hat doch Millionen von Priestern versammelt, wozu soll ich da kommen? Sie sagten: Nein, du musst unbedingt kommen.' MT 4.3:4 • RW 250 || Arab. *ʾillā* 'wenn nicht; außer' Wehr 24

imān *n.m.* Glaube | *komir u=nsān d-ŭwele imān xid bzarʿo d-xardălaye, mede lĭ=gğŭrele* 'Ein Mensch, selbst wenn er nur so viel Glauben hat wie ein Senfkorn, dann geschieht ihm nichts.' MT 4.1:9 • RW 250 || Arab. *ʾimān* 'id.' Wehr 32

imkān *n.m.*, *pl.* **imkanat, imkanāt** Möglichkeit | *u=daworo kmoyid naqqa=ḥreto u=bŭzarʿayḏe, ḥeṭe aw ṣʿore, ʿal qădar du=imkān di=taqayḏe* 'Der Pflüger nimmt erneut sein Saatgut, Weizen oder Gerste, entsprechend seinen Möglichkeiten.' MT 1.1:6 || Arab. *ʾimkān* 'id.' Wehr 873; Türk. *imkan* 'id.'

imomo *n.m.* Tag, lichter Tag | *u=ḥasyo u=lalyo w u=imomo ṣayomo mṣalyono* 'Der Bischof fastete und betete Tag und Nacht.' MT 3.1:23; *knuṭri u=lalyo ᵊd-toyim d-owe imomo* 'Sie warten darauf, dass die

Nacht zu Ende geht und es Tag wird.' MT 5.3:9 • RW 251 || Syr. *imomo* 'id.' SL 35

inān *n.m.* Vertrauen, Glauben ⊗ nur mit *hwy* • RW 251 || Türk *inan* 'id.' → **inaniye**

howe inān jdm. (*ʿal*) vertrauen → **hwy**

inaniye *n.f.* Vertrauen | *qayim aṯí w ǧǧĭl ʿam aʿ=ʿĭwardnoye w mírralle lĭ=kowe d-izzúx, aṭ=ṭaye, gĭquṭlilux aṣ=ṣŭroye, layt inaniye aʿlayye* 'Er machte sich auf, kam und redete mit den Leuten von ʿIwardo. Die Muslime sagten zu ihm: Du darfst nicht gehen, die Christen werden dich umbringen, man kann ihnen nicht vertrauen.' MT 3.2:18 • RW 251 → **inān**

i=naqla d- ~ i=naqqa d- *conj.* da, als, wenn | *i=naqla d-awi u=sayfo ŭno latwi hawyo* 'Als sich der Sayfo ereignete, war ich noch nicht geboren.' MT 3.3:1; *gdumxi an=noše aʿlayye, kmaḥti rĭšayye i=naqqa d-ᵊgdumxi bag=gale* 'Die Leute schlafen auf ihnen. Sie legen ihren Kopf darauf, wenn sie im Bett schlafen.' MT 1.1:39 → **naqla ~ naqqa**

insān *n.m., pl.* **insanat, insanāt (1)** Mensch | *kitwo b-Bissorino ġắlăbe, ʿal u=mamro kohne w ḥasye w faṭiryarxe w rayiḥ w ǧeye, ġắlăbe kitwo insanāt ṭamo* 'In Bissorino gab es dem Vernehmen nach viele Priester und Bischöfe und Patriarchen und so weiter, es gab dort viele Menschen.' MT 4.3:1 **(2)** jemand, man | *i=naqqa insān d-ŭwele abro l-ᵊṭlobo, kmakrix ʿayne ʿal ak=kaččĭkat du=ahᵊl* 'Wenn jemand einen Sohn hat, der heiraten sollte, dann schaut sich (der Vater) um unter den Mädchen der Verwandtschaft.' MT 1.3:1 • RW 252 || Arab. *ʾinsān* 'id.' Wehr 34; Türk. *insan* 'id.' = **nsān**

insaniye *n.f.* Menschheit, Menschlichkeit, | *amma d-owe kultŭrlí w d-ŭbatle ḥirriye li=ʿišayḏe w li=insaniyayḏe, zid kmiʿadil* 'Wenn er aber kultiviert ist und du ihm Freiheit in seiner Lebensführung und in seiner Menschlichkeit gibst, dann verbessert er sich noch.' MT 3.3:15 • RW 252 → **insān**

inšaḷḷa *interj.* hoffentlich | *kimmono u=šarrayḏi w=xerayḏi inšaḷḷa gimqabli ḥḏoḏe* 'Ich hoffe, das Böse und das Gute, das ich getan habe, werden sich die Waage halten.' MT 1.4:4 • RW 252 || Türk. *inşallah* 'id.'

iqama *n.f.* Aufenthalt, Aufenthaltsort | *mĭ-Sṭambul aṯín harke, i=iqama diṯṯe b-Heidelberg-wa* 'Von Istanbul kamen sie hierher, ihr Aufenthaltsort war Heidelberg.' MT 1.6:14 • Nicht in RW || Arab. *ʾiqāma* 'id.' Wehr 773

irtibāṭ *n.m.* Verbindung, Kontakt | *hinne latte irtibāṭ ʿam Rūṣya lo mĭ-meqim w lo uʿdo* 'Sie hatten keinen Kontakt zu Russland, weder früher noch jetzt.' MT 3.2:15 • Nicht in RW || Arab. *ʾirtibāṭ* 'id.' Wehr 329; cf. Türk. *irtibat* 'id.'

Ismat Ismet, türkischer männlicher Personenname | MT 1.5:38

Istambul ~ Istanbuḷ Istanbul | MT 1.7:3; MT 3.2:36

išminto *adv.* ein bisschen | *čike mbašlínale, čike mqalénale, išminto d-bošil* 'Wir kochten (die Füllung) ein bisschen, wir brieten sie leicht an, bis sie etwas gar wurde.' MT 2.4:4 • RW 254 → **išmo**[2]

išmo[1] *n.m., pl.* **išmone**; gen. *išme* oder *išᵊm* Name | *šubḥo l-išme* 'Preis sei seinem Namen' MT 3.1:29; *ŭno bekār-wi, ŭḏáʿnowo u=išmo du=ʿulmaṯxu kule, uʿdo gawiṇṇo lĭ=fayiš kŭḏaʿno išme dan=nošaṯxu* 'Bis jetzt war ich Junggeselle, ich kannte alle eure Leute beim Namen, doch jetzt habe ich geheiratet und kenne die

Namen eurer Leute nicht mehr.' MT 5.2:16 • RW 254 || Syr. *šmo* 'id.' SL 1569

maḥit išmo nennen, einen Namen geben → **mḥt**

išmo[2] ein bisschen, wenig | *kmaˁlin am=malḥowe išmo lo=ġălăbe* 'Sie schwingen die Worfelgabeln ein bisschen in die Höhe, nicht sehr.' MT 1.1:18; *išmo d-kallāt* 'etwas Geld' MT 5.3:32; *naḥit išmo=ḥreto* 'Kurze Zeit später landete (der Vogel).' MT 5.3:48 • RW 254 || Tezel 2003: 92-93 → **išminto**

išmo b-išmo nach und nach | *bĭṯir m-aṯe knoˁim u=zād b-raġlōṯ daḥ=ḥĭyewĭnanik išmo b-išmo* 'Dann wird das Getreide unter den Hufen der Tiere immer mehr zerkleinert.' MT 1.1:14 → **b**

išti *num.* sechzig | MT 3.3:7 || Syr. *eštin* 'id.' SL 108

išto *num.*, m. **šeṯ** sechs | *ŭno w išto šawˁo yasire* 'ich und sechs, sieben Flüchtlinge' MT 3.1:20; *w kmaṣrinne kulle, arbˁo ḥamšo ˁamm ᵓḥḏoḏe, išto, kul=ḥa u=mede d-kitle* 'Sie binden sie alle aneinander, vier, fünf oder sechs (Tiere), jeder entsprechend dem, was er hat' MT 1.1:12; MT 4.5:1 || Syr. *ešto, šeṯ* 'id.' SL 1614

iṭālyani *adj.*, f. **iṭālyaniye**, *pl.* **iṭālyaniye** italienisch | *bĭṯir mu=birġil saymiwo garso. hayo, i=ḥeṭo klozim huyowa sṭimto, immíwola iṭālyaniye* 'Neben dem Bulgur machten sie *garso*. Für den *garso* musste der Weizen hart sein, man nannte ihn italienischen (Weizen).' MT 2.7:5

Izmīr Izmir, Stadt in der Türkei | MT 3.2:36

izzé, izzá → **ᵓzl**

k

ka- *prep.* wie, als | *haṯe-ste kmiḥšowo ka-šĭkil dayno* 'Man betrachtet dies als eine Art von Schulden.' MT 1.3:42 • Nicht in RW || Arab. *ka* 'wie, gleich wie' Wehr 778

kaᵓinnahu *conj.* **(1)** als ob, das heißt | *ḥḏo-ste kŭbola i=maġrafto, kaᵓinnahu i=kăbāntiye du=bayto msalmo liya* 'Eine (Frau) übergibt ihr den Schöpflöffel, das bedeutet, dass ihr nun die Würde der Hausfrau übertragen wurde.' MT 1.3:31 **(2)** dass, dass nämlich | *manṭalle laṣ=ṣūroye qănaˁa b-Šēx Fatḥulla, kaᵓinnahu u=baxtayḏe hăqiqi-yo* 'Die Christen gewannen die Überzeugung, dass Schech Fatḥulla vertrauenswürdig war.' MT 3.2:19 • cf. *kaᵓanno* RW 258 || Anat. Arab. *kaᵓənnahu* 'daß' VW 359

kăbaniye *n.f.* Hausfrau, Haushälterin | *u=qamḥawo kmanṭalle lu=bayto. naqqa=ḥreto, mōr du=bayto, yaˁni i=žinnĭke, i=kăbaniye, gˁurwole* 'Dieses Mehl bringen sie nach Hause. Der Hausherr, oder besser die Ehefrau, die Hausfrau, siebt erneut das Mehl.' MT 1.1:22 • RW 258 || Kurm. *kebanî* 'id.' Chyet 301

kăbāntiye *n.f.* Würde einer Hausfrau | *ḥḏo-ste kŭbola i=maġrafto, kaᵓinnahu i=kăbāntiye du=bayto msalmo liya* 'Eine (Frau) übergibt ihr den Schöpflöffel, das bedeutet, dass ihr nun die Würde der Hausfrau übertragen wurde.' MT 1.3:31 • Nicht in RW → **kăbaniye**

kabrīt *n.m.* Streichholz | *maˁlela i=nuro li=pire. maḥatla tloṯo=ṭonāt hažžĭkāt aˁla w marfela kabrīt biya* 'Die Alte schürte das Feuer an, sie warf drei Tonnen Zweige darauf und zündete es mit einem Streichholz an.' MT 5.2:80 • cf. *kabrite* RW 259 || cf. Arab. *kibrīt* 'Schwefel, Streichholz' Wehr 782; cf. Türk. *kibrit* 'id.' = **kabrite**

kabrite *n.f.* Streichholz | *ya=rabbi, áydarbo samno, izzí d-ṭūlabno i=kabrite m-aḥnoni, gd-immi mịrallux lĭ=gmağrit w azzúx* 'Gott, was soll ich machen. Wenn ich gehe und meine Brüder um Streichhölzer bitte, werden sie sagen: Wir haben es dir gesagt, dass du dich nicht traust, und du bist trotzdem gegangen.' MT 5.3:7 • RW 259 = **kabrīt**

kăčal *n.m.* Kahlkopf | *azzín manṭalle u=zʕuro, ḥăša ḥăša, komir kĭlé u=laḥmayde b-ide w kĭlé al an=niḥre, ko... ham koxil ham kəḥore, w kăčal* 'Sie gingen und brachten den Jungen, er – Verzeihung! – hat das Brot in der Hand und sitzt auf der Scheiße, er isst und scheißt zugleich, und ein Kahlkopf (ist er auch).' MT 5.2:86 • RW 259 || Kurm. *keçel* 'id.' Chyet 301

kaččĭke *n.f., pl.* **kaččĭkat, kaččĭkāt** **(1)** Mädchen, junge Frau | *i=ʕade dam=midyoye, i=naqqa insān d-ŭwele abro l-əṭlobo, kmakrix ʕayne ʕal ak=kaččĭkat du=ahəl* 'Die Tradition der Leute von Midyat: Wenn jemand einen Sohn hat, der heiraten sollte, dann schaut sich (der Vater) um unter den Mädchen der Verwandtschaft.' MT 1.3:1; *ay=yasire d-fayiši, hani d-kitne săġ yaʕni maṣ=ṣūroye, malĭminne, naʕime, kaččĭkāt, kurrĭkin, min d-kitne maḥtinne bu=xān* 'Die Waisenkinder, die zurückgeblieben sind, die christlichen Kinder, die noch am Leben sind .... Sie sammelten sie – kleine Kinder, Jungen, Mädchen, was auch immer sie waren, brachten sie in eine Herberge.' MT 3.2:9 **(2)** Tochter | *ŭno w i=kaččĭke di=barto, ḥawrone-wayna* 'Ich und die Tochter ihrer Tochter waren Freundinnen.' MT 1.4:2 • RW 259 || Kurm. *keçik, keç* 'id.' Chyet 301

Kăfarbe Türk. Güngören, Dorf im Turabdin in der Nähe des Klosters Mor Gabriel | MT 3.3:12

kaff *n.m., pl.* **kaffat, kaffāt** Handfläche, Hand | *u=qariwo mhalaxle b-darbo, l-Aloho mšalaṭle dewo aʕle lĭ=ṭrele tĭ=mede mĭ-dide d-l-áxile ġēr at=tarte idoṯani, ak=kaffătani dide* 'Der Pate ging auf einem Weg (irgendwo hin), da ließ Gott einen Wolf auf ihn los. Der ließ nichts von ihm übrig, was er nicht gefressen hätte, außer den beiden Händen.' MT 5.1:27 • BS 121 || Arab. *kaff* 'id.' Wehr 800; cf. Syr. *kafo* 'hollow of hand' SL 641

kafino *adj.*, f. **kafinto**, *pl.* **kafine** *adj.* hungrig | *ida ḥzalle u=zʕuro šafiro, more d-maslak, more d-ṣanʕa, d-idʕi i=barṯaṯe bu=mustaqbil lĭ=kfayšo hiya w an=naʕi-mayda kafine, w Aloho-ste d-soyim naṣīb, kĭbila* 'Wenn sie sehen, dass es ein gutaussehender junger Mann ist, mit einem Beruf, einem Handwerk, und sie wissen, dass ihre Tochter und ihre Kinder in Zukunft nicht Hunger leiden werden, und wenn Gott es so bestimmt, dann geben sie (das Mädchen) her.' MT 1.3:7 → **kfn**[1]

kafno *n.m.* Hunger, Hungersnot | *mirle, u=ʕilmo lĭ=fāš qodir ṣoyim, kafno-yo w zaḥme-yo lĭ=qqudri ṣaymile* 'Er sagte: Die Leute können nicht mehr fasten, es herrscht Hunger und Not, sie können das Fasten nicht mehr halten.' MT 4.3:2 || Syr. *kafno* 'id.' SL 643 → **kfn**[1]

kağat *n.m.* Papier | *ḥiḻe biya-ste, kḥoyir i=lašayda ḥewir mu=kağătano diḏux* 'Er schaute sie an: Ihr Körper war weißer als dein Papier hier.' MT 4.5:13 • BS 122 || Türk. *kağıt* 'id.'

kahdine *n.f.*, *pl.* **kahdinat** Scheune | *a=ftilani kmaḥtinne ʿal an=nĭgore (...) bu=payiz kmaʿbᵊrinne lab=bote, kmaḥtinne bi=kahdine* 'Diese Grasstränge legen sie auf die Dächer. (...) im Herbst, schaffen sie sie in die Häuser. Sie legen sie in die Scheune.' MT 1.1:71 • Nicht in RW || Kurm. *kadîn* 'id.' Chyet 294

kaḥkuno, *pl.* **kaḥkune** *n.m.* Kringel | *bĭṯir mid azzá i=lahbe, kmaydo ṯlamṯo b-ṯlamṯo kfutḥola. mĭnayye kowin kaḥkune, gawayye nqiwe* 'Wenn die Flammen erloschen sind, nimmt sie einen Teigklumpen nach dem anderen und formt sie (zu Broten). Manche davon werden zu Kringeln geformt, die in der Mitte ein Loch haben.' MT 1.1:24 • Nicht in RW || dim. zu Syr. *kaʿko* 'cake' SL 641

kăkīk *n.m.* wilder Thymian, Oregano | *bĭṯir kimḥaḏrit u=ṣōṣ diṯṯe, kimqalit naqqa=ḥreto baṣle, w gmaḥtit* ᵀ*kekik*ᵀ*, min kimmítulle u=kăkīk, orăgano w hano* 'Dann bereitest du ihre Sauce vor. Wieder brätst du Zwiebeln an und gibst *kekik* dazu – wie nennt ihr den *kekik*? Oregano oder so.' MT 2.11:5 • Nicht in RW || Türk. *kekik* 'id.'

kalbo *n.m.*, *pl.* **kalbe** Hund | *miḻḻe, ŭno Gŭlo Zĭlo Bando-no. fayišno šwaʿ=išne kalbo, l-aṯṯi símlali kalbo* 'Er erzählte: Ich bin Gŭlo Zĭlo Bando. Sieben Jahre lang war ich ein Hund, meine Frau hatte mich in einen Hund verwandelt.' MT 5.3:48 • RW 260 || Syr. *kalbo* 'id.' SL 622

kalla *n.m.*, *pl.* **kallat, kallāt** Geld | *i=ṣinʿa kítwola qime, w mimadwo kallāt šafire* 'Das Handwerk besaß seinen Wert, und man nahm gutes Geld ein.' MT 1.5:7; *kito zuḥṯo aʿlayna háwullan quwe d-kallāt mede, d-šuqlínalan ṣḷāḥ* 'Wir haben Anlass zur Furcht, gebt uns finanzielle Unterstützung, damit wir uns Waffen kaufen können.' MT 3.3:1 • RW 261 || Tezel 2003: 226

kallāt faruḏe Kleingeld | *midle mawfaqle u=dōzdān, miḻḻe ašir, kallāt faruḏe lĭ=fayiš* 'Er zog die Geldbörse hervor und sagte: Es ist kein Kleingeld mehr übrig.' MT 1.5:54 → **faruḏe**

maḥit kalla Geld ausgeben → **mḥt**

kalo *n.f.*, *pl.* **kaloṯo (1)** Braut | *aḥna sidayna u=ḥĭwolo dak=kaloṯo aġlab yawme d-ḥiššabo-yo* 'Bei uns findet die Überführung der Bräute meistens am Sonntag statt.' MT 1.3:33; *u=ḥaṯno w i=kalo* 'Bräutigam und Braut' MT 1.3:38 **(2)** Schwiegertochter | *kul=ḥiššabo kul=ᵊtre gzayri i=kalaṯṯe, kmaw... kšuqlila ġule, kmawbᵊlila dahwo, kmawbᵊlila aš=šayre* 'Jeden Sonntag oder jeden zweiten Sonntag besuchen sie (die Angehörigen des Mannes) ihre (künftige) Schwiegertochter, sie kaufen ihr Kleider, sie bringen ihr Gold, sie bringen ihr Armreifen.' MT 1.3:15 • RW 261 || Syr. *kalṯo* 'id.' SL 628

Kămāl Mustafa Kemal Atatürk | MT 3.3:14

kămān *n.m.* lokale Geigenart, Geige | *bu=šiklano mdawamla u=raqḏayḏa, ʿūd, mizwiğ, kămān, kul=xŭṣūṣ, hōl d-hawi dărang du=lalyo* 'Auf diese Weise setzte sie ihren Tanz fort, (mit) Laute, zweiseitiger und mehrseitiger Geige und allem, was dazu gehört, bis es späte Nacht wurde.' MT 1.5:48 • cf. *kămāne* RW 261 || Türk. *keman* 'id.' = **kămanča**

kămanča *n.f.* lokale Geigenart, Geige | *ṭray aḥunux moḥe kămanča w hāt* soll eine Geige nehmen und du schlüpfe in eine Truhe, (dein Bruder) soll dich

mičík bu=sanduqo, maḥatlux bayn as=sanduqe di=kalo w zoxu 'Dein Bruder zwischen die Truhen der Braut stellen, und geht (mit).' MT 5.2:9 • cf. *kamače* RW 261 || Türk. *kemençe* 'dreisaitige, mit Rundbogen gespielte Spießgeige' = **kămān**

kámbăle *n.f.* Haufen | *mid naʿim u=tawnawo, kmalĭmile kule ksaymile kámbăle, kmaṣiri aq=qanyonatte xd-u=mede d-milli b-ġēr zād, ʿal ġēr draxto* 'Wenn also das Häcksel fein geworden ist, schieben sie alles auf einen Haufen zusammen und schirren ihre Rinder an, so wie ich es beschrieben habe, für anderes Getreide, für einen anderen Dreschhaufen.' MT 1.1:16 • Nicht in RW || cf. Kurm. *kembel* 'dried sheep dung' Chyet 306

kamil *adj.* vollständig, ganz | *u=demoqrāṭ bann=arbaʿ w ḥamši, húlelin ḥirriye kamil.* 'Die Demokraten gaben ihnen (19)54 die vollumfängliche Freiheit.' MT 3.3:15 • RW 262 || Arab. *kāmil* 'id.' Wehr 808

kār n.m. Vorbereitung • RW 264 || Kurm. *kar* 'action, work, job' Chyet 297

soyim kār d- sich vorbereiten → **sym**

kara biber ⊗ Türkisch schwarzer Pfeffer | *bĭtir kimqalit baṣle ġắlăbe, bu=zayto, hīl d-hawxa d-owin kărămēl, kmaḥtit ab=baṣlanik ʿil mĭnayye w u=zayto, ġắlăbe basime kowin, w* ᵀ*kara biber*ᵀ*, bibar komo w ksaymit sắlăṭa aʿmayye* 'Dann brätst du viele Zwiebeln in Öl an, bis sie glasiert sind, und gibst diese Zwiebeln und das Öl darüber, dann wird die (*mġáddăra*) sehr wohlschmeckend. Und dazu noch einen Salat.' MT 2.10:3

kăram *n.m.* Ehre • RW 264 || Arab. *karam* 'Edelmut; Großzügigkeit; Güte' Wehr 792

m-kăram didux/didix bitte, sei so gut | *omir ḥilto de ḥatlan paške m-kăram didix* 'Nun, sagte er, Tante, sei so gut und gib mir etwas zu trinken.' MT 5.2:75 → **mĭ, did-** || cf. Kurm. *ji kerema xwe* 'please!' Chyet 308

kărămēl karamelisiert, glasiert (mit *howe*) | *bĭtir kimqalit baṣle ġắlăbe, bu=zayto, hīl d-hawxa d-owin kărămēl* 'Dann brätst du viele Zwiebeln in Öl an, bis sie glasiert sind.' MT 2.10:3

Karğōz Gercüş, Stadt in der Provinz Batman, Südosttürkei | MT 3.2:9

karkūš *n.m.* Traubensorte | *w d-owin karkūš, hanik ksayminne ṣirf apšoto, lĭʾannu lo aʿ=ʿinwatte basime-ne dak=karkūš w lo ann=apšotatte kowin basime* 'Wenn es Trauben der Sorte *karkūš* sind, (dann) macht man aus ihnen nur Rosinen, denn weder schmecken die Trauben der *karkūš* gut, noch ihre Rosinen.' MT 1.1:48 • RW 266 || cf. Kurm. *kerkûş* 'une variété de raisin mûrissant début août, très sucré, à petits grains' DKF 807

karmo *n.m., pl.* **karme** Weinberg | *qm-u=ṭĭlolo dak=karme* 'im Schatten der Weinberge' MT 3.1:8; *lo sayminne šuġlo ʿamlo, lo d-duri i=arʿatte lo u=karmatte xid ʿade* 'Sie konnten nicht ihre Arbeit tun und ihre Felder und Weinberge pflügen.' MT 3.3:8 || Syr. *karmo* 'id.' SL 655

karsᵊwono *n.m., pl.* **karsᵊwone** abgeschnittener Rebzweig | *bĭtir mid ᵊksīḥ u=karmo, kizzé nošo kmalim ak=karsᵊwone, ak=karsᵊwone ksamme bŭqoto, ab=bŭqotanik-stene kmanṭanne lu=bayto, ksayminne ğġore lăšan u=tanuro* 'Wenn der Weinberg geschnitten worden ist, geht jemand und sammelt die Rebzweige ein, man macht Bündel daraus und schafft sie nach Hause. Sie benutzen sie als Brennmaterial für den Lehmbackofen.' MT 1.1:65 • RW 266 || Syr. *karsbone* 'bundles' SL 656

karxana *n.f.* Freudenhaus | *komir azzé l-ʾDyārbăkir mšayele ʿal i=karxana* 'Er ging nach Diyarbakır und fragte nach dem Freudenhaus.' MT 4.5:9-10 • RW 268 || Türk. *kerhane* 'id.'; Kurm. *kerxane* 'id.' DKF 810

karyo *adj.*, f. **krit̲o**, *pl.* **karye** kurz | *qiṣṣa-yo latyo hno d-ŭmanṇolux bit̲re ḥd̲od̲e măsălan, štaġaliye-yo, kut̲yo krit̲o ṭăbí* 'Es ist ja eine Geschichte, deshalb muss ich dir nicht alles der Reihe nach erzählen. Es ist eine Erzählung, deshalb fällt sie natürlich kurz aus.' MT 5.1:14 • RW 267 || Syr. *karyo* 'id.' SL 651

kas Person, Individuum • RW 268 || Kurm. *kes* 'person; someone, anyone' Chyet 310

flān=kas der Soundso → **flān**

kul=kas jeder | *bu=waxtawo, aʿ=ʿărab, kul=kas, látwole qahwe w lĭ=samwo, ġēr u=rabo di=ʿaširto di=dukt̲o* 'Damals hatte bei den Arabern nicht jeder Kaffee und bereitete ihn zu, sondern nur der Anführer des örtlichen Stammes' MT 1.5:51 → **kul**

kase *n.f.*, *pl.* **kasat, kasāt** Tasse | *ŭʿdo kmaḥti, kmaḥtina vanīlya aḥna, čike d-tărčin biyya, hawxa qlifto d-tărčin, čike, tarwod̲o d-vanīlya-ste aʿma, du=muklo, bu=ḥalwo w kuyo basimto. bĭt̲ir kmĭlénala bak=kasăt, w čike d-fayḥo ...* 'Heute gibt man, geben wir Vanille dazu, etwas Zimt, ein Stück Zimtrinde, und einen Esslöffel Vanille, mit Milch, dann schmeckt (der Milchreis) gut. Dann füllen wir ihn in Tassen, und wenn er ein bisschen abgekühlt ist ...' MT 2.9:3 • cf. *kās* RW 268 || Arab. *kaʾs* 'Becher, Glas' Wehr 779

kasoḥo *n. agent.*, *pl.* **kasoḥe** jemand, der die Weinstöcke schneidet | *kīt mak=karswonani, kimminne ak=karsᵊwone aʿ=ʿinwe, w mĭnayye ak=karsᵊwone d-lĭ=kmiski ʿinwe. u=kasoḥo kayiso kfŭraqqe mĭ-ḥd̲od̲e w kŭd̲aʿʿe* 'Darunter gibt es solche, die man Traubenreben nennt, aber auch Reben, die keine Trauben tragen. Der gute Schnitter unterscheidet sie voneinander und kennt sie.' MT 1.1:64 || cf. Syr. *kosuḥo* 'id.' SL 638-39 → **ksḥ**

katfo *n.f.*, *pl.* **katfot̲o** Schulter | *kmaḥatle u=daworo u=niro w u=masoso ʿ... b-id̲e, w u=abzoro ʿal katfe* 'Der Pflüger nimmt Joch und Ochsenstachel in die Hand, legt sich den Pflug über die Schulter.' MT 1.1:2 • RW 269 || Syr. *kat̲fo* 'id.' SL 663 = **kat̲fo**

katib *n.m.* Sekretär | *komir kitwo zlām tağir rabo, komir kítwole katib taḥt id̲e, u=katib-stene šamošo-yo* 'Es war einmal ein großer Kaufmann, der hatte einen Sekretär in seinen Diensten, und dieser Sekretär war ein Diakon.' MT 5.1:1 • Nicht in RW || Arab. *kātib* 'Schreiber, Sekretär' Wehr 764

kat̲fo *n.f.*, *pl.* **kat̲fot̲o** Schulter | *u=ṭʿono di=naḥšo du=mit̲o, b-ġēr dŭkot̲o kmaḥtile baʿ=ʿărăbat, sidayna lo, lăšan d-ot̲e l-bōl da=nsanat i=naqqa d-ṭoʿin ḥa d-odiʿ kaʾinnahu huwe-ste kitle yawmo gĭmiṭʿin hawxa ʿal ak=kat̲fot̲o w gĭd-izzé huwe-ste gim-miqwir* 'Das Tragen der Bahre des Toten ... anderswo legen sie (den Sarg) in ein Fahrzeug, doch bei uns nicht, damit sich die Leute erinnern ... wenn jemand (den Sarg) trägt, weiß er, dass es auch für ihn einen Tag gibt, an dem auch er so auf den Schultern getragen wird und auch er begraben wird.' MT 1.2:17 || Syr. *katfo* 'id.' SL 663 = **katfo**

kǎvān Bogen || Kurm. *kevan* 'bow, arch' Chyet 312

tīr w kǎvān Pfeil und Bogen → **tīr**

kawmo *n.f.*, *pl.* **kawmoṯo** Haufen | *kimqafin i=dukṯo d-kīt gelo ġắlăbe. mĭnayye kimšarki, mĭnayye kul ʿāyle l-ruḥa kšimṭo, kmalĭmile ksaymile kawmoṯo.* 'Sie finden eine Stelle, an der es sehr viel Gras gibt. Manche tun sich zusammen, und bei anderen reißt jede Familie für sich (das Gras) aus. Sie sammeln es und häufen es auf.' MT 1.1:68 • RW 269 || cf. Arab. *kauma* 'id.' Wehr 814

kayis *adj.* ⊗ Komparativ zu *kayiso* besser | *kayis gĭd-owe, gĭd-owin more d-ʿīlim fălān* 'Das wird besser sein, sie werden etwas lernen.' MT 5.5:1 → **kayiso**

kayiso *adj.*, f. **kayisto**, *pl.* **kayise** gut, anständig | *daworo kayiso* 'ein guter Pflüger' MT 1.1:41; *makrᵊxi ʿaynayye, ḥdo d-uyo mĭ-ʿāyle kayisto* 'Sie schauen sich nach einem (Mädchen) um, das aus einer guten Familie stammt.' MT 1.3:1; *layšile kayiso* 'Sie kneten ihn gründlich.' MT 2.5:11; *húlele hawxa ḥa mede xid sisyo xayifo, lo haqqās mak=kayise* 'Er gab ihm ein schwaches Pferd, keines von den besonders guten.' MT 5.2:59 • Nicht in RW || Arab. *kayyis* 'taktvoll, feinfühlend, höflich' Wehr 816; cf. Anat. Arab. *kwayyəs* 'schön, gut' JK 127, VW 374

i=kayistayḏa das Beste | *wălaw hŭwena ḥaqlí-ste, i=naqla d-xusri, kul=ḥa gd-omir flān-kas-we. i=kayistayḏa gimšawrina b-kulle* 'Selbst wenn wir im Recht sind, wenn sie verlieren, wird jeder sagen: Der und der war es. Am besten wir beraten es mit allen.' MT 1.6:10

kayisuṯo *n.f.* Gutes, gute Tat | *bu=mgalyūn-ᵊste darĭğ-yo, komir, mṣalawu l-ani d-ᵊklayṭinxu, ibaʿu l-ani d-kibʿi u=qaṭlaṯxu, yaʿni ṭlábunne i=kayisuṯo m-Aloho* 'Auch im Evangelium kommt es vor, es heißt: Betet für die, die euch verfluchen, und denen, die euch töten wollen, wünscht ihnen Gutes von Gott.' MT 3.2:42 → **kayiso**

kayiwo *adj.*, f. **kayuto**, *pl.* **kayiwe** krank | *i=naqqa d-mĭḻḻele omir mḥay ḥiṣo i=xărăze ʿal fēm du=gubo, komir hedi hedi xd-i=ʿayno kayuto manḥᵊtole lu=gubo, maḥtole ʿal fēm du=gubo* 'Als er ihm dann sagte: Lass die Einfassung hart auf die Öffnung des Brunnens fallen, da ließ er sie ganz vorsichtig, wie bei einem kranken Auge, auf den Brunnen herab und setzte sie auf die Brunnenöffnung.' MT 4.4:23 • RW 270 || Syr. *kayibo* 'id.' CSD 201

kažžík *n.m.* Rasse von Ziegen mit gekräuseltem Haar | *kīt šĭkil=ḥreno d-ʿeze kimminne, lo ak=kažžík, ḥīt* 'Es gibt eine andere Rasse von Ziegen, die man nicht *kažžík*, sondern *ḥīt* nennt.' MT 1.1:93 • cf. *kaž, kažžĕk* 'mörkblond, ljusbrun, kastanjebrun' BS 124 || cf. Kurm. *kej* 'blond; qui a le teint clair, châtain clair, roux clair' DKF 789 → **ḥīt**

kʿočĭke *n.f.*, *pl.* **kʿočĭkat** Befestigung | *qumu hğimme r-rišayna, čiki ba=kʿočĭkat diḏan* 'Erhebt euch, sie haben uns angegriffen, sie sind in unsere Befestigungen eingedrungen!' MT 3.1:24 • Nicht in RW || Etym. unbekannt, cf. RW 106: *kōzke* 'Hürde' JL 168 'Schanze', cf. Kurm. *kozik* 'abri, clôture' DKF 871, cf. Anat. Arab. *kōzəke* 'Schanze, Jagdstand, Brustwehr' VW 374

kbebaye *n.f.*, *pl.* **kbebayāt** Art von *kutle* ⊗ nur in Midyat (?) | *qĭsim-ste saymiwo kutle kbebayāt, hanik kimminne* *bu=ṭuroyo bežār* 'Manche Leute machten auch die *kbebayāt* genannten Kutle, die man im Turoyo *bežār* (städtisch) nennt.' MT 2.7:14 • Nicht in RW || Arab. dial. (Qamišli) *kbebaye* 'gefüllte Grießtasche' dim. zu Arab. (Syrien, Irak, Libanon) *kəbbe/kubba* 'Bouletten aus feingehacktem Fleisch u. Weizenschrot' Wehr 780 → **kutlo**

kēf *n.m.* Spaß, Vergnügen | *u=bayto di=mištuṯo, kibe kēf w ṣăfa w ṭʿoyo ... tiṭʿiyo di=nafšo* 'In einem Hochzeitshaus herrschen Freude und Vergnügen, Vergessen und die Irreführung der Seele.' MT 1.2:16; *i=naqqa d-ᵊkġulbítunne kŭṯeli kēf, d-lo kmitwir kēf diḏi* 'Wenn ihr die Oberhand über sie gewinnt, empfin-de ich Freude, wenn nicht, wird mir die Freude verdorben.' MT 5.2:58 • RW 271 || Anat.-Arab. *kēf* 'Lust (zu etwas), Vergnügen' JK 137; cf. Kurm. *kêf* 'id.' Chyet 316; cf. Türk. *keyf* 'id.'

ŭṯe + l- kēf sich freuen, Freude empfinden → **ʾṯy + l**

mitwir kēf d- enttäuscht werden, betrübt werden → **twr**

kefo *n.f.*, *pl.* **kefe** Stein | *i=gŭrusto tarte=kefe rabe-ne* 'Die Handmühle besteht aus zwei großen Steinen.' MT 1.1:33; *ʿarqᵊwone sligi, nqiwi haqqās hingi kmoḥe raġloṯe bak=kefe* 'Seine Fersen wurden abgeschabt, sie wurden eingedellt, so stark schlug er seine Füße an die Steine.' MT 5.2:55 • RW 272 || Syr. *kifo* (Ostsyrisch: *kepā*) 'id.' SL 594

kekik ⊗ Türkisch wilder Thymian = **kăkīk**

Kfarze Türk. Altıntaş, ein Dorf im Turabdin | MT 1.6:8

kfarzoyo, f. **kfarzayto**, *pl.* **kfarzoye** Person aus dem Dorf Kfarze | MT 1.6:8 → **Kfarze**

kfn[1] || Syr. *kfn Pe.* 'to be hungry' SL 643

I *kafin, kafino - kofin, kufno intr.* hungrig werden | *milla kuḏʿono mayiṯit mu=ṣahwo mu=kafno, tōx, xulux fako d-laḥmo (…) komir aḷo, kafin huwe-stene, komir naḥit aṯi yatu sida* 'Sie sagte: Ich weiß, du stirbst vor Durst und Hunger. Komm her, iss einen Bissen Brot. (…) Er war wirklich hungrig, deshalb kam er herab und setzte sich zu ihr.' MT 5.2:21-22

kfn[2] || Arab. *kfn II* 'in das Leichentuch hüllen' Wehr 802 → **knfl**

II *mkafalle, mkafalla - mkafin, mkafno tr.* wickeln, in ein Leichentuch (*kăfan*) hüllen | *bĭṯir, mid mayiṯ u=miṯo (…) kmalwᵊšile ğule naḏife, kmanṭalle naqqa=ḥreto, kimkafnile* 'Dann, nachdem der Todesfall eingetreten ist (…) sie ziehen ihm saubere Kleider an, und bringen ihn wieder zurück. Sie hüllen ihn in ein Leichentuch.' MT 1.2:4

kfr || Syr. *kfr Pa.* 'to wipe away; cleanse, purify' SL 645

II *mkafaḷḷe, mkafaḷḷa - mkafir, mkafro tr.* putzen, sauber machen | *gimbarbᵊzit u=darmono ʿal u=sfoqo kule, hul dᵊ-komil kule d-ḥowir. mid ᵊmkamelux gimḥalqatle ṭamĭné, u=nafoḥo, hedi gĭmád-wole mkafáṛwole* 'Du verteilst das Mittel auf dem gesamten Stück Geschirr, bis es vollständig weiß wird. Wenn du fertig bist, wirfst du es dort hin, der „Anfacher" nimmt es dann und putzt es.' MT 1.5:17

kfx || Etym. unsicher, cf. Syr. *hfk Pe.* 'to destroy, to overturn' SL 349-350; see Mutzafi 2016

I *kfixle, kfixla - kofix, kufxo tr.* schütten | *u=ḥalwo bĭṯir mid ᵊmmaṣalle kmaḥtile ʿal i=nuro kimšaḥnile, kmanṭin rezo, kmašiġi i=rezo kkufxila baynoṯe*

'Nachdem sie die Milch abgegossen haben, stellen sie sie aufs Feuer und erhitzen sie. Sie bringen Reis, waschen den Reis und schütten ihn hinein.' MT 1.1:85

kfy || Arab. *kfy I* 'genug sein; genügen, ausreichen' Wehr 802

III *makfele, makfela - makfe, makfᵊyo intr.* reichen, ausreichen, genügen | *farude madām lī=fayišlux, kmakfe* 'Da du kein Kleingeld mehr übrig hast, reicht es.' MT 1.5:54

kḥēl *adj.* edle (Pferderasse) | *mille omir ŭno hani lī=kmanfaʿli-ne, hani latne sisye, sisyo d-foyir! kŭbatli hani, hawli sisto kḥēl, ăṣīl* 'Er sagte: Diese da nützen mir nichts, das sind keine Pferde, ein Pferd muss fliegen. Du gibst mir diese, doch gib mir ein *kḥēl*-Pferd, ein Vollblutpferd.' MT 5.2:62 • Nicht in RW || Arab. *kuḥail* 'Pferd edelster Rasse' Wehr 787

kib- ⊗ mit Pronominalsuffixen: *kibe* 'er kann', *kəpxu* 'ihr könnt' usw. **(1)** können, im Stande sein | *u=nsān d-ŭwele imān xid bzarʿo d-xardălaye, mede lī=ggŭrele, min d-abiʿ kibe soyim* 'Ein Mensch, selbst wenn er nur so viel Glauben hat wie ein Senfkorn, dann geschieht ihm nichts, er kann tun, was er will.' MT 4.1:9; *omir ʿăgăba d-ŭbenux sisyo kibux izzúx mḥarbit?* 'Er sagte, wenn ich dir ein Pferd gebe, kannst du gehen und kämpfen?' MT 5.2:59 **(2)** ungefähr, ca. | *kibi išti išne* 'Ich bin ca. sechzig Jahre alt.' MT 3.1:1; *azzé kibe yarḥo tre tloṯo bi=ḥolo* 'Es vergingen darüber ein, zwei, drei Monate.' MT 4.5:12 → **layb-**

kibāt ~ kibayāt *n. pl.* gefüllte Innereien | *mu=birġil d-kityo naʿimo maḥtíwole šʿiraye, u=xašuno-ste hawxa kibāt, saymiwo kibayāt buwe,* ᵀ*kibe, kibe mumbar*ᵀ *... šdoqāt. ...* 'Aus dem feineren Bulgur ... diesem mischten sie kleine Nudeln bei, und aus dem groben Bulgur machten sie *kibāt, kibayāt,* ᵀ*kibe, kibe mumbar*ᵀ gefüllte Innereien.' MT 2.7:3 • Nicht in RW || Türk. (Diyarbakir/ Mardin) *kibe* 'id.'; cf. Pers. *gīpā* 'stuffed sheep stomach' Steingass 1108 → **kibe mumbar**

kibe mumbar ⊗ Türkisch gefülltes Gedärme | *u=xašuno-ste (...) saymiwo kibayāt buwe,* ᵀ*kibe, kibe mumbar*ᵀ *... šdoqāt. ...* 'Aus dem groben Bulgur machten sie (...) *kibayāt,* ᵀ*kibe, kibe mumbar*ᵀ gefüllte Innereien.' MT 2.7:3 → **kibāt ~ kibayāt**

kifle, *pl.* **kiflat, kiflāt** *n.f.* Familie | *bĭṯir kbodin i=kifle du=bayto, naʿime rabe kulle kibin, ag=gawre xarīğ* 'Dann fängt die Familie an – groß und klein, alle können (mitmachen), ausgenommen die Männer.' MT 1.1:57 • RW 273 || cf. Anat. Arab. *kəfle* 'id.' JK 124; cf. Kurm. *kulfet, kuflet* 'family, children' Chyet 335; cf. Arab *kfl* I 'gewährleisten, verbürgen, ernähren', *klf* II 'kosten' Wehr 801, 804

kĭl- ~ kl- ⊗ Dekliniert: *kĭlé, kĭlá, kilín ~ kin* da (ist), siehe (da) | *immina ṣafro kĭlé gizzano mi=qriṯo l-Bāško* 'Wir sagten: Morgen früh werden wir sowieso das Dorf verlassen und nach Bāško ziehen.' MT 1.5:42; *ṣafro i=naqqa d-azzano, malaxlan bu=darbaydan, azole, kĭlé huwe-ste i=fadonayde, ᵊgdowir* 'Als wir am Morgen aufbrachen und unseres Weges zogen, da war auch er mit seinem Pfluggespann beim Pflügen.' MT 1.5:43; *ánnaqla maxlaṣli, azzí l-ʿIwardo, azzán l-ʿIwardo kḥayrono haylō, kĭle hin zalṭone-ne, hin brĭndār-ne* 'Ich entkam und ging nach ʿIwardo. Wir gingen nach ʿIwardo, da sah ich: Oh je! Da sind manche ohne Kleider, manche sind verletzt.' MT 3.1:13; *omir babo kin ḥawroni kulle gizzín* *l-Amérĭka kŭbaʿno ŭno-ste d-izzí* 'Er sagte: Vater, alle meine Freunde gehen nach Amerika, auch ich möchte gehen.' MT 3.4:3

kĭlahó da drüben, dort (ist) | *miḻḻe hāt harke, bi=dukṯaṯe (...) w ʿIwardo kĭlahó bu=ṭuro* 'Er sagte: Du bist jetzt hier, an diesem Ort, (...) ʿIwardo aber liegt dort weit weg.' MT 1.5:39 → **kĭl- ~ kl-**

kĭlahuné da drüben, dort (ist) | *ayko-yo? miḻḻe kĭlahuné tamo. azzé ḥiḻḻe bu=šibbāk, kĭlá xid kimmi, be=maʿna, zalṭŭniṯo* 'Wo ist sie? Sie sagten: Sie ist gleich dort. Er ging und schaute durch das Fenster, da war sie so, wie sie sagten: – mit Verlaub – nackt.' MT 4.4:10 → **kĭl- ~ kl-**

kĭlāwlḗ da drüben, dort (ist) | *i=dayro ayko-yo? i=dayro kĭlāwlḗ b-qarʿe du=ṭuro* 'Wo ist das Kloster? Das Kloster ist dort drüben auf dem Gipfel des Berges.' MT 5.1:33 → **kĭl- ~ kl-**

kĭlée-ni da drüben, dort (ist) | *komir azzé mšayele ʿal u=ʿammaṯṯe, mirre kĭlée-ni* 'Er ging und fragte nach ihrem Onkel, sie sagten: Da drüben ist er.' MT 5.2:24 → **kĭl- ~ kl-**

kĭličaye *n. unit.* ein Stück *kĭliča*-Gebäck | *uʿdo u=ʿamo ksaymi m-darb u=laḥmawo, kĭliča bu=farmo, kĭličaye rabṯo* 'Doch heutzutage backen die Leute anstelle des Brots einen großen *kĭliča*-Kuchen im Backofen.' MT 1.3:11 → **kliča ~ kĭliča**

kilo *n.m., pl.* **kilowat** Kilogram | *ksaymile ṭalme rabe, taqriban kilo=w-falge mĭnayye tre* 'Man macht große Teigklumpen daraus, etwa anderthalb Kilo, manchmal sogar zwei.' MT 1.1:23

kīn *n.m.* Hass | *Aloho lĭ=ksomiḥ l-insān d-howe bi=ḥkumayḏe w howe kīn w ġăraz b-lebe* 'Gott erlaubt es dem Menschen nicht, dass er unter seiner Regierung lebt und (zugleich) in seinem Herzen Hass und Rachegedanken (gegen andere) hegt.' MT 3.2:43 • RW 274 || Türk. *kin* 'id.'

kin → **kĭl- ~ kl-**

kīsko *n.m.* kleine Tasche, kleiner Sack, ⊗ dim. von *kiso* | *ag=gawe gĭsayminne pārčayat hawxa, w ḥayṯinne sayminne xu=kīsko, w gĭmaḥti čike d-ḥašwo binne, w ḥayṯinne w mbašlinne* 'Die Mägen schneiden sie so in Stücke. Sie nähen sie zusammen und machen sie wie kleine Taschen. Dann geben sie etwas von der Füllung hinein, nähen sie zu und kochen sie.' MT 2.13:3 → **kiso**

kiso *n.m., pl.* **kise** Sack | *mid fayiši aḥ=ḥeṭe naḏife, kmaḥtinne bu=kiso, aw b-xurğo, kmaḥtinne ʿal u=ḥaywān diṯṯe, wăya ʿal katfayye, kmawbᵊlinne li=raḥyo* 'Wenn der Weizen sauber ist, schütten sie ihn in einen kleinen Sack oder eine Satteltasche, laden ihn auf ihr Lasttier oder tragen ihn auf der Schulter, und bringen ihn zur Mühle.' MT 1.1:22 • RW 275 || Syr. *kiso* 'small sack' SL 620 → **kisto**

kisto *n.f.* Tasche (von Hosen, Jacken usw.) | *ak=kallāt d-kitwo bu=dōzdanayḏe mĭdile maḥtile b-kiste, ṭrele ḥa d-mo=waroqe bu=dōzdān* 'Er nahm das Geld, das er in seiner Geldbörse hatte, heraus und steckte es in die Tasche. Er ließ nur einen (Schein) von 100 Lira in der Geldbörse.' MT 1.5:53 • RW 275 → **kiso**

kīt ~ kito es gibt | *kito ʿade m-meqim, hayo baṭilo uʿdo, bas hawxa-wa* 'Es gab früher einen Brauch, der jetzt nicht mehr üblich ist, aber es war so.' MT 1.3:38; *kimšaylo ʿito ayko kito* 'Sie fragte: Wo gibt es eine Kirche?' MT 5.1:22; *ḥiḻḻe kĭle koṯe nāl, āy āy āy mi=škere dak=kefani. āʿʿáʾ, qay kīt nošo harke miḻḻe ʿăğāba* 'Da bemerkte er, dass ein Stöhnen aus diesem Steinhaufen drang: *āy āy āy*. Donnerwetter, gibt es hier vielleicht jemanden, sagte er.' MT 5.1:10 → **layt ~ layto**

kīt + l- ⊗ mit Pronominalsuffixen: *kitla* 'sie hat', *kitlan* 'wir haben' usw. haben, besitzen | *am=midyoye kitte ġắlabe muklone hawxa spētsiyāl* 'Die Midyader haben viele ganz spezielle Gerichte.' MT 2.7:1; *kitlux arbo=naʕime* 'Du hast vier Kinder.' MT 3.4:3 → **kito, layt + l-**

kito es gibt → **kīt ~ kito**

kĭtono *n.m.* Baumwolle | *malĭmiwo u=kĭtono, ḥilğiwo u=kĭtono* 'Sie pflückten die Baumwolle. Sie entkörnten die Baumwolle.' MT 3.4:2 • RW 273 || Syr. *ketono* 'id.' SL 663

kitwe, f. **kitwa**, *pl.* **kitwayye** ⊗ Vergangenheitsform der Kopula *kityo* sein | *i=kaččĭkayo d-kitwa gabux nafil lebi biya* 'Ich verliebte mich in das Mädchen, das bei dir war.' MT 5.1:40; *an=niše d-kítwayye ṭʕine čirre gawayye* 'Den Frauen, die schwanger waren, schlitzten sie die Bäuche auf.' MT 3.2:7 → **kityo**

kitwo ⊗ Vergangenheitsform zu *kīt/kito* es gab | *u=muklo basimo d-kitwo bu=saṯwo* 'das gute Essen, das es im Winter gab' MT 2.3:9; *kitwo bu=waxtawo Čălăbiyo w Sarḥano, hani aġawiye-wayye* 'Damals gab es Čălăbiyo und Sarḥano, die waren Aghas.' MT 3.2:11 → **kito, kīt ~ kito, latwo**

kítwo + l- ⊗ Vergangenheitsform zu *kīt + l-* haben (Vergangenheit) | *kítwoli aḥuno ṭamo b-ʕIwardo* 'Ich hatte einen Bruder dort in ʕIwardo.' MT 3.1:14 → **kīt + l-**

kityo ⊗ Flektiert: *kitno* 'ich bin', *kittat* 'du bist' usw. Verwendet in Nebensätzen. Kopula: sein | *lĭ=kuḏʕo d-kityo gawro* 'Sie wusste ja nicht, dass es ein Mann war.' MT 4.5:12; *ŭno mĭ-naʕmuṯi mu=săbab d-kitno daworo, w babi-ste daworo-we, kŭḏaʕno u=ŭṣūl du=zăd w dak=karme* 'Seit meiner Kindheit, weil ich ein Bauer bin und auch mein Vater ein Bauer war, kenne ich mich sowohl mit dem Getreide als auch mit den Weinbergen aus.' MT 1.1:40

kiṯre *n.f.* Mehrheit | *aṭ=ṭaye simme kăr diṯṯe d-mahzᵊmi, mu=săbab d-kitwa i=kiṯre maṣ=ṣŭroye* 'Die Muslime schickten sich an, zu fliehen, weil die Christen in der Mehrheit waren.' MT 3.2:3 • Nicht in RW || Arab. *kaṯra* 'große Zahl, große Menge' Wehr 786

kĭwoto *inf. II* Einkochen | *am=mayani kimkawtinne, d-ubʕi d-sayminne dĭbis kul arbaʕ tănăgayăt knofiq ᵊḥḏo mĭnayye d-dĭbis. kmaḥti binne nqurto lăšan d-ṣofin i=naqqa du=kĭwoto* 'Wenn sie Traubensirup herstellen wollen, kochen sie diesen Traubensaft ein; vier Kanister ergeben jeweils einen Kanister Traubensirup. Sie setzen weiße Sandsteinerde zu, damit sich der Saft beim Einkochen klärt.' MT 1.1:51 → **kwt**

kizbarto *n.f.* Koriander, Thymian | *matranwo awwil=naqqa du=garso, maḥtiwo čike d-malḥo, maye ğamude, u=ḥa d-roḥim kizbarto, bibar sĭmoqo, hawxa maklánwole falge=d-saʕa* 'Zunächst wässerten sie den (*samdo*) des *garso*, gaben etwas Salz hinzu, kaltes Wasser, wer wollte, auch Thymian, roten Pfeffer, dann ließ man ihn eine halbe Stunde stehen.' MT 2.7:9 • Nicht in RW || Arab. *kuzbara, kuzbura* 'id.' Wehr 795

Klebīn Name des Protagonisten in einem Märchen | MT 5.2:97

klemo *n.m.*, *pl.* **kleme** Jochholz | *u=daworo, kŭwele niro, bu=nirano kīt ḥniqe, kito kleme* 'Der Pflüger hat ein

Joch, an diesem Joch befinden sich Jochschlingen, es gibt Jochhölzer.' MT 1.1:1 • RW 276 || Tezel 2003: 226-227

klf || Arab. *klf II* 'beauftragen; kosten' Wehr 804

II *mkalafle, mkalafla - mkalif, mkalfo* **(1)** *tr.* beauftragen | *mkalafla ʿal u-ṣulḥ, w qayim aṯí w ğğil ʿam aʿ-ʿiward-noye* '(Die Regierung) beauf-tragte ihn, Frieden zu stiften. Er machte sich auf, kam und redete mit den Leuten von ʿIwardo' MT 3.2:18 **(2)** *tr.* anbieten | *kuḏʿi b-ruḥayye d-kitte kaččike, w kuḏʿi l-ani d-kimkalfinne u-medano kitte xōrt, lăšan ṭlobo aṯin* '(Die Eltern) verstehen, dass sie ein Mädchen haben, und dass diejenigen, die ihnen dieses Angebot machen, einen jungen Mann haben und dass sie zwecks Brautwerbung gekommen sind.' MT 1.3:5

kliča ~ kĭliča *n.f.* **(1)** süßes Festgebäck | *bas uʿdo u-ʿamo ksaymi m-darb u-laḥmawo, kĭliča bu-farmo, kĭličaye rabṯo* 'Doch heutzutage backen die Leute anstelle des Brots einen großen *kĭliča*-Kuchen im Backofen.' MT 1.3:11 **(2)** frisch, wie frisch gebacken ⊗ metaphorisch, cf. *semo kliča* 'reines Silber' RW 276 | *i-naqqa d-maydínawo u-ṣĭfir hēš huwe ḥaṯo, xĭd-immit ṭawbo, kliča mi-fabriqayḏe* 'Wenn wir das Kupfer nahmen, wenn es noch ganz neu war, sozusagen wie eine Stoffbahn, ganz frisch aus der Fabrik…' MT 1.5:18 • RW 276 || Etym. unklar

klilo *n.m.* Brautkrone, Brautschleier | *kizzín ak-kaččĭkat kmalwᵊši ağ-ğule di-kalo, kimḥaḏrila lăšan u-ḥĭwolo w kmalwᵊšila u-klilo, b-hayye w ranne w ʿĭšq w kēf* 'Die Mädchen gehen und ziehen der Braut ihre Kleider an, sie bereiten sie für die Überführung vor und legen ihr den Brautschleier an, mit viel Aufhebens und Getue und mit Freude und Spaß.' MT 1.3:27 • RW 276 || Syr. *klilo* 'crown, royal headdress, wreath' SL 625

kly || Syr. *kly Pe.* 'to remain, stay; to stop' SL 624

I *kali, kalyo - kole, kulyo* **(1)** *intr.* anhalten, stehen bleiben | *as-sisye kalin, hadini a-tre* 'Da hielten die Pferden inne, beide beruhigten sich.' MT 5.2:45; *ḥiḻla li-pire kaṯi ḥa rahoṭo rağloṯe b-ṭize, lĭ-kkole* 'Die Alte sah, dass jemand eilig angelaufen kam und nicht innehielt.' MT 5.2:21 **(2)** *intr.* auf (*l-*) etw. warten | *kmanṭin an-naṣbani kul-nuqro m-ani kmaḥti tre tre aw ḥa, w hani kṭumrinne, bĭṯir mid ᵊṭmĭrinne, ᵊkkolin lu-waxt du-dworo di-arʿo, yaʿni d-nišfo čike i-arʿo* 'Sie bringen diese Rebzweige und setzen in jedes dieser Löcher jeweils zwei oder einen Zweig ein und füllen sie mit Erde auf. Wenn sie (die Rebzweige) eingepflanzt haben, warten sie bis zur Zeit des Pflügens, d.h. bis die Erde etwas trocken geworden ist.' MT 1.1:42

III *maklele, maklela - makle, maklᵊyo* **(1)** *tr.* anhalten, stoppen | *mhalaxxe tloṯo-yawme w tloṯo-lalye hōl d-ṛawiʿo i-gamlo, tamo maklalle, manḥatte i-ğăna-zaṯṯe* 'Sie gingen drei Tage und drei Nächte, bis das Kamel sich lagerte. Dort hielten sie an, nahmen die Leiche herunter.' MT 5.3:3 **(2)** *tr.* stehen lassen (Essen) | *maḥtiwo čike d-malḥo, maye ğamude, u-ḥa d-roḥim kizbarto, bibar sĭmoqo, hawxa maklánwole falge-d-saʿa* 'Sie gaben etwas Salz hinzu, kaltes Wasser, wer wollte, auch Thymian, roten Pfeffer, dann ließ man ihn (den *samdo*) eine halbe Stunde stehen.' MT 2.7:9

kml || Arab. *kml I* 'ganz od. vollständig sein od. werden', *II* 'vervollständigen, ergänzen' Wehr 808

I *kamil, kamilo - komil, kumlo intr.* beendet sein, fertig werden | *mid kamilo i=ṣluṯo du=lïwoyo kmŭḥalle bann=arbaᶜ qurnawoṯo di=ᶜito* 'Wenn das Totengebet beendet ist, bringen sie ihn zu den vier Ecken des Altarraums.' MT 1.2:7; *kamil u=waxt diṯṯe w ay=yawmo-ṯaṯṯe, l-Aloho hule lu=faqiro kurrïko* 'Nun, ihre Schwangerschaft (wörtl.: Zeit), ihre Tage gingen zu Ende, und Gott gab dem Armen einen Jungen.' MT 5.2:2

II *mkamele, mkamela - mkamil, mkamlo tr.* beenden, vollenden | *u=ᶜeḏo lï=maḥrᵊwítulle, bïṯir mid ᵊmkamelan u=ᶜeḏo guzzano gïmifqínale* 'Verderbt nicht das Fest! Wenn wir das Fest beendet haben, gehen wir und holen ihn heraus.' MT 4.1:5; *u=rabo mkamele u=lalyawo, deri yawmo u=navoyo omir, ádlalyo dawri-yo* 'Der Älteste beendete die erste Nacht, am nächsten Tag sagte der Mittlere: Heute Abend bin ich an der Reihe.' MT 5.3:5; *u=yūzbaši-ste mkamele išti-šawᶜi=išne naᶜimo latle* 'Der Hauptmann war sechzig, siebzig Jahre alt geworden, doch er hatte keine Kinder.' MT 5.1:12

kmo (1) *prn.* wie viele | *fayiši ġắlăbe midde, lï=kuḏaᶜno kmo=yawme* 'Sie blieben eine lange Zeit, ich weiß nicht wie viele Tage.' MT 3.3:6 **(2)** *adj.* ein paar | *bïṯir kmo yawme* 'nach ein paar Tagen' MT 1.1:3; *húwwalla kmo quršat d-kallāt hawxa* 'Sie gaben ihr ein paar Geldmünzen.' MT 5.2:11 • RW 277 || Syr. *kmo* 'id.' SL 628

knfl || Etym. unklar, cf. Arab. *kfn II* 'in das Leichtentuch hüllen' Wehr 802 → **kfn**²

Q *mkanfele, mkanfela - mkanfil, mkanfᵊlo tr.* wickeln, übereinander legen | *maydiwo, mfašriwo mišḥo, mišḥo basimo, duhniwo gawe w maqlᵊbiwo kul ṭăbiqa hawxa, mkanfᵊlíwole* 'Sie nahmen Butterfett und ließen es aus, gutes Butterfett. Damit fetteten sie die Innenseite (der Fladen) ein, wendeten jede Lage um und legten sie übereinander.' MT 2.1:2

ko Fragepartikel: wo? | *aṯin mirre lu=faṭiryarxo, u=faṭiryarxo omir, ko-yo? miḻḻe ašír, míṛralle, miḻḻe lï=kŭṯeno* 'Sie kamen und sagten es dem Patriarchen. Der Patriarch sagte: Wo ist er? Sie sagten: Wir haben es ihm gesagt, doch er sagte: Ich komme nicht.' MT 4.3:5 → **ayko**

kočar *n.m., pl.* **id.** kurdischer Nomade | *kitwo ēl d-kočar tamo* 'Es gab dort einen Stamm der Kōčar.' MT 4.4:17 • RW 277 || Kurm. *koçer* 'id.' Chyet 329

kohno *n.m., pl.* **kohne** Priester | *kitwo b-Bissorino ġắlăbe, ᶜal u=mamro kohne w ḥasye w faṭiryarxe w rayiḥ w ğeye* 'In Bissorino gab es dem Vernehmen nach viele Priester und Bischöfe und Patriarchen und so weiter.' MT 4.3:1 • cf. *kuhno* RW 281 || Syr. *kohno* 'id.' SL 601

komo *adj.*, f. **kumto**, *pl.* **kome** schwarz | *ᶜal u=tabutawo-ste ggurši dubēt komo w kmaḥti aᶜle ṣlibe ḥïwore* 'Auf den Sarg legen sie eine schwarze Decke, auf die sie weiße Kreuze legen.' MT 1.2:5 • RW 278 || Syr. *kumo, ukomo* 'id.' SL 608, 15

kone *n.f., pl.* **kŭwan** Zelt, Beduinenzelt | *yaṯïwina hawīr di=kone aᶜ=ᶜărab kulle* 'Wir setzten uns ringsum im Zelt, alle Araber.' MT 1.5:47 • RW 278 || Kurm. *kon* 'id.' Chyet 331

kōpri *n.m.* Brücke | *komir maṭi lu=Ṣawro, l-feme du=kōpri* 'Er kam nach Savur, an die Brücke.' MT 5.2:29 • RW 278 || Türk. *köprü* 'id.'

kore *n. pl.* ⊗ nur im Plural verwendet Mal, -mal | *kmabrᵊmi i=kalo tlōṯ=kore l-ḥiḏōr u=ftilo* 'Sie gehen mit der Braut dreimal im Kreis um den Heustrang herum.' MT 1.3:30; *kīt maṯlo bu=mgalyūn d-komir-ᵊste, iḏa šwaᶜ kore šawᶜi d-ḥoṭe u=aḥunayḏux b-ḥaq diḏux, klozim d-ᵊmsamḥatle* 'Auch im Evangelium heißt es: Wenn dein Bruder siebenmal siebzig Mal gegen dich sündigt, musst du ihm vergeben.' MT 3.2:43 • RW 279 || cf. Arab. *karrāt (pl.)* 'Mal' Wehr 789

korĭke *n.f.* faule, schwarze Körner | *aḥ=ḥeṭe kimnaqanne w kimṣawlinne, lăšan mu=tūz w mi=korĭke kimmínala d-lo=we binne, u=birġil komo.* 'Sie lesen den Weizen aus und wässern ihn, damit kein Staub und keine schwarzen Körner mehr darin sind, sodass der Bulgur nicht dunkel wird.' MT 1.1:27 • RW 279 || Kurm. *korik* 'disease of wheat plants that turns the wheat black, smut' Chyet 332

koro *n.f.*, *pl.* **kore** feststehender Lehmbehälter für Getreide | *bu=bayto, hin mĭnayye, u=zād b-ᵊḥḏo=naqla kᶜurwile, kmuskinne niše-stene aᶜmayye ġēr, mᶜawnone b-ḥaq diṯte, w kmaḥtile kimmínalle ak=kore* 'Zu Hause sieben manche das ganze Getreide auf einmal mit dem (feineren) Sieb, sie stellen dazu noch zusätzlich andere Frauen an, die ihnen gegen Bezahlung helfen, und dann geben sie das Getreide in feststehende Lehmbehälter.' MT 1.1:20 • RW 279 || cf. Syr. *kworo* 'beehive' SL 612; Tezel 2003: 168-169

kosani *adj.* bartlos, ohne Bartwuchs | *azzé yarḥo tre bi=ḥolo kimmile u=dayroyo kosani, foṯo layt, komir fayišo bi=dayro ánnaqqe, maḥatte išme dayroyo kosani* 'Es vergingen ein, zwei Monate, und man nannte ihn den bartlosen Mönch, sie hatte ja keinen Bart. Sie blieb nun im Kloster und man gab ihr den Namen „der bartlose Mönch".' MT 5.1:24 • cf. *kose* RW 279 || cf. Kurm. *kose* 'id.' DKF 867; cf. Türk. *köse* 'mit keinem oder nur geringem Bartwuchs'

kramiye *n.f.* Ehrengeschenk | *kmawfᵊqi i=kalo-ste, koṯe u=aḥuno kmaqimla, kĭbile xilᶜa, xad šĭkil kramiye* 'Sie bringen die Braut heraus, ihr Bruder kommt und lässt sie aufstehen. Sie geben ihm ein Geschenk, eine Art Ehrengeschenk.' MT 1.3:29 • RW 280 || cf. Türk. *ikramiye* 'id.'

krm || Arab. *krm III, IV* 'ehren, ehrenvoll behandeln' Wehr 792

IIIp *makrim, makrᵊmo - mitakrim, mitakrᵊmo* geehrt werden | *i=naqqa l-nošo d-ŭṯéwole mŭsafir, manṭanwo l-qume ᶜăqude w ḥărire apšoṯo w păstīq, sidayna u=ḏayfo d-ŭwewo ᶜazizo, hani mitak-rámwole* 'Wenn jemand Besuch bekam, servierte man ihm Süßwürste, Stücke von *ḥărire*, Rosinen und *păstīq*. Ein geschätzter Gast wurde bei uns damit bewirtet.' MT 1.1:63

krowo *inf.* erstes Pflügen | *kkoru i=arᶜo, qamayto, bĭṯir kmo yawme d-ᵊmkamil a=ḥrene krowo kṯūnelin* 'Zunächst führt er (auf) dem Acker das erste Pflügen durch, nach ein paar Tagen, wenn er auch bei den anderen das erste Pflügen durchgeführt hat, führt er das zweite Pflügen durch.' MT 1.1:3 → **krw**

krw || Syr. *krb Pe.* 'to plow' SL 646

I *krule, krula - koru, kurwo tr.* zum ersten Mal grob pflügen | *kkoru i=arᶜo, qamayto, bĭṯir kmo yawme d-ᵊmkamil a=ḥrene krowo kṯūnelin* 'Zunächst führt er (auf) dem Acker das erste Pflügen durch., nach ein paar Tagen, wenn er auch bei den anderen das erste Pflügen durchgeführt hat, führt er das zweite Pflügen durch.' MT 1.1:3

krx || Syr. *krk Pe.* 'to warp around, swaddle; to wander around; to rotate around' SL 652

I *karix, karixo - korix, kurxo* **(1)** *intr.* umhergehen, herumfahren | *naḥītina l-Suriya, naqqa=ḥreto li=ṣinʿa di=byeḏa. kurxínawo bu=Sinğaq baq=qrīyawoṯo* 'Wir zogen hinunter nach Syrien, erneut für das Handwerk des Verzinnens. Wir zogen im Sinğaq (Bezirk) umher, in den Dörfern.' MT 1.5:44 **(2)** *intr.* nach (ʿal) etw. suchen | *kurxiwo ʿal ay=yasire* 'Sie suchten nach den Flüchtlingen.' MT 3.1:10 **(3)** *intr.* durchdringen | *mīḥanwo tfinag buwe lo kurxiwo buwe, u=Mšiḥaydan u=Alohaydan nṭīḷḷelan ṭamo* 'Sie schossen mit den Gewehren auf ihn, doch (die Kugeln) durchdrangen ihn nicht, unser Messias, unser Gott beschützte uns dort.' MT 3.1:22

III *makraxle, makraxla - makrix, makrᵊxo* **(1)** *tr.* herumführen | *kmakrᵊxila b-Miḏyaḏ, bağ=ğaʿdat diṯṯe, w b-kēf w ṣāfa kmanṭalla* 'Sie machen (mit der Braut) eine Tour durch Midyat, durch seine Gassen, und mit Spaß und Vergnügen bringen sie sie.' MT 1.3:29 **(2)** *tr.* dreschen (die Tiere über das Dreschgut führen) | *lo=kmaḥtile mbarbᵊzo mī-ḥḏoḏe kul=ḥa b-dukṯo, raḥuqe, kulle kowin b-dukṯo kimmila lu=mawqᵊʿawo adro, w ʿal i=adraṯe mid našif u=zād, kmakrᵊxile* '(Das Dreschgut) legt man nicht getrennt voneinander, entfernt, sondern (die einzelnen Haufen) sind alle an einer Stelle. Diesen Ort nennt man Tenne (Dreschplatz). Wenn die Körnerfrüchte getrocknet sind, drischt man sie auf dieser Tenne.' MT 1.1:10 **(3)** *tr.* sich ausbreiten lassen | *kimlawlᵊbile an=niše w kmakrᵊxile ʿal u=čapanawo kule w kfursile b-dukṯo msawayto* 'Die Frauen bewegen (den *ḥawdal*) auf dem Leinentuch hin und her und lassen ihn über das ganze Tuch fließen und breiten es auf einer ebenen Stelle aus.' MT 1.1:54 **(4)** *tr.* nach etw. Ausschau halten ⊗ mit *ʿayno* 'Auge' | *i=ʿade dam=miḏyoye, i=naqqa insān d-ŭwele abro l-ᵊṭlobo, kmakrix ʿayne ʿal ak=kaččīkat du=ahᵊl* 'Die Tradition der Leute von Midyat: Wenn jemand einen Sohn hat, der heiraten sollte, dann schaut sich (der Vater) um unter den Mädchen der Verwandtschaft.' MT 1.3:1 **(5)** *intr.* nachdenken, es hin und her wenden ⊗ nur in der Verbindung *kmaqlib kmakrix* | *áydarbo samno áydarbo lĭ=samno kmaqlib kmakrix, nīhaye aṯi l-bole u=qariwo* 'Wie soll ich es machen, wie soll ich es nicht machen? Er wendet es hin und her, schließlich kam ihm der Pate in den Sinn.' MT 5.1:4

iḏ- lĭ=kkurxo d- es nicht übers Herz bringen, etwas zu tun | *kīt ʿade=ḥreto, mōr du=miṯo lĭ=kkurxo iḏayye d-saymi muklo w ᵊštoyo* 'Es gibt noch eine andere Sitte: Die Angehörigen des Verstorbenen sind nicht imstande, Essen und Trinken zuzubereiten.' MT 1.2:18; *ŭno ramḥil guzzino w lĭ=kŭḏaʿno, iḏi lĭ=kkurxo d... aʿlix, d-maslamnix l-nošo* 'Ich werde morgen weggehen und weiß nicht .... Ich bringe es nicht fertig, dich ..., dich in irgendjemandes Obhut zu geben.' MT 5.1:3 → **iḏo**

krz || cf. Syr. *krz Af.* 'to preach; to declare' SL 649

I *krizle, krizla - koriz, kurzo intr.* predigen | *yatu kmaltamme, kkoriz aʿlayye, komir miḷḷe ᵊMšiḥo, i=ṯămāra ᵊd-l-obo fire kmiqṭoʿo* 'Er versammelte sie und predigte ihnen. Er sagte: Der Messias hat gesagt: Der Baum, der keine Früchte trägt, wird abgehauen.' MT 4.5:3

ksḥ || Syr. *ksḥ Pe.* 'to prune' SL 638-39

I *ksiḥle, ksiḥla - kosiḥ, kusḥo tr.* schneiden (Weinberg) | *aġ=ğĭrezik u=ksoḥatte qolāy-yo, kkusḥinne, kŭwalle ḥa nurbo kkusḥile* 'Der Rebschnitt in den jungen Weinbergen ist einfach. Man schneidet sie ... sie haben nur einen Trieb, den man abschneidet.' MT 1.1:64

Ip *ksīḥ, ksiḥo - miksiḥ, miksoḥo* geschnitten werden (Weinberg) | *bĭtir mid ᵊksīḥ u=karmo, kizzé nošo kmalim ak=karsᵊwone, ak=karsᵊwone ksamme bŭqoṯo* 'Wenn der Weinberg geschnitten worden ist, geht jemand und sammelt die Rebzweige ein, man macht Bündel daraus.' MT 1.1:65

ksoḥo *inf.* Rebschnitt | *aġ=ğĭrezik u=ksoḥatte qolāy-yo* 'Der Rebschnitt in den jungen Weinbergen ist einfach.' MT 1.1:64 → **ksḥ**

ksy || Syr. *ksy Pa.* 'to cover, to hide' SL 639

II *mkasele, mkasela - mkase, mkasyo tr.* bedecken, zudecken | *mid bašilo i=labbăniye kmanḥᵊtila kimkasalla d-lĭ=mičik didwone biya* 'Wenn die *labbăniye* gekocht ist, nehmen sie diese (vom Feuer) und decken sie zu, damit keine Fliegen hineinkommen.' MT 1.1:78

kṯowo *n.m., pl.* **kṯowe** Buch | *bu=bayto du=ʿăza, kibe năṣayiḥ kibe qraye da=kṯowe mqadše* 'In einem Trauerhaus gibt es guten Rat, Lesungen aus den heiligen Büchern.' MT 1.2:16 • RW 280 || Syr. *kṯobo* 'id.' SL 660 → **kṯw**

kṯw || Syr. *ktb Pe.* 'to write' SL 660

I *kṯule, kṯula - koṯu, kuṯwo tr.* schreiben, aufschreiben, notieren | *kṯule maktūb lu=ʿammo* 'Dann schrieb er einen Brief an seinen Onkel.' MT 5.2:20; *more du=ḥaṯno-ste kkuṯwinne ah=hădiyat d-aṯille* 'Auch die Angehörigen des Bräutigams schreiben die Geschenke auf, die sie bekommen haben.' MT 1.3:41

III *makṯawle, makṯawla - makṯu, makṯᵊwo tr.* schreiben lassen, registrieren lassen | *miḻḻa gĭd-immit hul l-uʿdo ŭno bekār-wi, ŭḏáʿnowo u=išmo du=ʿul-maṯxu kule, uʿdo gawiṉṉo lĭ=fayiš kŭḏaʿno išme dan=nošaṯxu, u=ḥa bu=ḥa d-ʿobir makṯú išme, w qṭaʿu qarʿe lawġil* 'Sie sagte: Du musst sagen: Bis jetzt war ich Junggeselle, ich kannte alle eure Leute beim Namen, doch jetzt habe ich geheiratet und kenne die Namen eurer Leute nicht mehr. Einer nach dem anderen, der eintritt, lass ihn seinen Namen schreiben, und dann schlagt seinen Kopf drinnen (im Zimmer) ab.' MT 5.2:16

kubʿe es ist nötig, (dass) → **ʾbʿ**

kul (1) prn. jede(r) ⊗ Undeklinierbar | *w kīt qĭsim ʿăylăt-stene, uʿdo bdalle kuxli mu=farmo kul=yawmo ḥaṯo* 'Es gibt auch manche Familien, die jetzt damit begonnen haben, jeden Tag frisches Brot aus der Bäckerei zu essen.' MT 1.1:26; *kmanṭin ᵊḥṣar kaččĭkāt-ste, kul tre xōrtīn mad=dayoqe du=birġil, kīt baynoṯayye kaččĭke ḥḏo* 'Sie holen noch zehn Mädchen. Zwischen zwei jungen Männern, die den Bulgur stampfen, steht dann immer ein Mädchen.' MT 1.1:30 **(2)** all(e) ⊗ Mit Pronominalsuffixen | *aʿ=ʿeze w a=ʿwonani kimrabanne i=midde du=rabiʿ kule bi=wasĭṭa du=ruʿyo* 'Diese Ziegen und Schafe betreuen sie den ganzen Frühling über mit Hilfe des Hirten.' MT 1.1:86; *u=qaymăqām ᵊṭlĭblelan, azzano as=sinʿat-kār kulayna, l-su=qaymăqām* 'Der Landrat bestellte uns ein, wir Handwerker gingen alle zusammen zum Landrat.' MT 1.5:28 || Syr. *kul* 'id.' SL 622

kul d- *conj.* immer wenn | *ḥille kīlé kīt mʿarto, knofiq hawxa, kul d-i=pire d-saymo dīxono kuzzín kmūḥalla arbi=ḥatroto* 'Er sah, dass es da eine Höhle gab. Es dringt daraus .... Jedes Mal, wenn die Alte Rauch macht, gehen sie hin und versetzen ihr vierzig Knüppelschläge.' MT 5.2:69 → **d**

kul=ḥa jeder, alle | *kīt ʿade sidayna, ktūwalla, a=tre qariwe, u=qariwo du=kurrīko w di=kaččīke. kul=ḥa kimḥaliq ide ʿal i=ṭlamto w ktūwalla* 'Bei uns ist es Sitte, dass die beiden Vertreter, der Vertreter des Jungen und der Vertreter des Mädchens, nach dem Brotfladen greifen und ihn durchbrechen.' MT 1.3:10 → **ḥa**

kul=kas jeder, alle → **kas**

kull → **kul**

kultūrli *adj.* kultiviert | *mid húlelin ḥirriye kamil noše látwayne mădăniye, i=naqqa d-owe waḥš w d-ŭbatle ḥirriye kmidaywin, amma d-owe kultūrlí w d-ŭbatle ḥirriye li=ʿišayde w li=insaniyayde, zid kmiʿadil* 'Als sie ihnen freie Hand ließen ... es waren unzivilisierte Leute, und wenn jemand unzivilisiert ist und du lässt ihm freie Hand, dann dreht er durch. Wenn er aber kultiviert ist und du ihm Freiheit in seiner Lebensführung und in seiner Menschlichkeit gibst, dann verbessert er sich noch.' MT 3.3:15 || Türk. *kültürlü* 'id.'

kŭnuno *n.m., pl.* **kŭnune** offene Feuerstelle | *ṣobāt-ste xid ʿade latwo, mī-mo=bote bayto látwole ṣoba. faqire-wayne kŭnune saymiwo* 'Richtige Öfen gab es ja nicht, unter hundert Häusern hatte nicht eines einen Ofen. Sie waren arm, sie hatten offene Feuerstellen.' MT 3.3:5 • RW 278 || Syr. *konuno* 'id.' SL 633

küp ⊗ Türkisch würfelförmig | *qulfiwo i=qarʿo ʿawwil=naqqa, mqaṭʿíwola hawxa falqe, ʾhno, ᵀküpᵀ e* 'Zuerst schälte man den Kürbis, dann schnitt man ihn in Stücke so wie *küp*, ja.' MT 2.12:2

kurmānčki Kurdisch, von kurdischer Art | *a=tfínag ditte kurmānčki-wayye aġlab* 'Ihre Gewehre waren meistens *kurmānčkí*-Flinten (von Kurden verwendete Flinten alter Technik).' MT 3.2:13 → **kurmānǧ ~ kurmanǧ**

kurmānǧ ~ kurmanǧ *n. coll.* Kurden, Kurmandsch | *aq=qriyawoto dak=kurmanǧ mḥaḏre-wayye, w i=ḥkume aʿmayye* 'Die Dörfer der Kurden waren vorbereitet, und die Regierung stand auf ihrer Seite.' MT 3.2:2 || Kurm. *Kurmanc* 'id.' Chyet 338-339

kurmānǧí *adj.* **(1)** kurdisch **(2)** Kurdisch (Sprache) | *immiwa aṯyó aṯyó i=hanayiye, ᴷō am ḥăsabé-wa nakin!ᴷ b-kurmānǧí miǧǧīliwo aʿmayye* '(Die Christen) sagten: Sie ist gekommen, die Rettung ist gekommen. Wir haben keine Angst vor euch! Sie sprachen auf Kurdisch mit ihnen.' MT 3.1:28 → **kurmānǧ ~ kurmanǧ**

kurmanǧiye *n.f.* kurdische Art und Weise | *i=kayistayda gimšawrina b-kulle, gmaltᵊmina hōl d-kito, i=kurmanǧiyaydan komir, gasko maṣ=ṣūroyaydan gīmaltᵊmina hanik-ste, mšawrina b-kulle* 'Am besten wir beraten es mit allen, wir versammeln alle unsere Christen bis hin zum Ziegenböckchen, wie unsere Kurden sagen, auch die versammeln wir und beraten mit allen.' MT 1.6:10 → **kurmānǧí, kurmānǧ ~ kurmanǧ**

kŭro *interj.* Mensch, Junge! | *qayim hano u=Masᶜid, Aloho mḥasele rabbi, masṭalle af=faqire w ay=yasire. omir kŭro qumu, qumu i=ġira l-yawmo hawxa-yo* 'Dann hat dieser Masᶜid, Gott sei seiner Seele gnädig, die Armen und die Flüchtlinge beschützt. Er sagte: Leute, rafft euch auf, der Kampfesmut ist für so einen Tag bestimmt.' MT 3.1:24 • RW 283 || Kurm. *kur²* 'son; child, boy' Chyet 337 → **kurrĭko**

kuro *n.m.* Schmiedeesse, Ofen | *gimmadwo aq=qayse, u=šagirti gĭtŭwaṛṛe sámwolin pĭyaž, naᶜime, maḥátwulle b-gawe du=kuro* 'Der Geselle nahm die Holzscheite, spaltete sie und machte sie zu dünnen Spänen, legte sie in den Ofen.' MT 1.5:14 • RW 283 || Syr. *kuro* 'oven, furnace' SL 612

kurrĭko *n.m., pl.* **kurrĭkīn** Junge, Knabe, Sohn | *qĭsim mĭnayye kowin ḥawrone, u=babo du=kurrĭko w di=kaččĭke, mĭ-naᶜmuṯayye kowin mdagle d-ᵊḥḏoḏe* 'Manchmal sind der Vater des Jungen und der Vater des Mädchens Freunde, und (die Kinder) sind einander seit ihrer Kindheit versprochen.' MT 1.3:2; *l-Aloho húlelin kurrĭko* 'Gott gab ihnen einen Knaben.' MT 5.1:14 • RW 284 || Kurm. *kurik* 'garçonnet, gamin' DKF 885 → **kŭro**

kursi *n.m.* Stuhl | *omir uᶜdo itáw, ya malko gĭd-ŭmáṉṉolux. yatu ᶜal u=kursi, qrele lu=zᶜuro du=malko, omir tux l-arke!* 'Er sagte: Dann setze dich bitte hin, oh König, und ich werde es dir sagen. Er setzte sich auf einen Stuhl und der Lehrer rief den Jungen des Königs und sagte: Komm her!' MT 5.5:5 • RW 285 || Syr. *kursyo* 'id.' SL 614; Arab. *kursī* 'id.' Wehr 790

kutlo *n.m., pl.* **kutle** gefüllte Grießtaschen, Kutle | *ánnaqqa mi=smaydike saymiwo qursĭkāt. mu=samdo saymiwo kutle* 'Aus der *smaydike* machten sie kleine Bulgurfladen, aus dem *samdo* machten sie Kutle' MT 2.7:3 • RW 285 || cf. Arab. *kutla* 'Klumpen' Wehr 785

kwt || cf. Syr. *kuto* 'food preserved in vinegar' SL 616 (?)

II *mkawatle, mkawatla - mkawit, mkawto tr.* einkochen | *mid ᵊᶜṣĭrile knuḥti am=mayaṯṯe, am=maye ḥalye daᶜ=ᶜinwe li=maḥṣarto (...) am=mayani kimkawtinne, d-ubᶜi d-sayminne dĭbis* 'Wenn er sie (die Trauben) ausgepresst hat, fließt ihr Saft, der süße Traubensaft in die Kelter. (...) Diesen Traubensaft kochen sie ein, wenn sie Traubensirup herstellen wollen.' MT 1.1:51

kyb || Arab. *kbb I* 'umwerfen, umkippen, ausgießen' Wehr 708

I *kible, kibla - koyib, kaybo tr.* auskippen | *mid hawyo i=danoke kmawfᵊqínala bas=sale w mas=sale, kitla dukṯo xŭṣuṣi kmaᶜ... kkaybínala tamo* 'Wenn er zu aufgequollenen Körnern geworden ist, dann nehmen wir ihn heraus und geben ihn in die Körbe, und aus den Körben ... Es gibt eine bestimmte Stelle dafür, wo wir ihn auskippen.' MT 1.1:28

kyf¹ || Syr. *kwf Pe.* 'bend' SL 611

I *kifle, kifla - koyif, kayfo intr.* sich beugen | *harke ṣluṯo lĭ=mṣalit, awwĭl d-kayfit ᶜal i=ṣluṯo gĭquṭlilux* 'Bitte, bete hier nicht! Sobald du dich zum Gebet niederbeugst, werden sie dich töten.' MT 5.2:47

kyf² || Anat. Arab. *kyf II* 'vergnügt sein, sich vergnügen' JK 127

II *mkayafle, mkayafla - mkayif, mkayfo intr.* sich vergnügen | *komir mḥalle, mawblulle l-Mirde, tăbí as=sanduqe kmaᶜbᵊrinne si=odaye di=kalo. komir* *maᶜbᵊrinne li=odaye di=kalo. mkayaffe hōl falge=d-lalyo* 'Sie zogen weiter, sie brachten (die Braut) nach Mardin. Natürlich trugen sie die Truhen zu der Braut, in das Zimmer der Braut. Sie brachten sie in das Zimmer der Braut, dann feierten sie bis Mitternacht.' MT 5.2:13

kyl || Syr. *kwl Af.* 'to measure' SL 606

III *makile, makila - makil, makilo tr.* messen | *insān d-obiᶜ d-maḥit i=arᶜayde karmo, kimṣaylabla, yaᶜni kimᶜayin ad=dŭkoṯo das=sate d-gim-mitaḥti. mĭnayye kmakĭlinne mĭnayye taxmini* 'Wenn jemand auf seinem Acker einen Weinberg anlegen will, dann zieht er darauf gekreuzte Linien, d.h. er bestimmt die Stellen, an denen die Reben eingesetzt werden sollen. Manche messen sie ab, andere machen es nach Schätzung.' MT 1.1:40

kyt || Arab. *ktt I* 'to boil' Lane 2589; Anat. Arab. *ktt I* '(von Flüßigkeit:) abnehmen; eingedickt, reduziert werden' JK 121

I *kayit, kayito - koyit, kayto intr.* eingekocht werden |*bĭṯir mid kayiti ᶜal falgayye kmanṭin qamḥo* 'Wenn (der Traubensaft) bis zur Hälfte eingekocht ist, holt man Mehl.' MT 1.1:53

III *makitle, makitla - makit, makito tr.* einkochen | *w am=maye di=ḥalyuṯaṯe d-ubᶜi d-saymila kmakĭtinne ᶜal falgayye* 'Wenn man aus diesem Saft eine (andere) Süßigkeit herstellen will, kocht man (den Traubensaft) nur bis zur Hälfte ein.' MT 1.1:53

kzd || cf. Anat. Arab. *ksd* 'pökeln, einlegen' JK 122; Tezel 2003: 86

I *kzidle, kzidla - kozid, kuzdo tr.* pökeln | *i=naqqa d-ṭubxíwole, kuzdiwo baṣro ṭabᶜan, latwo răbăna taza, kuzdíwole* 'Wenn sie (den *tarxayno*) kochen wollten ... Sie pflegten Fleisch (in Salz) zu konservieren, die Armen, sie hatten ja kein frisches.' MT 2.5:10

l

l- *prep.* **(1)** nach, zu | *atyó l-Miḏyaḏ* 'Sie kam nach Midyat.' MT 1.6:4; *guzzín l-dukṯo mede* 'Sie werden irgendwohin gehen.' MT 5.2:39 **(2)** bis zu | *gimdawmínawo u=šuġlano hul ᵊb-lalyo, i=săᶜa la=ḥṣar, la=traḥṣar du=lalyo ᶜudínawole* 'Wir setzten diese Arbeit bis in die Nacht hinein fort, bis zehn Uhr, zwölf Uhr nachts arbeiteten wir.' MT 1.5:24 **(3)** für, zu | *i=naqqa insān d-ŭwele abro l-ᵊṯlobo ...* 'Wenn jemand einen Sohn hat, der heiraten sollte ...' MT 1.3:1; *manšᵊfíwunne bi=šimšo. manšᵊfíwunne lu=saṯwo, tŭlánwunne lu=saṯwo* 'Sie ließen sie in der Sonne trocknen. Sie trockneten sie für den Winter, hoben sie auf für den Winter.' MT 2.5:9 **(4)** für, als Dativmarker | *kimqafin i=dukṯo d-kīt gelo ġălăbe. mĭnayye kimšarki, mĭnayye kul ᶜāyle l-ruḥa kšimṭo, kmalĭmile ksaymile kawmoṯo* 'Sie finden eine Stelle, an der es sehr viel Gras gibt. Manche tun sich zusammen, und bei anderen reißt jede Familie für sich (das Gras) aus. Sie sammeln es und häufen es auf.' MT 1.1:68; *ᶜam u=ḥenano naqqa=ḥreto kmawbᵊli qăḏame w sikkaṛ w bŭzarᶜo, kul=ḥa kimfariq laq=qaryayḏe* 'Zusammen mit der Henna bringen sie geröstete Kichererbsen, Bonbons und Kerne (von Wassermelonen). Jeder teilt davon an seine Gäste aus.' MT 1.3:14;

azzé u=šagirti, mịḷḷele, lu=abro du=aġa ... 'Der Lehrling ging und sagte dem Sohn des Aghas ...' MT 1.5:38 **(5)** Als Marker des nominalen Subjekts in der ergativen Flexion | *l-Aloho maxláṣlelan* 'Gott hat uns gerettet.' MT 3.1:15; *wălaw maḥatle l-Šēx Fatḥaḷḷa baxto kayiso-ste, ᵊqṭille ġắlăbe* 'Auch wenn Schech Fatḥaḷḷa eine gute Vereinbarung erreicht hatte, brachten sie viele um.' MT 3.3:14; *miftakaḷḷe l-Mōr Šarbil ...* 'Mor Šarbil dachte ...' MT 4.5:13 || Syr. *l-* 'id.' SL 665

mĭ ... l von ... bis, von ... zu | *kmawbᵊlila i=damiye, kul=mede d-qudri šuqli, map=pirtăqāl laḥ=ḥabuše, li=qădame, lu=sikkaṛ, lu=pāstīq, laʿ=ʿăqude, l-kul=mede* 'Sie bringen ihr die *damiye*, alles was sie kaufen können, von Orangen bis Äpfeln bis zu gerösteten Kichererbsen, zu Süßigkeiten, zu *pāstīq* und Süßwürsten und allem Möglichen.' MT 1.3:16 → **mĭ**

labbăniye *n.f.* Joghurtsuppe | *gĭdayqi ḥeṭe, aḥ=ḥeṭe-stene gimbašlinne, bĭṯir mid ᵊmbašlinne kkufxinne bad=dawġanik d-kitne ʿal i=nuro mšaḥne, w kimḥarkinne, hōl d-qošin, mid qašin kuyo labbăniye* 'Sie stampfen Weizen und kochen diesen Weizen. Wenn sie ihn gekocht haben, schütten sie ihn in diese Buttermilch, die heiß auf dem Feuer steht und rühren sie um, bis sie dickflüssig geworden ist. Wenn sie dickflüssig geworden ist, wird sie zu *labbăniye*.' MT 1.1:78 • RW 286 || Arab. *labanīya (syr.)* 'eine mit Dickmilch und Reis zubereitete Speise' Wehr 823

labúd unbedingt | *kul insān d-ṭolib ḥarbuṯo l-ġēr mene, labúd gil-loqe huwe biya* 'Jeder Mensch, der einem anderen Böses wünscht, der wird ihm gewiss auch selber begegnen.' MT 3.2:41 || cf. Arab. *lā budda ʾan/min* 'es ist unvermeidlich' Wehr 50

laf ~ laff (l-) *prep.* ⊗ Mit pronominalen Objekten durch die Präposition *l-* erweitert nach, zu, in Richtung | *maltᵊmilan l-Mōr=Šarbēl, li=šawṯaydan i=ʿĭlayto d-laff i=qižla kuyo d-Miḏyaḏ* 'Wir versammelten sie in der Kirche Mor Šarbel, in unserem oberen Stadtviertel, das in Richtung der Kaserne in Midyat liegt.' MT 1.6:11; *nafīqina b-lalyo (...) d-izzán laff ʿIwardo, kazzán saṣ=ṣūroyayḏan* 'Wir gingen in der Nacht hinaus (...). Wir gingen in Richtung ʿIwardo. Wir wollten zu unseren Christen gehen.' MT 3.1:6; *ḥur i=naqqa d-ʾoṯe laffelux manṭe i=ḏarbo aʿlux d-miḥelux ...* 'Pass auf, wenn er auf dich zukommt und zum Schlag ausholt, um dich zu treffen ...' MT 5.2:93 || Syr. *l-ʾafay* 'against; about; towards' SL 85

laf ʿaṣriye gegen Abend, später Nachmittag | *bĭṯir mid hawi laf ʿaṣriye ...* 'Wenn es dann später Nachmittag geworden ist...' MT 1.3:33 → **ʿaṣriye**

oṯe laf l- zu Hilfe kommen → **ʾṯy**

lăgan *n.m.* Bottich, Becken, tiefe Platte | *mbašlíwunne čike ʿal u=dawqo xd-i=ʿade mbašlíwunne ᵊd-somiq čike, w hedi maḥtíwunne b-sĭfoqo, b-lăgan* 'Man buk (die Fladen) ein wenig auf dem Backeisen, man backte sie richtig, bis sie ein wenig braun wurden. Dann legte man sie in ein Gefäß, d.h. auf eine tiefe Platte.' MT 2.1:3 • RW 287 || cf. Kurm. *legan* 'id.' DKF 909; cf. Türk *leğen* 'id.'; cf. Syr. *lḡunto* 'pitcher', *lagunto* 'dish, plate', *lḡino* 'earthen jug' SL 672-73

lăġim *n.m.* Tunnel, unterirdischer Gang | *immi gĭḥufrínale lăġim, saqiye arbi=mitrowat fiṯyo w arbi ʿimqo w gizzano mhağğiğínale* 'Sie sagten: Wir graben ihm einen Tunnel, einen Wassergraben von vierzig Metern Breite und vierzig Metern Tiefe. Dann reizen wir ihn zum

Angriff.' MT 5.2:49 • cf. *laġam* RW 287 || Arab. *laġm* 'Verminung' Wehr 834

lăğan *prep.* für, wegen | *áydarbo gd-omir lu-ʿammo, ŭno ḥniqli abrux, lăğan i-žinnĭke* 'Wie sollte er denn dem Onkel sagen: Ich habe deinen Sohn wegen der Frau erwürgt?' MT 5.1:39 = **lăšan ~ lašan**

lahbe *n.f.* Flamme | *bĭṯir mid azzá i-lahbe, kmaydo ṯlamṯo b-ṯlamṯo kfuṯhola* 'Wenn die Flammen erloschen sind, nimmt sie einen Teigklumpen nach dem anderen und formt sie (zu Broten).' MT 1.1:24 • cf. *lahbo* RW 287 || cf. Arab. *lahab (koll.)* 'Flamme(n)' Wehr 841

laḥmo *n.m.* Brot, Brotfladen | *ʿaṣriye koṯin kuxli u-fako du-laḥmaṯṯe* 'Am Abend kamen sie zurück, verzehrten ihr Abendbrot.' MT 5.2:4; *i-ḥḏo d-layšo u-layšawo ġắlăbe, kowe u-laḥmayḏa ġălăbe basimo* 'Wenn eine Frau den Teig lange knetet, wird ihr Brot sehr gut.' MT 1.1:23 • RW 288 || Syr. *laḥmo* 'id.' SL 685-686

laḥmo (d-) sunqonan unser tägliches Brot (im Vaterunser) | *u-ẓămanawo lo ṣĭnayiʿ xid ʿade lo d-immit fanni mede látwulle, ak... ann-arbaʿ ḥappoṭaṯṯe, yaʿni yawmo bu-yawmo, laḥmo sunqonan komir bi-ṣluṯo, ʿayn hawxa-wayne* 'Damals hatten sie noch keine richtigen Berufe, sagen wir Fachberufe, nur ein paar wenige. (Sie lebten) von Tag zu Tag, „unser tägliches Brot", wie es im Gebet heißt, genau so war es bei ihnen.' MT 3.3:2

lalʿil ~ lalʿal *adv.* **(1)** oben | *farme latwo, mĭ-lalʿil mibašalwo* 'Backöfen gab es nicht. (Der Kürbisauflauf) wurde oben auf (dem Ofen) gekocht.' MT 2.3:8; *w l-ŭwewo-ste, yaʿni bu-bayto-ste huyowa. išmo am-mayayḏa w hedi hedi riṯhowa w bĭṯir, laybin masmᵊqíwola, yaʿni čike mĭ-lalʿil* 'Wenn das also nicht ging, dann konnte man sie auch zu Hause zubereiten. Nur musste das Wasser ganz schwach kochen, und danach ... doch sie konnten sie oben nicht knusprig werden lassen.' MT 2.4:7 **(2)** nach oben | *am-maye kʿolin lalʿil* 'Das Wasser steigt nach oben.' MT 2.5:7; *midle u-sayfayḏe qṯiʿle qarʿe di-ḥayye, w mšaṯfole w maslᵊqole lalʿal* 'Er nahm sein Schwert und schlug der Schlange den Kopf ab, hackte sie in Stücke und brachte sie nach oben.' MT 5.3:34 • RW 289 || cf. Syr. (*l-*) + *lʿel* 'id.' SL 694

lalʿil/lalʿal m- über, oberhalb von | *ḥastene ᵊkmoḥe i-šarbayo lalʿal mĭ-qarʿa ktŭwalḷa* 'Einer schmettert den Tonkrug über ihrem Kopf (an die Wand) und zerbricht ihn.' MT 1.3:31 → **mĭ**

laltaḥ *adv.* **(1)** unten | *i-qabrᵊġaye, laltaḥ mi-katfo, mi-katfo w u-gawo kule ʿam ann-alʿoṯanik* 'Die *qabrᵊġaye* reichte von unterhalb der Schulter, von der Schulter, und umfasste das ganze Vorderviertel mitsamt den Rippen' MT 2.4:2 **(2)** nach unten | *i-draxṯayo kizzé ḥa mĭ-du-bayto kmaqlabla, lăšan u-naʿimo d-oṯe laltaḥ w u-xašuno d-oṯe l-lalʿil.* 'Einer von der Familie geht, um das Dreschgut umzuwenden, damit das Feingemahlene nach unten zu liegen kommt und das Grobe nach oben.' MT 1.1:14 • RW 289 || cf. Syr. *ltaḥt* 'id.' SL 1639

lalyo *n.m.*, *pl.* **lalye** Nacht | *mhalaxxe tloṯo-yawme w tloṯo-lalye* 'Sie gingen drei Tage und drei Nächte.' MT 5.3:3; *koṯin ʿaṣriye, lalye-d-ḥamšo, yawme-d-arbo biṯrayye* 'Sie kommen abends, am Vorabend des Donnerstags, am Mittwoch, laden sie ein.' MT 1.3:47 • RW 289 || Syr. *lelyo* 'id.' SL 691

b-lalyo nachts, in der Nacht | *gimdawmínawo u-šuġlano hul ᵊb-lalyo, i-săʿa la-ḥṣar* 'Wir setzten diese Arbeit bis in die Nacht hinein fort, bis zehn Uhr.' MT 1.5:24 → **b**

ḷam ⊗ onomatopoetisch: Geräusch des kochenden Wassers | *at̲yo su=dasto dam=maye, kĭlé komir ḷam ḷam ḷam ḷam krot̲iḥ* 'Sie kam zu dem Wasserkessel, er kochte *ḷam ḷam ḷam ḷam.*' MT 5.2:100

lamṗa *n.f.* Lampe | *i=emo ḥiḷḷa hawxa buwe, kĭlé kmalḏ̣e xd-i=lamṗat̲e* 'Die Mutter schaute ihn so an: Er leuchtete so hell wie diese Lampe.' MT 4.2:6 • RW 290 || cf. Türk. *lamba* 'id.'

laṗṗa *n.f.* Reissuppe | *mat̤fena taḥta, maydínala mĭ-ʿal u=oğāq, maḥtínala b-ġēr xasra, ʿăšan d-l-uyo xi=hno, xi=laṗṗa, d-uyo fred̲o fred̲o* 'Dann schalten wir ihn (den Reis) aus, nehmen ihn vom Herd und stellen ihn zur Seite, damit er nicht wie eine Reissuppe wird, sondern körnig bleibt.' MT 2.8:3 • Nicht in RW || Türk. *lapa* 'dicke Reissuppe, Brei'

l-arke *adv.* ⊗ < *l* + *harke* hierher | *miḷḷe tawu Malke l-l-arke ḥŭzena* 'Er sagte: Dann bringt den Malke mal hierher!' MT 4.4:13 → **harke**

larwal *adv.* draußen | *wălaw b-Mid̲yad̲ ġilbá-wayne amma l-larwal d-Mid̲yad̲ naqqa=ḥreto bu=zĭyudo aṭ=ṭaye-wayne* 'Auch wenn sie in Midyat die Mehrheit stellten, so waren doch wiederum außerhalb von Midyat die Muslime in der Mehrheit.' MT 1.7:5 • RW 290 || Syr. *(la-)lbar* 'out, outside' SL 670; cf. Syr. *lbar* 'out, outside' SL 670

lăšan ~ lašan *prep.* für, wegen | *kito ak=karme, kimminne karmo dağ=ğinsat, dağ=ğinsat aġlab lăšan u=muklo* 'Unter den Weinbergen gibt es solche mit verschiedenen Rebsorten; diese gemischten (Weinberge) dienen vor allem zum Essen.' MT 1.1:48 • RW 291 || Arab. **li-ša'n* 'id.'; cf. Anat. Arab. *šān-* 'id.' VW 219 = **lăğan**

lăšan d- *conj.* damit | *kmaḥti qume nŭṭuro lăšan ḥĭyewin d-lŭ=marʿele* 'man stellt einen Wächter auf, damit keine Tiere (die Saat) weiden' MT 1.1:7 → **d**

laše *n.f.*, *pl.* **lašat** **(1)** Körper | *miḷḷa tix frax ḥaṣi! miftakaḷḷe l-Mōr Šarbil, miḷḷe ŭno w fŭraxno laše d-ʾat̲to, áydarbo gd-uyo i=măsălat̲e?* 'Sie sagte: Komm und massiere mir den Rücken! Mor Zoxe dachte: Ich soll den Körper einer Frau massieren? Wie soll das möglich sein?' MT 4.5:13 **(2)** Leiche, Leichnam | *nafĭqina b-lalyo, w* ^{K}*l-mă-be*^{K} *b-lalyo. al=lašat bi=xasrayo, al=lašat m-ayo du=darbo-ste di=dayro* 'Wir gingen in der Nacht hinaus, oh weh, was für eine Nacht. Die Leichen lagen dort auf der anderen Seite, Leichen auch auf dem Weg ins Kloster.' MT 3.1:6 • RW 291 || Kurm. *leş, laşe* 'id.' Chyet 350; Türk. *leş* 'id.'

latimo *part.*, f. **latimto**, *pl.* **latime** versammelt, zusammenbleibend | *u=mede d-*^{ə}*gbayzi bad=dŭquqat̲t̲e, ak=kač-čĭkāt kmad*^{ʿə}*rile mqabil d-*^{ə}*ḥd̲od̲e lăšan d-lĭ=mibiz d-foyiš latimo* 'Was sie mit den Schlegeln zur Seite drücken, das schieben die Mädchen wieder zurück an Ort und Stelle, damit es nicht wegrutscht, sondern zusammenbleibt.' MT 1.1:31 → **ltm**

latwe ⊗ Flektiert: *latwi* 'ich war nicht', *latwix* 'du (f.) warst nicht' usw. Vergangenheitsform der negierten Kopula: ich, du, er ... war/-st/-en nicht | *i=naqla d-awi u=sayfo ŭno latwi hawyo* 'Als sich der Sayfo ereignete, war ich noch nicht geboren.' MT 3.3:1; *năd̲ar did̲e latwe tămām* 'Seine Sehkraft war nicht ausreichend.' MT 3.4:6 → **latyo**

latwo ⊗ Vergangenheitsform zu *layt/layto* es gab nicht | *meqim qahwe sidayna latwo, u=čāy-stene noše nadír šitánwole w udᶜíwole* ' Früher gab es bei uns keinen Kaffee, und auch Tee tranken die Leute selten und kannten ihn kaum.' MT 1.1:63; *i=naqqa d-ṭubxíwole, kuzdiwo baṣro ṭabᶜan, latwo răbăna taza, kuzdíwole* 'Wenn sie (den *tarxayno*) kochen wollten .... Sie pflegten Fleisch (in Salz) zu konservieren, die Armen, sie hatten ja kein frisches.' MT 2.5:10 → **layt ~ layto**

látwob- ⊗ Vergangenheitsform zu *layb-* (er) war nicht, ungefähr | *i=naqqa du=ḥtīyāt, ŭno ᶜumri, tšaᶜ=išne ḥsar=išne-we látwobe* 'Zur Zeit des Reservedienstes war ich noch keine neun, zehn Jahre alt.' MT 1.5:44 → **layb-, latwo, b**

latyo ⊗ Flektiert: *latno* 'ich bin nicht', *lattat* 'du bist nicht' usw. Kopula: nicht sein | *milla lattat u=abro d-ᵊKlebīn, d-ᵊflān=ḥdo?* 'Sie sagte: Bist du nicht der Sohn von Klebīn, von der und der (Frau)?' MT 5.2:97; *ḥille i=kaččīke latyo šafirto, ṭrele mena* 'Er sah, dass das Mädchen nicht schön war, und ließ es in Ruhe.' MT 5.3:18

lawġul *adv.* **(1)** drinnen | *bu=gīdišano aš=šible kowin b-ᵊḥdo=xasra, w aq=qurme kowin b-ᵊḥdo=xasra. aš=šible kowin laltaḥ, lawġul mḥafde, w aq=qurme kowin larwal.* 'In diesem Getreidehaufen liegen die Ähren auf einer Seite, nach unten; sie sind im Inneren geschützt, während die Wurzeln nach außen zeigen.' MT 1.1:11 **(2)** hinein | *giᶜŭbanno lawġul* 'Ich gehe hinein.' MT 5.3:50 • RW 291 || cf. Syr. *lġaw* 'within' SL 210; Tezel 2003: 246

laxalf *adv.* nach hinten, danach | *qrele ay=yasinat dide hōl falge=d-lalyo. mĭ=falge=d-lalyo w laxalf aṯi lu=taᶜlo mḥele danwe bu=šamᶜayde w maṯfele u=šamᶜo* 'Er las seine Koransuren, bis Mitternacht. Eine Weile nach Mitternacht kam ein Fuchs und wischte mit dem Schwanz über seine Kerze und löschte die Kerze aus.' MT 5.3:7 • RW 293 || Anat. Arab. *lə-xalf* 'nach hinten' JK 46

layb- ⊗ Negierte Form von *kib-*. Mit Pronominalsuffixen: *layba* 'sie kann nicht', *laybin* 'sie können nicht' usw. nicht können, nicht imstande sein | *kimmono maḥtiwo maye-ste aᶜle, lĭ=kudᶜono miqqa, laybi mdaglono* 'Ich glaube, sie fügten noch Wasser hinzu, doch ich weiß nicht wieviel, ich will nichts Falsches sagen.' MT 2.5:3; *hanik l-awin inān ᶜal as=siryoye, mīre, hatu, layban maswᵊᶜina ak=kafine das=siryoye* 'Die (Protestanten) schenkten den Orthodoxen keinen Glauben, sie sagten: Ihr ... Wir können nicht die Hungernden der Orthodoxen ernähren.' MT 3.3:2 → **kib-**

l-ayko *adv.* ⊗ < *l* + *ayko* wohin → **ayko**

layšo *n.m.* Teig | *kimgandᵊrit u=layšano hawxa xag=gandărokat, hawxa ᶜayn rīġayāt* 'Du formst diesen Teig zu kleinen Kugeln, genau wie Murmeln.' MT 2.11:2; *layšo raqiqo* 'dünner Teig' MT 5.2:39 • RW 288 → **lyš**

layt + l- ⊗ mit Possessivsuffixen: *latle* 'er hat nicht', *latxu* 'ihr habt nicht' usw. nicht haben | *immi alo latlux naᶜime, kudᶜina falitlux kaččīke* 'Du hast keine Familie (mehr), wir wissen (nur), dass eine Tochter von dir überlebt hat.' MT 3.4:12; *latte irtibāṭ ᶜam Rūṣya* 'Sie hatten keinen Kontakt zu Russland.' MT 3.2:15 → **layt ~ layto, kīt + l-**

layt ~ layto ⊗ Negierte Form von *kīt ~ kityo* es gibt nicht | *mid layt mede d-mawkil laq=qanyonayde, kuzzé čike xayifo, kmarᶜelin, hul d-ᵊgbuhro* 'Weil er nichts hat, um seine Ochsen zu füttern, bricht er etwas früher auf und lässt sie grasen, bis es hell wird.' MT 1.1:2; *mid hawin az=zăbaš-ste, kṭumrinne taḥt i=arʿo lăšan d-busmi, w sidayna layto maye, d-lo=maye kyurwi w kowe ṭaʿmayye ġắlăbe basimo* 'Wenn die Wassermelonen reif geworden sind, graben sie sie in die Erde ein, damit sie ausreifen. Bei uns gibt es kein Wasser, sie wachsen ohne Wasser und bekommen einen sehr guten Geschmack.' MT 1.1:5; *d-saymitu b-diḏi kīt harke qriṯo naʿimto šafirto, zano ḥŭzena mik=kīt biya, min=layt biya* 'Wenn ihr auf mich hört ... Es gibt hier ein schönes kleines Dorf, lass uns gehen und nachschauen, was dort los ist.' MT 5.3:21 → **kīt ~ kito**

layto → **layt ~ layto**

lazim ⊗ unflektierte Modalpartikel müssen, sollen, nötig sein | *kulxu lĭ=guritu fire lĭ=kŭbitu, lazim miqṭīʿitu* 'Ihr alle heiratet nicht und gebt keine Frucht, ihr solltet abgehauen werden.' MT 4.5:3; *i=awḏaye kubʿela tanḏifāt, kubʿela nĭḏofo, kubʿela tĭšiġo, kubʿela kul=mede. gĭd-oṯe noše ġắlăbe, noše rabe, ăwadim, lazim d-uyo naḏifto* 'Das Zimmer braucht eine Reinigung, es muss gereinigt, muss gewaschen werden, alles das. Es werden viele Leute kommen, bedeutende und vornehme Leute, da muss es sauber sein.' MT 5.3:59 • RW 293 || Arab. *lāzim* 'nötig, notwendig' Wehr 830 → **lzm**

lbiko *part.*, f. **lbikto**, *pl.* **lbike** beschäftigt | *kowin ᵊlbike bu=šuġlo w bu=ʿamlaṯṯe* 'Sie sind mit ihrer Arbeit beschäftigt.' MT 1.1:57 → **lbk**

lbk || cf. Syr. *lbk Pe.* 'to hold, to seize' SL 668-670; cf. Anat. Arab. *lbk I, VIII* 'sich zu schaffen machen; sich abmühen' JK 131

Ip *lbīk, lbiko - milbik, milboko intr.* beschäftigt sein | *kul=ḥa kmilbik bu=šuġlo w bu=ʿamlayḏe* 'Jeder beschäftigt sich mit seiner eigenen Arbeit.' MT 1.3:49; *ab=bĭ-babe di=kalo kmilboki d-ᵊmḥaḏrila muklo li=kalo* 'Die Eltern der Braut sind damit beschäftigt, ein Essen für die Braut zu machen.' MT 1.3:39

lḏy || Arab. *lẓy I* 'flammen, lodern' Wehr 832

III *malḏele, malḏela - malḏe, malḏᵊyo intr.* leuchten | *i=emo ḥilla hawxa buwe, kĭlé kmalḏe xd-i=lampaṯe* 'Die Mutter schaute ihn so an: Er leuchtete so hell wie diese Lampe.' MT 4.2:6

le *interj., f.* ⊗ am Satzende, zur Verstärkung einer Aufforderung bitte, doch, los! | *komir mille ḥilto, milla ha, ʿayn di=ḥilto, omir mille ḥasáy babix hawli u=ṭambŭrawo le* 'Er sagte: Tante! – Ja, du Liebling deiner Tante. Er sagte: Bitte, gib mir doch die Laute dort!' MT 5.2:74; *omir hawi ʿaṣriye omir qum simlan muklo le, aḷo mayiṯno mu=kafno* 'Er sagte: Es ist Abend geworden, mach uns doch Essen, ich sterbe vor Hunger.' MT 5.2:77 • RW 294 || Kurm. *lê* 'oh hey (when calling one female)' Chyet 352 → **lo**[2]

lebo *n.m.* **(1)** Herz | *šuqliwo i=ifada di=kaččĭkayo aw di=žinnĭkayo, iḏa b-lebayo i=mšiḥoyuṯo, b-ha-măḥal manṭánwola* 'Sie befragten das Mädchen oder die Frau, und wenn sie das Christentum im Herzen trug, brachten sie sie auf der Stelle heim.' MT 3.2:33; *w l-ŭṯeno-stene u=mede d-lebayxu gĭsaymítulle* 'Und wenn ich nicht komme, werdet ihr auch das tun, was ihr im Herzen habt.' MT 4.3:8; *iḏa d-l-owe b-lebe d-ᵊḥḏoḏe-ste ...* 'Selbst wenn die beiden sich nicht ins Herz geschlossen haben ...' MT 1.3:2 **(2)** Inneres, Kern | *al=luze iḏiʿe-ne, kturinne kmawfᵊqi al=lebaṯṯe* 'Die Mandeln sind ja bekannt, man knackt sie und nimmt die Mandelkerne heraus.' MT 1.1:60 • RW 294 || Syr. *lebo* 'id.' SL 666

foyiš leb- sich zu Herzen nehmen, beleidigt sein → **fyš**

leb- izze l- wünschen, mögen (Essbares), nach etw. Hunger haben → **ʾzl**

mafiḥ leb- den Rachedurst stillen, sich beruhigen → **fyḥ**

maṯniḥ leb- den Herzenswunsch erfüllen → **ṯnḥ**

mĭ-lebo von Herzen, ernst, ehrlich | *hedi mịḷḷele omir, babo kŭbaʿno mĭ-lebux d- immatli, d-ᵊmṣafit lebux w gizzino, madām ḥawroni gizzín, ŭno-ste gizzino* 'Schließlich sagte er zu ihm: Vater, ich möchte, dass du mir es von Herzen erlaubst, dass du dich überwindest, und dann gehe ich. Nachdem alle meine Freunde gehen, will ich auch gehen.' MT 3.4:4 → **mĭ**

mṣafe leb- mit jdm./etw. im Reinen sein → **ṣfy**

nofil leb- b- sich verlieben → **nfl**

ṭore lebe d- enttäuschen, beleidigen → **ṭry**

l-gorān d- nach, gemäß, entsprechend | *hawin mʿawnone l-gorān di-quwatte* 'So haben sie sich im Rahmen ihrer Möglichkeiten (gegenseitig) unterstützt.' MT 1.7:4 = **lu-gorān d-**

lḥēf *n.m., pl.* **lḥefat** Bettdecke | *ᵊbdalle kkurxi, ᵊgdomix kul ʿaṣro nafšoṯo taḥt ḥa-lḥēf* 'Sie fingen an zu betteln, je zehn Personen schliefen unter einer Bettdecke.' MT 3.2:24 • RW 296 || Arab. *liḥāf* 'id.' Wehr 825; Anat. Arab. *lḥēf* 'Steppdecke' JK 131

lḥm || Arab. *lḥm I* 'schweißen, löten' Wehr 826; cf. Syr. *lḥm Pa.* 'to join; to attach' SL 685

III *malḥamle, malḥamla - malḥim, malḥᵊmo tr.* verlöten, schweißen | *kmanṭin u-tănakči, qqoyiṣ tănăgaye lu-gorān du-femawo kmalḥamla w ᵊkṭŭralla haṯe lu-saṯwo* 'Sie holen den Klempner, der schneidet ein Stück Blech entsprechend dieser Öffnung und verlötet es, und dann heben sie (den Käse) für den Winter auf.' MT 1.1:84

lḥq || cf. Arab. *lḥq I* 'einholen, erreichen, treffen' Wehr 826

III *malḥaqle, malḥaqla - malḥiq, malḥᵊqo* bringen, gelangen lassen | *Xori ʿĂzīz-ste mʿawállelan, bĭṯir omir hāwli-yo. omir hāwli-yo gĭmawbálnola malḥaqna lu-gawro* 'Chorbischof Aziz half uns, doch dann sagte er: Gebt sie mir. Gebt sie mir, ich nehme sie mit und bringe sie zu ihrem Mann.' MT 1.6:9; *qayim kṭúlelin maktūb w huwe-ste hule l-ḥa mĭ-diḏe w omir zux malḥaqqe-yo* 'Daraufhin schrieb er ihnen einen Brief, und auch er gab ihn einem seiner (Leute) und sagte: Geh und übergib ihn an sie.' MT 5.2:28

lḥuḏ- *adv.* ⊗ mit Pronominalsuffixen nur, allein | *Gŭlo Zĭlo Bando maʿmáḷḷele quṣro b-falge du-băḥar, maq-qarʿe da-nsanāt, fayiš dukṯe d-ḥa-qarʿo lḥuḏe, d-ᵊmkamele.* 'Gŭlo Zĭlo Bando hatte sich ein Schloss in der Mitte des Meeres gebaut, aus Schädeln von Menschen. Es war noch Platz für einen einzigen Schädel, um (den Bau) zu vollenden.' MT 5.3:31 • RW 296 || Syr. *lḥuḏ, balḥuḏ* 'id.' SL 683 → **bilḥuḏe**

liʾan *conj.* weil, denn | *kimmono maḥtiwo maye-ste aʿle, lĭ-kuḏʿono miqqa, laybi mdaglono, liʾan naʿimto-wi l-íḏʿanwo* 'Ich glaube, sie fügten noch Wasser hinzu, doch ich weiß nicht wieviel, ich will nichts Falsches sagen, denn ich war noch klein und wusste es nicht.' MT 2.5:3 = **liʾannu ~ lĭʾannu**

liʾannu ~ lĭʾannu *conj.* weil, denn | *d-owin karkūš, hanik ksayminne ṣirf apšoṯo, lĭʾannu lo aʿ=ʿinwaṯṯe basime-ne dak=karkūš w lo ann=apšoṯaṯṯe kowin basim* 'Wenn es Trauben der Sorte *karkūš* sind, (dann) macht man aus ihnen nur Rosinen, denn weder schmecken die Trauben der *karkūš* gut, noch ihre Rosinen.' MT 1.1:48; *saymínawo hanik-ᵊste ḥašwo w maye d-băḏinğan, liʾannu lo=qaṯwo, yaʿni latwo ṭamo bu=saṯwo băḏinğan ʿadi d-maḥtina, taza* 'Wir bereiteten für sie eine Füllung zu, und fügten Tomatenmark hinzu, denn man konnte dort im Winter keine normalen frischen Tomaten finden.' MT 2.3:6 • RW 296 || Arab. *li-ʾannahu* 'id.' cf. Fischer §344 = **liʾan**

liʿboye *n.f.* Spiel • RW 295 || Anat. Arab. *ləʿbōye* 'Spielen' VW 391; cf. Arab. *luʿba* 'Spiel' Wehr 833

soyim liʿboye mit jdm. (*ʿal*) ein Spielchen treiben, austricksen → **sym**

lĭġa ~ liġġe *n.f.* **(1)** Dialekt, Sprache | *immiwo b-ᵊflān ğabha ʿaymo-yo, b-ᵊflān dukṯo ṣaḥwo-yo, u=ṣaḥwo maʿnata ṣulḥ, ăman-yo, u=ʿaymo maʿnata tahlĭka-yo. aṣ=ṣūroye fihmiwo ʿal i=lĭġaṯe diṯṯe* 'Sie sagten: An der und der Front ist es bewölkt, an der und der Front ist es klar. Klar bedeutete Frieden und Sicherheit, und wolkig bedeutete Gefahr. Die Christen verstanden ihre Sprache.' MT 3.2:12; *i=nuqro gabayye bi=lĭġa da=qriya-woṯo ṭaġno* 'Bei ihnen, im Dialekt der Dörfer, bedeutet *nuqro* eine Pfanne.' MT 5.4:2 **(2)** Ausdrucksweise | *haṯe liġġe dariğ-yo, kul=nošo kŭḏaʿla* 'Das ist eine gängige Ausdrucksweise, die jeder versteht.' MT 1.3:5 • cf. *liġa* RW 296 || Arab. *luġa* 'Sprache' Wehr 834

liġġe → **lĭġa ~ liġġe**

lĭ= ~ lo= ~ l- Negationspartikel beim Verb: nicht | *lo=kmaḥtile mbarbᵊzo mĭ-ḥḏoḏe kul=ḥa b-dukṯo* '(Das Dreschgut) legt man nicht getrennt voneinander, entfernt.' MT 1.1:10; *lĭ=kuḏʿono* 'Ich (f.) weiß nicht.' MT 2.5:3; *i=ṯămăra ᵊd-l-obo fire kmiqṭoʿo* 'Der Baum, der keine Früchte trägt, wird abgehauen.' MT 4.5:3 || Syr. *lo* 'id.' SL 665 → **lo**[1]

lipikke *n.f.* List | *nafili taḥt i=aṯto, taḥt i=aṯto du=zʿuro, ᵊd-Zīn, maqnᵊʿulle ᵊd-šuqlo, ᵊd-saymo lipikke bu=gawro d-maqṭĭlole* 'Da steckten sie sich hinter die Frau, hinter die Frau des Jungen, Zīn, und überredeten sie, gegen den Gatten eine List anzuwenden, um ihn töten zu lassen.' MT 5.2:38 • Nicht in RW || cf. Kurm. *lêp* 'id.' Chyet 354

litra *n.f.*, *pl.* **litrat, litrāt** Liter | *hīl d-riṯḥiwo am=maye, maḥtínawo ak=kutlanik, yaʿni măsăla ṭas... d-immina ḥammiš=litrat d-maye, qădar ʿisri=kutle* 'Wenn das Wasser kochte, legten wir die Kutle hinein – zum Beispiel, sagen wir fünf Liter Wasser für etwa zwanzig Kutle.' MT 2.7:15 || Türk. *litre* 'id.'

lĭwoyo *inf. II* Beerdigung, Trauergottesdienst | *mid kamilo i=ṣluṯo du=lĭwoyo kmŭḥalle bann=arbaʿ qurnawoṯo di=ʿito* 'wenn das Totengebet beendet ist, bringen sie ihn zu den vier Ecken des Altarraums' MT 1.2:7 || Syr. *luwoyo* 'funeral' SL 677

i=ṣluṯo du=lĭwoyo Totengebet → **ṣluṯo**

lo[1] **(1)** *interj.* nein | *miḻḻe laybi ŭṯeno ŭxanno aʿmayxu? miṟṟe lo, hāt zlām ḥărām w aḥna ḥălāl, áydarbo gd-oṯit uxlit aʿmayna* 'Er sagte: Kann ich nicht kommen und mit euch essen? Sie sagten: Nein, du bist unrein und wir sind rein, wie könntest du kommen und mit uns essen?' MT 4.2:2 **(2)** nicht, Negationspartikel beim Nomen | *lĭ=saymitu hawxa mĭdone lo šafire bas=sinᶜatkār* 'Ihr dürft den Handwerkern keine solchen unschönen Dinge antun.' MT 1.5:40; *ağ=ğandirma w i=ḥkume lo l-mede d-xēr at̲in* 'Die Gendarmen und die Regierung, die sind in keiner guten Absicht gekommen.' MT 3.2:1; *mede lo kayiso* 'etwas Schlimmes' MT 3.3:2 **(3)** (*lo ... lo*) weder ... noch | *nošo mĭnayna lĭ=kmağre lo uzzé laffela w lo ᶜobir l-sida* 'Niemand von uns wagt, zu ihr zu gehen, bei ihr einzutreten oder sonst etwas.' MT 4.4:5 || Syr. *lo* 'id.' SL 665 → **lĭ=** ~ **lo=** ~ **l-**

lo² *interj., m.* ⊗ am Satzende, zur Verstärkung einer Aufforderung bitte, doch, los! | *aṃṃa uᶜdo d-immatla hat̲e l-ʾḥreno, l-ğehil m-du=waxtano, gd-omir de zux lo, hani min xăṛăfāt-ne* 'Aber wenn du das jetzt jemand anderem erzählst, einem jungen Menschen unserer Zeit, dann wird er sagen: Geh doch! Was sind das für Märchen.' MT 4.4:24; *miṛṛe de lo, mit̲ lo, mayt̲it yatumo pīs* 'Sie sagten: He du, stirb doch, stirb, du elender Waisenknabe.' MT 5.3:13 • RW 297 || Kurm. *lo* 'oh hey! (when calling one male)' → **le**

loqanta *n.f.* Gaststätte | *at̲yo lu=Ṣawro ᶜal feme dam=mayanik maᶜmáḷḷala quṣro, loqanta w kobo muklo w štoyo w tidmixo b-bălăš* 'Sie ging nach Savur und baute dort am Rande des Gewässers ein stattliches Haus, eine Gaststätte, in der sie Essen, Trinken und Übernachtung umsonst anbot.' MT 5.2:19 • Nicht in RW || Türk. *lokanta* 'id.'

lōx ⊗ selbständige Form der ergativen Flexionsendung 2 sg.m. *-lux* (zur besonderen Hervor-hebung) von dir (m.), durch dich (m.) | *madāmki lōx ḥzelux, ṭr-owe hano năṣīb did̲ux* 'Nachdem **du** es entdeckt hast, soll es dir bestimmt sein.' MT 5.2:52

lqf || Arab. *lqf I* 'schnell ergreifen, schnappen' Wehr 837

I *lqifle, lqifla - loqif, liqfo tr.* auffangen | *čīk u=abro bu=băḥar ḥnīq w ḥa abro kitle huwe zlām malko, w l-ázze laffele, w bĭt̲ir mid azzé l-laffele li=Ndat̲alo lqifla w maxlaṣla* 'Obgleich sein Sohn ins Meer fiel und ertrank und er als König nur einen Sohn hatte, eilte er ihm doch nicht zu Hilfe. Doch als er dann nach ihm schauen ging, hatte ihn die Muttergottes aufgefangen und gerettet.' MT 4.1:10

l-qiddām *prep.* vor (örtlich) | *laše mi=xasrayo w ḥd̲o m-ayo, ḥd̲o m-ayo ḥd̲o m-ayo, aḥna mat̲ina l-qiddām di=dayro* 'Hier lag eine Leiche und dort lag eine Leiche, hier eine und dort eine. Wir kamen in die Nähe des Klosters.' MT 3.1:7 • cf. *qıddâm* RW 410 || Anat. Arab. *lə-qəddām* 'vor ... hin' JK 112

lqṭ || Syr. *lqṭ Pa.* 'to collect' SL 696

II *mlaqaṭle, mlaqaṭla - mlaqiṭ, mlaqṭo tr.* schnappen | *ánnaqqa hedi, balki-ste ḥa tre mĭnayye mlaqṭiwo xabre, e qay-yo, min hawi?* 'Erst allmählich, vielleicht schnappten auch zwei, drei von ihnen einzelne Informationen auf: Warum? Was ist passiert?' MT 3.4:8-9

l-qul *prep.* vor | *kīt rĭwaye bayn aṭ=ṭaye hinne d-ʾkmaḥkalla, maḥkʾyulle l-quli-ste* 'Es gibt eine Geschichte unter den Muslimen, die sie sich erzählen – auch vor mir haben sie sie erzählt.' MT 3.2:38; *azzeyo, huwe d-ʾmṭayiᶜ mĭ-l-qul u=maktab, qrele l-ʾzᶜuro ḥreno, tux l-arke!* 'Er lief los, und als er vor der Schule verschwunden war, rief (der Lehrer) einen anderen Jungen: Komm her!' MT 5.5:6 • RW 298

l-qul i=ʿayno augenscheinlich, offensichtlich | *e hano u=malko kḥoze u=abro, kḥŭzele l-qul i=ʿayno ġắlăbe žehati* 'Der König hielt seinen Jungen ... in seinen Augen war er sehr tüchtig.' MT 5.5:4 → **ʿayno**[1]

maḥit l-qul ʿayno berücksichtigen, beachten → **mḥt, ʿayno**[1]

lqy || Arab. *lqy I* 'antreffen, vorfinden, begegnen' Wehr 838

I *laqi, laqyo - loqe, luqyo* jdm./etw. (*b-*) begegnen, jdn. (*b-*) treffen | *kul insān d-ṭolib ḥarbuṯo l-ġēr mene, labúd gilloqe huwe biya* 'Jeder Mensch, der einem anderen Böses wünscht, der wird ihm gewiss auch selber begegnen.' MT 3.2:41

lṣy || cf. Syr. *ṣly Pe.* 'to lay, set (a trap); to lie in ambush' SL 1288

I *laṣi, laṣyo - loṣe, liṣyo intr.* sich ducken, auf der Hut sein | *aḥna-stene, ŭno-stene, hăma ŭno qamayto, laṣyono hawxa, qm-u=syoġo, qm-u=ṭĭlolo dak=karme* 'Und wir, und auch ich, ich als erste duckte mich so an der Mauer, im Schatten der Weinberge.' MT 3.1:8

ltm || Anat. Arab. *ltamm (lmm VIII)* 'sich sammeln, zusammenkommen' JK 133; cf. Arab. *lmm I* 'sammeln' Wehr 839 → **lym**

I *latim, latimo - lotim, lutmo intr.* sich versammeln, zusammenkommen | *omir lo tlōṯmo-w-šēṯ-w-išti abohoṯo latimi w maḥatte u=ṣawmano? omir bele.* '(Der Mönch) sagte: Haben nicht dreihundertsechsundsechzig Kirchenväter sich versammelt und dieses Fasten festgelegt? Er sagte: Doch.' MT 4.3:9; *lăšan d-ḥulqi u=ḥaṯno, koṯe u=ḥaloqo, klutmi l-ḥĭḏore, b-kēf w ṣắfa kḥŭlaqle u=ḥaloqo* 'Um den Bräutigam zu rasieren kommt der Barbier. Sie versammeln sich um (den Bräutigam) herum, und unter Spaß und Vergnügen rasiert ihn der Barbier.' MT 1.3:24

III *maltamle, maltamla - maltim, maltᵊmo tr.* versammeln, zusammenbringen | *hawi hawxa, maltamme ar=rabe da=prūṭ mawblinne qṭĭlinne* 'Dann kam es so, dass man die Anführer der Protestanten zusammentrieb, sie wegbrachte und ermordete.' MT 3.3:3

IIIp *maltim, maltᵊmo - mitaltim, mitaltᵊmo intr.* gesammelt werden | *u=rabano di=qriṯo hăka di=wălaye miftakalle omir an=naʿimani kulle falite bas=saḥāt w baz=zabĭqone, gĭmaʿmáṇṇolin madrăse, w mitaltᵊmi maš=šuqone* 'Der Herrscher des Dorfes oder der Stadt dachte sich: All diese Kinder laufen frei auf den Plätzen und in den Straßen herum, ich werde für sie eine Schule bauen, damit sie von den Straßen geholt werden.' MT 5.5:1

lṭʿ || Arab. *lṭʿ I* 'lécher' BK II 996; cf. Anat Arab. *lṭʿ I* 'lecken' VW 391

I *lṭiʿle, lṭiʿla - loṭiʿ, luṭʿo tr.* lecken | *bi=šabṯo naqla-ste kŭbinne malḥo (...) d-howin xd-af=faršat ak=kefe frise, kmaḥitla ʿal af=faršătani w koṯin w kluṭʿila* 'Einmal pro Woche geben sie ihnen Salz. (...) wo die Steine wie Platten gelegt sind, streut er (das Salz) auf diese Steinplatten und (die Tiere) kommen und lecken es auf.' MT 1.1:96

III *malṭaʿle, malṭaʿla - malṭiʿ, malṭᵊʿo tr.* lecken lassen | *kmaḥitla ʿal af=faršătani w koṯin w kluṭʿila. u=yawmo d-ᵊkmalṭᵊʿinne kmaštanne ġắlăbe, lăšan d-lĭ=mibʿoġi aḥ=ḥĭyewin* 'Er streut (das Salz) auf diese Steinplatten und (die Tiere) kommen und lecken es auf. An dem Tag, an dem man sie Salz lecken lässt, lässt man sie sehr viel trinken, damit die Tiere nicht eingehen.' MT 1.1:96

Lubnān Libanon | MT 1.7:3

lugab *adv.* weiter weg, auf der anderen Seite | *kuṯyo i=hawa kmaḥto aḥ=ḥeṭe b-xasra w u=tawno kmawbᵊlole ktufkole lugab* 'Der Wind kommt und lässt den Weizen auf die eine Seite fallen, und das Häcksel trägt er weiter weg.' MT 1.1:18 → **gabo**

lu=gorān d- *prep.* nach, gemäß, entsprechend | *an=nuqrani lu=gorān di=arʿo kmitaʿmᵊqi, mĭnayye arbʿi=ṣānṭinat, mĭnayye ḥamši aw ăqál, lu=gorān di=dukṯo* 'Die Löcher werden entsprechend dem Boden vertieft, manche vierzig Zentimeter, andere fünfzig oder weniger, entsprechend dem Ort.' MT 1.1:42; *u=yawmo di=ṣăbaḥiye, kulle kṭuʿni kallāt, kul=ḥa lu=gorān di=taqayḏe* 'Am Tag der Morgenmahlzeit bringen alle Geld, jeder nach seinen Möglichkeiten.' MT 1.3:40 • Nicht in RW || cf. Kurm. *²gor* 'according to' Chyet 220; cf. Türk. *göre* 'id.'; cf. Anat. Arab. *ʿala gōra* 'id.' JK 129 = **l-gorān d-**

lúmiḥreno *adv.* übermorgen | *ḥăḏír ruḥux, ramḥil lo lúmiḥreno kĭná mĭqabíl diḏux* 'Du mach dich bereit, nicht morgen, sondern übermorgen stehen wir dir gegenüber.' MT 5.2:23 • cf. *muḥreno* RW 348 || Tezel 2003: 246 → **l-, yawmo, ḥreno**

lŭno ⊗ Präp. *l-* + Pronominalsuffix 1 s. mir, für mich → **l-, ŭno**

lŭwaše *n.f.*, *pl.* **lŭwašāt** dünnes Fladenbrot | *bĭṯir mid azzá i=lahbe, kmaydo ṭlamṯo b-ṭlamṯo kfuṯḥola. mĭnayye kowin kaḥkune, gawayye nqiwe, w mĭnayye kowin kĭminne lŭwašāt, ksaymi čĭzeği binne* 'Wenn die Flammen erloschen sind, nimmt sie einen Teigklumpen nach dem anderen und formt sie (zu Broten). Manche davon werden zu Kringeln geformt, die in der Mitte ein Loch haben, und andere zu Fladenbroten, die man mit eingeritzten Strichen verziert.' MT 1.1:24 • RW 299 || cf. Syr. *lwš* 'to knead' SL 681; cf. Anat. Arab. *lawše* 'id.' VW 394 → **lyš**

lŭxāt ⊗ Präp. *l-* + Personalpronomen 2. *sg.* dir (m.), für dich (m.) | *tōx kĭlé u=qarʿo di=ḥayye, ṭrĭlanlux-yo lŭxāt* 'Komm, hier ist der Kopf der Schlange, den haben wir für dich übriggelassen.' MT 5.3:37 → **l-, hat ~ hāt**

luzo *n.m.*, *pl.* **luze** Mandel, Mandelbaum | *aʿ=ʿăqude mĭnayye ksay-minne d-luze, al=luze iḏiʿe-ne, kturinne kmawfᵊqi al=lebaṯṯe, ᵊkxurzinne xid u=mede d-ubʿi* 'Einige machen die Süßwürste aus Mandeln. Die Mandeln sind ja bekannt, man knackt sie und nimmt die Mandelkerne heraus, und dann fädelt man sie auf, wie man möchte.' MT 1.1:60 • RW 299 || Syr. *luzo* 'id.' SL 677

lŭzūm *n.m.* Bedarf | *u=yawmo di=ṣăbaḥiye, kulle kṭuʿni kallāt, kul=ḥa lu=gorān di=taqayḏe, mĭnayye ḥamšo, mĭnayye ʿaṣro, mĭnayye ʿisri, mĭnayye ḥamši w hōl mo, w hōl zīd-ᵊste, iḏa hawi lŭzūm* 'Am Tag der Morgenmahlzeit bringen alle Geld, jeder nach seinen Möglichkeiten, manche fünf, manche zehn, manche zwanzig, manche fünfzig, und bis zu hundert und wenn nötig noch darüber.' MT 1.3:40 • RW 299 || Türk. *lüzum* 'id.'

lwlb || cf. Arab. *laulab* 'Schraube, Spirale' Wehr 845

Q *mlawlable, mlawlabla - mlawlib, mlawlᵊbo tr.* hin und her bewegen | *kmaydi u=ḥawdalano bas=saṭle lăšan d-lĭ=qoyir w kkufxile, kul ṯawbo saṭlo aw tre xd-u=mede, xd-u=yurwo du=čapān w* *kimlawlᵊbile an=niše w kmakrᵊxile ʿal u=čapanawo kule* 'Sie nehmen den *ḥawdal* in Eimern, damit er nicht abkühlt, und gießen ihn (auf die Tücher), (auf) jedes Tuch einen Eimer oder zwei, entsprechend der Größe des Leinentuchs. Die Frauen bewegen den *ḥawdal* auf dem Leinentuch hin und her und lassen ihn über das ganze Tuch fließen.' MT 1.1:54

lwošo *inf.* Ankleiden | *mid xaliṣo i=ʿămăliye du=lwošo dağ=ğule w i=ṭabxaṯe, kizzín kṭulbi ánnaqqa dastúr mab=bĭ-babe, kimmi kubʿena d-malwᵊšina ağ=ğule di=kalo* 'Wenn der Vorgang des Ankleidens (des Bräutigams) und das alles vorbei ist, bitten sie um die Erlaubnis der Eltern und sagen: Jetzt wollen wir der Braut ihre Kleider anziehen.' MT 1.3:27 → **lwš**

lwš || Syr. *lbš Pe.* 'to clothe o.s. with garment, to wear' SL 670

I *lwišle, lwišla - lowiš, lušo tr.* anziehen, tragen | *i=kaččĭke ᵊlwišla ğula* 'Das Mädchen zog seine Kleider an.' MT 4.4:10; *saymíwole ṯĭbab, aṯ=ṯĭbăbani saymiwo gurwe d-ᵊklušinne* 'Sie machten Wollknäuel daraus, und aus diesen Wollknäueln strickten sie Strümpfe, die sie anzogen.' MT 1.1:92

III *malwašle, malwašla - malwiš, malwᵊšo tr.* jdn. anziehen, kleiden, bekleiden | *kamṭin laḥmo w kamṭin ğule, w ánnaqqa kamṭin haqqa ... laz=zalṭone gmalwᵊšinne* 'Sie brachten Brot und Kleider, soviel brachten sie ... Die Nackten bekleideten sie.' MT 3.1:14

lym || Syr. *lmm Pe.* 'id.' SL 692; cf. Arab. *lamm I* 'id.' → **ltm**

III *malimle, malimla - malim, malimo tr.* sammeln, versammeln | *i=qriṯaṯe kibi ŭno malimno kulle w nŭḥannulle* 'Ich kann selber dieses Dorf zusammenrufen und alle abschlachten.' MT 3.2:20; *qamayto azzín li=Ădăne. malĭmiwo u kĭtono* 'Zuerst gingen sie nach Adana und pflückten Baumwolle.' MT 3.4:2; *hedi malimme ḥḏoḏe, immi d-fayšina, d-gurina harke, gṭĭrena an=naʿimayḏan, d-ŭwena gayore* 'Da kamen sie zusammen, sie sagten: Wenn wir bleiben und hier heiraten, werden wir unsere Familien im Stich lassen und zu Ehebrechern werden.' MT 3.4:10

lyš || Syr. *lwš Pe.* 'to knead' SL 681

I *lišle, lišla - loyiš, layšo tr.* (Teig) kneten | *kmanṭin ḥmiro. kmaḥti u=ḥmiro-ste baynoṯe, w išmo d-malḥo, w gbĭdyo b-iḏoṯa klayšole* 'Man nimmt Hefe, gibt auch die Hefe dazu, und etwas Salz, und sie beginnt mit ihren Händen den Teig zu kneten.' MT 1.1:22

Ip *liš, lišo - miliš, mĭlošo intr.* geknetet werden | *maḥtiwo ab=băharāt diḏe, bibar, bibar komo, bibar sĭmoqo, băharāt w malḥo ʿal u=zawk diṯṯe. milašwo hawo-ste, awwíl=naqqa fitḥiwo ánnaqqa u=layšo w maḥtiwo kul=kutlo tarwoḏo d-ḥašwo* 'Man fügte die erforderlichen Gewürze hinzu: Pfeffer, schwarzen Pfeffer, roten Pfeffer, Gewürzmischung sowie Salz nach Geschmack. Auch die (Füllung) wurde geknetet, dann formte man den Teig zunächst zu Taschen und gab in jede Teigtasche einen Esslöffel Füllung.' MT 2.7:11-12

lyṭ || Syr. *lwṭ Pe.* 'to curse' SL 677

I *liṭle, liṭla - loyiṭ, layṭo tr.* verfluchen | *bu=mgalyūn-ᵊste dariğ-yo, komir, mṣalawu l-ani d-ᵊklayṭinxu* 'Und auch im Evangelium kommt es vor, es heißt: Betet für die, die euch verfluchen.' MT 3.2:42

lzm || Arab. *lzm I* 'nötig sein' Wehr 829 → **lazim**

l - *lozim, lizmo* nötig sein ⊗ Nur selten und nur im Präsens und Imperfekt verwendet (undeklinierbar, 3 ms.). Meistens kommt die undeklinierte Form *lazim* vor. | *kul-d-lŭzamwo qayse* 'immer wenn es Holz brauchte' MT 1.5:15

m

m- *prep.* von → **mĭ**

mʾaxro *part.*, f. **mʾaxarto**, *pl.* **mʾaxre** spät, verspätet | *d-huyo ḥilliye knofiq u=gelo xayifo, d-huyo virniye knofiq čike mʾaxro* 'Wenn es ein frühes Jahr ist, wächst das Gras früh, wenn das Jahr sich verspätet, wächst das Gras etwas später.' MT 1.1:66 || cf. Arab. *ʾxr II* 'verzögern' Wehr 8

ma[1] *conj.* ⊗ Kurzform von *amma* doch, aber | *i=naqla d-awi u=sayfo ŭno latwi hawyo, ma u=mede d-aṯí nqīl l-aḥna (...) gd-ŭmáṇṇole* 'Als sich der Sayfo ereignete, war ich noch nicht geboren, doch das was uns überliefert worden ist (...) werde ich berichten.' MT 3.3:1 = **amma** ~ **aṃṃa**

ma[2] *inter. prn.* ⊗ Kurzform von *man* wer | *e, ma=kmanṭe ʿar-ruḥe d-mawbil ruḥe li=gihano* 'Nun, wer tut es sich selbst an, sich durch eigene Schuld in die Hölle zu bringen?' MT 4.3:6 = **man**

ma[3] Fragepartikel | *i=kaččĭke immo ma kuḏʿitu áydarbo ksaymitu?* 'Das Mädchen sagte: Wisst ihr, wie ihr es macht?' MT 5.2:14; *hăma ádlalyo-ste ṭir mĭḥallix arbi=ḥaṭroṯo, ma mĭ=gĭd-owe* 'Sollen sie dir halt auch heute Nacht vierzig Knüppelschläge versetzen, was kann schon passieren.' MT 5.2:78 • RW 300

ma[4] ⊗ < *m* + def. Art. | MT 3.2:17 → **mĭ**, **a=**

maʿd *n.m.* Gesundheitszustand, Stimmung | *u=bayto d-soyim ftile laḥ=ḥĭyewin diḏe w d-qodir mawkelin bu=saṯwo (...) aḥ=ḥĭyewin diḏe kowin qălaw, kowin* [k]*maʿd ʾxwaš*[k]*, kowe maʿd diṯṯe basimo* 'Die Familie, die Grasstränge für ihre Tiere macht und sie im Winter (damit) füttern kann, deren Tiere sind wohlgenährt, sie sind in guter Verfassung, sie sind in sehr gutem Zustand.' MT 1.1:72 • RW 301 || cf. Kurm. *me'de* 'appetit etc.' Chyet 367

be=maʿd in schlechter Stimmung | *azzé lu=bayto qḥĭroyo be=maʿd* 'Er ging wütend und in schlechter Stimmung nach Hause.' MT 5.2:25 → **be**[2] || Kurm. *bêmad* 'de mauvaise humeur, revêche' DKF 152

maʿğūn *n.m.* Paste | *bĭṯir layšíwole šafiro, nĭfaqwo u=ḥalwayḏe, hŭwewo ʿayn xu=maʿğūn* 'Danach knetete man ihn (*samdo*) sorgfältig, bis die Stärke austrat und er wie eine Paste wurde.' MT 2.7:9 • RW 301 || Arab. *maʿğūn* 'id.' Wehr 596

maʿlūm *adj.* bekannt | *du=farmo maʿlūm-yo, b-kul=dukṯo* '(Das Brot) aus der Bäckerei ist ja überall bekannt.' MT 1.1:26 • RW 301 || Arab. *maʿlūm* 'id.' Wehr 635

maʿmoḏiṯo *n.f.* Taufe | *mirre ak=kaffătani kitte maʿne, hani di=maʿmoḏiṯo-ne, w hawi săbab li=qarito d-ʾrğimo, hani mi=maʿmoḏiṯo, mi=maye-w-murin lĭ=qadir d-ŭxelin, ṭrille ačiq, i=lašayḏe kula ḥărām-wa iḏoṭe lo=mḥarmiwo* 'Sie sagten: Diese Hände haben eine Bedeutung. Sie gehören zur Taufe. Er war schuld, dass seine Patenverwandte gesteinigt wurde. Diese Hände gehören zur Taufe, wegen des Taufwassers und des Tauföls konnte (der Wolf) sie nicht fressen, er ließ sie übrig.

Sein ganzer Körper war unrein, doch seine Hände waren nicht unrein geworden.' MT 5.1:28 • cf. *maʿmudito* RW 301 || Syr. *maʿmudito* 'id.' SL 802 → **ʿmd**

maʿmᵊrono *n. agent.*, *pl.* **maʿmᵊrone** Baumeister | *šuġliwo ġắlăbe ṣĭnayiʿ am=midyoye (...) šuġliwo maʿmᵊrone* 'Die Leute von Midyat arbeiteten in vielen Handwerksberufen. (...) Sie arbeiteten als Baumeister.' MT 1.7:6 → **ʿmr**

maʿna ~ maʿne *n.f.* Bedeutung | *min-yo i=maʿna du=tworo du=laḥmano?* 'Was ist die Bedeutung des Brotbrechens?' MT 1.3:12; *mirre ak=kaffătani kitte maʿne* 'Sie sagten: Diese Hände haben eine Bedeutung.' MT 5.1:28 • RW 301 || Arab. *maʿnā* 'Sinn, Bedeutung' Wehr 647

be=maʿna ⊗ bei Erwähnung tabuisierter, die Moral betreffender Sachverhalte mit Verlaub | *azzé ḥille bu=šibbāk, kĭlá xid kimmi, be=maʿna, zalṭūnito* 'Er ging und schaute durch das Fenster, da war sie so, wie sie sagten: – mit Verlaub – nackt.' MT 4.4:10 → **be²** || cf. Kurm. *bêmana* 'dénué de sens, sans signification, absurde' DKF 152

maʿnata das heißt | *immiwo b-ᵊflān ğabha ʿaymo-yo, b-ᵊflān dukto ṣaḥwo-yo, u=ṣaḥwo maʿnata ṣulḥ, ăman-yo, u=ʿaymo maʿnata tahlĭka-yo* 'Sie sagten: An der und der Front ist es bewölkt, an der und der Front ist es klar. Klar bedeutete Frieden und Sicherheit, und wolkig bedeutete Gefahr.' MT 3.2:12 • Nicht in RW || Syr. Arab. *maʿnāta* 'id.' TKT 360 (< *maʿnāha* 'ihre (sg.) Bedeutung') → **maʿna ~ maʿne**

maʿrifa *n.f.* Kenntniss, Geschicklichkeit, Art und Weise des Umgangs | *hayo-ste i=maʿrifayda, kturi biya beʿe, ksayminne ṣfero. mid samiqo i=ṣfero bayn u=mišḥawo, maʿnata hawi.* 'Auch dafür gibt es eine Methode: Man schlägt Eier auf und gibt sie hinein und macht ein Omelett. Wenn das Omelett in dem Butterschmalz knusprig braun geworden ist, dann heißt das, dass das Butterschmalz fertig ist.' MT 1.1:79 • RW 301 || Arab. *maʿrifa* 'id.' Wehr 607

maḇḇăxiye *n.f.* Art Kochtopf | MT 1.5:20 • RW 302 || Anat. Arab. *maḇḇaxīye* (< **maṭbaxīye*) 'id.' JK 90

madām *conj.* da, wenn | *farude madām lī=fayišlux, kmakfe, mamnūn ġắlăbe* 'Da du kein Kleingeld mehr übrig hast, reicht es. Vielen Dank!' MT 1.5:54; *madām ḥawroni gizzín, ŭno-ste gizzino* 'Nachdem alle meine Freunde gehen, will ich auch gehen.' MT 3.4:4 • RW 303 || Türk. *madem* 'id.' = **madāmki**

madāmki *conj.* da, wenn | *mirre yabo ṭr-owe năṣīb didux, madāmki lōx ḥzelux, ṭr-owe hano năṣīb didux* 'Sie sagten: Gut, es sei dir bestimmt. Nachdem du es entdeckt hast, soll es dir bestimmt sein.' MT 5.2:52 || Türk. *mademki* 'id.' = **madām**

mădăni *adj.*, f. **mădăniye**, *pl.* **mădăniye** zivilisiert, kultiviert | *mid húlelin ḥirriye kamil noše látwayne mădăniye, i=naqqa d-owe waḥš w d-ŭbatle ḥirriye kmidaywin* 'Als sie ihnen freie Hand ließen ... es waren unzivilisierte Leute, und wenn jemand unzivilisiert ist und du lässt ihm freie Hand, dann dreht er durch.' MT 3.3:15 • RW 303 || Arab. *madanī* 'id.' Wehr 858

mădăniye *n.f.* Zivilisation, Kultur | *bĭṭir mu=sayfo-ste qṭille mĭnayna. w bu=škĭlano mdawamla w hin bᵊ-hin i=ḥkume mazxamla hawxa yaʿni, i=mădăniye hawyo bāš* 'Auch nach dem Sayfo töteten sie Leute von uns. Auf diese Weise ging es weiter, doch nach und nach wurde die Regierung stärker, und es ging zivilisierter zu.' MT 3.3:14 • RW

303 || Arab. *madanīya* 'id.' Wehr 858 → **mădăni**

madrăse *n.f.*, *pl.* **madrăsat, madrăsāt** (kirchliche) Schule | *gĭmaʕmáṇṇolin madrăse, w mitaltᵊmi maš=šuqone, (...) kayis gĭd-owe, gĭd-owin more d-ʕīlim fălān* 'Ich werde für sie eine Schule bauen, damit sie von den Straßen geholt werden (...). Das wird besser sein, sie werden etwas lernen.' MT 5.5:1 • cf. *madrasa* RW 303 || Arab. *madrasa* 'Schule' Wehr 286

māḍḍiye *n.f.* finanzielle Lage | *as=siryoye udʕiwo gd-owe aʕlayye mede lo kayiso, zayʕiwo, látwulle quwe ġắlăbe. yaʕni mi=māḍḍiye ḏăʕif-wayne* 'Die orthodoxen Christen wussten, dass ihnen etwas Schlimmes zustoßen würde. Sie hatten Angst, weil sie nicht viel vermochten, sie waren in materieller Hinsicht schwach.' MT 3.3:2 • Nicht in RW || cf. Arab. *māddīya* 'Materialismus' Wehr 857; cf. Türk. *maddiyat* 'materielle Dinge'

magzuno *n.m.*, *pl.* **magzune** große Sichel (für die Getreideernte) | *mid nafiq u=ḥṣodo daḥ=ḥeṭe naqqa=ḥreto kḥuṣdile bam=magzune w kmanṭalle baš=šuxre li=adro* 'Wenn die Zeit der Weizenernte gekommen ist, mäht man sie wiederum mit den Sicheln und schafft sie auf den Traggestellen zur Tenne.' MT 1.1:11 • RW 300 || Syr. *magzuno* 'sickle' SL 708

maġrafto *n.f.*, *pl.* **maġrafyoṯo** Schöpflöffel | *ḥḏo-ste kŭbola i=maġrafto, kaʔinnahu i=kăbāntiye du=bayto msalmo liya* 'Eine (Frau) übergibt ihr den Schöpflöffel, das bedeutet, dass ihr nun die Würde der Hausfrau übertragen wurde.' MT 1.3:31 • RW 304 || Syr. *maġrafto* 'id.' SL 711

mağbūr *adj.* gezwungen, einem Befehl verpflichtet | *mağbūr, du=šuġlanona* 'Wir müssen diese Arbeit machen.' MT 1.5:26; *mḥalle la=greʕe, mağbūr-ne, du=amro, komir mḥalle b-ha-măḥal b-ha-măḥal* Knechte machten sich auf, sie waren ja dem Befehl verpflichtet. Sie waren vierzig Tage unterwegs, bis sie Xărābale erreichten.' MT 4.4:4 • RW 302 || Arab. *mağbūr* 'gezwungen' Wehr 122; Türk. *mecbur* 'id.'

mağnune *f.* Paprika | *as=sĭmoqe nōrmaḷ miftīḥiwo, mʕadlo, w i=mağnune-ste hawxa šimṭínawo, šimṭowa mu=quṛmo hawxa čike* 'Die Tomaten wurden einfach ausgehöhlt, während wir, (besser die Köchin) bei der Paprika etwas vom Stielansatz abschnitt.' MT 2.2:2 • RW 303 || Etym. unklar; cf. Arab. *mağnūna* (Part. pass. *sg. f.*) 'wahnsinnig, verrückt' Wehr 152

mahir *adj.* geschickt | *d-howe daworo kayiso rēğbár mahir, bu=dworo, bu=ʕiyono kimqasim i=dukṯo* 'Wenn jemand ein guter Pflüger ist, ein Bauer, der beim Pflügen geschickt ist, dann teilt er den Platz nach Augenmaß ein.' MT 1.1:41 • Nicht in RW || Arab. *māhir* 'id.' Wehr 882

mahūl *adj.* schrecklich | *símlele ṭīlolo, u=zʕuro maʕlele ʕayne ḥiḷḷe hawxa ōōōwíh, min mede, mahūl, rabo, bīğiʕ makrūḥ kīlé lalʕil mĭ-qarʕe* 'Er machte Schatten für ihn. Der Junge schlug die Augen auf: Oh weh, was ist da für etwas Schreckliches, Großes, Hässliches, Abscheuliches über seinem Kopf.' MT 5.3:39 • Nicht in RW || Arab. *mahūl (hwl)* 'id.' Wehr 977

mahwo *inf.* Gebären, Niederkunft | *bīṯir mid aṯi u=ḥṣodo, kmanšᵊfi a=ʕwone lăšan ᵊd-miski čike d-baṣro, d-howin qălaw, bi=midde d-gid-fayši ṭʕine d-qudri, mid kamili a.. i=midde daḥ=ḥamšo yarḥaṯṯe, du=mahwo, d-maxlᵊṣi b-raḥa, d-hŭwebin quwe* 'Wenn die Erntezeit gekommen ist, dann melken sie die Schafe nicht mehr, damit sie etwas Fleisch ansetzen können, damit sie wohlgenährt sind, damit sie während ihrer Tragzeit ... können ... Damit sie, wenn ihre fünf Monate bis zur Geburt um sind, problemlos werfen können, damit sie genug Kraft haben.' MT 1.1:88 → **hwy**

măḥal *n.* Ort, Stelle ⊗ in *b-ha-măḥal* auf der Stelle | *šuqliwo i=ifada di=kaččī-kayo aw di=žinnīkayo, iḏa b-leba-yo i=mšī-ḥoyuṯo, b-ha-măḥal manṭánwola* 'Sie befragten das Mädchen oder die Frau, und wenn sie das Christentum im Herzen trug, brachten sie sie auf der Stelle heim.' MT 3.2:33 || cf. Arab. *maḥall* 'id.' Wehr S. 213

maḥkăma *n.f., pl.* **maḥkămat, maḥkămāt** Gericht | *azzín lam=maḥkămat ʕīloye-ste* 'Sie gingen bis zu den höheren Gerichten.' MT 1.6:13 • RW 305 || Arab. *maḥkama* 'id.' Wehr 211

maḥkăma ʕīlayto übergeordnetes Gericht | MT 1.6:13 → **ʕīloyo**

maḥṣa *n.f.* Widerstand, Verteidigungsstellung | *w b-Badibbe bīlmīṯil hawi maḥṣa, aṣ=ṣūroye ʕaṣin ṭamo, ʕal u=mamro d-babi* 'In Badibbe gab es ebenfalls Widerstand, die Christen verschanzten sich dort, nach den Erzählungen meines Vaters.' MT 3.2:22; *huweste mḥarable, w ġắlăbe fayiš bi=maḥṣa, faqaṭ Aloho lī=mkamele, huwe lī=mayiṯ, mayiṯi aḥ=ḥawrone* 'Auch er kämpfte und hielt sich lange Zeit in der Verteidigungsstellung auf, doch Gott setzte (seinem Leben) kein Ende. Er starb nicht, doch seine Gefährten kamen um.' MT 3.2:22 • RW 306 || cf. Arab. *maʕṣiya* 'id.' Wehr 618

maḥṣarto *n.f., pl.* **maḥṣaryoṯo** Kelter, Presse | *dam=mazrona mid maṭin aʕ=ʕinwe kizzé mōr du=karmo qqūṭaffe, kūwele, ksamle maḥṣarto-ste bu=karmo, kmalimme l-feme di=maḥṣarto* 'Wenn die *mazrona*-Trauben reif geworden sind, geht der Weinbergbesitzer und pflückt sie, und er errichtet eine Kelter im Weinberg. Er sammelt (die Trauben) direkt bei der Kelter.' MT 1.1:50 • RW 306 || Syr. *maʕṣarto* 'id.' SL 804 → **ʕṣr**

maḥto *part.*, f. **maḥatto**, *pl.* **maḥte** gelegt, angelegt | *bīṯir kizzín l-karmo d-kityo maḥto mī-meqim, kšumṯi mene naṣbe* 'Dann gehen sie zu einem Weinberg, der bereits früher angelegt wurde, und schneiden dort Rebzweige ab.' MT 1.1:42 → **mḥt**

măkina *n.f., pl.* **măkinat, măkināt** **(1)** Maschine | *kīt šuġl dam=măkinat băle dann=iḏoṯo zēd basimto-yo* 'Es gibt auch mit Maschinen hergestellte (Nudeln), aber die von Hand gemachten schmecken besser.' MT 1.1:34 **(2)** Fahrzeug | *latwe xid d-uʕdo, d-immit bi=ʕărăba w b-măkina yaxud b-ṭiyara guzzino* 'Es war nicht wie heute, wo du sagst: Ich werde mit dem Auto oder einem (anderen) Fahrzeug oder mit dem Flugzeug reisen.' MT 4.5:1 • RW 308

Makko männlicher Personenname | MT 1.7:1

makrūḥ *adj.* abscheulich | *símlele ṭīlolo, u=zʕuro maʕlele ʕayne ḥille hawxa ōōōwīh, min mede, mahūl, rabo, bīġiʕ makrūḥ kīlé lalʕil mī-qarʕe* 'Er machte Schatten für ihn. Der Junge schlug die Augen auf: Oh weh, was ist da für etwas Schreckliches, Großes, Hässliches, Abscheuliches über seinem Kopf.' MT 5.3:39 • Cf. *makrūh* RW 308 || Arab. *makrūh* 'id.' Wehr 793

maktab *n.m.* (staatliche) Schule | *azzeyo, huwe d-ᵊmyayiᶜ mĭ-l-qul u=maktab, qrele l-ᵊzᶜuro ḥreno, tux l-arke!* 'Er lief los, und als er vor der Schule verschwunden war, rief (der Lehrer) einen anderen Jungen: Komm her!' MT 5.5:6 • RW 308 || Türk. *mektep* 'id.'; cf. Arab. *maktab* 'Büro, Arbeitszimmer' Wehr 784

maktūb *n.m.* Brief | *qayim mšayaᶜle xabro lu=babo, maktūb, mšayáᶜwole maktūb w mšayáᶜwole kallāt, omir babo kin ḥawroni kulle gizzín l-Amérĭka kŭbaᶜno ŭno-ste d-izzí* 'Da schickte er seinem Vater eine Nachricht, einen Brief. Er schickte ihm einen Brief und Geld, und er sagte: Vater, alle meine Freunde gehen nach Amerika, auch ich möchte gehen.' MT 3.4:3 • RW 308 || Türk. *mektup* 'id.'; Arab. *maktūb* 'Schreiben, Brief' Wehr 784-785

māl *n.m.* **(1)** Besitz, Hab und Gut | *ag=gawre qṭĭlinne w u=māl simme yāġma* 'Die Männer töteten sie, den Besitz plünderten sie.' MT 3.2:7; *mil̤le ŭno i=kaččĭke lĭ=kubᶜena. w māl w milk menux-ste lĭ=kubᶜeno* 'Er sagte: Ich will das Mädchen nicht, und ich will auch weder Gut noch Geld von dir.' MT 4.4:13 **(2)** Material, Ware | *kul=ḥa kul=mištĭri lu=gorān d-ŭbaᶜwo, m-ayna šĭkil, māl ŭbaᶜwo saymínawo i=ṣopayd̠e* 'Je nachdem was jeder einzelne, jeder Kunde wollte, welche Art von Ware er wünschte, machten wir seinen Ofen.' MT 1.5:21 • RW 309 || Arab. *māl* 'id.' Wehr 885

Mălak männlicher Personenname | MT 1.5:56

Mălaṭya Malatya, Stadt in der Osttürkei | MT 1.6:2

malḥo *n.m.* Salz | *matrénawo meqim i=rezo, ᶜam malḥo w maye šaḥine, matrénawola falge=d-saᶜa* 'Wir wässerten den Reis zunächst mit Salz und heißem Wasser, wir wässerten ihn eine halbe Stunde lang.' MT 2.8:1 • RW 310 || Syr. *melḥo* 'id.' SL 767 → **mlḥ**

malḥowo, *pl.* **malḥowe** Worfelgabel | *bĭṯir m-aṯe knoᶜim u=zād b-raġlōṯ daḥ=ḥĭyewĭnanik išmo b-išmo, bi=qāṣăliye bam=malḥowe kimtawin, kmaqlᵊbi* 'Dann wird das Getreide unter den Hufen der Tiere immer mehr zerkleinert, und mit dem Rechen und der Worfelgabel schieben sie es zurück (auf die Tenne) und wenden es um.' MT 1.1:14 • RW 310 || Syr. *malḥobo* 'winnowing fan' SL 767; cf. Anat. Arab. *məlḥēb* 'id.' JK 131

Malke männlicher Personenname | MT 4.4:2

malko *n.m.*, *pl.* **malke** König | *komir kitwo malko b-ᵊSṭambul, raḥiq mad=dŭkoṯani, čĭk u=šiḏo bi=barṯo* 'Es war einmal ein König in Istanbul, in dessen Tochter der Teufel – es sei fern von hier – hineinschlüpfte.' MT 4.4:1 • RW 311 || Syr. *malko* 'id.' SL 772

malkuṯo *n.f.* Paradies, (himmlisches) Königreich | *hawin dayroye w maxlaṣṣe nafše d-ruḥayye w azzín li=malkuṯo* 'Sie wurden Mönche und erlösten ihre Seelen und gingen ein in das himmlische Königreich.' MT 5.1:43 • RW 311 || Syr. *malkuṯo* 'id.' SL 772

maluḥo *adj.*, f. **maluḥto**, *pl.* **maluḥe** salzig | *w u=ḥa d-obiᶜ taza ksamme w u=ḥa d-obiᶜ kkŭzadde hul d-ibᶜi kkuzdinne bi=malḥo w edi gmifqinne mašĭġinne mi=malḥayo mand̠ᵊfinne d-l-owin maluḥe* 'Wer möchte, bereitet sie frisch zu, und wer möchte, legt sie ein, er legt sie solange er will, in Salz ein. Dann holt man sie heraus und wäscht das Salz von ihnen ab und reinigt sie, damit sie nicht (mehr) salzig sind.' MT 2.13:2 • RW 311 → **mlḥ, malḥo**

malyo *adj.*, f. **mliṯo**, *pl.* **malye** voll, gefüllt | *a-dgišyoṯanik malye ʿăraq w ḥamro* 'Alle diese Krüge (waren) gefüllt mit Schnaps und Wein.' MT 1.4:2 • RW 311 → **mly**

mamlăke *n.f.* Heimatort | *i-ʿade dam-miḏyoye, i-naqqa insān d-ŭwele abro l-ᵊṯlobo, kmakrix ʿayne ʿal ak-kaččĭkat du-ahᵊl, dağ-ğiṛān, di-mamlăke d-kitne biya* 'Die Tradition der Leute von Midyat: Wenn jemand einen Sohn hat, der heiraten sollte, dann schaut sich (der Vater) um unter den Mädchen der Verwandtschaft, der Nachbarn, des Orts, in dem sie leben.' MT 1.3:1 • RW 312 || cf. Türk. *memleket* 'Land, Heimat'

mamlaxṯo *n.f.* Land, Königreich | *komir miḻḻe midlux! hāt gĭd-ībénolux milyarāt, gĭd-ībénolux i-mamlaxṯayḏi w gĭd-ībénolux i-kaččĭke, kmanṭit qīm diḏux b-tarte-kefe?* 'Er sagte. Dann nimm sie! Ich würde dir Milliarden geben, ich würde dir mein Land geben und auch das Mädchen, du aber gibst dich mit zwei Steinen zufrieden?' MT 4.4:14 • RW 312 || Etym. unklar, eventuell < **mamlaḵtā* 'id.' cf. Syr. *mlk Af.* 'to rule, reign' SL 772. cf. Arab. *mamlaka* 'id.' Wehr 877

mamnūn *adj.* froh, zufrieden | *hawino mamnūn d-simxu i-măsălaṯe w ġắlăbe fṣiḥno, hatu ḥkamu tamo w ŭno gĭḥŭkamno harke* 'Es gefällt mir, dass ihr das gemacht habt, ich bin sehr erfreut. Herrscht ihr dort, und ich werde hier herrschen.' MT 5.2:27 • RW 312 || Türk. *memnun* 'id.'; Arab. *mamnūn* 'dankbar' Wehr 872

mamro *n.m.* **(1)** Erzählung, Geschichte | *b-Badibbe bĭlmĭṯil hawi maḥṣa, aṣ-ṣŭroye ʿaṣin ṭamo, ʿal u-mamro d-babi* 'In Badibbe gab es ebenfalls Widerstand, die Christen verschanzten sich dort, nach den Erzählungen meines Vaters.' MT 3.2:22 **(2)** Reden, Sprechen | *zăṭan lĭ-klozim mamro, bayn lu-aḥuno w li-ḥoṯo kowe gworo, bayn li-qariwuṯo lĭ-kowe gworo* 'Man braucht darüber keine Worte zu verlieren: (Selbst wenn) zwischen Bruder und Schwester eine Heirat möglich wäre, wäre doch in einem Patenverhältnis keine Heirat möglich.' MT 5.1:4 • RW 312 || Syr. *mīmro* 'speech, oration, homily' SL 701 → **ʾmr**

mamūr *n.m.* Beamter, staatlicher Angestellter | *kitwo zlām mamūr, ʿal u-māl du-mamurawo, am-miḏyoye w a-ʿĭwardnoye ṭralle lebe d-ᵊḥḏoḏe* 'Es gab da einen Beamten, wegen des Besitzes dieses Beamten stritten sich die Leute aus ʿIwardo und Midyat.' MT 3.2:4 • RW 313 || Türk. *memur* (< Arab. *maʾmūr*) 'id.'

man *inter. prn.* wer | *i-kalaṯe man ᵊkmosik b-iḏa?* 'Wer nimmt die Braut bei der Hand?' MT 1.3:30; *kimmatli u-qatil d-babi man-yo ...* 'Wenn du mir sagst, wer der Mörder meines Vaters ist ...' MT 5.2:98 • RW 313 || Syr. *man* 'id.' SL 778 = **ma²**

man d- wer auch immer

manʿᵊlo *part.*, f. **manʿalto**, *pl.* **manʿᵊle** verflucht | *ftiḥḥe u-tarʿo, ʿabir. miḻḻe ya manʿᵊlo, ᵊnfaq mi-zʿurtaṯe w lĭ-kowe d-mahzᵊmit* 'Sie öffneten die Tür und er trat ein. Er sagte: Du Verfluchter, fahre aus diesem Mädchen aus, doch du darfst nicht fliehen.' MT 4.4:11 • RW 313 || Part. Pass. von *manʿil* 'verfluchen' < Arab. *lʿn I* 'id.' Wehr 833; Tezel 2003: 65

mandăḷina *f.* Mandarine | *maydiwo xid gd-immina, čike ... xi-mandăḷina, e, u-gawzo naʿimo-yo, xid mandăḷina, fitḥíwole bat-tarte iḏoṯo* 'Sie nahmen, sagen wir, (von dem Teig) eine Menge wie eine Mandarine, ja, eine Nuss wäre zu klein, (eine Menge) wie eine Mandarine, und sie formten (die Teigtasche) mit beiden Händen.' MT 2.7:12 • Nicht in RW || Türk. *mandalina* 'id.'

manfăʿa Nutzen, Vorteil | *gdoris, lăšan i=manfăʿa di=ṭayĭfayde du=ʿamayde* 'Er studiert zum Nutzen seiner Gemeinde und seines Volkes.' MT 1.7:1 • RW 314 || Arab. *manfaʿa* 'id.' Wehr 932

manqᵊlo *n.m.* Kohlenbecken | *saymínawo i=ṣopayde, hăka ab=borĭyat hăka u=manqᵊlo* 'Wir machten seinen Ofen, oder die Ofenrohre oder das Kohlenbecken.' MT 1.5:21 • RW 314 || cf. Arab. *manqal* 'Kohlenbecken' Wehr 939

mansaf *n.m.* Bräter, Servierplatte | *ánnaqqa rayziwo aq=qarʿanik-ste, čike mḥarkᵊsíwunne-ste b-dihnito hawxa, rayzíwunne b-arʿe du=mansaf* 'Dann legten sie die Kürbisstücke nebeneinander, sie wendeten sie etwas im Fett und legte sie auf den Boden des Bräters.' MT 2.12:4 • RW 314 || cf. Pal. Arab. *mansaf* 'id.' Seeger 1227; cf. Arab. *minsaf* 'Kornschwinge' Wehr 910

manto *n.f., pl.* **mene** (einzelnes) Haar | *Mōr Zoxe lo foto lo šĭwerib, manto b-daqne layto, hĭč, gd-immit, d-ḥūzatle gd-immit kaččĭke-yo* 'Mor Zoxe – kein Bart, kein Schnurrbart, er hat kein einziges Haar im Gesicht ... Wenn du ihn sähest, würdest du sagen, es ist ein Mädchen.' MT 4.5:10 • RW 314 || Syr. *mento, pl. mene* 'hair' SL 786

măqām *n.m.* Stil | *kṭúwwalle ḥreno, ᵊb-măqām šafiro naqqa=ḥreto, li=pire ḥrela b-awo-ste* 'Sie schrieben ihm einen weiteren (Brief), wieder in einem schönen Stil, doch die Alte verdarb auch den.' MT 5.2:32 • RW 336 || Arab. *maqām* 'Tonart' Wehr 773

maqbăra *n.f.* Friedhof | *kmaḥti u=tabūt bi=naḥšo, d-l-owe b-tabūt naqqa=ḥreto kmaḥti u=mito huwe mkafno bi=naḥšo. w kṭuʿnile, i=ğămaʿa bu=dawro w kizzín aʿme, niše w gawre w šamoše w aq=qaše, kizzín hōl li=maqbăra* 'Sie stellen den Sarg auf die Bahre, und wenn der (Tote) keinen Sarg hat, dann legen sie den in Leichentücher gehüllten Toten direkt auf die Bahre. Sie tragen ihn, die Gemeinde wechselt sich dabei ab, und Männer und Frauen, Diakone und die Priester begleiten ihn, bis sie zum Friedhof kommen.' MT 1.2:6 • RW 315 || Arab. *maqbara* 'id.' Wehr 722

m-aqdam → **aqdam (m-)**

maqlib *n.m.* • RW 315 || cf. Arab. *maqlūb* 'gewendet, umgekehrt' Wehr 761

ʿal maqlib auf die Rückseite | *mid našif kṭowin aṯ=ṯawbanik maʿbᵊrinne l-lawġul, kmaqlᵊbinne ʿal maqlib, lo bi=foto d-kityo u=pāstiq grišo ʿal u=čapān, bi=foto ḥreto* 'Wenn er (der *pāstiq*) getrocknet ist, falten sie diese Leinentücher zusammen und schaffen sie ins Haus. Sie drehen sie (beim Falten) auf die Rückseite, nicht auf die Seite, auf der der *pāstiq* auf den Stoff aufgebracht ist, sondern auf die andere Seite.' MT 1.1:56 → **ʿal**

maqṣad *n.m.* Absicht, Ziel | *mille, qay harke-hatu, márulli u=maqṣad ditxu minyo?* 'Er sagte: Warum seid ihr hier? Sagt mir, was eure Absicht ist?' MT 5.3:12 • RW 315 || Arab. *maqṣad* 'id.' Wehr 747

marʿeze *n.m.* Ziegenhaar | *aʿ=ʿeze-ste qqayṣi mĭnayye marʿeze, u=marʿezano kʿuzlile* 'Von den Ziegen schert man das Ziegenhaar, das Ziegenhaar spinnt man.' MT 1.1:93 • RW 317 || Syr. *ʿamro d-ʿeze* 'id.' SL 1114, 1089

marʿᵊyono *n. agent., pl.* **marʿᵊyone** weidend, grasend | *ida aṯi w hawi* *u=yawmo ġắlăbe ḥayumo adiᶜ ṣahin, kmaštelin naqqa=ḥreto w bĭṯir marᶜᵊyone marᶜᵊyone kmanṭelin lu=bayto* 'Wenn der Tag sehr heiß ist, dann weiß er, dass sie (wieder) durstig geworden sind, er tränkt sie noch einmal, und unter ständigem Grasen bringt er sie nach Hause.' MT 1.1:95 → **rᶜy**

Mar-Gawriye der Heilige Mor Gabriel | *u=Mar-Gawriye, u=Mōr-Malke, w aq=qadišayḏan kulle ŭṯanwo mᶜaw-níwunne* 'Der Mar=Gawriye, der Mōr=Malke und alle unsere Heiligen kamen und halfen ihnen.' MT 3.1:27

markaz *n.m.* Zentrum, Behörde | *mḏayᶜulle, i=ḥkume-ste lĭ=mtanela, mᶜamaṣla ᶜayna, bayn... bu=markaz di=ḥkume šqĭlulle* 'Sie schafften es weg, und die Behörden reagierten darauf nicht, sie drückten ein Auge zu. (Die Muslime) griffen sich das Mädchen in der Behörde.' MT 1.6:3 • RW 318 || Arab. *markaz* 'id.' Wehr 365-366; Türk. *merkez* 'id.'

m-arke ⊗ < *m-* + *harke* von hier, von hier aus | *u=gawdo-ste kítwole xắšăbe d-immina m-arke w xắšăbe mĭ-ṭamo w mayᶜiwo* 'Auch der Butterschlauch hatte zwei Holzstäbe, auf jeder Seite einen. (Damit) butterten sie.' MT 2.5:4; *omir miḻḻe waᶜd-yo m-arke lĭ=kmalaxno, ya hani-ste gĭsaymatte čara, ya m-marke lĭ=fayiš kimhalaxno* 'Er sagte: Ich kann dir versprechen, von hier gehe ich nicht mehr weiter. Entweder du bestrafst auch diese hier, oder ich gehe von hier aus nicht mehr weiter.' MT 4.4:21 → **harke**

markᵊno *n.m.* Tongefäß (für den Joghurt) | *ánnaqqa kitwo immíwole markᵊno, d-ᵊhno-we, fuxxăr, hawxa rabo, maqṭᵊriwo u=ḥalwo buwe* 'Es gab etwas, das man *markno* nannte, es war aus Dingsda, aus Ton, sehr groß. Darin machten sie die Milch zu Joghurt.' MT 2.5:2 • Nicht in RW || cf. Arab. *mirkan* 'Waschgefäß, Waschwanne' Wehr 367

marol (salatası) ⊗ Türkisch Lattugasalat, Endiviensalat | *ksaymit sắlăṭa aᶜmayye, ᵀçoban salatası veya marolᵀ yaᶜni min ᵊd-kitlux bu=bayto, veya latlux sắlăṭa ḥaḏir, ṭurši, hani kuxlatte bu=ṣawmo ġắlăbe basimo* 'Und dazu noch einen Salat, entweder Hirtensalat oder Lattugasalat, was du gerade im Haus hast. Oder wenn du keinen Salat zur Hand hast, (nimmst) du eingelegtes Gemüse. Dieses (Gericht) isst du in der Fastenzeit, es schmeckt sehr gut.' MT 2.10:3 || Türk. *marul* 'id.'

marše *n.f.*, *pl.* **maršat, maršāt** Decke, Teppich | *kīt šĭkil=ḥreno d-ᶜeze kimminne, lo ak=kažžík, ḥīt. aḥ=ḥitani kᶜuzli u=ṣaᶜro, mĭnayye d-ᵊkšimṭi, d-ᵊqqayṣile w ksaymile maršāt, kimminne šale.* 'Es gibt eine andere Rasse von Ziegen, die man nicht *kažžík*, sondern *ḥīt* nennt. Von diesen *ḥīt* spinnt man das Haar, sie scheren es ab und machen daraus Decken; man nennt sie *šale*.' MT 1.1:93 • RW 319 || cf. Kurm. *merş* 'kilim, flat-weave pileless carpet' Chyet 375

Mar-Šᵊmuni die Heilige Šmuni und die ihr gewidmete syrisch-orthodoxe Kirche in Midyat | *mĭ-tamo mahzamlan mu=qadišo, azzán li=Mar-Šᵊmuni, latyo hawxa? mi=Mar-Šᵊmuni azzán l-bĭ-ᶜĂdoka* 'Daraufhin flohen wir von (dieser) Kirche zur Mar Šmuni-Kirche, so war es doch? Von Mar Šmuni flüchteten wir (zum Anwesen) der Familie bĭ-ᶜĂdoka.' MT 3.1:3

marziwo *n.m.*, *pl.* **marziwe** Regenrinne | *ag=gawre qṭĭlinne w u=māl simme yāġma, w ann=adroṯo mawqᵊḏinne, u=admo qaliᶜ bam=marziwe* 'Die Männer töteten sie. Den Besitz plünderten sie und steckten die Tennen in Brand. Das Blut floss durch die Regenrinnen.' MT 3.2:7 • RW 319 || Syr. *marzibo* 'channel, sluice' SL 830

măsăla zum Beispiel | *maḥtiwo čike u-samdo du-garso zid mu-birġil, măsăla ṭase d-birġil, du-samdo du-birġil* 'Sie nahmen von dem *samdo* des *garso* etwas mehr als von dem *samdo* des Bulgur, z.B. eine Schüssel mit Bulgur.' MT 2.7:8 • RW 320 || Türk. *mesela* 'id.' = **măṯălan, măsălan**

măsălan zum Beispiel | *aṯilla lu-ṭlobo, mĭ-Mirde d-oṯin măsălan, ᵓl-Miḏyaḏ* 'Es kamen Leute, um um ihre Hand anzuhalten, z.B. kamen sie von Mardin nach Midyat.' MT 5.2:5 • RW 320 = **măsăla, măṯălan**

măsăle *n.f., pl.* **măsălat, măsayil** Sache, Geschichte, Angelegenheit | *min xĕr-yo? miḷḷe āḷ i-măsăle haṭe b-aṯe-yo* 'Was ist der Anlass? Er sagte: Die Sache verhält sich so und so.' MT 5.2:22; *hawyo xd-i-măsăle dīn daʿwăsi* '(Die Kämpfe) gewannen den Charakter eines Religionskrieges.' MT 3.3:7 • RW 320 || Türk. *mesele* 'id.'; Arab. *masᵓala* 'id.' Wehr 400

Masʿid männlicher Personenname (arab. *Masʿūd*) | MT 3.1:24

maslak *n.m.* Beruf | *iḏa ḥzalle u-zʿuro šafiro, more d-maslak, more d-ṣanʿa ...* 'Wenn sie sehen, dass es ein gutaussehender junger Mann ist, mit einem Beruf, einem Handwerk ...' MT 1.3:7 • Nicht in RW || Türk. *meslek* 'id.'

masoso *n.m., pl.* **masose** Ochsenstachel | *kmawbil aq-qanyonayḏe, w ʿayni ann-alāt du-dworo d-kityo u-niro u-masoso w u-abzoro* 'Er nimmt seine Pflugochsen und die gleichen Geräte zum Pflügen, nämlich Joch, Ochsenstachel und Pflugbaum.' MT 1.1:6 • Nicht in RW || Syr. *masoso* 'ox goad' SL 793

maṣa *n.f., pl.* **maṣat, maṣāt** Tisch | *gfitḥíwolin ʿal ḥāṣ du-lăgan. látwolan maṣāt, látwolan mede w bu-qamḥo fitḥíwunne rabe* 'Die (Fladen) walzte man auf der Rückseite eines Bottichs aus, wir hatten (nämlich) keine Tische, nichts dergleichen. Mit (etwas) Mehl walzte man sie groß aus.' MT 2.1:1 • RW 320 || Türk. *masa* 'id.'

mašiġo *part.,* f. **mašiġto,** *pl.* **mašiġe** gewaschen | *d-ᵓoṯe maṭro ba-tre tloṯo yawmanik, i-ḥalwᵊniṯo kuyo mašiġto, nošo lĭ-kmarġabla* 'Wenn es während der vorhergehenden zwei, drei Tage regnet, dann ist die *ḥalwᵊniṯo* gewaschen und niemand mag sie.' MT 1.1:52 → **šyġ**

mašṭuḥo *n.m.* zum Trocknen nebeneinander hingelegte Trauben | *krayzi suġlo suġlo ksayminne mašṭuḥo, yaʿni sĭ-ḥḏoḏe, kowin šṭiḥe sĭ-ḥḏoḏe aʿ-ʿinwe* 'Dann legen sie die Trauben in Reihen hin, sie machen einen *mašṭuḥo*, d.h. die Trauben werden nebeneinander hingelegt.' MT 1.1:49 • RW 323 || Syr. *mašṭuḥo* 'spread out thing' SL 844 → **šṭiḥo**

maṭro *n.m.* Regen | *bu-rabiʿ-ste mid Aloho hule i-raḥmayḏe w aṯi maṭro ʿal u-zadano, ᵓkyoru* 'Im Frühling dann, wenn Gott seine Güte zeigt und der Regen auf die Saat fällt, wächst sie.' MT 1.1:7 • RW 323 || Syr. *meṭro* 'id.' SL 749

măṯălan *adv.* zum Beispiel | *[ST: ḥalwo ʿeze mĭdone?] aḥna látwolan, bas bĭ-ḥimyoni kítwulle, bi-dirto, b-ʿayni dirtowayna, hinne kítwulle. kítwulle, măṯălan gĭḥilwi* '[ST: Milch, Ziegen usw.?] Wir hatten keine (Tiere), aber meine Schwiegereltern hatten welche im Hof. Wir teilten den gleichen Hof, und sie hatten

(Tiere). Sie hatten zum Beispiel (Tiere), die sie melkten.' MT 2.5:1 • Nicht in RW || Arab. *maṯalan* 'id.' Wehr 853 = **măsăla, măsălan**

măṯibḥo *n.m.* Altar, Altarraum | *iḏa d-howe saliqo du=măṯibḥo kmaslᵊqi u=miṯawo lu=măṯibḥo, kimzayḥile* 'Wenn er jemand ist, der zum Altar hinaufgestiegen ist, dann tragen sie diesen Toten hinauf zum Altar und segnen ihn aus.' MT 1.2:7 • cf. *mādıbḥo* RW 304 || Syr. *maḏbḥo* 'id.' SL 711

maṯlo *n.m.* Spruch, Sprichwort, Beispiel | *kīt maṯlo bu=mgalyūn ...* 'Es gibt einen Ausspruch im Evangelium ...' MT 3.2:43 • RW 323 || Syr. *maṯlo* 'comparison, parable; tale, story' SL 869

maṯyo *inf.* Kommen, Ankommen | *e miḷḷe gd-ŭṯeno l-mune sayyidna, ŭṯeno-stene u=mede d-ibʿitu gĭsaymítulle, w l-ŭṯeno-stene u=mede d-lebayxu gĭsaymítulle, ánnaqqa u=maṯyayḏi bi=hawa-yo* 'Er antwortete: Wozu sollte ich kommen, Hochwürden? Wenn ich komme, werdet ihr das tun, was ihr wollt, und wenn ich nicht komme, werdet ihr auch das tun, was ihr vorhabt. Also ist mein Kommen umsonst.' MT 4.3:8 → **ʾṯy**

mawbᵊlono *n. agent.*, f. **mawbᵊloniṯo**, *pl.* **mawbᵊlone** Überbringer | *i=pire ḥiḷḷa kĭlé kaṯi, ġăḏab diḏe, u=ġăḏab diḏe knoḥit l-arke u=zlām, lĭ=mgarela, lĭ=miḷḷale m-ayko koṯit l-ayko gizzúx lu=mawbᵊlono du=maktūb* 'Die Alte sah ihn kommen, den Zorn, die Wut des Mannes sah man von Weitem, deshalb sagte sie nichts. Sie fragte den Überbringer des Briefs nicht: Woher kommst du, wohin gehst du?' MT 5.2:34 || Syr. *mawblono* 'id.' SL 720 → **ybl**

mawǧūd *adj.*, *pl.* **mawǧudīn** anwesend | *mid hawi ṣafro koṯin naqqa=ḥreto an=noše, xarīǧ d-anik d-kitne ṭamo mawǧudīn* 'Wenn es Morgen wird, kommen dann erneut die Leute, zusätzlich zu denen, die schon dort sind.' MT 1.3:24 • RW 324 || Arab. *mawǧūd* 'id.' Wehr 987

mawqiʿ *n.m.* Ort, Stelle | *lo=kmaḥtile mbarbᵊzo mĭ-ḥḏoḏe kul=ḥa b-dukṯo, raḥuqe, kulle kowin b-dukṯo kimmila lu=mawqᵊʿawo adro* '(Das Dreschgut) legt man nicht getrennt voneinander, entfernt, sondern (die einzelnen Haufen) sind alle an einer Stelle. Diesen Ort nennt man Tenne (Dreschplatz).' MT 1.1:10 • RW 324 || Arab. *mawqiʿ* 'id.' Wehr 1022

mawsum *n.m.* Saison | *aḥna-stene, yaʿni maġbūr, du=šuġlano-na, hiya u=mawsŭmayḏa xid immit u=waxtayḏan du=ʿwodo daṣ=ṣopătani hŭwewo, tloṯo=yarḥe* 'Wir sind aber auf diese Arbeit angewiesen. Die Saison dafür, unsere Zeit, um diese Öfen herzustellen, betrug drei Monate.' MT 1.5:26 • RW 350 || Arab. *mausim* 'id.' Wehr 1004; Türk. *mevsim* 'id.'

maxṣūṣ *adj.* absichtlich, bewusst | *u=dayroyo ǧğil b-siryoyo miḷḷelin, immi lo, balki hāt-ste hawit ṭayo maxṣūṣ kimmit hawxa, lăšan nifqina w quṭli kulan* 'Der Mönch sprach auf aramäisch und sagte zu ihnen ... Sie sagten: Nein. Vielleicht bist auch du Muslim geworden und redest absichtlich so, damit wir herauskommen und sie uns alle umbringen.' MT 3.3:10 • RW 325 || Arab. *maxṣūṣ* 'speziell, Spezial-' Wehr 252; cf. Türk. *mahsus*[2] 'id.'

mayaʿto *n. agent., f., pl.* **mayoʿe** die Frau, die buttert (durch Hin- und Herbewegen des Butterschlauchs) | *gĭfiṯḥo i=mayaʿto u=gawdo gĭḥayro b-feme iḏa hawi zibdo gĭmanṭᵊyola sĭfoqo ...* 'Die Frau, die buttert, öffnet den Butterschlauch und schaut hinein. Wenn sich Butter gebildet hat, holt sie ein Gefäß ...' MT 1.1:76 → **myʿ**

maye *n. pl.* **(1)** Wasser | *am=maye klozim hŭwanwo ǧamude* 'Das Wasser musste kalt sein.' MT 2.7:13; *kamṭin a=dgišyoṯo dam=maye w kamṭin laḥmo w kamṭin ǧule* 'Die Leute von ʿIwardo brachten Krüge mit Wasser, brachten Brot und Kleider.' MT 3.1:14 **(2)** Gewässer (Fluss, Teich usw.) | *miḻḻe aḻo qqŭṭaʿno am=maye gizzino li=xasrayo-ne kitli šuġlo tamo* 'Er sagte: Ich möchte das Wasser überqueren und auf die andere Seite übersetzen. Ich habe dort etwas zu erledigen.' MT 5.2:65 **(3)** Körperflüssigkeit, Blut | *hōl d-kitna sāġ w maye b-abre-d-abnayna, kṭŭʿena mede d-simme b-qarʿayna?* 'Solange wir am Leben sind, und solange Blut in (den Adern) unserer Kindeskinder fließt, werden wir etwa vergessen, was sie uns angetan haben?' MT 3.1:19 • RW 325 || Syr. *mayo* 'id.' SL 750

maye daʿ=ʿinwe Traubensaft | *mid ᵓʿṣīrile knuḥti am=mayaṯṯe, am=maye ḥalye daʿ=ʿinwe li=maḥṣarto, kmitamirre maye ḥalye, kmŭlanne bat=tănăgayāt kmanṭanne lu=bayto* 'Wenn er sie (die Trauben) ausgepresst hat, fließt ihr Saft, der süße Traubensaft in die Kelter. Man nennt ihn süßen Saft. Sie füllen ihn in Kanister und bringen ihn nach Hause.' MT 1.1:51 → **ʿinwe**

maye d-băḏinğan Tomatenmark | *saymínawo hanik-ᵓste ḥašwo w maye d-băḏinğan, liᵓannu lo=qaṯwo, yaʿni latwo ṭamo bu=saṯwo băḏinğan ʿadi d-maḥtina* 'Wir bereiteten für sie eine Füllung zu, und fügten Tomatenmark hinzu, denn man konnte dort im Winter keine normalen frischen Tomaten finden.' MT 2.3:6 → **băḏinğan**

maye du=bibar Paprikapaste | *ksaymit u=ṣōṣ diṯṯe, ʿam zayto, kmaḥtatle ʿil mĭnayye, w sālča, maye d-băḏinğan-ste w maye du=bibar-ste, maye, sālča du=bibar* 'Du machst die Sauce für sie, die du hinzufügst, mit Öl, Tomatenmark und Paprikapaste.' MT 2.11:6 → **bibar**

maye d-qaṭmo Aschenlauge | *ak=karkūš mid maṭin qquṭfinne, ksaymi maye d-qaṭmo w kġayṭi suġlo b-suġlo bam=maye du=qaṭmano* 'Wenn die *karkūš*-Trauben reif sind, pflückt man sie, man bereitet Aschenlauge vor und taucht eine Traube nach der anderen in diese Aschenlauge.' MT 1.1:49 → **qaṭmo**

mayiro *adj.*, f. **mayirto**, *pl.* **mayire** bitter | *koṯin an=noše kūbinne ğīġarāt, bĭṯir maġ=ğīġarāt ksayminne qaḥwe mayirto* 'Die Leute kommen, und man gibt ihnen Zigaretten. Nach den Zigaretten und macht man ihnen bitteren Kaffee.' MT 1.2:14 • RW 325 || Syr. *mariro* 'id.' SL 834

m-ayko von wo, von woher → **ayko**

Măẓăpăṭōmya Mesopotamien | MT 1.7:2

măziḥ *n.m.* Spaß, Scherz | *kmŭḥalle bi=arʿo, d-howe čike ğăsūr huwe kmoyid ax=xōrtīn w ksoyim ḥăqarāt binne. lĭ=kfoyiš lebayye mĭ-ḥḏoḏe, liᵓannu lăšan u=măziḥ w u=ḥănak-yo* 'Sie lassen ihn (den Bräutigam) auf die Erde fallen, und wenn er sich etwas traut, dann packt er die jungen Männer und springt gleichfalls mit ihnen um. Sie nehmen es einander nicht übel, denn es geschieht ja zum Spaß.' MT 1.3:45 • Nicht in RW || Arab. *mazḥ* 'Scherzen, Spaßen' Wehr 864

mazrona *n. coll.* spät reifende Traubensorte mit kleinen Beeren, besonders für Sirup geeignet | *w qĭsim kowin mazrona. am=mazronani ṣirf* *lăšan u=dĭbis, lu=pāstīq w li=ḥărire w laʿ=ʿăqude-ne* 'Ein anderer Teil sind *mazrona*-Trauben. Diese *mazrona* -Trauben dienen nur für den Traubensirup, für *pāstīq*, *ḥărire* und *ʿăqude*.' MT 1.1:48 • cf. *manzrōna* RW 315 || cf. Kurm. *mezrona* 'a type of grape which ripens in the autumn' Chyet 380; cf. Anat. Arab. *mazrūnī* 'id.' VW 405

mʿadlo *part.*, f. **mʿadalto**, *pl.* **mʿadle** gut, richtig, einfach, in Ordnung | *as=sĭmoqe nōrmal miftĭḥiwo, mʿadlo, w i=măğnune-ste hawxa šimṭínawo, šimṭowa mu=qurmo hawxa čike* 'Die Tomaten wurden einfach ausgehöhlt, während wir, (besser die Köchin) bei der Paprika etwas vom Stielansatz abschnitt.' MT 2.2:2 → **ʿdl**

mʿallim *n.m.*, *pl.* **mʿallᵊmīn** Lehrer | *simle i=madrăse w bdalle la=mʿallᵊmīn qorin* 'Er richtete die Schule ein, und die Lehrer begannen zu unterrichten.' MT 5.5:2 • RW 299 || Arab. *muʿallim* 'id.' Wehr 635

mʿalqo *part.*, f. **mʿalaqto**, *pl.* **mʿalqe** aufgehängt | *hawxa mabramle qarʿe ḥiḷḷe kĭlé u=ṭambir diḏe mʿalqo* 'Er wandte den Kopf, da sah er, dass seine Laute (an der Wand) hing.' MT 5.2:72 → **ʿlq**

mʿarṯo *n.f.*, *pl.* **mʿare** Höhle | *fayĭšina ba=mʿare* 'Wir blieben in den Höhlen.' MT 3.1:1 • RW 300 || Syr. *mʿarṯo* 'id.' SL 805

mʿawnono *n. agent.*, f. **mʿawnoniṯo**, *pl.* **mʿawnone** Helfer | *bu=bayto, hin mĭnayye, u=zād b-ᵊḥḏo=naqla kʿurwile, kmuskinne niše-stene aʿmayye ġēr, mʿawnone b-ḥaq diṯṯe* 'Zu Hause sieben manche das ganze Getreide auf einmal mit dem (feineren Sieb), sie stellen dazu noch zusätzlich andere Frauen an, die ihnen gegen Bezahlung helfen.' MT 1.1:20 → **ʿwn**

mbarbᵊzo *part.*, f. **mbarbazto**, *pl.* **mbarbᵊze** zerstreut, verteilt | *i=adro d-kul=nošo sĭ-ḥḏoḏe kuyo, ğiṛān. lăšan d-maḥti nŭṭuro quma, d-mḥafaḏla naqqa=ḥreto maḥ=ḥĭyewin. lo=kmaḥtile mbarbᵊzo mĭ-ḥḏoḏe* 'Die Dreschplätze aller Leute liegen nebeneinander, wie Nachbarn, damit man einen Wächter aufstellen kann, der sie wiederum vor den Tieren beschützt. (Das Dreschgut) legt man nicht getrennt voneinander, entfernt.' MT 1.1:10 → **brbz**

mbarēx

aḷo mbarēx Gott segne (dich)! Antwort auf *barixmōr* → **aḷo**[2]

mbasmᵊro *part.*, f. **mbasmarto**, *pl.* **mbasmᵊre** genagelt, zugenagelt | *aṯi ḥiḷḷe kĭlé sanduqo mbasmᵊro, midle lu=sanduqo kuzzé kfŭtaḥle* 'Er kam und sah, da ist eine zugenagelte Kiste. Er nahm die Kiste und öffnete sie.' MT 5.2:53 → **basmoro**

mbayḏono *n. agent.*, *pl.* **mbayḏone** Verzinner | *w ŭno, u=Yaḥqūb, u=abro du=Sleman ᵊmbayḏono, i=naqqayo naʿimo-wi qim iḏe=d-bābi, sámnowo i=ṣinʿa d-babi, byeḏa* 'Und ich, Yaḥqūb, der Sohn von Sleman dem Verzinner, war damals noch klein, ich ging meinem Vater zur Hand und praktizierte das Handwerk meines Vaters, das Verzinnen.' MT 1.5:6 • Nicht in RW → **byḏ**

mbl ⊗ < *ybl III* → **ybl**

I *mbele, mbela - mobil, miblo tr.* wegnehmen, mitnehmen

mdaglo *part.*, f. **mdagalto**, *pl.* **mdagle** versprochen (zur Ehe) | *qĭsim mĭnayye kowin ḥawrone, u=babo du=kurrĭko w di=kaččĭke, mĭ-naʿmuṯayye kowin mdagle d-ᵊḥḏoḏe* 'Manchmal sind der Vater des Jungen und der Vater des Mädchens Freunde, und (die Kinder) sind einander seit ihrer Kindheit versprochen.' MT 1.3:2 → **dgl**

m-darb *prep.* **(1)** statt, anstelle | *bas uʿdo u=ʿamo ksaymi m-darb u=laḥmawo, kĭliča bu=farmo* 'Doch heutzutage backen die Leute anstelle des Brots einen großen *kĭliča*-Kuchen im Backofen.' MT 1.3:11 **(2)** wegen, an Stelle von | *mi̤lla qay kšinqitu u=zʿurano? mi̤rre kīt aʿle tre=šayre d-dahwo, mĭ-darbayye kšinqínale* 'Sie sagte zu den Henkern: Warum wollt ihr diesen jungen Mann aufhängen? Sie sagten: Er schuldet (uns) zwei goldene Armreifen, deswegen hängen wir ihn auf.' MT 5.1:41 • RW 115-116 → **mĭ, darbo**

mdawro *part.*, f. **mdawarto**, *pl.* **mdawre** rund, kreisförmig | *ḥičḥarrāt w darmone w baqdunas dayim maḥtínawo, w rayzínawole hawxa šafiro mdawro bayn at=tawat* 'Scharfe Paprika, Gewürze und Petersilie gaben wir immer dazu. (Die Kürbisse zusammen mit der Füllung) legten wir im Kreis in die Pfannen.' MT 2.3:7 • RW 328 || Arab. *mudawwar* 'gerundet, rund' Wehr 307

mede *n.m.*, *pl.* **medone, mĭdone (1)** Sache, etwas, irgendetwas ⊗ In negativen Sätzen 'nichts' | *farza baynotayye-na uʿdo, hōl d-kitna sāġ (...) kṯŭʿena mede d-simme b-qarʿayna?* 'Auch wenn wir jetzt immer noch unter ihnen sind, solange wir am Leben sind, (...) werden wir etwa vergessen, was sie uns angetan haben?' MT 3.1:19; *u=nsān d-ŭwele imān xid bzarʿo d-xardălaye, mede lĭ=ġġūrele* 'Ein Mensch, selbst wenn er nur so viel Glauben hat wie ein Senfkorn, dann geschieht ihm nichts.' MT 4.1:9; *kitlix lazim mede?* 'Brauchst du irgendetwas?' MT 5.1:6 **(2)** Besitz, Hab und Gut | *midlan mḥalaqlan ʿal ann=adroṯo, u=săwal diḏan, u=medayḏan, w azzano* "Wir nahmen unser Vieh, unser Hab und Gut und trieben es auf die Tennen, und dann gingen wir los.' MT 3.1:2 **(3)** irgendein | *guzzín l-dukṯo mede* 'Sie werden irgendwohin gehen.' MT 5.2:39 **(4)** ungefähr, oder so | *azzé su... tre=dayroye mede biṯre, azzín* 'Zwei Mönche oder so machten sich auf zu ihm.' MT 4.3:4 • RW 328 || Syr. *medem* 'id.' SL 715

kul=mede alles, jede Sache | *kmawbᵊlila i=damiye, kul=mede d-qudri šuqli, map=pirtăqāl laḥ=ḥabuše, li=qăḏame* 'Sie bringen ihr die *damiye*, alles was sie kaufen können, von Orangen bis zu Äpfeln bis zu gerösteten Kichererbsen.' MT 1.3:16 → **kul**

meḥo *n.m.* Hirn, Gehirn | *maḥtiwo bas=sĭfoqe čike d-ḥimṣe, ya raġlo, u=qarʿo turíwole, mifqiwo u=lĭšonayḏe, mifqiwo ʿaynoṯayye, mifqiwo u=hnayḏe, u=meḥayḏe* 'Man gab auf die Teller Kirchererbsen und entweder einen Fuß ... Den Kopf zerbrach man, man nahm seine Zunge heraus, man nahm seine Augen heraus, man nahm sein Dings, sein Hirn heraus...' MT 2.11:9 • RW 328 || cf. Syr. *muḥo* 'id.' SL 723

meqim *adv.* früher | *meqim qaḥwe sidayna latwo, u=čăy-stene noše nadír šĭtánwole w uḏʿíwole* 'Früher gab es bei uns keinen Kaffee, und auch Tee tranken die Leute selten und kannten ihn kaum.' MT 1.1:63 || cf. Syr. *qḏim, men qḏim* 'before; formerly' SL 1315

meqim m- *prep.* vor | *meqim m-uʿdo kibe b-ḥammiš-w-ʿisri=išne* 'vor ungefähr fünfundzwanzig Jahren' MT 1.6:1 → **mĭ**

meqim mid *conj.* bevor | *bĭṯir mid xaliṣi am=mĭdonani, meqim mid ʿubro gboyiz kallāt ʿal qarʿe di=kalo* 'Wenn das alles vorbei ist, und bevor (die Braut) eintritt, streut er der Braut Geldmünzen auf den Kopf.' MT 1.3:32 → **mid**[1]

meríko *n.m.* Mann | *at̲i u=meríko, húwwalle u=sfoqayd̲e* 'Der Mann kam, man gab ihm seinen Teller.' MT 1.5:36 • RW 326 || Kurm. *mêr, mêrik* 'id.' Chyet 381, 382

mgalyūn *n.m.* Evangelium | *bu=mgalyūn-ᵊste dariğ-yo, komir, mṣalawu l-ani d-ᵊklayt̲inxu* 'Und auch im Evangelium kommt es vor, es heißt: Betet für die, die euch verfluchen.' MT 3.2:42 • RW 329 || Syr. *ewangelyun* 'id.' SL 17

mğáddăra *n.f.* *mğáddăra*, ein Gericht aus Linsen und Reis, eine beliebte Fastenspeise | *ay=yaroqe, hanik-ste kmisomi, kimmina mğáddăra, kmisomi ʿam birġil, kmisomi ʿam rezo* 'Aus den grünen Linsen macht man die *mğáddăra*, wie wir sie nennen. Man kocht sie mit Bulgur oder mit Reis.' MT 2.10:2 • Nicht in RW || Arab. *muğaddara* 'id.' Wehr 126

mğarḥo *part.*, f. **mğaraḥto**, *pl.* **mğarḥe** verletzt, verwundet | *falit tăk tūk mğarḥe ṣūroye, hani-ste čaykiwo ruḥayye taḥt-al=lašat nošo d-lĭ=ḥūzelin* 'Einzelne verwundete Christen entkamen, sie versteckten sich unter den Leichen, damit sie niemand entdeckte.' MT 3.2:8 || cf. Arab. *ğrḥ I* 'verwunden, verletzen' Wehr 130

mhalxono *n. agent.*, f. **mhalxonit̲o**, *pl.* **mhalxone** gehend, zu Fuß gehend | *gĭduʿri kimmi i=kalo ḥad̲ir-yo, qqudritu d-izzoxu mantétulla. mĭnayye kmawbᵊli u=ḥatno aʿmayye, mhalxono, mĭnayye rawixo ʿal i=sisto* 'Sie kommen zurück und sagen: Die Braut ist bereit, ihr könnt gehen und sie holen. Manche bringen den Bräutigam mit, zu Fuß, manche auch zu Pferde.' MT 1.3:28; *mhalxone izzinwo tăbí* 'Sie gingen natürlich zu Fuß.' MT 4.5:1 → **hlx**

mhart̲o *n.f.* Stute | *azzé mant̲ílele u=sayfo du=babayd̲e, du=aġa, w mant̲ílele i=sisto du=babo i=mhart̲ayd̲a tăbí, w húlelene* 'Da gab er ihm das Schwert seines Vaters, des Aghas, und brachte ihm das Pferd des Vaters, natürlich die Stute, und gab sie ihm.' MT 5.2:63 • cf. *mohart̲o* RW 342 || cf. Arab. *muhra* 'weibliches Fohlen' Wehr 882; cf. Syr. *muhro* < Arab. *muhr* 'id.' SL 723

mhaymᵊno *part.*, f. **mhaymanto**, *pl.* **mhaymᵊne** gläubig | *kitwo bu=waxt ᵊd-meqim t̲ăbí, ᵊzlām mhaymᵊno ġắlăbe. mŭsakwo i=Ndat̲alo, a=tlot̲o yawme di=Ndat̲alo, du=ʿed̲o di=Ndat̲alo* 'Es gab, in früherer Zeit natürlich, einen sehr gläubigen Mann. Er hielt fest an der Muttergottes, den drei Tagen der Muttergottes, dem Fest der Muttergottes.' MT 4.1:2 • RW 329 || Syr. *mhaymno* 'trustworthy, faithful, loyal' SL 719 → **hymn**

mḥad̲ro *part.*, f. **mḥad̲arto**, *pl.* **mḥad̲re** vorbereitet | *mid ᵊmḥele i=tfinge, b-kul=dukt̲o tiqo, w aq=qriyawot̲o dak=kurmanğ mḥad̲re-wayye* 'Nachdem er den Gewehrschuss abgegeben hatte, brach überall die Hölle los, die Dörfer der Kurden waren vorbereitet.' MT 3.2:2 → **ḥḏr** ~ **ḥdr**

mḥafd̲o *part.*, f. **mḥafad̲to**, *pl.* **mḥafd̲e** geschützt, sicher | *hawo-ste krūmalle bas=sĭfoqe w krayzi as=sĭfoqe b-dukt̲o ᵊmḥafd̲e* 'Dann füllen sie ihn (den Traubensirup) in tiefe Teller, und die Teller stellen sie in Reihen hin, wo sie geschützt sind.' MT 1.1:55; *mĭnayye lĭ=kudʿi kmaḥtile b-šĭrit̲o, naqlāt kmiqtiʿ u=šĭrit̲o w kizzé u=tăʿab ditt̲e bi=hawa. w mĭnayye kowin mḥafd̲e xid milli bu=stĭmbār* 'Einige kennen sich nicht aus, sie hängen sie an eine Schnur, und manchmal reißt dann die Schnur und ihre ganze Mühe war umsonst. Andere (Süßwürste) aber sind, wie ich gesagt habe, an dem Pappelbrett sicher aufgehängt.' MT 1.1:62 → **ḥfḍ**

mḥalmayto *n.f.* Region der arabischsprachigen Mḥallami (zwischen Mardin und Midyat) | *latimi aʿ=ʿăšayir daṭ=ṭaye kulle laffe.. aʿlayye lăšan ᵊd-quṭlinne, m-Karğōz, w mu=Ṣawro w mi=mḥalmayto kula w ak=kurmānğ kulle* 'Die muslimischen Stämme versammelten sich alle gegen sie, um sie umzubringen. (Darunter waren Kämpfer) aus Gercüş, aus Savur, aus allen Mḥallami-Orten, und alle Kurden.' MT 3.2:9

mḥalqo *part.*, f. **mḥalaqto**, *pl.* **mḥalqe** geworfen, weggeworfen | *ḥille kĭlé kīt qalto, kīt zuġto bălăke ḥĭwirto kumto kiba háqqayis, mḥalaqto* 'Da sah er einen Misthaufen. Da war ein geschecktes Hühnchen, schwarz und weiß, etwa so groß. Es lag dort weggeworfen ... (es war schon länger tot).' MT 4.3:7 → **ḥlq**[2]

mḥasyo *part.*, f. **mḥasayto**, *pl.* **mḥasye** selig (verstorben) | *kitwo u=mḥasyo du=ʿIsa bĭ-Zatte, babe du=Gabroyo, Čalmoki-we, mille ...* 'Es gab den seligen ʿIsa d-bĭ-Zatte, den Vater von Gabro, er war ein Čalmoki, der sagte ...' MT 3.3:3 • RW 330 || Syr. *ḥsy Pa.* (*Part. Pass.*) 'to absolve, to exonerate' SL 475 → **ḥsy**

mḥaṭo *n.f.*, *pl.* **mḥaṭe** Nadel | *ᵊkxurzinne xid u=mede d-ubʿi, rabe aw d-ubʿi naʿime, ḥa su=ḥreno ḥa su=ḥreno bi=mḥaṭo w ḥuṭo* 'Dann fädelt man sie auf, wie man möchte, große oder kleine (Süßwürste), eine (Mandel) neben der anderen, mit Nadel und Faden.' MT 1.1:60 • RW 330 || Syr. *mḥaṭo* 'id.' SL 738 → **ḥyṭ**

mḥoyo *inf.* Schlagen | *bu=mḥoyo dad=dŭquqe, dač=čŭwečik, saymínawo a=sfoqani mu=naʿimo hul lu=rabo* 'Durch das Schlagen mit Schlegeln und Hämmern, stellten wir diese Gefäße her, vom kleinen bis zum großen.' MT 1.5:20 → **mḥy**

mḥt || Syr. *nḥt Af.* 'to take down; to put down' SL 910; cf. Arab. *ḥṭṭ I* 'niedersetzen, absetzen' Wehr 200 → **nḥt**

III *maḥatle, maḥatla - maḥit, maḥto* **(1)** *tr.* stellen, legen | *maḥatle aṭ=ṭawʿunayḏe b-ʿebe* 'Er steckte seine Hostienbrote in seine Brusttasche.' MT 4.4:7; *maqiṯle u=qālyūn diḏe w maḥatle parre m-du=ṭayro ʿal u=qālyūn* 'Er zündete seine Pfeife an und legte eine der Federn des Vogels auf die Pfeife.' MT 5.3:45 **(2)** jdm. etw. anlegen | *kmaḥti ʿarnoṣo rabo b-ᵊqḏolayye xd-u=ṭawqo* 'Sie legen ihnen einen großen Halsring an, wie einen Reif.' MT 1.1:12 **(3)** *tr.* anlegen, errichten | *insān d-obiʿ d-maḥit i=arʿayḏe karmo ...* 'Wenn jemand auf seinem Acker einen Weinberg anlegen will ...' MT 1.1:40 **(4)** *tr.* festlegen | *omir lo tlōṯmo-w-šēṯ-w-išti abohoṯo latimi w maḥatte u=ṣawmano?* '(Der Mönch) sagte: Haben nicht dreihundertsechsundsechzig Kirchenväter sich versammelt und dieses Fasten festgelegt?' MT 4.3:9; *e kitwo bebaxte, wălaw maḥatle l-Šēx Fatḥalla baxto kayiso-ste, ᵊqṭille ġălăbe* 'Es gab eben verräterische Menschen, auch wenn Schech Fatḥalla eine gute Vereinbarung erreicht hatte, brachten sie viele um.' MT 3.3:14 **(5)** *tr.* auferlegen | *lĭ=kobe u=ğurmo d-maḥatlux aʿle* 'Er bezahlt nicht die Strafe, die du ihm auferlegt hast.' MT 1.3:44 **(6)** *tr.* einstellen | *lu=ʿammaṯṯe mille yabo hani fayiši yatume, zoxu táwunne, ḥétunne qm-aṣ=ṣafure* 'Ihr Onkel sagte: Diese (beiden) sind jetzt Waisen geworden, geht und holt sie und stellt sie als Hirten für die

Zicklein und die Lämmer ein.' MT 5.2:3 **(7)** hinzufügen, hinzugeben | *bītir saymiwo-ste maye, u=ṣōṣ dide, maye d-bădinğan, sālča, bam=maye šaḥine, maḥtiwo aᶜle* 'Danach machten sie noch die Sauce dafür, Tomatenmark, d.h. *sālča* in heißem Wasser (aufgelöst), das gaben sie darüber.' MT 2.12:5 **(8)** (Wasser) fließen lassen | *komir šliḥḥe ğulayye maḥatle am=maye kīlín ğamude* 'Sie zogen ihre Kleider aus. Er ließ das Wasser ein, da war es kalt.' MT 4.2:12 **(9)** (in die Akten) aufnehmen, erwähnen | *w ašír maškelan aᶜlayye-ste, w fayišina dižmín, w bītir lī=qadiri saymi mede i=rāstiye, yaᶜni aš=šaxṣāt d-maḥatlan bann=awraqat w flān* 'Wir erhoben Anklage gegen sie und wir wurden zu Feinden. Letztlich konnten sie wirklich nicht viel gegen uns ausrichten, die Personen, die wir in den Akten benannt hatten.' MT 1.6:13

IIIp *maḥit, maḥto - mitaḥit, mitaḥto* **(1)** eingesetzt werden | *kimᶜayin ad=dŭkoto das=sate d-gimmitaḥti* 'Er bestimmt die Stellen, an denen die Reben eingesetzt werden sollen.' MT 1.1:40 **(2)** angelegt werden | *u=ġarzīkano ᵊd-mitaḥit bu=ᶜafro komo ...* 'Wenn der junge Weinberg in schwarzer Erde angelegt wird ...' MT 1.1:45 **(3)** hinzugefügt werden | *idᶜínawo u=ᶜiyār dam=maye-ste míqqayis gmitaḥit aᶜlayye* 'Wir kannten natürlich die Menge an Wasser, wieviel Wasser man dem (Dolma) hinzufügen musste.' MT 2.2:4

maḥit ido ᶜal sich einer Sache annehmen, beschlagnahmen | *i=ḥkume maḥatla ido ᶜal u=šuġlo* 'Die Regierung nahm sich der Sache an.' MT 3.2:40 → **ido, ᶜal**

maḥit išmo nennen, einen Namen geben | *maḥatte išme dayroyo kosani* 'Man gab ihm den Namen „der bartlose Mönch".' MT 5.1:24 → **išmo**[1]

lī=maḥit ᶜal ruḥ- es nicht über sich bringen | *d-ūteno lu=čadir d-ūmanno l-aḥūnoni háwulli u=šamᶜo, (...) gd-immi lī=mīrallux l-ízzux, gīzayᶜit? lī=maḥatli, omir, ᶜar-ruḥi* 'Ich war im Begriff zum Zelt gehen und zu meinen Brüdern zu sagen: Gebt mir die Kerze. (...) Doch dann hätten sie gesagt: Haben wir dir nicht gesagt, du sollst nicht gehen, du wirst dich fürchten? Das brachte ich nicht über mich.' MT 5.3:27 → **ᶜal, ruḥ-**

maḥit bolo bemerken, aufpassen | *lu=ᶜammo maḥátlele bolo, pīč, ksoyim lī=ksoyim d-manṭe ḏarbo aᶜle lī=kmanṭe* 'Der Onkel merkte, dass es ein gefährlicher Gegner war. So sehr er sich auch anstrengte, er konnte keinen Schlag gegen ihn landen.' MT 5.2:91; *komir i=pire maḥatla bolo kaṯi ḥreno m-laff Midyaḏ* 'Die Alte passte auf: Da kam ein anderer aus der Richtung von Midyat.' MT 5.2:28 → **bolo**

maḥit b-ᵊqḏolo beschuldigen | *aṯtux bari-wa w aḥna maḥatlan u=bălano b-ᵊqḏola l-ūno w l-qariwi, w rğīmolan* 'Deine Frau war unschuldig, und wir haben dieses Unglück über sie gebracht, ich und mein Pate, und haben sie steinigen lassen.' MT 5.1:37 → **b, qḏolo**

maḥit b-qumᶜo d-baluṭo (jdm.) die Hölle heiß machen | *komir maḥtile b-qumᶜo d-baluṭo* 'Er machte ihnen die Hölle heiß.' MT 5.2:85 → **b, qumᶜo, baluṭo**

maḥit kalla Geld ausgeben | *šqille alfo=măsayil, maḥatte ak=kallāt diṯṯe* 'Sie kauften tausenderlei Sachen. Sie gaben ihr Geld aus.' MT 3.4:11 → **kalla**

maḥit l-qul ᶜayno berücksichtigen, beachten | *kmaḥti l-qul ᶜaynayye ham d-*

miḥafiḏ u=tawnatṯe d-lĭ=zze b-dukṯo 'Sie achten darauf, dass ihr Häcksel geschützt ist, dass es nicht irgendwohin fliegt.' MT 1.1:17 → **l-qul, ʿayno**[1]

maḥit qarʿo sich legen, sich schlafen legen | *awwĭl d-ᵊgmaḥatno qarʿi, kmaḥto i=ḥmirto di=šanṯo b-aḏni* 'Sobald ich mein Haupt zum Schlafen lege, legt sie mir eine Schlafperle ins Ohr.' MT 5.3:53 → **qarʿo**[1]

maḥit qum foṯe beabsichtigen, sich vornehmen | *maḥatle u=darbo di=arʿo kule qum foṯe* 'Er zog durch die ganze Welt.' MT 5.1:29 → **qum ~ qim, foṯo**

maḥit răhīn als Geisel stellen, hinterlegen | *Šēx Fatḥal̤la msalamle u=abro baynoṯayye, maḥatle răhīn, grăw* 'Da überließ Schech Fatḥal̤la ihnen seinen Sohn, er stellte ihn als Geisel.' MT 3.3:10 → **răhīn**

mḥy || Syr. *mḥy Pe.* 'to strike' SL 738-39

I *mḥele, mḥela - moḥe, miḥyo* **(1)** *tr.* schlagen | *u=šuġlo d-lĭ=knofiq ḥiss mene i=naqqa d-lĭ=moḥit dŭquqo, čakuč, ʿal u=săč, ʿal u=sindān, lĭ=kizze ḥiss* 'Die Arbeit, bei der kein Lärm entsteht: Wenn du nicht mit dem Schlegel oder Hammer auf das Blech, den Amboss schlägst, dann entsteht kein Lärm.' MT 1.5:30 **(2)** *tr.* an (*b-*) etw. stoßen | *mid kamilo i=ṣluṯo du=lĭwoyo kmŭḥalle bann=arbaʿ qurnawoṯo di=ʿito* 'Wenn das Totengebet beendet ist, bringen sie ihn zu den vier Ecken des Altarraums.' MT 1.2:7 **(3)** *tr.* jdn. (*b-*) angreifen, bekämpfen, schlagen | *mil̤le gmŭḥena bi=ḥkume meqim mĭd moḥin, hăma qay qquṭlilan b-pīstiye, mḥele qamayto huwe bi=săraye* 'Er sagte: Wir wollen die Regierung angreifen, bevor sie uns angreift. Warum sollen sie uns in niederträchtiger Weise umbringen? Also griff er als erster das Verwaltungsgebäude an.' MT 3.3:3 **(4)** *tr.* treiben | *kmaḥatle u=daworo u=niro w u=masoso ʿ… b-iḏe, w u=abzoro ʿal katfe, w kmoḥe aq=qanyonayḏe b-qamuṯe w kuzzé lu=dworo* 'Der Pflüger nimmt Joch und Ochsenstachel in die Hand, legt sich den Pflug über die Schulter, treibt seine Ochsen vor sich her und geht zum Pflügen.' MT 1.1:2 **(5)** *tr.* schießen | *hĝimme, msaʿṟre lu=dinayḏan, mḥalle ṣlāḥ b-lalyo ġắlăbe aʿlan* 'Sie attackierten uns, sie verfluchten unsere Religion, sie schossen häufig in der Nacht auf uns.' MT 1.6:12; *mḥele tfinge* 'Er gab einen Gewehrschuss ab.' MT 3.2:2 **(6)** *tr.* dazugeben, hinzufügen, streuen | *mid šaḥin, gĭmḥalqit u=năšadĭrayḏe aʿle, w bĭṯir mid mḥaláqwolux u=năšadir, gĭmoḥit u=darmono gĭfošir* 'Wenn es heiß geworden ist, streust du den *năšadir* darauf, und wenn du den *năšadir* darauf gestreut hast, gibst du das Verzinnungsmittel darauf, es schmilzt.' MT 1.5:16 **(7)** (Musikinstrument) spielen | *ṭray aḥunux moḥe kămanča w hăt mičĭk bu=sanduqo* 'Dein Bruder soll auf der Geige spielen und du schlüpfe in eine Truhe.' MT 5.2:9 **(8)** *intr.* blasen (Wind) | *făqat i=hawa mḥela ban=naqwe kulle* 'Doch die Luft blies durch alle Löcher.' MT 3.2:21 **(9)** *intr.* aufbrechen, losfahren | *komir l-Mōr Malke mḥele, huwe kimṣale w u=šiḏo kĭlé aʿme* 'Mor Malke brach auf, er betete und der Teufel ging mit ihm.' MT 4.4:16

moḥe raġloṯe b-ṭize schnell rennen | *komir i=pire maḥatla bolo kaṯi ḥreno m-laff Miḏyaḏ, kĭle kmoḥe raġloṯe b-ṭize* "Die Alte passte auf: Da kam ein anderer aus der Richtung von Midyat eilig gelaufen.' MT 5.2:28 → **raġlo, b, ṭizo**

mĭ ⊗ Vor Vokal **m-** *prep.* **(1)** von, aus (Richtung) | *i=kaččĭke manṯyulle l-ᵊSṭambul, mĭ-Sṭambul aṯín harke* 'Das Mädchen brachte man nach Istanbul, und von Istanbul kamen sie hierher.' MT 1.6:13 **(2)** aus, gehörend zu | *makr*ᵊ*xi* ʿ*aynayye, ḥdo d-uyo mĭ-*ʿ*āyle kayisto* 'Sie schauen sich nach einem (Mädchen) um, das aus einer guten Familie stammt.' MT 1.3:1; *ḥzele ḥa mĭ-Mălaṭya* ʿ*ĭlawi-we be min-we* 'Er sah jemanden aus Malatya, der war Alevit oder so etwas.' MT 1.6:2 **(3)** aus (Material) | *saymíwole ṭĭbab, aṭ=ṭĭbăbani saymiwo gurwe d-*ᵊ*klušinne, w saymiwo mĭnayye fanerāt* 'Sie machten Wollknäuel daraus, und aus diesen Wollknäueln strickten sie Strümpfe, die sie anzogen, und manche strickten daraus Pullover.' MT 1.1:92; *u=muklo basimo d-kitwo bu=saṭwo ..., dayim hawo u=basimo d-kulle-we, hano maq=qar*ʿ*e-we* 'Das gute Essen, das es im Winter gab ... (Der Kürbisauflauf) war immer das beste von allen. Das machte man aus Kürbissen.' MT 2.3:9 **(4)** von (partitiv) | *u=*ʿ*amo d-Miḏyaḏ, faqiro-yo, akṯar du=ša*ʿ*b, bi=rēğbăriye ksaymi i=idaraṯṯe. mĭnayye dawore-ne* 'Die Bevölkerung von Midyat ist arm, die meisten Bewohner bestreiten ihren Lebensunterhalt mit der Landwirtschaft. Einige von ihnen sind Pflüger.' MT 1.1:1; *miṛṛe la=mbayḏone ṭralle sĭfoqo mĭ-diḏan gab ruḥayye* 'Sie sagten: Die Verzinner haben ein Stück Geschirr von uns bei sich zurückbehalten.' MT 1.5:36 **(5)** seit, von, ab (temporal) | *kizzín mĭ-falge=d-lalyo, ya*ʿ*ni i=sa*ʿ*a traḥṣar aw ḥdo tarte bĭṯir mĭ-falge=d-lalyo* 'Sie machen sich um Mitternacht auf, also um zwölf, oder um zwei, drei Uhr nach Mitternacht.' MT 1.1:67; *mĭ-na*ʿ*muṯayye kowin mdagle d-*ᵊ*ḥdoḏe* '(Die Kinder) sind einander seit ihrer Kindheit versprochen.' MT 1.3:2; *hōl l-u*ʿ*do-stene kīt mĭnayna mšiḥoye, fayiši mač=čağatanik baynoṯayye* 'Und bis heute gibt es Christen von uns, die seit jener Zeit bei ihnen (d.h. den Muslimen) geblieben sind.' MT 3.2:34 **(6)** von (jdm.), aus der Hand von | *kimarw*ᵊʿ*ile bann=ar*ʿ*oṯo, kšuqli-stene ḥaq du=ribbāṭ m-mōr dann=ar*ʿ*oṯo* 'Man lässt (die Herden) auf den Feldern lagern und kassiert das Geld für das Lagern von dem Besitzer der Felder.' MT 1.1:98 **(7)** von, aus (Agens) | *i=ṣin*ʿ*a di=byeḏa, u=byoḏo i=ma*ʿ*-nayḏe, lo mĭ-ḥa=šaxṣ bilḥuḏe, hŭwewo* 'Das Handwerk des Verzinnens ... Verzinnen bedeutet ... es konnte nicht von einer Person allein ausgeführt werden.' MT 1.5:11 **(8)** aus, in Bezug auf | *naqqa=ḥreto hawyo ṭayayto l-áwyo lĭ=kŭḏa*ʿ*no. ya*ʿ*ni min kīt mi=kaččĭke* "Ob sie dann wieder Muslimin wurde oder nicht, das weiß ich nicht. (Ich weiß nicht), was aus dem Mädchen geworden ist.' MT 1.6:14 **(9)** als (beim Komparativ) | *gawr*ᵊ*tír mene-we, mu=malko-we* 'Er war mannhafter als er, mannhafter als der König.' MT 5.2:1; *ko-yo u=maktūb diḏux qṣifo? miḷḷe kĭlé, mawfaqle mi=šafqa húlela-yo, qrela, kĭlé hano hēš antan m-awo* 'Wo ist dein Brief, du Lümmel? Er sagte: Hier ist er. Er nahm ihn aus der Mütze und gab ihn ihr. Sie las ihn, er war noch übler als der vorherige.' MT 5.2:30 **(10)** wegen | *hawo mad*ʿ*árwulle, ma*ʿ*=*ʿ*ayne* 'Den schickten sie wegen der Augen zurück.' MT 3.4:6 || Syr. *men* SL 779

mĭ ... l von ... bis, von ... zu | *kmawb*ᵊ*lila i=damiye, kul=mede d-qudri šuqli, map=pirtăqāl laḥ=ḥabuše, li=qăḏame, lu=sikkaṛ, lu=pāstīq, la*ʿ*=*ʿ*ăqude, l-kul=mede* 'Sie bringen ihr die *damiye*, alles was sie kaufen können, von Orangen bis zu Äpfeln bis zu gerösteten Kichererbsen, zu Süßigkeiten, zu *pāstīq* und Süßwürsten und allem Möglichen.' MT 1.3:16 → **l-**

m-ʿal von, von herab | *măyĭl i-faršaṯe m-ʿal ṣadri* 'Nimm diese Steinplatte von meiner Brust weg.' MT 5.3:10; *naḥit m-ʿal i-sisto* 'Er stieg vom Pferd.' MT 5.3:32; *ḥiḻle kĭlé koṯe wĭč wĭč wĭč wĭč d-safrune, m-ʿal i-dawmo* 'Da vernahm er das Gezwitscher von Vögeln aus dem Baum.' MT 5.3:33 → **ʿal**

m-bayn unter, in der Mitte von | *an-nišе kimnaqin u-zizono m-baynoṯe, ksaymile qufle qufle kimnaqalle, w ksaymile gĭdišo* 'Die Frauen jäten das Unkraut zwischen (den Halmen), fassen die Halme zu Bündeln zusammen und machen daraus einen Getreidehaufen.' MT 1.1:11; *immo manṭeli mo w ḥa m-bayn aṭ-ṭaye, rabe w naʿime* 'So pflegte sie zu sagen: Ich habe 101 Personen, große wie kleine, aus (den Händen) der Muslime gerettet.' MT 1.4:4; *mḥalaqli biṯrayye biṯrayye ŭno-stene m-bayn ak-karme. bayn ak-karme čĭkina taḥt sato, čĭkono ŭno taḥt sato* 'Also lief auch ich immer hinter ihnen her, ab den Weingärten. In den Weingärten versteckten wir uns unter den Weinstöcken, ich versteckte mich unter einem Weinstock.' MT 3.1:10 → **bayn**

mĭ-gab- von, bei | *izzí manṭanwo i-agono mĭ-gabayye* 'Ich ging und holte die Tonschale bei ihnen ab.' MT 2.6:2 → **gab**

miʿwoṯo *n. pl.* Eingeweide, Gedärme | *šdoqāt hawxa u-gawo du-ḥaywān w a-hnayḏe, am-miʿwoṯayḏe* 'Gefüllte Innereien, das sind der Magen des Tiers und seine Eingeweide.' MT 2.7:4 • RW 332 || Syr. *mʿuṯo, pl. mʿawoṯo* 'id.' SL 800

mid[1] *conj.* **(1)** nachdem, wenn | *mid našif u-zād, kmakrᵊxile* 'Wenn die Körnerfrüchte getrocknet sind, drischt man sie (auf dieser Tenne).' MT 1.1:10; *u-qawro bĭtir mid ᵊṣxiṛṛe kšayʿile ᵊb-ṭino w tawno* 'Wenn sie das Grab geschlossen haben, verputzen sie es mit Lehm und Heu.' MT 1.2:10 **(2)** weil, da | *mid layt mede d-mawkil laq-qanyonayḏe, kuzzé čike xayifo, kmarʿelin* 'Weil er nichts hat, um seine Ochsen zu füttern, bricht er etwas früher auf und lässt sie grasen.' MT 1.1:2 • Nicht in RW || Syr. *men d-* 'as soon as, from the time that' SL 779; cf. Syr. *mo d-* 'when, if' SL 700

mid[2] von denen aus | *dayroyo mid Mirde* 'ein Mönch aus Mardin' MT 3.3:9 → **mĭ, d**

midde *n.f.* Zeitraum, Periode | *mid kamil midde d-tišʿo-yawme naqqa-ḥreto, ksaymile laḥmo tiḏkār luwe* 'Wenn neun Tage vergangen sind, verteilt man erneut Brot zu seinem Gedächtnis.' MT 1.2:13 || Arab. *mudda* 'id.' Wehr 856

midhoyo, f. **midhayto**, *pl.* **midhoye** Person aus Midin | *ŭno, u-Alyas, u-abro du-Afrim bĭ-Kittik, mĭ-Miḏyaḏ-no. kĭlí kŭmaṇṇo ḥikkoye lu-Šabo midhoyo* 'Ich bin Alyas, der Sohn von Afrim bĭ-Kittik aus Midyat. Ich erzähle dem Shabo aus Midin eine Geschichte.' MT 5.3:1 • RW 333

miḍḍara *n.f., pl.* **miḍḍarat** Empfangszimmer, Zimmer im Obergeschoss | *tamo-stene lĭ-mḍayanne azzín mahzamme l-bĭ-ʿĂdoka, li-miḍḍara du-ʿĂdo d-bĭ-ʿĂdoka* 'Auch dort konnten sie sich nicht halten, sondern flohen zu den bĭ-ʿĂdoka, in das Empfangszimmer des ʿĂdo aus der Familie bĭ-ʿĂdoka.' MT 3.2:6 • RW 333 || cf. Arab. *manẓara* 'Ort mit schöner Aussicht; Gästezimmer, Empfangszimmer' Wehr 923

Miḏyaḏ Midyat | MT 1.1:1, MT 5.4:1

miḏyoyo, f. **miḏyayto**, *pl.* **miḏyoye** Person aus Midyat | MT 1.2:20; MT 1.3:1 → **Miḏyaḏ**

miḥtāğ *adj.* bedürftig, genötigt | *lĭ=saymitu hawxa mĭdone lo šafire bas=sinʿatkār, lăšan kul=šato, d-oṯin li=qriṯo w d-lĭ=fayšina, a=sfoqe di=qriṯo kulle d-lo bĭyoḏo. hŭwena miḥtăğ, kul=ḥa b-ḥa mĭnayna, maḥtina a=sfoqayḏan ʿal u=ḥay-wan miblínalle la=qrĭyawoṯo* 'Ihr dürft den Handwerkern keine solchen unschönen Dinge antun, damit sie jedes Jahr ins Dorf kommen und wir nicht bleiben, nicht alles Geschirr des Dorfes unverzinnt bleibt. Wir wären sonst genötigt, jeder einzelne von uns, unser Geschirr auf das Tragtier zu laden und es in die Dörfer zu bringen.' MT 1.5:40-41 • cf. *miḥtēc* RW 331 || Arab. *muḥtāğ* 'bedürftig, arm, elend' Wehr 225; cf. Türk. *muhtaç* 'id.'

milk *n.m.*, *pl.* **milkat, milkāt** Grundbesitz, Besitz, Eigentum | *sidayna aw=warzani, kowe binne fuğe, zăbaš, farḥe kimmínalle šaṭṭiyāt. w qarʿe, ḍōlmᵊkāt. kul=mede lu=gorān di=taqa w du=milk ᵊd-kŭwele lu=daworano* 'Bei uns wachsen auf den Melonenfeldern Zuk-kermelonen, Wassermelonen, Gur-ken und was wir *šaṭṭiyāt* nennen, Kür-bisse, und Zucchini. Alles gemäß den Möglichkeiten und dem Grundbesitz, über den der Pflüger verfügt.' MT 1.1:4; *qĭsim bi=rēğbăriyaṯṯe lbike-wayne, kitwulle milkāt, bam=milkāt diṯṯe* 'Ein Teil von ihnen war in ihrer Landwirtschaft tätig, sie besaßen Land, und auf ihrem Land (betrieben sie Landwirtschaft).' MT 1.7:6 • RW 334 || Arab. *milk* 'id.' Wehr 876

milla ~ **mille** *n.f.* Volk, Gemeinde, Menschenmenge | *mağbūr-na du=ʿwodano, lăšan i=mille w lăğan ruḥayna* 'Wir sind auf diese Arbeit angewiesen, zum Wohl der Leute und zu unserem eigenen Wohl.' MT 1.5:29; *kitle, huwe w i=aṯto kitle ḥa=abro, he naʿimo-yo, nafiq bayn an=naʿime. w i=milla xila ḥḏoḏe, măsălan xud Miḏyaḏ quryo lu=mağmaʿ d-hawīr diḏa kule* 'Er und seine Frau hatten einen Sohn, der noch klein war, der ging hinaus zu den Kindern. Es herrschte Menschengedränge, wie wenn zum Beispiel Midyat alle Leute der Umge-bung einladen würde.' MT 4.1:3 • RW 334 || Arab. *milla* 'Religionsgemeinschaft, Religion' Wehr 874; Türk. *millet* 'Religionsgemeinschaft, Volk, Nation'

mĭloḥo *inf.* *II* Salzen | *i=gwetaṯe kmašĭğila bĭṯir mid hawyo, w kimqaṭʿila, kimmalḥila, bĭṯir mu=mĭloḥawo ksaymila maye w malḥo* 'Nachdem dieser Käse fertig ist, waschen sie ihn, schneiden ihn in Stücke und salzen ihn. Nach dem Salzen machen sie zusätzlich eine Salzlake für ihn.' MT 1.1:84 → **mlḥ**

milyār *n.m.*, *pl.* **milyarat, milyarāt** Milliarde | *komir miḻḻe midlux! hāt gĭd-ĭbénolux milyarāt, gĭd-ĭbénolux i=mamlax-taydi w gĭd-ĭbénolux i=kaččĭke, kmanṭit qīm diḏux b-tarte=kefe?* 'Er sagte. Dann nimm sie! Ich würde dir Milliarden geben, ich würde dir mein Land geben und auch das Mädchen, du aber gibst dich mit zwei Steinen zufrieden?' MT 4.4:14 || Türk. *milyar* 'id.'

milyōn *n.m.*, *pl.* **milyone** Million | *miḻḻe ašír zoxu márulle lu=faṭiryarxo lĭ=kŭṯeno, mĭ=šuğlo ŭno kitli ba.. maltamle milyone d-kohne ŭno gd-ŭṯeno l-mune?* 'Er antwortete: Geht und sagt dem Patriarchen, dass ich nicht komme. Was geht es mich an? Er hat doch Millionen von Priestern versammelt, wozu soll ich da kommen?' MT 4.3:4 || Türk. *milyon* 'id.'

min *inter. prn.* ⊗ häufig mit Assimilation des *-n* an den folgenden Konsonanten: *mis, mik* usw. **(1)** was | *babi miḻḻe Sayyid Aḥmad, Sayyid Aḥmad! miḻḻe min-yo, ya stād?* 'Mein Vater sagte: Sayyid Aḥmad!

Sayyid Aḥmad! Er sagte: Was ist, Meister?' MT 1.5:47; *u=săbab min-yo?* 'Was ist der Grund?' MT 3.2:20; *omir mar ᵀoġlumᵀ, mis=simlux? mistaʿríf biya gin-naḥlux!* 'Er sagte: Sag, mein Junge, was hast du getan? Gestehe es, dann wirst du genesen.' MT 5.1:39 *more du=ḥatno azzín mírṛalla, miḷḷe ftaḥlan fāl, ḥzay mik=kīt b-fōṯ di=kalayḏan* 'Die Angehörigen des Bräutigams gingen und sagten zu ihr: Mach für uns eine Wahrsagung, schau was unsere Braut erwartet.' MT 5.2:10 **(2)** ⊗ mit *d-*: was auch immer | *min ᵊd-kitlux bu=bayto* 'was du gerade im Haus hast' MT 2.10:3; *miḷḷe hano min d-kityo năṣīb diḏi-yo, mirre yabo ṭr-owe năṣīb diḏux* Er sagte: Was auch immer es ist, es ist für mich bestimmt. Sie sagten: Gut, es sei dir bestimmt..' MT 5.2:52 || Syr. *mon, mun* 'id.' SL 778

mi=naqqa d- *conj.* seit, seitdem → **naqqa**

minne *n.f.* Wohltat, Gunst • RW 335 || Arab. *minna* 'Gunst, Freundlichkeit, Wohlwollen' Wehr 879; Türk. *minnet* 'id.'

soyim minne ʿal sich hochmütig verhalten gegenüber jdm., der Gutes von einem erfahren hat → **sym**

mĭqabil → **mqabil ~ mĭqabil**

miqqa *inter. prn.* wieviel | *maḥtiwo maye-ste aʿle, lĭ=kuḏʿono miqqa* 'Sie fügten noch Wasser dazu, doch ich weiß nicht wieviel.' MT 2.5:3 • RW 336 || < Ṭur. *min* 'was' + Arab. *qadr* 'Ausmaß, Maß; Menge, Anzahl' Wehr 729; cf. Kurm. *çiqa, çiqas* 'id.' Chyet 111-12; cf. Anat. Arab. *ašqad* < **ayš=qadr* 'id.' JK 9; cf. Türk. *ne kadar* 'id.' → **haqqās, háqqayis, háqqayiske**

míqqayis ~ mínqayis *prn.* wieviel | *halbat iḏʿínawo u=ʿĭyār dam=maye-ste míqqayis gmitaḥit aʿlayye* 'Wir kannten natürlich die Menge an Wasser, wieviel Wasser man dem (Dolma) hinzufügen musste.' MT 2.2:4 • RW 336 = **míq-qayiske, miqqa**

míqqayiske *inter. prn.* wieviel | *lăšan hanik-ste bu=mustaqbil, iḏa aṯi w mḥawil abro mĭ-diṯṯe, aw barṯo mĭ-diṯṯe, lăšan d-iḏʿi míqqayiske ṭʿinne l-ᵊd-ruḥayye, hinne-ste madʿᵊrila aʿlayye* '(Das ist dafür,) dass auch sie in Zukunft, wenn ein Sohn oder eine Tochter von diesen Leuten heiratet ... damit sie wissen, wieviel diese ihrem (Sohn bzw. Tochter) geschenkt haben, und sie es ihnen zurückgeben können.' MT 1.3:42 = **miqqa, míqqayis ~ mínqayis**

Mirde ~ Murde Mardin, Stadt im Südosten der Türkei | | MT 1.7:2

mirdnoyo, f. **mirdnayto**, *pl.* **mirdnoye** Person aus Mardin | *hani am=mirdnoye, an=noše d-Mirde d-mawballe i=kalo ...* 'Die Leute von Mardin, diese Leute, die die Braut weggeführt hatten ...' MT 5.2:36 → **Mirde ~ Murde**

mĭre *n.m.* Spiegel | *d-oṯe l-bōl da=nsanat i=naqqa d-ṭoʿin ḥa d-oḏiʿ kaʾinnahu huwe-ste kitle yawmo gĭmiṭʿin hawxa ʿal ak=katfoṯo w gĭd-izzé huwe-ste gim-miqwir, lăšan d-huyole-yo b-bole dayim, d-huyole-yo l-qul ʿayne xd-u=mĭre* 'Damit er weiß, dass es auch für ihn einen Tag gibt, an dem auch er so auf den Schultern getragen wird und auch er begraben wird. Damit es ihm immer im Sinn ist, damit es ihm vor Augen steht wie ein Spiegel.' MT 1.2:17 • RW 337 || Anat. Arab. *mǝre* 'id.' VW 172; cf. Arab. *mirʾāh* 'id.' Wehr 326

mirğane *n.f.*, *pl.* **mĭreğin** Koralle | *komir lu=babo di=kaččĭke mlĭlele ṭasĭke haqqās d-mĭreğin* 'Der Vater des Mädchens füllte ihm eine Schale bis hierhin mit Korallen.' MT 5.3:22 • Nicht in RW || Arab. *marǧān* 'id.' Wehr 860

mirhōv *n.m.*, *pl.* **id.** Freund, guter Bekannter | *ᵊbdalle kkurxi, ᵊgdomix kul ʿaṣro nafšoṯo taḥt ḥa-lḥēf, u-lḥefawo-stene mparpᵊṭo, l-man húlelin a-lḥefatani, lam-mirhōv diṯṯe aṭ-ṭaye, ībíwunne zād* Sie fingen an zu betteln, je zehn Personen schliefen unter einer Bettdecke, und die war auch noch zerfetzt. Wer gab ihnen diese Bettdecken? Ihre Freunde unter den Muslimen, und die gaben ihnen auch Getreide.' MT 3.2:24 • RW 337 || Kurm. *mirov, meriv* 'man; relative, cousin, kin' Chyet 374, 390

miskeno *n.m.*, f. **misketo**, *pl.* **miskene** arm, in bedauernswertem Zustand | *ánnaqla u-ḥa d-ūṯewo mene, lu-farmo kimšayaʿla, maḥit.. maḥátwola, mšayáʿwola laf-farme, kitwo farme. w u-ḥa d-l-oṯe mene, miskeno, gīm-maḥatla hawxa kito b-lăgan rabo w ʿal i-nuro* 'Wer es sich leisten konnte, brachte sie (*qabrᵊġaye*) zum Backhaus und ließ sie dort (braten). Er schickte sie in ein Backhaus, es gab nämlich Backhäuser. Wer es sich nicht leisten konnte, der Ärmste, der legte sie in einen großen Bräter, den er aufs Feuer stellte.' MT 2.4:6 • RW 338 || Syr. *meskino* 'poor' SL 791

misliq *n.m.* Wasserhahn | *komir šlīḥḥe ǧulayye maḥatle am-maye kīlín ǧamude, kmabrim u-misliq ḥreno kīlín ǧamude* 'Sie setzten sich und zogen ihre Kleider aus. Er ließ das Wasser ein, da war es kalt. Er drehte an dem anderen Wasserhahn, das Wasser war kalt.' MT 4.2:12 • Nicht in RW || Türk. *mıslık* 'id.'

mīṣarbᵊṣono → **mṣarbᵊṣono** ~ **mīṣarbᵊṣono**

mišḥo *n.m.* Butterschmalz, Butterfett, Butter | *u-mišḥo, i-zibdo gīmalīmila, mid hawyo taqrīb d-ᵊdgīšto, kimfašrila, maḥtila ʿal i-nuro kimfašrila, bīṯir mid faširo, kimʿaqdila.* 'Das Butterschmalz: Man sammelt die Butter, und wenn es ungefähr ein Tonkrug voll geworden ist, lässt man sie aus, man stellt sie aufs Feuer und lässt sie aus. Nachdem sie flüssig geworden ist, lassen sie sie wieder fest werden.' MT 1.1:79 • RW 339 || Syr. *mešḥo* 'oil, fat' SL 844

mištīri *n.m.*, *pl.* **mištīriye** Kunde | *kul-ḥa kul-mištīri lu-gorān d-ūbaʿwo, m-ayna šīkil, māl ūbaʿwo, saymínawo i-ṣopayḏe* 'Je nachdem was jeder einzelne, jeder Kunde wollte, welche Art von Ware er wünschte, machten wir seinen Ofen.' MT 1.5:21 • RW 339 || Türk. *müşteri* 'id.'; Arab. *muštarin* 'Käufer' Wehr 478

mištuṯo *n.f.*, *pl.* **mištawoṯo** Hochzeit | *u-bayto di-mištuṯo, kibe kēf w ṣăfa w ṭʿoyo ... tiṭʿiyo di-nafšo* 'Denn in einem Hochzeitshaus herrschen Freude und Vergnügen, Vergessen und die Irreführung der Seele.' MT 1.2:16 || Syr. *meštuṯo* 'banquet, wedding feast' SL 856 → **šty**

mīṭirbi *n.m.*, *pl.* **mīṭirbiye** Sänger | *i-mištuṯo d-ūweba mīṭirbi, kowe kēf w raqḏo ġālăbe* 'Wenn es auf der Hochzeit einen Sänger gibt, dann gibt es viel Spaß und Tanz.' MT 1.3:26 • RW 340 || Arab. *muṭrib* 'Sänger, Musiker' Wehr 562; Kurm. *mitirb, mirtib* 'drummer, traditional musician, menestrel' Chyet 391

miṯo *part.*, f. **miṯto**, *pl.* **miṯe** tot | *l-ídʿinawo lo miṯe-na w lo săġ-na, ruḥan zila* 'Wir wussten nicht, ob wir tot oder lebendig waren. Unsere Lebenskraft war dahin!' MT 3.1:21; *lī-maniḥḥe aš-šaḥtīn, lī-maqimme miṯe?* 'Haben sie nicht die Krüppel geheilt, haben sie nicht Tote auferweckt?' MT 4.3:10 → **myṯ**

mizwiğ *n.m.* zweisaitige Geige | *bu=šiklano mdawamla u=raqdayda, ʿūd, mizwiğ, kămān, kul=xŭṣūṣ, hōl d-hawi dărang du=lalyo* 'Auf diese Weise setzte sie ihren Tanz fort, (mit) Laute, zweisaitiger und mehrsaitiger Geige, und allem was dazu gehört, bis es späte Nacht wurde.' MT 1.5:48 • Nicht in RW || cf. Arab. *zwğ IV* 'verbinden, koppeln' Wehr 394

mkafno *part.*, f. **mkafanto**, *pl.* **mkafne** (in Leichentuch) gehüllt, gewickelt | *kmaḥti u=mito huwe mkafno bi=naḥšo* 'Sie legen den in Leichentücher gehüllten Toten auf die Bahre.' MT 1.2:6 → **kfn**²

mkl → **ʾxl**

mlḥ || Syr. *mlḥ¹* 'to sprinkle salt' SL 766-67 → **malḥo**

II *malaḥle, malaḥla - maliḥ, malḥo* ⊗ < **mm... tr.* salzen | *gĭqayšo i=zibdo, yaʿni u=mišḥo, i=zibdo, gĭmalĭmola, gĭmašĭġola w gĭmmalḥola w gĭmaḥtola b-sĭfoqo* 'Sie schöpft die Butter ab, sammelt sie, wäscht sie, salzt sie und legt sie in ein Gefäß.' MT 1.1:77

mly || Syr. *mly Pe.* 'to fill up' SL 768-9

I *mlele, mlela - mole, milyo tr.* füllen | *kul=ḥašwo mĭlénawole darmone* 'Wir reicherten jede Füllung mit Gewürzen an.' MT 2.3:7

Ip *mle, milyo/malyo - mimle, mimloyo* gefüllt werden, sich füllen | *i=qabrᵊġaye, laltaḥ mi=katfo, mi=katfo w u=gawo kule ʿam ann=alʿotanik, čike mi=katfo, čike mi=katfo-ste ʿam i=qabrᵊġaye, hawxa d-mimloyo, falge di=ṣifro milyowa* 'Die *qabrᵊġaye* reichte von unterhalb der Schulter, von der Schulter, und umfasste das ganze Vorderviertel mitsamt den Rippen. Ein Stück von der Schulter war auch bei der *qabrᵊġaye* dabei. Wenn sie gefüllt war, dann nahm sie das Tablett bis zur Hälfte ein.' MT 2.4:2

mo *num.* hundert || Syr. *mo* 'id.' SL 700

bam=mo + num. von Hundert, Prozent | *w i=ḥdo d-moyiṯ u=gawro, bam=mo tišʿi lĭ=kmaydo gawro=ḥreno* 'Die Frau, deren Mann stirbt, heiratet in neunzig von hundert Fällen keinen anderen Mann.' MT 1.2:19 → **b**

modern *adj.* ⊗ Türkish modern | *bĭṯir mid kamil tloṯo=yawme, u=yawmo d-ᵊkmoyiṯ kobi tišmišto, čike d-laḥmo, apšoṯo, uʿdo sĭmulle ᵀmodernᵀ. kobi sikkar* 'Wenn drei Tage vergangen sind ... Am Tag, an dem er stirbt, geben sie eine Totengabe, etwas Brot, Rosinen, doch heute hat man das modernisiert, sie geben Süßigkeiten.' MT 1.2:12

Morēn männlicher Personenname | MT 3.1:14

Mōr Ḥiššabo der Heilige Ḥiššabo, und die ihm gewidmete syrisch-orthodoxe Kirche in ʿIwardo | MT 3.2:13 → **ḥiššabo**

Mōr Malke der Heilige Malke | MT 4.4:3

moro *n.m.*, *pl.* **more**; gen. *more* oder *mōr* **(1)** Angehörige, Familie ⊗ nur *pl.* | *more du=ḥatno azzín mírralla, mille ftaḥlan fāl, ḥzay mik=kīt b-fōṯ di=kalaydan* 'Die Angehörigen des Bräutigams gingen und sagten zu ihr: Mach für uns eine Wahrsagung, schau was unsere Braut erwartet.' MT 5.2:10; *bĭṯir, mid mayiṯ u=mito, ṭăbí am=more-ste kʿuğzi ...* 'Dann, nachdem der Todesfall eingetreten ist, wird es den Angehörigen bald lästig ...' MT 1.2:4 **(2)** Besitzer | *ʿudínawo ba=qrĭyawoṯo, ŭbíwolan more da=sfoqe muklo* 'Wir arbeiteten in den Dörfern. Die Besitzer des Geschirrs versorgten uns mit Essen.' MT 1.5:34 **(3)** jemand, der bestimmte Kenntnisse oder Qualifikationen hat | *gĭmaʿmáṇṇolin madrăse, w mitaltᵊmi maš=šuqone (...) kayis gĭd-owe, gĭd-owin more d-ʿĭlim fălān* 'Ich werde für sie eine Schule bauen, damit sie von den Straßen geholt werden (...) Das wird besser sein, sie werden etwas lernen.' MT 5.5:1; *iḏa ḥzalle u=zʿuro šafiro, more d-maslak, more d-ṣanʿa ...* 'Wenn sie sehen, dass es ein gutaussehender junger Mann ist, mit einem Beruf, einem Handwerk ...' MT 1.3:7 || Syr. *moro* 'master, owner' SL 823

mōr ᵊḥḏoḏe zusammengehörend | *e fit hăt w ṯray i=sisto harke! miḻḻe loʾ, ŭno w i=sisto tavda, mōr ᵊḥḏoḏe ...* 'Nun, dann setze du über und lass das Pferd hier. Er sagte: Nein, ich und das Pferd zusammen, wir gehören zusammen.' MT 5.2:65 → **ḥḏoḏe**

howe moro sich um (*b-*, *l-*) jdn. kümmern → **hwy**

Mōr Šarbil, Mōr Šarbēl der Heilige Šarbil und die ihm gewidmete syrisch-orthodoxe Kirche in Midyat | MT 1.6:11 = **Šarbēl**

Mōr Zoxe der Heilige Zoxe (= Nikolaus) | MT 4.5:1

moṭor *n.m.*, *pl.* **moṭorat, moṭorāt** Motor | *kīt raḥyo d-ʿal am=moṭorat* 'Es gibt Mühlen, die mit Motoren laufen.' MT 1.1:33

moxĭle, *pl.* **moxĭlat, moxĭlāt** Sieb, feines Sieb | *arbʿo=šiklāt moxĭlāt kito, naʿimto w rab w rab, yaʿni xašin w xašin* 'Es gibt vier Arten von Sieben, fein und größer und größer, d.h. gröber und gröber.' MT 1.1:34 • RW 344 || Arab. *munḫul* 'id.' Wehr 901; Anat. Arab. *mūxəl* 'id.' JK 139

mparpᵊṭo *part.*, f. **mparpaṭto**, *pl.* **mparpᵊṭe** zerfetzt | *ᵊbdalle kkurxi, ᵊgdomix kul ʿaṣro nafšoṯo taḥt ḥa=lḥēf, u=lḥefawo-stene mparpᵊṭo* 'Sie fingen an zu betteln, je zehn Personen schliefen unter einer Bettdecke, und die war auch noch zerfetzt.' MT 3.2:24 || cf. Syr. *prṭ* 'to tear asunder, cleave; to disperse, scatter' SL 1237

mqabil ~ mĭqabil *prep.* **(1)** gegen | *wálḥasil azzín mᵊqabil diḏe mzaraṯṯe aʿle w hĝimme aʿle* 'Schließlich zogen sie ihm entgegen, sie beleidigten ihn, sie griffen ihn an.' MT 5.2:50 **(2)** in die entgegengesetzte Richtung | *u=mede d-ᵊgbayzi bad=dŭquqaṯṯe, ak=kaččĭkāt kmadʿᵊrile mqabil d-ᵊḥḏoḏe* 'Was sie mit den Schlegeln zur Seite drücken, das schieben die Mädchen wieder zurück an Ort und Stelle.' MT 1.1:31 **(3)** für, gegen (z.B. Geld) | *d-latwe b-leba l-úṯyowa, čike d-saymiwo ʿiṣyān hani d-kityo sidayye d-l-ĭbila, maqnᵊʿíwunne mĭqabil ᵊd-kallāt* 'Wenn sie es nicht im Herzen trug, kam sie nicht mit. Wenn diejenigen, bei denen sie war, sich widersetzten und sie nicht hergeben wollten, dann überredeten sie sie mit Geld dazu.' MT 3.2:33 • RW 336 || Anat. Arab. *məqābəl* 'id.' JK 110

mqadšo *part.*, f. **mqadašto**, *pl.* **mqadše** heilig

u=kṯowo mqadšo Bibel, das Heilige Buch | *qraye da=kṯowe mqadše* 'Lesungen aus den heiligen Büchern' MT 1.2:16 → **kṯowo**

mqaṣṣ *n.m.* Schere | *mḥaḏrínawulle, aṣ=ṣopat, at=tarʿaṯṯe, ar=raĝloṯaṯṯe, hani u=mede d-kitwe šuĝlo bu=mqaṣṣ* 'Wir bereiteten die Öfen vor, ihre Türen, ihre Füße; das waren die Dinge, die Arbeit mit der Schere bedeuteten.' MT 1.5:31 • RW 344 || Arab. *miqaṣṣ* 'id.' Wehr 746

mqašše *n.f.*, *pl.* **mqaššat, mqaššāt** Schaumlöffel | ... *hīl d-nifqi l-fote dam=maye ak=kutle, maydínawolin bi=mqašše maḥtínawolin b-sĭfoqo* '... bis die Kutle im Wasser nach oben stiegen. Dann nahmen wir die Kutle mit dem Schaumlöffel heraus und legten sie in eine Schüssel.' MT 2.7:15 • RW 344 || cf. Anat. Arab. *mqašše* 'id.' JK 114; cf. Arab. *miqašša* 'Besen' Wehr 745

mqd̲ ⊗ < *yqd̲ III* → **yqd̲**

moqad̲le, moqad̲la - moqid̲, muqd̲o anzünden, verbrennen

mrabᶜo *part.*, f. **mrabaḥto**, *pl.* **mrabᶜe** viereckig | *mqaṭᶜíwola hawxa falqe, ᵊhno, ᵀküpᵀ e, min kimmítunne? hawxa, [ST: mrabᶜe?] e, mrabᶜe ... e, mrabᶜe w xid sānṭīn raqiqe* 'Man schnitt ihn (den Kürbis) in Stücke so wie *küp*, wie nennt ihr sie? So ... [ST: viereckig?]. Viereckig, ja, viereckig und etwa einen Zentimeter dünn.' MT 2.12:2 || Syr. *mrabᶜo* 'square' SL 825; Arab. *murabbaᶜ* 'id.' Wehr 330

mrw ⊗ < *yrw III* → **yrw**

morawle, morawla - moru, murwo großziehen, groß machen

msalle *n.f.*, *pl.* **msallat, msallāt** Sacknadel | *i=qabrᵊġaye ánnaqla, lĭ=kubᶜéwola ḥayṭo-ste, kīt hin mena arbaḥ, arbaᶜ darzāt mi=xaṣrayo w m-ayo, kitwo hawxa immíwola mḥaṭo rabṭo, msalle, suxríwola.* 'Die *qabrᵊġaye* brauchte man nicht einmal zuzunähen. Manche mussten aber mit vier Nähten auf jeder Seite geschlossen werden. Es gab (dafür) eine große Nadel, die wir *msalle* (Sacknadel) nannten.' MT 2.4:5 • RW 345 || Arab. *misalla* 'große Nadel, Sacknadel' Wehr 429

msamḥono *n. agent.*, f. **msamḥoniṯo**, *pl.* **msamḥone** vergebend | *Aloho lĭ=ksomiḥ l-insān d-howe bi=ḥkumayd̲e w howe kīn w ġăraz b-lebe, lazim d-howe dayim msamḥono* 'Gott erlaubt es dem Menschen nicht, dass er unter seiner Regierung lebt und (zugleich) in seinem Herzen Hass und Rachegedanken (gegen andere) hegt. Er muss immer Vergebung üben.' MT 3.2:43 → **smḥ**

msawyo *adj.*, f. **msawayto**, *pl.* **msawye** gerade, geradewegs, eben | *d-howe daworo kayiso rēğbár mahir, bu=dworo, bu=ᶜiyono kimqasim i=dukṯo, w koṯin ar=rezat ᵊmsawye* 'Wenn jemand ein guter Pflüger ist, ein Bauer, der beim Pflügen geschickt ist, dann teilt er den Platz nach Augenmaß ein, und die Reihen (der Weinstöcke) werden gerade.' MT 1.1:41; *gĭdŭᶜanno hawxa mi=xasra du=dĭyār w hāt hawxa, w msawyo ᶜal i=qriṯo* 'Ich werde so von der Seite des Hügels zurückkommen, und du so, und dann (geht's) geradewegs ins Dorf.' MT 5.2:103 || cf. Arab. *swy II* 'ebnen, planieren' Wehr 453

msk || Arab. *msk I* 'ergreifen, fassen, packen, halten' Wehr 866

I *msikle, msikla - mosik, misko* **(1)** fangen, ergreifen | *i=kalaṯe man ᵊkmosik b-id̲a? bĭṯir mu=ḥaṯno, kmiski u=ahᵊl did̲a tarte=kaččĭkat, kburmi tlōṯ=kore l-ḥĭd̲ōr u=ftilo* 'Wer nimmt die Braut bei der Hand? Nach dem Bräutigam ergreifen zwei Mädchen von ihrer Familie ihre Hand und gehen dreimal im Kreis um den (brennenden) Heustrang herum.' MT 1.3:30; *msikke u=ğiddaṯṯe mqaṣqaṣṣe* 'Sie ergriffen ihren Großvater und hackten ihn in Stücke.' MT 5.2:104 **(2)** nehmen | *ab=bărane, mōr du=săwāl kmarfan... kmiskinne mĭ-ğins kayiso, d-uyo i=emaṯṯe b-ḥalwo* 'Die Widder ... Die Besitzer des Viehs nehmen sie aus einer guten Rasse, ihre Mutter muss gut Milch geben.' MT 1.1:87 **(3)** anstellen (Mitarbeiter) | *bīṯir mid u=daworano mṣaylable i=arʿo kmŭsakle fuʿle* 'Wenn der Pflüger den Acker eingeteilt hat, nimmt er sich Hilfsarbeiter.' MT 1.1:41 **(4)** ansetzen, bekommen (Schicht, Schale) | *ǧğimdo bas=sĭfoqe kmisko sīr* 'Er (der Milchreis) kühlt sich in den Schalen ab und bekommt eine Haut.' MT 1.1:85; *kmanšᵊfi a=ʿwone lăšan ᵊd-miski čike d-baṣro* 'Sie melken die Schafe nicht mehr, damit sie etwas Fleisch ansetzen können.' MT 1.1:88 **(5)** annehmen (Farbe, aufgetragene Schicht) | *u=sĭfoqo d-iṯewo, manḏáfwole mu=ʿăğaq, mu=wăsax d-lí=foyiš aʿle, w nŭfaqwo u=ṣĭfīrayḏe d-lo=wăsax d-foyiš, lăšan d-mosik darmono w d-mibayiḏ* 'Wenn ein Stück Geschirr ankam, reinigte man es von dem Dreck, von dem Schmutz, damit er nicht daran haften blieb, damit sein Kupfer zum Vorschein kam und ohne Schmutz war, damit es das Mittel annahm und sich verzinnen ließ.' MT 1.5:12 **(6)** tragen (Frucht) | *mĭnayye ak=karsᵊwone d-lĭ=kmiski ʿinwe* '(Es gibt) Reben, die keine Trauben tragen.' MT 1.1:64 **(7)** halten (Fest) | *kitwo bu=waxt ᵊd-meqim ṭăbí, ᵊzlām mhaymᵊno ġắlăbe. mŭsakwo i=Ndaṯalo a=tloṯo yawme di=Ndaṯalo, du=ʿeḏo di=Ndaṯalo* 'Es gab, in früherer Zeit natürlich, einen sehr gläubigen Mann. Er hielt fest an der Muttergottes, den drei Tagen der Muttergottes, dem Fest der Muttergottes.' MT 4.1:2

mosik haybe Ehrfurcht, Respekt haben | *miḻe b-Aloho magibli mu=zʿurano d-kŭṯeli. b-Aloho d-manṭénowo i=ḏarbo aʿle ğĭqŭṭanne, balki huwe kmanṭe i=ḏarbo-stene aʿli lĭ=qqŭṭeli. lĭ=kŭḏaʿno ğĭrobo kimğarabli, lĭ=kŭḏaʿno. w msikli haybe mene.* 'Er sagte: Bei Gott, ich habe Angst vor diesem Jungen bekommen, der mich angreift. Bei Gott, wenn ich einen Schlag gegen ihn landen würde, würde ich ihn töten, doch vielleicht landet er einen Schlag gegen mich und tötet mich nicht. Ich weiß nicht, ob er mich nur auf die Probe stellt, ich weiß es nicht. Er ist mir unheimlich.' MT 5.2:92 → **haybe**

mṣalyono *n. agent.*, f. **mṣalyoniṯo**, *pl.* **mṣalyone** betend | *u=ḥasyo u=lalyo w u=imomo ṣayomo mṣalyono, izzewo w ĭṯewo ʿal qarʿe du=qadišo* 'Der Bischof fastete und betete Tag und Nacht, er ging immer wieder auf das Dach der Kirche.' MT 3.1:23 → **ṣly**

mṣarbᵊṣono ~ **mĭṣarbᵊṣono** *n. agent.* Spalter, Trenner (von Tag und Nacht) | *miḻe ŭno hŭweno u=mṣarbᵊṣono du=lalyo w ummatli u=xabrano, kīt alfo naxwắš w năkār d-ᵊknuṭri u=lalyo ᵊd-toyim d-owe imomo d-ḥozin raḥa mĭ-ruḥayye* 'Dieser sagte: Wie kannst du mir, der ich Trenner der Nacht bin, so ein Wort entgegnen? Es gibt tausend Kranke und Bedürftige, die darauf warten, dass die Nacht zu Ende geht und es Tag wird, damit sie sich besser fühlen.' MT 5.3:9 || Etym. unklar

mṣl ⊗ < nṣl, cf. *am=maye knuṣli* 'das Wasser tropft ab' → **mṣy**

II *mmaṣele, mmaṣela - mmaṣil, mmaṣlo tr.* abgießen

mṣy ⊗ < *nṣl*, cf. *am=maye knuṣli* 'das Wasser tropft ab', Schwankung zwischen III-l und III-y || cf. Syr. *nṣl* 'to pour upon' SL 941 → **mṣl**

II *mmaṣele, mmaṣela - mmaṣe, mmaṣyo tr.* abgießen | *u=ḥalwawo kimmaṣalle, bĭṯir mid ᵊmmaṣalle kmaḥtile ʿal i=nuro kimšaḥnile* 'Die Milch gießen sie ab, wenn sie sie abgegossen haben, stellen sie sie aufs Feuer und erhitzen sie.' MT 1.1:75; *matralle w u=baṣro ṭabʿan maluḥo-yo gim... m-ʿaṣriye gmaḥtile bam=maye d-noʿiṭ, d-lī=foyiš malḥo buwe, ṣafro gimbašlile. mid bašil u=baṣro, gim-maṣin am=maye mu=tarxayno* 'Sie befeuchten ihn, und das Fleisch ist selbstverständlich salzig ... sie legen es schon am Abend ins Wasser, damit es salzlos wird, damit kein Salz mehr in ihm bleibt und am folgenden Morgen kochen sie es. Wenn das Fleisch gekocht ist, gießen sie das Wasser vom *tarxayno* ab.' MT 2.5:11

mšaḥno *part.*, f. **mšaḥnᵊto (?)**, *pl.* **mšaḥne** heiß, aufgewärmt | *bīṯir mid ᵊmbašlinne kkufxinne bad=dawġanik d-kitne ʿal i=nuro mšaḥne* 'Wenn sie ihn (den Weizen) gekocht haben, schütten sie ihn in diese Buttermilch, die heiß auf dem Feuer steht.' MT 1.1:78 → **šḥn**

Mšiḥo *n.m.* Christus, der Messias | *hăma mayṯina ʿal u=dino d-ᵓMšiḥo!* 'Wir wollen für den Glauben an den Messias sterben!' MT 3.1:17 • RW 346 || Syr. *mšiḥo* 'id.' SL 845

mšīḥoyo ~ mšiḥoyo, f. **mšīḥayto**, *pl.* **mšīḥoye** Christ | *Turkiya maltámwola a=mšīḥoye bilḥuḏe lăšan u=ḥtīyāt* 'Die Türkei hatte nur die Christen zur Reserve eingezogen.' MT 1.5:4 • RW 346 || Syr. *mšiḥoyo* 'id.' SL 845 → **Mšiḥo**

mšiḥoyuṯo *n.f.* Christentum, Christenheit | *šuqliwo i=ifada di=kaččīkayo aw di=žinnīkayo, iḏa b-leba-yo i=mšiḥoyuṯo, b-ha-măḥal manṭánwola* 'Sie befragten das Mädchen oder die Frau, und wenn sie das Christentum im Herzen trug, brachten sie sie auf der Stelle heim.' MT 3.2:33 → **Mšiḥo, mšīḥoyo ~ mšiḥoyo**

mšy || Arab. *mšy I* 'gehen' Wehr 867

II *mmašele, mmašela - mmaše, mmašyo intr.* laufen, verlaufen (Zeit, Alltag) | *bu=zabnawo, bu=waxtawo, i=ʿade di=dukṯo ᵓd-ṭamo i=naqqayo, hawxa-wa. hawxa mhalxowa mmašyowa aʿmayye, bu=šīklano mdawmiwo.* 'Damals, zu jener Zeit, war das die lokale Tradition, so war es. Auf diese Weise verlief ihr Alltag. So lebten sie.' MT 1.5:50

mtabbaq *n.m.* Midyader Süßspeise (wie Baklava) | *emi saymowa, immínawole mtabbaq, dawqe, layšo hawxa, layšo, xd-u=layšo nagiwo w gfiṯḥina* 'Meine Mutter machte häufig *mtabbaq*, wie wir es nannten. Es waren Fladen, aus Teig, ein trockener Teig, den wir auswalzten.' MT 2.1:1 • Nicht in RW || cf. Arab. *muṭabbaq* 'angewandt, umgesetzt' Wehr 560; cf. Pal. Arab. *mṭabbaq* 'Süßigkeit, süßes Backwerk' Seeger 735

mty || cf. Syr. *ᵓty Af.* 'to bring' SL 110-11 → **mṭy, nṭy ~ nty**

I *mtele, mtela - mote, mityo tr.* bringen | *komir qamayto ʿabir u=gawro, milla min=diḏux-yo? mille u=abro d-aḥuni-yo, hăla, aḥuni-yo, milla tayye! mtele* 'Als erstes trat ihr Ehemann ein, sie fragte: Was von dir ist er? Er sagte: Es ist der Sohn meines Bruders, nein, es ist mein Bruder. Sie sagte: Bring ihn her! Er brachte ihn.' MT 5.1:34-35

mṭy || Syr. *mṭy Pe.* 'to arrive, reach', *Af.* 'to make arrive' SL 745-46 → **mty, nṭy ~ nty**

I *maṭi, maṭyo - moṭe, miṭyo* **(1)** *intr.* erreichen, ankommen | *mḥalle arbi=-yawme hul d-maṭin li=Xărăbale* 'Sie waren vierzig Tage unterwegs, bis sie Xărăbale erreichten.' MT 4.4:4; *hinne maṭin l-mŭrād diṯṯe* 'Sie erreichten das Ziel ihrer Wünsche.' MT 5.2:104 **(2)** *intr.* reif werden | *ak=karkūš mid maṭin qquṭfinne* 'Wenn die *karkūš*-Trauben reif sind, pflückt man sie.' MT 1.1:49

III *(m)amṭele, (m)amṭela - (m)amṭe, (m)amṭyo* ⊗ die für Midyat charakteristischen Formen lauten mit *n* an, s.u. nṭy/nty bringen | *i=nuro-stene, amṭalle tlōṯ arbo=xurǧe, bʿure d-gamle našife e, maḥtinne aʿl-i=nuro* '(Für) das Feuer brachten sie drei, vier Satteltaschen mit getrocknetem Kamel-mist und legten ihn auf das Feuer.' MT 1.5:46; *măsăla qarʿo, ... babi amṭéwole, amṭewo lu bayto* 'Zum Beispiel einen Kopf ... mein Vater brachte ihn er brachte (ihn) nach Hause.' MT 2.11:8

mawbil w mamṭe → **ybl**

mŭḥafăḏa *n.f.* Schutz | *kfayši binne dayim, lăšan i=mŭḥafăḏa du=ġarzik* 'Man ist immer dort, um den jungen Weinberg zu schützen.' MT 1.1:44 • cf. *mḥāfaḏa* RW 329 || Arab. *muḥāfaẓa* 'id.' Wehr 204

mŭkafăḥa *n.f.* Belohnung | *ax=xŏrtīn mĭ=ksaymi? qārši du=tăʿăbano diṯṯe lăšan d-šuqli mŭkafăḥa, kmalimi kallāt mag=gawire* 'Was aber tun die jungen Leute? Damit sie eine Belohnung für ihre Mühe bekommen, sammeln sie Geld von den verheirateten (Gästen) ein.' MT 1.3:43 • Nicht in RW || cf. Arab. *mukāfaʾa* 'id.' Wehr 801

muklo *n.m., pl.* **muklone** Essen, Speise, Gericht | *aḥ=ḥimṣe qarʿone, hani-ste, muklo ʿatiqo diḏan das=siryoye-yo* 'Der Kichererbseneintopf mit Grießbällchen ist ein althergebrachtes Gericht von uns Suryoye.' MT 2.11:1 • RW 348 → **ʾxl**

mūn *inter. prn.* was | *hāt aḥunux mūn šuġle ṭamo b-ʿIwardo?* 'Was hatte denn dein Bruder dort in ʿIwardo zu tun?' MT 1.5:39 • cf. *mune* RW 349 || Syr. *mun* 'id.' SL 778 = **min, mune**

mune *inter. prn.* was | *miḻḻe tlawu i=qaryola-ste, tlalle i=qaryola-stene. i=žinnĭke, qay gid-tolit i=qaryolayḏi, lĭ=kŭḏaʿno mune, flān behvān, omir tlay i=qaryola!* 'Er sagte: Hebt auch das Bett hoch! Sie hoben auch das Bett hoch. Die Frau sagte: Warum willst du mein Bett hochheben, ich weiß nicht was, und so weiter. Er sagte (an den Diener gewandt): Heb das Bett hoch!' MT 5.3:60 • RW 349 || Langform zu *mūn/min*; Syr. *mun* 'id.' SL 778 = **min, mūn**

l-mune warum, wozu? | *maltamle milyone d-kohne ŭno gd-uṯeno l-mune?* 'Er hat doch Millionen von Priestern versammelt, wozu soll ich da kommen?' MT 4.3:4 → **l-**

mŭrād *n.m.* Wunschziel | *hinne maṭin l-mŭrād diṯṯe w aḥna-ste maṭina l-mŭrād diḏan w* [K]*tĭ-săġ*[K] 'Sie erreichten das Ziel ihrer Wünsche, und auch wir haben das Ziel unserer Wünsche erreicht. Gehab dich wohl.' MT 5.2:104 • Nicht in RW || Arab. *murād* 'id.' Wehr 375

Murde → **Mirde ~ Murde**

murin *n.m.* Myron, Tauföl | *mi=maye-w-murin lĭ=qadir d-ŭxelin* 'Wegen des Taufwassers und des Tauföls konnte (der Wolf) sie nicht fressen.' MT 5.1:28 • cf. *moran* RW 342 || Syr. *murun* 'id.' SL 729

mŭsaʿăda *n.f.* Unterstützung, Hilfe | *ksaymi mŭsaʿăda ʿam babe di=kaččĭke, kĭbĭlinne (= kĭbinne) išmo d-kallāt* 'Sie unterstützen (damit) den Vater des Mädchens, sie geben ihnen etwas Geld.' MT 1.3:20 • RW 350 || Arab. *musāʿada* 'id.' Wehr 420

mŭsafir *n.m.* Gast, Besucher | *i=naqqa l-nošo d-ŭṯéwole mŭsafir, manṭanwo l-qume ʿăqude w ḥărire apšoṯo w pāstiq* 'Wenn jemand Besuch bekam, servierte man ihm Süßwürste, Stücke von *ḥărire*, Rosinen und *pāstīq*.' MT 1.1:63 • Nicht in RW || Türk. *misafir* 'id.'; cf. Arab. *musāfir* 'Reisender' Wehr 422

mustaqbil *n.m.* Zukunft | *ida ḥzalle u=zʿuro šafiro, more d-maslak, more d-ṣanʿa, d-idʿi i=bartatte bu=mustaqbil lĭ=kfayšo hiya w an=naʿimayda kafine, w Aloho-ste d-soyim naṣīb, kĭbila* 'Wenn sie sehen, dass es ein gutaussehender junger Mann ist, mit einem Beruf, einem Handwerk, und sie wissen, dass ihre Tochter und ihre Kinder in Zukunft nicht Hunger leiden werden, und wenn Gott es so bestimmt, dann geben sie (das Mädchen) her.' MT 1.3:7 • Nicht in RW || Arab. *mustaqbal* 'id.' Wehr 726

muṣaḍăma ~ muṣadăma *n.f.* Zusammenstoß, Kampf | *făqat i=hawa mḥela ban=naqwe kulle, ŭtanwo aṭ=ṭaye l-ḥĭḏōr Anḥil-ʾste, naqlāt hŭwewo muṣa-dăma* 'Doch die Luft blies durch alle Löcher, und die Muslime kamen auch in die Nähe von Anḥil. Manchmal gab es einen Zusammenstoß.' MT 3.2:21 • Nicht in RW || Arab. *muṣādama* 'id.' Wehr 515

muxtār *n.m.* Muchtar, Dorfältester, Bürgermeister | *azzín, mirre hawxa-yo i=măsăle. e mirre, d-immina lu=muxtār, d-ŭwele hăž, d-ote aʿmayxu, d-ŭbinxu i=kaččĭke* 'Sie gingen und sagten: Die Sache ist so. Sie sagten: Dann wollen wir es dem Muchtar sagen, damit er Bescheid weiß und mit euch geht, und sie euch das Mädchen geben.' MT 3.4:16 || Arab. *muxtār* 'gewählt, ausgewählt; Dorfschulze, Bürgermeister' Wehr 275; Türk. *muhtar* 'id.'

mxadde *n.f.*, *pl.* **mxaddat, mxaddāt** Kissen | *i=firto d-ʾknufqo, i=firto d-ʾknufqo mu=garso w mu=birġil ʾkmanšʾfila ksaymila mxaddāt* 'Die Spelze, die vom *garso* und vom Bulgur abgehen, die trocknet man und macht daraus Kissen.' MT 1.1:39 • RW 351 || Arab. *mixadda* 'id.' Wehr 240

myʿ || Syr. *mwʿ* 'to be struck; to shake, esp. to shake milk to make butter' SL 727, CSD 258

I *miʿle, miʿla - moyiʿ, mayʿo tr.* buttern | *mid qaṭir w hawi qaṭiro, deri yawmo kmaḥtile bu=gawdo w kmaḥti tre=sahme d-maye aʿle w kimʿalqi u=gawdo bu=ḥawlo w kmayʿile* 'Wenn sie (die Milch) gestockt ist und zu Joghurt geworden ist, dann schütten sie (den Joghurt) am nächsten Tag in den Butterschlauch, geben zwei Teile Wasser dazu, hängen den Schlauch an einem Seil auf und stoßen ihn hin und her.' MT 1.1:76

myd || cf. Arab. *mdd I* 'ausdehnen, ausstrecken' Wehr 856; cf. Syr. *mdd Af.* 'to attain, reach' SL 712

I *midle, midla - moyid, maydo* **(1)** *tr.* etw. (Akk. oder *l-*) nehmen, halten | *midlan mḥalaqlan ʿal ann=adroṯo, u=săwal didan, u=medaydan* 'Da nahmen wir unser Vieh, unser Hab und Gut und trieben es auf die Tennen.' MT 3.1:2; *aġlab d-mayṯo i=atto, d-hŭwele naʿime, ṣaʿbo d-moyid atto=ḥreto* 'Und meistens, wenn jemandes Frau stirbt und er Kinder hat, ist es schwierig, eine andere Frau zu heiraten.' MT 1.2:19 **(2)** narrative Einleitungspartikel, cf. *qym* I: dann, da | *midle qṭiʿle qarʿe di=kaččĭke-ste* 'Er auch schlug auch dem Mädchen den Kopf ab.' MT 5.3:61

Ip *mīd, mido - mimid, mimodo intr.* genommen werden | *i=ṣinʿa kítwola qime, w mimadwo kallāt šafire* 'Das Handwerk besaß seinen Wert, und man nahm gutes Geld ein.' MT 1.5:7

moyid tadbīr Maßnahmen ergreifen | *bītir i=ḥkume midla tadbīr, miḷḷa ay=yasire d-fayiši, hani d-kitne sāġ yaʿni maṣ=ṣūroye, malīminne , naʿime, kaččīkāt, kurrīkīn* 'Dann ergriff die Regierung Maßnahmen, sie sagte: Die Waisenkinder, die zurückgeblieben sind, die christlichen Kinder, die noch am Leben sind .... Sie sammelten sie – kleine Kinder, Jungen, Mädchen.' MT 3.2:9 → **tadbīr**

myl || cf. Arab. *myl I* 'abweichen, sich abwenden' Wehr 888

II *mayele, mayela - mayil, mayilo tr.* wegnehmen, wegbewegen | *miḷḷe yabo, waʿd aʿmux w ʿam Aloho, măyíl i=faršaṯe m-ʿal ṣadri, hōl d-l-óṯit lī=kmanharno* 'Er sagte: Ich verspreche dir vor Gott, nimm diese Steinplatte von meiner Brust weg, und bis du kommst, lasse ich den Tag nicht anbrechen.' MT 5.3:10

myodo *inf.* Nehmen, Auffangen | *kmaydinne rawṭo b-iḏayye, w čingo lăšan u=myodo di=pisiye daḥ=ḥīyewin daš=šarʿaṯe d-l-oṯin bayn u=zād* 'Sie nehmen eine Rute in die Hand, und eine Blechschaufel, um den Mist der Tiere, ihren Dung, aufzufangen, damit er nicht auf das Getreide fällt.' MT 1.1:13 → **myd**

myṯ || Syr. *mwt Pe.* 'to die' SL 731

I *mayiṯ, mayiṯo - moyiṯ, mayṯo* **(1)** *intr.* sterben | *mid mayiṯo i=kaččīkayo li=kmaḥtila sab=bī-ḥmoye* 'Wenn dieses Mädchen stirbt, dann legt man sie nicht bei den Schwiegereltern zur Ruhe.' MT 1.2:9 **(2)** *intr.* sterben (im übertragenen Sinne: vor Hunger, aus Angst), erleiden | *miḷḷa kuḏʿono mayiṯit mu=ṣahwo mu=kafno, tōx, xulux fako d-laḥmo* 'Sie sagte: Ich weiß, du stirbst vor Durst und Hunger. Komm her, iss einen Bissen Brot.' MT 5.2:21; *miḷḷe kibi fūraxne hawxa xd-u=firṭaʿno. zlām, omir kmayṯitu mene?* 'Er sagte: Ich kann ihn so zerquetschen wie einen Floh. (Nur) ein Mann, und ihr habt vor ihm Todesangst?' MT 5.2:90 **(3)** *intr.* sterben (ironisch, als Schimpfwort) | *mirre de lo, miṯ lo, mayṯit yatumo pīs* 'Sie sagten: He du, stirb doch, stirb, du elender Waisenknabe.' MT 5.3:13

III *mamiṯle, mamiṯla - mamiṯ, mamiṯo tr.* sterben lassen | *lo kṭorin durina, mamíṯṯălan mu=kafno* 'Sie lassen nicht zu, dass wir pflügen, diese Leute haben uns ausgehungert.' MT 5.2:36

Mzizaḥ Mzizaḥ, Dorf im Turabdin | MT 3.3:12

mžd || Syr. *yšṭ Af.* 'to extend' SL 586

I *mžidle, mžidla - možid, miždo tr.* ausstrecken ⊗ mit *ruḥ-* 'sich ausstrecken' | *maḥatle u=čadir diḏe tamo. yatu, mžidle ruḥe xid... ʿal u=yatāx diḏe* 'Dort stellte er sein Zelt auf. Er setzte sich und streckte sich auf seinem Bett aus.' MT 5.1:9-10

n

-na → **-no**

năʿam *interj.* ja, jawohl | *aṯin lu=ḥimmām, miḷḷe lu=ḥimmāmči, miḷḷe u=ḥimmām šaḥino-yo? miḷḷe e năʿam* 'Sie kamen zum Bad. Er sagte zu dem Bademeister: Ist das Bad heiß? Er sagte: Jawohl.' MT 4.2:11 || Arab. *naʿam* 'id.' Wehr 926

naʿim *adj.* ⊗ Komparativ zu *naʿimo* kleiner | *i=kifle rabṯo, klayši kul=naqla ʿulbo d-qamḥo. i=kifle d-huyo naʿim, klayši noquṣ* 'Eine große Familie verarbeitet jedes Mal einen Scheffel Mehl zu Teig; eine kleinere Familie macht weniger Teig.' MT 1.1:26 → **naʿimo**

naʿimo, f. **naʿimto**, *pl.* **naʿime** **(1)** *adj.* klein | *saymínawo a=sfoqani mu=naʿimo hul lu=rabo* 'Wir stellten diese Gefäße her, vom kleinen bis zum großen.' MT 1.5:20 **(2)** *n.m.* Kind | *mĭ-Sṭambul aṯín harke, i=iqama diṯṯe b-Heidelberg-wa. w fayišo hawila tre=naʿime-ne* 'Von Istanbul kamen sie hierher, ihr Aufenthaltsort war Heidelberg. Sie bekam dann zwei Kinder.' MT 1.6:14 • RW 352 || Anat. Arab. *naʿīm* 'klein, jung (Alter)' JK 143; Arab. *naʿīm* 'sanft, friedlich' Wehr 926 → **nʿm**

naʿmuṯo *n.f.* Kindheit | *ŭno mĭ-naʿmuṯi mu=sǎbab d-kitno daworo, w babi-ste daworo-we, kŭḏaʿno u=ŭṣūl du=zād w dak=karme* 'Seit meiner Kindheit, weil ich ein Bauer bin und auch mein Vater ein Bauer war, kenne ich mich sowohl mit dem Getreide als auch mit den Weinbergen aus.' MT 1.1:40 • RW 352 → **naʿimo**

naʿnāʿ *n.m.* Pfefferminze | *hedi maḥtínawo u=garso d-immina, kul=ḥa u=ṣaḥnayḏe, w maḥtínawo mad=dawġanik aʿle, w čike d-mišḥo w naʿnāʿ w flēfle* 'Dann gaben wir den *garso*, sagen wir, jedem in seinen (tiefen) Teller und gossen von dieser Dickmilch darüber. Dazu gaben wir etwas Butter, Pfeffer-minze und Paprika.' MT 2.6:3 • Nicht in RW || Arab. *naʿnāʿ* 'id.' Wehr 927

nadír *adv.* selten | *meqim qaḥwe sidayna latwo, u=čāy-stene noše nadír šĭtánwole w udʿíwole* 'Früher gab es bei uns keinen Kaffee, und auch Tee tranken die Leute selten und kannten ihn kaum.' MT 1.1:63 • Nicht in RW || Arab. *nādir* 'id.' Wehr 902

nǎḏ̣afe *n.f.* Sauberkeit | *maʿbaṛṛe, b-ʿizze w b-qǎdir, ᵊb-muklo w b-ᵊštoyo, b-nǎḏafe, b-tartīb ġálǎbe šafiro* 'Sie führten ihn herein, mit Ehre und Wertschätzung, mit Essen und Trinken, ganz gepflegt, mit einem sehr schönen Zeremoniell.' MT 4.4:8 • RW 353 || Arab. *naẓāfa* 'id.' Wehr 923 → **nḏ̣f**

nǎḏar *n.m.* Sehkraft | *kitwo ḥa išme u=Ǧirǧo d-Baṣma, u=ḥolo du=Skandar, du=Skandar u=ḥaṯnayḏan, hawo madʿár-wulle, maʿ=ʿayne, nǎḏar diḏe latwe tǎmām* 'Es gab einen namens Ǧirǧo d-Baṣma, den Onkel mütterlicherseits von Skandar, von unserem Schwager Skandar, den schickten sie wegen der Augen zurück. Seine Sehkraft war nicht ausreichend.' MT 3.4:6 • cf. *naḏ̣ar* RW 353 || Arab. *naẓar* 'id.' Wehr 922

naḏ̣ifo *adj.*, f. **naḏ̣ifto**, *pl.* **naḏ̣ife** **(1)** sauber, gesäubert | *kmasḥalle huwe miṯo, w kmalwᵊšile ǧule naḏ̣ife* 'Sie führen die Totenwäsche durch, und dann ziehen sie ihm saubere Kleider an.' MT 1.2:4; *šuqliwo qarʿe, meqim hinne mandᵊfíwunne, bass aḥna i=naqqa d-fītina l-ᵊDyārbǎkir, kul=mede naḏ̣ifo-we* 'Sie pflegten (Hammel-)Köpfe zu kaufen. Früher säuberten sie sie selber, doch als wir nach Diyarbakir umzogen, war alles schon gesäubert.' MT 2.11:8 **(2)** ordentlich, gut | *hawli sayfo-ste naḏ̣ifo* 'Und gib mir auch ein ordentliches Schwert.' MT 5.2:62 **(3)** rein, ehrlich, anständig | *miḻḻe tawu Malke l-l-arke ḥūzena. aṯi Malke l-side, miḻḻe ya xōrt, naḏ̣ifo w zʿuro ḥǎlāl, ḥzay mĭk=kubʿit gd-ībenux* 'Dann bringt den Malke mal hierher. Malke kam, und er sagte: Junger Mann, (du bist) ein sauberer und anständiger Junge. Schau, was du haben willst, und ich werde es dir geben.' MT 4.4:13 • RW 353 → **nḏ̣f**

nafixnār *n.m.* jemand, der das Feuer anfacht, unbedeutende Person | *komir hano azzé hawxa w hano azzé hawxa w barimi ʿal i=qrito, lĭ=trille tin=nošo mĭnayye, nafixnār mĭnayye lĭ=tralle* 'Der eine ritt so und der andere so und sie umkreisten das Dorf. Sie ließen niemanden von ihnen (am Leben), nicht einmal den Jungen, der das Feuer anbläst.' MT 5.2:104 || Arab. *nāfiḫ* + *nār* 'blasend + Feuer' Wehr 928, 951

nafixrān → **nafixnār**

nafoḥo *n. agent.*, *pl.* **nafoḥe** blasend, pustend | *gim-madwo aq=qayse, u=šagirti gĭtŭwaṛṛe sámwolin pĭyaž, naʿime, maḥátwulle b-gawe du=kuro, u=nafoḥo gĭnofiḥ* 'Der Geselle nahm die Holzscheite, spaltete sie und machte sie zu dünnen Spänen, legte sie in den Ofen, und der „Anfacher" fachte an.' MT 1.5:14 • Nicht in RW || Syr. *nafoḥo* 'ironworker, blacksmith' SL 929 → **nfḥ**

nafsi *adj.* ichbezogen, egoistisch | *i=emo l-áwila hāž mann=abne, ann=abne l-áwille hāž mann=aḥnone, ann=aḥnone l-áwille hāž mab=babe. kul=ḥa, hawyo nafsi nafsi* 'Die Mutter achtete nicht auf ihre Kinder, die Kinder achteten nicht auf ihre Geschwister, die Geschwister achteten nicht auf die Eltern. Jeder war nur noch auf sich gestellt.' MT 3.2:4 • cf. *nafs* RW 354 || Türk. *nefsi* 'id.' cf. Arab. *nafs* 'Selbst' Wehr 930

nafšo *n.f.*, *pl.* **nafšoto** **(1)** Seele | *sĭmile arbi=dayrʾyoto w maxlaṣle i=nafšatte* 'Er machte aus ihnen vierzig Nonnen und rettete ihre Seelen.' MT 4.5:18 **(2)** Person | *ʾbdalle kkurxi, ʾgdomix kul ʿaṣro nafšoto taḥt ḥa=lḥēf* 'Sie fingen an zu betteln, je zehn Personen schliefen unter einer Bettdecke.' MT 3.2:24 **(3)** Selbst | *lĭ=kmiftakri ġēr mi=nafšo d-ruḥayye hinne d-xaliṣ* 'Sie glauben nicht, dass außer ihnen selbst noch irgendjemand überlebt hat.' MT 3.2:35 • RW 354 || Syr. *nafšo* 'id.' SL 938

nagiwo *adj.*, f. **naguto**, *pl.* **nagiwe** trocken | *emi saymowa, immínawole mtabbaq, dawqe, layšo hawxa, layšo, xd-u=layšo nagiwo w gfitḥina* 'Meine Mutter machte häufig *mtabbaq*, wie wir es nannten. Es waren Fladen, aus Teig, ein trockener Teig, den wir auswalzten.' MT 2.1:1 • RW 354 || Syr. *nagibo* 'id.' SL 888

nağoro *n. agent.*, *pl.* **nağore** *n.m.* Schreiner, Zimmermann | *šuġliwo ġắlăbe ṣĭnayiʿ am=midyoye, šuġliwo nağore* ... 'Die Leute von Midyat arbeiteten in vielen Handwerksberufen. Sie arbeiteten als Schreiner ...' MT 1.7:6 • RW 353 || cf. Arab. *naǧǧār* 'id.' Wehr 896; cf. Syr. *nagoro* 'id.' SL 890

năhaye **(1)** *n.f.* Ende | *mi=bădaye li=năhaye gĭmaḥkʾyalle-yo* 'ich werde es ihm von Anfang bis Ende erzählen' MT 3.1:1 **(2)** *adv.* schließlich | *wálḥasĭli simle lĭ=simle mede lĭ=qadir d-soyim biya, w lĭ=kmağre d-izzé maške lu=ʿammo-ste. năhaye, b-lalyo kuzzé kḥŭnaqla, kḥoniq u=zʿuro w kṭore i=kaččĭke* 'Kurzum, wie sehr er sich auch bemühte, er konnte nichts bei ihr ausrichten, und er wagte es auch nicht, sich bei dem Onkel zu beklagen. Zum Schluss ging er bei Nacht und erwürgte sie, (d.h.) er erwürgte den Jungen und ließ das Mädchen (am Leben).' MT 5.1:15-16 • RW 354 = **nĭhaye**

năḥaq *adj.* im Unrecht | *hinne năḥaq-wayne, w d-ŭwénawo aḥna gĭmiḥkĭmí-nawo ḥĭkim rabo, amma hinne lĭ=ḥkimi* 'Sie waren im Unrecht, und wenn wir es gewesen wären, hätte man uns zu einer schweren Strafe verurteilt, doch sie wurden nicht verurteilt.' MT 1.6:13 • RW 354 || Kurm. *ne* 'not' + *heq* 'right, truth' 'id.' Chyet 405, 237

năḥaqiye *n.f.*, *pl.* **năḥaqiyat, năḥaqiyāt** Unrecht, Ungerechtigkeit, Übergriff | *aḥ=ḥaroye man=năḥaqiyāt mahzamme, mi=zuḥto mahzamme* 'Die letzten aber flohen wegen der Übergriffe, sie flohen aus Furcht.' MT 1.7:5 • RW 354 → **năḥaq**

naḥoto *n. agent.*, *pl.* **naḥote** *n.m.* Steinmetz | *naḥote dak=kefe* 'Steinmetze' MT 1.7:6 • RW 355 || Arab. *naḥḥāt* 'id.' Wehr 898

naḥšo *n.f.* Bahre | *kmaḥti u=tabūt bi=naḥšo, d-l-owe b-tabūt naqqa=ḥreto kmaḥti u=mito huwe mkafno bi=naḥšo* 'Sie stellen den Sarg auf die Bahre, und wenn der (Tote) keinen Sarg hat, dann legen sie den in Leichentücher gehüllten Toten direkt auf die Bahre.' MT 1.2:6 • RW 355 || Arab. *naʿš* 'id.' Wehr 925

năkār *adj.* bedürftig, hilflos | *mille ŭno hŭweno u=mṣarbᵊṣono du=lalyo w ummatli u=xabrano, kīt alfo naxwáš w năkār d-ᵊknuṭri u=lalyo ᵊd-toyim d-owe imomo d-ḥozin raḥa mĭ-ruḥayye* 'Dieser sagte: Wie kannst du mir, der ich Trenner der Nacht bin, so ein Wort entgegnen? Es gibt tausend Kranke und Bedürftige, die darauf warten, dass die Nacht zu Ende geht und es Tag wird, damit sie sich besser fühlen.' MT 5.3:9 • Nicht in RW || Kurm. *ne* + *kar* 'ohne Arbeit' Chyet 405, 297

nāl *n.m.* Stöhnen | *yatu, mžidle ruḥe xid... ʿal u=yatāx dide, ḥille kĭle koṯe nāl, āy āy āy mi=škere dak=kefani* 'Er setzte sich und streckte sich auf seinem Bett aus, da bemerkte er, dass ein Stöhnen aus diesem Steinhaufen drang: *āy āy āy*.' MT 5.1:10 • cf. *nālnāl* RW 355 || cf. Türk. *nalan* 'stöhnend'

namūs *n.m.* Ehre | *d-lĭ=msalmítulla u=šuġlo gĭyoqir, yaʿni mazíʿlelan. millan u=namūs d-man ŭbínalux, yaʿni, marlan hāt, namūs d-man ŭbínalux* '(Er sagte:) Wenn ihr sie nicht herausgebt, dann wird die Sache ernst. Er wollte uns Angst machen. Wir sagten: Wessen Ehre sollen wir dir preisgeben, sag es doch selber, wessen Ehre wir dir preisgeben sollen.' MT 1.6:6 • RW 356 || Arab. *namūs* 'Gesetz, Ehre, Reputation' Wehr 944

namusĭziye *n.f.*, *pl.* **namusĭziyat, namusĭziyāt** Ehrlosigkeit | *mille hano u=dōṣṭ d-barṯux! barṯux, hawxa saymowa, namusĭziyāt* 'Er sagte: Das ist der Liebhaber deiner Tochter. Deine Tochter hat solche Ehrlosigkeiten begangen.' MT 5.3:61 • cf. *namussız* RW 356 || cf. Türk. *namussuzluk* 'id.' → **namūs**

naqdo *n.m.* Brautgeld | *bĭṯir mid fayišo i=kaččĭke ṭlibto, ṭăbí gĭd-oṯe u=waxt du=ḥĭwolo. gizzín gĭmarḏin u=naqdo* 'Nachdem das Mädchen verlobt worden ist, kommt natürlich die Zeit der Hochzeit. Sie gehen und bezahlen den Brautpreis.' MT 1.3:20 • RW 357 || Arab. *naqd* 'Bargeld' Wehr 934

naqla ~ **naqqa** *n.f.*, *pl.* **naqlat, naqlāt, naqlawoṯo** ⊗ Alle Formen sind neben *-ql-* auch mit *-qq-* belegt. **(1)** Mal | *i=ḥḏo naqla, b-dukṯo, sĭ-šēx, ʿudínawo* 'Einmal, als wir irgendwo bei einem Scheich arbeiteten.' MT 1.5:45 **(2)** auf einmal | *mašḥalle qarʿe di=sisto naqla mḥalaqle ruḥe d-oṯe laffelayye* 'Er machte das Pferd heiß und auf einmal stürzte er sich auf sie, um sie anzugreifen.' MT 5.2:50 • RW 357 || Anat. Arab. *naqle* 'so, jetzt, auf einmal' VW 430; cf. Pal. Arab. *naqle* 'Ladung, Last; Mal; Schritt' Seeger 1255 → **nql**

naqlāt, naqlawoṯo manchmal | *naqlāt kmiqṭiʿ u=šĭriṭo w kizzé u=tăʿab diṯṯe* *bi=hawa* 'Manchmal reißt dann die Schnur und ihre ganze Mühe war umsonst.' MT 1.1:62; *ŭno naqqāt naʿimto-wi, izzínowo hawxa guršanwo ʿal iḏayye* 'Manchmal, ich war ja noch klein, ging ich hin und zog mit ihnen zusammen (am Butterschlauch).' MT 2.5:5

naqla=ḥreto noch einmal, ein anderes Mal | *bĭṯir mid rawiʿi, šqille i=raḥatte, fayiḥ u=fawḥo, kmawbelin naqla=ḥreto kmarʿelin* 'Wenn sie sich gelagert und ausgeruht haben und es etwas kühler geworden ist, dann nimmt er sie wieder mit und lässt sie weiden.' MT 1.1:94; *i=dašišto aġlab am=miḏyoye saymíwola bu=ʿeḏo. hayo-ste mi=rezo w mu=ḥalwo kmisomo. naqqa=ḥreto kmitašiġo i=rezo šafiro, w kmitarṯᵊḥo* 'Den Milchreis bereiteten die Midyader meistens an den Festen zu. Er wird aus Reis und Milch hergestellt. Wieder wird der Reis sorgfältig gewaschen und zum Kochen gebracht.' MT 2.9:1 → **ḥreno**

i=naqlayo damals | *ğiddi, i=naqlayo u=Ğirğis d-bĭ-Maqṣi Baḥḥe ʿaṣiwo bax=xišat* 'Mein Großvater, Ğirğis d-bĭ-Maqṣi Baḥḥe, hatte sich damals in den *Xišat* verschanzt.' MT 3.2:25

b-naqla auf einmal, mit einem Mal | *i=naqla d-hule ḥirriye lu=wălaṭawo diḏan b-naqla mdaywalle* 'Als sie (die Demokraten) unserem Gebiet Freiheit gaben, geriet es mit einem Mal völlig aus den Fugen.' MT 3.3:16 → **b**

b-ᵊḥḏo=naqla auf einmal, sofort | *lĭ=simme ğăsara d-ʾoṯin b-ᵊḥḏo=naqla l-Miḏyaḏ w d-rukzi* '(Die Christen) wagten es nicht, auf einen Schlag nach Midyat zurückzukehren und sich niederzulassen.' MT 3.2:19; *ak=kutle kulle b-naqqa-ḥḏo lĭ=šilqínawolin* 'Wir kochten nicht alle Kutle auf einmal im Wasser.' MT 2.7:15 → **b, ḥa**

kul=naqla jedes Mal, immer | *i=kifle rabṯo, klayši kul=naqla ʿulbo d-qamḥo* 'Eine große Familie verarbeitet jedes Mal einen Scheffel Mehl zu Teig.' MT 1.1:26; *izzí kull=naqqa ṭilbanwo i=agono mĭnayye* 'Ich ging jedes Mal und verlangte die Tonschale von ihnen.' MT 2.6:2 → **kul**

i=naqla d- als, wenn

mi=naqqa d- nachdem, seitdem | *băle uʿdo, mi=naqqa d-nafiqo i=čĭminto, kul=nošo simle an=nigorayḏe čĭminto* 'Aber jetzt, nachdem der Zement aufgekommen ist, haben alle Leute ihre Dächer mit Beton gemacht.' MT 1.1:29 → **mĭ**

naqqa *n.f., pl.* **naqqat, naqqāt, naqqawoṯo** Mal • RW 357 → **naqla ~ naqqa**

naqwo *n.m., pl.* **naqwe** Loch | *kmaḥti f-feme di=tănăgaye ğām, bu=naqwo naʿimo di=tănăgaye ğām* 'In die Öffnung des Kanisters legen sie ein Stück Glas, in das kleine Loch des Kanisters (legen sie) ein Stück Glas.' MT 1.1:84 • RW 358 || Syr. *neqbo* 'id.' SL 943

naṣbo *n.m., pl.* **naṣbe** Rebzweig | *bĭṯir kizzín l-karmo d-kityo maḥto mĭ-meqim, kšumṭi mene naṣbe. kmanṭin an=naṣbani kul=nuqro m-ani kmaḥti tre tre aw ḥa* 'Dann gehen sie zu einem Weinberg, der bereits früher angelegt wurde, und schneiden dort Rebzweige ab. Sie bringen diese Rebzweige und setzen in jedes dieser Löcher jeweils zwei oder einen Zweig ein.' MT 1.1:42 • cf. *naṣwo* 'neu angelegter Weinberg' RW 359 (?) || Syr. *neṣbṯo* 'plant, shoot' SL 939

năṣīb ~ naṣīb *n.m.* **(1)** was einem bestimmt ist, Los | *wálḥasĭli ḥa ḥzele hawxa mĭ-raḥuqo u=sanduqo, mil̤le hano min d-kityo năṣīb diḏi-yo, mirre yabo ṭr-owe năṣīb diḏux, madămki lōx ḥzelux,* ṭr-owe hano năṣīb diḏux 'Schließlich sah jemand von ferne die Kiste. Er sagte: Was auch immer es ist, es ist für mich bestimmt. Sie sagten: Gut, es sei dir bestimmt. Nachdem du es entdeckt hast, soll es dir bestimmt sein.' MT 5.2:52 **(2)** verfügbar | *dayim u=baṣro ʿal i=iḏo qīṭoʿo, baṣro daf=fare-yo mid kityo, daʿ=ʿeze-we, u=mede d-kitwo năṣīb* 'Das Fleisch schnitten wir immer von Hand, ganz klein, ob nun Fleisch von Lämmern oder von Ziegen, was gerade zur Hand war.' MT 2.2:2 **(3)** passend | *bīṯir mid marḏe u=naqdo b-ʿaṣro=yawme b-ḥamšaḥṣar=yawme, mede d-howe năṣīb, kizzín lalye du=ḥeno ...* 'Zehn Tage, vierzehn Tage nachdem der Brautpreis übergeben worden ist, wie es gerade passt, gehen sie in der Henna-Nacht ...' MT 1.3:22 • RW 359 || Arab. *naṣīb* 'Anteil, Los, Schicksal' Wehr 916; cf. Türk. *nasip* 'id.'

howe năṣīb d- bestimmt sein für → **hwy**

năṣiḥa *n.f., pl.* **năṣayiḥ** Rat, Ratschlag | *bu=bayto du=ʿăza, kibe năṣayiḥ kibe qraye da=kṯowe mqadše* 'In einem Trauerhaus gibt es guten Rat, Lesungen aus den heiligen Büchern.' MT 1.2:16 • Nicht in RW || Arab. *naṣīḥa* 'id.' Wehr 916

năšadir *n.m.* Salmiak (Verzinnungsmittel) | *bu=siryoyo, darmono du=byoḏo mitawmárwole, w kitwo aʿme u=darmono ḥreno, išme năšadir* 'Auf Aramäisch hieß es jedenfalls Verzinnungsmittel, und daneben gab es noch ein zweites Mittel, das sich *năšadir* (Salmiak) nannte.' MT 1.5:8 • RW 359 || Arab. *nušādir* 'Ammoniak' Wehr 913

nave *n.f., pl.* **navat, navāt (1)** Mitte | *barim, fatil azzé čīk bi=nave da=tre* 'Er ritt hin und her, er begab sich mitten zwischen die beiden (Parteien).' MT 5.2:60 **(2)** Gegend | *qaruto li=wălaye d-Bāṭmān-yo, bi=navaṯe-yo* '(Midyat) liegt in der Nähe der Provinz Batman, in dieser Gegend ist es.' MT 1.7:2 • RW 362 || Kurm. *nav* n.f. 'middle, center' Chyet 402

navoyo *adj.*, f. **navayto**, *pl.* **navoye** in der Mitte liegend, mittig | *awwil=lalyo qrele l-aḥuni u=rabo, da=tre qrele l-aḥuni u=navoyo* 'In der ersten Nacht las mein ältester Bruder, in der zweiten mein mittlerer Bruder.' MT 5.3:27 • RW 362 → **nave**

nawbe *n.f.* Wache • RW 361 || Arab. *nauba* 'id.' Wehr 949

goriš nawbe Wache halten → **grš**

naxwáš *adj.* krank | *kīt alfo naxwáš w năkār d-ᵊknuṭri u=lalyo ᵊd-toyim d-owe imomo d-ḥozin raḥa mī-ruḥayye* 'Es gibt tausend Kranke und Bedürftige, die darauf warten, dass die Nacht zu Ende geht und es Tag wird, damit sie sich besser fühlen.' MT 5.3:9 • RW 363 || Kurm. *nexweş* 'id.' Chyet 411

năyār ~ năyar *n.m.* Feind | *biṯir bī-Safar-ste mahzamme aṯín l-bī-Čalma ʿam ᵊd-kítwayye năyar ʿam ᵊḥḏoḏe* 'Dann flohen auch die bī-Safar und kamen zu den bī-Čalma, obwohl sie miteinander verfeindet waren.' MT 3.2:5 • RW 363 || Kurm. *neyar* 'id.' Chyet 412

năyārtiye Feindschaft | *kul=ḥa kítwole ğabha, aʿ=ʿăšayir-ste kīt baynoṯayye ʿădawe w năyārtiye, kul=nošo lī=samwo iḥtimād ʿal u=ḥreno d-mixliṭ bayn ᵊḥḏoḏe* 'Jeder hatte eine eigene Front. Zwischen den Stämmen herrschte Zwietracht und Feindschaft. Keiner vertraute dem andern, um sich bei ihm einzureihen.' MT 3.2:10 → **năyār ~ năyar**

naysa Füllwort: wie dem auch sei, naja | *ṭaʿínowo dad=dawqe, naysa, lĭ=fayiš kümannola, fayitno* 'Ich habe das Detail mit den Brotfladen vergessen. Naja, jetzt werde ich es nicht mehr erzählen, ich habe es ausgelassen.' MT 5.2:98 • cf. *ne ise* RW 364 || Türk. *ne ise, neyse* 'id.'

nʿm || cf. Anat. Arab. *nʿm II* 'klein machen' JK 143; cf. Arab. *nʿm II* 'glätten, erweichen; pulverisieren' Wehr 926

I *naʿim, naʿimo - noʿim, niʿmo intr.* zerkleinert werden, klein werden | *knoʿim u=zād b-raġlōṯ daḥ=ḥĭyewĭnanik išmo b-išmo* 'Dann wird das Getreide unter den Hufen der Tiere immer mehr zerkleinert.' MT 1.1:14

III *manʿamle, manʿamla - manʿim, manʿᵊmo* **(1)** *tr.* zerkleinern, kleiner machen | *biṯir mĭ-falge=d-yawmo, mi=stĭraḥa naqqa=ḥreto d-manṭin aḥ=ḥĭyewin diṯṯe w maṣrinne ʿal i=adro, ʿal i=draxṯayo lašan d-manʿᵊmi hawo-ste* 'Nach der Mittagszeit, der Ruhepause, bringen sie wieder ihre Tiere und schirren sie auf der Tenne an, auf diesem Dreschgut, damit sie auch das noch fein zerkleinern.' MT 1.1:15 **(2)** abschwächen (Feuer), kleiner stellen (Herd) | *b-ġēr=dikṯo mšaḥnínawo maye, ṭase d-rezo, tre=sahme d-maye, hīl ... d-ruṯho w manʿᵊmínawo taḥt u=oğāq* 'Daneben machten wir Wasser heiß, eine Tasse Reis auf zwei ... d.h. ein Anteil Reis zu zwei Anteilen Wasser, bis ... es kochte, dann stellten wir den Herd kleiner.' MT 2.8:3

nʿṭ • cf. *naʿuṭo* 'geschmacklos' RW 352 || Etym. unbekannt, cf. Syr. *naʿuṭo* 'having bad breath; lazy' SL 928

I *naʿiṭ, naʿiṭo - noʿiṭ, nuḥṭo intr.* den Salzgehalt verlieren | *u=baṣro ṭabʿan maluḥo-yo gim... m-ʿaṣriye gmaḥtile bam=maye d-noʿiṭ, d-lĭ=foyiš malḥo buwe, ṣafro gimbašlile* 'Das Fleisch ist selbstverständlich salzig ... sie legen es schon am Abend ins Wasser, damit es salzlos wird, damit kein Salz mehr in ihm bleibt, und am folgenden Morgen kochen sie es.' MT 2.5:11

Ndaṯalo *n.f.* ⊗ immer mit Artikel die Muttergottes | *kitwo bu=waxt ᵊd-meqim ṭābí, ᵊzlām mhaymᵊno ġắlăbe. mŭsakwo i=Ndaṯalo, a=tloṯo yawme di=Ndaṯalo, du=ʿeḏo di=Ndaṯalo* 'Es gab, in früherer Zeit natürlich, einen sehr gläubigen Mann. Er hielt fest an der Muttergottes, den drei Tagen der Muttergottes, dem Fest der Muttergottes.' MT 4.1:2 • RW 355 || Syr. *yoldaṯ aloho* 'Gottesgebärerin'

nḏf → **nḍf**

nḍf || Arab. *nẓf II* 'reinigen, säubern, putzen' Wehr 923

III *manḍafle, manḍafla - manḍif, manḍᵊfo tr.* säubern, reinigen | *edi gmifqinne mašiġinne mi=malḥayo manḍᵊfinne d-l-owin maluḥe* 'Dann holt man sie (die Innereien) heraus und wäscht das Salz von ihnen ab und reinigt sie, damit sie nicht (mehr) salzig sind.' MT 2.13:2; *mšayaʿle lu=ḥimmām, ḥliqqe w mawballe lu=ḥimmām manḍaffe* 'Er schickte ihn ins Hamam, sie rasierten ihn, brachten ihn ins Hamam und säuberten ihn.' MT 5.2:88

-ne → **-yo**

New York New York | MT 3.4:1

nfʿ || Arab. *nfʿ I* 'nützlich sein, nützen' Wehr 932

III *manfaʿle, manfaʿla - manfiʿ, manfᵊʿo intr.* nützen | *kmičoki baʿ=ʿiṣyanat, kizzín laʿ=ʿitawoṯo lĭ=manfaʿlalin mede* 'Sie zogen sich zurück in Stellungen, die man verteidigen konnte, in die Kirchen, doch das nutzte ihnen nichts.' MT 3.2:5; *omir ŭno hani* *lĭ=kmanfaʿli-ne, hani latne sisye, sisyo d-foyir!* 'Er sagte: Diese da nützen mir nichts, das sind keine Pferde, ein Pferd muss fliegen.' MT 5.2:62

nfḥ || Syr. *nfḥ Pe.* 'to blow, blow into' SL 929

I *nfiḥle, nfiḥla - nofiḥ, nifḥo intr.* blasen, pusten, anfachen | *kul-d-lŭzamwo qayse, d-maḥit ʿal-i=nuro, w knofiḥ, lăšan bi=quwe du=nfoḥo di=hawa, d-i=nuro lăšan d-obo š̱ḥanto fadla* 'Immer wenn es Holz brauchte, legte er es auf das Feuer und fachte an, damit das Feuer durch die Wirkung des Anfachens der Luft noch mehr Hitze gab.' MT 1.5:15

nfiqto *n.f.* Ausgang, Aufgang • RW 364 → **nfq**

nfiqte=d-yawmo Sonnenaufgang | *aḥna am=mite kmaḥti fotayye laff ᵊnfiqte=d-yawmo* 'Bei uns richtet man das Gesicht der Toten zum Sonnenaufgang hin.' MT 1.2:11 → **yawmo**

nfl || Syr. *nfl Pe.* 'to fall' SL 931

I *nafil, nafilo - nofil, niflo* **(1)** *intr.* fallen, herunterfallen | *huwe lĭ=kodiʿ i=nuqro mede ʿamuqo-yo fălan, naqqa nafil* 'Er wusste nicht, dass *nuqro* etwas Tiefes ist, und auf einmal fiel er hinein.' MT 5.4:2 **(2)** *intr.* jdn. (*b-*) überfallen, befallen (Krankheit) | *e, u=ʿamaydan mi=malḥo fălān, nafil buwe tifo w ġălăbe hawin părišān* 'Wegen (des Mangels an) Salz breitete sich der Typhus unter unserem Volk aus, und sie kamen in eine elende Lage.' MT 3.3:8; *komir u=aḥuno nafil kewo buwe* 'Den Bruder befiel eine Krankheit.' MT 5.1:30 **(3)** beginnen | *bĭtir knufli bu=zăhir kimmínale, mid mafitte i=ḥimto du=zăhir kowin xd-aḥ=ḥimre* 'Dann beginnen sie zu blühen, wie man es nennt. Wenn sie die Blütezeit hinter sich haben, werden sie wie Perlen.' MT 1.1:47; *bĭtir mid qawi čike, yaʿni mid nafil bŭzarʿo bu=gelo ...* 'Wenn das Gras etwas fester geworden ist, d.h. wenn es Rispen bildet ...' MT 1.1:67 **(4)** (ein Geräusch) machen | *d-ote d-howe u=pāstīq kayiso, mid maqimme u=rišawo, hawo gguršile, huwe knofil xīz xīz aʿle kmišmiṭ mu=čapān* 'Wenn der *pāstīq* gut geworden ist, dann lässt er sich, nachdem sie den Anfang abgelöst haben und daran ziehen ... dann macht er ratsch und lässt sich von dem Stoff abziehen.' MT 1.1:57; *nafil rimrim ʿal as=sisye* 'Die Pferde begannen zu wiehern.' MT 5.2:44

nofil lebo b- sich verlieben | *i=naqqa d-ḥilla hawxa b-Mōr Zoxe, nafil leba buwe b-mo=lebe* 'Als sie Mor Zoxe anschaute, da fiel ihr Herz ihm zu wie hundert Herzen.' MT 4.5:11 → **lebo**

nofil ʿayn- ein Auge auf (*ʿal*) etw./jdn. werfen | *ḥzele i=kaččīke w nafilo ʿayne ʿal i=kaččīke* 'Er sah das Mädchen und warf ein Auge auf sie.' MT 5.1:15 → **ʿayno**[1]

nofil b-baxto um Hilfe, Zuflucht bitten | *mille nafinno bu=baxto d-Aloho w bu=baytaydix* 'Ich bitte Got und dich um Hilfe.' MT 5.2:67 → **b, baxto**

nofil taḥt drängen, bedrängen, unter Druck setzen | *komir nafili taḥt i=atto, taḥt i=atto du=zʿuro, ᵊd-Zīn, maqnᵊʿulle ᵊd-šuqlo, ᵊd-saymo lipikke bu=gawro* 'Da steckten sie sich hinter die Frau, hinter die Frau des Jungen, Zīn, überredeten sie, gegen den Gatten eine List anzuwenden.' MT 5.2:38 → **taḥt**

nfoḥo *inf.* Anfachen, Blasen, Pusten | *bi=quwe du=nfoḥo di=hawa, d-i=nuro lăšan d-obo š̱ḥanto fadla* '... damit das Feuer durch die Wirkung des Anfachens der Luft noch mehr Hitze gab' MT 1.5:15 || Syr. *nfoḥo* 'blowing' SL 929 → **nfḥ**

nfq || Syr. *nfq Pe.* 'to go out, to turn to; to be visible, appear; to emerge' SL 933-36

I *nafiq, nafiqo - nofiq, nifqo/nufqo* **(1)** *intr.* hinausgehen, herauskommen | *ab=bĭ-babe-stene lu=gorān di=taqatte ksaymila ǧule, d-lĭ=nufqo i=bartatte nŭquṣto, twirto mu=bayto dab-bĭbabe* 'Auch die Eltern machen ihr im Rahmen ihrer Möglichkeiten Kleider, damit ihre Tochter nicht gering ausgestattet und gedemütigt das Elternhaus verlässt.' MT 1.3:21; *mille hăka ṣafro lĭ=gnufqitu mi=qrito gĭḥŭzetu, mi=gĭsamno bŭxatu* 'Er sagte: Wenn ihr morgen früh nicht das Dorf verlasst, dann werdet ihr sehen, was ich mit euch mache.' MT 1.5:42; *huwe w i=atto kitle ḥa=abro, he naᶜimo-yo, nafiq bayn an=naᶜime* 'Er und seine Frau hatten einen Sohn, der noch klein war, der ging hinaus zu den Kindern.' MT 4.1:3; *nafiq u=šido mi=zᶜurto* 'Da fuhr der Teufel aus diesem Mädchen aus.' MT 4.4:11 **(2)** *intr.* ausziehen, sich auf den Weg machen | *nafiqi lu=ṣaydo* '(Die Männer) zogen aus zur Jagd' MT 5.2:40 **(3)** *intr.* hervorkommen, sprießen | *mid nafiq u=gelano qamayto raġyo kowe, l-mede lĭ=kmanfiᶜ* 'Wenn das Gras hervorkommt, ist es zunächst zart, es taugt zu nichts.' MT 1.1:66 **(4)** *intr.* erscheinen, aufkommen | *mi=naqqa d-nafiqo i=čĭminto, kul=nošo simle an=nigorayde čĭminto* 'Nachdem der Zement aufgekommen ist, haben alle Leute ihre Dächer mit Beton gemacht.' MT 1.1:29; *u=ḥa d-ote d-qoyit u=baxto lu=ḥatno aw li=kalo, naqqa=ḥreto, kaʾinnahu hano rḥimo s-Aloho-yo, w gĭduwele šanṣ w mustaqbil, u=ḥa d-nifqo bi=ḥiṣṣayde, ak=kallāt* 'Wenn die Glücks(münze) dem Bräutigam oder der Braut zufällt, dann bedeutet das, dass der Betreffende von Gott geliebt wird und dass er eine chancenreiche Zukunft hat – der, in dessen Anteil sich die Münzen finden.' MT 1.3:19 **(5)** *intr.* sich absetzen (Butter) | *gĭḥayro b-feme ida hawi zibdo gĭmanṭᵊyola sĭfoqo w gĭmmaxlᵊyo u=mede d-nafiq mu=gawdawo b-gawe du=sĭfoqo* 'Sie schaut hinein. Wenn sich Butter gebildet hat, holt sie ein Gefäß und legt das, was sich im Schlauch abgesetzt hat, in das Gefäß.' MT 1.1:76 **(6)** beginnen | *hōl d-ʾAloho hawxa ṣbele, nafiq u=ḥṣodo, izzinwo b-ḥaq ditte ḥuṣdiwo* 'Bis Gott es so wollte und die Erntezeit begann, da gingen sie und ernteten für Lohn.' MT 3.2:30 **(7)** entweichen | *as=sanduqe d-ᵊtwiri nafiq u=šarr ditte* 'Die Truhen, die zerbrochen wurden, aus denen ist das Böse entwichen.' MT 5.2:12

III *mawfaqle ~ mofaqle, mawfaqla ~ mofaqla - mawfiq ~ mofiq, mawfᵊqo ~ mifqo* **(1)** *tr.* hinausbringen, herausnehmen, herausholen | *kmawfᵊqila ṣafro li=šimšo w ᶜaṣriye kmaᶜbᵊrila hul d-nišfo* 'Morgens bringen sie sie hinaus in die Sonne und abends bringen sie wieder hinein, bis sie getrocknet ist.' MT 1.1:58; *midle mawfaqle u=dōzdān* 'Er zog die Geldbörse hervor.' MT 1.5:54; *omir azzín ᵊqtille manṭalle mawfaqqe* 'Sie gingen hin, töteten ihn und holten ihn heraus.' MT 5.2:51 **(2)** abreißen, herausziehen | *maḥtiwo bas=sĭfoqe čike d-ḥimṣe, ya raġlo, u=qarᶜo turíwole, mifqiwo u=lĭšonayde, mifqiwo ᶜaynotayye, mifqiwo u=hnayde, u=meḥayde* 'Man gab auf die Teller Kirchererbsen und etweder einen Fuß … Den Kopf zerbrach man, man nahm seine Zunge heraus, man nahm seine Augen heraus, man nahm sein Dings, sein Hirn heraus …' MT 2.11:9; *omir uᶜdo d-owe ḥarb aᶜlayna gĭtolit ido? omir áydarbo lĭ=gtŭleno ido, alo gĭmawfaqno*

ʿaynayye 'Wenn jetzt Krieg gegen uns ausbräche, wärst du bereit zu kämpfen? Er sagte: Wieso sollte ich nicht kämpfen, bei Gott, ich würde ihnen die Augen ausquetschen.' MT 5.2:89 **(3)** vertreiben | *hedi hğimme aʿlayye naqqa=ḥreto, laṭ=ṭaye, laṣ=ṣŭroye hğimme, ánnaqqa mawfqinne. mifqinne mĭ-ʿIwardo* 'Daraufhin griffen sie, die Muslime, (vielmehr) die Christen wieder an und diesmal vertrieben sie sie. Sie vertrieben sie aus ʿIwardo.' MT 3.1:25 **(4)** etw. (Akk.) aus (*m-*) etw. herstellen | *i=ḥeṭo kmišloqo, kuyo danoke, knišfo, bĭṯir gdayqila bu=dang, bĭṯir kṭuḥnila, kmifqi mi=ḥeṭayo birġil xašuno, birġil nōrmāl, di=šriʿaye, kmifqi samdo, kmifqi smaydike* 'Der Weizen wird in Wasser gekocht, er wird zu *danoke*. Er trocknet, dann wird er mit dem Mahlstein enthülst, dann mahlt man ihn und macht daraus groben Bulgur, normalen Bulgur, der mit kleinen Nudeln (gemischt wird), man macht daraus *samdo* und *smaydike*.' MT 2.7:2

nofiq pōx diḏ- auffliegen, offenbar werden | *komir l-ayna sanduqo d-maṯin, ṭarp w mḥalle li=arʿo, l-ayna sanduqo d-maṯin mḥalle bi=arʿo, u=zʿuro ḥille hawxa, d-turi u=sanduqo du=aḥuno gnofiq u=pōx diṯṯe* 'Jede Truhe, zu der sie kamen, die warfen sie peng! auf die Erde. Jede Truhe, zu der sie kamen, schmetterten sie auf die Erde. Dem Jungen wurde klar, dass wenn sie die Truhe seines Bruders auf die Erde werfen würden, sie auffliegen würden.' MT 5.2:11 → **pōx, diḏ-**

nofiq l-qamuṯ- entgegentreten, sich jdm. in den Weg stellen | *nafiqo žinnĭke l-qamuṯayye* 'Da kam ihnen eine Frau entgegen.' MT 5.2:10 → **qamuṯ-**

nofiq rišo jdn. (*ʿam*) besiegen können, sich mit jdm. messen können | *zoxu tawu u=yatumo du=aḥuno, d-kityo ʿal at=tanure mḥalqo, táwule gd-ŭwénale moro. d-lo hawo nofiq rišo aʿme, nošo lĭ=knofiq rišo ʿam-ano* 'Geht und holt den verwaisten Sohn seines Bruders, der sich bei den Tannur-Öfen herumtreibt, holt ihn und wir werden uns um ihn kümmern. Wenn der mit ihm nicht fertig wird, dann kann niemand ihn bezwingen.' MT 5.2:85 → **rišo**

mawfiq admo (m-) blutig verletzen | *lĭ=kmaqbanno nošo d-mawfiq admo mĭnayye* 'Ich akzeptiere nicht, dass jemand sie (in Anḥil) auch nur verletzt.' MT 3.2:20 → **admo**

nfs || Syr. *nfs Pa.* 'to hackle, comb, card' CSD 345

II *mnafasle, mnafasla - mnafis, mnafso tr.* auseinanderzupfen | *u=ʿamrano d-ᵊkmiqiṣ kmitamiḷḷe geze. kmalĭfile w manṭin u=ʿamro lu=bayto, kmašĭġile, bĭṯir mid mašiġġe kmanšᵊfile, bĭṯir mid manšaffe kimnafsile* 'Die Wolle, die man schert, nennt man *geze*. Sie wickeln sie zusammen und bringen die Wolle nach Hause. Sie waschen sie, nach dem Waschen trocknen sie sie, und nachdem sie sie getrocknet haben, zupfen sie sie auseinander.' MT 1.1:91

nfṣ || Syr. *nfṣ* 'to shake off' SL 932

I *nfiṣle, nfiṣla - nofiṣ, nifṣo tr.* ausschütteln (Kleider) | *kĭmaṇṇo qay ağ=ğulaydix ğamude-ne? kimmo af=firṭaʿ-nayḏan ġắlăbe-ne, ksulqono l-qarʿe du=quṣro d-nifṣono ğuli, kuḏʿit i=hawa du=băḥar kimmo, hawa ğamidto-yo kĭmağmᵊdoli* 'Ich sage zu ihr: Warum sind deine Kleider kalt? Sie sagt: Wir haben viele Flöhe, ich steige auf die Zinnen des Schlosses, um meine Kleider auszuschütteln. Du kennst die Meeresluft, sagte sie, es ist kalte Luft, sie macht mich kalt.' MT 5.3:52

nhḏ || Arab. *nhḍ* 'sich erheben, aufstehen' Wehr 946

I *nhiḏle, nhiḏla - nohiḏ, nihḏo tr.* sich erheben ⊗ mit *ruḥ-* 'sich' | *naqqa u=nišro miḻḻe xrrppp naḥit l-gabe, miḻḻe xayifo, ᵊrwax! komir rawix, u=ṭayro nhiḏle ruḥe* 'Plötzlich machte es rumms, der Vogel landete neben ihm und sagte: Steig schnell auf! Er stieg auf und der Vogel erhob sich in die Lüfte.' MT 5.3:45-46

nhr || Syr. *nhr* 'to shine; to grow light' SL 894

I *nahir, nahiro - nohir, nuhro intr.* Tag werden, hell werden | *komir tamo biṯir mid mawfaqqe mu=farmo, nahir ṭăbí ánnaqqe, komir alfo w ḥammišmo=hŭḏoye kulle tamo mhaymanne b-ᵊMšiḥo* 'Als sie ihn aus dem Feuerofen herausgeholt hatten, war inzwischen Tag geworden. Eintausendfünfhundert Juden nahmen dort den Glauben an Christus an.' MT 4.2:18

III *manhaḻḻe, manhaḻḻa - manhir, manhᵊro* Tag werden lassen, hell werden lassen | *waᶜd aᶜmux w ᶜam Aloho, măyíl i=faršaṯe m-ᶜal ṣadri, hōl d-l-óṯit lĭ=kmanharno* 'Ich verspreche dir vor Gott, nimm diese Steinplatte von meiner Brust weg, und bis du kommst, lasse ich den Tag nicht anbrechen.' MT 5.3:10

nḥiro *n.m.* Nase | *kḥoyik nḥire* 'Er kratzte sich an der Nase.' MT 5.2:86 || Syr. *nḥiro* 'nostrils' SL 907

nḥr || Arab. *nḥr* 'schlachten' Wehr 898

I *nḥiḻḻe, nḥiḻḻa - noḥir, nuḥro tr.* schlachten | *gunwiwo săwāl-ᵊstene, aṣ=ṣūroye, mu=kafnaṯṯe, nuḥríwunne w uxlíwunne* 'Sie stahlen auch Vieh, die Christen, aus Hunger, schlachteten es und aßen es.' MT 3.2:29

nḥt || Syr. *nḥt* 'to go down, descend' SL 909

I *naḥit, naḥito - noḥit, nuḥto* **(1)** *intr.* hinuntergehen | *mu=aṯro du=ṭuro naḥitwo li=barriye* '(Mein Großvater) war aus dem Turabdin in die Ebene hinabgezogen.' MT 1.5:1; *azzín as=saḥoye naḥiti ḥirre, ḥzalle u=zᶜuro* 'Die Schwimmer gingen und tauchten hinunter und fanden den Jungen.' MT 4.1:7 **(2)** absteigen | *naḥit m-ᶜal i=sisto* 'Er stieg vom Pferd.' MT 5.3:32 **(3)** *intr.* abtropfen | *maḥtínawo ōrti naḏifo ᶜal feme di=qōšxane, w biṯir u=qăpaġ, ᶜăšan d-i=naqqa d-duḥṯo, d-lĭ=noḥit i=daḥṯayo li=rezo* 'Wir legten ein sauberes Tuch über die Öffnung des Kochtopfs, und danach den Deckel, damit, wenn der Reis schwitzt, dieses Kondenswasser nicht auf den Reis herabtropft.' MT 2.8:4 **(4)** regnen (*maṭro*) | *meqim mid noḥit maṭro, u=daworo kmoyid naqqa=ḥreto u=bŭzarᶜayḏe* 'Bevor es regnet, nimmt der Pflüger erneut sein Saatgut.' MT 1.1:6

III *manḥatle, manḥatla - manḥit, manḥᵊto* **(1)** heruntergehen lassen, herunternehmen | *mid bašilo i=labbăniye kmanḥᵊtila kimkasalla d-lĭ=mičik didwone biya* 'Wenn die *labbăniye* gekocht ist, nehmen sie sie (vom Feuer) und decken sie zu, damit keine Fliegen hineinkommen.' MT 1.1:78; *aṯí komir, tağir rabo ġálăbe, aṯi manḥatle aṭ=ṭaᶜnayḏe* 'Da kam ein sehr bedeutender Kaufmann, er lud seine Lasten ab.' MT 4.2:10; *naḥit u=aḥuno w hiye-ste kĭlé manḥatle lu=gubo húlele maye maštele as=sisyaṯṯe w štele luwe-ste* 'Der Bruder stieg hinab, er ließ ihn hinab in den Brunnen, und er gab ihm Wasser. Er tränkte ihre Pferde, und auch er selber trank.' MT 5.2:44 **(2)** absteigen lassen | *komir naḥit manḥatle u=zᶜuro, húlele* *tarte=pirtᵊkāt-ste m-diḏe* '(Der Vogel) landete und setzte den Jungen ab. Er gab ihm zwei Federn von sich.' MT 5.3:42 **(3)** herabfliessen lassen, (mit *damᶜe*) weinen | *komir manḥatle damᶜe aṯi maye ǧamude ᶜal ḥāṣ di=žinnĭke, miḻḻa hanik min maye ǧamude-ne?* 'Er ließ seine Tränen fließen, sie tropften wie kaltes Wasser auf den Rücken der Frau. Sie sagte: Was ist das für ein kaltes Wasser?' MT 4.5:14

nĭḏofo *inf. II* Reinigung | *ᵊtfaḏḏal li=awḏayayḏux! miḻḻe lo. i=awḏaye kubᶜela tanḏifāt, kubᶜela nĭḏofo, kubᶜela tĭšiġo, kubᶜela kul=mede* 'Bitte, (betritt) dein Zimmer! Er sagte: Nein. Das Zimmer braucht eine Reinigung, es muss gereinigt, muss gewaschen werden, alles das.' MT 5.3:59 → **nḏf**

nĭfoso *inf. II* Auseinanderzupfen | *u=ᶜamrano d-ᵊkmiqiṣ kmitamiḻḻe geze (...) bĭṯir mid manšaffe kimnafsile, bĭṯir mu=nĭfoso u=ḥa d-hŭwele iḥtĭyāč, xāṣṣātan meqim,ᶜuzlíwole bi=taššiye* 'Die Wolle, die man schert, nennt man *geze.* (...) Nachdem sie sie getrocknet haben, zupfen sie sie auseinander. Nach dem Auseinanderzupfen ... wer Bedarf hat, vor allem früher, da spannen sie (die Wolle) auf der Spindel.' MT 1.1:91 → **nfs**

nĭgore *n. pl.*, f. **goro** Dach | *a=ftilani kmaḥtinne ᶜal an=nĭgore* 'Diese Grasstränge legen sie auf die Dächer.' MT 1.1:71 || < *ann* (bestimmter Artikel vor vK-) + *igoro*; Syr. *egoro* 'roof (< Akkad. *igāru* 'wall')' SL 8 → **goro**

nĭhaye schließlich | *áydarbo samno áydarbo lĭ=samno kmaqlib kmakrix, nĭhaye aṯi l-bole u=qariwo* 'Wie soll ich es machen, wie soll ich es nicht machen? Er wendet es hin und her, schließlich kam ihm der Pate in den Sinn.' MT 5.1:4 • RW 365 || Arab. *nihāya* 'Ende' Wehr 948; Türk. *nihayet* 'Ende; schließlich' = **năhaye**

niḥloyo, f. **niḥlayto**, *pl.* **niḥloye** Person aus dem Dorf Anḥil | *daᶜiri amma bĭṯir-ste quṭliwo mĭnayye, bĭṯir ᵊqṭille ma=srinoye, w qṭille ma=ᶜwarnoye, qṭille man=niḥloye, w d-kitwo miḏyoye-ste baynoṯayye, qṭili baṭ=ṭurone baq=qayse* 'Sie kehrten zurück, aber auch danach brachte man einige von ihnen um, man tötete Leute aus Bissorino, aus ᶜIwardo, aus Anḥil, und auch Leute aus Midyat waren darunter. Sie wurden im Wald, beim Holzholen getötet.' MT 3.3:13 • Nicht in RW → **Anḥil**

niḥre *n. pl.* Scheiße, Kot | *azzín manṭalle u=zᶜuro, ḥăša ḥăša, komir kĭlé u=laḥmayḏe b-iḏe w kĭlé al an=niḥre, ko... ham koxil ham kᵊḥore* 'Sie gingen und brachten den Jungen, er – Verzeihung! – hat das Brot in der Hand und sitzt auf der Scheiße, er isst und scheißt zugleich.' MT 5.2:86 • RW 366 || < *ann* (bestimmter Artikel vor vK-) + *iḥre* < Syr. *ḥrayo* (pl.) 'excrement' SL 490, CSD 157 → **ḥry**

niro *n.m.*, *pl.* **nire** Joch | *aḥna šuġlayna du=dworo latyo bat=tăraktorāt w bad=dowarbičarat, u=daworo, kŭwele niro ...* 'Bei uns erfolgt das Pflügen nicht mit Traktoren und mit Mähdreschern. Der Pflüger hat ein Joch ...' MT 1.1:1 • RW 367 || Syr. *niro* 'yoke' SL 916

nisin April | MT 1.5:4 || Syr. *nison* 'id.' SL 916

niṣroyo Nazarener, aus Nazareth | *mifqinne mĭ-ᶜIwardo, w ᵊqṭille kibin ᶜisri tleṯi-stene maṭ=ṭaye, w šubḥo l-išme, l-Aloho w lu=ḥasyawo, la=tloṯo qnume d-Yešuᶜ ᵊMšiḥo u=Niṣroyo, w l-Aloho* 'Sie vertrieben sie aus ᶜIwardo und töten auch an die zwanzig, dreißig von den Muslimen. Gott, Preis seinem Namen, und jener Bischof, die Dreieinigkeit, Jesus Christus der Nazarener, und Gott (haben sie gerettet).' MT 3.1:26 • Nicht in RW || Syr. *noṣroyo* 'id.' SL 942

nišaniye *n.f.* Verlobung, Zeichen der Verlobung | *mid hŭwanne xabro, mirre, maqbelan u-taklīf diṯxu, kmanṭalla šarpa, meqim immíwola čawre, l-nišaniye* 'Wenn sie ihnen ihr Wort gegeben haben, wenn sie gesagt haben: Wir nehmen euer Ersuchen an, dann bringen sie ihr ein Kopftuch, *šarpa*, früher nannte man es *čawre*, als Zeichen der offiziellen Vereinbarung.' MT 1.3:8 • RW 367 || Kurm. *nîşan, nîşanî* 'sign, symbol; engagement ceremony' Chyet 421; Türk. *nişan* 'Zeichen, Ziel; Verlobungsfeier'; cf. Arab. *nišān* 'Ziel, Auszeichnung' Wehr 914-15; cf. Syr. *nišo* 'sign, mark, symbol, goal etc.' SL 916-17

niše *n. pl.* Frauen ⊗ *pl.* zu *aṯto* || Syr. *niše* 'id.' SL 951 → **aṯto**

nišro *n.m., pl.* **nišre** Adler | *komir aṯi damix, naqqa-ḥreto, komir bĭṯir mid damix aṯi u-nišro, Ṭayre Simír aḥna kimmínale Ṭayre Simír, huwe nišro-yo išme, kimmínale Ṭayre Simír* 'Er legte sich nochmals schlafen. Nachdem er eingeschlafen war, kam der Adler, der *Ṭayre Simír* – wir nennen ihn *Ṭayre Simír*, er heißt eigentlich Adler, doch wir nennen ihn *Ṭayre Simír*.' MT 5.3:35 • RW 367 || Syr. *nešro* 'id.' SL 954

niye *n.f.* Absicht, Ziel | *ḥzalle raḥát w manfăʿa m-Awrŭpa w d-šuġli w duʿri b-niye d-ʾdʿoro* 'Sie fanden Bequemlichkeit und Vorteil in Europa. Sie sind gegangen mit der Absicht, zu arbeiten und dann zurückzukehren.' MT 1.7:4 • RW 368 || Arab. *nīya* 'id.' Wehr 955

nkt || Syr. *nkt Pe.* 'to bite' SL 921

I *nkitle, nkitla - nokit, nukto tr.* beißen | *kitla li-kaččīke ḥabušo bi-šarbo d-am-mayayḏa, komir nkitle u-ḥabušo, hăla, štele maye mi-šarbo w axĭlele gadde mu-ḥabušo w nafiq aṯi* 'Das Mädchen hatte einen Apfel in ihrem Wasserkrug. Er biss in den Apfel, vielmehr, er trank Wasser aus dem Krug, aß einen Bissen von dem Apfel und ging hinaus.' MT 5.3:19

-no, *pl.* **-na** enklitische Form der Kopula für die Gegenwart, 1. Person | *ŭno naʿimo-no, u-waxt du-sayfo lĭ-kŭḏaʿnole* 'Ich bin (zu) jung und kenne die Zeit des Sayfo nicht.' MT 3.2:1; *miḻḻe hāt hŭḏoyo-hat w aḥna mšīḥoye-na* 'Sie sagten (wörtl.: Er sagte): Du bist ein Jude und wir sind Christen.' MT 4.2:2

noquṣ *adj.* ⊗ Komparativ zu *nŭquṣo* weniger | *i-kifle rabṯo, klayši kul-naqla ʿulbo d-qamḥo. i-kifle d-huyo naʿim, klayši noquṣ* 'Eine große Familie verarbeitet jedes Mal einen Scheffel Mehl zu Teig; eine kleinere Familie macht weniger Teig.' MT 1.1:26 → **nŭquṣo, nqṣ**

nōrmāl *adj.* normal | *i-ḥeṭo kmišloqo, kuyo danoke, knišfo, bĭṯir gdayqila bu-dang, bĭṯir kṭuḥnila, kmifqi mi-ḥeṭayo birġil xašuno, birġil nōrmāl, di-šriʿaye* 'Der Weizen wird in Wasser gekocht, er wird zu *danoke*. Er trocknet, dann wird er mit dem Mahlstein enthülst, dann mahlt man ihn und macht daraus groben Bulgur, normalen Bulgur, der mit kleinen Nudeln (gemischt wird).' MT 2.7:2 || Türk. *normal* 'id.'

nošo *n.m., pl.* **noše (1)** jemand, man ⊗ In neg. Sätzen 'niemand' | *u-tarʿo l-nošo lĭ-fiṯḥitulle* 'Öffnet niemandem das Tor!' MT 4.5:1; *bĭṯir mid ʾksīḥ u-karmo, kizzé nošo kmalim ak-karsʾwone* 'Wenn der Weinberg geschnitten worden ist, geht jemand und sammelt die Rebzweige ein.'

MT 1.1:65 **(2)** Leute, Menschen ⊗ Nur im *Pl.* | *dušmān látwolan mi=sibbe d-kítwayye noše sinᶜatkār* 'Wir hatten keine Feinde, weil sie (d.h. wir) Handwerker waren.' MT 3.2:27; *qṭalu an=noše du=ḥaṯno w mudu i=kaččike w mahzémulla zoxu* 'Tötet die Leute des Bräutigams, nehmt das Mädchen und entführt es und geht.' MT 5.2:8 || Syr. *(ʾ)nošo* 'id.' SL 65

kul=nošo jeder | *i=adro d-kul=nošo sĭḥdoḏe kuyo, ğiṛān* 'Die Dreschplätze aller Leute liegen nebeneinander, wie Nachbarn.' MT 1.1:10

noṭa, *pl.* **noṭat, noṭāt** *n.f.* Lira, Banknote | *mawfaqle ḥamšo=noṭat mĭkise* 'Er zog fünf Lira aus der Tasche.' MT 5.5:6 • RW 369 || cf. Türk. *bankınot, banknot* 'id.'

noyel bayramı ⊗ Türkisch Weihnachten | *b-riše di=šato ᵊkmawbᵊli, damiye kmitamiḷḷa, bayn ann=ăğanib kimmile ᵀnoyel bayramıᵀ, aḥna sidayna riše di=šato-yo* 'Am Neujahrstag bringen sie die sog. *damiye*. Bei den Ausländern nennt man ihn Noel Bayramı, wir nennen ihn Neujahrstag.' MT 1.3:16

nqiwo *part.*, f. **nquto**, *pl.* **nqiwe** gelocht, durchlöchert | *mĭnayye kowin kaḥkune, gawayye nqiwe, w mĭnayye kowin kĭminne lŭwašāt, ksaymi čīzeği binne.* 'Manche davon werden zu Kringeln geformt, die in der Mitte ein Loch haben, und andere zu Fladenbroten, die man mit eingeritzten Strichen verziert.' MT 1.1:24 → **nqw**

nql || Syr. *nql Pe.* 'to remove' SL 947; Arab. *nql I* 'fortbewegen; transportieren' Wehr 938

I *nqile, nqila - noqil, nuqlo tr.* transportieren | *mid ᵊṣrĭdinne kmanṯin u=ḥaywān diṯṯe w knuqlinne kmawbᵊlinne lu=bayto* 'Wenn sie es (das Getreide) gesiebt haben, bringen sie ihr Tier und transportieren (das Getreide) nach Hause.' MT 1.1:19

Ip *nqīl, nqilo - minqil, minqolo* **(1)** *intr.* transportiert werden, umziehen, migrieren | *azzín kulle mahzamme, u=ḥa d-ᵊnqīl l-Awrŭpa u=ḥa d-ᵊnqīl l-Ămerika* 'Sie sind alle weg, geflüchtet. Einige sind nach Europa gezogen, andere nach Amerika.' MT 1.7:3 **(2)** überliefert werden | *i=naqla d-awi u=sayfo ŭno latwi hawyo, ma u=mede d-aṯí nqīl l-aḥna* ... 'Als sich der Sayfo ereignete, war ich noch nicht geboren, doch das was uns überliefert worden ist ...' MT 3.3:1 **(3)** *intr.* sterben | *ḥatta d-oṯe l-bolayye kaʾinnahu, kitte yawmo linne-ste hawxa ğminqoli maḥ=ḥayani* '... so dass ihnen klar wird, dass es auch für sie einen Tag gibt, an dem sie aus diesem Leben abberufen werden.' MT 1.2:15

nqṣ || Arab. *nqṣ I* 'abnehmen, weniger werden' Wehr 936 → **nŭquṣo**

I *naqiṣ, naqiṣo - noqiṣ, nuqṣo intr.* weniger werden | *ánnaqqa aḥ=ḥaroye man=năḥaqiyāt mahzamme, mi=zuḥṯo mahzamme, naqiṣi* 'Die letzten aber flohen wegen der Übergriffe, sie flohen aus Furcht. (So) wurden es immer weniger.' MT 1.7:5

nqṭ || cf. Arab. *nqṭ II* 'tröpfeln, tropfen lassen' Wehr 937

I *naqiṭ, naqiṭo - noqiṭ, nuqṭo intr.* tropfen | *komir manḥatle damᶜe aṯi maye ğamude ᶜal ḥāṣ di=žinnĭke, miḷḷa hanik min maye ğamude-ne? miḷḷe layt mede, m-iḏi naqiṭi* 'Er ließ seine Tränen fließen, sie tropften wie kaltes Wasser auf den Rücken der Frau. Sie sagte: Was ist das für ein kaltes Wasser? Er sagte: Es ist nichts, es ist aus meiner Hand getropft.' MT 4.5:14

nqurto *n.f.* Sandsteinerde | *am=mayani kimkawtinne, d-ubᶜi d-sayminne dĭbis kul arbaᶜ tănăgayāt knofiq ᵊḥḏo mĭnayye d-dĭbis. kmaḥti binne nqurto lăšan d-ṣofin i=naqqa du=kĭwoto* 'Wenn sie Traubensirup herstellen wollen, kochen sie diesen Traubensaft ein; vier Kanister ergeben jeweils einen Kanister Traubensirup. Sie setzen weiße Sandsteinerde zu, damit sich der Saft beim Einkochen klärt.' MT 1.1:51 • RW 369 || cf. Syr. *nqr* 'to hollow out, to dig' SL 949 → **nuqro**[1]

nqw || Syr. *nqb Pe.* 'to pierce; to make a hole' SL 943

I *nqule, nqula - noqu, nuqwo tr.* durchlöchern, bohren

Ip *nqīw, nqiwo - minqu, minqowo intr.* durchlöchert werden, eingedellt werden | *ᶜarqᵊwone sligi, nqiwi haqqās hingi kmoḥe raġloṯe bak=kefe* 'Seine Fersen wurden abgeschabt, sie wurden eingedellt, so stark schlug er seine Füße an die Steine.' MT 5.2:55

nqy || Arab. *nqy II* 'aussuchen, aussortieren, auslesen' Wehr 940

II *mnaqele, mnaqela - mnaqe, mnaqyo* **(1)** *tr.* auswählen, auslesen | *kimnaqin ab=buġre w aḥ=ḥappoṯo du=zizono d-kīt bayn aḥ=ḥeṭe* 'Sie lesen die Steinchen und die Körner vom Unkraut, die sich unter dem Weizen befinden, heraus.' MT 1.1:21; *aḥ=ḥeṭe kimnaqanne w kimṣawlinne* 'Sie lesen den Weizen aus und wässern ihn.' MT 1.1:27 **(2)** *tr.* jäten | *bĭṯir mid mawraqle lu=ġarzĭkano (...) kimnaqin u=gelo d-baynoṯe* 'Wenn der junge Weinberg ausgeschlagen hat (...) jätet man das dazwischen wachsende Unkraut.' MT 1.1:44

nsān *n.m.* ⊗ Einmal *nsan* MT 4.5:8 Mensch, Person | *u=nsān d-ŭwele imān xid bzarᶜo d-xardălaye, mede lĭ=ġğŭrele* 'Ein Mensch, selbst wenn er nur so viel Glauben hat wie ein Senfkorn, dann geschieht ihm nichts.' MT 4.1:9 • RW 370 = **insān**

nšf || Arab. *nšf I* 'trocknen' Wehr 914

I *našif, našifo - nošif, nišfo intr.* trocken werden, trocknen | *kowin šṯiḥe sĭ-ḥḏoḏe aᶜ=ᶜinwe. mid našifi kmalĭminne kowin apšoṯo* 'Die Trauben werden nebeneinander hingelegt. Wenn sie eingetrocknet sind, sammelt man sie ein, es sind dann Rosinen.' MT 1.1:49

III *manšafle, manšafla - manšif, manšᵊfo tr.* trocknen lassen, trocken werden lassen | *gĭlayšíwunne bu=ğağĭqawo w bĭṯir gsaymíwunne xd-a=hno, hawxa qᵊrūṣ w maḥtíwunne d-immina ᶜal ğule w manšᵊfíwunne bi=šimšo* 'Sie kneteten ihn mit diesem *ğağiq* und machten dann daraus etwas wie Fladen. Diese legten sie beispielsweise auf Tücher und ließen sie in der Sonne trocknen.' MT 2.5:9; *kmanšᵊfi a=ᶜwone lăšan ᵊd-miski čike d-baṣro* 'Sie melken die Schafe nicht mehr, damit sie etwas Fleisch ansetzen können.' MT 1.1:88

nšq || Syr. *nšq Pe.* 'to kiss' SL 954

I *nšiqle, nšiqla - nošiq, nušqo tr.* küssen | *kyotu u=qariwo w u=ḥaṯno w u=qašo sĭ-ḥḏoḏe, koṯin knušqi iḏe du=qašo* 'Der Trauzeuge, der Bräutigam und der Priester setzen sich zusammen. (Die Anwesenden) kommen und küssen dem Priester die Hand.' MT 1.3:25

ntš || Syr. *ntš Pe.* 'to tear to pieces; to seize, to snatch' SL 957

I *ntišle, ntišla - notiš, nitšo tr.* wegnehmen, wegschnappen, entführen | *koṯin an=naᶜime kimbalᶜᵊṭi ḥḏoḏe w knutši ak=kallătani* 'Die Kinder kommen, schubsen sich gegenseitig weg, raffen diese Geldmünzen auf.' MT 1.3:32

nṭr || Syr. *nṭr Pe.* 'to watch, protect; to look out for, to wait' SL 913

I *nṭille, nṭilla - noṭir, nuṭro* **(1)** *tr.* warten | *knuṭri u=yawmo d-oṯe hawa* 'Nun warten sie auf einen Tag, an dem der Wind weht.' MT 1.1:17; *bĭṭir mid šaḥin knuṭri čike d-fotir* 'Wenn sie heiß geworden ist, warten sie ein bisschen, bis sie lauwarm wird.' MT 1.1:75 **(2)** *tr.* beschützen | *mĭḥanwo tfinag buwe lo kurxiwo buwe, u=Mšiḥayḏan u=Alohayḏan nṭĭllelan ṭamo* 'Sie schossen mit den Gewehren auf ihn, doch (die Kugeln) durchdrangen ihn nicht, unser Messias, unser Gott beschützte uns dort.' MT 3.1:22

nṭy ~ nty ⊗ In Midyat übliche Variante von *mṭy*, vgl. *mamṭe* und *mamṭele* in Dorfdialekten → **mṭy**

III *manṭele, manṭela - manṭe, manṭᵊyo* **(1)** *tr.* bringen, mitbringen, holen | *komir mšayalle, mʿaqabbe w ġắlăbe karixi. mirre kito Malke, bi= Xărăbale, kimmile Malke - ʿal Mōr Malke. mille guzzoxu gimmanṭétulle w gd-ŏṯetu* 'Sie fragten, verfolgten (Spuren) und zogen viel herum. Man sagte: Es gibt einen Malke in Xărăbale, man nennt ihn Malke, (die Rede ist) von Mor Malke. Er sagte: Ihr geht, holt ihn und kommt zurück.' MT 4.4:3; *lĭ=kṭorin fayiš d-manṭena lo ṭaʿno d-qayse lo ṭaʿno d-hažžĭkāt* 'Sie lassen uns keine Traglast Holz mehr holen und keine Traglast Zweige.' MT 5.2:36 **(2)** *tr.* heiraten (mit *aṯto*) | *niše haw fayiš gmanṭeno w hāt gawre lĭ=fayiš gĭšuqlit* 'Ich werde keine Frau mehr heiraten, und du wirst auch keinen Mann mehr nehmen.' MT 5.1:43 **(3)** *tr.* retten | *ánnaqqa, bas i=naqqa du=sayfo, immo manṭeli mo w ḥa m-bayn aṭ=ṭaye, rabe w naʿime* 'Allein in der Zeit des Sayfo, so pflegte sie zu sagen, habe ich 101 Personen, große wie kleine, aus (den Händen) der Muslime gerettet.'

manṭe ʿar-ruḥe es über sich bringen | *ma=kmanṭe ʿar-ruḥe d-mawbil ruḥe li=gihano b-iḏe d-ruḥe* 'Nun, wer tut es sich selbst an, sich durch eigene Schuld in die Hölle zu bringen?' MT 4.3:6 → **ruḥ-**

manṭe ḏ̣arbo Schlag landen | *azzé u=ʿammo l-qamuṭe. lu=ʿammo maḥátlele bolo, pīč, ksoyim lĭ=ksoyim d-manṭe ḏ̣arbo aʿle lĭ=kmanṭe* 'Der Onkel stellte sich ihm entgegen. Der Onkel merkte, dass es ein gefährlicher Gegner war. So sehr er sich auch anstrengte, er konnte keinen Schlag gegen ihn landen.' MT 5.2:91 → **ḏ̣arbo**

manṭe l-ḥḏoḏe versöhnen | *maqimle am=miṯaṯe w manṭalle l-ᵊḥḏoḏe* 'Er erweckte ihre Toten wieder zum Leben und versöhnte sie miteinander.' MT 4.4:19 → **ḥḏoḏe**

mawbil w manṭe hin und her bewegen | *komir aṯi hawi ṣafro mḥalle ğeridāt b-ᵊḥḏoḏe. mawballe w manṭalle ḥḏoḏe, w mawballe w manṭalle ḥḏoḏe* 'Es wurde Morgen, er kam und sie kämpften mit den Speeren gegeneinander, der Kampf zwischen ihnen wogte hin und her, hin und her.' MT 5.2:94 → **ybl**

manṭe qănaʿa jdm./etw. (*b-*) vertrauen, Überzeugung gewinnen | *manṭalle laṣ=ṣūroye qănaʿa b-Šēx Fatḥulla, kaʾinnahu u=baxtayḏe hăqiqi-yo* 'Die Christen gewannen die Überzeugung, dass Schech Fatḥulla vertrauenswürdig war.' MT 3.2:19 → **qănaʿa**

manṭe qīm diḏ- zufrieden sein | *lăšan d-lĭ=ḥoru, kfoyiš mi=šato li=šato u=mišḥano bu=bayto, laybin kul=yawmo šuqli mi=šuqo,* *lăšan d-lĭ=ḥoru, hōl d-lĭ=mqaldile lĭ=kmanṭin qīm ditte.* 'Damit das Butterschmalz nicht verdirbt, sondern das ganze Jahr über im Haus vorhanden ist – sie können nicht jeden Tag (Butter) auf dem Markt kaufen –, sind sie nicht zufrieden, bis sie das Butterschmalz nicht ganz geklärt haben.' MT 1.1:80 → **qīm**

manṭe l-qum- anbieten, servieren | *i=naqqa l-nošo d-ŭṯéwole mŭsafir, manṭanwo l-qume ʿăqude w ḥărire apšoṯo w pāstīq, sidayna u=ḏayfo d-ŭwewo ʿazizo, hani mitakrámwole.* 'Wenn jemand Besuch bekam, servierte man ihm Süßwürste, Stücke von *ḥărire,* Rosinen und *pāstīq.* Ein geschätzter Gast wurde bei uns damit bewirtet.' MT 1.1:63 → **qum ~ qim**

nŭfūs *n.m.* **(1)** Bevölkerung | *ᵊmdawamla, u=ḥarbano tre=yarḥe, tloṯo=yarḥe. e, maḥatla bolo li=ḥkume (…) u=nŭfūs diḏa knoqiṣ* 'Dieser Krieg dauerte zwei, drei Monate, schließlich bemerkte die Regierung (…) (dass) die Bevölkerung abnimmt.' MT 3.2:17 **(2)** Einwohnermelderamt | *manṭole l-Miḏyaḏ d-ᵊmqayid i=qaydiyayḏa bu=nŭfūs* '(Der junge Mann) brachte sie nach Midyat, um sie auf dem Einwohnermeldeamt registrieren zu lassen.' MT 1.6:2 || Türk. *nüfüs* 'id.'

nuhro *n.m.* Licht, Schein | *mille, oo ba, aṯyówali žĭnikke b-čarčaf šafiro, hiya šafirto, u=nuhro aʿla* 'Er sagte: Oh Papa, eine Frau in einem schönen Umhang kam zu mir, und sie selbst war auch schön, das Licht umgab sie.' MT 4.1:8 • RW 370 || Syr. *nuhro* 'id.' SL 896

nunto *n.f., pl.* **nune** *n.m.* Fisch | *ŭṯanwo aḥ=ḥūt, ŭṯanwo an=nune rabani, lĭ=mağranwa mqadmíwolan* 'Es kamen Seeungeheuer, es kamen die großen Fische, doch sie wagten nicht, sich uns zu nähern.' MT 4.1:8 • RW 370 || Syr. *nuno* (m.) 'id.' SL 900

nuqro[1] *n.f., pl.* **nuqre** Loch, Grube | *u=daworano mṣaylable i=arʿo kmŭsakle fuʿle, dukṯe daṣ=ṣillabătanik kfotiḥ nuqre* 'Wenn der Pflüger den Acker eingeteilt hat, nimmt er sich Hilfsarbeiter und gräbt an den Stellen, wo sich die Linien kreuzen, Löcher.' MT 1.1:41 • RW 370 || Syr. *nuqro* 'id.' SL 903; Syr. *nqr* 'to hollow out, to dig' SL 949 → **nqurto**

nuqro[2] *n.f.* ⊗ in Bissorino Pfanne | *huwe faqiro i=nuqro gabayye bi=lĭġa da=qriyawoṯo ṭaġno* 'Der Arme, bei ihnen, im Dialekt der Dörfer, bedeutet *nuqro* eine Pfanne.' MT 5.4:2 • Nicht in RW || Syr. *nuqro* 'id.' SL 903-904

nŭquṣo *adj.*, f. **nŭquṣto**, *pl.* **nŭquṣe** **(1)** unvollständig, fehlerhaft | *l-úzzino ṭūlabno i=kabrite mĭnayye, gĭfayši ay=yasināt d-babi nŭquṣe* 'Wenn ich aber nicht gehe und sie um Streichhölzer bitte, dann bleiben die Koransuren meines Vaters unvollständig.' MT 5.3:7; *omir u=quṣrayḏi fayiš ḥa=qarʿo nŭquṣo mene* 'Er sagte: An meinem Schloss fehlt noch ein Schädel.' MT 5.3:44 **(2)** *adv.* selten | *m-ġēr dŭkoṯo ġálăbe nŭquṣo d-ᵊkmaydi kaččīkāt* 'Von anderen Orten nehmen sie nur selten Mädchen.' MT 1.3:1 **(3)** geringgeschätzt | *ab=bĭ-babestene lu=gorān di=taqaṯṯe ksaymila ğule, d-lĭ=nufqo i=barṯaṯṯe nŭquṣto, twirto mu=bayto dab=bĭ-babe* 'Auch die Eltern machen ihr im Rahmen ihrer Möglichkeiten Kleider, damit ihre Tochter nicht gering ausgestattet und gedemütigt das Elternhaus verlässt.' MT 1.3:21 • RW 371 → **nqṣ**

nurbo *n.m., pl.* **nurbe** frischer Trieb | *mid hule, u=karmo maṭi l-čāx du=ṭaʿno, yaʿni d-obe aʿ=ʿinwe, qamayto kfoqiḥ baʿ=ʿaynoṯo. maʿ=ʿaynoṯo kowin nurbe*

'Wenn der Weinberg soweit ist, dass er trägt, d.h. dass er Trauben trägt, dann brechen zuerst die Knospen auf. Aus den Knospen entwickeln sich frische Triebe.' MT 1.1:46 • RW 371 || Syr. *nurbo* 'branch, shoot' SL 904

nuro *n.f.* Feuer | *ḥilto quro-yo simli nuro* 'Tante, es ist kalt, mach mir Feuer an!' MT 5.2:70; *kmawqᵊḏi ftilo kmarfin nuro buwe* 'Sie zünden einen Grasstrang an.' MT 1.3:30 • RW 371 || Syr. *nuro* 'id.' SL 904

nŭṭuro *n.m., pl.* **nŭṭure** Wächter | *i-adro d-kul-nošo sĭ-ḥḏoḏe kuyo, ġịrān. lăšan d-maḥti nŭṭuro quma, d-mḥafaḏla naqqa-ḥreto maḥ-ḥĭyewin* 'Die Dreschplätze aller Leute liegen nebeneinander, wie Nachbarn, damit man einen Wächter aufstellen kann, der sie wiederum vor den Tieren beschützt.' MT 1.1:10 • RW 369 || Syr. *noṭuro* 'id.' SL 911 → **nṭr**

nuxroyo[1] *adj.,* f. **nuxrayto**, *pl.* **nuxroye** fremd | *mkamele u-ʿeḏayḏe, an-nuxroye d-kitne raḥuqe ᵊmhalaxxe azzín* 'Er beendete sein Fest. Die Fremden, die weiter weg wohnten, gingen weg.' MT 4.1:6 • RW 371 || Syr. *nuḵroyo* 'id.' SL 899

nuxroyo[2] *n.m.,* f. **nuxrayto**, *pl.* **nuxroye** ⊗ in anderen Dialekten: *nxiroyo* Verlobter, Verlobte | *min-yo i-maʿna du-tworo du-laḥmano? kaʾinnahu u-laḥmo, bĭṯir mid bašilo twīr, naqqa-ḥreto lĭ-kmiġbir, hani hawin nuxroye d-ᵊḥḏoḏe, nuxroyo w nuxrayto, naqqa-ḥreto, lĭ-kfŭyašše šroyo, lĭ-kowe d-marfin ᵊḥḏoḏe* 'Was ist die Bedeutung des Brotbrechens? Wenn das Brot gebacken ist und dann gebrochen wird, lässt es sich nicht wieder zusammenfügen. Die beiden sind nun miteinander verlobt, Verlobter und Verlobte, und für sie gibt es nun keine Trennung mehr, sie können einander nicht mehr verlassen.' MT 1.3:12 • RW 371 || cf. Syr. *mḵiro* 'betrothed, fiancé' SL 758

nvine *n.f., pl.* **nvinat** Bett, Schlafgemach | *u-yŭzbaši-ste mkamele išti-šawʿi-išne naʿimo latle. komir bĭṯir mid mawfaqle i-kaččĭke azzé li-nvinayḏe l-Aloho xliqle zʿuro ʿam i-aṯto* 'Der Hauptmann war sechzig, siebzig Jahre alt geworden, doch er hatte keine Kinder. Nachdem er das Mädchen (aus dem Steinhaufen) herausgeholt hatte, ging er in sein Bett, da schuf Gott ein Kind bei seiner Frau.' MT 5.1:12 • RW 368 || Kurm. *nivîn* n.f. 'id.' Chyet 419

nyḥ || Syr. *nwḥ Pe.* 'to rest, to repose' SL 897

I *nayiḥ, nayiḥo - noyiḥ, nayḥo intr.* genesen, heilen

III *maniḥle, maniḥla - maniḥ, maniḥo tr.* heilen, gesund machen | *omir ann-abohoṯani lĭ-ftiḥḥe ʿayn das-samye, lĭ-maniḥḥe aṣ-ṣaqṭīn?* '(Der Mönch) sagte: Haben diese Kirchenväter nicht die Augen der Blinden geöffnet, haben sie nicht die Lahmen geheilt?' MT 4.3:10

nyḥ + l- → **nyḥ**

I *nayiḥle, nayiḥla - noyaḥle, noyaḥla intr.* sich erholen, genesen ⊗ unpersönlich | *komir mĭdole manṭyole maḥtole bu-čadir d-ruḥe w mdarmᵊnulle axir be mĭ-simmalla nayiḥla* 'Er nahm sie und brachte sie in sein Zelt, man behandelte sie, was auch immer man mit ihr machte, (jedenfalls) genas sie.' MT 5.1:11

nyoḥo *inf.* Genesung | *d-mistaʿrif bu-kewayḏe, u-mede d-simle gin-naḥle, w d-lo, nyoḥo layto* 'Wenn er (den Grund für) seine Krankheit bekennt, das was er getan hat, wird er genesen, andernfalls gibt es keine Genesung.' MT 5.1:35 ||

Syr. *nyoḥo* 'quiet, resting place, recovery' SL 914 → **nyḥ**

nyšn → **nišaniye**

Q *mnayšalle, mnayšalla - mnayšin, mnayšᵊno tr.* verloben | *kmanṭalla šarpa, meqim immíwola čawre, l-nišaniye. ʿam i-nišaniye kmanṭin išmo d-sikkar, w koṭe u-ahᵊl-ahᵊl, kimnayšᵊnila* 'Sie bringen ihr ein Kopftuch, *šarpa*, früher nannte man es *čawre*, als Zeichen der offiziellen Vereinbarung. Zu diesem Anlass bringen sie ein paar Süßigkeiten mit, es kommen die nahen Verwandten, und sie verloben (das Mädchen).' MT 1.3:8

O

obe, obo → **ʾby/hw**

oḏir März | *i-naqqa d-nufqínawo li-byeḏa, bu-yarḥo d-oḏir. i-naqqa d-ṭyowa i-šato basimto, ʿaṣro ḥamšaḥṣar b-oḏir nufqínawo, la-qrĭyawoṯo* 'Wenn wir auszogen zum Verzinnen, (war es) im Monat März. Wenn das Wetter angenehm war, zogen wir am 10. oder 15. März hinaus auf die Dörfer.' MT 1.5:32 • RW 373 || Syr. *oḏor* 'Adar (February/March)' SL 10-11

oġlum mein Sohn, mein Lieber ⊗ Türkisch *oğlum* | *omir mar* ᵀ*oġlum*ᵀ*, mis-simlux? mistaʿríf biya gin-naḥlux!* 'Er sagte: Sag, mein Junge, was hast du getan? Gestehe es, dann wirst du genesen.' MT 5.1:39

oġur ~ oġir *n.m.* Glück | *azzano aḥna b-oġur-diḏan li-qriṯo ḥreto* 'Wir gingen auf gut Glück in ein anderes Dorf.' MT 1.5:43 • RW 373 || Kurm. *oğir* 'id.' Chyet 426-427; Türk. *uğur* 'gutes Omen'

oġāq *n.m.* Herd | *yaʿni sahmo d-rezo tre-sahme d-maye, hīl ... d-ruṯho w manʿᵊmínawo taḥt u-oġāq* 'Ein Anteil Reis zu zwei Anteilen Wasser, bis ... es kochte, dann stellten wir den Herd kleiner.' MT 2.8:3 • Nicht in RW || Türk. *ocak* 'Feuerstelle, Herd'

ooh *interj.* oh je (zum Ausdruck der Ablehnung) | *aṯí u-zlamano m-Amérĭka w kitle kaččĭke sidayxu, kobiʿ d-mawbela. ooh immi ema kŭbínala* 'Dieser Mann ist aus Amerika gekommen. Er hat bei euch ein Mädchen, er möchte es mitnehmen. Oho, sagten sie, wir werden sie auf keinen Fall hergeben.' MT 3.4:17

ōōō ōōō ho *interj.* oh je, aha! | *komir aṯi ḥiḷḷe mĭ-kḥoyir kĭlé kitle ḥa taḥt i-dawmo, mĭḷe, ōōō ōōō ho, ŭno hani šwaʿ-išne kimfaraxno, w lĭ-kḥŭzeno af-farxayḏi, ġēr l-ano d-ᵊkqŭṭelin layt* 'Er kam und schaute, was sah er da, da liegt bei ihm jemand unter dem Baum. Er sagte: Aha! Seit sieben Jahren brüte ich Junge aus und sehe meine Jungen nicht (mehr). Ganz bestimmt ist der es, der sie tötet.' MT 5.3:35

ōōōwíh *interj.* oh weh! | *símlele ṭĭlolo, u-zʿuro maʿlele ʿayne ḥiḷḷe hawxa ōōōwíh, min mede, mahūl, rabo, bĭġiʿ makrūḥ kĭlé lalʿil mĭ-qarʿe* 'Er machte Schatten für ihn. Der Junge schlug die Augen auf: Oh weh, was ist da für etwas Schreckliches, Großes, Hässliches, Abscheuliches über seinem Kopf.' MT 5.3:39

orăgano *n.m.* Oregano | *bĭṯir kimḥaḏrit u-ṣōṣ ditte, kimqalit naqqa-ḥreto baṣle w gmaḥtit* ᵀ*kekik*ᵀ*, min kimmítulle u-kăkĭk, orăgano w hano* 'Dann bereitest du ihre Sauce vor. Wieder brätst du Zwiebeln an und gibst *kekik* dazu – wie nennt ihr den *kekik*? Oregano oder so.' MT 2.11:5

ōrti *n.m.* Tuch | *maḥtínawo ōrti nad̲ifo ʿal feme di=qōšxane* 'Wir legten ein sauberes Tuch über die Öffnung des Kochtopfs.' MT 2.8:4 • Nicht in RW || Türk. *örtü* 'Tuch, Decke, Abdeckung'

ōrṭa *adj.* mittel, mittelgroß | *i=ṣopa d-saymínawola naʿimto, ōrṭa, rabt̲o* 'Den Ofen machten wir klein, mittelgroß oder groß.' MT 1.5:22 || Türk. *orta* 'id.'

p

pa ⊗ Einleitung einer rhetorischen Frage nun ja, doch | *mirle, u=ʿilmo lĭ=fāš qodir ṣoyim, kafno-yo w zaḥme-yo lĭ=qqudri ṣaymile gtĭlénale* ^T^*hiç olmazsa*^T^ *u=mede d-ʾot̲e qumayye d-ʾuxlile d-qudri ʿudi. immi, pa sayyidna hat kummit, aḥna aʿmux* 'Er sagte: Die Leute können nicht mehr fasten, es herrscht Hunger und Not, sie können das Fasten nicht mehr halten. Wir wollen das Fasten aufheben, damit sie wenigstens das essen können, was sie vorfinden, damit sie arbeiten können. Sie sagten: Hochwürden, du hast zu bestimmen, wir sind auf deiner Seite.' MT 4.3:2 = **baʿ**, **ba**

pallăsīs *n.m.* Kürbisauflauf | *u=pallăsīs hano mi=qarʿo kmisim* "Dieser *pallăsīs* wird aus Kürbissen gemacht' MT 2:12:1 • Nicht in RW || Etym. unbekannt

pālṭo *n.m.*, *pl.* **pălaṭīn** Mantel | *bĭt̲ir mĭ-falge=d-lalyo grĭšše ap=pălaṭinat̲t̲e ʿal qarʿayye damixi* 'Nach Mitternacht zogen sie sich ihre Mäntel über die Köpfe und schliefen.' MT 5.2:83 || Türk. *palto* 'id.'

pamba *adj.* rosa | *ʿal u=tabutawo-ste ggurši dubēt komo w kmaḥti aʿle ṣlibe ḥĭwore, lăšan d-maḥwin. w d-ot̲e w d-howe ġălăbe xōrt, u=mit̲o, u=dubēt komawo kowe čeni ya pamba* 'Auf den Sarg legen sie eine schwarze Decke, auf die sie weiße Kreuze legen, damit sie deutlich sichtbar sind. Wenn der Verstorbene sehr jung ist, dann ist die schwarze Deck stattdessen blau oder rosa.' MT 1.2:5 • RW 376 || Türk. *pembe* 'id.'

pārčaye *n.f.*, *pl.* **pārčayat** Stück, Teil | *hedi gmaḥtinne ʿal i=nuro mbašlinne. w ḥayṭ.... w a=hno, ag=gawe gĭsayminne pārčayat hawxa, w ḥayṭinne sayminne xu=kīsko, w gĭmaḥti čike d-ḥašwo binne, w ḥayṭinne w mbašlinne* 'Nun stellen sie sie (die Innereien) aufs Feuer und kochen sie. Und ... die Mägen schneiden sie so in Stücke. Sie nähen sie zusammen und machen sie wie kleine Taschen. Dann geben sie etwas von der Füllung hinein, nähen sie zu und kochen sie.' MT 2.13:3; *u=zlamano haqqās gawro kayiso-we yawo, simme hawxa pārčayat* 'Dieser Mensch war ja so ein prächtiger Mann, man hat ihn zerstückelt.' MT 5.2:53 • RW 377 || Türk. *parça* 'id.'

părišaniye *n.f.* Entbehrung | *aḥna i=ʿāylayd̲an lĭ=ḥzela părišaniye, w bĭt̲ir mu=sayfo bi=gave at̲ina l-Mid̲yad̲* 'Unsere Familie litt keine großen Entbehrungen, und nach dem Sayfo kamen wir sofort nach Midyat.' MT 3.2:27 • RW 377 || cf. Kurm. *p'erîşanî* 'id.' Chyet 441; cf. Türk. *perişanlık* 'id.'

parre *n.f.*, *pl.* **parrat, parrāt** Feder, Flügel | *komir at̲in ap=parrāt du=ṭayro ʾl-bole. komir maqit̲le u=qālyūn did̲e, maḥatle parre m-du=ṭayro ʿal u=qālyūn* 'Da fielen ihm die Federn des Vogels ein. Er zündete seine Pfeife an und legte eine der Federn des Vogels auf die Pfeife.' MT

5.3:45 • RW 377 || Kurm. *p'er* 'feather, wing' Chyet 439

pāstīq *n.m.* eingedickter und getrockneter Traubensyrup in dünnen Blättern | *u=pāstīq mid ᵊfrisse bi=šimšo b-yawmo tre knošif, kmaqlᵊbile ṣafro w ʿaṣriye, mid našif kṭowin aṯ=ṯawbanik maʿbᵊrinne l-lawġul* 'Wenn sie den *pāstīq* in der Sonne ausgebreitet haben, wird er in ein, zwei Tagen trocken. Sie wenden ihn morgens und nachmittags um. Wenn er getrocknet ist, falten sie diese Leintücher zusammen und schaffen sie ins Haus.' MT 1.1:56 • cf. *bastiqe* RW 59 || cf. Kurm. *bastîq* 'id.' Chyet 25; cf. Türk. *pestil* 'id.'

paša *n.m.* Pascha | *maṭin l-ᵊSṭambul. komir huwwe takmīl lu=pašaṯṯe, miṛṛe ašir kmanṭelan u=zlām d-kimmit* 'Sie kamen in Istanbul an. Sie erstatteten ihrem Pascha Bericht: Wir haben den Mann gebracht, von dem du sprichst.' MT 4.4:7 • RW 378 || Türk. *paşa* 'id.'

paške *n.f.* Schluck, Tropfen | *tōx, xulux fako d-laḥmo, štaylux paške d-maye* 'Komm her, iss einen Bissen Brot und trinke einen Schluck Wasser!' MT 5.2:21 • RW 378 || Kurm. *peşk* 'drop, raindrop' Chyet 442

pǎṭaṭa *n.f.* Kartoffel | *mqaṭʿiwo i=qarʿo, măsăla gd-immina hawxa xi=pǎṭaṭa* 'Man schnitt den Kürbis in Stücke, ähnlich wie eine Kartoffel.' MT 2.12:2

paṭrona *n.f.* Patrona, Bordellbesitzerin | *komir azzé l-ᵊDyārbǎkir mšayele ʿal i=karxana. kīt i=paṭronaṯṯe ġắlăbe šafirto-yo* 'Er ging nach Diyarbakır und fragte nach dem Freudenhaus. Die Patrona war sehr schön.' MT 4.5:9-10 || cf. Türk. *patron* 'Chef'

payiz *n.m.* Herbst | *barimo i=šato, naqqa=ḥreto b-nisin, mĭdila, li=ʿaskăriye, hul lu=payiz, lat=tĭšerin* 'Das Jahr ging vorbei, und wiederum im Mai zog (die Türkei) sie zum Militärdienst ein, bis zum Herbst.' MT 1.5:5 • RW 378 || Kurm. *payîz* 'id.' Chyet 435

pčq || cf. Kurm. *perçiqandin* 'to crush, to press' Chyet 440

I *pčiqle, pčiqla - počiq, pučqo tr.* zerquetschen, zerdrücken | *komir azzé manṭĭlelle bayto, dyār mede w d-marfele aʿle pŭčaqle b-ᵊḥḏo=naqqa* 'Er ging und holte sich ein Haus, oder einen Hügel oder so etwas, um es auf ihn herabfallen zu lassen und ihn restlos zu zerquetschen.' MT 5.3:36

pīč *adj.* Bastard, Schwindler, schlau | *lu=ʿammo maḥátlele bolo, pīč, ksoyim lĭ=ksoyim d-manṭe ḏarbo aʿle lĭ=kmanṭe* 'Der Onkel merkte, dass es ein gefährlicher Gegner war. So sehr er sich auch anstrengte, er konnte keinen Schlag gegen ihn landen.' MT 5.2:91 • Nicht in RW || Kurm. *pîç* 'id.' Chyet 463

pire *f.* Frau, alte Frau

pirgāl *n.m.* Zirkel | *kítwolan pirgāl b-iḏayna, lu=gorān du=pirgāl gĭmăfiltínawo u=arʿo du=sfoqo* 'Wir hatten einen Zirkel zur Hand, und gemäß diesem Zirkel machten wir den Boden des Gefäßes.' MT 1.5:19 • Nicht in RW || Türk. *pergel* 'id.'

pirtăqāl *n. coll.* Orange | *aḥna sidayna riše di=šato-yo, kmawbᵊlila i=damiye, kul=mede d-qudri map=pirtăqāl laḥ=ḥabuše, li=qăḏame, lu=sikkaṛ, lu=pāstīq, laʿ=ʿăqude* 'Sie bringen ihr die *damiye*, alles was sie kaufen können, von Orangen bis zu Äpfeln bis zu gerösteten Kichererbsen, zu Süßigkeiten, zu *pāstīq* und Süßwürsten.' MT 1.3:16 || Türk. *portakal* 'id.' = **pirtăqān**

pirtăqān *n. coll.*, *pl.* **pirtăqanat** Orange | *bu=waxt dap=pirtăqanat kmaw-bᵊli salo tre d-pirtăqanāt* 'Zur Zeit der Orangen bringen sie einen oder zwei Körbe Orangen mit.' MT 1.3:13 • RW 382 = **pirtăqāl**

pirtı̆́ke *n.f.*, *pl.* **pirtı̆́kat, pirtı̆kāt** Feder | *naḥit manḥatle u=zᶜuro, húlele tarte=pirtᵊkāt-ste m-diḏe miḻḻe, i=naqqa d-ᶜayqo aᶜlux, d-qudrit maxlᵊṣit, mawqíḏ hani kı̆lí sidux* 'Der Vogel landete und setzte den Jungen ab. Er gab ihm zwei Federn von sich und sagte: Wenn es schwierig für dich wird und du dich retten kannst, dann verbrenne diese (Federn), und sofort bin ich bei dir.' MT 5.3:42 • RW 383 || Kurm. *pirtik* 'pellicule (cheveux)' DKF 1215

pīs *adj.*, f. **pise**, *pl.* **pı̆sīn (1)** schlecht, schwach, minderwertig | *miḻḻe u=sisyayḏi pīs-we* 'Mein Pferd war minderwertig.' MT 5.2:60; *immi hawu tfinag, msalemu a=tfinag w nfaqu sarbast-yo i=ḥkume haw fayiš kṭuryo d-howe sayfo aᶜlayxu. e huwwe išmo map=pı̆sīn, ṭābi* 'Sie sagten: Gebt die Gewehre her, übergebt die Gewehre, dann könnt ihr ungehindert hinausgehen. Die Regierung lässt es nicht zu, dass ihr weiterhin verfolgt werdet. Nun, sie gaben einige von den minderwertigen (Gewehren) ab.' MT 3.3:11 **(2)** (moralisch) schlecht, untreu | *wálḥası̆li ḥa yawmo aṯi miḻḻe lu=aḥuno du=šamošo, miḻḻe aḻo i=măsăle di=aṯto d-aḥunux haṯe-yo, hawxa-yo. ᶜayna larwal-yo, pise-yo w ŭno qariti-yo w lı̆=kubᶜeno d-mitwir aḥunux ᵊflān* 'Kurz und gut, eines Tages kam er und sagte zu dem Bruder des Diakons: Mit der Frau deines Bruders verhält es sich so und so. Sie ist nicht ganz in Ordnung, sie ist eine Schlampe. Sie ist meine Patenverwandte, deshalb möchte ich nicht, dass (der Ruf) deines Bruders beschädigt wird.' MT 5.1:7 **(3)** dreckig, elend (als Beschimpfung) | *e miḻḻe, toxu aᶜmi, gizzano, ŭno-ste gd-ŭṯeno aᶜmayxu ggunwínala, miṟṟe de lo, miṯ lo, mayṯit yatumo pīs, áydarbo gı̆doṯit gunwatla hāt?* 'Er sagte: Kommt mit mir, wir gehen, auch ich komme mit euch und wir entführen sie. Sie sagten: He du, stirb doch, stirb, du elender Waisenknabe. Wie willst du kommen und sie entführen?' MT 5.3:13 || Türk. *pis* 'id.'; Kurm. *pîs* 'id.' Chyet 465

pı̆siye ~ pisiye *n.f.* Dreck, Dung, Kot | *azzín manṭalle u=zᶜuro, ḥăša ḥăša, komir kı̆lé u=laḥmayḏe b-iḏe w kı̆lé ᶜal an=niḥre, ko... ham koxil ham kᵊḥore, w kăčal. pı̆siye du=ᶜulmo l-l-arke, huwe naḥı̆towa l-l-arke* 'Sie gingen und brachten den Jungen, er – Verzeihung! – hat das Brot in der Hand und sitzt auf der Scheiße, er isst und scheißt zugleich, und ein Kahlkopf (ist er auch). Der Dreck der Leute reicht bis hierhin, (bei) ihm reichte er bis hierhin.' MT 5.2:86; *maydinne rawṭo b-iḏayye, w čingo lăšan u=myodo di=pisiye daḥ=ḥı̆yewin daš=šarᶜaṯṯe d-l-oṯin bayn u=zād* 'Sie nehmen eine Rute in die Hand, und eine Blechschaufel, um den Mist der Tiere, ihren Dung, aufzufangen, damit er nicht auf das Getreide fällt.' MT 1.1:13 • RW 384 || Kurm. *pı̆sî* 'id.' Chyet 465 → **pīs**

piskı̆lēt *n.m.* Fahrrad | *u=zᶜuro midle w rahoṭo ... gı̆d-immit balki ᶜal u=piskı̆lēt kuzzé, hawxa xayifo kuzzé.* 'Der Junge nahm (das Geld) und im Laufschritt ... du hättest meinen können, er führe auf dem Fahrrad, so schnell lief er los.' MT 5.5:6 || Türk. *bisiklet* 'id.'

pīstiye *n.f.* niederträchtiges Verhalten | *miḻḻe gmŭḥena bi=ḥkume meqim* *mĭd moḥin, hăma qay qquṭlilan b-pĭstiye* 'Er sagte: Wir wollen die Regierung angreifen, bevor sie uns angreift. Warum sollen sie uns in niederträchtiger Weise umbringen?' MT 3.3:3 || Kurm. *p'îsîtî* 'dirtiness' Chyet 465 → **pis**

pītsa *n.f.* Pizza | *bĭṯir kimḥaḏrit u-ṣōṣ diṯṯe, kimqalit naqqa-ḥreto baṣle, w gmaḥtit ᵀkekikᵀ, min kimmítulle u-kăkīk, orăgano w hano, orăgano di-pītsa* 'Dann bereitest du ihre Sauce vor. Wieder brätst du Zwiebeln an und gibst *kekik* dazu – wie nennt ihr den *kekik*? Oregano oder so, Oregano der Pizza.' MT 2.11:5

piže *n.f., pl.* **pĭyaž** Splitter, Span | *gim-madwo aq-qayse, u-šagirti gĭtŭwaṛṛe sámwolin pĭyaž* 'Der Geselle nahm die Holzscheite, spaltete sie und machte sie zu Spänen.' MT 1.5:14 • RW 380 || Kurm. *pîj* 'id.' Chyet 463

plpx || cf. Kurm. *p'elixîn* 'to crush, to trample' Chyet 437 (?)

Qp *mpalpix, mpalpxo - mipalpix, mipalpxo* sich (stark) verletzen | *huwe lĭ-koḏiʿ i-nuqro mede ʿamuqo-yo fălan, naqqa nafil. nafil biya mpalpix* 'Er wusste nicht, dass *nuqro* etwas Tiefes ist, und auf einmal fiel er. Er fiel hinein und verletzte sich.' MT 5.4:2-3

polīṣ *n. coll., pl.* **pŭweliṣ** Polizei (koll.), Polizist | *izzinwo, ummiwo, bu-qărăqōl, lĭ-kṭŭrallan raḥa, mu-ḥiss. ŭṯanwo ap-pŭweliṣ* 'Dann gingen (die Leute) zur Polizei und sagten: Sie lassen uns wegen des Lärms keine Ruhe. Die Polizisten kamen.' MT 1.5:25 || Türk. *polis* 'id.'

pōx *n.m.* Kot, Dreck || cf. Türk. *bok* 'id.'; cf. Kurm. *pox* 'saleté, vilenie' DKF 1240

nofiq pōx diḏ- auffliegen, offenbar werden → **nfq**

prūṭ *n. coll.* Protestanten | *las-siryoye qralle la-hno, la-prūṭ, mĭre kito zuḥto aʿlayna, kito zuḥto aʿlayna háwullan quwe d-kallāt mede, d-šuqlínalan ṣlāḥ* '(Zu Beginn des Sayfo) wandten sich die orthodoxen Christen an die Protestanten, sie sagten zu ihnen: Wir werden bedroht, wir haben Anlass zur Furcht, gebt uns finanzielle Unterstützung, damit wir uns Waffen kaufen können.' MT 3.3:1 • RW 383 || cf. Anat. Arab. *prūt* 'id.' VW 61

q

qabrᵊġaye *n.f.* gefüllte Lammrippen | *i-qabrᵊġaye u-falqo, immíwole, d-immina u-ṣafuro, u-faro, ᵊkmisim tarte šĭqayiq immíwo, bu-falgo* 'Qabrᵊġaye nannte man das Stück, sagen wir vom Zicklein oder vom Lamm, das in der Mitte in zwei Stücke zerteilt wurde.' MT 2.4:1 • Nicht in RW || cf. Türk. *kaburga* 'Rippe'

qădar *n.m.* ca., etwa | *hīl d-riṯḥiwo am-maye, maḥtínawo ak-kutlanik, yaʿni măsăla ṭas... d-immina ḥammiš-litrat d-maye, qădar ʿisri-kutle* 'Wenn das Wasser kochte, legten wir die Kutle hinein – zum Beispiel, sagen wir fünf Liter Wasser für etwa zwanzig Kutle.' MT 2.7:15 • RW 389 || Türk. *kadar* 'so viel wie, ca., etwa'; Arab. *qadr* 'Maß, Menge, Anzahl' Wehr 729

ʿal qădar je nach, gemäß | *u-daworo kmoyid naqqa-ḥreto u-bŭzarʿayḏe, ḥeṭe aw ṣʿore, ʿal qădar du-imkān di-taqayḏe* 'Der Pflüger nimmt erneut sein Saatgut, Weizen oder Gerste, entsprechend seinen Möglichkeiten.' MT 1.1:6 || Arab.

ʿalā qadri 'gemäß, entsprechend' Wehr 729

qădir *n.m.* Ehre, Wertschätzung | *maʿbar̤re, b-ʿizze w b-qădir, ᵊb-muklo w b-ᵊštoyo, b-nădafe, b-tartīb ġắlăbe šafiro* 'Sie führten ihn herein, mit Ehre und Wertschätzung, mit Essen und Trinken, ganz gepflegt, mit einem sehr schönen Zeremoniell.' MT 4.4:8 • RW 390 || Arab. *qadr* 'Ansehen, Rang' Wehr 729

qadišo *adj.*, f. **qadišto**, *pl.* **qadiše (1)** heilig, Heiliger | *aq=qaše kimmi qīṣayiṣ, b-ḥaq daq=qadiše, b-ḥaq d-ᵊMšiḥo* 'Die Priester erzählen Geschichten, über die Heiligen, über den Messias.' MT 1.2:15 **(2)** Kirche (die einem Heiligen gewidmet ist) | *w azzano, naḥītina aṯina lu=qadišo* 'Dann gingen wir los. Wir gingen zur Kirche (des Stadtviertels).' MT 3.1:2 • RW 391 || Syr. *qadišo* 'id.' SL 1316

qăḏa *n.f.* Landkreis, Kreisstadt | *Miḏyaḏ (...) ʿayid di=wălaye d-Mirde-yo, qăḏa-yo* 'Midyat (...) gehört zur Provinz Mardin, es ist eine Kreisstadt.' MT 1.7:2 • RW 391 || Arab. *qaḍāʾ* 'id.' Wehr 751 → **qăẓa ~ qăza**

qăḏame *n.f.* geröstete Kichererbsen | *u=yawmo du=ṭlobo kmawbᵊli aʿmayye qăḏame, meqim hinne mqalánwola, maḥ=ḥimṣe, ᵊmqalánwola bu=bayto, uʿdo kšuqli qăḏame dăğliye* 'Am Tag der Verlobung bringen sie *qaḏāme* mit. Früher pflegten sie sie (selbst) zu rösten, aus Kichererbsen, die sie zu Hause rösteten, heute kaufen sie fertige *qaḏāme* der (türkischen) Sorte Dağlı.' MT 1.3:14 • RW 391 || Anat. Arab. *qəḏāme* 'id.' JK 115; Arab. *quḍāma* 'geröstete und gesalzene Kichererbsen' Wehr 750

qăḏiye, *pl.* **qăḏiyat, qăḏiyāt** Sache, Angelegenheit | *ŭno w u=braziyayḏi Šabo yatiwe-na, kroḥim miğğanno aʿme ʿal qăḏiyāt m-diḏan* 'Ich und mein Neffe Šabo sitzen zusammen. Er möchte, dass ich mit ihm über einige unserer Angelegenheiten rede.' MT 1.7:1 • RW 391 || Arab. *qaḍīya* 'id.' Wehr 751

qăfaṣ *n.m.* Käfig | *rahiṭo d-ruhṭo lu=rawṭo, ŭno m-aqdam midli, sĭmoli qaqwinto čĭkoli bu=qăfaṣ* 'Sie rannte schnell nach der Rute, doch ich ergriff sie vorher. Ich verwandelte sie in ein Steinhuhn und steckte sie in den Käfig.' MT 5.3:57 • cf. *qafas* RW 392 || Arab. *qafaṣ* 'id.' Wehr 758

qafle *n.f.*, *pl.* **qaflat, qaflāt** Gruppe, (Deportations)zug, Konvoi | *kīt b-qamuṯi qaflāt qaflāt yasire, m-áyko-hatu, l-áyko-hatu? ššššš kimmi hšš lĭ=maʿlit, lĭ=miğğolit, lĭ=miğğolit* 'Vor mir zogen immer neue Gruppen von Flüchtlingen vorbei. Woher kommt ihr, wohin geht ihr? Sie sagten: Psst! Sag keinen Ton! Sprich nicht, sprich nicht!' MT 3.1:9 • RW 392 || Anat. Arab. *qafle* 'id.' Jastrow 2022:146; Arab. *qāfila* 'id.' Wehr 758

qaḥbĭ́ke *n.f.*, *pl.* **qaḥbĭ́kat** Hure, Prostituierte | *komir maltamla u=dahwo ḥăša daq=qaḥbĭkătanik kulle, w šqila, šqile ğule binne, d-gawre* 'Sie raffte alles Gold dieser – Verzeihung! – Huren zusammen und sie kaufte, er kaufte damit Männerkleidung.' MT 4.5:16 • cf. *qaḥbo* RW 392 || Arab. *qaḥba* 'Hure' (+ Kurm. dim. *-k*) Wehr 727

qaḥbᵊxane *n.f.*, *pl.* **qaḥbᵊxanat** Bordell | MT 4.5:16 || Arab. *qaḥba* 'Hure' Wehr 727 + Pers. *ḫāne* 'Haus' → **qaḥbĭ́ke**

qaḥwe *n.f.* Kaffee | *bu=waxtawo aʿ=ʿărab, kul=kas, látwole qaḥwe w lĭ=samwo, ġēr u=rabo di=ʿaširto di=dukto* 'Damals hatte bei den Arabern nicht jeder Kaffee und bereitete ihn zu, sondern nur der Anführer des örtlichen Stammes.' MT 1.5:51 || Anat. Arab. *qaḥwe* 'id.' JK 111; Arab. *qahwa* 'id.' Wehr 768

qălăbaliġ *n.m.* Durcheinander, Gedränge | *kowe qălăbaliġ ġắlăbe, w kmakr*ᵊ*xila b-Midyad, bağ=ğa*ʿ*dat ditte, w b-kēf w ṣăfa kmanṭalla.* 'Es gibt ein großes Gedränge, und sie machen (mit der Braut) eine Tour durch Midyat, durch seine Gassen, und mit Spaß und Vergnügen bringen sie sie.' MT 1.3:29 • RW 394 || Türk. *kalabalık* 'id.' = **qărăbaliġ**

qălač *n.m., pl.* **qălačat, qălačāt** Flurname, steiniger Boden | *a=*ʿ*wonani bĭṯir mid hawille, bi=midde du=saṯwo kulle kimrabanne bab=bote, mĭnayye kmawb*ᵊ*linne laq=qălačat* 'Nachdem die Schafe geworfen haben, versorgt man sie den ganzen Winter über in den Häusern. Manche bringen sie zu den *Qălačāt*.' MT 1.1:90 • cf. *qalâç* 'Grünhang am Rand der Steppe' RW 394 || cf. Kurm. *qelaç* 'terrain caillouteux et accidenté' DKF 1273

qălam *n.m.* Stift | *aṯí, mawfaqle ḥamšo=noṭat mĭ-kise, omir manṭeli qălam!* 'Er kam, und (der Lehrer) zog fünf Lira aus der Tasche und sagte zu ihm: Hol mir einen Stift!' MT 5.5:6 • RW 394 || Arab. *qalam* 'id.' Wehr 763

dōḷmá qălămi Füller ⊗ Türkisch *dolma kalemi* | MT 5.5:7

quršún qălămi Bleistift ⊗ Türkisch *kurşun kalemi* | MT 5.5:7

qălaw *adj.* wohlgenährt, fett | *u=bayto d-soyim ftile laḥ=ḥĭyewin diḏe w d-qodir mawkelin bu=saṯwo, wăláw-ki kīt talgo-ste* ʿ*al i=ar*ʿ*o, ftile, aḥ=ḥĭyewin diḏe kowin qălaw* 'Die Familie, die Grasstränge für ihre Tiere macht und sie im Winter, selbst wenn Schnee liegt, damit füttert, deren Tiere sind wohlgenährt.' MT 1.1:72 • RW 395 || Kurm. *qelew* 'id.' Chyet 478

qale *n.f.* Kampf, Auseinandersetzung | *mid* ᵓ*hğimme* ʿ*al aṣ=ṣŭroye, b-gawe d-Midyad hawyo i=qale* 'Als sie über die Christen herfielen, kam es mitten in Midyat zum Kampf.' MT 3.2:3 • RW 395 || cf. Kurm. *qal* (f.) 'altercation, querelle', *bi hev re qal kirin* 'se quereller, avoir une altercation' DKF 1253

qalorifēr *n.m.* Heizung | *latwo ğaryān xid u*ʿ*do d-immit, ya*ʿ*ni saym... maqimi maqiṯi qalorifēr wăyaxutta b-*ᵓ*ale=ḥreto mašḥ*ᵊ*ni* 'Es gab keinen Strom wie heute, so dass man die Heizung oder ein anderes Gerät einschalten und (das Haus) damit wärmen konnte.' MT 3.3:13 || Türk. *kalorifer* 'id.'

qalto ~ qalṯo *n.f., pl.* **qaltoṯo, qaloṯe, qaloṯo** Misthaufen | *hinne malaxxe w huwe-stene barim hawxa* ʿ*al i=qŭlaytayde, ḥiḷḷe kĭlé kīt qalto, kīt zuġto bălăke ḥĭwirto kumto kiba háqqayis, mḥalaqto* 'Sie machten sich auf und gingen. Er selbst ging so um seine Zelle herum, da sah er einen Misthaufen. Da war ein geschecktes Hühnchen, schwarz und weiß, etwa so groß. Es lag dort weggeworfen.' MT 4.3:7; *miḷḷe tōx abri tōx tōx tōx tōx, baslux, hawit xōrt,* ʿ*as gĭfayšit hul l-ema* ʿ*al at=tanure w* ʿ*al aq=qaloṯe w flān w bēhvān* 'Er sagte: Komm, mein Sohn, komm komm komm komm! Es reicht dir, du bist ein junger Mann geworden. Wie lange willst du noch bei den Tannur-Öfen und auf den Misthaufen herumlungern, und so weiter?' MT 5.2:87 • RW 396 || Syr. *qiqalto* 'id.' SL 1365-1366

qālyūn *n.m.* (Tabak)pfeife | *komir saliq u=zʿuro lu=quṣro. saliq lu=quṣro, qālyūn biṯre qālyūn, ğiġara biṯre ğiġara, e layt, xălāṣ layt, l-ayko gifoyir?* 'Der Junge stieg hinauf auf das Schloss, er stieg auf das Schloss ... Eine Pfeife nach der anderen, eine Zigarette nach der anderen, es gibt keinen Ausweg, wohin soll er fliehen?' MT 5.3:45 • RW 396 || cf. Arab. *ġalyūn* 'Tabakpfeife' Wehr 674

qămăriye *n.f.* überdachte Stelle | *nošo li=baliq aʿlayna, bʿiğina kulan, bʿiğina ba=mʿare. ḥzelan hawxa qămăriye d-izzá d-nifqo l-larwal* 'Niemand erschien bei uns. Wir alle erstickten (fast), wir krepierten (fast) in den Höhlen. Wir fanden eine überdachte Stelle, die hinaus ins Freie führte.' MT 3.1:4-5 • Nicht in RW || Türk. *kameriye* 'Gartenlaube'

qamayto *adv.* am Anfang, zuerst, zunächst | *qamayto bab=bote-wayna, aṯina mu=ḥṣodo, immi hiḥiḥii tiqo* 'Zunächst waren wir in den Häusern. Wir kamen von der Getreideernte, da sagten sie: Achtung, Achtung, es geht los!' MT 3.1:2; *hinne qamayto ṣŭroye-wayye, hawin bu=sayfo ṭaye* 'Sie waren zuvor Christen, während des Sayfo wurden sie Muslime' MT 3.2:34; *kmaḥto qamayto bu=tanurawo išmo d-qayse* 'Sie legt zunächst etwas Holz in den Ofen.' MT 1.1:23 || Syr. *qaḏmoyto* 'id.' SL 1319 → **qamoyo**

awwil=qamayto zuerst, zunächst | *hano ánnaqqa awwil=qamayto hğimme r-rišayna* 'Also gleich zu Beginn griffen sie uns an.' MT 3.1:23 → **awwil**

bi=qamayto am Anfang, zuerst, zunächst | *maḥkili bi=qamayto ʿal Miḏyaḏ* 'Erzähle mir zuerst über Midyat.' MT 1.7:2

qamḥo *n.m.* Mehl | *kmawbəlinne li=raḥyo. kṭuḥninne, kowin qamḥo* 'Sie bringen ihn (den Weizen) zur Mühle. Sie mahlen (die Körner), und sie werden zu Mehl.' MT 1.1:22 • RW 397 || Syr. *qamḥo* 'id.' SL 1377

Qamišlo *n.f.* Qamishli, Stadt in Nordostsyrien | MT 2.6:1

qamoyo *adj.*, f. **qamayto**, *pl.* **qamoye (1)** erster, früherer | *ḥzawu qamoyo man=ʿabir, hawo ṭr-oṯe qamayto* 'Schaut, wer als erster eingetreten ist, der soll zuerst kommen.' MT 5.1:34; *biṯir tre=yawme tloṯo kkŭṯawwe ḥreno ʿayni bu=šikil d-əkṯúlelin u=qamoyo* 'Nach zwei, drei Tagen schreibt er ihnen einen anderen (Brief), genau in der Art, wie er ihnen den ersten geschrieben hatte.' MT 5.2:32 **(2)** Vorfahren ⊗ nominalisiert, nur *pl.* | *yaʿni d-əğğililan aq=qamoyayḏan, u=mede d-kŭdaʿno gd-ŭmáṇṇole* 'Was uns unsere Älteren erzählt haben, das was ich weiß, werde ich berichten.' MT 3.3:1 || Syr. *qaḏmoyo* 'id.' SL 1319

qamuṯ- *prep.* voran, entgegen | *qamayto azzé rahiṭ qamuṯayye milḷe li=pire* 'Da lief er ihnen schnell entgegen und sagte zu der Alten ...' MT 5.2:12 • RW 397 → **qamayto**

b-qamuṯ- vor (räumlich) | *kmaḥatle u=daworo u=niro w u=masoso ʿ... b-iḏe, w u=abzoro ʿal katfe, w kmoḥe aq=qanyo-nayḏe b-qamuṯe w kuzzé lu=dworo* 'Der Pflüger nimmt Joch und Ochsenstachel in die Hand, legt sich den Pflug über die Schulter, treibt seine Ochsen vor sich her und geht zum Pflügen.' MT 1.1:2 → **b**

l-qamuṯ- entgegen | *komir nafiqo žinnike l-qamuṯayye xd-i=qărăčiye* 'Da kam ihnen eine Frau entgegen, eine Art Zigeunerin.' MT 5.2:10 → **l-**

qănaʿa *n.f.* Überzeugung | *kitwo bu=waxtawo Čălăbiyo w Sarḥano, hani aġawiye-wayye. mĭ-meqim-ste ruḥmiwo aṣ=ṣŭroye, w ibʿiwo d-saymi kayisuṯo ʿal aṣ=ṣŭroye, w aḏiʿi d-falit dŭkoṯo dŭkoṯo ṣŭroye, ḥaṣille qănaʿa kaʾinnăhu lĭ=gmiqšoʿi* 'Damals gab es Čălăbiyo und Sarḥano, die waren Aghas. Schon früher hatten sie die Christen gemocht, und sie wollten den Christen Gutes tun. Sie wussten, dass hier und da Christen entkommen waren, und sie kamen zu der Überzeugung, dass sie nicht ganz ausgerottet werden würden.' MT 3.2:11; *w manṭalle laṣ=ṣŭroye qănaʿa b-Šēx Fatḥulla, kaʾinnahu u=baxtayḏe hăqiqi-yo* 'Die Christen gewannen die Überzeugung, dass Schech Fatḥulla vertrauenswürdig war.' MT 3.2:19 • RW 398 || Arab. *qanāʿa* 'id.' Wehr 767

manṭe qănaʿa jdm./etw. (*b-*) vertrauen, Überzeugung gewinnen → **nṭy ~ nty**

qanyono *n.m.*, *pl.* **qanyone** ⊗ meistens im *Pl.* Rind, Rindvieh | *kmaḥatle u=daworo u=niro w u=masoso ... b-iḏe, w u=abzoro ʿal katfe, w kmoḥe aq=qanyonayḏe b-qamuṯe w kuzzé lu=dworo* 'Der Pflüger nimmt Joch und Ochsenstachel in die Hand, legt sich den Pflug über die Schulter, treibt seine Ochsen vor sich her und geht zum Pflügen.' MT 1.1:2; *kmaṣiri aq=qanyonaṯṯe xd-u=mede d-milḻi b-ġēr zăd, ʿal ġēr draxṯo* 'Sie schirren ihre Rinder an, so wie ich es beschrieben habe, für anderes Getreide, für einen anderen Dreschhaufen.' MT 1.1:16 • RW 398 || Syr. *qenyono* 'possessions, property; cattle' SL 1385

qăpaġ *n.m.* Deckel | *maḥtínawo ŏrti naḏifo ʿal feme di=qōšxane, w bĭṯir u=qăpaġ* 'Wir legten ein sauberes Tuch über die Öffnung des Kochtopfs, und danach den Deckel.' MT 2.8:4 || Türk. *kapak* 'id.' → **qilpāġ**

qaqwinto *n.f.* Steinhuhn | *rahiṭo d-ruhṭo lu=rawṭo, ŭno m-aqdam midli, sĭmoli qaqwinto čĭkoli bu=qăfaṣ* 'Sie rannte schnell nach der Rute, doch ich ergriff sie vorher. Ich verwandelte sie in ein Steinhuhn und steckte sie in den Käfig.' MT 5.3:57 • cf. *qaqwono* RW 399 || Syr. *qaqbono (m.)* 'id.' SL 1399

qărăbaliġ *n.m.* Durcheinander, Gedränge | *miḻe hšš nošo mĭnayxu qărăbaliġ ᵊd-soyim d-omir u=zʿurano ḥnīq, iḏaʿu mĭ=gĭsamno* 'Er sagte: Psst! Wenn einer von euch ein Durcheinander macht und sagt: Der Junge ist ertrunken, dann wisst, was ich tun werde.' MT 4.1:5 • RW 400 = **qălăbaliġ**

qărăči, f. **qărăčiye**, *pl.* **qărăčiye** Zigeuner, Roma | *komir malaxxe, maṭin d-m.. maṭin lu=Ṣawro, komir nafiqo žinnĭke l-qamuṯayye xd-i=qărăčiye, fatiḥto d-falāt* 'Sie zogen dahin und gelangten nach ... Savur. Da kam ihnen eine Frau entgegen, eine Art Zigeunerin, eine Wahrsagerin.' MT 5.2:10 • RW 400 || Türk. *karacı* 'id.'; cf. Kurm. *qereçî* 'id.' Chyet 481-482

qărăqōl *n.m.* Polizeiwache, Gendarmeriestation | *an=noše, d-izzéwolin u=ḥiss, izzinwo, ummiwo, bu=qărăqōl, lĭ-kṭŭrallan raḥa, mu=ḥiss* 'Die Leute, die vom Lärm betroffen waren, gingen zur Polizei und sagten: Sie lassen uns wegen des Lärms keine Ruhe.' MT 1.5:25 • RW 401 || Türk. *karakol* 'id.'

qarʿo[1] *n.m.*, *pl.* **qarʿe, qarʿone (1)** Kopf | *d-izzán su=malko, u=malko qqoṭiʿ qarʿayna* 'Wenn wir zum König gehen, wird der König uns den Kopf abschlagen.' MT 4.4:6; *maḥátlala šafqa b-qarʿa w malaxla* 'Sie setzte sich eine Mütze auf und ging.' MT 5.1:22 **(2)** Gipfel, Dach | *i-dayro kĭlăwlḗ b-qarʿe du-ṭuro* 'Das Kloster ist dort drüben auf dem Gipfel des Berges.' MT 5.1:33; *saliq ʿal qarʿe du-quṣro* 'Er stieg hinauf auf die Zinnen des Schlosses.' MT 5.3:47 **(3)** Grießbällchen (?) | *hanik-ste aḥ-ḥimṣe qarʿone, kmisomi aq-qarʿone, yaʿni, u-layšat̲t̲e, ʿayn xu-layšo dak-kutle* 'Dieser Kichererbseneintopf mit Grießbällchen, die Grießbällchen (dafür) werden gemacht ... ihr Teig ist genau wie der Teig für die Kutle.' MT 2.11:2 || Tezel 2003: 117-119

ḥimṣe qarʿone Kichererbseneintopf mit Grießbällchen | *aḥ-ḥimṣe qarʿone, hani-ste, muklo ʿatiqo did̲an das-siryoye-yo. hani-ste kmisomi bu-ṣawmo-ste, kmisomi bu-fṭār-ʾste* 'Der Kichererbseneintopf mit Grießbällchen ist ein althergebrachtes Gericht von uns Suryoye. Er wird sowohl während der Fastenzeit gekocht, als auch in der fastenfreien Zeit.' MT 2.11:1 → **ḥimṣe**

maḥit qarʿo sich legen, sich schlafen legen → **mḥt**

ot̲e b-qarʿ- erfahren, erleben → **ʾt̲y**

soyim b-qarʿ- jdm. etw. antun → **sym**

qarʿo[2] *n.f., pl.* **qarʿe** Kürbis | *sidayna aw-warzani, kowe binne fuğe, zăbaš, farḥe kimmínalle šaṭṭiyāt. w qarʿe, ḏōlmʾkāt* 'Bei uns wachsen auf den Melonenfeldern Zuckermelonen, Wassermelonen, Gurken und was wir *šaṭṭiyāt* nennen, Kürbisse, und Zucchini.' MT 1.1:4; *u-pallăsīs hano mi-qarʿo kmisim* 'Dieser *pallăsīs* wird aus Kürbissen gemacht.' MT 2.12:1 || Syr. *qarʿo* 'id.' SL 1414; Tezel 2003: 117-119

qarʿe šumoye Kürbissorte | *yirwiwo hŭwanwo rabe, hŭwanwo rabe, šuḥt̲iwo, qŭwanwo. hōl, hanik immíwunne qarʿe šumoye* 'Sie wuchsen und wurden ganz groß. Sie wurden groß, färbten sich gelb und wurden fester. Bis ... die nannte man *šumoye*-Kürbisse.' MT 2.3:2

qarʿo marʿo ⊗ vgl. ähnliche Konstruktionen im Türkischen Echowort, Echoreduplikation: Kopf und so weiter | *midle lu-sanduqo kuzzé kfŭtaḥle kḥoyir kĭlé kule insān, qarʿo marʿo w rayiḥ w ğeye w laše w garme w fĭlān* 'Er nahm die Kiste und öffnete sie, da sah er, dass alles ein Mensch war, Kopf und so weiter, dies und jenes, Körper und Knochen und so weiter.' MT 5.2:53 → **qarʿo**[1]

qariwo[1] *adj.*, f. **qaruto**, *pl.* **qariwe** **(1)** nah | *qrĭyawot̲o qariwe* 'nahegelegene Dörfer' MT 4.1:6; *i-săraye-ste qaruto-wa lu-baytat̲t̲e* 'Das Verwaltungsgebäude lag in der Nähe ihres Hauses.' MT 3.3:4 **(2)** verwandt, Verwandter | MT 1.3:23 • RW 401 || Syr. *qaribo* 'id.' SL 1407-08

qariwo qariwo naher Verwandter | *mid hawi b-imomo, u-lalyawo kul-ḥa kizzé lab-botayd̲e, bas aq-qariwe-qariwe kfayši hōl ṣafro lĭ-gdumxi* 'Wenn es Tag wird ... In der Nacht geht jeder nach Hause, doch die nahen Verwandten bleiben bis zum Morgen und schlafen nicht.' MT 1.3:23

qariwo[2] *n.m.*, f. **qarito**, *pl.* **qarĭwone** **(1)** Taufpate, Patenverwandter | *tre hawille qarĭwone, ḥa hawile qariwo, ḥa hawi šamošo, ḥa hawi qašo, maʿmadde u-zʿuro b-išme d-ʾMšiḥo* 'Zwei wurden seine Taufpaten, einer wurde sein Taufpate, einer wurde zum Diakon, einer wurde zum Priester, sie tauften den Jungen im Namen des Messias.' MT

4.2:4; *mille afrad mu=qariwo mede layto. komir azzé mille lu=qariwo, mille qariwo, mille min-yo, mille ŭno guzzino li=tăğara, darbo raḥuqo-yo w kubʿeno, ... ŭno guzzino d-owit moro l-qaritux.* 'Er sagte: Es gibt niemanden, der besser geeignet wäre als der Pate. Er ging und sagte es dem Paten, er sagte: Pate! Der sagte: Was ist? Er sagte: Ich gehe zum Handeltreiben, es ist ein weiter Weg, und ich möchte ... Ich gehe, und kümmere du dich um deine Patenverwandte.' MT 5.1:4 **(2)** Trauzeuge, Vertreter (in der Regel aus der Familie der Patenverwandten) | *bu=ṭlobano kimmínala i=ṭlamt̠o, meqim ṭlamt̠o d-laḥmo manṭanwo. hat̠e, kot̠e u=qašo w kot̠e u=qariwo di=kaččĭke w kot̠e u=qariwo du=kurrĭko* 'Bei der Verlobung brachte man früher einen Brotfladen mit. Es kommen der Priester, ein Vertreter des Mädchens und ein Vertreter des Jungen.' MT 1.3:9 || Syr. *qaribo* 'id.' SL 1407-08

qariwut̠o *n.f.* Patenverwandtschaft, Patenverhältnis, Verwandtschaft | *zăṭan lĭ klozim mamro, bayn lu=aḥuno w li=ḥot̠o kowe gworo, bayn li=qariwut̠o lĭ=kowe gworo* 'Man braucht darüber keine Worte zu verlieren: (Selbst wenn) zwischen Bruder und Schwester eine Heirat möglich wäre, wäre doch in einem Patenverhältnis keine Heirat möglich.' MT 5.1:4 || Syr. *qaribut̠o* 'relationship, kinship' SL 1408 → **qariwo**[2]

qārši ~ **qarši** *prep.* **(1)** gegen | *aṣ=ṣŭroye bi=ğabha-wayye qārši d-ʾḥd̠od̠e* 'Zur gleichen Zeit standen die christlichen Kämpfer an der Front gegen (die Muslime).' MT 3.2:14 **(2)** für, zum Ausgleich für| *ax=xōrtīn mĭ=ksaymi? qārši du=tăʿăbano dit̠t̠e lăšan d-šuqli mŭkafăḥa, kmalimi kallāt mag=gawire* 'Was aber tun die jungen Leute? Damit sie eine Belohnung für ihre Mühe bekommen, sammeln sie Geld von den verheirateten (Gästen) ein.' MT 1.3:43; *kobi išmo d-kallāt-ste lu=qašo, qarši du=ămak did̠e* 'Sie geben dem Priester auch etwas Geld für seine Mühe.' MT 1.3:25 || Türk. *karşı* 'id.'

qarwana *n.f.* Essensration | *bĭt̠ir i=ḥkume midla tadbīr, milla ay=yasire d-fayiši, hani d-kitne săġ yaʿni maṣ=ṣŭroye, malĭminne, naʿime, kaččĭkāt, kurrĭkīn, min d-kitne maḥtinne bu=xān, w ŭbíwunne qarwana* 'Dann ergriff die Regierung Maßnahmen, sie sagte: Die Waisenkinder, die zurückgeblieben sind, die christlichen Kinder, die noch am Leben sind ... Sie sammelten sie – kleine Kinder, Jungen, Mädchen, was auch immer sie waren, brachten sie in eine Herberge und gaben ihnen Essensrationen.' MT 3.2:9 • RW 403 || Türk. *karavana* 'große Essschüssel; Essen'

qaryo *part.*, f. **qrit̠o**, *pl.* **qarye** eingeladen, Gast | *mawbʾli qăd̠ame w sikkar w bŭzarʿo, kul=ḥa kimfariq laq=qaryayd̠e* 'Sie bringen geröstete Kichererbsen, Bonbons und Kerne (von Wassermelonen). Jeder teilt davon an seine Gäste aus.' MT 1.3:22 • Nicht in RW → **qry**

qaryola *n.f.* Bett | *komir tlalle i=qaryola, hille kĭlé u=săqaṭ taḥt i=qaryola talyo, komir mḥélele sayfo qṭiʿle qarʿe* 'Sie hoben das Bett hoch, da sahen sie, dass der Krüppel unter dem Bett versteckt war. Er schlug ihm mit dem Schwert den Kopf ab.' MT 5.3:61 • RW 403 || Türk. *karyola* 'id.'

qăṣabxana *n.f.* Metzgerei, Fleischerei | *šuqliwo qarʿe, meqim hinne mand̠ʾfíwunne, bass aḥna i=naqqa d-fītina* *l-ᵊDyārbăkir, kul=mede nad̠ifo-we. aq=qarʿe-ste w ar=raġlot̠o-ste, izzánowo li=qăṣabxana, tamo mzabníwole* 'Sie pflegten (Hammel-)Köpfe zu kaufen. Früher säuberten sie sie selber, doch als wir nach Diyarbakir umzogen, war alles schon gesäubert, sowohl die Köpfe wie auch die Füße. Wir gingen zur Metzgerei, dort verkauften sie ihn.' MT 2.11:8 || Türk. *kasaphane* 'Schlachthaus'

qăṣăliye *n.f.*, *pl.* **qăṣăliyat, qăṣăliyāt** Rechen | *bĭt̠ir m-at̠e knoʿim u=zād b-raġlōt̠ daḥ=ḥĭyewĭnanik išmo b-išmo, bi=qăṣăliye bam=malḥowe kimtawin, kmaqlᵊbi* 'Dann wird das Getreide unter den Hufen der Tiere immer mehr zerkleinert, und mit dem Rechen und der Worfelgabel schieben sie es zurück (auf die Tenne) und wenden es um.' MT 1.1:14 • Nicht in RW || Anat. Arab. *qaṣalīye* 'Forkel, Worfelgabel (mit vier Zinken)' JK 115; cf. Arab. *qaṣal* 'Spreu, Halme' Wehr 749

qaṣobo *n. agent.*, *pl.* **qaṣobe** Metzger, Fleischer | *i=qabrᵊġaye u=falqo, immíwole, d-immina u=ṣafuro, u=faro, ᵊkmisim tarte šĭqayiq immíwo, bu=falgo, qaṣobe-wayye, ḥa b-ʿayne izzewo ŭmárwulle, hinne d-lĭ=mamro d-manṭin lu=bayto* '*Qabrᵊġaye* nannte man das Stück, sagen wir vom Zicklein oder vom Lamm, das in der Mitte in zwei Stücke zerteilt wurde. Es gab Metzger, man ging selber hin und sagte es ihnen, und dann brachten sie es ohne weitere Worte direkt nach Hause.' MT 2.4:1 • RW 404 || Syr. *qaṣobo* 'id.' SL 1396; cf. Arab. *qaṣṣāb* 'id.' Wehr 746

qaṣro *n.m.* Schloss | *komir, qṭiʿle qarʿe d-ann=arbi w midle a=tmoni ad̠not̠at̠t̠e maḥtile b-kiso. komir naḥit l-gawe du=qaṣro ánnaqqe* 'Kurz und gut, er schlug allen vierzig die Köpfe ab, nahm ihre achtzig Ohren und tat sie in einen Sack. Nun stieg er hinab ins Innere des Schlosses.' MT 5.3:17 = **quṣro**

qašo *n.m.*, *pl.* **qaše** Priester | *u=qašo kimṣale ʿal i=ṭlamt̠o du=laḥmano, w kimmi išmo d-qole lăšan Aloho* 'Der Priester segnet diesen Brotfladen, man singt einige religiöse Lieder.' MT 1.3:9 || Syr. *qašo* 'id.' LS 1418

qašyo *adj.*, f. **qšit̠o**, *pl.* **qašye (1)** dickflüssig **(2)** hart, hartherzig | *u=ḥasyo izzewo w ĭt̠ewo ʿal u=qadišo, ŭmarwo ya rab hat maxlaṣlan mĭ-feme daḥ=ḥanfani, daq=qašyani* 'Der Bischof kam ständig in die Kirche, er sagte: Oh Herr, errette uns aus dem Rachen dieser Heiden, dieser Hartherzigen.' MT 3.1:22 • RW 405 || Syr. *qašyo* 'id.' SL 1419 → **qšy**

qatil *n.m.* Mörder | *u=qatil d-babi man-yo* 'Wer ist der Mörder meines Vaters?' MT 5.2:98 • Nicht in RW || Arab. *qātil* 'id.' Wehr 727

qaṭᵊr *n.m.* Sirup | *maydiwo, mfašriwo mišḥo, mišḥo basimo, duhniwo gawe w maqlᵊbiwo kul ṭābiqa hawxa, mkanfᵊlíwole saymíwole hawxa xid baqlawa, saymíwole w bĭt̠ir saymowa qaṭᵊr w... d-sikkar w kufxiwo ...* 'Sie nahmen Butterfett und ließen es aus, gutes Butterfett. Damit fetteten sie die Innenseite (der Fladen) ein, wendeten jede Lage um und legten sie übereinander. Sie machten es so ähnlich wie Baklava, und danach machte (die Mutter) einen Sirup aus Zucker, und man goss ihn (darüber).' MT 2.1:2 • Nicht in RW || Arab. *qaṭr* 'eingedickter Zuckersaft' Wehr 752

qaṭʿo *n.m.*, *pl.* **qaṭʿe** Herde (Kleinvieh) | *bĭt̠ir mid ḥayim u=ḥemo, lo xid meqim, xd-an=naqqāt du=rabiʿ, kmanṭalle lu=bayto b-lalyo, kmawbᵊlinne aq=qaṭʿe kulle* 'Wenn das Wetter heiß geworden ist, bringt man die Tiere nicht wie zuvor im Frühling nachts nach Hause, sondern man nimmt alle Herden mit.' MT 1.1:98 • RW 405 || cf. Arab. *qaṭīʿa* 'Herde, Rudel' Wehr 754; cf. Syr. *qeṭʿo* 'fragment; mass' SL 1319

qaṭiro *n.m.* Joghurt | *u=ḥalwawo kimmaṣalle, bītir mid ʾmmaṣalle kmaḥtile ʿal i=nuro kimšaḥnile, bītir mid šaḥin knuṭri čike d-fotir, yaʿni d-qoyir išmo. mid qayir kmaḥti rawbe buwe w kimḥafḏile hōl d-howe qaṭiro* 'Die Milch gießen sie ab, wenn sie sie abgegossen haben, stellen sie sie aufs Feuer und erhitzen sie. Wenn sie heiß geworden ist, warten sie ein bisschen, bis sie lauwarm wird, d.h. bis sie sich etwas abgekühlt hat. Wenn sie sich etwas abgekühlt hat, geben sie *rawbe* (Joghurtkulturen) dazu, und halten sie warm, bis sie zu Joghurt geworden ist.' MT 1.1:75 • RW 406 || cf. Syr. *qṭiro* 'congealed, coagulated' SL 1350 → **qṭr**

qaṭlo *n.m.* Tötung, Mord | *simme ʿiṣyān, hinne lu=qaṭlo gīmawblíwole* '(Bei diesem Anlass) widersetzten sie sich, denn sie hätten ihn weggebracht, um ihn umzubringen.' MT 3.2:2; *ibaʿu l-ani d-kibʿi u=qaṭlaṯxu* 'Betet für die, die euch töten wollen.' MT 3.2:42 || Syr. *qeṭlo* 'id.' SL 1352 → **qṭl**

qaṭmo *n.m.* Asche | *ak=karkūš mid maṭin qquṭfinne, ksaymi maye d-qaṭmo w kġayṭi suġlo b-suġlo bam=maye du=qaṭmano* 'Wenn die *karkūš*-Trauben reif sind, pflückt man sie, man bereitet Aschenlauge vor und taucht eine Traube nach der anderen in diese Aschenlauge.' MT 1.1:49 || Syr. *qeṭmo* 'id.' SL 1353

qaṭoʿo *n. agent.*, *pl.* **qaṭoʿe** • RW 406 → **qṭʿ**

qaṭoʿo d-kefe Steinschneider, Steinbrecher, Steinhauer | *šuġliwo ġắlăbe ṣīnayiʿ am=miḏyoye (...) šuġliwo maʿmʾrone, qaṭoʿe d-kefe* 'Die Leute von Midyat arbeiteten in vielen Handwerksberufen. (...) Sie arbeiteten als Baumeister, als Arbeiter im Steinbruch.' MT 1.7:6 → **kefo**

qaṭolo *n. agent.*, f. **qaṭalto**, *pl.* **qaṭole** Mörder | *milla lattat u=abro d-ʾKlebīn, d-ʾflān=ʾḥdo? mille bele. milla ḥaru bayto, hanik aq=qaṭole d-babux-ne, qṭille babux-stene w qṭille ʿammux-stene* 'Sie sagte: Bist du nicht der Sohn von Klebīn, von der und der (Frau)? Er sagte: Ja. – Zum Teufel, das sind die Mörder deines Vaters. Sie haben deinen Vater getötet und auch deinen Onkel.' MT 5.2:97 || cf. Syr. *qoṭulo* 'id.' SL 1353 → **qṭl**

qaṭriwo *n.m.* Verbindungspflock (beim Pflug) | *u=daworo, kūwele niro, bu=nirano kīt ḥniqe, kito kleme, kulle syimto di=iḏo-ne. kīt abzoro, kibe qaṭriwo, w masoso* 'Der Pflüger hat ein Joch, an diesem Joch befinden sich Jochschlingen, es gibt Jochhölzer, alles von Hand gefertigt. Es gibt den Pflugbaum, den Verbindungspflock zwischen Joch und Pflugbaum und den Ochsenstachel.' MT 1.1:1 • cf. *qaṭriyo* RW 406 || Syr. *qaṭribo* 'id.' SL 1359

qawro *n.m.*, *pl.* **qawre** Grab | *kfitḥi u=qawro. aq=qawre d-Miḏyaḏ ʾqtore-ne, kul=qawro ʿayit, l-ʿāyle-yo. uʿdo bi=ḥaraytaṯe, fayiš ksaymi kul=ʿāyle kul=bavík tre=qawre, ḥa lan=niše, ḥa lag=gawre.* 'Dann öffnen sie das Grab. Die Gräber in Midyat sind Gewölbekammern, jedes Grab gehört zu einer Familie. In letzter Zeit hat man damit begonnen, dass jede Familie, jede Sippe, zwei Gräber errichtet, eins für die Männer und eins für die Frauen.' MT 1.2:8 || Syr. *qabro* 'id.' SL 1313 → **qwr**

qawyo *adj.*, f. **qwiṯo**, *pl.* **qawye** stark (in Leistung und Fähigkeit), fest | *mšayele ʿal u=zʿuro d-ruḥe, omir ašir kimčayliš, elo u=idrakayḏe latyo qawyo* 'Er fragte nach seinem Jungen. (Der Lehrer) sagte: Nun, er arbeitet mit, aber seine Auffassungsgabe ist nicht besonders stark.' MT 5.5:4 • RW 407 → **qwy**

Qawzᵊniṯo Flurname in der Nähe von Midyat | MT 1.1:28

qay *inter. prn.* **(1)** warum | *miḻlan qay kummit ax=xabrani* 'Wir sagten: Warum sagst du diese Worte?' MT 1.5:37; *hāt zlām ḥărām w aḥna ḥălāl, áydarbo gd-oṯit uxlit aʿmayna, mḥarmit u=muklayḏan-ste? miḻle, qay ḥărām-no?* 'Du bist unrein und wir sind rein, wie könntest du kommen und mit uns essen und auch unser Essen unrein machen? Er sagte: Warum bin ich unrein?' MT 4.2:2 **(2)** etwa, doch ⊗ in rhetor. Fragen | *kuṯyo ḥoṯi kimmo, kimmo qay ṣawmo-yo simlax adyawma ḥimṣe qarʿone?* 'Dann kommt meine Schwester und sagt: Ist denn etwa Fastenzeit, dass du heute Kichererbseneintopf mit Grießbällchen gekocht hast?' MT 2.11:1; *ḥiḻle kĭle koṭe nāl, āy āy āy mi=škere dak=kefani. āʿʿáʾ, qay kīt nošo harke miḻle ʿăğăba* 'Da bemerkte er, dass ein Stöhnen aus diesem Steinhaufen drang: *āy āy āy*. Donnerwetter, gibt es hier vielleicht jemanden, sagte er.' MT 5.1:10 **(3)** *interj.* warum, doch ⊗ Einschub | *qay, šxwa kimmallux, u=ḥasyo dayim, u=ḥasyo, u=Mar-Gawriye, u=Mōr-Malke, w aq=qadišayḏan kulle ŭṯanwo mʿawníwunne* 'Ich sage dir doch, der Bischof (betete) dauernd, der Bischof (betete), und der Mar=Gawriye, der Mōr=Malke und alle unsere Heiligen kamen und halfen ihnen.' MT 3.1:27 || cf. Kurm. *qey* 'perhaps; why' Chyet 487

qay-yo ⊗ alleinstehend warum | *ánnaqqa hedi, balki-ste ḥa tre mĭnayye mlaqṭiwo xabre, e qay-yo, min hawi?* 'Erst allmählich, vielleicht schnappten auch zwei, drei von ihnen einzelne Informationen auf: Warum? Was ist passiert?' MT 3.4:9 → **-yo**

qaydiye *n.f.* Registrierung | *mtafaqqe d-šoqil i=barṭayḏe, w lu=ʿĭlawi-ste húleleyo, manṭole l-Miḏyaḏ d-ᵊmqayid i=qaydiyayḏa bu=nŭfūs* 'Sie kamen überein, dass er seine Tochter heiraten sollte, und der Alevit gab sie ihm. (Der junge Mann) brachte sie nach Midyat, um sie auf dem Einwohnermeldeamt registrieren zu lassen.' MT 1.6:2 • Nicht in RW || Türk. *kaydiye* 'Eintragungsgebühr'; Arab. *qyd II* 'registrieren' Wehr 775 → **qyd**

qayis *adv.* so viel | *kmišliq u=birġil ġắlăbe, qayis u=birġil d-mišliq, băle ʿala šarṭ d-lĭ=miboṯi aḥ=ḥeṭe ḥurwi* 'Der Bulgur wird sehr lange gekocht, je länger er gekocht wird, (umso besser wird er), vorausgesetzt aber, dass die Weizenkörner nicht aufplatzen und unbrauchbar werden.' MT 1.1:27 → **míqqayis** ~ **mínqayis**

qaymăqām *n.m.* Landrat (vom Staat ernannt) | *aṯí u=qaymăqām ṭlĭbole mĭnayna, bi=Mar-Šᵊmuni* 'Der Kaymakam (Landrat) kam und verlangte sie (das Mädchen) von uns, in der Kirche Mar Šmuni.' MT 1.6:5 • RW 393 || Türk. *kaymakam* 'id.'; Arab. *qāʾim-maqām* 'id.' Wehr 773

qayso *n.m.*, *pl.* **qayse** Holz, Holzstück | *ṭaʿno d-qayse* 'eine Traglast Holz' MT 5.2:36; *kmaḥto qamayto bu=tanurawo išmo d-qayse, marfʾyo nuro binne kšoḥin u=tanuro* 'Sie legt zunächst etwas Holz in den Ofen und zündet es an, damit der Lehmbackofen heiß wird.' MT 1.1:23 || Syr. *qayso* 'id.' SL 1364

qayṭo *n.m.* Sommer | *lăšan d-l-oṯe u=ḥemo du=qayṭo aʿlayye kšimṭi, qqayṣi u=ʿamraṯṯe* 'Damit die Sommerhitze ihnen nicht zusetzt, streifen sie ... scheren sie ihre Wolle.' MT 1.1:90 || Syr. *qayṭo* 'id.' SL 1361

qăẓa ~ **qăza** *n.f.*, *pl.* **qăẓat, qăẓāt** Landkreis, Kreisstadt | *bu=qăẓa d-Baṭmān* 'im Landkreis von Batman' MT 1.5:39 • RW 391 || Türk. *kaza* 'id.'; Arab. *qaḍāʾ* 'Verwaltungsbezirk, Distrikt' Wehr 750-751 = **qăḍa**

qbl || Arab. *qbl I* 'annehmen, akzeptieren; *III* begegnen, sich treffen' Wehr 724; cf. Syr. *qbl Pa.* 'to receive', *Af.* 'to receive; to meet, welcome' SL 1311-12

II *mqabele, mqabela - mqabil, mqablo tr.* sich die Waage halten | *kimmono u=šarrayḏi w u=xerayḏi inšaḷḷa gimqabli ḥḏoḏe* 'Ich hoffe, das Böse und das Gute, das ich getan habe, werden sich die Waage halten.' MT 1.4:4

III *maqbele, maqbela - maqbil, maqbᵊlo tr.* annehmen, akzeptieren | *lĭ=kmaqbanno d-izzúx* 'Ich lasse nicht zu, dass du mitgehst.' MT 3.2:1; *abiʿi d-sayminne-ne niše, mĭnayye maqballe w hawin niše w mĭnayye lo* 'Sie wollten sie zu ihren Frauen machen. Die einen akzeptierten und wurden Ehefrauen, die anderen nicht.' MT 3.2:31; *bĭṯir hăka li=ḥkume mšadaḷḷa Šēx Fatḥaḷḷa, hăka huwe mu=wuždanayḏe lo maqbele, aṯí l-ʿIwardo* 'Danach, ob nun die Regierung Šēx Fatḥaḷḷa schickte oder ob er es mit seinem Gewissen nicht mehr vereinbaren konnte.' MT 3.3:9

IIIp *maqbil, maqbᵊlo - mitaqbil, mitaqbᵊlo intr.* angenommen werden | *qay daʿirit? miḷḷe azzino kmo=yawme mhalaxli, l-Aloho miḷḷe dʿar, maqbᵊlo i=zyarayḏux!* 'Warum bist du umgekehrt? Er sagte: Ich ging ein paar Tage des Weges, da sprach Gott: Kehr um, deine Pilgerreise ist angenommen.' MT 4.5:2

qdḥ || Syr. *qdḥ Pe.* 'to light, to kindle; to burn' SL 1314

Ip *qdīḥ, qdiḥo - miqdiḥ, miqdoḥo intr.* entbrennen, ausbrechen | *i=săraye-ste qaruto-wa lu=baytaṯṯe, d-ḥĭkim di=tfinge-wa, qayim qdīḥ u=sayfo, ṭamo b-Miḏyaḏ mḥalle, yariwo* 'Das Verwaltungsgebäude lag in der Nähe ihres Hauses, es war in Reichweite des Gewehrs. So entbrannte der Sayfo. Sie schlugen dort in Midyat zu und (die Kämpfe) weiteten sich aus.' MT 3.3:4

qdm || Syr. *qdm Pa.* 'to come forth, advance' SL 1317

II *mqadamle, mqadamla - mqadim, mqadmo intr.* sich jdm. (Akk. oder *l-*) nähern | *ŭṯanwo aḥ=ḥūt, ŭṯanwo an=nune rabani, lĭ=mağranwa mqadmíwolan* 'Es kamen Seeungeheuer, es kamen die großen Fische, doch sie wagten nicht, sich uns zu nähern.' MT 4.1:8

qdr || Arab. *qdr I* 'können, imstande sein' Wehr 728

I *qadir, qadiro - qodir, qudro* **(1)** *tr.* können, imstande sein | *simle lĭ=simle mede lĭ=qadir d-soyim biya* 'Wie sehr er sich auch bemühte, er konnte nichts bei ihr ausrichten.' MT 5.1:15; *u=ʿilmo lĭ=fāš qodir ṣoyim, kafno-yo w zaḥme-yo* 'Die Leute können nicht mehr fasten, es herrscht Hunger und Not.' MT 4.3:2 **(2)** *intr.* jdn. (*ʿal*) besiegen | *omir, ánnaqqe ḥdar maṯníḥ lebi, omir ya, nošo d-lĭ=qodir aʿli* 'Er sagte: Komm jetzt mit und erfülle meinen Herzenswunsch, Mama, denn niemand kann es mit mir aufnehmen.' MT 5.2:101

qḏolo *n.m.*, *pl.* **qḏole**; gen. *qḏole* oder *qḏōl* Hals, Nacken | *aḥ=ḥĭyewin d-kitte,* *yaʿni a-ḥmore w aq-qanyone, kmaṣrinne, femayye, kimminne ʿarnoṣo, kmaḥti ʿarnoṣo rabo b-ᵊqḏolayye xd-u-ṭawqo* 'Die Tiere, die sie haben, Esel und Rinder ... Sie binden ihnen das Maul zu. Es gibt noch den Halsring, sie legen ihnen einen großen Halsring an, wie einen Reif.' MT 1.1:12; *komir mille lu-šiḏo, xraz i-xăräze ḥeta b-ᵊqḏolux, w mid lu-gurno ḥete b-qarʿux!* 'Er sprach zu dem Teufel: Lege dir die Brunneneinfassung als Krause um den Hals und nimm den Trog und setze ihn dir auf den Kopf!' MT 4.4:15 • RW 408 || Syr. *qḏolo* 'nape of neck' SL 1317

ḥṭiṯi b-qḏolux bitte ⊗ Ausdruck, mit dem man jemanden zu etwas verpflichtet (wörtl.: meine Sünde auf deinem Hals). | *ŭno gimmaṯno, ḥṭiṯi b-ᵊqḏolayxu gim-maḥtítulli ʿal i-gamlo w gid-maflᵊtu i-gamlo w gd-ŭṯetu ʿam i-gamlo, i-dukṯo d-ṛuʿo tamo gissaymitu, raḥiq mad-dĭkoṯani, u-qawraydi* 'Ich werde sterben, und die Sünde an mir sei auf eurem Hals: Ihr sollt mich auf ein Kamel setzen und sollt das Kamel frei laufen lassen und ihm folgen. Dort, wo es sich lagert, sollt ihr – fern sei es von diesen Orten – mir mein Grab bereiten.' MT 5.3:2 → **ḥṭiṯo**

maḥit b-qḏolo beschuldigen → **mḥt**

qḏy || Arab. *qḍy I* 'erledigen, verrichten' Wehr 750

III *maqḏele, maqḏela - maqḏe, maqḏᵊyo tr.* erledigen (Arbeit) | *u-sinʿatkār i-naqqa d-oṯe li-qriṯo, kowe lăğan i-qriṯo ġắlăbe hesaní, lăšan kul-kas qm-u-tarʿayḏe kmaqḏe u-šuġlayḏe* 'Wenn der Handwerker ins Dorf kommt, ist das für das Dorf sehr bequem, weil jeder vor seiner Haustür seine Sache erledigen kann.' MT 1.5:41

qeno *n.m., pl.* **qene (1)** Nest **(2)** Haufen, Strang | *mid simme u-ftilo yarixo w brimme u-sayomo du-ftilo, ᵊqqoyim kmoyid u-ḥa rišawo ba-tre droʿonayḏe kimlawlable ʿal ᵊḥḏoḏe ksamle tlōṯ qene w kmaḥatle ṭamoné* 'Wenn sie den Grasstrang lang gemacht und gewickelt haben, dann nimmt der eine ein Ende mit seinen beiden Armen und schwenkt (den Strang) um sich selbst und macht daraus dreifache Stränge, die er zur Seite legt.' MT 1.1:69 • RW 409 || Syr. *qeno* 'id.' SL 1379

qfl || cf. Anat. Arab. *qfl* 'frieren, steif gefroren sein' JK 116; Tezel 2003: 114-115

I *qafil, qafilo - qofil, quflo intr.* frieren, erfrieren | *e ḥilto qafilno, qum sim nuro* 'Mensch Tante, es friert mich, komm mach Feuer an!' MT 5.2:71

qfy || Anat. Arab. *qfy II* 'sich suchen, auftreiben' JK 116; cf. Syr. *qfy Pe.* 'to heap up; to gather up, collect' SL 1390; cf. Arab. *qfw II* 'folgen lassen' Wehr 758

II *mqafele, mqafela - mqafe, mqafyo tr.* finden, auftreiben | *kimqafin i-dukṯo d-kīt gelo ġắlăbe* 'Sie finden eine Stelle, an der es sehr viel Gras gibt.' MT 1.1:68

IIp *mqafe, mqafyo - miqafe, miqafyo intr.* auffindbar sein, verfügbar sein | *malḥo lĭ-miqafewo, bĭ-Čălăbiyo, ĭbewo... mšayáʿwulle malḥo* 'Es war kein Salz mehr aufzutreiben, doch die Familie Čălăbiyo ... er gab ihnen, schickte ihnen Salz.' MT 3.2:13

qḥĭroyo *adj.*, f. **qḥĭrayto**, *pl.* **qḥĭroye** wütend, verärgert | *qqore u-maktūb, min maktūb-yo hano? kĭle kimmi, ya ʿammo aḥna mṣafelan harke, kĭlé kḥukmina harke w hāt tamo, hawxa w hawxa gĭsaymina menux. azzé lu-bayto qḥĭroyo be-maʿd* '(Der Onkel) liest den Brief, was ist das für ein Brief? Sie sagen:

Onkel, wir haben hier aufgeräumt, wir regieren hier und du dort, und so und so werden wir mit dir verfahren. Er ging wütend und in schlechter Stimmung nach Hause.' MT 5.2:25 || cf. Arab. *maqhūr* 'bezwungen; traurig, niedergeschlagen' Wehr 768

qiddām → **l-qiddām**

Qĭlatmăṛa Qalʿət maṛa (heute Eskikale), ein ehemals christliches Dorf in der Nähe von Mardin | MT 3.2:32

qilpāġ *n.m., pl.* **qŭlepiġ** Deckel | *as=sĭmoqe nōrmaḷ miftĭḥiwo, mʿadlo, w i=mağnune-ste hawxa šimṭínawo, šimṭowa mu=quṛmo hawxa čike, ṭiryówala xu=qilpāġ w bĭṭirke hawxa hayo-ste.* 'Die Tomaten wurden einfach ausgehöhlt, während wir, (besser die Köchin) bei der Paprika etwas vom Stielansatz abschnitt. Sie ließ der Paprika einen Deckel, dann, so war es bei der (Paprika).' MT 2.2:2 || cf. Türk. *kalpak* 'Fellmütze, Pelzmütze' → **qăpaġ**

qīm *n.m.* || Kurm. *qîm* 'wish, desire; agreement, consent' Chyet 492

manṭe qīm diḏ- zufrieden sein → **nṭy** ~ **nty**

qim *prep.* vor, bei → **qum** ~ **qim**

qima *n.f.* Hackfleisch | *mqaṭʿiwo ab=baṣle ġắlăbe naʿimo, w xulṭiwo u=baṣro-ste di=qima (...) aʿme* 'Man hackte die Zwiebeln ganz fein und mischte das Hackfleisch (...) darunter.' MT 2.7:11 || Türk. *kıyma* 'id.'

qime *n.f.* Wert | *i=ṣinʿa kítwola qime, w mimadwo kallāt šafire* 'Das Handwerk besaß dort seinen Wert, und man nahm gutes Geld ein.' MT 1.5:7 • RW 411 || Arab. *qīma* 'id.' Wehr 772; Türk. *kıymet* 'id.'

qĭsim *n.m.* Teil | *kīt qĭsim ʿāylāt-stene, uʿdo bdalle kuxli mu=farmo kul=yawmo ḥaṯo* 'Es gibt auch manche Familien, die jetzt damit begonnen haben, jeden Tag frisches Brot aus der Bäckerei zu essen.' MT 1.1:26; *qĭsim mu=ʿamo kitte ʿeze w ʿwone* 'Ein Teil der Leute haben Ziegen und Schafe.' MT 1.1:86; *kmaḥti sikkar ʿal u=zawk diṯṯe yaʿni, qĭsim kruḥmi ḥliṯo ġắlăbe, qĭsim lo* 'Sie fügen nach Geschmack Zucker hinzu. Manche mögen ihn sehr süß, andere nicht.' MT 2.9:3 • RW 413 || Arab. *qism* 'Abteilung, Sektion, Division' Wehr 743

qiṣṣa *n.f., pl.* **qĭṣayiṣ** **(1)** Geschichte, Märchen | *toxu dŭmáṇṇulxu qiṣṣa* 'Kommt, ich will euch eine Geschichte erzählen.' MT 5.3:1; *aq=qaše kimmi qĭṣayiṣ, b-ḥaq daq=qadiše, b-ḥaq d-ˀMšiḥo* 'Die Priester erzählen Geschichten, über die Heiligen, über den Messias.' MT 1.2:15 **(2)** Angelegenheit | *xēr-yo? immi xēr-yo, aṯina l-gabux. ašir i=qiṣ-ṣayḏan haṯe b-aṯe-yo* 'Ist alles in Ordnung? Sie sagten: Alles in Ordnung, wir sind zu dir gekommen. Unsere Geschichte ist so und so.' MT 4.4:4-5 • add RW || Arab. *qiṣṣa* 'Erzählung, Geschichte' Wehr 746

qĭṭoʿo *inf. II* Schneiden | *mqaṭʿínawo ba..., dayim u=baṣro ʿal i=iḏo qĭṭoʿo* 'Wir schnitten ... das Fleisch schnitten wir immer von Hand.' MT 2.2:2 → **qṭʿ**

qižla *n.f.* Kaserne | *maltˀmilan l-Mōr=Šarbēl, li=šawṯayḏan i=ʿĭlayto d-laff i=qižla kuyo d-Miḏyaḏ* 'Wir versammelten sie in der Kirche Mor Šarbel, in unserem oberen Stadtviertel, das in Richtung der Kaserne in Midyat liegt.' MT 1.6:11 • RW 414 || Türk. *kışla* 'id.'

qlʿ1 || Etym. unsicher, eventuell aus *qlʿ2*

I *qaliʿ, qaliʿo - qoliʿ, qulʿo intr.* fließen | *ag=gawre qṭĭlinne w u=māl* *simme yāġma, w ann=adroṯo mawqᵊḏinne, u=admo qaliᶜ bam=marziwe* 'Die Männer töteten sie. Den Besitz plünderten sie und steckten die Tennen in Brand. Das Blut floss durch die Regenrinnen.' MT 3.2:7

qlᶜ² || cf. Syr. *qlᶜ Pe.* 'to hurl; drive' SL 1373, s. Furman 2020

I *qliᶜle, qliᶜla - qoliᶜ, qulᶜo tr.* treiben, führen | *komir midle af=faraydḏe, gani u=yawmo qliᶜᶜe af=faraṯṯe w azzín lu=bayto* 'Er nahm seine Lämmer, der Tag ging zur Neige, sie trieben ihre Lämmer und gingen nach Hause.' MT 4.2:5

III *maqlaᶜle, maqlaᶜla - maqliᶜ, maqlᵊᶜo tr.* (Pferd) antreiben | *ksoliq lu=quṣro, kmoḥe raġloṯe bu=quṣro, dididididi.... komir ᶜarqᵊwone sligi, nqiwi haqqās hingi kmoḥe raġloṯe bak=kefe, yaᶜni sisyo-yo kmaqliᶜ* 'Da stieg er auf das Schloss und schlug seine Füße gegen (die Mauer) des Schlosses: dididididi.... Seine Fersen wurden abgeschabt, sie wurden eingedellt, so stark schlug er seine Füße an die Steine, als ob es ein Pferd wäre, das er antreibt.' MT 5.2:55

qlb || Arab. *qlb I* 'wenden, umwenden' Wehr 769

I *qalib, qalibo - qolib, qulbo* **(1)** *intr.* sich wenden, sich drehen | *ḥatlix dawqe ᶜal lašaydix, layšo raqiqo, ṭir nošif w i=naqqa d-qulbit li=xasraṯe gd-... mar āy w d-duᶜrit l-aṯe mar āy w haṯe āy* 'Lege dir Brotfladen auf den Körper, dünnen Teig. Der soll trocknen, und wenn du dich auf die Seite drehst, dann schreie: Au! und wenn du dich auf die andere Seite drehst, dann schreie: Au! Au!' MT 5.2:39 **(2)** *intr.* umkehren | *komir didididi qlabu!* 'Er rief: auf geht's, kehrt um!' MT 5.2:55

III *maqlable, maqlabla - maqlib, maqlᵊbo* **(1)** *tr.* wenden, umwenden | *i=draxṯayo kizzé ḥa mĭ-du=bayto kmaqlabla, lăšan u=naᶜimo d-oṯe laltaḥ w u=xašuno d-oṯe l-lalᶜil.* 'Einer von der Familie geht, um das Dreschgut umzuwenden, damit das Feingemahlene nach unten zu liegen kommt und das Grobe nach oben.' MT 1.1:14 **(2)** *tr.* konvertieren, vom Glauben abbringen | *ramḥil d-nofiq bayn ah=hŭḏoye, gĭmaqlib i=hŭḏayto kula* 'Wenn er morgen unter die Juden geht, dann bringt er die ganze jüdische Gemeinde vom Glauben ab.' MT 1.2:8 **(3)** *intr.* nachdenken, es hin und her wenden ⊗ nur in der Verbindung *kmaqlib kmakrix* | *áydarbo samno áydarbo lĭ=samno kmaqlib kmakrix, nĭhaye aṯi l-bole u=qariwo* 'Wie soll ich es machen, wie soll ich es nicht machen? Er wendet es hin und her, schließlich kam ihm der Pate in den Sinn.' MT 5.1:4

IIp *mqalib, mqalbo - miqalib, miqalbo intr.* sich auf etw./jdn. (*ᶜal*) stürzen | *ggurši nawbe-stene lăšan ḥăramiye d-l-ŭṯelin, dewe dabibe d-lĭ=miqalib ᶜal u=săwāl diṯṯe* 'Sie halten abwechselnd Wache, damit keine Räuber sie überfallen, und damit keine Wölfe und andere Raubtiere sich auf ihr Vieh stürzen.' MT 1.1:99

qld || cf. Arab. *qilda* 'the dregs or sediment of clarified butter' Lane 2557 (?)

II *mqaladle, mqaladla - mqalid, mqaldo tr.* (Butterschmalz) klären | *lăšan d-lĭ=ḥoru, kfoyiš mi=šato li=šato u=mišḥano bu=bayto, laybin kul=yawmo šuqli mi=šuqo, lăšan d-lĭ=ḥoru, hōl d-lĭ=mqaldile lĭ=kmanṭin qīm diṯṯe* 'Damit das Butterschmalz nicht verdirbt, sondern das ganze Jahr über im Haus vorhanden ist – sie können nicht jeden Tag (Butter) auf dem Markt kaufen –, sind sie nicht zufrieden, bis sie das Butterschmalz nicht ganz geklärt haben.' MT 1.1:80

qlḏ || denom. zu Syr. *qlīḏo* 'key' SL 1370 → **qliḏo**

III *maqlaḏle, maqlaḏla - maqliḏ, maqlᵊḏo tr.* zuschließen | *bĭṯir mi-ḥḏo mat-tarte maqlᵊḏínawo i-dĭkano* 'Nach ein, zwei Uhr schlossen wir die Werkstatt zu.' MT 1.5:31

qlf || Syr. *qlf Pe.* 'to peel' SL 1374

I *qlifle, qlifla - qolif, qulfo* schälen | *mqaṭᶜiwo i-qarᶜo, măsăla gd-immina hawxa xi-păṭaṭa d-..., qulfiwo i-qarᶜo ᶜawwil-naqqa, mqaṭᶜíwola hawxa falqe* 'Man schnitt den Kürbis in Stücke, ähnlich wie eine Kartoffel. Zuerst schälte man den Kürbis, dann schnitt man ihn in Stücke.' MT 2.12:2

qliḏo *n.m., pl.* **qliḏe** Schlüssel | MT 5.2:13 • RW 415 || Syr. *qliḏo* 'id.' SL 1370

qlifto *n.f., pl.* **qlifyoṯo** Schale, Rinde | *uᶜdo kmaḥti, kmaḥtina vanīlya aḥna, čike d-tărčin biya, hawxa qlifto d-tărčin* 'Heute gibt man, geben wir Vanille dazu, etwas Zimt, ein Stück Zimtrinde.' MT 2.9:3 • RW 415 || Syr. *qlofto* 'id.' SL 1375 → **qlf**

qly || Syr. *qly Pa.* 'to fry, to roast' SL 1369

II *mqalele, mqalela - mqale, mqalyo tr.* braten | *i-nuqro gabayye bi-lĭġa da-qriyawoṯo ṭaġno m-ani d-gimqalénawo u-mĭšḥo w saymina beᶜe* 'Bei ihnen, im Dialekt der Dörfer, bedeutet *nuqro* eine Pfanne, eine in der wir Butterschmalz erhitzten und Eier darin brieten.' MT 5.4:2

qnᶜ || Arab. *qnᶜ IV* 'überzeugen, überreden' Wehr 767

I *qaniᶜ, qaniᶜo - qoniᶜ, qunᶜo intr.* überzeugt werden | *miftakalla, darbo d-ṣulḥ layto, illa kīt šēx d-ᶜInkāf, zlām mōr d-wiždān-we, miḻḻa balki aṣ-ṣŭroye, kruḥmi hano, qunᶜi bu-xabrayḏe* 'Sie überlegte: Es gibt keinen Weg zum Frieden außer ... Es gibt den Schech von ᶜInkāf, er ist ein Mann mit Gewissen, sie sagte: Die Christen mögen ihn, vielleicht lassen sie sich von seinen Worten überzeugen.' MT 3.2:18

III *maqnaᶜle, maqnaᶜla - maqniᶜ, maqnᵊᶜo tr.* überzeugen | *d-latwe b-leba l-úṯyowa, čike d-saymiwo ᶜiṣyān hani d-kityo sidayye d-l-ībila, maqnᵊᶜíwunne mĭqabil ᵊd-kallāt* 'Wenn sie es (das Christentum) nicht im Herzen trug, kam sie nicht mit. Wenn diejenigen, bei denen sie war, sich widersetzten und sie nicht hergeben wollten, dann überredeten sie sie mit Geld dazu.' MT 3.2:33

qnumo *n.m.* Person, Hypostase | *šubḥo l-išme, l-Aloho w lu-ḥasyawo, la-tloṯo qnume, d-Yešuᶜ ᵓMšiḥo u-Niṣroyo, w l-Aloho, fayiši tre-yarḥe, čaqqeni simme binne* 'Gott, Preis seinem Namen, und jener Bischof, die Dreieinigkeit, Jesus Christus der Nazarener, und Gott (haben sie gerettet). (Die Belagerung) dauerte zwei Monate. Die (Christen) brachten die (Angreifer) in Verzweiflung.' MT 3.1:26 || Syr. *qnumo* 'id.' SL 1380

qolāy *adj.* einfach | *aġ-ġĭrezik u-ksoḥaṯṯe qolāy-yo* 'Der Rebschnitt in den jungen Weinbergen ist einfach.' MT 1.1:64 • RW 416 || Türk. *kolay* 'id.'

qolo *n.m., pl.* **qole** **(1)** Stimme **(2)** Kirchengesang, Hymne, Lied | *i-mĭštuṯo d-ŭweba mĭṭirbi, kowe kēf w raqḏo ġălăbe, mĭnayye kmanṭin dinnaga w zirnaye-ste w mĭnayye lĭ-kmanṭin mĭṭirbi, kuyo bi-waṣĭṭa du-qašo w daš-šamoše, kimmi qole* 'Wenn es auf der Hochzeit einen Sänger gibt, dann gibt es viel Spaß und Tanz, manche bringen dazu noch Trommel und Zurna. Andere aber holen keinen Sänger, sondern (feiern) mit Hilfe des Priesters und der Diakone, die kirchliche Lieder singen.' MT 1.3:26 • RW 416 || Syr. *qolo* 'voice, sound, noise' SL 1367

qōntrōl *n.m.* Kontrolle | *falit tăk tūk mğarḥe ṣūroye, hani-ste čaykiwo ruḥayye taḥt-al=lašat nošo d-lī=ḥūzelin. mīnayye ġălăbe aṯín saymiwo qōntrōl d-ḥozin, kīt baynoṯayye săġ aw lo* 'Einzelne verwundete Christen entkamen, sie versteckten sich unter den Leichen, damit sie niemand entdeckte. Viele (Muslime) kamen und kontrollierten, um festzustellen, ob unter ihnen noch Lebende waren oder nicht.' MT 3.2:8 || Türk. *kontrol* 'id.', *kontrol etmek* 'kontrollieren'

qōšxane, *pl.* **qōšxanat, qōšxanāt** *n.f.* Kochtopf | *maḥtínawo maye bi=qōšxane, w malḥo w čike d-zayto-ste d-lī=mizloqi* 'Wir füllten Wasser in einen Kochtopf, dazu Salz und auch etwas Öl, damit (die Kutle) nicht aneinander klebten.' MT 2.7:15 • RW 418 || cf. Kurm. *qoşxane, qûşxane* 'id.' Chyet 494, 499; cf. Türk. *kuşhane* 'id.'

qotiye *n.f.*, *pl.* **qotiyat** Schachtel | *omir azzín ᵓqṭille manṭalle mawfaqqe, komir mḥalaqqe tamo, mqasqasse hawxa, komir aṯyo li=ᶜamṯo maltamla ap=părčayăt diḏe kulle w maḥtila b-qotiye* 'Sie gingen hin, töteten ihn und holten ihn heraus. Sie warfen ihn zur Seite, (nachdem) sie ihn zerstückelt hatten. Da kam die Tante, sammelte alle seine Stücke, tat sie in eine Schachtel.' MT 5.2:51 • RW 418 || Kurm. *qotī, qutī* 'box' Chyet 495, 498; Türk. *kutu* 'id.'

qpṭ || Türk. *kapatmak* 'schließen, verschließen'

II *mqapaṭle, mqapaṭla - mqapiṭ, mqapṭo tr.* verschließen | *maḥtiwo u=baṣro b-gawe w mqapṭíwole hawxa, bat=tarte iḏoṯo* 'Sie gaben das Fleisch hinein und verschlossen (die Teigtasche) so mit beiden Händen.' MT 2.7:13

qraye *n.f.* Lesen, Lesung | *bu=bayto du=ᶜăza, kibe năṣayiḥ kibe qraye da=kṯowe mqadše* 'In einem Trauerhaus gibt es guten Rat, Lesungen aus den heiligen Büchern.' MT 1.2:16 • RW 418 || Arab. *qirāᵓa* 'Lesen, Lektüre, Lesung' Wehr 735 → **qry**

qrf || cf. Anat. Arab. *qrf I* 'abbrechen, abreissen' JK 113

Ip *qrīf, qrifo - miqrif, miqrofo intr.* auseinanderbrechen, zerbrechen | *ag=gawze-ste, u=ḥa d-soyim d-gawze, ktowir ag=gawze, hawo-ste kmatranne lăšan d-lī=miqrofi bu=xrozo* 'Die Walnüsse, wenn jemand (Süßwurst) von Walnüssen machen möchte, dann knackt er die Walnüsse, doch die muss man befeuchten, damit sie beim Auffädeln nicht auseinanderbrechen.' MT 1.1:61

qriṯo *n.f.*, *pl.* **qrīyawoṯo** Dorf | *ba=qrīyawoṯo w b-qīsim mid Miḏyaḏ ggursile bi=gūrusto* 'In den Dörfern und in einem Teil von Midyat mahlen sie den Bulgur mit der Handmühle.' MT 1.1:33; *hğimme r-rišayna, yaᶜni d-šuqli i=qriṯo* 'Sie griffen uns an, um das Dorf einzunehmen.' MT 3.1:23 || Syr. *qriṯo*[2] 'id.' SL 1410

qrofo *inf.* Abbrechen | *aṣ=ṣūroye mu=kafnaṯṯe izzinwo lu=qrofo du=daḥno* 'Auch die Christen gingen aus Hunger zum Abbrechen von Hirse.' MT 3.2:28 → **qrf**

qrš || cf. Syr. *qrš*[2] *Pe.* 'to gather' SL 1418; Tezel 2003: 75-76

I *qrišle, qrišla - qoriš, quršo tr.* ausheben, aufsammeln | *immi gïḥufrínale lăğim, saqiye arbi=mitrowat fityo w arbi ʿimqo (...) simme hawxa, w qrišše i=hno, i=saqiye* 'Sie sagten: Wir graben ihm einen Tunnel, einen Wassergraben von vierzig Metern Breite und vierzig Metern Tiefe. Sie machten es so und hoben den Wassergraben aus.' MT 5.2:49-50

qrš + l- || Syr. *qrš*[1] 'to grow cold' SL 1417

I *qarišle, qarišla - qŭrašle, qŭrašla* frieren, erfrieren | *d-ŭwela u=farxo ʿal u=talgo-ste lï=ggŭrele mede, lï=qqŭrašle* 'Selbst wenn ihr Junges auf dem Schnee zur Welt kommt, passiert ihm nichts, es friert nicht.' MT 1.1:89

qrṭ || cf. Syr. *qrṭ Pe.* 'to gnaw' SL 1405

III *maqraṭle, maqraṭla - maqriṭ, maqrᵊṭo intr.* frühstücken | *u=qaṭiro maʿlūm-yo, kmihnalle ..., mïnayye kmaqrᵊṭi mene* 'Den Joghurt, das ist (allgemein) bekannt, tun sie ... Einige frühstücken damit.' MT 1.1:81

qᵊrūṣ *n. pl.* Fladen | *šilqiwo aḥ=ḥeṭe, ánnaqqa hōl d-bišliwo, w mafiḥíwunne, ánnaqqa gïlaysíwunne bu=ğağïqawo. gïlay-síwunne bu=ğağïqawo w bïtir gsaymíwunne xd-a=hno, hawxa qᵊrūṣ* 'Den Weizen kochten sie, bis er gar war. Dann ließen sie ihn abkühlen und kneteten ihn zusammen mit dem *ğağiq*. Sie kneteten ihn mit diesem *ğağiq* und machten dann daraus etwas wie Fladen.' MT 2.5:8 || Arab. *qurṣ, pl. qurūṣ* 'runde Scheibe, Fladen' Wehr 738

qrw || Syr. *qrb Pe.* 'to approach to, be near' SL 1400

I *qaru, qariwo - qoru, qurwo* **(1)** sich nähern **(2)** *intr.* verwandt sein | *mid aṯin w ḥirre kïle u=miṯawo ṭamo, ʿade-yo, w Miḏyaḏ ağlab diṯṯe qqurwi l-ᵊḥḏoḏe, koṯin kït ŭṣūl ᵊgboxin* 'Wenn sie gesehen haben, dass der Verstorbene dort ist, dann ist es Sitte – und in Midyat sind die meisten Leute miteinander verwandt –, dann ist es Sitte, dass sie wehklagen.' MT 1.2:2

qry || Syr. *qry Pe.* 'to call, to proclaim; to read, to study' SL 1406-07

I *qrele, qrela - qore, quryo* **(1)** *tr.* rufen | *las=siryoye qralle la=hno, la=prūṭ, mïre kito zuḥṯo aʿlayna* 'Die orthodoxen Christen wandten sich an die Protestanten, sie sagten zu ihnen: Wir haben Anlass zur Furcht.' MT 3.3:1; *aṯin mirre, hï sayyidna, l-mï=qreluxlan?* 'Sie kamen und sagten: Nun, Hochwürden, weswegen hast du uns zusammengerufen?' MT 4.3:1 **(2)** *tr.* lesen | *gïqŭreno ay=yasināt ʿal babi ŭno* 'Ich werde für meinen Vater die Koransuren lesen.' MT 5.3:4; *lï=koḏiʿ qore xdoṯi* 'Er kann nicht lesen wie ich.' MT 5.2:31 **(3)** *tr.* unterrichten ⊗ nur hier, wohl im Sinne von *maqrin* (qry III) | *simle i=madrăse w bdalle la=mʿallᵊmīn qorin* 'Er richtete die Schule ein, und die Lehrer begannen zu unterrichten.' MT 5.5:2

III *maqrele, maqrela - maqre, maqrᵊyo tr.* unterrichten

qsm || Arab. *qsm I* 'teilen' Wehr 743

II *mqasamle, mqasamla - mqasim, mqasmo tr.* teilen, aufteilen, einteilen | *d-howe daworo kayiso rēğbár mahir, bu=dworo, bu=ʿiyono kimqasim i=dukṯo, w koṯin ar=rezat ᵊmsawye* 'Wenn jemand ein guter Pflüger ist, ein Bauer, der beim Pflügen geschickt ist, dann teilt er den Platz nach Augenmaß ein, und die Reihen (der Weinstöcke) werden gerade.' MT 1.1:41

qsqs || cf. Anat. Arab. *qṣqṣ* 'schneiden, klein schneiden, in Stücke schneiden'' JK 114-115 → **qyṣ**

Q *mqasqasle, mqasqasla - mqasqis, mqasqᵊso tr.* zerstückeln, in kleine Stücke schneiden | *omir azzín ᵊqṭille manṭalle mawfaqqe, komir mḥalaqqe tamo, mqasqasse hawxa, komir aṯyo li-ʿamṯo maltamla ap-pārčayāt diḏe kulle w maḥtila b-qotiye* 'Sie gingen hin, töteten ihn und holten ihn heraus. Sie warfen ihn zur Seite, (nachdem) sie ihn zerstückelt hatten. Da kam die Tante, sammelte alle seine Stücke, tat sie in eine Schachtel.' MT 5.2:51

qṣifo *part.*, f. **qṣifto**, *pl.* **qṣife** Lümmel, verflucht (ironisches Schimpfwort) | *e imān lĭ-fayiš, bĭṯir mid komir gĭtŭleno u-ṣawmo min-imān kitle? omir, qṣifo ʿas hāt kibux maqĭmatla?* 'Es gibt ja keinen Glauben mehr, wenn sogar (der Patriarch) sagt: Ich werde das Fasten aufheben, welchen Glauben hat er dann noch? – (Der Patriarch) sagte: Du Lümmel, kannst du es etwa lebendig machen?' MT 4.3:11 || cf. Syr. *qṣifo* 'sad, sorrowful' SL 1396; cf. Arab. *maqṣūf* 'gebrochen, zerbrochen' Wehr 749

qšʿ || cf. Arab. *qšʿ I* 'vertreiben, verjagen' Wehr 745

I *qšiʿle, qšiʿla - qošiʿ, qušʿo* **(1)** *tr.* ausrotten **(2)** *tr.* abziehen (von der Innenwand des Backofens) | *gduqole bu-tanuro, w kuḏʿo mid samiq foṯe du-laḥmo, gbidyo qqušʿole* 'Sie klebt die (Teigfladen) an die Wand des Lehmbackofens. Sie kennt sich aus, und wenn die Oberseite des Brots Farbe annimmt, beginnt sie es abzuziehen.' MT 1.1:24

Ip *qšīʿ, qšiʿo - miqšiʿ, miqšoʿo intr.* ausgerottet werden | *aḏiʿi d-falit dŭkoṯo dŭkoṯo ṣŭroye, ḥaṣille qănaʿa kaʾinnăhu lĭ-gmiqšoʿi* 'Sie wussten, dass hier und da Christen entkommen waren, und sie kamen zu der Überzeugung, dass sie nicht ganz ausgerottet werden würden.' MT 3.2:11

qšy || Syr. *qšy Pe.* 'to become hard' SL 1418-19

I *qaši, qašyo - qoše, qušyo intr.* dickflüssig werden, hart werden | *gĭdayqi ḥeṭe, aḥ-ḥeṭe-stene gimbašlinne, bĭṯir mid ᵊmbašlinne kkufxinne bad-dawġanik d-kitne ʿal i-nuro mšaḥne, w kimḥarkinne, hōl d-qošin, mid qašin kuyo labbăniye* 'Sie stampfen Weizen und kochen diesen Weizen. Wenn sie ihn gekocht haben, schütten sie ihn in diese Buttermilch, die heiß auf dem Feuer steht und rühren sie um, bis sie dickflüssig geworden ist.' MT 1.1:78

III *maqšele, maqšela - maqše, maqšᵊyo tr.* dick machen, dick werden lassen | *di-ḥărire kmaqšalla zīd, yaʿni kmaḥlᵊmile kṭorin d-roṯiḥ ġălăbe d-owe u-ḥawdal ḥlimo* 'Den Traubensirup für die *ḥărire* lassen sie dicker werden, d.h. sie dicken ihn weiter ein und lassen ihn lange kochen, damit er dickflüssig wird.' MT 1.1:55

qṭoro *n.m.*, *pl.* **qṭore** Gewölbe, Gewölbekammer | *aq-qawre d-Miḏyaḏ ᵊqṭore-ne, kul-qawro ʿayit, l-ʿăyle-yo* 'Die Gräber in Midyat sind Gewölbekammern, jedes Grab gehört zu einer Familie.' MT 1.2:8 • cf. *qṭoro* '(Zimmer)decke' RW 419 || cf. Syr. *qṭr* 'to tie; to unite; to build' SL 1356-1357

qtqt || cf. Syr. *qṭqṭ* 'to gnaw away' SL 1356; cf. Kurm. *qet* 'morceau, portion' DKF 1294

Q *mqatqatle, mqatqatla - mqatqit, mqatqᵊto tr.* erschlagen | *komir barim, fatil azzé čĭk bi-nave da-tre, komir manṭĭlalle qaḥwe, štele du-aġayḏe w twiḷḷe* *d-anik, komir axir, mqatqátlele kmo binne, mazĭᶜile* 'Er ritt hin und her, er begab sich mitten zwischen die beiden (Parteien). Sie brachten ihm Kaffee, er trank (die Tasse) seines Aghas und zerbrach die der anderen. Er erschlug einige von ihnen und jagte ihnen Angst ein.' MT 5.2:60

qṭᶜ || Syr. *qṭᶜ Pe.* 'to cut' SL 1354; Arab. *qṭᶜ I* 'schneiden; durchqueren, überqueren' Wehr 753

I *qṭiᶜle, qṭiᶜla - qoṭiᶜ, quṭᶜo* **(1)** *tr.* schneiden, abschneiden | *mḥíle le sayfo ᶜal qarᶜe, qṭiᶜle qarᶜe* 'Er schlug ihm mit dem Schwert den Kopf ab.' MT 5.2:14; *kitwo ḥḏo immowa hăwār-yo šmiṭṭe kaṯfi! hăwār-yo qṭiᶜᶜe lĭšoni!* 'Es gab eine, die rief: Hilfe, sie haben mir den Arm abgeschlagen! Hilfe, sie haben mir die Zunge abgeschnitten!' MT 3.1:18 **(2)** *tr.* überqueren | *komir mĭ́ralle l-ayko gizzúx? miḻḻe aḻo qqŭṭaᶜno am=maye gizzino li=xasrayo-ne kitli šuġlo tamo* 'Sie fragten ihn: Wohin gehst du? Er sagte: Ich möchte das Wasser überqueren und auf die andere Seite übersetzen. Ich habe dort etwas zu erledigen.' MT 5.2:65

II *mqaṭaᶜle, mqaṭaᶜla - mqaṭiᶜ, mqaṭᶜo tr.* in Stücke schneiden, hacken | *bu=saṯwo hanik-ᵓstene b-ḥašwo u=mede d-saymínawo b-baṣro hano, hanik-ᵓste qulfínawulle, mqaṭᶜínawulle* 'Im Winter bereiteten wir auch sie (die Kürbisse) mit Füllung zu, Füllung mit Fleisch. Die Kürbisse schälten wir, schnitten sie in Stücke.' MT 2.3:4

Ip *qṭĭᶜ, qṭiᶜo - miqṭiᶜ, miqṭoᶜo* **(1)** *intr.* abgeschnitten werden | *yatu kmaltamme, kkoriz aᶜlayye, komir miḻḻe ᵓMšiḥo, i=ṯămăra ᵓd-l-obo fire kmiqṭoᶜo* 'Er versammelte sie und predigte ihnen. Er sagte: Der Messias hat gesagt: Der Baum, der keine Früchte trägt, wird abgehauen.' MT 4.5:3 **(2)** *intr.* reißen | *gdoyiq buwe basmore bi=xasrayo w b-ayo, kimᶜaliq aᶜ=ᶜăqudani d-lo d-qayṯi b-ᵓḥḏoḏe w lo miqṭiᶜ u=šĭriṭo d-taḥtayye* 'Er schlägt auf beiden Seiten Nägel ein und hängt dann die Süßwürste so auf, dass sie sich nicht berühren und dass die Schnur, an der sie hängen, nicht reißt.' MT 1.1:62 **(3)** *intr.* abbrechen | *hawi ᶜaṣriye xid uᶜdo, bĭṯir mid u=ᶜulmo, qṭiᶜo i=dawse* 'Es wurde Abend, so wie jetzt. Nachdem die Leute ..., nachdem die Zeit für Besuche zu Ende war (wörtl.: Der Schritt brach ab).' MT 5.2:96

qṭf || Syr. *qṭf Pe.* 'to harvest, to pluck off' SL 1355

I *qṭifle, qṭifla - qoṭif, quṯfo* **(1)** *tr.* pflücken | *ak=karkūš mid maṭin qquṭfinne, ksaymi maye d-qaṭmo w kġayṯi suġlo b-suġlo bam=maye du=qaṭmano* 'Wenn die *karkūš*-Trauben reif sind, pflückt man sie, man bereitet Aschenlauge vor und taucht eine Traube nach der anderen in diese Aschenlauge.' MT 1.1:49 **(2)** *tr.* abschöpfen | *i=naqqa d-kimšaḥninne, am=maye kᶜolin lalᶜil, quṯfíwunne* 'Wenn man nun (die Buttermilch) erhitzt, steigt das Wasser nach oben, das man abschöpfte.' MT 2.5:7

qṭiᶜo *part.*, f. **qṭiᶜto**, *pl.* **qṭiᶜe** abgeschnitten | *azzí l-ᶜIwardo, azzán l-ᶜIwardo kḥayrono haylō, kĭle hin zalṭone-ne, hin brĭndār-ne, hin druᶜayye qṭiᶜo-yo* 'Ich ging nach ᶜIwardo. Wir gingen nach ᶜIwardo, da sah ich: Oh je! Da sind manche ohne Kleider, manche sind verletzt, manche haben einen Arm verloren.' MT 3.1:13 → **qṭᶜ**

qṭl || Syr. *qṭl Pe.* 'to kill' SL 1352

I *qṭile, qṭila - qoṭil, quṭlo tr.* töten, umbringen | *ḥa mĭnayye qṭilan w ḥa mĭnayye mahzamle* 'Einen von ihnen haben wir getötet, und einer ist geflohen.' MT 5.2:48; *daʿiri amma bĭṯir-ste quṭliwo mĭnayye, bĭṯir ᵊqṭille ma=srinoye, w qṭille ma=ʿwarnoye, qṭille man=niḥloye* 'Sie kehrten zurück, aber auch danach brachten sie einige von ihnen um, sie töteten Leute aus Bissorino, aus ʿIwardo, aus Anḥil.' MT 3.3:13

III *maqṭele, maqṭela - maqṭil, maqṭᵊlo tr.* töten lassen | *qay, gĭmaqṭᵊlina ruḥayna kulayna lăšan i=sistaydux* "Sollen denn wir uns alle umbringen lassen wegen deines Pferdes?' MT 5.2:102; *maqṭalle babux, qṭil babux, linne qṭille* 'Sie haben deinen Vater getötet. Dein Vater wurde getötet, und zwar von ihnen.' MT 5.2:101

Ip *qṭil, qṭilo - miqṭil, miqṭolo* getötet werden | *maḥatla bolo li=ḥkume, lĭ=kṣofin, w m-darbe d-gid-šuqli azziye, kmiqṭil ma=tre ṭărafe* 'Schließlich bemerkte die Regierung, dass (die Christen) nicht auszulöschen sind. (Sie dachte:) Anstatt dass sie Qualen erleiden ... auf beiden Seiten werden (Menschen) getötet.' MT 3.2:17

qṭolo *inf.* Töten | *man d-ᵊkḥoze mĭnayye bu=ṭuro, d-ᵊkmawbil qayse w d-ᵊkmawbil sawkoṯo w d-koṯe lu=dworo d-kuzzé lu=ḥṣodo d-kuzzé .. kul=ḥa bu=šĭkil diḏe, d-kuzzé lak=karme, ᵊqṭolo-yo* 'Wen immer er von ihnen im Wald sah, wie er Holz holte oder Zweige holte, oder wer zum Pflügen ging, wer zur Ernte ging, wer ... jeder auf seine Art ... wer zu den Weinbergen ging, (für den) gab es nur den Tod.' MT 5.2:84 → **qṭl**

qṭr || Syr. *qṭr Pe.* 'to grow thick, curdle' SL 1357

I *qaṭir, qaṭiro - qoṭir, quṭro intr.* stocken, gerinnen, dickflüssig werden | *mid qayir kmaḥti rawbe buwe w kimḥafḏile hōl d-howe qaṭiro. mid qaṭir w hawi qaṭiro, deri yawmo kmaḥtile bu=gawdo* 'Wenn sie (die Milch) sich etwas abgekühlt hat, geben sie *rawbe* (Joghurtkulturen) dazu, und halten sie warm, bis sie zu Joghurt geworden ist. Wenn sie gestockt ist und zu Joghurt geworden ist, dann schütten sie (den Joghurt) am nächsten Tag in den Butterschlauch.' MT 1.1:76

III *maqṭalle, maqṭalla - maqṭir, maqṭᵊro* Joghurtkulturen in die Milch geben, Joghurt machen | *gĭḥilwi a=ʿwone w aʿ=ezaṯṯe w bĭṯirke gĭmaqṭᵊrile* 'Sie melken ihre Schafe und Ziegen und machen dann (aus der Milch) Joghurt.' MT 2.5:1

Qŭburilbīḏ Qubūr ilBīḏ, heute Al-Qaḥṭānīya, Stadt in Nordostsyrien | MT 3.2:36

Qudᵊs Jerusalem | MT 4.5:1

quflo *n.m., pl.* **qufle** Bündel, Armvoll (Menge, die man im Arm tragen kann) | *an=niše kimnaqin u=zizono m-baynoṯe, ksaymile qufle qufle kimnaqalle, w ksaymile gĭdišo* 'Die Frauen jäten das Unkraut zwischen den Halmen, fassen die Halme zu Bündeln zusammen und machen daraus einen Getreidehaufen.' MT 1.1:11 • RW 420 || Tezel 2003: 113-114

qul → **l-qul**

qŭlayto *n.f.* Zelle, Mönchszelle | *kubʿeno d-hŭweno dayroyo. mille ʿal aʿ=ʿayne, qay lĭ=kowit dayroyo. mille wărōx háwulle qŭlayto, húwwalle qŭlayto* 'Ich möchte gerne Mönch werden. Er sagte: Aber gern, warum sollst du nicht Mönch werden? Er sagte: Ihr da, gebt ihm eine Zelle! Sie gaben ihm eine Zelle.' MT 5.1:23 • RW 409 || Syr. *qeliṯo, qeloyto* 'id.' SL 1371

qumʿo *n.m.* Trichter | *a=šduqāt, gid nuḥri u=săwāl, gmanṭénalle, gm... bi=yabibto, b-mede, b-qumʿo rafiʿo kmašǐġina gawayye* 'Die gefüllten Innereien: Man schlachtet die Tiere und wir holen (uns die Därme). Mit dem Röhrchen, oder einem dünnen Trichter spülen wir ihr Inneres aus.' MT 2.13:1 • RW 423 || Arab. *qimʿ* 'Trichter' Wehr 765

maḥit b-qumʿo d-baluṭo jdm. die Hölle heiß machen, (wörtl.: in eine Eichelschale setzen) → **mḥt, baluṭo**

qum ~ qim *prep.* ⊗ Vor Vokal *qm-* **(1)** vor (örtlich) | *i=naqqa l-nošo d-ŭṯéwole mŭsafir, manṭanwo l-qume ʿăqude w ḥărire apšoṯo w pāstīq, sidayna u=ḏayfo d-ŭwewo ʿazizo, hani mitakrámwole.* 'Wenn jemand Besuch bekam, servierte man ihm Süßwürste, Stücke von *ḥărire*, Rosinen und *pāstīq*. Ein geschätzter Gast wurde bei uns damit bewirtet.' MT 1.1:63; *yatiwo qum babi* 'Sie hockte sich vor meinem Vater nieder.' MT 1.5:49; *maḥatle u=darbo di=arʿo kule qum foṯe* 'Er zog durch die ganze Welt (wörtl.: Er setzte den Weg der ganzen Welt vor sich).' MT 5.1:29; *bǐṯir mid maṭin lᵊ-qm-u=tarʿo du=ḥaṯno, u=ḥaṯno gǐsoliq li=goro* 'Wenn sie vor der Haustür des Bräutigams angekommen sind, dann steigt der Bräutigam aufs Dach.' MT 1.3:30 **(2)** bei | *kitwo bǐṯir mu=waxt d-aṯi Mšiḥo, arbo=naʿime mšiḥoye ṣŭroye, w zʿuro naʿimo aʿmayye hŭḏoyo xdoṯayye, qm-af=fare* 'Nach der Zeit der Ankunft des Messias gab es einmal vier christliche Jungen und einen jüdischen Jungen bei ihnen, der wie sie die Lämmer hütete.' MT 4.2:1; *ŭno qim šnoqo-wi* 'Ich stand kurz vor der Hinrichtung.' MT 5.1:41 **(3)** für | *komir lalʿil ma=tre šayre d-hula qumi, azzino mzabnoli-stene b-ᵊtre* 'Nun, zusätzlich zu den zwei Armreifen, die sie für mich hergegeben hatte, ging ich und verkaufte sie auch noch für zwei.' MT 5.1:42 || Syr. *qḏom* 'id.' SL 1318

qum iḏe d- bei, unter der Betreuung von | *i=naqqayo naʿimo-wi qim iḏe=d-bābi, sámnowo i=ṣinʿa d-babi* 'Ich war damals noch klein, ich ging meinem Vater zur Hand und praktizierte das Handwerk meines Vaters.' MT 1.5:6 → **iḏo**

maḥit qum foṯe beabsichtigen, sich vornehmen → **mḥt, foṯo**

manṭe l-qum- anbieten, servieren → **nṭy ~ nty**

obe qum- anstelle von jdm. zahlen → **ʾby/hw**

qŭnāġ ~ qunāġ *n.m.* Wegstrecke | *bu=waxtawo, aʿ=ʿărab, u=ḥa d-ŭwéwulle, šēx mǐ-diṯṯe, u=ʿamo hŭwewo kul kmo=kŭwan b-xaṣra, gǐdŭṯanwo qŭnāġ, d-ruḥqo, d-immina b-săʿa, falge=d-săʿa, hul tarte=săʿāt-ste ruḥqo, ŭṯanwo, lăšan šotin, taḥt i=kone du=rabaṯṯe, qaḥwe* 'Zur damaligen Zeit, die Araber, jeder der ein Scheich von ihnen wurde ... Die Leute waren alle paar Zelte an einer anderen Stelle. Sie pflegten eine beträchtliche Entfernung zurückzulegen, sagen wir eine Stunde, eine halbe Stunde, ja bis zu zwei Stunden, um unter dem Zelt ihres Anführers Kaffee zu trinken.' MT 1.5:51; *komir maflᵊtole huwe w malaxxe, komir malaxxe, azzá qunāġ d-yawmo-yo tre-yo* 'Er ließ sie gehen, und sie zogen weiter. Sie zogen weiter. (Das Mädchen) ging die Strecke von einem oder zwei Tagen.' MT 5.1:18 • RW 424 || Türk. *konak* 'Tagesreise, Rast; Herberge'

qundǐraye *n.f.* Schuhe (modern) | *ḥliqqe w mawballe lu=ḥimmām manḏaffe, aṯi lu=bayto, huwe-ste malwášlele badle w šqǐlele qundǐraye* 'Sie rasierten ihn, brachten ihn ins Hamam und säuberten ihn, und dann kam er ins Haus. (Der Großvater) zog ihm einen Anzug an und kaufte ihm Schuhe.' MT 5.2:88 • cf. *qundaraye* RW 424 || Türk. *kundura* 'id.'

qurbane *interj.* als Ehrerbietung, wenn der Name Gottes erwähnt wird: wörtl.: (möge ich) sein Opfer (sein) | *hăma qayimi, l-Aloho qurbane, šubḥo l-išme, húlelin ḥaylo w quwe* 'Da erhoben sie sich. Gott, Preis seinem Namen, gab ihnen Kraft und Stärke.' MT 3.1:25; *ánnaqla l-Aloho, qurbane w šubḥo l-išme, twĭrile, twĭrile lu-Alohaydan w laq-qadiše d-ᵊl-ḥidorayna, twĭrile, w hateyo* 'Doch Gott, ich sei ihm geopfert, Preis sei seinem Namen, besiegte sie. Unser Gott und die Heiligen um uns herum besiegten sie. Er zerschlug sie. Das ist die Geschichte.' MT 3.1:29 • RW 425 || cf. Arab. *qurbān* 'Opfer, Opfergabe' Wehr 736; cf. Türk. *kurban olayım* 'id.'

qurmo ~ qur̥mo *n.m., pl.* **qurme** Baumstamm, Wurzel (bei Getreidepflanzen) | *bu-gĭdišano aš-šible kowin b-ᵊḥdo-xasra, w aq-qurme kowin b-ᵊḥdo-xasra. aš-šible kowin laltaḥ, lawġul mḥafde, w aq-qurme kowin larwal* 'In diesem Getreidehaufen liegen die Ähren auf einer Seite, nach unten; sie sind im Inneren geschützt, während die Wurzeln nach außen zeigen.' MT 1.1:11 • RW 425 || Syr. *qurmo* 'id.' SL 1344

qurnito *n.f., pl.* **qurnawoto, qirnawoto** Ecke, Winkel | *kmŭḥalle bann-arbaᶜ qurnawoto di-ᶜito* 'Sie bringen ihn (den Toten) zu den vier Ecken des Altarraums.' MT 1.2:7; *saymínawulle falqe, hawxa lo rabe ġălăbe, šafire, xid falge-d-idayna, arbaḥ qirnawoto dayim saymínawulle* 'Wir schnitten sie in Stücke, nicht zu groß, so groß wie die Hälfte einer Handfläche, und wir machten sie immer viereckig.' MT 2.3:5 • RW 426 || cf. Arab. *qurna* 'id.' Wehr 741; cf. Syr. *qarno* 'horn; corner' SL 1412

quro *n.m.* Kälte | *mid atiwo u-quro, u-satwo, kul-bayto klozim hŭwéwole ṣopa* 'Wenn die Kälte kam, der Winter, dann musste jedes Haus einen Ofen haben.' MT 1.5:23 • RW 426 || Syr. *quro²* 'id.' SL 1342

qursĭke *n.f., pl.* **qursĭkat, qursĭkāt** kleiner Bulgurfladen | *ánnaqqa mi-smaydike saymiwo qursĭkāt* 'Aus der *smaydike* machten sie kleine Bulgurfladen.' MT 2.7:3 • RW 426 → **qᵊrūṣ**

quršún → **qălam**

Qurtălan Kurtalan, Kreisstadt in der Provinz Siirt | MT 1.6:1

qŭrūš *n.m., pl.* **quršat** Kurusch, Münze | *omir húwwalla kmo quršat d-kallāt hawxa, milla ašír i-kalatxu kīt admo rabo ᶜal fota* 'Sie gaben ihr ein paar Geldmünzen, da sagte sie: Eure Braut erwartet ein großes Blutvergießen.' MT 5.2:11 • RW 413 || Türk. *kuruş* 'id.'

qŭsūr *n.m.* Mangel | *sĭminne mᶜáyăna, mu-kewo, maᶜ-ᶜayne, mĭ-kul-mede, mann-adnoto, d-hŭwewo-be qŭsūr d-mede madᶜᵊríwole* 'Sie untersuchten sie ärztlich, nach Krankheiten, sie untersuchten die Augen, alles möglich, die Ohren. Wer irgendeinen gesundheitlichen Mangel aufwies, den schickten sie zurück.' MT 3.4:5 • RW 427 || Türk. *kusur* 'id.'; Arab. *quṣūr* 'Unvermögen, Unfähigkeit,' Wehr 748

quṣro *n.m., pl.* **quṣre** Schloß, Palast | *hawli sisto kḥēl, ăṣīl. i-naqqa d-mŭḥeno raġli b-gawa d-fayro w fắrĭğ, mu-quṣro fắrĭğ aᶜli* 'Gib mir ein *kḥēl*-Pferd, ein Vollblutpferd, das fliegt, wenn ich ihm meinen Fuß in den Bauch stoße. Dann schau, schau mir vom Schloss aus zu.' MT 5.2:62 • RW 427 || Syr. *qastro* 'id.'

SL 1387; Arab. *qaṣr* 'id.' Wehr 748 = **qaṣro**

qūt *n.m.* Nahrung, Futter | *sidayna ar=rēğbar, lăšan d-qudri mʾamni u=qūt daḥ=ḥĭyewin ditte, lu=gorān di=šato …* 'Bei uns (machen) die Bauern, um das Futter für ihre Tiere sicherzustellen, entsprechend dem Jahr ...' MT 1.1:66 • RW 427 || Arab. *qūt* 'id.' Wehr 769

quwe ~ quwwe *n.f.* **(1)** Kraft, Stärke | *l-Aloho qurbane, šubḥo l-išme, húlelin ḥaylo w quwe* 'Gott, Preis seinem Namen, gab ihnen Kraft und Stärke.' MT 3.1:25; *mille e, bi=quwwe d-Aloho kibi maqimna* 'Er sagte: Ja, durch die Kraft Gottes werde ich es lebendig machen.' MT 4.3:11 **(2)** Unterstützung | *las=siryoye qralle la=hno, la=prūṭ, mĭre kito zuḥto aʿlayna, kito zuḥto aʿlayna háwullan quwe d-kallāt mede, d-šuqlínalan sḷāḥ* 'Die orthodoxen Christen wandten sich an die Protestanten, sie sagten zu ihnen: Wir werden bedroht, wir haben Anlass zur Furcht, gebt uns finanzielle Unterstützung, damit wir uns Waffen kaufen können.' MT 3.3:1 **(3)** Wirkung, Effekt | *bi=quwe du=kĭtono, mibayaḏwo u=sĭfoqo* 'Mit der Wirkung der Baumwolle wurde das Geschirr verzinnt.' MT 1.5:9 • RW 427 || Arab. *quwwa* 'id.' Wehr 774

quwwatli *adj.* stark | *kimmi aḥna mḥarbínawo ʿam aṣ=ṣūroye, ʿam ᵊd-kítwayna háqqayiske quwwatli w hinne yasire …* 'Sie sagen: Wir kämpften mit den Christen, und obgleich wir so stark waren und sie so schwach ...' MT 3.2:38 || Türk. *kuvvetli* 'id.' → **quwe ~ quwwe**

qwiro *part.*, f. **qwirto**, *pl.* **qwire** begraben ⊗ Meistens als Schimpfwort verwendet: du Bösewicht, Schlingel! | *komir Mar Malke damix, kitwo ēl d-kočar tamo. komir azzé grĭšle i=sakto marfele u=arwono iniqle i=emo, qṭille šawʿo mĭ-ḥḏoḏe. ha qwiro mĭ=simlux?* 'Mor Malke schlief ein. Es gab dort einen Stamm der Kŏčar. (Der Teufel) ging hin, zog den Pflock heraus und ließ das Kälbchen frei, und es saugte bei seiner Mutter. Sie töteten sieben Personen untereinander. - Na du Bösewicht, was hast du angestellt?' MT 4.4:17 • RW 428 → **qwr**

qwr || Syr. *qbr Pe.* 'to bury' SL 1313

I *qwiḻḻe, qwiḻḻa - qowir, quro tr.* begraben, beerdigen | *kítwolan babo malko, mhawaḻḻe aʿlayna miḻḻe i=naqqa d-maṯno ŭno, gĭmaḥtítulli ʿal i=gamlo, i=dukṯo d-ṛuʿo i=gamlo, gĭqurítulli tamo* 'Wir hatten einen König zum Vater. Dieser rief uns und sagte: Wenn ich sterbe, dann setzt mich auf ein Kamel, und dort wo das Kamel sich niederlässt, dort sollt ihr mich begraben.' MT 5.3:26

Ip *qwīr, qwiro - miqwir, miqworo intr.* begraben werden, beerdigt werden | *i=naqqa d-ṭoʿin ḥa d-oḏiʿ kaʾinnahu huwe-ste kitle yawmo gĭmiṭʿin hawxa ʿal ak=katfoṯo w gĭd-izzé huwe-ste gim-miqwir* 'Wenn jemand (den Sarg) trägt, weiß er, dass es auch für ihn einen Tag gibt, an dem auch er so auf den Schultern getragen wird und auch er begraben wird.' MT 1.2:17

qwy || Arab. *qwy I* 'stark, kräftig od. mächtig werden' Wehr 774

I *qawi, qawyo - qowe, quyo intr.* fest werden, stark werden | *u=yawmo bu=yawmo kizzín kmanṭin tēr daq=qanyonaṯṯe d-maʿlᵊfinne bĭṭir mid qawi čike, yaʿni mid nafil bŭzarʿo bu=gelo …* '(Die Bauern) gehen und bringen täglich (Gras) in ausreichender Menge, um ihre Kühe zu füttern. Wenn das Gras etwas fester geworden ist, d.h. wenn es Rispen bildet …' MT 1.1:66-67

qyd || Arab. *qyd II* 'niederschreiben, aufschreiben; registrieren' Wehr 775

II *mqayadle, mqayadla - mqayid, mqaydo tr.* registrieren, eintragen | *manṭole l-Midyad d-ᵊmqayid i=qaydiyayda bu=nŭfūs* '(Der junge Mann) brachte sie nach Midyat, um sie auf dem Einwohnermeldeamt registrieren zu lassen.' MT 1.6:2

qyimto *n.f.* Auferstehung || Syr. *qyomto* 'id.' SL 1363

qayimo i=qyimto es gibt einen großen Lärm und Tumult (wörtl.: der jüngste Tag brach an) → **qym**

maqim i=qyimto einen Aufschrei, Tumult verursachen → **qym**

qym || Syr. *qwm Pe.* 'to rise, to stand' SL 1330-33

I *qayim, qayimo - qoyim, qaymo* **(1)** *intr.* aufstehen | *milla laybi qaymono, laybi rimšono* 'Sie sagte: Ich kann nicht aufstehen, ich kann mich nicht rühren.' MT 5.3:5 **(2)** *intr.* aufbrechen | *mĭ-tamo qqaymi kuzzin naqqa=ḥreto lu=ṭuro* 'Von dort machen sie sich auf und ziehen erneut hinaus ins Gelände.' MT 1.1:99; *ṣafro gĭqaymina m-arke gĭmalxina* 'Morgen werden wir von hier aufbrechen und weiterziehen.' MT 1.5:57 **(3)** auferstehen | *kimmina gĭd-oṯe Mšiḥo mĭ-nfiqte=d-yawmo, lăšan hani d-owin ḥadire, bi=gave d-qaymi w d-huyo foṯayye laffele* 'Wir sagen: Christus wird aus dem Osten kommen. Damit sie bereit sind, wenn sie auferstehen, und ihr Gesicht ihm zugewandt ist.' MT 1.2:11 **(4)** aufstehen, an die Macht kommen | *bĭṯir naqqa=ḥreto d-qayim u=demoqrāṭ bann=arbaᶜ w ḥamši, húlelin ḥirriye kamil* 'Doch als die Demokraten ans Ruder kamen, in (19)54, ließen sie ihnen erneut freie Hand.' MT 3.3:15 **(5)** sich anschicken | *mid qayimi lu=tĭšiġayde* 'Wenn sie sich anschicken, ihn zu waschen...' MT 1.2:4 **(6)** dann, daraufhin ⊗ Meistens unflektiert. Siehe MT, p.19 | *qayim maškalle aᶜlayna, lu=qaymăqām* 'Nun also beschwerten sie sich über uns beim Landrat.' MT 1.5:28; *qām nayiḥle* 'Dann genas er.' MT 5.2:54

III *maqimle, maqimla - maqim, maqimo* **(1)** aufstehen lassen, hochbringen, aufrichten | *kmawfᵊqi i=kalo-ste, koṯe u=aḥuno kmaqimla* 'Sie bringen die Braut heraus, ihr Bruder kommt und lässt sie aufstehen.' MT 1.3:29; *noše faqire w d-lo qayse, latwo ǧaryan xid uᶜdo d-immit, yaᶜni saym... maqimi maqiṯi qalorifēr* 'Sie waren arme Leute, und ohne Holz ..., es gab keinen Strom wie heute, so dass man die Heizung hätte einschalten können.' MT 3.3:13 **(2)** auferwecken | *lĭ-maqimme miṯe?* 'Haben sie nicht Tote auferweckt?' MT 4.3:10

qayimo i=qyimto es gibt einen großen Lärm und Tumult (wörtl.: der jüngste Tag brach an) | *ḥing w ding w ḥing w ding w ḥing w ding, i=qyimto qayimo* 'Jubel und Trubel, es ging zu wie auf dem Jahrmarkt.' MT 5.2:6 → **qyimto**

maqim i=qyimto einen Aufschrei, Tumult verursachen | *Mōr Malke naḥit kĭlé kboxin w kimwalwĭli w ksaymi w rayiḥ w ǧeye, wálḥasil maqimme i=qyimto, mille min-yo?* 'Mor Malke ging hin (zu ihnen), sie weinten und jammerten, machten dies und jenes, kurz und gut, sie machten einen richtigen Aufstand. Er sagte: Was ist los?' MT 4.4:18 → **qyimto**

maqim tišmišto ein Gebet sprechen, eine Andacht halten | *koṯe kmanṭe u=farmo, kimṣale, kmaqim tišmišto* 'Er kommt und bringt den Weihrauchkessel mit, er betet und hält eine Andacht.' MT 1.2:3 → **tišmišto**

qyr[1] || Syr. *qrr Pe.* 'to be cold, frosty' SL 1417

I *qayir, qayiro - qoyir, qayro* kalt werden, erkalten | *fayšiwo dēri yawmo qayriwo ...* 'Wenn sie (die *kutle*) beispielsweise bis zum nächsten Tag übriggeblieben und kalt geworden waren ...' MT 2.7:16

qyr[2] || Arab. *qrr IV* 'sich bekennen, (ein)gestehen' Wehr 734

III *maqiḷḷe, maqiḷḷa - maqir, maqiro tr.* gestehen, verraten | *ḥzay mis=simle ṭir maqir gin-naḥle, d-lĭ=maqir lĭ=knaḥle* 'Schau, was er getan hat, das soll er gestehen, dann wird er genesen. Wenn er nicht gesteht, wird er nicht genesen.' MT 5.1:38

qyṣ || Arab. *qṣṣ I* 'schneiden, abschneiden' Wehr 746

I *qiṣle, qiṣla - qoyiṣ, qayṣo* **(1)** schneiden | *kmanṭin u=tănakči, qqoyiṣ tănăgaye lu=gorān du=femawo kmalḥamla* 'Sie holen den Klempner, der schneidet ein Stück Blech entsprechend dieser Öffnung und verlötet es.' MT 1.1:84 **(2)** scheren | *aʿ=ʿeze-ste qqayṣi mĭnayye marʿeze* 'Von den Ziegen schert man das Ziegenhaar.' MT 1.1:93

Ip *qiṣ, qiṣo - miqiṣ, mĭqoṣo* **(1)** *intr.* geschnitten werden **(2)** geschoren werden | *u=ʿamrano d-ᵊkmiqiṣ kmitamiḷḷe geze* 'Die Wolle, die man schert, nennt man *geze*.' MT 1.1:91

qyš || Syr. *qšš*[2] *Pe.* 'to collect' SL 1420

I *qišle, qišla - qoyiš, qayšo tr.* abschöpfen, obere Schicht abtragen | *mayʿiwo, yimkin tloṯo arbo=gawde, ḥamšo=gawde, mifqiwo, maḥtiwo, i=naqqa d-maxlánwole kitwo hawxa dasto rabo, kufxíwole bu=dasto-ṛabo w ánnaqqa qayšiwo i=zibdo* 'Sie butterten, vielleicht drei, vier oder fünf Schläuche. Sie holten (die Butter) heraus und legten ... wenn sie den Inhalt (des Schlauches) ausleerten, gab es dazu einen großen Bottich, sie schütteten den (Inhalt) in den großen Bottich und schöpften dann die Butter ab.' MT 2.5:6

qyṯ || Syr. *qtt Pe.* 'to stay, stop, stick' SL 1423

I *qayiṯ, qayiṯo - qoyiṯ, qayṯo* **(1)** *intr.* gegen (*b-*) etw. stoßen, berühren | *miḷḷe ma u=ṭaġno mĭ=gĭsoyim băno, qay qayṯo raġli buwe* 'Er sagte: Was soll die Pfanne mir schon tun, ich kann höchstens mit dem Fuß dagegen stoßen.' MT 5.4:2; *as=sisye qayiṯi b-ᵊḥḏoḏe* 'Da gerieten die Pferde aneinander.' MT 5.2:44; *maḥtínawola naqqa=ḥreto bi=qōšxane ʿal u=mišḥo w mḥarkᵊsínawola, hīl d-lĭ=qayṯo b-ᵊḥḏoḏe* 'Wir gaben ihn (den Reis) in den Kochtopf auf das Butterschmalz und rührten ihn vorsichtig um, bis er nicht aneinander klebte.' MT 2.8:2 **(2)** ständig im Munde liegen (Worte) | *i=kaččĭke qayiṯ b-fema Malke w Malke w Malke* 'Das Mädchen führte dauernd (den Namen) Malke im Mund: Malke und Malke und Malke.' MT 4.4:2 **(3)** *intr.* sich finden lassen | *saymínawo hanik-ᵊste ḥašwo w maye d-băḏinğan, liʾannu lo=qaṯwo, yaʿni latwo ṭamo bu=saṯwo băḏinğan ʿadi d-maḥtina* 'Wir bereiteten für sie eine Füllung zu, und fügten Tomatenmark hinzu, denn man konnte dort im Winter keine normalen frischen Tomaten finden, die man hätte nehmen können.' MT 2.3:6 **(4)** *intr.* Feuer fangen, brennen | *maqiṯle u=qālyūn diḏe, maḥatle parre m-du=ṭayro ʿal u=qālyūn, e tăbí ḥzelux ksaymo čzzzz qqayṯo* 'Er zündete seine Pfeife an und legte eine der Federn des

Vogels auf die Pfeife. Natürlich fing sie augenblicklich Feuer – zisch!' MT 5.3:45

III *maqiṯle, maqiṯla - maqiṯ, maqiṯo tr.* anzünden | *háwulli u=šamʿo, hăla, i=kabrite maqiṯno u=šamʿayḏi* 'Gebt mir die Kerze, vielmehr die Streichhölzer, damit ich meine Kerze anzünden kann.' MT 5.3:27

IIIp *maqiṯ, maqiṯo - mitaqiṯ, mitaqiṯo intr.* angezündet werden | *gĭmarkawwo i=ṣopayḏe bu=bayto, w gĭšuqliwo qayse, aṣ=ṣopatani, lăšan aq=qayse d-mitaqiṯwo mitaḥitwo b-gawayye* '(Jeder) stellte seinen Ofen im Haus auf, man kaufte Brennholz und legte es hinein, um es in diesen Öfen anzuzünden.' MT 1.5:23

qyṯ + l- → qyṯ

I *qayiṯle, qayiṯla - qŭyaṯle, qŭyaṯla* **(1)** *intr.* (von einer Krankheit) erwischt werden, (Krankheit) befallen | *aḥuno qayiṯle u=kewano* 'Meinen Bruder hat diese Krankheit erwischt.' MT 5.1:32 **(2)** jdm. zufallen, bekommen | *u=ḥa d-qayiṯle i=firṣaṯe, mahzamme hul ʿIwardo* 'Jeder der diese Gelegenheit hatte, floh nach ʿIwardo.' MT 3.2:6; *u=ḥa d-oṯe d-qoyiṯ u=baxto lu=ḥaṯno aw li=kalo, naqqa=ḥreto, kaʾinnahu hano rḥimo s-Aloho-yo* 'Wenn die Glücks-(münze) dem Bräutigam oder der Braut zufällt, dann bedeutet das, dass der Betreffende von Gott geliebt wird.' MT 1.3:19

r

rab[1] *adj.* ⊗ Komparativ zu *rabo* größer | *arbʿo=šiklāt moxĭlāt kito, naʿimto w rab w rab, yaʿni xašin w xašin* 'Es gibt vier Arten von Sieben, fein und größer und größer, d.h. gröber und gröber.' MT 1.1:34 → **rabo**

rab[2] → **ya rab**

răbăna *interj., pl.* arm, bedauernswert | *ŭbíwunne hinne w u=wiždān diṯṯe, u=mede d-ŭbíwunne. l-íḏʿiwo răbăna, hul d-yalifi, d-ʾhnin* 'Sie gaben ihnen (an Lohn), was sie mit ihrem Gewissen (vereinbaren konnten). (Die Midyader) wussten es ja nicht, die Ärmsten, bis sie sich besser auskannten.' MT 3.4:7 • RW 430 || Kurm. *reben* 'id.' Chyet 506

rabbi *interj.* oh mein Herr! ⊗ als Füllwort am Satzende | *hayo Aloho lĭ=maḥwela l-tĭ=băni-băšar rabbi, l-tĭ=bănibašar lĭ=maḥwela rabbi, u=mede d-simme b-qarʿayna* 'Das möge Gott keinem Menschen zustoßen lassen. Gott möge es keinem Menschen zustoßen lassen, was sie uns angetan haben.' MT 3.1:15 • RW 430 || Arab. *rabbī* 'mein Gott!' Wehr 327 → **ya rab**

rabiʿ *n.m.* Frühling | *Aloho mid manṭele u=waxt du=maṭro koṯe maṭro aʿle, ʾkmawriq. iḏa aṯi talgo-ste kfoyiš taḥt u=talgo, w bu=waxt dam=maṭre kule hōl lu=rabiʿ* 'Wenn Gott die Regenzeit bringt, regnet es auf (die Saat) und sie grünt. Selbst wenn es schneit, bleibt sie unter dem Schnee, die ganze Regenzeit über bis zum Frühling.' MT 1.1:7 • RW 430 || Arab. *rabīʿ* 'id.' Wehr 330

rabo *adj.*, f. **rabṯo**, *pl.* **rabe (1)** groß | *aq=qarʿanik ḥulmiwo w hŭwéwulle bĭzarʿo šafiro, rabo b-gawayye, qarʿe rabe* 'Diese Kürbisse wurden dick und hatten schöne große Kerne im Inneren. Es waren große Kürbisse.' MT 2.3:4; *kīt harke wălaye rabṯo, kīt biya dayroyo, kimmi kmaniḥ ak=kayiwe* 'Es gibt hier eine große Stadt, in der ein Mönch ist, von dem man sagt, dass er die Kranken heilt.' MT 5.1:31; *mirre hano min ʿuğbo rabo-yo?* 'Sie sagten: Was ist das für ein großes Wunder?' MT 5.1:28 **(2)** alt | *awwil=lalyo qrele l-aḥuni u=rabo, da=tre qrele l-aḥuni u=navoyo* 'In der ersten Nacht las mein ältester Bruder, in der zweiten mein mittlerer Bruder.' MT 5.3:27 **(3)** *n.m.* Anführer | *u=rabo di=ʿaširto* 'der Anführer des Stammes' MT 1.5:51 || Syr. *rabo* 'id.' SL 1425

radde *n.f.* (vorübergehende) Rückkehr der Braut ins Haus der Eltern nach der Heirat | *mĭ-yawme d-ḥiššabo hōl yawme=d-arbo. mid hawi yawme=d-arbo ʿaṣriye kimmila i=radde, kimḥaḏri ab=bĭ-babe di=kalo ánnaqla muklo, li=kalo w lu=ḥatno w hădiye-ste lu=ḥatno, w koṯin ʿaṣriye, lalye=d-ḥamšo, yawme=d-arbo biṯrayye, kimminne kubʿena d-ŭṯetu ᵊl-gabayna* 'Von Sonntag bis Mittwoch. Wenn es Mittwochabend geworden ist, folgt etwas, das man *radde* nennt. Die Eltern der Braut bereiten ein Essen für Braut und Bräutigam vor, und ein Geschenk für den Bräutigam, und sie kommen abends, am Vorabend des Donnerstags, am Mittwoch, laden sie ein und sagen: Wir möchten, dass ihr zu uns kommt.' MT 1.1:47 • Nicht in RW || Anat. Arab. *ṛadde* 'das Zurückholen der Braut nach der Hochzeit' JK 57; cf. Arab. *rdd I* 'zurückschicken, zurückgehen lassen' Wehr 340

raḏa *n.f.* Billigung, Wohlgefallen (Gottes) | *e mid Aloho hawxa kŭwele raḏa, u=zadano-stene kmoṭe* 'So Gott will, wird das Getreide reif.' MT 1.1:8 • cf. *riḏa* RW 441 || Arab. *riḍan* 'Zufriedenheit, Einverständnis' Wehr 352

raġlo *n.f.*, *pl.* **raġloṯo** Fuß | *knoʿim u=zād b-raġlōṯ daḥ=ḥĭyewĭnani* 'Dann wird das Getreide unter den Hufen der Tiere zerkleinert.' MT 1.1:14; *ḥil̠la li=pire kaṯi ḥa rahoṭo raġloṯe b-ṭize, lĭ=kkole* 'Die Alte sah, dass jemand eilig angelaufen kam (wörtl.: seine Füße an seinem Hintern) und nicht innehielt.' MT 5.2:21 • RW 431 || Syr. *reḡlo* 'id.' SL 1434

izzé qm-i=raġlo unter die Räder kommen → **ʾzl**

moḥe raġlo b-ṭize schnell rennen → **mḥy, ṭizo**

raġyo *adj.*, f. **rġiṯo**, *pl.* **raġye** zart | *mid nafiq u=gelano qamayto raġyo kowe, l-mede lĭ=kmanfiʿ* 'Wenn das Gras hervorkommt, ist es zunächst zart, es taugt zu nichts.' MT 1.1:66 • RW 432 || Syr. *raḡyo* 'moist, fresh' SL 1433

rağfe *n.f.* Furcht, Zittern vor Angst, Erschrecken | *aṣ=ṣŭroye ġălăbe bi=zuḥṯo w bi=rağfe-wayye, aġlab diṯṯe b-Mōr Ḥiššabo, u=qadišo d-kityo b-ʿIwardo-wayye* 'Die Christen waren in großer Angst und Furcht. Die meisten von ihnen waren in der Kirche von Mōr Ḥušabo, dem Heiligen von ʿIwardo.' MT 3.2:13 • Nicht in RW, cf. *rağfake* RW 431 || Arab. *rağfa* 'Zittern, Erschrecken, Beben' Wehr 336

răhīn *n.m.*, *pl.* **răhinat** Geisel, Unterpfand | *hedi, Šēx Fatḥal̠la msalamle u=abro baynoṯayye, maḥatle răhīn, grăw, kimmínale, rhil̠le sidayye* 'Da überließ Schech Fatḥal̠la ihnen seinen Sohn, er stellte ihn als Geisel, wie wir es nennen, er überließ ihn ihnen als Geisel.' MT 3.3:10 • RW 432 || Arab. *rahīn* 'Unterpfand', *rahīna* 'Geisel' Wehr 371; cf. Türk. *rehine* 'Geisel' → **rhn**

maḥit răhīn als Geisel stellen, hinterlegen → **mḥt**

rahoṭo *n. agent.*, f. **rahaṭṭo**, *pl.* **rahoṭe** laufend, rennend | *ḥil̠la li=pire* *kaṯi ḥa rahoṭo rağloṯe b-ṭize, lĭ=kkole* 'Die Alte sah, dass jemand eilig angelaufen kam (wörtl.: seine Füße an seinem Hintern) und nicht innehielt.' MT 5.2:21 || Syr. *rahoṭo* 'id.' SL 1441

raḥa *n.f.* Ruhe, Erholung | *am=miḏyoye-stene fayiši bi=raḥa čike, yaʿni haw kmiqṭoli* 'Auch den Leuten von Midyat ging es jetzt etwas besser, sie wurden nicht mehr umgebracht.' MT 3.2:28; *kīt alfo naxwáš w năkār d-ᵊknuṭri u=lalyo ᵊd-toyim d-owe imomo d-ḥozin raḥa mĭ-ruḥayye* 'Es gibt tausend Kranke und Bedürftige, die darauf warten, dass die Nacht zu Ende geht und es Tag wird, damit sie sich besser fühlen.' MT 5.3:9 • RW 432 || Arab. *rāḥa* 'id.' Wehr 373 = **raḥát**

ḥoze raḥa sich erholen, sich besser fühlen → **ḥzy**

šoqil raḥa sich ausruhen → **šql**

raḥát *f.* Bequemlichkeit, Komfort | *an=nošani u=săbab d-azzín-ste, hin qamayto lăšan i=ʿišaṯṯe, ḥzalle raḥát w manfăʿa m-Awrŭpa w d-šuġli w duʿri b-niye d-ᵊdʿoro* 'Der Grund, warum diese Leute weggegangen sind, war zunächst wegen ihrer Lebensbedingungen, sie fanden Bequemlichkeit und Vorteil in Europa. Sie sind gegangen mit der Absicht, zu arbeiten und dann zurückzukehren.' MT 1.7:4 • RW 432 || Türk. *rahat* 'Ruhe, Behaglichkeit (< Arab. *rāḥa* 'id.' Wehr 373)' = **raḥa**

raḥatsíz *adj.* krank, unruhig | *ŭṯanwo ap=pŭweliṣ, immíwolan, ksaymitu u=ʿamo raḥatsíz* 'Die Polizisten kamen und sagten zu uns: Ihr raubt den Leuten die Ruhe.' MT 1.5:25 • RW 432 || Türk. *rahatsız* 'id.' → **raḥát**

raḥiq m- Redensart (z.B. bei Erwähnung des Todes, des Teufels): möge es fern sein! | *i=dukṯo d-ṛuʿo tamo gis-saymitu, raḥiq mad=dĭkoṯani, u=qawrayḏi* 'Dort, wo es sich lagert, sollt ihr – fern sei es von diesen Orten – mir mein Grab bereiten.' MT 5.3:2 → **raḥuqo, rḥq**

raḥme *n.f.* Erbarmen | *mṣalewo qm-Aloho, Aloho d-ʾoṯe bi=raḥme ʿal u=šaʿb da=mšiḥoye* 'Er betete zu Gott, Gott möge Erbarmen mit dem Volk der Christen haben.' MT 3.2:14 • RW 433 || Arab. *raḥma* 'id.' Wehr 339

raḥuqo *adj.*, f. **raḥiqto**, *pl.* **raḥuqe** **(1)** entfernt | *meqim kítwulle dĭkoṯo xāṣ raḥuqe-wayye m-Miḏyaḏ* 'Früher gab es bestimmte Stellen, sie waren weit von Midyat entfernt.' MT 1.1:28 **(2)** weit, lang | *mille ŭno guzzino li=tăğara, darbo raḥuqo-yo* 'Er sagte: Ich gehe zum Handeltreiben, es ist ein weiter Weg.' MT 5.1:4 • RW 433 || Syr. *raḥiqo* 'id.' SL 1455 → **rḥq**

raḥyo *n.f.*, *pl.* **raḥye** Mühle | *kimnaqalle, bĭṯir mid ᵊmnaqalle mab=buġre kmawbᵊlile naqqa=ḥreto li=raḥyo aw li=gŭrusto w ggursile* 'Sie lesen ihn (den Weizen) aus, und wenn sie die Steinchen herausgelesen haben, bringen sie ihn auch zur Mühle oder zur Handmühle und schroten ihn.' MT 1.1:37 • RW 433 || Syr. *raḥyo* 'id.' SL 1455

rakixo *adj.*, f. **rakixto**, *pl.* **rakixe** weich | *mqaṭʿínawulle, qulfínawo u=lebaṯṯe-ste hawxa d-l-owe ..., immiwo hawxa rakixo-yo, latyo basimo* '(Die Kürbisse) schälten wir, schnitten sie in Stücke, entfernten das Innere, damit es nicht ... man sagte, es ist (zu) weich, es schmeckt nicht.' MT 2.3:4 • RW 434 || Syr. *rakiḵo* 'id.' SL 1468 → **rkx**

ramḥil *adv.* morgen | *immi layban izzano bayn aṭ=ṭaye ádlalyo d-immina háwullan i=kaččĭke, aḷo gĭquṭli aḥna-ste. ramḥil, gimqafena noše hēš, miğğĭlina d-*

ŭbina xabro li-ḥkume 'Sie sagten: Wir können uns nicht heute Nacht unter die Muslime begeben und sagen: Gebt uns das Mädchen. Bei Gott, sie werden auch uns umbringen. Morgen werden wir weitere Leute finden, wir werden sprechen und es der Regierung melden.' MT 3.4:15 • RW 435 || durch Metathese aus **la-mḥor*, cf. Syr. *mḥor* 'tomorrow' SL 742, s. Tezel 2003: 245

ranne *n.f.* Klang, Ton • Nicht in RW || Arab. *ranna* 'Ton, Klang' Wehr 369

b-hayye w ranne mit viel Aufhebens und Getue → **hayye**

raqḏo *n.m.* Tanz | *i-mištuṯo d-ŭweba mĭṭirbi, kowe kēf w raqḏo ġălăbe* 'Wenn es auf der Hochzeit einen Sänger gibt, dann gibt es viel Spaß und Tanz.' MT 1.3:26 • RW 436 || Syr. *reqdo* 'id.' SL 1488 → **rqḏ**

raqiqo *adj.*, f. **raqiqto**, *pl.* **raqiqe (1)** dünn, fein | *xid sānṭīn raqiqe* 'etwa einen Zentimeter dünn (pl.)' MT 2.12:2 **(2)** dünnflüssig | *yaʿni kfoyiš ʿal u-zawk diḏux, ḥlime kriḥmit a-ṭlawḥe, raqiqe kriḥmit* 'Es hängt von deinem Geschmack ab, ob du die Linsensuppe dickflüssig möchtest oder eher dünnflüssig.' MT 2.10:1 **(3)** schwach | *kitwo hin, nafšayye raqiqto-wa, ʿasro ḥamšaḥsar komir azzín manṭínanne niše, w aṯin li-dayro, w hawilin naʿime* 'Nun, es gab einige, deren Seele war schwach, zehn bis fünfzehn gingen, nahmen sich Frauen und kamen ins Kloster. Sie bekamen Kinder.' MT 4.5:4 • RW 436 || Syr. *raqiqo* 'thin, slender' SL 1489

rāstiye *n.f.* Wirklichkeit, Wahrheit; ⊗ mit bestimmtem Artikel auch adverbiell gebraucht. | *lĭ-qadiri saymi mede biḥna i-rāstiye* 'Letztlich konnten sie wirklich nicht viel gegen uns ausrichten.' MT 1.6:13 • RW 437 || Kurm. *rastî* 'straightness; truth, truthfulness' Chyet 504

rawbe *n.f.* Joghurtkulturen | *mid qayir kmaḥti rawbe buwe w kimḥafḏile hōl d-howe qaṭiro* 'Wenn sie (die Milch) sich etwas abgekühlt hat, geben sie *rawbe* (Joghurtkulturen) dazu, und halten sie warm, bis sie zu Joghurt geworden ist.' MT 1.1:75 • RW 437 || cf. Arab. *raub* 'geronnene Milch' Wehr 372

rawixo *adj.*, f. **rawixto**, *pl.* **rawixe** auf dem Pferd sitzend, Reiter | *kmawbᵊli u-ḥaṯno aʿmayye, mhalxono, mĭnayye rawixo ʿal i-sisto. d-howe rawixo ʿal i-sisto, kimḥaḏri sisto lăšan i-kalo-ste* 'Manche bringen den Bräutigam mit, zu Fuß, manche auch zu Pferde. Wenn der Bräutigam zu Pferde ist, stellen sie auch ein Pferd für die Braut bereit.' MT 1.3:28 • RW 438 → **rwx**

rawšo *n.m.*, *pl.* **rawše** Schaufel | *bĭṯir mid ᵊmdaranne kimrawšinne bu-rawšo, kimmínale zĭwoqo* 'Wenn sie (das Getreide) geworfelt haben, schaufeln sie es mit der Schaufel auf einen Haufen – das nennt man *zĭwoqo*.' MT 1.1:19 • RW 438 || Syr. *rafšo* 'shoulder; shovel' SL 1486

rawṭo *n.m.*, *pl.* **rawṭe** Rute, Stock | *i-kifle du-bayto, kmaydinne rawṭo b-iḏayye, w čingo lăšan u-myodo di-pisiye daḥ-ḥĭyewin daš-šarʿaṯṯe d-l-oṯin bayn u-zād* 'Die Mitglieder der Familie nehmen eine Rute in die Hand, und eine Blechschaufel, um den Mist der Tiere, ihren Dung, aufzufangen, damit er nicht auf das Getreide fällt.' MT 1.1:13; *gĭʿŭbanno lawġul gĭmanṭeno u-rawṭo daḥ-ḥarše* 'Ich gehe hinein und hole die Zauberrute.' MT 5.3:50 • RW 438 || Syr.

rawṭo 'long thin branch of poplar or willow; stake' SL 1447

rāy *n.m.* Meinung | *omir lo, kitlux hāt-ᵊste ḥaq d-rāy, hāt-ᵊste kitlux dukṯo d-ᵊštaġaliye d-miǧǧolit.* 'Er antwortete: Nein, auch du hast das Recht auf eine Meinung, auch du hast die Möglichkeit zu sprechen.' MT 4.3:9 • RW 434 || Arab. *raʾy* 'id.' Wehr 326

rayiḥ w ǧeye gehend und kommend, und so weiter | *haṯe ᵊb-Bissorino hawyo. kitwo b-Bissorino ġắlăbe, ʿal u-mamro kohne w ḥasye w faṭiryarxe w rayiḥ w ǧeye, ġắlăbe kitwo insanāt ṭamo* 'Das folgende ist in Bissorino passiert. In Bissorino gab es dem Vernehmen nach viele Priester und Bischöfe und Patriarchen und so weiter, es gab dort viele Menschen.' MT 4.3:1 || Anat. Arab. *ṛāyəḥ* 'gehend', *ǧēye* 'kommend' JK 60, 31

rʿy || Syr. *rʿy¹ Pe.* 'to graze sheep, to tend flock' SL 1478

III *marʿele, marʿela - marʿe, marʿᵊyo tr.* weiden, weiden lassen | *w mōr du-săwāl huwe laybe howe ʿălaqădār ġắlăbe binne, kimsalamme lu-ruʿyo. u-ruʿyo kmawbelin lu-ṭuro, w kmarʿelin* 'Der Besitzer der Nutztiere kann sich nicht so viel um sie kümmern, er überlässt sie dem Hirten. Der Hirte nimmt sie mit ins Gelände und lässt sie weiden.' MT 1.1:94

rby || Syr. *rby Pa.* 'to make increase, augment; to let grow; to rear, train' SL 1427-1428; cf. Arab. *rbw II* 'aufziehen, großziehen, erziehen, züchten' Wehr 331

II *mrabele, mrabela - mrabe, mrabyo tr.* züchten, versorgen, groß werden lassen | *a-ʿwonani biṯir mid hawille, bi-midde du-saṯwo kulle kimrabanne bab-bote* 'Nachdem die Schafe geworfen haben, versorgt man sie den ganzen Winter über in den Häusern.' MT 1.1:90

IIp *mrabe, mrabyo - mirabe, mirabyo intr.* versorgt werden, groß werden (Mensch, Tier), vergrößert werden | *i-ḥḏo d-moyiṯ u-gawro, bam-mo tišʿi lĭ-kmaydo gawro-ḥreno, lĭ-kšuqlo gawro, kfayšo ʿar-riš d-an-naʿimayḏa, ᵊd-mirabin* 'Die Frau, deren Mann stirbt, heiratet in neunzig von hundert Fällen keinen anderen Mann. Sie heiratet nicht (wieder), sondern bleibt bei ihren Kindern, bis sie groß werden.' MT 1.2:19

rḏ̣y || Arab. *rḍy I* 'zufrieden sein; akzeptieren; billigen' Wehr 351

I *raḏ̣i, raḏ̣yo - roḏ̣e, riḏ̣yo intr.* akzeptieren, einverstanden sein | *i-kaččĭke i-nuxraytaṯṯe, i-kaččĭke diṯṯe, qay gis-saymit gĭd-ŭbatla, yōqsa faqire-wayye lo rŭḏ̣atwo d-ŭbatte* 'Das Mädchen war ihre Verlobte, ihr Mädchen. Warum hast du das gemacht und sie weggegeben? Oder waren sie zu arm, und du wolltest sie ihnen nicht geben?' MT 5.2:27

III *marḏ̣ele, marḏ̣ela - marḏ̣e, marḏ̣ᵊyo tr.* den Brautpreis bezahlen, zufriedenstellen | *biṯir mid fayišo i-kaččĭke ṭlibto, ṭăbí gĭd-oṯe u-waxt du-ḥĭwolo. gizzín gĭmarḏ̣in u-naqdo* 'Nachdem das Mädchen verlobt worden ist, kommt natürlich die Zeit der Hochzeit. Sie bezahlen den Brautpreis.' MT 1.3:20

IIIp *marḏ̣e, marḏ̣ᵊyo - mitarḏ̣e, mitarḏ̣ᵊyo* bezahlt werden (Brautpreis), zufriedengestellt werden | *u-ḥĭwolo di-kalo-ste hawxa kowe: biṯir mid marḏ̣e u-naqdo b-ʿaṣro-yawme b-ḥamšaḥṣar-yawme, mede d-howe năṣīb, kizzín lalye du-ḥeno* 'Die Überführung der Braut verläuft wie folgt: Zehn Tage, vierzehn Tage nachdem der Brautpreis übergeben worden ist, wie es gerade passt, gehen sie in der Henna-Nacht.' MT 1.3:22

rēǧbár *n.m.* Bauer | *mĭnayye kmakĭlinne mĭnayye taxmini. d-howe daworo kayiso rēǧbár mahir, bu=dworo, bu=ʿiyono kimqasim i=dukto* 'Manche messen sie ab, andere machen es nach Schätzung. Wenn jemand ein guter Pflüger ist, ein Bauer, der beim Pflügen geschickt ist, dann teilt er den Platz nach Augenmaß ein.' MT 1.1:41 • cf. *rēncbar* RW 439 || Kurm. *rêncber* 'travailleur, -euse' DKF 1393

rēǧbăriye *n.f.* Landwirtschaft | *u=ʿamo d-Midyad, faqiro-yo, aktar du=šaʿb, bi=rēǧbăriye ksaymi i=idaratte.* 'Die Bevölkerung von Midyat ist arm, die meisten Bewohner bestreiten ihren Lebensunterhalt mit der Landwirtschaft.' MT 1.1:1 • Nicht in RW || Kurm. *rencberî* 'métier de travailleur agricole' DKF 1372 → **rēǧbár**

reḥo *n.m.* Geruch, Gestank | *mĭ-reḥe dal=lašat nošo laybe d-foyit, gdayši aʿlayye* 'Wegen des Gestanks der Leichen konnte niemand vorbeigehen, man trat auf sie.' MT 3.2:7 || Syr. *riḥo* (Ostsyrisch: *reḥā*) 'id.' SL 1461

rēz *n.m.*, *pl.* **rezat** **(1)** Reihe, Zeile | *d-howe daworo kayiso rēǧbár mahir, bu=dworo, bu=ʿiyono kimqasim i=dukto, w kotin ar=rezat ᵊmsawye* 'Wenn jemand ein guter Pflüger ist, ein Bauer, der beim Pflügen geschickt ist, dann teilt er den Platz nach Augenmaß ein, und die Reihen (der Weinstöcke) werden gerade.' MT 1.1:41 **(2)** Lage | *ánnaqqa rayziwo aq=qarʿanik-ste, čike mḥarkᵊsíwunne-ste b-dihnito hawxa, rayzíwunne b-arʿe du=mansaf, maḥtiwo hawxa rēz w rēz marĭšiwo u=baṣro w i=rezo ʿam ᵊḥdode. maḥtiwo rēz d-qarʿe w rēz d-ᵊhno, hawxa, w hawxa tlōt-arbo=rezāt* 'Dann legten sie die Kürbisstücke nebeneinander, sie wendeten sie etwas im Fett und legte sie auf den Boden des Bräters. Sie machten eine Lage, und dann eine Lage, bei der sie das Fleisch und den Reis darüber verteilten. Sie machten eine Lage Kürbis und eine Lage Dings, und so drei bis vier Lagen.' MT 2.12:4 || Kurm. *rêz* 'id.' Chyet 515

rezo *n.f.* Reis | *b-ġēr dĭkoto aġlab du=aprax ksaymile mĭ-rezo, aḥna ksaymínale mĭ-garso* 'Anderswo machen sie die gefüllten Weinblätter mit Reis, wir machen sie mit *garso*.' MT 1.1:38; *ṭase d-rezo, kšityo tarte=ṭasāt d-maye. matrénawo meqim i=rezo, ʿam malḥo w maye šaḥine, matrénawola falge=d-saʿa* 'Eine Tasse Reis saugt ungefähr zwei Tassen Wasser auf. Wir wässerten den Reis zunächst mit Salz und heißem Wasser, wir wässerten ihn eine halbe Stunde lang.' MT 2.8:1 || cf. Syr. *ruzo* 'id.' SL 1444

rfy || Syr. *rfy Pe.* 'to be lax', *Af.* 'to weaken; to remove; to let go' SL 1483

I *rafi, rafyo - rofe, rifyo* **(1)** *intr.* schwach werden | *komir tamo ide rafyo, ṭavizo ide, ǧamid.* 'Da erschlaffte sein Arm, sein Arm wurde wie gelähmt, er wurde stocksteif.' MT 5.2:95 **(2)** *intr.* sich entspannen | *bĭtir mid atí w hawi u=ṣulḥ b-ʿIwardo, b-kul=dukto čike b-čike rafi, i=qădiye du=sayfo* 'Nachdem in ʿIwardo Frieden geschlossen worden war, entspannte sich nach und nach überall die Kriegslage.' MT 3.2:23

III *marfele, marfela - marfe, marfᵊyo* **(1)** *tr.* freilassen, loslassen | *mid marfalle falge=d-yawmo aq=qanyone, kizzín kŭbinne muklo w kmaštanne ...* 'Wenn sie um die Mittagszeit die Tiere abspannen, geben sie ihnen ihnen Futter und tränken sie ...' MT 1.1:14; *bu=zōṛ marfalle u=kurrĭko d-lo qaṭlo* 'Mit knapper Not ließen sie den jungen Mann frei, ohne ihn zu töten.' MT 1.6:3; *bĭṯir mid ᵊḥlŭwinne aw a=ʿwone, kmarfin af=farxaṯṯe-ste d-yunqi išmo* 'Wenn sie sie (die Ziegen) gemolken haben – oder die Schafe –, dann lassen sie auch ihre Jungen ein bisschen saugen.' MT 1.1:74 **(2)** verlassen, sich scheiden lassen | *hani hawin nuxroye d-ᵊḥdoḏe, nuxroyo w nuxrayto, naqqa=ḥreto, lĭ=kfŭyašše šroyo, lĭ=kowe d-marfin ᵊḥdoḏe* 'Die beiden sind nun miteinander verlobt, Verlobter und Verlobte, und für sie gibt es nun keine Trennung mehr, sie können einander nicht mehr verlassen.' MT 1.3:12 **(3)** freigeben | *bĭṯir mid mawraqle lu=ġarzĭkano kmoḥin ᵊl-ḥĭḏore, kmitamiḷḷe ġarzík, kmoḥin ᵊl-ḥĭḏore, kimnaqin u=gelo d-baynoṯe, kuxli af=fuğe mene, farḥe, lĭ=kmarfalle* 'Wenn der junge Weinberg – man nennt ihn *ġarzík* – ausgeschlagen hat, dann pflügt man um (die Weinstöcke) herum. Man jätet das dazwischen wachsende Unkraut, isst (von dem Feld) Zuckermelonen und Gurken und gibt es nicht zum Weiden frei.' MT 1.1:44 **(4)** fallen lassen | *azzé manṭĭlelle bayto, dyăr mede w d-marfele aʿle pŭčaqle b-ᵊḥdo=naqqa* 'Er ging und holte sich ein Haus, oder einen Hügel oder so etwas, um es auf ihn herabfallen zu lassen und ihn restlos zu zerquetschen.' MT 5.3:36

marfe kabrīt b- etw. (*b-*) anzünden | *maʿlela i=nuro li=pire. maḥatla tloṯo=ṭonāt hažžīkāt aʿla w marfela kabrīt biya* 'Die Alte schürte das Feuer an, sie warf drei Tonnen Zweige darauf und zündete es mit einem Streichholz an.' MT 5.2:80 → **kabrīt**

rġb || Arab. *rġb I* 'begehren, mögen' Wehr 354

III *marġable, marġabla - marġib, marġᵊbo* mögen | *d-ʾoṯe maṭro ba=tre tloṯo yawmanik, i=ḥalwᵊniṯo kuyo mašiġto, nošo lĭ=kmarġabla* 'Wenn es während der vorhergehenden zwei, drei Tage regnet, dann ist die *ḥalwᵊniṯo* gewaschen und niemand mag sie.' MT 1.1:52

rğm || Arab. *rğm I* 'steinigen; verfluchen, schmähen' Wehr 336

I *rğimle, rğimla - roğim, riğmo tr.* steinigen | *kuzzín kobi xabro lu=malko. u=malko kmadla komir rğámulla! meqim rğomo-we ʿal u=mamro d-kimmi* 'Sie gehen und sagen es dem König. Der König lässt (die Frau) festnehmen und sagt: Steinigt sie! Früher gab es die Steinigung, wie man sagt.' MT 5.1:8

Ip *rğīm, rğimo - mirğim, mirğomo intr.* gesteinigt werden | *hawi săbab li=qarito d-ᵊrğimo* 'Er war schuld, dass seine Patenverwandte gesteinigt wurde.' MT 5.1:28

rğomo *inf.* Steinigung | *kuzzín kobi xabro lu=malko. u=malko kmadla komir rğámulla! meqim rğomo-we ʿal u=mamro d-kimmi* 'Sie gehen und sagen es dem König. Der König lässt (die Frau) festnehmen und sagt: Steinigt sie! Früher gab es die Steinigung, wie man sagt.' MT 5.1:8 → **rğm**

rhn || Arab. *rhn I* 'verpfänden, als Pfand hinterlegen' Wehr 371 → **răhīn**

I *rhiḷḷe, rhiḷḷa - rohin, rihno tr.* als Geisel überlassen | *hedi, Šēx Fatḥaḷḷa msalamle u=abro baynoṯayye, maḥatle răhīn, grăw, kimmínale, rhiḷḷe sidayye* 'Da überließ Schech Fatḥaḷḷa ihnen seinen Sohn, er stellte ihn als Geisel, wie wir es nennen, er überließ ihn ihnen als Geisel.' MT 3.3:10

rḥimo *part.*, f. **rḥimto**, *pl.* **rḥime** geliebt | *u=ḥa d-oṯe d-qoyiṯ u=baxto lu=ḥaṯno aw li=kalo, naqqa=ḥreto, kaʾinnahu hano rḥimo s-Aloho-yo* 'Wenn die Glücks(münze) dem Bräutigam oder der Braut zufällt, dann bedeutet das, dass der Betreffende von Gott geliebt wird.' MT 1.3:19 || Syr. *rḥimo* 'id.' SL 1455 → **rḥm**

rḥm || Syr. *rḥm Pe.* 'to love, to have pity upon, to desire' SL 1456-57

I *rḥimle, rḥimla - roḥim, ruḥmo tr.* mögen, lieben | *kmaḥti sikkar ʿal u=zawk ditte yaʿni, qĭsim kruḥmi ḥlito ġắlăbe, qĭsim lo* 'Sie fügen nach Geschmack Zucker hinzu. Manche mögen ihn sehr süß, andere nicht.' MT 2.9:3; *kitwo bu=waxtawo Čăläbiyo w Sarḥano, hani aġawiye-wayye. mĭ-meqim-ste ruḥmiwo aṣ=ṣŭroye, w ibʿiwo d-saymi kayisuto ʿal aṣ=ṣŭroye* 'Damals gab es Čăläbiyo und Sarḥano, die waren Aghas. Schon früher hatten sie die Christen gemocht, und sie wollten den Christen Gutes tun.' MT 3.2:11

rḥq || Syr. *rḥq Pe.* 'to go away' SL 1458

I *raḥiq, raḥiqo - roḥiq, ruḥqo intr.* sich entfernen | *băle kote ḥis da=tfinag ksaymi diṃṃṃṃ ʿamuqo, raḥĭqono, ŭno raḥĭqono, ġắlăbe raḥĭqono mi=qrito* 'Doch man hörte den Lärm der Gewehre, sie machten ein tiefes dimmm. Ich (f.) entfernte mich, ich entfernte mich, ich entfernte mich weit vom Dorf.' MT 3.1:11

ribbāṭ *n.m.* Lager | *kmawbᵊlinne aq=qaṭʿe kulle, kowin ḥamšo išto aw ʿaṣro, kmitamiḷḷe ribbāṭ, kimarwᵊʿile bann=arʿoto, kšuqli-stene ḥaq du=ribbāṭ m-mōr dann=arʿoto* 'Man nimmt alle Herden mit – es können fünf, sechs oder zehn werden, man nennt es *ribbāṭ* (Lager). Man lässt (die Herden) auf den Feldern lagern und kassiert das Geld für das Lagern von dem Besitzer der Felder.' MT 1.1:98 • Nicht in RW || cf. Arab. *ribāṭ* 'Fort (militärisch); Hospiz' Wehr 329

rĭġaye *n.f., pl.* **rĭġayat, rĭġayāt** Murmel | *kmiloši ʿam malḥo w hno, kizbarto ġắlăbe kmaḥtatte, w bibar sĭmoqo, kimgandᵊrit u=layšano hawxa xag=gandărokat, hawxa ʿayn rĭġayāt* 'Sie werden geknetet mit Salz und Thymian, davon gibt man sehr viel hinzu, und rotem Pfeffer. Du formst diesen Teig zu kleinen Kugeln, genau wie Murmeln.' MT 2.11:2 • RW 441 || Anat. Arab. *rəġāye* 'Murmel' JK 58

rimḥo *n.f.* Lanze, Speer | *húwwalle sisto hawxa nōrmāl, húwwalle sayfo b-rimḥo* 'Da gaben sie ihm ein einfaches Pferd, sie gaben ihm ein Schwert mit Lanze.' MT 5.2:90 • RW 442 || Syr. *rumḥo* 'id.' SL 1450

rimrim *n.m.* ⊗ onomatopoetisch: Geräusch der Schritte, Wiehern | *as=sisye qayiṯi b-ᵊḥdoḏe. nafil rimrim ʿal as=sisye* 'Da gerieten die Pferde aneinander, die Pferde begannen zu wiehern.' MT 5.2:44 • RW 442

rišdayro *n.m.* Abt, Klostervorsteher | *kitwo Mōr Zoxe, rišdayro-we. komir miḷḷe lad=dayroye, miḷḷe guzzino lu=Qudᵊs* 'Es gab den Mor Zoxe, der war ein Abt. Er sagte zu den Mönchen: Ich werde nach Jerusalem gehen.' MT 4.5:1 || Syr. *rišdayro* 'id.' SL 1463-64 → **rišo, dayro**

rišo *n.m.* **(1)** Kopf | *koṯe u=qašo kimṣale ʿar-riše du=ḥaṯno w di=kalo* 'Der Priester kommt und betet über dem Bräutigam und der Braut.' MT 1.3:37; *komir i=kaččĭke žnu, komir aṯi hiš diḏa l-riša, miḷḷa háwulli muklo* 'Erst da kam das Mädchen zur Besinnung, sie sagte: Gebt mir zu essen.' MT 4.4:12 **(2)** Spitze, Ende | *mid simme u=ftilo yarixo w brimme, u=sayomo du=ftilo, ᵊqqoyim kmoyid u=ḥa rišawo ba=tre droʿonayḏe kimlawlable ʿal ᵊḥdoḏe* 'Wenn sie den Grasstrang lang gemacht und gewickelt haben, dann nimmt der eine ein Ende mit seinen beiden Armen und schwenkt (den Strang) um sich selbst.' MT 1.1:69; *maʿ=ʿaynoṯo kowin nurbe, ban=nurbani kowe b-rišayye kimmínalle ʿinwe* 'Aus den Knospen entwickeln sich frische Triebe, und am oberen Ende dieser Triebe bilden sich Weintrauben.' MT 1.1:46 **(3)** Anfang, Beginn | *miblila li=ʿaskăriye, b-nisin, hul riše du=saṯwo măfiltila* '(Die Regierung) zog sie zum Wehrdienst ein, im April, und zu Winterbeginn entließ sie sie.' MT 1.5:4 || Syr. *rišo* 'id.' SL 1462-63

rišo-rišo eins zu eins, in gleichen Mengen | *ăgar i=ḥeṭ... u=samdo du=garso šafiro-yo, sīm hawxa mĭ-ḥeṭo iṭālyaniye, maḥtíwole rišo-rišo* 'Wenn der Wei... der *samdo* des *garso* schön war, wenn er aus italienischem Weizen hergestellt war, dann nahm man sie zu gleichen Teilen.' MT 2.7:8

riše di=šato Neujahr | *bayn ann=ăğanib kimmile* ᵀ*noyel bayramı*ᵀ, *aḥna sidayna riše di=šato-yo* 'Bei den Ausländern nennt man ihn *Noel Bayramı*, wir nennen ihn Neujahrstag.' MT 1.3:16 → **šato**

riše d- *prep.* zu, nach (mit Bewegungsverben) | *koṯin riše di=draxṯo tre tloṯo* 'Zwei, drei (Männer) begeben sich zu dem gedroschenen Getreide.' MT 1.1:18 → **d**

ʿar=riše d- *prep.* auf, über | *kmašiġ raġloṯe w ksoliq ʿar=riše du=kisawo, bdele kʿŭṣarre* 'Er wäscht sich die Füße und steigt auf diesen Sack und beginnt (die Trauben) auszupressen.' MT 1.1:50; *kimṣalin išmo=ḥreno ʿar-riše* 'Sie beten nochmals über ihm.' MT 1.2:7 → **ʿal, d**

m-riš- *prep.* von | *mbaṭele u=ḥarb, w qayimo i=ʿaskar-stene m-rišayye* '(Der Schech) beendete den Krieg, dann zogen auch die Soldaten ab.' MT 3.1:31 → **mĭ**

nofiq rišo jdn. (*ʿam*) besiegen können, sich mit jdm. messen können → **nfq**

riš- basimo mögt ihr gesund bleiben! ⊗ Wird gesagt zu den Angehörigen von Verstorbenen zur Beileidsbekundung | *u=ʿăza kimdawim sab=bĭ-babe du=miṯo, yaʿni bu=baytayḏe, gboxin an=niše w kimṣanṭi ag=gawre-ste, kizzín w oṯin. kimminne ṭr-owe rišayxu basimo, yaʿni kimsalin more du=miṯo* 'Die Trauerzeit im Elternhaus des Toten geht weiter, die Frauen stimmen Klagelieder an und die Männer lauschen, und (die Besucher) kommen und gehen. Sie sagen zu ihnen: Mögt ihr gesund bleiben, d.h. sie trösten die Angehörigen des Toten.' MT 1.2:12 → **basimo**

rĭwaye *n.f.*, *pl.* **rĭwayat** Geschichte, Erzählung | *băle kīt rĭwaye bayn aṭ=ṭaye hinne d-ᵊkmaḥkalla, maḥkᵊyulle l-quli-ste* 'Es gibt eine Geschichte unter den Muslimen, die sie sich erzählen – auch mir haben sie sie erzählt.' MT 3.2:38 • Nicht in RW || Arab. *riwāya* 'id.' Wehr 378

rĭzuno *n.m.*, *pl.* **rĭzune** besondere Brotfladen zu Mariä Verkündigung, in die Münzen eingebacken werden | *iḏa ḥakimo ... bi=midde d-kityo i=kaččĭke ṭlibto, w u=yawmo du=ṣiboro, dar=rĭzune, ᵊksaymi rĭzuno* 'Wenn in die Zeit, in der das Mädchen verlobt ist, der Festtag Mariä Verkündigung fällt, der Tag der *rĭzuno*-Brote, dann backen sie *rĭzuno*-Brot.' MT 1.3:17 • Nicht in RW || cf. Syr. *rozo* 'mystery, symbol' SL 1424

rkw || Syr. *rkb Af.* 'to make or let ride a horse; to place' SL 1467 → **rwx**

III *markawle, markawla - marku, markᵊwo tr.* setzen, aufstellen | *kul=bayto klozim hŭwéwole ṣopa, w gĭmarkawwo i=ṣopayḏe bu=bayto* 'Jedes Haus musste einen Ofen haben. (Jeder) stellte seinen Ofen im Haus auf.' MT 1.5:23

rkx || Syr. *rkk Af.* 'to soften' SL 1469 → **rakixo**

III *markaxle, markaxla - markix, markᵊxo tr.* weich machen, geschmeidig machen | *mil̤le šăḥanli dasto d-maye d-ṣumṯi kayiso, d-sŭḥeno adyawma binne, markaxno i-lašayḏi* 'Er sagte: Mach mir einen Kessel mit Wasser heiß, bis es richtig heiß ist, damit ich mich heute darin bade und meinen Körper geschmeidig mache.' MT 5.2:99

rkz || cf. Arab. *rkz II* 'festmachen, stabilisieren'

I *rakiz, rakizo - rokiz, rukzo intr.* sich niederlassen | *hawi u-ṣulḥ baynoṯayye, băle lĭ-simme ğăsara d-ʾoṯin b-ᵊḥḏo-naqla l-Miḏyaḏ w d-rukzi* 'So kam es zum Frieden zwischen ihnen, doch (die Christen) wagten es nicht, auf einen Schlag nach Midyat zurückzukehren und sich niederzulassen.' MT 3.2:19

II *mrakazle, mrakazla - mrakiz, mrakzo tr.* disziplinieren | *komir yatu mrakzile, manṭalle lu-darbo, w krizle aʿlayye, hawxa-yo hawxa-yo hawxa-yo* 'Er ließ sich nieder, disziplinierte sie und brachte sie wieder auf den rechten Weg, und er predigte ihnen: (Es verhält sich) so und so und so.' MT 4.5:7

rmš || cf. Syr. *rmš Pe.* 'to come at evening' SL 1475; cf. Arab. *ramaša bi-ʿainaihi* 'blinzeln, zwinkern' Wehr 368; Tezel 2003: 245, fn. 16

I *ramiš, ramišo - romiš, rumšo* sich rühren, sich bewegen | *i-ʿade du-ʿăza, sidayna hawxa kowe (…) koṯin b-imomo kule u-ʾahᵊl lĭ-kromiš, kturki u-šuġlo w u-ʿamlaṯṯe w b-lalyo-stene koṯin* 'Die Sitte der Kondolenz ist bei uns so: (…) Sie (die Leute) kommen den ganzen Tag über, und die Angehörigen rühren sich nicht von der Stelle und lassen ihre Arbeit ruhen. Auch bei Nacht kommen noch (Besucher).' MT 1.2:14

rmy || Syr. *rmy Pe.* 'to throw; to put or place in' SL 1471-1472

I *rmele, rmela - rome, rimyo tr.* verteilen (Essen), in Teller füllen | *w di-ḥărire kmaqšalla zīḏ, yaʿni kmaḥlᵊmile kṭorin d-roṯiḥ ġ́ălăbe d-owe u-ḥawdal ḥlimo, hawo-ste krŭmalle bas-sĭfoqe w krayzi as-sĭfoqe b-dukṯo ᵊmḥafḏe* '(Den Traubensirup) für die *ḥărire* lassen sie dicker werden, d.h. sie dicken ihn weiter ein und lassen ihn lange kochen, damit er dickflüssig wird. Dann füllen sie ihn in tiefe Teller, und die Teller stellen sie in Reihen hin, wo sie geschützt sind.' MT 1.1:55

rqḏ || Syr. *rqd Pe.* 'to dance' SL 1488 → **raqḏo**

I *raqiḏ, raqiḏo - roqiḏ, ruqḏo intr.* tanzen | *ᵊkruqḏi, kimkayfi xŏrtĭn w kaččĭkăt w kowe aʿmayye ḥubo ḥăqiqi* 'Junge Männer und Mädchen tanzen und vergnügen sich und so entsteht zwischen ihnen echte Zuneigung.' MT 1.3:22; *rawix ʿal i-sisto, i-sisto raqiḏo taḥte* 'Er bestieg die Stute, und die Stute tanzte unter ihm.' MT 5.2:103

ršm || Syr. *ršm Pe.* 'to make a mark, record; to engrave, inscribe' SL 1492

I *ršimle, ršimla - rošim, rišmo tr.* salben (mit Myron), Kreuzzeichen machen, zeichnen | *maʿmaḏḏe u-zʿuro b-išme d-ᵊMšiḥo w ršimme bayne ʿayne w yatu axile aʿmayye* 'Sie tauften den Jungen im Namen des Messias und machten das (Kreuz)zeichen auf seiner Stirn. Dann setzte er sich hin und aß mit ihnen.' MT 4.2:4

rṯḥ || Syr. *rṯḥ Pe.* 'to be boiling hot, to blaze up, to heat up' SL 1493-94

I *raṯiḥ, raṯiḥo - roṯiḥ, ruṯḥo intr.* kochen, sprudeln | *b-ġēr=dikṯo mšaḥnínawo maye, ṭase d-rezo, tre ... yaʕni sahmo d-rezo tre=sahme d-maye, hīl ... d-ruṯḥo w manʕᵊmínawo taḥt u=oğāq* 'Daneben machten wir Wasser heiß, eine Tasse Reis auf zwei ... d.h. ein Anteil Reis zu zwei Anteilen Wasser, bis ... es kochte, dann stellten wir den Herd kleiner.' MT 2.8:3

III *marṯaḥle, marṯaḥla - marṯiḥ, marṯᵊḥo tr.* kochen, zum Kochen bringen, erhitzen | *w u=ḥa d-l-oṯe mene, miskeno, gīm-maḥatla hawxa kito b-lăgan rabo w ʕal i=nuro, w kibʕe mkasela b-ʾišmo d-maye, marṯáḥwola sámwola bu=bayto* 'Wer es sich nicht leisten konnte, der Ärmste, der legte sie in einen großen Bräter, den er aufs Feuer stellte. Er musste sie mit etwas Wasser bedecken und zum Kochen bringen. So machte man es zu Hause.' MT 2.4:6; *kmaḥtit i=malḥaṯṯe w kmarṯᵊḥatte, hīl d-owin šaʕuṯe, bašili, ṭămām* 'Du fügst ihnen Salz hinzu und bringst sie zum Kochen, bis sie gelb werden, dann sind sie fertig gekocht. Genug.' MT 2.10:1

IIIp *marṯiḥ, marṯᵊḥo - mitarṯiḥ, mitarṯᵊḥo intr.* zum Kochen gebracht werden, gekocht werden | *i=dašišto aġlab am=miḏyoye saymíwola bu=ʕeḏo. hayo-ste mi=rezo w mu=ḥalwo kmisomo. naqqa=ḥreto kmitašiġo i=rezo šafiro, w kmitarṯᵊḥo ʕam čike d-maye w ḥalwo, hīl d-bišlo* 'Den Milchreis bereiteten die Midyader meistens an den Festen zu. Er wird aus Reis und Milch hergestellt. Wieder wird der Reis sorgfältig gewaschen und mit etwas Wasser und Milch zum Kochen gebracht, bis er gar ist.' MT 2.9:1

ruʕo *n.m.* Viertel | *yatiwo qum babi, húlela ruʕe=d-waraqṯo suri* 'Sie hockte sich vor meinem Vater nieder, er gab ihr eine syrische Viertellira.' MT 1.5:49 • RW 446 || Syr. *rubʕo* 'id.' SL 1443

ruʕyo *n.m., pl.* **ruʕye** Hirte | *mid hawi rabiʕ kmanṭanne lab=botaṯṯe naqqa=ḥreto, yaʕni l-Miḏyaḏ, kmiskinne ruʕye w kmarʕinne* 'Wenn der Frühling kommt, bringen sie sie (die Schafe) wieder zurück in die Häuser, d.h. nach Midyat. Man stellt Hirten für sie an, (die sie) weiden lassen.' MT 1.1:90 • RW 446 || Syr. *roʕyo* 'id.' SL 1480

ruḥ- *prn.* Reflexivpronomen: sich | *miṛṛe la=mbayḏone ṭralle sĭfoqo mĭ-diḏan gab ruḥayye* 'Sie sagten: Die Verzinner haben ein Stück Geschirr von uns bei sich zurückbehalten.' MT 1.5:36; *mzarṭínawo b-ruḥayna mi=zuḥṭayḏan* 'Wir stießen von uns aus Drohungen aus, vor lauter Angst.' MT 3.1:28 • RW 446 → **ruḥo**

soyim ruḥ- die Gestalt von jdn. annehmen, sich zu etw. machen → **sym**

ruḥo *n.f.* **(1)** Seele, Geist | *l-íḏʕinawo lo miṯe-na w lo săġ-na, ruḥan zila, tayĭmowa i=ruḥo* 'Wir wussten nicht, ob wir tot oder lebendig waren. Unsere Lebenskraft war dahin! Die Lebenskraft war zu Ende.' MT 3.1:21 **(2)** Leben | *huwwe išmo map=pĭsīn, ṭăbi, lĭ=mağralle d-obi, i=ruḥaṯṯe bann=arbaʕ ᵊtfinagaṯṯe-yo* 'Nun, sie gaben einige von den minderwertigen (Gewehren) ab, sie trauten sich nicht, (alle) abzugeben, denn ihr Leben hing von ihren paar Gewehren ab.' MT 3.3:11; *lo xwazi bi=ruḥo d-awo d-gĭnofiq lu=ṭuro* 'Wehe dem, der in den Wald geht.' MT 5.2:49; *immo baʕ abri i=ruḥo ḥliṯo-yo* 'Sie sagte: Mein Sohn, das Leben ist teuer.' MT 5.2:82 • RW 446 || Syr. *ruḥo* 'id.' SL 1445-46

ruḥ- izzá/zila schwinden, dahin sein (Atem, Geduld, Lebenskraft) → **ʾzl**

šoqil ruḥe d- jdn. verrückt machen, jdn. heftig stören → **šql**

ruḥqo *n.m.* Entfernung | *u=ʿamo hŭwewo kul kmo=kŭwan b-xaṣra, gĭdŭṯanwo qŭnăġ, d-ruḥqo, d-immina b-săʿa, falge=d-săʿa, hul tarte=săʿăt-ste ruḥqo, ŭṯanwo, lăšan šotin, taḥt i=kone du=rabaṯṯe, qaḥwe* 'Die Leute waren alle paar Zelte an einer anderen Stelle. Sie pflegten eine beträchtliche Entfernung zurückzulegen, sagen wir eine Stunde, eine halbe Stunde, ja bis zu zwei Stunden, um unter dem Zelt ihres Anführers Kaffee zu trinken.' MT 1.5:51 • RW 447 || Syr. *ruḥqo* 'id.' SL 1447 → **rḥq**

rūṣ *n.m., pl.* **rūṣ** Russe, Russland | *immiwo u=rūṣ aṯí, u=rūṣ aṯí li-hanayiyayḏan, kule mi=zuḥṯayḏan, mzarṭínawo b-ruḥayna mi=zuḥṯayḏan* '(Die Christen) sagten: Russland ist gekommen, Russland ist uns zu Hilfe gekommen! Das alles (sagten wir) aus Angst, wir stießen von uns aus Drohungen aus, vor lauter Angst.' MT 3.1:28 • RW 447 → **Rūṣya**

Rūṣya Russland | *mede ḥreno l-íḏʿiwo mad=dŭwal aġnăbiye, Turkiya u=dūšmān diḏa Rūṣya-yo, hinne mafĭḥiwa lebayye immiwa kaṯi u=Rūṣ laffelayna* 'Sie kannten keinen anderen von den ausländischen Staaten, (sie wussten nur), dass der Feind der Türkei Russland war. So machten sie sich selber Mut und sagten: Jetzt kommt Russland uns (zu Hilfe).' MT 3.2:15 → **rūṣ**

rwʿ ~ ṛwʿ || Syr. *rbʿ* 'to lie down' SL 1430

I *rawiʿ, rawiʿo - rowiʿ, ruʿo intr.* sich lagern (Tiere) | *i=dukṯo d-ṛuʿo tamo gis-saymitu, raḥiq mad=dĭkoṯani, u=qawrayḏi* 'Dort, wo es (das Kamel) sich lagert, sollt ihr – fern sei es von diesen Orten – mir mein Grab bereiten.' MT 5.3:2

III *marwaʿle, marwaʿla - marwiʿ, marwᵊʿo* lagern lassen | *u=ruʿyo kmawbelin lu=ṭuro, w kmarʿelin, mid hawi falge d-yawmo kmaštelin, kmarwaʿʿe išmo ʿal feme du=gubo* "Der Hirte nimmt sie mit ins Gelände und lässt sie weiden. Wenn es Mittag wird, lässt er sie trinken, er lässt sie eine Zeitlang in der Nähe des Brunnens lagern.' MT 1.1:94

rwš || denom. zu *rawšo* 'Schaufel' → **rawšo**

II *mrawašle, mrawašla - mrawiš, mrawšo tr.* schaufeln | *bĭṯir mid ᵊmdaranne kimrawšinne bu=rawšo, kimmínale zĭwoqo* 'Wenn sie das Getreide geworfelt haben, schaufeln sie es mit der Schaufel auf einen Haufen – das nennt man *zĭwoqo*.' MT 1.1:19

rwx ⊗ Metathese zu Syr. *rkb* || Syr. *rkb* 'to ride on' SL 1466 → **rkw**

I *rawix, rawixo - rowix, ruxo intr.* (Pferd) besteigen, reiten | *rawixi ʿal as=sisyaṯṯe w ya aḷḷāh, mahzamme* 'Da bestiegen sie ihre Pferde und – auf geht's – sie machten sich auf die Flucht.' MT 4.5:17; *midla i=sisto w rawixo, omir midli li=ḥmirto m-aḏni w naḥitno biṯra w rawixno ŭno-ste* 'Sie nahm das Pferd und ritt davon. Ich nahm die Perle aus meinem Ohr, stieg nach ihr hinab und ritt gleichfalls davon.' MT 5.3:54

III *marwaxle, marwaxla - marwix, marwᵊxo tr.* setzen (auf Pferd, Esel usw.), (ein)steigen lassen (in ein Auto, auf ein Boot usw.) | *kĭle hawostene lu=aḥuno marwaxle ʿal baġlo-yo ʿal ḥmoro-yo, kĭle qqoliʿ* 'Auch den hatte sein Bruder auf ein Maultier oder einen Esel gesetzt und trieb ihn vor sich her.' MT

5.1:32; *ṭray i=sisto harke, bĭṯir gĭmafĭtínalux. omir lo, ŭno w i=sisto, w d-lo qqŭṭaʿno qarʿe da=tretayxu. komir ᵊğbiri marwaxxe* 'Lass das Pferd hier, danach bringen wir dich hinüber. Er sagte: Nein, ich und das Pferd; wenn nicht, dann schlage ich euch beiden den Kopf ab. Sie waren gezwungen, ihn (ins Boot) zu nehmen.' MT 5.2:68-69

ryš || Arab. *ršš I* 'verspritzen, versprühen, spritzen' Wehr 348

III *marišle, marišla - mariš, marišo* **(1)** *tr.* streuen | *bĭṯir kmĭlénala bak=kasāt, w čike d-fayḥo, kmaḥ... u=ḥa d-obiʿ kmariš aʿla tarčin kŭxela* 'Dann füllen wir ihn in Tassen, und wenn er ein bisschen abgekühlt ist ... wer will streut Zimt darauf und isst ihn.' MT 2.9:4 **(2)** verteilen | *ánnaqqa rayziwo aq=qarʿanik-ste, čike mḥarkᵊsíwunne-ste b-dihniṯo hawxa, rayzíwunne b-arʿe du=mansaf, maḥtiwo hawxa rēz w rēz marĭšiwo u=baṣro w i=rezo ʿam ᵊḥḏoḏe* 'Dann legten sie die Kürbisstücke nebeneinander, sie wendeten sie etwas im Fett und legten sie auf den Boden des Bräters. Sie machten eine Lage, und dann eine Lage, bei der sie das Fleisch und den Reis darüber verteilten.' MT 2.12:4

ryz || denom. zu *rēz* 'Reihe' → **rēz**

I *rizle, rizla - royiz, rayzo tr.* aufreihen, nebeinander legen, in Reihen legen | *ánnaqqa rayziwo aq=qarʿanik-ste, čike mḥarkᵊsíwunne-ste b-dihniṯo hawxa, rayzíwunne b-arʿe du=mansaf* 'Dann legten sie die Kürbisstücke nebeneinander, sie wendeten sie etwas im Fett und legten sie auf den Boden des Bräters.' MT 2.12:4

s

săʿa ~ saʿa *n.f., pl.* **săʿat, săʿāt, saʿat, saʿāt** **(1)** Stunde | *azzé kibe tarte-tlōṯ=saʿāt bi=ḥolo* 'Zwei oder drei Stunden vergingen so.' MT 4.2:10 **(2)** Uhr | *gimdawmínawo u=šuğlano hul ᵊb-lalyo, i=săʿa la=ḥṣar, la=traḥṣar du=lalyo, ʿudínawole* 'Wir setzten diese Arbeit bis in die Nacht hinein fort, bis zehn Uhr, zwölf Uhr nachts arbeiteten wir.' MT 1.5:24 • RW 448 || Arab. *sāʿa* 'id.' Wehr 450 = **săʿaye**

săʿaye *n.f., pl.* **săʿayat** Stunde | *u=ḥiss kule saymínawole bu=imomo, hul i=săʿayayo, w bĭṯir mi=săʿayayo gĭsaymínawo u=šuğlo ḥreno d-lĭ=nofiq ḥiss mene* 'Den ganzen Lärm machten wir tagsüber, bis zu der besagten Stunde, und nach der besagten Stunde machten wir die andere Arbeit, bei der kein Lärm entsteht.' MT 1.5:30 = **săʿa ~ saʿa**

săbab *n.m.* Grund | *an=nošani u=săbab d-azzín-ste, hin qamayto lăšan i=ʿĭšaṯṯe, ḥzalle raḥát w manfăʿa m-Awrŭpa* 'Der Grund, warum diese Leute weggegangen sind, war zunächst wegen ihrer Lebensbedingungen, sie fanden Bequemlichkeit und Vorteil in Europa.' MT 1.7:4 • RW 449 || Arab. *sabab* 'id.' Wehr 401

mu=săbabano *conj.* deswegen, deshalb | *mu=săbăbano ksayminne uʿdo tre=qawre, ḥa lan=niše w ḥa lag=gawre* 'Deshalb macht man jetzt zwei Gräber für sie, eins für die Frauen und eins für die Männer.' MT 1.2:10 → **mĭ**

mu=săbabawo *conj.* deswegen, deshalb | *ánnaqqa aḥ=ḥaroye man=năḥaqiyāt mahzamme, mi=zuḥṯo mahzamme, naqiṣi. ... mu=săbăbawo naqiṣi, i=naqqa d-naqiṣi* *ġắlăbe ḏaʿifi* 'Die letzten aber flohen wegen der Übergriffe, sie flohen aus Furcht. (So) wurden es immer weniger. ... Deshalb wurden (die Christen) immer weniger, und als sie weniger wurden, wurden sie immer schwächer.' MT 1.7:5 → **mĭ**

mu=săbab d- *conj.* weil | *aṭ=ṭaye simme kār ditte d-mahzᵊmi, mu=săbab d-kitwa i=kiṯre maṣ=ṣŭroye* 'Die Muslime schickten sich an, zu fliehen, weil die Christen in der Mehrheit waren.' MT 3.2:1 → **mĭ, d**

sable *n.f.*, *pl.* **sablat, sablāt** Holzgestell, Holzregal (zum Transportieren und Lagern von gefüllten Tonkrügen) | *kítwulle hawxa ʿĭliṯo, immíwole gawoyo, ánnaqqa kítwulle kule sablāt, kule malyo dgišyoṯo, i=ḥḏo bi=ḥḏo* 'Sie hatten ein Obergeschoss, das sie *gawoyo* (Innenbereich) nannten. Dort hatten sie lauter Holzregale, und alles war voll mit Tonkrügen, einer neben dem anderen.' MT 1.4:2 • Nicht in RW || cf. Syr. *sbl* 'to carry' SL 962

sāč *n.m.* Blech | *u=šuġlo d-lĭ=knofiq ḥiss mene i=naqqa d-lĭ=moḥit dŭquqo, čakuč, ʿal u=sāč* 'Die Arbeit, bei der kein Lärm entsteht: Wenn du nicht mit dem Schlegel oder Hammer auf das Blech schlägst.' MT 1.5:30 • RW 449 || Türk. *saç* 'Eisenblech, Schwarzblech'

sadiq *adj.* treu | *hwawu sadiq ʿam i=ḥkume d-kíthatu biya* 'Und seid treu der Regierung, unter der ihr lebt.' MT 3.2:42 • Nicht in RW || Arab. *ṣādiq* 'aufrichtig' Wehr 514

safruno *n.m.*, *pl.* **safrune** (kleiner) Vogel | *ḥille kĭlé koṯe wič wič wič wič d-safrune, m-ʿal i=dawmo* 'Da vernahm er das Gezwitscher von Vögeln aus dem Baum.' MT 5.3:33 • RW 450 || Syr. *ṣefruno* 'little bird' SL 1299

sāġ *adj.* am Leben, lebendig | *hōl d-kitna sāġ w maye b-abre-d-abnayna, kṯŭʿena mede d-simme b-qarʿayna?* 'Solange wir am Leben sind, und solange Blut in (den Adern) unserer Kindeskinder fließt, werden wir etwa vergessen, was sie uns angetan haben?' MT 3.1:19 • RW 450 || Türk. *sağ* 'id.'; Kurm. *sax, saġ* 'id.' Chyet 530

sahla → **ahla w sahla**

sahmo *n.m.*, *pl.* **sahme** Teil, Anteil | *mid qaṭir w hawi qaṭiro, deri yawmo kmaḥtile bu=gawdo w kmaḥti tre=sahme d-maye aʿle w kimʿalqi u=gawdo bu=ḥawlo w kmayʿile* 'Wenn sie (die Milch) gestockt ist und zu Joghurt geworden ist, dann schütten sie (den Joghurt) am nächsten Tag in den Butterschlauch, geben zwei Teile Wasser dazu, hängen den Schlauch an einem Seil auf und stoßen ihn hin und her.' MT 1.1:76 • RW 451 || Arab. *sahm* 'id.' Wehr 446

saḥa *n.f.* Platz | *rğimme i=kaččĭke xid ... b-saḥa rabṯo w darbo-yo, arbo=darbone kīt ʿal i=saḥayo* 'Sie steinigten das Mädchen auf ... einem großen Platz, da war eine Straße, vier Straßen führten zu diesem Platz.' MT 5.1:9 • cf. *ṣaḥa* RW 474 || Arab. *sāḥa* 'id.' Wehr 448

saḥiḥo *adj.*, f. **saḥiḥto**, *pl.* **saḥiḥe** ganz, unversehrt, lebendig | *gmaydatla mag=giḏḏalat diḏa, gĭd-immatla, kimmatli u=qatil d-babi man-yo, marli, lĭ=kimmatli gĭčaknix hawxa saḥiḥto bam=maye* 'Du wirst sie an ihren Zöpfen packen und zu ihr sagen: Wenn du mir sagst, wer der Mörder meines Vaters ist, dann sag es, wenn du es mir nicht sagst, dann tauche ich dich lebendig ins

Wasser.' MT 5.2:98 • cf. *ṣaḥiḥo* RW 474 || Arab. *ṣaḥīḥ* 'gesund' Wehr 508

saḥoyo *n. agent.*, f. **saḥayto**, *pl.* **saḥoye** Schwimmer | *miṟṟe aḷo u=abro du=malko ᵊḥnīq bu=băḥar, nafil bu=băḥar, ᵊḥnīq bu=băḥar. komir azzín as=saḥoye naḥiti ḥirre, ḥzalle u=zʿuro* 'Sie sagten: Der Sohn des Königs ist im Meer ertrunken. Er ist ins Meer gefallen und ist im Meer ertrunken. Die Schwimmer gingen und tauchten hinunter und fanden den Jungen.' MT 4.1:7 || Syr. *saḥoyo* 'id.' SL 993 → **sḥy**[1]

sakin *adj.* wohlauf | *w kīt ġắlăbe hōl l-uʿdo sakin w baḥ=ḥaye, ᵊd-kítwayye ṭaye, yaʿni hinne qamayto ṣūroye-wayye, hawin bu=sayfo ṭaye* 'Es gibt viele, die heute noch wohlauf und am Leben sind, die Muslime waren. Das heißt, sie waren zuvor Christen, während des Sayfo wurden sie Muslime.' MT 3.2:34 || Arab. *sākin* 'wohnend' Wehr 428

sākkah ~ sākka *n.m.*, *pl.* **sakkahat, sākkahe** Eisenpflock zum Anbinden des Pferdes | *manṭalle as=sākkahatte aʿmayye w manṭalle ad=dŭquqatte aʿmayye w aṯin, miḷḷe áydarbo gĭsulqitu, miṟṟe hawxa. komir ḥa mĭnayye midle u=sākka w midle u=dŭquqo w gūm w gūm w gūm, kmaḥisi aʿlayye, kmahzᵊmi* 'Sie nahmen ihre Eisenpflöcke mit, nahmen ihre Holzhämmer mit und kamen (zum Schloss). Er sagte: Wie wollt ihr hinaufsteigen? Sie sagten: So. Einer von ihnen nahm einen Pflock, nahm den hölzernen Schlegel, und bum bum bum, da wurden sie auf sie aufmerksam, und sie flohen.' MT 5.3:14 • RW 451 || cf. Arab. *sikka* 'Pflugschar' Wehr 426

sakṯo *n.f.*, *pl.* **seke** Pflock, Pflugschar | *komir Mar Malke damix, kitwo ēl d-kočar tamo. komir azzé grĭšle i=sakṯo marfele u=arwono iniqle i=emo* 'Mor Malke schlief ein. Es gab dort einen Stamm der Kōčar. (Der Teufel) ging hin, zog den Pflock heraus und ließ das Kälbchen frei, und es saugte bei seiner Mutter.' MT 4.4:17 • RW 452 || Syr. *sekṯo* 'id.' SL 1012

sălame *n.f.* Wohlbefinden | *w aʿ=ʿeze-stene bilmĭṯil, kmanšᵊfinne lăšan i=naqla di=wăladaṯṯe d-hŭwalle b-sălame, d-howin af=farxaṯṯe zaxmīn* 'Ebenso bei den Ziegen, sie melken sie nicht mehr, damit sie bei der Geburt (ihr Junges) sicher zur Welt bringen können, damit ihre Jungen kräftig werden.' MT 1.1:88 • RW 452 || Arab. *salāma* 'Wohlbehaltenheit, Heil' Wehr 435

sắlăṭa *n.f.* Salat | *aʿmayye-ste kizzé sắlăṭa, ᵀçoban salatasıᵀ, w dawġe* 'Dazu passt ein Salat, ein Hirtensalat und Ayran.' MT 2.7:16; *veya latlux sắlăṭa ḥaḏir, ṭurši* 'Wenn du keinen Salat zur Hand kannst, (nimmst) du eingelegtes Gemüse.' MT 2.10:3

sālča *n.f.* Tomatenmark | *bi=ṭawa, ksaymit u=ṣōṣ diṯṯe, ʿam zayto, kmaḥtatle ʿil mĭnayye, w sālča, maye d-bădinğan-ste w maye du=bibar-ste, maye, sālča du=bibar, hawxa kowe ṣōṣ xi=ʿade* 'In der Pfanne machst du die Sauce für sie, die du hinzufügst, mit Öl, Tomatenmark und Paprikapaste. So wird es eine ordentliche Sauce.' MT 2.11:6 • Nicht in RW || Türk. *salça* 'Tomatensoße.'

saliqo *part.*, f. **saliqto**, *pl.* **saliqe** hinaufgestiegen, hinaufsteigend | *iḏa d-howe saliqo du=măṯibḥo kmaslᵊqi u=miṯawo lu=măṯibḥo* "Wenn er jemand ist, der zum Altar hinaufgestiegen ist, dann tragen sie diesen Toten hinauf zum Altar.' MT 1.2:7 → **slq**

salo *n.m.*, *pl.* **sale** Korb | *kuḏʿo mid samiq foṯe du=laḥmo, gbidyo qqušʿole, w kmaḥtile bu=salo w kmanṭalle lu=bayto* 'Sie kennt sich aus, und wenn die Oberseite des Brots Farbe annimmt, beginnt sie es abzuziehen. (Das fertige Brot) legt man in den Korb und bringt es nach Hause.' MT 1.1:24 • RW 453 || Syr. *salo* 'id.' SL 1012

salōġ *n.m.* Nachricht | *omir ašír húwwalli, salōġ, kīt harke wălaye rabṯo, kīt biya dayroyo, kimmi kmaniḥ ak=kayiwe, gĭmawbanne l-tamo* 'Man hat mir die Information gegeben, dass es hier eine große Stadt gibt, in der ein Mönch ist, von dem man sagt, dass er die Kranken heilt. Dorthin werde ich ihn bringen.' MT 5.1:31 • RW 453 || Kurm. *salox, salix* 'id.' Chyet 527-528

samdo *n.m.* Weizengrieß, feiner Bulgur | *i=ḥeṭo kmišloqo, kuyo danoke, knišfo, bĭṯir gdayqila bu=dang, bĭṯir kṭuḥnila, kmifqi mi=ḥeṭayo birġil xašuno, birġil nōrmāl, di=šriʿaye, kmifqi samdo* 'Der Weizen wird in Wasser gekocht, er wird zu *danoke*. Er trocknet, dann wird er mit dem Mahlstein enthülst, dann mahlt man ihn und macht daraus groben Bulgur, normalen Bulgur, der mit kleinen Nudeln (gemischt wird), man macht daraus *samdo*.' MT 2.7:2 • RW 453 || Syr. *samdo* 'barley bread; porridge of wheat' SL 1016; cf. Syr. *smido* 'fine flour' SL 1017 → **smaydike**

samyo *adj.*, f. **smiṯo**, *pl.* **samye** blind | *omir ann=abohoṯani lĭ=ftiḥḥe ʿayn das=samye* '(Der Mönch) sagte: Haben diese Kirchenväter nicht die Augen der Blinden geöffnet?' MT 4.3:10 • RW 454 || Syr. *samyo* 'id.' SL 1017 → **smy**

sanduqo *n.m.*, *pl.* **sanduqe** Truhe, Kasten | *ṭray aḥunux moḥe kămanča w hāt mičík bu=sanduqo, maḥatlux bayn as=sanduqe di=kalo w zoxu* 'Dein Bruder soll auf der Geige spielen und du schlüpfe in eine Truhe, (dein Bruder) soll dich zwischen die Truhen der Braut stellen, und geht (mit).' MT 5.2:9 • RW 454 || Arab. *ṣandūq* 'id.' Wehr 531

săqaṭ ~ **ṣăqaṭ** *adj.*, *pl.* **saqṭīn, ṣaqṭīn** verkrüppelt, behindert | *omir ann=abohoṯani lĭ=ftiḥḥe ʿayn das=samye, lĭ=maniḥḥe aṣ=ṣaqṭīn* '(Der Mönch) sagte: Haben diese Kirchenväter nicht die Augen der Blinden geöffnet, haben sie nicht die Lahmen geheilt?' MT 4.3:10; *u=săqăṭawo kĭlé taḥt i=nvine d-nuxraytux, u=dōṣṭ d-nuxraytux-yo. hăka mĭ-babux-hāt, gizzúx quṭlatle* 'Der Verkrüppelte ist unter dem Bett deiner Verlobten, er ist der Liebhaber deiner Verlobten. Wenn du ein echter Mann bist, dann geh und töte ihn.' MT 5.3:58 • cf. *ṣaqaṭ* RW 476 || Türk. *sakat* 'id.'

saqiye *n.f.* Wassergraben | *immi gĭḥufrínale lăġim, saqiye arbi=mitrowat fiṯyo w arbi ʿimqo w gizzano mhaġġiġínale* 'Sie sagten: Wir graben ihm einen Tunnel, einen Wassergraben von vierzig Metern Breite und vierzig Metern Tiefe. Dann reizen wir ihn zum Angriff.' MT 5.2:49 • RW 454 || Arab. *sāqiya* 'Bewässerungskanal' Wehr 426

săraye *n.f.* Verwaltungsgebäude | *miḷḷe gmŭḥena bi=ḥkume meqim mĭd moḥin, hăma qay qquṭlilan b-pīstiye, mḥele qamayto huwe bi=săraye* 'Er sagte: Wir wollen die Regierung angreifen, bevor sie uns angreift. Warum sollen sie uns in niederträchtiger Weise umbringen? Also griff er als erster das Verwaltungsgebäude an.' MT 3.3:3 • RW 455 || Türk. *saray* 'id.'

sarbast *adj.* frei, ungehindert | *simme idara čike b-čike, bdalle baṣ=ṣănayiʿ diṯṯe w bdalle bu=šuġlo w ʿamlaṯṯe w bu=bēʿ w băzār, izzinwo sarbast, sayyār satiġi* 'Nach und nach hatten sie ihr Auskommen, sie nahmen ihr Handwerk wieder auf, sie begannen mit ihrer Arbeit, mit Kauf und Verkauf. Sie gingen ungehindert als fliegende Händler.' MT 3.2:31 • RW 455 || Türk., Kurm. *serbest* 'id.'

sato *n.f., pl.* **sate** Weinstock | *mḥalaqli biṯrayye biṯrayye ŭno-stene m-bayn ak=karme. bayn ak=karme čĭkina taḥt sato* 'Also lief auch ich immer hinter ihnen her, ab den Weingärten. In den Weingärten versteckten wir uns unter den Weinstöcken.' MT 3.1:10 • RW 457 || Syr. *sato* 'vine' SL 1051

satro *n.m., pl.* **satre** Vorhang | *aᶜ=ᶜeze-ste qqayṣi mĭnayye marᶜeze, u=marᶜezano kᶜuzlile, w mid ᵊᶜzille ksaymile baṭṭaniyāt, kmaḥtinne ᶜal ag=gale aw kimᶜalqinne m-darb as=satre* 'Von den Ziegen schert man das Ziegenhaar, das Ziegenhaar spinnt man, und wenn sie es gesponnen haben, stellen sie daraus Kelims her, die sie auf das Bett legen, oder die sie anstatt von Vorhängen aufhängen.' MT 1.1:93 • cf. *ṣaṯro* RW 476 || cf. Syr. *setro* 'secret', *setoro* 'covering, protection' SL 1053

saṯlo *n.m., pl.* **saṯle** Eimer | *kmaydi u=ḥawdalano bas=saṯle lăšan d-lĭ=qoyir w kkufxile, kul ṯawbo saṯlo aw tre* 'Sie nehmen den *ḥawdal* in Eimern, damit er nicht abkühlt, und gießen ihn (auf die Tücher), (auf) jedes Tuch einen Eimer oder zwei.' MT 1.1:54 • RW 476 || Arab. *saṭl* 'Eimer (bes. aus Holz od. Metall)' Wehr 419

saṯwo *n.m.* Winter | *bu=saṯwo u=yawmo d-kowe šimšo kmawfqi aḥ=ḥĭyewin diṯṯe, howe talgo-ste ġamo layt, ᶜal u=talgo-ste kimfarfᵊsi a=ftilani* 'Im Winter, an einem sonnigen Tag, holen sie ihre Tiere (aus dem Stall) – selbst wenn Schnee liegt, macht das nichts, selbst auf dem Schnee zupfen sie die Grasstränge auseinander und ihre Tiere fressen sie.' MT 1.1:71 • RW 457 || Syr. *saṯwo* 'id.' SL 1051

săwāl *n.m.* Vieh | *aḥna sidan u=ḥa d-ᵊkḥŭwele săwāl, mĭnayye kŭwalle ᶜwone, mĭnayye ᶜeze w mĭnayye tawroṯo* 'Wer bei uns Tiere hält ... Manche haben Schafe, manche Ziegen und manche Kühe.' MT 1.1:73 • RW 457

sawko *n.m., pl.* **sawke, sawkoṯo (1)** Kopfhaar **(2)** Zweig | *man d-ᵊkḥoze mĭnayye bu=ṭuro, d-ᵊkmawbil qayse w d-ᵊkmawbil sawkoṯo* ... 'Wen immer er von ihnen im Wald sah, wie er Holz holte oder Zweige holte ...' MT 5.2:84 • RW 457 || Syr. *sawko, sawkṯo* 'branch, twig' SL 978, 979; Tezel 2003: 139-140

sawṭ ~ ṣawt *n.m.* **(1)** Stimme, Laut | *kīt kmo niše d-kowe ṣawt diṯṯe basimo* 'Es gibt ein paar Frauen, die eine schöne Stimme haben.' MT 1.2:2 **(2)** Lärm | *saymiwo sawṭ, ha haye ha haye, yaᶜni gdayqi birġil, kaʾinnahu latte hăž mu=ḥarb, lĭ=kmahimme-yo* 'Sie machten Geräusche, *ha haye ha haye*, wie wenn sie den Bulgur stampften, so als ob sie sich nicht um den Krieg kümmerten, als ob er sie nichts anginge.' MT 3.2:16 • RW 476 || Arab. *ṣawt* 'id.' Wehr 534 → **ṣawt**

saxlo *n.m., pl.* **saxle** Junges (von Tieren und Menschen), ungeborenes Kind | *mifqiwo an=naᶜime, as=saxle mann=emoṯaṯṯe!* 'Sie rissen die Kinder, die ungeborenen Kinder aus ihren Müttern heraus!' MT 3.1:16 • RW 457 || cf. Syr. *saḵlo* 'foolish, fool' SL 1010; cf. Anat. Arab. *saxle* 'Jungziege, Zicklein' JK 66

sayfo *n.m., pl.* **sayfe (1)** Schwert | *bas=sayfe šulḥiwo qarᶜe di=ᶜaskar* 'Sie schlugen mit den Schwertern den Soldaten die Köpfe ab.' MT 3.2:39 **(2)** ⊗ immer mit bestimmtem Artikel *u=Sayfo*, der Völkermord von 1915 | *miḷḷe aḥuni, ᵊqṭille bi=šato du=sayfo b-ᶜIwardo* 'Er sagte: Meinen Bruder haben sie im „Jahr des Schwertes“ in ᶜIwardo getötet.' MT

1.5:39 || Syr. *sayfo* 'id.' SL 1006; cf. Arab. *sayf* 'id.' Wehr 457

sayomo, f. **sayamto**, *pl.* **sayome** *n. agent.* jemand, der etw. macht | *mid simme u=ftilo yarixo w brimme, u=sayomo du=ftilo, ᵊqqoyim kmoyid u=ḥa rišawo ba=tre droᶜonayde kimlawlable ᶜal ᵊḥdode* 'Wenn sie den Grasstrang lang gemacht und gewickelt haben, dann nimmt der eine ein Ende mit seinen beiden Armen und schwenkt (den Strang) um sich selbst.' MT 1.1:69 → **sym**

sayomo d-ᶜarše Zahnarzt, Dentist | *ᶜŭwadwo diščitiye, yaᶜni sayomo d-ᶜarše* 'Er arbeitete als Dentist, also als Zahnarzt.' MT 1.6:1 → **ᶜaršo**

sayyār satiği fliegender Händler | *bdalle baṣ=ṣănayiᶜ ditte w bdalle bu=šuġlo w ᶜamlatte w bu=bēᶜ w băzār, izzinwo sarbast, sayyār satiği* 'Sie nahmen ihr Handwerk wieder auf, sie begannen mit ihrer Arbeit, mit Kauf und Verkauf. Sie gingen ungehindert als fliegende Händler.' MT 3.2:31 || Türk. *seyyar satıcı* 'id.'

sayyid Herr (Titel) | *babi mille Sayyid Aḥmad! mille min-yo, stād?* 'Mein Vater sagte: Sayyid Aḥmad! Er sagte: Was gibt's, Meister?' MT 1.5:45 • Nicht in RW || Arab. *sayyid* 'id.' Wehr 449

sayyidna Hochwürden! (Anrede an Bischof, Patriarch) | *maltamle ak=kohne d-ᵊl-ḥidorayye kulle, w d-ᵊd-kitwo b-Bissorino-stene, w atin mirre, hī sayyidna, l-mī=qreluxlan?* '(Der Patriarch) versammelte alle Priester aus der Umgebung, und auch die von Bissorino. Sie kamen und sagten: Nun, Hochwürden, weswegen hast du uns zusammengerufen?' MT 4.3:1 || Arab. *sayyidnā* 'unser Herr' → **sayyid**

sᶜr → **ṣᶜr** ~ **sᶜr**

sefo *n.m.* Schoß | *mille, oo ba, atyówali žīnikke b-čarčaf šafiro, hiya šafirto, u=nuhro aᶜla w mídlali maḥátlali b-sefa* 'Er sagte: Oh Papa, eine Frau in einem schönen Umhang kam zu mir, und sie selbst war auch schön, das Licht umgab sie. Sie nahm mich und setzte mich auf ihren Schoß.' MT 4.1:8 • RW 458 || Etym. unklar, cf. Syr. sfy *Pe.* 'to heap together, to collect, to lift up' SL 1029-30

shr || Arab. *shr I* 'die Nacht wachend verbringen' Wehr 445

I *sahir, sahiro - sohir, suhro intr.* wach bleiben, die Nacht wachend verbringen | *bas aq=qariwe-qariwe kfayši hōl ṣafro lī=gdumxi, lo ab=bī-babe di=kalo w lo ab=bī-babe du=ḥatno, kowe sidayye mištuto, ksuhri hōl ṣafro* 'Doch die nahen Verwandten bleiben bis zum Morgen und schlafen nicht, weder die Eltern der Braut noch die Eltern des Bräutigams, sie feiern Hochzeit und bleiben bis zum Morgen auf.' MT 1.3:23

sḥy[1] || Syr. *sḥy* 'to wash o.s., bath, to swim' SL 992-93

I *sḥele, sḥela - soḥe, siḥyo* **(1)** *intr.* schwimmen **(2)** *intr.* baden | *šmiṭla ğula li=žinnīke w yatiwo d-suḥyo, milla tix frax ḥaṣi!* 'Die Frau zog ihre Kleider aus und setzte sich hin, um sich zu baden. Sie sagte: Komm und massiere mir den Rücken!' MT 4.5:13

III *masḥele, masḥela - masḥe, masḥᵊyo tr.* jdn. baden, jdn. waschen | *kimmi yalla qumu mašíġulle, mid qayimi lu=tīšiġayde, yaᶜni kmasḥalle huwe mito, w kmalwᵊšile ğule nadife* 'Sie sagen: Los, wascht ihn. Wenn sie sich anschicken, ihn zu waschen, führen sie die Totenwäsche durch, und dann ziehen sie ihm saubere Kleider an.' MT 1.2:4

sḥy[2] ⊗ < *ʿṣy* festhalten | *sḥay aʿla* 'Halte an ihr fest!' MT 5.2:8 → **ʿṣy**

sĭ- *prep.* bei, neben ⊗ vor Vokal *s-*, mit Pronominalsuffixen *sid-* | *i=adro d-kul=nošo sĭ-ḥdode kuyo, ǧirān* 'Die Dreschplätze aller Leute liegen nebeneinander, wie Nachbarn.' MT 1.1:10; *azzano as=sinʿatkār kulayna, l-sū=qaymăqām* 'Wir Handwerker gingen alle zusammen zum Landrat' MT 1.5:28; *ʿwidle side šato-yo tarte-yo tloṯo-yo* 'Er arbeitete bei ihm ein Jahr, zwei oder drei Jahre.' MT 5.1:1 || Syr. *ṣiḏ* 'near, at; according to' SL 1284

l-sĭ zu, nach | *u=qaymăqām ᵊṭlíblelan, azzano as=sinʿatkār kulayna, l-su=qaymăqām* 'Der Landrat bestellte uns ein, wir Handwerker gingen alle zusammen zum Landrat.' MT 1.5:28; *nošo mĭnayna lĭ=kmaǧre lo uzzé laffela w lo ʿobir l-sida* 'Niemand von uns wagt, zu ihr zu gehen, bei ihr einzutreten oder sonst etwas.' MT 4.4:5 → **l-**

Sĭʿirt Siirt, Stadt in der Südosttürkei | MT 1.6:1

sibbe *n.f.* Grund, Ursache → **săbab**

b-sibbe aus einem Grund | *i=naqqa d-ḥilla hawxa b-Mōr Zoxe, nafil leba buwe b-mo=lebe, yani lo b-sibbe d-kaččĭke, ᵊd-kurrĭko, ᵊd-kaččĭke* 'Als sie Mor Zoxe anschaute, da fiel ihr Herz ihm zu wie hundert Herzen, das heißt nicht, aus dem Grund, dass es ein Mädchen, Pardon ein Junge war, sondern ein Mädchen.' MT 4.5:11 → **b**

mi=sibbe d- weil | *dušmān látwolan mi=sibbe d-kítwayye noše sinʿatkār* 'Wir hatten keine Feinde, weil sie (d.h. wir) Handwerker waren.' MT 3.2:27 → **mĭ, d-**

sĭfoqo ~ **sfoqo** *n.m., pl.* **sĭfoqe, sfoqe** Gefäß, Geschirr (pl.) | *izzánowola lăšan u=byoḏo das=sfoqe da=qrĭyawoṯo* 'Wir gingen, um das Geschirr der Dörfer zu verzinnen.' MT 1.5:33; *mbašlíwunne čike ʿal u=dawqo xd-i=ʿade mbašlíwunne ᵊd-somiq čike, w hedi maḥtíwunne b-sĭfoqo, b-lăgan* 'Man buk (die Fladen) ein wenig auf dem Backeisen, man backte sie richtig, bis sie ein wenig braun wurden. Dann legte man sie in ein Gefäß, d.h. auf eine tiefe Platte.' MT 2.1:3 • RW 459

sikkar ~ **sikkaṛ**, *pl.* **sĭkekir (1)** *n.m.* Zucker | *bas ᵊb-Miḏyaḏ hawxa šĭkil-ḥa misamwo, yaʿni lo tārčin lo vanīlya lo mede, ḥalwo w rezo w sikkar-we* 'Aber in Midyat wurde nur eine Sorte zubereitet, das heißt, ohne Zimt, ohne Vanille und ohne irgendetwas. Er bestand nur aus Milch, Reis und Zucker.' MT 2.9:5 **(2)** Süßigkeiten ⊗ im *Pl.* | *bu=yawmo du=ʿeḏo, iḏa ʿeḏo=zʿuro-yo, kmawbᵊli sĭkekir w ǧule li=kalo* 'Am Festtag, wenn es sich um Weihnachten handelt, bringen sie der Braut Süßigkeiten und Kleider.' MT 1.3:5 • RW 462 || Arab. *sukkar* 'id.' Wehr 427

Siliva → **dašto**

sĭmoqo *adj.*, f. **sĭmuqto**, *pl.* **sĭmoqe** rot | *mid hawin az=zăbaš-ste, kṭumrinne taḥt i=arʿo lăšan d-busmi, w sidayna layto maye, d-lo=maye kyurwi w kowe ṭaʿmayye ġălăbe basimo, daz=zăbăšani, kowin sĭmoqe w ḥalye w basime* 'Wenn die Wassermelonen reif geworden sind, graben sie sie in die Erde ein, damit sie ausreifen. Bei uns gibt es kein Wasser, sie wachsen ohne Wasser und bekommen einen sehr guten Geschmack, diese Wassermelonen; sie werden rot, süß und wohlschmeckend.' MT 1.1:5 • RW 460 || Syr. *sumoqo* 'id.' SL 981

sinʿatkār ~ **ṣinʿatkār** *n.m., pl.* **id.** Handwerker | *bĭṯir mu=sayfo bi=gave aṯina l-Miḏyaḏ. w dušmān látwolan* *mi=sibbe d-kítwayye noše sinʿatkār, w bdalle bi=ṣinʿatte* 'Nach dem Sayfo kamen wir sofort nach Midyat. Wir hatten keine Feinde, weil sie (d.h. wir) Handwerker waren. Sie begannen mit ihrem Handwerk.' MT 3.2:27; *i=ṣinʿa kítwola qime, w mimadwo kallāt šafire, u=ṣinʿatkār ŭtewo l-ide* 'Das Handwerk besaß dort seinen Wert, und man nahm gutes Geld ein; der Handwerker bekam (gutes Geld) in die Hand.' MT 1.5:7 • Nicht in RW || Türk. *sanatkar* 'id.' → **ṣinʿa**

sindān *n.m., pl.* **sĭnedin** *n.m.* Amboss | *u=šuġlo d-lĭ=knofiq ḥiss mene i=naqqa d-lĭ=moḥit dŭquqo, čakuč, ʿal u=săč, ʿal u=sindān* 'Die Arbeit, bei der kein Lärm entsteht: Wenn du nicht mit dem Schlegel oder Hammer auf das Blech, den Amboss schlägst.' MT 1.5:30 • RW 464 || Arab. *sindān* 'id.' Wehr 454

sing • cf. *sing* 'Pflock' ? RW 464 || cf. Kurm. *sing* 'stake, spike, pile, post' Chyet 551 (?) → **dawrān**

sing w dawrān Chaos und Panik | *b-bĭ-ʿĂdoka hğimme laṭ=ṭaye aʿlayna, šdalle sing w dawrān baynoṯayna* 'Bei bĭ-ʿĂdoka griffen die Muslime uns an, sie verursachten Chaos und Panik unter uns.' MT 3.1:3 → **dawrān**

Sinğaq *n.m.* Kleinstadt in der Provinz Hassake, Syrien | MT 1.5:44

sīr *n.m.* Milchhaut | *mid bašilo i=rezo b-gawĕ du=ḥalwawo, hiya šaḥinto kmanḥĭtila w krŭmalla bas=sĭfoqe, ğğimdo bas=sĭfoqe kmisko sīr, w haṯe kmitamiḻḻa dašĭšto* 'Wenn der Reis in der Milch weichgekocht ist, nimmt man ihn vom Feuer, solange er noch heiß ist, und füllt den Milchreis in die Schalen. Er kühlt sich in den Schalen ab und bekommt eine Haut. Das nennt man Milchreis.' MT 1.1:85 • Nicht in RW || cf. Kurm. *serşîr* 'crème se formant à la surface du lait cru' DKF 1485; cf. Anat. Arab. *sīr* 'Rahm' VW 218

sira *n.f.* Reihe | *kmaydi ḥa b-ḥa ğğayṯile bu=dasto du=ḥawdal, w kmaḥtinne bi=sira* 'Dann nimmt man eine Girlande (von Walnüssen) nach der anderen, taucht sie in den Kessel mit dem eingedickten Traubensaft und hängt sie der Reihe nach auf.' MT 1.1:61 • Nicht in RW || Türk. *sıra* 'id.'

siryoyo *n.m.*, f. **siryayto**, *pl.* **siryoye** **(1)** Suryoyo (Ethnonym), Aramäer/ Assyrer | *aḥ=ḥimṣe qarʿone, hani-ste, muklo ʿatiqo diḏan das=siryoye-yo* 'Der Kichererbseneintopf mit Grießbällchen ist ein althergebrachtes Gericht von uns Suryoye.' MT 2.11:1 **(2)** syrisch-orthodox | *las=siryoye qralle la=hno, la=prūṭ, mĭre kito zuḥṯo aʿlayna* 'Die orthodoxen Christen wandten sich an die Protestanten, sie sagten zu ihnen: Wir werden bedroht.' MT 3.3:1 **(3)** *n.m.* Sprache: Aramäisch, Syrisch-Aramäisch, Surayt/Ṭuroyo | *u=dayro-yo ğğīl b-siryoyo* 'Der Mönch sprach auf Aramäisch.' MT 3.3:10 || Syr. *suryoyo* 'id.' SL 991

siryuṯo *n.f.* syrisches Christentum, Gesamtheit der Aramäer/Assyrer | *lĭ=šamiʿi, l-ádiʿi d-awi sayfo ʿal i=siryuṯo* 'Sie hörten nicht, sie wussten nicht, dass der Sayfo gegen die Christen stattgefunden hatte.' MT 3.4:8 → **siryoyo**

sisto *n.f., pl.* **sistoṯo** Stute, Pferd | *mašḥalle qarʿe di=sisto naqla mḥalaqle ruḥe d-oṯe laffelayye* 'Er machte das Pferd heiß und auf einmal stürzte er sich auf sie, um sie anzugreifen.' MT 5.2:50 • RW 466 → **sisyo**

sisyo *n.m., pl.* **sisye** Pferd | *ŭṯéwolan šawʿo ṣŭwariye ḥĭwore, lwiše ḥĭwore, as=sayfaṯṯe xd-ab=barqe, kitwo taḥtayye sisye ḥĭwore* 'Es griffen uns sieben weiße

Reiter an, weiß gekleidet, ihre Schwerter waren wie Blitze, und sie ritten auf weißen Pferden.' MT 1.1:39 • RW 466 || Syr. *susyo* 'id.' SL 986

sĭwīl *adj.* zivil | *ak=kaččĭkāt w an=niše d-kítwayye baynotayye šafire lĭ=qṭĭlinne, hani kulle i=ʿaskar mawbĭ́lanne, i=ʿaskar di=ḥkume w das=sĭwīl, mawbĭ́lanne-ne niše* 'Die schönen Mädchen und Frauen, die unter ihnen waren, tötete man nicht, die alle nahmen die Soldaten (sich), die Soldaten der Regierung und die zivilen Soldaten, sie nahmen sie sich zu Frauen.' MT 3.2:35 • Nicht in RW || Türk. *sivil* 'id.'

Skandar männlicher Personenname, Alexander | MT 3.4:6

skino *n.f.* Messer | *kīt ṭamo, ʿade-yo sidayna, kmanṭin šarbo d-am=maye w i=skino, ᵊkmoyid ḥa i=skino b-iḏe di=kalo, ksaymi ṣlibo ʿal u=tarʿo* 'Es gibt dort ..., es ist bei uns Sitte ..., man bringt einen Wasserkrug und ein Messer. Einer nimmt die Hand der Braut, die das Messer hält, und (gemeinsam) zeichnen sie ein Kreuz an die Haustür.' MT 1.1:31 • RW 467 || cf. Syr. *sakino* 'id.' SL 1009; cf. Arab. *sikkīn (f.)* 'id.' Wehr 428

skn || Arab. *skn I* 'sich (zu Hause) ausruhen; wohnen; bewohnen' Wehr 428

I *sakin, sakino - sokin, sukno intr.* sich niederlassen, wohnen | *sakini b-ʿIwardo w hin b-Anḥil fălān, elo aġlab du=ḥarb diṯṯe b-ʿIwardo hawi* 'Sie ließen sich in ʿIwardo nieder, andere in Anḥil, doch die meisten ihrer Kämpfe fanden in ʿIwardo statt.' MT 3.3:7

sḷāḥ ~ ṣḷāḥ *n. coll.* Waffen | *hĝimme, msaʿaṟṟe lu=dinayḏan, mḥalle ṣḷāḥ b-lalyo ġălăbe aʿlan* 'Sie attackierten uns, sie verfluchten unsere Religion, sie schossen häufig in der Nacht auf uns.' MT 1.6:12 • RW 467 || Arab. *silāḥ* 'id.' Wehr 430

Slayman männlicher Personenname | MT 1.5:49 = **Sleman ~ Slemān**

Sleman ~ Slemān männlicher Personenname | MT 1.6:1,5 = **Slayman**

slg || cf. Türk. *silgi* 'Radierer'

Ip *slīg, sligo - mislig, mislogo intr.* abgeschabt werden, ausradiert werden | *komir ʿarqᵊwone sligi, nqiwi haqqās hingi kmoḥe raġloṯe bak=kefe* 'Seine Fersen wurden abgeschabt, sie wurden eingedellt, so stark schlug er seine Füße an die Steine.' MT 5.2:55

slm || Arab. *slm II, IV* 'übergeben, aushändigen, ausliefern' Wehr 434

II *msalamle, msalamla - msalim, msalmo tr.* übergeben | *omir kŭbaʿno i=kaččĭkaṯe d-ᵊmsalmítulla, w d-lĭ=msalmítulla u=šuġlo gĭyoqir, yaʿni mazíʿlelan* 'Er sagte: Ich möchte, dass ihr dieses Mädchen herausgebt, und wenn ihr sie nicht herausgebt, dann wird die Sache ernst. Er wollte uns Angst machen.' MT 1.6:6

III *maslamle, maslamla - maslim, maslᵊmo tr.* übergeben | *miḷḷa uʿdo d-ŭbanxu a=tre šayrayḏi, gĭmaflᵊtítulle? (...) komir šmiṭla a=tre šayrayḏa m-ʾiḏa maslᵊmila* 'Sie sagte: Wenn ich euch jetzt meine beiden Armreifen gebe, lasst ihr ihn dann frei? (...) Da streifte sie ihre beiden Armreifen ab und händigte sie (diesen Leuten) aus.' MT 5.1:19

IIp *msalim, msalmo - misalim, misalmo* übergeben werden, übertragen werden | *ḥḏo-ste kŭbola i=maġrafto, kaʾinnahu i=kăbāntiye du=bayto msalmo liya* 'Eine (Frau) übergibt ihr (der Braut) den Schöpflöffel, das bedeutet, dass ihr nun die Würde der Hausfrau übertragen wurde.' MT 1.3:31

slq || Syr. *slq Pe.* 'to go up' SL 1013 → **ysq**[1]

I *saliq, saliqo - soliq, sulqo intr.* steigen, hinaufsteigen | *kmašiġ raġlote w ksoliq ʿar=riše du=kisawo, bdele kʿŭṣarre* 'Er wäscht sich die Füße und steigt auf diesen Sack und beginnt (die Trauben) auszupressen.' MT 1.1:50; *mḥele arbi=săkkahe saliq lu=quṣro* 'Er schlug vierzig Pflöcke ein und stieg hinauf zum Schloss.' MT 5.3:15

III *maslaqle, maslaqla - masliq, maslᵊqo tr.* hinaufbringen, hinauftragen | *ida d-howe saliqo du=mătibḥo kmaslᵊqi u=mitawo lu=mătibḥo* 'Wenn er jemand ist, der zum Altar hinaufgestiegen ist, dann tragen sie diesen Toten hinauf zum Altar.' MT 1.2:7

sly || Arab. *slw II* 'vergessen lassen, trösten' Wehr 436

II *msalele, msalela - msale, msalyo* trösten | *u=ʿăza kimdawim sab=bĭ-babe du=mito, yaʿni bu=baytayde, gboxin an=niše w kimṣanti ag=gawre-ste, kizzín w otin. kimminne ṭr-owe rišayxu basimo, yaʿni kimsalin more du=mito* 'Die Trauerzeit im Elternhaus des Toten geht weiter, die Frauen stimmen Klagelieder an und die Männer lauschen, und (die Besucher) kommen und gehen. Sie sagen zu ihnen: Mögt ihr gesund bleiben, d.h. sie trösten die Angehörigen des Toten.' MT 1.2:12

smaydike *n.f.* extrafein gemahlener Bulgur | *kmifqi mi=ḥeṭayo birġil xašuno, birġil nōrmāl, di=šriʿaye, kmifqi samdo, kmifqi smaydike* 'Man macht daraus (aus dem Weizen) groben Bulgur, normalen Bulgur, der mit kleinen Nudeln (gemischt wird), und man macht daraus *samdo* und *smaydike*.' MT 2.7:2 • cf. *smayd* RW 467 → **samdo**

smḥ || Arab. *smḥ I* 'großmütig od. nachsichtig sein; erlauben; gestatten', *III* 'verzeihen' Wehr 437-438

I *smiḥle, smiḥla - somiḥ, simḥo tr.* erlauben | *Aloho lĭ=ksomiḥ l-insān d-howe bi=ḥkumayde w howe kīn w ġăraz b-lebe* 'Gott erlaubt es dem Menschen nicht, dass er unter seiner Regierung lebt und (zugleich) in seinem Herzen Hass und Rachegedanken (gegen andere) hegt.' MT 3.2:43

II *msamaḥle, msamaḥla - msamiḥ, msamḥo tr.* vergeben | *kīt matlo bu=mgalyūn d-komir-ᵊste, ida šwaʿ kore šawʿi d-ḥoṭe u=aḥunaydux b-ḥaq didux, klozim d-ᵊmsamḥatle* 'Auch im Evangelium heißt es: Wenn dein Bruder siebenmal siebzig Mal gegen dich sündigt, musst du ihm vergeben.' MT 3.2:43

smq || Syr. *smq Pe.* 'to be red' SL 1021

I *samiq, samiqo - somiq, sumqo intr.* rot werden, knusprig werden | *kturi biya beʿe, ksayminne ṣfero. mid samiqo i=ṣfero bayn u=mišḥawo, maʿnata hawi* 'Man schlägt Eier auf und gibt sie hinein und macht ein Omelett. Wenn das Omelett in dem Butterschmalz knusprig braun (wörtl.: rot) geworden ist, dann heißt das, dass das Butterschmalz fertig ist.' MT 1.1:79

III *masmaqle, masmaqla - masmiq, masmᵊqo tr.* rot färben, knusprig werden lassen | *băle hiya i=ʿadayda, du=farmo-wa, elo kitwo l-ŭ̈ṯewo hin mĭnayye-ste, w l-ŭ̈wewo-ste, yaʿni bu=bayto-ste huyowa. išmo am=mayayda w hedi hedi riṯḥowa w bĭṯir, laybin masmᵊqíwola, yaʿni čike mĭ-lalʿil* 'Eigentlich war es aber üblich, sie im Ofen zu backen, doch es gab Leute, die sich das nicht leisten konnten. Wenn das also nicht ging, dann konnte man sie auch zu Hause zubereiten. Nur musste das Wasser ganz schwach kochen, und danach ... doch sie konnten sie oben nicht knusprig werden lassen.' MT 2.4:7

smy || cf. Syr. *smy Pa.* 'to blind' SL 1017

III *masmele, masmela - masme, masmᵊyo tr.* blind machen | *mḥalaqqe bit̠rayye, ba ayko kḥŭzanne, Aloho gĭmasmelin* 'Sie nahmen die Verfolgung auf, doch wo wollten sie sie sehen, Gott machte sie blind.' MT 4.5:18

snd || Arab. *snd I* 'sich stützen' Wehr 443

I *snidle, snidla - sonid, sindo tr.* stützen, (mit *ruḥ-*) sich an etw./jdn. (*l-*) anlehnen | *ṭăbi snidde ruḥayye lann=aġawiye lu=fĭlān bēhvān, daʕiri lad=dŭkot̠at̠te* 'Sie arrangierten sich wiederum mit den Aghas und kehrten in ihre Dörfer zurück.' MT 3.3:12

sōhdo *n.m., pl.* **sōhde** Zeuge, Märtyrer | *u=rĭzunano naqqa=ḥreto laḥmo-yo, bas ksaymile bu=šĭkil du=ṣlibo w kmaḥti buwe kallăt, ak=kallătani lo mede lăšan t̠arwe, aw lăšan ᵊhno, bu=tašbīh dann=arbi sōhde* 'Auch dieses *rĭzuno*-Brot ist eine Brotart, doch sie backen es in der Form eines Kreuzes und stecken Geldmünzen hinein. Diese Münzen verwendet man nicht wegen ihres Geldwertes oder so, sondern sie erinnern an die vierzig Märtyrer.' MT 1.3:18 • cf. *suhd̠o* RW 470 || Syr. *sohdo* 'id.' SL 973 = **suhdo**

sowo, f. **sawto**, *pl.* **sowe** *adj.* alt (Menschen und Tiere) | *lĭ=kowe dizzōx! ŭno kĭlí sowo, kitlux arbo=naʕime, ŭno w emux sowe, ṭŭreno an=naʕimani w izzino, w izzúx l-Amérĭka, hedi haw gduʕrit* 'Du darfst nicht gehen! Ich bin ja alt. Du hast vier Kinder, (doch) ich und deine Mutter sind alt. (Wie kannst du sagen:) Ich will meine Kinder zurücklassen und gehen. Wenn du nach Amerika gehst, dann kommst du nicht mehr zurück.' MT 3.4:3 • RW 468 || Syr. *sobo* 'old man, grandfather, elder' → **syw**

sōz *n.m.* Wort, versprochen! | *mil̤la, ya bart̠i, hăma min d-ibʕit, ŭno kĭlí qumix. sōz? immo sōz! aʕmux w ʕam u=Alohayd̠ux* 'Sie sagte: Meine Tochter, was immer du willst, ich stehe bereit. – Versprochen? – Sie sagte: Versprochen. (Ich bin) mit dir und mit deinem Gott.' MT 4.5:15 • RW 460 || cf. Türk. *söz* 'id.'; cf. Kurm. *soz* 'id.' Chyet 560

spētsiyāl *adj.* speziell | *am=mid̠yoye kitte ġălabe muklone hawxa spētsiyāl* 'Die Midyader haben viele ganz spezielle Gerichte.' MT 2.7:1

sqṭ[1] || cf. Türk. *sakatlamak* 'verstümmeln, zum Krüppel machen, verletzen' → **săqaṭ** ~ **ṣăqaṭ**

II *msaqaṭle, msaqaṭla - msaqiṭ, msaqṭo* zum Krüppel machen | *qṭili tre mĭnayye w ḥa mĭnayye msaqaṭli, w qṭiʕli qarʕe da=tloṭo naʕime* 'Ich tötete zwei von ihnen und einen von ihnen machte ich zum Krüppel. Ich schnitt die Köpfe der drei Kinder ab.' MT 5.3:55

sqṭ[2] || cf. Arab. *sqṭ I* 'ausfallen, entfallen', *IV* 'entfallen lassen' Wehr 424

I *sqiṭle, sqiṭla - soqiṭ, suqṭo* von der Arbeit abhalten, verhindern | *mid azzán su=qaymăqām, e mil̤le, lĭ=kŭbaʕno yaʕni d-sŭqáṭnulxu, maklénulxu mu-šŭġlat̠xu* 'Als wir zum Landrat gingen, sagte er: Ich möchte euch keine Hindernisse in den Weg legen und euch von eurer Arbeit abhalten.' MT 1.5:28

srinoyo, f. **srinayto**, *pl.* **srinoye** Person aus dem Dorf Bissorino |

daʿiri amma bĭṯir-ste quṭliwo mĭnayye, bĭṯir ʾqṭille ma=srinoye, w qṭille ma=ʿwarnoye, qṭille man=niḥloye, w d-kitwo miḏyoye-ste baynoṯayye, qṭili baṭ=ṭurone baq=qayse 'Sie kehrten zurück, aber auch danach brachte man einige von ihnen um, man tötete Leute aus Bissorino, aus ʿIwardo, aus Anḥil, und auch Leute aus Midyat waren darunter. Sie wurden im Wald, beim Holzholen getötet.' MT 3.3:13 • RW 469 → **Bissorino**

s → **sĭ**

stād *n.m.* Meister | *huwe, u=šagirti, mimmanḏáfwole u=sfoqo bu=šiklawo, w gd-ĭṯewo l-qm-iḏe du=stād, u=stād gd-ŭmarwo lu=šagirti ḥreno, gd-ŭmarwo hāt nfaḥ maqíṯ i=nuro* 'Wenn der Geselle das Geschirrstück auf diese Weise gesäubert hatte und es in die Hand des Meisters kam, sagte der Meister zu dem anderen Gesellen: Du, fach an, schüre das Feuer an.' MT 1.5:13 || Türk. *üstad* 'id.' = **ustad**

Stambul ~ **Sṭambul** Istanbul | MT 1.6:4,14

stʿrf || Arab. *ʿrf VIII* 'gestehen, bekennen', *X* 'erkennen' Wehr 607

mistaʿrafle, mistaʿrafla - *mistaʿrif, mistaʿrʾfo intr.* etw. (*b-*) bekennen, beichten | *d-mistaʿrif bu=kewayḏe, u=mede d-simle gin-naḥle, w d-lo, nyoḥo layto* 'Wenn er (den Grund für) seine Krankheit bekennt, das was er getan hat, wird er genesen, andernfalls gibt es keine Genesung.' MT 5.1:35

-ste ~ **-stene** ⊗ enklitisch **(1)** auch | *bu=saṯwo u=yawmo d-kowe šimšo kmawfqi aḥ=ḥĭyewin diṯṯe, howe talgo-ste ġamo layt* 'Im Winter, an einem sonnigen Tag, holen sie ihre Tiere (aus dem Stall) – selbst wenn Schnee liegt, macht das nichts.' MT 1.1:71; *mḥalle ṣḷāḥ b-lalyo ġắlăbe aʿlan, naqqawoṯo aṯín, w aḥna-ste lu=gorān di=quwayḏan ʾhnena..., mdafʿínawo* 'Sie schossen häufig in der Nacht auf uns. Manchmal griffen sie uns an und auch wir verteidigten uns, so gut wir konnten.' MT 1.6:2 **(2)** was ... betrifft (Topikmarker) | *mid Aloho hawxa kŭwele raḏa, u=zadano-stene kmoṭe, kšoʿiṯ, kowe waxt du=ḥṣodo* 'So Gott will, wird das Getreide reif. Es färbt sich gelb und die Erntezeit rückt heran.' MT 1.1:8; *ŭno-ste bi=bădaye bdeli ḥayoṯo, w bĭṯir azzino ʿam babi-ste li=rēğbăriye* 'Ich begann zunächst als Schneider, und später ging ich mit meinem Vater in die Landwirtschaft.' MT 1.7:7 → **-ze**

stfd || Arab. *fyd X* 'erwerben, gewinnen, profitieren' Wehr 719

mistafadle, mistafadla - *mistafid, mistafdo* profitieren, Nutzen ziehen | *aq=qaše kimmi qĭṣayiṣ, b-ḥaq daq=qadiše, b-ḥaq d-ʾMšiḥo, lăšan d-mistafdo i=ğămaʿa d-kitne yatiwe* 'Die Priester erzählen Geschichten, über die Heiligen, über den Messias, damit die Anwesenden, die dort sitzen, davon profitieren.' MT 1.2:15; *lăšan d-mistafdi mu=ḥalwo d-saymile gweto, nuḥriwo u=ṣafuro meqim mid yoniq mi=emo* 'Um die Milch zur Käseherstellung zu benutzen, schlachteten sie das Junge, bevor es von der Mutter saugte.' MT 1.1:82

stĭmbār *n.m.* Brett aus Pappelholz | *u=ḥa d-kodiʿ kmanṭele stĭmbār, gdoyiq buwe basmore bi=xasrayo w b-ayo, kimʿaliq aʿ=ʿăqudani d-lo d-qayṯi b-ʾḥdoḏe* 'Wer sich auskennt, holt sich ein Brett aus Pappelholz, schlägt auf beiden Seiten Nägel ein und hängt dann die Süßwürste so auf, dass sie sich nicht berühren.' MT 1.1:62 • Nicht in RW || cf. Kurm. *spîndar* 'poplar tree' Chyet 561

stĭraḥa *n.f.* Ruhe, Ruhepause | *biṯir mĭ-falge=d-yawmo, mi=stĭraḥa naqqa=ḥreto d-manṭin aḥ=ḥĭyewin diṯṯe w maṣrinne ʿal i=adro* 'Nach der Mittagszeit, der Ruhepause, bringen sie wieder ihre Tiere und schirren sie auf der Tenne an.' MT 1.1:15 • RW *ist(i)rāḥa* 254 || Arab. *istirāḥa (< rwḥ X)* 'id.' Wehr 374

strḥm || cf. Arab *rḥm VI* 'für einander Verständnis haben', *rḥm X* 'um Erbarmen bitten' Wehr 339

mistarḥamle, mistarḥamla - mistarḥim, mistarḥᵊmo für (*b-*) einander Verständnis haben, einander rücksichtsvoll behandeln | *aṯí, yasiq hawo šēx Fatḥaḷḷa l-ʿIwardo, huwe w u=ḥasyo mistarḥamme b-ᵊḥḏoḏe* 'Jener Schech Fatḥaḷḷa kam hinauf nach ʿIwardo, er und der Bischof verstanden sich.' MT 3.1:31

str ~ sṭr || Syr. *str¹* 'to hide; to protect, shelter' SL 1052

I *satir, satiro - sotir, sutro intr.* Zuflucht finden | *aṯiwo ḥa srinoyo-we tre-wayne b-Miḏyaḏ sutriwo* 'Ein Mann aus Bsorino – oder waren es zwei – kam nach Midyat, um Zuflucht zu finden.' MT 5.4:1

III *masṭaḷḷe, masṭaḷḷa - masṭir, masṭᵊro tr.* beschützen | *m-arke l-arke, qayim hano u=Masʿid, Aloho mḥasele rabbi, masṭaḷḷe af=faqire w ay=yasire* 'Hin und her, dann hat dieser Masʿid, Gott sei seiner Seele gnädig, die Armen und die Flüchtlinge beschützt.' MT 3.1:24

Sṭambul Istanbul → **Stambul ~ Sṭambul**

sṭimo *adj.*, f. **sṭimto**, *pl.* **sṭime** hart, fest (Material) | *uʿdo d-ĭṯena lak=kutle, e hano u=birġil. bĭṯir mu=birġil saymiwo garso. hayo, i=ḥeṭo klozim huyowa sṭimto, immíwola iṭālyaniye* 'Jetzt kommen wir zu den Kutle. Nun, soweit zum Bulgur ... Neben dem Bulgur machten sie *garso*. Für den *garso* musste der Weizen hart sein, man nannte ihn italienischen (Weizen).' MT 2.7:5 • RW 480

sṭr → **str ~ sṭr**

suġlo *n.m.*, *pl.* **suġle** **(1)** Traube (Beeren) | *ak=karkūš mid maṭin qquṭfinne, ksaymi maye d-qaṭmo w kġayṭi suġlo b-suġlo bam=maye du=qaṭmano* 'Wenn die *karkūš*-Trauben reif sind, pflückt man sie, man bereitet Aschenlauge vor und taucht eine Traube nach der anderen in diese Aschenlauge.' MT 1.1:49 **(2)** Rispe | *izzínwo hinne b-lalyo gunwíwunne ĭšmo d-suġle du=daḥno* 'Sie gingen des nachts und stahlen ein paar Hirserispen.' MT 3.2:29 • RW 470

sūğ *n.m.* Schuld | *bĭṯir miftakalli ŭmaṇṇo, d-l-ĭbinala w howe mede rabo gĭmaḥti u=suğano kule b-ᵊqḏōl da=tretayna* 'Dann überlegte ich mir: Wenn wir sie nicht herausgeben und es entwickelt sich daraus eine größere Krise, dann wird man die ganze Schuld uns beiden anhängen.' MT 1.6:10 • cf. *sūç* RW 469 || Türk. *suç* 'id.'

suhdo *n.m.*, *pl.* **suhde** Zeuge | *omir ašír qariti ḥāl w ḥăwāl, i=măsălayḏa haṯe w b-aṯe-yo, kĭle aḥunux suhdo l-Aloho* 'Er sagte: Ach ja, mit meiner Patenverwandten verhält es sich so und so, ihre Geschichte ist so und so, und hier ist dein Bruder als Zeuge vor Gott.' MT 5.1:25 • cf. *suhḏo* RW 470 = **sōhdo**

sunqonan

laḥmo (d-) sunqonan unser tägliches Brot (im Vaterunser) → **laḥmo**

suri *adj.* syrisch, aus Syrien | *yatiwo qum babi, húlela ruʿe=d-waraqṯo suri* 'Sie hockte sich vor meinem Vater nieder, er gab ihr eine syrische Viertellira.' MT 1.5:49

Suriya Syrien | MT 3.2:36

sütlaç ⊗ Türkisch Milchreis

yanık sütlaç ⊗ Türkisch gebräunter Milchreis

swᶜ || Syr. *sbᶜ Pe.* 'to be sated, have one's fill', *Pa.* 'to satisfy, satiate' SL 963-64

III *maswaᶜle, maswaᶜla - maswiᶜ, maswᵊᶜo tr.* ernähren, satt machen | *hanik l-awin inān ᶜal as=siryoye, mīre, hatu, layban maswᵊᶜina ak=kafine das=siryoye* 'Die (Protestanten) schenkten den Orthodoxen keinen Glauben, sie sagten: Ihr ... Wir können nicht die Hungernden der Orthodoxen ernähren.' MT 3.3:2

sxr ~ ṣxr || Syr. *skr Pe.* 'to shut, to block up' SL 1011

I *sxiḷḷe, sxiḷḷa - soxir, suxro tr.* schließen, verschließen | *u=qawro bīṯir mid ᵊṣxiṛṛe kšayᶜile ᵊb-ṭino w tawno w ksaymi aᶜle ṣlibo* 'Wenn sie das Grab geschlossen haben, verputzen sie es mit Lehm und Heu und machen ein Kreuz darauf.' MT 1.2:10; *sxiṛṛe u=tarᶜo* 'Sie verschlossen das Tor.' MT 4.5:9

sxy || cf. Arab. *sxw I* 'freigebig, großzügig sein' Wehr 411-412

III *masxele, masxela - masxe, masxᵊyo* ertragen ⊗ nur mit Negation | *aᶜm-aṯe simme ᶜiṣyān, hinne lu=qaṯlo gīmawblíwole, lī=masxele bu=ᶜammayḏe ᵊd-miqṯil* 'Bei diesem Anlass widersetzten sie sich, denn sie hätten ihn weggebracht, um ihn umzubringen. So ertrug er es nicht, dass sein Vetter (wörtl.: Onkel) getötet werden sollte.' MT 3.2:2

syimto *n.f.* Machen, Herstellung | *u=daworo, kŭwele niro, bu=nirano kīt ḥniqe, kito kleme, kulle syimto di=iḏo-ne* 'Der Pflüger hat ein Joch, an diesem Joch befinden sich Jochschlingen, es gibt Jochhölzer, alles von Hand gefertigt.' MT 1.1:1 → **sym, syomo**

sym || Syr. *sym Pe.* 'to place, set up; to put down, to set in order' SL 1011-02

I *simle, simla - soyim, saymo* **(1)** machen, tun, herstellen | *aḥna šaxṣ sinᶜatkār-na, w ᶜawode-na, simlan u=šuġlano, mbayaḏlan a=sfoqayḏux, klozim obit ak=kallătayḏan* 'Wir sind Handwerker, Arbeiter; wir haben diese Arbeit getan und dein Geschirr verzinnt, (deshalb) musst du (uns) unser Geld geben.' MT 1.5:37; *mi=smaydike saymiwo qursīkāt* 'Aus der *smaydike* machten sie kleine Bulgurfladen.' MT 2.7:3; *simme xid miḷḷa li=kaččīke* 'Sie taten, wie das Mädchen (ihnen) gesagt hatte.' MT 5.2:17 **(2)** bauen, errichten | *simle i=madrăse w bdalle la=mᶜallᵊmīn qorin* 'Er richtete die Schule ein, und die Lehrer begannen zu unterrichten.' MT 5.5:2 **(3)** (Essen) machen, kochen | *omir hawi ᶜaṣriye omir qum simlan muklo le* 'Es ist Abend geworden, mach uns doch Essen.' MT 5.2:77

Ip *sīm, simo - misim, mīsomo intr.* gemacht werden | *aġlab du=aprax sidayna kmisim maṭ=ṭarfe das=sate* 'Die meisten *aprax* bei uns werden mit Blättern von Weinstöcken hergestellt.' MT 1.1:38

ᶜaybo ksaymit! du sollst dich schämen, nicht doch! | *ŭno guzzino d-owit moro l-qaritux. miḷḷe ᶜaybo ksaymit qariwo, áydarbo lī=kŭwena moro* 'Ich gehe, und kümmere du dich um deine Patenverwandte. Er sagte: Du sollst dich schämen, Pate, wie sollte ich mich nicht um sie kümmern?' MT 5.1:4-5 || cf.

Türk. *ayıp etmek* 'etw. tun, was sich nicht gehört' → **ʿaybo**

soyim ʿiṣyān sich widersetzen, sich auflehnen | *ʿam-aṯe simme ʿiṣyān, hinne lu=qaṭlo gĭmawblíwole* 'Bei diesem Anlass widersetzten sie sich, denn sie hätten ihn weggebracht, um ihn umzubringen.' MT 3.2:2 || Türk. *isyan etmek* 'id.' → **ʿiṣyān**

soyim b-diḏ- nach dem Wort von jdm. handeln | *omir miḻḻe d-saymatwo b-diḏi gĭmaxláṣnowolix. d-saymit b-diḏi gĭmaxlaṣnix* 'Er sagte: Wenn du (f.) nach meinem Wort handeln würdest, dann würde ich dich retten. Wenn du nach meinem Wort handelst, dann rette ich dich.' MT 4.5:15 → **b, diḏ-**

soyim beriye d- vermissen | *simlan i=beriye du=čāy w du=sikkar* 'Wir vermissen den Tee und den Zucker.' MT 1.5:55 → **beriye**

soyim b-qarʿ- jdm. etw. antun | *klawu ḥzawu mĭ=gĭsamno b-qarʿayxu* 'Wartet und seht, was ich euch antun werde.' MT 5.2:30 → **qarʿo**[1]

soyim čaqqeni b- jdn. in eine ausweglose Situation bringen | *hedi fayiši tre=yarḥe, čaqqeni simme binne* '(Die Belagerung) dauerte zwei Monate. Die (Christen) brachten die (Angreifer) in Verzweiflung.' MT 3.1:26 → **čaqqeni**

soyim ğăsara sich wagen | *hawi u=ṣulḥ baynoṯayye, băle lĭ=simme ğăsara d-ʾoṯin b-ʾḥḏo=naqla l-Miḏyaḏ w d-rukzi* 'Es kam zum Frieden zwischen ihnen, doch (die Christen) wagten es nicht, auf einen Schlag nach Midyat zurückzukehren und sich niederzulassen.' MT 3.2:19 → **ğăsara**

soyim ḥăqara beleidigen, verachten | *d-howe čike ğăsūr huwe kmoyid ax=xōrtīn w ksoyim ḥăqarāt binne* 'Wenn er (der Bräutigam) sich etwas traut, dann packt er die jungen Männer und springt gleichfalls mit ihnen um.' MT 1.3:45 → **ḥăqara**

soyim ḥisbe berücksichtigen, beachten | *b-kurmānğí miğğĭliwo aʿmayye, ḥisbe lĭ=ksaymínalxu, hatu min-hatu?* 'Sie sprachen auf Kurdisch mit ihnen: Wir beachten euch nicht, wer seid ihr denn schon?' MT 3.1:28 → **ḥisbe**

soyim idara haushalten, auskommen | *simme idara čike b-čike, bdalle baṣ=ṣănayiʿ diṯṯe w bdalle bu=šuğlo w ʿamlaṯṯe w bu=bēʿ w băzār* 'Nach und nach hatten sie ihr Auskommen, sie nahmen ihr Handwerk wieder auf, sie begannen mit ihrer Arbeit, mit Kauf und Verkauf.' MT 3.2:31 || Türk. *idare itmek* 'verwalten, leiten; haushalten; durch-kommen, leben' → **idara**

soyim iġfāl verführen, täuschen, betrügen | *u=šiḏo ksoyim u=nsan iġfāl w dayim biṯrayna kšoḏe w aḥna biṯre-biṯre-na, kšĭḏena biṯre* 'Der Teufel täuscht die Menschen. Er jagt uns immer nach, und wir sind ihm immer auf den Fersen, wir jagen ihm nach.' MT 4.5:8 → **iġfāl**

soyim kār d- sich vorbereiten | *aṭ=ṭaye simme kār diṯṯe d-mahzʾmi, mu=săbab d-kitwa i=kiṯre maṣ=ṣūroye* 'Die Muslime schickten sich an, zu fliehen, weil die Christen in der Mehrheit waren.' MT 3.2:3 || Kurm. *karê xwe kirin* 'id.' Chyet 297→ **kār**

soyim liʿboye mit jdm. (*ʿal*) ein Spielchen treiben, austricksen | *mĭ-tamo imeli miḻḻi gizzí gĭsamni quṣro b-falge du=băḥar, d-ʾaṯṯi lĭ=ḥuzyo insanāt, w lĭ=saymoli naqqa=ḥreto liʿboye hawxa* 'In diesem Moment schwor ich mir: Ich werde mir ein Schloss mitten im Meer bauen, damit meine Frau keine Menschen sieht und kein zweites Mal so ein

Spielchen mit mir spielt.' MT 5.3:51 → **liʿboye**

soyim minne ʿal sich hochmütig verhalten gegenüber jdm., der Gutes von einem erfahren hat | *bdalle am=midyoye tāk tūk mu=kafnatte kmahzᵊmi, ksaymi a=ʿwardnoye minne aʿlayye, kimminne šqilxu ruḥayna* 'Wegen des Hungers begannen die Midyader vereinzelt (aus ʿIwardo) wegzuziehen. Die Leute von ʿIwardo verhielten sich ihnen gegenüber hochmütig und sagten zu ihnen: Ihr seid uns lästig geworden.' MT 3.2:23 → **minne**

soyim mŭsaʿăda ʿam jdn. unterstützen, jdm. helfen | *ksaymi mŭsaʿăda ʿam babe di=kaččīke, kībīlinne išmo d-kallāt* 'Sie unterstützen (damit) den Vater des Mädchens, sie geben ihnen etwas Geld.' MT 1.3:20 → **mŭsaʿăda**

soyim raḥatsíz jdn. stören | *ŭṯanwo ap=pŭweliṣ, immíwolan, ksaymitu u=ʿamo raḥatsíz* 'Die Polizisten kamen und sagten zu uns: Ihr raubt den Leuten die Ruhe.' MT 1.5:25 → **raḥatsíz**

soyim ruḥ- die Gestalt von jdn. annehmen, sich zu etw. machen | *u=šiḏo simle ruḥe bu=šīkil d-Mōr Zoxe, w aṯi diqle bu=tarʿo* 'Der Teufel nahm die Gestalt von Mor Zoxe an und kam und klopfte an das Tor.' MT 4.5:2 → **ruḥ-**

soyim lĭ=soyim, simle lĭ=simle was (er) auch macht/machte | *walḥasil azzé yarḥo-yo tre bi=ḥolo nafil lebe biya. simle lĭ=simle lĭ=šširyo b-iḏe* 'Kurz und gut, es verging darüber ein Monat oder zwei, da verliebte er sich in sie. Doch wie sehr er sich auch bemühte, es wollte ihm nicht glücken.' MT 5.1:6; *ksoyim lĭ=ksoyim d-manṭe ḏarbo aʿle lĭ=kmanṭe* 'So sehr er sich auch anstrengt, er kann keinen Schlag gegen ihn landen.' MT 5.2:91 → **lĭ= ~ lo= ~ l-**

syoġo *n.m., pl.* **siġone** Mauer, Zaun | *laṣyono hawxa, qm-u=syoġo, qm-u=ṭīlolo dak=karme* 'Ich duckte mich so an der Mauer, im Schatten der Weinberge.' MT 3.1:8 • RW 471 || Syr. *syoḡo* 'barrier, wall' SL 999

syomo *inf.* Machen, Herstellung | *u=syomo du=laḥmo du=farmo hano-yo* 'So ist das Brotbacken im Lehmbackofen.' MT 1.1:26 → **sym, syimto**

syw || Syr. *sʾb* 'to grow old' SL 958 → **sowo**

III *masule, masula - masu, masiwo intr.* alt werden (Menschen und Tiere) | *hawle i=sisto ṭr-izzé qoṭil u=zlām, ṭr-uyo luwe i=sisto, ʿas hāt žnu ... masulux* 'Gib ihm das Pferd, dann soll er gehen und den Mann töten. Das Pferd soll ihm gehören. Willst du etwa wieder ... du bist alt geworden.' MT 5.2:102

Ṣ

ṣaʿbo *adj.* schwer, schwierig | *d-mayṯo i=aṯto d-hŭwele naʿime ṣaʿbo d-moyid aṯto ḥreto* 'Wenn jemandes Frau stirbt und er Kinder hat, ist es schwierig, eine andere Frau zu heiraten.' MT 1.2:19 • RW 471 || Arab. *ṣaʿb* 'id.'

ṣaʿro *n.m.* Tierhaare | *kīt šīkil=ḥreno d-ʿeze kimminne, lo ak=kažžīk, ḥīt. aḥ=ḥitani kʿuzli u=ṣaʿro, mĭnayye d-ᵊkšimṭi* 'Es gibt eine andere Rasse von Ziegen, die man nicht *kažžīk*, sondern *ḥīt* nennt. Von diesen *ḥīt* spinnt man das Haar, sie scheren es ab.' MT 1.1:93 • RW 471 || Syr. *saʿro* 'hair' SL 1028

ṣăbaḥiye *n.f.* Frühstück am Morgen nach der Hochzeit | *ṣafro ánnaqqa mĭ=ksaymi? ab=bĭ-babe di=kalo kmilboki d-ᵊmḥaḏrila muklo li=kalo, kimmila i=ṣăbaḥiye* 'Was tun sie nun am Morgen? Die Eltern der Braut sind damit beschäftigt, ein Essen für die Braut zu machen, das man *ṣăbaḥiye* (Morgenmahlzeit) nennt.' MT 1.3:39 • Nicht in RW || Arab. *ṣabāḥī* 'morgentlich, Morgen-' Wehr 506

ṣabbav *n.m., pl.* **id.** Hundesohn (Schimpfwort) | *immo aḷo kul d-saymono nuro koṯin aṣ=ṣabbavani kmĭḥalli arbi=ḥaṭroṯo w kšuqli meni arbi=beʿe* 'Sie sagte: Sooft ich ein Feuer anmache, kommen diese Hundesöhne, versetzen mir vierzig Knüppelschläge und nehmen mir vierzig Eier weg.' MT 5.2:70 • RW 472 || Kurm. *sebav* 'id.' DKF 1439

Ṣabri männlicher Personenname | MT 1.6:1

ṣadro *n.m.* Brust | *miḷḷe yabo, waʿd aʿmux w ʿam Aloho, măyíl i=faršaṯe m-ʿal ṣadri, hōl d-l-óṯit lĭ=kmanharno* 'Er sagte: Ich verspreche dir vor Gott, nimm diese Steinplatte von meiner Brust weg, und bis du kommst, lasse ich den Tag nicht anbrechen.' MT 5.3:10 • RW 472 || Arab. *ṣadr* 'id.' Wehr 512

ṣăfa *n.f.* Vergnügen, Heiterkeit | *aq=qarye di=kalo-ste w aq=qarye du=ḥaṯno-ste, koṯin ʿam ᵊḥḏoḏe, kowe qălăbaliġ ġălăbe, w kmakrᵊxila b-Miḏyaḏ, baġ=ġaʿdat diṯṯe, w b-kēf w ṣăfa kmanṭalla* 'Die Gäste der Braut und die Gäste des Bräutigams, alle kommen gemeinsam. Es gibt ein großes Gedränge, und sie machen mit der Braut eine Tour durch Midyat, durch seine Gassen, und mit Spaß und Vergnügen bringen sie sie.' MT 1.3:29 • RW 472 || Arab. *ṣafāʾ* 'id.' Wehr 524; cf. Türk. *sefa* 'id.'

ṣafro (1) *n.m.* Morgen | *kfayši hōl ṣafro lĭ=gdumxi* 'Sie bleiben bis zum Morgen und schlafen nicht.' MT 1.3:23 **(2)** *adv.* am Morgen, morgens | *ṣafro kuzzín w ʿaṣriye koṯin* 'Am Morgen ziehen sie los und am Abend kommen sie zurück.' MT 5.2:4 • RW 473 || Syr. *ṣafro* 'id.' SL 1299

ṣafuro *n.m., pl.* **ṣafure** Zicklein | *kḥulwi aʿ=ʿeze, bĭṯir mid ᵊḥlŭwinne aw a=ʿwone, kmarfin af=farxaṯṯe-ste d-yunqi išmo, w kimšayʿi aʿ=ʿeze lu=ṭuro, w aṣ=ṣafure-stene bĭṯir mid azzin aʿ=ʿeze kimšayʿinne lu=ṭuro* 'Sie melken die Ziegen; wenn sie sie gemolken haben – oder die Schafe –, dann lassen sie auch ihre Jungen ein bisschen saugen, und dann schicken sie die Ziegen ins Gelände, und auch die Zicklein schicken sie ins Gelände, nachdem die Ziegen schon vorausgegangen sind.' MT 1.1:74; *zoxu táwunne, ḥétunne qm-aṣ=ṣafure, qm-af=fare* "Geht und holt sie und stellt sie als Hirten für die Zicklein und die Lämmer ein.' MT 5.2:3 • RW 473 || Syr. *ṣafuro* 'young goat' SL 1297

ṣahwo *n.m.* Durst | *nihaye lĭ=qadiri d-ᵊmḍayni qm-aṭ=ṭaye, mu=săbab du=kafno w du=ṣahwo* 'Schließlich konnten sie den Muslimen nicht mehr standhalten, wegen Hunger und Durst.' MT 3.2:6 • RW 474 || Syr. *ṣahwo* 'id.' SL 1275 → **ṣhy**

ṣaḥno *n.m., pl.* **ṣaḥne** Teller, Platte | *u=garso, hedi maḥtínawo u=garso d-immina, kul=ḥa u=ṣaḥnayḏe, w maḥtínawo mad=dawġanik aʿle* 'Dann gaben wir den *garso*, sagen wir, jedem in seinen (tiefen) Teller und gossen von dieser Dickmilch darüber.' MT 2.6:3 • RW 474 || Syr. *ṣaḥno* 'low bowl, saucer' SL 1283; cf.

Arab. *ṣaḥn* 'Teller, Napf, Schüssel' Wehr 510

ṣaḥwo *n.m.* klarer Himmel | *ībíwunne išara, laṣ=ṣŭroye d-kítwayye ʿaṣye b-ʿIwardo, immiwo b-ʾflān ğabha ʿaymo-yo, b-ʾflān dukt̲o ṣaḥwo-yo, u=ṣaḥwo maʿnata ṣulḥ, ăman-yo, u=ʿaymo maʿnata tahlī́ka-yo* 'Sie gaben den Christen, die sich in ʿIwardo verschanzt hatten, Informationen, sie sagten: An der und der Front ist es bewölkt, an der und der Front ist es klar. Klar bedeutete Frieden und Sicherheit, und wolkig bedeutete Gefahr.' MT 3.2:12 • RW 474 || Syr. *ṣaḥwo* 'fair weather' SL 1282

ṣălawāt *n. pl.* ⊗ siehe MT s. 148, Fn. 2 Gebete, hier: muslimische Kriegsparolen | *qayīmilan, i=ʿaskar d-Xălilē Ġăzale, ṣălawāt ṣălawāt dit̲te, kimmi nḥatu lay=yasire d-Mid̲yad̲ d-quṭlínalle* 'Da griffen uns die Truppen von Xălilē Ġăzale an, sie schrien ihre muslimischen Kriegsparolen. Sie sagten: Geht los auf die Flüchtlinge aus Midyat, damit wir sie umbringen.' MT 3.1:7 • Nicht in RW || Arab. *ṣalawāt (Pl.)* 'Gebet' Wehr 529

ṣalmo *n.m.* Gesicht | *mgambelan kulan ṣalmayna bu=admo, ğan nošo d-lī=ḥŭzelan* 'Wir alle beschmierten unsere Gesichter mit Blut, damit niemand uns sah.' MT 3.1:6 • RW 475 || Syr. *ṣalmo* 'image; statue, idol; face' SL 1290

ṣanʿa *n.f.* Beruf, Handwerk | *id̲a ḥzalle u=zʿuro šafiro, more d-maslak, more d-ṣanʿa* ... 'Wenn sie sehen, dass es ein gutaussehender junger Mann ist, mit einem Beruf, einem Handwerk ...' MT 1.3:7 • RW 475 || Arab. *ṣanʿa* 'id.' Wehr 531 = **ṣinʿa**

ṣānṭīn *n.m., pl.* **ṣānṭinat** Zentimeter | *an=nuqrani lu=gorān di=arʿo kmitaʿmʾqi, mīnayye arbʿi=ṣānṭinat, mīnayye ḥamši aw ăqál* 'Die Löcher werden entsprechend dem Boden vertieft, manche vierzig Zentimeter, andere fünfzig oder weniger.' MT 1.1:42 • cf. *ṣanṭīm* RW 475 || Türk. *santim* 'id.'

ṣăqaṭ → **săqaṭ** ~ **ṣăqaṭ**

ṣawmo *n.m.* Fasten, Fastenzeit | *aḥ=ḥimṣe qarʿone, hani-ste, muklo ʿatiqo did̲an das=siryoye-yo. hani-ste kmisomi bu=ṣawmo-ste, kmisomi bu=fṭār-ʾste* 'Der Kichererbseneintopf mit Grießbällchen ist ein althergebrachtes Gericht von uns Suryoye. Er wird sowohl während der Fastenzeit gekocht, als auch in der fastenfreien Zeit.' MT 2.11:1; *bīt̲ir mid komir gītŭleno u=ṣawmo min imān kitle?* 'Nachdem (der Patriarch) sagt: Ich werde das Fasten aufheben, welchen Glauben hat er dann noch?' MT 4.3:11 • RW 476 || Syr. *ṣawmo* 'id.' SL 1279 → **ṣym**

ṣawmo=rabo das große Fasten vor Ostern (insgesamt 40 Tage und die Karwoche) | *ʿal i=măsăle du=ṣawmano d-ṣawmo=rabo d-ibʿi d-tŭlalle, komir maltamle ak=kohne d-ʾl-ḥid̲orayye kulle* 'In der Frage dieses Fastens, des Großen Fastens, das sie aufheben wollten, versammelte (der Patriarch) alle Priester aus der Umgebung.' MT 4.3:1 → **rabo**

Ṣawro Savur, Stadt in der Südosttürkei | MT 5.2:10

ṣawt *n.m.* → **sawṭ** ~ **ṣawt**

ṣaydo *n.m.* Jagd | *nafiqi lu=ṣaydo* '(Die Männer) zogen aus zur Jagd.' MT 5.2:40 • RW 474 || Syr *ṣaydo* 'id.' SL 1284

ṣaye *n.f.* • Nicht in RW

bi=ṣaye d- durch die Bemühung von, durch die Vermittlung von | *i=qăd̲iye du=sayfo, wăláw-ki bi=ṣaye d-Šēx Faṭḥul̲la hawi u=ṣulḥ w bi=ṣaye di=ḥkume mʾamin u=ʾăman* ... 'Die Geschichte des Sayfo, auch wenn es durch die Bemühungen von Scheich Fatḥulla zum Frieden kam, und durch die Bemühungen der Regierung wieder Sicherheit einkehrte ...' MT 3.2:38 → **b, d** || Türk. *saye(sinde)* 'dank, infolge'

ṣayomo *n. agent.*, f. **ṣayamto**, *pl.* **ṣayome** fastend | *u=ḥasyo u=lalyo w u=imomo ṣayomo mṣalyono, izzewo w itewo ʿal qarʿe du=qadišo* 'Der Bischof fastete und betete Tag und Nacht, er ging immer wieder auf das Dach der Kirche.' MT 3.1:23 → **ṣym**

sʿore *n. pl.* Gerste | *meqim mid noḥit maṭro, u=daworo kmoyid naqqa=ḥreto u=büzarʿayde, ḥeṭe aw ṣʿore, ʿal qădar du=imkān di=taqayde* 'Bevor es regnet, nimmt der Pflüger erneut sein Saatgut, Weizen oder Gerste, entsprechend seinen Möglichkeiten.' MT 1.1:6 • *sʿore* RW 448 || Syr. *sʿore (Pl.)* 'id.' SL 1028

ṣʿr ~ sʿr || Syr. *ṣʿr* 'to insult, abuse' SL 1296 → **zʿr**

II *mṣaʿalle, mṣaʿalla - mṣaʿir, mṣaʿro intr.* jdn. (*l-*) verfluchen, beleidigen | *hăwār-yo qṭiʿʿe lišoni! mṣaʿrowa, mṣaʿrowa l-ʾMḥammad* 'Hilfe, sie haben mir die Zunge abgeschnitten! Sie verfluchte Muhammad.' MT 3.1:18; *mḥalle biḥna kmo=naqqāt, ʾhğimme, msaʿaṛre lu=dinaydan* '(Die Muslime) griffen uns ein paarmal an, sie attackierten uns, sie verfluchten unsere Religion.' MT 1.6:12

ṣʿuno *n.m.*, *pl.* **ṣʿune** Schuh, Sandale | *ḥiṛre kit gubo ṭamo laybin gurši maye, kítwole ṣʿuno, bu=ṣʿunano, nqule i=xaṣrayo w hayo dide w maḥátlele ḥuṭo w bu=ṣʿunawo šŭtanwo maye* 'Sie sahen, dass dort ein Brunnen war, doch sie konnten kein Wasser schöpfen. (Mein Großvater) hatte einen Schuh, in diesen Schuh bohrte er auf beiden Seiten ein Loch, befestigte eine Schnur daran, und aus diesem Schuh tranken sie.' MT 3.2:25 • RW 471

ṣby || Syr. *ṣby* 'to love, want, will' SL 1271

I *ṣbele, ṣbela - ṣobe, ṣibyo* wollen (Gott) | *w hōl d-ʾAloho hawxa ṣbele, nafiq u=ḥṣodo, izzinwo b-ḥaq diṯṯe ḥuṣdiwo* 'Bis Gott es so wollte und die Erntezeit kam, da gingen sie und ernteten für Lohn.' MT 3.2:30

ṣfero *n.f.* Rührei | *biṯir mid faširo, kimʿaqdila. hayo-ste i=maʿrifayda, kturi biya beʿe, ksayminne sfero. mid samiqo i=ṣfero bayn u=mišḥawo, maʿnata hawi.* 'Nachdem sie (die Butter) flüssig geworden ist, lassen sie sie wieder fest werden. Auch dafür gibt es eine Methode: Man schlägt Eier auf und gibt sie hinein und macht ein Omelett. Wenn das Omelett in dem Butterschmalz knusprig braun geworden ist, dann heißt das, dass das Butterschmalz fertig ist.' MT 1.1:79 • RW 477 || cf. Syr. *ʾesfiro* 'round body, sphere; ball; cake' SL 76

ṣfr || cf. Arab. *sfr III* 'abreisen, verreisen' Wehr 422

Ip *ṣfir, ṣfiro - miṣfir, miṣforo intr.* jdn. (*b-*) anrempeln | *komir laqi u=mišar-bʾṣono du=lalyo w du=imomo, miḷḷe l-ayko? kmiṣforit hawxa bino, qay samyo-hat?* 'Er traf den Trenner von Nacht und Tag. Er sagte: Wohin? Du rempelst mich an, bist du denn blind?' MT 5.3:8

ṣfy || Syr. *ṣfy Pa.* 'to cleanse, filter' SL 1298; cf. Arab. *ṣfw I* 'klar od. rein sein od. werden', *II* 'klären, reinigen' Wehr 524-525

I *ṣafi, ṣafyo - ṣofe, ṣifyo intr.* sich klären | *am=mayani kimkawtinne, d-ubʿi d-sayminne dibis kul arbaʿ tănăgayāt* *knofiq ᵊḥḏo mĭnayye d-dĭbis. kmaḥti binne nqurto lăšan d-ṣofin i=naqqa du=kĭwoto* 'Wenn sie Traubensirup herstellen wollen, kochen sie diesen Traubensaft ein; vier Kanister ergeben jeweils einen Kanister Traubensirup. Sie setzen weiße Sandsteinerde zu, damit sich der Saft beim Einkochen klärt.' MT 1.1:51

II *mṣafele, mṣafela - mṣafe, mṣafyo* **(1)** *tr.* klären, säubern | *knuṭri u=yawmo d-oṯe hawa. kmaḥti l-qul ʿaynayye ham d-miḥafiḏ u=tawnaṯṯe d-lĭ=zze b-dukṯo, w d-uyo i=hawa-stene šafirto d-qudro mṣafyo u=tawno w aḥ=ḥeṭe mĭ-ḥḏoḏe* 'Nun warten sie auf einen Tag, an dem der Wind weht. Sie achten darauf, dass ihr Häcksel geschützt ist, dass es nicht irgendwohin fliegt, dass aber der Wind schön ist, um das Häcksel und den Weizen voneinander zu trennen.' MT 1.1:17 **(2)** *tr.* auslöschen, mit jdm./etw. (Akk.) fertig werden | *wálḥasĭli lĭ=ṭralle mede mĭnayye, fahimit? hōl d-lo mṣafanne* 'Kurz und gut, sie ließen nichts von ihnen übrig, verstehst du, bis sie mit ihnen fertig waren.' MT 5.2:18; *kĭle kimmi, ya ʿammo aḥna mṣafelan harke, kĭlé kḥukmina harke w hăt tamo* 'Sie sagen: Onkel, wir haben hier aufgeräumt, wir regieren hier und du dort.' MT 5.2:25

mṣafe leb- mit jdm./etw. im Reinen sein | *miḻḻele omir, babo kŭbaʿno mĭ-lebux d-immatli, d-ᵊmṣafit lebux w gizzino* 'Er sagte zu ihm: Vater, ich möchte, dass du mir es von Herzen erlaubst, dass du dich überwindest, und dann gehe ich.' MT 3.4:4 → **lebo**

ṣhy || Syr. *ṣhy* 'to be thirsty' SL 1276

I *ṣahi, ṣahyo - ṣohe, ṣihyo intr.* durstig werden | *iḏa aṯi w hawi u=yawmo ġắlăbe ḥayumo aḏiʿ ṣahin* 'Wenn der Tag sehr heiß ist, dann weiß er, dass sie (wieder) durstig geworden sind.' MT 1.1:95

ṣiboro *n.m.* Mariä Verkündigung | *iḏa ḥakimo … bi=midde d-kityo i=kaččĭke ṭlibto, w u=yawmo du=ṣiboro, dar=rĭzune, ᵊksaymi rĭzuno* 'Wenn in die Zeit, in der das Mädchen verlobt ist, der Festtag Mariä Verkündigung fällt, der Tag der *rĭzuno*-Brote, dann backen sie *rĭzuno*-Brot.' MT 1.3:17 • cf. *siboro* RW 460 || Syr. *suboro* 'id.' SL 975

ṣĭfe *n.f.* Art und Weise, Eigenschaft | *azzá su=rišdayro, šlomo aʿlayxu, omir ahla w sahla. mĭ=kubʿit yabo? miḻḻe ašír kubʿeno, kḥŭzálla b-ṣĭfe d-gawro, miḻḻe ašír kubʿeno d-hŭweno dayroyo* 'Sie ging zum Abt: Seid gegrüßt! – Herzlich willkommen! Was willst du, mein Lieber? Er sagte: Ich möchte – sie sehen sie als Mann an – ich möchte gerne Mönch werden.' MT 5.1:23 • cf. *b-ṣıfa d-darwēšīn* 'als Derwische verkleidet' RW 477 || Arab. *ṣifa* 'Eigenschaft, Attribut' Wehr 1006

ṣĭferi *n. pl.* Bottiche ⊗ nur *pl.* belegt | *bĭṭir mid ᵊmṣawlinne kmaḥtina ṣĭferi, aṣ=ṣĭferiyani kīt taḥtayye nuro ġắlăbe, w kmišliq u=birġil ġắlăbe* 'Wenn man (den Weizen) gewässert hat, stellt man große flache Bottiche auf, unter denen ein starkes Feuer brennt. Der Bulgur wird sehr lange gekocht.' MT 1.1:27 • *ṣıfriye, pl. ṣıfēri* RW 477 || cf. Anat. Arab. *ṣəfrīye, pl. ṣəfēri* 'Strohtablett' JK 81

ṣĭfir *n.m.* Kupfer | *a=sfoqe kulle bu=waxtawo, du=zabnawo, kulle mu=ṣĭfir misĭmiwo* 'Das gesamte Geschirr der damaligen Zeit wurde aus Kupfer hergestellt.' MT 1.5:9 • Nicht in RW || cf. Anat. Arab. *ṣəfər* 'Kupfer' JK 81

ṣiḥḥa *n.f.* Gesundheit | *a=ʿwone aġláb waxt dat=talge kŭwalle. i=ʿwono d-uyo i=ṣiḥḥayḏa aʿla, d-huyo … d-ŭwela u=farxo*

ʿal u=talgo-ste lĭ=ğğūrele mede, lĭ=qqūrašle 'Die Schafe werfen meistens in der Zeit des Schnees. Ein Schaf, das bei guter Gesundheit ist ... selbst wenn ihr Junges auf dem Schnee zur Welt kommt, passiert ihm nichts, es friert nicht.' MT 1.1:89 • Nicht in RW || Arab. *ṣiḥḥa* 'id.' Wehr 508

ṣillabe *n.f.*, *pl.* **ṣillabat** Kreuzungspunkt | *bĭṯir mid u=daworano mṣaylable i=arʿo kmŭsakle fuʿle, dukṭe daṣ=ṣillabătanik kfotiḥ nuqre* 'Wenn der Pflüger den Acker eingeteilt hat, nimmt er sich Hilfsarbeiter und gräbt an den Stellen, wo sich die Linien kreuzen, Löcher.' MT 1.1:41 • Nicht in RW || cf. Arab. *ṣlb VI* 'sich kreuzen' Wehr 526 → **ṣylb**

ṣinʿa *n.f.*, *pl.* **ṣinʿat, ṣĭnayiʿ, ṣănayiʿ** Handwerk, Beruf | *i=naqqayo naʿimo-wi qim iḏe=d-bābi, sámnowo i=ṣinʿa d-babi, byeḏa* 'Ich war damals noch klein, ich ging meinem Vater zur Hand und praktizierte das Handwerk meines Vaters, das Verzinnen.' MT 1.5:6 • RW 477 = **ṣanʿa**

ṣinʿatkār → **sinʿatkār** ~ **ṣinʿatkār**

ṣĭnif *n.m.* Klasse | *qrele l-ᵊzʿuro ḥreno, tux l-arke! aṯí u=zʿuro=ḥreno m-anik du=ṣĭnif* '(Der Lehrer) rief einen anderen Jungen: Komm her! Der andere Junge, einer aus der Klasse, kam.' MT 5.5:6-7 • RW 477 || Türk. *sınıf* 'id.'

ṣĭrado *n.m.* grobes Sieb | *bĭṯir mid ᵊmdaranne kimrawšinne bu=rawšo, kimmínale zĭwoqo, bĭṯir mid ᵊmzawqinne, koṯin kmanṭin ṣĭrado w kṣurdinne* 'Wenn sie das Getreide geworfelt haben, schaufeln sie es mit der Schaufel auf einen Haufen – das nennt man *zĭwoqo*, und dann bringen sie ein grobes Sieb und sieben es damit.' MT 1.1:19 • RW 481 || cf. Anat. Arab. *sərrād* 'id.' JK 66 → **ṣrd**

ṣirf *adv.* nur | *d-owin karkūš, hanik ksayminne ṣirf apšoṯo, lĭʔannu lo aʿ=ʿinwaṯṯe basime-ne dak=karkūš w lo ann=apšoṯaṯṯe kowin basime* 'Wenn es Trauben der Sorte *karkūš* sind, (dann) macht man aus ihnen nur Rosinen, denn weder schmecken die Trauben der *karkūš* gut, noch ihre Rosinen.' MT 1.1:48 • RW 478 || Türk. *sırf* 'id.'; Arab. *ṣirf* 'rein, unverfälscht, bloß' Wehr 518

ṣḷāḥ → **sḷāḥ** ~ **ṣḷāḥ**

ṣlbt

Q *mṣalbaṯle, mṣalbaṯla - mṣalbiṯ, mṣalbᵊṯo tr.* beschmieren | *mgambelan kulan ṣalmayna bu=admo, ğan nošo d-lĭ=ḥūzelan, d-lĭ=miblilan aṭ=ṭaye. čĭkwullan ... bu=admo hawxa mṣalbaṯlan, šxwa ṣalmayna kule simlan admo, taḥt al=lašat* 'Wir alle beschmierten unsere Gesichter mit Blut, damit niemand uns sah, damit uns die Muslime nicht mitnahmen. Wir legten (unsere Hände) ins Blut und schmierten es, wir beschmierten unsere Gesichter ganz mit dem Blut, unter den Leichen.' MT 3.1:6

ṣlḥ || Syr. *ṣlḥ¹ Pe.* 'to cleave, split' SL 1287

Ip *ṣlīḥ, ṣliḥo - miṣliḥ, miṣloḥo intr.* auseinanderbrechen, einen Riss bekommen (fester Gegenstand) | *u=gurno twiḷḷe, i=naqqa d-mĭḷḷele, manḥete, mḥele ḥiṣo bi=arʿo ᵊṣlīḥ* ' Den Trog zerbrach er. Als (Mor Malke) ihm sagte: Setz ihn ab, ließ er ihn hart auf die Erde fallen, da brach er auseinander.' MT 4.4:23

ṣlibo *n.m.*, *pl.* **ṣlibe** Kreuz | *u=qawro bĭṯir mid ᵊṣxirre kšayʿile ᵊb-ṭino w tawno w ksaymi aʿle ṣlibo* 'Wenn sie das Grab geschlossen haben, verputzen sie es mit

Lehm und Heu und machen ein Kreuz darauf.' MT 1.2:10 • RW 478 || Syr. *ṣlibo* 'id.' SL 1288

ṣluṯo *n.f.*, *pl.* **ṣlawoṯo** Gebet | *harke ṣluṯo lĭ=mṣalit, awwĭl d-kayfit ʿal i=ṣluṯo gĭquṭlilux* 'Bete hier nicht! Sobald du dich zum Gebet niederbeugst, werden sie dich töten.' MT 5.2:47 • RW 479 || Syr. *ṣluṯo* 'id.' SL 1286 → **ṣly**

i=ṣluṯo du=lĭwoyo Totengebet | *iḏa d-howe saliqo du=măṯibḥo kmaslᵊqi u=miṯawo lu=măṯibḥo, kimzayḥile, mid kamilo i=ṣluṯo du=lĭwoyo kmŭḥalle bann=arbaʿ qurnawoṯo di=ʿito* 'Wenn er jemand ist, der zum Altar hinaufgestiegen ist, dann tragen sie diesen Toten hinauf zum Altar, sie segnen ihn aus, und wenn das Totengebet beendet ist, bringen sie ihn zu den vier Ecken des Altarraums.' MT 1.2:7 → **lĭwoyo**

ṣlw || Syr. *ṣlb Pe.* 'to crucify' SL 1286

I *ṣlule, ṣlula - ṣolu, ṣilwo tr.* kreuzigen | *u=gawiro d-l-obe ak-kallāt mĭ=ksaymi buwe ax=xōrtīn? kmanṭalle lᵊ-qm-u=ḥaṯno, kimmile ya paša, hano lĭ=kobe u=ḥĭkim diḏux, lĭ=kobe u=ğurmo d-maḥatlux aʿle, komir ṣláwulle!* 'Was machen die jungen Leute mit einem Verheirateten, der kein Geld gibt? Sie bringen ihn vor den Bräutigam und sagen: Oh Pascha, dieser Mann gibt nicht, was du befohlen hast, er bezahlt nicht die Strafe, die du ihm auferlegt hast. Dann sagt er: Kreuzigt ihn!' MT 1.3:44

ṣly || Syr. *ṣly Pa.* 'to pray' SL 1288

II *mṣalele, mṣalela - mṣale, mṣalyo intr.* beten | *koṯe u=qašo kimṣale ʿar-riše du=ḥaṯno w di=kalo, w aš=šamoše, w kmanṭin u=kṯowo du=bĭroxo w kimbarxinne* 'Der Priester kommt und betet über dem Bräutigam und der Braut, und die Diakone, und sie bringen das Buch der Trauungsliturgie und trauen sie.' MT 1.3:37

ṣmṭ || cf. Arab. *smṭ I* (tr.) '(mit heißem Wasser) abbrühen' Wehr 439

I *ṣamiṭ, ṣamiṭo - ṣomiṭ, ṣumṭo intr.* heiß werden (beim Backen, Kochen) | *miḻḻe šăḥanli dasto d-maye d-ṣumṭi kayiso, d-sŭḥeno adyawma binne* 'Er sagte: Mach mir einen Kessel mit Wasser heiß, bis es richtig heiß ist, damit ich mich heute darin bade.' MT 5.2:99

ṣnṭ ~ snṭ || Arab. *ṣnt V* 'belauschen, abhören' Wehr 531

II *mṣanaṭle, mṣanaṭla - mṣaniṭ, mṣanṭo intr.* zuhören, sich etw. (*ʿal*) anhören | *kimṣalin aq=qaše, i=naqqayo an=niše w ag=gawre lĭ=gboxin w u=ʾahᵊl diḏe aʿle, kimṣanṭi ʿal i=ṣluṯo* 'Dann führen die Priester den (Toten)gottesdienst durch, und hier weinen die Männer und Frauen, seine Familie, nicht über ihn, sondern lauschen dem Gebet.' MT 1.2:6

ṣopa *n.f.*, *pl.* **ṣopat, ṣopāt** Heizofen, Holzofen | *mid aṯiwo u=quro, u=saṯwo, kul=bayto klozim hŭwéwole ṣopa, w gĭmarkawwo i=ṣopayḏe bu=bayto* 'Wenn die Kälte kam, der Winter, dann musste jedes Haus einen Ofen haben. (Jeder) stellte seinen Ofen im Haus auf.' MT 1.5:23 • RW 479 || Türk. *soba* 'id.'

ṣōṣ *n.m.* Sauce | *bĭṯir kimḥaḏrit u=ṣōṣ diṯṯe, kimqalit naqqa=ḥreto baṣro , baṣle, w gmaḥtit* ᵀ*kekik*ᵀ, *min kimmítulle u=kăkīk, orăgano w hano* 'Dann bereitest du ihre Sauce vor. Wieder brätst du Zwiebeln an und gibst *kekik* dazu – wie nennt ihr den *kekik*? Oregano oder so.' MT 2.11:5 • Nicht in RW || Türk. *sos* 'id.'

ṣrd → **ṣĭrado**

I *ṣridle, ṣridla - ṣorid, ṣurdo tr.* grob sieben | *bĭṯir mid ᵊmdaranne kimrawšinne bu=rawšo, kimmínale zĭwoqo, bĭṯir mid* *ᵊmzawqinne, ko̱tin kmanṭin ṣĭrado w kṣurdinne, mid ᵊṣrĭdinne kmanṭin u=ḥaywān dit̠te w knuqlinne kmawbᵊlinne lu=bayto* 'Wenn sie das Getreide geworfelt haben, schaufeln sie es mit der Schaufel auf einen Haufen – das nennt man *zĭwoqo*, und dann bringen sie ein grobes Sieb und sieben es damit. Wenn sie es gesiebt haben, bringen sie ihr Tier und transportieren (das Getreide) nach Hause.' MT 1.1:19

ṣufro *n.f.* Tisch | *qqorin lu=ahᵊl da=tre-gabe w kyutwi ʿal i=ṣufro w kuxli ʿam ᵊḥdode* 'Sie laden die Verwandten beider Seiten ein. Sie setzen sich an den Tisch und essen miteinander.' MT 1.3:16 • RW 480 || cf. Türk. *sofra* 'id.'; Tezel 2003: 149

ṣulḥ *n.m.* Frieden | *ĭbíwunne išara, laṣ=ṣŭroye d-kítwayye ʿaṣye b-ʿIwardo, immiwo b-ᵊflān ğabḥa ʿaymo-yo, b-ᵊflān dukto ṣaḥwo-yo, u=ṣaḥwo maʿnata ṣulḥ, ămān-yo, u=ʿaymo maʿnata tahlĭka-yo* 'Sie gaben den Christen, die sich in ʿIwardo verschanzt hatten, Informationen, sie sagten: An der und der Front ist es bewölkt, an der und der Front ist es klar. Klar bedeutete Frieden und Sicherheit, und wolkig bedeutete Gefahr.' MT 3.2:12 • RW 481 || Arab. *ṣulḥ* 'id.' Wehr 527

ṣŭroyo *n.m.*, f. **ṣurayto**, *pl.* **ṣuroye** Christ, syrischer Christ | *aḥna dᵊ-ḥzelan, ab=babe w ağ=ğiddaydan, bam=mo tmoni w ḥamšo=w-tmoni ṣŭroye-wayne, bam=mo ḥamšaḥṣar wăyaxutta ʿaṣro ṭaye-wayne* 'Wie wir es erlebt haben, unsere Väter und Großväter, waren es zu achtzig, fünfundachtzig Prozent Christen, und zu fünfzehn oder zehn Prozent waren es Muslime.' MT 1.7:3 • RW 481 → **siryoyo**

ṣŭwari *n.m.*, *pl.* **ṣŭwariye** Reiter | *ŭt̠éwolan šawʿo ṣŭwariye ḥĭwore, lwiše ḥĭwore, as=sayfat̠te xd-ab=barqe, kitwo taḥtayye sisye ḥĭwore* 'Es griffen uns sieben weiße Reiter an, weiß gekleidet, ihre Schwerter waren wie Blitze, und sie ritten auf weißen Pferden.' MT 3.2:39 • RW 481 || cf. Türk. *süvari* 'id.'; cf. Kurm. *siwar* 'id.' Chyet 553

ṣwʿ || Syr. *ṣbʿ Pe.* 'to dye, color' SL 1272

I *ṣwiʿle, ṣwiʿla - ṣowiʿ, ṣuʿo tr.* bemalen, färben | *d-o̱te w d-howe b-ʿe̱do=rabo, kmawbᵊli beʿe. kšulqi ab=beʿani w kṣuʿinne w kmawbᵊlinne li=kalo* 'Wenn Ostern kommt, bringen sie Eier mit. Sie kochen die Eier, bemalen sie und bringen sie der Braut.' MT 1.3:17

ṣwl || Arab. *ṣwl II* 'auswaschen (Getreidekörner)' Wehr 537; cf. Syr. *ṣll Pa.* 'to purify; to filter, strain' SL 1289

II *mṣawele, mṣawela - mṣawil, mṣawlo tr.* wässern, klären | *aḥ=ḥeṭe kimnaqanne w kimṣawlinne, lăšan mu=tŭz w mi=korĭke kimmínala d-lo=we binne, u=birğil komo* 'Sie lesen den Weizen aus und wässern ihn, damit kein Staub und keine schwarzen Körner mehr darin sind, sodass der Bulgur nicht dunkel wird.' MT 1.1:27

ṣxr → **sxr** ~ **ṣxr**

ṣylb || Arab. < *ṣlb² II* 'kreuzen' Wehr 526 → **ṣillabe**

Q *mṣaylable, mṣaylabla - mṣaylib, mṣaylᵊbo* sich überkreuzende Linien ziehen | *insān d-obiʿ d-maḥit i=arʿayde karmo, kimṣaylabla, yaʿni kimʿayin ad=dŭko̱to das=sate d-gim-mitaḥti* 'Wenn jemand auf seinem Acker einen Weinberg anlegen will, dann zieht er darauf gekreuzte Linien, d.h. er bestimmt die Stellen, an denen die Reben eingesetzt werden sollen.' MT 1.1:40

ṣym || Syr. *ṣwm Pe.* 'to fast, abstain from' SL 1279

I *ṣayim, ṣayimo - ṣoyim, ṣaymo intr.* fasten | *kítwulle ḥasyo du=čaġawo lĭ=kŭḏaʿno išme, saliq bi=midde du=ḥarbano kule fayiš ʿal i=goro, dŭʿewo, bŭxewo, ṣŭyamwo w mṣalewo qm-Aloho* 'Sie hatten damals einen Bischof, dessen Namen ich nicht weiß, der stieg auf das Dach und blieb dort den ganzen Krieg über, er flehte, weinte, fastete und betete zu Gott.' MT 3.2:14

Š

š- ⊗ < *hēš* zur Verstärkung des Komparativs → **hēš**

š-ṭaw noch besser | *d-izzúx lu=bayto du=ʿăza š-ṭaw mĭ-d-izzúx lu=bayto di=mištuṯo-yo* 'Wenn du zu einem Trauerhaus gehst, ist es besser als wenn du zu einem Hochzeitshaus gehst.' MT 1.2:15; *húlele ḥa š-čike ṭaw m-awo* 'Er gab ihm ein (Pferd), das ein bisschen besser war als das vorige.' MT 5.2:61 → **ṭaw**

šaʿb *n.m.* Volk | *dŭʿewo, bŭxewo, ṣŭyamwo w mṣalewo qm-Aloho, Aloho d-ʾoṯe bi=raḥme ʿal u=šaʿb da=mšiḥoye* 'Er flehte, weinte, fastete und betete zu Gott, Gott möge Erbarmen mit dem Volk der Christen haben.' MT 3.2:14 • RW 481 || Arab. *šaʿb* 'id.' Wehr 480

šabāš *interj.* Lob dem … (Namen)! | *i=naqqa d-ʾqqaymo, u=ḥa d-kŭbela, kimšaylole, kummo išmux min-yo? miḻḻe išmi Slayman-yo, i=naqqa d-qayimo, kummo šabāš Slaymān* 'Wenn sie wieder aufsteht, fragt sie den, der ihr etwas gegeben hat: Was ist dein Name? Er sagte: Mein Name ist Slayman. Als sie aufstand, sagte sie: Ein Lob dem Slayman!' MT 1.5:49 • cf. *šābāš* 'Geschenk, Trinkgeld' RW 482 || cf. Kurm. *şabaş* 'exclamation of the hired musicians at a wedding, urging people to give them gifts' Chyet 567

Šabo männlicher Personenname | MT 5.3:1

šabṯo *n.f., pl.* **šabe** Woche | *azzé kmo yawme bi=ḥolo, šabṯo ʿasro=yawme* 'So vergingen ein paar Tage, eine Woche, zehn Tage.' MT 5.2:88; *yaʿni harke, hăman hăman bab=bote kulle, u=laḥmaṯṯe mi=šabṯo li=šabṯo naqla ksaymile* 'Hier backen fast alle Familien von Woche zu Woche einmal ihr Brot.' MT 1.1:26 • RW 482 || Syr. *šabṯo* 'id.' SL 1507

šafiro *adj.*, f. **šafirto**, *pl.* **šafire** schön, gut || *iḏa ḥzalle u=zʿuro šafiro, more d-maslak, more d-ṣanʿa …* 'Wenn sie sehen, dass es ein gutaussehender junger Mann ist, mit einem Beruf, einem Handwerk …' MT 1.3:7; *kitte ʿade šafirto lam=Miḏyoye* 'Die Leute von Midyat haben einen schönen Brauch' MT 1.2:20; *makrʾxi ʿaynayye, ḥḏo d-uyo mĭ-ʿāyle kayisto, w d-uḏʿi gd-ībinne-yo, w d-huyostene šafirto w ʿāqle* 'Sie schauen sich nach einem (Mädchen) um, das aus einer guten Familie stammt, von der sie wissen, dass sie ihnen (das Mädchen) geben würden. Und schön und brav sollte sie auch sein.' MT 1.3:1 • RW 484 || Syr. *šafiro* 'id.' SL 1588 → **šfr**

šafqa *n.f., pl.* **šafqat, šafqāt** Mütze, Hut | *ʿabiro l-wălaye rabṯo, e ayko d-izzá lĭ=kmaxlʾṣo. qayim azzá šqĭlala badle d-ġule, d-gawre, w foṯo layt zătan. w maḥátlala šafqa b-qarʿa w malaxla.* 'Sie betrat eine große Stadt. Wohin sie auch geht, (vor den Männern) kann sie sich nicht retten. Deshalb kaufte sie sich Männerkleidung, einen Bart hatte sie ja nicht. Sie setzte sich eine Mütze auf und ging.' MT 5.1:22 • RW 484 || Türk. *şapka* 'id.'

šafuḏo *n.m., pl.* **šafuḏe** Spieß, Eisenstange | *u=nafoḥo gĭnofiḥ, w kítwole šīš, šafuḏo d-immina b-iḏe, mᶜadalwo i=nuro* 'Der „Anfacher“ fachte an, und er hatte einen Spieß, eine Eisenstange in der Hand, (damit) regulierte er das Feuer.' MT 1.5:14 • RW 484 || Syr. *šafuḏo* 'fire shovel, oven rake' SL 1585; cf. Anat. Arab. *saffūd* 'eiserner Spieß' JK 66

šagirti *n.m.* Geselle | *huwe, u=šagirti, mim-manḏáfwole u=sfoqo bu=šiklawo, w gd-ītewo l-qm-iḏe du=stād, u=stād gd-ŭmarwo lu=šagirti ḥreno, gd-ŭmarwo hāt nfaḥ maqíṯ i=nuro* 'Wenn der Geselle das Geschirrstück auf diese Weise gesäubert hatte und es in die Hand des Meisters kam, sagte der Meister zu dem anderen Gesellen: Du, fach an, schüre das Feuer an.' MT 1.5:13 • Nicht in RW || cf. Kurm. *şagirt* 'id.'; cf. Türk. *şakirt* 'id.'

šaġolo *n. agent., pl.* **šaġole** Arbeiter, arbeitend | *bu=bayto d-be hŭwénawo yatiwe, u=baytawo ŭbewo a=tloṯ danatayḏan u=muklo, da=tloṯ-arbotayna d-kítwayna šaġole ᶜamm ᵓḥḏoḏe* 'Die Familie, bei der wir uns aufhielten, diese Familie gab uns sonntags, wenn wir nicht arbeiteten, unsere drei Mahlzeiten am Tag, für die drei oder vier Personen, die wir miteinander arbeiteten.' MT 1.5:34 → **šġl**

šahrăzá *adj.* ⊗ unveränderlich clever, klug | *e huwe gabe u=zᶜurayḏe, i=naqqa d-ŭmarwole mede rŭhaṭwo fălān, ḥŭšáwwole ġălăbe šaṭir w šahrăza* 'Ihm galt sein Sohn ... wenn er ihm etwas auftrug, rannte er los ... also hielt er ihn für sehr tüchtig und clever.' MT 5.5:3 • RW 483 || Kurm. *şa(h)reza* 'id.' Chyet 569-570

šaḥino *adj.*, f. **šaḥinto**, *pl.* **šaḥine** heiß, warm | *matrénawo meqim i=rezo, ᶜam malḥo w maye šaḥine, matrénawola falge=d-saᶜa* 'Wir wässerten den Reis zunächst mit Salz und heißem Wasser, wir wässerten ihn eine halbe Stunde lang.' MT 2.8:1; *milḻe u=ḥimmām šaḥino-yo?* 'Er sagte (zu dem Bademeister): Ist das Bad heiß?' MT 4.2:11 → **šḥn**

šaḥt *adj., pl.* **šaḥtīn** Krüppel | *omir ann=abohoṯani lĭ=ftiḥḥe ᶜayn das=samye, lĭ=maniḥḥe aṣ=ṣaqṭīn, lĭ=maniḥḥe ag=garwone, lĭ=maniḥḥe aš=šaḥtīn* '(Der Mönch) sagte: Haben diese Kirchenväter nicht die Augen der Blinden geöffnet, haben sie nicht die Lahmen geheilt, haben sie nicht die Aussätzigen geheilt, haben sie nicht die Krüppel geheilt?' MT 4.3:10 • RW 483 || cf. Kurm. *şeht* 'id.' Chyet 571-572

šalo *n.m., pl.* **šale** **(1)** Lastsack | *mid ᵓḥṣidde, kimmínalle aš=šuxre, meqim šale-we, uᶜdo šuxre. kmaḥtile baš=šuxre, w kmaṭᶜᵊnile ᶜal ḥāṣ da=ḥmore, kmanṭalle li=adro* 'Wenn man (die Körnerfrüchte) geerntet hat ... Es gibt die sogenannten Lastgestelle. Früher waren es Lastsäcke, heute Lastgestelle. Man legt (das Erntegut) in die Lastgestelle und schafft es auf dem Rücken der Esel zur Tenne.' MT 1.1:9 **(2)** aus Ziegenhaar hergestellte Decke | *kīt šīkil=ḥreno d-ᶜeze kimminne, lo ak=kažžík, ḥīt. aḥ=ḥitani kᶜuzli u=ṣaᶜro, mĭnayye d-ᵓkšimṭi, d-ᵓqqayṣile w ksaymile maršāt, kimminne šale* 'Es gibt eine andere Rasse von Ziegen, die man nicht *kažžík*, sondern *ḥīt* nennt. Von diesen *ḥīt* spinnt man das Haar, sie scheren es ab und machen daraus Decken; man nennt sie *šale.*' MT 1.1:93 • RW 486 || Syr. *šalo* 'sack' SL 1560

šam^co *n.m., pl.* **šam^ce** Kerze | *qrele ay=yasinat dide hōl falge=d-lalyo. mĭ=falge=d-lalyo w laxalf ati lu=ta^clo mḥele danwe bu=šam^cayde w matfele u=šam^co* 'Er las seine Koransuren, bis Mitternacht. Eine Weile nach Mitternacht kam ein Fuchs und wischte mit dem Schwanz über seine Kerze und löschte die Kerze aus.' MT 5.3:7 • RW 486 || Syr. *šam^co* 'wax' SL 1575

šamošo *n.m., pl.* **šamoše** Diakon | *mĭnayye lĭ=kmanṭin mĭṭirbi, kuyo bi=waṣiṭa du=qašo w daš=šamoše, kimmi qole* 'Andere aber holen keinen Sänger, sondern (feiern) mit Hilfe des Priesters und der Diakone, die kirchliche Lieder singen.' MT 1.3:26 • RW 487 || Syr. *šamošo* 'one who serves, servant' SL 1577

Šām (u=) *n.m.* Damaskus | MT 3.2:36

šanoqo *n. agent., pl.* **šanoqe** Henker | *aḷúh ŭno qim šnoqo-wi w kitwo ḥirma šafirto ġắlăbe, atyo milla laš=šanoqe milla qay kšinqitu u=z^curano?* 'Nun ja, ich stand kurz vor der Hinrichtung, und da war eine sehr schöne Frau, die kam und sagte zu den Henkern: Warum wollt ihr diesen jungen Mann aufhängen?' MT 5.1:40 → **šnq**

šanṣ *n.m.* Chance | *u=ḥa d-ote d-qoyit u=baxto lu=ḥatno aw li=kalo, naqqa=ḥreto, ka^ʾinnahu hano rḥimo s-Aloho-yo, w gĭd-uwele šanṣ w mustaqbil* 'Wenn die Glücks(münze) dem Bräutigam oder der Braut zufällt, dann bedeutet das, dass der Betreffende von Gott geliebt wird und dass er eine chancenreiche Zukunft hat.' MT 1.3:19 • RW 488 || Turk. *şans* 'id.'

šanto *n.f.* Schlaf | *awwĭl d-^ʾgmaḥatno qar^ci, kmaḥto i=ḥmirto di=šanto b-adni* 'Sobald ich mein Haupt zum Schlafen lege, legt sie mir eine Schlafperle ins Ohr.' MT 5.3:53 • RW 488 || Syr. *šento* 'id.' SL 1581

izzé bi=šanto in einen tiefen Schlaf versinken → **^ʾzl**

šăpirzá *adj.* ⊗ unveränderlich elend | *hinne mite mu=kafno, ṣayome, mṣalyone w baxoye w šăpirzá, Aloho mhawin a^clayye* 'Dabei waren sie halbtot vor Hunger, sie fasteten, beteten und waren in einem elenden Zustand, Gott sei ihnen gnädig.' MT 3.2:16 • RW 488 || Kurm. *şepirze* 'id.' Chyet 574

šar^co *n.m., pl.* **šar^ce** Dung (von Großvieh) | *i=kifle du=bayto, kmaydinne rawṭo b-idayye, w čingo lăšan u=myodo di=pisiye daḥ=ḥĭyewin daš=šar^catte d-l-otin bayn u=zād, hawo-ste gbayzile* 'Die Mitglieder der Familie nehmen eine Rute in die Hand, und eine Blechschaufel, um den Mist der Tiere, ihren Dung, aufzufangen, damit er nicht auf das Getreide fällt. Sie werfen ihn zur Seite.' MT 1.1:13 • RW 489 || cf. Syr. *šr^c* 'to slip', *šar^coto* 'slippery places; stumbling blocks' SL 1610-11; cf. JNA *jar^co* 'stomach' Sabar 2002:129, Mutzafi 2011:320-321

Šarbēl → **Mōr Šarbil, Mōr Šarbēl**

šarbo *n.f.* (Wasser)krug | *^ʾkmoḥe i=šarbayo lal^cal mĭ-qar^ca ktŭwalla* '(Einer) schmettert den Tonkrug über ihrem Kopf (an die Wand) und zerbricht ihn.' MT 1.3:31; *štele maye mi=šarbo w axĭlele gadde mu=ḥabušo w nafiq ati* 'Er trank Wasser aus dem Krug, aß einen Bissen von dem Apfel und ging hinaus.' MT 5.3:19 • RW 490 || cf. Anat. Arab. *šarbe* 'Trinkkrug, kleiner einhenkliger Wasserkrug aus Ton' JK 74; Tezel 2003: 73, Fn. 215

šardān *n.m.* Eingeweide, Darm | *šdoqāt hawxa u=gawo du=ḥaywān w a=hnayḏe, am=miʕwoṯayḏe, (...) bu=ʕărăbi kimminne širdanāt* 'Gefüllte Innereien, das sind der Magen des Tiers und seine Eingeweide, (...) auf arabisch nennt man sie *širdanāt*.' MT 2.7:4 • Nicht in RW || Türk. *şirden* 'Labmagen' = **širdan, širdanāt**

Šarnax Şırnak, Provinzhauptstadt und Provinz in der Südosttürkei | MT 1.7:2

šarpa ~ šaṛpa, *pl.* **šarpat, šarpāt** *n.f.* Kopftuch | *mid hŭwanne xabro, miṛṛe, maqbelan u=taklīf diṯxu, kmanṭalla šaṛpa, meqim immíwola čawre, l-nišaniye.* 'Wenn sie ihnen ihr Wort gegeben haben, wenn sie gesagt haben: Wir nehmen euer Ersuchen an, dann bringen sie ihr ein Kopftuch, *šaṛpa*, früher nannte man es *čawre*, als Zeichen der offiziellen Vereinbarung.' MT 1.3:8 • Nicht in RW || cf. Türk. *eşarp* 'leichter Damenschal, Umhängetuch'

šar ~ šarr[1] *n.m.* Krieg, Kampf | *ánnaqqa hiya saymowa šar ʕam Ḥağo w Čălăbiyo w ʕam-ani* 'Nun, sie pflegte sich im Kampf mit Ḥağo und Čălăbiyo und ihresgleichen zu messen.' MT 1.4:3 • RW 489 || cf. Kurm. *şer* 'war, battle, fight' Chyet 574

šar ~ šarr[2] Böses | *ʔkmoḥe i=šarbayo lalʕal mĭ-qarʕa ktŭwaḷḷa, lăšan, kaʔinnahu twĭr u=šar* 'Einer schmettert den Tonkrug über ihrem Kopf (an die Wand) und zerbricht ihn, damit so der Bann des Bösen gebrochen wird.' MT 1.3:31; *kimmono u=šarrayḏi w u=xerayḏi inšaḷḷa gimqabli ḥḏoḏe* 'Ich hoffe, das Böse und das Gute, das ich getan habe, werden sich die Waage halten.' MT 1.4:4 • RW 489 || cf. Arab. *šarr* 'Böses, böse' Wehr 470

šarṭ Bedingung • RW 491 || Arab. *šarṭ* 'id.' Wehr 473

ʕala šarṭ d- ⊗ Arabisch vorausgesetzt, dass, unter der Bedingung dass | *ʕala šarṭ d-lĭ=miboṯi aḥ=ḥeṭe ḥurwi* 'Vorausgesetzt aber, dass die Weizenkörner nicht aufplatzen und unbrauchbar werden.' MT 1.1:27

šato *n.f.*, *pl.* **išne, šne** Jahr | *ʕudínawo tloṯo=yarḥe arbo=yarḥe bi=šato i=byeḏa* 'Wir arbeiteten drei bis vier Monate im Jahr am Verzinnen.' MT 1.5:10; *aqdam ʕisri=šne* 'vor zwanzig Jahren' MT 1.5:22; *u=yūzbaši-ste mkamele išti-šawʕi=išne naʕimo latle* 'Der Hauptmann war sechzig, siebzig Jahre alt geworden, doch er hatte keine Kinder.' MT 5.1:12 • RW 491 || Syr. *šato* 'id.' SL 1581

riše di=šato Neujahr → **rišo**

šaṭṭiyāt *n. pl.* kugelrunde Gurken | *sidayna aw=warzani, kowe binne fuğe, zăbaš, farḥe kimmínalle šaṭṭiyāt. w qarʕe, ḏōlmᵊkāt* 'Bei uns wachsen auf den Melonenfeldern Zuckermelonen, Wassermelonen, Gurken und was wir *šaṭṭiyāt* nennen, Kürbisse, und Zucchini.' MT 1.1:4 • cf. *šaṭṭike* 'kugelrunde Gurke' RW 492 || cf. Arab. *šaṭṭa* 'kleine rote Pfferschoten' Wehr 479; oder eventuell am Fluss (Arab. *šaṭṭ*) wachsende Frucht.

šawʕo *num.*, m. **šwaḥ, šwaʕ** sieben | *ŭno w išto šawʕo yasire* 'ich und sechs, sieben Flüchtlinge' MT 3.1:20; MT 3.2:43 || Syr. *šabʕo, šbaʕ* 'id.' SL 1504

šawṭo *n.m.* Weile, Augenblick | *u=zʕuro baṭil, ḥzele dawmo rabṯo, komir naḥit m-ʕal i=sisto miḷḷe aḷo gdŭmáxnoli harke šawṭo, harke fayuḥo basimo-yo, gdŭmaxni harke šawṭo* 'Der Junge wurde müde. Er sah einen großen Baum, er stieg vom Pferd und sagte: Hier will ich eine Weile schlafen. Hier ist es angenehm kühl, ich werde eine Weile schlafen.' MT 5.3:32 • RW 492 || Arab. *šawṭ* 'Wegstrecke, Stück Weg' Wehr 500

šawṯo *n.f.* Stadt- oder Dorfviertel | *ğiddi saliq, lu=ṭuro, l-Midyaḏ. fayiši bi=šawṯo d-bĭ-Čalma. bĭṯir šqĭlanne, bi=šawṯo ʿlayto, bote* 'Mein Großvater zog hinauf in den Turabdin, nach Midyat. Sie ließen sich in dem Viertel Bĭ-Čalma nieder. Später kauften sie sich Häuser im Oberen Viertel.' MT 1.5:3 • RW 492 || cf. Syr. *šbobuṯo* 'neighborhood' SL 1499; Tezel 2003: 186

šaxṣ *n.m., pl.* **šaxṣat, šaxṣāt** Person, Leute (pl.) | *i=ṣinʿa di=byeḏa, u=byoḏo i=maʿnayḏe, lo mĭ-ḥa=šaxṣ bilḥuḏe, hŭwewo* 'Das Handwerk des Verzinnens ... Verzinnen bedeutet ... es konnte nicht von einer Person allein ausgeführt werden.' MT 1.5:11; *bĭṯir lĭ=qadiri saymi mede biḥna i=rāstiye, aš=šaxṣāt d-maḥatlan bann=awraqat w flān* 'Letztlich konnten sie wirklich nicht viel gegen uns ausrichten, die Personen, die wir in den Akten benannt hatten.' MT 1.6:13 • RW 493 || Arab. *šaxṣ* 'id.' Wehr 467

šaxṣiye *n.f.* Persönlichkeit | *izzánowo la=qrĭyawoṯo, i=šaxṣiyayḏi izzínowo li=dašto das=Siliva* 'Wir gingen in die Dörfer; ich persönlich zog in die Siliva-Ebene.' MT 1.5:33 • RW 493 || Arab. *šaxṣīya* 'id.' Wehr 467 → **šaxṣ**

šayno *n.m.* Frieden • RW 483 || Syr. *šayno* 'id.' SL 1553

b-šayno (w ba-šlomo) Antwort auf den Gruß *šlomo* | *komir azzín l-gabe, ᵊšlomo aʿlux! ahla w sahla, b-šayno w ba-šlomo. xēr-yo?* 'Sie gingen zu ihm: Sei gegrüßt! – Herzlich willkommen, in Heil und Frieden. Ist alles in Ordnung?' MT 4.4:4 → **šlomo**

šayro *n.m., pl.* **šayre** Armband | *kul=ḥiššabo kul=ᵊtre gzayri i=kalaṯṯe, kmaw... kšuqlila ğule, kmawbᵊlila dahwo, kmawbᵊlila aš=šayre, aš=šayre-ste ṭābí dahwo-ne w hawxa mĭdone* 'Jeden Sonntag oder jeden zweiten Sonntag besuchen sie ihre (künftige) Schwiegertochter, sie kaufen ihr Kleider, sie bringen ihr Gold, sie bringen ihr Armreifen, die natürlich auch aus Gold sind, und solche Dinge.' MT 1.3:15; *šmiṭla a=tre šayrayḏa m-ʾiḏa maslᵊmila ... l-an=nošanik* 'Da streifte sie ihre beiden Armreifen ab und händigte sie diesen Leuten aus.' MT 5.1:19 • RW 484

šʿiraye *n.f., n. coll.* kleine Nudeln (für Reis- und Bulgurgerichte) | *mĭnayye kowe birğil, hawo qĭsim mene kxulṭi buwe šʿiraye. i=šʿiraye ksaymi ... mu=ṭăraf dak=kaččĭkat b-iḏoṯayye kmisomo, lo šuġl dam=măkinat* 'Manche (Körner) werden zu Bulgur, von dem man einen Teil mit kleinen Nudeln mischt. Die Nudeln machen ... sie werden von den Mädchen mit den Händen gemacht, es ist keine Maschinenware.' MT 1.1:34 • RW 481 || cf. Anat. Arab. *šʿīrāye* 'id.' JK 76; cf. Arab. *šaʿrīya* 'Fadennudeln' Wehr 481 = **šriʿaye**

šʿṯ || cf. Syr. *šʿuṯo* 'color of wax, yellow' SL 1582

I *šaʿiṯ, šaʿiṯo - šoʿiṯ, šuḥṯo intr.* gelb werden, bleich werden | *e mid Aloho hawxa kŭwele raḏa, u=zadano-stene kmoṭe, kšoʿiṯ, kowe waxt du=ḥṣodo* 'So Gott will, wird das Getreide reif. Es färbt sich gelb und die Erntezeit rückt heran.' MT 1.1:8

šbh || Arab. *šbh III* 'ähneln, ähnlich sein' Wehr 462

I - *šobih, šubho intr.* ähnlich sein, ähneln ⊗ Nur im Präsens und Imperfekt | *immo oooo way, b-Aloho immo d-lo biḏi* *maḥtánwole bu=sanduqo w mḥalqánwole ʿal u=băḥar gĭd-immanwo Zīn-yo. e omir lo ḥilto kīt noše kšibhi l-noše* 'Da sagte sie: Oh je! Bei Gott, wenn ich ihn nicht mit eigener Hand in den Kasten gesteckt und ins Meer geworfen hätte, dann würde ich sagen, es ist Zīn. Er sagte: Nein, Tante, es gibt Leute, die anderen Leute ähnlich sehen.' MT 5.2:77

šdoqat ~ šdoqāt *n. pl.* gefüllte Innereien | *šdoqāt hawxa u=gawo du=ḥaywān w a=hnayḏe, am=miʿwoṯayḏe* 'Gefüllte Innereien, das sind der Magen des Tiers und seine Eingeweide.' MT 2.7:4 • Nicht in RW

šḏy || Syr. *šdy Pe.* 'to throw (down); to attack, press down' SL 1512

I *šḏele, šḏela - šoḏe, šiḏyo* **(1)** *tr.* werfen (hier: verursachen) | *b-bĭ-ʿĂdoka hğimme laṭ=ṭaye aʿlayna, šḏalle sing w dawrān baynoṯayna* 'Bei bĭ-ʿĂdoka griffen die Muslime uns an, sie verursachten Chaos und Panik unter uns.' MT 3.1:3 **(2)** *intr.* verfolgen | *hatu ʿal mĭdone m-ani lĭ=msanṯitu, hani, u=šiḏo ksoyim u=nsan iġfāl w dayim biṯrayna kšoḏe w aḥna biṯre-biṯre-na, kšĭḏena biṯre* 'Ihr dürft auf solche Dinge nicht hören, damit täuscht der Teufel die Menschen. Er jagt uns immer nach, und wir sind ihm immer auf den Fersen, wir jagen ihm nach.' MT 4.5:8

šeno *n.f.* Fels | *u=ruʿyo kuzzé kimqafe dukṯo d-šeno d-huyo naḏifto, aw dukṯo d-xirbe, d-howin xd-af=faršat ak=kefe frise, kmaḥitla ʿal af=faršătani w koṯin w kluṭʿila* 'Der Hirte sucht eine Stelle mit sauberem Fels, oder eine Ruine, wo die Steine wie Platten gelegt sind, er streut (das Salz) auf diese Steinplatten und (die Tiere) kommen und lecken es auf.' MT 1.1:96 • RW 493

šēx *n.m.* **(1)** Scheich (arabischer Stammesführer) | *i=ḥḏo naqla, b-dukṯo, sĭ-šēx, ʿudínawo ...* 'Einmal, als wir irgendwo bei einem Scheich arbeiteten ...' MT 1.5:45; *ŭno ḥzeli naqla ḥḏo b-Suriya bayn aʿ=ʿărab, sĭ-ʾaṯto d-ḥa šēx ...* 'Ich habe einmal in Syrien eine (Frau) gesehen, unter den arabischen Beduinen, bei der Frau des Scheichs ...' MT 3.2:36 **(2)** Schech (hoher muslimischer Geistlicher) | *miftakalla, darbo d-ṣulḥ layto, illa kīt šēx d-ʿInkāf, zlām mōr d-wiždān-we* 'Sie (die Regierung) überlegte: Es gibt keinen Weg zum Frieden außer ... Es gibt den Schech von ʿInkāf, er ist ein Mann mit Gewissen.' MT 3.2:18 • RW 494

Šēx Fatḥaḷḷa ein muslimischer Geistlicher aus ʿInkāf, der beim Genozid von 1915 einen Frieden zwischen den Christen von ʿIwardo und den muslimischen Angreifern vermittelte | MT 3.1:30

šfr || Syr. *šfr* 'to be beautiful' SL 1592 → **šafiro**

I *šafir, šafiro - šofir, šufro intr.* schön werden | *i=barṯo du=malko yariwo w u=zʿuro-stene yaru. šafiro i=barṯo du=ʿammaṯṯe ġắlăbe* 'Die Tochter des Königs wuchs heran, und auch der Junge wuchs heran. Die Tochter ihres Onkels wurde sehr schön.' MT 5.2:5

šġl || cf. Arab. *šġl I* 'beschäftigen', *VIII* 'sich beschäftigen, arbeiten' Wehr 483-84 → **šuġlo**

I *šaġil, šaġilo* (?) - *šoġil, šuġlo intr.* arbeiten | *i=ḥḏo naqqa, bᵊ-qriṯo išma i=ʿĂlišeme, šuġlínawo ṭamo, saymillan a=sfoqaṯṯe* 'Einmal, als wir in einem Dorf namens ʿĂlišeme arbeiteten und ihnen ihr Geschirr machten.' MT 1.5:35

šḥanṯo *n.f.* Hitze, Wärme | *i=nurostene, amṭalle tlōṯ arbo=xurğe, bʿure d-gamle našife, maḥtinne aʿl-i=nuro, w qm-i=nurayo u=ʿamawo kule kmŭṭele šḥanṯo* '(Für) das Feuer brachten sie drei, vier Satteltaschen mit getrocknetem Kamelmist und legten ihn auf das Feuer. Vor diesem Feuer wurde es allen Leuten warm.' MT 1.5:46 • RW 494 → **šḥn**

šḥn || Syr. *šḥn Pe.* 'to warm o.s.', *Pa.* 'to warm, heat' SL 1544

I *šaḥin, šaḥino - šoḥin, šuḥno intr.* warm werden, heiß werden | *kmaḥto qamayto bu=tanurawo išmo d-qayse, marfʾyo nuro binne kšoḥin u=tanuro* 'Sie legt zunächst etwas Holz in den Ofen und zündet es an, damit der Lehmbackofen heiß wird.' MT 1.1:23; *bĭṯir bi=qōšxane, maḥtínawo u=mišḥayḏa ʾd-šoḥin, w mašĭġínawo i=rezayo meqim d-maḥtolan bam=maye šaḥine* 'Dann gaben wir das Butterschmalz in den Kochtopf, damit es heiß wurde. Wir pflegten den Reis sorgfältig zu waschen, den wir zuvor ins heiße Wasser gelegt hatten.' MT 2.8:2

III *mašḥalle, mašḥalla - mašḥin, mašḥʾno tr.* wärmen, erwärmen, heiß machen (auch emotional) | *latwo ğaryān xid uʿdo d-immit, yaʿni saym... maqimi maqiṯi qalorifēr wăyaxutta b-ʾale=ḥreto mašḥʾni, latwo* 'Es gab keinen Strom wie heute, so dass man die Heizung oder ein anderes Gerät einschalten und (das Haus) damit wärmen konnte, das gab es nicht.' MT 3.3:13; *mašḥalle qarʿe di=sisto naqla mḥalaqle ruḥe d-oṯe laffelayye* 'Er machte das Pferd heiß und auf einmal stürzte er sich auf sie, um sie anzugreifen.' MT 5.2:50

šibbāk *n.m., pl.* **šĭbebik** Fenster | *kitla awḏaye xṣuṣi xd-aṯe diṯxu w maḥatto bi=awḏayayo, u=muklayḏa-ste kĭbila-yo bu=šibbak* 'Sie hatte ein eigenes Zimmer, so wie eures hier, und in diesem Zimmer war sie untergebracht. Ihr Essen gab man ihr durch das Fenster.' MT 4.4:1 • RW 502 || Anat. Arab. *šəbbāk, pl. šəbēbīk* 'id.' JK 73; cf. Arab. *šubbāk* 'id.' Wehr 462

šiblo *n.f., pl.* **šible** Ähre | *bu=rabiʿ-ste mid Aloho hule i=raḥmayḏe w aṯi maṭro ʿal u=zadano, ʾkyoru, kobe šible* 'Im Frühling dann, wenn Gott seine Güte zeigt und der Regen auf die Saat fällt, wächst sie, bildet Ähren.' MT 1.1:7 • RW 494 || Syr. *šeblo* 'id.' SL 1504

šiḏo *n.m., pl.* **šiḏe** Teufel, Dämon | *hatu ʿal mĭdone m-ani lĭ=msanṭitu, hani, u=šiḏo ksoyim u=nsan iġfāl* 'Ihr dürft auf solche Dinge nicht hören, damit täuscht der Teufel die Menschen.' MT 4.5:8; *i=naqqa d-owe u=zlām šĭr-ḥărām i=tlawʿo du=šiḏo aʿme-yo dayim* 'Wenn ein Mann einen verdorbenen Charakter hat, ist der Wurm des Teufels dauernd in ihm.' MT 5.1:20 • RW 495 || Syr. *šiḏo* 'id.' SL 1496

šĭkil *n.m., pl.* **šiklat, šiklāt (1)** Form, Sorte | *a=ṭlawḥe, kitlan aḥna tre=šiklāt d-ʾṭlawḥe* 'Die Linsen: Wir haben zwei Sorten von Linsen.' MT 2.10:1 **(2)** Art und Weise | *băle mĭnayye-ste d-howin čike ḥāl diṯṯe basimo yaʿni zangīn, lĭ=kmaqbʾli haṯe ʿal ruḥayye, ʾkḥišwila xid šĭkil ʿariye* 'Doch manche von ihnen, die ein bisschen bessergestellt sind, also wohlhabend, akzeptieren das nicht für sich selbst, sie halten es für eine Art von Schande.' MT 1.2:21; *bu=šiklano, midlan mdawamlan* 'Auf diese Weise setzten wir (die Arbeit) fort.' MT 1.5:30 • Nicht in RW || Arab. *šakl* 'Form, Gestalt' Wehr 489

šimšo *n.f.* Sonne, Sonnenlicht | *gĭlayšíwunne bu=ğağĭqawo w bĭṯir gsaymí-wunne xd-a=hno, hawxa qʾrūṣ w maḥtí-*

wunne d-immina ʿal ğule w manšᵊfíwunne bi=šimšo 'Sie kneteten ihn mit diesem *ğağiq* und machten dann daraus etwas wie Fladen. Diese legten sie beispielsweise auf Tücher und ließen sie in der Sonne trocknen.' MT 2.5:9; *bu=saṯwo u=yawmo d-kowe šimšo kmawfqi aḥ=ḥīyewin diṯṯe* 'Im Winter, an einem sonnigen Tag, holen sie ihre Tiere (aus dem Stall).' MT 1.1:71 • RW 496 || Syr. *šemšo* 'id.' SL 1576

šīqayiq *n. pl.* Stücke, Teile | *i=qabrᵊġaye u=falqo, immíwole, d-immina u=ṣafuro, u=faro, ᵊkmisim tarte šīqayiq immiwo, bu=falgo* 'Qabrᵊġaye nannte man das Stück, sagen wir vom Zicklein oder vom Lamm, das in der Mitte in zwei Stücke zerteilt wurde.' MT 2.4:1 • cf. *šiqqa* 'Hälfte' RW 497 || cf. Anat. Arab. *šəqqa, pl. šəqaq* 'Hälfte, Teil' JK 77; cf. Arab. *šqq I* 'spalten, zerteilen' Wehr 487

širdan ⊗ Türkisch *şirden* Labmagen = **šardān**

širdanāt *n. pl.* gefüllter Magen, gefüllte Innereien | *šdoqāt hawxa u=gawo du=ḥaywān w a=hnayḏe, am=miʿwoṯayḏe, ᵀkibe mumbarᵀ, šardān, ᵀširdan veyaᵀ, bu=ʿărăbi kimminne širdanāt* 'Gefüllte Innereien, das sind der Magen des Tiers und seine Eingeweide, ᵀ*kibe mumbar*ᵀ, *šardān*, ᵀ*širdan*ᵀ, auf arabisch nennt man sie *širdanāt*.' MT 2.7:4 = **širdan, šardān**

šīr-ḥărām unanständiger Mensch, schlechter Mensch | *i=naqqa d-owe u=zlām šīr-ḥărām i=tlawʿo du=šiḏo aʿme-yo dayim* 'Wenn ein Mann einen verdorbenen Charakter hat, ist der Wurm des Teufels dauernd in ihm.' MT 5.1:20 || cf. Kurm. *şîrê min li te helal/heram be* 'may my milk be to your health/to your detriment (says the mother to her child)' Chyet 588, DKF 1617

šīriṭo *n.m.* Schnur | *u=ḥa d-koḏiʿ kmanṭele stīmbār, gdoyiq buwe basmore bi=xasrayo w b-ayo, kimʿaliq aʿ=ʿăqudani d-lo d-qayṯi b-ᵊḥḏoḏe w lo miqṭiʿ u=šīriṭo d-taḥtayye* 'Wer sich auskennt, holt sich ein Brett aus Pappelholz, schlägt auf beiden Seiten Nägel ein und hängt dann die Süßwürste so auf, dass sie sich nicht berühren und dass die Schnur, an der sie hängen, nicht reißt.' MT 1.1:62 • cf. *šuriṭo* RW 504 || cf. Arab. *šarīṭ* 'Band, Streifen' Wehr 473

širtan *n.m.* luftgetrocknete, gesalzene Joghurtkugeln | *aw naqqāt huwanwo, zaydıwo, msaḥniwunne. annaqqa, i=naqqa d-kimšaḥninne, am=maye kʿolin lalʿil, quṭfíwunne, maḥtíwole bu=kiso, saymíwole immiwo ğağiq. u=ğağīqawo saymíwole širtan* 'Wenn manchmal (Buttermilch) übrigblieb, erhitzten sie sie. Wenn man sie nun erhitzt, steigt das Wasser nach oben. (Den Bodensatz) pflegten sie in einen Stoffbeutel zu schütten und machten daraus den *ğağiq*, wie sie ihn nannten. Aus diesem *ğağiq* machten sie *širtan*.' MT 2.5:7-8 • RW 497

šīrure *n. pl.* Pflanzen von Melonen, Gurken und Kürbissen | *e, u=pallăsīs, e, u=pallăsīs, aq=qarʿe, lo du=qayṭo d-kowin baš=šīrure yaroqe* 'Ja, der Kürbisauflauf. Ja, (für den) Kürbisauflauf (nimmt man) nicht die grünen Kürbisse, die im Sommer an den Pflanzen wachsen.' MT 2.2:1 • Nicht in RW || Syr. *šruro* 'new sprout (< Akkad. *šarūru* 'shoot of plant')' SL 1603

šīš *n.m.* Spieß | *u=nafoḥo gīnofiḥ, w kítwole šīš, šafuḏo d-immina b-iḏe, mʿadalwo i=nuro* 'Der „Anfacher" fachte an, und er hatte einen Spieß, eine Eisenstange in der Hand, (damit) regulierte er das Feuer.' MT 1.5:14 • Nicht in RW ||

cf. Arab. *šīš* 'id.' Wehr 503; cf. Türk. *şiş* 'id.'

šīwerib *n. pl.* Schnurrbart | *Mōr Zoxe lo foṯo lo šīwerib, manṯo b-daqne layto, hīč, gd-immit, d-ḥūzatle gd-immit kaččīke-yo* 'Mor Zoxe – kein Bart, kein Schnurrbart, er hat kein einziges Haar im Gesicht ... Wenn du ihn sähest, würdest du sagen, es ist ein Mädchen.' MT 4.5:10 • cf. *šwerib* RW 505 || Arab. *šārib, pl. šawārib* 'id.' Wehr 471

šīyolo *n.m., pl.* **šīyole** Frage | *mšayela mi-babi, šīyolo. miḷḷa kīt aʿmux čāy w sikkar?* 'Sie hatte eine Frage an meinen Vater. Sie sagte: Hast du Tee und Zucker dabei?' MT 1.5:55 → **šyl**

škere *n.f., pl.* **škerat, škerāt** Steinhaufen | *aṯi ḏabiṭ di-ʿaskăriye* ᵀ*yüzbaşı*ᵀ, *komir maḥatle qm-i-škere-dak-kefayo d-ᵊrğimme i-žinnīke, maḥatle u-čadir diḏe tamo* 'Da kam ein Militäroffizier, ein Hauptmann, und stieg vor dem Steinhaufen ab, wo sie die Frau gesteinigt hatten. Dort stellte er sein Zelt auf.' MT 5.1:9 • RW 498 || Kurm. *škêr* 'pile of stones' Chyet 590

šky || Arab. *škw I* 'klagen, sich beklagen; sich beschweren' Wehr 490

III *maškele, maškela - maške, maškᵊyo intr.* sich über (*ʿal*) etw./jdn. bei (*l-*) jdm. beschweren | *maškalle aʿlayna, lu-qaymăqām* 'Sie beschwerten sich über uns beim Landrat.' MT 1.5:28; *simle lī-simle mede lī-qadir d-soyim biya, w lī-kmağre d-izzé maške lu-ʿammo-ste* 'Wie sehr er sich auch bemühte, er konnte nichts bei ihr ausrichten, und er wagte es auch nicht, sich bei dem Onkel zu beklagen.' MT 5.1:15

šlḥ || Syr. *šlḥ¹ Pe.* 'to strip off, take off, divest' SL 1561

I *šliḥle, šliḥla - šoliḥ, šulḥo* **(1)** *tr.* ausziehen (Kleider) | *komir yatiwi, komir šliḥḥe ğulayye maḥatle am-maye kīlín ğamude, kmabrim u-misliq ḥreno kīlín ğamude* 'Sie setzten sich und zogen ihre Kleider aus. Er ließ das Wasser ein, da war es kalt. Er drehte an dem anderen Wasserhahn, das Wasser war kalt.' MT 4.2:12 **(2)** *tr.* abschlagen, abschneiden | *bas-sayfe šulḥiwo qarʿe di-ʿaskar* 'Sie schlugen mit den Schwertern den Soldaten die Köpfe ab.' MT 3.2:39

I - *šoliḥ intr.* sich ablösen ⊗ fälschlich für Ip *mišliḥ* ? | *gmaḥatnix bu-dasto w gmawfaqno ag-garme, u-basro kule gīṭūreno šoliḥ* 'Ich stecke dich in den Kessel (mit heißem Wasser) und ziehe die Knochen heraus, das ganze Fleisch lasse ich sich ablösen.' MT 5.2:100

III *mašlaḥle, mašlaḥla - mašliḥ, mašlᵊḥo tr.* Kleidung ausziehen lassen, entkleiden | *kurxiwa ʿal ay-yasire, u-ḥa d-ḥozin qquṭlile, u-ḥa d-ḥozin gmihnalle, mašlīḥile w miblile w mzalṭᵊnile* 'Sie suchten nach Flüchtlingen. Wen sie fanden, den brachten sie um. Sie zogen ihnen die Kleider aus, sie nahmen sie mit und zogen sie nackt aus.' MT 3.1:12

šliḥo *part.,* f. **šliḥto**, *pl.* **šliḥe** der geistlichen Würde enthoben | *omir zoxu márulle d-oṯe, w l-óṯe, mar, šliḥo-hat!* 'Geht und sagt ihm, dass er kommen soll, und wenn er nicht kommt, sagt: Du bist deiner geistlichen Würde enthoben.' MT 4.3:5 || cf. Syr. *šliḥo* 'naked' SL 1564 → **šlḥ**

šlomo (1) *n.m.* Frieden **(2)** Gruß: hallo! | *komir azzín l-gabe, ᵊšlomo aʿlux! ahla w sahla, b-šayno w ba-šlomo. xēr-yo?* 'Sie gingen zu ihm: Sei gegrüßt! – Herzlich willkommen, in Heil und Frieden. Ist alles in Ordnung?' MT 4.4:4 • RW 499 || Syr. *šlomo* 'id.' SL 1567

b-šayno (w ba-šlomo) Antwort auf den Gruß *šlomo* → **šayno**

šlq || Syr. *šlq Pe.* 'to cook, boil down' SL 1569

I *šliqle, šliqla - šoliq, šulqo tr.* kochen (Eier, Kartoffeln usw.), weichkochen (Kerne, Getreide) | *u=bŭzar-ʿano d-ᵊknofiq maz=zăbaš, kšulqile w kmawbᵊlile lab=bĭ-ḥmoye, kul=ḥa kimfariq laq=qaryayḏe* 'Die Kerne, die aus den Wassermelonen stammen, die kochen sie und bringen sie mit zu den Schwiegereltern. Jeder verteilt sie unter seinen Gästen.' MT 1.3:14

Ip *šlīq, šliqo - mišliq, mišloqo intr.* gekocht werden | *w kmišliq u=birġil ġắlăbe, qayis u=birġil d-mišliq, băle ʿala šarṭ d-lĭ=miboṭi aḥ=ḥeṭe ḥurwi, kayis kowe, u=birġil basim kowe* 'Der Bulgur wird sehr lange gekocht, je länger er gekocht wird, umso besser und wohlschmeckender wird er, vorausgesetzt aber, dass die Weizenkörner nicht aufplatzen und unbrauchbar werden.' MT 1.1:27

šlṭ || cf. Syr. *šlṭ Pe.* 'to power, dominate, rule, *Pa.* to set to rule, give power, put in authority' SL 1562, CSD 579

II *mšalaṭle, mšalaṭla - mšaliṭ, mšalṭo tr.* etw. (Akk.) auf (*ʿal*) jdn. loslassen | *u=qariwo mhalaxle b-darbo, l-Aloho mšalaṭle dewo aʿle lĭ=ṭrele tĭ=mede mĭ-diḏe d-l-áxile ġēr at=tarte iḏoṭani* 'Der Pate ging auf einem Weg (irgendwo hin), da ließ Gott einen Wolf auf ihn los. Der ließ nichts von ihm übrig, was er nicht gefressen hätte, außer den beiden Händen.' MT 5.1:27

šmayo *n.f.* Himmel • RW 499

šmayono *adj.* himmlisch | *u=Alohayḏan kĭle b-ḥaṣayna, u=Alohayḏan kĭle kŭbelan laḥmo šmayono* 'Unser Gott steht hinter uns, unser Gott gibt uns himmlisches Brot.' MT 3.1:28 → **šmayo**

šmʿ || Syr. *šmʿ Pe.* 'to hear, listen to', *Af.* 'to make hear; to announce' SL 1574

I *šamiʿ, šamiʿo - šomiʿ, šimʿo tr.* hören | *lĭ=šamiʿi, l-ádiʿi d-awi sayfo ʿal i=siryuṯo* 'Sie hörten nicht, sie wussten nicht, dass der Sayfo gegen die Christen stattgefunden hatte.' MT 3.4:8; *am=miṯe b-Miḏyaḏ d-ᵊkmayṯi gdayqo i=ʿito, lăšan lo u=ahl w bas d-šomiʿ, w ağ=ğiṛān, d-šimʿo Miḏyaḏ kula* 'Wenn in Midyat jemand stirbt, dann läuten die Kirchen(glocken), damit nicht nur die Verwandten und die Nachbarn es hören, sondern damit ganz Midyat es hört.' MT 1.2:1

III *mašmaʿle, mašmaʿla - mašmiʿ, mašmᵊʿo tr.* benachrichtigen, hören lassen | *kito ʿade m-meqim, hayo baṯilo uʿdo, bas hawxa-wa, i=naqla bĭṯir mid aḏiʿi ḥḏoḏe, d-hawin aṯto w gawro, mašmᵊʿiwo u=ahᵊl diṯṯe* 'Es gab früher einen Brauch, der jetzt nicht mehr üblich ist, aber es war so: Nachdem sie einander erkannt hatten und Mann und Frau geworden waren, benachrichtigten sie ihre Verwandtschaft.' MT 1.3:38

šmoṭo *inf.* Ausreißen, Ablösen | *qĭsim mĭnayye kbodin bu=šmoṭo* 'Ein Teil von ihnen fängt an mit dem Ausreißen (des Grases).' MT 1.1:69 → **šmṭ**

šmṭ || Syr. *šmṭ Pe.* 'to extract; to stick out; to snatch, take away' SL 1571-72

I *šmiṭle, šmiṭla - šomiṭ, šimṭo* **(1)** *tr.* ablösen, abziehen | *b-ṭarfonayye kšum-ṭi u=pāstiqawo. d-oṭe d-howe u=pāstīq kayiso, mid maqimme u=rišawo, hawo ggurŝile, huwe knofil xīz xīz aʿle kmišmiṭ mu=čapān* 'Sie lösen mit ihren Fingernägeln den *pāstīq* von dem Stoff ab. Wenn der *pāstīq* gut geworden ist, dann lässt er sich, nachdem sie den Anfang abgelöst haben und daran ziehen ... dann macht er ratsch und lässt sich von dem Stoff abziehen.' MT 1.1:57 **(2)** *tr.* abstreifen | *šmiṭla a=tre šayrayḏa m-ʾiḏa* 'Da streifte sie ihre beiden Armreifen ab.' MT 5.1:19 **(3)** *tr.* (Kleider) ausziehen, abstreifen | *šmiṭla ğula li=žinnĭke w yatiwo d-suḥyo* 'Die Frau zog ihre Kleider aus und setzte sich hin, um sich zu baden.' MT 4.5:13 **(4)** *tr.* abschneiden, abschlagen | *bĭṯir kizzín l-karmo d-kityo maḥto mĭ-meqim, kšumṭi mene naṣbe* 'Dann gehen sie zu einem Weinberg, der bereits früher angelegt wurde, und schneiden dort Rebzweige ab.' MT 1.1:42; *kimqafin i=dukṯo d-kīt gelo ġālăbe. mĭnayye kimšarki, mĭnayye kul ʿāyle l-ruḥa kšimṭo* 'Sie finden eine Stelle, an der es sehr viel Gras gibt. Manche tun sich zusammen, und bei anderen reißt jede Familie für sich (das Gras) aus.' MT 1.1:68; *šumṭiwo katfoṯayye* 'Sie schlugen ihnen den Arm ab.' MT 3.1:18

Ip *šmīṭ, šmiṭo - mišmiṭ, mišmoṭo* abgelöst, abgezogen werden | *d-oṯe d-howe u=pāstīq kayiso, mid maqimme u=rišawo, hawo gguršile, huwe knofil xīz xīz aʿle kmišmiṭ mu=čapān* 'Wenn der *pāstīq* gut geworden ist, dann lässt er sich, nachdem sie den Anfang abgelöst haben und daran ziehen ... dann macht er ratsch und lässt sich von dem Stoff abziehen.' MT 1.1:57

šnoqo *inf.* Hinrichtung, Erhängen | *aḷúh ŭno qim šnoqo-wi w kitwo ḥirma šafirto ġālăbe, aṯyo miḷḷa laš=šanoqe miḷḷa qay kšinqitu u=zʿurano?* 'Nun ja, ich stand kurz vor der Hinrichtung, und da war eine sehr schöne Frau, die kam und sagte zu den Henkern: Warum wollt ihr diesen jungen Mann aufhängen?' MT 5.1:40 → **šnq**

šnq || Arab. *šnq I* 'aufhängen, durch den Strang hinrichten' Wehr 495; cf. Syr. *šnq Pa.* 'to vex, torment, torture' SL 1580

I *šniqle, šniqla - šoniq, šunqo tr.* erhängen, hinrichten | *ḥiḷḷa kĭle kīt ḥa kšunqile, qay kšunqitu u=zlamano?* 'Da sah sie, wie man jemanden erhängen wollte. (Sie fragte:) Warum erhängt ihr diesen Mann?' MT 5.1:18

šqʿ || cf. Anat. Arab. *šqʿ I* 'werfen (Steine), schleudern' VW 228, JK 76

I *šqiʿle, šqiʿla - šoqiʿ, šuqʿo tr.* schmettern (gegen die Wand) | *[Muchtar Ḥanna: naʿime lĭ=qṭille?] áydar-bo, šuqʿíwunne bas=siġone!* '[Muchtar Ḥanna: Haben sie nicht auch Kinder getötet?] Und wie! Sie schmetterten sie gegen die Mauern!' MT 3.1:16

šql || Syr. *šql Pe.* 'to bear, take away; to take' SL 1595-97

I *šqile, šqila - šoqil, šuqlo* **(1)** *tr.* nehmen, wegnehmen | *hġimme aʿle w šqille i=kaččĭke mene w mḏayʿulle* 'Sie griffen ihn an, nahmen ihm das Mädchen weg und schafften es weg.' MT 1.6:2; *hġimme r-rišayna, yaʿni d-šuqli i=qriṯo* 'Sie griffen uns an, um das Dorf einzunehmen.' MT 3.1:23 **(2)** entgegennehmen, erhalten | *qāršī du=tăʿăbano diṯṯe lăšan d-šuqli mŭkafăḥa, kmalimi kallāt mag=gawire* 'Damit sie eine Belohnung für ihre Mühe bekommen, sammeln sie Geld von den verheirateten (Gästen) ein.' MT 1.3:43 **(3)** *tr.* kaufen | *háwullan quwe d-kallāt mede, d-šuq-línalan sḷāḥ* 'Gebt uns finanzielle Unterstützung, damit wir uns Waffen kaufen können.' MT 3.3:1 **(4)** heiraten, nehmen (einen Mann, eine Frau) | *niše haw fayiš gmanṭeno w hāt gawre lĭ=fayiš gĭšuqlit* 'Ich werde keine Frau mehr heiraten, und du wirst auch keinen Mann mehr nehmen.' MT 5.1:43

šoqil hawa Luft schnappen, atmen, spazieren gehen | *slaq ᵊl-qarᶜe du=quṣro, w ḥur b-ᵊbriṯo, šqalux išmo d-hawa!* 'Steig hinauf auf die Zinnen des Schlosses, schau dich um und schnappe ein wenig Luft.' MT 5.3:44 → **hawa**

šoqil raḥa sich ausruhen | *bǐṯir mid rawiᶜi, šqille i=raḥaṯṯe, fayiḥ u=fawḥo, kmawbelin naqla=ḥreto kmarᶜelin* 'Wenn sie sich gelagert und ausgeruht haben und es etwas kühler geworden ist, dann nimmt er sie wieder mit und lässt sie weiden.' MT 1.1:94 → **raḥa**

šoqil ruḥe d- jdn. verrückt machen, jdn. heftig stören | *i=kaččǐke qayiṯ b-fema Malke w Malke w Malke w Malke w hay Malke. komir lu=malko miḻḻe hano min Malke Malke-yo, šqila i=ruḥayḏi b-Malke* 'Das Mädchen führte dauernd (den Namen) Malke im Mund: Malke und Malke und Malke und Malke, und wieder Malke. Der König sagte: Was ist dieser Malke und Malke? Sie hat mich mit Malke verrückt gemacht.' MT 4.4:2 → **ruḥo**

šriᶜaye *n.f.* ⊗ mit Metathese zu *šᶜiraye* kleine Nudeln (für Reis- und Bulgurgerichte) | *i=ḥeṭo kmišloqo, kuyo danoke, knišfo, bǐṯir gdayqila bu=dang, bǐṯir kṭuḥnila, kmifqi mi=ḥeṭayo birġil xašuno, birġil nōrmāl, di=šriᶜaye* 'Der Weizen wird in Wasser gekocht, er wird zu *danoke*. Er trocknet, dann wird er mit dem Mahlstein enthülst, dann mahlt man ihn und macht daraus groben Bulgur und normalen Bulgur, der mit kleinen Nudeln (gemischt wird).' MT 2.7:2 = **šᶜiraye**

šrk || Arab. *šrk III* 'id.' Wehr 476

II *mšarakle, mšarakla - mšarik, mšarko intr.* sich beteiligen | *kizzín ᶜamm ᵊḥḏoḏe, ᵀtopli ḥalindaᵀ, kimqafin i=dukṯo d-kīt gelo ġălăbe. mǐnayye kimšarki, mǐnayye kul ᶜāyle l-ruḥa kšimṭo, kmalǐmile ksaymile kawmoṯo* 'Sie gehen zusammen, als Kollektiv, sie finden eine Stelle, an der es sehr viel Gras gibt. Manche tun sich zusammen, und bei anderen reißt jede Familie für sich (das Gras) aus. Sie sammeln es und häufen es auf.' MT 1.1:68

šrolo *n.m.* Wahrheit | *baᶜ kimmi aṭ=ṭaye ŭṯanwo aq=qadiše mᶜawniwo, šrolo-yo?* 'Die Muslime sagen doch, dass die Heiligen kamen und halfen, ist das wahr?' MT 3.1:27 • RW 501 || Syr. *šroro* 'id.'

šroyo *inf.* Lösen, Trennung, Scheidung | *kaʾinnahu u=laḥmo, bǐṯir mid bašilo twīr, naqqa=ḥreto lǐ=kmiġbir, hani hawin nuxroye d-ᵊḥḏoḏe, nuxroyo w nuxrayto, naqqa=ḥreto, lǐ=kfŭyašše šroyo, lǐ=kowe d-marfin ḥḏoḏe* 'Wenn das Brot gebacken ist und dann gebrochen wird, lässt es sich nicht wieder zusammenfügen. Die beiden sind nun miteinander verlobt, Verlobter und Verlobte, und für sie gibt es nun keine Trennung mehr, sie können einander nicht mehr verlassen.' MT 1.3:12 → **šry**

šry || Syr. *šry Pe.* 'to loosen, to break, violate, to liberate' SL 1604-1606

I *šrele, šrela - šore, širyo tr.* lösen (von Knoten usw.)

šore ḥaṣo sich entspannen (wörtl.: den Gürtel lösen) | *i=dukṯo d-immíwunne ᶜaymo-yo guršiwo i=quwwaṯṯe l-ṭamo, i=dukṯo d-immiwo ṣaḥwo-yo, šŭranwo ḥaṣayye* 'An der Stelle, an der sie ihnen sagten, dass es wolkig war, zogen sie ihre Kräfte zusammen, und dort, wo sie sagten, dass es klar war, fühlten sie sich sicher.' MT 3.2:12 → **ḥaṣo**

lǐ=šore b-iḏ- es glückt (ihm, ihr usw.) nicht | *nafilo ᶜayne ᶜal i=kaččǐke w nafil* *lebe biya. azzé ǧǧil aʿma simle lĭ=simle, lĭ=šširyo b-iḏe* 'Er warf sein Auge auf das Mädchen und verliebte sich in sie. Er ging und sprach mit ihr, doch wie sehr er sich auch bemühte, er hatte keinen Erfolg.' MT 5.1:15 → **iḏo**

ššššš *interj.* psst! | *kīt b-qamuṯi qaflāt qaflāt yasire, m-áyko-hatu, l-áyko-hatu? ššššš kimmi hšš lĭ-maʿlit, lĭ=miǧǧolit lĭ=miǧǧolit!* 'Vor mir zogen immer neue Gruppen von Flüchtlingen vorbei. Woher kommt ihr, wohin geht ihr? Sie sagten: Psst! Sag keinen Ton! Sprich nicht, sprich nicht!' MT 3.1:9

štaġaliye *n.f.* Erzählung, Gerede, Gespräch | *qiṣṣa-yo latyo hno d-ŭmanṇolux biṯre ḥḏoḏe măsălan, štaġaliye-yo, kuṯyo kriṯo ṭăbí* 'Es ist ja eine Geschichte, deshalb muss ich dir nicht alles der Reihe nach erzählen. Es ist eine Erzählung, deshalb fällt sie natürlich kurz aus.' MT 5.1:14 • RW 502 → **ǧǧl**

štʿy || Syr. *šʿy Etpa.* 'to play' SL 1582

mištaʿele, mištaʿela - mištaʿe, mištaʿyo intr. spielen | *i=emo mšayáʿlale xabro milḷa, u=zʿuro l-aṯi lu=bayto, milḷe mĭ=ḥarulix mene, ʿam aḥ=ḥawrone lbīk, gĭmištaʿe* 'Die Mutter schickte ihm eine Nachricht und sagte: Der Junge ist nicht nach Hause gekommen. Er sagte: Mach dir um ihn keine Sorgen, er ist mit seinen Freunden beschäftigt, er spielt.' MT 4.1:4

štoyo *inf.* Trinken, Getränk | *maʿ-mállala quṣro, loqanta w kobo muklo w štoyo w tidmixo b-bălāš* 'Sie baute ein stattliches Haus, eine Gaststätte, in der sie Essen, Trinken und Übernachtung umsonst anbot.' MT 5.2:19 → **šty**

šty || Syr. *šty*[1] *Pe.* 'to drink', *Af.* 'to give to drink' SL 1614

I *štele, štela - šote, šityo* **(1)** *tr.* trinken | *ŭno axili mu=ḥabušo, ŭno šteli mam=maye* 'Ich habe von dem Apfel gegessen und ich habe von dem Wasser getrunken.' MT 5.3:29 **(2)** *tr.* aufsaugen | *ṭase d-rezo, kšityo tarte=ṭasāt d-maye* 'Eine Tasse Reis saugt zwei Tassen Wasser auf.' MT 2.8:1

III *maštele, maštela - mašte, maštᵊyo tr.* tränken, zu trinken geben, wässern, bewässern | *naḥit u=aḥuno w hiye-ste kĭlé manḥatle lu=gubo húlele maye maštele as=sisyaṯṯe w štele luwe-ste* 'Der Bruder stieg hinab, er ließ ihn hinab in den Brunnen, und er gab ihm Wasser. Er tränkte ihre Pferde, und auch er selber trank.' MT 5.2:44

šṭf || Syr. *šṭf Pe.* 'to cleave, split' SL 1549

II *mšaṭafle, mšaṭafla - mšaṭif, mšaṭfo tr.* in Stücke hacken, spalten | *komir midle u=sayfayḏe qṭiʿle qarʿe di=ḥayye, w mšaṭfole w maslᵊqole lalʿal* 'Er nahm sein Schwert und schlug der Schlange den Kopf ab, hackte sie in Stücke und brachte sie nach oben.' MT 5.3:34

šṭiḥo *part.*, f. **šṭiḥto**, *pl.* **šṭiḥe** ausgebreitet (in Reihen) | *krayzi suġlo suġlo ksayminne mašṭuḥo, yaʿni sĭ-ḥḏoḏe, kowin šṭiḥe sĭ-ḥḏoḏe aʿ=ʿinwe* 'Dann legen sie die Trauben in Reihen hin, sie machen einen *mašṭuḥo*, d.h. die Trauben werden nebeneinander hingelegt.' MT 1.1:49 || Syr. *šṭiḥo* 'flat, level; cast down' SL 1549 → **mašṭuḥo**

šubḥo *n.m.*, *pl.* **šubḥe** Preis, Ehre | *hăma qayimi, l-Aloho qurbane, šubḥo l-išme, húlelin ḥaylo w quwe* 'Da erhoben sie sich. Gott, Preis seinem Namen, gab ihnen Kraft und Stärke.' MT 3.1:25; *baš=šubḥe d-Aḷo, u=ḥasyo izzewo w ĭṯewo ʿal u=qadišo (...) u=Mšiḥayḏan u=Alohay-ḏan nṭĭḷḷelan ṭamo* 'Zu Gottes Preis, der Bischof kam ständig in die Kirche. (...)

Unser Messias, unser Gott beschützte uns dort.' MT 3.1:22 • RW 502 || Syr. *šubḥo* 'id.' SL 1518

šufro *n.m.* Schönheit, Verschönerung | *aᶜ=ᶜeze-ste qqayṣi mĭnayye marᶜeze, u=marᶜezano kᶜuzlile, w mid ᵊᶜzille ksaymile baṭṭaniyāt, kmaḥtinne ᶜal ag=gale aw kimᶜalqinne m-darb as=satre, yaᶜni kowin lu=šufro* 'Von den Ziegen schert man das Ziegenhaar, das Ziegenhaar spinnt man, und wenn sie es gesponnen haben, stellen sie daraus Kelims her, die sie auf das Bett legen, oder die sie anstatt von Vorhängen aufhängen, d.h. sie dienen der Verschönerung.' MT 1.1:93 • RW 502 || Syr. *šufro* 'id.' SL 1533-34 → **šfr**

šuġlo *n.m., pl.* **šuġlone** **(1)** Arbeit | *latwo dukkane d-fitḥi šuġlone d-saymi* 'Es gab keine Läden, die sie hätten eröffnen, keine Arbeiten, die sie hätten ausüben können.' MT 3.4:1; *mid aṯyo i=săᶜa ḥṣar du=lalyo, súmunxu u=šuġlo d-lĭ=koṯe ḥiss mene* 'Wenn es zehn Uhr nachts geworden ist, dann erledigt die Arbeit, die keinen Lärm macht.' MT 1.5:29 **(2)** Sache, Angelegenheit, Aufgabe | *tōx wărōx, min-yo? qqurelux ğiddux, omir qay mĭ=šuġlo kítleli* 'Komm mal her, du da! – Was ist? – Dein Großvater lässt dich rufen. – Wieso, was will er von mir?' MT 5.2:86; *i=ḥkume mahatla iḏo ᶜal u=šuġlo* 'Die Regierung nahm sich der Sache an.' MT 3.2:40 **(3)** Tat | *azzá immo mĭ=gmanṯyallix u=zᶜuro, aḷo kĭle u=zᶜuro ḥniqo. u=yūzbaši ḥiḷḷe ḥiḷḷe, miḷḷe, aḷo hani latne šuġlonix, băle haw fayiš kowe d-makraxnix aᶜmi* 'Sie ging und sagte: Wie soll ich dir denn den Jungen bringen? Wahrlich, der Junge ist erwürgt worden. Der Hauptmann schaute lange und sagte dann: So etwas tust du nicht (wörtl.: sind nicht deine Taten), aber ich kann dich nicht länger mitnehmen.' MT 5.1:16-17 **(4)** Herstellung | *i=šᶜiraye ksaymi ... mu=ṭăraf dak=kaččĭkat b-iḏoṯayye kmiso-mo, lo šuġl dam=măkinat* 'Die Nudeln machen ... sie werden von den Mädchen mit den Händen gemacht, es ist keine Maschinenware.' MT 1.1:34 || Arab. *šuġl* 'id.' Wehr 484

šuġlo d-daywo Wahnsinnstat | *qay hawxa simlan hano, šuġlo d-daywo* 'Warum haben wir das bloß gemacht, das ist doch Wahnsinn.' MT 4.4:6 → **daywo**

šumoye

qarᶜe šumoye Kürbissorte | *yirwiwo hĭwanwo rabe, hĭwanwo rabe, šuḥṯiwo, qŭwanwo. hōl, hanik immíwunne qarᶜe šumoye* 'Sie wuchsen und wurden ganz groß. Sie wurden groß, färbten sich gelb und wurden fester. Bis ... die nannte man *šumoye*-Kürbisse.' MT 2.3:2 → **qarᶜo**[2]

šuqo[1] *n.f., pl.* **šuqone** **(1)** Straße | *omir an=naᶜimani kulle falite bas=saḥāt w baz=zabĭqone, gĭmaᶜmáṇṇolin madrăse, w mitaltᵊmi maš=šuqone* 'All diese Kinder laufen frei auf den Plätzen und in den Straßen herum, ich werde für sie eine Schule bauen, damit sie von den Straßen geholt werden.' MT 5.5:1 **(2)** Markt | *băle baw=waxtatani aḥ=ḥaroye, nafiq darmono, baš=šušayat-yo, kšuqlile kul=nošo mi=šuqo w kmaḥti mu=darmonawo bu=ḥalwo šaḥino* 'In jüngerer Zeit ist ein Mittel herausgekommen, in Flaschen, das alle Leute auf dem Markt kaufen. Von diesem Mittel geben sie (etwas) in die heiße Milch.' MT 1.1:83 • RW 503 || Tezel 2003: 120-121; Syr. *šuqo* 'market place, public road' SL 1534

šuqo[2] *n.f.* Leinen, Leinwand | *latwo šuġlone, gĭmoṯo-wayye, zqoro zuqriwo šuqo* 'Nun, es gab keinerlei Arbeit. Es gab (nur) Webstühle, sie webten Leinwand.'

MT 3.4:1 • RW 503 || Tezel 2003: 120-121

šušaye *n.f., pl.* **šušayat, šušayāt** Flasche | *baw=waxtatani aḥ=ḥaroye, nafiq darmono, baš=šušayat-yo, kšuqlile kul=nošo mi=šuqo* 'In jüngerer Zeit ist ein Mittel herausgekommen, in Flaschen, das alle Leute auf dem Markt kaufen.' MT 1.1:83 • RW 504 || cf. Anat Arab. *šūšāye* 'id.' JK 78; cf. Kurm. *şûşe* 'id.' Chyet 593; cf. Türk. *şişe* 'id.'

šuxro *n.m., pl.* **šuxre** Tragevorrichtung für gemähtes Getreide, Lastgestell | *mid ᵊḥṣidde, kimmínalle aš=šuxre, meqim šale-we, uᶜdo šuxre. kmaḥtile baš=šuxre, w kmaṭᶜᵊnile ᶜal ḥāṣ da=ḥmore, kmanṭalle li=adro* 'Wenn man (die Körnerfrüchte) geerntet hat ... Es gibt die sogenannten Lastgestelle. Früher waren es Lastsäcke, heute Lastgestelle. Man legt (das Erntegut) in die Lastgestelle und schafft es auf dem Rücken der Esel zur Tenne.' MT 1.1:9 • RW 504 || cf. Anat. Arab. *šaxər* 'hölzernes Tragegestell für gemähtes Getreide' JK 73

šwr || Arab. *šwr III* 'um Rat fragen, sich beraten (mit), konsultieren' Wehr 498

II *mšawaḷḷe, mšawaḷḷa - mšawir, mšawro intr.* sich mit (*b-*) jdm. beraten, jdn. konsultieren | *i=kayistayḏa gimšawrina b-kulle, gmaltᵊmina hōl d-kito, xd-i=kurmanğiyayḏan komir, gasko maṣ=ṣūroyayḏan gĭmaltᵊmina hanik-ste, mšawrina b-kulle* 'Am besten wir beraten es mit allen, wir versammeln alle unsere Christen bis hin zum Ziegenböckchen, wie unsere Kurden sagen, auch die versammeln wir und beraten uns mit allen.' MT 1.6:10

šxwa doch, natürlich, schon ⊗ manchmal als Füllwort, mit verstärkender Bedeutung | *bu=admo hawxa mṣalbaṭlan, šxwa ṣalmayna kule simlan admo, taḥt al=lašat* 'Wir legten (unsere Hände) ins Blut und schmierten es, wir beschmierten unsere Gesichter ganz mit dem Blut, unter den Leichen.' MT 3.1:6; *aq=qadišayḏan ŭṯanwo, aq=qadišayḏan ŭṯanwo mᶜawníwunne, qay, šxwa kimmallux, u=ḥasyo dayim, u=ḥasyo, u=Mar-Gawriye, u=Mōr-Malke, w aq=qadišayḏan kulle ŭṯanwo mᶜawníwunne* 'Ja, unsere Heiligen kamen, unsere Heiligen kamen und halfen ihnen. Ich sage dir doch, der Bischof (betete) dauernd, der Bischof (betete), und der Mar=Gawriye, der Mōr=Malke und alle unsere Heiligen kamen und halfen ihnen.' MT 3.1:27 • RW 505 || Kurm. *ji xwe* 'naturally (lit. from itself), already' Chyet 289

šyᶜ¹ || Arab. *šyᶜ II* 'verabschieden, zu Grabe tragen' Wehr 503

II *mšayaᶜle, mšayaᶜla - mšayiᶜ, mšayᶜo tr.* schicken | *malḥo lĭ=miqafewo, bĭ-Čălăbiyo, ĭbewo... mšayáᶜwulle malḥo, mšayáᶜwulle barūd, mšayáᶜwulle buġre da=tfĭnag* 'Es war kein Salz mehr aufzutreiben, doch die Fa-milie Čălăbiyo ... er gab ihnen, schickte ihnen Salz, er schickte ihnen Pulver und Kugeln für die Gewehre.' MT 3.2:13; *mšayaᶜle xabro lu=babo, maktūb, mšayáᶜwole maktūb w mšayáᶜwole kallāt* 'Da schickte er seinem Vater eine Nachricht, einen Brief. Er schickte ihm einen Brief und Geld.' MT 3.4:3

šyᶜ² || Syr. *šwᶜ Pe.* 'to smear, to plaster' SL 1531

I *šiᶜle, šiᶜla - šoyiᶜ, šayᶜo tr.* verputzen, abdichten | *midde u=zᶜuraṯṯe mawballe su=ḥimmāmči, ğğiṛṛe u=ḥimmām w mḥalaqqe bu=farmo di=nuro w šiᶜᶜe fēm du=tarᶜo aᶜle* 'Sie nahmen ihren Jungen und brachten ihn zum Bademeister, sie schürten das Bad an und warfen ihn in den Feuerofen. Sie dichteten die Tür des Ofens hinter ihm ab.' MT 4.2:10

šyf || Syr. *šwf Pe.* 'to smear, spread over; to wipe off, rub' SL 1532-33

I *šifle, šifla - šoyif, šayfo tr.* reiben | *ánnaqqa, hano, šayfínawo, hŭwanwo dawġe.* 'Nun, wir rieben (die Joghurtkugeln im Wasser) hin und her, so dass sie zu Dickmilch wurden.' MT 2.6:3

šyġ || Syr *šwg Af.* 'to wash, bathe' SL 1518

III *mašiġle, mašiġla - mašiġ, mašiġo tr.* waschen | *u=ʿamrano d-ᵊkmiqiṣ kmitamiḷḷe geze. kmalĭfile w manṭin u=ʿamro lu=bayto, kmašĭġile, bĭṯir mid mašiġġe kmanšᵊfile, bĭṯir mid manšaffe kimnafsile* 'Die Wolle, die man schert, nennt man *geze*. Sie wickeln sie zusammen und bringen die Wolle nach Hause. Sie waschen sie, nach dem Waschen trocknen sie sie, und nachdem sie sie getrocknet haben, zupfen sie sie auseinander.' MT 1.1:91; *mašĭġínawo i=rezayo meqim d-maḥtolan bam=maye šaḥine* 'Wir pflegten den Reis zu waschen, den wir zuvor ins heiße Wasser gelegt hatten.' MT 2.8:2

IIIp *mašiġ, mašiġo - mitašiġ, mitašiġo intr.* gewaschen werden | *i=dašišto aġlab am=miḏyoye saymíwola bu=ʿeḏo. hayo-ste mi=rezo w mu=ḥalwo kmisomo. naqqa=ḥreto kmitašiġo i=rezo šafiro* 'Den Milchreis bereiteten die Midyader meistens an den Festen zu. Er wird aus Reis und Milch hergestellt. Wieder wird der Reis sorgfältig gewaschen.' MT 2.9:1

šyl || Syr. *šʾl Pa.* 'to ask, question, inquire' SL 1497

II *mšayele, mšayela - mšayil, mšaylo tr.* fragen, jdn. (Akk. oder *l-*) über/nach (*ʿal*) etw. fragen | *kimšaylole, kummo išmux min-yo?* 'Sie fragt ihn: Was ist dein Name?' MT 1.5:49; *kimšaylo ʿito ayko kito* 'Sie fragt: Wo gibt es eine Kirche?' MT 5.1:22; *mšayele ʿal u=zʿuro d-ruḥe* 'Er fragte nach seinem Jungen.' MT 5.5:4

t

tăʿab *n.m.* Mühe, Arbeit, Anstrengung | *naqlāt kmiqṭiʿ u=šĭriṭo w kizzé u=tăʿab diṯṯe bi=hawa* 'Manchmal reißt dann die Schnur und ihre ganze Mühe war umsonst.' MT 1.1:62; *ʿuzlíwole bi=taššiye, saymíwole ḥuṭe bi=taššiye bu=tăʿab dann=iḏoṯo* 'Sie spannen sie (die Wolle) auf der Spindel. In Handarbeit spannen sie sie auf der Spindel zu Fäden.' MT 1.1:91 • RW 505 || Arab. *taʿab* 'id.' Wehr 404

tăʿadda *n.f.* Angriff, Misshandlung | *ʿal u=mamro d-kimmi, ann=armᵊnoye ḥzalle ʿayni tăʿadda* 'Dem Vernehmen nach haben die Armenier die gleichen Massaker erlebt.' MT 3.2:35 • cf. *taʿdāiye* RW 505 || Arab. *taʿaddin* 'Überschreitung, Rechtsbruch, Verletzung' Wehr 601

taʿlo *n.m., pl.* **taʿle** Fuchs | *aṯi lu=taʿlo mḥele danwe bu=šamʿayḏe w maṯfele u=šamʿo* 'Ein Fuchs kam und wischte mit dem Schwanz über seine Kerze und löschte die Kerze aus.' MT 5.3:7 • RW 506 || Syr. *taʿlo* 'id.' SL 1657

tăbí → **ṭăbí ~ tăbí**

tabrīk *n.m.* Gratulation | *ʿade-yo sidayna, gd-oṯin lu=tabrīk di=kalo naqqa=ḥreto, u=ahᵊl-ahᵊl* 'Bei uns ist es Sitte, dass die engere Verwandtschaft nochmals kommt, um der Braut zu gratulieren.' MT 1.3:49 • Nicht in RW || Arab. *tabrīk* 'Segenswusch, Weihe' Wehr 61; cf. Türk. *tebrik* 'id.' → **brk**

tabūt *n.m.* Sarg | *mid ᵊmkafanne kmanṭin i=naḥšo, ida d-oṯe w howe zangīn kmaḥtile bu=tabūt* 'Nachdem sie ihn (den Toten) in das Leichentuch gehüllt haben, bringen sie die Bahre. Falls er reich ist, legen sie ihn in einen Sarg.' MT 1.2:5 • RW 507 || Arab. *tabūt* 'id.' Wehr 98

tadbīr *n.m.* Maßnahme | *bītir i=ḥkume midla tadbīr, milla ay=yasire d-fayiši, hani d-kitne sāġ yaᶜni maṣ=ṣūroye, malīminne, naᶜime, kaččīkāt, kurrīkīn* 'Dann ergriff die Regierung Maßnahmen, sie sagte: Die Waisenkinder, die zurückgeblieben sind, die christlichen Kinder, die noch am Leben sind ... Sie sammelten sie – kleine Kinder, Jungen, Mädchen.' MT 3.2:9 • RW 507 || Arab. *tadbīr* 'Planung, Vorbereitung' Wehr 278; Türk. *tedbir* 'Ergreifen von Maßnahmen, Voraussicht; Maßnahme'

taftīš *m.* Inspektion, Untersuchung | *simle i=madrăse w bdalle la=mᶜallᵊmīn qorin, azzé kibe šato baliq aᶜlayye, ḥoze xd-u=taftīš, áydarbo-yo u=dūrumatte* 'Er richtete die Schule ein, und die Lehrer begannen zu unterrichten. Nach etwa einem Jahr erschien (der Herrscher) bei ihnen, er wollte schauen, wie eine Art Inspektion, wie die Situation bei ihnen war.' MT 5.5:2 • RW 507 || Arab. *taftīš* 'id.' Wehr 685; Türk. *teftiş* 'id.'

tăğara *n.f.*, *pl.* **tăğarāt** **(1)** Handel | *u=tağir mhawalle aᶜle, mille kudᶜit min-yo? mille min-yo? omir mille gizzúx li=tăğara l-ᵊflān dukṯo* 'Der Kaufmann ließ ihn rufen. Er sagte: Weißt du, worum es sich handelt? Er sagte: Worum handelt es sich? Er sagte: Du wirst zu Geschäften da und da hingehen.' MT 5.1:2 **(2)** Geschäftsbereich | *ᶜwidlan bi=rēğbăriye-ste w b-ġēr tăğarāt-stene* 'Wir arbeiteten in der Landwirtschaft und waren auch in anderen geschäftlichen Bereichen tätig.' MT 1.7:7 • RW 507 || Arab. *tiğāra* 'id.' Wehr 100

tağir *n.m.*, *pl.* **tiğğār, tiğğāṛ** Kaufmann, Händler, Geschäftsmann | *atí komir, tağir rabo ġắlăbe, ati manḥatle aṭ=ṭaᶜnayḏe, mille hălexu lu=ḥimmām* 'Da kam ein sehr bedeutender Kaufmann, er lud seine Lasten ab und sagte: Auf zum Bad!' MT 4.2:10; *aṣ=ṣopat-ste, gīšuqlínawo u=săč, mat=tiğğāṛ, ăka maf=făbariq* 'Was die Öfen (betrifft), so kauften wir das Blech von den Kaufleuten oder von den Fabriken.' MT 1.5:21 • RW 507 || Arab. *tāğir, pl. tuğğār* 'id.' Wehr 100

Tahan Familienname ⊗ Türk., aus Arab. *ṭaḥḥān* 'Müller' | MT 1.3:50

tahlīka *n.f.* Gefahr | *ībíwunne išara, laṣ=ṣūroye d-kítwayye ᶜaṣye b-ᶜIwardo, immiwo b-ᵊflān ğabha ᶜaymo-yo, b-ᵊflān dukṯo ṣaḥwo-yo, u=ṣaḥwo maᶜnata ṣulḥ, ăman-yo, u=ᶜaymo maᶜnata tahlīka-yo* 'Sie gaben den Christen, die sich in ᶜIwardo verschanzt hatten, Informationen, sie sagten: An der und der Front ist es bewölkt, an der und der Front ist es klar. Klar bedeutete Frieden und Sicherheit, und wolkig bedeutete Gefahr.' MT 3.2:12 • RW 508 || Türk. *tehlike* 'id.'

taḥt *prep.* unter | *mid hawin az=zăbaš-ste, kṭumrinne taḥt i=arᶜo lăšan d-busmi* 'Wenn die Wassermelonen reif geworden sind, graben sie sie in die Erde ein, damit sie ausreifen.' MT 1.1:5; *mille hāt šaxṣ, sayyid, uṯyo Ḥağği Faṭṭuma, tiyātro, kruqḏo, taḥt i=konayḏux?* 'Er sagte: Du bist ein Sayyid, (wie geht es an) dass Ḥağği Faṭṭūma kommt, Theater (macht) und unter deinem Zelt tanzt?' MT

1.5:47; *u=săqăṭawo kĭlé taḥt i=nvine d-nuxraytux, u=dōṣṭ d-nuxraytux-yo* 'Der Verkrüppelte ist unter dem Bett deiner Verlobten, er ist der Liebhaber deiner Verlobten.' MT 5.3:58 || cf. Syr. *ltaḥt* 'below' SL 1639

taḥt iḏe d- in Dienst von jdm. (sein) | *kitwo zlām tağir rabo, komir kítwole katib taḥt iḏe* 'Es war einmal ein großer Kaufmann, der hatte einen Sekretär in seinen Diensten.' MT 5.1:1 → **iḏo**

nofil taḥt drängen, bedrängen, unter Druck setzen → **nfl**

taḥtoyo *adj.*, f. **taḥtayto**, *pl.* **taḥtoye** niedrig, unten liegend, unten stehend | *bu=magzuno kḥuṣdile u=zād ᵓd-kowe ᶜīloyo, w d-kowe čike taḥtoyo, bann=iḏoṯo kḥuṣdile* 'Mit der Sichel schneidet man die Körnerfrüchte, die hoch stehen, und die, die niedrig sind, erntet man mit der Hand.' MT 1.1:9 || Syr. *taḥtoyo* 'id.' SL 1640 → **taḥt**

tak *adj.* einmalig, ganz | *komir aṯi ftiḥle u=tarᶜo, kĭlé u=zᶜuro yatiwo b-falge du=farmo, w kĭlé e hawxa tak-yo, gd-immit nuro l-ḥĭḏore layto ắbădan* 'Er ging und öffnete den Ofen, da saß der Junge mitten im Ofen, er war ganz unversehrt, du würdest sagen, um ihn herum ist überhaupt kein Feuer.' MT 4.2:14 • cf. *tak* 'allein' RW 509 || Türk. *tek* 'id.'

tāk tūk vereinzelt, sporadisch | *bdalle am=miḏyoye tāk tūk mu=kafnaṯṯe kmah-zᵊmi* 'Wegen des Hungers begannen die Midyader vereinzelt (aus ᶜIwardo) wegzuziehen.' MT 3.2:23 || Türk. *tek tük* 'id.' → **tak**

taklīf *n.m.* Angebot, Ersuchen | *mid hŭwanne xabro, miṛṛe, maqbelan u=taklīf diṯxu, kmanṭalla šaṛpa, meqim immíwola čawre, l-nišaniye.* 'Wenn sie ihnen ihr Wort gegeben haben, wenn sie gesagt haben: Wir nehmen euer Ersuchen an, dann bringen sie ihr ein Kopftuch, *šaṛpa*, früher nannte man es *čawre*, als Zeichen der offiziellen Vereinbarung.' MT 1.3:8 • Nicht in RW || cf. Arab. *taklīf* 'Beauftragung' Wehr 805; cf. Türk. *teklif* 'Vorschlag, Angebot' → **klf**

takmīl *n.m.* Erfolgsmeldung, Meldung | *maṭin l-ᵊSṭambul. komir huwwe takmīl lu=pašaṯṯe, miṛṛe ašir kmanṭelan u=zlām d-kimmit. miḻḻe tawu!* 'Sie kamen in Istanbul an. Sie erstatteten ihrem Pascha Bericht: Wir haben den Mann gebracht, von dem du sprichst. Er sagte: Bringt (ihn) her!' MT 4.4:7 • RW 509 || cf. Türk. *tekmil haberi* 'Vollzugsmeldung, Mitteilung über den Abschluss einer Tätigkeit'; cf. Arab. *takmīl* 'Vervollständigung, Ergänzung' Wehr 808

talgo *n.m.*, *pl.* **talge** Schnee | *Aloho mid manṭele u=waxt du=maṭro koṯe maṭro aᶜle, ᵊkmawriq. iḏa aṯi talgo-ste kfoyiš taḥt u=talgo, w bu=waxt dam=maṭre kule hōl lu=rabiᶜ* 'Wenn Gott die Regenzeit bringt, regnet es auf (die Saat) und sie grünt. Selbst wenn es schneit, bleibt sie unter dem Schnee, die ganze Regenzeit über bis zum Frühling.' MT 1.1:7 • RW 510 || Syr. *talgo* 'id.' SL 1647

talilo *adj.*, f. **talilto**, *pl.* **talile** feucht | *naqqa tarte tlōṯ, hawxa kmaqlᵊbi u=birġilano, bĭṯir kmidiq. mid dīq, kimdaralle, knufqo i=firtayḏe mene, huwe talilo, bĭṯir m-ayo kfursile naqla=ḥreto b-dukṯe hōl d-nošif* 'Zwei-, dreimal wenden sie so den Bulgur um, dann ist er fertig gestampft. Wenn er gestampft ist, worfeln sie ihn, solange er noch feucht ist, dabei geht die Kleie weg. Danach breiten sie ihn erneut an Ort und Stelle aus, bis er trocknet.' MT 1.1:32 • RW 510 || Syr. *talilo* 'id.' SL 1649

talyo *part.*, f. **tliṯo**, *pl.* **talye** versteckt | *komir tlalle i=qaryola, ḥiḻḻe kĭlé u=săqaṭ taḥt i=qaryola talyo* 'Sie hoben das Bett hoch, da sahen sie, dass der Krüppel unter dem Bett versteckt war.' MT 5.3:61 → **tly**

tām *adv.* richtig, ganz | *kmaḥti i=rezo bu=ḥalwo w kimḥarkila hĭl d-bišlo i=rezo, tām ya*ʿ*ni d-bišlo* 'Sie schütten den Reis in die Milch und rühren ihn um, bis der Reis gar ist, also richtig gar ist.' MT 2.9:2 || Türk. *tam* 'id.'

tămām (1) *adj.* in Ordnung, OK | *nădar diḏe latwe tămām* 'Seine Sehkraft war nicht ausreichend.' MT 3.4:6 **(2)** *adj.* richtig, (es) stimmt | *miḻḻe* ʿ*ammo tămām-yo, u=mede d-*ʾ*ğğĭlina kule tămām-yo* 'Er sagte: Onkel, es stimmt. Was wir besprochen haben, stimmt alles.' MT 5.2:103 **(3)** *interj.* genug, das reicht! | *am=miḏyoye kitte ġālabe muklone hawxa spētsiyāl, i=naqqa d-immit kutle, tămām, kul=mede kihnín* 'Die Midyader haben viele ganz spezielle Gerichte. Wenn du Kutle sagst, dann genügt das schon, alle wissen es.' MT 2.7:1; *miḻḻa tămām bas turitu u=šarr nafiq* 'Da sagte sie: Genug, zerbrecht keine mehr, das Böse ist entwichen.' MT 5.2:12 **(4)** fertig | *haṯe tămām. hawxa ḥzeli bu=sayfo* '(Der Bericht) ist fertig. Das habe ich während des Sayfo erlebt.' MT 3.1:12 • RW 511 || Arab. *tamām* 'Vollständigkeit, Vollkommensein, Vollendung' Wehr 107; cf. Türk. *tamam* 'fertig, vollendet; ganz genau'

tamoné ~ tamŭné *adv.* dort drüben | *komir maltamle kulle, wálḥasĭli, aṯín miḻḻe, nošo lĭ=fayiš? komir, l-ḥa xdoṯi miḻḻe aḻo kīt dayroyo tamoné, l-áṯi* 'Er versammelte sie alle, kurz und gut, sie kamen. Dann sagte er: Fehlt noch jemand? Einer wie ich sagte: Doch, es gibt einen Mönch dort drüben, der nicht gekommen ist.' MT 4.3:3 • RW 512 → **tamo ~ ṭamo**

tamo ~ ṭamo *adv.* dort | *hēš kĭlá i=xărăze d-Mōr Malke* ʿ*al fēm du=gubo w u=gurno-ste tamo* 'Noch immer liegt die Einfassung von Mor Malke auf der Brunnenöffnung, und auch der steinerne Trog ist dort.' MT 4.4:23; *kĭle kimmi, ya* ʿ*ammo aḥna mṣafelan harke, kĭlé kḥukmina harke w hāt tamo* 'Sie sagen: Onkel, wir haben hier aufgeräumt, wir regieren hier und du dort.' MT 5.2:25 • RW 512

tănăgaye *n.f.*, *pl.* **tănăgayat** Blechkanister, (Stück) Blech | *i=gwetaṯe kmašĭġila bĭṯir mid hawyo, w kimqaṭ*ʿ*ila, kimmalḥila, bĭṯir mu=mĭloḥawo ksaymila maye w malḥo, ġēr m-anik, w kmaydi af=falqani kmaḥtinne b-tănăgaye w kkufxi i=maye-w-malḥayo a*ʿ*layye* 'Nachdem dieser Käse fertig ist, waschen sie ihn, schneiden ihn in Stücke und salzen ihn. Nach dem Salzen machen sie zusätzlich eine Salzlake für ihn, nehmen die Stücke, legen sie in einen Blechkanister und gießen die Salzlake darüber.' MT 1.1:84 • RW 512 || cf. Türk. *teneke* 'id.'; cf. Arab. *tanaka* 'id.' Wehr 108

tănakči *n.m.* Klempner | *kmanṭin u=tănakči, qqoyiṣ tănăgaye lu=gorān du=femawo kmalḥamla* 'Sie holen den Klempner, der schneidet ein Stück Blech entsprechend dieser Öffnung und verlötet es.' MT 1.1:84 • Nicht in RW || Türk. *tenekeci* 'id.' → **tănăgaye**

tanḏīf, *pl.* **tanḏifat, tanḏifāt** Reinigung | ʾ*tfaḏḏal li=awḏayayḏux! miḻḻe lo i=awḏaye kub*ʿ*ela tanḏifāt, kub*ʿ*ela nĭḏofo, kub*ʿ*ela tĭšiġo, kub*ʿ*ela kul=mede* 'Bitte, (betritt) dein Zimmer! Er sagte: Nein.

Das Zimmer braucht eine Reinigung, es muss gereinigt, muss gewaschen werden, alles das.' MT 5.3:59 • Nicht in RW || Arab. *tanẓīf* 'id.' Wehr 923 → **nḍf**

tanuro *n.m.*, *pl.* **tanure** Tannur-Ofen, Lehmbackofen | *u=tanuro, i=dawiqtayde, i=ṣinʿayda hayo-yo. kmaḥto qamayto bu=tanurawo išmo d-qayse, marfʾyo nuro binne kšoḥin u=tanuro* 'Die Aufgabe der Backfrau besteht darin, dass sie zunächst etwas Holz in den Ofen legt und es anzündet, damit der Lehmbackofen heiß wird.' MT 1.1:23 • RW 513

tapsīn *n.m.*, *pl.* **tapsinat, tapsināt** Auflaufblech | *rayzínawole hawxa šafiro mdawro bayn at=tawat, bat=tapsināt, bat=tapsinat saymínawola, immínawole tapsīn* '(Die Kürbistücke) legten wir sorgfältig im Kreis in die Pfannen, oder (eher) in die Auflaufbleche, (der Kürbisauflauf) wurde in Auflaufblechen gebacken, wir nannten es Auflaufblech.' MT 2.3:7 • Nicht in RW || cf. Türk. *tepsi* 'Tablett; Backblech'

tapske *n.f.*, *pl.* **tapskat** kleine Servierplatte | MT 1.5:9 • RW 513 || Kurm. *tepsik* 'id.' DKF 1681

taq ⊗ onomatopoetisch: Laut des Geschosses, des Saiteninstruments | *w azzano, naḥitina aṯina lu=qadišo. taq w taq da=tfinag, min-yo? mĭ=bazra-yo?* 'Wir gingen hinunter zur Kirche (des Stadtviertels). Man hörte die Gewehrschüsse. Was ist das? Was geht hier vor?' MT 3.1:2; *midle lu=ṭambir diḏe w mḥele taq w taq w taq hōl falge=d-lalyo* 'Er griff nach seiner Laute und spielte darauf: Klingklang klingklang, bis Mitternacht.' MT 5.2:83

taqa *n.f.* Möglichkeit, Kraft | *kulle kṭuʿni kallāt, kul=ḥa lu=gorān di=taqayḏe, mĭnayye ḥamšo, mĭnayye ʿaṣro, mĭnayye ʿisri, mĭnayye ḥamši w hōl mo, w hōl zīdʾste, iḏa hawi lüzūm* 'Alle bringen Geld, jeder nach seinen Möglichkeiten, manche fünf, manche zehn, manche zwanzig, manche fünfzig, und bis zu hundert und wenn nötig noch darüber.' MT 1.3:40; *w ab=bĭ-babe-stene lu=gorān di=taqaṯṯe ksaymila ğule, d-lĭ=nufqo i=barṯaṯṯe nŭquṣto, twirto mu=bayto dab=bĭ-babe* "Auch die Eltern machen ihr im Rahmen ihrer Möglichkeiten Kleider, damit ihre Tochter nicht gering ausgestattet und gedemütigt das Elternhaus verlässt.' MT 1.3:21 • RW 514 || Arab. *ṭāqa* 'Vermögen, Fähigkeit, Kraft' Wehr 578

taqrīb *adv.* ungefähr, ca. | *u=mišḥo, i=zibdo gĭmalĭmila, mid hawyo taqrīb d-ʾdgišto, kimfašrila* 'Das Butterschmalz: Man sammelt die Butter, und wenn es ungefähr ein Tonkrug voll geworden ist, lässt man sie aus.' MT 1.1:79; *bošil, yaʿni kowe xi=lăbăniye taqrīb, bas ġắlăbe basimo-yo* '(Wenn) es fertiggekocht ist, wird es ungefähr wie *lăbăniye*, jedoch schmeckt es sehr gut.' MT 2.5:11 • RW 514 || Arab. *taqrīban* 'id.' Wehr 737 = **taqriban**

taqriban *adv.* ungefähr, ca. | *u=ʿăza sidayna ggoriš šabṯo taqriban* 'Die Trauerzeit dauert bei uns ungefähr eine Woche.' MT 1.2:18 • RW 514 || Arab. *taqrīban* 'id.' Wehr 737 = **taqrīb**

tăraftār Anhänger, Unterstützer | *w tre=sahme mi=zuḥṯayo lĭ=saymiwo ğăsara, naqqa=ḥreto d-huğmi, w hawin tăraftār du=ṣulḥ* 'Überwiegend aus dieser Furcht heraus trauten sie sich nicht, erneut anzugreifen, und entschieden sich für den Frieden.' MT 3.2:40 • Nicht in RW || Türk. *taraftar* 'id.'

tăraktor *n.m.*, *pl.* **tăraktorat, tăraktorāt** Traktor | *aḥna šuġlayna du=dworo latyo bat=tăraktorāt w* *bad=dowarbičarat* 'Bei uns erfolgt das Pflügen nicht mit Traktoren und mit Mähdreschern.' MT 1.1:1

tarʿo *n.m., pl.* **tarʿe** Tür, Tor, Eingang | *ftiḥḥe u=tarʿo, ʿabir* 'Sie öffneten die Tür und er trat ein.' MT 4.4:11; *u=šiḏo simle ruḥe bu=šikil d-Mōr Zoxe, w aṯi diqle bu=tarʿo* 'Der Teufel nahm die Gestalt von Mor Zoxe an und kam und klopfte an das Tor.' MT 4.5:2 • RW 515 || Syr. *tarʿo* 'id.' SL 1670

tārčin *n.m.* Zimt | *ăgar bašilo, biṯir kmaḥti sikkar ʿal u=zawk diṯṯe yaʿni, qisim kruḥmi ḥliṯo ġắlăbe, qisim lo. uʿdo kmaḥti, kmaḥtina vanīlya aḥna, čike d-tārčin biyya* 'Wenn er gar ist, fügen sie nach Geschmack Zucker hinzu. Manche mögen ihn sehr süß, andere nicht. Heute gibt man, geben wir Vanille dazu, etwas Zimt.' MT 2.9:3 • Nicht in RW || Türk. *tarçın* 'id.'

tartīb *n.m.* Zeremoniell | *maʿbaṛṛe, b-ʿizze w b-qădir, ᵊb-muklo w b-ᵊštoyo, b-nădafe, b-tartīb ġắlăbe šafiro* 'Sie führten ihn herein, mit Ehre und Wertschätzung, mit Essen und Trinken, ganz gepflegt, mit einem sehr schönen Zeremoniell.' MT 4.4:8 • Nicht in RW || Arab. *tartīb* 'Ordnung, Anordnung' Wehr 332; Türk. *tertip* 'id.'

tarwoḏo *n.m., pl.* **tarwoḏe** Löffel | *maḥtiwo kul=kutlo tarwoḏo d-ḥašwo* 'Man gab in jede Teigtasche einen Esslöffel Füllung.' MT 2.7:12 • RW 517 || Syr. *tarwoḏo* 'id.' SL 1665

tarxayno *n.m.* Tarxayno, eine Getreide-Joghurt-Suppe | *u=tarxayno ḥeṭe-wayye, diqe. šilqiwo aḥ=ḥeṭe, ánnaqqa hōl d-bišliwo, w mafiḥíwunne, ánnaqqa gilayšíwunne bu=ğağiqawo* 'Der *tarxayno* bestand aus gestampftem Weizen. Den Weizen kochten sie, bis er gar war. Dann ließen sie ihn abkühlen und kneteten ihn zusammen mit dem *ğağiq*.' MT 2.5:8 • cf. *tirxayno* RW 525 || Syr. *tarkino* 'spelt, grits' SL 1668

taryo *adj.*, f. **triṯo**, *pl.* **tarye** nass | *komir ᵊḥzalle ʿuğbo i=naqqa d-mawfaqqe u=zʿuro ğule lo=tarye* 'Sie sahen es als Wunder an, als sie den Jungen herausholten und seine Kleider nicht nass waren.' MT 4.1:7 • RW 517 → **try**

Tarzo weiblicher Personenname | MT 1.4:4

tašbīh *n.m.* Ähnlichkeit | *u=rizunano naqqa=ḥreto laḥmo-yo, bas ksaymile bu=šikil du=ṣlibo w kmaḥti buwe kallāt, ak=kallătani lo mede lăšan ṯarwe, aw lăšan ᵊhno, bu=tašbīh dann=arbi sōhde* 'Auch dieses *rizuno*-Brot ist eine Brotart, doch sie backen es in der Form eines Kreuzes und stecken Geldmünzen hinein. Diese Münzen verwendet man nicht wegen ihres Geldwertes oder so, sondern sie erinnern an die vierzig Märtyrer.' MT 1.3:18 • RW *taşbīha* RW 517 || Arab. *tašbīh* 'Gleichsetzung, Vergleich' Wehr 463; Türk. *teşbih* 'Ähnlichkeit'

tašqala, *pl.* **tăšaqil** Problem, Schwierigkeit | *azzá qunāġ d-yawmo-yo tre-yo, ğule d-niše-ne aʿla, l-ayko d-izzá koṯe tăšaqil b-qarʿa* '(Das Mädchen) ging die Strecke von einem oder zwei Tagen, (doch) weil sie Frauenkleider trug, bekam sie Probleme, wo immer sie auch hinging.' MT 5.1:18 • RW 517 || Kurm. *teşqele* 'problem, obstacle, misfortune' Chyet 610

taššiye *n.f., pl.* **taššiyat, taššiyāt** Spindel | *biṯir mu=nifoso u=ḥa d-hŭwele iḥtiyāč, xāṣṣătan meqim, ʿuzlíwole bi=taššiye, saymíwole ḥuṭe bi=taššiye bu=tăʿab dann=iḏoṯo, an=niše ʿuzlíwole* 'Nach dem Auseinanderzupfen ... wer Bedarf hat ... vor allem früher, da spannen sie (die Wolle) auf der Spindel. In Handarbeit spannen sie sie auf der Spindel zu Fäden – die Frauen spannen sie.' MT 1.1:91 • RW 517 || Kurm. *teşî* 'id.' Chyet 609

tătătătă ⊗ onomatopoetisch: Geräusch von Knacken, Knistern | *immo ašir kayuto-no. qqulbo li=xasrate ksaymi tătătătă kduʿro l-ate ksaymi tătătătă* 'Sie sagte: Ich bin krank. Sie drehte sich auf diese Seite, da machte es *tatatata*, dann drehte sie sich auf die andere Seite, und es machte *tatatata*.' MT 5.2:40

tavda *adv.* zusammen | *kítwoli ḥawrone bu=ṭuro tavda-wayna marʿénawo af=fare* 'Ich hatte Freunde, wir waren zusammen auf freiem Feld und weideten die Lämmer.' MT 4.2:16 • RW 519 || Kurm. *tevde* 'id.' DKF 1699

tawa ~ ṭawa *n.f., pl.* **tawat, tawāt** Pfanne, Bratpfanne | *hno ḥičḥarrāt w darmone w baqdunas dayim maḥtinawo, w rayzínawole hawxa šafiro mdawro bayn at=tawat* 'Scharfe Paprika, Gewürze und Petersilie gaben wir immer dazu. (Die Kürbisse zusammen mit der Füllung) legten wir im Kreis in die Pfannen.' MT 2.3:7 • Nicht in RW || Türk. *tava* 'id.'; cf. Arab. *ṭawāya* 'id.' Wehr 580

tawfiqat *n. pl.* Fügung (Gottes) | *bat=tawfiqat d-aloho ṣafro i=naqqa d-azzano, malaxlan bu=darbaydan, azole, kĭlé huwe-ste i=fadonayde, ᵊgdowir* 'Und wie es Gott fügte, als wir am Morgen aufbrachen und unseres Weges zogen, da war auch er mit seinem Pfluggespann beim Pflügen.' MT 1.5:43 • RW 518 || Arab. *tawfiq* 'Ausgleichung, Erfolg, Glück, Gelingen' 1018

tawno *n.m.* Häcksel, Heu | *knuṭri u=yawmo d-ote hawa. kmaḥti l-qul ʿaynayye ham d-miḥafiḏ u=tawnatte d-lĭ=zze b-dukto* 'Nun warten sie auf einen Tag, an dem der Wind weht. Sie achten darauf, dass ihr Häcksel geschützt ist, dass es nicht irgendwohin fliegt.' MT 1.1:17; *u=qawro bĭṯir mid ᵊṣxiṟṟe kšayʿile ᵊb-ṭino w tawno w ksaymi aʿle ṣlibo* 'Wenn sie das Grab geschlossen haben, verputzen sie es mit Lehm und Heu und machen ein Kreuz darauf.' MT 1.2:10 • RW 518 || Syr. *tebno* 'id.' SL 1620

tawu Imperativ (pl.) zu *mty* I: bringt! → **mty**

taxmīn *n.m.* Vermutung | *aḥna am=miṯe kmaḥti foṯayye laff ᵊnfiqte=d-yawmo, ksaymina taxmīn w ʿade-yo sidayna, kimmina gĭd-oṯe Mšiḥo mĭ-nfiqte=d-yawmo* 'Bei uns richtet man das Gesicht der Toten zum Sonnenaufgang hin, wir nehmen an, und das ist bei uns Brauch, wir sagen: Christus wird aus dem Osten kommen.' MT 1.2:11 • RW 519 || Arab. *taxmīn* 'Mutmassung, Schätzung' Wehr 271; cf. Türk. *tahmin* 'Vermutung', *tahmin etmek* vermuten → **taxminan**

taxminan *adv.* ungefähr, etwa, schätzungsweise | *u=ṭaʿno taxminan ʿisri=ftile-yo* 'Eine Traglast besteht aus etwa zwanzig Grassträngen.' MT 1.1:70 || Arab. *taxmīnan* 'id.' Wehr 271; cf. Türk. *tahminen* 'id.' → **taxmīn**

taxtaye *n.f., pl.* **taxtayat, taxtayāt** Brett, Holzbrett | *kimqaṭʿile ksaymile falqe, hēš huwe b-gawe du=sĭfoqo, w kmaqlᵊbila ʿal dukṯo mede d-nišfo, ğule aw taxtayāt naḏife* 'Sie schneiden die *ḥărire* in Stücke, während sie noch auf dem Teller liegt, und legen sie dann irgendwohin, wo sie trocknen kann, auf Stoff oder auf saubere Bretter.' MT 1.1:58 • RW 519 || cf. Türk. *tahta* 'id.'; cf. Arab. *taxta* 'Schreibpult, Wandtafel' Wehr 101

taxtōr *n.m.* Arzt | *mawbele su=taxtōr, u=taxtōr mḥele b-ᵊḥdoḏe ḥiṯle w maḥátlele darmono, maḥatle ʿaynoṯe, aṯin ᵊʿwire* 'Er brachte ihn zum Arzt, der Arzt setzte ihn zusammen, vernähte ihn und verabreichte ihm eine Medizin. Er setzte ihm die Augen ein, doch sie gerieten schief.' MT 5.2;54 • cf. *taxtūr* RW 520

tay ⊗ mit Objektsuffixen: *tayye, tayya* usw. Imperativ (sg.) zu *mty* I: bringe! → **mty**

tayso *n.m., pl.* **tayse** Ziegenbock | *kimʿašri aʿ=ʿeze-ste w a=ʿwone-ste mat=tayse, aʿ=ʿeze mat=tayse w a=ʿwone mab=bărane* 'Die Ziegen und die Schafe werden von den Böcken trächtig, (d.h.) die Ziegen von den Böcken und die Schafe von den Widdern.' MT 1.1:86 • RW 509 || Arab. *tais* 'id.' Wehr 110

taza *adj.* frisch | *kuzdiwo baṣro ṭabʿan, latwo răbăna taza, kuzdíwole* 'Sie pflegten Fleisch (in Salz) zu konservieren, die Armen, sie hatten ja kein frisches, sie legten es in Salz ein.' MT 2.5:10 • Nicht in RW || Türk. *taze* 'id.'

tēl *n.m.* Draht | *xxurzinne ksayminne ʿīliqe rabe aw naʿime, w aʿ=ʿīliqani kmaḥti tēl b-rišayye lăšan d-miʿaliq b-ġēr dukt̲o* 'Man fädelt sie (die Walnüsse) auf und macht große oder kleine Girlanden davon. An ihrem Ende befestigt man ein Stück Draht, damit man sie irgendwo anders aufhängen kann.' MT 1.1:61 • RW 520 || Türk. *tel* 'id.'

tēr d- ausreichend, genug | *u=yawmo bu=yawmo kizzín kmanṭin tēr daq=qanyonat̲t̲e d-maʿlᵊfinne* '(Die Bauern) gehen und bringen täglich (Gras) in ausreichender Menge, um ihre Kühe zu füttern.' MT 1.1:66; *lăšan u=ʿamo d-saymínawo tēr dit̲t̲e, miġbūrínawo lu=ʿwod̲o du=lalyo-stene* 'Damit wir den Bedarf der Leute decken konnten, waren wir gezwungen, auch nachts zu arbeiten.' MT 1.5:27 • RW 520 || Kurm. *têr* 'full, sated, satisfied' Chyet 616

tfaḏḏal *interj.* bitte, bitte schön! | *maṭi lu=bălad du=ḥimyono, at̲it? omir e at̲ino. ᵊtfaḏḏal li=awḏayayḏux* 'Er erreichte das Land seines Schwiegervaters. – Bist du gekommen? – Ja, ich bin gekommen. – Bitte, (betritt) dein Zimmer!' MT 5.3:59 • RW 520 || Arab. *tafaḍḍal* < *fḍl V* Imperativ 'id.' Wehr 704

tfinge *n.f., pl.* **tfinag, tfingat** Gewehr | *qayim ᵊmḥele tfinge* 'Er gab einen Gewehrschuss ab.' MT 3.2:2; *látwulle quwe yaʿni ḥa d-šūqele tfinge* 'Sie hatten nicht die Mittel, dass jemand sich ein Gewehr kaufen konnte.' MT 3.3:2 • RW 521 || cf. Kurm. *t'ifing* 'id.' Chyet 618

tfk || Etym. unklar

I *tfikle, tfikla - tofik, tufko tr.* schieben, schubsen | *mid maʿlalle am=malḥowani, kut̲yo i=hawa kmaḥto aḥ=ḥeṭe b-xasra w u=tawno kmawbᵊlole ktufkole lugab* 'Wenn sie die Worfelgabeln in die Höhe schwingen, kommt der Wind und lässt den Weizen auf die eine Seite fallen, und das Häcksel trägt er weiter weg.' MT 1.1:18

tfq || cf. Arab. *wfq VIII* 'übereinkommen, übereinstimmen, sich zufällig ereignen' Wehr 1017-1018

Ip *tfiq, tfiqo - mitfiq, mitfoqo intr.* jdn. (*ʿal*) treffen, auf (*ʿal*) jdn. stoßen, jdm. (*ʿal*) begegnen | *w áydarbo tfiq ʿal i=kaččīkayo did̲e? - i=kaččīke, e. e, ánnaqqa azzín mant̲yulle* 'Wie fand er seine Tochter wieder? - Die Tochter, ja. Nun sie gingen und holten sie.' MT 3.4:14

tḥsd || cf Arab. *ḥsd I, VI* 'beneiden, einander beneiden' Wehr 191

Qp *mtaḥsid, mtaḥsᵊdo - mitaḥsid, mitaḥsᵊdo intr.* neidisch werden, beneiden | *hawi falge d-yawmo waxt di=ʿrayto, hinne yatiwi arbo-ḥamšo* *mtaḥsadno, w u=muklaydi lĭ=qadinno d-ŭxánnole l-ruḥi* 'Es wurde Mittag, Zeit fürs Mittagessen. Sie setzten sich hin, vier oder fünf, da wurde ich neidisch, ich konnte mein Essen nicht allein essen.' MT 4.2:16

tĭ= Negationspartikel | *hayo Aloho lĭ=maḥwela l-tĭ=băni-băšar rabbi, l-tĭ=băni-bašar lĭ=maḥwela rabbi, u=mede d-simme b-qarʿayna* 'Das möge Gott keinem Menschen zustoßen lassen. Gott möge es keinem Menschen zustoßen lassen, was sie uns angetan haben.' MT 3.1:15 || cf. Kurm. *t'u²* 'id.' Chyet 628-29

tidmixo *inf. III* zum Schlafen legen, Übernachtung | *maʿmállala quṣro, loqanta w kobo muklo w štoyo w tidmixo b-bălăš* 'Sie baute ein stattliches Haus, eine Gaststätte, in der sie Essen, Trinken und Übernachtung umsonst anbot.' MT 5.2:19 → **dmx**

tidkār *n.m.* Gedächtnis, Gedenken | *mid kamil midde d-tišʿo=yawme naqqa=ḥreto, ksaymile laḥmo tidkār luwe, w kimdawmo i=ḥalate ditte yaʿni du=tidkār, bu=yawmo dann=arbi-ste w hōl li=šato-ste* 'Wenn neun Tage vergangen sind, verteilt man erneut Brot zu seinem Gedächtnis, und diese Sitte des Gedenkens setzt sich fort am vierzigsten Tag und dann noch am Jahrestag.' MT 1.2:13 • RW 522 || Arab. *tidkār* 'Erinnerung, Gedenken' Wehr 316

tifo *n.m.* Typhus | *e, u=ʿamaydan mi=malḥo fălān, nafil buwe tifo w ġălăbe hawin părišān* 'Wegen (des Mangels an) Salz breitete sich der Typhus unter unserem Volk aus, und sie kamen in eine elende Lage.' MT 3.3:8 • Nicht in RW || Türk. *tifo* 'id.'

tĭḥiso *inf. III* Aufwachen | *bu=bayto du=ʿăza, kibe năṣayiḥ kibe qraye da=ktowe mqadše, kibe baxyo, kibe tĭḥiso du=nsān* 'In einem Trauerhaus gibt es guten Rat, Lesungen aus den heiligen Büchern, es gibt Weinen, und dem Menschen wird bewusst, dass...' MT 1.2:16 → **ḥys**

tilwišo *inf. III* Bekleiden | *bĭtir m-ate ᵊgbode u=tilwišo dağ=ğule, kote u=qariwo w u=qašo, u=qašo kimṣale ʿal ağ=ğule du=ḥatno w kmalwašle-ne* 'Dann beginnt das Bekleiden (des Bräutigams), es kommen der Trauzeuge und der Priester, und der Priester segnet die Kleider des Bräutigams und bekleidet ihn damit.' MT 1.3:24 → **lwš**

tinḥito *inf. III* Herunternehmen, Abladen | *ati u=gawro mi=tăğara. komir hēš aṭ=ṭaʿnayde d-lo tinḥito rahoṭo ati lu=bayto* 'Ihr Ehemann kam von (seiner) Handelsreise zurück. Noch ehe seine Lasten abgeladen waren, ging er eilends nach Hause.' MT 5.1:25 → **nḥt**

tīp *n.m.* Typ | *u=ḥillík bu=ʿamrayde kmidiʿ, bu=tīp du=ḥaywān kmidiʿ, yaʿni da=ʿwone* 'Die Sorte *ḥillík* erkennt man an ihrer Wolle, man erkennt sie am Typ des Tiers, d.h. des Schafs.' MT 1.1:89 || Türk. *tip* 'id.'

tiqṭilo *inf. III* Töten | *lĭ=kmityaqni, wăláw-ki kimmínalle, mi=kitre d-ᵊḥzalle, al=lašāt w u=qaṭlo w u=tiqṭilo w i=taʿadda d-ᵊḥzalle la=mšiḥoye* 'Sie glauben nicht (dass es Überlebende gibt), auch wenn wir es ihnen sagen, weil sie so viel gesehen haben, die Leichen, das Töten und Gemetzel, und die Verfolgung, die die Christen erlebt haben.' MT 3.2:37 → **qṭl**

tīr || Kurm. *tîr* 'arrow' Chyet 624

tīr w kăvān Pfeil und Bogen | *waʿd-yo ʿam Aloho lĭ=fayiš kowe d-mĭḥeno tīr w kăvān-ste bōx* 'Ich verspreche bei Gott, dass ich nicht noch einmal mit Pfeil und Bogen auf dich schießen werde.' MT

5.3:47 → **kăvān** || Kurm. *tîr û kevan* 'bow and arrow' Chyet 312

tirfiyo *inf. III* Loslassen, Freigeben | *mid hawi u=čāx du=tirfiyo, lĭ=kmarfalle, kfayši binne dayim, lăšan i=mŭḥafăḏa du=ġarzik* 'Wenn die Zeit kommt, wo man die (normalen) Melonenfelder zur Weide freigibt, gibt man dieses Feld nicht frei. Man ist immer dort, um den jungen Weinberg zu schützen.' MT 1.1:44 → **rfy**

tirki *adj.*, f. **tirkiye**, *pl.* **tirkiye (1)** türkisch | *i=ṣopa d-saymínawola naʿimto, ōrṭa, rabṯo, kitwo ṣopa, bu=waxtawo bu=zabnawo, d-saymínawola, d-immina mi-ʿisri=noṭat tirki* 'Den Ofen machten wir klein, mittelgroß oder groß. Zu der damaligen Zeit gab es Öfen, die wir für ungefähr ab zwanzig türkische Lira herstellten.' MT 1.5:22 **(2)** Türkisch (Sprache) | *l-íḏʿiwo lo lĭšono, lo ʿărăbi, lo tirki* 'Sie beherrschten keine Sprache, kein Arabisch, kein Türkisch.' MT 3.4:7 || Arab. *turkī* 'id.' Wehr 103

Tirkiya die Türkei | MT 1.6:14 → Turkiya

tirto *n.f.*, *pl.* **tawroṯo** *n.f.* Kuh | *aḥna sidan u=ḥa d-ˀkḥŭwele săwāl, mĭnayye kŭwalle ʿwone, mĭnayye ʿeze w mĭnayye tawroṯo* 'Wer bei uns Tiere hält ... Manche haben Schafe, manche Ziegen und manche Kühe.' MT 1.1:73 • RW 524 || Syr. *turto* 'id.' SL 1634

tĭ-sāġ *interj.* ⊗ Kurdische Schlußformel bei Märchen und Geschichten. Gehab dich wohl! | *hinne maṭin l-mŭrād diṯṯe w aḥna-ste maṭina l-mŭrād diḏan w* [K]*tĭ-sāġ*[K] 'Sie erreichten das Ziel ihrer Wünsche, und auch wir haben das Ziel unserer Wünsche erreicht. Gehab dich wohl.' MT 5.2:104 → **sāġ**

tišʿi *num.* neunzig | MT 1.2:19 || Syr. *tešʿīn* 'id.'

tišʿo *num.*, m. **tšaʿ** neun | MT 1.2:13, 1.5:44 || Syr. *tešʿo, tšaʿ* 'id.' SL 1674

tĭšerin *n. pl.* Herbst | *barimo i=šato, naqqa=ḥreto b-nisin, mĭdila, li=ʿaskăriye, hul lu=payiz, lat=tĭšerin* 'Das Jahr ging vorbei, und wiederum im Mai zog (die Türkei) sie zum Militärdienst ein, bis zum Herbst.' MT 1.5:5 • RW 525 || Anat. Arab. *təšērīn* 'Oktober und November' JK 24 < Arab. *tašārīn* Wehr 104; cf. Syr. *tešroyoṯo* 'autumn' SL 1675

tĭšiġo *inf. III* Waschen | *bĭṯir, mid mayiṯ u=miṯo, ṭăbí am=more-ste kʿuġzi, a=ḥrene-stene kubʿi d-izzin lu=šuġlo w lu=ʿamlaṯṯe, kimmi yalla qumu mašíġulle, mid qayimi lu=tĭšiġayḏe, yaʿni kmasḥalle huwe miṯo* 'Dann, nachdem der Todesfall eingetreten ist, wird es den Angehörigen bald lästig, und die anderen möchten zu ihrer Arbeit gehen. Sie sagen: Los, wascht ihn. Wenn sie sich anschicken, ihn zu waschen, führen sie die Totenwäsche durch.' MT 1.2:4; *i=awḏaye kubʿela tanḏifāt, kubʿela nĭḏofo, kubʿela tĭšiġo, kubʿela kul=mede* 'Das Zimmer braucht eine Reinigung, es muss gereinigt, muss gewaschen werden, alles das.' MT 5.3:59 → **šyġ**

tiškīl *n.m.* Art und Weise | *hinne-ste bu=tiškilawo, kimmile u=baxto, u=ḥa d-oṯe d-qoyiṯ u=baxto lu=ḥaṯno aw li=kalo, naqqa=ḥreto, kaˀinnahu hano rḥimo s-Aloho-yo* 'Auf diese Weise, (zeigt sich) das Glück, wie sie sagen. Wenn die Glücks(münze) dem Bräutigam oder der Braut zufällt, dann bedeutet das, dass der Betreffende von Gott geliebt wird.' MT 1.3:19 • cf. *taškīl* RW 517 || cf.

Arab. *šakl* 'Art und Weise', *taškīl* 'Aufbau, Struktur' Wehr 489-90 → **šīkil**

tišmišto *n.f.* Andacht, Gebet | *aᶜ=ᶜadat dam=mite hawxa-ne. bītir mid kamil tloto=yawme, u=yawmo d-ᵊkmoyit kobi tišmišto* 'Das sind die Totengebräuche: Wenn drei Tage vergangen sind ... Am Tag, an dem er stirbt, geben sie eine Totengabe (wörtl.: Gebet).' MT 1.2:12 • Nicht in RW || Syr. *tešmešto* 'serving, ministry' SL 1674

maqim tišmišto ein Gebet sprechen, eine Andacht halten → **qym**

tiṭᶜiyo *inf. III* Irreführung | *līᵓannu u=bayto di=mištuto, kibe kēf w ṣăfa w ṭᶜoyo ... tiṭᶜiyo di=nafšo* 'Denn in einem Hochzeitshaus herrschen Freude und Vergnügen, Vergessen und die Irreführung der Seele.' MT 1.12:16→ **ṭᶜy**

ti-xwaš ⊗ Kurdische Wunschformel möge es dir wohl ergehen | *hawi mkamele tlōt-arbaᶜ=išne u=babo ti-xwaš húlelux ḥaye, mayit* 'Als der Junge drei, vier Jahre alt geworden war, da – mögest du gesund bleiben – gab (der Vater) dir sein Leben, er starb.' MT 5.2:3 → **xwaš**

tiyātro *n.m.* Theater | *mille hāt šaxṣ, sayyid, utyo Ḥağği Faṭṭuma, tiyātro, kruqdo, taḥt i=konaydux?* 'Er sagte: Du bist ein Sayyid, (wie geht es an) dass Ḥağği Faṭṭūma kommt, Theater (macht) und unter deinem Zelt tanzt?' MT 1.5:47 || Türk. *tiyatro* 'id.'

tī-žmīra xwaš ⊗ Kurdische Schlußformel bei Märchen und Geschichten. Du gehab dich wohl! | *mbaṭele u=ḥarb, w qayimo i=ᶜaskar-stene m-rišayye w* [K]*tī-žmīra xwaš!*[K] '(Der Schech) beendete den Krieg, dann zogen auch die Soldaten ab, und du gehab dich wohl!' MT 3.1:31 → **xwaš**

tlawᶜo *n.f., pl.* **tlawᶜe** Wurm | *i=naqqa d-owe u=zlām šīr-ḥărām i=tlawᶜo du=šido aᶜme-yo dayim* 'Wenn ein Mann einen verdorbenen Charakter hat, ist der Wurm des Teufels dauernd in ihm.' MT 5.1:20 • RW 527 || Syr. *tawlᶜo* 'id.' SL 1630

tleṯi *num.* dreißig | MT 3.1:26 || cf. Syr. *tloṯīn* 'id.' SL 1651; cf. Anat. Arab. *ṯēṯīn* 'id.' JK 27

tlōṯmo *num.* dreihundert | MT 3.2:1|| Syr. *tloṯmo* 'id.'

tloṯo *num.*, m., **tlōṯ** f. drei | *ᵊmdawamla, u=ḥarbano tre=yarḥe, tloṯo=yarḥe* 'Dieser Krieg dauerte zwei, drei Monate' MT 3.2:17 || *u=ġarzīkano ᵊd-mitaḥit bu=ᶜafro komo, lᵊ-tlōṯ=išne kmawkil, bann=arbaᶜ baḥ=ḥammiš kobe u=ṭaᶜnayde* 'Wenn der junge Weinberg in schwarzer Erde angelegt wird, kann man nach drei Jahren von ihm essen, und nach vier, fünf Jahren gibt er seinen vollen Ertrag.' MT 1.1:45 || Syr. *tloṯo, tlōṯ* 'id.' SL 1651

tlōṯ- ⊗ Mit Plural-Suffixen : **tlōṯtayna** ~ **tloṯtayna** wir drei | *i=măsălaydan hate b-aṯe-yo, babi ṭlible a=tlōṯtayna w maw-ṣīlelan wăṣiye* 'Also unsere Geschichte ist folgendermaßen. Mein Vater ließ uns alle drei kommen und legte uns ein Vermächtnis auf.' MT 5.3:24 → **tloṯo**

tly || Syr. *tly Pe.* 'to hang up, suspend; to lift up, raise' SL 1648

I *tlele, tlela - tole, tilyo* **(1)** *tr.* hochheben, wegbewegen | *tlalle i=qaryola, ḥille kīlé u=săqaṭ taḥt i=qaryola talyo* 'Sie hoben das Bett hoch, da sah er, dass der Krüppel unter dem Bett versteckt war.' MT 5.3:61 **(2)** *tr.* aufheben, annullieren | *mi=naqqayo fayiš u=ṣawmano hul l-uᶜdo, lann=išnani. ann=išnani ᵊtlalle* 'Seitdem ist das Fasten bis jetzt geblieben, bis in die letzten Jahre. In den letzten Jahren haben sie es aufgehoben.' MT 4.3:12 **(3)** *tr.* verstecken

| *u=aḥuno-stene tlele ruḥe bitre sanduqo m-anik* 'Der Bruder versteckte sich hinter einer dieser Truhen.' MT 5.2:13

tole ḥayf d- sich an (*b-*) jdn. rächen | *băle waʕd-yo ʕam Aloho gtŭleno ḥayf didi bu=šido* 'Doch ich verspreche bei Gott, ich werde mich an dem Teufel rächen' MT 4.5:7 → **ḥayf**

tole ido sich in den Kampf stürzen, sich verteidigen | *omir uʕdo d-owe ḥarb aʕlayna gītolit ido? omir áydarbo lī=gtŭleno ido, alo gīmawfaqno ʕaynayye* 'Wenn jetzt Krieg gegen uns ausbräche, wärst du bereit zu kämpfen? Er sagte: Wieso sollte ich nicht kämpfen, bei Gott, ich würde ihnen die Augen ausquetschen.' MT 5.2:89 → **ido**

tminyo *num.*, m. **tmone** acht | MT 1.1:30, 5.2:5 || Syr. *tmonyo, tmone* 'id.' SL 1653

tmoni *num.* achtzig | *komir kamili ann=arbi yawmayde, w d-daʕir-stene arbi=yawme, tmoni=yawme* 'Die vierzig Tage (des Abts) gingen vorbei, und auch seine Rückkehr dauerte vierzig Tage, (insgesamt) achtzig Tage MT 4.5:5 || Syr. *tmonīn* 'id.' SL 1653

tny || cf. Syr. *tny Pe.* 'to repeat; to tell, relate; to say, speak', *Pa.* 'to recall, learn; to tell' SL 1654-55

II *mtanele, mtanela - mtane, mtanyo* (nicht) reagieren, (nicht) antworten, (nichts) sagen ⊗ nur mit Negation | *atí l-ʕIwardo, mīle toxu nfaqu msalemu i=ḥkume lī=gīmtanyo aʕmayxu* 'Er kam nach ʕIwardo. Er sagte: Kommt heraus und ergebt euch, die Regierung wird euch nichts tun.' MT 3.3:9; *i=naqqa d-otin mīḥallix aḥ=ḥatroto lī=mtanit* 'Wenn sie kommen, um dir die Knüppelschläge zu geben, mache keinen Mucks.' MT 5.2:80

toġo *n.m.* Krone | *bu=tašbīh dann=arbi sōhde, i=naqla d-ḥa mīnayye halik, w u=abro du=gumrikči d-naḥit u=toġo aʕle, bi=băḥira* '(Diese Münzen) erinnern an die vierzig Märtyrer. Als einer von ihnen umkam, kam die Krone (des Märtyrertums) auf den Sohn des Zöllners herab, in dem See.' MT 1.3:18 • RW 527 || Syr. *toḡo* 'id.' SL 1623

topli ḥalinda ⊗ Türkisch als Kollektiv, gemeinsam, alle zusammen | *kizzín ʕamm ᵊḥdode, ᵀtopli ḥalindaᵀ, kimqafin i=dukto d-kīt gelo ġălăbe* 'Sie gehen zusammen, als Kollektiv, sie finden eine Stelle, an der es sehr viel Gras gibt.' MT 1.1:68 || Türk. *toplu halinde* 'id.

trabiye *n.f.* Fallgrube | *i=naqqa d-hoġim, huwe gīhoġim, gimḥalqo i=sistayde ruḥa ʕal ann=arbi mitrowatani, gīnofil bi=trabiye, gizzano nuḥrínale* 'Wenn er angreift – und er wird angreifen, wird sein Pferd zum Sprung über diese vierzig Meter ansetzen. Er wird in die Fallgrube fallen und wir werden ihn schlachten.' MT 5.2:49 • Nicht in RW || cf. Arab. *turāb* 'Erde, Erdboden' Wehr 102 (?); cf. Kurm. *tirbe* 'Grab' Chyet 620

traḥsar ~ traḥṣar *num.* zwölf | *gimdawmínawo u=šuġlano hul ᵊb-lalyo, i=săʕa la=ḥṣar, la=traḥṣar du=lalyo, ʕudínawole* 'Wir setzten diese Arbeit bis in die Nacht hinein fort, bis zehn Uhr, zwölf Uhr nachts arbeiteten wir.' MT 1.5:24 || Syr. *treʕsar* 'id.' SL 1671

tre *num.*, f. **tarte** zwei | MT 1.6:14, 2.4:1 || Syr. *trēn, tartēn* 'id.' SL 1666

tret- ⊗ Mit Plural-Suffixen: *tretayna, tretayxu, tretayye* beide | *d-l-ībinala w howe mede rabo gīmaḥti u=suġano kule b-ᵊqdōl da=tretayna* 'Wenn wir sie nicht herausgeben und es entwickelt sich daraus eine größere Krise, dann wird man die ganze Schuld uns beiden anhängen.' MT 1.6:10; *qqūṭaᶜno qarᶜe da=tretayxu* 'Ich schlage euch beiden den Kopf ab.' MT 5.2:68 → **tre**

trk || Arab. *trk* 'lassen, verlassen' Wehr 103

I *trikle, trikla - torik, turko tr.* lassen, ruhen lassen, aufgeben, verlassen | *u=ʾahᵊl lĭ=kromiš, kturki u=šuġlo w u=ᶜamlatte* 'Die Angehörigen (des Verstorbenen) rühren sich nicht von der Stelle und lassen ihre Arbeit ruhen.' MT 1.2:14

try || Syr. *try Pe.* 'to be damp', *Af.* 'to moisten, steep' SL 1665-66

I *tari, taryo - tore, tiryo intr.* nass werden | *as=saḥoye naḥiti ḥirre, ḥzalle u=zᶜuro, midde u=zᶜuro w manṭalle. u=zᶜuro gd-immit balki ğule lĭ=tarin* 'Die Schwimmer tauchten hinunter und fanden den Jungen. Sie nahmen den Jungen und brachten ihn. Der Junge, du könntest sagen, seine Kleider sind nicht im Geringsten nass geworden.' MT 4.1:7

III *matrele, matrela - matre, matrᵊyo tr.* befeuchten, nass machen | *ag=gawze-ste, u=ḥa d-soyim d-gawze, ktowir ag=gawze, hawo-ste kmatranne lăšan d-lĭ=miqrofi bu=xrozo* 'Die Walnüsse, wenn jemand (Süßwurst) von Walnüssen machen möchte, dann knackt er die Walnüsse, doch die muss man befeuchten, damit sie beim Auffädeln nicht auseinanderbrechen.' MT 1.1:61; *w i=širtan, saymínawo garso, uᶜdo harke naqqāt an=niše ksaymi gabula. kimbašli u=garso w i=širtan-ste ğimatralla* 'Die luftgetrockneten Joghurtkugeln ... Wir kochten *garso* ..., (auch) hier kochen die Frauen manchmal *gabula*. (Dafür) kochen sie den *garso* und befeuchten die Joghurtkugeln.' MT 2.6:1

tumo *n.m.* Knoblauch | *hin mĭnayye kmaḥti dĭbis aᶜla w kuxlila, hin mĭnayye gdayqi tumo w kuxlila* 'Einige geben Traubensirup dazu (zur *labbăniye*) und essen sie, andere stampfen Knoblauch und essen sie so.' MT 1.1:78 • RW 528 || Syr. *tumo* 'id.' SL 1631

ture *n.f.* Umhängetasche | *qṭiᶜli qarᶜe da=tloṯo naᶜime maḥteli bi=ture* 'Ich schnitt die Köpfe der drei Kinder ab und steckte sie in die Umhängetasche.' MT 5.3:55 • RW 528 || Kurm. *tûr* 'id.' Chyet 630

Turkiya die Türkei | MT 3.2:15 = **Tirkiya**|| Türk. *Türkiye* → *Tirkiya*

tūz *n.m.* Staub | *aḥ=ḥeṭe kimnaqanne w kimṣawlinne, lăšan mu=tūz w mi=korĭke kimmínala d-lo=we binne* 'Sie lesen den Weizen aus und wässern ihn, damit kein Staub und keine schwarzen Körner, wie wir sie nennen, mehr darin sind.' MT 1.1:27 • RW 529 || Türk. *toz* 'id.'

twiro *part.*, f. **twirto**, *pl.* **twire** **(1)** zerbrochen, gebrochen **(2)** gering an Vermögen, finanziell schwach | *omir kitwo malko, kítwole aḥuno. u=aḥuno čike twiro-we, amma gawrᵊtír mene-we, mu=malko-we* 'Es war einmal ein König, der hatte einen Bruder. Der Bruder war gering an Vermögen, aber er war mannhafter als er, mannhafter als der König.' MT 5.2:1 **(3)** schwach, unbedeutend, gedemütigt | *w ab=bĭ-babe-stene lu=gorān di=taqatte ksaymila ğule, d-lĭ=nufqo i=bartatte nŭqusto, twirto mu=bayto dab=bĭ-babe* 'Auch die Eltern machen ihr im Rahmen ihrer Möglichkeiten Kleider, damit ihre Tochter nicht gering ausgestattet und gedemütigt das Elternhaus verlässt.' MT 1.3:21 → **twr**

tworo *inf.* Brechen, Zerbrechen | *hawxa ᶜade-yo baynoṯayna, u=laḥmawo d-mitwir, kul=nošo koxil fako fako. bas uᶜdo u=ᶜamo ksaymi m-darb u=laḥmawo, kĭliča* *bu=farmo, kĭličaye rabṯo, u=tworayḏa-stene xayif-yo, u=muklayḏa-ste basim-yo* 'So ist es bei uns Sitte. Von diesem Brot, das zerbrochen wird, isst jeder einen Bissen. Doch heutzutage backen die Leute anstelle des Brots einen großen *kĭliča*-Kuchen im Backofen. Der ist leichter zu brechen, und er schmeckt auch besser.' MT 1.3:11; *min-yo i=maʿna du=tworo du=laḥmano?* 'Was ist die Bedeutung des Brotbrechens?' MT 1.3:12 → **twr**

twr || Syr. *tbr Pe.* 'to break, fracture' SL 1622

I *twiḻḻe, twiḻḻa* - *towir, turo* **(1)** *tr.* brechen, zerbrechen, knacken | *kturi biya beʿe, ksayminne ṣfero* 'Man schlägt Eier auf und gibt sie hinein und macht ein Omelett.' MT 1.1:79; *ag=gawze-ste, u=ḥa d-soyim d-gawze, ktowir ag=gawze, hawo-ste kmatranne lăšan d-lĭ=miqrofi bu=xrozo* 'Die Walnüsse, wenn jemand (Süßwurst) von Walnüssen machen möchte, dann knackt er die Walnüsse, doch die muss man befeuchten, damit sie beim Auffädeln nicht auseinanderbrechen.' MT 1.1:61 **(2)** *tr.* besiegen | *aṯín maq=qăzawat hōl mĭ-Dyārbăkir aṯin ʿal Miḏyaḏ w twiṟṟe am=miḏyoye* 'Es kamen (Kämpfer) aus (entfernten) Provinzen bis hin nach Diyarbakir, sie griffen Midyat an und sie besiegten die Leute von Midyat.' MT 3.3:6

Ip *twīr, twiro* - *mitwir, mitworo* **(1)** zerbrochen werden | *hawxa ʿade-yo baynoṯayna, u=laḥmawo d-mitwir, kul=nošo koxil fako fako* 'So ist es bei uns Sitte. Von diesem Brot, das zerbrochen wird, isst jeder einen Bissen.' MT 1.3:11 **(2)** gebrochen werden (Böses, Bann, Zauber) | *ᵊkmoḥe i=šarbayo lalʿal mĭ-qarʿa ktŭwaḻḻa, lăšan, kaʾinnahu twīr u=šar* 'Er schmettert den Tonkrug über ihrem Kopf (an die Wand) und zerbricht ihn, damit so der Bann des Bösen gebrochen wird.' MT 1.3:31 **(3)** *intr.* schwach werden | *mid daʿiri am=miḏyoye-ste twiri, w i=quwwe daṭ=ṭaye aṯyo aʿlayye ġắlăbe* 'Nachdem sie abgezogen waren, blieben die Leute von Midyat geschwächt zurück. Die Kampfkraft der Muslime setzte ihnen sehr zu.' MT 3.2:4 **(4)** *intr.* gedemütigt werden, beschädigt werden | *ʿayna larwal-yo, pise-yo w ŭno qariti-yo w lĭ=kubʿeno d-mitwir aḥunux ᵊflān* 'Sie ist nicht ganz in Ordnung, sie ist eine Schlampe. Sie ist meine Patenverwandte, deshalb möchte ich nicht, dass (der Ruf) deines Bruders beschädigt wird.' MT 5.1:7

mitwir kēf d- enttäuscht werden, betrübt werden | *omir* ^{K}*aġaye-mi*^{K} *i=naqqa d-ᵊkġulbítunne kŭṯeli kēf, d-lo kmitwir kēf diḏi* 'Er sagte: Mein Agha, wenn ihr die Oberhand über sie gewinnt, empfinde ich Freude, wenn nicht, wird mir die Freude verdorben.' MT 5.2:58 → **kēf**

twy || Etym. unbekannt

II *mtawele, mtawela* - *mtawe, mtawyo tr.* das zerstreute Dreschgut mit der Worfelgabel auf die Tenne zurückwerfen | *bĭṯir m-aṯe knoʿim u=zād b-raġlōṯ daḥ=ḥĭyewĭnanik išmo b-išmo, bi=qāṣăliye bam=malḥowe kimtawin, kmaqlᵊbi* 'Dann wird das Getreide unter den Hufen der Tiere immer mehr zerkleinert, und mit dem Rechen und der Worfelgabel schieben sie es zurück (auf die Tenne) und wenden es um.' MT 1.1:14

tyh || Arab. *tyh I* 'in die Irre gehen, herumirren' Wehr 110

I *tayih, tayiho* - *toyih, tayho intr.* in Verwirrung geraten | *i=naqqa d-miḻḻa Zīn ha Zīn, hani tayihi. tayihi komir l-ắḏiʿi ayko izzín* 'Als sie sagte: Zīn, auf geht's Zīn, gerieten sie in Verwirrung. Sie gerieten in Verwirrung und wussten nicht mehr, wohin sie gehen sollten.' MT 5.2:82

tym || Arab. *tmm I* 'vollständig sein od. werden, beendet sein od. werden' Wehr 107

I *tayim, tayimo - toyim, taymo intr.* zu Ende sein, vollständig sein | *kīt alfo naxwáš w năkār d-ᵊknuṭri u=lalyo ᵊd-toyim d-owe imomo d-ḥozin raḥa mĭ-ruḥayye* 'Es gibt tausend Kranke und Bedürftige, die darauf warten, dass die Nacht zu Ende geht und es Tag wird, damit sie sich besser fühlen.' MT 5.3:9

III *matimle, matimla - matim, matimo tr.* beenden, vollenden | *lu=babo di=kaččĭke mlĭlele ṭasĭke haqqās d-mĭreğin. mille man d-oṯe omir i=ḥikkoyaṯe, gim-matim i=ṭāsĭke dam=mĭreğĭnani, bi=ḥikko-yayḏe, gĭd-ĭbene barṯi i=naᶜimto* 'Der Vater des Mädchens füllte eine Schale bis hierhin mit Korallen. Er sagte: Wer kommt und mir diese Geschichte erzählt und diese Schale mit Korallen leert, mit seiner Geschichte, dem gebe ich meine jüngste Tochter.' MT 5.3:22

tyq || cf. Kurm. *teqîn* 'to split, to burst' Chyet 606, Tezel 2003: 82, fn. 270; cf. Arab. *ṭqq I* 'knallen, knacken, platzen' Wehr 568

Ip *tiq, tiqo - mitiq, mĭtoqo intr.* losgehen, beginnen | *qamayto bab=bote-wayna, aṯina mu=ḥṣodo, immi hĭhĭhĭĭ tiqo. tiqo, aḥna-stene midlan mḥalaqlan ᶜal ann=adroṯo, u=săwal diḏan, u=medayḏan, w azzano* 'Zunächst waren wir in den Häusern. Wir kamen von der Getreide-ernte, da sagten sie: Achtung, Achtung, es geht los! Der Überfall begann, da nahmen wir unser Vieh, unser Hab und Gut und trieben es auf die Tennen, und dann gingen wir los.' MT 3.1:2

tyqn || Arab. *yqn V* 'sich vergewissern, sicher sein' Wehr 1038

mityaqalle, mityaqalla - mityaqin, mityaqno intr. jdm. (*l-*) glauben | *milla, mityaqnit kīt mede aᶜmi, ṯᶜinto-no* 'Sie sagte: Glaube mir, ich habe irgendetwas, ich bin schwanger.' MT 5.1:13; *omir qṭili ann=arbi. w hăka lĭ=kmityaqnitulli hani a=tmoni aḏnoṯaṯṯe, w iḏa lĭ=kmityaqnitu-stene haṯe i=xanğar diḏi* 'Ich tötete alle vierzig, und wenn ihr mir nicht glaubt, hier sind ihre achtzig Ohren. Und wenn ihr mir immer noch nicht glaubt, das ist mein Dolch.' MT 5.3:29; *lĭ=mityaqalle lu=mᶜallim* 'Er glaubte dem Lehrer nicht.' MT 5.5:4

ṭ

ṭaᶜmo *n.m.* Geschmack | *kmanṭin, kimmínala aḥna ḥalwᵊniṯo kobo ṭaᶜmo basimo lu=dĭbis.* 'Sie bringen (eine Pflanze), die wir *ḥalwᵊniṯo* nennen, sie verleiht dem Traubensirup einen angenehmen Geschmack.' MT 1.1:52 • RW 530 || Syr. *ṭaᶜmo* 'id.' SL 543

ṭaᶜno, *pl.* **ṭaᶜne (1)** Last, Traglast | *u=ṭaᶜno taxminan ᶜisri=ftile-yo, mid ᵊmkamalle ᶜisri=ftile kimšayᶜile ᶜam ḥa mĭnayye ᶜal ḥāṣ-du=ḥmoro lu=bayto* 'Eine Traglast besteht aus etwa zwanzig Grassträngen. Wenn sie zwanzig Gras-stränge fertig haben, schicken sie sie mit einem von ihnen auf dem Rücken des Esels nach Hause.' MT 1.1:70; *aṯi u=gawro mi=tăğara. komir hēš aṭ=ṭaᶜnayḏe d-lo tinḥito rahoṭo aṯi lu=bayto* 'Ihr

Ehemann kam von (seiner) Handelsreise zurück. Noch ehe seine Lasten abgeladen waren, ging er eilends nach Hause.' MT 5.1:25 **(2)** Ertrag | *u=ġarzĭkano ᵊd-mitaḥit bu=ʿafro komo, lᵊ-tlōṯ=išne kmawkil, bann=arbaʿ baḥ=ḥammiš kobe u=ṭaʿnayḏe* 'Wenn der junge Weinberg in schwarzer Erde angelegt wird, kann man nach drei Jahren von ihm essen, und nach vier, fünf Jahren gibt er seinen vollen Ertrag.' MT 1.1:45 • RW 530

ṭaʿono *n. agent.*, f. **ṭaʿanto**, *pl.* **ṭaʿone** Träger, tragend | *e omir húlilux-ne, mag=gĭṭŭʿanne? omir kitli ṭaʿono.* 'Er sagte: Wenn ich sie dir gebe, wer wird sie dann tragen? Er sagte: Ich habe einen Träger.' MT 4.4:14 → **ṭʿn**

ṭăbaq *n.m.* Tablett | *kimḏayfinne sikkaṛ, w kmaḥti kul=ḥa w i=xilʿayḏe hani dak=kallāt, aʿl-u=ṭăbaq d-ᵊmḏayaffe buwe u=sikkaṛ* 'Man bewirtet sie mit Süßigkeiten, und jeder legt sein Geldgeschenk auf das Tablett, auf dem ihm Süßigkeiten angeboten wurden.' MT 1.3:41 • Nicht in RW || cf. Arab. *ṭabaq* 'Teller, Schale, Schüssel' Wehr 560; cf. Türk. *tabak* 'id.'

ṭabʿan *adv.* natürlich, selbstverständlich | *kuzdiwo baṣro ṭabʿan, latwo răbăna taza, kuzdíwole* 'Sie pflegten natürlich Fleisch (in Salz) zu konservieren, die Armen, sie hatten ja kein frisches.' MT 2.5:10 || Arab. *ṭabʿan* 'id.' Wehr 558

ṭăbiqa *n.f.* Lage, Schicht | *maydiwo, mfašriwo mišḥo, mišḥo basimo, duhniwo gawe w maqlᵊbiwo kul ṭăbiqa hawxa, mkanfᵊlíwole* 'Sie nahmen Butterfett und ließen es aus, gutes Butterfett. Damit fetteten sie die Innenseite (der Fladen) ein, wendeten jede Lage um und legten sie übereinander.' MT 2.1:2 • Nicht in RW || cf. Arab. *ṭabaqa* 'id.' Wehr 560

ṭăbí ~ **tăbí** natürlich, selbstverständlich | *kitwo bu=waxt ᵊd-meqim ṭăbí, ᵊzlām mhaymᵊno ġắlăbe* 'Es gab, in früherer Zeit natürlich, einen sehr gläubigen Mann.' MT 4.1:2; *mhalxone izzinwo tăbí, latwe xid d-uʿdo, d-immit bi=ʿăraba w b-măkina yaxud b-ṭiyara guzzino* 'Sie gingen natürlich zu Fuß, es war nicht wie heute, wo du sagst: Ich werde mit dem Auto oder einem (anderen) Fahrzeug oder mit dem Flugzeug reisen.' MT 4.5:1 • Nicht in RW || Türk. *tabi* 'id.'

ṭabxa *n.f.* Vorhaben, Plan, Sache | *mid xaliṣo i=ʿămăliye du=lwošo dağ=ğule w i=ṭabxaṭe, kizzín kṭulbi ánnaqqa dastúr mab=bĭ-babe* 'Wenn der Vorgang des Ankleidens und das alles vorbei ist, dann bitten sie um die Erlaubnis der Eltern.' MT 1.3:27 • Nicht in RW || Arab. *ṭabxa* 'gekochte Speise, Gericht; Intrige' Wehr 558

ṭaġno *n.m.*, *pl.* **ṭaġne** Pfanne, Bratpfanne | *huwe faqiro i=nuqro gabayye bi=lĭġa da=qriyawoṯo ṭaġno m-ani d-gimqalénawo u=mišḥo w saymina beʿe* 'Der Arme, bei ihnen, im Dialekt der Dörfer, bedeutet *nuqro* eine Pfanne, eine in der wir Butterschmalz erhitzten und Eier darin brieten.' MT 5.4:2 • RW 531 || Syr. *ṭeġno* 'frying pan' SL 513

ṭambir *n.m.* Laute | *hawxa mabramle qarʿe ḥiḻḻe kĭlé u=ṭambir diḏe mʿalqo* 'Er wandte den Kopf, da sah er, dass seine Laute (an der Wand) hing.' MT 5.2:72 • RW 533 || cf. Türk. *tambur* 'id.'; cf. Arab. *ṭunbūr* 'id.' Wehr 574

ṭamĭné ~ **ṭamoné** *adv.* dort drüben | *mid ᵊmkamelux gimḥalqatle ṭamĭné* 'Wenn du fertig bist, wirfst du es dort hin.' MT 1.5:17 • RW 533 || cf. Syr. *tamon* 'there' SL 1653 → **tamo** ~ **ṭamo**

ṭăraf *n.m.*, *pl.* **ṭărafe** Seite | *ᵊmdawamla, u=ḥarbano tre=yarḥe, tloṯo=yarḥe. e, maḥatla bolo li=ḥkume, lĭ=kṣofin, w m-darbe d-gid-šuqli azziye, kmiqṭil ma=tre ṭărafe, a=tre ṭărafe abne-ne, u=nŭfūs diḏa knoqiṣ* 'Dieser Krieg dauerte zwei, drei Monate, schließlich bemerkte die Regierung, dass (die Christen) nicht auszulöschen sind. (Sie dachte:) Anstatt dass sie Qualen erleiden ... auf beiden Seiten werden (Menschen) getötet, wo doch beide Seiten Landeskinder sind und die Bevölkerung abnimmt.' MT 3.2:17 • RW 534 || cf. Arab. *ṭaraf* 'id.' Wehr 564; cf. Türk. *taraf* 'id.'

ṭarfo[1] *n.f.*, *pl.* **ṭarfe** Blatt | *aġlab du=aprax sidayna kmisim maṭ=ṭarfe das=sate* 'Die meisten *aprax* bei uns werden mit Blättern von Weinstöcken hergestellt.' MT 1.1:38 • RW 534 || Syr. *ṭarfo* 'id.' SL 555

ṭarfo[2] *n.f.*, *pl.* **ṭarfone** Fingernagel, Fußnagel | *an=naᶜime w i=ematte, b-ṭarfonayye kšumṭi u=pāstiqawo* 'Die Kinder und ihre Mutter lösen mit ihren Fingernägeln den *pāstīq* (von dem) Stoff ab.' MT 1.1:57 • RW 534 || Syr. *ṭefro* 'id.' SL 548

ṭarp ⊗ onomatopoetisch: Geräusch beim Schlagen auf Holz usw. | *komir l-ayna sanduqo d-maṭin, ṭarp w mḥalle li=arᶜo* 'Jede Truhe, zu der sie kamen, die warfen sie peng! auf die Erde.' MT 5.2:11

ṭase *n.f.*, *pl.* **ṭasat, ṭasāt** Tasse, Schüssel, Schale | *ṭase d-rezo, kšityo tarte=ṭasāt d-maye* 'Eine Tasse Reis saugt zwei Tassen Wasser auf.' MT 2.8:1 • RW 535 || Arab. *ṭāsa* 'id.' Wehr 576

ṭasīke *n.f.* kleine Tasse, Schüssel, Schale | *komir lu=babo di=kaččīke mlĭlele ṭasīke haqqās d-mĭreğin* 'Der Vater des Mädchens füllte eine Schale bis hierhin mit Korallen.' MT 5.3:22 • RW 535 || cf. Kurm. *tasik* 'id.' DKF 1648 → **ṭase**

ṭaw *adj.* ⊗ Komparativ zu *ṭawwo* besser | *i=naqqayo aḏiᶜ, u=aḥuno ᵊš-ṭaw mene-yo bi=gawruṯo* 'Da wurde ihm klar, dass sein Bruder ihn an Mannhaftigkeit noch übertraf.' MT 5.2:46; *omir, kubᶜeli sayfo d-owe kayiso w sisyo ăṣīl, sisyo ăṣīl. komir húlele ḥa š-čike ṭaw m-awo* 'Er sagte: Ich brauche ein gutes Schwert und ein vollblütiges Pferd, ein Vollblutpferd. Er gab ihm ein (Pferd), das ein bisschen besser war als das vorige.' MT 5.2:61 → **ṭawwo**

ṭawᶜuno *n.m.*, *pl.* **ṭawᶜune** Hostienbrot | *huwe qām bi=dăqīqayo, ᵊmṭawaᶜle ṭawᶜune w maḥatle aṭ=ṭawᶜunayḏe b-ᶜebe* 'Er machte sich zur gleichen Minute auf, backte Hostienbrote und steckte seine Hostienbrote in seine Brusttasche.' MT 4.4:7 • RW 535 → **ṭw**[ᶜ1]

ṭawle *n.f.*, *pl.* **ṭawlat, ṭawlāt** Stall | *naḥito li=ṭawle midla i=sisto w rawixo* 'Sie stieg hinab zum Stall, nahm das Pferd und ritt davon.' MT 5.3:54 • RW 536 || cf. Türk. *tavla* 'id.'; cf. Arab. *ṭuwāla* 'id.' 579

ṭawqo *n.m.* Reifen, Halskette, Halsband | *aḥ=ḥĭyewin d-kitte, yaᶜni a=ḥmore w aq=qanyone, kmaṣrinne, femayye, kimminne ᶜarnoṣo, kmaḥti ᶜarnoṣo rabo b-ᵊqḏolayye xd-u=ṭawqo* 'Die Tiere, die sie haben, Esel und Rinder, denen binden sie das Maul zu. Es gibt noch den Halsring, sie legen ihnen einen großen Halsring an, wie einen Reif.' MT 1.1:12 • RW 536 || Arab. *ṭauq* 'id.' Wehr 578

ṭawwo *adj.*, f. **ṭawto**, *pl.* **ṭawwe** ⊗ Dorfdialekt (hier: Midin) gut | *gd-immina čike kŭmanno faṣīla biya d-lĭ=taymo xayifo. de, sănīt aᶜla, kuyo? (ST: e e ġălăbe ṭawwo).* 'Ich denke, wir fügen noch einen Abschnitt ein, damit sie nicht so schnell zu Ende ist. Horch mal hin, klappt es? ST: Ja ja, sehr gut.' MT 5.3:16 • RW 536 || Syr. *ṭobo* 'id.' SL 507

ṭayĭfe *n.f.* Gemeinde, Volksgruppe | *kbŭsamle w gdoris, lăšan i=manfăʿa di=ṭayĭfayde du=ʿamayde* 'Das gefällt ihm und er studiert zum Nutzen seiner Gemeinde und seines Volkes.' MT 1.7:1 • cf. *ṭāife* 'Schar, Religionsgemeinschaft RW 531 || Arab. *ṭāʾifa* 'id.' Wehr 578

ṭayo *m.*, f. **ṭayayto**, *pl.* **ṭaye** Muslim | *immiwo maru ṭaye-hatu, ṣŭroye-hatu?* 'Sie sagten: Sagt, seid ihr Muslime oder Christen?' MT 3.1:17; *u=dayroyo ğġil b-siryoyo mĭḻḻelin, immi lo, balki hāt-ste hawit ṭayo maxṣūṣ kimmit hawxa, lăšan nifqina w quṭli kulan. lawin inān.* 'Der Mönch sprach auf aramäisch und sagte zu ihnen ... Sie sagten: Nein. Vielleicht bist auch du Muslim geworden und redest absichtlich so, damit wir herauskommen und sie uns alle umbringen. Sie glaubten ihm nicht.' MT 3.3:10 • RW 537 || Syr. *ṭayoyo* 'an Arab of the tribe of Tay, then any Arab, Muslim' CSD 172

Ṭayre Simír Simurgh-Vogel, mythologisches Fabelwesen | *bĭṯir mid damix aṯi u=nišro, Ṭayre Simír, aḥna kimmínale Ṭayre Simír* 'Nachdem er eingeschlafen war, kam der Adler, der Ṭayre Simír – wir nennen ihn Ṭayre Simír.' MT 5.3:35 || Kurm. *teyrê sîmir* 'id.' Chyet 546 → **ṭayro**

ṭayro *n.m.*, *pl.* **ṭayre** Adler, (großer) Vogel | *hiḻḻe lu=ṭayro aṯyo i=šimšo aʿle, komir mḥele hawxa ğānāḥ diḏe qm-u=yawmo, símlele ṭīlolo* 'Dann sah der Vogel, dass die Sonne auf (den jungen Mann) schien, und er breitete seine Flügel vor der Sonne aus und machte Schatten für ihn.' MT 5.3:38 • RW 531

ṭayuṯo *n.f.* Islam, Muslime (koll.) | *i=naqqa d-kítwayne kulle-ste, bayn du=ʿamo nuxroyo-wayne, bayn di=ṭayuṯo-wayne.* 'Doch selbst als alle noch dort waren, lebten sie unter Fremden, sie lebten unter den Muslimen.' MT 1.7:5 • RW 537 || Syr. *ṭayoyuṯo* 'the Arabian people, the Arabs, the Arab dominion, Islam' CSD 172 → **ṭayo**

ṭʿinto *adj.*, *f.*, *pl.* **ṭʿine** schwanger, trächtig | *an=nišaṯṯe ṭʿine-wayye. hēš an=naʿimaṯṯe b-gawe dann=emoṯaṯṯe mdaglinne ʿam ʾḥdoḏe* 'Ihre Frauen waren schwanger. Als ihre Kinder noch im Mutterleib waren, versprachen (die Väter) sie einander.' MT 5.2:1; *miḻḻa, mityaqnit kīt mede aʿmi, ṭʿinto-no* 'Sie sagte: Glaube mir, ich habe irgendetwas, ich bin schwanger.' MT 5.1:13 || Syr. *ṭʿino* (abs. f.) 'id.' SL 542 → **ṭʿn**

ṭʿn || Syr. *ṭʿn Pe.* 'to bear, carry; to become pregnant; to impose a burden, make carry' SL 544

I *ṭʿille, ṭʿilla - ṭoʿin, ṭuʿno* **(1)** tragen | *kmaḥti u=tabūt bi=naḥšo, d-l-owe b-tabūt naqqa=ḥreto kmaḥti u=miṯo huwe mkafno bi=naḥšo. w kṭuʿnile, i=ğămaʿa bu=dawro* 'Sie stellen den Sarg auf die Bahre, und wenn der (Tote) keinen Sarg hat, dann legen sie den in Leichentücher gehüllten Toten direkt auf die Bahre. Sie tragen ihn, die Gemeinde wechselt sich dabei ab.' MT 1.2:6 **(2)** *tr.* bringen | *ʾd-bĭḥaṯno mĭ=ksaymi? u=yawmo di=ṣăbaḥiye, kulle kṭuʿni kallāt, kul=ḥa lu=gorān di=taqayḏe* 'Und was macht die Familie des Bräutigams? Am Tag der Morgenmahlzeit bringen alle Geld, jeder nach seinen Möglichkeiten.' MT 1.3:40; *more du=ḥaṯno-ste kkuṯwinne ah=hădiyat d-aṯille*

(...) lăšan d-iḏʿi míqqayiske ṭʿinne l-ᵊd-ruḥayye, hinne-ste madʿᵊrila aʿlayye 'Auch die Angehörigen des Bräutigams schreiben die Geschenke auf, die sie bekommen haben. (...) damit sie wissen, wieviel diese ihrem (Sohn bzw. Tochter) geschenkt haben, und sie es ihnen zurückgeben können.' MT 1.3:42

Ip *ṭʿīn, ṭʿino - miṭʿin, miṭʿono intr.* getragen werden | *lăšan d-oṭe l-bōl da=nsanat i=naqqa d-ṭoʿin ḥa d-oḏiʿ kaʾinnahu huwe-ste kitle yawmo ǧĭmiṭʿin hawxa ʿal ak=katfoṯo w ǧĭd-izzé huwe-ste gim-miqwir* 'Damit sich die Leute erinnern ... wenn jemand (den Sarg) trägt, weiß er, dass es auch für ihn einen Tag gibt, an dem auch er so auf den Schultern getragen wird und auch er begraben wird.' MT 1.2:17

III *maṭʿalle, maṭʿalla - maṭʿin, maṭʿᵊno tr.* beladen | *mid ᵊḥṣidde, (...) kmaḥtile baš=šuxre, w kmaṭʿᵊnile ʿal ḥāṣ da=ḥmore, kmanṭalle li=adro* 'Wenn man (die Körnerfrüchte) geerntet hat, (...) legt man (das Erntegut) in die Lastgestelle und schafft es auf dem Rücken der Esel zur Tenne.' MT 1.1:9; *ṣafro qayimi midde i=kalaṯṯe, maṭʿanne as=sanduqaṯṯe w ya allā w malaxxe* 'Am Morgen nahmen sie ihre Braut, luden ihre Truhen auf und machten sich auf den Weg.' MT 5.2:10

ṭoʿin ġamo Kummer haben, sich Sorgen machen | *d-howe u=miṯano lo=sowo, d-howe b-ḥayf, ᵊgboxin aʿle kṭuʿni ġame ġălăbe* 'Wenn der Verstorbene nicht alt war, wenn er eine wichtige Persönlichkeit war, dann weinen sie um ihn und haben großen Kummer um ihn.' MT 1.2:2 → **ġamo**

ṭʿono *inf.* Tragen | *u=ṭʿono di=naḥšo du=miṯo, b-ġēr dŭkoṯo kmaḥtile baʿ=ʿărăbat, sidayna lo* 'Das Tragen der Bahre des Toten ... anderswo legen sie (den Sarg) in ein Fahrzeug, doch bei uns nicht.' MT 1.2:17 → **ṭʿn**

ṭʿoyo *inf.* Vergessen | *u=bayto di=mištuṯo, kibe kēf w ṣăfa w ṭʿoyo ... tiṭʿiyo di=nafšo* 'In einem Hochzeitshaus herrschen Freude und Vergnügen, Vergessen und die Irreführung der Seele.' MT 1.2:16 → **ṭʿy**

ṭʿy || Syr. *ṭʿy Pe.* 'to wander, stray; to forget' SL 540-41

I *ṭaʿi, ṭaʿyo - ṭoʿe, ṭuʿyo tr.* vergessen | *u=ʾahᵊl-ahᵊl gdumxi sĭ-mōr du=miṯo, ḥatta d-ṭoʿin u=miṯaṯṯe d-l-oṯe l-bolayye* 'Die engeren Verwandten schlafen bei den Angehörigen des Toten, damit sie den Toten vergessen und er ihnen nicht in den Sinn kommt.' MT 1.2:13

ṭbixo *part.*, f. **ṭbixto**, *pl.* **ṭbixe** warm, vorbereitet (Essen), gekocht | *mōr du=miṯo lĭ=kkurxo iḏayye d-saymi muklo w ᵊštoyo. u=ʾahᵊl diṯṯe kṭuʿninne muklo ṭbixo* 'Die Angehörigen des Verstorbenen sind nicht imstande, Essen und Trinken zuzubereiten. Deshalb bringen ihre Verwandten ihnen warmes Essen.' MT 1.2:18 → **ṭbx**

ṭbx || Arab. *ṭbx I* 'kochen' Wehr 558

I *ṭbixle, ṭbixla - ṭobix, ṭubxo tr.* kochen, Essen zubereiten | *i=naqqa d-ṭubxíwole, kuzdiwo baṣro ṭabʿan, latwo răbăna taza, kuzdíwole* 'Wenn sie (den *tarxayno*) kochen wollten .... Sie pflegten Fleisch (in Salz) zu konservieren, die Armen, sie hatten ja kein frisches.' MT 2.5:10

ṭfy || Arab. *ṭfʾ I* 'erlöschen, ausgehen' Wehr 567

I *ṭafi, ṭafyo - ṭofe, ṭufyo intr.* erlöschen | *awwil=lalyo qrele l-aḥuni u=rabo, da=tre qrele l-aḥuni u=navoyo, da=tloṯo azzino ŭno, ṭafi u=šamʿayḏi* 'In der ersten Nacht las mein ältester Bruder, in der zweiten mein mittlerer Bruder, in der dritten Nacht ging ich, doch da erlosch meine Kerze.' MT 5.3:27

III *maṯfele, maṯfela - maṯfe, maṯfᵊyo tr.* löschen, auslöschen, ausschalten (Herdplatte, Licht) | *i=naqqa d-bišli, w kruṯhi, hanik kimḥaḏratte, ṭăbi u=layšo mḥaḏallix, meqim mgandarlix, gmaḥtatte ʿil mĭnayye w hĭl d-bošil u=layšo-ste ʿam aḥ=ḥimṣe, kmaṯfit taḥtayye* 'Wenn sie sprudelnd kochen, dann bereitest du die (Grießbällchen) vor. Natürlich hast du den Teig schon vorbereitet und vorher die Bällchen geformt, und nun gibst du sie darauf, und sobald der Teig zusammen mit den Kichererbsen gargekocht ist, schaltest du (die Herdplatte) unter ihnen aus.' MT 2.11:4; *awwĭl d-ʿabinno maṯfeli u=bahro* 'Sobald ich eintrat, löschte ich das Licht aus.' MT 5.3:55

ṭḥn || Syr. *ṭḥn Pe.* 'to grind, mill' SL 523-24

I *ṭḥille, ṭḥilla - ṭoḥin, ṭuḥno tr.* mahlen | *mid fayiši aḥ=ḥeṭe naḏife, kmaḥtinne bu=kiso, aw b-xurǧo, kmaḥtinne ʿal u=ḥaywān diṯṯe, wăya ʿal katfayye, kmawbᵊlinne li=raḥyo. kṭuḥninne, kowin qamḥo* 'Wenn der Weizen sauber ist, schütten sie ihn in einen kleinen Sack oder eine Satteltasche, laden ihn auf ihr Lasttier oder tragen ihn auf der Schulter, und bringen ihn zur Mühle. Sie mahlen (die Körner), und sie werden zu Mehl.' MT 1.1:22

ṭibbe *n.f., pl.* **ṭĭbab** Ball, Wollknäuel, Kugel | *an=niše ʿuzlíwole saymíwole ṭĭbab, aṭ=ṭĭbăbani saymiwo gurwe d-ᵊklušinne* 'Die Frauen spannen sie (die Wolle). Sie machten Wollknäuel daraus, und aus diesen Wollknäueln strickten sie Strümpfe, die sie anzogen.' MT 1.1:91-92 • RW 537 || cf. Syr. Arab. *ṭəbba* 'id.' TKT 347; cf. Türk. *top* 'id.'

ṭĭlolo *n.m.* Schatten | *aḥna-stene, ŭno-stene, hăma ŭno qamayto, laṣyono hawxa, qm-u=syoġo, qm-u=ṭĭlolo dak=karme* 'Und wir, und auch ich, ich als erste duckte mich so an der Mauer, im Schatten der Weinberge.' MT 3.1:8 • RW 537 || Syr. *ṭelolo* 'id.' SL 533

ṭino *n.m.* Lehm, Schlamm, Schmutz | *u=qawro bĭṯir mid ᵊṣxiṟre kšayʿile ᵊb-ṭino w tawno w ksaymi aʿle ṣlibo* 'Wenn sie das Grab geschlossen haben, verputzen sie es mit Lehm und Heu und machen ein Kreuz darauf.' MT 1.2:10 • RW 538 || Syr. *ṭino* 'id.' SL 527

ṭirṭᵊmeni *n.m., pl.* **ṭirṭᵊmeniye** Märchenfigur: Unhold | *azzé, ḥiḻe kĭlé kīt mʿarṯo kīt biya arbi=ṭirṭᵊmeniye.* '(Der Junge) machte sich auf und zog weiter, da sah er: Da ist eine Höhle, in der vierzig Unholde sind.' MT 5.3:11 • cf. *tartemeni* RW 517 || cf. Syr. *ṭrṭm* 'to roar, growl' SL 550

ṭir ~ ṭr Wunschpartikel: er soll, sie soll, du sollst usw. | *manṭéwole ḥa aʿme hno, dayroyo mid Mirde. omir u=dayroyo ṭir miǧǧil aʿmayxu* 'Er hatte einen Mönch aus Mardin mitgebracht, er sagte: Der Mönch soll mit euch sprechen.' MT 3.3:9; *miḻe hano min d-kityo năṣīb diḏi-yo, mirre yabo ṭr-owe năṣīb diḏux, madāmki lōx ḥzelux, ṭr-owe hano năṣīb diḏux* 'Er sagte: Was auch immer es ist, es ist für mich bestimmt. Sie sagten: Gut, es sei dir bestimmt. Nachdem du es entdeckt hast, soll es dir bestimmt sein.' MT 5.2:52 || Kurzform von → **ṭr-owe**

ṭr-owe ⊗ < *ṭr + howe (ṭr < ṭray lass!)* es soll sein, es möge sein, in Ordnung | *mirre yabo ṭr-owe năṣīb diḏux, madāmki lōx ḥzelux, ṭr-owe hano năṣīb diḏux* 'Sie sagten: Gut, es sei dir bestimmt.

Nachdem du es entdeckt hast, soll es dir bestimmt sein.' MT 5.2:52 → **hwy**

ṭizo *n.m.* Hintern | *ḥil̤l̤a li=pire kaṯi ḥa rahoṭo raġloṯe b-ṭize, lĭ=kkole* 'Die Alte sah, dass jemand eilig angelaufen kam (wörtl.: seine Füße an seinem Hintern) und nicht innehielt.' MT 5.2:21 • RW 538 || Syr. *ṭizo* 'id.' SL 526

moḥe raġloṯe b-ṭize schnell rennen → **mḥy, raġlo**

ṭlamṯo *n.m., pl.* **ṭalme (1)** Brotfladen | *bu=ṭlobano kimmínala i=ṭlamṯo, meqim ṭlamṯo d-laḥmo manṭanwo* 'Bei der Verlobung brachte man früher einen Brotfladen mit.' MT 1.3:9; *kīt ʿade sidayna, ktŭwal̤l̤a, a=tre qariwe, u=qariwo du=kurrĭko w di=kaččĭke kul=ḥa kimḥaliq iḏe ʿal i=ṭlamṯo w ktŭwal̤l̤a* 'Bei uns ist es Sitte, dass die beiden Vertreter, der Vertreter des Jungen und der Vertreter des Mädchens, nach dem Brotfladen greifen und ihn durchbrechen.' MT 1.3:10 **(2)** Teigklumpen vor dem Formen der Brotlaibe | *bĭṯir mid azzá i=lahbe, kmaydo ṭlamṯo b-ṭlamṯo kfuṭḥola. mĭnayye kowin kaḥkune, gawayye nqiwe, w mĭnayye kowin kĭminne lŭwašāt, ksaymi čĭzeġi binne.* 'Wenn die Flammen erloschen sind, nimmt sie einen Teigklumpen nach dem anderen und formt sie (zu Broten). Manche davon werden zu Kringeln geformt, die in der Mitte ein Loch haben, und andere zu Fladenbroten, die man mit eingeritzten Strichen verziert.' MT 1.1:24 • RW 539 || cf. Syr. *ṭulmo, ṭulmṯo* 'bread' SL 517

ṭlawḥe *n. pl.* Linsen, Linsensuppe | *a=ṭlawḥe, kitlan aḥna tre=šiklāt d-ᵊṭlawḥe, kitlan ṭlawḥe yaroqe, kitlan ṭlawḥe sĭmoqe. a=ṭlawḥe sĭmoqe, hanik-ste, kmašĭġatte, šafiro, bĭṯir kmaṭifit aʿlayye maye* 'Die Linsen: Wir haben zwei Sorten von Linsen. Wir haben grüne Linsen und rote Linsen. Die roten Linsen, die wäschst du sorgfältig, dann bedeckst du sie mit Wasser…' MT 2.10:1; *yaʿni kfoyiš ʿal u=zawk diḏux, ḥlime kriḥmit a=ṭlawḥe, raqiqe kriḥmit, kmaḥtit i=malḥaṯṯe w kmarṯᵊḥatte, hīl d-owin šaʿuṯe, bašili, ṭămām. hani a=ṭlawḥayḏan-ne* 'Es hängt von deinem Geschmack ab, ob du die Linsensuppe dickflüssig möchtest oder eher dünnflüssig. Du fügst ihnen Salz hinzu und bringst sie zum Kochen, bis sie gelb werden, dann sind sie fertig gekocht. Das ist unsere Linsensuppe.' MT 2.10:1 • RW 539 || Syr. *ṭlofḥe* 'id.' SL 634

ṭlawḥe sĭmoqe rote Linsen (geschält und gespalten) | MT 2.10:1 → **sĭmoqo**

ṭlawḥe yaroqe grüne Linsen | MT 2.10:1 → **yaroqo**

ṭlb || Arab. *ṭlb I* 'fordern, verlangen, bestellen' Wehr 569

I *ṭlible, ṭlibla - ṭolib, ṭilbo* **(1)** *tr.* verlangen, um (Akk.) etw. bitten, wünschen | *ṭlibla meni čāy w sikkar, mil̤l̤i ṣafro tix gĭd-ŭbénolix* 'Sie bat mich um Tee und Zucker, und ich sagte zu ihr: Komm morgen früh, dann gebe ich ihn dir.' MT 1.5:56; *tamo bi=quwe d-Aloho, ṭlible m-Aloho, maqimle am=miṯaṯṯe* 'Durch Gottes Allmacht – er erbat Gottes (Hilfe), erweckte ihre Toten wieder zum Leben.' MT 4.4:19 **(2)** sich verloben (Mann) | *u=ḥa yawmo mil̤l̤e lu=taġir diḏe mil̤l̤e ašír ṭlĭblilli flān ᵊḥḏo, kubʿeno d-ᵊmḥawanno* 'Eines Tages sagte er zu seinem Kaufmann: Ich habe mich mit dem und dem (Mädchen) verlobt und möchte nun heiraten.' MT 5.1:1

Ip *ṭlīb, ṭlibo - miṭlib, miṭlobo intr.* verlangt werden, verlobt werden (Frau) | *bĭṯir mid ᵊṭlibo i=kaččĭke, ab=bĭḥmoye, kul=ḥiššabo aw kul ᵊtre=ḥiššabe kizzín lab=bĭ-babe di=kaččĭke* 'Nachdem das Mädchen verlobt worden ist, gehen die (künftigen) Schwiegereltern jeden Sonntag oder jeden zweiten Sonntag zu den Eltern des Mädchens.' MT 1.3:13

ṭolib xaṭir sich verabschieden | *maṣiḻḻe ab-baġlayḏe w mḥele darbe qume, ṭlible xaṭir maḥ-ḥiḏḏār w nafiq* 'Er schirrte seine Maultiere an, nahm seinen Weg in Angriff, verabschiedete sich von den Anwesenden und zog davon.' MT 5.1:5 → **xaṭir**

ṭlibto *part., f.* verlobt | *biṯir mid fayišo i-kaččike ṭlibto, ṭăbí gĭd-oṯe u-waxt du-ḥiwolo. gizzín gĭmarḏin u-naqdo* 'Nachdem das Mädchen verlobt worden ist, kommt natürlich die Zeit der Hochzeit. Sie bezahlen den Brautpreis.' MT 1.3:20 → **ṭlb**

ṭlobo *inf.* Verlobung | *i-ʿade dam-miḏyoye, i-naqqa insān d-ŭwele abro l-ᵊṭlobo, kmakrix ʿayne ʿal ak-kaččikat du-ahᵊl* 'Die Tradition der Leute von Midyat: Wenn jemand einen Sohn hat, der heiraten sollte, dann schaut sich (der Vater) um unter den Mädchen der Verwandtschaft.' MT 1.3:1; *šafiro i-barṯo du-ʿammaṯṯe ġắlăbe. komir aṯilla lu-ṭlobo, mĭ-Mirde d-oṯin măsălan, ᵊl-Miḏyaḏ* 'Die Tochter ihres Onkels wurde sehr schön. Es kamen Leute, um um ihre Hand anzuhalten, z.B. kamen sie von Mardin nach Midyat.' MT 5.2:5 → **ṭlb**

ṭmr || Syr. *ṭmr Pe.* 'to hide, dig deep, set aside' SL 537

I *ṭmiḻḻe, ṭmiḻḻa - ṭomir, ṭumro tr.* eingraben, mit Erde bedecken | *mid hawin az-zăbaš-ste, kṭumrinne taḥt i-arʿo lăšan d-busmi* 'Wenn die Wassermelonen reif geworden sind, graben sie sie in die Erde ein, damit sie ausreifen.' MT 1.1:5; *kmanṭin an-naṣbani kul-nuqro m-ani kmaḥti tre aw ḥa, w hani kṭumrinne, biṯir mid ᵊṭmĭrinne, ᵊkkolin lu-waxt du-dworo di-arʿo, yaʿni d-nišfo čike i-arʿo* 'Sie bringen diese Rebzweige und setzen in jedes dieser Löcher jeweils zwei oder einen Zweig ein und füllen sie mit Erde auf. Wenn sie (die Rebzweige) eingepflanzt haben, warten sie bis zur Zeit des Pflügens, d.h. bis die Erde etwas trocken geworden ist.' MT 1.1:42

ṭōf *n.m.* Zucht | *i-ʿezo d-l-uyo b-ḥalwo lĭ-kṭorin u-farxayḏa, d-howe šafiro-ste lĭ-kṭŭralle lăšan u-ṭōf* 'Wenn eine Ziege nicht gut Milch gibt, dann behalten sie ihr Jungtier nicht ... selbst wenn es schön ist, behalten sie es nicht für die Zucht.' MT 1.1:87 • cf. *ṭof* 'Widder' RW 539 (?) || cf. Kurm. *tov* 'seed, grain; sperm' Chyet 627

ṭōn *n.m., pl.* **ṭonat, ṭonāt** Tonne (Gewicht) | *maʿlela i-nuro li-pire. maḥatla tloṯo-ṭonāt hažžĭkāt aʿla w marfela kabrĭt biya* 'Die Alte schürte das Feuer an, sie warf drei Tonnen Zweige darauf und zündete es mit einem Streichholz an.' MT 5.2:80

ṭpṭp ⊗ onomatopoetisch || cf. Anat. Arab. *ṭpṭp* 'festklopfen, flachklopfen' JK 86; cf. Syr. *ṭfṭf* 'to crackle, to flicker' SL 545

Q *mṭapṭaple, mṭapṭapla - mṭapṭip, mṭapṭᵊpo tr.* klopfen | *u-pāstīq mid ᵊfrisse bi-šimšo b-yawmo tre knošif, kmaqlᵊbile ṣafro w ʿaṣriye, mid našif kṭowin aṯ-ṯawbanik maʿbᵊrinne l-lawġul, kmaqlᵊbinne ʿal maqlib, lo bi-foṯo d-kityo u-pāstīq grišo ʿal u-čapān, bi-foṯo ḥreto. kmatralle išmo f-fasto w kimṭapṭᵊpi aʿle* 'Wenn sie den *pāstīq* in der Sonne ausgebreitet haben, wird er in ein, zwei Tagen trocken. Sie wenden ihn morgens und nachmittags um. Wenn er getrocknet ist, falten sie diese Leinentücher zusammen und schaffen sie ins Haus. Sie drehen sie (beim Falten) auf die Rückseite, nicht auf die Seite, auf der

der *pāstīq* auf den Stoff aufgebracht ist, sondern auf die andere Seite. Sie befeuchten (das Tuch) mit einem Lappen und klopfen vorsichtig dagegen.' MT 1.1:56-57

ṭr → **ṭir** ~ **ṭr**

ṭrḥ || Arab *ṭrḥ I* 'werfen; eine Fehlgeburt haben' Wehr 562

I *ṭriḥle, ṭriḥla - ṭoriḥ, ṭirḥo tr.* bekreuzigen (mit *ṣlibo* 'Kreuz') | *ṭriḥle ṣlibo ʿal foṯe w azzé mṣalele ʿal i-zuġto, i-zuġto qayimo* 'Er bekreuzigte sich und ging und betete über dem Hühnchen, da wurde das Hühnchen lebendig.' MT 4.3:12

III *maṭraḥla, maṭrᵊḥo intr.* eine Fehlgeburt erleiden (Tiere) | *u-ruʿyo d-howe ʿắğămi, d-oṯe w d-ʾobe malḥo ġắlăbe laḥ-ḥĭyewin, d-howin ᵊṭʿine kimḥalqi af-farxaṯṯe, kmaṭrᵊḥi, w d-l-owin ᵊṭʿine-ste mĭnayye kmibʿoği mi-kiṯre du-ṣahwo w du-ḥemo* 'Der unerfahrene Hirte, der den Tieren zu viel Salz gibt ... wenn sie trächtig sind, erleiden sie Fehlgeburten, und auch wenn sie nicht trächtig sind, gehen einige ein an dem Übermaß von Durst und Hitze.' MT 1.1:97

ṭr-owe ⊗ < *ṭr + howe* → **ṭir** ~ **ṭr, hwy**

ṭry || cf. Syr. *ṭry Pe.* 'to strike against, push; to expel; to torment, trouble' SL 551

I *ṭrele, ṭrela - ṭore, ṭiryo* **(1)** *tr.* lassen, übrig lassen, zurücklassen | *ṭrele ḥa d-mo-waroqe bu-dōzdān* 'Er ließ nur einen (Schein) von 100 Lira in der Geldbörse.' MT 1.5:53; *năhaye, b-lalyo kuzzé kḥŭnaqla, kḥoniq u-zʿuro w kṭore i-kaččĭke* 'Zum Schluss ging er bei Nacht und erwürgte sie, (d.h.) er erwürgte den Jungen und ließ das Mädchen (am Leben).' MT 5.1:16 **(2)** liegen lassen | *u-ʾahᵊl diṯṯe kṭuʿninne muklo ṭbixo, lăšan d-uxli mōr du-bayto, du-miṯo-ste w hanik d-kitne yatiwe, d-ᵊṭralle u-šuġlo w u-ʿamlaṯṯe* 'Deshalb bringen ihre Verwandten ihnen warmes Essen, damit die Leute im Haus essen können, die Angehörigen des Toten und auch diejenigen, die dort (zum Ausdruck des Beileids) sitzen und ihre Arbeit stehen und liegen gelassen haben.' MT 1.2:18 **(3)** jdn. (*m-*) in Ruhe lassen | *ḥiḻḻe i-kaččĭke latyo šafirto, ṭrele mena* 'Er sah, dass das Mädchen nicht schön war, und ließ es in Ruhe.' MT 5.3:18 **(4)** etw. machen lassen, erlauben | *azzí d-ŭxanno aʿmayye lĭ-ṭralle, miṟṟe ḥărām-hat* 'Ich ging, um mit ihnen zusammen zu essen, doch sie ließen es nicht zu. Sie sagten: Du bist unrein.' MT 4.2:7; *lĭ-fayiš kṭore d-nifqina l-dukṯo* 'Er lässt uns nirgendwo hingehen.' MT 5.2:49

ṭore lebe d- enttäuschen, beleidigen | *miḻḻe hāt šaxṣ, sayyid, uṯyo Ḥağği Faṭṭuma, tiyātro, kruqḏo, taḥt i-konayḏux? e miḻḻe mis-samno stād, i-ʿaširto, u-ēl hawxa ṭlible, lĭ-ṭreli lebayye* 'Er sagte: Du bist ein Sayyid, (wie geht es an) dass Ḥağği Faṭṭūma kommt, Theater (macht) und unter deinem Zelt tanzt? Er antwortete: Was soll ich denn machen, Meister? Der Stamm, meine Leute haben es sich nun einmal so gewünscht, und ich wollte sie nicht enttäuschen.' MT 1.5:47 → **lebo**

ṭuro *n.m., pl.* **ṭurone** **(1)** Berg | *i-dayro kĭlāwlḗ b-qarʿe du-ṭuro* 'Das Kloster ist dort drüben auf dem Gipfel des Berges.' MT 5.1:33 **(2)** offenes Gelände, nicht kultiviertes Land, Wald | *kimšayʿi aʿ-ʿeze lu-ṭuro, w aṣ-ṣafure-stene bĭṯir mid azzin aʿ-ʿeze kimšayʿinne lu-ṭuro* 'Sie schicken die Ziegen ins Gelände, und auch die Zickel schicken sie ins Gelände, nachdem die

Ziegen schon vorausgegangen sind.' MT 1.1:74; *qṭili baṭ=ṭurone baq=qayse* 'Sie wurden im Wald, beim Holzholen getötet.' MT 3.3:13 **(3)** Turabdin | *bu=waxt d-latwo bayn Suriya l-Turkiya ḥŭdūd, ğiddi bu=waxtawo, mu=aṯro du=ṭuro naḥitwo li=barriye* 'Zu der Zeit, als es zwischen Syrien und der Türkei keine Grenze gab, war mein Großvater aus dem Turabdin in die Ebene hinabgezogen.' MT 1.5:1 • RW 540 || Syr. *ṭūro* 'mountain; field' SL 521

ṭuroyo *n.m.* Ṭuroyo-Sprache | *qĭsimste saymiwo kutle kbebayāt, hanik kimminne bu=ṭuroyo bežār* 'Manche Leute machten auch die *kbebayāt* genannten Kutle, die man im Turoyo *bežār* nennt.' → **ṭuro**

ṭurši *n.m.* eingelegtes Gemüse | *ksaymit sắlăṭa aʿmayye (...) yaʿni min ᵊd-kitlux bu=bayto, veya latlux sắlăṭa ḥaḍir, ṭurši* 'Und dazu noch einen Salat (...) was du gerade im Haus hast. Oder wenn du keinen Salat zur Hand hast, (nimmst) du eingelegtes Gemüse.' MT 2.10:3 • Nicht in RW || Türk. *turşu* 'id.'

ṭvz || Kurm. *tevizîn* 'to be or go numb, prickle, tingle, "go to sleep" (hand or foot)' Chyet 611

I *ṭaviz, ṭavizo - ṭoviz, ṭuvzo intr.* erstarren, steif werden, gelähmt werden | *tamo iḏe rafyo, ṭavizo iḏe, ğamid.* 'Da erschlaffte sein Arm, sein Arm wurde wie gelähmt, er wurde stocksteif.' MT 5.2:95

IIp *mṭaviz, mṭavzo - miṭaviz, miṭavzo intr.* erstarren, steif werden, gelähmt werden | *i=naqqa d-ani kšoḏin, du=ağayḏe kšoḏin biṯr-anik, kmoḥe rağloṯe bu=šuro komir didididididi..., w hanik d-šoḏin biṯrani kmiṭaviz* 'Wenn diese angreifen, wenn (die Kämpfer) seines Aghas hinter den anderen herjagen, schlägt er seine Füße gegen die Mauer und ruft *didididididi;* wenn aber jene hinter diesen herjagen, dann ist er wie gelähmt.' MT 5.2:57; *tăbí hiya mṭavzo, azzela tloṯo=naʿime, w azzín ad=dōṣṭīn diḏa* 'Natürlich war sie wie erstarrt, sie hatte drei Kinder verloren, und auch ihre Liebhaber waren umgekommen.' MT 5.3:56

ṭwʿ¹ || cf. Syr. *ṭbʿ Pe.* 'to seal; to strike a coin' SL 511 → **ṭawʿuno**

II *mṭawaʿle, mṭawaʿla - mṭawiʿ, mṭawʿo tr.* Hostienbrote backen | *ᵊmṭawaʿle ṭawʿune w maḥatle aṭ=ṭawʿunayḏe b-ʿebe* 'Er backte Hostienbrote und steckte seine Hostienbrote in seine Brusttasche.' MT 4.4:7

ṭwʿ² || Syr. *ṭbʿ Pe.* 'to sink, be sunk; to sleep heavily' SL 511

I *ṭawiʿ, ṭawiʿo - ṭowiʿ, ṭuʿo intr.* einschlafen | *u=ʿamo mu=ḥiss du=ʿwodaṯxu li=qqudri ṭuʿi* 'Wegen des Lärms eurer Arbeit können die Leute nicht einschlafen.' MT 1.5:25

ṭwy || Arab. *ṭwy I* 'falten, zusammenfalten' Wehr 580

I *ṭwele, ṭwela - ṭowe, ṭuyo tr.* falten, zusammenfalten | *u=pāstīq mid ᵊfrisse bi=šimšo b-yawmo tre knošif, kmaqlᵊbile ṣafro w ʿaṣriye, mid našif kṭowin aṯ=ṭawbanik maʿbᵊrinne l-lawġul* 'Wenn sie den *pāstīq* in der Sonne ausgebreitet haben, wird er in ein, zwei Tagen trocken. Sie wenden ihn morgens und nachmittags um. Wenn er getrocknet ist, falten sie diese Leinentücher zusammen und schaffen sie ins Haus.' MT 1.1:56

ṭyʿ || Arab. *ṭwʿ I, IV* 'gehorchen, sich unterwerfen' Wehr 576-577

III *maṭiʿle, maṭiʿla - maṭiʿ, maṭiʿo intr.* gehorchen, sich unterwerfen | *maʿlalle u=sayfaṯṯe mirre u=ḥa d-kĭmaṭiʿ ṭir* *maṭiʿ, lĭ=kmaṭiʿ hawxa w hawxa gĭsaymina mene w mu=babo* 'Sie erhoben ihr Schwert und sagten: Wer sich unterwirft, der soll sich unterwerfen, und wer sich nicht unterwirft, mit dem und mit seinem Vater werden wir so und so verfahren.' MT 5.2:104

ṭyf || Syr. *ṭwf Af.* 'to make float, to make overflow, to flood' SL 519

III *maṭifle, maṭifla - maṭif, maṭifo tr.* mit Wasser bedecken | *a=ṭlawḥe sĭmoqe, hanik-ste, kmašĭġatte, šafiro, bĭṯir kmaṭifit aʿlayye maye* 'Die roten Linsen, die wäschst du sorgfältig, dann bedeckst du sie mit Wasser...' MT 2.10:1

ṯ

ṯămăra *n.f.* Frucht, Fruchtpflanze | *yatu kmaltamme, kkoriz aʿlayye, komir miḻḻe ᵊMšiḥo, i=ṯămăra ᵊd-l-obo fire kmiqṭoʿo* 'Er setzte sich nieder und versammelte sie und predigte ihnen. Er sagte: Der Messias hat gesagt: Der Baum, der keine Früchte trägt, wird abgehauen.' MT 4.5:3 • RW 541 || Arab. *ṯamara* 'Frucht, Ertrag' Wehr 117

ṯarwe *n.f.* Geldwert, Vermögen | *u=rĭzunano naqqa=ḥreto laḥmo-yo, bas ksaymile bu=šĭkil du=ṣlibo w kmaḥti buwe kallāt, ak=kallătani lo mede lăšan ṯarwe, aw lăšan ᵊhno, bu=tašbīh dann=arbi sōhde* 'Auch dieses *rĭzuno*-Brot ist eine Brotart, doch sie backen es in der Form eines Kreuzes und stecken Geldmünzen hinein. Diese Münzen verwendet man nicht wegen ihres Geldwertes oder so, sondern sie erinnern an die vierzig Märtyrer.' MT 1.3:18 || Arab. *ṯarwa* 'Vermögen, Reichtum' Wehr 113

ṯawbo *n.m., pl.* **ṯawbe** Kleiderstoff, Stoffbahn, Tuch | *kmanṯin baṯ=ṯawbe du=čapān, kmaydi u=ḥawdalano bas=saṯle lăšan d-lĭ=qoyir w kkufxile, kul ṯawbo saṯlo aw tre xd-u=mede, xd-u=yurwo du=čapān w kimlawlᵊbile an=niše w kmakrᵊxile ʿal u=čapanawo kule w kfursile b-dukṯo msawayto. w u=ṯawbo bu=ṯawbo hawxa* 'Sie bringen Leintücher, nehmen den *ḥawdal* in Eimern, damit er nicht abkühlt, und gießen ihn (auf die Tücher), (auf) jedes Tuch einen Eimer oder zwei, entsprechend der Größe des Leintuchs. Die Frauen bewegen den *ḥawdal* auf dem Leintuch hin und her und lassen ihn über das ganze Tuch fließen und breiten es auf einer ebenen Stelle aus, ein Leintuch nach dem anderen.' MT 1.1:54; *i=naqqa d-maydínawo u=ṣĭfir hēš huwe ḥaṯo, xĭd-immit ṯawbo, kliča, mi=fabriqayḏe...* 'Wenn wir das Kupfer nahmen, wenn es noch ganz neu war, sozusagen wie eine Stoffbahn, ganz frisch aus der Fabrik...' MT 1.5:18 • RW 541 || Arab. *ṯawb* 'Kleidungsstück, Kleid, Gewand' Wehr 119

ṯeliṯ *adj.* dritter | *ṯeliṯ yawmo faliti b-ᵊḥḏoḏe* 'Am dritten Tag gingen sie aufeinander los.' MT 5.2:34 • Nicht in RW || Anat. Arab. *ṯēləṯ* 'id.' VW 78

ṯnḥ || Syr. *nwḥ Etpe.* 'to rest; to remain, stay' SL 897

Ip *ṯniḥ, ṯniḥo - miṯniḥ, miṯnoḥo intr.* sich ausruhen, Ruhe haben | *čara mena lĭ=ḥzeli, aṯino ŭno-ste ḥniqli u=zʿuro ŭmanno balki quṯlatla d-miṯnĭḥina mena* 'Ich sah keine Möglichkeit bei ihr. Da erwürgte ich den Jungen, denn ich dachte, vielleicht bringst du sie um und wir haben Ruhe von ihr.' MT 5.1:40

III *ma̠tnaḥle, ma̠tnaḥla* - *ma̠tniḥ, ma̠tnᵊḥo tr.* jdn. sich erholen lassen

ma̠tniḥ leb- den Herzenswunsch erfüllen | *omir, ánnaqqe ḥḏar ma̠tníḥ lebi, omir ya, nošo d-lĭ=qodir aʿli* 'Er sagte: Komm jetzt mit und erfülle meinen Herzenswunsch, Mama, denn niemand kann es mit mir aufnehmen.' MT 5.2:101 → **lebo**

ṯnoyo *inf.* das zweite Pflügen | *kkoru i=arʿo, qamayto, bĭṯir kmo yawme d-ᵊmkamil a=ḥrene krowo kṯŭnelin, bĭṯir mu=ṯnoyano kimbasamme.* 'Zunächst führt er (auf) dem Acker das erste Pflügen durch, nach ein paar Tagen, wenn er auch bei den anderen das erste Pflügen durchgeführt hat, führt er das zweite Pflügen durch, und nach dem zweiten Pflügen das feine Pflügen.' MT 1.1:3 → **ṯny**

ṯny || cf. Arab. *ṯny II* 'verdoppeln, zweimal tun' Wehr 117

I *ṯnele, ṯnela* - *ṯone, ṯinyo tr.* zum zweiten Mal pflügen | *kkoru i=arʿo, qamayto, bĭṯir kmo yawme d-ᵊmkamil a=ḥrene krowo kṯŭnelin* 'Zunächst führt er (auf) dem Acker das erste Pflügen durch, nach ein paar Tagen, wenn er auch bei den anderen das erste Pflügen durchgeführt hat, führt er das zweite Pflügen durch.' MT 1.1:3

u

u= bestimmter Artikel, m.s.

uʿdo *adv.* jetzt | *mhalxone izzinwo tăbí, latwe xid d-uʿdo, d-immit bi=ʿărăba w b-măkina yaxud b-ṭiyara guzzino* 'Sie gingen natürlich zu Fuß, es war nicht wie heute, wo du sagst: Ich werde mit dem Auto oder einem (anderen) Fahrzeug oder mit dem Flugzeug reisen.' MT 4.5:1; *miḻḻe li=pire, miḻḻe mik=kimmit hăt, uʿdo gmĭḥenix sayfo w qqŭṭaʿno qarʿix ha* 'Er sagte zu der Alten: Was sagst du da, ich werde dir jetzt mit dem Schwert den Kopf abschlagen.' MT 5.2:12 • RW 542

ŭno *prn.* ich | *immo aḻo lĭ=kmaqĭrono, omir ŭno Zīn-no* 'Sie sagte: Nein, ich verrate nichts. Er sagte: Ich bin Zīn.' MT 5.2:79; *ŭno, u=Alyas, u=abro du=Afrim bĭ-Kittik, mĭ-Miḏyaḏ-no* 'Ich bin Alyas, der Sohn von Afrim bĭ-Kittik aus Midyat.' MT 5.3:1

bŭno von mir, durch mich | *omir u=quṣrayḏi fayiš ḥa=qarʿo nŭquṣo mene, kmaḥwe bōx gĭkomil! eh, omir bŭno bŭno* 'Gut, sagte er, an meinem Schloss fehlt noch ein Schädel, und wie es aussieht, wird es durch dich vollendet werden. Ja, sagte er, wenn durch mich, dann durch mich.' MT 5.3:44 → **b**

lŭno für mich, durch mich (als Subjektmarker) | *aʿʿaww qay lŭno qṭili babux?* 'Oho! Habe etwa ich deinen Vater getötet?' MT 5.2:93 → **l-**

ustad *n.m.* Meister | *i=ṣinʿa di=byeḏa, u=byoḏo i=maʿnayḏe, lo mĭ-ḥa=šaxṣ bilḥuḏe, hŭwewo. d-immina hŭwewo ḥa ustad, hŭwéwole-ste ḥa ğaloyo* 'Das Handwerk des Verzinnens … Verzinnen bedeutet … es konnte nicht von einer Person allein ausgeführt werden. Da gab es also einen Meister, und es gab auch einen Wäscher.' MT 1.5:11 • Nicht in RW || Türk. *üstad* 'id.' = **stād**

ŭṣūl *n.m.* Sitte, Tradition | *ŭno mĭnaʿmuṯi mu=săbab d-kitno daworo, w babi-*

ste daworo-we, kŭḏaᶜno u=ŭṣūl du=zăd w dak=karme 'Seit meiner Kindheit, weil ich ein Bauer bin und auch mein Vater ein Bauer war, kenne ich mich sowohl mit dem Getreide als auch mit den Weinbergen aus.' MT 1.1:40; *mid aṯin w ḥirre kĭle u=miṯawo ṭamo, ᶜade-yo, w Midyaḏ ağlab diṯṯe qqurwi l-ᵊḥḏoḏe, koṯin kīt ŭṣūl ᵊgboxin* 'Wenn sie gesehen haben, dass der Verstorbene dort ist, dann ist es Sitte – und in Midyat sind die meisten Leute miteinander verwandt –, dann ist es Sitte, dass sie wehklagen.' MT 1.2:2 • RW 542 || Arab. *ᵓuṣūl* (pl.) 'Grundlagen, Grundregeln, Verfahrensregeln' Wehr 19

ūūūū Interjektion der Überraschung: oho! | *omir d-ŭmannix mede, immo mar. omir mar lĭ=kmaqĭrono. immo aḷo lĭ=kmaqĭrono, omir ŭno Zīn-no. ūūūū ūūūū immo ᶜal bayte di=ḥilto, di=ᶜamme, i=ᶜamme b-iḏa maḥatli, maḥatli ap=pārčayat diḏe ᶜal… bu=sanduqo* 'Er sagte: Soll ich dir etwas sagen? Sie sagte: Sprich! Er sagte: Versprich, dass du nichts verraten wirst. Sie sagte: Nein, ich verrate nichts. Er sagte: Ich bin Zīn. – Oho oho! Beim Haus der Tante, der Tante väterlicherseits. Die Tante, ich, habe mit eigener Hand … ich habe seine Stücke in den Kasten gelegt.' MT 5.2:79

V

vanīlya *n.f.* Vanille | *ăgar bašilo, bĭṯir kmaḥti sikkar ᶜal u=zawk diṯṯe yaᶜni, qĭsim kruḥmi ḥliṯo ġắlăbe, qĭsim lo. uᶜdo kmaḥti, kmaḥtina vanīlya aḥna* 'Wenn er gar ist, fügen sie nach Geschmack Zucker hinzu. Manche mögen ihn sehr süß, andere nicht. Heute gibt man, geben wir Vanille dazu.' MT 2.9:3 || Türk. *vanilya* 'id.'

veğa *adv.* nun | *ŭno hawxa ḥzeli kaṯí arbo ḥamšo, ᶜaskar-wayye, kurmānğ-wayye, veğa kurxiwo ᶜal ay=yasire* 'Da sah ich, wie vier fünf (Männer) kamen, ob nun Soldaten oder Kurden, sie suchten nach den Flüchtlingen.' MT 3.1:10 • Nicht in RW || Kurm. *vêca* 'alors, en ce cas', *vê carê* 'cette fois-ci' DKF 1778

veya *conj.* oder | *ksaymit sắlăṭa aᶜmayye (…) yaᶜni min ᵊd-kitlux bu=bayto, veya latlux sắlăṭa ḥaḍir, ṭurši* 'Und dazu machst du noch einen Salat (…) was du gerade im Haus hast. Oder wenn du keinen Salat zur Hand hast, (nimmst) du eingelegtes Gemüse.' MT 2.10:3 • Nicht in RW || Türk. *veya* 'id.'

virniye *n.f.* Jahr, in dem die Vegetation verspätet einsetzt | *d-huyo ḥilliye knofiq u=gelo xayifo, d-huyo virniye knofiq čike mᵓaxro* 'Wenn es ein frühes Jahr ist, wächst das Gras früh, wenn das Jahr sich verspätet, wächst das Gras etwas später.' MT 1.1:66 • Nicht in RW || Kurm. *virnî* 'born late; harvested late' Chyet 638 → **ḥilliye**

ṿyᶜ || Anat. Arab. (Siirt-Dialekte) *ṿyᶜ I* 'verschwinden, verloren gehen' |VW 254 → **ḍyᶜ**

IIp *mṿayiᶜ, mṿayᶜo - miṿayiᶜ, miṿayᶜo intr.* verschwinden, verloren gehen | *gĭd-immit balki ᶜal u=piskĭlēt kuzzé, hawxa xayifo kuzzé. azzeyo, huwe d-ᵊmṿayiᶜ mĭ-l-qul u=maktab, qrele l-ᵊzᶜuro ḥreno, tux l-arke!* 'Du hättest meinen können, er führe auf dem Fahrrad, so schnell lief er los. Er lief los, und als er vor der Schule verschwunden war, rief (der Lehrer) einen anderen Jungen: Komm her!' MT 5.5:6

w

w *conj.* und | *kmaḥatle u=daworo u=niro w u=masoso (...) b-iḏe* 'Der Pflüger nimmt Joch und Ochsenstachel in die Hand.' MT 1.1:2; *ʿudínawo ba=qrĭyawoṯo, ŭbíwolan more da=sfoqe muklo, w štoyo* 'Wir arbeiteten in den Dörfern. Die Besitzer des Geschirrs versorgten uns mit Essen und Trinken.' MT 1.5:34; *u=zʿuro naḥit lu=băḥar w ḥnīq* 'Der Junge ist ins Meer gegangen und ist ertrunken.' MT 4.1:5

-wa → **-we**

waʿd *n.m.* Versprechen | *omir miḻḻe waʿd-yo m-arke lĭ=kmalaxno, ya hani-ste gĭsaymatte čara, ya m-marke lĭ=fayiš kimhalaxno* 'Er sagte: Ich kann dir versprechen, von hier gehe ich nicht mehr weiter. Entweder du bestrafst auch diese hier, oder ich gehe von hier aus nicht mehr weiter.' MT 4.4:21 • RW 543 || Arab. *waʿd* 'id.' Wehr 1014

wăḏifa *n.f.*, *pl.* **wăḏifat, wăḏifāt** Aufgabe | *u=ḥaṯno i=wăḏifayḏe di=goro min-yo? bĭṯir mid xaliṣi am=mĭdonani, meqim mid ʿubro gboyiz kallāt ʿal qarʿe di=kalo* 'Was ist nun die Aufgabe des Bräutigams auf dem Dach? Wenn das alles vorbei ist, und bevor (die Braut) eintritt, streut er der Braut Geldmünzen auf den Kopf.' MT 1.3:32; *u=rabo qayim miḻḻe ádlalyo ŭno ko-gid-samno i=wăḏifa qamayto ʿal babi, gĭqŭreno ay=yasināt ʿal babi ŭno* 'Der Älteste sagte: Heute Abend werde ich die erste Pflicht für meinen Vater erfüllen, und ich werde für meinen Vater die Koransuren lesen.' MT 5.3:4 • RW 544 || Arab. *waḏīfa* 'id.' Wehr 1013

wāh nicht doch | *miḻḻe lo abri, wāh, qay lattat abri?* 'Nein, mein Sohn, bist du etwa nicht mein Sohn?' MT 5.2:87

waḥ *interj.* ja was, oho! | *komir i=kaččĭke žnu, komir aṯi hiš diḏa l-riša, miḻḻa háwulli muklo, háwulli štoyo, háwulli ğule d-lušono, waḥ! haṯe briṯo=ḥreto-yo immo* 'Erst da kam das Mädchen zur Besinnung, sie sagte: Gebt mir zu essen, gebt mir zu trinken, gebt mir Kleider zum Anziehen. Ja was! Das ist ja eine neue Welt, sagte sie.' MT 4.4:12 • RW 544 || cf. Anat. Arab. *waḥ* 'id.' VW 454

waḥš *adj.* unzivilisiert | *mid húlelin ḥirriye kamil, noše látwayne mădăniye, i=naqqa d-owe waḥš w d-ŭbatle ḥirriye kmidaywin* 'Als sie ihnen freie Hand ließen ... es waren unzivilisierte Leute, und wenn jemand unzivilisiert ist und du lässt ihm freie Hand, dann dreht er durch.' MT 3.3:15 • RW 545 || Arab. *waḥš* 'wüst, verlassen, wild, ungezähmt' Wehr 992

wălade *n.f.* Geburt | *w aʿ=ʿeze-stene bilmĭṯil, kmanšᵊfinne lăšan i=naqla di=wăladaṯṯe d-hŭwalle b-sălame, d-howin af=farxaṯṯe zaxmīn* 'Ebenso bei den Ziegen, sie melken sie nicht mehr, damit sie bei der Geburt (ihr Junges) sicher zur Welt bringen können, damit ihre Jungen kräftig werden.' MT 1.1:88 • RW 546 || Arab. *wilāda* 'id.' Wehr 1028

wălāṭ *n.m.* Gebiet | *amma hani ḥăša waḥš-wayne. i=naqla d-hule ḥirriye lu=wălaṭawo diḏan b-naqla mdaywalle ...* 'Aber es waren, mit Verlaub, unzivilisierte Menschen. Als sie (die Demokraten) unserem Gebiet Freiheit gaben, geriet es völlig aus den Fugen.' MT 3.3:16 • Nicht in RW || cf. Kurm. *welat* 'homeland, fatherland, country' Chyet 642

wălaw *conj.* auch wenn | *wălaw b-Midyad ġilbá-wayne amma l-larwal d-Midyad naqqa-ḥreto bu-zĭyudo aṭ-ṭaye-wayne.* 'Auch wenn sie in Midyat die Mehrheit stellten, so waren doch wiederum außerhalb von Midyat die Muslime in der Mehrheit.' MT 1.7:5; *e kitwo bebaxte, wălaw maḥatle l-Šēx Fatḥaḷḷa baxto kayiso-ste, ᵊqṭille ġălăbe.* 'Es gab eben verräterische Menschen, auch wenn Schech Fatḥaḷḷa eine gute Vereinbarung erreicht hatte, brachten sie viele um.' MT 3.3:14 • RW 547 || Arab. *wa-law* 'id.' Wehr 843 → **wăláw-ki**

wăláw-ki *conj.* auch wenn | *hōl l-uʿdo an-nišanik, wăláw-ki i-mšiḥoyuṯo b-lebayye-yo-ste, lĭ-kmiftakri ġēr mi-nafšo d-ruḥayye hinne d-xaliṣ* 'Diese Frauen, auch wenn sie noch das Christentum im Herzen tragen, glauben nicht, dass außer ihnen noch irgendjemand überlebt hat.' MT 3.2:35 || cf. Türk. *velev ki* 'id.' → **wălaw**

wălaye *n.f., pl.* **wălayat, wălayāt** **(1)** Stadt | *komir ʿabiro l-wălaye rabṯo, e ayko d-izzá lĭ-kmaxlᵊṣo* 'Sie betrat eine große Stadt. Wohin sie auch geht, (vor den Männern) kann sie sich nicht retten.' MT 5.1:22 **(2)** Provinz | *Midyad (...) ʿayid di-wălaye d-Mirde-yo* 'Midyat gehört zur Provinz Mardin.' MT 1.7:2 • RW 546 || Arab. *wilāya* 'Verwaltungsbezirk, Provinz' Wehr 1030; cf. Türk. *vilayet* 'Provinz'

wálḥasil ~ wálḥasĭli kurz und gut | *komir maltamle kulle, wálḥasĭli, aṯín miḷḷe, nošo lĭ-fayiš?* 'Er versammelte sie alle, kurz und gut, sie kamen. Dann sagte er: Fehlt noch jemand?' MT 4.3:3 • RW 546 || Türk. *velhasıl* < Arab. *wa* + *ʾalḥāṣil* 'id.'; Anat. Arab. *walḥāṣəl* 'id.' VW 116

waḷḷa *interj.* bei Gott, als Verstärkungspartikel verwendet | *e čara? immo waḷḷa čara, qum maydínale mawbᵊlínale lu-ḥimmām* 'Was ist die Abhilfe? Sie sagte: Die Abhilfe ... Komm wir wollen ihn zum öffentlichen Bad bringen.' MT 4.2:9

waraqṯo *n.f., pl.* **waroqe** Lira | *yatiwo qum babi, húlela ruʿe-d-waraqṯo suri* 'Sie hockte sich vor meinem Vater nieder, er gab ihr eine syrische Viertellira.' MT 1.5:49; *ṭrele ḥa d-mo-waroqe bu-dōzdān* 'Er ließ nur einen (Schein) von 100 Lira in der Geldbörse.' MT 1.5:53 • RW 548 || cf. Arab. *waraq* 'Papier, Papiergeld, Banknoten' Wehr 997

Wardo weiblicher Personenname | MT 3.2:25

wărix (f.) ~ wărōx (m.) *interj.* Mensch, du da! | *kuṯyo ḥoṯi kimmo, kimmo qay ṣawmo-yo simlax adyawma ḥimṣe qarʿone? kimmono wărix, u-Metin krĭḥamme, u-Soner krĭḥamme* 'Dann kommt meine Schwester und sagt: Ist denn etwa Fastenzeit, dass du heute Kichererbseneintopf mit Grießbällchen gekocht hast? Ich sage: Na hör mal, der Metin liebt sie, der Soner liebt sie.' MT 2.11:1; *aṯi u-ḥimmāmči. miḷḷe wărōx d-lo aʿli guḥxatwo l-ŭwewo?* 'Der Bademeister kam, und er sagte zu ihm: Du da! Gab es außer mir niemanden, über den du dich lustig machen konntest?' MT 4.2:13 || cf. Anat. Arab. *warək, f. warki, pl. warkən* 'id.' VW 456

wărōx → **wărix (f.) ~ wărōx (m.)**

warzo *n.m., pl.* **warze** Melonenfeld | *sidayna aw-warzani, kowe binne fuğe, zăbaš, farḥe kimmínalle šaṭṭiyāt. w qarʿe, ḏōlmᵊkāt* 'Bei uns wachsen auf den Melonenfeldern Zuckermelonen, Wassermelonen, Gurken und was wir *šaṭṭiyāt* nennen, Kürbisse, und Zucchini.' MT 1.1:4 • RW 549 || cf. Anat. Arab. *warz* 'id.' VW 456; cf. Kurm. *werz* 'id.' Chyet 643

wăsax *n.m.* Schmutz, Dreck | *u=ǧloyo i=maʿnayde, u=sĭfoqo d-ĭṯewo, manḏáfwole mu=ʿăğaq, mu=wăsax d-lĭ=foyiš aʿle* 'Waschen bedeutet ... wenn ein Stück Geschirr ankam, reinigte man es von dem Dreck, von dem Schmutz, damit er nicht daran haften blieb.' MT 1.5:12 • RW 549 || Arab. *wasax* 'id.' Wehr 1001

waṣĭṭa *n.f.* Vermittlung, Hilfe | *mĭnayye lĭ=kmanṯin mĭṭirbi, kuyo bi=waṣĭṭa du=qašo w daš=šamoše, kimmi qole* 'Andere aber holen keinen Sänger, sondern (feiern) mit Hilfe des Priesters und der Diakone, die kirchliche Lieder singen.' MT 1.3:26 • RW 550 || Arab. *wāsiṭa* 'id.' Wehr 1002

wăṣiye *n.f., pl.* **wăṣiyat** Vermächtnis | *babi ṯlible a=tlōṯtayna w mawṣĭlelan wăṣiye mille i=naqqa d-maṯno gmaḥtítulli ʿal i=gamlo, ayko d-ṟuʿo i=gamlo, tamo gmaḥtitu u=qawrayḏi* 'Mein Vater ließ uns alle drei kommen und legte uns ein Vermächtnis auf, er sagte: Wenn ich sterbe, sollt ihr mich auf ein Kamel setzen, und wo das Kamel sich niederlässt, dort sollt ihr mir das Grab bereiten.' MT 5.3:24 • RW 550 || Arab. *waṣīya* 'id.' Wehr 1009

waxt *n.m.* Zeit | *ŭno naʿimo-no, u=waxt du=sayfo lĭ=kŭḏaʿnole* 'Ich bin (zu) jung und kenne die Zeit des Sayfo nicht.' MT 3.2:1; *hawi falge d-yawmo waxt di=ʿrayto* 'Es wurde Mittag, Zeit fürs Mittagessen.' MT 4.2:16 • RW 551 || cf. Anat. Arab. *waxt* < *Arab. waqt* 'id.' VW 461; cf. Kurm. *wext* 'id.' Chyet 645

way *interj.* oh weh! | *bĭṯir mĭ-Zīn ᵊd-ṯiryono nošo moḥe iḏe bu=ṭambir w zomir, way way way way* 'Soll ich zulassen, dass nach Zīn irgend jemand die Laute schlägt und dazu singt? Oh weh oh weh!' MT 5.2:74

wăya *conj.* oder | *mid fayiši aḥ=ḥeṭe naḏife, kmaḥtinne bu=kiso, aw b-xurğo, kmaḥtinne ʿal u=ḥaywān diṯṯe, wăya ʿal katfayye* 'Wenn der Weizen sauber ist, schütten sie ihn in einen kleinen Sack oder eine Satteltasche, laden ihn auf ihr Lasttier oder tragen ihn auf der Schulter.' MT 1.1:22 || Türk. *veya* 'id.' → **wăyaxut ~ wăyaxutta**

wăyaxut ~ wăyaxutta *conj.* oder | *kšotin ʿărāq, kulle ʿam ᵊḥḏoḏe kimkayfi, ya ag=gawire w ax=xōrtīn ʿam ᵊḥḏoḏe, wăyaxut, ag=gawire r-ruḥayye w ax=xōrtīn r-ruḥayye* 'Sie trinken Raki und alle feiern zusammen, entweder die Verheirateten und die jungen Leuten gemeinsam, oder aber die Verheirateten für sich und die jungen Leute für sich.' MT 1.3:43 • RW 552 || Türk. *veyahut* 'id.' → **wăya, yaxud**

-wayna → **-wi**

-wayxu → **-wux**

-wayye → **-we**

-we, f. **-wa**, *pl.* **-wayye** Vergangenheitsform der enklitischen Kopula, 3. Person | *u=tarxayno ḥeṭe-wayye, diqe* 'Der *tarxayno* bestand aus gestampftem Weizen' MT 2.5:8; *lĭ=kuḏʿono min qaymaqām-we* 'Ich weiß nicht, was für ein Kaymakam das war.' MT 3.1:30; *kitwo bu=waxtawo Čălăbiyo w Sarḥano, hani aġawiye-wayye* 'Damals gab es Čălăbiyo und Sarḥano, die waren Aghas.' MT 3.2:11; *i=săraye-ste qaruto-wa lu=baytaṯṯe* 'Das Verwaltungsgebäude lag in der Nähe ihres Hauses.' MT 3.3:4

wfq || Arab. *wfq II* 'anpassen; Erfolg verleihen' Wehr 1017

II *mwafaqle, mwafaqla - mwafiq, mwafqo tr.* Erfolg verleihen (Gott) |

qïsim mïnayye, ida kurrïko, ida kaččïke, lï=kudʿi ḥdode-ste, lăšan u=xatir di=emo w du=babatte, kowin b-naṣïb d-ᵊḥdode w bi=ḥarayto Aloho kimwafaqqe-ste 'Manchmal, wenn sich der Junge und das Mädchen nicht einmal kennen, heiraten sie um des Vaters und der Mutter willen, und am Ende schenkt Gott ihnen Erfolg.' MT 1.3:3

wğh || Arab. *wğh III* 'Auge in Auge begegnen, persönlich mit jdm. sprechen' Wehr 988

II *mwağahle, mwağahla - mwağih, mwağho intr.* sich persönlich treffen | *ati w mwağahle l-uwe w lu=ḥasyo w ğğili w simme bayn ᵊḥdode u=ṣulḥ* 'Er kam und traf sich mit dem Bischof, sie redeten und vereinbarten untereinander den Frieden.' MT 3.2:19

-wi, *pl.* **-wayna** Vergangenheitsform der enklitischen Kopula, 1. Person | *ŭno w i=kaččïke di=barto, ḥawrone-wayna* 'Ich und die Tochter ihrer Tochter waren Freundinnen.' MT 1.4:2; *hul l-uʿdo ŭno bekār-wi* 'Bis jetzt war ich Junggeselle.' MT 5.2:16

wič ⊗ onomatopoetisch: Laut der Vögel | *ḥiḷḷe kïlé kote wič wič wič wič d-safrune* 'Da vernahm er das Gezwitscher von Vögeln aus dem Baum.' MT 5.3:33

-wix → **-wux**

wiždān ~ **wuždān** *n.m.* Gewissen | *miftakalla, darbo d-ṣulḥ layto, illa kït šēx d-ʿInkāf, zlām mōr d-wiždān-we, miḷḷa balki aṣ=ṣŭroye, kruḥmi hano, qunʿi bu=xabrayde* 'Sie überlegte: Es gibt keinen Weg zum Frieden außer ... Es gibt den Schech von ʿInkāf, er ist ein Mann mit Gewissen, sie sagte: Die Christen mögen ihn, vielleicht lassen sie sich von seinen Worten überzeugen.' MT 3.2:18; *bïtir hăka li=ḥkume mšadaḷḷa Šēx Fatḥaḷḷa, hăka huwe mu=wuždanayde lo maqbele, atí l-ʿIwardo* 'Danach, ob nun die Regierung Schech Fatḥaḷḷa schickte oder ob er es mit seinem Gewissen nicht mehr vereinbaren konnte, kam Schech Fatḥaḷḷa nach ʿIwardo' MT 3.3:9 • cf. *wojdān* RW 553 || Türk. *vicdan* 'Gewissen'; cf. Arab. *wiğdān* 'leidenschaftliche Erregung, Gefühlsleben, Gefühl' Wehr 987

wlwl || Arab. *wlwl* "wehe' rufen, wehklagen' Wehr 1029

Q *mwalwele, mwalwela - mwalwil, mwalwᵊlo intr.* jammern, wehklagen | *Mōr Malke naḥit kïlé kboxin w kimwalwïli w ksaymi w rayiḥ w ğeye, wálḥasil maqimme i=qyimto* 'Mor Malke ging hin (zu ihnen), sie weinten und jammerten, machten dies und jenes, kurz und gut, sie machten einen richtigen Aufstand.' MT 4.4:18

wṣy || Arab. *wṣy II, IV* 'anempfehlen, dringend ans Herz legen' Wehr 1008

III *mawṣele, mawṣela - mawṣe, mawṣᵊyo tr.* anweisen, jdm. (Akk.) etw. (Akk.) einprägen | *aḥna layt sidayna kïn w ġăraz, mu=săbab d-ʾab=babaydan kmawṣallan, kimmi i=ḥarbuto kutyo qm-u=tarʿo du=nsān, kul insān d-ṭolib ḥarbuto l-ġēr mene, labúd gil-loqe huwe biya* 'Wir hegen keinen Hass und keine Rachegedanken, weil unsere Väter uns dies einprägen und sagen: Das Böse kommt vor die Tür des Menschen, jeder Mensch, der einem anderen Böses wünscht, der wird ihm gewiss auch selber begegnen.' MT 3.2:41

wšwš || Arab. *wšwš* 'jdm. leise ins Ohr flüstern' Wehr 1005

Q *mwašwašle, mwašwašla - mwašwiš, mwašwᵊšo intr.* wispern, flüstern | *komir u=yawmawo lo, deri yawmo atín* *mwašwašše b-aḏᵊn du=malko (...) míṛṛalle u=zʿuro nahit lu=băḥar w ḥnīq* 'Nicht an diesem Tag, sondern am folgenden Tag kamen sie und wisperten dem König ins Ohr. (...) Sie sagten zu ihm: Der Junge ist ins Meer gegangen und ist ertrunken.' MT 4.1:5

-wux, f. **-wix**, *pl.* **-wayxu** Vergangenheitsform der enklitischen Kopula, 2. Person | *ayko-wux?* 'Wo warst du (m.)?' MT 4.1:8

wuždān → **wiždān** ~ **wuždān**

X

xabro *n.m.*, *pl.* **xabre** **(1)** Wort | *balki aṣ=ṣŭroye, kruḥmi hano, qunʿi bu=xabrayḏe* 'Die Christen mögen ihn, vielleicht lassen sie sich von seinen Worten überzeugen.' MT 3.2:18 **(2)** Nachricht | *komir huwwe xabro lu=malko* 'Sie gaben dem König Nachricht.' MT 4.4:12 || Arab. *xabar* 'Nachricht, Kunde' Wehr 237

xad *prep.* wie | *kmawfᵊqi i=kalo-ste, koṯe u=aḥuno kmaqimla, kĭbile xilʿa, xad šĭkil kramiye* 'Sie bringen die Braut heraus, ihr Bruder kommt und lässt sie aufstehen. Sie geben ihm ein Geschenk, eine Art Ehrengeschenk.' MT 1.3:29 → **xid** ~ **xud** ~ **xd-**

xadomo *n. agent.*, *pl.* **xadome** Diener, Helfer | *mid hawi ʿaṣriye, lăšan ᵊd-kumlo i=ʿade d-sidayna, kmibarbiz u=ʿamo. mid ᵊmbarbiz, hani d-kitne xadome, liʾannu mĭ-meqim kimḥaḏri u=muklo, lăšan hani d-kitne kulle qarye, sidayye gĭmaḥšᵊmi, sĭ-bĭ-ḥaṯno* 'Wenn es später Nachmittag geworden ist, damit entsprechend unseren Sitten verfahren wird, zerstreuen sich die Leute. Wenn sie sich zerstreut haben, dann teilen die Helfer ... Sie bereiten das Essen schon vorher zu, damit all die eingeladenen Gäste bei ihnen zu Abend essen, im Haus des Bräutigams.' MT 1.3:33-34 • RW 555 || Arab. *xaddām* 'id.' Wehr 241 → **xdm**

Xălilē Ġăzale kurdischer männlicher Personenname | MT 3.1:7

xalyo *adj.*, f. **xliṯo**, *pl.* **xalye** leer, abgeerntet, brachliegend, unbepflanzt | *u=daworo kmoyid naqqa=ḥreto u=bŭzarʿayḏe, ḥeṭe aw ṣʿore, ʿal qădar du=imkān di=taqayḏe. kizzé gbŭzarre, bi=arʿaṯe i=xliṯo i=našifto* 'Der Pflüger nimmt erneut sein Saatgut, Weizen oder Gerste, entsprechend seinen Möglichkeiten. Er geht und sät es aus, auf diesem abgeernteten, trockenen Feld.' MT 1.1:6; *w kkurwinne w ṯŭnanne w mbasminne w zurʿinne warzo, lăšan ᵊd-miḥafiḏ u=karmo d-zriʿʿe u=ḥaṯo, w lăšan d-ŭṯalle hatin mi=arʿo d-lĭ=fayšo xliṯo* 'Dann führen sie das erste, zweite und dritte Pflügen durch und säen auf den Äckern Melonen ein, damit der neue Weinberg, den sie angelegt haben, geschützt ist, und damit sie von dem Acker ein Einkommen haben, damit er nicht brach liegt.' MT 1.1:43 → **xly**

xān *n.m.* Herberge | *bĭṯir i=ḥkume midla tadbīr, milla ay=yasire d-fayiši, hani d-kitne săġ yaʿni maṣ=ṣŭroye, malĭminne, naʿime, kaččĭkāt, kurrĭkīn, min d-kitne maḥtinne bu=xān, w ŭbíwunne qarwana* 'Dann ergriff die Regierung Maßnahmen, sie sagte: Die Waisenkinder, die zurückgeblieben sind, die christli-chen Kinder, die noch am Leben sind ... Sie sammelten sie – kleine Kinder, Jungen, Mädchen, was auch immer sie waren, brachten sie in eine Herberge und gaben ihnen Essensrationen.' MT 3.2:9 • RW 556 || Arab. *xān* 'id.' Wehr 236; cf. Kurm. *xan* 'id.' Chyet 649

xanğar *n.f., pl.* **xĭneğir** Dolch | *midle i=xanğar b-ide mihyole hawxa bi=ḥayye, mille hōl d-lo ŭno ŭteno b-idi gŭrášnolix lĭ=migrošit* 'Er nahm den Dolch und stieß ihn in die Schlange, er sagte: Bis nicht ich komme und dich mit eigener Hand befreie, befreie dich nicht.' MT 5.3:19 • RW 557 || Anat. Arab. *xanğar, pl. xənēğər* 'id.' JK 47; cf. Arab. *xanğar* 'id.' Wehr 271; cf. Kurm. *xencer* 'id.' Chyet 654

Xărăbale Dorf im Turabdin: Üçköy | MT 4.4:3

xắṛăfe *n.f., pl.* **xăṛăfat, xăṛăfāt** Geschwätz, Märchen | *yaʿni aḥna kitlan imān b-awxa mĭdone. amma uʿdo d-immatla hate l-ᵊḥreno, l-ğehil m-du=waxtano, gd-omir de zux lo, hani min xăṛăfāt-ne w min mamro-yo w min ᵊhno-yo* 'Wir glauben an solche Dinge. Aber wenn du das jetzt jemand anderem erzählst, einem jungen Menschen unserer Zeit, dann wird er sagen: Geh doch! Was sind das für Märchen, was ist das für ein Geschwätz, was für ein Zeug!' MT 4.4:24 • Nicht in RW || Arab. *xurāfa* 'Märchen, Aberglaube, Fabel' Wehr 246

xắrăze *n.f.* (Brunnen)einfassung | *mille lu=šido, xraz i=xărăze ḥeta b-ᵊqdolux, w mid lu=gurno ḥete b-qarʿux!* 'Er sprach zu dem Teufel: Lege dir die Brunneneinfassung als Krause um den Hals und nimm den Trog und setze ihn dir auf den Kopf!' MT 4.4:15 • RW 557 || Arab. *xaraz* (koll.) 'Perlen (unechte)' Wehr 245; cf. Anat. Arab. *xaraze* 'Ringstein' VW 138

xardălaye *n.f.* Senfkorn | *komir u=nsān d-ŭwele imān xid bzarʿo d-xardălaye, mede lĭ=ğğŭrele* 'Ein Mensch, selbst wenn er nur so viel Glauben hat wie ein Senfkorn, dann geschieht ihm nichts.' MT 4.1:9 • Nicht in RW || Arab. *xardala* 'Senfkorn' Wehr 245

xarīğ (d-) *prep.* außer, zusätzlich zu | *bĭtir kbodin i=kifle du=bayto, naʿime rabe kulle kibin, ag=gawre xarīğ, kowin ᵊlbike bu=šuğlo w bu=ʿamlatte* 'Dann fängt die Familie an – groß und klein, alle können (mitmachen), ausgenommen die Männer, die sind draußen mit ihrer Arbeit beschäftigt.' MT 1.1:57; *mid hawi ṣafro, kotin naqqa=ḥreto an=noše, xarīğ d-anik d-kitne ṭamo mawğudīn* 'Wenn es Morgen wird, kommen dann erneut die Leute, zusätzlich zu denen, die schon dort sind.' MT 1.3:24 • Nicht in RW || Arab. *xāriğ* 'außen, außerhalb befindlich' Wehr 244; cf. Türk. *hariç* 'id.'

xāṣ *adv.* speziell, besonders | *xarīğ d-ate, ksaymi ḥawdal xāṣ lăšan aʿ=ʿăqude* 'Abgesehen davon macht man speziellen Traubensirup für die Süßwürste.' MT 1.1:60; *ksayminne qaḥwe mayirto w xāṣ w ʿām kmifarqo* 'Man macht ihnen einen besonderen bitteren Kaffee, der an jedermann ausgeschenkt wird.' MT 1.2:14 • Nicht in RW || Arab. *xāṣṣ* 'speziell, besonderer, persönlich' Wehr 252

xaṣra ~ xasra *n.f.* Seite, Stelle | *kítwole ṣʿuno, bu=ṣʿunano, nqule i=xaṣrayo w hayo dide w maḥátlele ḥuṭo w bu=ṣʿunawo šŭtanwo maye* '(Mein Großvater) hatte einen Schuh, in diesen Schuh bohrte er auf beiden Seiten ein Loch, befestigte eine Schnur daran, und aus diesem Schuh tranken sie Wasser.'

MT 3.2:25; *ᵊb-ġēr=xasra, ġēr=xasra-ste kmart̲ᵊḥi u=ḥalwo* 'Daneben erhitzen sie die Milch.' MT 2.9:2; *bu=waxtawo, aᶜ=ᶜărab, (...) u=ᶜamo hŭwewo kul kmo=kŭwan b-xaṣra* 'Zur damaligen Zeit, die Araber, (...) die Leute waren alle paar Zelte an einer anderen Stelle.' MT 1.5:51 • RW 559 || Anat. Arab. *xāṣra* 'Seite' JK 45; cf. Arab. *xāṣira* 'Hüfte, Taille' Wehr 252

xāṣṣătan *adv.* vor allem, insbesondere | *bit̲ir mu=nĭfoso u=ḥa d-hŭwele iḥtiyāč, xāṣṣătan meqim, ᶜuzlíwole bi=taššiye* 'Nach dem Auseinanderzupfen ... wer Bedarf hat ... vor allem früher, da spannen sie (die Wolle) auf der Spindel.' MT 1.1:91 || Arab. *xāṣṣatan* 'insbesondere, besonders' Wehr 252

xá̆šăbe *n.f.* Holzstab, Holzstück | *kítwulle i=hno, qayse, tlōt̲, tlot̲o=qayse w mᶜalqiwo u=gawdo buwe w u=gawdo-ste kítwole xá̆šăbe d-immina m-arke w xá̆šăbe mĭ-ṭamo w mayᶜiwo* 'Sie hatten eine Vorrichtung aus Holz, drei Holzstangen, an denen sie den Butterschlauch aufhängten. Auch der Butterschlauch hatte zwei Holzstäbe, auf jeder Seite einen. (Damit) butterten sie.' MT 2.5:4 || Arab. *xašaba* 'Stück Holz' Wehr 250

xašuno *adj.*, f. **xašunto**, *pl.* **xašune** grob | *kīt raḥyo d-ᶜal am=maye kīt raḥyo d-ᶜal am=moṭorat w kṭuḥni u=birġilano. kul=ḥa lu=gorān did̲e, hin mĭnayye xašuno ksaymile w mĭnayye naᶜimo* 'Es gibt Mühlen, die mit Wasser(kraft) arbeiten, und solche, die mit Motoren laufen. Sie mahlen den Bulgur, jeder nach seinem Wunsch, manche machen ihn grob, andere fein.' MT 1.1:33 • RW 559 || cf. Arab *xašin* 'id.' Wehr 250

xatĭrá *n.f.* Erinnerung | *ksaymile yawmo d-fŭyašše-yo xatĭrá, ăbădí, w d-howe bayn lat=tarte ᶜāylătani ḥubo* 'Sie machen es zu einem Tag, der ihnen ewig in Erinnerung bleiben soll, und dass zwischen diesen beiden Familien inniges Einvernehmen herrschen soll.' MT 1.3:16 • Nicht in RW || Türk. *hatıra* 'id.'

xaṭir *n.m.* **(1)** Dankbarkeit | *ḥaṣille qănaᶜa kaʾinnăhu lĭ=gmiqšoᶜi, símmanne ḥăsāb ᵊd-yawmo linne w l-ann=abnat̲t̲e d-ŭwalle xaṭir s-aṣ=ṣūroyani.* 'Sie kamen zu der Überzeugung, dass sie nicht ganz ausgerottet werden würden. Sie dachten, dass sie und ihre Nachkommen eines Tages von diesen Christen Dankbarkeit erfahren würden.' MT 3.2:11 **(2)** Ansehen | *kul=ḥa kimšayiᶜ i=bart̲o, kimšayiᶜ aᶜma hădiye, mĭnayye fanera, mĭnayye kallāt, mĭnayye gurwe, mĭnayye šarpāt, mĭnayye fīṣeṭin, kul=ḥa lu=gorān du=xaṭir d-kitla li=kalayo sidayye* 'Jeder schickt seine Tochter und schickt mit ihr ein Geschenk, manche einen Pullover, manche Geld, manche Strümpfe, manche Kopftücher, manche Röcke, jeder gemäß dem Ansehen, das die Braut bei ihnen genießt.' MT 1.3:39 **(3)** *prep.* für, wegen | *qĭsim mĭnayye, id̲a kurrĭko, id̲a kaččĭke, lĭ=kudᶜi ḥd̲od̲e-ste, lăšan u=xaṭir di=emo w du=babat̲t̲e, kowin b-naṣīb d-ᵊḥd̲od̲e w bi=ḥarayto Aloho kimwafaqqe-ste* 'Manchmal, wenn sich der Junge und das Mädchen nicht einmal kennen, heiraten sie um des Vaters und der Mutter willen, und am Ende schenkt Gott ihnen Erfolg.' MT 1.3:3 • RW 559 || Arab. *xāṭir* 'Gedanke, Geist, Sinn' Wehr 257; Anat. Arab. *xāṭər* 'Verbundenheit' JK 45

b-xaṭir did̲- auf Wiedersehen | *mil̲le ánnaqqe ŭno b-xaṭir did̲ux* 'Dann sagte er: Also, ich verabschiede mich von dir.' MT 4.4:15 → **b, did̲-**

l-xaṭir d- für, wegen | *áydarbo gĭd-ot̲it gĭquṭlit ᶜammux-stene l-xaṭir dit̲t̲e* 'Wie kannst du kommen und für sie auch noch deinen Onkel töten?' MT 5.2:97 → **l-, d**

ṭolib xaṭir sich verabschieden → **ṭlb**

xayif *adj.* ⊗ Komparativ zu *xayifo* schneller, leichter | *bas uᶜdo u=ᶜamo ksaymi m-darb u=laḥmawo, kĭliča bu=farmo, kĭličaye rabt̠o, u=tworayd̠a-stene xayif-yo, u=muklayd̠a-ste basim-yo* 'Doch heutzutage backen die Leute anstelle des Brots einen großen *kĭliča*-Kuchen im Backofen. Der ist leichter zu brechen, und er schmeckt auch besser.' MT 1.3:11 → **xayifo**

xayifo *adj.*, f. **xayifto**, *pl.* **xayife (1)** schnell, leicht | *gĭd-immit balki ᶜal u=piskĭlēt kuzzé, hawxa xayifo kuzzé* 'Du hättest meinen können, er führe auf dem Fahrrad, so schnell lief er los.' MT 5.5:6 **(2)** früh | *kuzzé čike xayifo, kmarᶜelin, hul d-ᵊgbuhro* 'Er bricht etwas früher auf und lässt sie grasen, bis es hell wird.' MT 1.1:2 **(3)** schwach, leichtgewichtig | *húlele hawxa ḥa mede xid sisyo xayifo, lo haqqās mak=kayise* 'Er gab ihm ein schwaches Pferd, keines von den besonders guten.' MT 5.2:59 • RW 561 || Arab. *xafīf* 'leicht' Wehr 258-259; cf. Anat. Arab. *xafīf* 'leicht, rasch, knapp' JK 45

xayin *n.m.*, *pl.* **id.** Verräter | *hani am=mirdnoye, an=noše d-Mirde d-mawballe i=kalo kīt baynot̠ayye xayin măsălan d-lĭ=kmaṭīᶜinne, băle mi=... m-zuḥt̠o lĭ=kmağrin.* 'Die Leute von Mardin, diese Leute, die die Braut weggeführt hatten, unter ihnen waren auch Verräter, die (den Brüdern) nicht gehorchten, doch aus Angst wagten sie nicht ...' MT 5.2:36 • RW 560 || Arab. *xāʾin* 'treulos, verräterisch, untreu; Verräter' Wehr 274 → **xyn**

xăzane *n.f.* Truhe | *ksayminne xăzane, i=xăzanat̠e kmitaḥit biya ağ=ğule di=kalo* 'Sie machen für sie eine Truhe. In diese Truhe werden die Kleider der Braut gelegt.' MT 1.3:21 • RW 561 || Arab. *xizāna* 'Schrank, Tresor, Geldschrank' Wehr 248

xdm || Arab. *xdm I* 'dienen, arbeiten, bedienen' Wehr 241

I *xdimle, xdimla - xodim, xudmo tr.* dienen, bedienen | *komir azzé kibe yarḥo tre tlot̠o bi=ḥolo, kxudmo i=paṭrone ġắlăbe, w kuzzá w kut̠yo ᶜal id̠a xd-u=čiqmāq* 'Es vergingen darüber ein, zwei, drei Monate. Sie bediente die Patrona sehr eifrig, sie ging ihr zur Hand wie ein Feuerzeug.' MT 4.5:12

xēr *n.m.* Gutes, gute Tat | *ağ=ğandirma w i=ḥkume lo l-mede d-xēr at̠in* 'Die Gendarmen und die Regierung, die sind in keiner guten Absicht gekommen.' MT 3.2:1; *uᶜdo-ste yaᶜni d-ot̠e b-id̠ayye, xid ᵊksaymi mede kayiso l-Aloho, i=naqqa d-ᵊksaymi ḥarbut̠o aᶜlayna, yaᶜni kḥušwila xēr* 'Auch heute noch, wenn sie die Gelegenheit haben und uns Böses antun, ist das so, als ob sie damit für Gott eine gute Tat vollbringen würden. Das heißt, sie halten das für eine gute Tat.' MT 3.3:17 • Nicht in RW || Arab. *xair* 'Gutes, Wohl' Wehr 274-275

xēr-yo? alles in Ordnung? | *ahla w sahla, b-šayno w ba-šlomo. xēr-yo? immi xēr-yo, at̠ina l-gabux* 'Herzlich willkommen, in Heil und Frieden. Ist alles in Ordnung? Sie sagten: Alles in Ordnung, wir sind zu dir gekommen.' MT 4.4:4 → **-yo**

lĭ=ḥoze xēr m- etw. nicht kosten können, nichts Gutes von etw./jdm. haben → **ḥzy**

xera xwădé *interj.* ⊗ Kurdisch es ist alles frei zu haben (wörtl.: die Wohltat Gottes) | *ḥzalle firṣa, u=ḥa d-*

mawbele at̲to, ᴷxera xwădéᴷ, qay gd-obe naqdo 'Sie sahen eine Gelegenheit. Der eine nimmt sich eine Frau – es ist alles frei zu haben, warum sollte er ein Brautgeld bezahlen?' MT 3.3:4-5

xid ~ xud ~ xd- *prep.* wie | *xud mil̲li* 'wie ich sagte' MT 1.3:46; *saymínawulle falqe, hawxa lo rabe ġắlăbe, šafire, xid falge=d-id̲ayna* 'Wir schnitten sie in Stücke, nicht zu groß, so groß wie die Hälfte einer Handfläche.' MT 2.3:5; *ŭt̲éwolan šawᶜo ṣŭwariye ḥĭwore, lwiše ḥĭwore, as=sayfat̲t̲e xd-ab=barqe* 'Es griffen uns sieben weiße Reiter an, weiß gekleidet, ihre Schwerter waren wie Blitze.' MT 3.2:39 • RW 566 → **xad**

xilᶜa *n.f.* Geschenk, Brautgeschenk | *kot̲in kimbarki u=ḥat̲no w i=kalo, kimd̲ayfinne sikkar̤, w kmaḥti kul=ḥa w i=xilᶜayd̲e hani dak=kallăt, aᶜl-u=ṭăbaq* 'Sie kommen und gratulieren dem Bräutigam und der Braut, man bewirtet sie mit Süßigkeiten, und jeder legt sein Geldgeschenk auf das Tablett.' MT 1.3:41 • RW 562 || Arab. *xilᶜa* 'Ehrenkleid' Wehr 266; Anat. Arab. *xəlᶜa* 'Ehrengeschenk' JK 46

xirbe *n.f.* Ruine | *u=ruᶜyo kuzzé kimqafe dukt̲o d-šeno d-huyo nad̲ifto, aw dukt̲o d-xirbe, d-howin xd-af=faršat ak=kefe frise, kmaḥitla ᶜal af=faršătani w kot̲in w kluṭᶜila* 'Der Hirte sucht eine Stelle mit sauberem Fels, oder eine Ruine, wo die Steine wie Platten gelegt sind, er streut (das Salz) auf diese Steinplatten und (die Tiere) kommen und lecken es auf.' MT 1.1:96 • RW 562 || Arab. *xirba* 'Ruinenstätte, Trümmerstätte' Wehr 243

xišat Flurname in Midyat | MT 3.2:25

xīz ⊗ onomatopoetisch: ratsch! | *d-ot̲e d-howe u=păstīq kayiso, mid maqimme u=rišawo, hawo gguršile, huwe knofil xīz xīz aᶜle kmišmiṭ mu=čapān* 'Wenn der *păstīq* gut geworden ist, dann lässt er sich, nachdem sie den Anfang abgelöst haben und daran ziehen ... dann macht er ratsch und lässt sich von dem Stoff abziehen.' MT 1.1:57

xlq || Arab. *xlq I* 'erschaffen, schaffen' Wehr 267

I *xliqle, xliqla - xoliq, xulqo* schaffen, erschaffen | *u=yūzbaši-ste mkamele išti-šawᶜi=išne naᶜimo latle. komir bĭt̲ir mid mawfaqle i=kaččĭke azzé li=nvinayd̲e l-Aloho xliqle zᶜuro ᶜam i=at̲to* 'Der Hauptmann war sechzig, siebzig Jahre alt geworden, doch er hatte keine Kinder. Nachdem er das Mädchen (aus dem Steinhaufen) herausgeholt hatte, ging er in sein Bett, da schuf Gott ein Kind bei seiner Frau.' MT 5.1:12

xlṣ || Arab. *xlṣ I* 'frei sein, befreit sein, gerettet werden' Wehr 264

I *xaliṣ, xaliṣo - xoliṣ, xulṣo* **(1)** *intr.* davonkommen, entkommen, überleben, gerettet werden | *nafīqina ánnaqqa ᶜal ... ᶜal u=darbawo di=dayro. darbo w darbo di=dayro, ŭno w išto šawᶜo yasire w žinnĭkăt w mĭdone, ayna d-xaliṣ w ayna d-fayiš* 'Dann gingen wir hinaus auf den Weg zum Kloster, immer weiter auf dem Klosterweg, ich und sechs, sieben Flüchtlinge, Frauen und so weiter. Die einen kamen davon und die anderen blieben zurück.' MT 3.1:20; *kul=ḥa d-xŭlaṣwo lĭ=miftakarwo ġēr mene d-nošo xaliṣle* 'Jeder, der entkommen war, glaubte nicht, dass außer ihm noch jemand (von der Familie) überlebt hatte.' MT 3.2:26 **(2)** *intr.* vorbei sein, zu Ende sein | *mid xaliṣo i=ᶜămăliye du=lwošo dağ=ğule w i=ṭabxat̲e...* 'Wenn der Vorgang des Ankleidens und das alles vorbei ist...' MT 1.3:27

III *maxlaṣle, maxlaṣla - maxliṣ, maxlᵊṣo* **(1)** *tr.* retten | *ftīḥhalle i=dayro* *w maḥtile bi-dayro, sĭmile arbi-dayrᵊyoṯo w maxlaṣle i-nafšaṯṯe* 'Man öffnete ihnen das Kloster, er steckte sie ins Kloster, machte aus ihnen vierzig Nonnen und rettete ihre Seelen.' MT 4.5:18 **(2)** *tr.* befreien, trennen | *as-sisye qayiṯi b-ᵊḥḏoḏe. nafil rimrim ʿal as-sisye, simle lĭ-simle lu-rabo d-qodir d-maxlaṣṣe, lĭ-qadir d-maxlaṣṣe* 'Da gerieten die Pferde aneinander, die Pferde begannen zu wiehern. Der ältere Bruder strengte sich an, um sie auseinanderzubringen, doch er konnte sie nicht auseinanderbringen.' MT 5.2:44 **(3)** *intr.* gerettet werden | *mhawarre aʿle, mirre kibʿina d saymatlan čara mede. miḻḻe min čara? hwawu yaḥquboye gĭmaxlᵊṣitu* 'Sie riefen ihm nach: Wir möchten, dass du uns einen Ausweg zeigst. Er sagte: Was für einen Ausweg? Werdet Jakobiten, dann seid ihr gerettet.' MT 4.4:19 **(4)** *intr.* sich von (*m*-) etw. befreien | *maqnᵊʿulle ᵊd-šuqlo, ᵊd-saymo lipikke bu-gawro d-maqṭĭlole, ab-bĭ-babayḏa, d-maxlᵊṣi mĭnayye* 'Sie überredeten sie, gegen den Gatten eine List anzuwenden, um ihn töten zu lassen, damit ihre Familie sich von ihnen befreien könnte.' MT 5.2:38 **(5)** *tr.* es hinbekommen, schaffen | *mašḥalle qarʿe di-sisto naqla mḥalaqle ruḥe d-oṯe laffelayye, komir at-tarte raġloṯo qamoye maxlaṣṣe* 'Er machte das Pferd heiß und auf einmal stürzte er sich auf sie, um sie anzugreifen. Die Vorderbeide (des Pferdes) schafften es.' MT 5.2:50 **(6)** Junge werfen (Schaf, Ziege) | *bĭṯir mid aṯi u-ḥṣodo, kmanšᵊfi a-ʿwone lăšan ᵊd-miski čike d-baṣro, d-howin qălaw, bi-midde d-gid-fayši ṭʿine d-qudri, mid kamili a.. i-midde daḥ-ḥamšo yarḥaṯṯe, du-mahwo, d-maxlᵊṣi b-raḥa, d-hüwebin quwe* 'Wenn die Erntezeit gekommen ist, dann melken sie die Schafe nicht mehr, damit sie etwas Fleisch ansetzen können, damit sie wohlgenährt sind, damit sie während ihrer Tragzeit ... können ... Damit sie, wenn ihre fünf Monate bis zur Geburt um sind, problemlos werfen können, damit sie genug Kraft haben.' MT 1.1:88

xlṭ || Arab. *xlṭ I* 'mischen, vermengen, vermischen' Wehr 265; cf. Syr. *ḥlṭ* 'id.' SL 454

I *xliṭle, xliṭla - xoliṭ, xulṭo tr.* mischen | *mĭnayye kowe birġil, hawo qĭsim mene kxulṭi buwe šʿiraye* 'Manche (Körner) werden zu Bulgur, von dem man einen Teil mit kleinen Nudeln mischt.' MT 1.1:34; *saymínawo rezo, hamma čike bĭšolo, lo ʿal u-falgo-ste, hăma čike d-lĭ-fayšo, lăšan xulṭina hiya w u-ḥašwawo b-ᵊḥḏoḏe* 'Dann bereiteten wir Reis zu, welcher nur leicht gekocht wurde, nicht einmal zur Hälfte gar, nur ein wenig, damit wir ihn der Füllung untermischen konnten.' MT 2.4:4

II *mxalaṭle, mxalaṭla - mxaliṭ, mxalṭo tr.* mischen | *bĭṯir mḥaḏriwo u-ḥašwayḏa. qima, naqqa-ḥreto baṣro naʿimo gd-immina, w rezo, w ab-băharăt, w mxalṭíwunne ʿam ᵊḥḏoḏe, xulṭíwunne* 'Dann bereiteten sie eine Füllung für sie zu: Wiederum Hackfleisch, sagen wir besser gehacktes Fleisch, Reis und Gewürze, und dann rührten sie alles zusammen, sie mischten sie.' MT 2.12:3

Ip *xlĭṭ, xliṭo - mixliṭ, mixloṭo intr.* sich vermischen | *aʿ-ʿăšayir-ste kīt baynoṯayye ʿădawe w năyărtiye, kul-nošo lĭ-samwo iḥtimād ʿal u-ḥreno d-mixliṭ bayn ᵊḥḏoḏe* 'Zwischen den Stämmen herrschte Zwietracht und Feindschaft. Keiner vertraute dem andern, um sich bei ihm einzureihen.' MT 3.2:10

xly || Arab. *xlw I* 'leer sein, frei sein' Wehr 268

III *maxlele, maxlela - maxle, maxlᵊyo tr.* ausschütten, leeren | *gĭfitẖo i=mayaʿto u=gawdo gĭḥayro b-feme iḏa hawi zibdo gĭmanṭᵊyola sĭfoqo w gĭm-maxlᵊyo u=mede d-nafiq mu=gawdawo b-gawe du=sĭfoqo* 'Die Frau, die buttert, öffnet den Butterschlauch und schaut hinein. Wenn sich Butter gebildet hat, holt sie ein Ge-fäß und legt das, was sich im Schlauch abgesetzt hat, in das Gefäß.' MT 1.1:76

Xori *n.m.* Chorbischof | *ŭmanṉo aḥĭnone katí abuna u=Xori, ᵊkṭolib i=kaččĭkaṯe* 'Ich sagte: Brüder, unser Chorbischof ist gekommen und verlangt dieses Mädchen.' MT 1.6:11 • RW 565

xōrt *n.m., pl.* **xōrtīn** junger Mann | *d-oṯe w d-howe ġălăbe xōrt, u=miṯo, u=dubēt komawo kowe čeni ya pamba* 'Wenn der Verstorbene sehr jung ist, dann ist die schwarze Decke stattdessen blau oder rosa.' MT 1.2:5; *kšotin ʿărāq, kulle ʿam ᵊḥḏoḏe kimkayfi, ya ag=gawire w ax=xōrtīn ʿam ᵊḥḏoḏe, wăyaxut, ag=gawire r-ruḥayye w ax=xōrtīn r-ruḥayye* 'Sie trinken Raki und alle feiern zusammen, entweder die Verheirateten und die jungen Leuten gemeinsam, oder aber die Verheirateten für sich und die jungen Leute für sich.' MT 1.3:43 • RW 565 || Kurm. *xort* 'id.' Chyet 666

xrozo *inf.* Auffädeln | *ag=gawze-ste, u=ḥa d-soyim d-gawze, ktowir ag=gawze, hawo-ste kmatranne lăšan d-lĭ=miqrofi bu=xrozo* 'Die Walnüsse, wenn jemand (Süßwurst) von Walnüssen machen möchte, dann knackt er die Walnüsse, doch die muss man befeuchten, damit sie beim Auffädeln nicht auseinanderbrechen.' MT 1.1:61 → **xrz**

xrrppp ⊗ onomatopoetisch: rumms! | *naqqa u=nišro miḷḷe xrrppp naḥit l-gabe* 'Plötzlich machte es rumms, der Vogel landete neben ihm.' MT 5.3:45

xrṭ || Arab. *xrṭ I* 'drehen, abziehen, drechseln' Wehr 245; cf. Syr. *ḥrṭ* 'to carve, engrave' SL 489

I *xriṭle, xriṭla - xoriṭ, xurṭo tr.* abschaben, schleifen | *ᵊgxurṭile, u=gawo-ste gxurṭi u=zawlawo diḏe, kmanḏᵊfile, w hedi bĭṯir d-kĭmašĭġile w gimbašlile, mĭlalle.* 'Sie schaben ihn ab ..., auch vom Magen schaben sie den darin befindlichen Dreck ab und reinigen ihn. Dann, nachdem sie ihn gewaschen und gekocht haben, füllen sie ihn.' MT 2.13:4

xrz || Arab. *xrz I* 'durchbohren' Wehr 245; cf. Syr. *ḥrz* 'to order, arrange; to decorate' SL 489

I *xrizle, xrizla - xoriz, xurzo* **(1)** *tr.* auffädeln | *ag=gawze-ste, u=ḥa d-soyim d-gawze, ktowir ag=gawze, hawo-ste kmatranne lăšan d-lĭ=miqrofi bu=xrozo, w xxurzinne ksayminne ʿĭliqe rabe aw naʿime* 'Die Walnüsse, wenn jemand (Süßwurst) von Walnüssen machen möchte, dann knackt er die Walnüsse, doch die muss man befeuchten, damit sie beim Auffädeln nicht auseinanderbrechen.' MT 1.1:61 **(2)** sich um den Hals legen | *miḷḷe lu=šiḏo, xraz i=xărăze ḥeta b-ᵊqḏolux, w mid lu=gurno ḥete b-qarʿux!* 'Er sprach zu dem Teufel: Lege dir die Brunneneinfassung als Krause um den Hals und nimm den Trog und setze ihn dir auf den Kopf!' MT 4.4:15

xsr || Arab. *xsr I* 'Verlust erleiden, verlieren' Wehr 249; cf. Syr. *ḥsr* 'to lose' SL 479

I *xasir, xasiro - xosir, xusro intr.* verlieren | *bĭṯir miftakalli ŭmanṉo, d-l-ĭbinala w howe mede rabo gĭmaḥti* *u=suğano kule b-ᵊqḏōl da=tretayna. wălaw hŭwena ḥaqlí-ste, i=naqla d-xusri, kul=ḥa gd-omir flān-kas-we* 'Dann überlegte ich mir: Wenn wir sie nicht herausgeben und es entwickelt sich daraus eine größere Krise, dann wird man die ganze Schuld uns beiden anhängen. Selbst wenn wir im Recht sind, wenn sie verlieren, wird jeder sagen: Der und der war es.' MT 1.6:10

xulqa *n.f.* Schöpfung, Geschöpfe | *aṯí, miḷḷe bas-yo, l-ayna waxt-yo? hinne xulqa w aḥna xulqa, bas-yo. toxu, toxu d-ŭṯena l-ᵊḥḏoḏe* 'Er sagte: Es reicht. Wie lange (soll das weitergehen?). Sie sind Geschöpfe und wir sind Geschöpfe, es reicht. Kommt! Kommt, wir wollen uns einigen.' MT 3.1:30 || Anat. Arab. *xəlqa* 'Schöpfung' JK 46; cf. Arab. *xalīqa* 'Schöpfung' Wehr 268

xurğazine *n.f.* Satteltasche | *maḥátlele išmo d-kallāt bi=xurğăzinayḏe* 'Er steckte sich etwas Geld in seine Satteltasche.' MT 5.3:32 • RW 568 || Kurm. *xurcezîn* 'id.' Chyet 668; cf. Arab. *xurğ* 'id.' Wehr 244 → **xurğo**

xurğo *n.m., pl.* **xurğe** Satteltasche | *mid fayiši aḥ=ḥeṭe naḏife, kmaḥtinne bu=kiso, aw b-xurğo, kmaḥtinne ʿal u=ḥaywān diṯṯe, wăya ʿal katfayye, kmawbᵊlinne li=raḥyo* 'Wenn der Weizen sauber ist, schütten sie ihn in einen kleinen Sack oder eine Satteltasche, laden ihn auf ihr Lasttier oder tragen ihn auf der Schulter, und bringen ihn zur Mühle.' MT 1.1:22 • RW 568 || Arab. *xurğ* 'id.' Wehr 244; cf. Syr. *kurgo* 'bag, wallet' SL 613 → **xurğazine**

xŭṣūṣ ~ **xṣūṣ** *n.m.* Angelegenheit, Sache | *bu=šiklano mdawamla u=raqḏayḏa, ʿūd, mizwiğ, kămān, kul=xŭṣūṣ* 'Auf diese Weise setzte sie ihren Tanz fort, (mit) Laute, zweisaitiger und mehrsaitiger Geige, und allem was dazu gehört.' MT 1.5:48; *bu=xṣuṣano, kŭbaʿno naqqa=ḥreto nošo hawxa mede, l=sinʿatkār d-l=omir* 'Deswegen wünsche ich, dass nicht noch einmal jemand so etwas zu einem Handwerker sagt.' MT 1.5:41 • cf. *xuṣūṣ* 'besonderer' RW 569 || Arab. *xuṣūṣ* '(Be-)Sonderheit' Wehr 251; cf. Türk. *husus* 'id.'

xŭṣuṣi ~ **xṣuṣi** *adj.* besonders, privat | *hawyo i=danoke kmawfᵊqínala bas=sale w mas=sale, kitla dukṯo xŭṣuṣi kmaʿ... kkaybínala tamo* 'Wenn (der Weizen) zu aufgequollenen Körnern geworden ist, dann nehmen wir ihn heraus und geben ihn in die Körbe, und aus den Körben ... Es gibt eine bestimmte Stelle dafür, wo wir ihn auskippen.' MT 1.1:28 • RW 569 || Arab. *xuṣūṣī* 'id.' Wehr 251 → **xŭṣūṣ** ~ **xṣūṣ**

xwaš *adj.* ⊗ unveränderlich gut | *u=bayto d-soyim ftile laḥ=ḥīyewin diḏe w d-qodir mawkelin bu=saṯwo, wăláw-ki kīt talgo-ste ʿal i=arʿo, ftile, aḥ=ḥīyewin diḏe kowin qălaw, kowin* ᴷ*maʿd ᵊxwaš*ᴷ 'Die Familie, die Grasstränge für ihre Tiere macht und sie im Winter, selbst wenn Schnee liegt, damit füttert, deren Tiere sind wohlgenährt, sie sind in guter Verfassung.' MT 1.1:72 || Kurm. *xweş* 'id.' Chyet 674-675

xwazi Wunschpartikel: möge doch! | *nafiq ánnaqqe lu=ṭuro, lo xwazi bi=ruḥo d-awo d-gĭnofiq lu=ṭuro* 'Er zog sich nun zurück in den Wald. Wehe dem, der in den Wald geht.' MT 5.2:49 • RW 569 || Kurm. *xwezî* 'if only!' Chyet 675

xyn || Arab. *xwn I* 'verräterisch handeln, verraten, betrügen' Wehr 274 → **xayin**

III *maxille, maxilla - maxin, maxino intr.* jdn. (*ʿal*) verraten | *ŭno-ste miḷḷi madām Xori diḏan da=Mšiḥoye, iḏa gmaxin aʿlayna, yaʿni háqqayis lĭ=fišlelan* *amniye d-ʾmsalmina i꞊kaččĭkaṯe* 'Ich sagte: Da er ein Chorbischof von uns Christen ist ... wenn der uns verrät ..., das heißt,

wir haben nicht einmal so viel Vertrauen, das Mädchen herauszugeben.' MT 1.6:11

y

ya ~ yā Vokativpartikel | *yatiwi ǧǧili miḷḷe, min xēr-yo mšayaꜥlux biṯri ya u꞊malko* 'Sie setzten sich und redeten. Er sagte: Was ist der Grund, dass du nach mir geschickt hast, oh König?' MT 4.4:8; *miḷḷe ya u꞊taǧir diḏi, ŭno uꜥdo ḥaṯo mḥaweli* 'Er sagte: Oh mein Kaufmann, ich habe mich erst frisch verheiratet.' MT 5.1:3 ● RW 570

ya aḷḷāh *interj.* auf geht's, los! | *rawixi ꜥal as꞊sisyaṯṯe w ya aḷḷāh, maḥzamme* 'Sie bestiegen ihre Pferde und – auf geht's – sie machten sich auf die Flucht.' MT 4.5:17 = **yaḷḷa**

ya ꜥīn aḷḷa ⊗ Arabisch ach du lieber Gott! | MT 2.11:9 || cf. Anat. Arab. *yꜥīn* (ꜥyn I) 'helfen (von Gott gesagt)' + *aḷḷa* 'Gott' VW 13, 298

ya rab *interj.* oh Herr! | *u꞊ḥasyo izzewo w ĭṯewo ꜥal u꞊qadišo, ŭmarwo ya rab hat maxlaṣlan mĭ-feme daḥ-ḥanfani, daq꞊qašyani* 'Der Bischof kam ständig in die Kirche, er sagte: Oh Herr, errette uns aus dem Rachen dieser Heiden, dieser Hartherzigen.' MT 3.1:22 ● RW 430 → **ya ~ yā, rabbi**

ya ... ya *conj.* entweder ... oder | *ya hani-ste gĭsaymatte čara, ya m-marke lĭ-fayiš kimhalaxno* 'Entweder du bestrafst auch diese hier, oder ich gehe von hier aus nicht mehr weiter.' MT 4.4:21 ● RW 571 || cf. Türk. *ya ... ya* 'id.'

yaꜥni das heißt, also | *miḷḷa bu꞊ꜥărăbi čaffik l-ōn, yaꜥni iḏux l-arke* 'Sie sagte auf (Beduinisch-)Arabisch: *čaffik l-ōn*, d.h. her mit deiner Hand.' MT 1.5:56;

kul꞊ḥašwo mĭlénawole darmone yaꜥni u꞊mede d-kítwolan d-iḏꜥínawo ṭamo 'Wir reicherten jede Füllung mit Gewürzen an, was wir eben hatten und was wir dort kannten.' MT 2.3:7 || Arab. *yaꜥnī* (ꜥny I) 'id.' Wehr 647

yabibto *n.f.* Röhrchen | *a꞊šduqāt, gid nuḥri u꞊săwāl, gmanténalle, gm... bi꞊yabibto, b-mede, b-qumꜥo rafiꜥo kmašĭǧina gawayye* 'Die gefüllten Innereien: Man schlachtet die Tiere und wir holen (uns die Därme). Mit dem Röhrchen, oder einem dünnen Trichter spülen wir ihr Inneres aus.' MT 2.13:1 ● cf. *abibto* 'Spule, Weife zum Aufspannen des Garns' RW 26 || cf. Syr *abubto* 'flute, catheter' SL 3

yabo *interj.* mein Lieber! | *miḷḷe de qumu yabo hani d-gawĭritu, nfaqu zóxunxu l-xasra* 'Er sagte: Los, auf mit euch! Diejenigen, die geheiratet haben, verlasst (das Kloster) und geht woanders hin.' MT 4.5:7; *mĭ-kubꜥit yabo?* 'Was willst du, mein Lieber?' MT 5.1:23 ● RW 571 || < *ya babo, cf. Kurm. *ya* 'oh, hey!' + *bo* 'Dad(dy)! Pop(pa)!' Chyet 678, 77

yade *n.f.* Mutter | *kítwolan i꞊yade Ḥana d-bĭ-Kărimo. i꞊yade Ḥana xid immit aġawa* 'Es gab bei uns die Mutter Ḥana d-bĭ-Kărimo. Mutter Ḥana war wie ein Agha.' MT 1.4:1 || Kurm. *ya* 'oh, hey!' + *dê* 'mother' Chyet 678, 147

yāġma *n.* Plünderung, Zerstörung | *ag꞊gawre qṭĭlinne w u꞊māl simme yāġma, w ann꞊adroṯo mawqꜥḏinne* 'Die Männer töteten sie. Den Besitz plünderten sie und steckten die Tennen in Brand.' MT 3.2:7 • Nicht in RW || Türk. *yağma* 'id.'

Yaḥqūb männlicher Personenname: Jakob | MT 1.5:1

yaḥquboyo, f. **yaḥqubayto**, *pl.* **yaḥquboye** Jakobit, jakobitisch | *mirre kibʿina d-saymatlan čara mede. mille min čara? hwawu yaḥquboye gĭmaxlᵊṣitu* 'Sie sagten: Wir möchten, dass du uns einen Ausweg zeigst. Er sagte: Was für einen Ausweg? Werdet Jakobiten, dann seid ihr gerettet.' MT 4.4:19

yalifo *adj.*, f. **yalifto**, *pl.* **yalife** geübt, gelernt | *u=ḥlowo dat=tawroṯo, kul=nošo laybe ḥülawwe d-l-owe yalifo* 'Das Melken der Kühe ... Nicht jeder kann sie melken, wenn er es nicht gelernt hat.' MT 1.1:73 • RW 572 → **ylf**

yaḷḷa *interj.* auf geht's, los! | *kimmi yaḷḷa qumu mašíğulle* 'Sie sagen: Los, wascht ihn.' MT 1.2:4 || Arab *yallā* '(umg.) vorwärts, los!' Wehr 26 = **ya aḷḷāh**

yālniz lediglich | *miḷḷe ŭno i=kaččĭke lĭ=kubʿena. w māl w milk menux-ste lĭ=kubʿeno. yālniz gd-ŭbatli u=gurnano di=dirto* 'Er sagte: Ich will das Mädchen nicht, und ich will auch weder Gut noch Geld von dir. Du sollst mir lediglich den (steinernen) Trog im Hof geben.' MT 4.4:13 • cf. *yalaniz* RW 572 || Türk. *yalnız* 'id.'

yalwo *n.m.* Biestmilch | *lăšan d-mistafdi mu=ḥalwo d-saymile gweto, nuḥriwo u=ṣafuro meqim mid yoniq mi=emo, w maydiwo u=ḥalw... u=yalwo d-gawe, kimmile firšĭk* 'Um die Milch zur Käseherstellung zu benutzen, schlachteten sie das Junge, bevor es von der Mutter saugte und nahmen die Mil..., die Biestmilch in seinem Magen, man nennt sie Lab.' MT 1.1:82 • RW 573 || Syr. *alwo* 'id.' SL 48

yan *conj.* oder | *immínawole tapsīn, yan tawa rabṯo ʿamuqto* 'Wir nannten es Auflaufblech, oder in einer großen, tiefen Pfanne.' MT 2.3:7 || Kurm. *yan* 'id.' Chyet 678

yanık ⊗ Türkisch gebräunt

yanık sütlaç ⊗ Türkisch gebräunter Milchreis → **sütlaç**

yaquro *adj.*, f. **yaqurto**, *pl.* **yaqure** schwer, hart | *w i=naqqa d-l-íṯyowa i=šato basimto, d-ŭṯewo čike u=saṯwayḏan yaquro, miʿawqínawo hul li=šabṯayḏe i=ḥarayto, d-oḏir* 'Wenn das Wetter aber nicht so angenehm war, wenn der Winter bei uns ein bisschen hart ausfiel, dann verspäteten wir uns bis zur letzten Märzwoche.' MT 1.5:32 || Syr. *yaqiro* 'heavy, sound; important; difficult, hard' SL 581 → **yqr**

yărăqān *n.m.* Grünzeug | *bu=saṯwo išmo kitwo, gabayna i=naqlayo ŭno ..., d-ᵊḥzelan, bădinğan sĭmoqe w yărăqān, yaʿni, lo xud-arke ŭṯewo, lo kul=mede* 'Im Winter gab es wenig (Gemüse), bei uns gab es damals ... ich ... was wir erlebt haben, es kamen keine Tomaten und Grünzeug wie hier, nicht alles (gab es auch im Winter).' MT 2.3:3 • Nicht in RW || cf. Arab. *yaraqān* 'Pflanzenkrankheit, Mehltau, Gelbsucht' Wehr 1037; cf. Syr. *yarqono* 'pale color; leaden color' SL 585 → **yaroqo**

yarḥo *n.m.*, *pl.* **yarḥe** Monat | *w i=naqqa d-nufqínawo li=byeḏa, bu=yarḥo d-oḏir* 'Wenn wir auszogen zum Verzinnen, (war es) im Monat März.' MT 1.5:32; *ᵊmdawamla, u=ḥarbano tre=yarḥe, tloṯo=yarḥe* 'Dieser Krieg dauerte zwei, drei Monate.' MT 3.2:17 || Syr. *yarḥo* 'id.' SL 584

bay=yarḥe monatelang | *mid mawballe i=kaččīke bay=yarḥe fayišo, ánnaqqa lī=kūḏaʿno áydarbo hawyo* 'Als sie das Mädchen mitnahmen, blieb es einige Monate verschollen, doch dann, ich weiß nicht, wie es vor sich ging.' MT 1.6:3 → **b**

yarixo *adj.*, f. **yarixto**, *pl.* **yarixo** lang | *tre mīnayye yaʿni, koṯin, ḥa kmosik ʿal iḏ-du=ḥreno kburmi ftile, kmabrᵊmi iḏoṯayye w kburmile hinne kuḏʿi. mid simme u=ftilo yarixo w brimme, u=sayomo du=ftilo, ᵊqqoyim kmoyid u=ḥa rišawo ba=tre droʿonayḏe kimlawlable ʿal ᵊḥḏoḏe* 'Zwei von ihnen kommen, einer greift neben dem anderen zu und sie drehen Grasstränge. Sie drehen ihre Hände und wickeln damit das Gras – sie wissen wie. Wenn sie den Grasstrang lang gemacht und gewickelt haben, dann nimmt der eine ein Ende mit seinen beiden Armen und schwenkt (den Strang) um sich selbst.' MT 1.1:69 || Syr. *ariḵo* 'id.' SL 99

yaroqo *adj.*, f. **yaraqto**, *pl.* **yaroqe** grün | *e, u=pallăsīs, e, u=pallăsīs, aq=qarʿe, lo du=qayṭo d-kowin baš=šīrure yaroqe* 'Ja, der Kürbisauflauf. Ja, (für den) Kürbisauflauf (nimmt man) nicht die grünen Kürbisse, die im Sommer an den Pflanzen wachsen.' MT 2.2:1 || cf. Syr. *yoruqo* 'bluish, livid' SL 584 → **yrq**

yasinat ~ yasināt *n. pl.* Koransuren, Korantext | *u=rabo qayim miḻḻe ádlalyo ŭno ko-gid-samno i=wăḏifa qamayto ʿal babi, gīqŭreno ay=yasināt ʿal babi ŭno* 'Der Älteste sagte: Heute Abend werde ich die erste Pflicht für meinen Vater erfüllen, und ich werde für meinen Vater die Koransuren lesen.' MT 5.3:4 • Nicht in RW || cf. Koransure 36 Yāsīn

yasiro *adj.*, f. **yasirto**, *pl.* **yasire** Gefangener, Flüchtling | *kīt b-qamuṯi qaflăt qaflăt yasire* 'Vor mir zogen immer neue Gruppen von Flüchtlingen vorbei.' MT 3.1:9; *yasirto-hat? immono e, yasire-na, ṣŭroye-na* 'Bist du (f.) auf der Flucht? Ich sagte: Ja. wir sind Flüchtlinge, wir sind Christen.' MT 3.1:9 || Syr. *asiro* 'prisoner, captive' SL 72

yatāx *n.m.* Bett | *maḥatle u=čadir diḏe tamo. yatu, mžidle ruḥe xid... ʿal u=yatāx diḏe* 'Dort stellte er sein Zelt auf. Er setzte sich und streckte sich auf seinem Bett aus.' MT 5.1:9-10 • cf. *atax* RW 39 || Türk. *yatak* 'id.'

yatiwo *adj.*, f. **yatuto**, *pl.* **yatiwe** sitzend, bleibend | *aṯi ftiḥle u=tarʿo, kīlé u=zʿuro yatiwo b-falge du=farmo* 'Er ging und öffnete den Ofen, da saß der Junge mitten im Ofen.' MT 4.2:14 → **ytw**

yatumo *n.m.*, f. **yatimto**, *pl.* **yatume** Waise | *komir bīṯir mid hawile hawo, hawi mkamele tlōṯ-arbaʿ=išne u=babo ti-xwaš húlelux ḥaye, mayiṯ. omir lu=ʿammayḏe, lu=ʿammaṯṯe miḻḻe yabo hani fayiši yatume, zoxu táwunne, ḥétunne qm-aṣ=ṣafure, qm-af=fare* 'Nachdem er diesen Jungen bekommen hatte, und der Junge drei, vier Jahre alt geworden war, da – mögest du gesund bleiben – gab (der Vater) dir sein Leben, er starb. Ihr Onkel sagte: Diese (beiden) sind jetzt Waisen geworden, geht und holt sie und stellt sie als Hirten für die Zicklein und die Lämmer ein.' MT 5.2:3 • RW 575 || cf. Syr. *yatmo* 'id.' SL 589

yawmo *n.m.*, *pl.* **yawme** **(1)** Tag | *mḥalle arbi=yawme hul d-maṭin li=Xărăbale* 'Sie waren vierzig Tage unterwegs, bis sie Xărăbale erreichten.' MT 4.4:4; *azzele arbi=yawme ḥamši=yawme tre=yarḥe* 'Es vergingen vierzig Tage, fünfzig Tage, zwei Monate.' MT 5.1:2 **(2)** Sonne |

ḥil̠le kīle kīt zʿurto kimmo lu=yawmo nḥat sulqono l-dukṯux 'Da sah er ein wunderschönes junges Mädchen (wörtl.: Sie sagt zur Sonne: Steig herab, ich will an deine Stelle treten).' MT 5.1:11 || Syr. *yawmo* 'day' SL 568

yawnaní *adj.* eine Gewehrmarke (wörtl.: griechisch) | *huwe abre d-ḥamšaḥṣar=išne-we i=naqqa du=sayfo, kítwole tfinge yawnaní kayisto, huwe-ste mḥarable* 'Er war zum Zeitpunkt des Sayfo fünfzehn Jahre alt, und er hatte ein schönes *yawnaní*-Gewehr. Auch er kämpfte.' MT 3.2:22 || cf. Arab. *yūnānī* 'griechisch' Wehr 1040

yawo *interj.* Mensch! | *hano min daywone-na aḥna yawo, l-Aloho šqile menan* 'Mensch, was sind wir doch für Verrückte, Gott hat uns den Verstand geraubt.' MT 4.4:6 || Türk. *yahu* 'id.'

yaxud *conj.* oder | *mhalxone izzinwo tăbí, latwe xid d-uʿdo, d-immit bi=ʿărăba w b-măkina yaxud b-ṭiyara guzzino* 'Sie gingen natürlich zu Fuß, es war nicht wie heute, wo du sagst: Ich werde mit dem Auto oder einem (anderen) Fahrzeug oder mit dem Flugzeug reisen.' MT 4.5:1 • RW 576 || Türk. *yahut* 'id.' → **wăyaxut ~ wăyaxutta, wăya**

ybl || Syr. *ybl Af.* 'to lead, conduct forward; to deliver' SL 560

III *mawbele, mawbela - mawbil, mawbᵊlo/miblo tr.* wegnehmen, mitnehmen | *w i=naqqa du=ḥarb d-Aḷmānya, Turkiya maltámwola a=mšīḥoye bilḥuḏe lăšan u=ḥtīyāt. miblila li=ʿaskăriye* 'Während des Kriegs von Deutschland (d.h. des Zweiten Weltkriegs), hatte die Türkei nur die Christen zur Reserve eingezogen. Sie zog sie zum Wehrdienst ein.' MT 1.5:4; *bu=zōṛ marfalle u=kurrīko d-lo qaṯlo, mawballe i=kaččīke* 'Mit knapper Not ließen sie den jungen Mann frei, ohne ihn zu töten, und nahmen das Mädchen mit.' MT 1.6:3; *hawi hawxa, maltamme ar=rabe da=prūṭ mawblinne qṭīlinne* 'Dann kam es so, dass man die Anführer der Protestanten zusammentrieb, sie wegbrachte und ermordete.' MT 3.3:3

mawbil bīr sich an etw. erinnern | *lī=fayiš kmawbannin bīr, ġắlăbe basimto-yo amma lī=kmawbannin bīr fayiš* 'Ich kann mich nicht mehr (an die Einzelheiten) erinnern, es ist eine sehr schöne (Geschichte), aber ich kann mich nicht mehr daran erinnern.' MT 5.2:37 → **bīr**

mawbil w mamṭe hin und her bewegen | *komir aṯi hawi ṣafro mḥalle ğeridāt b-ᵊḥḏoḏe. mawballe w manṭalle ḥḏoḏe, w mawballe w manṭalle ḥḏoḏe* 'Es wurde Morgen, er kam und sie kämpften mit den Speeren gegeneinander, der Kampf zwischen ihnen wogte hin und her, hin und her.' MT 5.2:94 → **mṭy**

Yešuʿ ᵊMšiḥo Jesus Christus | MT 3.1:26

yeter ki ⊗ Türkisch nur dass, es reicht dass | *omir, aḥuno mar, min=d-hawi mi=d-simlux mare, ᵀyeter kiᵀ d-nŭyaḥlux!* 'Er sagte: Bruder, sag, was auch passiert ist, was du auch getan hast, sag es! Hauptsache, du wirst gesund.' MT 5.1:36

ylf || Syr. *ylf Pe.* 'to learn' SL 575

I *yalif, yalifo - yolif, yulfo tr.* lernen, feststellen | *ŭbíwunne hinne w u=wiždān diṯṯe, u=mede d-ŭbíwunne. l-íḏʿiwo răbăna, hul d-yalifi, d-ᵊhnin* 'Sie gaben ihnen (an Lohn), was sie mit ihrem Gewissen (vereinbaren konnten). (Die Midyader) wussten es ja nicht, die Ärmsten, bis sie sich besser auskannten.' MT 3.4:7

ymy || Syr. *ymy Pe.* 'to swear' SL 575

I *imele, imela - yome, yimyo intr.* schwören | *kimmit uʿdo ǧǧiḻḻi u=ḥimmām hani tarte, aqdam tarte saʿāt, l-Aloho šqile menux, qamno qūṭaʿno qarʿux? miḻḻe b-Aloho kyūmeno lo aqdam m-tarte=saʿāt ᵊǧǧiḻḻi, hēš kīlé i=nuro b-gawe* 'Du sagst mir: Eben habe ich das Bad angeschürt, vor zwei Stunden. Hast du den Verstand verloren? Ich schlage dir gleich den Kopf ab! Er sagte: Ich schwöre bei Gott, ich habe (das Bad) erst vor zwei Stunden angeheizt. Es ist noch Feuer darin.' MT 4.1:14

ynq || Syr. *ynq Pe.* 'to suck' SL 577

I *iniqle, iniqla - yoniq, yunqo tr.* saugen | *lăšan d-mistafdi mu=ḥalwo d-saymile gweto, nuḥriwo u=ṣafuro meqim mid yoniq mi=emo* 'Um die Milch zur Käseherstellung zu benutzen, schlachteten sie das Junge, bevor es von der Mutter saugte.' MT 1.1:82

-yo, *pl.* **-ne** Enklitische Form der Kopula für die Gegenwart, 3. Person | *mirre hawxa-yo i=măsăle* 'Sie sagten: Die Sache ist so.' MT 3.4:16; *hanik aq=qaṭole d-babux-ne* 'Das sind die Mörder deines Vaters.' MT 5.2:97

yōqsa *conj.* oder, sonst, andernfalls | *i=kaččīke i=nuxraytaṯṯe, i=kaččīke diṯṯe, qay gis-saymit gīd-ūbatla, yōqsa faqire-wayye lo rūḏatwo d-ūbatte* 'Das Mädchen war ihre Verlobte, ihr Mädchen. Warum hast du das gemacht und sie weggegeben? Oder waren sie zu arm, und du wolltest sie ihnen nicht geben?' MT 5.2:27 • RW 576 || Türk. *yoksa* 'id.'

yqḏ || Syr. *yqd Pe.* 'to burn', *Af.* 'to burn s.t.' SL 580-81

I *yaqiḏ, yaqiḏo - yoqiḏ, yuqḏo intr.* brennen

III *mawqaḏle, mawqaḏla - mawqiḏ, mawqᵊḏo tr.* in Brand stecken, verbrennen | *ag=gawre qṭīlinne w u=māl simme yāġma, w ann=adroṯo mawqᵊḏinne* 'Die Männer töteten sie. Den Besitz plünderten sie und steckten die Tennen in Brand.' MT 3.2:7; *kmawqᵊḏi ftilo kmarfin nuro buwe* 'Sie zünden einen Grasstrang an.' MT 1.3:30; *u=ḥa d-obiʿ kmariš aʿla tārčin kūxela, u=ḥa d-obiʿ hawxa kūxela, u=ḥa d-obiʿ-ste* ᵀ*sütlaç*ᵀ*, čike d-moqaḏla, maḥatla bu=farmo kmoqiḏ foṯa* 'Wer will streut Zimt darauf und isst ihn, und wer will, der isst ihn so. Wer den Milchreis etwas anbrennen möchte, der schiebt ihn in die Backröhre und lässt die Oberfläche anbrennen.' MT 2.9:4

yoqiḏ leb- mit jdm./etw. (*ʿal*) Mitleid haben | *aṯiwo ḥa srinoyo-we tre-wayne b-Miḏyaḏ sutriwo, ánnaqqa ʿabir l-bayto, gawe du=baytawo ʿitmo-we, gawe du=bayto ʿitmo-we hinne-ste yaqiḏ lebayye aʿle immi, gīnuflit bi=nuqro* 'Ein Mann aus Bsorino – oder waren es zwei – kam nach Midyat, um Zuflucht zu finden. Er betrat ein Haus, im Haus war es dunkel. Es war dunkel im Haus, und sie hatten Mitleid mit ihm und sagten: Du wirst in die *nuqro* (Grube) fallen!' MT 5.4:1 → **lebo**

yqn → **tyqn**

yqr || Syr. *yqr Pe.* 'to be heavy; to be weighty' SL 582-83 → **yaquro**

I *yaqir, yaqiro - yoqir, yuqro intr.* schwer werden, schwierig werden | *omir kūbaʿno i=kaččīkaṯe d-ᵊmsalmítulla, w d-lī=msalmítulla u=šuġlo gīyoqir* 'Er sagte: Ich möchte, dass ihr dieses Mädchen herausgebt, und wenn ihr sie nicht herausgebt, dann wird die Sache ernst.' MT 1.6:6

yrq → **yaroqo**

III *mawraqle, mawraqla - mawriq, mawr*ᵊ*qo intr.* grünen | *Aloho mid manṭele u=waxt du=maṭro koṯe maṭro a*ᶜ*le,* ᵊ*kmawriq.* 'Wenn Gott die Regenzeit bringt, regnet es auf (die Saat) und sie grünt.' MT 1.1:7; *bĭṯir mid mawraqle lu=ġarzĭkano kmoḥin* ᵊ*l-ḥĭḏore* 'Wenn der junge Weinberg ausgeschlagen hat, dann pflügt man um (die Weinstöcke) herum.' MT 1.1:44

yrw || Syr. *yrb Pe.* 'to be big, increase; to grow up', *Af.* 'to make great; to extol; to enlarge' SL 583; cf. Syr. *rby* 'id.' SL 1427

I *yaru, yariwo - yoru, yirwo* **(1)** *intr.* wachsen, heranwachsen, groß werden | *l-Aloho hule lu=faqiro kurrĭko w lu=zangĭn kaččĭke. he na*ᶜ*ime-ne, komir, yariwi* 'Gott gab dem Armen einen Jungen und dem Reichen ein Mädchen. Sie waren noch klein, doch sie wuchsen heran.' MT 5.2:2; *mid hawin az=zăbaš-ste, kṭumrinne taḥt i=ar*ᶜ*o lăšan d-busmi, w sidayna layto maye, d-lo=maye kyurwi w kowe ṭa*ᶜ*mayye ġắlăbe basimo* 'Wenn die Wassermelonen reif geworden sind, graben sie sie in die Erde ein, damit sie ausreifen. Bei uns gibt es kein Wasser, sie wachsen ohne Wasser und bekommen einen sehr guten Geschmack.' MT 1.1:5 **(2)** *intr.* sich ausweiten | *qayim qdiḥ u=sayfo, ṭamo b-Miḏyaḏ mḥalle, yariwo* 'So entbrannte der Sayfo. Sie schlugen dort in Midyat zu und (die Kämpfe) weiteten sich aus.' MT 3.3:4

III *mawrawle, mawrawla - mawru, mawr*ᵊ*wo tr.* großziehen | *i=aṯtayḏux, w emux w babux w an=na*ᶜ*ime qṭĭlinne, falitlux, hayo-ste kaččĭke rabṯo-wa, mĭre de hăma gmiblínalan-yo, murwínalan-yo, ggurina a*ᶜ*ma d-ŭwelan na*ᶜ*ime* 'Deine Frau, deine Mutter, deinen Vater und die Kinder haben sie getötet. Am Leben geblieben ist dir nur ... Nun war sie bereits ein großes Mädchen, (die Entführer) sagten: Nehmen wir sie uns doch mit, ziehen sie für uns groß und heiraten sie, damit wir Kinder bekommen.' MT 3.4:13

ysq[1] → **slq**

I *yasiq, yasiqo - yosiq, yusqo intr.* hinaufsteigen | *aṯí, yasiq hawo šēx Fatḥaḻla l-*ᶜ*Iwardo, huwe w u=ḥasyo mistarḥamme b-*ᵊ*ḥḏoḏe* 'Jener Schech Fatḥaḻla kam hinauf nach ᶜIwardo, er und der Bischof verstanden sich.' MT 3.1:31

ysq[2] || Türk. *yasak* 'Verbot', *yasak etmek* 'verbieten'

II *myasaqle, myasaqla - myasiq, myasqo tr.* verbieten | *áydarbo saymina, áydarbo lĭ=saymina, myasíq-qălan mu=ṭuro, lĭ=kṭorin fayiš d-manṭena lo ṭa*ᶜ*no d-qayse lo ṭa*ᶜ*no d-hažžĭkāt* 'Was sollen wir tun, was sollen wir nicht tun? Sie haben uns den Wald verboten, sie lassen uns keine Traglast Holz holen und keine Traglast Zweige.' MT 5.2:36

ytw || Syr. *ytb Pe.* 'to sit' SL 587-88

I *yatu, yatiwo - yotu, yutwo* **(1)** *intr.* sich setzen | *aṯi u=*ᶜ*eḏo* ᵊ*mhawarle w simle muklone, w u=*ᶜ*ulmo yatiwi axille* 'Das Fest kam, er lud ein und bereitete Speisen vor, und die Leute setzten sich und aßen.' MT 4.1:3; *qqorin lu=ah*ᵊ*l da=tre-gabe w kyutwi* ᶜ*al i=ṣufro w kuxli* ᶜ*am* ᵊ*ḥḏoḏe* 'Sie laden die Verwandten beider Seiten ein. Sie setzen sich an den Tisch und essen miteinander.' MT 1.3:16 **(2)** *intr.* irgendwo bleiben, sich niederlassen | *komir alfo w ḥammišmo=hŭḏoye kulle tamo mhaymanne b-*ᵊ*Mšiḥo. w da*ᶜ*ir u=z*ᶜ*uro lu=bayto, aṯi w yatu* 'Eintausendfünfhundert Juden nahmen dort den Glauben an Christus an. Der

Junge ging nach Hause zurück und blieb dort.' MT 4.2:18; *u=šiḏo simle ruḥe bu=šīkil d-Mōr Zoxe (...) komir yatu baynoṯayye. komir yatu kmaltamme, kkoriz aʿlayye* 'Der Teufel nahm die Gestalt von Mor Zoxe an. (...) Er ließ sich unter ihnen nieder. Er versammelte sie und predigte ihnen.' MT 4.5:2-3

III *mawtawle, mawtawla - mawtu, mawtᵊwo/mutwo tr.* setzen, einsetzen, Platz nehmen lassen | *omir abro hat itáw! mawtawle ...* 'Er sagte: Setz dich hin, mein Sohn. Er ließ ihn Platz nehmen ....' MT 5.5:7

Yuḥanin männlicher Personenname: Johannes | MT 3.2:26

yurwo *n.m.* Größe | *kmaydi u=ḥawdalano bas=saṭle lăšan d-lī=qoyir w kkufxile, kul ṯawbo saṭlo aw tre xd-u=mede, xd-u=yurwo du=čapān* 'Sie nehmen den *ḥawdal* in Eimern, damit er nicht abkühlt, und gießen ihn (auf die Tücher), (auf) jedes Tuch einen Eimer oder zwei, entsprechend der Größe des Leintuchs.' MT 1.1:54 • Nicht in RW → **yrw**

yusro *n.m., pl.* **yusre** Behälter zum Aufbewahren von Getreide, Getreidespeicher | *bu=bayto, hin mĭnayye, u=zād b-ᵓḥḏo=naqla kʿurwile, kmuskinne niše-stene aʿmayye ġēr, mʿawnone b-ḥaq diṯṯe, w kmaḥtile kimmínalle ak=kore, mĭnayye kitte yusre kmaḥtinne bay=yusre, w mĭnayye kmaḥtile b-čăwalāt w bak=kise* 'Zu Hause sieben manche das ganze Getreide auf einmal mit dem (feineren) Sieb, sie stellen dazu noch zusätzlich andere Frauen an, die ihnen gegen Bezahlung helfen, und dann geben sie das Getreide in feststehende Lehmbehälter; manche haben auch *yusre*, dann tun sie es in die *yusre*, und manche füllen es in größere und kleinere Säcke.' MT 1.1:20 • Nicht in RW || Syr. *ᵓawṣro* 'granary' SL 20

yüzbaşı ⊗ Türkisch = **yūzbaši**

yūzbaši *n.m.* Hauptmann | *u=yūzbaši-ste mkamele išti-šawʿi=išne naʿimo latle.* 'Der Hauptmann war sechzig, siebzig Jahre alt geworden, doch er hatte keine Kinder.' MT 5.1:12 • RW 576 || Türk. *yüzbaşı* 'id.'

Z

zăbaš *n. coll., sg.* **zắbăše** Wassermelonen | *u=bŭzarʿano d-ᵊknofiq maz=zăbaš, kšulqile w kmawbᵊlile lab=bĭ-ḥmoye* 'Ferner bringen sie Kerne, die Kerne, die aus den Wassermelonen stammen, die kochen sie und bringen sie mit zu den Schwiegereltern.' MT 1.3:14; *lĭ=kṭorin fayiš d-manṭena lo ṭaʿno d-qayse lo ṭaʿno d-hažžīkāt, lo ṭaʿno d-zăbăše* 'Sie lassen uns keine Traglast Holz holen und keine Traglast Zweige, keine Traglast Wassermelonen.' MT 5.2:36 • cf. *žabaš* RW 256 || Etym. nicht bekannt

zabno *n.m.* Zeit | *ḥzalle raḥát w manfăʿa m-Awrŭpa w d-šuġli w duʿri b-niye d-ᵓdʿoro, w hin b-hin u=zabno ḥaru, w aᵓ=ᵓisanat haw daʿiri* 'Sie fanden Bequemlichkeit und Vorteil in Europa. Sie sind gegangen mit der Absicht, zu arbeiten und dann zurückzukehren. Dann verschlechterte sich mit der Zeit die Situation und die Leute kehrten nicht mehr zurück.' MT 1.7:4 || Syr. *zabno* 'id.' SL 363

zabuqo *n.m., pl.* **zabuqe, zabĭqone** Straße | *ḥétunne qm-aṣ=ṣafure, qm-*

af=fare ^T^*hiç olmazsa*^T^ *d-lĭ=fayši baz=zabĭqone* 'Stellt sie als Hirten für die Zicklein und die Lämmer ein, damit sie wenigstens nicht auf der Straße bleiben.' MT 5.2:3 • RW 577 || cf. Arab. *zābūqa* 'the secluded place of a house' Lane 1212; Tezel 2003: 121, fn. 176

zād *n.m.* Getreide | *bu=magzuno kḥuṣdile u=zād ᵊd-kowe ʕīloyo, w d-kowe čike taḥtoyo, bann=idoṯo kḥuṣdile* 'Mit der Sichel schneidet man die Körnerfrüchte, die hoch stehen, und die, die niedrig sind, erntet man mit der Hand.' MT 1.1:9 • RW 577 || Kurm. *zad* 'id.' Chyet 681

zăhir *n.m.* Blüten • cf. *zahro* RW 579 || Arab. *zahr* 'Blumen, Blüten' Wehr 393

ḥimṯo du=zăhir aktive Blütezeit | *bĭṯir knufli bu=zăhir kimmínale, mid mafitte i=ḥimṯo du=zăhir kowin xd-aḥ=ḥimre, čike b-čike kyurwi kowin xd-aḥ=ḥimṣe* 'Dann beginnen sie (die Trauben) zu blühen, wie man es nennt. Wenn sie die Blütezeit hinter sich haben, werden sie wie Perlen. Sie wachsen Schritt für Schritt weiter und werden (so groß) wie Kichererbsen.' MT 1.1:47 → **ḥimṯo**

zalṭono *adj.*, f. **zalṭŭniṯo**, *pl.* **zalṭone** nackt | *azzí l-ʕIwardo, azzán l-ʕIwardo kḥayrono haylō, kīle hin zalṭone-ne, hin brīndār-ne* 'Ich ging ʕIwardo. Wir gingen nach ʕIwardo, da sah ich: Oh je! Da sind manche ohne Kleider, manche sind verletzt.' MT 3.1:13 • RW 579 || cf. Syr. Arab. *zlṭ II* 'entkleiden, entblößen' Wehr 389 → **zlṭn**

zămān ~ **ẓămān** *n.m.* Zeit | *u=ẓămanawo lo ṣĭnayiʕ xid ʕade lo d-immit fanni mede látwulle* 'Damals hatten sie noch keine richtigen Berufe, sagen wir Fachberufe.' MT 3.3:2 • Nicht in RW || Arab. *zamān* 'id.' Wehr 391; cf. Türk. *zaman* 'id.'

zangīn *adj.* reich | *d-kityo zangīn u=qamḥo d-ᵊknofiq mu=birġil kŭbele laḥ=ḥĭyewin diḏe. w d-kityo čike faqiro, ᵊksamle laḥmo w kŭxele xid maḥkelan* 'Wer wohlhabend ist, der gibt das Mehl, das vom Bulgur stammt, seinen Tieren. Wer aber etwas ärmer ist, der macht Brot daraus und isst es, so wie wir berichtet haben.' MT 1.1:35; *mid ᵊmkafanne kmanṭin i=naḥšo, iḏa d-oṯe w howe zangīn kmaḥtile bu=tabūt* 'Nachdem sie ihn in das Leichentuch gehüllt haben, bringen sie die Bahre. Falls er reich ist, legen sie ihn in einen Sarg.' MT 1.2:5 • RW 580 || Türk. *zengin* 'id.'; Kurm. *zengîn* 'id.' DKF 1927

zango *n.m.* Steigbügel | *komir azzé manṭĭlele u=sayfo du=babayḏe, du=aġa, w manṭĭlele i=sisto du=babo, i=mharṯayḏa tăbí, w húlele-ne w mḥalaqle raġle bu=zango omir ya aḻḻāh* 'Er gab ihm das Schwert seines Vaters, des Aghas, und brachte ihm das Pferd des Vaters, natürlich die Stute, und gab sie ihm. Er schob seinen Fuß in den Steigbügel und rief: Vorwärts!' MT 5.2:63 • RW 580 || Kurm. *zengû, zengo* 'id.' Chyet 686

zan ~ **zano** lass uns gehen! → **ʔzl**

zarzămine *n.f.* Verlies | *nafil biya mpalpix, omir āy maḥrawwe bayti lĭ=kummi zarzămine-yo, kummi nuqro, aḏiʕit? w hiya ba=qriyawoṯo li=nuqro kummila gurto, w aḥna li=nuqro d-huwe komir kimmínale ṭaġno, aḏiʕit?* 'Er fiel hinein und verletzte sich. Er schrie: Au! Sie haben mich ruiniert. Sie sagen nicht, dass es ein Verlies ist, sie sagen *nuqro!* Hast du verstanden? Und die *nuqro* (Grube) nennen sie in den Dörfern *gurto.* Und das, was er *nuqro* nennt, nennen wir *ṭaġno*, weißt du.' MT 5.4:3 • RW 581 || Kurm. *zêrzemîn* 'basement, cellar;

dungeon' Chyet 690; cf. Türk. *zerzemin* 'id.' Tietze & Lazard 1967: 159

zatan ~ zătan sowieso, ohnehin | *mille tawu Malke l-l-arke ḥŭzena. ati Malke l-side, mille ya xōrt, nadifo w zʿuro ḥălāl, ḥzay mĭk=kubʿit gd-ĭbenux, w i=kaččĭke zatan didux-yo* 'Dann bringt den Malke mal hierher. Malke kam, und er sagte: Junger Mann, (du bist) ein sauberer und anständiger Junge. Schau, was du haben willst, und ich werde es dir geben. Das Mädchen ist ohnehin dein.' MT 4.4:13 • RW 582 || Türk. *zaten* 'id.'

zaten ⊗ Türkisch = **zatan ~ zătan**

zawk *n.m.* Geschmack | *bĭtir kmaḥti sikkar ʿal u=zawk ditte yaʿni, qĭsim kruḥmi ḥlito ġắlăbe, qĭsim lo* 'Sie fügen nach Geschmack Zucker hinzu. Manche mögen ihn sehr süß, andere nicht.' MT 2.9:3 • Nicht in RW || Türk. *zevk* 'id.'

zawlo *n.m.* Dreck, Mist, Abfall | *ᵊgxurṭile, u=gawo-ste gxurṭi u=zawlawo dide, kmandᵊfile, w hedi bĭtir d-kĭmašĭġile w gimbašlile, mĭlalle.* 'Sie schaben ihn ab ..., auch vom Magen schaben sie den darin befindlichen Dreck ab und reinigen ihn. Dann, nachdem sie ihn gewaschen und gekocht, füllen sie ihn.' MT 2.13:4 • RW 582 || Syr. *zeblo* 'dung, manure' SL 363

zaxm *adj., pl.* **zaxmīn** kräftig | *aʿ=ʿeze-stene bilmĭtil, kmanšᵊfinne lăšan i=naqla di=wăladatte d-hŭwalle b-sălame, d-howin af=farxatte zaxmīn* 'Ebenso bei den Ziegen, sie melken sie nicht mehr, damit sie bei der Geburt (ihr Junges) sicher zur Welt bringen können, damit ihre Jungen kräftig werden.' MT 1.1:88 • RW 582 || Kurm. *zexm* 'id.' Chyet 688; cf. Arab. *ḍaxm* 'groß, umfangreich, gewaltig' Wehr 543 → **zxm**

zayto *n.m.* Öl, Olivenöl | *maḥtínawo maye bi=qōšxane, w malḥo w čike d-zayto-ste d-lĭ=mizloqi b-ᵊḥdode* 'Wir füllten Wasser in einen Kochtopf, dazu Salz und auch etwas Öl, damit (die Kutle) nicht aneinander klebten.' MT 2.7:15 • Nicht in RW || Syr. *zayto* 'id.' SL 379

zʿr → **ṣʿr ~ sʿr** || cf. Syr. *ṣʿr Pa.* 'to insult, abuse' SL 1296

II *mzaʿalle, mzaʿalla - mzaʿir, mzaʿro tr.* beschimpfen | *komir wálḥasil azzín mᵊqabil dide mzaratte aʿle w hğimme aʿle w kimzaʿrile kimzaʿwᵊqi aʿle* 'Schließlich zogen sie ihm entgegen, sie beleidigten ihn, sie griffen ihn an und beschimpften ihn, schrien ihn an.' MT 5.2:50

zʿuro *n.m., pl.* **zʿure** Junge, Kind | *ida ḥzalle u=zʿuro šafiro, more d-maslak, more d-ṣanʿa ...* 'Wenn sie sehen, dass es ein gutaussehender junger Mann ist, mit einem Beruf, einem Handwerk ...' MT 1.3:7; *l-Aloho xliqle zʿuro ʿam i=atto* 'Da schuf Gott ein Kind bei seiner Frau.' MT 5.1:12 || Syr. *zʿuro* 'small' SL 390 → **zʿurto**

zʿurto *n.f., pl.* **zʿuryoto** junges Mädchen | *mille ya manʿᵊlo, ᵊnfaq mi=zʿurtate w lĭ=kowe d-mahzᵊmit, harke gĭfayšit! komir nafiq u=šido mi=zʿurto* 'Er sagte: Du Verfluchter, fahre aus diesem Mädchen aus, doch du darfst nicht fliehen, du bleibst hier! Da fuhr der Teufel aus diesem Mädchen aus.' MT 4.4:11 → **zʿuro**

zʿwq || Syr. *zʿq Pe.* 'to cry out, shout' SL 391

Q *mzaʿwaqle, mzaʿwaqla - mzaʿwiq, mzaʿwᵊqo* schreien | *aḥuno hawār-yo grašli l-xaṭir d-Aloho, man atilux? mille layt nošo, alo as=sisye-ne. mzaʿwaqle mĭ-gawe du=gubo ʿal as=sisye* 'Bruder, schnell, zieh mich um Gotteswillen hoch, wer hat dich an gegriffen? Er sagte: Es ist niemand, es sind bloß die Pferde. Da schrie er aus dem Innern der Zisterne heraus die Pferde an.' MT 5.2:45

zbn || Syr. *zbn Pa.* 'to sell' SL 363

II *mzaballe, mzaballa - mzabin, mzabno tr.* verkaufen | *izzánowo li=qăṣabxana, tamo mzabníwole* 'Wir gingen zur Metzgerei, dort verkauften sie ihn (den Hammelkopf).' MT 2.11:8

-ze auch | *komir malaxxe yawmo-yo tre-yo tlot̲o-yo, e halxo daḥ=ḥĭyewin-yo-ze* 'Sie reisten, ob einen Tag, ob zwei oder drei, es hängt ja von der Geschwindigkeit der Tiere ab.' MT 5.1:32 → **-ste ~ -stene**

zēd *adv.* mehr | *i=šʿiraye ksaymi ... mu=ṭăraf dak=kaččĭkat b-id̲ot̲ayye kmi-somo, lo šuġl dam=măkinat. kīt šuġl dam=măkinat băle dann=id̲ot̲o zēd basimto-yo* 'Die Nudeln machen ... sie werden von den Mädchen mit den Händen gemacht, es ist keine Maschinenware. Es gibt auch mit Maschinen hergestellte (Nudeln), aber die von Hand gemachten schmecken besser.' MT 1.1:34 || cf. Arab. *zāʾid* 'zunehmend; übersteigend, mehr' Wehr 398 = **zid ~ zīd**

zibdo *n.m.* Butter | *bi=quwwe da=droʿone kmayʿole, xxulṭole b-ᵊḥd̲od̲e kmayʿole hōl d-kowe ... d-ᵊknufqo i=zibdayd̲e* '(Die Hausfrau) buttert mit der Kraft der Arme, sie vermischt (Joghurt und Wasser) und buttert sie, bis die Butter sich absetzt.' MT 1.1:76 • RW 583 || Arab. *zubda* 'id.' Wehr 381

zĭbono *inf. II* Verkaufen | *i=gwetayo u=ḥa d-obiʿ kmawbela lu=zĭbono, u=ḥa d-obiʿ kṭŭrela lu=bayto* 'Wer möchte, bringt diesen Käse zum Verkauf, und wer möchte, lässt ihn für das Haus.' MT 1.1:83 → **zbn**

zid ~ zīd *adv.* mehr | *a=ṭlawḥe sĭmoqe, hanik-ste, kmašĭġatte, šafiro, bĭt̲ir kmaṭifit aʿlayye maye, mar, d-immina ṭase, finğān d-ᵊhno, dam=maye, ṭlawḥe sĭmoqe, w kmaḥtit aʿlayye qădar lītra, zid, yaʿni kfoyiš ʿal u=zawk did̲ux* 'Die roten Linsen, die wäschst du sorgfältig, dann bedeckst du sie mit Wasser, sagen wir auf eine Tasse, eine Tasse Wasser, (nein, eine Tasse) rote Linsen kommt etwa ein Liter oder mehr Wasser. Es hängt von deinem Geschmack ab.' MT 2.10:1; *bdalle bi=ṣinʿat̲te, zīd mam=mid̲yoye kulle ḥāl dit̲te basimo-we* 'Sie begannen mit ihrem Handwerk, sie standen sich besser als alle Midyader.' MT 3.2:27 = **zēd**

zīfkár *n.m., pl.* **id.** Gold- und Silberschmied | *u=mede d-kot̲e l-boli hani kot̲in ... [ST: zīfkár] zīfkár* 'Das sind die (Berufe), die mir den Sinn kommen. [ST: Gold- und Silberschmiede] Gold- und Silberschmiede.' MT 1.7:6 • RW 583 || Kurm. *zîvker* 'silversmith' Chyet 696

zĭhamáṛ *n.m.* eine Art Schlange | *maʿlele ʿayne li=dawmo, ḥil̲le kĭlé ḥayye zĭhamáṛ saliqo bi=dawmo d-izzá d-uxlo as=safrunanik* 'Er erhob seine Augen zu dem Baum, da sah er eine Riesenschlange, die auf den Baum gekrochen war, um diese Vögel zu fressen.' MT 5.3:33 • cf. *zĭha* RW 584 || Kurm. *ziha(r)* 'dragon, serpent' + *mar* 'snake' Chyet 691, 364

zile, zila ⊗ seltene Variante für *azzé, azzá* → **ʾzl**

Zīn Name eines Helden im Märchen | MT 5.2:8

ziṛnaye *n.f.* Zurna (Blasinstrument, Oboe) | *i=mištut̲o d-ŭweba mĭṭirbi, kowe kēf w raqd̲o ġắlăbe, mĭnayye kmanṭin dinnaga w ziṛnaye-ste* 'Wenn es auf der Hochzeit einen Sänger gibt, dann gibt es viel Spaß und Tanz, manche bringen dazu noch Trommel und Zurna.' MT 1.3:26 • RW 586 || cf. Türk. *zurna* 'id.'; cf. Kurm. *zirne* 'id.' Chyet 694

zĭwoqo *inf. II* Reinigung des Getreides durch Herunterrieseln | *bīṯir mid ᵊmdaranne kimrawšinne bu=rawšo, kimmínale zĭwoqo, bīṯir mid ᵊmzawqinne, koṯin kmanṭin ṣĭrado w kṣurdinne* 'Wenn sie das Getreide geworfelt haben, schaufeln sie es mit der Schaufel auf einen Haufen – das nennt man *zĭwoqo*, und dann bringen sie ein grobes Sieb und sieben es damit.' MT 1.1:19 → **zwq**

zĭyudo • RW 587 || cf. Arab. *zāʾid* 'zunehmend; übersteigend, mehr' Wehr 398

bu=zĭyudo mehrheitlich, in der Mehrheit | *wălaw b-Miḏyaḏ ġilbá-wayne amma l-larwal d-Miḏyaḏ naqqa=ḥreto bu=zĭyudo aṭ=ṭaye-wayne* 'Auch wenn sie in Midyat die Mehrheit stellten, so waren doch wiederum außerhalb von Midyat die Muslime in der Mehrheit.' MT 1.7:5 → **b**

zizono *n.m., pl.* **zizone** Unkraut | *aḥna sidayna b-Miḏyaḏ an=niše kimnaqin u=zizono m-baynoṯe* 'Bei uns in Midyat jäten die Frauen das Unkraut zwischen den Halmen.' MT 1.1:11 • RW 587 || Syr. *zizono* 'weed' SL 378

zlām *n.m., pl.* **zlamat** Mann | *miftakalla, darbo d-ṣulḥ layto, illa kīt šēx d-ʿInkāf, zlām mōr d-wiždān-we* 'Sie überlegte: Es gibt keinen Weg zum Frieden außer ... Es gibt den Schech von ʿInkāf, er ist ein Mann mit Gewissen.' MT 3.2:18; *kitwo zlām tağir rabo* 'Es war einmal ein großer Kaufmann.' MT 5.1:1 || cf. Kurm. *zilam* 'id.' Chyet 691; cf. Syr. Arab. *zalama, zalame, pl. azlām* 'id.' Wehr 390, Barthélemy 1969:318; cf. Anat. Arab. *zalame, pl. zlām* 'id.' JK 63

zlq || cf. Arab. *lzq I* 'kleben, haften' Wehr 829

Ip *zlīq, zliqo - mizliq, mizloqo intr.* an (*b-*) etw. kleben | *maḥtínawo maye bi=qōšxane, w malḥo w čike d-zayto-ste d-lĭ=mizloqi b-ᵊḥḏoḏe* 'Wir füllten Wasser in einen Kochtopf, dazu Salz und auch etwas Öl, damit (die Kutle) nicht aneinander klebten.' MT 2.7:15

zlṭn || denom. < *zalṭono* → **zalṭono**

Q *mzalṭalle, mzalṭalla - mzalṭin, mzalṭᵊno tr.* nackt machen, nackt ausziehen | *kurxiwa ʿal ay=yasire, u=ḥa d-ḥozin qquṭlile, u=ḥa d-ḥozin gmihnalle, mašlĭḥile w miblile w mzalṭᵊnile* 'Sie suchten nach Flüchtlingen. Wen sie fanden, den brachten sie um, den ... Sie zogen ihnen die Kleider aus, sie nahmen sie mit und zogen sie nackt aus.' MT 3.1:12

zmr || Syr. *zmr Pe.* 'to sing' SL 386

I *zmille, zmilla - zomir, zumro* singen | *ʿal bayte d-babe di=pire, bīṯir mĭ-Zīn ᵊd-ṭiryono nošo moḥe iḏe bu=ṭambir w zomir* 'Beim Vaterhaus der Alten, soll ich zulassen, dass nach Zīn irgend jemand die Laute schlägt und dazu singt?' MT 5.2:74

zōr ~ **zōṛ** *n.m.* Gewalt, Mühe • RW || cf. Kurm. *zor* 'id.' Chyet 697; cf. Türk. *zor* 'id.'

bu=zōṛ **(1)** mit Gewalt, durch Gewaltanwendung **(2)** mit knapper Not, gerade noch | *bu=zōṛ marfalle u=kurrĭko d-lo qaṭlo, mawballe i=kaččĭke* 'Mit knapper Not ließen sie den jungen Mann frei, ohne ihn zu töten, und nahmen das Mädchen mit.' MT 1.6:3; *qṭille babuxstene w qṭille ʿammux-stene, ʿammux bu=zōr maxlaṣli* 'Sie haben deinen Vater getötet und auch deinen Onkel. Deinen Onkel habe ich mit Mühe gerettet.' MT 5.2:97 → **b**

zqoro *inf.* Weben, Spinnen | *e latwo šuġlone, gŭmoṯo-wayye, zqoro zuqriwo šuqo, kulle, w naʿime-wayye kulle, kulle gŭmoṯo, latwo dukkane d-fitḥi šuġlone d-saymi* 'Nun, es gab keinerlei Arbeit. Es gab Webstühle, sie webten Leinwand, alle, und alle waren jung. Alle (arbeiteten nur an) den Webstühlen. Es gab keine Läden, die sie hätten eröffnen, keine Arbeiten, die sie hätten ausüben können.' MT 3.4:1 → **zqr**

zqr || Syr. *zqr Pe.* 'to weave, spin' SL 395

I *zqiḷḷe, zqiḷḷa - zoqir, zuqro tr.* weben, spinnen | *e latwo šuġlone, gŭmoṯo-wayye, zqoro zuqriwo šuqo, kulle, w naʿime-wayye kulle, kulle gŭmoṯo, latwo dukkane d-fitḥi šuġlone d-saymi* 'Nun, es gab keinerlei Arbeit. Es gab Webstühle, sie webten Leinwand, alle, und alle waren jung. Alle (arbeiteten nur an) den Webstühlen. Es gab keine Läden, die sie hätten eröffnen, keine Arbeiten, die sie hätten ausüben können.' MT 3.4:1

zrʿ || Syr. *zrʿ Pe.* 'to plant, sow' SL 399

I *zriʿle, zriʿla - zoriʿ, zurʿo tr.* säen, besäen, pflanzen, anbauen | *kkoru i=arʿo, qamayto, bĭṯir kmo yawme d-ʾmkamil a=ḥrene krowo kṯŭnelin, bĭṯir mu=ṯnoyano kimbasamme, bĭṯir mu=bĭsomano gzŭraʿʿe. i=naqqa d-ʾgzŭraʿʿe kmawbil ḥa aʿme ḥreno, ya naʿimo ya rabo, d-zoriʿ warzo* 'Zunächst führt er (auf) dem Acker das erste Pflügen durch, nach ein paar Tagen, wenn er auch bei den anderen das erste Pflügen durchgeführt hat, führt er das zweite Pflügen durch, und nach dem zweiten Pflügen das feine Pflügen. Nach dem feinen Pflügen besät er (die Felder). Wenn er sie besät, nimmt er noch jemand anderen mit, klein oder groß, um das Melonenfeld zu besäen.' MT 1.1:3

Ip *zrīʿ, zriʿo - mizriʿ, mizroʿo intr.* gesät werden, gepflanzt werden, angebaut werden | *nafiq u=ḥṣodo, izzinwo b-ḥaq diṯṯe ḥuṣdiwo, u=zād diṯṯe-we l-ĭbiwunne-yo aṭ=ṭaye, ḥiświwole r-ruḥayye, līʾannu mu=ṭăraf daṭ=ṭaye zriʿwo* 'Die Erntezeit kam, da gingen sie und ernteten für Lohn. Das Getreide gehörte ihnen, doch die Muslime gaben es ihnen nicht, sie glaubten, es gehöre ihnen, weil es von den Muslimen gesät worden war.' MT 3.2:30

zrṭ || cf. Kurm. *zirt* 'cri de guerre, menace' DKF 1950-1951; cf. Syr. *zrṭ Pa.* 'to torment' SL 398

II *mzaraṭle, mzaraṭla - mzariṭ, mzarṭo intr.* drohen | *immiwo u=rūṣ aṯí, u=rūṣ aṯí li-hanayiyaydan, kule mi=zuḥ-ṯaydan, mzarṭínawo b-ruḥayna mi=zuḥṯay-ḏan* '(Die Christen) sagten: Russland ist gekommen, Russland ist uns zur Hilfe gekommen! Das alles (sagten wir) aus Angst, wir stießen von uns aus Drohungen aus, vor lauter Angst.' MT 3.1:28; *komir wálḥasil azzín mʾqabil diḏe mzaraṭṭe aʿle w hğimme aʿle w kimzaʿrile kimzaʿwʾqi aʿle* 'Schließlich zogen sie ihm entgegen, sie beleidigten ihn, sie griffen ihn an und beschimpften ihn, schrien ihn an.' MT 5.2:50

zuġto *n.f.* Hühnchen | *hinne malaxxe w huwe-stene barim hawxa ʿal i=qŭlaytayḏe, ḥiḷḷe kīlé kīt qalto, kīt zuġto bălăke ḥĭwirto kumto kiba háqqayis, mḥalaqto* 'Sie machten sich auf und gingen. Er selbst ging so um seine Zelle herum, da sah er einen Misthaufen. Da war ein gescheck-tes Hühnchen, schwarz und weiß, etwa so groß. Es lag dort weggeworfen.' MT 4.3:7 • Nicht in RW || Syr. *zoġo,* f. *zoġto* 'id.' SL 364

zuḥṯo *n.f.* Angst | *immiwo u=rūṣ aṯí, u=rūṣ aṯí li-hanayiyayḏan, kule mi=zuḥṯayḏan, mzarṭínawo b-ruḥayna mi=zuḥṯayḏan* '(Die Christen) sagten: Russland ist gekommen, Russland ist uns zur Hilfe gekommen! Das alles (sagten wir) aus Angst, wir stießen von uns aus Drohungen aus, vor lauter Angst.' MT 3.1:28 || Syr. *zawʿṯo* 'id.' SL 375 → **zyʿ**

zuwwade *n.f.* Proviant | *u=zʿuro rawix ʿal i=sistayḏe, w maḥátlele išmo d-zuwwade w maḥátlele išmo d-kallāt bi=xurǧāzinayḏe w mḥele azzé* 'Der Junge bestieg sein Pferd, er steckte sich etwas Proviant und etwas Geld in seine Satteltasche und machte sich auf den Weg.' MT 5.3:32 • RW 589 || Arab. *zuwwāda* 'Reiseproviant' Wehr 394; cf. Syr. *zwoḏo* 'id.' SL 370

zuwwār *n. pl.* Besucher | *mid aṯyo lab=bĭ-ḥmoye yawme=d-ḥiššabo kizzé u=ahᵊl-ahᵊl kimbarkinne w bĭṯir lĭ=kfoyiš lo zuwwār w lo azole w lo aṯoye* 'Wenn sie (die Braut) am Sonntag in das Haus der Schwiegereltern gekommen ist, gehen die engeren Verwandten und gratulieren ihr. Danach gibt es keine Besucher mehr, keiner kommt und keiner geht.' MT 1.3:49 || Arab. *zāʾir, pl. zuwwār* 'id.' Wehr 395

zwq || Syr. *zwq Af.* 'to toss in the air, to winnow' SL 375

II *mzawaqle, mzawaqla - mzawiq, mzawqo tr.* durch Herunterrieseln reinigen | *bĭṯir mid ᵊmdaranne kimrawšinne bu=rawšo, kimmínale zĭwoqo, bĭṯir mid ᵊmzawqinne, koṯin kmanṭin ṣĭrado w kṣurdinne, mid ᵊṣrĭdinne kmanṭin u=ḥaywān diṯṯe w knuqlinne kmawbᵊlinne lu=bayto* 'Wenn sie das Getreide geworfelt haben, schaufeln sie es mit der Schaufel auf einen Haufen – das nennt man *zĭwoqo*, und dann bringen sie ein grobes Sieb und sieben es damit. Wenn sie es gesiebt haben, bringen sie ihr Tier und transportieren (das Getreide) nach Hause.' MT 1.1:19

zxm || cf. Arab. *ḏxm V* 'sich aufblähern, sich vergrößern, an Stärke zunehmen' Wehr 543; cf. Kurm. *zexm* 'strong, powerful' Chyet 688 → **zaxm**

III *mazxamle, mazxamla - mazxim, mazxᵊmo intr.* stark werden | *bu=škĭlano mḏawamla w hin bᵊ-hin i=ḥkume mazxamla hawxa yaʿni* 'Auf diese Weise ging es weiter, doch nach und nach wurde die Regierung stärker.' MT 3.3:14

zyaratči, f. **zyaratčiye**, *pl.* **zyaratčiye** Besucher | *ʿabiri li=dirto di=dayro, mĭṟe lu=dayroyo, mĭṟe aším kaṯilux zyaratčiye, kayiwe* 'Sie betraten den Hof des Klosters. Man sagte zu dem Mönch: Du hast Besuch bekommen, Kranke.' MT 5.1:34 • Nicht in RW || Türk. *ziyaretçi* 'id.' → **zyr**

zyʿ || Syr. *zwʿ Pe.* 'to tremble, to shake; to be afraid' SL 374

I *zayiʿ, zayiʿo - zoyiʿ, zayʿo intr.* Angst bekommen, sich vor (*m-*) etw./jdm. fürchten | *hawi hawxa, maltamme ar=rabe da=prūṭ mawblinne qṭĭlinne. mawblinne qṭĭlinne, u=mede d-kudʿina yaʿni, hanik azzín, bĭṯir ar=rabe das=siryoye zayiʿi, de lo ḥzalle hanik qṭili* 'Dann kam es so, dass man die Anführer der Protestanten zusammentrieb, sie wegbrachte und ermordete. Sie brachten sie weg und ermordeten sie. Nachdem sie weg waren, soweit wir wissen, bekamen die Anführer der Orthodoxen Angst, hatten sie doch gesehen, dass (die Protestanten) umgebracht worden waren.' MT 3.3:3; *čike ánnaqqa ad=dŭwal mqadamme l-ᵊḥḏoḏe, fayiš hinne-ste kzayʿi mi=ḥṭiṯo d-ruḥayye* 'Nun sind die Staaten ein wenig aufeinander zugegangen, deshalb fürchten auch sie sich nun wegen ihrer Sünden.' MT 3.1:19

III *maziʿle, maziʿla - maziʿ, maziʿo tr.* jdm. (Akk.) Angst machen, erschrecken | *omir kŭbaʿno i=kaččĭkat̲e d-ᵊmsalmítulla, w d-lĭ=msalmítulla u=šuġlo ġĭyoqir, yaʿni mazíʿlelan* 'Er sagte: Ich möchte, dass ihr dieses Mädchen herausgebt, und wenn ihr sie nicht herausgebt, dann wird die Sache ernst. Er wollte uns Angst machen.' MT 1.6:6

zyd || Arab. *zyd I* 'zunehmen' Wehr 397

I *zayid, zayido - zoyid, zaydo intr.* übrig bleiben, mehr werden, zunehmen | *ad=dawġe-stene ŭbíwunne u=ḥa d-latte. mfarqíwunne, aw naqqāt hŭwanwo, zaydiwo, mšaḥníwunne* 'Die (dabei entstandene) Buttermilch pflegten sie denen zu geben, die nichts hatten, sie verteilten sie. Wenn manchmal Buttermilch übrigblieb, erhitzten sie sie.' MT 2.5:7

III *mozadle, mozadla - mozid, mizdo tr.* mehren, vermehren | *mil̲l̲e kŭd̲aʿno dayroye-hatu, klozim komir migwir, u=nsān d-obe fire mozid i=hnayd̲e, i=mšiḥoyut̲ayd̲e.* 'Er sagte: Ich weiß, dass ihr Mönche seid, doch es muss geheiratet werden. Der Mensch, der Früchte gibt, mehrt sein Christentum.' MT 4.5:4

zyḥ || Syr. *zwḥ Pa.* 'to carry in solemn procession' SL 371

II *mzayaḥle, mzayaḥla - mzayiḥ, mzayḥo tr.* segnen, zelebrieren, feiern | *id̲a d-howe saliqo du=măt̲ibḥo kmaslᵊqi u=mit̲awo lu=măt̲ibḥo, kimzayḥile, mid kamilo i=ṣlut̲o du=lĭwoyo kmŭḥalle bann=arbaʿ qurnawot̲o di=ʿito* 'Wenn er jemand ist, der zum Altar hinaufgestiegen ist, dann tragen sie diesen Toten hinauf zum Altar, sie segnen ihn aus, und wenn das Totengebet beendet ist, bringen sie ihn zu den vier Ecken des Altarraums.' MT 1.2:7

zyr || Arab. *zwr I* 'besuchen' Wehr 395

I *zil̲l̲e, zil̲l̲a - zoyir, zayro tr.* besuchen | *kul=ḥiššabo kul=ᵊtre gzayri i=kalat̲te, kmaw... kšuqlila ġule, kmawbᵊlila dahwo kmawbᵊlila aš=šayre* 'Jeden Sonntag oder jeden zweiten Sonntag besuchen sie ihre (künftige) Schwiegertochter, sie kaufen ihr Kleider, sie bringen ihr Gold, sie bringen ihr Armreifen.' MT 1.3:15

Ž

žare *interj.* arm, bedauernswert | *izzí kul=naqqa ṭilbanwo i=agono mĭnayye, žare i=mḥasayto di=Rĭḥane, izzí manṭanwo i=agono mĭ-gabayye* 'Ich ging jedes Mal und verlangte die Tonschale von ihnen. (Da lebte noch) die selige Rĭḥane, die arme. Ich ging und holte die Tonschale bei ihnen ab.' MT 2.6:2 || Kurm. *jarê* 'pauvrette! la pauvre!' DKF 755

žehati *adj.* tüchtig | *omir ašir kimčayliš, elo u=idrakayd̲e latyo qawyo. e hano u=malko kḥoze u=abro, kḥŭzele l-qul i=ʿayno ġắlăbe žehati* '(Der Lehrer) sagte: Nun, er arbeitet mit, aber seine Auffassungsgabe ist nicht besonders stark. Der König hielt seinen Jungen ... in seinen Augen war er sehr tüchtig.' MT 5.5:4 || Kurm. *jêhatî* 'id.' Chyet 289

žġayni m- *prep.* zusätzlich zu, außer | *kitwo ʿal u=mamro išti=alfo, kimmi ʿaskar ḥid̲ōr ʿIwardo, žġayni mak=kurmānğ* 'Dem Vernehmen nach befanden sich sechzigtausend Soldaten um ʿIwardo herum, zusätzlich zu den Kurden.' MT 3.3:7 • RW 256 || cf. Kurm. *ji* + *Arab. ġair* 'id.'; cf. Kurm. *xeynî; ji xeynî* 'id.' Chyet 677, DKF 1848

žinnĭke *n.f.*, *pl.* **žinnĭkat, žinnĭkāt** Frau, Ehefrau | *u=qamḥawo kmanṭalle lu=bayto. naqqa=ḥreto, mōr du=bayto, yaʿni i=žinnĭke, i=kăbaniye, gʿurwole* 'Dieses Mehl bringen sie nach Hause. Der Hausherr, oder besser die Ehefrau, die Hausfrau, siebt erneut das Mehl.' MT 1.1:22; *nafíqina ánnaqqa ʿal, ʿal u=darbawo di=dayro. (...) ŭno w išto šawʿo yasire w žinnĭkāt w mĭdone* 'Wir gingen hinaus auf den Weg zum Kloster, (...) ich und sechs, sieben Flüchtlinge, Frauen und so weiter.' MT 3.1:20; *i=žinnĭke, i=atto du=rabo ṭʿinto-yo, hawila zʿuro* 'Die Frau, die Ehefrau des Älteren war schwanger und sie gebar einen Jungen.' MT 5.2:52 || Kurm. *jinik (jin* + Diminutiv*)* 'id.' Chyet 290, 291

žnu *adv.* erst dann | *komir nafiq u=šiḏo mi=zʿurto (...) komir i=kaččĭke žnu, komir aṯi hiš diḏa l-riša* 'Da fuhr der Teufel aus diesem Mädchen aus. (...) Erst da kam das Mädchen zur Besinnung.' MT 4.4:11-12 • RW 257 || Kurm. *ji nû* 'id.' Chyet 291

ž-xera xŭde-ra *interj.* ⊗ Kurdisch Oh dass doch! | *miḻḻe aʿʿʿʿʿaww ḥaru baytux, Kž-xera xŭde-raK u=ṭayro... i=ḥayye uxlowa šwaʿ-išne=ḥrene af=farxayḏi w l-ímmatwoli i=ḥikkoye d-Gŭlo Zĭlo Bando* 'Der Vogel sagte: Oh je! Der Teufel soll dich holen. Hätte doch die Schlange noch sieben weitere Jahre meine Jungen gefressen und du hättest mir nicht gesagt: (Ich will) die Geschichte von Gŭlo Zĭlo Bando (hören).' MT 5.3:40

Verbliste

Mid̠yoyo - Deutsch

a, ʿ, b

amṭe, amṭyo - amṭele, amṭela bringen → mṭy III

ʿobir, ʿubro - ʿabir, ʿabiro eintreten → ʿbr I

ʿoğiz, ʿuğzo - ʿağiz, ʿağizo (etwas) leid sein, lästig finden, (einer Sache) überdrüssig sein → ʿğz I

ʿomir, ʿumro - ʿamir, ʿamiro gebaut werden → ʿmr I

ʿoru, ʿurwo - ʿrule, ʿrula sieben → ʿrw I

ʿoṣe, ʿiṣyo - ʿaṣi, ʿaṣyo sich verschanzen → ʿṣy I

ʿoṣir, ʿuṣro - ʿṣille, ʿṣilla auspressen → ʿṣr I

ʿowid, ʿudo - ʿwidle, ʿwidla arbeiten → ʿwd I

ʿoyiq, ʿayqo - ʿayiq, ʿayiqo eng werden, sich in Not befinden → ʿyq I

ʿoyiš, ʿayšo - ʿayiš, ʿayišo leben, wohnen → ʿyš I

ʿozil, ʿuzlo - ʿzile, ʿzila spinnen → ʿzl I

ʿŭyaqle, ʿŭyaqla - ʿayiqle, ʿayiqla jdn. (*mĭ-*) nicht ausstehen können, jdn. hassen → ʿyq + l-

bode, bidyo - bdele, bdela beginnen → bdy I

bohir, buhro - bahir, bahiro hell werden → bhr I

boliʿ, bilʿo - bliʿle, bliʿla verschlingen → blʿ I

boliq, bulqo - baliq, baliqo erscheinen, unerwartet → blq I

bore, biryo - brele, brela (er)schaffen → bry I

borim, burmo - barim, barimo sich drehen, herumgehen → brm I

borim, burmo - brimle, brimla drehen → brm I

bosim, busmo - basim, basimo lecker werden, gut werden → bsm I

bošil, bišlo - bašil, bašilo gekocht werden, gar werden → bšl I

boṭil, biṭlo - baṭil, baṭilo müde werden → bṭl

boxe, buxyo - baxi, baxyo weinen → bxy I

boyir, bayro - bayir, bayiro abkühlen, (Wärme) verlieren → byr I

boyiz, bayzo - bizle, bizla verschütten, ausstreuen, gießen → byz I

bozir, bizro - bziḷḷe, bziḷḷa aussäen → bzr I

č, d, ḏ, f

čoyik, čayko - čikle, čikla hineinstecken → čyk I

doʿe, diʿyo - dʿele, dʿela flehen → dʿy I

doʿir, duʿro - daʿir, daʿiro zurückkehren → dʿr I

doʿiṯ, duḥṯo - daʿiṯ, daʿiṯo schwitzen → dʿṯ I

dohin, duhno - dhille, dhilla fetten

→ dhn I

domix, dumxo - damix, damixo schlafen, einschlafen → dmx I

dore, diryo - drele, drela zu Boden werfen, fallen lassen → dry I

doris, dirso - drisle, drisla studieren → drs I

dowiq, duqo - dwiqle, dwiqla Brotteig an die Ofenwand kleben → dwq I

dowir, duro - dwil̤le, dwil̤la pflügen → dwr I

doyif, dayfo - difle, difla reiben → dyf I

doyiq, dayqo - diqle, diqla stampfen, zerstampfen → dyq[1] I

doyiq, dayqo - diqle, diqla schmecken, kosten → dyq[2] I

doyiš, dayšo - dišle, dišla auf etw. treten → dyš I

ḏoʿif, ḏiḥfo - ḏaʿif, ḏaʿifo schwach werden → ḏʿf I

fohim, fihmo - fahim, fahimo etw. verstehen → fhm I

folit, filto - falit, falito entkommen → flt I

foqiḥ, fiqḥo - fqiḥle, fqiḥla sprießen, zu wachsen beginnen → fqḥ I

foriq, firqo - friqle, friqla etw. von etw. unterscheiden → frq I

foris, firso - frisle, frisla ausbreiten → frs I

forix, furxo - frixle, frixla reiben → frx I

fošir, fišro - fašir, faširo schmelzen → fšr I

fotiḥ, fitḥo - ftiḥle, ftiḥla öffnen, aufmachen → ftḥ I

fotir, fitro - fatir, fatiro lauwarm werden → ftr I

foyiḥ, fayḥo - fayiḥ, fayiḥo sich abkühlen → fyḥ I

foyir, fayro - fayir, fayiro fliegen → fyr I

foyiš, fayšo - fayiš, fayišo bleiben → fyš I

foyit, fayto - fayit, fayito vorbeigehen → fyt I

g, ġ, ğ

goḥix, guḥxo - gaḥix, gaḥixo lachen, sich über jdn./etw. lustig machen → gḥx I

gone, ginyo - gani, ganyo zur Neige gehen (Tag), untergehen → gny I

goris, gurso - grisle, grisla schroten, mahlen → grs I

goriš, guršo - grišle, grišla ziehen, herausziehen → grš I

gowir, guro - gawir, gawiro heiraten → gwr I

ġolib, ġilbo - ġlible, ġlibla besiegen → ġlb I

ġoyiṭ, ġayṭo - ġiṭle, ġiṭla tauchen → ġlṭ I

ğobir, ğibro - ğbil̤le, ğbil̤la zwingen → ğbr I

ğoġir, ğuġro - ğġil̤le, ğġil̤la schüren → ğġr I

ğomid, ğumdo - ğamid, ğamido sich abkühlen, kalt werden → ğmd I

ğore, ğuryo - ğari, ğaryo passieren, geschehen → ğry I

h, ḥ

hne, hno - hnele, hnela so und so machen → hny I

hodin, hidno - hadin, hadino sich beruhigen → hdn I

hoğim, huğmo - hğimle, hğimla jdn. angreifen, überfallen → hğm I

holik, hilko - halik, haliko zu Grunde gehen, umkommen → hlk I

howe, huyo - hawi, hawyo werden → hwy I

hŭwele, hŭwela - hawile, hawila haben, bekommen → hwy + l-

hoyiz, hayzo - hizle, hizla schütteln → hyz

hule, hula geben → ʾby/hw I

ḥoḏir, ḥuḏro - ḥaḏir, ḥaḏiro anwesend sein → ḥḏr I

ḥofir, ḥufro - ḥfil̲le, ḥfil̲la graben → ḥfr I

ḥokim, ḥukmo - ḥakim, ḥakimo sich befinden, fallen → ḥkm[1] I

ḥokim, ḥukmo - ḥkimle, ḥkimla herrschen → ḥkm[2] I

ḥole, ḥulyo - ḥali, ḥalyo süß werden → ḥly I

ḥoliğ, ḥulğo - ḥliğle, ḥliğla (Baumwolle) entkörnen → ḥlğ I

ḥolim, ḥulmo - ḥalim, ḥalimo dick werden → ḥlm I

ḥoliq, ḥulqo - ḥliqle, ḥliqla rasieren → ḥlq I

ḥolu, ḥulwo - ḥlule, ḥlula melken → ḥlw I

ḥoniq, ḥunqo - ḥniqle, ḥniqla erwürgen, ertränken → ḥnq I

ḥoru, ḥurwo - ḥaru, ḥariwo verderben, zerstört werden → ḥrw I

ḥŭrawle, ḥŭrawla - ḥarule, ḥarula sich um etw./jdn. Sorgen machen → ḥrw + l-

ḥore, ḥiryo - ḥrele, ḥrela scheißen, seine Notdurft verrichten → ḥry I

ḥoṣid, ḥuṣdo - ḥṣidle, ḥṣidla ernten → ḥṣd

ḥoṣil, ḥuṣlo - ḥuṣil, ḥuṣilo gelangen, ankommen → ḥṣl I

ḥošif, ḥušfo - ḥšifle, ḥšifla jäten → ḥšf I

ḥošu, ḥušwo - ḥšule, ḥšula rechnen, zählen, denken, für etw. halten → ḥšw

ḥoṭe, ḥiṭyo - ḥaṭi, ḥaṭyo sündigen → ḥṭy I

ḥowir, ḥuro - ḥawir, ḥawiro weiß werden → ḥwr I

ḥoyik, ḥayko - ḥikle, ḥikla kratzen → ḥyk I

ḥoyim, ḥaymo - ḥayim, ḥayimo heiß werden → ḥym I

ḥoyir, ḥayro - ḥil̲le, ḥil̲la schauen, auf etw. schauen → ḥyr I

ḥoyiṣ, ḥayṣo - ḥiṣle, ḥiṣla Druck ausüben → ḥyṣ I

ḥoyiṭ, ḥayṭo - ḥiṭle, ḥiṭla nähen, vernähen → ḥyṭ I

ḥoze, ḥizyo - ḥzele, ḥzela sehen → ḥzy I

i, k, l

izzé, izzá - azzé, azzá gehen → ʾzl I

izzele, izzala - azzele, azzala gehen → ʾzl I

izzele, izzala - azzele, azzala verlieren → ʾzl I + l-

kofin, kufno - kafin, kafino hungrig werden → kfn I

kofix, kufxo - kfixle, kfixla schütten → kfx I

kole, kulyo - kali, kalyo anhalten, stehen bleiben → kly I

komil, kumlo - kamil, kamilo beendet sein, fertig werden → kml I

korix, kurxo - karix, karixo umhergehen, herumfahren → krx I

koriz, kurzo - krizle, krizla predigen → krz I

koru, kurwo - krule, krula zum ersten Mal grob pflügen → krw I

kosiḥ, kusḥo - ksiḥle, ksiḥla schneiden (Weinberg) → ksḥ I

kot̲u, kut̲wo - kt̲ule, kt̲ula schreiben, aufschreiben, notieren → kt̲w I

koyib, kaybo - kible, kibla auskippen → kyb I

koyif, kayfo - kifle, kifla sich beugen → kyf I

koyit, kayto - kayit, kayito erhitzt werden (beim Einkochen) → kyt I

kozid, kuzdo - kzidle, kzidla pökeln → kzd I

loqe, luqyo - laqi, laqyo jdm./etw. begegnen, treffen → lqy I

loqif, liqfo - lqifle, lqifla auffangen → lqf I

loṣe, liṣyo - laṣi, laṣyo sich ducken, auf der Hut sein → lṣy I

lotim, lutmo - latim, latimo sich versammeln, zusammenkommen → ltm I

loṭiʿ, luṭʿo - lṭiʿle, lṭiʿla lecken → lṭʿ I

lowiš, lušo - lwišle, lwišla anziehen, tragen → lwš I

loyiš, layšo - lišle, lišla (Teig) kneten → lyš I

loyiṭ, layṭo - liṭle, liṭla verfluchen → lyṭ I

lozim, lizmo - … nötig sein → lzm I

m

mʾamin, mʾamno - mʾamalle, mʾamalla sicherstellen → ʾmn II

maʿbir, maʿbᵊro - maʿbal̤le, maʿbal̤la hineinbringen → ʿbr III

maʿğiz, maʿğᵊzo - maʿğazle, maʿğazla belästigen, verärgern → ʿğz III

maʿle, maʿlᵊyo - maʿlele, maʿlela hochheben → ʿly III

maʿlif, maʿlᵊfo - maʿlafle, maʿlafla füttern (Vieh) → ʿlf III

maʿmid̲, maʿmᵊd̲o - maʿmad̲le, maʿmad̲la taufen → ʿmd̲ III

maʿmir, maʿmᵊro - maʿmal̤le, maʿmal̤la bauen, errichten → ʿmr III

maʿre, maʿrᵊyo - maʿrele, maʿrela zu Mittag essen → ʿry III

mabrim, mabrᵊmo - mabramle, mabramla drehen → brm III

madʿir, madʿᵊro - madʿal̤le, madʿal̤la zurückbringen → dʿr III *madmix, madmᵊxo - madmaxle, madmaxla* (ein)schlafen lassen → dmx III

mafiḥ, mafiḥo - mafiḥle, mafiḥla abkühlen, abkühlen lassen → fyḥ III

mafit, mafito - mafitle, mafitla hinüberführen → fyt III

maflit, maflᵊto - maflatle, maflatla freilassen, scheiden lassen → flt III

magib, magibo - magible, magibla Angst bekommen → gyb III

mağmid, mağmᵊdo - mağmadle, mağmadla kalt machen, kühlen → ğmd III

mağre, mağrᵊyo - mağrele, mağrela wagen, sich wagen → ğry III

mahim, mahimo - mahimle, mahimla jdn. angehen → hym III

mahzim, mahzᵊmo - mahzamle, mahzamla fliehen, davonkommen → hzm III

maḥis, maḥiso - maḥisle, maḥisla aufwecken, auf etw. aufmerksam machen → ḥys III

maḥit, maḥto - maḥatle, maḥatla stellen, legen → mḥt III

maḥke, maḥkᵊyo - maḥkele, maḥkela erzählen → ḥky III

maḥlim, maḥlᵊmo - maḥlamle, maḥlamla dick werden lassen, dick machen → ḥlm III

maḥru, maḥrᵊwo - maḥrawle, maḥrawla verderben, zerstören, zugrunde richten → ḥrw III

maḥšim, maḥšᵊmo - maḥšamle, maḥšamla zu Abend essen → ḥšm III

maḥwe, maḥwᵊyo - maḥwele, maḥwela zeigen → ḥwy III

makfe, makfᵊyo - makfele, makfela reichen, ausreichen, genügen → kfy III

makil, makilo - makile, makila messen → kyl III

makit, makito - makitle, makitla erhitzen (beim Einkochen) → kyt III

makle, maklᵊyo - maklele, maklela anhalten, stoppen → kly III

makrix, makrᵊxo - makraxle, makraxla herumführen → krx III

maktu, maktᵊwo - maktawle, maktawla schreiben lassen, registrieren lassen → kṯw III

malḏe, malḏᵊyo - malḏele, malḏela leuchten → lḏy III

malḥim, malḥᵊmo - malḥamle, malḥamla verlöten, schweißen → lḥm III

malḥiq, malḥᵊqo - malḥaqle, malḥaqla bringen, gelangen lassen → lḥq III

maliḥ, malḥo - malaḥle, malaḥla salzen → mlḥ II

malim, malimo - malimle, malimla sammeln, versammeln → lym III

malix, malxo - malaxle, malaxla (zu Fuß) gehen → ʾlx II

maltim, maltᵊmo - maltamle, maltamla versammeln, zusammenbringen → ltm III

malṭiʿ, malṭᵊʿo - malṭaʿle, malṭaʿla lecken lassen → lṭʿ III

malwiš, malwᵊšo - malwašle, malwašla jdn. anziehen, kleiden, bekleiden → lwš III

mamiṯ, mamiṯo - mamiṯle, mamiṯla sterben lassen → myṯ III

mamṭe, mamṭyo - mamṭele, mamṭela bringen → mṭy III

manʿim, manʿᵊmo - manʿamle, manʿamla zerkleinern, kleiner machen → nʿm III

manḏ̣if, manḏ̣ᵊfo - manḏ̣afle, manḏ̣afla säubern, reinigen → nḏ̣f III

manfiʿ, manfᵊʿo - manfaʿle, manfaʿla nützen → nfʿ III

manhir, manhᵊro - manhaḷḷe, manhaḷḷa Tag werden lassen, hell werden lassen → nhr III

manḥit, manḥᵊto - manḥatle, manḥatla heruntergehen lassen, herunternehmen → nḥt III

maniḥ, maniḥo - maniḥle, maniḥla heilen, gesund machen → nyḥ III

manšif, manšᵊfo - manšafle, manšafla trocknen lassen, trocken werden lassen → nšf III

manṭe, manṭᵊyo - manṭele, manṭela bringen, mitbringen, holen → nṭy III

maqbil, maqbᵊlo - maqbele, maqbela annehmen, akzeptieren → qbl III

maqḏ̣e, maqḏ̣ᵊyo - maqḏ̣ele, maqḏ̣ela erledigen (Arbeit) → qḏ̣y III

maqim, maqimo - maqimle, maqimla aufstehen lassen, hochbringen, aufrichten → qym III

maqir, maqiro - maqiḷḷe, maqiḷḷa gestehen, verraten → qyr^2 III

maqiṯ, maqiṯo - maqiṯle, maqiṯla anzünden → qyṯ III

maqliʿ, maqlᵊʿo - maqlaʿle, maqlaʿla (Pferd) antreiben → qlʿ^2 III

maqlib, maqlᵊbo - maqlable, maqlabla wenden, umwenden → qlb III

maqliḏ, maqlᵊḏo - maqlaḏle, maqlaḏla zuschließen → qlḏ III

maqniʿ, maqnᵊʿo - maqnaʿle, maqnaʿla überzeugen → qnʿ III

maqre, maqrᵊyo - maqrele, maqrela unterrichten → qry III

maqriṭ, maqrᵊṭo - maqraṭle, maqraṭla frühstücken → qrṭ III

maqše, maqšᵊyo - maqšele, maqšela dick machen, dick werden lassen → qšy III

maqṭil, maqṭᵊlo - maqṭele, maqṭela töten lassen → qṭl III

maqṭir, maqṭᵊro - maqṭaḷḷe, maqṭaḷḷa Joghurtkulturen in die Milch geben, Joghurt machen → qṭr III

marʿe, marʿᵊyo - marʿele, marʿela weiden, weiden lassen → rʿy III

marḏ̣e, marḏ̣ᵊyo - marḏ̣ele, marḏ̣ela den Brautpreis bezahlen, zufriedenstellen → rḏ̣y III

marfe, marfᵊyo - marfele, marfela freilassen, loslassen → rfy III

marġib, marġᵊbo - marġable, marġabla mögen → rġb III

mariš, marišo - marišle, marišla streuen → ryš III

markix, markᵊxo - markaxle, markaxla weich machen, geschmeidig machen → rkx III

marku, markᵊwo - markawle, markawla setzen, aufstellen → rkw III

marṯiḥ, marṯᵊḥo - marṯaḥle, marṯaḥla kochen, zum Kochen bringen, erhitzen → rṯḥ III

marwiʿ, marwᵊʿo - marwaʿle, marwaʿla lagern lassen → rwʿ III

marwix, marwᵊxo - marwaxle, marwaxla setzen (auf Pferd, Esel usw.), (ein)steigen lassen (in ein Auto, auf ein Boot usw.) → rwx III

masḥe, masḥᵊyo - masḥele, masḥela jdn. baden, jdn. waschen → sḥy III *maslim, maslᵊmo - maslamle, maslamla* übergeben → slm III

masliq, maslᵊqo - maslaqle, maslaqla hinaufbringen, hinauftragen → slq III

masme, masmᵊyo - masmele, masmela blind machen → smy III

masmiq, masmᵊqo - masmaqle, masmaqla rot färben, knusprig werden lassen → smq III

masṭir, masṭᵊro - masṭal̤le, masṭal̤la beschützen → sṭr III

masu, masiwo - masule, masula alt werden (Menschen und Tiere) → syw III

maswiᶜ, maswᵊᶜo - maswaᶜle, maswaᶜla ernähren, satt machen → swᶜ III

masxe, masxᵊyo - masxele, masxela ertragen → sxy III

maṣir, maṣro - maṣil̤le, maṣil̤la binden, fesseln → ʾṣr III

mašḥin, mašḥᵊno - mašḥalle, mašḥalla wärmen, erwärmen, heiß machen → šḥn III

mašiġ, mašiġo - mašiġle, mašiġla waschen → šyġ III

maške, maškᵊyo - maškele, maškela sich über etw./jdn. bei jdm. beschweren → šky III

mašliḥ, mašlᵊḥo - mašlaḥle, mašlaḥla Kleidung ausziehen lassen, entkleiden → šlḥ III

mašmiᶜ, mašmᵊᶜo - mašmaᶜle, mašmaᶜla benachrichtigen, hören lassen → šmᶜ III

mašte, maštᵊyo - maštele, maštela tränken, zu trinken geben, wässern → šty III

matim, matimo - matimle, matimla beenden, vollenden → tym III

matre, matrᵊyo - matrele, matrela befeuchten, nass machen → try III

maṭᶜin, maṭᶜᵊno - maṭᶜalle, maṭᶜalla beladen → ṭᶜn III

maṭfe, maṭfᵊyo - maṭfele, maṭfela löschen, auslöschen, ausschalten → ṭfy III

maṭiᶜ, maṭiᶜo - maṭiᶜle, maṭiᶜla gehorchen, sich unterwerfen → ṭyᶜ III

maṭif, maṭifo - maṭifle, maṭifla mit Wasser bedecken → ṭyf III

maṭrᵊḥo (f.) - maṭraḥla (f.) eine Fehlgeburt erleiden (Tiere) → ṭrḥ III

maṯniḥ, maṯnᵊḥo - maṯnaḥle, maṯnaḥla jdn. sich erholen lassen → ṯnḥ III

mawbil, mawbᵊlo / miblo - mawbele, mawbela wegnehmen, mitnehmen → ybl III

mawfiq, mawfᵊqo - mawfaqle, mawfaqla hinausbringen, herausnehmen, herausholen → nfq III

mawqiḏ, mawqᵊḏo - mawqaḏle, mawqaḏla in Brand stecken, verbrennen → yqḏ III

mawriq, mawrᵊqo - mawraqle, mawraqla grünen → yrq III

mawru, mawrᵊwo - mawrawle, mawrawla großziehen → yrw III

mawṣe, mawṣᵊyo - mawṣele, mawṣela anweisen, jdm. etw. einprägen → wṣy III

mawtu, mawtᵊwo / mutwo - mawtawle, mawtawla setzen, einsetzen, Platz nehmen lassen → ytw III

maxin, maxino - maxille, maxilla jdn. verraten → xyn III

maxle, maxlᵊyo - maxlele, maxlela ausschütten, leeren → xly III

maxliṣ, maxlᵊṣo - maxlaṣle, maxlaṣla retten → xlṣ III

mayil, mayilo - mayele, mayela wegnehmen, wegbewegen → myl II

maziʿ, maziʿo - maziʿle, maziʿla jdm. Angst machen, erschrecken → zyʿ III

mazxim, mazxᵊmo - mazxamle, mazxamla stark werden → zxm III

mʿadil, mʿadlo - mʿadele, mʿadela ordnen, regulieren, einstellen → ʿdl II

mʿağib, mʿağbo - mʿağable, mʿağabla mögen, jdm. gefallen → ʿğb II

mʿaliq, mʿalqo - mʿalaqle, mʿalaqla hängen, aufhängen → ʿlq II

mʿamiṣ, mʿamṣo - mʿamaṣle, mʿamaṣla zudrücken, zukneifen → ʿmṣ II

mʿaqib, mʿaqbo - mʿaqable, mʿaqabla verfolgen → ʿqb II

mʿaqid, mʿaqdo - mʿaqadle, mʿaqadla fest werden lassen → ʿqd II

mʿašir, mʿašro - mʿašaḷḷe, mʿašaḷḷa besprungen, begattet werden → ʿšr II

mʿawin, mʿawno - mʿawalle, mʿawalla helfen → ʿwn II

mʿayin, mʿayno - mʿayalle, mʿayalla ärztlich untersuchen → ʿyn II

mʿayir, mʿayro - mʿayaḷḷe, mʿayaḷḷa instruieren, einstellen → ʿyr II

mbaḥis, mbaḥso - mbaḥasle, mbaḥasla erwähnen → bḥs II

mbalʿiṭ, mbalʿᵊṭo - mbalʿaṭle, mbalʿaṭla wegschubsen → blʿṭ Q

mbarbiz, mbarbᵊzo - mbarbazle, mbarbazla zerstreuen, verteilen → brbz Q

mbarik, mbarko - mbarakle, mbarakla beglückwünschen → brk II

mbarix, mbarxo - mbaraxle, mbaraxla trauen, segnen → brx II

mbasim, mbasmo - mbasamle, mbasamla fein pflügen → bsm II

mbašil, mbašlo - mbašele, mbašela kochen, garen, grillen, backen → bšl II

mbaṭil, mbaṭlo - mbaṭele, mbaṭela mit etw. aufhören, abbrechen → bṭl II

mbayiḏ̣, mbayḏ̣o - mbayaḏ̣le, mbayaḏ̣la verzinnen → byḏ̣ II

mčayliš, mčaylᵊšo - mčaylašle, mčaylašla arbeiten → čylš Q

mdagil, mdaglo - mdagele, mdagela lügen; versprechen → dgl II

mdaqdiq, mdaqdᵊqo - mdaqdaqle, mdaqdaqla stampfen → dqdq Q

mdare, mdaryo - mdarele, mdarela worfeln → dry III

mdawim, mdawmo - mdawamle, mdawamla fortsetzen → dwm II

mdaywin, mdaywᵊno - mdaywalle, mdaywalla wahnsinnig werden → dywn Q

mḍawim, mḍawmo - mḍawamle, mḍawamla weitergehen, sich fortsetzen → ḍwm II

mḍayin, mḍayno - mḍayalle, mḍayalla sich gedulden, aushalten → ḍyn II

mḍayiʿ, mḍayʿo - mḍayaʿle, mḍayaʿla etw. verlieren, verschwinden lassen, wegschaffen → ḍyʿ II

mḍayif, mḍayfo - mḍayafle, mḍayafla bewirten, anbieten → ḍyf II

mfarfis, mfarf°so - mfarfasle, mfarfasla auseinanderziehen → frfs Q

mfariq, mfarqo - mfaraqle, mfaraqla verteilen → frq II

mfarix, mfarxo - mfaraxle, mfaraxla brüten → frx II

mfaṣil, mfaṣlo - mfaṣele, mfaṣela zuschneiden → fṣl II

mfašir, mfašro - mfašal̤le, mfašal̤la auslassen, schmelzen → fšr II

mfatir, mfatro - mfatal̤le, mfatal̤la lauwarm machen → ftr II

mgambil, mgamb°lo - mgambele, mgambela mit etw. beschmieren, wälzen (im Schlamm) → gmbl Q

mgandir, mgand°ro - mgandal̤le, mgandal̤la wälzen, rollen → gndr Q

mgare, mgaryo - mgarele, mgarela sprechen → gry II

mğarib, mğarbo - mğarable, mğarabla probieren, auf die Probe stellen → ğrb II

mhade, mhadyo - mhadele, mhadela beschenken → hdy II

mḥadir, mḥadro - mḥadal̤le, mḥadal̤la vorbereiten → ḥdr II

mḥafid, mḥafdo - mḥafadle, mḥafadla beschützen, bewahren → ḥfd II

mhağiğ, mhağğ°ğo - mhağağle, mhağağla reizen, provozieren → hğğ II

mhalhil, mhalh°lo - mhalhele, mhalhela Freudentriller ausstoßen → hlhl Q

mhalix, mhalxo - mhalaxle, mhalaxla (zu Fuß) gehen → hlx II

mhawin, mhawno - mhawalle, mhawalla leicht machen, jdm. helfen (Gott) → hwn II

mhawir, mhawro - mhawal̤le, mhawal̤la jdn. einladen, rufen → hwr II

mhaymin, mhaym°no - mhaymalle, mhaymalla an jdn. glauben → hymn Q

mḥaliq, mḥalqo - mḥalaqle, mḥalaqla werfen, wegwerfen → ḥlq² II

mḥarib, mḥarbo - mḥarable, mḥarabla kämpfen → ḥrb II

mḥarik, mḥarko - mḥarakle, mḥarakla bewegen, umrühren → ḥrk II

mḥarim, mḥarmo - mḥaramle, mḥaramla unrein machen → ḥrm II

mḥarkis, mḥark°so - mḥarkasle, mḥarkasla vorsichtig umrühren → ḥrks Q

mḥase, mḥasyo - mḥasele, mḥasela vergeben, jdm. (Akk.) gnädig sein → ḥsy II

mḥawil, mḥawlo - mḥawele, mḥawela heiraten, umziehen → ḥwl II

mḥayṣil, mḥayṣlo - mḥayṣele, mḥayṣela bekommen, erwerben → ḥyṣl Q

mi'amin, mi'amno - m'amin, m'amno garantiert, sichergestellt werden → 'mn IIp

mi'atir, mi'atro - m'atir, m'atro (m-) (von) etw. betroffen werden → 'tr IIp

miʿadil, miʿadlo - mʿadil, mʿadlo in Ordnung kommen, sich verbessern → ʿdl IIp

miʿaliq, miʿalqo - mʿaliq, mʿalqo aufgehängt werden → ʿlq IIp

miʿawiq, miʿawqo - mʿawiq, mʿawqo sich verspäten → ʿwq IIp

mibarbiz, mibarb°zo - mbarbiz, mbarb°zo sich zerstreuen, zerstreut werden, verteilt werden → brbz Qp *mibašil, mibašlo - mbašil, mbašlo* gekocht werden → bšl IIp

mibʿiğ, mibʿoğo - bʿīğ, bʿiğo ersticken → bʿğ Ip

mibiṭ, mĭboṭo - bīṭ, biṭo aufplatzen, explodieren → byṭ Ip

mibiz, mĭbozo - bīz, bizo verschüttet werden → byz Ip

mičik, mĭčoko - čīk, čiko eindringen → čyk Ip

midarqil, midarqᵊlo - mdarqil, mdarqᵊlo hängen bleiben, sich verhaken → drql Qp

midaywin, midaywᵊno - mdaywin, mdaywᵊno wahnsinnig werden → dywn Qp

midiʿ, midoʿo - idīʿ, idiʿo - erkennbar sein → ʾḏʿ Ip

midiq, mĭdoqo - dīq, diqo gestampft werden → dyq[1] Ip

mifarik, mifarko - mfarik, mfarko sich beruhigen → frk IIp

mifariq, mifarqo - mfariq, mfarqo verteilt werden → frq IIp

mifṣiḥ, mifṣoḥo - fṣīḥ, fṣiḥo sich freuen, vergnügt werden → fṣḥ Ip

miftakir, miftakro - miftakalle, miftakalla denken, überlegen → ftkr

miftiḥ, miftoḥo - ftīḥ, ftiḥo sich öffnen, geöffnet weren → ftḥ Ip

migandir, migandro - mgandir, mgandro rollen, stürzen, fallen → gndr Qp

migwir, migworo - … es wird geheiratet → gwr Ip

miġayir, miġayro - mġayir, mġayro sich verändern, verändert werden → ġyr IIp

miġlib, miġlobo - ġlīb, ġlibo besiegt werden → ġlb Ip

miğbir, miğboro - ğbīr, ğbiro gezwungen sein, müssen → ğbr[1] Ip

miğbir, miğboro - ğbīr, ğbiro eingerenkt werden, zusammengefügt werden → ğbr[2] Ip

miğġil, miğġolo - ğġīl, ğġilo reden, sprechen → ğġl Ip

miḥaḏir, miḥaḏro - mḥaḏir, mḥaḏro vorbereitet werden → ḥḏr IIp

miḥafiḏ, miḥafḏo - mḥafiḏ, mḥafḏo beschützt werden → ḥfḏ IIp

miḥarim, miḥarmo - mḥarim, mḥarmo unrein werden → ḥrm IIp

miḥawil, miḥawlo - mḥawil, mḥawlo überführt werden (Braut) → ḥwl IIp

miḥkim, miḥkomo - ḥkīm, ḥkimo verurteilt werden → ḥkm Ip

mihne, mihno - hne/mihnele, hno/mihnela so und so gemacht werden, so und so passieren → hny Ip

miḥniq, miḥnoqo - ḥnīq, ḥniqo ertrinken, ersticken, erwürgt werden → ḥnq Ip

miḥšu, miḥšowo - ḥšīw, ḥšiwo gelten, betrachtet werden, gezählt werden → ḥšw Ip

miksiḥ, miksoḥo - ksīḥ, ksiḥo geschnitten werden (Weinberg) → ksḥ Ip

milbik, milboko - lbīk, lbiko beschäftigt sein → lbk Ip

miliš, mĭlošo - līš, lišo geknetet werden → lyš Ip

mimid, mimodo - mīd, mido genommen werden → myd Ip

mimle, mimloyo - mle, milyo / malyo gefüllt werden, sich füllen → mly Ip

minqil, minqolo - nqīl, nqilo transportiert werden, umziehen, migrieren → nql Ip

minqu, minqowo - nqīw, nqiwo durchlöchert werden, eingedellt werden → nqw Ip

mipalpix, mipalpᵊxo - mpalpix, mpalpᵊxo sich (stark) verletzen → plpx Qp

miqafe, miqafyo - mqafe, mqafyo auffindbar sein, verfügbar sein → qfy IIp

miqalib, miqalbo - mqalib, mqalbo sich auf etw./jdn. stürzen → qlb IIp

miqdiḥ, miqdoḥo - qdīḥ, qdiḥo entbrennen, ausbrechen → qdḥ Ip

miqiṣ, mïqoṣo - qīṣ, qiṣo geschnitten werden; geschoren werden → qyṣ Ip

miqrif, miqrofo - qrīf, qrifo auseinanderbrechen, zerbrechen → qrf Ip

miqšiᶜ, miqšoᶜo - qšīᶜ, qšiᶜo ausgerottet werden → qšᶜ Ip

miqṭiᶜ, miqṭoᶜo - qṭīᶜ, qṭiᶜo abgeschnitten werden → qṭᶜ Ip

miqṭil, miqṭolo - qṭīl, qṭilo getötet werden → qṭl Ip

miqwir, miqworo - qwīr, qwiro begraben werden, beerdigt werden → qwr Ip

mirabe, mirabyo - mrabe, mrabyo versorgt werden, groß werden (Mensch, Tier), vergrößert werden → rby IIp

mirğim, mirğomo - rğīm, rğimo gesteinigt werden → rğm Ip

misalim, misalmo - msalim, msalmo übergeben werden, übertragen werden → slm IIp

misim, mïsomo - sīm, simo gemacht werden → sym Ip

mislig, mislogo - slīg, sligo abgeschabt werden, ausradiert werden → slg Ip

mistaᶜrif, mistaᶜrᵊfo - mistaᶜrafle, mistaᶜrafla etw. bekennen, beichten → stᶜrf

mistafid, mistafdo - mistafadle, mistafadla profitieren, Nutzen ziehen → stfd

mistarḥim, mistarḥᵊmo - mistarḥamle, mistarḥamla für einander Verständnis haben, einander rücksichtsvoll behandeln → strḥm

miṣfir, miṣforo - ṣfīr, ṣfiro jdn. anrempeln → ṣfr Ip

miṣliḥ, miṣloḥo - ṣlīḥ, ṣliḥo auseinanderbrechen, einen Riss bekommen (fester Gegenstand) → ṣlḥ Ip

mišliq, mišloqo - šlīq, šliqo gekocht werden → šlq Ip

mišmiṭ, mišmoṭo - šmīṭ, šmiṭo abgelöst, abgezogen werden → šmṭ Ip

mištaᶜe, mištaᶜyo - mištaᶜele, mištaᶜela spielen → štᶜy

mitaᶜmiq, mitaᶜmᵊqo - maᶜmiq, maᶜmᵊqo vertieft werden → ᶜmq IIIp

mitaḥit, mitaḥto - maḥit, maḥto eingesetzt werden → mḥt IIIp

mitaḥsid, mitaḥsᵊdo - mtaḥsid, mtaḥsᵊdo neidisch werden, beneiden → tḥsd Qp

mitakrim, mitakrᵊmo - makrim, makrᵊmo geehrt werden → krm IIIp *mitaltim, mitalt*ᵊ*mo - maltim, malt*ᵊ*mo* gesammelt werden → ltm IIIp

mitamir, mitamro - mtamir, mtamro gesagt werden, genannt werden → ʾmr IIIp

*mitaqbil, mitaqb*ᵊ*lo - maqbil, maqb*ᵊ*lo* angenommen werden → qbl IIIp

mitaqiṯ, mitaqiṯo - maqiṯ, maqiṯo angezündet werden → qyṯ IIIp

*mitarḏe, mitarḏ*ᵊ*yo - marḏe, marḏ*ᵊ*yo* bezahlt werden (Brautpreis), zufriedengestellt werden → rḏy IIIp

*mitarṯiḥ, mitarṯ*ᵊ*ḥo - marṯiḥ, marṯ*ᵊ*ḥo* zum Kochen gebracht werden, gekocht werden → rṯḥ IIIp

mitašiġ, mitašiġo - mašiġ, mašiġo gewaschen werden → šyġ IIIp

*mitaʿwid, mitaʿw*ᵊ*do - maʿwid, maʿw*ᵊ*do* betrieben werden → ʿwd IIIp

mitfiq, mitfoqo - tfīq, tfiqo jdn. treffen, auf jdn. stoßen, jdm. begegnen → tfq Ip

mitiq, mĭtoqo - tīq, tiqo losgehen, beginnen → tyq Ip

mitwir, mitworo - twīr, twiro zerbrochen werden → twr Ip

mityaqin, mityaqno - mityaqalle, mityaqalla jdm. glauben → tyqn

miṭaviz, miṭavzo - mṭaviz, mṭavzo erstarren, steif werden, gelähmt werden → ṭvz IIp

miṭʿin, miṭʿono - ṭʿīn, ṭʿino getragen werden → ṭʿn Ip

miṭlib, miṭlobo - ṭlīb, ṭlibo verlangt werden; verlobt werden (Frau) → ṭlb Ip

miṯniḥ, miṯnoḥo - ṯnīḥ, ṯniḥo sich ausruhen, Ruhe haben → ṯnḥ Ip

miṿayiʿ, miṿayʿo - mṿayiʿ, mṿayʿo verschwinden, verloren gehen → ṿyʿ IIp

mixliṭ, mixloṭo - xlīṭ, xliṭo sich vermischen → xlṭ Ip

mizliq, mizloqo - zlīq, zliqo an etw. kleben → zlq Ip

mizriʿ, mizroʿo - zrīʿ, zriʿo gesät werden, gepflanzt werden, angebaut werden → zrʿ Ip

mkafin, mkafno - mkafalle, mkafalla wickeln, in ein Leichentuch (*kăfan*) hüllen → kfn² II

mkafir, mkafro - mkafaḻḻe, mkafaḻḻa putzen, sauber machen → kfr II

mkalif, mkalfo - mkalafle, mkalafla beauftragen → klf II

mkamil, mkamlo - mkamele, mkamela beenden, vollenden → kml II

*mkanfil, mkanf*ᵊ*lo - mkanfele, mkanfela* wickeln, übereinander legen → knfl Q

mkase, mkasyo - mkasele, mkasela bedecken, zudecken → ksy II

mkawit, mkawto - mkawatle, mkawatla einkochen → kwt II

mkayif, mkayfo - mkayafle, mkayafla sich vergnügen → kyf II

mlaqiṭ, mlaqṭo - mlaqaṭle, mlaqaṭla schnappen → lqṭ II

*mlawlib, mlawl*ᵊ*bo - mlawlable, mlawlabla* hin und her bewegen → lwlb Q

mmaṣe, mmaṣyo - mmaṣele, mmaṣela abgießen → mṣy II

mmaṣil, mmaṣlo - mmaṣele, mmaṣela abgießen → mṣl II

mmaše, mmašyo - mmašele, mmašela laufen, verlaufen (Zeit, Alltag) → mšy II *mnafis, mnafso - mnafasle, mnafasla* auseinanderzupfen → nfs II

mnaqe, mnaqyo - mnaqele, mnaqela auswählen, auslesen → nql II

mnayšin, mnayšᵊno - mnayšalle, mnayšalla verloben → nyšn Q

mobil, miblo - mbele, mbela wegnehmen, mitnehmen → mbl I < ybl III

mofiq, mifqo - mofaqle, mofaqla hinausbringen, herausnehmen, herausholen → nfq III

moḥe, miḥyo - mḥele, mḥela schlagen → mḥy I

mokil, muklo - mokele, mokela füttern, zu essen geben → ʾkl III

mole, milyo - mlele, mlela füllen → mly I

moqiḏ, muqḏo - moqaḏle, moqaḏla anzünden, verbrennen → mqḏ > yqḏ III

moru, murwo - morawle, morawla großziehen, groß machen → mrw > yrw III

mosik, misko - msikle, msikla fangen, ergreifen → msk I

mote, mityo - mtele, mtela bringen → mty I

moṭe, miṭyo - maṭi, maṭyo erreichen, ankommen → mṭy I

moyiʿ, mayʿo - miʿle, miʿla buttern → myʿ I

moyid, maydo - midle, midla etw. nehmen, halten → myd I

moyiṯ, mayṯo - mayiṯ, mayiṯo sterben → myṯ I

mozid, mizdo - mozadle, mozadla mehren, vermehren → zyd III

možid, miždo - mžidle, mžidla ausstrecken → mžd I

mqabil, mqablo - mqabele, mqabela sich die Waage halten → qbl II

mqadim, mqadmo - mqadamle, mqadamla sich jdm. nähern → qdm II

mqafe, mqafyo - mqafele, mqafela finden, auftreiben → qfy II

mqale, mqalyo - mqalele, mqalela braten → qly II

mqalid, mqaldo - mqaladle, mqaladla (Butterschmalz) klären → qld II

mqapiṭ, mqapṭo - mqapaṭle, mqapaṭla verschließen → qpṭ II

mqasim, mqasmo - mqasamle, mqasamla teilen, aufteilen, einteilen → qsm II

mqasqis, mqasqᵊso - mqasqasle, mqasqasla zerstückeln, in kleine Stücke schneiden → qsqs Q

mqatqit, mqatqᵊto - mqatqatle, mqatqatla erschlagen → qtqt Q

mqaṭiʿ, mqaṭʿo - mqaṭaʿle, mqaṭaʿla in Stücke schneiden, hacken → qṭʿ II

mqayid, mqaydo - mqayadle, mqayadla registrieren, eintragen → qyd II

mrabe, mrabyo - mrabele, mrabela züchten, versorgen, groß werden lassen → rby II

mrakiz, mrakzo - mrakazle, mrakazla disziplinieren → rkz II

mrawiš, mrawšo - mrawašle, mrawašla *tr.* schaufeln → rwš II

msale, msalyo - msalele, msalela trösten → sly II

msalim, msalmo - msalamle, msalamla übergeben → slm II

msamiḥ, msamḥo - msamaḥle, msamaḥla vergeben → smḥ II

msaqiṭ, msaqṭo - msaqaṭle, msaqaṭla zum Krüppel machen → sqṭ[1] II

mṣaʿir, mṣaʿro - mṣaʿaḷḷe, mṣaʿaḷḷa jdn. verfluchen, beleidigen → ṣʿr II

mṣafe, mṣafyo - mṣafele, mṣafela klären, säubern → ṣfy II

mṣalbiṭ, mṣalbᵊṭo - mṣalbaṭle, mṣalbaṭla beschmieren → ṣlbṭ Q

mṣale, mṣalyo - mṣalele, mṣalela beten → ṣlw II

mṣaniṭ, mṣanṭo - mṣanaṭle, mṣanaṭla zuhören, sich etw. anhören → ṣnṭ II

mṣawil, mṣawlo - mṣawele, mṣawela wässern, klären → ṣwl II

mṣaylib, mṣaylᵊbo - mṣaylable, mṣaylabla sich überkreuzende Linien ziehen → ṣylb Q

mšaliṭ, mšalṭo - mšalaṭle, mšalaṭla etw. auf jdn. loslassen → šlṭ II

mšarik, mšarko - mšarakle, mšarakla sich beteiligen → šrk II

mšaṭif, mšaṭfo - mšaṭafle, mšaṭafla in Stücke hacken, spalten → šṭf II

mšawir, mšawro - mšawaḷḷe, mšawaḷḷa sich mit jdm. beraten, jdn. konsultieren → šwr II

mšayiʿ, mšayʿo - mšayaʿle, mšayaʿla schicken → šyʿ[1] II

mšayil, mšaylo - mšayele, mšayela - fragen → šyl II

mtane, mtanyo - mtanele, mtanela (nicht) reagieren, (nicht) antworten, (nichts) sagen → tny II

mtawe, mtawyo - mtawele, mtawela das zerstreute Dreschgut mit der Worfelgabel auf die Tenne zurückwerfen → twy II

mṭapṭip, mṭapṭᵊpo - mṭapṭaple, mṭapṭapla klopfen → ṭpṭp Q

mṭawiʿ, mṭawʿo - mṭawaʿle, mṭawaʿla Hostienbrote backen → ṭwʿ[1] II

mwafiq, mwafqo - mwafaqle, mwafaqla Erfolg verleihen (Gott) → wfq II

mwağih, mwağho - mwağahle, mwağahla sich persönlich treffen → wğh II

mwalwil, mwalwᵊlo - mwalwele, mwalwela jammern, wehklagen → wlwl Q

mwašwiš, mwašwᵊšo - mwašwašle, mwašwašla wispern, flüstern → wšwš Q

mxaliṭ, mxalṭo - mxalaṭle, mxalaṭla mischen → xlṭ II

myasiq, myasqo - myasaqle, myasaqla verbieten → ysq II

mzabin, mzabno - mzaballe, mzaballa verkaufen → zbn II

mzaʿir, mzaʿro - mzaʿaḷḷe, mzaʿaḷḷa beschimpfen → zʿr II

mzalṭin, mzalṭᵊno - mzalṭalle, mzalṭalla nackt machen, nackt ausziehen → zlṭn Q

mzariṭ, mzarṭo - mzaraṭle, mzaraṭla drohen → zrṭ II

mzaʿwiq, mzaʿwᵊqo - mzaʿwaqle, mzaʿwaqla schreien → zʿwq Q

mzawiq, mzawqo - mzawaqle, mzawaqla durch Herunterrieseln reinigen → zwq II

mzayiḥ, mzayḥo - mzayaḥle, mzayaḥla segnen, zelebrieren, feiern → zyḥ II

n, o

noʿim, niʿmo - naʿim, naʿimo zerkleinert werden, klein werden → nʿm I

noʿiṭ, nuḥṭo - naʿiṭ, naʿiṭo den Salzgehalt verlieren → nʿṭ I

nofiḥ, nifḥo - nfiḥle, nfiḥla blasen, pusten, anfachen → nfḥ I

nofil, niflo - nafil, nafilo fallen, herunterfallen → nfl I

nofiq, nifqo / nufqo - nafiq, nafiqo hinausgehen, herauskommen → nfq I

nofiṣ, nifṣo - nfiṣle, nfiṣla ausschütteln (Kleider) → nfṣ I

nohiḏ, nihḏo - nhiḏle, nhiḏla sich erheben → nhḏ I

nohir, nuhro - nahir, nahiro Tag werden, hell werden → nhr I

noḥir, nuḥro - nḥil̤l̤e, nḥil̤l̤a schlachten → nḥr I

noḥit, nuḥto - naḥit, naḥito hinuntergehen → nḥt I

nokit, nukto - nkitle, nkitla beißen → nkt I

noqil, nuqlo - nqile, nqila transportieren → nql I

noqiṣ, nuqṣo - naqiṣ, naqiṣo weniger werden → nqṣ I

noqiṭ, nuqṭo - naqiṭ, naqiṭo tropfen → nqṭ I

noqu, nuqwo - nqule, nqula durchlöchern, bohren → nqw I

nošif, nišfo - našif, našifo trocken werden, trocknen → nšf I

nošiq, nušqo - nšiqle, nšiqla küssen → nšq I

noṭir, nuṭro - nṭil̤l̤e, nṭil̤l̤a warten → nṭr I

notiš, nitšo - ntišle, ntišla wegnehmen, wegschnappen, entführen → ntš I

noyaḥle, noyaḥla - nayiḥle, nayiḥla sich erholen, genesen → nyḥ + l- I

noyiḥ, nayḥo - nayiḥ, nayiḥo genesen, heilen → nyḥ I

obe, obo - hule, hula geben → ʾby/hw I

obiʿ, ibʿo - abiʿ, abiʿo wollen, wünschen → ʾbʿ I

oḏiʿ, uḏʿo - aḏiʿ, aḏiʿo wissen → ʾḏʿ I

omir, immo - mil̤l̤e, mil̤l̤a sagen → ʾmr I

oṯe, uṯyo - aṯi, aṯyo kommen, ankommen → ʾṯy I

oxil, uxlo - axile / xile, axila / xila essen → ʾxl I

p, q, r

počiq, pučqo - pčiqle, pčiqla zerquetschen, zerdrücken → pčq I

qodir, qudro - qadir, qadiro können, imstande sein → qdr I

qofil, quflo - qafil, qafilo frieren, erfrieren → qfl I

qoliʿ, qulʿo - qaliʿ, qaliʿo fließen → qlʿ[1] I

qoliʿ, qulʿo - qliʿle, qliʿla treiben, führen → qlʿ[2] I

qolib, qulbo - qalib, qalibo sich wenden, sich drehen → qlb I *qolif, qulfo - qlifle, qlifla* schälen → qlf I

qoniʿ, qunʿo - qaniʿ, qaniʿo überzeugt werden → qnʿ I

qore, quryo - qrele, qrela rufen; lesen; studieren → qry I

qoriš, quršo - qrišle, qrišla ausheben, aufsammeln → qrš I

qoru, qurwo - qaru, qariwo sich nähern; verwandt sein → qrw I

qoše, qušyo - qaši, qašyo dickflüssig werden, hart werden → qšy I

qošiʿ, qušʿo - qšiʿle, qšiʿla ausrotten; abziehen (von der Innenwand des Backofens) → qšʿ I

qoṭiʿ, quṭʿo - qṭiʿle, qṭiʿla schneiden, abschneiden → qṭʿ I

qoṭif, quṭfo - qṭifle, qṭifla pflücken → qṭf I

qoṭil, quṭlo - qṭile, qṭila töten, umbringen → qṭl I

qoṭir, quṭro - qaṭir, qaṭiro stocken, gerinnen, dickflüssig werden → qṭr I

qowe, quyo - qawi, qawyo fest werden, stark werden → qwy I

qowir, quro - qwil̤le, qwil̤la begraben, beerdigen → qwr I

qoyim, qaymo - qayim, qayimo aufstehen → qym I

qoyir, qayro - qayir, qayiro kalt werden, erkalten → qyr[1] I

qoyiṣ, qayṣo - qiṣle, qiṣla schneiden → qyṣ I

qoyiš, qayšo - qišle, qišla abschöpfen, obere Schicht abtragen → qyš I

qoyiṯ, qayṯo - qayiṯ, qayiṯo gegen etw. stoßen, berühren → qyṯ I

qŭrašle, qŭrašla - qarišle, qarišla frieren, erfrieren → qrš + l- I

qŭyaṯle, qŭyaṯla - qayiṯle, qayiṯla (von einer Krankheit) erwischt werden, (Krankheit) befallen; bekommen → qyṯ + l- I

roḏe, riḏyo - raḏi, raḏyo akzeptieren, einverstanden sein → rḏy I

rofe, rifyo - rafi, rafyo schwach werden → rfy I

roǧim, riǧmo - rǧimle, rǧimla steinigen → rǧm I

roḥim, ruḥmo - rḥimle, rḥimla mögen, lieben → rḥm I

rohin, rihno - rhil̤le, rhil̤la als Geisel überlassen → rhn I

roḥiq, ruḥqo - raḥiq, raḥiqo sich entfernen → rḥq I

rokiz, rukzo - rakiz, rakizo sich niederlassen → rkz I

rome, rimyo - rmele, rmela verteilen (Essen), in Teller füllen → rmy I

romiš, rumšo - ramiš, ramišo sich rühren, sich bewegen → rmš I

roqiḏ, ruqḏo - raqiḏ, raqiḏo tanzen → rqḏ I

rošim, rišmo - ršimle, ršimla salben (mit Myron), Kreuzzeichen machen, zeichnen → ršm I

roṯiḥ, ruṯḥo - raṯiḥ, raṯiḥo kochen, sprudeln → rṯḥ I

rowiʿ, ruʿo - rawiʿ, rawiʿo sich lagern (Tiere) → rwʿ I

rowix, ruxo - rawix, rawixo (Pferd) besteigen, reiten → rwx I

royiz, rayzo - rizle, rizla aufreihen, nebeinander legen, in Reihen legen → ryz I

s, ṣ, š

sohir, suhro - sahir, sahiro wach bleiben, die Nacht wachend verbringen → shr I

soḥe, siḥyo - sḥele, sḥela schwimmen; baden → sḥy I

sokin, sukno - sakin, sakino sich niederlassen, wohnen → skn I

soliq, sulqo - saliq, saliqo steigen, hinaufsteigen → slq I

somiḥ, simḥo - smiḥle, smiḥla erlauben → smḥ I

somiq, sumqo - samiq, samiqo rot werden, knusprig werden → smq I

sonid, sindo - snidle, snidla stützen, sich an etw./jdn. anlehnen → snd II

soqiṭ, suqṭo - sqiṭle, sqiṭla von der Arbeit abhalten, verhindern → sqṭ^{2} I

sotir, sutro - satir, satiro Zuflucht finden → str I

soxir, suxro - sxiḷḷe, sxiḷḷa schließen, verschließen → sxr I

soyim, saymo - simle, simla machen, tun, herstellen → sym I

ṣobe, ṣibyo - ṣbele, ṣbela wollen (Gott) → ṣby I

ṣofe, ṣifyo - ṣafi, ṣafyo sich klären → ṣfy I

ṣohe, ṣihyo - ṣahi, ṣahyo durstig werden → ṣhy I

ṣolu, ṣilwo - ṣlule, ṣlula kreuzigen → ṣlw I

ṣomiṭ, ṣumṭo - ṣamiṭ, ṣamiṭo heiß werden (beim Backen, Kochen) → ṣmṭ I

ṣorid, ṣurdo - ṣridle, ṣridla grob sieben → ṣrd I

ṣowiᶜ, ṣuᶜo - ṣwiᶜle, ṣwiᶜla bemalen, färben → ṣwᶜ I

ṣoyim, ṣaymo - ṣayim, ṣayimo fasten → ṣym I

šoᶜiṯ, šuḥṯo - šaᶜiṯ, šaᶜiṯo gelb werden, bleich werden → šᶜṯ I

šobih, šubho - ... ähnlich sein, ähneln → šbh I

šoḏe, šiḏyo - šḏele, šḏela werfen; verfolgen → šḏy I

šofir, šufro - šafir, šafiro schön werden → šfr I

šoġil, šuġlo - šaġil / šġile, šaġilo / šġila arbeiten → šġl I

šoḥin, šuḥno - šaḥin, šaḥino warm werden, heiß werden → šḥn I

šoliḥ, šulḥo - šliḥle, šliḥla ausziehen (Kleider) → šlḥ I

šoliq, šulqo - šliqle, šliqla kochen (Eier, Kartoffeln usw.), weichkochen (Kerne, Getreide) → šlq I

šomiᶜ, šimᶜo - šamiᶜ, šamiᶜo hören → šmᶜ I

šomiṭ, šimṭo - šmiṭle, šmiṭla ablösen, abziehen → šmṭ I

šoniq, šunqo - šniqle, šniqla erhängen, hinrichten → šnq I

šoqiᶜ, šuqᶜo - šqiᶜle, šqiᶜla schmettern (gegen die Wand) → šqᶜ I

šoqil, šuqlo - šqile, šqila nehmen, wegnehmen → šql I

šore, širyo - šrele, šrela lösen (von Knoten usw.) → šry I

šote, šityo - štele, štela trinken → šty I

šoyiᶜ, šayᶜo - šiᶜle, šiᶜla verputzen, abdichten → šyᶜ^{2} I

šoyif, šayfo - šifle, šifla reiben → šyf I

t, ṭ, ṯ, u

tofik, tufko - tfikle, tfikla schieben, schubsen → tfk I

tole, tilyo - tlele, tlela hochheben, wegbewegen; aufheben, annullieren; verstecken → tly I

tore, tiryo - tari, taryo nass werden → try I

torik, turko - trikle, trikla lassen, ruhen lassen, aufgeben, verlassen → trk I

towir, turo - twiḷḷe, twiḷḷa brechen, zerbrechen, knacken → twr I

toyih, tayho - tayih, tayiho in Verwirrung geraten → tyh I

toyim, taymo - tayim, tayimo zu Ende sein, vollständig sein → tym I

ṭoʿe, ṭuʿyo - ṭaʿi, ṭaʿyo vergessen → ṭʿy I

ṭoʿin, ṭuʿno - ṭʿille, ṭʿilla tragen → ṭʿn I

ṭobix, ṭubxo - ṭbixle, ṭbixla kochen, Essen zubereiten → ṭbx I

ṭofe, ṭufyo - ṭafi, ṭafyo erlöschen → ṭfy I

ṭoḥin, ṭuḥno - ṭḥille, ṭḥilla mahlen → ṭḥn I

ṭolib, ṭilbo - ṭlible, ṭlibla verlangen, um etw. bitten, wünschen → ṭlb I

ṭomir, ṭumro - ṭmiḷḷe, ṭmiḷḷa eingraben, mit Erde bedecken → ṭmr I

ṭore, ṭiryo - ṭrele, ṭrela lassen, übrig lassen, zurücklassen → ṭry I

ṭoriḥ, ṭirḥo - ṭriḥle, ṭriḥla bekreuzigen (mit *ṣlibo* 'Kreuz') → ṭrḥ I

ṭoviz, ṭuvzo - ṭaviz, ṭavizo erstarren, steif werden, gelähmt werden → ṭvz I

ṭowe, ṭuyo - ṭwele, ṭwela falten, zusammenfalten → ṭwy I

ṭowiʿ, ṭuʿo - ṭawiʿ, ṭawiʿo einschlafen → ṭwʿ2 I

ṯone, ṯinyo - ṯnele, ṯnela zum zweiten Mal pflügen → ṯny I

ŭṯele, ŭṯela - aṯile, aṯila bekommen → ʾṯy + l- I

x, y, z

xodim, xudmo - xdimle, xdimla dienen, bedienen → xdm I

xoliq, xulqo - xliqle, xliqla schaffen, erschaffen → xlq I

xoliṣ, xulṣo - xaliṣ, xaliṣo davonkommen, entkommen, → xlṣ I

xoliṭ, xulṭo - xliṭle, xliṭla mischen → xlṭ I

xoriṭ, xurṭo - xriṭle, xriṭla abschaben, schleifen → xrṭ I

xoriz, xurzo - xrizle, xrizla auffädeln → xrz I

xosir, xusro - xasir, xasiro verlieren → xsr I

yolif, yulfo - yalif, yalifo lernen, feststellen → ylf I

yome, yimyo - imele, imela schwören → ymy I

yoniq, yunqo - iniqle, iniqla saugen → ynq I

yoqiḏ, yuqḏo - yaqiḏ, yaqiḏo brennen → yqḏ I

yoqir, yuqro - yaqir, yaqiro schwer werden, schwierig werden → yqr I

yoru, yirwo - yaru, yariwo wachsen, heranwachsen, groß werden → yrw I

yosiq, yusqo - yasiq, yasiqo hinaufsteigen → ysq I

yotu, yutwo - yatu, yatiwo sich setzen → ytw I

zomir, zumro - zmil̤l̤e, zmil̤l̤a singen → zmr I

zoqir, zuqro - zqil̤l̤e, zqil̤l̤a weben, spinnen → zqr I

zoriʿ, zurʿo - zriʿle, zriʿla säen, besäen, pflanzen, anbauen → zrʿ I

zoyiʿ, zayʿo - zayiʿ, zayiʿo Angst bekommen, sich fürchten → zyʿ I

zoyid, zaydo - zayid, zayido übrig bleiben, mehr werden, zunehmen → zyd I

zoyir, zayro - zil̤l̤e, zil̤l̤a besuchen → zyr I

Wortliste

Deutsch - Mid̠yoyo

A

ab (temporal) *mĭ*
abbrechen *bṭl, frfs, qṭʿ*
Abbrechen *qrofo*
abbringen (vom Glauben) *qlb*
abdichten *šyʿ*
Abend *ʿaṣriye,* **heute Abend** *ádlalyo,* **gestern Abend** *bramšil,* **gegen Abend** *laf ʿaṣriye*
Abendessen *ḥšimto*
abends *ʿaṣriye*
aber *amma ~ aṃṃa, băle, bas, bass, bele, făqat ~ faqaṭ, ma*
Abfall *zawlo*
abgelöst werden *šmṭ*
abgeschabt werden *slg*
abgeschnitten *qṭiʿo*
abgeschnitten werden *qṭʿ*
abgezogen werden *šmṭ*
abgießen *mṣl, mṣy*
abhalten (von der Arbeit) *sqṭ*
abhängen (von etwas) *fyš ʿal*
Abhilfe *čara*
abkühlen *byr, fyḥ*
abkühlen, sich *fyḥ, ǧmd*
abkühlen lassen *fyḥ*
Abladen *tinḥito*
Ablösen *šmoṭo*
ablösen *šmṭ*
ablösen, sich *šlḥ*
abreißen *nfq III*
abschaben *xrṭ*
abscheulich *makrūḥ*
abschlagen *šlḥ, šmṭ*
abschneiden *qṭʿ, šlḥ, šmṭ*
Abschnitt *faṣīla*
abschöpfen *qṭf, qyš*
abschwächen (Feuer) *nʿm*
absetzen, sich (Butter) *nfq*
Absicht *maqṣad, niye,* **mit der Absicht, (dass)** *goya*
absichtlich *maxṣūṣ*
absteigen *nḥt*
abstreifen *šmṭ*
Abt *rišdayro*
abtragen (obere Schicht) *qyš*
abtropfen *nḥt*
abziehen *qšʿ, šmṭ*
ach *āx*
ach du lieber Gott! *halla, ya ʿīn alla*
ach und weh (Geräusch des Stöhnens) *āy āy āy, āy w ūy*
acht *tminyo*
achtzig *tmoni*
Acker *arʿo*
Adler *nišro, ṭayro*
Agha *aġa*
aha! *ōōō ōōō ho*
ähneln *šbh*
Ähnlichkeit *tašbīh*
Ähre *šiblo*
Akten *awraqat*
akzeptieren *qbl, rḍy*
Aleppo *Ḥălab*
Alevit *ʿĭlawi*
all- *kul*
alle *kul=ḥa, kul=kas*
allein *bas, bilḥuḏe, lḥuḏ-*
alles *kul=mede,* **alles in Ordnung?** *xēr-yo?*
allgemein *ʿām, ʿmumi ~ ʿŭmumi*
allmählich *hedi hedi*
als *i=naqla d- ~ i=naqqa d-, ka-,* (Komparativ) *mĭ,* **als ob** *kaʾinnahu*
also *alo, ánnaqla, ánnaqqa, ánnaqqe, yaʿni*

alt (Menschen und Tiere) *sowo, rabo,* (von Dingen) *ʿatiqo,* **alte Frau** *pire*
alt werden (Menschen und Tiere) *syw*
Altar *măṯibḥo*
Altarraum *măṯibḥo*
Alter *ʿumro*
althergebracht *ʿatiqo*
am Abend *ʿaṣriye*
am Anfang *qamayto, bi=qamayto*
am Ende *bi=ḥarayto*
am Leben *sāġ*
am Morgen *ṣafro*
Amboss *sindān*
Amerika *Amérīka ~ Ămerika*
an *ʿal, b, femo*
an Stelle von *m-darb*
anbauen *zrʿ*
anbieten *ḏyf, klf, manṭe l-qum-*
Andacht *tišmišto,* **Andacht halten** *maqim tišmišto*
andere/r *ġēr,* (m.) *ḥreno,* (f.) *ḥreto,* **auf der anderen Seite** *lugab,* **einer nach dem anderen** *ḥa ḥa,* **ein anderes Mal** *naqla=ḥreto,* **die einen ... die anderen** *ayna d- ... ayna d- ...*
andernfalls *yōqsa*
anders *bāšqa*
anfachen *nfḥ,* (Feuer) *maʿle i=nuro*
Anfachen *nfoḥo*
Anfang *bădaye, rišo*
anfangen (mit etw.) *bdy b-*
Anführer *rabo*
angebaut werden *zrʿ*
Angebot *taklīf*
angehen (jdn.) *hym l-*
Angehörige *ăhil ~ ahᵊl ~ ahl, moro*
Angelegenheit *bazra, daʿwa, măsăle, qăḏiye, qiṣṣa, šuġlo, xŭṣūṣ ~ xṣūṣ,* **religiöse Angelegenheit** *dīn daʿwăsi*
angelegt *maḥto*
angelegt werden *mḥt*
angenehm *basimo*
angenommen werden *qbl*
Angestellter *mamūr*
angezündet werden *qyṯ*
angreifen (jdn.) *hğm ʿal, mḥy b-, oṯe ʿal, ʾṯy + l*
Angriff *tăʿadda*
Angst *zuḥṯo,* **Angst bekommen** *gyb, zyʿ,* **Angst machen** *zyʿ,* **Zittern vor Angst** *rağfe*
anhalten *kly*
Anhänger *tăraftār*
anhören, sich (etw.) *ṣnṭ ~ snṭ ʿal*
Ankara *ʿAnqăra*
Ankleiden *lwošo*
ankommen *ʾṯy, ḥṣl, mṯy*
Ankommen *maṯyo*
anlegen (jdm. etw.) *mḥt*
anlehnen (sich an etw./jdn.) *snd ruḥ-*
annehmen *qbl,* (die Gestalt von jdn.) *soyim ruḥ-,* (Farbe, aufgetragene Schicht) *msk*
annehmen, sich einer Sache *maḥit iḏo ʿal*
annullieren *tly*
anrempeln (jdn.) *ṣfr b-*
anrühren *dyq*
Anschein: den Anschein haben *ḥwy*
anschicken, sich *qym*
anschirren *ʾṣr*
Ansehen *ʿizze, xaṭir*
ansetzen *msk*
anständig *ḥălāl, kayiso, naḏifo,* **anständige Menschen** *ăwadim*
anstelle *m-darb*
anstellen (Mitarbeiter) *msk*
Anstrengung *tăʿab*
Anteil *ḥiṣṣa, sahmo*
antreiben (Pferd) *qlʿ*
antun (jdm. etw.) *soyim b-qarʿ-*
antworten (jdm.) *dʿr (ʿal),* **(nicht) antworten** *tny*
anweisen *wṣy*
anwesend *ḥaḏiro ~ ḥaḏiro, mawğūd*
Anwesende *ğămaʿa, ḥaḏir, ḥiḏḏār*
anwesend sein *howe ḥaḏiro, ḥḏr ~ ḥḏr*
Anwohner (pl.) *ăhali*

anziehen *lwš*

Anzug *badle*

anzünden *mqḏ, marfe kabrīt b-, qyṯ*

Anzünden *ğġoro*

Apfel *ḥabušo*

Appetit haben (auf etw.) *leb- izzé l-*

April *nisin*

Araber *ʿărab*

Arabisch (Sprache) *ʿărăbi*

Aramäisch *siryoyo*

Arbeit *ʿamlo, ʿwodo, ʿwoḏo, šuġlo, tăʿab* → **Zahnarzt**

arbeiten *ʿwd, čylš, šġl*

arbeitend *šaġolo*

Arbeiter *ʿawodo, šaġolo*

arm *faqiro, miskeno, răbăna, žare*

Arm *droʿo, druʿo*

Armband *šayro*

Armee *ʿaskăr*

armselig *bʿiğo*

Armvoll *quflo*

Art *ğins*

Art und Weise *ṣīfe, šīkil, tiškīl*

Art und Weise des Umgangs *maʿrifa*

Art und Weise, ein Musikinstrument zu spielen *daqqa*

Artikel (grammatisch) m.s. *u=*, f.s. *i=*, pl. *aK=, ann=, a=*

Arzt *taxtōr*

ärztlich untersuchen *ʿyn*

Asche *qaṭmo*

Aschenlauge *maye d-qaṭmo*

atmen *šoqil hawa*

Auberginen *băḏinğan, băḏinğan kome*

auch *ham, ḥatta, -ste ~ -stene, -ze*

auch wenn *farza, wălaw, wăláw-ki*

auf *ʿal, ʿar=riše d-*

auf einmal *naqla ~ naqqa, b-naqla, b-ᵊḥḏo=naqla*

auf geht's *yaḷḷa, ya aḷḷāh*

auf Wiedersehen *b-xaṭir diḏ-*

aufbrechen *mḥy, qym*

Aufenthalt *iqama*

Aufenthaltsort *iqama*

auferlegen *mḥt*

auferstehen *qym*

Auferstehung *qyimto*

auferwecken *qym*

auffädeln *xrz*

Auffädeln *xrozo*

auffangen *lqf*

Auffangen *myodo*

Auffassungsgabe *idrāk*

auffindbar sein *qfy*

auffliegen *nofiq pōx diḏ-*

Aufgabe *šuġlo, wăḏịfa*

Aufgang *nfiqto*

aufgeben *trk*

aufgehängt *mʿalqo*

aufgehängt werden *ʿlq*

aufgewärmt *mšaḥno*

aufhängen *ʿlq*

aufheben *flt, ḥfḏ, tly*

Aufhebens: mit viel Aufhebens und Getue *b-hayye w ranne*

aufhören *ʾzl, bṭl,* (mit etw.) *bṭl*

aufkommen *nfq*

Auflaufblech *tapsīn*

auflehnen, sich *soyim ʿiṣyān*

Auflehnung *ʿiṣyān*

aufmachen *ftḥ*

aufmerksam machen (auf) *ḥys ʿal*

aufnehmen (in die Akten) *mḥt*

aufpassen *maḥit bolo*

aufplatzen *byṭ*

aufreihen *ryz*

aufrichten *qym*

aufsammeln *qrš*

aufsaugen *šty*

Aufschrei verursachen *maqim i=qyimto*

aufschreiben *kṯw*

aufstehen *qym*

aufstehen lassen *qym*

aufstellen *rkw*

ausstoßen (Freudentriller) *hlhl*

aufteilen *qsm*

auftreiben *qfy*

aufwachen *ḥys*
Aufwachen *tĭḥiso*
aufwecken *ḥys*
Auge *ʿayno*
Augenblick *šawṭo*
Augenmaß *ʿiyono*
augenscheinlich *l-qul i=ʿayno*
aus *mĭ*
aus einem Grund *b-sibbe*
ausbrechen *qdḥ*
ausbreiten *frs*
ausbreiten lassen, sich *krx*
Ausdrucksweise *lĭġa ~ liġġe*
auseinanderbrechen *qrf, ṣlḥ*
Auseinandersetzung *qale*
auseinanderziehen *frfs*
auseinanderzupfen *nfs*
Auseinanderzupfen *nĭfoso*
Ausgang *nfiqto*
ausgebreitet *friso, šṭiḥo*
ausgehöhlt werden *ftḥ*
ausgeben (Geld) *maḥit kalla*
ausgerottet werden *qšʿ*
aushalten *ḍyn*
ausheben *qrš*
auskennen, sich (mit etw.) *ʾḏʿ b-, m-*
auskippen *kyb*
auskommen *soyim idara*
Auskommen *idara*
Ausländer (pl.) *ăğanib*
ausländisch *ağnăbiye*
auslassen *fšr*
auslesen *nqy*
auslöschen *ṣfy, ṭfy*
auspressen *ʿṣr*
ausradiert werden *slg*
ausreichen *kfy*
ausreichend *tēr d-*
Ausreißen *šmoṭo*
ausrotten *qšʿ*
Ausrufer *dalolo*
ausruhen, sich *šoqil raḥa, ṯnḥ*
aussäen *bzr*
Aussage *ifada*
aussätzig *garwono*
ausschalten (Herdplatte, Licht) *ṭfy*
Ausschau halten (nach etw.) *krx ʿal*
ausschließlich *illa*
ausschütteln (Kleider) *nfṣ*
ausschütten *xly*
außer *ġēr (m-), xarīğ (d-), žġayni m-*
ausstrecken *mžd*
ausstreuen *byz*
austricksen *soyim liʿboye*
auswählen *nqy*
auswalzen *ftḥ*
ausweiten, sich *yrw*
ausziehen (Kleider) *šlḥ, šmṭ*
ausziehen lassen (Kleider) *šlḥ*
ausziehen *nfq*
Auto *ʿărăba*

B

Backblech *dawqo*
Backeisen *dawqo*
backen *bšl*
backen (Hostienbrote) *ṭwʿ*
Bäckerei *farmo*
Bäckerin *dawiqto*
Backfrau *dawiqto*
Backofen *farmo*
Bad *ḥimmām*
Bademeister *ḥimmāmči*
baden *sḥy*
Bahre *naḥšo*
Baklava *baqlawa*
Ball *ṭibbe*
Banknote *noṭa*
Barbier *ḥaloqo*
Bart *daqno, foṯo,*
bartlos *kosani*

Bartwuchs: ohne Bartwuchs *kosani*
Basis *ăṣāṣ*
Bastard *pīč*
Bauch *gawo*
bauen *ʿmr, sym*
Bauer *rēğbár*
Baum *dawmo*
Baumeister *maʿmʾrono*
Baumstamm *qurmo ~ quṛmo*
Baumwolle *kĭtono*
beabsichtigen *maḥit qum fote*
beachten *maḥit l-qul ʿayno, soyim ḥisbe*
Beamter *mamūr*
beauftragen *klf*
Becken *lăgan*
Bedarf *ḥtĭyāğ, iḥtĭyāč, lŭzūm*
bedauernswert *răbăna, žare*
bedecken *ksy*, (mit Erde) *ṭmr*, (mit Wasser) *ṭyf*
Bedeutung *maʿna ~ maʿne*
bedienen *xdm*
Bedingung *šarṭ*, **unter der Bedingung dass** *ʿala šarṭ d-*
bedrängen (jdn.) *nofil taḥt*
Beduinenzelt *kone*
bedürftig *miḥtāğ, năkār*
beeinflusst werden *ʾṯr*
beenden *kml, tym*
beendet sein *kml*
beerdigen *qwr*
beerdigt werden *qwr*
Beerdigung *lĭwoyo*
befallen (Krankheit) *nfl b-, qyṯ + l-*
Befehl *amro*
befehlen *obe amro*
Befestigung *kʿočĭke*
befeuchten *try*
befinden, sich *ḥkm*
befinden, sich in Not *ʿyq ʿal*
befreien *xlṣ*
befreien, sich (von etw.) *xlṣ m-*
begattet werden *ʿšr*
begegnen (jdm./etw.) *tfq ʿal, lqy b-*
Beginn *bădaye, foṯo, rišo*
beginnen *bdy, nfl, nfq, ṯyq*, (Saison, Zustand) *ʾṯy*
beglückwünschen *brk*
begraben *qwiro, qwr*
begraben werden *qwr*
behandeln (medizinisch) *drmn*, (rücksichtsvoll) *strḥm*
Behälter (zum Aufbewahren von Getreide) *yusro*
Behörde *markaz*
bei *ʿal, ʿar-rīš(e) (d-), ʿam, bayn, femo, gab, mĭ-gab-, qim, qum ~ qim, qum iḏe d-, sĭ ~ s-*
bei Gott *āl, aḷúh ~ aḷuh, bíllăti, waḷḷa, aḷo*
beichten *stʿrf*
beide *tret-*
beinhaltend *ʿam*
Beispiel *maṯlo*, **zum Beispiel** *măsăla, măsălan, măṯălan*
beißen *nkt*
bekämpfen *mḥy*
bekannt *iḏiʿo, maʿlūm*
Bekannter *mirhōv*
bekennen *stʿrf b-*
bekleiden *lwš*
Bekleiden *tilwišo*
bekommen *oṯe l-iḏ-, ʾṯy + l, hwy + l-, ḥyṣl, qyṯ + l-*, (einen Riss) *ṣlḥ*, (Schicht, Schale) *msk*
bekreuzigen *ṭrḥ, ršm*
beladen *ṭʿn*
belästigen *ʿğz*
beleidigen *ṭore lebe d-, soyim ḥăqara, ṣʿr ~ sʿr*
beleidigt sein *foyiš leb-*
Beleidigung *ḥăqara*
Belohnung *ḥaq, mŭkafăḥa*
bemalen *ṣwʿ*
bemerken *maḥit bolo*
benachrichtigen *šmʿ, obe xabro*
beneiden *tḥsd*
bequem *hesaní*
Bequemlichkeit *raḥát*

beraten, sich (mit jdm.) *šwr b-*
bereit *ḥaḏir, ḥaḏiro ~ ḥaḏiro, kār*
bereit sein *howe ḥaḏiro, ḥḏr ~ ḥḏr*
Berg *ṭuro*
berücksichtigen *hŭwele hāž m-, maḥit l-qul ʿayno, soyim ḥisbe*
Berücksichtigung *hāž, ḥisbe*
Beruf *maslak, ṣanʿa, ṣinʿa*
beruhigen, sich *frk, mafiḥ leb-, hdn*
berühren *qyṯ*
besäen *zrʿ*
beschädigen *twr*
beschäftigt *lbiko*
beschäftigt sein *lbk*
Bescheid geben *obe xabro*
beschenken *hdy*
beschimpfen *zʿr*
beschlagnahmen *maḥit iḏo ʿal*
beschmieren *gmbl, ṣlbṭ*
beschuldigen *maḥit b-qḏolo*
beschützen *ḥfḏ, nṭr, str ~ sṭr*
beschützt werden *ḥfḏ*
Beschwerde *gīlih*
beschweren, sich (über etw./jdm.) *šky ʿal, l-*
besessen (von bösen Geistern) *daywono*
besiegen *ġlb, qdr ʿal, twr*
besiegen können *nofiq rišo ʿam*
besiegt werden *ġlb*
Besinnung: zur Besinnung kommen *oṯe hiš diḏ- … l-*
Besitz *māl, mede, milk*
besitzen *kīt + l-*
Besitzer *moro*
besonders *xāṣ, xŭṣuṣi ~ xṣuṣi*
besprungen werden *ʿšr*
besser *aḥsan, faḏla, kayis, ṭaw*
besser fühlen, sich *ḥoze raḥa*
besser geeignet *afraḍ*
Beste, (das) *i=kayistayḏa*
besteigen (Pferd) *rwx*
bestimmen (Zeit) *ʿyn*
bestimmt sein für *howe naṣīb d-, howe năṣīb d-*
besuchen *blq ʿal, zyr*
Besucher *mŭsafir, zuwwār, zyaratči*
beten *ṣly*
beteiligen, sich *šrk*
betend *mṣalyono*
betrachten *ḥzy*
betrachtet werden *ḥšw*
betreffend *b-ḥaq d-*
betrieben werden *ʿwd*
betroffen werden (von etw.) *ʾṯr m-*
betrübt werden *mitwir kēf d-*
Betrug *iġfāl*
betrügen *soyim iġfāl*
Bett *gale, nvine, qaryola, yatāx*
Bettdecke *lḥēf*
Betttuch *čarčaf*
beugen, sich *kyf*
Bevölkerung *ʿamo, nŭfūs*
bevor *meqim mid*
bewahren *ḥfḏ*
bewegen *ḥrk*, (hin und her) *lwlb, mawbil w manṭe, mawbil w mamṭe*
bewegen, sich *rmš*
bewirten *ḏyf*
bewohnt sein *ʿmr*
bewusst (absichtlich) *maxṣūṣ*
bezahlen (Brautpreis) *rḍy*
bezahlt werden (Brautpreis) *rḍy*
Bezug: in Bezug auf *mĭ*
bezüglich *ʿal*
Bibel *u=kṯowo mqadšo*
Biestmilch *yalwo*
Billigung *raḍa*
binden *ʾṣr*
bis *ʿal, hīl, hōl, hul, hul d-*
bis zu *l-*
Bischof *ḥasyo*
Bissen *fako, gadde*
bisschen: ein bisschen *čike, išminto, išmo*
bitte! *hŭweno greʿux, ḥasáy bab-/em-, ḥṯiṯi b-qḏolux, m-kăram diḏix/diḏux,* bitte (nicht)! *dăxīl diḏux, ămān dăxīl*
bitte schön! *tfaḍḍal*

bitten (um etw.) *ṭlb,* (um Hilfe, Zuflucht) *nofil bu=baxto, nofil b-baxto*
bitter *mayiro*
blasen *nfḥ*
blasen (Wind) *mḥy*
Blasen *nfoḥo*
blasend *nafoḥo*
Blatt *ṭarfo*
blau *čeni*
Blech *sāč,* (Stück) *tănăgaye*
Blechkanister *tănăgaye*
Blechschaufel *čingo*
bleiben *fyš,* (am Leben) *fyš,* **dauerhaft bleiben** *ytw*
bleibend *yatiwo*
bleich werden *šʿṯ*
Bleistift *quršún qălămi*
blind *samyo*
blind machen *smy*
Blut *admo, maye*
Blüten *zăhir*
Blütezeit *ḥimṯo du=zăhir*
blutig verletzen *mawfiq admo m-*
Blutsverwandtschaft *admo*
Boden *arʿo,* **steiniger Boden** *qălač*
Bogen: Pfeil und Bogen *tīr w kăvān*
bohren *nqw*
Bordell *qaḥbᵊxane*
Bordellbesitzerin *paṭrona*
Böses *ḥarbuṯo, šar ~ šarr*
Bottich *dasto, lăgan, ṣīferi* (pl.)
brachliegend *xalyo*
braten *qly*
Bräter *mansaf*
Bratpfanne *tawa ~ ṭawa, ṭaġno*
Brauch *ʿade*
brauchen *ʾbʿ*
Braut *kalo*
Brautgeld *naqdo*
Brautgeschenk *xilʿa*
Bräutigam *ḥaṯno*
Brautkrone *klilo*
Brautpreis *băšlíq*
Brautschleier *klilo*
brav *ʿaqil*
brechen *twr*
Brechen *tworo*
Brei (aus Traubensaft) *ḥawdal*
Breite *fiṯyo*
brennen *qyṯ, yqḏ*
Brennmaterial *ğġoro*
Brett *taxtaye*
Brett aus Pappelholz *stīmbār*
Brief *maktūb*
bringen *lḥq, mty, mṭy, nṭy ~ nty, ṭʿn,* (jdn. in eine ausweglose Situation) *soyim čaqqeni b-,* **es über sich bringen** *manṭe ʿar-ruḥe,* **hinter sich bringen** *fyt,* **bringe!** *tay,* **bringt!** *tawu*
Brise *fawḥo*
Brot *laḥmo*
Brotfladen *dawqo, laḥmo, ṭlamṯo*
Brotteig an die Ofenwand kleben *dwq*
Brücke *kōpri*
Bruder *aḥuno*
Brunnen *gubo*
Brunneneinfassung *xărăze*
Brust *ṣadro*
brüten *frx*
Buch *kṯowo*
Bulgur *birġil,* (fein gemahlen) *samdo,* (extrafein gemahlen) *smaydike*
Bulgurfladen *qursīke*
Bündel *buqto, quflo*
Bürgermeister *muxtār*
Butter *mišḥo, zibdo*
Butterfett *mišḥo*
Buttermilch *dawġe*
buttern *myʿ,* **Frau, die buttert** *mayaʿto*
Butterschlauch *gawdo*
Butterschmalz *mišḥo*

C

ca. *kib-, qădar, taqrīb, taqriban*
Chance *firṣa, šanṣ*
Chaos und Panik *sing w dawrān*
Chorbischof *Xori*
Christ *mšīḥoyo ~ mšiḥoyo, ṣūroyo*
Christenheit *mšiḥoyuṯo*
Christentum *mšiḥoyuṯo*
Christus *Mšiḥo*
Clanführer *aġa*
clever *šahrăzá*

D

da *ánnaqla, ánnaqqa, ánnaqqe, i=naqla d- ~ i=naqqa d-, madām, madāmki, mid*
da (narrative Einleitungspartikel) *myd*
da (ist) *kīl- ~ kl-*
da drüben *kīlahó, kīlahuné, kīlāwlḗ, kīlée-ni*
Dach *goro, nīgore, qarʿo*
dahin sein (Atem, Geduld, Lebenskraft) *ruḥ- izzá/zila*
damals *i=naqlayo*
Damaskus *Šām (u=)*
damit *ʿăšan (d-), d-, ğan d-, ḥatta, lăšan d-*
Dämon *daywo, šiḏo*
danach *bīṯirke, laxalf*
Dankbarheit *xaṭir*
danke! *ʿomir bayt-,* **es sei ... gedankt** *ʿomir bayt-*
dann *ʾṯy, ánnaqla, ánnaqqa, ánnaqqe, bīṯir, bīṯirke, edi, fyš, hedi, qym,* (narrative Einleitungspartikel) *myd*
daraufhin *qym*
Darm *šardān*
das heißt *kaʾinnahu, maʿnata, yaʿni*
das reicht! *tămām*
dass *d-, kaʾinnahu,* **dass nämlich** *kaʾinnahu*
dauern (Zeit, Vorgang) *grš*
dauerhaft bleiben *ytw*
davonkommen *hzm, xlṣ*
dazugeben *mḥy*
Decke *baṭṭaniye, dubēt, marše,* (aus Ziegenhaar) *šalo*
Deckel *qăpaġ, qilpāġ*
Demokrat(en), türkische Partei *demoqrāṭ*
denken *ftkr, ḥšw*
denn *liʾan, liʾannu ~ līʾannu,* (Fragepartikel) *ʿăğăba*
Dentist *sayomo d-ʿarše*
Deportationszug *qafle*
der und der *bēhvān, flān, flān=kas*
der-/die-/dasselbe *ʿayni*
deshalb *mu=săbabano, mu=săbabawo*
deswegen *mu=săbabano, mu=săbabawo*
Deutschland *Aḷmānya*
Diakon *šamošo*
Dialekt *līġa ~ liġġe*
dick *ḥlimo*
dick machen *ḥlm, qšy*
dick werden *ḥlm*
dickflüssig *ḥlimo, qašyo*
dickflüssig werden *qšy, qṭr*
Dickmilch *dawġe*
Dieb *ḥărami*
Diebstahl *gnowo*
dienen *xdm*
Diener *greʿo, xadomo*
Dienerin *graḥto*
Dienst: in Dienst von jdm. *taḥt iḏe d-*
diese (f.) *haṭe,* **(pl.)** *ani, hani*
dieser *hano*
diesmal *ánnaqqa*
Dingsda *hno*

dir (m.), für dich (m.) *lŭxāt*
disziplinieren *rkz*
doch *amma ~ amma, ba, ba῾, bele, de lo, hăma ~ hamma, le, lo, ma, pa, qay, šxwa*
Dolch *xanğar*
Dolma *dōlma*
Donnerwetter! *ā῾῾á᾽*
Dorf *qrito*
Dorfältester *muxtār*
Dorfviertel *šawto*
dort *tamo ~ ṭamo,* **dort (ist)** *kĭlahó, kĭlahuné, kĭlāwlḗ, kĭlée-ni,* **dort drüben** *tamoné ~ tamŭné, ṭamĭné ~ ṭamoné*
Draht *tēl*
drängen *nofil taḥt*
draußen *larwal*
Dreck *῾ăğaq, pĭsiye ~ pisiye, pōx, wăsax, zawlo*
dreckig *pīs*
drehen *brm*
drehen, sich *brm, qlb*
drei *tloto*
dreihundert *tlōtmo*
dreißig *tleti*
dreschen *krx*
Dreschgut *draxto*
Dreschgut auf der Tenne *adro*
Dreschplatz *adro*
drinnen *lawġul*
dritter *telit*
drohen *zrṭ*
Druck *ġadb.* **Druck ausüben** *ḥyṣ,* **unter Druck setzen** *nofil taḥt*
du *hat ~ hāt*
du da! *wărix (f.) ~ wărōx (m.)*
Du gehab dich wohl! *tĭ-žmĭra xwaš*
ducken, sich *lṣy*
dumpf *῾amuqo*
Dung *pĭsiye ~ pisiye,* (von Großvieh) *šar῾o*
dünn *raqiqo*
dünnflüssig *raqiqo*
durch *b-,* **durch dich** (m.) *bōx,* **durch die Bemühung von** *bi-ṣaye d-,* **durch Gewaltanwendung** *bu-zōṛ,* **durch mich** *bŭno*
durchdringen *krx*
Durcheinander *qălăbaliġ, qărăbaliġ*
durchlöchern *nqw*
durchlöchert *nqiwo*
durchlöchert werden *nqw*
durchmachen *fyt*
Durst *ṣahwo*
durstig werden *ṣhy*

E

eben *msawyo*
Ebene *barriye, dašto*
ebenso *bilmĭtil*
echt *hăqiqi, ḥăqiqi*
Ecke *qurnito*
edel *ăṣīl,* (Pferderasse) *kḥēl,*
Efendi *ăfandi*
Effekt *quwe ~ quwwe*
egoistisch *nafsi*
Ehebrecher *gayoro*
Ehefrau *atto, žinnĭke*
Ehemann *gawro*
Ehre *῾izze, kăram, namūs, qădir, šubḥo*
Ehrengeschenk *kramiye*
Ehrenwort *baxto*
Ehrenwort geben *obe baxto*
Ehrfurcht haben *mosik haybe*
ehrlich *dōġri, mĭ-lebo, nadifo*
ehrlos *benamūs*
Ehrlosigkeit *namusĭziye*
Ei *biḥto*
Eiche *baluṭo*
Eichel *baluṭo*
Eichelschale *qum῾o d-baluṭo*

Eigenschaft *ṣĭfe*
eigentlich *ăṣāṣ, aším*
Eigentum *milk*
Eimer *saṭlo*
ein/e *ḥḏo,* **ein/er** *ḥa,* **ein anderes Mal** *naqla-ḥreto,* **ein bisschen** *čike, išminto, išmo,* **ein paar** *kmo*
einander *ḥḏoḏe*
eindringen *čyk*
einer nach dem anderen *ḥa ḥa*
einfach *hesaní, mʿadlo, qolāy*
Eingang *tarʿo*
eingedellt werden *nqw*
eingeladen *qaryo*
eingelegtes Gemüse *ṭurši*
eingerenkt werden *ǧbr*
eingesetzt werden *mḥt*
Eingeweide *miʿwoṯo, šardān*
eingraben *ṭmr*
einigen, sich *oṯe l-ᵊḥḏoḏe*
einkochen *kwt*
Einkochen *kĭwoto*
Einkommen *hatin*
einladen *hwr ʿal*
einmalig *tak*
einprägen *wṣy*
eins *ḥa,* **eins zu eins** *rišo-rišo*
Einsatz: unter Einsatz von *ʿam*
einschlafen *dmx, ṭwʿ*
einsetzen *ytw*
einsteigen lassen *rwx*
einstellen *ʿdl, ʿyr, mḥt*
einteilen *qsm*
eintragen *qyd*
eintreten *ʿbr*
eintreten lassen *ʿbr*
Einvernehmen *ḥubo*
einverstanden sein *rḏy*
Einwohnermelderamt *nŭfūs*
einzeln *ḥa ḥa*
Eis *būz*
Eisenpflock (zum Anbinden des Pferdes) *săkkah ~ săkka*
Eisenschmied *ḥadodo*
Eisenstange *šafuḏo*
elend *šăpirzá*
elend (als Beschimpfung) *pīs*
Elias *Alyas*
Elternhaus *bĭ-babe*
Empfangszimmer *miḍḍara*
Ende *ḥarayto, năhaye, rišo,* **zu Ende sein** *tym, xlṣ*
Endiviensalat *marol (salatası)*
eng werden *ʿyq*
Entbehrung *părišaniye*
entbrennen *qdḥ*
entfernen, sich *rḥq*
entfernt *raḥuqo,* (Lärm) *ʿamuqo*
Entfernung *ruḥqo*
entführen *hzm, ntš*
entgegen *qamuṯ-, l-qamuṯ-*
entgegennehmen *šql*
entgegentreten *nofiq l-qamuṯ-*
enthoben (der geistlichen Würde) *šliḥo*
entkleiden *šlḥ*
entkommen *flt, xlṣ*
entkommen lassen *flt*
entkörnen (Baumwolle) *ḥlǧ*
entlang *barban d-*
entspannen, sich *rfy, šore ḥaṣo*
entsprechend *l-gorān d-, lu-gorān d-*
entstehen (Lärm) *ʾzl*
enttäuschen *ṭore lebe d-*
enttäuscht werden *mitwir kēf d-*
entweder ... oder *ya ... ya*
entweichen *ʾzl, nfq*
Epoche *hăyam*
er *huwe*
Erbarmen *raḥme*
Erdboden *arʿo*
Erde *arʿo, ʿafro*
Erdoberfläche *foṯe di-arʿo*
Erdreich *ʿafro*
ereignen, sich *hwy*
erfahren *ʾḏʿ, oṯe b-qarʿ-*
erfahren in *moro d-*
Erfolg verleihen (Gott) *wfq*
Erfolgsmeldung *takmīl*

erfrieren *qfl, qrš* + *l-*
erfüllen (Herzenswunsch) *matniḥ leb-*
ergreifen *msk*
erhalten *šql*
Erhängen *šnoqo*
erhängen *šnq*
erheben (Stimme) *ʿly*
erheben, sich *nhḏ*
erhitzen *rṯḥ,* (beim Einkochen) *kyt*
erhitzt werden (beim Einkochen) *kyt*
erholen lassen *ṯnḥ*
erholen, sich *ḥoze raḥa, nyḥ* + *l-*
Erholung *raḥa*
erinnern, sich (an etw.) *oṯe l-bol-, mawhil bīr*
Erinnerung *xatīrá*
erkalten *qyr*
erkennbar sein *ʾḏʿ*
erkennen (Euphemismus) *ʾḏʿ*
Erklärung *fīsoro*
erlauben *smḥ, ṭry*
Erlaubnis *dastúr*
erleben *oṯe b-qarʿ-, ḥzy*
erledigen (Arbeit) *qḏy*
erleiden *myṯ,* (eine Fehlgeburt; Tiere) *ṭrḥ*
erlöschen *ṭfy*
ernähren *swʿ*
erneut *ámmarǧaʿ, árǧaʿli*
ernst *mī-lebo*
Ernte *ḥṣodo*
ernten *ḥṣd*
eröffnen *ftḥ*
erreichen *ʾzl l-, ḥyṣl, mṭy*
errichten *ʿmr, mḥt, sym*
erschaffen *xlq, bry*
erscheinen *oṯe ʿal, blq, ḥwy, nfq*
Erscheinung *hayye*
erschlagen *qtqt*
erschrecken *zyʿ*
Erschrecken *raǧfe*
erst *anǧaq,* **erst dann** *žnu*
erstarren *ṭvz*
erster *awwil, qamoyo*
erstes Pflügen *krowo*
ersticken *bʿǧ, ḥnq*
erstickt *bʿiǧo*
Ersuchen *taklīf*
Ertrag *ṭaʿno*
ertragen *sxy*
ertränken *ḥnq*
ertrinken *ḥnq*
erwähnen *bḥs, mḥt*
erwärmen *šḥn*
erwerben *ḥyṣl*
erwischen *ḥyṣl*
erwischt werden (von einer Krankheit) *qyṯ* + *l-*
erwürgen *ḥnq*
erwürgt *ḥniqo*
erwürgt werden *ḥnq*
erzählen *ǧǧl, ḥky*
Erzählung *ḥīkeye, ḥikkoye, mamro, rīwaye, štaġaliye*
Esel *ḥmoro*
essen *ʾxl,* **zu essen geben** *ʾkl, ʾxl,* **zu Abend essen** *ḥšm,* **zu Mittag essen** *ʿry*
Essen *muklo, biššolo*
Essensration *qarwana*
etwa *ba, baʿ, ʿas* ~ *ʿaz, qădar, qay, taxminan*
etwas *mede,* **etwas leid sein** *ʿǧz,* **so etwas** *flān*
Euphorbia craspedia *ḥalwᵊniṯo*
Europa *Awrūpa*
Evangelium *mgalyūn*
ewig *ăbădí*
explodieren *byṭ*

F

Fabrik *fabriqa*
Fach- *fanni*
Faden *ḥuṭo*
Fahrrad *piskĭlēt*
Fahrzeug *măkina*
fallen *gndr, ḥkm, nfl,* (Schnee, Regen, Wind) *ʾṯy*
fallen lassen *dry, rfy*
Fallgrube *trabiye*
falls *ăgar, d, hăka, iḏa*
falten *ṭwy*
Familie *ăhil ~ ahᵊl ~ ahl, ʿāyle, bĭ-babe, kifle, moro,* **Familie von** *bĭ*
fangen *msk,* (Feuer) *qyṯ*
färben *ṣwʿ*
färben (rot) *smq*
fast *hăman hăman*
fasten *ṣym*
Fasten *ṣawmo*
fastend *ṣayomo*
fastenfreie Zeit *fṭār*
Feder *parre, pirtĭke*
Fehler *ġalṭo*
fehlerhaft *nŭquṣo*
Fehlgeburt erleiden *ḥlq*
feiern *zyḥ*
Feiertag *baṭlono*
fein *raqiqo*
Feind *dižmín, dūšmān, năyār ~ năyar*
Feindschaft *ʿădawe, dižmĭnayiye, năyārtiye*
Feindseligkeit *ʿădawe*
Feld *arʿo*
Fels *šeno*
Felsenplatte *farše*
Fenster *šibbāk*
ferner *ham*
Ferse *ʿarquwo*
fertig *ḥaḏir, ḥaḏiro ~ ḥaḏiro, tămām*
fertig sein *ḥḏr ~ ḥḏr*
fertig werden *hwy, kml,* (mit jdm./etw.) *ṣfy*
fesseln *ʾṣr*
fest *ḥiṣo, qawyo,* (Material) *sṭimo*
Fest *ʿeḏo,* **Fest der Muttergottes** *ʿeḏo di-Ndaṯalo*
fest werden *qwy*
fest werden lassen *ʿqd*
Festgebäck (süß) *kliča ~ kĭliča*
festhalten (an etw.) *ʿṣy ʿal, sḥy ʿal*
Festland *baž*
festlegen *mḥt*
festnageln *ʾṣr*
feststeckend *ʿaṣyo*
feststellen *ʾḏʿ, ylf*
Festtag *ʿeḏo*
fett *qălaw*
Fett *dihniṯo*
fetten *dhn*
Fettschwanzschaf *ḥillĭk*
feucht *talilo*
Feudalherr *aġa*
Feuer *nuro*
Feuer (klein) *biṣṣuṣo*
Feuer anfachen *maʿle i-nuro*
Feuer fangen *qyṯ*
Feueranfacher *nafixnār*
Feuerzeug *čiqmāq*
Feuerstelle *kŭnuno*
finanzielle Lage *māḍḍiye*
finden *ḥzy, qfy*
finden lassen, sich *qyṯ*
Fisch *nunto*
Fladen *qᵊrūṣ*
Fladenbrot (dünn) *lŭwaše*
Flamme *lahbe*
Flasche *šušaye*
flehen *dʿy*
Fleisch *baṣro ~ basro*
Fleischer *qaṣobo*
Fleischerei *qăṣabxana*
Fliege *didwono*
fliegen *fyr*
fliehen *hzm*

fließen *qlʿ*
fließen lassen (Wasser) *mḥt*
Floh *firṭaʿno*
Flüchtling *yasiro*
Flügel *ğănāḥ, parre*
flüstern *wšwš*
folgen (jdm.) *ḥlq (bit̲r-)*
Form *šīkil*
formen (Teig) *ftḥ*
fortsetzen *dwm, ḍwm*
Frage *šīyolo*
fragen (nach etw.) *šyl (ʿal)*
Frau *at̲to, ḥirma, pire, žinnīke,* **junge Frau** *kaččīke,* **Frau, die buttert** *mayaʿto*
Frauen *niše*
frei *sarbast*
frei lassen (Platz) *flt*
frei laufend *falito*
freigeben *rfy*
Freigeben *tirfiyo*

Freiheit *ḥirriye*
freilassen *flt, rfy*
fremd *nuxroyo*
Freude *ʿišq, kēf,* **Freude empfinden** *ŭt̲e + l- kēf*
Freudenhaus *karxana*
freuen, sich *ŭt̲e + l- kēf, fṣḥ*
Freund *arqădāš, dōṣt, ḥawro, mirhōv*
Freundin *ḥwart̲o*
Frieden *ṣulḥ, šayno, šlomo*
Friedhof *maqbăra*
frieren *qfl, qrš + l-*
frisch *ḥat̲o, taza,* **frischer Trieb** *nurbo*
Frisör *ḥaloqo*
froh *mamnūn*
Front *ğabha*
Frucht *firo, t̲ămăra*
Fruchtpflanze *t̲ămăra*
früh *xayifo,* **früh am Morgen** *ḥloyo*
früher *m-aqdam, meqim*
früherer *qamoyo*
Frühling *rabiʿ*
Frühstück am Morgen nach der Hochzeit *ṣăbaḥiye*
frühstücken *qrṭ*
Fuchs *taʿlo*
Fügung (Gottes) *tawfiqat*
führen *qlʿ*
füllen *mly,* (in Teller) *rmy*
füllen, sich *mly*
Füller *dōḷma, dōḷmá qălămi*
Füllfederhalter *dōḷma*
Füllung *ḥašwo*
Fundament *ăṣāṣ*
fünf *ḥamšo*
fünfzehn *ḥamšaḥṣar*
fünfzig *ḥamši*
für *ʿal, ʿala, l-, lăğan, lăšan ~ lašan, mqabil ~ mĭqabil, qārši ~ qarši, qum ~ qim, xaṭir, l-xaṭir d-,* **für mich** *lŭno*
Furcht *haybe, rağfe*
fürchten, sich (vor etw./jdm.) *zyʿ m-*
Fuß *rağlo*

Fußboden *ḥolo*
Futter *qūt*
füttern *ʾkl, ʾxl*
füttern (Vieh) *ʿlf*

G

Gabula, eine Turabdiner Speise aus Weizengrieß mit Joghurtsoße *gabula*
Gang (unterirdischer) *lăğim*
gängig *darīğ*
ganz *kamil, saḥiḥo, tak, tām*
ganz vorsichtig *id̲ayna f-fot̲ayna*
gar (nicht) *hīč*
gar werden *bšl, hwy*
garantiert werden *ʾmn*
garen *bšl*

Gas *gāz*
Gasse *ǧaʿde*
Gast *ḏayfo, mŭsafir, qaryo*
Gaststätte *loqanta*
gebacken *bašilo*
gebacken werden *bšl*
gebären *hwy + l-*
Gebären *mahwo*
gebaut werden *ʿmr*
geben *ʾby/hw,* (einen Namen) *maḥit išmo,* **Zustimmung geben** (der Heirat) *ʾby/hw,* **es gab** *kitwo;* **es gab nicht** *latwo,* **es gibt** *kito, kīt;* **es gibt nicht** *layto, layt*
Gebet *ṣluṯo, tišmišto*
Gebete *ṣălawāt*
Gebiet *wălāṭ*
geboren *hawyo*
geboren werden *hwy*
gebracht werden (an einen bestimmten Platz) *ʾṯy*
gebrochen *twiro*
gebrochen werden (Böses, Bann, Zauber) *twr*
Geburt *wălade*
Gedächtnis *bīr, tiḏkār*
Gedärme *miʿwoṯo,* **gefüllte Gedärme** (traditionelles Gericht) *kibe mumbar*
gedemütigt *twiro*
gedemütigt werden *twr*
Gedenken *bīr, tiḏkār*
Gedränge *qălăbaliġ, qărăbaliġ*
gedulden, sich *ḏyn*
geehrt werden *krm*
Gefahr *tahlĭka*
gefallen *ʿǧb*
Gefangener *yasiro*
Gefäß *sĭfoqo ~ sfoqo*
gefüllt *malyo,* **gefüllte Grießtaschen** *kutle*
gefüllt werden *mly*
gegart *bašilo*
gegen *ʿal, b-ḥaq d-, mqabil ~ mĭqabil, qārši ~ qarši,* **gegen Abend** *laf ʿaṣriye*
Gegend *čawra, nave*
gegessen werden *ʾxl*
gehab dich wohl! *tĭ-sāġ*
gehen *ʾzl,* (zu Fuß) *ʾlx, hlx,* **zu Grunde gehen** *hlk,* **zur Neige gehen** (Tag) *gny,* **es geht** *hwy,* **auf geht's** *yalḷa, ya aḷḷāh*
Gehen *halxo*
gehend *azolo, mhalxono,* (zu Fuß) *mhalxono,* **gehend und kommend** *rayiḥ w ǧeye*
Gehirn *meḥo*
gehorchen *ṭyʿ*
gehörend zu *ʿayid d- ~ ʿayit d-, mĭ*
gehüllt (in Leichentuch) *mkafno*
Geige *kămān, kămanča, mizwiġ*
Geisel *grāw, răhīn*
Geist *ruḥo*
geknetet werden *lyš*
gekocht *bašilo, ṭbixo*
gekocht werden *bšl, rṯḥ, šlq*
gelähmt werden *ṭvz*
Gelände (offenes) *ṭuro*
gelangen *ḥṣl*
gelangen lassen *lḥq*
gelb werden *šʿṯ*
Geld *kalla*
Geldbörse *dōzdān*
Geldwert *ṯarwe*
Gelegenheit *firṣa*
Gelegenheit haben *oṯe b-iḏ-*
gelegt *friso, maḥto*
gelernt *yalifo*
geliebt *rḥimo*
gelocht *nqiwo*
gelten *ḥšw*
gemacht werden *sym*
gemäß *ʿal, l-gorān d-, lu-gorān d-, ʿal qădar*
Gemeinde *ǧămaʿa, milla ~ mille, ṭayĭfe*
Gemurmel *dimdim*
genagelt *mbasmʾro*
genannt werden *ʾmr l-*
genau (so wie) *ʿayn (xid)*

genauso *ʿayni*
Gendarm *ǧandirma*
Gendarmeriestation *qărăqōl*
genesen *nyḥ, nyḥ + l-*
Genesung *nyoḥo*
genommen werden *myd*
genötigt *miḥtāǧ*
genug *tămām, tēr d-*
genügen *kfy*
geöffnet weren *ftḥ*
gepflanzt werden *zrʿ*
gerade *dōġri, msawyo*
gerade noch *bu=zōṛ*
geradewegs *msawyo*
Gerät *ale*
Geräusch *ḥiss ~ ḥis*
Geräusch:
beim Schlagen auf Holz usw. *ṭarp,* **der Schritte** *rimrim,* **der Vögel** *čīʿ, wīč,* **des Feuers: zisch** *čzzzz,* **des kochenden Wassers** *ḷam,* **von Knacken, Knistern** *tătătătă*
geraten (in Verwirrung) *tyh*
Gerede *štaġaliye*
gerettet werden *xlṣ*
Gericht (Recht) *maḥkăma,* (Essen) *muklo*
gering (an Vermögen) *twiro*
geringgeschätzt *nŭquṣo*
gerinnen *qṭr*
gerne *ʿal ʿayni, ʿal ʿayn w ʿar rāṣ, ʿal aʿ=ʿayne, ʿal ʿayn-*
Gerste *ṣʿore*
Geruch *reḥo*
gesammelt werden *ltm*
gesät werden *zrʿ*
gesäubert *nadifo*
Geschäftsbereich *tăǧara*
Geschäftsmann *taǧir*
geschätzt *ʿazizo*
gescheckt *bălăko*
geschehen *ǧry*
Geschenk *hădiye ~ hadiye, xilʿa*
Geschichte *ḥāl w ḥăwāl, ḥĭkeye, ḥikkoye, mamro, măsăle, qiṣṣa, rĭwaye*
Geschicklichkeit *maʿrifa*
geschickt *mahir*
Geschirr *sĭfoqo ~ sfoqo*
Geschmack *ṭaʿmo, zawk*
geschmeidig machen *rkx*
geschnitten werden *qyṣ,* (Weinberg) *ksḥ*
Geschöpfe *xulqa*
geschoren werden *qyṣ*
geschützt *mḥafḏo*
Geschwätz *xăṛăfe*
Geselle *šagirti*
Gesicht *foṯo, ṣalmo*
Gesichtshaar *foṯo*
Gespräch *ǧġaliye, štaġaliye*
Gestalt *hayye*
gestampft *diqo*
gestampft werden *dyq*
Gestank *reḥo*
gestehen *qyr*
gesteinigt werden *rǧm*
gestellt werden (an einen bestimmten Platz) *ʾṯy*
gestern Abend *bramšil*
gesund machen *nyḥ*
Gesundheit *ṣiḥḥa*
Gesundheitszustand *maʿd*
getötet werden *qṭl*
getragen werden *ṭʿn*
Getränk *štoyo*
Getreide *zād,* **Reinigung des Getreides durch Herunterrieseln** *zĭwoqo*
Getreideernte *ḥṣodo*
Getreidehaufen *gĭdišo*
Getreidespeicher *yusro*
Getue: mit viel Aufhebens und Getue *b-hayye w ranne*
geübt *yalifo*
gewähren (Gott) *ʾby/hw*
Gewalt *zōr ~ zōṛ,* **mit Gewalt** *bu=zōṛ*
gewaschen *mašiġo*
gewaschen werden *šyġ*

Gewässer *maye*
Gewehr *tfinge*
gewickelt *mkafno*
Gewissen *wiždān ~ wuždān*
Gewohnheit *ʿade*
gewöhnlich *xid (i-)ʿade, ʿadi*
Gewölbe *qtoro*
Gewölbekammer *qtoro*
geworfen *mḥalqo*
Gewürz *darmono*
Gewürze *băharāt ~ bŭharāt*
gezählt werden *ḥšw*
gezogen werden *grš*
gezwungen *mağbūr*
gezwungen sein *ğbr*
gib! *haw*
gießen *byz*
Gipfel *qarʿo*
Girlande *ʿīliqo*
Glas *ğām*
glasiert *kărămēl*
Glaube *imān, dino, inān*
glauben (an jdn.) *hymn b-,* (jdm.) *tyqn l,* **glaube mir** *aśír*
gläubig *mhaymᵊno*
gleich *ʿayni*
Glück *baxto, oğur ~ oğir*
glücken: es glückt (ihm, ihr usw.) nicht *lĭ-šore b-iḏ-*
gnädig sein (jdm.) *ḥsy*
Gold *dahwo*
Gold- und Silberschmied *zīfkár*
Gott *aḷo, Aloho,* **Gott segne (dich)!** (Antwort auf *barixmōr*) *aḷo mbarēx*
Grab *qawro*
graben *ḥfr*
Gramm *gram*
Gras *gelo*
grasend *marʿᵊyono*
Grasstrang *ftilo*
Gratulation *tabrīk*
greifen (nach etw.) *ḥlq*
Grenze *ḥŭdūd ~ ḥĭdūd*
Grießbällchen *qarʿone*
Grießtaschen, gefüllt *kutle*
grillen *bšl*
grob *xašuno*
groß *rabo,* **so groß** *haqqās, háqqayis, háqqayiske,*
groß machen *mrw*
groß werden *yrw,* (Mensch, Tier) *rby*
groß werden lassen *rby*
Größe *yurwo*
größer *rab*
Großfamilie *ahᵊl ~ ahl ~ ăhil*
Großvater *ğiddo*
großziehen *mrw, yrw*
Grube *gurto, ḥăfira, nuqro*
grün *yaroqo*
Grund *săbab, sibbe*
Grundbesitz *milk*
gründen *ftḥ*
Grundstück *arʿo*
grünen *yrq*
Grünzeug *yărăqān*
Gruppe *ġŭrub, qafle*
Grütze (aus ungekochtem Weizen) *garso*
Gunst *minne*
Gurke *farḥo,* **kugelrunde Gurken** *šaṭṭiyāt*
Gürtel *ḥaṣo*
gut *basimo, bāš, kayiso, mʿadlo, naḏifo, šafiro, ṭawwo, xwaš,* **gute Tat** *kayisuṯo, xēr*
gut werden *bsm*
Gutes *kayisuṯo, xēr*

H

Haar (einzelnes) *manto*
Hab und Gut *māl, mede*
haben *hwy + l-, kīt + l-,* (den Anschein) *ḥwy,* (in der Vergangenheit) *kítwo + l-*
hacken *qṭʿ,* (in Stücke) *štf*
Hackfleisch *qima*
Häcksel *tawno*
Haken *čangal, činqāl*
halb *falgo*
Hälfte *falgo*
hallo! *šlomo*
Hals *qdolo*
Halsband *ṭawqo*
Halskette *ṭawqo*
Halsring *ʿarnoṣo*
halten *myd,* (fest halten) *msk,* (halten für) *ḥšw, ḥzy,* **sich die Waage halten** *qbl,* **Andacht halten** *maqim tišmišto*
Hammam *ḥimmām*
Hammer *čakuč*
hämmern *dyq*
Hand *ido, kaff*
Handel *bēʿ w bāzār, tăğara*
handeln (nach dem Wort von jdm.) *soyim b-did-*
Handfläche *kaff*
Händler *tağir,* **fliegender Händler** *sayyār satiği*
Handmühle *gŭristo, gŭrusto*
Handwerk *ṣanʿa, ṣinʿa*
Handwerker *sinʿatkār ~ ṣinʿatkār*
hängen *ʿlq*
hängen bleiben *drql*
Happen *fako*
hart *qašyo, sṭimo, yaquro*
hart werden *qšy*
hartherzig *qašyo*
Hass *kīn*
hassen (jdn.) *ʿyq l- mĭ-*
hässlich *bĭğiʿ*
Haufen *kámbăle, kawmo, qeno*
Hauptmann *yūzbaši*
Haus *bayto,* **Haus von** *bĭ*
Hausfrau *kăbaniye,* **Würde einer Hausfrau** *kăbāntiye*
haushalten *soyim idara*
Haushälterin *kăbaniye*
Hefe *ḥmiro*
Heide (m.) *ḥanfo*
heilen *nyḥ*
heilig *mqadšo, qadišo*
Heiliges Buch *u-kṯowo mqadšo*
Heiliger *qadišo*
Heimatort *mamlăke*
heimlich *b-ᵓgnowo,* **heimliche Tat** *gnune*
Heimsuchung *băla*
Heirat *gworo*
heiraten *gwr, ḥwl, nṭy ~ nty, šql*
Heiraten *gworo*
heiß *ḥayumo, mšaḥno, šaḥino*
heiß machen *šḥn*
heiß werden *ḥym, šḥn, ṣmṭ*
heißen: das heißt *kaʾinnahu, maʿnata, yaʿni*
Heiterkeit *ṣăfa*
Heizofen *ṣopa*
Heizung *qalorifēr*
helfen *ʿwn,* (jdm.) *soyim mŭsaʿăda ʿam,* (jdm., Gott) *hwn (ʿal)*
Helfer *mʿawnono, xadomo*
hell werden *bhr, nhr*
Henker *šanoqo*
Henna *ḥeno*
herabfliessen lassen *nḥt*
heranwachsen *yrw*
herausholen *nfq*
herauskommen *nfq*
herausnehmen *nfq*
herausziehen *grš, nfq*
Herberge *xān*
Herbst *payiz, tĭšerin*
Herd *oğāq*

Herde (Kleinvieh) *qaṭʿo*
hergeben (nach der Verlobung) *ʾby/hw*
hergestellt werden *hwy*
Herold *dalolo*
Herr (Anrede, Titel) *ăfandi, sayyid*
herrschen *ḥkm*
herstellen *nfq, sym*
Herstellung *syimto, syomo, šuġlo*
herumfahren *krx*
herumführen *krx*
herumgehen *brm*
herunterfallen *nfl*
heruntergehen *nḥt*
heruntergehen lassen *nḥt*
herunternehmen *nḥt*
Herunternehmen *tinḥito*
hervorkommen *nfq,* (Geräusche, Licht) *ʾṯy*
Herz *lebo,* **sich zu Herzen nehmen** *foyiš leb-*
Heu *tawno*
heute Abend, Nacht *ádlalyo*
hier *harke*
hierher *harke, l-arke*
Hilfe *hanayiye, mŭsaʿăda, waṣĭṭa,* **mit Hilfe von** *ʿal,* **Hilfe!** *hăwār,* **zu Hilfe kommen** *oṯe laf l-*
hilflos *năkār*
Hilfsarbeiter *fuʿlo*
Himmel *šmayo,* **klarer Himmel** *ṣaḥwo*
himmlisch *šmayono*
hin *l-gab-,* **hin und her** *m-arke l-arke*
hinaufbringen *slq*
hinaufgestiegen *saliqo*
hinaufsteigen *slq, ysq*
hinaufsteigend *saliqo*
hinauftragen *slq*
hinausbringen *nfq*
hinausgehen *nfq*
hinbekommen *xlṣ*
hinein *lawġul*
hineinbringen *ʿbr*
hineinstecken *čyk*
hinrichten *šnq*
Hinrichtung *šnoqo*
hinter *ʿal, bĭṯir,* **hinter sich bringen** *fyt*
Hintern *ṭizo*
hinüberfahren *fyt*
hinüberführen *fyt*
hinuntergehen *nḥt*
hinzufügen *mḥt, mḥy*
hinzugeben *mḥt*
hinzugefügt werden *mḥt*
Hirn *meḥo*
Hirse *daḥno*
Hirte *ruʿyo*
Hirtensalat *çoban salatası*
Hitze *ḥemo, šḥanṯo*
hoch *ʿĭloyo, ʿloyo*
hochbringen *qym*
hochgewachsen *ʿĭloyo*
hochheben *ʿly, tly*
hochmütig: sich hochmütig verhalten *soyim minne ʿal*
Hochwürden (Anrede an Bischof, Patriarch) *sayyidna,* (Anrede an Priester) *abuna*
Hochzeit *ḥĭwolo, mištuṯo*
hoffentlich *inšaḷḷa*
Höhle *mʿarṯo*
holen *nṭy ~ nty*
Hölle *gihano*
Holz *qayso*
Holzbrett *taxtaye*
Holzgestell *sable*
Holzhammer *dŭquqo ~ dĭquqo*
Holzofen *ṣopa*
Holzregal (zum Transportieren und Lagern von gefüllten Tonkrügen) *sable*
Holzstab *xăšăbe*
Holzstück *qayso, xăšăbe*
Honig *dawšo*
Honigmelone *fuġo*
hören *šmʿ*
hören lassen *šmʿ*
Hostienbrot *ṭawʿuno*
Hügel *dĭyār*
Hühnchen *zuġto*

hüllen (in ein Leichentuch) *kfn*
Hund *kalbo*
hundert *mo*
Hundesohn (Schimpfwort) *ṣabbav*
Hunger *kafno,* **Hunger haben** (nach etw.) *leb- izze l-*
Hungersnot *kafno*
hungrig *kafino*
hungrig werden *kfn*
Hure *qaḥbi̊ke*
Hut *šafqa,* **auf der Hut sein** *lṣy*
Hymne *qolo*
Hypostase *qnumo*

I

ich *ŭno*
ichbezogen *nafsi*
ihr (pl.) *hatu*
immer *dayim, kul=naqla,* **immer noch** *hēš,* **immer wenn** *kul d-*
imstande sein *ot̠e m-, qdr*
in *ʿal, b, b-gawe d-*
Individuum *kas*
informieren *šmʿ, obe xabro*
Innenseite *gawo*
innerer Raum *gawoyo*
Inneres *gawo, lebo,* **im Inneren von** *b-gawe d-*
Innereien, gefüllt (traditionelle Speise) *kibāt ~ kibayāt, šdoqat ~ šdoqāt, širdanāt*
innerhalb von *b-gawe d-*
insbesondere *xāṣṣătan*
Inspektion *taftīš*
instruieren *ʿyr*
irgendein *mede*
irgendetwas *mede*
Irreführung *tiṭʿiyo*
Irrtum *ġalṭo*
Islam (Gesamtheit der Muslime) *ṭayut̠o*
Ismet *Ismat*
Istanbul *Istambul ~ Istanbuḷ, Stambul ~ Sṭambul*
italienisch *iṭālyani*

J

ja *e, eh, eyváh, năʿam,* **ja was** *waḥ,* **ja, genau!** *ha ~ haa ~ haha,* **ja? was denn?** *ha ~ hā*
Jagd *ṣaydo*
Jahr *šato,* **dieses Jahr** *ádšato,* **Jahr, in dem die Vegetation früh einsetzt** *ḥilliye,* **Jahr, in dem die Vegetation verspätet einsetzt** *virniye*
Jakobit *yaḥquboyo*
jakobitisch *yaḥquboyo*
jammern *wlwl*
jäten *ḥšf, nqy*
jawohl *eyváh, năʿam*
je nach *ʿal qădar*
jede Sache *kul=mede,* **jeder** *kul=ḥa, kul=kas, kul=nošo,* **jeder der** *ayna d-,* **jedes Mal** *kul=naqla*
jedoch *ḥalbuki*
jemand *insān, nošo,*
jener *hawo*
Jerusalem *Qudᵊs*
Jeside *čalkoyo*
Jesus Christus *Yešuʿ ᵊMšiḥo*
jetzt *uʿdo*
Joch *niro*
Jochholz *klemo*

Jochschlinge *ḥniqo*
Joghurt *qaṭiro,* **Joghurt machen** *qṭr*
Joghurtkugeln (luftgetrocknet und gesalzen) *širtan*
Joghurtkultur *rawbe*
Joghurtsuppe *labbăniye*
Jubel und Trubel *ḥing w ding*
Jude *hŭḏoyo*
Judenschaft *hŭḏayto*
jüdische Gemeinde *hŭḏayto*
jung *ğehil,* **junge Frau** *kaččĭke,* **junger Mann** *xōrt*
Junge *abro, kurrĭko, zʿuro,* **Junge!** *kŭro*
Junges (von Tieren und Menschen) *saxlo,* (von Tieren) *farxo*
Jungfrau *barṯo, bṯulto*
Junggeselle *bekār*

K

Kaffee *qaḥwe*
Käfig *qăfaṣ*
Kahlkopf *kăčal*
Kalb *arwono*
Kälbchen *arwono*
kalt *ğamudo*
kalt machen *ğmd*
kalt werden *ğmd, qyr*
Kälte *quro*
Kamel *gamlo*
Kampf *muṣaḏăma ~ muṣadăma, qale, šar ~ šarr*
kämpfen *ḥrb*
Kampfesmut *ġira*
karamelisiert *kărămēl*
Kartoffel *păṭaṭa*
Käse *gweto*
Kaserne *qišla*
Kasten *sanduqo*
kaufen *šql*
Kaufmann *tağir*
Kelim *baṭṭaniye*
Kelter *maḥṣarto*
kennen *ʾḏʿ*
Kenntnis *maʿrifa*
Kern *lebo*
Kerne *bŭzarʿo ~ bzarʿo, bzarʿo*
Kerze *šamʿo*
Kichererbsen *ḥimṣe,* (geröstet) *qăḏ̣ame*
Kichererbseneintopf mit Grießbällchen *ḥimṣe qarʿone*
Kieselstein *buġro*
Kilogram *kilo*
Kind *abro, naʿimo, zʿuro,* **ungeborenes Kind** *saxlo*
Kindheit *naʿmuṯo*
Kirche *ʿito,* (Kirche, die einem Heiligen gewidmet ist) *qadišo*
Kirchengesang *qolo*
Kirchenväter *abohoṯo*
Kissen *mxadde*
Klage *daʿwa*
Klan *ʿaširto*
Klang *ranne*
klären *ṣfy, ṣwl,* (Butterschmalz) *qld*
klären, sich *ṣfy*
klarer Himmel *ṣaḥwo*
Klasse *ṣĭnif*
kleben (an etw.) *zlq b-*
Kleid *fisṭān*
kleiden *lwš*
Kleider *ğulo*
Kleiderstoff *ṯawbo*
Kleidung *badle, ğulo*
Kleidungsstück *ğulto*
Kleie *firto*
klein *naʿimo*
klein werden *nʿm*
kleiner *naʿim*
kleiner machen *nʿm*
kleiner stellen (Herd) *nʿm*
Kleingeld *kallāt faruḏe*

Klempner *tănakči*
klopfen *dyq, ṭpṭp*
Kloster *dayro*
Klostervorsteher *rišdayro*
klug *šahrăzá*
Knabe *kurrĭko*
knacken *twr*
knapp: mit knapper Not *bu=zōṛ*
Knecht *greʿo*
kneten (Teig) *lyš*
Knoblauch *tumo*
Knochen *garmo, garoye*
Knospe *ʿayno*
Knospenansatz *ʿayno*
Knüppel(schlag) *ḥaṭro*
knusprig werden *smq*
knusprig werden lassen *smq*
kochen *bšl, rṯḥ, sym, ṭbx,* (Eier, Kartoffeln usw.) *šlq*
Kochen *bĭšolo*
Kochtopf *maḥḥăxiye, qōšxane*
Kohlenbecken *manqᵊlo*
Komfort *raḥát*
komm! *dyš*
kommen *ʾṯy,* (unerwartet) *blq,* **an die Macht kommen** *qym,* **zur Besinnung kommen** *oṯe hiš did- … l-,* **unter die Räder kommen** *izzé qm-i=raġlo*
Kommen *maṯyo*
kommend *aṯoyo*
Kommission *ăkīp*
König *malko*
Königreich *mamlaxṯo,* (himmlisches Königreich) *malkuṯo*
können *ʾḏʿ, kib-, qdr*
konservieren *ḥfḏ*
konsultieren *šwr*
Kontakt *irtibāṭ*
Kontrolle *qōntrōl*
konvertieren *qlb*
Konvoi *qafle*
Kopf *qarʿo, rišo*
Kopfhaar *sawko*
Kopftuch *šarpa ~ šaṛpa, čawre*
Koralle *mirğane*
Koransuren *yasinat ~ yasināt*
Korantext *yasinat ~ yasināt*
Korb *salo*
Koriander *kizbarto*
Korn *ḥapṯo,* (einzelnes) *freḏo,* **Korn für Korn** *ḥapṯo ḥapṯo*
Körner, faul und schwarz *korĭke*
körnig *ḥapṯo ḥapṯo*
Körper *ğăsad, laše*
Körperflüssigkeit *maye*
kosten (schmecken) *dyq*
Kot *niḥre, pĭsiye ~ pisiye*
Kraft *ḥaylo, quwe ~ quwwe, taqa*
kräftig *zaxm*
krank *kayiwo, naxwáš, raḥatsíz*
kratzen *ḥyk*
kreisförmig *mdawro*
Kreisstadt *qăḏ̣a, qăẓa ~ qăza*
Kreuz *ṣlibo*
kreuzigen *ṣlw*
Kreuzungspunkt *ṣillabe*
Kreuzzeichen machen *ršm, ṭrḥ*
Krieg *ḥarb ~ ḥaṛb, šar ~ šarr*
Kringel *kaḥkuno*
Krone *toġo*
Krüppel *šaḥt, săqaṭ*
Kugel *buġro, gandăroke, ṭibbe*
Kuh *tirto*
kühl *fayuḥo*
Kühle *fawḥo*
kühlen *ğmd*
Kühnheit *ğăsara*
kultiviert *kultūrli, mădăni*
Kultur *mădăniye*
Kummer *ġamo*
Kummer haben *ṭoʿin ġamo*
kümmern, sich (um jdn., etw.) *howe moro b-/l-, ḥyr ʿal, hŭwele hāž m-, howe ʿălaqădār*
kümmernd *ʿălaqădār*
Kunde *mištĭri*
künstlerisch *fanni*

Kupfer *ṣīfir*
Kürbis *qarᶜo*
Kürbisauflauf *pallăsīs*
Kurden *kurmānğ ~ kurmanğ*
kurdisch *kurmānčki, kurmānğí*
Kurdisch (Sprache) *kurmānğí*
kurdischer Nomade *kočar*
Kurmandsch *kurmānğ ~ kurmanğ*
Kurusch *qūrūš*
kurz *karyo*
kurz und gut *axir, wálḥasil ~ wálḥasīli*
küssen *nšq*
Kutle *kutlo*

L

Lab *firšik*
Labmagen *širdan*
lachen *gḥx*
Laden *dīkano*
Lage *dŭrūm, ḥāl, ḥale, rēz, ṭăbiqa,* **finanzielle Lage** *māḍḍiye*
Lager (von Kleinvieh) *ribbāṭ*
lagern lassen *rwᶜ ~ ṛwᶜ*
lagern, sich (Tiere) *rwᶜ ~ ṛwᶜ*
Laie *ᶜulmoyo*
Lamm *faro*
Lammrippen, gefüllt *qabrᵊġaye*
Lampe *fanos, lamṗa*
Land *bălad, mamlaxṯo,* (nicht kultiviertes Land) *ṭuro*
Landkreis *qăḏa, qăẓa ~ qăza*
Landrat *qaymăqām*
Landwirtschaft *rēğbăriye*
lang *yarixo, raḥuqo*
Langhaarziege *ḥīt*
langsam *hedi hedi*
Lanze *rimḥo*
Lappen *fasto*
Lärm *ḥis, ḥiss ~ ḥis, sawṭ ~ ṣawt,* (der Gewehre) *diṃṃṃ,* (Jubel und Trubel) *ḥing, ḥing w ding*
lassen *trk, ṭry,* (jdn. in Ruhe) *ṭry m-*
Last *ṭaᶜno*
Lastgestell *šuxro*
lästig finden *ᶜğz m-*
Lastsack *šalo*
Laufen *halxo*
laufen *mšy*
laufend *rahoṭo*
Laufgeschwindigkeit *halxo*
laut: lautes Rufen *bāṛ bāṛ*
Laut *sawṭ ~ ṣawt,* (Laut der Vögel) *wīč,* (Laut des Geschosses, Saiteninstruments) *taq*
Laute *ᶜūd, ṭambir*
läuten *dyq*
lauwarm *faturo*
lauwarm machen *ftr*
lauwarm werden *ftr*
Leben *ᶜiše, ḥaye, ruḥo*
leben *ᶜyš*
lebendig *sāġ, saḥiḥo*
Lebensführung *ᶜiše*
Lebensunterhalt *idara*
lecken *lṭᶜ*
lecken lassen *lṭᶜ*
lecker *basimo*
lecker werden *bsm*
ledig *ᶜazbo, bekār*
lediglich *yālniz*
leer *xalyo*
leeren *xly*
legen *mḥt,* (in Reihen) *ryz*
legen, sich *maḥit qarᶜo*
legen, sich um den Hals *xrz*
Legen, zum Schlafen *tidmixo*
Lehm *ṭino*
Lehmbackofen *tanuro*
Lehmbehälter (für Getreide) *koro*
Lehrer *mᶜallim*
Leiche *ğănaza, laše*

Leichnam *laše*
leicht *hesaní,* (von Gewicht) *xayifo*
leicht machen *hwn*
leichter *xayif*
Leinen *šuqo*
Leinentuch *čapān*
Leinwand *šuqo*
Leitung *idara,* **unter der Leitung von** *qim iḏe=d*
lernen *ylf*
Lesen *qraye*
lesen *qry*
Lesung *qraye*
letzte Zeit *ḥarayto*
letzter *ḥaroyo*
leuchten *lḏy*
Leute *ʿamo, ʿilmo, nošo*
Libanon *Lubnān*
Licht *nuhro*
Licht (klein) *biṣṣuṣo*
lichter Tag *imomo*
Liebe *ḥubo*
lieben *rḥm*
Liebhaber *dōṣt*
Liebling von *ʿayn d-*
Lied *qolo*
liegen lassen *ṭry*
Linsen *ṭlawḥe,* (grün) *ṭlawḥe yaroqe,* (rot) *ṭlawḥe sĭmoqe*
Linsensuppe *ṭlawḥe*
Lira *noṭa, waraqṯo*
List *lipikke*
Liter *litra*
Lob dem ...! *šabāš*
Loch *naqwo, nuqro*
Löffel *tarwoḏo*
Lohn *ḥaq*
Los *năṣīb* ~ *naṣīb*
los! *de, dyš, le, lo, ya aḷḷāh, yaḷḷa*
löschen *ṭfy*
lösen (von Knoten usw.) *šry*
Lösen *šroyo*
losfahren *mḥy*
losgehen *tyq*
loslassen *rfy, šlṭ*
Loslassen *tirfiyo*
Luft *hawa*
lügen *dgl*
Lümmel *qṣifo*
Lust haben (auf etw.) *leb- izzé l-*
lustig machen, sich (über jdn./etw.) *gḥx ʿal*

M

Machen *syimto, syomo*
machen *sym*
machen: es macht nichts *ġamo layt*
machen lassen *ṭry*
machen, sich (zu etw.) *soyim ruḥ-*
machen, sich auf den Weg *nfq*
Macher *sayomo*
Macht: an die Macht kommen *qym*
Mädchen *kaččĭke, zʿurto*
Magd *graḥto*
Magen *gawo,* **gefüllter Magen** (traditionelle Speise) *širdanāt*
Mähdrescher *dowarbičar*
mahlen *grs, ṭḥn*
Mahlstein *dang*
Mahlzeit *dane*
Mal *kore, naqla, naqqa,* **ein anderes Mal** *naqla=ḥreto,* **jedes Mal** *kul=naqla,* **mit einem Mal** *b-naqla*
-mal *kore*
man *ḥa, insān, nošo*
manche *hin*
manchmal *naqlāt, naqlawoṯo*
Mandarine *mandăḷina*
Mandel *luzo*
Mandelbaum *luzo*
Mangel *qŭsūr*

Mann *gawro, meriko, zlām,* **junger Mann** *xōrt*
mannhafter *gawrᵊtír*
Mannhaftigkeit *gawruṯo*
Mantel *pālṭo*
Märchen *ḥikkoye, qiṣṣa, xăṛăfe*
Mardin *Mirde ~ Murde*
Mariä Verkündigung *ṣiboro*
Markt *šuqo*
Märtyrer *sōhdo*
März *oḏir*
Maschine *măkina*
Maß *ʿīyār*
massieren *frx*
Maßnahme *tadbīr,* **Maßnahmen ergreifen** *moyid tadbīr*
Material *māl*
Mauer *syoġo*
Maultier *baġlo*
Medizin *darmono*
Meer *băḥar*
Mehl *qamḥo*
mehr *faḏla, hēš, zēd, zid ~ zīd*
mehr werden *zyd*
mehren *zyd*
Mehrheit *akṯăriye, ġilbá, kiṯre,* **Mehrheit von** *aġlab d-, akṯar d-*
mehrheitlich *bu=zīyudo*
mein: mein Lieber! *bavo, oġlum, yabo,* **mein Liebster!** *ḥayrān d-ʿaynux,* **mein Sohn!** *oġlum*
Meinung *rāy*
meistens *aġlab*
Meister *stād, ustad*
Meldung *takmīl*
melken *ḥlw*
Melken *ḥlowo*
Melonenfeld *warzo*
Menge: in gleichen Mengen *rišo-rišo*
Mensch *insān, kŭro, nsān, wărix (f.) ~ wărōx (m.),* **Mensch!** *de ġīdi, ḥaru baytux, yawo*
Menschen *băni-băšar, nošo,* **vornehme Menschen** *ăwadim*
Menschengedränge bilden *oxil ḥḏoḏe*
Menschenmenge *milla ~ mille*
Menschheit *insaniye*
Menschlichkeit *insaniye*
Mesopotamien *Măẓăpăṭōmya*
messen *kyl*
messen können, sich (mit jdm.) *nofiq rišo ʿam*
Messer *skino*
Messias *Mšiḥo*
Metzger *qaṣobo*
Metzgerei *qăṣabxana*
Midyat *Miḏyaḏ*
migrieren *nql*
Milch *ḥalwo*
Milchhaut *sīr*
Milchreis *dašišto, sütlaç,* (gebräunt) *yanık sütlaç*
Militär *ʿaskăriye*
Militärdienst *ʿaskăriye*
Milliarde *milyār*
Million *milyōn*
minderwertig *pīs*
Minute *dăqiqa*
mischen *xlṭ*
Misshandlung *tăʿadda*
Mist *zawlo*
Misthaufen *qalto ~ qalṯo*
mit *ʿal, ʿam, ʿamm,* **mit** (beinhaltend; Emotion) *b-,* **mit der Absicht, (dass)** *goya,* **mit einem Mal** *b-naqla,* **mit Gewalt** *bu=zōṛ,* **mit Hilfe von** *ʿal, b-,* **mit knapper Not** *bu=zōṛ,* **mit Verlaub** *be=maʿna, ḥăša,* **mit viel Aufhebens und Getue** *b-hayye w ranne*
mitbringen *nṭy ~ nty*
Mitgift *čēz*
mithilfe von *b-, ʿal*
Mitleid haben (mit jdm./etw.) *yoqiḏ leb- ʿal*
mitnehmen *mbl, ybl*
Mittag *falge=d-yawmo,* **zu Mittag essen** *ʿry*
Mittagessen *ʿrayto*

Mittagszeit *falge=d-yawmo*
Mitte *falgo, ḥolo, nave,* **in der Mitte von** *m-bayn*
mittel *ōrṭa*
Mittel *čara, darmono*
mittelgroß *ōrṭa*
Mitternacht *falge=d-lalyo*
mittig *navoyo*
modern *modern*
mögen *ʿğb, rġb, rḥm,* (Essbares) *leb- izze l-,* **möge doch!** *xwazi,* **möge es fern sein!** (z.B. bei Erwähnung des Todes, des Teufels): *raḥiq m-,* **es möge sein** *ṭr-owe,* **mögt ihr gesund bleiben!** *riš-basimo*
Möglichkeit *imkān, taqa*
möglich: es ist möglich *hwy;* **es ist nicht möglich, dass** *lĭ=kowe d-*
Monat *yarḥo*
monatelang *bay=yarḥe*
Mönch *dayroyo*
Mönchskutte *dalxik*
Mönchszelle *qŭlayto*
Mord *qaṭlo*
Mörder *qatil, qaṭolo*
morgen *ramḥil*
Morgen *ṣafro*
Morgengrauen *dyuqte d-ʿito, fote d-ṣafro*
morgens *ṣafro*
Motor *moṭor*
müde *ʿağizo*
müde werden *bṭl*
Mühe *ămak, ğahd, tăʿab, zōr ~ zōṛ*
Mühle *raḥyo*
Mund *femo*
Münze *qŭrūš*
Murmel *rĭġaye*
Muslim *ṭayo*
Muslime (die Gesamtheit der) *ṭayuto*
müssen *ʾbʿ, ğbr, lazim*
Mut *ğăsara*
mutig *ğassūr ~ ğăsūr*
Mutter *emo, yade*
Muttergottes *Ndaṯalo*
Mütze *šafqa*
Myron *murin*

N

nach *ʿal, bĭṯir, l-gab-, l-, laf ~ laff (l-), l-gorān d-, lu=gorān d-, l-sĭ, riše d-,* (zeitlich) *b-, bĭṯir m-,* **nach hinten** *laxalf,* **nach oben** *lalʿil ~ lalʿal,* **nach und nach** *išmo b-išmo,* **nach unten** *laltaḥ*
Nachbar *ğīṛān ~ ğiṛān*
nachdem *bĭṯir mid, mid, mi=naqqa d-*
nachdenken *krx, qlb*
Nachmittag: später Nachmittag *laf ʿaṣriye*
Nachricht *xabro, salōġ*
nächster *dēr, deri*
Nacht *lalyo,* **heute Nacht** *ádlalyo*
nachts *b-lalyo*
Nacken *qd̲olo*
nackt *zalṭono*
nackt machen *zlṭn*
Nadel *mḥaṭo*
Nagel *basmoro,* (Finger-, Fuß-) *ṭarfo*
nah *qariwo*
Nähe: in der Nähe von *l-ḥĭd̲ōr*
nähen *ḥyṭ*
Näher *ḥayoṭo*
nähern, sich *ʾṯy, qrw, qdm l-*
Nahrung *qūt*
Naht *darze*
naja *naysa*
Name *išmo*
Nase *nḥiro*
nass *taryo*
nass machen *try*

nass werden *try*
natürlich *halbat, šxwa, ṭabʿan, ṭăbí ~ tăbí*
Nazarener *niṣroyo*
neben *ʿal, ʿal iḏ- d-, b, barban d-, gab, sĭ~s-*
Neffe *abre⸗d-aḥuno, brazi*
nehmen *msk, myd, šql,* (einen Mann, eine Frau) *šql,* **sich zu Herzen nehmen** *foyiš leb-*
Nehmen *myodo*
neidisch werden *tḥsd*
nein *lo,* **nein, Verzeihung!** *hăla*
nennen *ʾmr l-, maḥit išmo*
Nest *qeno*
neu *ḥaṯo*
Neujahr *riše di⸗šato*
Neujahrsgeschenk *damiye*
neun *tišʿo*
neunhundert *čaʿmo*
neunzig *tišʿi*
New York *New York*
nicht (Negationspartikel beim Verb) *lĭ⸗ ~ lo⸗ ~ l-,* **nicht doch!** *ʿaybo ksaymit, wāh,* **nicht dürfen** *lĭ⸗kowe d-,* **nicht haben** *layt + l-,* **nicht können** *layb-,* **nicht kosten können** *lĭ⸗ḥoze xēr m-,* **nicht mehr** *fyš, haw,* **nicht mehr gültig sein** *bṭl,* **nicht reagieren** *tny,* **nicht sein** *latyo*
nichts *tĭ⸗mede, ăbad,* **nichts Gutes** (von etw./jdm.) **haben** *lĭ⸗ḥoze xēr m-,* **nichts sagen** *tny lo*
Niederkunft *mahwo*
niederlassen, sich *rkz, skn, ytw*
niederträchtiges Verhalten *pīstiye*
niedrig *taḥtoyo*
noch *he, hēš,* **noch besser** *š-ṭaw,* **noch ein** *ḥreno,* **noch einmal** *naqla⸗ḥreto*
Nomade (kurdischer) *kočar*
Nonne *dayrayto*
normal *ʿadi, nōrmāl*
Not: mit knapper Not *bu⸗zōṛ*
notieren *kṯw*
nötig sein *ʾbʿ l-, lazim, lzm,* **es ist nötig, (dass)** *kubʿe*
Notdurft: seine Notdurft verrichten *ḥry*
Nudeln (klein; für Reis- und Bulgurgerichte) *šʿiraye, šriʿaye*
nun *aḷo, ánnaqla, ánnaqqa, ánnaqqe, fyš, hĭ, veğa,* **nun ja** *pa*
nur *anğaq, bas, bilḥuḏe, illa, lḥuḏ-, ṣirf*
Nutzen *manfăʿa*
nützen *nfʿ*

O

o dass doch! *ž-xera xŭde-ra*
ob wohl *ʿăğăba*
oben *lalʿil ~ lalʿal*
ober-, oberer *ʿīloyo, ʿloyo*
Oberfläche *foṯo*
Obergeschoss *ʿīliṯo*
oberhalb von *ʿil m-, lalʿil ~ lalʿal m-*
Oberseite *foṯo*
obwohl *ʿam d-*
Ochsenstachel *masoso*
oder *ăka, aw, eğer, hăka, veya, wăya, wăyaxut ~ wăyaxutta, yan, yaxud, yōqsa*
Ofen *farmo, kuro*
Ofenrohr *boriye*
offenbar werden *nofiq pōx diḏ-*
offensichtlich *l-qul i⸗ʿayno*
öffentliches Bad *ḥimmām*
Offizier *ḍabiṭ*
öffnen *ftḥ*
öffnen, sich *ftḥ*
Öffner *fatoḥo*
Öffnung *femo*
oh Herr! *rabbi, ya rab*

oh je (zum Ausdruck der Ablehnung) *ooh,* **oh je!** *aʿʿʿʿʿaww, haylo,* **oh weh de** *ğidi,* **oh weh!** *ōōōwīh, way*
ohne *d-lo,* (Präfix der Verneinung) *be,* **ohne Bartwuchs** *kosani*
ohnehin *zatan ~ zătan*
Ohr *ad̲no*
OK *tămām*
Öl *zayto*
Olivenöl *zayto*
Omelett *ṣfero*
Onkel (mütterlicherseits) *ḥolo,* (väterlicherseits) *ʿammo*
Orange *pirtăqāl, pirtăqān*
ordentlich *nad̲ifo*
ordnen *ʿdl*
Ordnung: in Ordnung *ṭr-owe, mʿadlo, tămām;* **in Ordnung kommen** *ʿdl*
Oregano *kăkīk, orăgano*
Ort *dukt̲o, mawqiʿ*
Ostern *ʿed̲o=rabo*

P

paar: ein paar *kmo*
Palast *quṣro*
Papa! *ba ~ bā*
Papier *kağat*
Papiere *awraqat*
Paprika *flēfle, mağnune,* **scharfe Paprika** *ḥičḥaṛṛāt*
Paprikapaste *maye du=bibar*
Paradies *malkut̲o*
Pascha *paša*
passen *ʾzl*
passend *năṣīb ~ naṣīb*
passieren *fyt, ğry, hwy*
Paste *maʿğūn*
***pāstīq*-Ecke** (zum Dreieck gefaltetes *pāstīq*-Papier) *dammăke*
Patenverhältnis *qariwut̲o*
Patenverwandter *qariwo*
Patenverwandtschaft *qariwut̲o*
Patriarch *faṭiryarxo*
Patrona *paṭrona*
Periode *midde*
Perle *ḥmirto*
Person *kas, nafšo, nsān, qnumo, šaxṣ,* **Person aus Anḥil** *niḥloyo,* **Person aus Bissorino** *srinoyo,* **Person aus ʿIwardo** *ʿwarnoyo,* **Person aus Kfarze** *kfarzoyo,* **Person aus Mardin** *mirdnoyo,* **Person aus Midin** *midhoyo,* **Person aus Midyat** *mid̲yoyo*
persönlich *b-ʿayn-*
Persönlichkeit *šaxṣiye*
Petersilie *baqdunas*
Pfand *grāw, răhīn*
Pfanne *nuqro, tawa ~ ṭawa, ṭağno*
Pfeffer *bibar,* **roter Pfeffer** *bibar sĭmoqo,* **schwarzer Pfeffer** *bibar komo, kara biber*
Pfefferkörner *băharāt ~ bŭharāt*
Pfefferminze *naʿnāʿ*
Pfeife (Tabak) *qālyūn*
Pfeil und Bogen *tīr w kăvān*
Pferd *sisto, sisyo*
Pflanzen (von Melonen, Gurken und Kürbissen) *šĭrure*
pflanzen *zrʿ*
Pflock *sakt̲o,* (aus Eisen) *sākkah ~ sākka*
pflücken *qṭf*
Pflug *ale*
Pflugbaum *abzoro*
pflügen *dwr,* (zum ersten Mal grob) *krw,* (zum zweiten Mal) *t̲ny,* (fein) *bsm*
Pflügen *dworo,* **erstes Pflügen** *krowo,* **zweites Pflügen** *t̲noyo,* **feines Pflügen** *bĭsomo*
Pflüger *daworo*

Pfluggespann *fadono*
Pflugschar *sakṯo*
Pilger *ḥağği*
Pizza *pītsa*
Plan *ṭabxa*
Platte *ṣaḥno,* (tief) *lăgan*
Platz *dukṯo, saḥa,* **Platz nehmen lassen** *ytw*
Plünderung *yāġma*
pökeln *kzd*
Polizei *polīṣ*
Polizeiwache *qărăqōl*
Polizist *polīṣ*
predigen *krz*
Preis *ḥaq,* (Lobpreis Gottes) *šubḥo*
Presse *maḥṣarto*
Priester *kohno, qašo*
privat *xŭṣuṣi ~ xṣuṣi*
Probe: auf die Probe stellen *ğrb*
probieren *ğrb*
Probieren *ğĭrobo*
Problem *bazra, tašqala*
profitieren *stfd*
Prostituierte *qaḥbĭ́ke*
Protestanten *prūṭ*
Proviant *zuwwade*
Provinz *wălaye*
provozieren *hğğ*
Prozent *bam=mo + num.*
Prozess *daʿwa*
psst *hišš ~ hšš, ššššš*
Pullover *fanera*
pusten *nfḥ*
Pusten *nfoḥo*
pustend *nafoḥo*
putzen *kfr*

Q, R

Qual *azziye*
Rache *ḥayf*
rächen, sich (an jdn.) *tole ḥayf d-*
Rachegedanken *ġăraz*
Räder: unter die Räder kommen *izzé qm-i=raġlo*
Raki *ʿăraq ~ ʿărāq*
Rand *femo*
rasieren *ḥlq*
Rasieren *ḥloqo*
Rasse *ğins*
Rat *năṣiḥa*
ratsch! *xīz*
Ratschlag *năṣiḥa*
Räuber *ḥărami*
Raubtier *dabibo*
Rauch *dĭxono*
Raum, innerer *gawoyo*
Realität *ḥăqiqa*
Rebellion *ʿiṣyān*
Rebschnitt *ksoḥo*
Rebzweig *naṣbo,* (abgeschnittener Rebzweig) *karsᵊwono*
Rechen *qăṣăliye*
rechnen *ḥšw*
Recht (das jdm. zusteht) *ḥaq,* **im Recht befindlich** *ḥaqlí,* **Recht habend** *ḥaqlí*
Rede *ğğaliye*
reden *ğğl*
Reden *mamro*
Regen *maṭro*
Regenrinne *marziwo*
Regierung *ḥkume*
Regiment *aḷāy*
Region *bölge*
registrieren *qyd*
registrieren lassen *kṯw*
Registrierung *qaydiye*
regnen *nḥt maṭro*
regulieren *ʿdl*
reiben *dyf, frx, šyf*
reich *zangīn*
reichen *kfy,* **das reicht!** *tămām*

Reichweite *ḥĭkim*
reif werden *mṭy*
Reifen *ṭawqo*
Reihe *dawro, rēz, sira*
Reihenfolge *dawro*
rein *naḏifo* (religiös) *ḥălāl*
Reinen: im Reinen sein (mit jdm./etw.) *mṣafe leb-*
reinigen *nḏf,* (durch Herunterrieseln) *zwq*
Reinigung *nĭḏofo, tanḏīf,* **Reinigung des Getreides durch Herunterrieseln** *zĭwoqo*
Reis *rezo*
reißen *qṭʿ*
Reissuppe *laṗṗa*
reiten *rwx*
Reiter *rawixo, ṣŭwari*
reizen *hğğ*
Religion *dino, diyane*
religiös: religiöse Angelegenheit *dīn daʿwăsi*
rennen, schnell *moḥe rağloṯe (rağlo) b-ṭize*
rennend *rahoṭo*
Reserve (militärisch) *ḥtīyāt*
Respekt *haybe,* **Respekt haben** *mosik haybe*
retten *nṭy ~ nty, xlṣ*
richtig *xid (i-) ʿade, mʿadlo, tām, tămām*
Richtmaß *ʿīyār*
Richtung: in Richtung *laf ~ laff (l-),* **in die entgegengesetzte Richtung** *mqabil ~ mĭqabil*
Rind *qanyono*
Rinde *qlifto*
Rindvieh *qanyono*
ringsum *hawīr*
Rippe *alʿo*
Rippen *garoye*
Rispe *suğlo*
Rock *fiṣṭān*
Rohr *boriye*
Röhrchen *yabibto*
rollen *gndr*
Roma (Ethnonym) *qărăči*
rosa *pamba*
Rosinen *apšoṯo*
rot *sĭmoqo*
rot werden *smq*
roter Pfeffer *bibar sĭmoqo*
Rücken *ḥaṣo*
Rückkehr *dʿoro,* Rückkehr der Braut ins Haus der Eltern nach der Heirat *radde*
Rückseite *ḥaṣo,* **auf die Rückseite** *ʿal maqlib*
rufen *hwr, qry*
Ruhe *raḥa, stīraḥa,* **Ruhe!** *hišš ~ hšš*
Ruhe haben *ṯnḥ*
ruhen lassen *trk*
Ruhepause *stīraḥa*
Rührei *ṣfero*
rühren, sich *rmš*
Ruine *xirbe*
rumms! *xrrppp*
Rumpeln der Wiegen *dingiṛ w hay dingiṛ*
rund *mdawro*
Russe *rūṣ*
Russland *rūṣ, Rūṣya*
Rute *rawṭo*

S

Saatgut *bŭzarʿo ~ bzarʿo, bzarʿo*
Sache *ḥāl w ḥăwāl, măsăle, mede, qăḏiye, šuğlo, ṭabxa, xŭṣūṣ ~ xṣūṣ*
Sack *kiso,* (groß) *čăwāl,* (klein) *kīsko*
Sacknadel *msalle*
säen *zrʿ*
sagen *ʾmr*
Saison *mawsum*

Salat *sắlăṭa*
salben (mit Myron) *ršm*
Salmiak *năšadir*
Salz *malḥo*
salzen *mlḥ*
Salzen *mĭloḥo*
Salzgehalt verlieren *nʿṭ*
salzig *maluḥo*
sammeln *lym*
Sandale *ṣʿuno*
Sandsteinerde *nqurto*
Sänger *mĭṭirbi*
Sarg *tabūt*
satt machen *swʿ*
Satteltasche *xurğazine, xurğo*
sauber *naḏifo*
sauber machen *kfr*
Sauberkeit *năḏafe*
säubern *nḏf, ṣfy*
Sauce *ṣōṣ*
saugen *ynq*
Savur, Stadt *Ṣawro*
Schachtel *qotiye*
schade *ḥayf*
Schaf *ʿwono*
Schafbock *bărān*
schaffen *xlq, xlṣ*
Schafsmist *bʿure*
Schale (Obst) *qlifto*, (Gefäß) *ğāṭ, ṭase, ṭasĭke*
schälen *qlf*
Scham *ʿaybo*
schäme dich! *ʿaybo ksaymit!*
Schande *ʿariye, ʿaybo*
scharf: scharfe Paprika *ḥičḥaṛṛāt*
Schatten *ṭĭlolo*
schätzungsweise *taxminan*
schauen *ḥyr*, (auf etw.), *ḥyr ʿal, b-*
Schaufel *rawšo*
schaufeln *rwš*
Schaumlöffel *mqašše*
Schauplatz *ḥolo*
Schech (hoher muslimischer Geistlicher) *šēx*
Scheffel *ʿulbo*
Scheich (arabischer Stammesführer) *šēx*
scheiden lassen *flt*
scheiden lassen, sich *rfy*
Scheidung *šroyo*
Schein *nuhro*
scheinen *ḥwy*
Scheiße *niḥre*
scheißen *ḥry*
schenken *ʾby/hw*
Schere *mqaṣṣ*
scheren *qyṣ*
Scherz *ḥănak, măziḥ*
Scheu *haybe*
Scheune *kahdine*
Schicht *ṭăbiqa*
schicken *šyʿ*
schieben *tfk*
schief *brimo*, (Augen) *ʿwiro*
schießen *mḥy*
Schießpulver *barūd*
schlachten *nḥr*
Schlaf *šanṯo*
schlafen *dmx*
schlafen legen, sich *maḥit qarʿo*
schlafend *damixo*
Schlafgemach *nvine*
Schlag *ḏarbo*, **jdm. einen Schlag verpassen, versetzen** *ʾby/hw*
schlagen *mḥy*
Schlagen *mḥoyo*
Schlamm *ṭino*
Schlange *ḥayye, zĭhamáṛ*
schlau *pīč*
schlecht *pīs*
schlechter *apyas*
Schlegel *dĭquqo, dŭquqo ~ dĭquqo*
schleifen *xrṭ*
schließen *sxr ~ ṣxr*
schließlich *axir, năhaye, nĭhaye*
Schloss *qaṣro, quṣro*
Schluck *paške*
Schlüssel *qliḏo*
schmecken *dyq*

schmelzen *fšr*
schmettern *šqᶜ*
Schmiedeesse *kuro*
Schmutz *ᶜăğaq, ṭino, wăsax*
schnappen *lqṭ,* (Luft) *šoqil hawa*
Schnaps *ᶜăraq ~ ᶜărāq*
Schnee *talgo*
schneiden *qṭᶜ, qyṣ,* (in Stücke) *qsqs, qṭᶜ, soyim pārčayat,* (Weinberg) *ksḥ*
Schneiden *qĭṭoᶜo*
Schneider *ḥayoṯo,* (von Weinstöcken, Bäumen) *kasoḥo*
schnell *ḥiṣo, xayifo,* **schnell rennen** *moḥe raġloṯe (raġlo) b-ṭize*
Schnur *šīrlṭo*
Schnurrbart *šĭwerib*
schon *šxwa*
schön *basimo, šafiro*
schön werden *šfr*
Schönheit *šufro*
schöpfen (Wasser) *grš*
Schöpfkelle *čanaq*
Schöpflöffel *čamčke, maġrafto*
Schöpfung *xulqa*
Schoß *sefo*
schrecklich *mahūl*
schreiben *kṯw*
schreiben lassen *kṯw*
schreien *hwr, zᶜwq*
Schreiner *nağoro*
Schritt *dawse, gave,* **in einem Schritt** *bi=gave*
schroten *grs*
schubsen *tfk*
Schuh *qundĭraye, ṣᶜuno*
Schuld *sūğ*
Schulden *dayno*
Schule (kirchlich) *madrăse,* (staatlich) *maktab*
Schulter *katfo, kaṯfo*
Schurwolle (unbearbeitet) *geze*
schüren *ğğr*
Schüssel *ṭase, ṭasĭke,* (flach) *angăriye*
schütteln *hyz*
schütten *kfx*
Schutz *mŭḥafăḏa*
schwach *ḏăᶜĭf, pīs, raqiqo, xayifo,* (finanziell) *twiro*
schwach werden *ḏᶜf, rfy, twr*
Schwager (Ehemann der Schwester, bzw. weiblicher Verwandten) *ḥaṯno*
schwanger *ṭᶜinto*
Schwanz *danwo*
schwarz *komo,* **schwarzer Pfeffer** *bibar komo, kara biber*
schweißen *lḥm*
schwer (Arbeit) *ṣaᶜbo,* (Gewicht) *yaquro*
schwer werden *yqr*
Schwert *sayfo*
Schwiegereltern *ḥmoye*
Schwiegermutter *ḥmoṯo*
Schwiegersohn *ḥaṯno*
Schwiegertochter *kalo*
Schwiegervater *ḥimyono*
schwierig *ṣaᶜbo*
schwierig werden *yqr*
Schwierigkeit *tašqala*
schwimmen *sḥy*
Schwimmer *saḥoyo*
schwinden (Lebenskraft) *ruḥ- izzá/zila*
Schwindler *pīč*
schwitzen *dᶜṯ*
schwören *ymy*
sechs *išto*
sechzig *išti*
See *băḥar, băḥira*
Seele *nafšo, ruḥo*
Seeungeheuer *ḥūt*
segnen *brx, zyḥ,* **segne, mein Herr!** (Grußformel gegenüber einem Geistlichen) *barixmōr*
sehen *ḥzy*
Sehkraft *năḏar*
Sehnsucht *beriye*
sehr *ġălăbe*
Seide *ḥărēr*
Seil *ḥawlo*
sein *hwy*

sein (Kopula) *kityo,* **es soll sein** *ṭr-owe*
seit *hano, mĭ, mi=naqqa d-*
seitdem *mi=naqqa d-*
Seite *foṯo, gabo, ṭăraf, xaṣra ~ xasra,* **auf der anderen Seite** *lugab*
Sekretär *katib*
selber *b-ʿayn-*
selbstverständlich *ṭabʿan, ṭăbí ~ tăbí*
selig (verstorben) *mḥasyo*
selten *nadír, nŭquṣo*
Senfkorn *xardălaye*
servieren *manṭe l-qum-*
Servierplatte *mansaf,* (klein) *tapske*
Servierteller (groß) *angăriye*
setzen *rkw, ytw,* (auf Pferd, Esel usw.) *rwx,* **sich setzen** *ytw,* **unter Druck setzen** *nofil taḥt*
sich (Reflexivpronomen) ***ruḥ-***
Sichel (groß, für die Getreideernte) *magzuno*
sicher *mḥafḏo*
sichergestellt werden *ʾmn*
Sicherheit *ăman*
sicherstellen *ʾmn*
sichtbar werden *ḥwy*
sie (sg.) *hiya,* (pl.) *hinne*
Sieb (fein) *moxĭle,* (grob) *ṣĭrado*
sieben (Verb) *ʿrw, ṣrd*
sieben (Zahl) *šawʿo*
siehe da *kĭl- ~ kl-*
Siirt (Stadt in der Südosttürkei) *Sĭʿirt*
Silvan (Stadt in der Südosttürkei) *Fārqīn*
Simurgh-Vogel *Ṭayre Simír*
singen *zmr*
Sinn *bolo*
Sippe *bavík*
Şırnak (Stadt in der Südosttürkei) *Šarnax*
Sirup *qatᵊr*
Sitte *ḥale, ŭṣūl*
Situation *dŭrūm, ḥāl, ḥale*
sitzend *yatiwo,* (auf dem Pferd) *rawixo*
so *hawxa,* **so etwas** *flān,* **so groß** *haqqās, háqqayis, háqqayiske,* **so sehr** *ḥingi ~ hingi,* **so und so** *bēhvān, haṯe b-aṯe, hno,* **so und so gemacht werden** *hny,* **so und so machen** *hny,* **so und so passieren** *hny,* **so viel** *haqqa, haqqās, háqqayis, háqqayiske, qayis*
sobald *awwil=d-*
Socke *gurwo*
sofort *b-ha-măḥal, dárḥāl, bi=gave, b-ᵊḥḏo=naqla*
sogar *ḥatta*
Sohn *abro, kurrĭko*
Sohn des Bruders (Neffe) *abre=d-aḥuno, brazi*
Soldaten *ʿaskăr*
sollen *lazim, ṭir ~ ṭr*
Sommer *qayṭo*
Sonne *šimšo, yawmo*
Sonnenaufgang *nfiqte=d-yawmo*
Sonnenlicht *šimšo*
Sonntag *ḥiššabo*
sonst *bāšqa, yōqsa*
Sorge *ġamo*
Sorgen machen, sich *ṭoʿin ġamo,* (um etw./jdn.) *ḥrw + l-*
Sorte *ğins, šĭkil*
soundso *fălān, flān, flān bēhvān, flān=kas*
Soundso *flān=kas*
sowieso *zatan ~ zătan*
sowohl ... als auch *ham ... ham*
spalten *šṭf*
Spalter *mṣarbᵊṣono ~ mĭṣarbᵊṣono*
Span *piže*
Spaß *kēf, măziḥ*
spät *dărang, mʾaxro,* **später Nachmittag** *laf ʿaṣriye*
spazieren gehen *šoqil hawa*
Speer *rimḥo*
Speise *muklo*
speziell *spētsiyāl, xāṣ*
Spiegel *mĭre*
Spiegelei *ṣfero*
Spiel *liʿboye*

spielen *šṭʿy,* (Musikinstrument) *dyq, mḥy*
Spieß *šafuḏo, šīš*
Spindel *taššiye*
spinnen *ʿzl, zqr*
Spinnen *zqoro*
Spitze *rišo*
Splitter *piže*
sporadisch *tāk tūk*
Sprache *līġa ~ liġġe*
sprechen *gry, ğġl,* (ein Gebet) *maqim tišmišto*
Sprechen *ğġaliye, mamro*
Sprichwort *maṯlo*
spriessen *fqḥ, nfq*
springen *ḥlq*
Spruch *maṯlo*
sprudeln *rṯḥ*
Spülen *ğloyo*
Staat *dawle*
Stadt *wălaye*
Stadtviertel *šawṯo*
städtisch *bežār*
Stall *ṭawle*
Stamm *ʿaširto,* (Beduinenstamm) *ēl*
Stammesführer *aġa, šēx*
stampfen *dqdq, dyq*
Stampfer (von Weizen, Bulgur, Weizengrütze) *dayoqo*
Stand: im Stande sein *kib-*
ständig *dayim*
stark *ḥiṣo, quwwatli,* (in Leistung und Fähigkeit) *qawyo*
stark werden *qwy, zxm*
Stärke *quwe ~ quwwe,* (von Substanz) *ḥalwo*
stärker *faḏla*
statt *m-darb*
Staub *tūz*
stecken *čyk,* (in Brand) *yqḏ*
stehen bleiben *kly*
stehen lassen (Essen) *kly*
stehlen *gnw*
Stehlen *gnowo*
steif werden *ṭvz*
Steigbügel *zango*
steigen *slq*
Stein *kefo,* (klein) *buġro*
Steinbrecher *qaṭoʿo d-kefe*
Steinhauer *qaṭoʿo d-kefe*
Steinhaufen *škere*
Steinhuhn *qaqwinto*
steinigen *rğm*
steinig: steiniger Boden *qălač*
Steinigung *rğomo*
Steinmetz *naḥoto*
Steinschneider *qaṭoʿo d-kefe*
Stelle *dukṯo, mawqiʿ, xaṣra ~ xasra,* **überdachte Stelle** *qămăriye,* **auf der Stelle** *b-ha-măḥal*
stellen *mḥt;* **kleiner stellen** (Herd) *nʿm*
stellen, sich (jdm.) **entgegen stellen** *ʿṣy,* **sich** (jdm.) **in den Weg stellen** *nofiq l-qamuṯ-,* **auf die Probe stellen** *ğrb*
sterben *myṯ, nql, obe l-* (+ 2 Pers.) *ḥaye,*
sterben lassen *myṯ*
Stift *qălam*
Stil *măqām*
Stimme *qolo, sawṭ ~ ṣawt*
stimmen: es stimmt *tămām*
Stimmung *maʿd,* **in schlechter Stimmung** *be=maʿd*
Stirn *bayne ʿayn-, bayne ʿayne*
Stock *ḥaṭro, rawṭo*
stocken *qṭr*
stocksteif werden *ğmd*
Stoff *čapān*
Stoffbahn *ṯawbo*
Stöhnen *nāl*
stoppen *kly*
stören *soyim raḥatsíz, šoqil ruḥe d-*
stoßen (an etw.) *dyq b-, mḥy b-, qyṯ b-,* (auf jdn.) *tfq ʿal*
Strafe *ğurmo, ḥīkim*
Strang (Gras) *qeno*
Straße *darbo, ğaʿde, šuqo, zabuqo*

Strauss *buqto*
Streichholz *kabrīt, kabrite*
streuen *mḥy, ryš*
Strich *čizgi*
Strick *ḥawlo*
Strom *ǧaryān*
Strumpf *gurwo*
Stück *falqo, fredo, ḥapṯo, pārčaye*
Stücke *šīqayiq*
studieren *drs*
Stuhl *kursi*
Stunde *săʿa ~ saʿa, săʿaye*
stürzen *gndr*
stürzen, sich (auf etw./jdn.) *qlb ʿal,* **sich in den Kampf stürzen** *tole iḏo*
Stute *mharṯo, sisto*
stützen *snd*
suchen (nach etw.) *krx ʿal*
Sünde *ḥṭiṯo*
sündigen *ḥṭy*
Suryoyo (Ethnonym) *siryoyo*
süß *ḥalyo,* **süßes Festgebäck** *kliča ~ kīliča*
süß werden *ḥloyo, ḥly*
Süßigkeit *ḥalyuṯo*
Süßigkeiten *sikkar ~ sikkaṛ*
Süßwurst *ʿăqude*
Syrien *Suriya*
syrisch *suri*
Syrisch-Aramäisch *siryoyo*
syrischer Christ *ṣŭroyo*
syrisches Christentum *siryuṯo*
syrisch-orthodox *siryoyo*

T

Tabakpfeife *qālyūn*
Tablett *ṭăbaq*
Tag *imomo, yawmo*
Tag werden *nhr*
Tageszeit *dane*
Tannur-Ofen *tanuro*
Tante (mütterlicherseits) *ḥilto,* (väterlicherseits) *ʿamme, ʿamṯo*
Tanz *raqḏo*
tanzen *rqḏ*
Tarxayno (eine Getreide-Joghurt-Suppe) *tarxayno*
Tasche (von Hosen, Jacken usw.) *kisto,* (klein) *kīsko*
Tasse *finǧān, kase, ṭase,* (klein) *ṭasīke*
Tat *šuġlo,* **in der Tat** *l-ḥăqiqa,* **gute Tat** *kayisuṯo, xēr,* **heimliche Tat** *gnune*
tatsächlich *ḥáqqătan,* **tatsächlich aber** *ḥalbuki*
tauchen *ġyṭ*
Taufe *maʿmodiṯo, ʿămaḏe*
taufen *ʿmḏ*
Tauföl *murin*
Taufpate *qariwo*
täuschen *soyim iġfāl*
Täuschung *iġfāl*
tausend *alfo*
Tee *čāy*
Teig *ʿăǧīn, layšo*
Teigklumpen (vor dem Formen der Brotlaibe) *ṭlamṯo*
Teil *pārčaye, qīsim, sahmo*
Teile *šīqayiq*
teilen *qsm*
Teller *ṣaḥno*
Tenne *adro*
Teppich *marše*
Teufel *šiḏo*
Theater *tiyātro*
Thymian (wild) *kăkīk, kekik, kizbarto*
tief *ʿamuqo*
Tiefe *ʿimqo*
Tier *ḥaywān ~ ḥaywan*
Tierhaare *ṣaʿro*
Tisch *maṣa, ṣufro*
Tochter *barṯo, kaččīke*

Tomaten *bădingan, bădingan sĭmoqe*
Tomatenmark *maye d-bădingan, sălča*
Ton (Klang) *ranne*
Tonbecken *agono*
Tongefäß (für den Joghurt) *markᵊno*
Tonkrug *dgišto*
Tonne (Gewicht) *ṭōn*
Tonschale *agono*
Tonware *fuxxār*
Tor *tarʿo*
tot *mito*
töten *qṭl*
Töten *qṭolo, tiqṭilo*
töten lassen *qṭl*
Totengebet *i-ṣluto du-lĭwoyo*
Tötung *qaṭlo*
trächtig *ṭʿinto*
Tradition *ʿade, ŭṣūl*
tragen *ṭʿn,* (Kleidung) *lwš,* (Frucht) *ʾby/hw, msk*
Tragen *ṭʿono*
tragend *ṭaʿono*
Träger *ṭaʿono*
Tragevorrichtung (für gemähtes Getreide) *šuxro*
Traglast *ṭaʿno*
Traktor *tăraktor*
Träne *damʿo*
tränken *šty*
transportieren *nql*
transportiert werden *nql*
Trauben (Büschel) *suġlo,*
Trauben *ʿinwe,* (unreif) *bissire,* (spätreifende Traubensorte) *mazrona,* (zum Trocknen nebeneinander hingelegt) *mašṭuḥo*
Traubensaft *maye daʿ-ʿinwe*
Traubensirup *dĭbis*
trauen *brx*
Trauerfeier *ʿăza*
Trauergottesdienst *lĭwoyo*
Trauung *bĭroxo*
Trauzeuge *qariwo*
treffen (jdn.) *lqy b-, tfq ʿal,* (Sonne) *ʾṯy ʿal,* (beim Schießen) *ḥyṣl*
treffen, sich persönlich *wğh*
treiben *ḥlq, mḥy, qlʿ*
trennen *xlṣ*
Trenner (von Tag und Nacht) *mṣarbᵊṣono ~ mĭṣarbᵊṣono*
Trennung (Ehe, Verlöbnis) *šroyo*
treten (auf etw.) *dyš ʿal*
treu *sadiq*
treulos *bebaxt*
Trichter *qumʿo*
Trieb (Pflanze) *nurbo*
trinken *šty*
Trinken *štoyo*
Trinkgeld *baxbĭš*
trocken *nagiwo*
trocken werden *nšf*
Trockenpflügen *dworo du-ġŭbari*
trocknen *nšf*
Trog *gurno*
Trommel *dinnaga*
tropfen *nqṭ*
Tropfen *paške*
trösten *sly*
trotz *ʿal*
Trotz *ʿinād*
Trubel: Jubel und Trubel *ḥing w ding*
Truhe *sanduqo, xăzane*
Truppen *ʿaskăr*
Tuch *ğulo, ōrti, ṯawbo*
tüchtig *žehati*
Tumult verursachen *maqim i-qyimto*
tun *sym*
Tunnel *lăġim*
Tür *tarʿo*
Turabdin *ṭuro*
Türkei (die) *Tirkiya, Turkiya*
Türkisch (Sprache) *tirki*
türkisch *tirki*
Ṭuroyo *siryoyo*
Ṭuroyo-Sprache *ṭuroyo*
Typ *tĭp*
Typhus *tifo*

U

über *ʿal, ʿil m-, lalʿil ~ lalʿal m, ʿar=riše d-,* (betreffend) *b-ḥaq d-*
Überbringer *mawbᵊlono*
überdachte Stelle *qămăriye*
überdrüssig *ʿağizo*
überdrüssig sein (einer Sache) *ʿğz m-*
übereinander herfallen *flt b-*
übereinander legen *knfl*
überfallen *ʾṯy + l, hğm,* (jdn.) *nfl b-*
überführt werden (Braut) *ḥwl*
Überführung der Braut *ḥĭwolo*
übergeben *slm*
übergeben werden *slm*
übergeordnet *ʿĭloyo*
übergeordnetes Gericht *maḥkăma ʿĭlayto*
Übergriff *năḥaqiye*
überhaupt nicht *ăbad, ắbădan, tĭ*
überleben *flt, xlṣ*
überlegen *ftkr*
überliefert werden *nql*
übermorgen *lúmiḥreno*
Übernachtung *tidmixo*
überqueren *fyt, qṭʿ*
übertragen werden *slm*
überwiegend *ağlab*
überzeugen *qnʿ*
überzeugt werden *qnʿ*
Überzeugung *qănaʿa*
übler *antan*
üblich *xid (i=) ʿade, ʿadi,* **wie üblich** *ʿala-l-ʾŭṣūl*
übrig *ačiq*
übrig bleiben *fḍl, fyš, zyd*
übrig lassen *flt, ṭry*
Uhr *săʿa ~ saʿa*
um ... herum *hawīr, ḥiḏōr, l-ḥiḏōr*
umbringen *qṭl*
umfassend *ʿmumi ~ ʿŭmumi*
umgeben *ḥlq*
Umhang *čarčaf*
Umhängetasche *ture*
umhergehen *krx*
umkehren *qlb*
umkommen *hlk*
umrühren *ḥrk,* (vorsichtig) *ḥrks*
umsonst *bălāš, b-bălāš*
umsonst sein *izzé bi=hawa*
umwenden *qlb*
umwerfen *gndr*
umziehen *ḥwl, nql*
un- *be*
unbedeutend *twiro*
unbedingt *illa, labúd*
unbekümmert *falito*
unbepflanzt *xalyo*
und *w,* **und so weiter** *bēhvān, fălān, flān, flān bēhvān, rayiḥ w ğeye*
unerfahren *ʿắğămi, ğehil*
Unerschrockenheit *ğăsara*
ungeborenes Kind *saxlo*
ungefähr *kib-, látwob-, mede, taqrīb, taqriban, taxminan*
ungehindert *sarbast*
Ungerechtigkeit *năḥaqiye*
Unglück *băla*
Unhold (Märchenfigur) *ṭirṭᵊmeni*
Unkraut *gelo, zizono*
Unrecht *năḥaqiye,* **im Unrecht** *năḥaq*
unreif: unreife Trauben *bissire*
unrein (religiös) *ḥărām*
unrein machen *ḥrm*
unrein werden *ḥrm*
unruhig *raḥatsíz*
unschuldig *bari*
unser tägliches Brot (im Vaterunser) *laḥmo (d-) sunqonan*
unten *laltaḥ,* **unten liegend** *taḥtoyo,* **unten stehend** *taḥtoyo*
unter *bayn, m-bayn, taḥt,* **unter der Bedingung dass** *ʿala šarṭ d-,* **unter der Betreuung von** *qum iḏe d-,* **unter der Leitung von** *qim iḏe=d,* **unter Einsatz von** *ʿam*

unter-, unterer *taḥtoyo*
untergehen (Sonne) *gny*
unterirdischer Gang *lăġim*
Unterpfand *răhīn*
unterrichten *qry*
unterscheiden (etw. (Akk.) von etw.) *frq m-*
unterstützen *soyim mŭsaᶜăda ᶜam*
Unterstützer *tăraftār*
Unterstützung *mŭsaᶜăda, quwe ~ quwwe*
Untersuchung *taftīš*
unterwerfen, sich *ṭyᶜ*
untreu *pīs*
Untreue *bebaxtiye*
unverheiratet *bekār*
unversehrt *saḥiḥo*
unvollständig *nŭquṣo*
unzivilisiert *waḥš*
Ursache *sibbe*
Ursprung *aṣᵊl*
Urteil *ḥĭkim*

V

Vanille *vanīlya*
Vater *babo*
verabschieden, sich *ṭolib xaṭir*
verachten *soyim ḥăqara*
Verachtung *ḥăqara*
verändert werden *ġyr*
verärgern *ᶜğz*
verärgert *qḥĭroyo*
verarzten *drmn*
verbessern, sich *ᶜdl*
verbieten *ysq*
Verbindung *irtibāṭ*
Verbindungspflock (beim Pflug) *qaṭriwo*
verbleiben *fyš*
verboten *ḥărām*
verbrennen *mqḏ, yqḏ*
verdammt: verdammt noch mal! *ḥaru bayto*
verderben *ḥrw*
verdienen *oṯe l-iḏ-*
Vereinbarung *baxto*
vereinzelt *tāk tūk*
verfluchen *lyṭ, ṣᶜr ~ sᶜr l-*
verflucht *manᶜᵊlo, qṣifo*
verfolgen *ᶜqb, ḥlq bĭṯir, šḏy*
verfügbar *năṣīb ~ naṣīb*
verfügbar sein *qfy*
verführen *soyim iġfāl*
vergeben *ḥsy, smḥ*
vergebend *msamḥono*
vergehen (Zeit) *izzé bi-ḥolo, ᵓzl, hwy + l-*
vergessen *ṭᶜy*
Vergessen *ṭᶜoyo*
Vergnügen *kēf, ṣăfa*
vergnügen, sich *kyf*
vergnügt werden *fṣḥ*
vergrößert werden *rby*
verhaken, sich *drql*
verhalten, sich hochmütig *soyim minne ᶜal*
verheiratet *gawiro*
verhindern *sqṭ*
verkaufen *zbn*
Verkaufen *zĭbono*
verkrüppelt *săqaṭ ~ ṣăqaṭ*
Verkünder *dalolo*
verlangen *ṭlb*
verlangt werden *ṭlb*
verlassen *rfy, trk*
Verlaub: mit Verlaub *be-maᶜna, ḥăša*
verlaufen (Zeit, Alltag) *mšy*
verleihen *ᵓby/hw*
verletzen, sich *plpx*
verletzt *brīndār, mğarḥo*
verlieben, sich *nofil leb- b-, nofil lebo b-*

verlieren *ʾzl + l-, ḏyʿ, xsr,* (Wärme) *byr,* (Salzgehalt) *nʿṭ*
Verlies *zarzămine*
verloben *nyšn*
verloben, sich (Mann) *ṭlb*
verlobt (Frau) *ṭlibto*
verlobt werden (Frau) *ṭlb*
Verlobte *nuxrayto*
Verlobter *nuxroyo*
Verlobung *nišaniye, ṭlobo*
verloren gehen *ʾzl, yyʿ*
verlöten *lḥm*
Vermächtnis *wăṣiye*
vermehren *zyd*
vermissen *soyim beriye d-*
Vermissen *beriye*
vermischen, sich *xlṭ*
Vermittlung *waṣīṭa*
Vermögen *ṯarwe*
Vermutung *ḍan, taxmīn*
vernähen *ḥyṭ*
verpassen (Schlag) *ʾby/hw*
verpflichtet *maǧbūr*
verputzen *šyʿ*
Verrat *bebaxtiye*
verraten *qyr,* (jdn.) *xyn ʿal*
Verräter *xayin*
verräterisch *bebaxt*
verrichten (seine Notdurft) *ḥry*
verrückt *daywono*
verrückt machen *šoqil ruḥe d-*
versammeln *ltm, lym*
versammeln, sich *ltm*
versammelt *latimo*
Versammlung *ǧămaʿa*
verschanzen, sich *ʿṣy*
verschanzt *ʿaṣyo*
verschließen *qpṭ, sxr ~ ṣxr*
verschlingen *blʿ*
Verschönerung *šufro*
verschütten *byz*
verschüttet werden *byz*
verschwinden *ʾzl, yyʿ*
verschwinden lassen *ḍyʿ*
versetzen (Schlag) *ʾby/hw*
versinken (in einen tiefen Schlaf) *izzé bi-šanṯo*
versöhnen *manṭe l-ḥḏoḏe*
versorgen *ḥyr, rby*
versorgt werden *rby*
verspäten, sich *ʿwq*
verspätet *mʾaxro*
versprechen *obe baxto, obe waʿd, dgl*
Versprechen *waʿd*
versprochen (zur Ehe) *mdaglo,* **versprochen!** *sōz*
Verstand *hiš*
Verständnis haben *strḥm b-*
verstecken *tly*
versteckt *talyo*
verstehen *ʾḏʿ, fhm*
Versuchen *ǧīrobo*
verteidigen *dfʿ*
verteidigen, sich *tole iḏo*
Verteidigungsstellung *ʿiṣyān, maḥṣa*
verteilen *brbz, frq, ryš,* (Essen) *rmy*
verteilt *mbarbᵊzo*
verteilt werden *brbz, frq*
vertieft werden *ʿmq*
vertrauen (jdm.) *howe awlá, howe awlá ʿal, howe inān ʿal, manṭe qănaʿa b-*
Vertrauen *amniye, inān, inaniye*
vertrauend *awlá*
vertreiben *nfq*
verursachen (Aufschrei, Tumult) *maqim i-qyimto*
verurteilt werden *ḥkm*
Verwaltung *idara*
Verwaltungsgebäude *săraye*
verwandt *qariwo*
verwandt sein *qrw*
Verwandte *ahᵊl ~ ahl ~ ăhil*
Verwandter *qariwo*
Verwandtschaft *ahliye, qariwuṯo*
Verwirrung: in Verwirrung geraten tyh
verwundet *mǧarḥo, brīndār*
Verzeihung! *ḥăša*

verzinnen *byḏ*
Verzinnen *bĭyoḏo, byeḏa, byoḏo*
Verzinner *mbayḏono*
Vetter *abre=d-ʿammo*
Vieh *săwāl*
viel *ġắlăbe,* **so viel** *haqqa, haqqās, háqqayis, háqqayiske, qayis*
vielleicht *ʿăğăba, ʿas ~ ʿaz, balki, barki*
vier *arbʿo, arbo*
viereckig *mrabʿo*
Viertel *ruʿo*
vierzehn *arbaḥṣar*
vierzig *arbʿi, arbi*
Vogel *safruno, ṭayro*
Vokativpartikel *yā ~ yā*
Volk *ʿamo, milla ~ mille, šaʿb*
Volksgruppe *ṭayĭfe*
voll *malyo*
vollenden *kml, tym*
vollständig *kamil*
vollständig sein *tym*
von *ʿal, m-ʿal, mĭ-gab-, mĭ, m-riš-,* **von ... bis** *mĭ ... l,* **von ... zu** *mĭ ... l,* **von denen aus** *mid,* **von Hand** *bi=iḏo, ʿal i=iḏo,* **von herab** *m-ʿal,* **von herunter** *m-ʿal,* **von Herzen** *mĭ-lebo,* **von hier** *m-arke,* **von hieraus** *m-arke,* **von Hundert** *bam=mo* + num., **von mir** *bŭno,* **von wo, von woher** *m-ayko*
vor (örtlich) *b-qamuṯ-, l-qiddām, l-qul, qum ~ qim,* (zeitlich) *aqdam (m-), meqim m-,* **vor allem** *xāṣṣătan,* **vor kurzem** *ḥaṯo*
voran *qamuṯ-*
vorausgesetzt, dass *ʿala šarṭ d-*
vorbei sein *fyt, xlṣ*
vorbeigehen *fyt*
vorbeikommen (bei jdm.) *blq ʿal*
vorbereiten *ḥḏr ~ ḥḏr*
vorbereiten, sich *soyim kār d-*
vorbereitet *mḥaḏro,* (Essen) *ṭbixo,* (vorbereitet sein) *kār*
vorbereitet werden *ḥḏr ~ ḥḏr*
Vorfahren *qamoye*
Vorgang *ʿămăliye*
Vorhaben *ṭabxa*
Vorhang *satro*
vorher *m-aqdam*
vorkommen (jdm. zu schwer) *oṯe ʿal*
vornehm: vornehme Menschen *ăwadim*
vornehmen, sich *maḥit qum foṯe*
Vorratsschlauch (für Wein, Butter) *gawdo*
vorsichtig *hedi hedi,* **vorsichtig umrühren** *ḥrks*
Vorteil *manfăʿa*
Vorwurf *ʿarbăde*

W

Waage: sich die Waage halten *qbl*
wach bleiben *shr*
Wache *nawbe*
Wache halten *goriš nawbe*
wachend verbringen (die Nacht) *shr*
wachsen *yrw,* (Pflanzen) *fqḥ*
Wächter *nŭṭuro*
Waffen *sḷāḥ ~ ṣḷāḥ*
wagen *ğry*
wagen, sich *obe ğăsara l-ruḥe, soyim ğăsara, ğry*
Wahnsinn *daywo*
wahnsinnig *daywono*
wahnsinnig werden *dywn*
Wahnsinnstat *šuġlo d-daywo*
wahr *hăqiqi, ḥăqiqi*
wahrhaftig *bĭllăti*
Wahrheit *ḥăqiqa, rāstiye, šrolo*
Wahrsagerin *fatiḥto d-falāt*
Wahrsagung *fāl*
Waise *yatumo*
Wald *ṭuro*

Walnuss *gawzo*
wälzen *gndr,* (in zähflüssiger Masse, wie Schlamm, aufgeschlagene Eier) *gmbl*
wann *ema*
Ware *māl*
warm *šaḥino,* (Essen) *ṭbixo*
warm halten *ḥfḏ̣*
warm werden *šḥn*
Wärme *šḥanṯo*
wärmen *šḥn*
warten *kly, nṭr*
warum *l-mune, qay, qay-yo*
was *min, mūn, mune,* **was (er) auch macht/machte** *soyim lĭ=soyim, simle lĭ=simle,* **was ... betrifft** *-ste ~ -stene,* **was einem bestimmt ist** *năṣīb ~ naṣīb*
waschen *sḥy, šyġ*
Waschen *ğloyo, tĭšiġo*
Wäscher (der beim Verzinnen mithilft) *ğaloyo*
Wasser *maye*
Wassergraben *saqiye*
Wasserhahn *misliq*
Wasserkrug *šarbo*
Wassermelonen *zăbaš*
wässern *ṣwl, šty*
weben *zqr*
Weben *zqoro*
Webstuhl *gumṯo*
Weg *darbo*
wegbewegen *myl, tly*
wegen *ʿal, ʿal foṯe d-, lăğan, lăšan ~ lašan, m-darb, mĭ, xaṭir, l-xaṭir d-*
weggehen *ʾzl*
weggeworfen *mḥalqo*
wegkriechen *grš*
wegnehmen *mbl, myl, ntš, šql, ybl*
wegschaffen *ḏ̣yʿ*
wegschnappen *ntš*
wegschubsen *blʿṭ*
Wegstrecke *qŭnāġ ~ qunāġ*
wegwerfen *ḥlq*
wehklagen *wlwl*
weich machen *rkx*
weich *rakixo*
weichkochen (Kerne, Getreide) *šlq*
weiden *rʿy*
weiden lassen *rʿy*
weidend *marʿᵊyono*
Weihnachten *ʿeḏo=zʿuro*
Weihrauchkessel *farmo*
weil *ʿal d-, ḥingi ~ hingi , liʾan, liʾannu ~ lĭʾannu, mid, mu=săbab d-, mi=sibbe d-*
Weile *šawṭo*
Wein *ḥamro*
Weinberg *karmo,* **junger Weinberg** *ġarzik*
Weinblätter, gefüllt *aprax*
weinen *bxy*
Weinen *baxyo*
weinend *baxoyo*
Weinlaube *dĕlye*
Weinstock *sato*
weiß *ḥĭworo*
weiß werden *ḥwr*
weißer *ḥewir*
weit *raḥuqo*
weiter weg *lugab*
weiterer *ḥreno*
weitergehen *dwm, ḍwm*
Weizen *ḥeṭe,* (Weizen, gekocht und aufgequollen) *danoke*
Weizengrieß *samdo*
welcher *ayna*
Welt *arʿo, briṯo, foṯe di=arʿo*
Weltkrieg *ḥarb ʿmumi*
wenden *qlb*
wenden, sich *qlb*
weniger *ăqál, noquṣ*
weniger werden *nqṣ*
wenn *ăgar, d, eğer, hăka, iḏa, i=naqla d- ~ i=naqqa d-, madām, madāmki, mid, i=naqla d-*
wer *ma, man*
werden *fyš, hwy*

werfen *ḥlq,* (verursachen) *šdy,* (ein Auge auf etw./jdn.) *nofil ʿayn- ʿal,* (zu Boden) *dry,* (Schaf, Ziege) *xlṣ*
Werkstatt *dĭkano*
Wert *qime*
Wertschätzung *qădir*
wertvoll *ḥalyo*
wichtiger *afraḍ*
wickeln *kfn, knfl*
Widder *bărān*
Widerstand *maḥṣa*
wie (Interrogativum) *áydarbo,* (Präp.) *ka-, xad, xid ~ xud ~ xd-,* **wie es sich gehört** *ʿala-l-ʾŭṣūl,* **wie üblich** *ʿala-l-ʾŭṣul,* **wie viele** *kmo,* **wie dem auch sei** *naysa*
wieder *ámmarğaʿ, árğaʿli*
Wiedersehen: auf Wiedersehen *b-xaṭir did-*
widersetzen, sich *soyim ʿiṣyān*
Wiege *dargišto*
Wiehern *rimrim*
wieviel *miqqa, míqqayiske, míqqayis ~ mínqayis*
willkommen! *ahla w sahla, ʿal ʿayni, ʿal aʿ-ʿayne, ʿal ʿayn-, ʿal ʿayn w ʿar rāṣ*
Wind *hawa*
Winkel *qurnito*
Winter *satwo*
wir *aḥna*
wirklich *ašír, hăqiqi, ḥăqiqi, rāstiye*
Wirklichkeit *rāstiye*
Wirkung *quwe ~ quwwe*
wispern *wšwš*
wissen *ʾḏʿ,* **weißt du** *ašír*
Wissen *ʿĭlim*
wissend *bilerek*
Witz *ḥănak*
wo *ayko, hayko, ko*
Woche *šabto*
woher *m-ayko*
wohin *l-ayko*
wohlauf *sakin*
Wohlbefinden *sălame*
Wohlgefallen (Gottes) *raḍa*
wohlgenährt *qălaw*
wohlschmeckend *basimo*
Wohltat *minne*
wohnen *ʿyš, skn*
Wolf *dewo*
Wolfsmilch *ḥalwᵊnito*
Wolke *ʿaymo*
Wolldecke *baṭṭaniye*
Wolle *ʿamro*
wollen *ʾbʿ,* (Gott) *ṣby*
Wollknäuel *ṭibbe*
Worfelgabel *malḥowo*
worfeln *dry*
Wort *sōz, xabro*
wozu? *l-mune*
Wunder *ʿiğbo*
wünschen *ʾbʿ, leb- izze l-, ṭlb*
Wunschziel *mŭrād*
Würde *haybe,* **Würde einer Hausfrau** *kăbāntiye*
würfelförmig *küp*
Wurfspeer *ğerīd*
Wurm *tlawʿo*
Wurzel (bei Pflanzen) *qurmo ~ quṛmo*
wütend *qḥĭroyo*

Z

zahlen *dfʿ,* (anstelle von jdm.) *obe qum-*
zählen *ḥšw*
Zahn *ʿaršo*
Zahnarzt *sayomo d-ʿarše*
  Beruf des Zahnarzts *dĭščitiye*
Zahnmedizin *dĭščitiye*
zart *rağyo*
Zauber *ḥaršo*
Zaun *syoġo*
zehn *ʿaṣro*

Zeichen (der Verlobung) *nišaniye*
zeichnen *ršm*
zeigen *ḥwy*
Zeile *rēz*
Zeit *čāx ~ čāġ, hăyam, waxt, zabno, zămān ~ ẓămān,* (Zeit des ersten Gebets am Tag) *dyuqte d-ʿito,* (Zeit zwischen Weihnachten und dem Beginn der großen Fastenzeit vor Ostern) *bargindan*
Zeitraum *midde*
zelebrieren *zyḥ*
Zelle *qŭlayto*
Zelt *čadir, kone*
Zement *čĭminto*
Zentimeter *ṣānṭīn*
Zentrum *markaz*
zerbrechen *qrf, twr*
Zerbrechen *tworo*
zerbrochen *twiro*
zerbrochen werden *twr*
zerdrücken *frx, pčq*
Zeremoniell *tartīb*
zerfetzt *mparpᵊṭo*
zerkleinern *nʿm*
zerkleinert werden *nʿm*
zerquetschen *pčq*
zerreiben *frx*
zerstampfen *dyq*
zerstören *ḥrw*
zerstört werden *ḥrw*
Zerstörung *yāġma*
zerstreuen *brbz*
zerstreuen, sich *brbz*
zerstreut *mbarbᵊzo*
zerstreut werden *brbz, byz*
zerstückeln *qsqs, soyim pārčayat*
Zeuge *sōhdo, suhdo*
Zicklein *ṣafuro*
Ziege *ʿezo,* (mit gekräuseltem Haar) *kažžĭk*
Ziegenbock *tayso*
Ziegenböckchen *gasko*
Ziegenhaar *marʿeze*
Ziegenmist *bʿure*
ziehen *grš*
ziehen (→ dauern), **sich überkreuzende Linien ziehen** *ṣylb*
Ziel *maqṣad, niye*
Zigarette *ǧiġara*
Zigeuner *qărăči*
Zimmer *awḍaye,* **Zimmer im Obergeschoss** *miḍḏara*
Zimmermann *naǧoro*
Zimt *tārčin*
Zirkel *pirgāl*
Zisterne *gubo*
Zittern (vor Angst) *raǧfe*
zivil *sĭwīl*
Zivilisation *mădăniye*
zivilisiert *mădăni*
Zöllner *gumrikči*
Zopf *giḏḏale*
Zorn *ġăḍab*
zu *ʿal, l-gab-, l-, laf ~ laff (l-), riše d-, l-sĭ,* **zu Ende sein** *tym, xlṣ,* **zu essen geben** *ʾkl, ʾxl,* **zu Hilfe kommen** *oṯe laf l-*
zubereiten (Essen) *ṭbx*
Zucchini *ḍōlmᵊke*
Zucht *ṭōf*
züchten *rby*
Zucker *sikkar ~ sikkaṛ*
Zuckermelone *fuǧo*
zudecken *ksy*
zudrücken (Auge) *ʿmṣ*
zuerst *awwil=naqqa, awwil=qamayto, ʿawwil, qamayto, bi=qamayto*
zufallen (jdm.) *qyṯ + l-*
Zuflucht finden *str ~ sṭr*
zufrieden *mamnūn*
zufrieden sein *manṭe qīm diḏ-*
zufriedengestellt werden *rḍy*
zufriedenstellen *rḍy*
zugenagelt *mbasmᵊro*
zugrunde richten *maḥru bayto, ḥrw*
Zuhause *bayto*
zuhören *ṣnṭ ~ snṭ*

zukneifen (Auge) *ʿmṣ*
Zukunft *mustaqbil*
zuletzt *bi=ḥarayto*
zum Beispiel *măsăla, măsălan, măṯălan*
zunächst *awwil=naqqa, awwil=qamayto, qamayto, bi=qamayto*
zunehmen *zyd*
Zuneigung *ḥubo*
Zurna (Blasinstrument, Oboe) *zir̥naye*
zurückbringen *dʿr*
zurückkehren *dʿr*
zurücklassen *ṭry*
zurückverwandeln *dʿr*
zurückwerfen (das Dreschgut mit der Worfelgabel auf die Tenne) *twy*
zusammen *tavda,* **zusammen mit** *ʿam,* **zusammen mit jdm.** *ʿal id̲- d-*
zusammenbleibend *latimo*
zusammenbringen *ltm*
zusammenfalten *ṭwy*
zusammengefügt werden *ğbr*
zusammengehörend *mōr ᵊḥd̲od̲e*
zusammenkommen *ltm*
Zusammenstoß *muṣaḍăma ~ muṣadăma*
zusammenziehen *grš*
zusätzlich zu *xarīğ (d-), žġayni m-*
zuschließen *qld̲*
zuschneiden *fṣl*
Zusicherung *baxto*
Zustand *ḥāl, ḥale*
Zustimmung geben (der Heirat) *ʾby/hw*
zwanzig *ʿisri*
zwei *tre*
Zweig *hažžīke, sawko*
Zwiebel *baṣlo*
Zwilling *ğewi*
zwingen *ğbr*
zwischen *bayn*
zwölf *traḥsar*